The
Python 3
Standard Library
by Example

The
Python 3
Standard Library
by Example

예제로 배우는
파이썬 표준 라이브러리

더그 헬먼 지음 권석기 · 김우현 옮김

i!i
에이콘

에이콘출판의 기틀을 마련하신 故 정완재 선생님 (1935-2004)

내 진실한 사랑 테레사를 위해...

| 지은이 소개 |

더그 헬먼Doug Hellmann

현재 레드햇Red Hat 소속이며 오픈스택OpenStack 관련 일을 하고 있다. 오픈스택 기술 위원회와 프로젝트에 수많은 기여를 했다. 1.4 버전부터 파이썬 프로그래밍을 해왔고 수많은 유닉스와 비유닉스 플랫폼 경험이 있다. 각 프로젝트는 매핑, 의료 뉴스 출판, 은행, 데이터 센터 자동화 등을 다뤘다. 파이썬 소프트웨어 파운데이션의 멤버이며 2010년부터 2012년까지 커뮤니티 디렉터로 일했다. <파이썬 매거진Python Magazine>에서 몇 년간 정규 칼럼니스트로 일한 후 2008년에서 2009년까지 편집장을 역임했다.

2007부터 2011년 사이 자신의 블로그에 인기 있는 <이 주의 파이썬 모듈Python Module of the Week> 시리즈를 공개했으며, 이 책의 전판인 파이썬 2를 다룬 『The Python Standard Library by Example』(에이콘, 2012)을 저술했다. 현재 조지아의 에덴스에서 살고 있다.

| 감사의 말 |

수많은 분의 공헌과 지원이 없었다면 이 세상에 이 책이 나올 수 없었을 것이다.

딕 월^{Dick Wall}이 내게 처음으로 파이썬을 소개해준 것은 1997년 즈음이었는데, ERDAS에서 GIS 소프트웨어 일을 하고 있었다. 너무나도 사용하기 쉬운 도구를 발견해 행복했지만, 동시에 회사에서 실제 업무에 사용하도록 허락 받지 못해 슬펐던 기억이 있다.

모든 부수 작업에 파이썬을 광범위하게 사용하고 있는데, 그때 이후 소프트웨어에 파묻혀 행복한 나날을 지낼 수 있게 해준 딕에게 감사한다. 파이썬 핵심 개발 팀은 파이썬이 계속해서 인기를 얻고 새로운 분야를 개척할 수 있도록 언어와 도구, 라이브러리로 이뤄진 왕성한 생태계를 창조해냈다. 그들이 투자했던 그동안의 시간과 리소스가 없었더라면 아직도 자동차 개발을 위해 바퀴를 여러 번 재발명하는 데 에너지를 소비하고 있었을 것이다.

이 책의 재료가 되는 글은 블로그 포스트 시리즈였다. 블로그 독자의 열화와 같은 긍정적인 반응이 없었더라면 블로그 포스트는 파이썬 3가 나오면서 업데이트되지 않았을 것이며, 이 책은 존재하지 않았을 것이다.

각 포스트는 검수됐고 파이썬 커뮤니티 멤버의 의견이 반영됐으며, 수정 사항과 제안, 질문은 이 책의 개정과 개선을 이끌어냈다.

매주 글을 읽고 시간을 할애해 준 여러분께 감사를 표한다.

기술 감수를 맡은 다이아나 클락^{Diana Clarke}과 이안 코르다스코^{Ian Cordasco}, 마크 맥클레인^{Mark McClain}, 폴 맥나한^{Paul McLanahan}, 라이언 페트렐로^{Ryan Petrello}는 예제 코드와 관련 설명에 연관된 문제점들을 찾는 데 수많은 시간을 투자해줬다. 그들의 노고에 감사를 표하며 덕분에 본인의 힘만으로 할 수 있는 것보다 훨씬 뛰어난 결과물을 얻게 됐다.

짐 베이커^{Jim Baker}는 readline 모듈을 문서화할 때 매우 도움이 되는 통찰력을 제공해줬는데, 특히 GNU 라이브러리가 오래됐거나 기본적으로 설치가 안 된 플랫폼에 적용될 gnureadline 패키지를 알려줬다.

패트릭 케트너^{Patrick Kettner}는 윈도우상 플랫폼 예제의 결과를 수집하는 데 도움을 줬다. 편집 팀과 제작 스텝, 애디슨-웨슬리^{Addison-Wesley} 마케팅 팀에 특별한 감사를 드린다. 그들의 노고와 도움으로 이 책에 대한 내 비전을 성공적으로 이룰 수 있었다.

마지막으로 책을 쓰는 내내 남편 없이 지낸 밤과 주말을 너그러이 허락해준 아내 테레사 플린^{Theresa Flynn}에게 감사를 표하고 싶다. 당신의 충고와 격려, 지원에 감사드린다.

| 옮긴이 소개 |

권석기(hallomuze@gmail.com)

어린 시절 애플 II를 접한 이후로 S/W 엔지니어를 계속해왔다. S/W 신기술, 음악, 예술, 만드는 것에 관심이 많다. 현재는 라인에서 소프트웨어 엔지니어 프리랜서로 활동 중이다.

https://eddiekwon.github.io

김우현(woosa7@daum.net)

대학생 시절 선배와 함께 창업한 후 20년 가까이 소프트웨어 개발자로 살아오다가 인공지능 분야에서 인생 후반기를 위한 새로운 길을 만들어가고 있다. 현재 숙명여자대학교 나노/바이오 전산화학 연구센터에서 데이터 과학자로 일하고 있다. 옮긴 책으로는 『R 데이터 구조와 알고리즘』(에이콘, 2017), 『자바 데이터 사이언스 쿡북』(에이콘, 2018), 『피처 엔지니어링, 제대로 시작하기』(에이콘, 2018) 등이 있다.

처음 이 책 원서의 엄청난 페이지를 보고 놀랐던 기억이 난다. 하지만 그보다 근거 없는
도전 의식이 불타올라 번역을 시작하게 됐다. '아무리 페이지가 많아도 파이썬인데
뭐?'라는 생각과 함께. 그런데 이 책을 번역하는 것보다 내가 직접 쓰는 게 더 좋지 않을
까 하는 생각이 들 정도로 긴 여정이 되고 말았다. 그리고 이제는 파이썬 앞에서 겸손해
졌다.

일부 시각에서 사실 파이썬은 언어 자체가 간결하지 못한 취미용 언어 정도로 치부된
측면도 있다. 하지만 이 책을 번역하면서 파이썬이 이렇게 방대한 표준 라이브러리를
품고 있었나 놀랐다. 과연 모든 라이브러리 사용법을 하나하나 아는 사람이 있을까 하
는 의구심도 생겼다. 이런 레퍼런스류의 책을 비치하고 있지 않다면 매번 구글링을 해
야 하지 않을까라는 생각도 들었다. 왜 구글과 같은 큰 기업을 필두로 빅데이터와 인공
지능에서 파이썬이 맹활약을 할 수 있는지 어느 정도 이해가 됐다.

개인적으로 6장을 번역하면서 배운 점을 활용해 번역 자체 작업 시간을 줄여주는 스크
립트를 작성했던 점이 참 재미있었다. 기존에는 일일이 텍스트를 번역해야 하는 수작
업이었는데, 파이썬으로 번역 자동화 프로세스를 만들어 보는 재미를 느꼈고 작업 시
간도 줄일 수 있었다. 책은 파이썬 3를 기본으로 다루고 있기 때문에 파이썬 2는 전혀
고려하지 않았다는 것을 양해 바란다.

파이썬 2가 없어질 것이라는 이야기가 나온 지 수년이 지났지만 아직도 쓰이는 것을
보면 파이썬 3도 앞으로 10년 이상은 더 쓰이지 않을까라는 생각도 해본다. 파이썬은
매우 쉽다는 장점이 있다. 하지만 이것이 표준 라이브러리를 바로바로 사용할 수 있다
는 뜻은 아니다. 라이브러리는 그 자체로 또다시 배워야 하는 과정이 필요하다. 다만
독자 여러분께 드리고 싶은 말은 모든 내용을 읽어보고 기억하면서 공부할 책이 아니
므로 겁먹을 필요는 없다는 것이다. 레퍼런스 책이기 때문에 필요한 부분만 빨리 찾아
밑줄을 그어가며 실무에 당장 적용해보면 된다. 본인이 필요한 부분만 하나씩 공부하
다 보면 어느 날 모인 내용만 다시 정리해도 어마어마한 분량이 될 것이다. 파이썬의

기본 라이브러리에 대한 설명을 부족하게나마 무리 없이 옮겨 적었기를 바라며 독자들의 건투를 빈다. 마지막으로 사랑하는 가족과 따뜻한 말로 늘 격려해주시는 에이콘 출판사 사장님과 애써 주신 담당자 및 편집자분들께 감사의 말을 전한다.

ps) 김우현 팀장님 정말 고생 많으셨습니다.

권석기

| 차례 |

| 들어가며 |

파이썬이 매번 배포될 때마다 표준 라이브러리는 운영체제, 인터프리터, 인터넷과 상호작용하는 도구를 제공하는 수백 종의 모듈을 포함한다. 모든 모듈은 테스트를 거쳤고 애플리케이션 개발을 바로 시작할 수 있도록 준비돼 있다. 이 책은 인기 있는 <이주의 파이썬 모듈PyMOTW> 블로그 시리즈에서 발췌한 파이썬의 '건전지 포함batteries included' 슬로건을 가진 가장 널리 사용되는 모듈의 기능을 어떻게 사용하는지 보여주는 엄선된 예제를 제공한다.

이 책의 대상 독자

중급 수준의 파이썬 프로그래머를 위해 구성됐다. 대부분의 소스코드는 검증을 거쳤고, 일부 코드의 경우에만 줄별로 설명한다.

모든 절은 각 모듈의 기능에 초점을 맞추며, 소스코드와 결과를 통해 완벽한 독립 예제 프로그램으로 설명된다. 각 기능은 최대한 간략하게 작성돼 독자는 여타 지원 코드에 집중력이 흐트러지는 일 없이 모듈이나 함수에 집중할 수 있을 것이다.

다른 언어에 경험이 많은 프로그래머도 이 책을 통해 파이썬을 배울 수 있지만, 파이썬 언어를 소개하고자 기획하지는 않았다. 파이썬 프로그래밍을 코딩해 본 경험이 조금 있다면 예제를 공부할 때 유용할 것이다. 일부 절에서는 네트워크 소켓 프로그래밍이나 hmac 암호화 같은 특정 도메인 지식을 요구할 것이다.

예제를 설명하는 기본 정보는 책 속에 있지만 표준 라이브러리에 있는 모듈이 담당하는 주제의 범위를 모두 다루기에는 한 권의 책으로 불가능하다. 각 모듈의 말미에는 추가 정보와 읽을거리에 대한 추천 참고 목록이 있고, 온라인 리소스와 RFC 표준 문서, 관련 서적을 포함한다.

파이썬 3와 파이썬 2

파이썬 커뮤니티는 현재 파이썬 2에서 파이썬 3 버전으로 전환 중에 있다. 주요 버전명이 암시하듯이 언어뿐 아니라 파이썬 2와 3에 사이에는 수많은 비호환성이 존재한다.

파이썬 3에 이르러 상당수의 표준 라이브러리 모듈의 명칭이 변경됐거나 재구성됐다.

파이썬 라이브러리 생태계와 도구가 파이썬 3와 매끄럽게 작동하도록 업데이트되고 있으며, 파이썬 개발 커뮤니티는 이러한 비호환성으로 인해 전환에 더 많은 시간이 필요하다는 것을 인식하고 있다.

아직까지 많은 프로젝트가 파이썬 2에 의존하고 있지만, 오직 보안 업데이트를 위한 것이며, 2020년에 완벽히 사용되지 않을 것으로 계획돼 있다. 모든 신규 기능에 대한 작업은 파이썬 3 릴리스에서 진행 중이다.

불가능한 것은 아니지만 두 버전에서 모두 작동하는 프로그램을 작성하는 것은 굉장히 힘들다. 이 경우 프로그램이 실행 중인 파이썬 버전명을 종종 검사해야 하며, 임포트 시 다른 모듈명을 사용하거나 클래스나 함수에 다른 인자를 사용해야 한다.

표준 라이브러리 바깥의 여러 가지 도구를 사용하면 이 과정을 단순하게 할 수 있다. 책에 수록한 예제는 여전히 표준 라이브러리에 의존하지만 가능한 한 간결히 하고자 파이썬 3에 중점을 뒀다.

모든 예제는 파이썬 3.5 환경(집필 시점 기준으로 3.x 시리즈의 현재 릴리스) 아래 테스트 됐으며, 수정 없이 파이썬 2와는 작동하지 않을 것이다. 파이썬 2에서 작동 가능한 예제는 『The Python Standard Library by Example』(에이콘, 2012)을 참조하기 바란다.

깔끔하고 간략히 기술하고자 각 장의 예제에 대해 파이썬 2와 파이썬 3의 차이점은 강조하지 않았다. 포팅 노트[Porting Notes] 부록은 버전 사이의 가장 큰 차이점을 요약하며, 파이썬 2에서 3로 포팅할 때 유용한 도움을 받을 수 있게 구성했다.

이 책의 구성

이 책은 종합 레퍼런스 가이드(http://docs.python.org 참고)를 보완하며, 가이드에 기술된 기능을 설명하고자 완전한 기능을 하는 예제 프로그램을 제공한다. 모듈을 모아 각장을 구성해 참고하고자 하는 개별 모듈을 찾기 쉽게 했고, 주제별로 편하게 탐색할 수있게 했다. 드물지만 처음부터 끝까지 이 책을 읽는 독자를 위해 완벽하지는 않지만 아직 다루지 않은 모듈의 경우 앞쪽 내용에서 참조할 일은 최소화시켰다.

예제 코드 다운로드

모든 글에 대한 원본과 샘플 코드는 https://pymotw.com/3/에 있다.

에이콘출판사의 도서정보 페이지 http://www.acornpub.co.kr/book/python3-standard-library에서도 샘플 코드를 다운로드할 수 있다.

이 책의 에러는 저자의 웹 사이트 https://doughellmann.com/blog/the-python-3-standard-library-by-example/을 참고하자.

한국어판의 정오표는 에이콘출판사의 도서정보 페이지 http://www.acornpub.co.kr/book/python3-standard-library에서 찾아볼 수 있다.

텍스트

str 클래스는 파이썬 프로그래머가 사용할 수 있는 가장 확실한 텍스트 처리 도구지만, 표준 라이브러리에는 간단한 방법으로 고급 텍스트 조작을 할 수 있는 다른 도구가 많다.

애플리케이션은 문자열을 매개변수로 간단히 사용하고자 str 객체의 기능을 사용하지 않고 string.Template을 사용할 수도 있다. 파이썬 패키지 인덱스에서 제공하는 수많은 웹 프레임워크나 확장 모듈이 정의하는 템플릿만큼 기능이 풍부하지는 않지만, string.Template은 정적 텍스트에 동적 값을 삽입할 수 있고, 사용자가 어느 정도 수정할 수 있는 템플릿이다.

textwrap 모듈은 출력되는 문단의 폭을 제한하거나 들여쓰기 추가, 줄 바꿈 문자를 추가해 여러 줄을 보기 좋게 만드는 방법 등을 사용해 텍스트 형식을 맞춰줄 수 있는 도구를 포함한다.

텍스트 비교에 있어 일치 여부나 정렬, 비교 기능이 파이썬에 기본적으로 포함되지만, 표준 라이브러리는 이 기능보다 훨씬 뛰어난 두 모듈을 제공한다. re는 빠른 속도를 위해 C로 구현된 완벽한 정규 표현식 라이브러리다. 정규 표현식은 좀 더 큰 데이터 세트에서 하위 문자열을 검색하거나 다른 고정 문자열보다 복잡한 패턴과 비교하고, 간단한 파싱 작업에 적합하다.

반면 difflib는 문자열 추가나 삭제, 변경을 추적한다. difflib을 이용한 비교 출력물을 보면 사용자에게 좀 더 자세한 피드백을 제공한다는 것을 알 수 있다. 두 문서를 비교해보면 어디서 변경이 발생하는지 시간별로 문서가 어떻게 변하는지 등을 알 수 있다.

1.1 string: 텍스트 상수와 템플릿

string 모듈의 기원은 파이썬 초기 버전까지 거슬러 올라간다. 이전에 구현됐던 많은 기능은 str 객체로 이관됐다. 하지만 string 모듈은 아직도 str 객체와 작업에 유용한 일부 상수와 클래스를 갖고 있다. 1장에서는 이 부분을 집중적으로 다룬다.

1.1.1 함수

capwords() 함수는 문자열에서 모든 단어의 첫 알파벳을 대문자로 바꿔준다.

리스트 1.1: string_capwords.py

```
import string
s = 'The quick brown fox jumped over the lazy dog.'
print(s)
print(string.capwords(s))
```

실행 결과는 주어진 문자열에 대해 split()을 호출한 후 단어의 첫 글자를 대문자로 바꾸고 다시 이 결과에 join을 호출해 하나의 문자열을 만들어낸 것과 동일하다.

```
$ python3 string_capwords.py

The quick brown fox jumped over the lazy dog.
The Quick Brown Fox Jumped Over The Lazy Dog.
```

1.1.2 템플릿

문자열 템플릿은 PEP 292(www.python.org/dev/peps/pep-0292)의 일환으로 내장된 보간built-in interpolation 문법을 대체할 의도로 추가됐다. string.Template을 사용하면 변수명에 $ 접두어를 추가해 식별할 수 있다. 예를 들어 $var과 같다. 또 다른 방법으로는 필요에 따라 중괄호를 사용해 텍스트를 분리시킬 수 있다. 예를 들면 ${var}와 같다. 다음 예제는 % 연산자를 사용한 유사 문자열 보간interpolation을 가진 단순한 템플릿과 str.format()을 사용하는 새로운 문자열 문법을 비교한다.

리스트 1.2: string_template.py

```python
import string

values = {'var': 'foo'}

t = string.Template("""
Variable        : $var
Escape          : $$
Variable in text: ${var}iable
""")
print('TEMPLATE:', t.substitute(values))
s = """
Variable        : %(var)s
Escape          : %%
Variable in text: %(var)siable
"""

print('INTERPOLATION:', s % values)
s = """
Variable        : {var}
Escape          : {{}}
Variable in text: {var}iable
"""

print('FORMAT:', s.format(**values))
```

앞의 두 경우에는 트리거 문자($ 또는 %)를 두 번 반복함으로써 이스케이프됐다. 포맷 함수는 {{}}처럼 둘 다 반복함으로써 이스케이프할 수 있다.

```
$ python3 string_template.py

TEMPLATE:
Variable        : foo
Escape          : $
Variable in text: fooiable

INTERPOLATION:
Variable        : foo
Escape          : %
Variable in text: fooiable
```

```
FORMAT:
Variable      : foo
Escape        : {}
Variable in text: fooiable
```

템플릿과 문자열 보간(또는 포맷)의 주요 차이점은 인자 타입이 고려되는지의 여부다. 값은 문자열로 변환되고 문자열이 결과로 들어간다. 형식화에 따른 옵션도 없다. 예를 들어 부동소수점 값^{floating-point value}을 표현하는 소수 아래의 개수를 정할 수 없다. safe_substitute() 메서드를 사용하는 경우 템플릿이 필요로 하는 모든 값이 인자로 제공되지 않았을 때 발생하는 예외를 피할 수 있다는 장점이 있다.

리스트 1.3: string_template_missing.py

```python
import string

values = {'var': 'foo'}

t = string.Template("$var is here but $missing is not provided")

try:
    print('substitute()           :', t.substitute(values))
except KeyError as err:
    print('ERROR:', str(err))

print('safe_substitute():', t.safe_substitute(values))
```

값^{values} 딕셔너리에는 missing에 해당하는 값이 없다. 따라서 substitute()에 의해 KeyError가 발생한다. safe_substitute()를 사용하면 에러가 발생하는 대신 텍스트 속에 변수 표현식을 그대로 남겨둔다.

```
$ python3 string_template_missing.py

ERROR: 'missing'
safe_substitute(): foo is here but $missing is not provided
```

1.1.3 템플릿 고급

string.Template의 기본 문법은 정규 표현식을 사용해 변형할 수 있는데, 템플릿에서 변수명을 찾아낼 때 사용한다. 간단한 방법은 클래스 속성에서 delimiter와 idpattern을 변경하는 것이다.

리스트 1.4: string_template_advanced.py

```python
import string

class MyTemplate(string.Template):
    delimiter = '%'
    idpattern = '[a-z]+_[a-z]+'

template_text = '''
    Delimiter  : %%
    Replaced   : %with_underscore
    Ignored    : %notunderscored
'''

d = {
    'with_underscore': 'replaced',
    'notunderscored': 'not replaced',
}

t = MyTemplate(template_text)
print('Modified ID pattern:')
print(t.safe_substitute(d))
```

이 예제에서는 치환 법칙이 변경됐다. 일단 구분자로 $ 기호 대신 %를 사용했고, 변수명에 무조건 밑줄 표시를 포함해야 한다는 점이 다르다. 따라서 %notunderscored는 밑줄 표시를 변수명에 포함하지 않기 때문에 치환되지 않는다.

```
$ python3 string_template_advanced.py

Modified ID pattern:
    Delimiter  : %
    Replaced   : replaced
    Ignored    : %notunderscored
```

더 복잡한 변화를 주려면 pattern 속성을 재정의해 완전히 새로운 정규 표현식을 정의한다. 제공된 패턴은 구분자의 이스케이핑^{escaping}, 변수명, 대괄호가 사용된 변수명, 유효하지 않은 구분자 패턴^{delimiter patterns}에 대한 정보를 포함해야 한다.

리스트 1.5: string_template_defaultpattern.py

```
import string

t = string.Template('$var')
print(t.pattern.pattern)
```

t.pattern 값은 컴파일된 정규 표현식이다. 하지만 pattern 속성을 통해 원본 문자열을 볼 수 있다.

```
\$(?:
    (?P<escaped>\$) |                          # 두 구분자의 이스케이프 시퀀스
    (?P<named>[_a-z][_a-z0-9]*)      |         # 구분자와 파이썬 식별자
    {(?P<braced>[_a-z][_a-z0-9]*)}   |         # 구분자와 괄호 식별자
    (?P<invalid>)                              # 다른 에러 형식의 구분자 표현
)
```

다음 예제는 새로운 패턴을 정의해 {{var}}를 변수로 사용하는 새로운 템플릿을 생성한다.

리스트 1.6: string_template_newsyntax.py

```
import re
import string

class MyTemplate(string.Template):
    delimiter = '{{'
    pattern = r'''
    \{\{(?:
    (?P<escaped>\{\{)|
    (?P<named>[_a-z][_a-z0-9]*)\}\}|
    (?P<braced>[_a-z][_a-z0-9]*)\}\}|
    (?P<invalid>)
    )
```

```
    ...

t = MyTemplate('''
{{{{
{{var}}
''')

print('MATCHES:', t.pattern.findall(t.template))
print('SUBSTITUTED:', t.safe_substitute(var='replacement'))
```

named와 braced 패턴은 동일한 형식이더라도 개별로 제공돼야 한다. 샘플 수행 결과는
다음과 같다.

```
$ python3 string_template_newsyntax.py

MATCHES: [('{{', '', '', ''), ('', 'var', '', '')]
SUBSTITUTED:
{{
replacement
```

1.1.4 포매터

Formatter 클래스는 str의 format() 메서드와 동일한 레이아웃 스펙 언어를 구현한다.
이 클래스는 타입 변환$^{type\ coersion}$, 정렬, 속성과 필드 참조, 네임드 및 포지션 템플릿 인
자, 타입-특정 포매팅 옵션 기능을 가진다. 대부분의 경우 format() 메서드가 이러한
기능을 사용할 때 더 편리하지만, Formatter는 변형된 기능이 필요할 때 서브클래싱을
할 수 있다.

1.1.5 상수

string 모듈에는 아스키 및 숫자 문자 집합과 관련된 수많은 상수가 있다.

리스트 1.7: string_constants.py

```python
import inspect
import string

def is_str(value):
    return isinstance(value, str)

for name, value in inspect.getmembers(string, is_str):
    if name.startswith('_'):
        continue
    print('%s=%r\n' % (name, value))
```

이 상수는 아스키 데이터를 다룰 때 유용하지만, 일부 유니코드 형태로 된 논아스키
non-ASCII 텍스트를 접할 일이 점점 많아지고 있기 때문에 응용 범위가 제한적이다.

```
$ python3 string_constants.py

ascii_letters='abcdefghijklmnopqrstuvwxyzABCDEFGHIJKLMNOPQRSTUVWXYZ'

ascii_lowercase='abcdefghijklmnopqrstuvwxyz'

ascii_uppercase='ABCDEFGHIJKLMNOPQRSTUVWXYZ'

digits='0123456789'

hexdigits='0123456789abcdefABCDEF'

octdigits='01234567'

printable='0123456789abcdefghijklmnopqrstuvwxyzABCDEFGHIJKLMNOPQ
RSTUVWXYZ!"#$%&\'()*+,-./:;<=>?@[\\]^_`{|}~ \t\n\r\x0b\x0c'

punctuation='!"#$%&\'()*+,-./:;<=>?@[\\]^_`{|}~'
whitespace=' \t\n\r\x0b\x0c'
```

팁 – 참고 자료

- string 표준 라이브러리 문서: https://docs.python.org/3.5/library/string.html
- string 메서드: string에서 더 이상 사용하지 않게 된 함수를 대체하는 str 객체의 함수(https://docs.python.org/3/library/stdtypes.html#string-methods)
- PEP 292: 더욱 단순한 문자열 치환(https://www.python.org/dev/peps/pep-0292)
- 형식 문자열 문법: Formatter와 str.format()이 사용하는 레이아웃 명세 언어의 공식 정의(https://docs.python.org/3.5/library/string.html#format-string-syntax)

1.2 textwrap: 텍스트 문단 포매팅

텍스트의 형식을 조절해 문서를 예쁘게 출력해야 할 때 textwrap 모듈을 사용한다.
textwrap 모듈은 일반 텍스트나 워드프로세서가 제공하는 단락 조절 등과 비슷한 기능
을 제공한다.

1.2.1 예제 데이터

이번 절의 예제는 문자열 sample_text를 포함하는 textwrap_example.py 모듈을 사용
한다.

리스트 1.8: textwrap_example.py

```
sample_text = '''
    The textwrap module can be used to format text for output in
    situations where pretty-printing is desired. It offers
    programmatic functionality similar to the paragraph wrapping
    or filling features found in many text editors.
    '''
```

1.2.2 단락 채우기

fill() 함수는 텍스트를 입력받아 형식화된 텍스트를 반환한다.

리스트 1.9: textwrap_fill.py

```
import textwrap
from textwrap_example import sample_text

print(textwrap.fill(sample_text, width=50))
```

예상했던 결과와 조금 다르다. 텍스트는 왼쪽으로 정렬됐지만 첫 번째 줄은 들여쓰기
를 그대로 유지하고 각 줄 앞에 있는 공백이 붙어진 채로 단락을 형성한다.

```
$ python3 textwrap_fill.py

    The textwrap module can be used to format
text for output in        situations where pretty-
printing is desired.   It offers        programmatic
functionality similar  to the paragraph wrapping
or filling features found in many text editors.
```

1.2.3 들여쓰기 없애기

앞서 살펴본 예제는 탭과 공백이 혼합된 결과물을 출력하고 있어 그다지 깔끔하지 않
다. dedent()를 사용해 예제 문서의 앞쪽에 붙어 있는 모든 공백을 미리 삭제하면 좀 더
나은 결과를 얻을 수 있다. 그리고 docstring을 사용할 수 있고, 파이썬 코드의 형식을
없애면 코드에 사용됐던 여러 줄^{multiline} 문자열을 그대로 사용할 수도 있다. 예제 문자열
은 이런 기능을 보여주고자 인위적으로 공백과 들여쓰기를 사용했다.

리스트 1.10: textwrap_dedent.py

```
import textwrap
from textwrap_example import sample_text

dedented_text = textwrap.dedent(sample_text)
print('Dedented:')
print(dedented_text)
```

결과가 좀 더 보기 좋아지고 있다.

```
$ python3 textwrap_dedent.py

Dedented:

The textwrap module can be used to format text for output in
situations where pretty-printing is desired.    It offers
programmatic functionality similar to the paragraph wrapping
or filling features found in many text editors.
```

'dedent'가 'indent'의 반대말이기 때문에 줄의 시작 부분에 있는 공통적인 공백이 사라진다. 다른 줄에 비해 더 들여쓰기가 된 줄이 있다면 그 공백까지 사라지진 않는다.

예를 들어 다음과 같이 입력하면

```
␣Line␣one.
␣␣␣Line␣two.
␣Line␣three.
```

다음과 같이 변환한다.

```
Line␣one.
␣␣Line␣two.
Line␣three.
```

1.2.4 Dedent와 Fill을 함께 사용

그런 다음 공백을 없앤 텍스트를 서로 다른 width 값과 함께 fill()에 넘길 수 있다.

리스트 1.11: textwrap_fill_width.py

```python
import textwrap
from textwrap_example import sample_text

dedented_text = textwrap.dedent(sample_text).strip()
for width in [45, 60]:
    print('{} Columns:\n'.format(width))
    print(textwrap.fill(dedented_text, width=width))
    print()
```

지정된 폭으로 출력된다.

```
$ python3 textwrap_fill_width.py
```

45 Columns:

```
The textwrap module can be used to format
text for output in situations where pretty-
printing is desired.   It offers programmatic
functionality similar to the paragraph
wrapping or filling features found in many
text editors.
```

60 Columns:

```
The textwrap module can be used to format text for output in
situations where pretty-printing is desired.   It offers
programmatic functionality similar to the paragraph wrapping
or filling features found in many text editors.
```

1.2.5 블록 들여쓰기

문자열 내의 모든 줄에 동일한 접두어를 추가할 때는 indent()를 사용한다. 이 예제는
동일한 예제 문자열에서 각 줄의 접두어로 >를 사용해 이메일 메시지의 일부인 것처럼
인용하는 것을 보여준다.

리스트 1.12: textwrap_indent.py

```python
import textwrap
from textwrap_example import sample_text

dedented_text = textwrap.dedent(sample_text)
wrapped = textwrap.fill(dedented_text, width=50)
wrapped += '\n\nSecond paragraph after a blank line.'
final = textwrap.indent(wrapped, '> ')

print('Quoted block:\n')
print(final)
```

텍스트 블록은 새 줄에서 분리되고, 접두어는 텍스트를 포함하는 각 줄에 추가된 후 각
줄은 새 문자열로 결합되고 반환된다.

```
$ python3 textwrap_indent.py

Quoted block:

>  The textwrap module can be used to format text
>  for output in situations where pretty-printing is
>  desired. It offers programmatic functionality
>  similar to the paragraph wrapping or filling
>  features found in many text editors.

> Second paragraph after a blank line.
```

원하는 줄에만 새 접두어를 추가하려면 indent()에 predicate 인자로 호출 가능한
callable 객체를 전달하면 된다. 호출 가능한 객체가 각 줄에 대해 실행되고 반환값이
true인 줄에 접두어가 추가된다.

리스트 1.13: textwrap_indent_predicate.py

```python
import textwrap
from textwrap_example import sample_text

def should_indent(line):
    print('Indent {!r}?'.format(line))
    return len(line.strip()) % 2 == 0

dedented_text = textwrap.dedent(sample_text)
wrapped = textwrap.fill(dedented_text, width=50)
final = textwrap.indent(wrapped, 'EVEN ',
                        predicate=should_indent)

print('\nQuoted block:\n')
print(final)
```

다음은 문자 개수가 짝수인 줄에 접두어 EVEN을 추가하는 예제다.

```
$ python3 textwrap_indent_predicate.py

Indent ' The textwrap module can be used to format text\n'?
Indent 'for output in situations where pretty-printing is\n'?
Indent 'desired. It offers programmatic functionality\n'?
Indent 'similar to the paragraph wrapping or filling\n'?
```

Indent 'features found in many text editors.'?

Quoted block:

```
EVEN   he textwrap module can be used to format text
for output in situations where pretty-printing is
EVEN desired. It offers programmatic functionality
EVEN similar to the paragraph wrapping or filling
EVEN features found in many text editors.
```

1.2.6 이어지는 들여쓰기

결과문의 너비를 조절할 수 있는 것과 마찬가지로 첫 번째 줄의 들여쓰기도 뒤에 나오는 줄과 독립적으로 조절할 수 있다.

리스트 1.14: textwrap_hanging_indent.py

```python
import textwrap
from textwrap_example import sample_text

dedented_text = textwrap.dedent(sample_text).strip()
print(textwrap.fill(dedented_text,
                    initial_indent='',
                    subsequent_indent=' ' * 4,
                    width=50,
                    ))
```

이처럼 실행하면 첫 번째 줄의 공백을 뒤이어 오는 줄에 비해 적게^{hanging indent} 만들 수 있다.

```
$ python3 textwrap_hanging_indent.py

The textwrap module can be used to format text for
    output in situations where pretty-printing is
    desired. It offers programmatic functionality
    similar to the paragraph wrapping or filling
    features found in many text editors.
```

들여쓰기 값으로 꼭 공백 문자를 사용할 필요는 없다. 예를 들어 두 번째 줄부터의 들여쓰기에 불릿 포인트^{bullet points}(*)를 접두어로 만들 수도 있다.

> **옮긴이 참고**
>
> 위 소스코드 중 subsequent_indent=' ' * 4를 subsequent_indent='*' * 4로 변경해보면 들여쓰기 문자가 공백 문자가 아닌 *로 나오는 것을 볼 수 있다.

1.2.7 긴 텍스트 자르기

shorten()을 사용하면 텍스트를 잘라내 요약하거나 프리뷰를 만들 수 있다. 모든 공백 문자(탭이나 개행 문자, 여러 개의 공백 문자)는 단일 공백으로 표준화된다. 그러고 나서 원래 텍스트는 요청된 것과 동일하거나 작은 길이로 잘려나간다. 단어의 일부가 잘려나가지 않도록 알맞게 잘라준다.

리스트 1.15: textwrap_shorten.py

```
import textwrap
from textwrap_example import sample_text

dedented_text = textwrap.dedent(sample_text)
original = textwrap.fill(dedented_text, width=50)

print('Original:\n')
print(original)

shortened = textwrap.shorten(original, 100)
shortened_wrapped = textwrap.fill(shortened, width=50)

print('\nShortened:\n')
print(shortened_wrapped)
```

원본 문자열에서 공백이 아닌 문자가 잘려나갈 때 이 부분은 플레이스홀더^{placeholder} 값으로 대체된다. 기본 플레이스홀더 문자는 [...] 인데, 이 값은 shorten()의 인자인 placeholder를 사용해 바꿀 수 있다.

```
$ python3 textwrap_shorten.py

Original:
```

```
 The textwrap module can be used to format text
for output in situations where pretty-printing is
desired. It offers programmatic functionality
similar to the paragraph wrapping or filling
features found in many text editors.

Shortened:

The textwrap module can be used to format text for
output in situations where pretty-printing [...]
```

> **옮긴이 참고**
>
> placeholder를 인자로 사용한 예는 아래와 같다.
>
> 코드:
>
> ```
> shortened = textwrap.shorten(original, 50, placeholder='[ ... ]')
> print('\n플레이스홀더 변경 결과는 아래와 같다\n')
> print(shortened)
> ```
>
> 위 코드에 대한 결과:
>
> ```
> 플레이스홀더 변경 결과는 아래와 같다
> The textwrap module can be used to format[ ... ]
> ```

팁 — 참고 자료

■ textwrap 표준 라이브러리 문서: https://docs.python.org/3.5/library/textwrap.html

1.3 re: 정규 표현식

정규 표현식^{regular expressions}은 정형화된 문법을 사용한 문자열 매칭용 패턴이다. 패턴은 일련의 명령으로 인식돼 원본 문자열을 수정하거나 검색용 부분집합을 만든다. 정규 표현식이란 용어는 종종 정규식('regex'나 'regexp')으로 줄여 부르기도 한다. 정규 표현식은 텍스트 매칭, 반복, 패턴 구성, 분기 및 기타 더 복잡한 규칙을 포함할 수 있다. 문자열 파싱 문제를 해결하고자 렉서^{lexer}나 파서^{parser}를 새롭게 구현하는 것보다 정규 표현식을 이용하면 훨씬 간단한 경우가 많다.

일반 애플리케이션에서 문자열 관련 작업을 위해 정규 표현식이 흔히 사용된다. 예를 들어 프로그래머가 주로 사용하는 텍스트 편집기인 vi, emacs나 최신 IDE에서 문자열 검색을 위해 정규 표현식을 지원한다. 또한 유닉스 명령인 **sed**, **grep**, **awk**에서도 중요한 역할을 한다. 펄^{Perl}, 루비^{Ruby}, Awk, Tcl 같은 많은 언어에서 정규 표현식이 언어 자체에 포함돼 있고, C , C++ , 파이썬 등의 언어에서는 확장 라이브러리를 통해 정규 표현식을 지원한다.

정규 표현식을 구현하는 많은 오픈소스가 핵심 문법을 공유하지만, 고급 문법이나 표현 방식은 조금씩 다르다. 파이썬 re 모듈의 정규 표현식 문법은 펄의 문법을 기본으로 하고 파이썬에 특화된 부분을 약간 포함한다.

> **참고**
>
> 정규 표현식의 정의는 정규 언어를 표현하는 것으로 제한되긴 하지만, re 모듈이 지원하는 기능은 이를 넘어서는 경우가 있다. 따라서 여기서 사용하는 정규 표현식이란 용어는 파이썬 re 모듈의 기능을 포함하는 좀 더 일반적인 의미로 사용하겠다.

1.3.1 텍스트에서 패턴 찾기

re는 텍스트에서 패턴을 찾을 때 가장 많이 사용한다. search() 함수는 찾아낼 패턴과 텍스트를 인자로 받아 일치하는 패턴이 발견된 경우 Match 객체를 반환한다. 일치하는 패턴을 발견하지 못한 경우 search()는 None을 반환한다.

Match 객체는 원본 입력 문자열과 사용된 정규 표현식, 텍스트에서 패턴이 발견된 곳의 위치 같은 매칭에 관련된 정보를 갖고 있다.

리스트 1.16: re_simple_match.py

```
import re

pattern = 'this'
text = 'Does this text match the pattern?'

match = re.search(pattern, text)

s = match.start()
e = match.end()

print('Found "{}"\nin "{}"\nfrom {} to {} ("{}")'.format(
    match.re.pattern, match.string, s, e, text[s:e]))
```

start(), end() 메서드는 텍스트에서 패턴이 발견된 위치를 문자열의 인덱스로 보여준다.

```
$ python3 re_simple_match.py

Found "this"
in "Does this text match the pattern?"
from 5 to 9 ("this")
```

1.3.2 표현식 컴파일

re는 정규 표현식을 문자열 형태로 사용할 수 있는 모듈 레벨의 함수를 제공한다. 하지만 자주 사용하는 표현식을 컴파일해서 사용하는 것이 좀 더 효율적이다. compile() 함수는 표현식 문자열을 RegexObject로 변환한다.

리스트 1.17: re_simple_compiled.py

```python
import re

# 패턴을 프리컴파일함
regexes = [
    re.compile(p)
    for p in ['this', 'that']
]
text = 'Does this text match the pattern?'

print('Text: {!r}\n'.format(text))

for regex in regexes:
    print('Seeking "{}" ->'.format(regex.pattern),
            end=' ')

    if regex.search(text):
        print('match!')
    else:
        print('no match')
```

모듈 레벨의 함수는 컴파일된 표현식을 캐시로 만들어 보관한다. 하지만 캐시 용량은 제한돼 있으며 컴파일된 표현식을 사용하면 캐시 검색 때 발생하는 오버헤드도 방지할 수 있다. 컴파일된 표현식의 또 다른 장점은 모듈이 로딩되는 시점에 모든 표현식을 미리 컴파일한다는 점이다. 이 작업은 애플리케이션이 실행되는 시점에 이뤄지기 때문에 실행 시간에 영향을 주지 않는다.

```
$ python3 re_simple_compiled.py

Text: 'Does this text match the pattern?'

Seeking "this" -> match!
Seeking "that" -> no match
```

1.3.3 다중 매칭

지금까지 예제에서는 텍스트에서 하나의 패턴을 찾아내고자 search()를 사용했다. findall() 함수는 겹치는 경우를 제외하고 패턴에 매칭되는 모든 하위 문자열을 반환한다.

리스트 1.18: re_findall.py

```
import re

text = 'abbaaabbbbaaaaa'
pattern = 'ab'

for match in re.findall(pattern, text):
    print('Found {!r}'.format(match))
```

입력된 문자열에는 두 개의 ab가 있다.

```
$ python3 re_findall.py

Found 'ab'
Found 'ab'
```

finditer()는 findall()이 문자열을 반환하는 것과 달리 Match 인스턴스를 반환한다.

리스트 1.19: re_finditer.py

```
import re

text = 'abbaaabbbbaaaaa'

pattern = 'ab'

for match in re.finditer(pattern, text):
    s = match.start()
    e = match.end()
    print('Found {!r} at {:d}:{:d}'.format(
        text[s:e], s, e))
```

이 예제 코드 역시 **ab**를 두 번 찾아내고, Match 인스턴스는 이들이 어느 위치에 있는지 보여준다.

```
$ python3 re_finditer.py
Found 'ab' at 0:2
Found 'ab' at 5:7
```

1.3.4 패턴 문법

정규 표현식은 단순히 문자를 그대로 검색하는 패턴보다 더 강력한 기능을 제공한다. 패턴을 반복할 수도 있고, 위치를 지정하거나 범위를 지정해 찾고자 하는 모든 문자를 적는 수고를 덜 수도 있다. 이 모든 기능은 일반 문자열과 re의 정규 표현식 패턴 문법의 일부인 메타문자meta-characters를 조합해 사용한다.

리스트 1.20: re_test_patterns.py

```
import re

def test_patterns(text, patterns):
    """Given source text and a list of patterns, look for
    matches for each pattern within the text and print
```

```
them to stdout.
"""

# 텍스트에서 패턴을 찾고 결과를 출력
for pattern, desc in patterns:
    print("'{}' ({})\n".format(pattern, desc))
    print("  '{}'".format(text))

    for match in re.finditer(pattern, text):
        s = match.start()
        e = match.end()
        substr = text[s:e]
        n_backslashes = text[:s].count('\\')
        prefix = '.' * (s + n_backslashes)
        print("  {}'{}'".format(prefix, substr))
    print()

return

if __name__ == '__main__':
    test_patterns('abbaaabbbbaaaaa',
                  [('ab', "'a' followed by 'b'"),
                  ])
```

다음 예제는 패턴의 변화가 매칭 값에 어떤 변화를 가져오는지 test_patterns()를 이
용해 보여준다. 실행 결과는 입력값으로 사용된 텍스트와 패턴과 매칭되는 하위 문자
열의 범위를 표시한다.

```
$ python3 re_test_patterns.py

'ab' ('a' followed by 'b')

  'abbaaabbbbaaaaa'
  'ab'
  .....'ab'
```

1.3.4.1 반복

패턴에 반복을 표시하는 방법에는 다섯 가지가 있다. 0번이나 그 이상 반복됨을 나타내려면 패턴 뒤에 메타문자 *를 붙여준다(0번에 매칭된다는 의미는 패턴이 한 번도 나타나지 않아도 된다는 의미다). 적어도 한 번 이상 반복됨을 나타내려면 * 대신 +를 사용한다. 0번이나 단 한 번만 나타남을 표시하려면 ?를 사용한다. 몇 번의 반복이 있는지 횟수를 지정하려면 패턴 뒤에 {m}을 붙인다. 여기서 m은 반복하고자 하는 숫자를 의미한다. 그리고 마지막으로 반복되는 수의 범위를 지정하고자 {m,n}을 사용할 수 있다. 이때 m은 최소치, n은 최대치를 의미한다. n을 제외하고 {m,}의 형태로 사용하면 '적어도 m 번 이상 반복'의 의미가 된다.

리스트 1.21: re_repetition.py

```
from re_test_patterns import test_patterns

test_patterns(
    'abbaabbba',
    [('ab*', 'a followed by zero or more b'),
     ('ab+', 'a followed by one or more b'),
     ('ab?', 'a followed by zero or one b'),
     ('ab{3}', 'a followed by three b'),
     ('ab{2,3}', 'a followed by two to three b')],
)
```

ab+보다 ab*와 ab?에서 더 많은 매칭이 발생한다.

```
$ python3 re_repetition.py
'ab*' (a followed by zero or more b)

  'abbaabbba'
  'abb'
  ...'a'
  ....'abbb'
  ........'a'

'ab+' (a followed by one or more b)

  'abbaabbba'
```

```
  'abb'
  ....'abbb'

'ab?' (a followed by zero or one b)

  'abbaabbba'
  'ab'
  ...'a'
  ....'ab'
  ........'a'

'ab{3}' (a followed by three b)

  'abbaabbba'
  ....'abbb'

'ab{2,3}' (a followed by two to three b)

  'abbaabbba'
  'abb'
  ....'abbb'
```

일반적으로 반복문을 사용하는 경우 re는 패턴을 매칭할 때 가능한 한 많은 입력값을 소비하려 한다. 소위 탐욕^{greedy}이라 불리는 동작이 이뤄지기 때문인데, 매칭된 값이 예상보다 많은 입력값을 포함하는 경우가 생기기도 한다. 이 방식은 반복문 뒤에 ?를 붙여 비활성화시킬 수 있다.

리스트 1.22: re_repetition_non_greedy.py

```
from re_test_patterns import test_patterns

test_patterns(
    'abbaabbba',
    [('ab*?', 'a followed by zero or more b'),
     ('ab+?', 'a followed by one or more b'),
     ('ab??', 'a followed by zero or one b'),
     ('ab{3}?', 'a followed by three b'),
     ('ab{2,3}?', 'a followed by two to three b')],
)
```

b가 0이나 그 이상 반복되는 패턴에서 탐욕 방식을 비활성화시키면 매칭된 하위 문자열은 더 이상 b 문자를 포함하지 않는다.

```
$ python3 re_repetition_non_greedy.py
'ab*?' (a followed by zero or more b)

  'abbaabbba'
  'a'
  ...'a'
  ....'a'
   ........'a'
'ab+?' (a followed by one or more b)

  'abbaabbba'
  'ab'
  ....'ab'
'ab??' (a followed by zero or one b)

  'abbaabbba'
  'a'
  ...'a'
  ....'a'
  ........'a'
'ab{3}?' (a followed by three b)

  'abbaabbba'
  ....'abbb'
'ab{2,3}?' (a followed by two to three b)

  'abbaabbba'
  'abb'
  ....'abb'
```

1.3.4.2 문자 집합

패턴에 문자 집합character set을 사용하면 집합 속의 문자 어느 것이라도 매칭될 수 있다. 예를 들어 [ab]는 a에도 매칭되고 b에도 매칭된다.

리스트 1.23: re_charset.py

```
from re_test_patterns import test_patterns

test_patterns(
    'abbaabbba',
    [('[ab]', 'either a or b'),
     ('a[ab]+', 'a followed by 1 or more a or b'),

     ('a[ab]+?', 'a followed by 1 or more a or b, not greedy')],
)
```

탐욕 방식을 사용한 (a[ab]+)는 예제 텍스트 전체를 소비한다. a를 처음 문자로 사용했고, 하위 문자열에 a나 b가 1개 이상 나올 수 있다는 의미이기 때문이다.

```
$ python3 re_charset.py

'[ab]' (either a or b)

   'abbaabbba'
   'a'
  .'b'
  ..'b'
  ...'a'
  ....'a'
  .....'b'
  ......'b'
  .......'b'
  ........'a'

'a[ab]+' (a followed by 1 or more a or b)

   'abbaabbba'
   'abbaabbba'

'a[ab]+?' (a followed by 1 or more a or b, not greedy)
   'abbaabbba'
   'ab'
  ...'aa'
```

문자 집합은 특정 문자를 제외할 때도 사용할 수 있다. 집합 앞에 ^(캐럿)을 붙이면 문자 집합에 열거된 문자를 제외하고 찾는다.

리스트 1.24: re_charset_exclude.py

```
from re_test_patterns import test_patterns

test_patterns(
    'This is some text -- with punctuation.',
    [('[^-. ]+', 'sequences without -, ., or space')],
)
```

이 예제 코드는 하이픈(-), 마침표(.), 공백 문자 세 가지를 제외한 하위 문자열을 검색한다.

```
$ python3 re_charset_exclude.py

'[^-. ]+' (sequences without -, ., or space)

  'This is some text -- with punctuation.'
  'This'
  .....'is'
  ........'some'
  ............'text'
  ....................'with'
  ........................'punctuation'
```

문자 집합의 크기가 커지면 매칭하거나 매칭하지 않아야 하는 문자를 하나씩 입력하는 과정이 매우 귀찮아진다. 이런 경우 문자 범위^{character ranges}를 사용하면 연속적인 범위에 있는 문자를 시작점과 끝점을 지정해 사용할 수 있다.

리스트 1.25: re_charset_ranges.py

```
from re_test_patterns import test_patterns

test_patterns(
    'This is some text -- with punctuation.',
    [('[a-z]+', 'sequences of lowercase letters'),
     ('[A-Z]+', 'sequences of uppercase letters'),
```

```
        ('[a-zA-Z]+', 'sequences of letters of either case'),

        ('[A-Z][a-z]+', 'one uppercase followed by lowercase')],
    )
```

예제의 **a-z** 범위는 아스키^{ASCII} 소문자를 모두 포함하며, **A-Z**는 아스키 대문자를 모두 포함한다. 범위 지정은 단일 문자와 조합해 사용할 수도 있다.

```
$ python3 re_charset_ranges.py
'[a-z]+' (sequences of lowercase letters)

  'This is some text -- with punctuation.'
  .'his'
  .....'is'
  ........'some'
  ............'text'
  ....................'with'
  ........................'punctuation'

'[A-Z]+' (sequences of uppercase letters)

  'This is some text -- with punctuation.'
  'T'

'[a-zA-Z]+' (sequences of letters of either case)

  'This is some text -- with punctuation.'
  'This'
  .....'is'
  ........'some'
  ............'text'
  ....................'with'
  ........................'punctuation'

'[A-Z][a-z]+' (one uppercase followed by lowercase)

  'This is some text -- with punctuation.'
  'This'
```

정규 표현식에 마침표(.)를 특수한 의미로 사용하면 그 자리에 어떤 문자가 와도 매칭함을 의미한다.

리스트 1.26: re_charset_dot.py

```
from re_test_patterns import test_patterns

test_patterns(
    'abbaabbba',
    [('a.', 'a followed by any one character'),
     ('b.', 'b followed by any one character'),
     ('a.*b', 'a followed by anything, ending in b'),
     ('a.*?b', 'a followed by anything, ending in b')],
)
```

탐욕 알고리즘이 활성화인 상태에서 .과 반복문을 조합해 사용하면 매칭 결과가 매우 길어질 수 있다.

```
$ python3 re_charset_dot.py

'a.' (a followed by any one character)

  'abbaabbba'
  'ab'
  ...'aa'

'b.' (b followed by any one character)

  'abbaabbba'
  .'bb'
  .....'bb'
  .......'ba'

'a.*b' (a followed by anything, ending in b)

  'abbaabbba'
  'abbaabbb'

'a.*?b' (a followed by anything, ending in b)

  'abbaabbba'
  'ab'
  ...'aab'
```

1.3.4.3 이스케이프 코드

문자 집합이 미리 정의돼 있는 이스케이프 코드를 사용하면 훨씬 간단한 표현식을 만들 수 있다. 표 1.1은 re가 사용하는 이스케이프 코드^{escape codes}를 보여준다.

표 1.1: 정규 표현식 이스케이프 코드

코드	의미
\d	숫자
\D	숫자 아님
\s	공백(탭, 스페이스, 새 줄(nextline) 등)
\S	공백 아님
\w	알파벳이나 숫자(alphanumeric)
\W	알파벳이나 숫자 아님(non-alphanumeric)

이스케이프 코드는 문자 앞에 백슬래시(\)를 붙여 나타낸다. 안타깝게도 백슬래시 자체도 파이썬 문자열에서 이스케이핑해야만 사용할 수 있기 때문에 표현식이 매우 복잡해지게 된다. 이런 문제를 해결하고자 문자열 앞에 r을 붙여 raw 문자열을 만들어 가독성을 높일 수 있다.

리스트 1.27: re_escape_codes.py

```
from re_test_patterns import test_patterns

test_patterns(
    'A prime #1 example!',
    [(r'\d+', 'sequence of digits'),
     (r'\D+', 'sequence of non-digits'),
     (r'\s+', 'sequence of whitespace'),
     (r'\S+', 'sequence of non-whitespace'),
     (r'\w+', 'alphanumeric characters'),
     (r'\W+', 'non-alphanumeric')],
)
```

이번 예제는 이스케이프 코드에 반복문을 혼합해 입력 문자열의 특정 문자 집합을 찾아낸다.

```
$ python3 re_escape_codes.py
'\d+' (sequence of digits)

  'A prime #1 example!'
  .........'1'

'\D+' (sequence of non-digits)

  'A prime #1 example!'
  'A prime #'
  .........' example!'

'\s+' (sequence of whitespace)

  'A prime #1 example!'
  .' '
  .......' '
  ..........' '

'\S+' (sequence of non-whitespace)

  'A prime #1 example!'
  'A'
  ..'prime'
  ........'#1'
  ...........'example!'

'\w+' (alphanumeric characters)

  'A prime #1 example!'
  'A'
  ..'prime'
  .........'1'
  ...........'example'

'\W+' (non-alphanumeric)

  'A prime #1 example!'
  .' '
  .......' #'
  ..........' '
  .................'!'
```

정규 표현식 구문의 일부인 문자를 일치시키려면 검색 패턴의 문자를 이스케이프 처
리해야 한다.

```
from re_test_patterns import test_patterns

test_patterns(
    r'\d+ \D+ \s+',
    [(r'\\.\+', 'escape code')],
)
```

이 예제에 사용된 패턴은 백슬래시와 더하기(+) 기호 앞에 모두 백슬래시를 붙여 이스케이프한다. 두 개 모두 메타문자이고 정규 표현식에서 특별한 의미가 있기 때문이다.

```
$ python3 re_escape_escapes.py

'\\.\+' (escape code)

  '\d+ \D+ \s+'
  '\d+'
  .....'\D+'
  .........'\s+'
```

1.3.4.4 앵커링

앵커링^{anchoring}을 사용하면 일치하는 패턴 내용을 설명해주는 것뿐만 아니라 패턴이 어디서 나타나는지 상대 위치를 지정할 수도 있다. 유효한 앵커링 코드를 나타낸 목록은 표 1.2와 같다.

```
from re_test_patterns import test_patterns

test_patterns(
    'This is some text -- with punctuation.',
    [(r'^\w+', 'word at start of string'),
     (r'\A\w+', 'word at start of string'),
     (r'\w+\S*$', 'word near end of string'),
     (r'\w+\S*\Z', 'word near end of string'),
     (r'\w*t\w*', 'word containing t'),
```

```
    (r'\bt\w+', 't at start of word'),
    (r'\w+t\b', 't at end of word'),
    (r'\Bt\B', 't, not start or end of word')],
)
```

예제에서 문자열의 시작 부분에 위치한 단어를 찾는 방법과 문자열이 끝나는 부분에
위치한 단어를 찾는 방법이 다르다. 문자열의 마지막에 있는 punctuation이란 단어의
뒤에 마침표가 붙어있기 때문이다. 단순히 \w+$ 패턴을 사용하면 이 단어를 찾아낼 수
없다. 마침표는 \w가 의미하는 숫자나 문자 범주에 포함되지 않기 때문이다.

표 1.2: 정규 표현식 앵커 코드

코드	의미
^	문자열이나 줄의 시작
$	문자열이나 줄의 끝
\A	문자열의 시작
\Z	문자열의 끝
\b	단어의 시작이나 끝에 있는 공백 문자열
\B	단어의 시작이나 끝에 있지 않은 공백 문자열

```
$ python3 re_anchoring.py
'^\w+' (word at start of string)

   'This is some text -- with punctuation.'
   'This'

'\A\w+' (word at start of string)

   'This is some text -- with punctuation.'
   'This'

'\w+\S*$' (word near end of string)

   'This is some text -- with punctuation.'
   ........................'punctuation.'

'\w+\S*\Z' (word near end of string)
```

```
'This is some text -- with punctuation.'
.........................'punctuation.'
```

'\w*t\w*' (word containing t)

```
'This is some text -- with punctuation.'
............'text'
....................'with'
........................'punctuation'
```

'\bt\w+' (t at start of word)

```
'This is some text -- with punctuation.'
............'text'
```

'\w+t\b' (t at end of word)

```
'This is some text -- with punctuation.'
............'text'
```

'\Bt\B' (t, not start or end of word)

```
'This is some text -- with punctuation.'
......................'t'
...........................'t'
.............................'t'
```

1.3.5 검색 범위 제한

입력된 텍스트의 특정 부분만 사용된다는 것을 알고 있다면 re에 그 위치를 알려 검색 범위를 제한할 수 있다. 예를 들어 패턴이 무조건 텍스트의 제일 앞에만 나온다면 search()에 위치를 지정하는 앵커 부호를 사용하는 대신 바로 match()를 사용하면 된다.

리스트 1.30: re_match.py

```python
import re

text = 'This is some text -- with punctuation.'
pattern = 'is'

print('Text   :', text)
```

```
print('Pattern:', pattern)

m = re.match(pattern, text)
print('Match  :', m)
s = re.search(pattern, text)
print('Search :', s)
```

is가 예제 문자열의 제일 앞에 나오지 않기 때문에 match()를 사용하면 찾을 수 없다.
하지만 문장 중간에는 is가 2번 포함돼 있으므로 search()는 이를 찾아낸다.

```
$ python3 re_match.py

Text    : This is some text -- with punctuation.
Pattern : is
Match   : None
Search  : <_sre.SRE_Match object; span=(2, 4), match='is'>
```

fullmatch() 메서드를 사용할 때는 전체 입력 문자가 패턴과 일치해야 한다.

리스트 1.31: re_fullmatch.py

```
import re

text = 'This is some text -- with punctuation.'
pattern = 'is'

print('Text       :', text)
print('Pattern    :', pattern)

m = re.search(pattern, text)
print('Search     :', m)

s = re.fullmatch(pattern, text)
print('Full match :', s)
```

여기서 search() 메서드는 원본 문자열이 패턴을 포함한다는 것을 보여준다. 하지만
모든 입력이 일치하지 않으므로 fullmatch 결과는 일치하지 않는다고 나온다.

```
$ python3 re_fullmatch.py

Text        : This is some text -- with punctuation.
Pattern     : is
Search      : <_sre.SRE_Match object; span=(2, 4), match='is'>
Full match  : None
```

컴파일된 정규 표현식의 **search()** 메서드는 **start**와 **end** 위치 매개변수를 받을 수 있
다. 이렇게 하면 입력된 하위 문자열을 대상으로 검색을 제한할 수 있다.

리스트 1.32: re_search_substring.py

```
import re

text = 'This is some text -- with punctuation.'
pattern = re.compile(r'\b\w*is\w*\b')

print('Text:', text)
print()

pos = 0
while True:
    match = pattern.search(text, pos)
    if not match:
        break
    s = match.start()
    e = match.end()
    print('  {:>2d} : {:>2d} = "{}"'.format(
        s, e - 1, text[s:e]))
    # 텍스트의 다음 검색을 위해 앞으로 진행
    pos = e
```

이번 예제는 **iterall()**에 비해 비효율적이다. 매번 매칭되는 패턴을 발견할 때마다 끝
나는 지점을 이용해 다음번 검색에 이용하기 때문이다.

```
$ python3 re_search_substring.py

Text: This is some text -- with punctuation.

   0 :  3 = "This"
```

```
5 :  6 = "is"
```

1.3.6 그룹을 이용한 매칭 분리

패턴 매칭은 정규 표현식이 제공하는 가장 기본적이지만 강력한 기능이다. 여기에 그룹을 이용하면 매칭된 텍스트를 분리할 수 있고, 파서를 만드는 데 이용할 수 있다. 그룹은 괄호를 사용해 표시한다.

리스트 1.33: re_groups.py

```python
from re_test_patterns import test_patterns

test_patterns(
    'abbaaabbbbaaaaa',
    [('a(ab)', 'a followed by literal ab'),
     ('a(a*b*)', 'a followed by 0-n a and 0-n b'),
     ('a(ab)*', 'a followed by 0-n ab'),
     ('a(ab)+', 'a followed by 1-n ab')],
)
```

모든 정규 표현식은 그룹으로 묶을 수 있으며 더 큰 표현식 속에 포함될 수 있다. 모든 반복 지시자$^{repetition\ modifier}$는 전체 그룹 패턴을 반복할 필요가 있을 때 그룹 전체에 적용할 수 있다.

```
$ python3 re_groups.py

'a(ab)' (a followed by literal ab)

  'abbaaabbbbaaaaa'
  ....'aab'

'a(a*b*)' (a followed by 0-n a and 0-n b)

  'abbaaabbbbaaaaa'
  'abb'
  ...'aaabbbb'
  ..........'aaaaa'
```

```
'a(ab)*' (a followed by 0-n ab)

  'abbaaabbbbaaaaa'
  'a'
  ...'a'
  ....'aab'
  ..........'a'
  ...........'a'
  ............'a'
  .............'a'
  ..............'a'
'a(ab)+' (a followed by 1-n ab)

  'abbaaabbbbaaaaa'
  ....'aab'
```

매칭된 패턴의 내부 그룹에 개별적으로 접근하려면 Match 객체의 groups() 메서드를 사용한다.

리스트 1.34: re_groups_match.py

```python
import re

text = 'This is some text -- with punctuation.'

print(text)
print()

patterns = [
    (r'^(\w+)', 'word at start of string'),
    (r'(\w+)\S*$', 'word at end, with optional punctuation'),
    (r'(\bt\w+)\W+(\w+)', 'word starting with t, another word'),
    (r'(\w+t)\b', 'word ending with t'),
]

for pattern, desc in patterns:
    regex = re.compile(pattern)
    match = regex.search(text)
    print("'{}' ({})\n".format(pattern, desc))
    print('  ', match.groups())
    print()
```

`Match.groups()`는 문자열에 매칭된 표현식 내부의 그룹 순서대로 문자열을 반환한다.

```
$ python3 re_groups_match.py

This is some text -- with punctuation.

'^(\w+)' (word at start of string)

  ('This',)

'(\w+)\S*$' (word at end, with optional punctuation)

  ('punctuation',)

'(\bt\w+)\W+(\w+)' (word starting with t, another word)

  ('text', 'with')

'(\w+t)\b' (word ending with t)

  ('text',)
```

한 그룹의 내용만 필요할 때는 group()을 사용한다. 특정 문자열을 찾아내고자 그룹을 사용하긴 했지만 다른 그룹에 있는 내용이 필요하지 않는 경우에 유용하다.

리스트 1.35: re_groups_individual.py

```
import re

text = 'This is some text -- with punctuation.'

print('Input text             :', text)

# t로 시작하는 단어, 이후 또 다른 단어
regex = re.compile(r'(\bt\w+)\W+(\w+)')
print('Pattern                :', regex.pattern)

match = regex.search(text)
print('Entire match           :', match.group(0))
print('Word starting with "t" :', match.group(1))
print('Word after "t" word    :', match.group(2))
```

그룹 0은 정규 표현식에 의해 매칭된 문자열 전체를 의미하고, 1번부터는 매칭된 그룹 순서대로 1씩 증가한다.

```
$ python3 re_groups_individual.py

Input text             : This is some text -- with punctuation.
Pattern                : (\bt\w+)\W+(\w+)
Entire match           : text -- with
Word starting with "t" : text
Word after "t" word    : with
```

기본 그룹 문법을 확장시켜 그룹에 이름을 지정할 수 있다. 이름을 사용하면 추후에 패턴을 수정해야 하는 경우 편리하고, 매칭 결과를 이용해 코드를 수정하기도 한다. 그룹에 이름을 붙이려면 (?P<name>pattern)처럼 한다.

리스트 1.36: re_groups_named.py

```python
import re

text = 'This is some text -- with punctuation.'
print(text)
print()

patterns = [
    r'^(?P<first_word>\w+)',
    r'(?P<last_word>\w+)\S*$',
    r'(?P<t_word>\bt\w+)\W+(?P<other_word>\w+)',
    r'(?P<ends_with_t>\w+t)\b',
]

for pattern in patterns:
    regex = re.compile(pattern)
    match = regex.search(text)
    print("'{}'".format(pattern))
    print('  ', match.groups())
    print('  ', match.groupdict())
    print()
```

groupdict()를 사용해 그룹 이름에 대응하는 매칭된 문자열을 딕셔너리 형태로 추출할 수 있다. 이름이 붙은 패턴 역시 groups()에서 반환하는 값과 같은 순서로 포함된다.

```
$ python3 re_groups_named.py

This is some text -- with punctuation.

'^(?P<first_word>\w+)'
   ('This',)
   {'first_word': 'This'}

'(?P<last_word>\w+)\S*$'
   ('punctuation',)
   {'last_word': 'punctuation'}

'(?P<t_word>\bt\w+)\W+(?P<other_word>\w+)'
   ('text', 'with')
   {'t_word': 'text', 'other_word': 'with'}

'(?P<ends_with_t>\w+t)\b'
   ('text',)
   {'ends_with_t': 'text'}
```

이제부터는 예제의 내용을 좀 더 이해하기 쉽게 그룹의 번호와 이름을 보여주도록 업데이트된 test_patterns() 함수를 사용하겠다.

리스트 1.37: re_test_patterns_groups.py

```
import re

def test_patterns(text, patterns):
    """Given source text and a list of patterns, look for
    matches for each pattern within the text and print
    them to stdout.
    """
    # 텍스트 속의 각 패턴을 찾고 결과 출력하기
    for pattern, desc in patterns:
        print('{!r} ({})\n'.format(pattern, desc))
        print('  {!r}'.format(text))
        for match in re.finditer(pattern, text):
            s = match.start()
            e = match.end()
            prefix = ' ' * (s)
            print(
```

```
                       ' {}{!r}{} '.format(prefix,
                                           text[s:e],
                                           ' ' * (len(text) - e)),
                       end=' ',
                   )
               print(match.groups())
               if match.groupdict():
                   print('{}{}'.format(
                       ' ' * (len(text) - s),
                       match.groupdict()),
                   )
           print()
     return
```

그룹 자체로도 정규 표현식이기 때문에 그룹을 다른 그룹 속에 포함시켜 좀 더 복잡한
표현식을 만들 수 있다.

리스트 1.38: re_groups_nested.py

```
from re_test_patterns_groups import test_patterns

test_patterns(
    'abbaabbba',
    [(r'a((a*)(b*))', 'a followed by 0-n a and 0-n b')],
)
```

이 예제에서는 그룹 (a*)가 빈 문자열에도 매칭되기 때문에 **groups()**가 반환하는 값에
빈 문자열이 포함돼 있는 것을 볼 수 있다.

```
$ python3 re_groups_nested.py

'a((a*)(b*))' (a followed by 0-n a and 0-n b)

  'abbaabbba'
  'abb'        ('bb', '', 'bb')
     'aabbb'   ('abbb', 'a', 'bbb')
          'a'  ('', '', '')
```

대안 패턴을 사용하는 경우에도 그룹은 유용하다. 파이프 기호(|)를 사용해 하나의 패턴이나 그 뒤의 패턴이 매칭되게 한다. 하지만 파이프 기호를 사용할 때는 주의가 필요하다. 다음 예제를 보자. 첫 번째 패턴은 a 뒤에 모두 a가 오거나 모두 b가 오는 경우를 가리킨다. 두 번째 패턴은 a 뒤에 a나 b가 하나 이상으로 이뤄진 경우를 가리킨다. 얼핏 보면 비슷하게 보이는 패턴이지만 매칭된 결과물을 보면 완전히 다르다.

리스트 1.39: re_groups_alternative.py

```
from re_test_patterns_groups import test_patterns

test_patterns(
    'abbaabbba',
    [(r'a((a+)|(b+))', 'a then seq. of a or seq. of b'),
     (r'a((a|b)+)', 'a then seq. of [ab]')],
)
```

전체 패턴에는 매칭되지만 대안 그룹에 매칭되는 결과가 없는 경우 groups()는 대안 그룹의 자리에 None을 넣는다.

```
$ python3 re_groups_alternative.py
'a((a+)|(b+))' (a then seq. of a or seq. of b)

  'abbaabbba'
  'abb'          ('bb', None, 'bb')
    'aa'         ('a', 'a', None)
'a((a|b)+)' (a then seq. of [ab])

  'abbaabbba'
  'abbaabbba'  ('bbaabbba', 'a')
```

하위 패턴과 일치하는 문자열이 전체 텍스트에서 추출한 것의 일부가 아닌 경우 하위 패턴을 포함하는 그룹을 정의하는 것 역시 유용하다. 이런 그룹을 논캡처링^{non-capturing}이라 부른다. 논캡처링 그룹은 반복 패턴이나 대안문^{alternatives}을 설명하고자 사용할 수 있으며, 반환된 값의 일치하는 문자 부분을 분리할 필요가 없다. 논캡처링 그룹을 표현하는 방식은 (?:pattern)이다.

리스트 1.40: re_groups_noncapturing.py

```python
from re_test_patterns_groups import test_patterns

test_patterns(
    'abbaabbba',
    [(r'a((a+)|(b+))', 'capturing form'),
     (r'a((?:a+)|(?:b+))', 'noncapturing')],
)
```

다음 예제에서 동일한 결과에 매칭하고 있는 캡처링 패턴과 논캡처링 패턴이 반환하는 그룹을 비교해보자.

```
$ python3 re_groups_noncapturing.py

'a((a+)|(b+))' (capturing form)

   'abbaabbba'
   'abb'        ('bb', None, 'bb')
     'aa'       ('a', 'a', None)

'a((?:a+)|(?:b+))' (noncapturing)

   'abbaabbba'
   'abb'        ('bb',)
     'aa'       ('a',)
```

1.3.7 검색 옵션

내부적으로 매칭이 수행되는 방식은 옵션 플래그로 조절한다. 플래그는 비트 단위 ^bitwise^ OR 연산을 통해 합칠 수 있으며, compile(), search(), match() 등의 패턴을 받아 검색하는 함수에 사용한다.

1.3.7.1 대소문자 구분 없는 매칭

IGNORECASE는 패턴에 사용한 문자나 문자 범위를 검색할 때 대문자와 소문자를 구별하지 않게 한다.

리스트 1.41: re_flags_ignorecase.py

```
import re

text = 'This is some text -- with punctuation.'
pattern = r'\bT\w+'
with_case = re.compile(pattern)
without_case = re.compile(pattern, re.IGNORECASE)

print('Text:\n  {!r}'.format(text))
print('Pattern:\n  {}'.format(pattern))
print('Case-sensitive:')
for match in with_case.findall(text):
    print('  {!r}'.format(match))
print('Case-insensitive:')
for match in without_case.findall(text):
    print('  {!r}'.format(match))
```

예제 코드의 패턴은 T로 시작하는 단어를 찾게 돼 있다. IGNORECASE 옵션이 없다면 This와 매칭되지만, 옵션을 사용하면 text와도 매칭된다.

```
$ python3 re_flags_ignorecase.py

Text:
    'This is some text -- with punctuation.'
Pattern:
    \bT\w+
Case-sensitive:
    'This'
Case-insensitive:
    'This'
    'text'
```

1.3.7.2 여러 줄 입력

입력값이 여러 줄인 경우 MULTILINE, DOTALL 두 가지 플래그가 검색에 영향을 준다. MULTILINE 플래그는 줄 바꿈 문자를 포함하는 입력값에서 위치 지정이 어떻게 동작하는지 결정한다. 여러 줄 모드가 켜진 경우에 앵커 부호 ^와 $는 전체 문자열뿐 아니라 각 줄의 처음과 끝에도 적용된다.

리스트 1.42: re_flags_multiline.py

```
import re

text = 'This is some text -- with punctuation.\nA second line.'
pattern = r'(^\w+)|(\w+\S*$)'
single_line = re.compile(pattern)
multiline = re.compile(pattern, re.MULTILINE)

print('Text:\n  {!r}'.format(text))
print('Pattern:\n  {}'.format(pattern))
print('Single Line :')
for match in single_line.findall(text):
    print('  {!r}'.format(match))
print('Multline    :')
for match in multiline.findall(text):
    print('  {!r}'.format(match))
```

예제의 패턴은 입력값의 첫 단어나 마지막 단어에 매칭된다. 문자열 마지막에 있는 `line.`은 줄 바꿈 문자가 없더라도 매칭된다.

```
$ python3 re_flags_multiline.py

Text:
    'This is some text -- with punctuation.\nA second line.'
Pattern:
    (^\w+)|(\w+\S*$)
Single Line :
    ('This', '')
    ('', 'line.')
Multline    :
    ('This', '')
    ('', 'punctuation.')
    ('A', '')
    ('', 'line.')
```

DOTALL은 여러 줄에 관련된 또 다른 플래그다. 일반적으로 마침표(.)는 줄 바꿈 문자를 제외한 모든 문자에 매칭된다. **DOTALL** 플래그를 사용하면 마침표가 줄 바꿈 문자도 포함해 매칭한다.

리스트 1.43: re_flags_dotall.py

```
import re

text = 'This is some text -- with punctuation.\nA second line.'
pattern = r'.+'
no_newlines = re.compile(pattern)
dotall = re.compile(pattern, re.DOTALL)

print('Text:\n  {!r}'.format(text))
print('Pattern:\n  {}'.format(pattern))
print('No newlines :')
for match in no_newlines.findall(text):
    print('  {!r}'.format(match))
print('Dotall      :')
for match in dotall.findall(text):
    print('  {!r}'.format(match))
```

플래그를 사용하지 않은 상태에서는 입력된 텍스트가 두 부분으로 나뉘어 매칭되지만, 플래그를 사용하면 전체 문자열이 선택되는 것을 볼 수 있다.

```
$ python3 re_flags_dotall.py

Text:
    'This is some text -- with punctuation.\nA second line.'
Pattern:
    .+
No newlines :
    'This is some text -- with punctuation.'
    'A second line.'
Dotall      :
    'This is some text -- with punctuation.\nA second line.'
```

1.3.7.3 유니코드

파이썬 3에서 str 객체는 풀 유니코드 문자 집합^{full Unicode character set}을 사용하고, str을 처리하는 정규 표현식은 패턴과 입력 문자 모두 유니코드라 가정한다. 앞서 살펴봤던

이스케이프 코드 역시 유니코드의 사용을 기본으로 한다.

이 가정에 따르면 \w+ 패턴은 'French'와 'Français' 두 단어 모두에 일치될 것이다. 파이썬 2에서의 기본값인 아스키 문자를 이스케이프 코드로 제한하려면 패턴을 컴파일할 때나 모듈 레벨의 함수 search(), match()를 호출할 때 ASCII 플래그를 사용한다.

리스트 1.44: re_flags_ascii.py

```
import re

text = u'Français złoty Österreich'
pattern = r'\w+'
ascii_pattern = re.compile(pattern, re.ASCII)
unicode_pattern = re.compile(pattern)

print('Text    :', text)
print('Pattern :', pattern)
print('ASCII   :', list(ascii_pattern.findall(text)))
print('Unicode :', list(unicode_pattern.findall(text)))
```

또 다른 이스케이프 시퀀스(\W, \b, \B, \d, \D, \s, \S) 역시 아스키 텍스트의 경우 다르게 처리된다. 각 문자 속성을 찾고자 유니코드 데이터베이스를 참고하는 대신 re는 문자 집합의 아스키 정의를 사용한다.

```
$ python3 re_flags_ascii.py

Text    : Français złoty Österreich
Pattern : \w+
ASCII   : ['Fran', 'ais', 'z', 'oty', 'sterreich']
Unicode : ['Français', 'złoty', 'Österreich']
```

1.3.7.4 Verbose 표현식

정규 표현식의 문법은 매우 짧고 함축적이기 때문에 표현식이 길어지고 복잡해지면 이해하기 매우 어려워진다. 표현식에 사용되는 그룹 수가 많아질수록 해당 부분이 사용된 이유와 서로 어떻게 상호작용하는지 파악하기 어렵다. 그룹에 이름을 붙이는 방법이 조금 도움이 될 수도 있지만 더 확실한 해결책은 패턴 안에 주석을 달고 여분의 공백을 넣을 수 있는 Verbose 모드를 사용하는 것이다.

이메일 주소를 검증하는 패턴을 통해 정규 표현식을 사용할 때 Verbose 모드를 사용하면 얼마나 작업이 쉬워지는지 볼 수 있다. 처음 버전은 도메인 주소가 .com, .org, .edu로 끝나는 것을 인식한다.

리스트 1.45: re_email_compact.py

```
import re

address = re.compile('[\w\d.+-]+@([\w\d.]+\.)+(com|org|edu)')

candidates = [
    u'first.last@example.com',
    u'first.last+category@gmail.com',
    u'valid-address@mail.example.com',
    u'not-valid@example.foo',
]

for candidate in candidates:
    match = address.search(candidate)
    print('{:<30}  {}'.format(
        candidate, 'Matches' if match else 'No match')
    )
```

예제에 사용된 표현식은 이미 복잡해져 이해가 쉽지 않다. 표현식에는 여러 가지 문자 클래스와 그룹, 반복자가 사용됐다.

```
$ python3 re_email_compact.py

first.last@example.com           Matches
first.last+category@gmail.com    Matches
valid-address@mail.example.com   Matches
not-valid@example.foo            No match
```

위 표현식을 좀 더 이해하기 쉽게 바꿔보면 다음과 같다.

리스트 1.46: re_email_verbose.py

```
import re

address = re.compile(
    '''
    [\w\d.+-]+          # 사용자 이름
    @
    ([\w\d.]+\.)+       # 도메인 이름 접두어
    (com|org|edu)       # TODO: 더 많은 톱 레벨 도메인 지원
    ''',
    re.VERBOSE)

candidates = [
    u'first.last@example.com',
    u'first.last+category@gmail.com',
    u'valid-address@mail.example.com',
    u'not-valid@example.foo',
]

for candidate in candidates:
    match = address.search(candidate)
    print('{:<30}  {}'.format(
        candidate, 'Matches' if match else 'No match'),
    )
```

처음과 같은 부분에 매칭하지만, 이번 버전이 더 이해하기 쉽다. 또한 패턴의 조각마다 주석이 붙어있어 추후 확장이 필요한 경우에도 용이하다.

```
$ python3 re_email_verbose.py

first.last@example.com          Matches
first.last+category@gmail.com   Matches
valid-address@mail.example.com  Matches
not-valid@example.foo           No match
```

확장된 버전은 이메일의 헤더 부분에 나올 수 있는 사람의 이름과 이메일 주소를 파싱한다. 이름이 먼저 나오고 이메일 주소가 이어서 나오는 경우 <, > 사이에 둘러싸인 형태를 취한다.

```python
import re

address = re.compile(
    '''

    # 이름은 알파벳으로 이뤄져 있고
    # 약어나 가운데 이니셜로 인해 '.'이 포함될 수 있다.
    ((?P<name>
        ([\w.,]+\s+)*[\w.,]+)
        \s*
        # 이 메일 주소는 <>로 둘러싸여 있지만,
        # 이름을 찾는 경우에만 그렇다.
        # 따라서 이 그룹에서 시작 브라켓을
        # 유지하게 한다.
        <
    )? # 모든 이름은 옵션이다.

    # 주소 자체: username@domain.tld
    (?P<email>
        [\w\d.+-]+       # 사용자 이름
        @
        ([\w\d.]+\.)+   # 도메인 이름 접두어
        (com|org|edu)   # 허용된 톱 레벨 도메인을 제한
    )

    >? # 선택적으로 닫는 앵글 브라켓 기호
    ''',
    re.VERBOSE)

candidates = [
    u'first.last@example.com',
    u'first.last+category@gmail.com',
    u'valid-address@mail.example.com',
    u'not-valid@example.foo',
    u'First Last <first.last@example.com>',
    u'No Brackets first.last@example.com',
    u'First Last',
    u'First Middle Last <first.last@example.com>',
    u'First M. Last <first.last@example.com>',
    u'<first.last@example.com>',
]
```

```
for candidate in candidates:
    print('Candidate:', candidate)
    match = address.search(candidate)
    if match:
        print('  Name :', match.groupdict()['name'])
        print('  Email:', match.groupdict()['email'])
    else:
        print('  No match')
```

다른 언어와 마찬가지로 정규 표현식에 주석을 넣을 수 있다는 점은 유지 보수에 많은 도움이 된다. 최종 버전 코드는 구현 노트를 포함해서 추후 작업에 도움이 되게 했고, 그룹 간에 간격을 주고자 공백을 넣었다.

```
$ python3 re_email_with_name.py

Candidate: first.last@example.com
    Name : None
    Email: first.last@example.com

Candidate: first.last+category@gmail.com
    Name : None
    Email: first.last+category@gmail.com

Candidate: valid-address@mail.example.com
    Name : None
    Email: valid-address@mail.example.com

Candidate: not-valid@example.foo
    No match

Candidate: First Last <first.last@example.com>
    Name : First Last
    Email: first.last@example.com

Candidate: No Brackets first.last@example.com
    Name : None
    Email: first.last@example.com

Candidate: First Last
    No match

Candidate: First Middle Last <first.last@example.com>
```

```
    Name : First Middle Last
    Email: first.last@example.com

Candidate: First M. Last <first.last@example.com>
    Name : First M. Last
    Email: first.last@example.com

Candidate: <first.last@example.com>
    Name : None
    Email: first.last@example.com
```

1.3.7.5 패턴에 플래그 넣기

패턴을 라이브러리 함수에 인자로 넘기는 경우에는 표현식에 플래그를 더할 수 없다.
이런 경우에는 표현식 자체에 플래그를 끼워 넣는 방식을 사용한다. 예를 들어 대소문
자를 구별하지 않는 플래그를 켜려면 표현식 앞에 **(?i)**를 더한다.

리스트 1.48: re_flags_embedded.py

```python
import re

text = 'This is some text -- with punctuation.'
pattern = r'(?i)\bT\w+'
regex = re.compile(pattern)

print('Text      :', text)
print('Pattern   :', pattern)
print('Matches   :', regex.findall(text))
```

전체 표현식이 평가되거나 파싱되는 방식을 옵션이 조절하기 때문에 이 옵션은 표현
식 앞에 와야 한다.

```
$ python3 re_flags_embedded.py

Text      : This is some text -- with punctuation.
Pattern   : (?i)\bT\w+
Matches   : ['This', 'text']
```

플래그의 약어는 표 1.3과 같다.

플래그는 같은 그룹에 조합해서 사용할 수 있다. 예를 들어 (?im)은 여러 줄 문자열에서 대소문자 무시 플래그를 켠다.

표 1.3: 정규 표현식 플래그 약어

플래그	약어
ASCII	a
IGNORECASE	i
MULTILINE	m
DOTALL	s
VERBOSE	x

1.3.8 전방 탐색과 후방 탐색

특정 패턴이 매칭된 경우에만 패턴 매칭이 일어나게 할 수도 있다. 이러한 기법은 많은 상황에 유용하게 사용할 수 있다. 예를 들어 이메일 파싱에서 꺾쇠 기호는 둘 다 있어도 되고 없어도 되는 식으로 사용했었다. 하지만 실제로 꺾쇠는 두 개가 함께 있어야 하고, 둘 다 있거나 둘 다 없는 경우에 매칭되는 것이 맞다. 이번 개선된 예제에서는 긍정 전방 탐색positive look ahead을 이용해 짝이 맞는지 살펴본다. 전방 탐색의 사용법은 (?=pattern) 이다.

리스트 1.49: re_look_ahead.py

```python
import re

address = re.compile(
    '''
    # 이름은 알파벳으로 이뤄져 있고
    # 약어나 이니셜로 인해 '.'이 포함될 수 있다.
    ((?P<name>
        ([\w.,]+\s+)*[\w.,]+
    )
    \s+
```

```
    ) # 이름은 더 이상 옵션이 아니다.

    # LOOKAHEAD
    # Email 주소는 앵글 브라켓 기호로 싸여 있지만
    # 이는 양쪽이 모두 있거나 모두 없는 경우에만 그렇다.
    (?= (<.*>$)              # 앵글 브라켓으로 싸여 있는 나머지
        |
        ([^<].*[^>]$) # 앵글 브라켓으로 싸여 있지 않은 나머지
    )

    <? # 선택적으로 여는 앵글 브라켓 기호

    # 주소 자체 : username@domain.tld
    (?P<email>
        [\w\d.+-]+      # 사용자 이름
        @
        ([\w\d.]+\.)+  # 도메인 이름 접두어
        (com|org|edu)  # 허용된 톱 레벨 도메인을 제한
    )

    >? # 선택적으로 닫는 앵글 브라켓 기호
    ''',
    re.VERBOSE)
candidates = [
    u'First Last <first.last@example.com>',
    u'No Brackets first.last@example.com',
    u'Open Bracket <first.last@example.com',
    u'Close Bracket first.last@example.com>',
]

for candidate in candidates:
    print('Candidate:', candidate)
    match = address.search(candidate)
    if match:
        print('  Name :', match.groupdict()['name'])
        print('  Email:', match.groupdict()['email'])
    else:
        print('  No match')
```

이번 버전에는 중요한 수정 사항이 많다. 첫째, 이름 부분이 더 이상 옵션이 아니다. 이름 없이 주소만 있는 경우에는 매칭되지 않음을 의미한다. 또한 이름과 주소가 잘못된

조합을 이루고 있는 경우에 매칭되는 것도 막아준다. 전방 탐색 규칙은 name 그룹 뒤에 나오는 부분이 꺽쇠 기호에 의해 정확히 둘러싸여 있는지 확인한다. 꺽쇠가 열리기만 하거나 닫히기만 한 경우에는 잘못된 것으로 간주한다. 전방 탐색은 하나의 그룹으로 표현되고 있지만, 이 부분이 매칭 결과에 포함되지는 않는다. 패턴의 나머지 부분은 전 방 탐색이 매칭된 경우에만 같은 부분에서 결과물을 추출한다.

```
$ python3 re_look_ahead.py

Candidate: First Last <first.last@example.com>
    Name : First Last
    Email: first.last@example.com

Candidate: No Brackets first.last@example.com
    Name : No Brackets
    Email: first.last@example.com

Candidate: Open Bracket <first.last@example.com
    No match

Candidate: Close Bracket first.last@example.com>
    No match
```

부정 전방 탐색^{negative look ahead}은 (?!pattern) 형태로 사용한다. 부정 전방 탐색은 주어 진 패턴에 매칭되지 않아야 함을 의미한다. 예를 들어 이메일 인식 패턴을 수정해 이름 부분에 noreply가 붙어 있는 주소를 무시하게 만들 수 있다.

리스트 1.50: re_negative_look_ahead.py

```
import re

address = re.compile(
    '''
    ^

    # 주소: username@domain.tld

    # noreply 주소를 무시
    (?!noreply@.*$)

    [\w\d.+-]+      # 사용자 이름
```

```
        @
        ([\w\d.]+\.)+   # 도메인 이름 접두어
        (com|org|edu)   # 허용된 톱 레벨 도메인을 제한
        $
        ''',
        re.VERBOSE)
candidates = [
    u'first.last@example.com',
    u'noreply@example.com',
]

for candidate in candidates:
    print('Candidate:', candidate)
    match = address.search(candidate)
    if match:
        print('  Match:', candidate[match.start():match.end()])
    else:
        print('  No match')
```

noreply로 시작하는 이메일 주소는 전방 탐색 조건에 어긋나기 때문에 매칭되지 않는다.

```
$ python3 re_negative_look_ahead.py

Candidate: first.last@example.com
    Match: first.last@example.com

Candidate: noreply@example.com
    No match
```

이메일 주소의 이름 부분에 **noreply**를 전방 탐색하는 대신 (?<!pattern) 문법을 사용해 username이 매칭되는 뒤쪽에서부터 부정 후방 탐색을 사용한 패턴을 쓸 수도 있다.

리스트 1.51: re_negative_look_behind.py

```
import re

address = re.compile(
```

```
    ...
    ^

    # 주소: username@domain.tld

    [\w\d.+-]+           # 사용자 이름

    # noreply 주소를 무시
    (?<!noreply)

    @
    ([\w\d.]+\.)+        # 도메인명 접두어
    (com|org|edu)        # 허용된 톱 레벨 도메인으로 제한

    $
    ''',
    re.VERBOSE)
candidates = [
    u'first.last@example.com',
    u'noreply@example.com',
]

for candidate in candidates:
    print('Candidate:', candidate)
    match = address.search(candidate)
    if match:
        print('  Match:', candidate[match.start():match.end()])
    else:
        print('  No match')
```

후방 탐색은 고정된 길이의 패턴을 사용해야 한다는 점에서 전방 탐색과 조금 다르다. 반복문은 고정된 숫자가 주어진 경우에만 사용할 수 있다(와일드카드나 범위 지정 등은 불가능).

```
$ python3 re_negative_look_behind.py

Candidate: first.last@example.com
    Match: first.last@example.com

Candidate: noreply@example.com
    No match
```

후방 탐색은 패턴 뒤에 나오는 텍스트를 검색할 때 사용한다. 문법은 (?<=pattern)이다. 예를 들어 다음 표현식은 트위터 계정^{Twitter handle}을 찾아낸다.

리스트 1.52: re_look_behind.py

```python
import re

twitter = re.compile(
    '''
    # 트위터 계정: @username
    (?<=@)
    ([\w\d_]+)      # 사용자 이름
    ''',
    re.VERBOSE)

text = '''This text includes two Twitter handles.
One for @ThePSF, and one for the author, @doughellmann.
'''

print(text)
for match in twitter.findall(text):
    print('Handle:', match)
```

예제의 패턴은 @ 뒤에 나오는 부분을 트위터 계정으로 인식한다.

```
$ python3 re_look_behind.py

This text includes two Twitter handles.
One for @ThePSF, and one for the author, @doughellmann.

Handle: ThePSF
Handle: doughellmann
```

1.3.9 자기 참조 표현식

매칭된 값을 표현식에서 다시 사용할 수 있다. 자기 참조 표현식^{Self-Referencing Expressions}의 예를 들고자 이메일 주소에 성과 이름만 사용한 사람을 골라내도록 이메일 예제를 수정해 보자. 가장 간단한 방법은 매칭된 그룹의 아이디를 \num의 형태로 참조하게 하는 것이다.

리스트 1.53: re_refer_to_group.py

```python
import re

address = re.compile(
    r'''

    # 정규 이름
    (\w+)               # 이름
    \s+
    (([\w.]+)\s+)?      # 선택적으로 오는 중간 이름이나 이니셜
    (\w+)               # 성

    \s+

    <

    # 주소: first_name.last_name@domain.tld
    (?P<email>
        \1             # 이름
        \.
        \4             # 성
        @
        ([\w\d.]+\.)+  # 도메인 이름 접두어
        (com|org|edu)  # 허용된 톱 레벨 도메인을 제한
    )

    >
    ''',
    re.VERBOSE | re.IGNORECASE)

candidates = [
    u'First Last <first.last@example.com>',
    u'Different Name <first.last@example.com>',
    u'First Middle Last <first.last@example.com>',
    u'First M. Last <first.last@example.com>',
]

for candidate in candidates:
    print('Candidate:', candidate)
    match = address.search(candidate)
    if match:
        print('  Match name :', match.group(1), match.group(4))
        print('  Match email:', match.group(5))
    else:
```

```
    print('  No match')
```

문법은 간단하지만 숫자를 이용해 자기 참조를 하는 데는 불이익이 많다. 현실적인 예로 표현식을 수정하는 경우 그룹이 몇 개인지 일일이 세서 참조 부분을 수정해야 한다. 또한 그룹의 숫자가 3자리가 되면 8진법 문자열로 해석되기 때문에 그룹을 99개 이상 사용할 수 없다는 점도 걸림돌이다. 다른 측면에서 보면 표현식에 포함된 그룹 수가 99를 넘어서면 단순히 자기 참조가 불가능하다는 점보다도 관리하기 매우 어렵다는 문제가 생긴다.

```
$ python3 re_refer_to_group.py

Candidate: First Last <first.last@example.com>
    Match name : First Last
    Match email: first.last@example.com

Candidate: Different Name <first.last@example.com>
    No match

Candidate: First Middle Last <first.last@example.com>
    Match name : First Last
    Match email: first.last@example.com

Candidate: First M. Last <first.last@example.com>
    Match name : First Last
    Match email: first.last@example.com
```

파이썬의 표현식 파서^{expression parser}는 (?P=name)을 사용해 매칭 그룹의 이름값을 의미하게 만드는 기능이 있다.

리스트 1.54: re_refer_to_named_group.py

```
import re

address = re.compile(
    '''

    # 정규 이름
    (?P<first_name>\w+)
```

```
    \s+
    (([\w.]+)\s+)?             # 선택적인 중간 이름이나 이니셜
    (?P<last_name>\w+)

    \s+

    <

    # 주소: first_name.last_name@domain.tld
    (?P<email>
        (?P=first_name)
        \.
        (?P=last_name)
        @
        ([\w\d.]+\.)+          # 도메인 이름 접두어
        (com|org|edu)          # 허용된 톱 레벨 도메인을 제한
    )

    >
    ''',
    re.VERBOSE | re.IGNORECASE)

candidates = [
    u'First Last <first.last@example.com>',
    u'Different Name <first.last@example.com>',
    u'First Middle Last <first.last@example.com>',
    u'First M. Last <first.last@example.com>',
]

for candidate in candidates:
    print('Candidate:', candidate)
    match = address.search(candidate)
    if match:
        print('  Match name :', match.groupdict()['first_name'], end=' ')
        print(match.groupdict()['last_name'])
        print('  Match email:', match.groupdict()['email'])
    else:
        print('  No match')
```

표현식에 IGNORECASE 플래그가 포함돼 있다. 보통 이름의 첫 글자는 대문자로 쓰지만
이메일 주소에는 대문자를 잘 사용하지 않기 때문이다.

```
$ python3 re_refer_to_named_group.py

Candidate: First Last <first.last@example.com>
    Match name : First Last
    Match email: first.last@example.com

Candidate: Different Name <first.last@example.com>
    No match

Candidate: First Middle Last <first.last@example.com>
    Match name : First Last
    Match email: first.last@example.com

Candidate: First M. Last <first.last@example.com>
    Match name : First Last
    Match email: first.last@example.com
```

역참조에서 사용할 수 있는 또 다른 기능으로 앞의 그룹이 매칭됐는지 여부에 따라 어떤 패턴을 선택할지 결정할 수 있다. 앞의 이메일 예제에 이름이 있으면 꺽쇠가 필요하고, 이메일 주소만 있는 경우 꺽쇠가 나오면 안 되는 식으로 수정할 수 있다. 그룹이 매칭됐는지 안 됐는지 보는 정규 표현식 문법은 (?(id)yes-expression|no-expression)이다. id는 그룹의 이름이나 숫자 값을 의미하고, yes-expression은 그룹의 값이 있는 경우, no-expression은 그렇지 않은 경우에 사용하는 패턴이다.

리스트 1.55: re_id.py

```
import re

address = re.compile(
    '''
    ^

    # 이름은 알파벳으로 이뤄져 있고
    # 약어나 가운데 이니셜로 인해 '.'이 포함될 수 있다.
    (?P<name>
        ([\w.]+\s+)*[\w.]+
    )?
    \s*

    # 이메일 주소는 이름을 찾은 경우에만
    # 앵글 브라켓에 싸여 있다.
```

104

```
(?(name)
    # 나머지는 이름이 있었기 때문에
    # 앵글 브라켓에 싸여 있다.
    (?P<brackets>(?=(<.*>$)))
    |
    # 이름이 없으면 앵글 브라켓에 싸여 있지 않다.
    (?=([^<].*[^>]$))
)

# 전방 탐색이 둘 다 찾은 경우에만
# 브라켓을 찾아본다.
(?(brackets)<|\s*)

# 자체 주소: username@domain.tld
(?P<email>
    [\w\d.+-]+      # 사용자 이름
    @
    ([\w\d.]+\.)+   # 도메인 이름 접두어
    (com|org|edu)   # 허용된 톱 레벨 도메인을 제한
)

# 전방 탐색이 둘 다 찾은 경우에만
# 브라켓을 찾아본다.
(?(brackets)>|\s*)

$
''',
    re.VERBOSE)

candidates = [
    u'First Last <first.last@example.com>',
    u'No Brackets first.last@example.com',
    u'Open Bracket <first.last@example.com',
    u'Close Bracket first.last@example.com>',
    u'no.brackets@example.com',
]

for candidate in candidates:
    print('Candidate:', candidate)
    match = address.search(candidate)
    if match:
        print('  Match name :', match.groupdict()['name'])
        print('  Match email:', match.groupdict()['email'])
```

```
    else:
        print(' No match')
```

이번 버전의 이메일 주소 파서는 두 가지 테스트를 사용한다. name 그룹이 매칭되면 전방 탐색은 두 개의 꺽쇠 기호를 필요로 하고, brackets 그룹을 설정한다. name 그룹이 매칭되지 않았다면 전방 탐색은 뒤이어 오는 텍스트가 꺽쇠 기호에 둘러싸이지 않을 것을 요구한다. 다음으로 brackets 그룹이 설정됐다면 실제 패턴 매칭 코드는 문자 패턴을 통해 꺽쇠 기호를 소비하고, 그렇지 않은 경우 공백 부분을 소비한다.

```
$ python3 re_id.py

Candidate: First Last <first.last@example.com>
    Match name : First Last
    Match email: first.last@example.com

Candidate: No Brackets first.last@example.com
    No match

Candidate: Open Bracket <first.last@example.com
    No match

Candidate: Close Bracket first.last@example.com>
    No match

Candidate: no.brackets@example.com
    Match name : None
    Match email: no.brackets@example.com
```

1.3.10 패턴을 이용한 문자열 수정

re는 텍스트를 검색할 때 사용하기도 하지만, 정규 표현식을 이용해 텍스트를 수정할 수도 있다. 텍스트를 수정하는 경우에는 매칭된 그룹을 참조해 새롭게 만드는 텍스트의 일부분으로 사용한다. 매칭된 패턴을 다른 문자열로 치환하려면 sub() 함수를 사용한다.

```
import re

bold = re.compile(r'\*{2}(.*?)\*{2}')

text = 'Make this **bold**.  This **too**.'

print('Text:', text)
print('Bold:', bold.sub(r'<b>\1</b>', text))
```

패턴에 의해 매칭된 텍스트는 역참조 문법인 \num을 이용해 접근하며, 이 부분을 수정
할 텍스트에 붙여 넣을 수 있다.

```
$ python3 re_sub.py

Text: Make this **bold**.  This **too**.
Bold: Make this <b>bold</b>.  This <b>too</b>.
```

이름이 붙어있는 그룹을 사용하려면 \g<name>을 사용한다.

리스트 1.57: re_sub_named_groups.py

```
import re

bold = re.compile(r'\*{2}(?P<bold_text>.*?)\*{2}')

text = 'Make this **bold**.  This **too**.'

print('Text:', text)
print('Bold:', bold.sub(r'<b>\g<bold_text></b>', text))
```

\g<name> 문법은 숫자를 사용한 참조와 혼용해도 잘 동작한다. 그리고 이 그룹 문법을
사용하면 그룹 번호와 이를 둘러싸고 있는 리터럴 숫자literal digits의 혼동을 피할 수 있어
유용하다.

```
$ python3 re_sub_named_groups.py

Text: Make this **bold**.  This **too**.
Bold: Make this <b>bold</b>.  This <b>too</b>.
```

count의 값을 지정하면 치환 작업이 몇 번 수행될지 제한할 수 있다.

리스트 1.58: re_sub_count.py

```
import re

bold = re.compile(r'\*{2}(.*?)\*{2}')

text = 'Make this **bold**.  This **too**.'

print('Text:', text)
print('Bold:', bold.sub(r'<b>\1</b>', text, count=1))
```

앞의 예제에서 count 값이 1로 지정됐기 때문에 ** 사이에 위치한 단어의 치환 작업은 한 번만 일어난다.

```
$ python3 re_sub_count.py

Text: Make this **bold**.  This **too**.
Bold: Make this <b>bold</b>.  This **too**.
```

subn()은 sub()와 기능이 동일하지만 변환된 문자열과 함께 몇 번의 치환이 일어났는지 반환한다는 차이점이 있다.

리스트 1.59: re_subn.py

```
import re

bold = re.compile(r'\*{2}(.*?)\*{2}')

text = 'Make this **bold**.  This **too**.'

print('Text:', text)
print('Bold:', bold.subn(r'<b>\1</b>', text))
```

검색 패턴은 예제 텍스트에 두 번 매칭한다.

```
$ python3 re_subn.py

Text: Make this **bold**.  This **too**.
```

```
Bold: ('Make this <b>bold</b>.  This <b>too</b>.', 2)
```

1.3.11 패턴을 이용한 문자열 분리

문자열을 여러 부분으로 분리해 파싱하고자 가장 자주 사용하는 메서드는 str.split()
이다. 이 메서드는 문자열을 나누기 위한 구분자로 문자만을 사용할 수 있지만, 입력된
텍스트의 구분자가 일관적이지 않은 경우에는 정규 표현식이 필요할 수도 있다. 예를
들어 텍스트로만 이뤄진 마크업 언어^{markup language}는 단락을 구분하고자 두 개 이상의
줄 바꿈 문자(\n)를 사용하는 경우가 많다. 이런 경우 두 개 '이상'의 줄 바꿈 문자라는
조건이 있기 때문에 str.split()을 사용할 수 없다.

이런 문제를 해결하는 좋은 방안은 findall()에 (.+?)\n{2,}를 패턴으로 사용하는
것이다.

리스트 1.60: re_paragraphs_findall.py

```python
import re

text = '''Paragraph one
on two lines.

Paragraph two.

Paragraph three.'''

for num, para in enumerate(re.findall(r'(.+?)\n{2,}',
                                      text,
                                      flags=re.DOTALL)
                          ):
    print(num, repr(para))
    print()
```

위의 예제를 실행하면 예제 텍스트의 마지막 부분인 'Paragraph three.'를 단락에 포함
시키지 못하는 것을 발견할 수 있다.

```
$ python3 re_paragraphs_findall.py

0 'Paragraph one\non two lines.'

1 'Paragraph two.'
```

문단이 두 개 이상의 새 줄로 종료되거나 입력을 끝내도록 패턴을 확장하면 문제점을 해결할 수 있지만, 이렇게 하면 패턴이 더 복잡해진다. re.findall() 대신 re.split() 을 사용하면 경계 문제를 자동으로 해결하고 패턴을 더 간결하게 유지할 수 있다.

리스트 1.61: re_split.py

```
import re

text = '''Paragraph one
on two lines.

Paragraph two.

Paragraph three.'''

print('With findall:')
for num, para in enumerate(re.findall(r'(.+?)(\n{2,}|$)',
                                      text,
                                      flags=re.DOTALL)):
    print(num, repr(para))
    print()

print()
print('With split:')
for num, para in enumerate(re.split(r'\n{2,}', text)):
    print(num, repr(para))
    print()
```

split() 메서드에 넘겨준 패턴은 마크업 언어의 사양을 더 정확하게 표현한다. 단락 사이에 두 개나 그 이상의 줄 바꿈 문자가 오는 경우 해당 부분을 나눈다.

```
$ python3 re_split.py

With findall:
0 ('Paragraph one\non two lines.', '\n\n')
```

```
1 ('Paragraph two.', '\n\n\n')

2 ('Paragraph three.', '')

With split:
0 'Paragraph one\non two lines.'

1 'Paragraph two.'

2 'Paragraph three.'
```

패턴을 괄호로 감싸 그룹을 만드는 경우에는 split()이 str.partition()과 비슷하게
동작한다. 이 경우에는 찾아낸 문자열과 함께 구분자를 반환한다.

리스트 1.62: re_split_groups.py

```python
import re

text = '''Paragraph one
on two lines.

Paragraph two.

Paragraph three.'''

print('With split:')
for num, para in enumerate(re.split(r'(\n{2,})', text)):
    print(num, repr(para))
    print()
```

예제를 실행하면 각 단락과 함께 이를 구분하는 줄 바꿈 문자도 함께 출력한다.

```
$ python3 re_split_groups.py

With split:
0 'Paragraph one\non two lines.'

1 '\n\n'

2 'Paragraph two.'

3 '\n\n\n'

4 'Paragraph three.'
```

- re 표준 라이브러리 문서: https://docs.python.org/3.5/library/re.html
- 정규 표현식 HOWTO(https://docs.python.org/3.5/howto/regex.html): 앤드류 쿠츨링(Andrew Kuchling)의 파이썬을 위한 정규 표현식 소개
- Kodos(http://kodos.sourceforge.net/): 필 슈워츠(Phil Schwartz)가 만든 인터랙티브한 정규 표현식 테스트 도구
- pythex(http://pythex.org/): 가브리엘 로드리게즈(Gabriel Rodríguez)가 제작한 웹 기반 정규 표현식 테스트 도구. 루블라(Rubular)의 아이디어 참고
- 위키피디아: 정규 표현식(https://en.wikipedia.org/wiki/Regular_expressions): 정규 표현식 개념과 기술에 대한 일반적인 소개
- locale: 유니코드 텍스트로 작업 시 locale 모듈을 사용한 언어 설정
- unicodedata: 유니코드 문자 속성 데이터베이스에 대한 프로그래밍 방식으로의 접근

1.4 difflib: 시퀀스 비교

difflib 모듈은 시퀀스 간 차이점을 연산하고 다루는 도구를 제공한다. 특히 이 모듈은 텍스트를 비교할 때 유용하며, 몇 가지 일반적인 차이점 형식을 사용해 보고서를 생성하는 함수를 포함한다.

이번 절에 나오는 모든 예제는 difflib_data.py의 다음 테스트 데이터를 공통으로 사용한다.

리스트 1.63: difflib_data.py

```
text1 = """Lorem ipsum dolor sit amet, consectetuer adipiscing
elit. Integer eu lacus accumsan arcu fermentum euismod. Donec
pulvinar porttitor tellus. Aliquam venenatis. Donec facilisis
pharetra tortor.  In nec mauris eget magna consequat
convalis. Nam sed sem vitae odio pellentesque interdum. Sed
consequat viverra nisl. Suspendisse arcu metus, blandit quis,
rhoncus ac, pharetra eget, velit. Mauris urna. Morbi nonummy
molestie orci. Praesent nisi elit, fringilla ac, suscipit non,
tristique vel, mauris. Curabitur vel lorem id nisl porta
adipiscing. Suspendisse eu lectus. In nunc. Duis vulputate
tristique enim. Donec quis lectus a justo imperdiet tempus."""
```

```
text1_lines = text1.splitlines()

text2 = """Lorem ipsum dolor sit amet, consectetuer adipiscing
elit. Integer eu lacus accumsan arcu fermentum euismod. Donec
pulvinar, porttitor tellus. Aliquam venenatis. Donec facilisis
pharetra tortor. In nec mauris eget magna consequat
convalis. Nam cras vitae mi vitae odio pellentesque interdum. Sed
consequat viverra nisl. Suspendisse arcu metus, blandit quis,
rhoncus ac, pharetra eget, velit. Mauris urna. Morbi nonummy
molestie orci. Praesent nisi elit, fringilla ac, suscipit non,
tristique vel, mauris. Curabitur vel lorem id nisl porta
adipiscing. Duis vulputate tristique enim. Donec quis lectus a
justo imperdiet tempus.  Suspendisse eu lectus. In nunc."""

text2_lines = text2.splitlines()
```

1.4.1 텍스트 몸통 비교

Differ 클래스는 여러 줄의 텍스트를 비교하고, 각 줄의 차이점을 포함해 사람이 이해
할 수 있는 델타, 변경 사항을 생성한다. Differ의 기본 실행 결괏값은 유닉스의 diff
커맨드라인 도구와 비슷하다. 두 리스트에서 원본 텍스트와 공통부분, 달라진 부분 등
의 정보를 마크업 데이터로 표시한다.

- 줄 앞에 – 표시가 붙으면 첫 시퀀스에는 있었지만 두 번째 시퀀스에서는 사라
  졌음을 의미한다.

- 줄 앞에 + 표시가 붙으면 두 번째 시퀀스에는 있었지만 첫 번째 시퀀스에는 없
  음을 의미한다.

- 두 시퀀스 중 한 부분에 삽입되거나 삭제된 부분이 있으면 ? 표시가 있는 줄을
  추가해 어느 부분에 변화가 있었는지 표시한다.

- 변화가 없는 줄에도 앞에 공백을 넣으며, 변경 사항을 가진 줄과 정렬이 되도록
  출력한다.

compare()에 텍스트를 넘기기 전에 여러 줄로 분할하면 문자열을 하나의 덩어리로 넘기는 것보다 훨씬 보기 좋은 결괏값을 반환한다.

리스트 1.64: difflib_differ.py

```
import difflib

from difflib_data import *

d = difflib.Differ()
diff = d.compare(text1_lines, text2_lines)
print('\n'.join(diff))
```

텍스트의 시작 부분에는 다른 부분이 존재하지 않기 때문에 첫 번째 줄은 아무 표시 없이 그대로 출력된다.

```
  Lorem ipsum dolor sit amet, consectetuer adipiscing
  elit. Integer eu lacus accumsan arcu fermentum euismod. Donec
```

세 번째 줄에는 중간에 쉼표(,)가 삽입됐다. 두 버전 모두 출력되고 다섯 번째 줄에 물음표와 함께 정확히 변화가 나타난 부분이 어디인지 표시한다.

```
- pulvinar porttitor tellus. Aliquam venenatis. Donec facilisis
+ pulvinar, porttitor tellus. Aliquam venenatis. Donec facilisis
?         +
```

다음 몇 줄에서는 필요 없는 공백이 삭제됐다.

```
- pharetra tortor.  In nec mauris eget magna consequat
?                 -

+ pharetra tortor. In nec mauris eget magna consequat
```

다음에는 좀 더 복잡한 변화가 나타난다. 문장 속에 단어 몇 개가 치환됐다.

114

```
-  convalis. Nam sed sem vitae odio pellentesque interdum. Sed
?                        - --

+  convalis. Nam cras vitae mi vitae odio pellentesque interdum. Sed
?                        +++ +++++   +
```

단락의 마지막 문장에는 더 큰 변화가 있다. 변화가 너무 많기 때문에 이전 버전의 텍스트와 새 텍스트를 그대로 출력했다.

```
   consequat viverra nisl. Suspendisse arcu metus, blandit quis,
   rhoncus ac, pharetra eget, velit. Mauris urna. Morbi nonummy
   molestie orci. Praesent nisi elit, fringilla ac, suscipit non,
   tristique vel, mauris. Curabitur vel lorem id nisl porta
-  adipiscing. Suspendisse eu lectus. In nunc. Duis vulputate
-  tristique enim. Donec quis lectus a justo imperdiet tempus.
+  adipiscing. Duis vulputate tristique enim. Donec quis lectus a
+  justo imperdiet tempus.  Suspendisse eu lectus. In nunc.
```

ndiff() 함수는 근본적으로 같은 결과물을 반환한다. 입력된 텍스트에 맞춰 내부 동작이 이뤄지고, 문자열에 노이즈가 있으면 이를 제거한다.

1.4.1.1 기타 출력 방식

Differ 클래스는 모든 줄의 입력값을 보여주지만, unified diff는 단지 수정된 줄과 내용 일부만 포함한다. unified_diff() 함수가 이러한 출력물을 만들어낸다.

리스트 1.65: difflib_unified.py

```python
import difflib
from difflib_data import *

diff = difflib.unified_diff(
    text1_lines,
    text2_lines,
    lineterm='',
)
print('\n'.join(diff))
```

입력 줄에 줄 바꿈 문자가 없기 때문에 unified_diff() 함수의 반환값에 줄 바꿈 문자가 추가되지 않도록 lineterm 인자를 사용했다. 줄 바꿈 문자는 출력될 때 모든 줄에 더해진다. 결괏값은 유명한 버전 컨트롤 도구를 실행한 결과와 비슷할 것이다.

```
$ python3 difflib_unified.py

---

+++

@@ -1,11 +1,11 @@
 Lorem ipsum dolor sit amet, consectetuer adipiscing
 elit. Integer eu lacus accumsan arcu fermentum euismod. Donec
-pulvinar porttitor tellus. Aliquam venenatis. Donec facilisis
-pharetra tortor.  In nec mauris eget magna consequat
-convalis. Nam sed sem vitae odio pellentesque interdum. Sed
+pulvinar, porttitor tellus. Aliquam venenatis. Donec facilisis
+pharetra tortor. In nec mauris eget magna consequat
+convalis. Nam cras vitae mi vitae odio pellentesque interdum. S
ed
 consequat viverra nisl. Suspendisse arcu metus, blandit quis,
 rhoncus ac, pharetra eget, velit. Mauris urna. Morbi nonummy
 molestie orci. Praesent nisi elit, fringilla ac, suscipit non,
 tristique vel, mauris. Curabitur vel lorem id nisl porta
-adipiscing. Suspendisse eu lectus. In nunc. Duis vulputate
-tristique enim. Donec quis lectus a justo imperdiet tempus.
+adipiscing. Duis vulputate tristique enim. Donec quis lectus a
+justo imperdiet tempus.  Suspendisse eu lectus. In nunc.
```

마찬가지로 context_diff()를 사용하면 읽기 편한 결괏값을 얻을 수 있다.

1.4.2 쓰레기 데이터

시퀀스를 비교하는 모든 함수는 특정 줄을 제외하거나 특정 문자를 무시할 수 있는 매개변수를 갖고 있다. 이 매개변수를 사용해 두 버전의 파일에서 마크업[markup]이나 공백 문자 변화를 무시하게 할 수 있다.

```python
# 이 예제는 difflib.py의 소스코드를 가져와서 작성한다.

from difflib import SequenceMatcher

def show_results(match):
    print(' a     = {}'.format(match.a))
    print(' b     = {}'.format(match.b))
    print(' size = {}'.format(match.size))
    i, j, k = match
    print(' A[a:a+size] = {!r}'.format(A[i:i + k]))
    print(' B[b:b+size] = {!r}'.format(B[j:j + k]))

A = " abcd"
B = "abcd abcd"

print('A = {!r}'.format(A))
print('B = {!r}'.format(B))

print('\nWithout junk detection:')
s1 = SequenceMatcher(None, A, B)
match1 = s1.find_longest_match(0, len(A), 0, len(B))
show_results(match1)

print('\nTreat spaces as junk:')

s2 = SequenceMatcher(lambda x: x == " ", A, B)
match2 = s2.find_longest_match(0, len(A), 0, len(B))
show_results(match2)
```

Differ 클래스는 기본적으로 입력값의 어떤 줄이나 문자도 명시적으로 제외하지 않지만, 노이즈를 감지하고자 SequenceMatcher를 사용한다. ndiff()의 기본 설정은 모든 공백과 탭을 무시한다.

```
$ python3 difflib_junk.py

A = ' abcd'
B = 'abcd abcd'

Without junk detection:
    a     = 0
    b     = 4
```

```
    size  = 5
    A[a:a+size] = ' abcd'
    B[b:b+size] = ' abcd'

Treat spaces as junk:
    a     = 1
    b     = 0
    size  = 4
    A[a:a+size] = 'abcd'
    B[b:b+size] = 'abcd'
```

1.4.3 Arbitrary 타입 비교

SequenceMatcher 클래스는 해시화가 가능한 모든 타입의 시퀀스를 비교한다. 이 클래스는 실제 데이터와 관련 없는 쓰레기junk 값을 제외시키면서 연속된 가장 긴 매칭 블록을 찾아내는 알고리즘을 사용한다.

get_opcodes()는 첫 번째 시퀀스를 수정해 두 번째 시퀀스와 일치하게 하는 명령instructions 목록을 반환한다. 명령은 문자열 명령('opcode')과 시퀀스에 대한 두 쌍의 시작과 중지 인덱스(i1, i2, j1, j2로 표시)를 포함해 다섯 요소를 가진 튜플로 인코딩된다. opcode는 표 1.4와 같다.

표 1.4: difflib.get_opcodes() 명령

Opcode	정의
replace	a[i1:i2]를 b[j1:j2]로 치환
delete	a[i1:i2]를 완전히 제거
insert	b[j1:j2]를 a[11:12]에 삽입
equal	서브시퀀스(subsequences)가 이미 동일

리스트 1.67: difflib_seq.py

```
import difflib

s1 = [1, 2, 3, 5, 6, 4]
```

```
s2 = [2, 3, 5, 4, 6, 1]

print('Initial data:')
print('s1 =', s1)
print('s2 =', s2)
print('s1 == s2:', s1 == s2)
print()

matcher = difflib.SequenceMatcher(None, s1, s2)
for tag, i1, i2, j1, j2 in reversed(matcher.get_opcodes()):

    if tag == 'delete':
        print('Remove {} from positions [{}:{}]'.format(
            s1[i1:i2], i1, i2))
        print('  before =', s1)
        del s1[i1:i2]

    elif tag == 'equal':
        print('s1[{}:{}] and s2[{}:{}] are the same'.format(
            i1, i2, j1, j2))

    elif tag == 'insert':
        print('Insert {} from s2[{}:{}] into s1 at {}'.format(
            s2[j1:j2], j1, j2, i1))
        print('  before =', s1)
        s1[i1:i2] = s2[j1:j2]

    elif tag == 'replace':
        print(('Replace {} from s1[{}:{}] '
            'with {} from s2[{}:{}]').format(
                s1[i1:i2], i1, i2, s2[j1:j2], j1, j2))
        print('  before =', s1)
        s1[i1:i2] = s2[j1:j2]

    print('   after =', s1, '\n')

print('s1 == s2:', s1 == s2)
```

이 예제는 정수로 이뤄진 두 리스트를 비교한다. 그리고 get_opcodes()를 사용해 원본 리스트를 새로운 버전으로 변환하는 방법을 알아낸다. 변환 작업은 아이템을 더하거나 뺐을 때도 리스트의 인덱스가 유지되도록 거꾸로 적용한다.

```
$ python3 difflib_seq.py

Initial data:
s1 = [1, 2, 3, 5, 6, 4]
s2 = [2, 3, 5, 4, 6, 1]
s1 == s2: False

Replace [4] from s1[5:6] with [1] from s2[5:6]
    before = [1, 2, 3, 5, 6, 4]
     after = [1, 2, 3, 5, 6, 1]

s1[4:5] and s2[4:5] are the same
     after = [1, 2, 3, 5, 6, 1]

Insert [4] from s2[3:4] into s1 at 4
    before = [1, 2, 3, 5, 6, 1]
     after = [1, 2, 3, 5, 4, 6, 1]

s1[1:4] and s2[0:3] are the same
     after = [1, 2, 3, 5, 4, 6, 1]

Remove [1] from positions [0:1]
    before = [1, 2, 3, 5, 4, 6, 1]
     after = [2, 3, 5, 4, 6, 1]

s1 == s2: True
```

SequenceMatcher는 해시화만 가능하다면 내장 타입과 커스텀 클래스에도 사용할 수 있다.

팁 - 참고 자료

- difflib 표준 라이브러리 문서: https://docs.python.org/3.5/library/difflib.html

- Pattern Matching: The Gestalt Approach(http://www.drdobbs.com/database/pattern-matching-the-gestalt-approach/184407970): 비슷한 알고리즘에 관한 존 랫클리프(John W. Ratcliff)와 멧제너(D. E. Metzener)의 토의. 1988년 7월 돕 박사의 저널에 실림

2

자료 구조

파이썬은 리스트(list), 튜플(tuple), 딕셔너리(dict), 집합(set) 같은 표준 자료 구조를 언어 자체에서 제공한다. 대부분의 프로그램은 기본 제공 자료 구조만으로도 충분히 만들 수 있지만, 다른 자료 구조가 필요한 경우 표준 라이브러리의 강력한 기능을 사용할 수 있다.

enum 모듈은 열거enumeration 타입을 구현하는데, 반복과 비교 기능을 가진다. enum 모듈은 리터럴 문자열이나 정수를 사용하지 않고 값을 잘 정의한 심볼을 만드는 데 사용한다.

collections 모듈은 여타 모듈에 구현돼 있는 자료 구조를 확장한 여러 가지 자료 구조를 갖고 있다. 예를 들어 Deque는 양쪽이 열린 이중 끝double-ended 큐이기 때문에 앞이나 뒤 양쪽에서 아이템을 넣고 뺄 수 있다. defaultdict는 키 값이 없는 경우 기본값을 반환하는 딕셔너리형이고, OrderedDict는 입력된 아이템의 순서를 기억하는 딕셔너리형이다. 그리고 namedtuple은 튜플을 확장해 각 멤버 아이템에 속성 이름을 붙여 숫자 인덱스 값과 함께 사용할 수 있다.

데이터의 양이 많은 경우 list 대신 array를 사용하면 메모리를 좀 더 효율적으로 사용할 수 있다. 범용 list에는 입력할 수 있는 자료형이 한정돼 있지 않지만, array형에는 한 가지 종류의 아이템만 넣을 수 있기 때문에 메모리의 낭비가 줄어든다. 또한 리스트의 메서드와 동일한 명칭으로 된 array 메서드를 그대로 사용해 인스턴스를 조작할 수 있다. 따라서 lists를 arrays로 치환할 땐 코드를 많이 수정할 필요가 없다.

시퀀스 안의 아이템을 정렬하는 작업은 데이터를 다루는 중요한 작업 중 하나다. 파이썬의 list는 sort() 메서드를 갖고 있지만, 리스트 항목이 변경될 때마다 재정렬하지 않고, 리스트를 정렬된 상태로 유지하는 것이 더 효율적일 것이다. heapq의 함수를 사용하면 큰 오버헤드 없이 리스트 정렬 순서를 보존하면서 내용을 변경할 수 있다.

정렬된 리스트나 배열을 만드는 또 다른 방법으로 bisect가 있다. 새로운 항목이 들어가야 할 장소를 이진 탐색binary search으로 찾기 때문에 자주 정렬하거나 변화가 많은 리스트에 사용할 만하다.

list의 insert(), pop() 메서드를 사용하면 큐queue처럼 사용할 수 있지만 스레드 환경에서는 안전하지 않다. 스레드 환경에서 확실하게 정렬 순서를 유지시키려면 queue 모듈을 사용해야 한다. muitiprocessing에는 프로세스 사이에 사용할 수 있는 Queue 버전도 포함돼 있어, 멀티스레드 대신 프로세스를 사용하는 경우에는 간단히 변환할 수 있다.

보통 바이너리 형태 파일이나 스트림 데이터로 된 다른 애플리케이션의 데이터를 파이썬 네이티브 타입으로 디코딩할 때는 struct가 유용하다.

2장에서는 메모리 관리의 두 가지 모듈을 소개한다. 내부 연결 구조가 매우 끈끈한 자료 구조인 트리나 그래프의 경우 weakref를 사용해 참조를 관리하면 더 이상 사용하지 않는 메모리를 가비지 컬렉터가 청소할 수 있다. copy에 포함된 함수를 사용해 자료 구조와 내용을 복사할 수 있고, deepcopy()로 재귀 복사를 할 수도 있다.

자료 구조 디버깅에는 많은 시간이 소요된다. 특히 커다란 시퀀스나 딕셔너리를 출력해 눈으로 살펴보는 일은 굉장히 어렵다. 이런 경우 pprint를 사용하면 읽기 쉬운 형태로 콘솔에 출력하거나 로그 파일에 기록할 수 있어 디버깅이 한층 수월해진다.

마지막으로 어떤 컨테이너도 요구 사항에 부합하지 않는다면 네이티브 타입 중 하나를 상속받아 입맛에 맞게 수정할 수 있다. 혹은 collections에 정의된 추상 클래스를 상속해 새로운 컨테이너를 만들 수 있다.

2.1 enum: 열거 타입

enum 모듈은 반복 및 비교 기능을 가진 열거 타입enumeration type을 정의한다. 또한 리터럴 정수나 문자열 대신 값을 대표하는 잘 정의된 심볼을 만들 수 있다.

2.1.1 열거형 만들기

새로운 열거형은 Enum을 서브클래싱하고 값을 기술하는 클래스 속성을 추가하는 class 문법으로 정의한다.

리스트 2.1: enum_create.py

```python
import enum

class BugStatus(enum.Enum):

    new = 7
    incomplete = 6
    invalid = 5
    wont_fix = 4
    in_progress = 3
    fix_committed = 2
    fix_released = 1

print('\nMember name: {}'.format(BugStatus.wont_fix.name))
print('Member value: {}'.format(BugStatus.wont_fix.value))
```

Enum의 각 멤버는 클래스가 파싱될 때 인스턴스로 변환된다. 각 인스턴스는 클래스 정의에서 멤버 이름을 나타내는 name 속성과 이름이 할당된 값에 대응하는 value 속성으로 이뤄진다.

```
$ python3 enum_create.py

Member name: wont_fix
Member value: 4
```

2.1.2 반복

Enum 클래스는 반복^{iteration} 작업을 통해 열거형 개별 멤버를 뽑아낼 수 있다.

리스트 2.2: enum_iterate.py

```python
import enum
```

```
class BugStatus(enum.Enum):

    new = 7
    incomplete = 6
    invalid = 5
    wont_fix = 4
    in_progress = 3
    fix_committed = 2
    fix_released = 1

for status in BugStatus:
    print('{:15} = {}'.format(status.name, status.value))
```

각 멤버가 추출되는 순서는 클래스 정의에서 선언된 순서와 같다. name과 value는 어떤 방식으로든 정렬하고자 사용되지는 않는다.

```
$ python3 enum_iterate.py

new             = 7
incomplete      = 6
invalid         = 5
wont_fix        = 4
in_progress     = 3
fix_committed   = 2
fix_released    = 1
```

2.1.3 Enum 비교

열거형 멤버는 순서를 갖지 않기 때문에 아이덴티티^{identity}와 동등 여부^{equality}를 통한 비교만 지원한다.

리스트 2.3: enum_comparison.py

```
import enum

class BugStatus(enum.Enum):

    new = 7
```

```
    incomplete = 6
    invalid = 5
    wont_fix = 4
    in_progress = 3
    fix_committed = 2
    fix_released = 1

actual_state = BugStatus.wont_fix
desired_state = BugStatus.fix_released

print('Equality:',
      actual_state == desired_state,
      actual_state == BugStatus.wont_fix)
print('Identity:',
      actual_state is desired_state,
      actual_state is BugStatus.wont_fix)
print('Ordered by value:')
try:
    print('\n'.join('  ' + s.name for s in sorted(BugStatus)))
except TypeError as err:
    print('  Cannot sort: {}'.format(err))
```

greater-than과 less-than 연산자는 typeError 예외를 발생시킨다.

```
$ python3 enum_comparison.py

Equality: False True
Identity: False True
Ordered by value:
    Cannot sort: '<' not supported between instances of 'BugStatus' and 'BugStatus'
```

열거형의 멤버 변수를 좀 더 숫자처럼 다루려면 IntEnum 클래스를 사용하자. 이를테면 다음 예제처럼 비교 작업을 할 수 있다.

리스트 2.4: enum_intenum.py

```
import enum

class BugStatus(enum.IntEnum):
```

```
    new = 7
    incomplete = 6
    invalid = 5
    wont_fix = 4
    in_progress = 3
    fix_committed = 2
    fix_released = 1

print('Ordered by value:')
print('\n'.join('    ' + s.name for s in sorted(BugStatus)))
```

```
$ python3 enum_intenum.py

Ordered by value:
    fix_released
    fix_committed
    in_progress
    wont_fix
    invalid
    incomplete
    new
```

2.1.4 고유 열거 값

Enum 멤버 중 같은 값을 가진 또 다른 멤버가 있다면 동일한 멤버 객체에 앨리어스 참조
alias references로 추적된다. Enum을 순회할 때 앨리어스가 있더라도 값이 반복적으로 표시
되지 않는다.

리스트 2.5: enum_aliases.py

```
import enum

class BugStatus(enum.Enum):

    new = 7
    incomplete = 6
    invalid = 5
```

```
    wont_fix = 4
    in_progress = 3
    fix_committed = 2
    fix_released = 1

    by_design = 4
    closed = 1

for status in BugStatus:
    print('{:15} = {}'.format(status.name, status.value))

print('\nSame: by_design is wont_fix: ',
    BugStatus.by_design is BugStatus.wont_fix)
print('Same: closed is fix_released: ',
    BugStatus.closed is BugStatus.fix_released)
```

by_design과 closed는 또 다른 멤버에 대한 앨리어스이기 때문에 Enum을 반복하더라
도 출력문에서 별도로 표시되지 않는다. 어떤 값과 처음으로 매칭됐던 멤버가 기본형
이 된다.

```
$ python3 enum_aliases.py

new             = 7
incomplete      = 6
invalid         = 5
wont_fix        = 4
in_progress     = 3
fix_committed   = 2
fix_released    = 1

Same: by_design is wont_fix:  True
Same: closed is fix_released:  True
```

모든 멤버가 고유한 값을 가질 수 있게 강제하려면 Enum 앞에 @unique 지시자를 붙인다.

리스트 2.6: enum_unique_enforce.py

```
import enum

@enum.unique
```

```
class BugStatus(enum.Enum):

    new = 7
    incomplete = 6
    invalid = 5
    wont_fix = 4
    in_progress = 3
    fix_committed = 2
    fix_released = 1

    # unique 지시자 때문에 아래 구문에 에러가 발생한다.
    by_design = 4
    closed = 1
```

반복된 값을 가진 멤버가 있다면 Enum 클래스가 해석되는 과정에서 ValueError 예외가
발생한다.

```
$ python3 enum_unique_enforce.py

Traceback (most recent call last):
    File "enum_unique_enforce.py", line 11, in <module>
        class BugStatus(enum.Enum):
    File ".../lib/python3.5/enum.py", line 573, in unique
        (enumeration, alias_details))
ValueError: duplicate values found in <enum 'BugStatus'>:
by_design -> wont_fix, closed -> fix_released
```

2.1.5 프로그램으로 열거형 만들기

클래스를 통해 하드코딩으로 정의하는 것이 아닌 프로그래밍적으로 열거형을 생성하
는 것이 더 편할 때도 있다. 이 경우 Enum 생성자를 통해 멤버 이름과 값을 전달할 수
있다.

리스트 2.7: enum_programmatic_create.py

```
import enum
```

```
BugStatus = enum.Enum(
    value='BugStatus',
    names=('fix_released fix_committed in_progress '
           'wont_fix invalid incomplete new'),
)print('Member: {}'.format(BugStatus.new))

print('\nAll members:')

for status in BugStatus:
    print('{:15} = {}'.format(status.name, status.value))
```

value 인자는 멤버 값을 대표하는 열거형의 이름이 된다. names 인자는 열거형 변수를 나열한 것이다. 단일 문자열이 전달되면 공백과 쉼표로 분리되며, 결과 토큰은 멤버 이름으로 사용되고 '1'로 시작하는 값이 자동으로 할당된다.

```
$ python3 enum_programmatic_create.py

Member: BugStatus.new

All members:
fix_released   = 1
fix_committed  = 2
in_progress    = 3
wont_fix       = 4
invalid        = 5
incomplete     = 6
new            = 7
```

멤버와 관련된 값을 좀 더 세세히 제어하고자 names 문자열을 두 부분으로 된 튜플의 시퀀스나 값에 매핑되는 딕셔너리로 바꿀 수 있다.

리스트 2.8: enum_programmatic_mapping.py

```
import enum

BugStatus = enum.Enum(
    value='BugStatus',
    names=[
        ('new', 7),
```

```
        ('incomplete', 6),
        ('invalid', 5),
        ('wont_fix', 4),
        ('in_progress', 3),
        ('fix_committed', 2),
        ('fix_released', 1),
    ],
)

print('All members:')
for status in BugStatus:
    print('{:15} = {}'.format(status.name, status.value))
```

이 예제를 보면 멤버 이름만 포함하는 단일 문자열 대신 두 부분으로 된 튜플의 목록으로 이뤄짐을 알 수 있다. 이렇게 하면 enum_create.py에 정의된 버전과 동일한 순서를 가진 멤버로 **BugStatus** 열거형을 재구성할 수 있다.

```
$ python3 enum_programmatic_mapping.py

All members:
new             = 7
incomplete      = 6
invalid         = 5
wont_fix        = 4
in_progress     = 3
fix_committed   = 2
fix_released    = 1
```

2.1.6 값 정수가 아닌 멤버 값

Enum 멤버 값이 정수형에만 한정된 것은 아니다. 사실 어떤 타입의 객체도 멤버가 될 수 있다. 값이 튜플이라면 멤버는 개별 인자로서 __init__()으로 넘겨진다.

리스트 2.9: enum_tuple_values.py

```
import enum
```

```python
class BugStatus(enum.Enum):

    new = (7, ['incomplete',
               'invalid',
               'wont_fix',
               'in_progress'])
    incomplete = (6, ['new', 'wont_fix'])
    invalid = (5, ['new'])
    wont_fix = (4, ['new'])
    in_progress = (3, ['new', 'fix_committed'])
    fix_committed = (2, ['in_progress', 'fix_released'])
    fix_released = (1, ['new'])

    def __init__(self, num, transitions):
        self.num = num
        self.transitions = transitions

    def can_transition(self, new_state):
        return new_state.name in self.transitions

print('Name:', BugStatus.in_progress)
print('Value:', BugStatus.in_progress.value)
print('Custom attribute:', BugStatus.in_progress.transitions)
print('Using attribute:',
      BugStatus.in_progress.can_transition(BugStatus.new))
```

예제에서 각 멤버 값은 튜플인데 숫자 ID(데이터베이스에 저장될 법한) 및 여러 가지 상태 값을 포함하는 리스트를 가진다.

```
$ python3 enum_tuple_values.py

Name: BugStatus.in_progress
Value: (3, ['new', 'fix_committed'])
Custom attribute: ['new', 'fix_committed']
Using attribute: True
```

더 복잡한 경우에는 튜플을 다루기가 힘들어질 수 있다. 어떠한 객체 타입도 멤버 값이 될 수 있기 때문에 각 열거 값을 추적할 수 있는 많은 속성을 가진 경우 딕셔너리를 사용할 수 있다. 복잡한 값은 self가 아닌 유일한 인자인 __init__()에 직접 전달된다.

```python
import enum

class BugStatus(enum.Enum):

    new = {
        'num': 7,
        'transitions': [
            'incomplete',
            'invalid',
            'wont_fix',
            'in_progress',
        ],
    }
    incomplete = {
        'num': 6,
        'transitions': ['new', 'wont_fix'],
    }
    invalid = {
        'num': 5,
        'transitions': ['new'],
    }
    wont_fix = {
        'num': 4,
        'transitions': ['new'],
    }
    in_progress = {
        'num': 3,
        'transitions': ['new', 'fix_committed'],
    }
    fix_committed = {
        'num': 2,
        'transitions': ['in_progress', 'fix_released'],
    }
    fix_released = {
        'num': 1,
        'transitions': ['new'],
    }

    def __init__(self, vals):
        self.num = vals['num']
```

```
            self.transitions = vals['transitions']

    def can_transition(self, new_state):
        return new_state.name in self.transitions
print('Name:', BugStatus.in_progress)
print('Value:', BugStatus.in_progress.value)
print('Custom attribute:', BugStatus.in_progress.transitions)
print('Using attribute:',
      BugStatus.in_progress.can_transition(BugStatus.new))
```

이 예제는 이전 예제와 동일한 데이터를 표현하고 있는데, 다만 튜플 대신 딕셔너리를 사용한다.

```
$ python3 enum_complex_values.py

Name: BugStatus.in_progress
Value: {'transitions': ['new', 'fix_committed'], 'num': 3}
Custom attribute: ['new', 'fix_committed']
Using attribute: True
```

팁 – 참고 자료

- enum 표준 라이브러리 문서: https://docs.python.org/3.5/library/enum.html
- PEP 435(www.python.org/dev/peps/pep-0435): 파이썬 표준 라이브러리에 Enum 추가하기
- flufl.enum(http://pythonhosted.org/flufl.enum/): 열거형에 대한 최초의 영감(베리 바르샤바(Barry Warsaw))

2.2 collections: 컨테이너 데이터 타입

collections 모듈은 리스트, 사전, 튜플 등의 내장 타입 외에 컨테이너^{container} 데이터 타입을 제공한다.

2.2.1 ChainMap: 여러 개의 딕셔너리 검색

ChainMap 클래스는 딕셔너리 시퀀스를 관리하고 키와 연관된 값을 찾고자 주어진 순서대로 검색한다.

ChainMap은 쓸 만한 context 컨테이너를 만든다. 이는 스택이 자라남에 따른 변화가 일어나고, 스택이 축소되면서 다시 버려지는 것처럼 스택으로 취급될 수 있기 때문이다.

2.2.1.1 값 액세스

ChainMap은 정규 딕셔너리와 동일한 API를 지원해 기존 값에 접근할 수 있다.

리스트 2.11: collections_chainmap_read.py

```
import collections

a = {'a': 'A', 'c': 'C'}
b = {'b': 'B', 'c': 'D'}

m = collections.ChainMap(a, b)

print('Individual Values')
print('a = {}'.format(m['a']))
print('b = {}'.format(m['b']))
print('c = {}'.format(m['c']))
print()

print('Keys = {}'.format(list(m.keys())))
print('Values = {}'.format(list(m.values())))
print()

print('Items:')
for k, v in m.items():
    print('{} = {}'.format(k, v))
print()

print('"d" in m: {}'.format(('d' in m)))
```

자식 매핑child mappings은 생성자에 전달된 순서대로 검색되므로 키 'c'에 해당하는 값은 a 딕셔너리에서 가져온다.

```
$ python3 collections_chainmap_read.py

Individual Values
a = A
b = B
c = C

Keys = ['c', 'b', 'a']
Values = ['C', 'B', 'A']

Items:
c = C
b = B
a = A

"d" in m: False
```

2.2.1.2 재배열

ChainMap은 maps 속성의 리스트에서 검색하는 매핑 목록을 저장한다. 이 목록은 변경 가능하므로, 새 매핑을 직접 추가하거나 항목의 순서를 변경해 검색이나 동작을 제어할 수 있다.

리스트 2.12: collections_chainmap_reorder.py

```
import collections

a = {'a': 'A', 'c': 'C'}
b = {'b': 'B', 'c': 'D'}

m = collections.ChainMap(a, b)

print(m.maps)
print('c = {}\n'.format(m['c']))

# 목록을 거꾸로 만들기
m.maps = list(reversed(m.maps))

print(m.maps)
print('c = {}'.format(m['c']))
```

매핑 목록이 역순이 되면 c에 연결된 값이 바뀐다.

```
$ python3 collections_chainmap_reorder.py

[{'c': 'C', 'a': 'A'}, {'c': 'D', 'b': 'B'}]
c = C

[{'c': 'D', 'b': 'B'}, {'c': 'C', 'a': 'A'}]
c = D
```

2.2.1.3 값 업데이트

ChainMap은 자식 매핑에 있는 값을 캐시하지 않는다. 따라서 내용이 수정되면 결과는
ChainMap을 액세스할 때 반영된다.

리스트 2.13: collections_chainmap_update_behind.py

```python
import collections

a = {'a': 'A', 'c': 'C'}
b = {'b': 'B', 'c': 'D'}

m = collections.ChainMap(a, b)
print('Before: {}'.format(m['c']))
a['c'] = 'E'
print('After : {}'.format(m['c']))
```

기존 키와 연관된 값을 변경하는 것은 새 요소를 추가하는 것과 동일한 방식으로 작동
한다.

```
$ python3 collections_chainmap_update_behind.py

Before: C
After : E
```

ChainMap을 통해 직접 값을 설정하는 것 역시 가능하다. 다만 체인에서 첫 번째 매핑만
수정할 수 있다.

리스트 2.14: collections_chainmap_update_directly.py

```
import collections

a = {'a': 'A', 'c': 'C'}
b = {'b': 'B', 'c': 'D'}

m = collections.ChainMap(a, b)
print('Before:', m)
m['c'] = 'E'
print('After :', m)
print('a:', a)
```

m을 사용해 새 값을 저장하면 매핑됐던 값이 업데이트된다.

```
$ python3 collections_chainmap_update_directly.py

Before: ChainMap({'c': 'C', 'a': 'A'}, {'c': 'D', 'b': 'B'})
After : ChainMap({'c': 'E', 'a': 'A'}, {'c': 'D', 'b': 'B'})
a: {'c': 'E', 'a': 'A'}
```

ChainMap은 maps 리스트 앞에 여분 매핑을 가진 새 인스턴스를 만들어주는 편의 메서드를 제공함으로써 기존 자료 구조의 수정 없이 이 작업을 쉽게 할 수 있다.

리스트 2.15: collections_chainmap_new_child.py

```
import collections

a = {'a': 'A', 'c': 'C'}
b = {'b': 'B', 'c': 'D'}

m1 = collections.ChainMap(a, b)
m2 = m1.new_child()

print('m1 before:', m1)
print('m2 before:', m2)

m2['c'] = 'E'

print('m1 after:', m1)
print('m2 after:', m2)
```

이러한 작동 방식이 **ChainMap** 인스턴스를 템플릿이나 애플리케이션 콘텍스트로 사용하기 편리하게 해준다. 특히 한 번의 반복으로 값을 추가하거나 업데이트한 후 다음 반복에서 변경 사항을 버리는 것이 쉽다.

```
$ python3 collections_chainmap_new_child.py

m1 before: ChainMap({'c': 'C', 'a': 'A'}, {'c': 'D', 'b': 'B'})
m2 before: ChainMap({}, {'c': 'C', 'a': 'A'}, {'c': 'D', 'b': 'B'})
m1 after: ChainMap({'c': 'C', 'a': 'A'}, {'c': 'D', 'b': 'B'})
m2 after: ChainMap({'c': 'E'}, {'c': 'C', 'a': 'A'}, {'c': 'D', 'b': 'B'})
```

새로운 콘텍스트를 미리 알고 있거나 빌드된 상황에서는 new_child()에 매핑을 전달할 수도 있다.

리스트 2.16: collections_chainmap_new_child_explicit.py

```
import collections

a = {'a': 'A', 'c': 'C'}
b = {'b': 'B', 'c': 'D'}
c = {'c': 'E'}

m1 = collections.ChainMap(a, b)
m2 = m1.new_child(c)

print('m1["c"] = {}'.format(m1['c']))
print('m2["c"] = {}'.format(m2['c']))
```

위와 동일한 구문은 아래와 같다.

```
m2 = collections.ChainMap(c, *m1.maps)
```

그리고 다음이 출력 결과다.

```
$ python3 collections_chainmap_new_child_explicit.py

m1["c"] = C
```

```
m2["c"] = E
```

2.2.2 Counter: Hashable 객체 카운트

Counter는 동일한 값이 몇 번이나 추가됐는지를 기록하는 역할을 한다. 타 언어에서 백bag이나 멀티셋multiset을 사용해 구현하는 동일한 알고리즘을 만들 때 사용할 수 있다.

2.2.2.1 초기화

Counter는 세 가지 초기화 방법을 지원한다. 아이템 시퀀스나 키 값과 개수 정보가 있는 딕셔너리 타입을 이용하거나 문자열 이름에 숫자를 매핑하고 있는 키워드 인자를 사용해 생성자를 호출할 수 있다.

리스트 2.17: collections_counter_init.py

```
import collections

print(collections.Counter(['a', 'b', 'c', 'a', 'b', 'b']))
print(collections.Counter({'a': 2, 'b': 3, 'c': 1}))
print(collections.Counter(a=2, b=3, c=1))
```

위의 예제는 세 가지 초기화 방법을 보여주는데, 결과는 모두 동일하다.

```
$ python3 collections_counter_init.py

Counter({'b': 3, 'a': 2, 'c': 1})
Counter({'b': 3, 'a': 2, 'c': 1})
Counter({'b': 3, 'a': 2, 'c': 1})
```

인자를 생략하면 빈 Counter를 만들 수 있으며, update() 메서드로 값을 채워 넣을 수 있다.

리스트 2.18: collections_counter_update.py

```
import collections

c = collections.Counter()
print('Initial :', c)

c.update('abcdaab')
print('Sequence:', c)

c.update({'a': 1, 'd': 5})
print('Dict     :', c)
```

새 값이 들어오면 교체되는 것이 아니라 기존 값에 추가된다. 예제를 보면 a 값이 3에서 4가 됨을 볼 수 있다.

```
$ python3 collections_counter_update.py

Initial  : Counter()
Sequence : Counter({'a': 3, 'b': 2, 'c': 1, 'd': 1})
Dict     : Counter({'d': 6, 'a': 4, 'b': 2, 'c': 1})
```

2.2.2.2 Count 액세스

Counter 값을 일단 넣어두면 딕셔너리 API를 사용해 정보를 빼낼 수 있다.

리스트 2.19: collections_counter_get_values.py

```
import collections

c = collections.Counter('abcdaab')

for letter in 'abcde':
    print('{} : {}'.format(letter, c[letter]))
```

Counter는 알 수 없는 항목에 대해 KeyError를 발생시키지 않는다. 존재하지 않는 입력 키 값이 사용되면 카운트는 0이 된다. 다음 결과에서 e를 보자.

```
$ python3 collections_counter_get_values.py

a : 3
b : 2
c : 1
d : 1
e : 0
```

elements() 메서드는 Counter에 알려진 모든 항목을 생성하는 반복자^{iterator}를 반환
한다.

리스트 2.20: collections_counter_elements.py

```python
import collections

c = collections.Counter('extremely')
c['z'] = 0
print(c)
print(list(c.elements()))
```

결괏값의 순서는 보장되지 않는다. 카운트가 0보다 작거나 같은 경우 아이템은 제외
된다.

```
$ python3 collections_counter_elements.py

Counter({'e': 3, 'x': 1, 'm': 1, 't': 1, 'y': 1, 'l': 1, 'r': 1, 'z': 0})
['x', 'm', 't', 'e', 'e', 'e', 'y', 'l', 'r']
```

most_common() 함수는 입력값에서 가장 높은 빈도순으로 시퀀스를 만들고, 해당 카운
트를 생성한다.

리스트 2.21: collections_counter_most_common.py

```python
import collections

c = collections.Counter()
with open('/usr/share/dict/words', 'rt') as f:
    for line in f:
```

```
        c.update(line.rstrip().lower())
print('Most common:')
for letter, count in c.most_common(3):
    print('{}: {:>7}'.format(letter, count))
```

이 예제는 시스템 딕셔너리에서 나오는 단어 속에 포함된 알파벳 중 가장 빈도가 높은 3가지 문자를 찾아낸다. most_common()의 인자를 생략하면 모든 항목을 빈도순으로 나열해준다.

```
$ python3 collections_counter_most_common.py

Most common:
e:  235331
i:  201032
a:  199554
```

2.2.2.3 산술 연산

Counter 인스턴스는 산술Arithmetic 연산과 결과를 집계하기 위한 집합set 연산을 지원한다. 예제는 Counter 인스턴스를 만들 때 사용할 기본 연산자를 보여주지만 +=, -=, &=, |= 역시 지원한다.

리스트 2.22: collections_counter_arithmetic.py

```
import collections

c1 = collections.Counter(['a', 'b', 'c', 'a', 'b', 'b'])
c2 = collections.Counter('alphabet')

print('C1:', c1)
print('C2:', c2)

print('\nCombined counts:')
print(c1 + c2)

print('\nSubtraction:')
print(c1 - c2)
```

```
print('\nIntersection (taking positive minimums):')
print(c1 & c2)

print('\nUnion (taking maximums):')
print(c1 | c2)
```

새 Counter를 만들 때마다 항목 개수가 0이거나 음수인 경우에는 결과에서 제거된다. c1과 c2에 포함된 a 개수는 동일하기 때문에 빼기 연산을 수행하면 a 값은 없어진다.

```
$ python3 collections_counter_arithmetic.py

C1: Counter({'b': 3, 'a': 2, 'c': 1})
C2: Counter({'a': 2, 'b': 1, 'p': 1, 't': 1, 'l': 1, 'e': 1, 'h': 1})

Combined counts:
Counter({'b': 4, 'a': 4, 'p': 1, 't': 1, 'c': 1, 'e': 1, 'l': 1, 'h': 1})

Subtraction:
Counter({'b': 2, 'c': 1})

Intersection (taking positive minimums):
Counter({'a': 2, 'b': 1})

Union (taking maximums):
Counter({'b': 3, 'a': 2, 'p': 1, 't': 1, 'c': 1, 'e': 1, 'l': 1, 'h': 1})
```

2.2.3 defaultdict: 없는 키는 기본값을 반환

파이썬 표준 딕셔너리에는 값을 읽은 후 값이 존재하지 않는 경우 기본값을 생성하는 setdefault() 메서드가 있다. 반면 defaultdict를 사용하면 컨테이너가 초기화될 때 기본값을 미리 지정할 수 있다.

리스트 2.23: collections_defaultdict.py

```
import collections

def default_factory():
    return 'default value'
```

```
d = collections.defaultdict(default_factory, foo='bar')
print('d:', d)
print('foo =>', d['foo'])
print('bar =>', d['bar'])
```

이 메서드는 모든 키가 동일한 기본^{default}값을 가질 때 잘 동작한다. 특히 기본값이 **list**나 **set**, 심지어 **int**와 같이 값을 합치거나 누적을 위한 타입일 때 유용하다. 표준 라이브러리 문서에는 이러한 방식을 사용하는 **defaultdict**에 대한 몇 가지 예제가 있다.

```
$ python3 collections_defaultdict.py

d: defaultdict(<function default_factory at 0x101341950>,
{'foo': 'bar'})
foo => bar
bar => default value
```

> **팁 – 참고 자료**
>
> - defaultdict 예제(https://docs.python.org/3.5/library/collections.html#defaultdict-examples): defaultdict 를 사용하는 표준 라이브러리 문서 예제
> - 파이썬에서의 기본 딕셔너리의 진화(http://jtauber.com/blog/2008/02/27/evolution_of_default_dictionaries_in_python/): defaultdict와 딕셔너리 초기화를 하는 다른 방법 간의 상관관계, 제임스 타버(James Tauber)

2.2.4 deque: 양방향 큐

양방향 큐나 **deque**는 큐의 양쪽 끝에서 항목을 추가하거나 제거하는 기능을 가진다. 좀 더 자주 사용하는 스택이나 큐는 입력과 출력이 단방향으로만 된 데크의 제한된 형태다.

리스트 2.24: collections_deque.py

```
import collections

d = collections.deque('abcdefg')
print('Deque:', d)
print('Length:', len(d))
```

```
print('Left end:', d[0])
print('Right end:', d[-1])

d.remove('c')
print('remove(c):', d)
```

데크 역시 시퀀스 컨테이너이기 때문에 **list**와 동일한 기능을 지원한다. 내용 검사용 **__getitem__**()이나 컨테이너 길이 알아내기, 매칭을 통한 컨테이너 중간 요소 삭제하기 등이 있다.

```
$ python3 collections_deque.py

Deque: deque(['a', 'b', 'c', 'd', 'e', 'f', 'g'])
Length: 7
Left end: a
Right end: g
remove(c): deque(['a', 'b', 'd', 'e', 'f', 'g'])
```

2.2.4.1 넣기

데크는 양방향 어디라도 아이템을 넣을 수 있다. 파이썬에서 데크를 구현할 때 'left'와 'right'라는 용어를 사용한다.

리스트 2.25: collections_deque_populating.py

```
import collections

# 오른쪽에 추가
d1 = collections.deque()
d1.extend('abcdefg')
print('extend       :', d1)
d1.append('h')
print('append       :', d1)

# 왼쪽에 추가
d2 = collections.deque()
d2.extendleft(range(6))
print('extendleft:', d2)
```

```
d2.appendleft(6)
print('appendleft:', d2)
```

extendleft() 함수는 입력값을 순회하면서 개별 항목에 appendleft()를 수행하는 것과 같은 효과가 있다. deque는 결론적으로 반대 방향의 입력 시퀀스를 갖게 된다.

```
$ python3 collections_deque_populating.py

extend     : deque(['a', 'b', 'c', 'd', 'e', 'f', 'g'])
append     : deque(['a', 'b', 'c', 'd', 'e', 'f', 'g', 'h'])
extendleft : deque([5, 4, 3, 2, 1, 0])
appendleft : deque([6, 5, 4, 3, 2, 1, 0])
```

2.2.4.2 꺼내기

deque의 요소를 넣을 때와 마찬가지로 꺼내는 것 역시 어떤 알고리즘을 사용하느냐에 따라 양방향 모두에서 혹은 한쪽 방향에서 수행할 수 있다.

리스트 2.26: collections_deque_consuming.py

```
import collections

print('From the right:')
d = collections.deque('abcdefg')
while True:
    try:
        print(d.pop(), end='')
    except IndexError:
        break
print

print('\nFrom the left:')
d = collections.deque(range(6))
while True:
    try:
        print(d.popleft(), end='')
    except IndexError:
```

```
        break
print
```

deque의 우측에서 항목을 제거하려면 pop()을 사용하고 좌측에서 없애려면 popleft()를 사용한다.

```
$ python3 collections_deque_consuming.py

From the right:
gfedcba
From the left:
012345
```

데크는 스레드 안전하기 때문에 각각의 스레드가 동시에 데크의 양쪽 값을 꺼낼 수도 있다.

리스트 2.27: collections_deque_both_ends.py

```python
import collections
import threading
import time

candle = collections.deque(range(5))

def burn(direction, nextSource):
    while True:
        try:
            next = nextSource()
        except IndexError:
            break
        else:
            print('{:>8}: {}'.format(direction, next))
            time.sleep(0.1)
    print('{:>8} done'.format(direction))
    return

left = threading.Thread(target=burn,
                        args=('Left', candle.popleft))
right = threading.Thread(target=burn,
```

```
                        args=('Right', candle.pop))

    left.start()
    right.start()

    left.join()
    right.join()
```

이 예제에서 사용한 스레드는 deque가 빌 때까지 양쪽에서 항목을 꺼낸다.

```
$ python3 collections_deque_both_ends.py

 Left: 0
Right: 4
Right: 3
 Left: 1
Right: 2
 Left done
Right done
```

2.2.4.3 회전

deque의 또 다른 유용한 기능은 특정 값을 건너뛸 수 있는 양방향 회전^{rotate}이다.

리스트 2.28: collections_deque_rotate.py

```
import collections

d = collections.deque(range(10))
print('Normal        :', d)

d = collections.deque(range(10))
d.rotate(2)
print('Right rotation:', d)

d = collections.deque(range(10))
d.rotate(-2)
print('Left rotation :', d)
```

deque를 우측으로 회전(양수 값 회전)시키면 맨 우측의 항목을 좌측 끝으로 옮긴다. 좌측으로 회전(음수 값)할 경우에는 맨 좌측 값을 맨 우측 끝으로 옮긴다. 전화기 다이얼에 새겨진 숫자를 생각하면 데크의 항목을 시각화하는 데 도움이 될 것이다.

```
$ python3 collections_deque_rotate.py

Normal         : deque([0, 1, 2, 3, 4, 5, 6, 7, 8, 9])
Right rotation : deque([8, 9, 0, 1, 2, 3, 4, 5, 6, 7])
Left rotation  : deque([2, 3, 4, 5, 6, 7, 8, 9, 0, 1])
```

2.2.4.4 큐 크기 제한

deque 인스턴스를 구성할 때 해당 크기보다 커지지 못하도록 최대 길이를 정할 수 있다. 데크의 길이가 특정 값에 도달하면 새 항목이 추가되면서 기존 항목은 삭제된다. 이 동작은 길이가 정해지지 않은 스트림에서 마지막 n 항목을 찾는 데 유용하다.

리스트 2.29: collections_deque_maxlen.py

```python
import collections
import random

# 랜덤 시드를 설정해서 스크립트가 매번 실행될 때마다
# 동일한 결과를 볼 수 있다.
random.seed(1)

d1 = collections.deque(maxlen=3)
d2 = collections.deque(maxlen=3)

for i in range(5):
    n = random.randint(0, 100)
    print('n =', n)
    d1.append(n)
    d2.appendleft(n)
    print('D1:', d1)
    print('D2:', d2)
```

어느 쪽에 항목이 추가되든지 간에 데크 길이는 유지된다.

```
$ python3 collections_deque_maxlen.py

n = 17
D1: deque([17], maxlen=3)
D2: deque([17], maxlen=3)
n = 72
D1: deque([17, 72], maxlen=3)
D2: deque([72, 17], maxlen=3)
n = 97
D1: deque([17, 72, 97], maxlen=3)
D2: deque([97, 72, 17], maxlen=3)
n = 8
D1: deque([72, 97, 8], maxlen=3)
D2: deque([8, 97, 72], maxlen=3)
n = 32
D1: deque([97, 8, 32], maxlen=3)
D2: deque([32, 8, 97], maxlen=3)
```

> **팁 – 참고 자료**
>
> - 위키피디아: Deque(https://en.wikipedia.org/wiki/Deque): 데크 자료 구조에 대한 고찰
> - Deque Recipes(https://docs.python.org/3.5/library/collections.html#deque-recipes): 표준 라이브러리 문서의 알고리즘에서 데크를 사용하는 예제

2.2.5 namedtuple : 네임 필드를 이용한 튜플 서브클래스

표준 tuple의 멤버에 접근하려면 숫자를 인덱스로 사용한다.

리스트 2.30: collections_tuple.py

```
bob = ('Bob', 30, 'male')
print('Representation:', bob)

jane = ('Jane', 29, 'female')
print('\nField by index:', jane[0])

print('\nFields by index:')
for p in [bob, jane]:
    print('{} is a {} year old {}'.format(*p))
```

tuples를 간편한 컨테이너로 사용할 때는 이 방식이 좋다.

```
$ python3 collections_tuple.py

Representation: ('Bob', 30, 'male')

Field by index: Jane

Fields by index:
Bob is a 30 year old male
Jane is a 29 year old female
```

반면 각 항목에 매칭되는 인덱스를 일일이 기억하다 보면 에러가 발생한다. 특히 **tuple**
에는 수많은 필드가 있고, 사용된 위치에서 멀리 떨어진 경우도 문제의 소지가 있다.
namedtuple은 각 멤버에 숫자와 이름을 함께 할당한다.

2.2.5.1 namedtuple의 정의

namedtuple 인스턴스는 일반 튜플과 마찬가지로 메모리 효율적이다. 인스턴스마다 딕
셔너리를 포함하고 있지 않기 때문이다. 각 namedtuple은 namedtuple() 팩토리 함수를
사용해 생성되는 자신의 클래스로 표현할 수 있다. 새 클래스의 이름과 각 요소에 대한
문자열이 인자로 올 수 있다.

리스트 2.31: collections_namedtuple_person.py

```python
import collections

Person = collections.namedtuple('Person', 'name age')

bob = Person(name='Bob', age=30)
print('\nRepresentation:', bob)

jane = Person(name='Jane', age=29)
print('\nField by name:', jane.name)

print('\nFields by index:')
for p in [bob, jane]:
    print('{} is {} years old'.format(*p))
```

예제처럼 각 namedtuple 필드에 접근하려면 마침표(obj.attr) 문법을 사용할 수 있다. 물론 일반 튜플처럼 위치 인덱스를 사용해도 된다.

```
$ python3 collections_namedtuple_person.py

Representation: Person(name='Bob', age=30)

Field by name: Jane

Fields by index:
Bob is 30 years old
Jane is 29 years old
```

표준 tuple과 마찬가지로 namedtuple도 변경할 수 없다^{immutable}. 이러한 제한 덕분에 tuple 인스턴스는 일관된 해시 값을 가질수 있다. 이를 통해 딕셔너리의 키 값으로 사용할 수도 있고 집합^{set}에 포함될 수도 있다.

리스트 2.32: collections_namedtuple_immutable.py

```
import collections

Person = collections.namedtuple('Person', 'name age')

pat = Person(name='Pat', age=12)
print('\nRepresentation:', pat)

pat.age = 21
```

이름 속성을 통해 값을 변경하려고 시도하면 **AttributeError**가 발생한다.

```
$ python3 collections_namedtuple_immutable.py

Representation: Person(name='Pat', age=12)
Traceback (most recent call last):
  File "collections_namedtuple_immutable.py", line 17, in
<module>
    pat.age = 21
AttributeError: can't set attribute
```

2.2.5.2 잘못된 필드명

필드명이 중복되거나 파이썬 키워드와 충돌이 나면 사용할 수 없다.

리스트 2.33: collections_namedtuple_bad_fields.py

```
import collections

try:
    collections.namedtuple('Person', 'name class age')
except ValueError as err:
    print(err)

try:
    collections.namedtuple('Person', 'name age age')
except ValueError as err:
    print(err)
```

필드명이 파싱될 때 잘못된 값은 **ValueError** 예외를 발생시킨다.

```
$ python3 collections_namedtuple_bad_fields.py

Type names and field names cannot be a keyword: 'class'
Encountered duplicate field name: 'age'
```

namedtuple이 프로그램이 제어할 수 없는 값을 기반으로 생성된다면(스키마를 미리 알수 없는 데이터베이스 쿼리가 반환하는 데이터를 표현하는 등) rename 옵션을 True로 지정해불가능한 이름을 자동으로 바꿔주도록 설정한다.

리스트 2.34: collections_namedtuple_rename.py

```
import collections

with_class = collections.namedtuple(
    'Person', 'name class age',
    rename=True)
print(with_class._fields)

two_ages = collections.namedtuple(
    'Person', 'name age age',
```

```
        rename=True)
print(two_ages._fields)
```

변경되는 필드의 새 이름은 튜플 인덱스에 따라 결정된다. 따라서 class 이름의 필드는 _1이 되고 중복된 age 필드명은 _2가 된다.

```
$ python3 collections_namedtuple_rename.py

('name', '_1', 'age')
('name', 'age', '_2')
```

2.2.5.3 특별 속성

namedtuple은 서브클래스와 인스턴스로 작업하기 위한 몇 가지 유용한 속성과 메서드를 제공한다. 이러한 모든 내장 속성은 이름에 언더스코어 접두어를 갖는데, 이는 대부분의 파이썬 프로그램에서 관례상 private 속성을 나타낸다. 하지만 namedtuple의 경우 접두어는 사용자 속성user-provided attribute 이름과의 충돌을 방지하기 위한 것이다.

새 클래스를 정의하고자 namedtuple로 넘겨진 필드명은 _fields 속성에 저장된다.

리스트 2.35: collections_namedtuple_fields.py

```
import collections

Person = collections.namedtuple('Person', 'name age')

bob = Person(name='Bob', age=30)
print('Representation:', bob)
print('Fields:', bob._fields)
```

인자는 공백으로 구분된 단일 문자열이지만, 저장되는 값은 개별 이름에 대한 시퀀스다.

```
$ python3 collections_namedtuple_fields.py

Representation: Person(name='Bob', age=30)
Fields: ('name', 'age')
```

namedtuple 인스턴스는 _asdict()를 사용해 OrderedDict 인스턴스로 변환될 수 있다.

리스트 2.36: collections_namedtuple_asdict.py

```python
import collections

Person = collections.namedtuple('Person', 'name age')

bob = Person(name='Bob', age=30)
print('Representation:', bob)
print('As Dictionary:', bob._asdict())
```

OrderedDict의 키는 namedtuple의 필드와 같은 순서로 돼 있다.

```
$ python3 collections_namedtuple_asdict.py

Representation: Person(name='Bob', age=30)
As Dictionary: OrderedDict([('name', 'Bob'), ('age', 30)])
```

_replace() 메서드는 프로세스의 일부 필드 값을 대체해 새로운 인스턴스를 생성한다.

리스트 2.37: collections_namedtuple_replace.py

```python
import collections

Person = collections.namedtuple('Person', 'name age')

bob = Person(name='Bob', age=30)
print('\nBefore:', bob)
bob2 = bob._replace(name='Robert')
print('After:', bob2)
print('Same?:', bob is bob2)
```

이름에서는 기존 객체가 수정됨을 암시하지만, namedtuple 인스턴스는 불변이므로 메서드는 실제로 새로운 객체를 반환한다.

```
$ python3 collections_namedtuple_replace.py

Before: Person(name='Bob', age=30)
```

```
After: Person(name='Robert', age=30)
Same?: False
```

2.2.6 OrderedDict: 키가 딕셔너리에 추가된 순서를 저장

OrderedDict는 자료가 추가된 순서를 기억하는 딕셔너리 서브클래스다.

리스트 2.38: collections_ordereddict_iter.py

```python
import collections

print('Regular dictionary:')
d = {}
d['a'] = 'A'
d['b'] = 'B'
d['c'] = 'C'

for k, v in d.items():
    print(k, v)

print('\nOrderedDict:')
d = collections.OrderedDict()
d['a'] = 'A'
d['b'] = 'B'
d['c'] = 'C'

for k, v in d.items():
    print(k, v)
```

일반 dict는 데이터 삽입 순서를 추적하지 않고 반복 구문을 사용할 때 해시 테이블에 저장된 키 값 순서대로 생성한다. 이 해시 테이블은 충돌을 피하기 위한 랜덤 값에 영향을 받는다. 반면 OrderedDict에서는 항목이 삽입된 순서를 기억하며, 이 순서는 반복자를 생성할 때 사용된다.

```
$ python3 collections_ordereddict_iter.py

Regular dictionary:
c C
```

```
b B
a A

OrderedDict:
a A
b B
c C
```

2.2.6.1 비교

일반 dict를 비교할 때는 내부의 자료가 같은지만 살펴보지만 OrderedDict는 항목이
삽입된 순서까지 고려한다.

리스트 2.39: collections_ordereddict_equality.py

```python
import collections

print('dict     :', end=' ')
d1 = {}
d1['a'] = 'A'
d1['b'] = 'B'
d1['c'] = 'C'

d2 = {}
d2['c'] = 'C'
d2['b'] = 'B'
d2['a'] = 'A'

print(d1 == d2)

print('OrderedDict:', end=' ')

d1 = collections.OrderedDict()
d1['a'] = 'A'
d1['b'] = 'B'
d1['c'] = 'C'

d2 = collections.OrderedDict()
d2['c'] = 'C'
d2['b'] = 'B'
d2['a'] = 'A'
```

```
print(d1 == d2)
```

예제에서 두 순서가 있는 딕셔너리 값을 보면 삽입된 순서가 다르다. 따라서 다른 것으로 간주한다.

```
$ python3 collections_ordereddict_equality.py

dict        : True
OrderedDict : False
```

2.2.6.2 재정렬

OrderedDict의 키 값 순서를 변경할 수도 있다. 이때 move_to_end()를 사용해 시퀀스의 시작 지점이나 끝 지점으로 이동시킬 수 있다.

리스트 2.40: collections_ordereddict_move_to_end.py

```
import collections

d = collections.OrderedDict(
    [('a', 'A'), ('b', 'B'), ('c', 'C')]
)

print('Before:')
for k, v in d.items():
    print(k, v)

d.move_to_end('b')

print('\nmove_to_end():')
for k, v in d.items():
    print(k, v)

d.move_to_end('b', last=False)

print('\nmove_to_end(last=False):')
for k, v in d.items():
    print(k, v)
```

move_to_end()의 last 인자는 키 시퀀스의 마지막 항목으로(True일 때) 또는 첫 항목 (False일 때)으로 이동할지 결정해준다.

```
$ python3 collections_ordereddict_move_to_end.py

Before:
a A
b B
c C

move_to_end():
a A
c C
b B

move_to_end(last=False):
b B
a A
c C
```

팁 – 참고 자료

- PYTHONHASHSEED(https://docs.python.org/3.5/using/cmdline.html#envvar-PYTHONHASHSEED): 딕셔너리의 키 위치를 결정할 때 필요한 해시 알고리즘에 추가된 랜덤 시드 값 제어를 위한 환경 변수

2.2.7 collections.abc: 컨테이너에 대한 추상 베이스 클래스

collections 모듈에 포함된 collections.abc는 파이썬에 내장된 컨테이너 자료 구조에 대한 API를 정의하는 추상 베이스 클래스Abstract Base Classes를 가진다. 표 2.1에서 클래스 목록과 API의 목적을 참고하기 바란다.

표 2.1: 추상 베이스 클래스

클래스	베이스 클래스	API 목적
Container		in 연산자와 같은 기본 컨테이너 기능을 한다.
Hashable		컨테이너 인스턴스에 해시 값을 제공하기 위한 클래스다.

(이어짐)

클래스	베이스 클래스	API 목적
Iterable		컨테이너 내용에 반복자를 생성하기 위한 클래스다.
Iterator	Iterable	컨테이너 내용에 대한 반복자 클래스다.
Generator	Iterator	PEP 342의 generator 프로토콜로 반복자를 확장한다.
Sized		컨테이너가 얼마나 큰지 알 수 있는 메소드를 추가한다.
Callable		함수로 호출할 수 있는 컨테이너다.
Sequence	Sized, Iterable, Container	개별 항목 검색, 반복, 항목 순서 변경을 지원한다.
MutableSequence	Sequence	생성된 인스턴스에 항목을 추가하거나 제거하는 기능을 지원한다.
ByteString	Sequence	bytes와 bytearray가 병합된 API다.
Set	Sized, Iterable, Container	intersection과 union 같은 집합 연산자를 지원한다.
MutableSet	Set	set 콘텐츠가 생성된 후 조작하기 위한 메소드를 추가한다.
Mapping	Sized, Iterable, Container	dict에 의해 사용되는 읽기 전용 API를 정의한다.
MutableMapping	Mapping	매핑이 작성된 후 매핑의 내용을 조작하기 위한 메소드를 정의한다.
MappingView	Sized	반복자에서 매핑에 액세스하기 위한 뷰 API를 정의한다.
ItemsView	MappingView, Set	API의 일부다.
KeysView	MappingView, Set	API의 일부다.
ValuesView	MappingView	API의 일부다.
Awaitable		coroutines와 같이 await 표현에 사용되는 객체를 위한 API다.
Coroutine	Awaitable	Coroutine 프로토콜을 구현하는 클래스에 대한 API다.
AsyncIterable		async for와 호환되는 이터러블 API(PEP 492에 정의됨)다.
AsyncIterator	AsyncIterable	비동기 반복자 API다.

다른 의미론을 가진 컨테이너에 대한 API를 명확하게 정의하는 것 외에도 이러한 추상 기본 클래스는 isinstance()를 사용해 객체를 호출하기 전에 객체가 API를 지원하는 지 여부를 테스트하는 데 사용할 수 있다. 클래스의 일부는 메서드의 구현을 제공하며, 모든 메서드를 처음부터 구현하지 않고도 사용자 정의 컨테이너 타입을 만드는 데 혼합 사용할 수 있다.

> **팁 – 참고 자료**
>
> - collections 표준 라이브러리 문서: https://docs.python.org/3.5/library/collections.html
> - collections에 대한 파이썬 2에서 3으로의 포팅 노트
> - PEP 342(https://www.python.org/dev/peps/pep-0342): Enhanced Generators를 통한 Coroutines
> - PEP 492(https://www.python.org/dev/peps/pep-0492/): async와 await syntax를 사용한 Coroutines
> - 스레드의 job, consuming

2.3 array: 연속된 고정 타입 자료

array 모듈은 list와 매우 흡사한 시퀀스 데이터 자료를 정의하는데, 차이점이라면 모든 멤버가 동일한 원시 타입으로 구성된다는 점이다. 지원하는 타입은 모두 숫자이거나 바이트^{bytes}와 같은 고정폭 원시 타입$^{fixed-size\ primitive\ type}$이다.

지원하는 타입은 표 2.2와 같다. array 표준 라이브러리 문서는 완전한 타입 코드 목록을 포함한다.

2.3.1 초기화

array는 사용할 타입과 초기 데이터로 사용할 시퀀스를 인자로 생성할 수 있다.

표 2.2: array 멤버에 대한 타입 코드

코드	타입	최소 크기(bytes)
b	int	1
B	int	1
h	signed short	2
H	unsigned short	2
i	signed int	2
I	unsigned int	2
l	signed long	4
L	unsigned long	4
q	signed long long	8
Q	unsigned long long	8
f	float	4
d	double float	8

리스트 2.41: array_string.py

```
import array
import binascii

s = b'This is the array.'
a = array.array('b', s)

print('As byte string:', s)
print('As array      :', a)
print('As hex        :', binascii.hexlify(a))
```

예제에서 **array**는 바이트 시퀀스를 저장하고 간단한 바이트 문자열로 초기화된다.

```
$ python3 array_string.py

As byte string : b'This is the array.'
As array       : array('b', [84, 104, 105, 115, 32, 105, 115, 32,
 116, 104, 101, 32, 97, 114, 114, 97, 121, 46])
```

```
As hex      : b'54686973206973207468652061727261792e'
```

2.3.2 배열 다루기

배열은 다른 파이썬 시퀀스와 같은 방법으로 확장할 수 있지만 다른 방법으로 조작할
수 있다.

리스트 2.42: array_sequence.py

```python
import array
import pprint

a = array.array('i', range(3))
print('Initial :', a)

a.extend(range(3))
print('Extended:', a)

print('Slice   :', a[2:5])

print('Iterator:')
print(list(enumerate(a)))
```

잘라내기, 순환하기, 컨테이너의 맨 뒤쪽에 항목 추가하기 등의 연산을 지원한다.

```
$ python3 array_sequence.py

Initial : array('i', [0, 1, 2])
Extended: array('i', [0, 1, 2, 0, 1, 2])
Slice   : array('i', [2, 0, 1])
Iterator:
[(0, 0), (1, 1), (2, 2), (3, 0), (4, 1), (5, 2)]
```

2.3.3 Array와 파일

내장 메서드를 사용해 array의 내용을 파일에 쓰거나 파일에서 읽어오는 작업을 쉽게 수행할 수 있다.

리스트 2.43: array_file.py

```python
import array
import binascii
import tempfile

a = array.array('i', range(5))
print('A1:', a)

# 숫자 array를 임시 파일에 쓰기
output = tempfile.NamedTemporaryFile()
a.tofile(output.file)  # *실제* 파일을 전달해야 한다.
output.flush()

# 로우 데이터 읽기
with open(output.name, 'rb') as input:
    raw_data = input.read()
    print('Raw Contents:', binascii.hexlify(raw_data))

    # 데이터를 읽어 array에 넣기
    input.seek(0)
    a2 = array.array('i')
    a2.fromfile(input, len(a))
    print('A2:', a2)
```

위 예제에서는 데이터를 읽은 후 새 array에 넣고 나서 바이트를 적합한 타입으로 변환하는 방법과 로우 데이터를 읽는 방식, 즉 바이너리 파일에서 직접 읽어 들이는 것을 보여준다.

```
$ python3 array_file.py

A1: array('i', [0, 1, 2, 3, 4])
Raw Contents: b'0000000001000000020000000300000004000000'
A2: array('i', [0, 1, 2, 3, 4])
```

tofile()은 tobytes()를 사용해 데이터 형식화를 하며, fromfile()은 frombytes()를 사용해 array 인스턴스로 되돌린다.

리스트 2.44: array_tobytes.py

```
import array
import binascii

a = array.array('i', range(5))
print('A1:', a)

as_bytes = a.tobytes()
print('Bytes:', binascii.hexlify(as_bytes))

a2 = array.array('i')
a2.frombytes(as_bytes)
print('A2:', a2)
```

tobytes()와 frombytes() 둘 다 유니코드가 아닌 바이트 문자열에서 동작한다.

```
$ python3 array_tobytes.py

A1: array('i', [0, 1, 2, 3, 4])
Bytes: b'0000000001000000020000000300000004000000'
A2: array('i', [0, 1, 2, 3, 4])
```

2.3.4 바이트 순서 변경

배열의 데이터가 네이티브 바이트 순서와 다르거나 다른 시스템으로 보내기 전에 바이트 순서를 바꿔야 하는 경우(혹 네트워크에서) 파이썬에서는 모든 자료를 순회하지 않고 변환할 수 있다.

리스트 2.45: array_byteswap.py

```
import array
import binascii

def to_hex(a):
```

```
        chars_per_item = a.itemsize * 2  # 2 hex digits
        hex_version = binascii.hexlify(a)

        num_chunks = len(hex_version) // chars_per_item
        for i in range(num_chunks):
            start = i * chars_per_item
            end = start + chars_per_item
            yield hex_version[start:end]

start = int('0x12345678', 16)
end = start + 5

a1 = array.array('i', range(start, end))
a2 = array.array('i', range(start, end))
a2.byteswap()

fmt = '{:>12} {:>12} {:>12} {:>12}'
print(fmt.format('A1 hex', 'A1', 'A2 hex', 'A2'))
print(fmt.format('-' * 12, '-' * 12, '-' * 12, '-' * 12))

fmt = '{!r:>12} {:12} {!r:>12} {:12}'
for values in zip(to_hex(a1), a1, to_hex(a2), a2):
    print(fmt.format(*values))
```

byteswap() 메서드는 배열에 있는 항목의 바이트 순서를 C 레벨에서 바꿔준다. 따라서 파이썬에서 순회하면서 작업을 하는 것보다 훨씬 효율적이다.

```
$ python3 array_byteswap.py

      A1 hex          A1       A2 hex          A2
----------- ----------- ----------- -----------
 b'78563412'   305419896  b'12345678'  2018915346
 b'79563412'   305419897  b'12345679'  2035692562
 b'7a563412'   305419898  b'1234567a'  2052469778
 b'7b563412'   305419899  b'1234567b'  2069246994
 b'7c563412'   305419900  b'1234567c'  2086024210
```

팁 – 참고 자료

- array 표준 라이브러리 문서: https://docs.python.org/3.5/library/array.html
- struct: struct 모듈

- Numerical Python(www.scipy.org): NumPy는 대용량 데이터 세트를 효율적으로 처리하기 위한 파이썬 라이브러리다.
- array에 대한 파이썬 2에서 3으로의 포팅 노트

2.4 heapq: 힙 정렬 알고리즘

힙^{heap}이란 자식 노드가 부모 노드와 정렬 관계를 가진 트리형 자료 구조다. 이진 힙^{Binary} ^{heaps}은 리스트나 배열을 사용해 나타낼 수 있다. 이때 N 위치의 노드를 부모로 하는 자식 노드의 위치는 $2*N + 1$과 $2*N + 2$가 돼야 한다(인덱스가 0에서 시작하는 경우). 이러한 레이아웃은 힙을 재정렬할 준비가 돼 있게 하기 때문에 아이템을 더하거나 삭제할 때 많은 메모리를 다시 할당할 필요가 없다.

최대 힙$^{max-heap}$은 부모가 자식과 같거나 크다는 것을 보장한다. 최소 힙$^{min-heap}$은 부모가 자식과 같거나 작아져야만 한다. 파이썬의 **heapq** 모듈은 최소 힙으로 구현됐다.

2.4.1 예제 데이터

이번 절에서의 예제는 heapq_heapdata.py를 사용해 출력한다.

리스트 2.46: heapq_heapdata.py

```
# 이 데이터는 random 모듈을 사용해 생성됐다.

data = [19, 9, 4, 10, 11]
```

힙 결과 출력은 heapq_showtree.py를 사용한다.

리스트 2.47: heapq_showtree.py

```
import math
from io import StringIO

def show_tree(tree, total_width=36, fill=' '):
    """Pretty-print a tree."""
    output = StringIO()
```

```
    last_row = -1
    for i, n in enumerate(tree):
        if i:
            row = int(math.floor(math.log(i + 1, 2)))
        else:
            row = 0
        if row != last_row:
            output.write('\n')
        columns = 2 ** row
        col_width = int(math.floor(total_width / columns))
        output.write(str(n).center(col_width, fill))
        last_row = row
print(output.getvalue())
print('-' * total_width)
print()
```

2.4.2 힙 생성

기본적으로 힙을 생성하는 두 가지 방법이 있다. **heappush()**와 **heapify()**다.

리스트 2.48: heapq_heappush.py

```
import heapq
from heapq_showtree import show_tree
from heapq_heapdata import data

heap = []
print('random :', data)
print()

for n in data:
    print('add {:>3}:'.format(n))
    heapq.heappush(heap, n)
    show_tree(heap)
```

heappush()를 사용해 새로운 아이템을 집어넣으면 힙 정렬 순서가 유지되는 상태로 아이템의 개수가 추가된다.

```
$ python3 heapq_heappush.py

random : [19, 9, 4, 10, 11]

add  19:
                        19
-------------------------------------
add    9:
                        9
            19
-------------------------------------
add    4:
                        4
            19                  9
-------------------------------------
add 10:
                        4
            10                  9
    19
-------------------------------------
add 11:
                        4
            10                  9
    19          11
-------------------------------------
```

데이터가 이미 메모리에 있다면 **heapify()**를 이용해 재정렬하는 것이 더 효율적이다.

리스트 2.49: heapq_heapify.py

```python
import heapq
from heapq_showtree import show_tree
from heapq_heapdata import data

print('random    :', data)
heapq.heapify(data)
print('heapified :')
show_tree(data)
```

아이템을 하나씩 넣으며 리스트를 힙 정렬 순서로 만들어주는 것은 정렬되지 않은 하나의 리스트에 heapify()를 호출하는 것과 결과적으로 동일하다.

```
$ python3 heapq_heapify.py

random    : [19, 9, 4, 10, 11]
heapified :

                    4
            9               19
       10       11
------------------------------------
```

2.4.3 힙 내부 자료에 접근

힙을 일단 올바로 생성한 후에는 heappop()을 사용해 가장 작은 값부터 없애 나갈 수 있다.

리스트 2.50: heapq_heappop.py

```python
import heapq
from heapq_showtree import show_tree
from heapq_heapdata import data

print('random    :', data)
heapq.heapify(data)
print('heapified :')
show_tree(data)
print()

for i in range(2):
    smallest = heapq.heappop(data)
    print('pop    {:>3}:'.format(smallest))
    show_tree(data)
```

stdlib 문서에서 채택한 이 예제는 heapify()와 heappop()을 사용해 숫자 리스트를 정렬한다.

```
$ python3 heapq_heappop.py
```

```
random    : [19, 9, 4, 10, 11]
heapified :
                    4
         9                   19
     10      11
-------------------------------------
pop     4:
                    9
          10                 19
     11
-------------------------------------
pop     9:
                   10
          11                 19
-------------------------------------
```

하나의 명령으로 힙 내부 요소를 삭제하고 새 값으로 바꾸길 원한다면 heapreplace()
를 사용한다.

리스트 2.51: heapq_heapreplace.py

```python
import heapq
from heapq_showtree import show_tree
from heapq_heapdata import data

heapq.heapify(data)
print('start:')
show_tree(data)

for n in [0, 13]:
    smallest = heapq.heapreplace(data, n)
    print('replace {:>2} with {:>2}:'.format(smallest, n))
    show_tree(data)
```

힙 속의 아이템을 치환하는 기능을 사용하면 고정된 크기$^{fixed-size}$의 힙을 유지할 수 있
기 때문에 우선순위를 가진 작업을 큐 형태로 보관할 수 있다.

```
$ python3 heapq_heapreplace.py
```

```
start:
                4
        9               19
     10      11
---------------------------------
replace  4 with  0:
                0
        9               19
     10      11
---------------------------------
replace  0 with  13:
                9
        10              19
     13      11
---------------------------------
```

2.4.4 힙 속의 최댓값/최솟값 찾기

또한 heapq는 이터러블을 검사할 수 있는데, 내부 값 중 최댓값이나 최솟값의 범위를
찾을 수 있는 두 함수를 제공한다.

리스트 2.52: heapq_extremes.py

```python
import heapq
from heapq_heapdata import data

print('all        :', data)
print('3 largest  :', heapq.nlargest(3, data))
print('from sort  :', list(reversed(sorted(data)[-3:])))
print('3 smallest :', heapq.nsmallest(3, data))
print('from sort  :', sorted(data)[:3])
```

nlargest(), nsmallest()는 $n > 1$ 조건일 때 상대적으로 작은 값에 대해서만 효율적이
나 그 외에 편리하게 사용할 수 있는 경우도 있다.

```
$ python3 heapq_extremes.py
```

172

```
all        : [19, 9, 4, 10, 11]
3 largest  : [19, 11, 10]
from sort  : [19, 11, 10]
3 smallest : [4, 9, 10]
from sort  : [4, 9, 10]
```

2.4.5 정렬된 시퀀스를 효율적으로 병합

작은 데이터 세트의 경우 여러 개의 정렬된 시퀀스를 하나의 새 시퀀스로 결합하기는 쉽다.

```
list(sorted(itertools.chain(*data)))
```

데이터 세트가 큰 경우에는 이 기술을 사용하는 경우 상당한 양의 메모리를 사용할 수 있다. 결합된 전체 시퀀스를 정렬하는 대신 merge()를 사용하면 힙이 새 시퀀스를 한 번에 하나씩 생성하고, 고정된 크기의 메모리를 사용해 다음 항목을 결정한다.

리스트 2.53: heapq_merge.py

```python
import heapq
import random

random.seed(2016)

data = []
for i in range(4):
    new_data = list(random.sample(range(1, 101), 5))
    new_data.sort()
    data.append(new_data)

for i, d in enumerate(data):
    print('{}: {}'.format(i, d))

print('\nMerged:')
for i in heapq.merge(*data):
    print(i, end=' ')
print()
```

merge()의 구현은 힙을 사용하기 때문에 해당 시퀀스의 아이템 개수보다는 병합되는 시퀀스의 개수를 기반으로 메모리를 소비한다.

```
$ python3 heapq_merge.py

0: [33, 58, 71, 88, 95]
1: [10, 11, 17, 38, 91]
2: [13, 18, 39, 61, 63]
3: [20, 27, 31, 42, 45]

Merged:
10 11 13 17 18 20 27 31 33 38 39 42 45 58 61 63 71 88 91 95
```

> **팁 – 참고 자료**
>
> - heapq 표준 라이브러리 문서: https://docs.python.org/3.5/library/heapq.html
> - 위키피디아: 힙(자료 구조): https://en.wikipedia.org/wiki/Heap_(data_structure): 힙 자료 구조에 대한 일반적인 설명
> - '2.6.3 우선순위 큐' 절: Queue 표준 라이브러리를 이용한 우선순위 큐(priority queue) 구현

2.5 bisect: 리스트를 정렬된 상태로 유지

bisect 모듈은 리스트를 정렬된 상태로 유지하면서도 요소를 삽입할 수 있는 알고리즘을 구현한다.

2.5.1 정렬된 상태로 아이템 추가

insort()를 사용해 리스트를 정렬된 상태로 유지하면서 아이템을 추가하는 예제를 살펴보자.

리스트 2.54: bisect_example.py

```
import bisect

# 일련의 무작위 수
```

```
values = [14, 85, 77, 26, 50, 45, 66, 79, 10, 3, 84, 77, 1]

print('New  Pos  Contents')
print('--- --- --------')

l = []
for i in values:
    position = bisect.bisect(l, i)
    bisect.insort(l, i)
    print('{:3} {:3}'.format(i, position), l)
```

첫 번째 칼럼에는 생성된 난수를 출력한다. 그리고 두 번째 칼럼에는 해당 숫자가 리스트의 어떤 위치에 추가될지 나타낸다. 마지막으로 각 줄의 현재 정렬된 리스트를 표시한다.

```
$ python3 bisect_example.py

New  Pos  Contents
--- --- --------
 14   0  [14]
 85   1  [14, 85]
 77   1  [14, 77, 85]
 26   1  [14, 26, 77, 85]
 50   2  [14, 26, 50, 77, 85]
 45   2  [14, 26, 45, 50, 77, 85]
 66   4  [14, 26, 45, 50, 66, 77, 85]
 79   6  [14, 26, 45, 50, 66, 77, 79, 85]
 10   0  [10, 14, 26, 45, 50, 66, 77, 79, 85]
  3   0  [3, 10, 14, 26, 45, 50, 66, 77, 79, 85]
 84   9  [3, 10, 14, 26, 45, 50, 66, 77, 79, 84, 85]
 77   8  [3, 10, 14, 26, 45, 50, 66, 77, 77, 79, 84, 85]
  1   0  [1, 3, 10, 14, 26, 45, 50, 66, 77, 77, 79, 84, 85]
```

위 예제는 매우 간단하다. 사실 주어진 데이터의 양이 적기 때문에 리스트를 생성한 후 정렬하는 방식이 더 빠르다. 하지만 리스트의 길이가 매우 길어지면 위처럼 삽입 정렬 알고리즘을 사용하는 편이 메모리 낭비를 비약적으로 줄여줄 수 있다. 특히 리스트의 두 멤버를 비교하는 데 비싼 연산이 필요할 때 유용하다.

2.5.2 중복 값 처리

앞의 예제에는 중복 값 77이 있다. bisect 모듈은 중복 값을 처리하는 두 가지 방법을 제공한다. 중복 값을 기존 값의 오른쪽에 넣는 방법과 왼쪽에 넣는 방법이 있다. 사실 insert() 함수는 insort_right()의 또 다른 이름으로, 기존 값의 오른쪽에 값을 추가한다. 이와 반대로 insort_left()는 기존 값의 왼쪽에 값을 추가한다.

리스트 2.55: bisect_example2.py

```
import bisect

# 일련의 무작위 수
values = [14, 85, 77, 26, 50, 45, 66, 79, 10, 3, 84, 77, 1]

print('New  Pos  Contents')
print('---  ---  --------')

# bisect_left와 insort_left를 사용
l = []
for i in values:
    position = bisect.bisect_left(l, i)
    bisect.insort_left(l, i)
    print('{:3}  {:3}'.format(i, position), l)
```

bisect_left()와 insort_left()를 사용해 만든 리스트는 결과적으로 동일하게 정렬된 리스트를 만들지만 중복된 값이 추가되는 위치가 다른 것을 볼 수 있다.

```
$ python3 bisect_example2.py

New  Pos  Contents
---  ---  --------
 14    0  [14]
 85    1  [14, 85]
 77    1  [14, 77, 85]
 26    1  [14, 26, 77, 85]
 50    2  [14, 26, 50, 77, 85]
 45    2  [14, 26, 45, 50, 77, 85]
 66    4  [14, 26, 45, 50, 66, 77, 85]
 79    6  [14, 26, 45, 50, 66, 77, 79, 85]
 10    0  [10, 14, 26, 45, 50, 66, 77, 79, 85]
```

```
 3  0  [3, 10, 14, 26, 45, 50, 66, 77, 79, 85]
84  9  [3, 10, 14, 26, 45, 50, 66, 77, 79, 84, 85]
77  7  [3, 10, 14, 26, 45, 50, 66, 77, 77, 79, 84, 85]
 1  0  [1, 3, 10, 14, 26, 45, 50, 66, 77, 77, 79, 84, 85]
```

> **팁 - 참고 자료**
>
> ■ bisect 표준 라이브러리 문서: https://docs.python.org/3.5/library/bisect.html
> ■ 위키피디아: 삽입 정렬(https://en.wikipedia.org/wiki/Insertion_sort): 삽입 정렬 알고리즘 설명

2.6 queue: 스레드 안전한 FIFO 구현

queue 모듈은 FIFO^{First-In, First-Out, 선입선출} 자료 구조를 제공해 멀티스레드 프로그래밍에 적합하다. 이 자료 구조는 프로듀서^{producer}와 컨슈머^{consumer} 스레드 사이에서 메시지나 데이터를 안전하게 전달해준다.

호출하는 부분에서 락^{Lock}을 다루기 때문에 여러 스레드가 Queue 객체에 안전하게 접근할 수 있다. Queue의 크기(포함돼 있는 자료의 개수)는 메모리 사용이나 처리를 조절하기 위해 제한될 수 있다.

> **참고**
>
> 지금 다루는 내용은 독자가 이미 큐에 대한 일반적인 내용을 안다고 가정한다. 그렇지 않은 경우라면 진행하기
> 전에 참고 자료를 통해 이해하는 것이 좋다.

2.6.1 기본 FIFO 큐

Queue 클래스는 FIFO 컨테이너를 구현한다. 자료는 put()을 이용해 시퀀스의 끝에 추가하고, get()을 이용해 반대쪽 끝에서 삭제한다.

리스트 2.56: queue_fifo.py

```
import queue

q = queue.Queue()
```

```
for i in range(5):
    q.put(i)

while not q.empty():
    print(q.get(), end=' ')
print()
```

이 예제는 자료가 들어온 순서대로 삭제되는 것을 보이고자 단일 스레드를 사용한다.

```
$ python3 queue_fifo.py

0 1 2 3 4
```

2.6.2 LIFO 큐

Queue가 표준 FIFO 방식인 반면 LifoQueue는 Last-In, First-Out 순서를 따른다(일반적으로 스택 자료 구조와 관련 있다).

리스트 2.57: queue_lifo.py

```
import queue

q = queue.LifoQueue()

for i in range(5):
    q.put(i)

while not q.empty():
    print(q.get(), end=' ')
print()
```

put을 사용해 가장 최근에 더해진 자료는 get을 사용해 삭제된다.

```
$ python3 queue_lifo.py

4 3 2 1 0
```

2.6.3 우선순위 큐

때때로 큐에 있는 항목을 처리하는 기준이 큐에 생성되거나 추가된 순서가 아닌 각 항목의 특성을 기반으로 해야 할 때가 있다. 예를 들어 인사부의 급여 자료 출력이 개발 부서의 코드 목록 출력보다 우선시될 것이다. 어떤 자료를 먼저 선택해야 할지 결정할 때 PriorityQueue는 큐의 콘텐츠에 대한 정렬 순서를 사용한다.

리스트 2.58: queue_priority.py

```python
import functools
import queue
import threading

@functools.total_ordering
class Job:

    def __init__(self, priority, description):
        self.priority = priority
        self.description = description
        print('New job:', description)
        return

    def __eq__(self, other):
        try:
            return self.priority == other.priority
        except AttributeError:
            return NotImplemented

    def __lt__(self, other):
        try:
            return self.priority < other.priority
        except AttributeError:
            return NotImplemented

q = queue.PriorityQueue()

q.put(Job(3, 'Mid-level job'))
q.put(Job(10, 'Low-level job'))
q.put(Job(1, 'Important job'))

def process_job(q):
    while True:
        next_job = q.get()
```

```
        print('Processing job:', next_job.description)
        q.task_done()
workers = [
    threading.Thread(target=process_job, args=(q,)),
    threading.Thread(target=process_job, args=(q,)),
]

for w in workers:
    w.setDaemon(True)
    w.start()

q.join()
```

이 예제는 멀티스레드를 사용하며, **get()**을 호출하면 아이템의 우선순위에 따라 선택되는 순서가 결정된다. 스레드가 큐에 접근해 읽기 작업을 하는 도중 추가된 아이템의 접근 순서는 스레드의 콘텍스트 전환^{context switching}에 따라 결정된다.

```
$ python3 queue_priority.py

New job: Mid-level job
New job: Low-level job
New job: Important job
Processing job: Important job
Processing job: Mid-level job
Processing job: Low-level job
```

2.6.4 스레드를 활용한 팟캐스트 클라이언트

이번 절의 팟캐스트 클라이언트 소스코드는 **Queue** 클래스를 밀티스레드에서 사용하는 방법을 보여준다. 이 프로그램은 하나 이상의 RSS 피드를 읽어 가장 최근의 5개 에피소드를 다운로드하고자 큐에 저장한다. 그리고 스레드를 사용해 다운로드 중인 여러 개의 자료에 동시 접근한다. 예제 코드는 실제로 사용할 만큼 에러 처리가 완벽하게 돼 있지는 않지만, **queue** 모듈을 사용하는 방법을 설명하기에 충분한 뼈대를 갖추고 있다.

우선 몇 가지 운영 매개변수를 설정한다. 일반적으로 이런 작업은 사용자의 입력을 받아서 처리해야 하지만(설정 파일이나 데이터베이스), 이 예제는 하드코드를 사용해 스레드 개수와 페치^{fetch}할 URL을 직접 입력했다.

리스트 2.59: fetch_podcasts.py

```python
from queue import Queue
import threading
import time
import urllib
from urllib.parse import urlparse

import feedparser

# 전역 변수를 설정한다.
num_fetch_threads = 2
enclosure_queue = Queue()
# 실제 앱에서는 이런 식으로 하드코딩하지 않는다.
feed_urls = [
    'http://talkpython.fm/episodes/rss',
]

def message(s):
    print('{}: {}'.format(threading.current_thread().name, s))
```

download_enclosures() 함수는 워커 스레드에서 실행되며, urllib를 사용해 다운로드를 처리한다.

```python
def download_enclosures(q):
    """This is the worker thread function.
    It processes items in the queue one after
    another.  These daemon threads go into an
    infinite loop, and exit only when
    the main thread ends.
    """
    while True:
        message('looking for the next enclosure')
        url = q.get()
        filename = url.rpartition('/')[-1]
```

```
message('downloading {}'.format(filename))
response = urllib.request.urlopen(url)
data = response.read()
# 다운로드한 파일을 현재 디렉터리에 저장한다.
message('writing to {}'.format(filename))
with open(filename, 'wb') as outfile:
    outfile.write(data)
q.task_done()
```

스레드의 타깃 함수가 정의되면 워커 스레드를 시작할 수 있다. `download_enclosures()` 가 `url = q.get()` 부분에 이르면 큐가 반환하는 값이 있을 때까지 기다린다. 따라서 큐 안에 자료가 채워지기 전에 스레드를 시작해도 안전하다.

```
# 자료를 뽑아오기 위한 스레드 설정
for i in range(num_fetch_threads):
    worker = threading.Thread(
        target=download_enclosures,
        args=(enclosure_queue,),
        name='worker-{}'.format(i),
    )
    worker.setDaemon(True)
    worker.start()
```

다음은 feedparser 모듈을 사용해 피드 자료를 검색하고 URL을 큐에 넣어준다. 첫 URL이 큐에 들어가는 순간부터 워커 스레드 중 하나가 다운로드를 시작한다. 이 루프 는 피드가 끝날 때까지 계속해서 아이템을 추가하고, 워커 스레드는 돌아가면서 URL 을 큐에서 꺼내 다운로드를 계속한다.

```
# 피드를 다운로드하고 포함된 URL을 큐에 추가한다.
for url in feed_urls:
    response = feedparser.parse(url, agent='fetch_podcasts.py')
    for entry in response['entries'][:5]:
        for enclosure in entry.get('enclosures', []):
            parsed_url = urlparse(enclosure['url'])
            message('queuing {}'.format(
```

```
        parsed_url.path.rpartition('/')[-1]))
    enclosure_queue.put(enclosure['url'])
```

마지막으로 남아 있는 작업은 큐가 비워질 때까지 기다리는 것이다. join()을 사용한다.

```
# 이제 큐가 텅 비는 순간을 기다린다.
# 모든 다운로드 작업을 끝냈음을 의미한다.
message('*** main thread waiting')
enclosure_queue.join()
message('*** done')
```

샘플 스크립트를 실행하면 다음과 같은 결과를 보여줄 것이다.

```
$ python3 fetch_podcasts.py

worker-0: looking for the next enclosure
worker-1: looking for the next enclosure
MainThread: queuing turbogears-and-the-future-of-python-web-frameworks.mp3
MainThread: queuing continuum-scientific-python-and-the-business-of-open-source.mp3
MainThread: queuing openstack-cloud-computing-built-on-python.mp3
MainThread: queuing pypy.js-pypy-python-in-your-browser.mp3
MainThread: queuing machine-learning-with-python-and-scikit-learn.mp3
MainThread: *** main thread waiting
worker-0: downloading turbogears-and-the-future-of-python-web-frameworks.mp3
worker-1: downloading continuum-scientific-python-and-the-business-of-open-source.mp3
worker-0: looking for the next enclosure
worker-0: downloading openstack-cloud-computing-built-on-python.mp3
worker-1: looking for the next enclosure
worker-1: downloading pypy.js-pypy-python-in-your-browser.mp3
worker-0: looking for the next enclosure
worker-0: downloading machine-learning-with-python-and-scikit-learn.mp3
worker-1: looking for the next enclosure
worker-0: looking for the next enclosure
MainThread: *** done
```

실제 결과는 사용된 RSS 피드의 내용에 따라 다를 것이다.

2.7 struct: 바이너리 자료 구조

struct 모듈은 바이트 문자열을 숫자나 문자열 같은 파이썬 기본 자료형으로 변환하는 함수를 제공한다.

2.7.1 함수와 Struct 클래스

구조화된 값을 다루기 위한 방법으로 모듈 레벨의 함수가 있고, Struct 클래스도 있다. 형식 지정자$^{format\ specifier}$는 문자열 형식을 정규 표현식을 다루는 것처럼 컴파일된 형태로 변환한다. 변환 작업은 리소스를 소비하기 때문에 모듈 레벨의 함수를 사용하는 것보다는 Struct 인스턴스를 생성할 때 메서드를 호출하는 편이 더 효율적이다. 이어서 나오는 예제는 모두 Struct 클래스를 사용한다.

2.7.2 패킹과 언패킹

Struct는 형식 지정자를 사용해 데이터를 문자열로 패킹^{packing}하고 문자열을 데이터로 언패킹^{unpacking}하는 기능을 지원한다. 형식 지정자는 데이터 타입을 나타내는 문자, 옵션 카운터, 엔디언 인디케이터로 이뤄진다. 지원하는 모든 형식 지정자를 보려면 표준 라이브러리 문서를 참고한다.

이 예제에 사용된 지정자는 정수형이나 long 정수형, 문자형 2개로 이뤄진 문자열, 부동소수점 숫자를 의미한다. 지정자 사이의 공백은 타입을 구분하고자 사용됐지만, 컴

184

파일되는 과정에서는 무시된다.

리스트 2.60: struct_pack.py

```python
import struct
import binascii

values = (1, 'ab'.encode('utf-8'), 2.7)
s = struct.Struct('I 2s f')
packed_data = s.pack(*values)

print('Original values:', values)
print('Format string   :', s.format)
print('Uses            :', s.size, 'bytes')
print('Packed Value    :', binascii.hexlify(packed_data))
```

이 예제에는 비어있는^{null} 캐릭터를 포함하고 있기 때문에, 팩^{Pack}한 자료를 16진수 바이트 시퀀스로 변환 후 binascii.hexlify()로 출력한다.

```
$ python3 struct_pack.py

Original values: (1, b'ab', 2.7)
Format string  : b'I 2s f'
Uses           : 12 bytes
Packed Value   : b'0100000061620000cdcc2c40'
```

unpack()을 사용하면 패킹된 자료에서 데이터를 추출할 수 있다.

리스트 2.61: struct_unpack.py

```python
import struct
import binascii

packed_data = binascii.unhexlify(b'0100000061620000cdcc2c40')

s = struct.Struct('I 2s f')
unpacked_data = s.unpack(packed_data)
print('Unpacked Values:', unpacked_data)
```

패킹된 값을 unpack()으로 넘기면 기본적으로 패킹하기 전과 동일한 값을 얻을 수 있다(부동소수점 값의 불일치함에 주의한다).

```
$ python3 struct_unpack.py

Unpacked Values: (1, b'ab', 2.700000047683716)
```

2.7.3 엔디언

기본적인 인코딩 방식은 엔디언^{endianness}이라는 네이티브 C 라이브러리 개념을 따른다.
형식 문자열에 엔디언 지시자를 명시해 간단히 오버라이드할 수 있다.

표 2.3은 Struct에서 사용하는 바이트 순서 지시자^{byte order specifiers}를 보여준다.

표 2.3: Struct에 대한 바이트 순서 지시자

코드	의미
@	네이티브 순서
=	네이티브 표준
⟨	리틀엔디언
⟩	빅엔디언
!	네트워크 순서

리스트 2.62: struct_endianness.py

```
import struct
import binascii

values = (1, 'ab'.encode('utf-8'), 2.7)
print('Original values:', values)

endianness = [
    ('@', 'native, native'),
    ('=', 'native, standard'),
    ('<', 'little-endian'),
    ('>', 'big-endian'),
    ('!', 'network'),
```

```
]

for code, name in endianness:
    s = struct.Struct(code + ' I 2s f')
    packed_data = s.pack(*values)
    print()
    print('Format string   :', s.format, 'for', name)
    print('Uses            :', s.size, 'bytes')
    print('Packed Value    :', binascii.hexlify(packed_data))
    print('Unpacked Value :', s.unpack(packed_data))
```

```
$ python3 struct_endianness.py

Original values : (1, b'ab', 2.7)

Format string   : b'@ I 2s f' for native, native
Uses            : 12 bytes
Packed Value    : b'0100000061620000cdcc2c40'
Unpacked Value : (1, b'ab', 2.700000047683716)

Format string   : b'= I 2s f' for native, standard
Uses            : 10 bytes
Packed Value    : b'010000006162cdcc2c40'
Unpacked Value : (1, b'ab', 2.700000047683716)

Format string   : b'< I 2s f' for little-endian
Uses            : 10 bytes
Packed Value    : b'010000006162cdcc2c40'
Unpacked Value : (1, b'ab', 2.700000047683716)

Format string   : b'> I 2s f' for big-endian
Uses            : 10 bytes
Packed Value    : b'000000016162402ccccd'
Unpacked Value : (1, b'ab', 2.700000047683716)

Format string   : b'! I 2s f' for network
Uses            : 10 bytes
Packed Value    : b'000000016162402ccccd'
Unpacked Value : (1, b'ab', 2.700000047683716)
```

2.7.4 버퍼

일반적으로 프로그램의 성능이 매우 중요하거나 확장 모듈의 밖으로 자료를 전달해야 하는 경우 바이너리 팩 데이터^{binary packed data}를 사용한다. 이런 경우 패킹한 구조를 만들 때마다 새로운 버퍼^{buffer}를 할당하는 작업을 피하면 오버헤드를 줄일 수 있다. pack_into()와 unpack_from() 메서드는 이미 할당된 버퍼에 직접 쓰는 기능을 지원한다.

리스트 2.63: struct_buffers.py

```python
import array
import binascii
import ctypes
import struct

s = struct.Struct('I 2s f')
values = (1, 'ab'.encode('utf-8'), 2.7)
print('Original:', values)

print()
print('ctypes string buffer')

b = ctypes.create_string_buffer(s.size)
print('Before   :', binascii.hexlify(b.raw))
s.pack_into(b, 0, *values)
print('After    :', binascii.hexlify(b.raw))
print('Unpacked:', s.unpack_from(b, 0))

print()
print('array')

a = array.array('b', b'\0' * s.size)
print('Before   :', binascii.hexlify(a))
s.pack_into(a, 0, *values)
print('After    :', binascii.hexlify(a))
print('Unpacked:', s.unpack_from(a, 0))
```

Struct의 size 속성은 버퍼가 얼마나 커야 하는지 알려준다.

```
$ python3 struct_buffers.py

Original: (1, b'ab', 2.7)
```

```
ctypes string buffer
Before  : b'0000000000000000000000000'
After   : b'0100000061620000cdcc2c40'
Unpacked: (1, b'ab', 2.700000047683716)
array
Before  : b'0000000000000000000000000'
After   : b'0100000061620000cdcc2c40'
Unpacked: (1, b'ab', 2.700000047683716)
```

2.8 weakref: 객체에 대한 임시 참조

weakref 모듈은 객체에 대한 약한 참조^{weak references}를 지원한다. 기본적인 참조는 객체의 참조 카운터를 증가시켜 가비지 컬렉션되는 것을 방지한다. 하지만 순환 참조가 발생하거나 메모리가 필요한 경우 캐시가 삭제돼야 하는 상황에서는 가비지 컬렉션 방지가 항상 필요하지는 않다. 약한 참조를 사용하면 객체가 자동으로 해제될 수 있게 할 수 있다.

2.8.1 참조

객체에 대한 약한 참조는 ref 클래스로 관리한다. 원본 객체를 받아오려면 참조 객체^{reference object}를 호출한다.

```
import weakref

class ExpensiveObject:

    def __del__(self):
        print('(Deleting {})'.format(self))

obj = ExpensiveObject()
r = weakref.ref(obj)

print('obj:', obj)
print('ref:', r)
print('r():', r())

print('deleting obj')
del obj
print('r():', r())
```

위 예제의 경우 참조를 두 번째로 호출하기 전에 **obj**를 삭제했다. 따라서 **ref**는 None을 반환한다.

```
$ python3 weakref_ref.py

obj: <__main__.ExpensiveObject object at 0x1007b1a58>
ref: <weakref at 0x1007a92c8; to 'ExpensiveObject' at 0x1007b1a58>
r(): <__main__.ExpensiveObject object at 0x1007b1a58>
deleting obj
(Deleting <__main__.ExpensiveObject object at 0x1007b1a58>)
r(): None
```

2.8.2 참조 콜백

ref 생성자는 참조한 객체가 삭제될 때 호출되는 콜백 함수를 지정할 수 있다.

리스트 2.65: weakref_ref_callback.py

```
import weakref
```

```
class ExpensiveObject:

    def __del__(self):
        print('(Deleting {})'.format(self))

def callback(reference):
    """Invoked when referenced object is deleted"""
    print('callback({!r})'.format(reference))

obj = ExpensiveObject()
r = weakref.ref(obj, callback)

print('obj:', obj)
print('ref:', r)
print('r():', r())

print('deleting obj')
del obj
print('r():', r())
```

콜백 함수는 객체가 죽어[dead] 참조가 더 이상 원본을 가리키지 않을 때 참조 객체를 인자로 받는다. 이런 기능은 캐시에서 약한 참조 객체를 삭제할 때 이용할 수 있다.

```
$ python3 weakref_ref_callback.py

obj: <__main__.ExpensiveObject object at 0x1010b1978>
ref: <weakref at 0x1010a92c8; to 'ExpensiveObject' at 0x1010b1978>
r(): <__main__.ExpensiveObject object at 0x1010b1978>
deleting obj
(Deleting <__main__.ExpensiveObject object at 0x1010b1978>)
callback(<weakref at 0x1010a92c8; dead>)
r(): None
```

2.8.3 객체 파이널라이즈하기

약한 참조를 제거할 때 좀 더 확실한 리소스 관리 방법으로 finalize를 사용하면 되는데, 객체와 콜백을 연결할 수 있다. finalize 객체는 연결돼 있던 객체가 사라질 때까지 유지된다. 심지어 애플리케이션이 파이널라이저[finalizer]에 대한 참조를 잃었더라도 유지한다.

리스트 2.66: weakref_finalize.py

```
import weakref

class ExpensiveObject:

    def __del__(self):
        print('(Deleting {})'.format(self))

def on_finalize(*args):
    print('on_finalize({!r})'.format(args))

obj = ExpensiveObject()
weakref.finalize(obj, on_finalize, 'extra argument')

del obj
```

finalize에 사용하는 인자는 추적하고 싶은 객체, 객체가 가비지 컬렉션될 때 호출할 호출 가능 객체(callable이라고 함), 호출 가능 객체에 전달할 위치나 이름에 대한 인자다.

```
$ python3 weakref_finalize.py

(Deleting <__main__.ExpensiveObject object at 0x1019b10f0>)
on_finalize(('extra argument',))
```

finalize 인스턴스는 쓰기 가능 속성인 atexit를 갖는데, 이전에 atexit 속성이 호출되지 않았다면 프로그램이 종료될 때 콜백이 수행될지 말지를 제어하는 데 쓰인다.

리스트 2.67: weakref_finalize_atexit.py

```
import sys
import weakref

class ExpensiveObject:

    def __del__(self):
        print('(Deleting {})'.format(self))

def on_finalize(*args):
    print('on_finalize({!r})'.format(args))
```

```
obj = ExpensiveObject()
f = weakref.finalize(obj, on_finalize, 'extra argument')
f.atexit = bool(int(sys.argv[1]))
```

기본값은 콜백을 호출하는 것이다. atexit를 false로 설정하면 콜백 동작이 불가능하다.

```
$ python3 weakref_finalize_atexit.py 1

on_finalize(('extra argument',))
(Deleting <__main__.ExpensiveObject object at 0x1007b10f0>)

$ python3 weakref_finalize_atexit.py 0
```

finalize 인스턴스에 추적할 객체에 대한 참조를 주면 참조가 유지retain된다. 따라서 객체는 절대 가비지 컬렉션되지 않는다.

리스트 2.68: weakref_finalize_reference.py

```
import gc
import weakref

class ExpensiveObject:

    def __del__(self):
        print('(Deleting {})'.format(self))

def on_finalize(*args):
    print('on_finalize({!r})'.format(args))

obj = ExpensiveObject()
obj_id = id(obj)

f = weakref.finalize(obj, on_finalize, obj)
f.atexit = False

del obj

for o in gc.get_objects():
    if id(o) == obj_id:
        print('found uncollected object in gc')
```

예제에서 보다시피 obj로의 명시적인 참조가 삭제됐지만, 객체는 유지되고 f를 통해
가비지 컬렉터에 표시된다.

```
$ python3 weakref_finalize_reference.py

found uncollected object in gc
```

추적할 객체의 바운드 메서드를 호출 가능^{callable} 객체로 사용하면 이 역시 객체가 적절
히 파이널라이즈^{finalized}되는 것을 방해한다.

리스트 2.69: weakref_finalize_reference_method.py

```python
import gc
import weakref

class ExpensiveObject:

    def __del__(self):
        print('(Deleting {})'.format(self))

    def do_finalize(self):
        print('do_finalize')

obj = ExpensiveObject()
obj_id = id(obj)

f = weakref.finalize(obj, obj.do_finalize)
f.atexit = False

del obj

for o in gc.get_objects():
    if id(o) == obj_id:
        print('found uncollected object in gc')
```

finalize에 주어진 호출 가능 객체는 obj 인스턴스의 바운드 메서드다. 따라서 finalize
객체는 obj에 대한 참조를 유지하며, 삭제할 수 없고 가비지 컬렉션될 수 없다.

```
$ python3 weakref_finalize_reference_method.py

found uncollected object in gc
```

2.8.4 프록시

약한 참조를 사용할 때보다 프록시^{proxy}를 사용하는 편이 훨씬 편리한 경우도 있다. 프록시 자체를 마치 원본 객체인 것처럼 사용할 수 있고 사용하기 전에 함수를 호출할 필요도 없다. 따라서 프록시를 넘겨받아 사용하는 라이브러리는 원본을 받은 것인지 참조를 받은 것인지도 모르게 된다.

리스트 2.70: weakref_proxy.py

```
import weakref

class ExpensiveObject:

    def __init__(self, name):
        self.name = name

    def __del__(self):
        print('(Deleting {})'.format(self))

obj = ExpensiveObject('My Object')
r = weakref.ref(obj)
p = weakref.proxy(obj)

print('via obj:', obj.name)
print('via ref:', r().name)
print('via proxy:', p.name)
del obj
print('via proxy:', p.name)
```

객체가 삭제된 이후 프록시에 접근하면 ReferenceError 예외가 발생한다.

```
$ python3 weakref_proxy.py

via obj: My Object
via ref: My Object
via proxy: My Object
(Deleting <__main__.ExpensiveObject object at 0x1007aa7b8>)
Traceback (most recent call last):
    File "weakref_proxy.py", line 30, in <module>
        print('via proxy:', p.name)
ReferenceError: weakly-referenced object no longer exists
```

2.8.5 객체 캐싱

ref와 proxy 클래스는 로우레벨로 취급된다. 이들 클래스는 개별 객체에 대한 약한 참조를 지원함으로써 사이클이 생긴 부분에서 가비지 컬렉션을 할 수 있다.

반면 WeakKeyDictionary와 WeakValueDictionary는 여러 객체의 캐시를 생성하는 데더 적합한 API를 제공한다.

WeakValueDictionary 클래스는 소유한 값에 대한 약한 참조를 사용해 다른 코드에서 사용하지 않을 때 가비지 컬렉션되게 한다. 명시적으로 가비지 컬렉터를 호출해보면 일반 딕셔너리 타입을 사용하는 방법과 WeakValueDictionary를 사용하는 방법의 차이를 볼 수 있다.

리스트 2.71: weakref_valuedict.py

```python
import gc
from pprint import pprint
import weakref

gc.set_debug(gc.DEBUG_UNCOLLECTABLE)

class ExpensiveObject:

    def __init__(self, name):
        self.name = name

    def __repr__(self):
        return 'ExpensiveObject({})'.format(self.name)

    def __del__(self):
        print('    (Deleting {})'.format(self))

def demo(cache_factory):
    # 약한 참조가 즉시 사라지지 않도록
    # 객체를 잡고 있다.
    all_refs = {}
    # 팩토리(factory)를 사용한 캐시 생성
    print('CACHE TYPE:', cache_factory)
    cache = cache_factory()
    for name in ['one', 'two', 'three']:
        o = ExpensiveObject(name)
        cache[name] = o
```

```
        all_refs[name] = o
        del o  # decref

    print('  all_refs =', end=' ')
    pprint(all_refs)
    print('\n  Before, cache contains:', list(cache.keys()))
    for name, value in cache.items():
        print('    {} = {}'.format(name, value))
        del value  # decref

    # 캐시를 제외한 객체에 대한 모든 참조를 제거한다.
    print('\n  Cleanup:')
    del all_refs
    gc.collect()

    print('\n  After, cache contains:', list(cache.keys()))
    for name, value in cache.items():
        print('    {} = {}'.format(name, value))
    print('  demo returning')
    return

demo(dict)
print()

demo(weakref.WeakValueDictionary)
```

캐시되는 값을 참조하는 모든 루프 변수는 모두 명시적으로 삭제해 객체에 대한 참조
카운트가 감소하게 해야 한다. 그렇지 않으면 가비지 컬렉터가 동작하지 않고, 그 값은
캐시 속에 남게 된다. 또한 **all_refs** 변수는 가비지 컬렉터가 미리 동작하는 것을 막고
자 참조 값을 저장한다.

```
$ python3 weakref_valuedict.py

CACHE TYPE: <class 'dict'>
    all_refs = {'one': ExpensiveObject(one),
    'three': ExpensiveObject(three),
    'two': ExpensiveObject(two)}

    Before, cache contains: ['one', 'three', 'two']
        one = ExpensiveObject(one)
        three = ExpensiveObject(three)
```

```
        two = ExpensiveObject(two)

    Cleanup:

    After, cache contains: ['one', 'three', 'two']
        one = ExpensiveObject(one)
        three = ExpensiveObject(three)
        two = ExpensiveObject(two)
    demo returning
        (Deleting ExpensiveObject(one))
        (Deleting ExpensiveObject(three))
        (Deleting ExpensiveObject(two))
CACHE TYPE: <class 'weakref.WeakValueDictionary'>
    all_refs = {'one': ExpensiveObject(one),
    'three': ExpensiveObject(three),
    'two': ExpensiveObject(two)}

    Before, cache contains: ['one', 'three', 'two']
        one = ExpensiveObject(one)
        three = ExpensiveObject(three)
        two = ExpensiveObject(two)

    Cleanup:
        (Deleting ExpensiveObject(one))
        (Deleting ExpensiveObject(three))
        (Deleting ExpensiveObject(two))

    After, cache contains: []
    demo returning
```

WeakKeyDictionary의 동작은 비슷하지만, 값^{value}이 아닌 키^{key}에 의한 약한 참조를 사용하는 점이 다르다.

> **경고**
>
> weakref 라이브러리 문서에는 다음과 같은 주의 문구가 있다.
>
> > WeakValueDictionary는 파이썬 딕셔너리 위에 구현됐기 때문에 순회하는 도중 크기를 변경하면 안 된다. 순회하는 동안 프로그램에 의해 수행된 액션이 딕셔너리 항목을 마법처럼 사라지게 만들 수 있다(이는 가비지 컬렉션의 부수 효과다). 이 때문에 WeakValueDictionary를 신뢰하기 힘들게 된다.

2.9 copy: 객체 복사

copy 모듈은 기존 객체를 복사하기 위한 copy()와 deepcopy() 두 함수를 제공한다.

2.9.1 얕은 복사

copy()에 의해 생성된 얕은 복사^{shallow copy}는 원본 객체의 내용에 대한 참조를 모아둔 새 컨테이너다. list 객체에 대해 얕은 복사를 하면 새 list가 생성되고, 원본 객체 항목이 리스트에 추가된다.

리스트 2.72: copy_shallow.py

```python
import copy
import functools

@functools.total_ordering
class MyClass:

    def __init__(self, name):
        self.name = name

    def __eq__(self, other):
        return self.name == other.name

    def __gt__(self, other):
        return self.name > other.name

a = MyClass('a')
my_list = [a]
dup = copy.copy(my_list)

print('            my_list:', my_list)
print('                dup:', dup)
```

```
print('      dup is my_list:', (dup is my_list))
print('      dup == my_list:', (dup == my_list))
print('dup[0] is my_list[0]:', (dup[0] is my_list[0]))
print('dup[0] == my_list[0]:', (dup[0] == my_list[0]))
```

얕은 복사를 하면 MyClass 객체가 또 복사되지는 않는다. 대신 dup 리스트의 객체는
my_list의 객체와 동일하게 된다.

```
$ python3 copy_shallow.py
          my_list: [<__main__.MyClass object at 0x1007a87b8>]
              dup: [<__main__.MyClass object at 0x1007a87b8>]
     dup is my_list: False
     dup == my_list: True
dup[0] is my_list[0]: True
dup[0] == my_list[0]: True
```

2.9.2 깊은 복사

deepcopy()에 의해 생성된 깊은 복사^{deep copy}는 새롭게 만든 컨테이너에 원본 객체의 복
사본을 포함한다. list를 깊은 복사하려면 새 list를 만들고, 원본 리스트의 요소를 복
사한 후 그 복사본을 새 리스트에 추가한다.

예제의 copy()를 deepcopy()로 바꾸면 달라진 결과물을 볼 수 있다.

리스트 2.73: copy_deep.py

```
import copy
import functools

@functools.total_ordering
class MyClass:

    def __init__(self, name):
        self.name = name

    def __eq__(self, other):
        return self.name == other.name
```

200

```
    def __gt__(self, other):
        return self.name > other.name
a = MyClass('a')
my_list = [a]
dup = copy.deepcopy(my_list)

print('               my_list:', my_list)
print('                   dup:', dup)
print('        dup is my_list:', (dup is my_list))
print('        dup == my_list:', (dup == my_list))
print('dup[0] is my_list[0]:', (dup[0] is my_list[0]))
print('dup[0] == my_list[0]:', (dup[0] == my_list[0]))
```

리스트의 첫 번째 요소는 더 이상 같은 객체 참조가 아니다. 하지만 두 객체를 비교하면 그 값이 같은지 확인할 수 있다.

```
$ python3 copy_deep.py
             my_list: [<__main__.MyClass object at 0x1018a87b8>]
                 dup: [<__main__.MyClass object at 0x1018b1b70>]
      dup is my_list: False
      dup == my_list: True
 dup[0] is my_list[0]: False
 dup[0] == my_list[0]: True
```

2.9.3 복사 동작 커스터마이징

특별한 메서드 __copy__()와 __deepcopy__()를 사용해 복사 방식을 조절할 수 있다.

- __copy__()는 별다른 인자 없이 호출하고, 얕은 복사 객체를 반환한다.

- __deepcopy__()는 memo 딕셔너리와 함께 호출되고, 객체에 대한 깊은 복사를 반환한다. 깊은 복사가 이뤄져야 하는 모든 멤버 속성은 memo 딕셔너리와 함께 copy.deepcopy()로 넘겨져 재귀에 대한 처리를 해야 한다(memo 딕셔너리에 대한 자세한 설정은 나중에 다룬다).

다음 예제는 메서드가 어떻게 호출되는지 보여준다.

리스트 2.74: copy_hooks.py

```python
import copy
import functools

@functools.total_ordering
class MyClass:

    def __init__(self, name):
        self.name = name

    def __eq__(self, other):
        return self.name == other.name

    def __gt__(self, other):
        return self.name > other.name

    def __copy__(self):
        print('__copy__()')
        return MyClass(self.name)

    def __deepcopy__(self, memo):
        print('__deepcopy__({})'.format(memo))
        return MyClass(copy.deepcopy(self.name, memo))

a = MyClass('a')

sc = copy.copy(a)
dc = copy.deepcopy(a)
```

이미 복사된 값을 살펴보고 무한 재귀를 방지하고자 memo 딕셔너리를 사용했다.

```
$ python3 copy_hooks.py

__copy__()
__deepcopy__({})
```

2.9.4 깊은 복사에서 재귀

재귀적 자료 구조를 복사하는 데서 발생하는 문제를 피하고자 deepcopy()는 딕셔너리형을 사용해 이미 복사된 객체를 기억한다. 이 딕셔너리는 __deepcopy__()로 넘겨진 후 그곳에서 사용할 수 있다.

다음 예제는 방향 그래프처럼 서로 연결된 자료 구조에서 발생할 수 있는 재귀를 어떻게 방지하는지 보여준다.

리스트 2.75: copy_recursion.py

```python
import copy

class Graph:

    def __init__(self, name, connections):
        self.name = name
        self.connections = connections

    def add_connection(self, other):
        self.connections.append(other)

    def __repr__(self):
        return 'Graph(name={}, id={})'.format(
            self.name, id(self))

    def __deepcopy__(self, memo):
        print('\nCalling __deepcopy__ for {!r}'.format(self))
        if self in memo:
            existing = memo.get(self)
            print(' Already copied to {!r}'.format(existing))
            return existing
        print(' Memo dictionary:')
        if memo:
            for k, v in memo.items():
                print('    {}: {}'.format(k, v))
        else:
            print('    (empty)')
        dup = Graph(copy.deepcopy(self.name, memo), [])
        print(' Copying to new object {}'.format(dup))
        memo[self] = dup
        for c in self.connections:
```

```
            dup.add_connection(copy.deepcopy(c, memo))
        return dup

root = Graph('root', [])
a = Graph('a', [root])
b = Graph('b', [a, root])
root.add_connection(a)
root.add_connection(b)

dup = copy.deepcopy(root)
```

Graph 클래스는 기본적인 방향 그래프 메서드를 제공한다. 객체를 생성할 때 이름과 어떤 노드에 연결될 것인지 정보를 담고 있는 리스트를 지정한다. add_connection() 메서드는 양방향 연결을 위해 사용하는데, 깊은 복사 연산에서도 사용한다.

__deepcopy__() 메서드는 어떻게 호출됐고 memo 딕셔너리를 관리하는지에 관한 정보를 출력한다. 연결 리스트를 모두 복사하는 대신 새로운 리스트를 생성한 후 각 연결을 복사해 넣어준다. 이 방법을 사용하면 새로운 노드가 복사될 때 memo 사전이 업데이트 돼 쓸데없는 복사와 재귀를 방지할 수 있다. 물론 작업이 끝나면 앞에서 한 것처럼 복사한 객체를 반환한다.

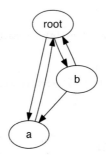

그림 2.1: 사이클을 가진 그래프에 대한 깊은 복사

그림 2.1의 그래프에는 사이클이 있지만, memo 딕셔너리를 사용해 재귀에 대한 처리를 하면 스택 오버플로 에러를 막을 수 있다.

```
$ python3 copy_recursion.py
```

```
Calling __deepcopy__ for Graph(name=root, id=4314569528)
    Memo dictionary:
        (empty)
    Copying to new object Graph(name=root, id=4315093592)

Calling __deepcopy__ for Graph(name=a, id=4314569584)
    Memo dictionary:
        Graph(name=root, id=4314569528): Graph(name=root, id=4315093592)
    Copying to new object Graph(name=a, id=4315094208)

Calling __deepcopy__ for Graph(name=root, id=4314569528)
    Already copied to Graph(name=root, id=4315093592)

Calling __deepcopy__ for Graph(name=b, id=4315092248)
    Memo dictionary:
        4314569528: Graph(name=root, id=4315093592)
        4315692808: [Graph(name=root, id=4314569528), Graph(name=a, id=4314569584)]
        Graph(name=root, id=4314569528): Graph(name=root, id=4315093592)
        4314569584: Graph(name=a, id=4315094208)
        Graph(name=a, id=4314569584): Graph(name=a, id=4315094208)
    Copying to new object Graph(name=b, id=4315177536)
```

a 노드를 복사하는 동안 root 노드가 두 번째로 발견되면 __deepcopy__()는 재귀가
발생했음을 알아채고 새로운 노드를 생성하지 않는 대신 기존 값을 재사용한다.

팁 – 참고 자료

- copy 표준 라이브러리 문서: https://docs.python.org/3.5/library/copy.html

2.10 pprint: Pretty-Print 자료 구조

pprint는 자료 구조를 보기 좋게 만들어주는 'pretty printer'를 제공한다. 이 프린터는
인터프리터에 의해 파싱된 자료 구조를 사람이 읽기 편한 형태로 만들어준다. 출력
물은 한 줄에 표시하고 여러 줄에 걸쳐 표시해야 하는 경우 자동으로 들여쓰기를 추
가한다.

이번 절의 모든 예제는 다음에 나오는 pprint_data.py를 사용한다.

```
data = [
    (1, {'a': 'A', 'b': 'B', 'c': 'C', 'd': 'D'}),
    (2, {'e': 'E', 'f': 'F', 'g': 'G', 'h': 'H', 'i': 'I', 'j': 'J', 'k': 'K', 'l': 'L'}),
    (3, ['m', 'n']),
    (4, ['o', 'p', 'q']),
    (5, ['r', 's', 't''u', 'v', 'x', 'y', 'z']),
]
```

2.10.1 출력

이 모듈을 사용하는 가장 간단한 방법은 pprint() 함수를 사용하는 것이다.

리스트 2.77: pprint_pprint.py

```
from pprint import pprint

from pprint_data import data

print('PRINT:')
print(data)
print()
print('PPRINT:')
pprint(data)
```

pprint()는 객체의 형식을 맞춘 후 넘겨받은 데이터 스트림^{data stream}에 쓴다(기본적으로 sys.stdout).

```
$ python3 pprint_pprint.py

PRINT:
[(1, {'c': 'C', 'b': 'B', 'd': 'D', 'a': 'A'}), (2, {'k': 'K', 'i':
'I', 'g': 'G', 'f': 'F', 'e': 'E', 'h': 'H', 'l': 'L', 'j': 'J'}), (
3, ['m', 'n']), (4, ['o', 'p', 'q']), (5, ['r', 's', 'tu', 'v', 'x',
 'y', 'z'])]

PPRINT:
[(1, {'a': 'A', 'b': 'B', 'c': 'C', 'd': 'D'}),
```

```
 (2,
  {'e': 'E',
   'f': 'F',
   'g': 'G',
   'h': 'H',
   'i': 'I',
   'j': 'J',
   'k': 'K',
   'l': 'L'}),
 (3, ['m', 'n']),
 (4, ['o', 'p', 'q']),
 (5, ['r', 's', 'tu', 'v', 'x', 'y', 'z'])]
```

2.10.2 포매팅

스트림에 직접 쓰는 대신 자료 구조의 포맷만 맞춰주고 싶은 경우(예를 들어 로그를 남기고자) pformat()을 사용해 문자열을 생성한다.

리스트 2.78: pprint_pformat.py

```python
import logging
from pprint import pformat
from pprint_data import data

logging.basicConfig(
    level=logging.DEBUG,
    format='%(levelname)-8s %(message)s',
)

logging.debug('Logging pformatted data')

formatted = pformat(data)
for line in formatted.splitlines():
    logging.debug(line.rstrip())
```

생성된 문자열을 출력할 수도 있고 별도 로그에 사용할 수도 있다.

```
$ python3 pprint_pformat.py
```

```
DEBUG    Logging pformatted data
DEBUG    [(1, {'a': 'A', 'b': 'B', 'c': 'C', 'd': 'D'}),
DEBUG     (2,
DEBUG      {'e': 'E',
DEBUG       'f': 'F',
DEBUG       'g': 'G',
DEBUG       'h': 'H',
DEBUG       'i': 'I',
DEBUG       'j': 'J',
DEBUG       'k': 'K',
DEBUG       'l': 'L'}),
DEBUG     (3, ['m', 'n']),
DEBUG     (4, ['o', 'p', 'q']),
DEBUG     (5, ['r', 's', 'tu', 'v', 'x', 'y', 'z'])]
```

2.10.3 임의 클래스

__repr__() 메서드를 정의한 경우 pprint()의 PrettyPrinter 클래스는 커스텀 클래스와 함께 사용할 수도 있다.

리스트 2.79: pprint_arbitrary_object.py

```python
from pprint import pprint

class node:

    def __init__(self, name, contents=[]):
        self.name = name
        self.contents = contents[:]

    def __repr__(self):
        return (
            'node(' + repr(self.name) + ', ' +
            repr(self.contents) + ')'
        )

trees = [
    node('node-1'),
    node('node-2', [node('node-2-1')]),
    node('node-3', [node('node-3-1')]),
```

```
    ]
  pprint(trees)
```

중첩된 객체의 표현은 PrettyPrinter가 하나로 더해 완성된 문자열 표현을 반환한다.

```
$ python3 pprint_arbitrary_object.py

[node('node-1', []),
 node('node-2', [node('node-2-1', [])]),
 node('node-3', [node('node-3-1', [])])]
```

2.10.4 재귀

재귀적 자료 구조는 <Recursion on typename with id=number>의 형태로, 원본 자료에 대한 참조 정보를 함께 표현한다.

리스트 2.80: pprint_recursion.py

```
from pprint import pprint

local_data = ['a', 'b', 1, 2]
local_data.append(local_data)

print('id(local_data) =>', id(local_data))
pprint(local_data)
```

이번 예제는 리스트 local_data에 자신을 더해 재귀적 참조를 생성했다.

```
$ python3 pprint_recursion.py

id(local_data) => 4324368136
['a', 'b', 1, 2, <Recursion on list with id=4324368136>]
```

2.10.5 중첩 출력 제한

자료 구조의 깊이가 아주 깊어지면 출력할 때 모든 내용을 전부 포함시키고 싶지 않을 수도 있다. 자료의 형식이 맞지 않을 수도 있고, 텍스트 형식이 너무 커서 다루기 어려워지거나 관련 없는 자료가 포함될 수도 있다.

리스트 2.81: pprint_depth.py

```
from pprint import pprint

from pprint_data import data

pprint(data, depth=1)
pprint(data, depth=2)
```

depth 인자를 사용해 pretty printer가 자료 구조의 어느 깊이까지 출력할지 조절할 수 있다. 출력에 포함되지 않는 레벨은 생략 기호로 표시된다.

```
$ python3 pprint_depth.py

[(...), (...), (...), (...), (...)]
[(1, {...}), (2, {...}), (3, [...]), (4, [...]), (5, [...])]
```

2.10.6 출력 너비 조절

형식화된 텍스트의 기본 출력 너비는 80행이다. 이 너비를 조절하려면 pprint()의 width 인자를 지정한다.

리스트 2.82: pprint_width.py

```
from pprint import pprint

from pprint_data import data

for width in [80, 5]:
    print('WIDTH =', width)
    pprint(data, width=width)
    print()
```

지정한 width 값이 너무 작아 자료 구조를 형식화하기 불가능한 경우에는 강제로 줄이
잘리거나 줄 바꿈되지 않는다. 올바르지 않은 문법이 출력되는 것을 피하기 위함이다.

```
$ python3 pprint_width.py
WIDTH = 80
[(1, {'a': 'A', 'b': 'B', 'c': 'C', 'd': 'D'}),
 (2,
  {'e': 'E',
   'f': 'F',
   'g': 'G',
   'h': 'H',
   'i': 'I',
   'j': 'J',
   'k': 'K',
   'l': 'L'}),
 (3, ['m', 'n']),
 (4, ['o', 'p', 'q']),
 (5, ['r', 's', 'tu', 'v', 'x', 'y', 'z'])]

WIDTH = 5
[(1,
  {'a': 'A',
   'b': 'B',
   'c': 'C',
   'd': 'D'}),
 (2,
  {'e': 'E',
   'f': 'F',
   'g': 'G',
   'h': 'H',
   'i': 'I',
   'j': 'J',
   'k': 'K',
   'l': 'L'}),
 (3,
  ['m',
   'n']),
 (4,
  ['o',
```

```
  'p',
  'q']),
 (5,
  ['r',
   's',
   'tu',
   'v',
   'x',
   'y',
   'z'])]
```

pprint()에 compact 플래그를 사용하면 복잡한 자료 구조를 여러 줄에 분산시키기보다 각 개별 줄에 좀 더 많은 데이터가 들어갈 수 있게 해준다.

리스트 2.83: pprint_compact.py

```python
from pprint import pprint

from pprint_data import data

print('DEFAULT:')
pprint(data, compact=False)
print('\nCOMPACT:')
pprint(data, compact=True)
```

이 예제는 자료 구조가 한 줄에 맞지 않을 때 (데이터 리스트의 두 번째 항목과 마찬가지로) 분할된다는 것을 보여준다. 세 번째 및 네 번째 멤버와 마찬가지로 여러 요소를 한 줄에 넣을 수 있다.

```
$ python3 pprint_compact.py

[(1, {'a': 'A', 'b': 'B', 'c': 'C', 'd': 'D'}),
 (2,
  {'e': 'E',
   'f': 'F',
   'g': 'G',
   'h': 'H',
   'i': 'I',
```

```
       'j': 'J',
       'k': 'K',
       'l': 'L'}),
 (3, ['m', 'n']),
 (4, ['o', 'p', 'q']),
 (5, ['r', 's', 'tu', 'v', 'x', 'y', 'z'])]
[(1, {'a': 'A', 'b': 'B', 'c': 'C', 'd': 'D'}),
 (2,
    {'e': 'E',
     'f': 'F',
     'g': 'G',
     'h': 'H',
     'i': 'I',
     'j': 'J',
     'k': 'K',
     'l': 'L'}),
 (3, ['m', 'n']), (4, ['o', 'p', 'q']),
 (5, ['r', 's', 'tu', 'v', 'x', 'y', 'z'])]
```

팁 – 참고 자료

- pprint 표준 라이브러리 문서: https://docs.python.org/3.5/library/pprint.html

3

알고리즘

파이썬은 작업에 가장 적합한 스타일을 사용해 알고리즘을 간결하고 멋지게 구현할 수 있는 여러 모듈을 제공한다. 또한 파이썬은 절차적, 객체지향, 함수형 프로그래밍 스타일을 지원하며, 세 가지 스타일은 모두 한 프로그램 내의 여러 부분에서 함께 사용된다.

functools는 함수 데코레이터^{decorator}를 만들기 위한 함수를 제공하며, 기존 객체지향 접근법 외에도 관점지향 프로그래밍^{aspect-oriented programming} 및 코드 재사용을 지원한다. 또한 바로가기^{shortcut}를 사용해 리치 비교^{rich comparison} API를 구현할 수 있는 클래스 데코레이터뿐만 아니라 인자와 함께 함수에 대한 참조도 생성하는 partial 객체도 제공한다.

itertools 모듈은 함수형 프로그래밍에 사용되는 반복자^{iterator}와 생성자^{generator}로 작업하기 위한 함수들을 제공한다. operator 모듈은 산술 연산이나 항목 조회와 같은 처리를 위한 함수 기반 인터페이스를 제공함으로써 함수형 프로그래밍 방식을 사용할 때 람다^{lambda} 함수가 너무 빈번하게 사용되는 것을 막아준다.

어떤 프로그래밍 스타일을 사용하는지에 상관없이 contextlib은 리소스 관리를 더 쉽고 안정적이고 간결하게 해준다. 콘텍스트 매니저와 with 구문을 함께 사용하면 try: finally 블록과 들여쓰기 수준을 줄일 수 있으며, 파일, 소켓, 데이터베이스 트랜잭션 및 여러 리소스를 정확하게 닫고 릴리스할 수 있다.

3.1 functools: 함수를 다루기 위한 도구

functools 모듈은 함수나 호출 가능^{callable} 객체를 완전히 다시 작성하지 않고 확장할 수 있는 도구를 제공한다.

3.1.1 데코레이터

functools 모듈이 제공하는 기본적인 도구는 partial 클래스로 기본 인자를 갖는 호출 가능 객체를 래핑하고자 사용한다. 그 결과물인 객체 자체도 호출 가능하며, 원본 함수인 것처럼 처리할 수 있다. 이 객체는 원본 함수와 동일한 모든 인자를 취하고 추가 위치나 명명된 인자로도 호출할 수 있다. partial은 함수에 기본 인자를 제공해 lambda 대신 사용할 수 있고 일부 인자는 지정되지 않은 상태로 남겨둔다.

3.1.1.1 Partial 객체

첫 번째 예제는 myfunc() 함수를 사용한 두 개의 간단한 partial 객체를 보여준다. show_details()의 출력에는 partial 객체의 func, args, keywords 속성이 포함된다.

리스트 3.1: functools_partial.py

```
import functools

def myfunc(a, b=2):
    "Docstring for myfunc()."
    print('  called myfunc with:', (a, b))

def show_details(name, f, is_partial=False):
    "Show details of a callable object."
    print('{}:'.format(name))
    print('  object:', f)
    if not is_partial:
        print('  __name__:', f.__name__)
    if is_partial:
        print('  func:', f.func)
        print('  args:', f.args)
        print('  keywords:', f.keywords)
```

216

```
    return
show_details('myfunc', myfunc)
myfunc('a', 3)
print()

# 'b'의 기본값을 다르게 설정한다.
# 'a'는 호출자가 제공해야 한다.
p1 = functools.partial(myfunc, b=4)
show_details('partial with named default', p1, True)
p1('passing a')
p1('override b', b=5)
print()

# 'a'와 'b' 모두의 기본값을 설정한다.
p2 = functools.partial(myfunc, 'default a', b=99)
show_details('partial with defaults', p2, True)
p2()
p2(b='override b')
print()

print('Insufficient arguments:')
p1()
```

예제의 끝에서 첫 번째 partial에 a 값을 전달하지 않은 채 호출해 예외가 발생했다.

```
$ python3 functools_partial.py

myfunc:
    object: <function myfunc at 0x1007a6a60>
    __name__: myfunc
    called myfunc with: ('a', 3)

partial with named default:
    object: functools.partial(<function myfunc at 0x1007a6a60>, b=4)
    func: <function myfunc at 0x1007a6a60>
    args: ()
    keywords: {'b': 4}
    called myfunc with: ('passing a', 4)
    called myfunc with: ('override b', 5)

partial with defaults:
```

```
    object: functools.partial(<function myfunc at 0x1007a6a60>, 'default a', b=99)
    func: <function myfunc at 0x1007a6a60>
    args: ('default a',)
    keywords: {'b': 99}
    called myfunc with: ('default a', 99)
    called myfunc with: ('default a', 'override b')

Insufficient arguments:
Traceback (most recent call last):
    File "functools_partial.py", line 51, in <module> p1()
TypeError: myfunc() missing 1 required positional argument: 'a'
```

3.1.1.2 함수 속성 가져오기

partial 객체에는 기본적으로 __name__이나 __doc__ 속성이 없으며, 이런 속성이 없기 때문에 데코레이트된 함수는 디버깅이 어렵다. update_wrapper()는 partial 객체에 원본 함수의 속성을 복사하거나 추가할 때 사용한다.

리스트 3.2: functools_update_wrapper.py

```python
import functools

def myfunc(a, b=2):
    "Docstring for myfunc()."
    print('  called myfunc with:', (a, b))

def show_details(name, f):
    "Show details of a callable object."
    print('{}:'.format(name))
    print('  object:', f)
    print('  __name__:', end=' ')
    try:
        print(f.__name__)
    except AttributeError:
        print('(no __name__)')
    print('  __doc__', repr(f.__doc__))
    print()

show_details('myfunc', myfunc)
```

```
p1 = functools.partial(myfunc, b=4)
show_details('raw wrapper', p1)

print('Updating wrapper:')
print(' assign:', functools.WRAPPER_ASSIGNMENTS)
print(' update:', functools.WRAPPER_UPDATES)
print()

functools.update_wrapper(p1, myfunc)
show_details('updated wrapper', p1)
```

래퍼에 추가된 속성은 WRAPPER_ASSIGNMENTS에 정의돼 있고, WRAPPER_UPDATES는 변경될 값의 리스트다.

```
$ python3 functools_update_wrapper.py

myfunc:
  object: <function myfunc at 0x1018a6a60>
  __name__: myfunc
  __doc__ 'Docstring for myfunc().'

raw wrapper:
  object: functools.partial(<function myfunc at 0x1018a6a60>, b=4)
  __name__: (no __name__)
  __doc__ 'partial(func, *args, **keywords) - new function with partial
application\n    of the given arguments and keywords.\n'
Updating wrapper:
  assign: ('__module__', '__name__', '__qualname__', '__doc__', '__annotations__')
  update: ('__dict__',)

updated wrapper:
  object: functools.partial(<function myfunc at 0x1018a6a60>, b=4)
  __name__: myfunc
  __doc__ 'Docstring for myfunc().'
```

3.1.1.3 기타 호출 가능 객체

partial은 독립 실행형 함수뿐만 아니라 모든 호출 가능 객체와도 함께 동작한다.

```python
import functools

class MyClass:
    "Demonstration class for functools"

    def __call__(self, e, f=6):
        "Docstring for MyClass.__call__"
        print('  called object with:', (self, e, f))

def show_details(name, f):
    "Show details of a callable object."
    print('{}:'.format(name))
    print('  object:', f)
    print('  __name__:', end=' ')
    try:
        print(f.__name__)
    except AttributeError:
        print('(no __name__)')
    print('  __doc__', repr(f.__doc__))
    return

o = MyClass()

show_details('instance', o)
o('e goes here')
print()

p = functools.partial(o, e='default for e', f=8)
functools.update_wrapper(p, o)
show_details('instance wrapper', p)
p()
```

이 예제는 __call__() 메서드를 사용해 클래스의 인스턴스에서 partial을 생성한다.

```
$ python3 functools_callable.py

instance:
  object: <__main__.MyClass object at 0x1011b1cf8>
  __name__: (no __name__)
  __doc__ 'Demonstration class for functools'
  called object with: (<__main__.MyClass object at 0x1011b1cf8>, 'e goes here', 6)
```

```
instance wrapper:
  object: functools.partial(<__main__.MyClass object at 0x1011b1cf8>, f=8, e='default for e')
  __name__: (no __name__)
  __doc__ 'Demonstration class for functools'
  called object with: (<__main__.MyClass object at 0x1011b1cf8>, 'default for e', 8)
```

3.1.1.4 메서드와 함수

partial()은 직접 사용할 수 있는 호출 가능 객체를 반환하지만, partialmethod()는 객체의 언바운드 메서드로 사용할 수 있는 호출 가능 객체를 반환한다. 다음 예제에서는 동일한 독립 실행형 함수가 method1()로 partialmethod()를 사용하고, method2()로 partial()을 사용해 MyClass의 속성으로 두 번 추가된다.

리스트 3.4: functools_partialmethod.py

```python
import functools

def standalone(self, a=1, b=2):
    "Standalone function"
    print('  called standalone with:', (self, a, b))
    if self is not None:
        print('  self.attr =', self.attr)

class MyClass:
    "Demonstration class for functools"

    def __init__(self):
        self.attr = 'instance attribute'

    method1 = functools.partialmethod(standalone)
    method2 = functools.partial(standalone)

o = MyClass()

print('standalone')
standalone(None)
print()

print('method1 as partialmethod')
o.method1()
print()
```

```
print('method2 as partial')
try:
    o.method2()
except TypeError as err:
    print('ERROR: {}'.format(err))
```

method1()은 MyClass의 인스턴스에서 호출될 수 있고 일반적인 방법으로 정의된 메서드와 마찬가지로 이 인스턴스는 첫 번째 인자로 전달된다. method2()는 바운드 메서드로 설정되지 않았기 때문에 self 인자를 명시적으로 전달해야 하며, 그렇지 않으면 TypeError를 발생한다.

```
$ python3 functools_partialmethod.py

standalone
    called standalone with: (None, 1, 2)

method1 as partialmethod
    called standalone with: (<__main__.MyClass object at 0x1007b1d30>, 1, 2)
    self.attr = instance attribute

method2 as partial
ERROR: standalone() missing 1 required positional argument: 'self'
```

3.1.1.5 데코레이터 함수 속성 얻기

래핑된 호출 가능 객체의 속성을 업데이트하는 것은 데코레이터를 사용할 때 매우 유용하다. 변형된 함수는 원본 함수의 속성을 그대로 갖기 때문이다.

리스트 3.5: functools_wraps.py

```
import functools

def show_details(name, f):
    "Show details of a callable object."
    print('{}:'.format(name))
    print('  object:', f)
    print('  __name__:', end=' ')
```

```python
        try:
            print(f.__name__)
        except AttributeError:
            print('(no __name__)')
        print('  __doc__', repr(f.__doc__))
        print()

def simple_decorator(f):
    @functools.wraps(f)
    def decorated(a='decorated defaults', b=1):
        print('  decorated:', (a, b))
        print('  ', end=' ')
        return f(a, b=b)
    return decorated

def myfunc(a, b=2):
    "myfunc() is not complicated"
    print('  myfunc:', (a, b))
    return

# 원본 함수
show_details('myfunc', myfunc)
myfunc('unwrapped, default b')
myfunc('unwrapped, passing b', 3)
print()

# 명시적으로 래핑
wrapped_myfunc = simple_decorator(myfunc)
show_details('wrapped_myfunc', wrapped_myfunc)
wrapped_myfunc()
wrapped_myfunc('args to wrapped', 4)
print()

# 데코레이터 구문으로 래핑
@simple_decorator
def decorated_myfunc(a, b):
    myfunc(a, b)
    return

show_details('decorated_myfunc', decorated_myfunc)
decorated_myfunc()
decorated_myfunc('args to decorated', 4)
```

functools는 데코레이트된 함수에 update_wrapper()를 적용하는 데코레이터 wraps()를 제공한다.

```
$ python3 functools_wraps.py
myfunc:
  object: <function myfunc at 0x101241b70>
  __name__: myfunc
  __doc__ 'myfunc() is not complicated'

  myfunc: ('unwrapped, default b', 2)
  myfunc: ('unwrapped, passing b', 3)
wrapped_myfunc:
  object: <function myfunc at 0x1012e62f0>
  __name__: myfunc
  __doc__ 'myfunc() is not complicated'

  decorated: ('decorated defaults', 1)
     myfunc: ('decorated defaults', 1)
  decorated: ('args to wrapped', 4)
     myfunc: ('args to wrapped', 4)

decorated_myfunc:
  object: <function decorated_myfunc at 0x1012e6400>
  __name__: decorated_myfunc
  __doc__ None

  decorated: ('decorated defaults', 1)
     myfunc: ('decorated defaults', 1)
  decorated: ('args to decorated', 4)
     myfunc: ('args to decorated', 4)
```

3.1.2 비교

파이썬 2 이하에서 클래스는 객체가 비교 대상보다 작은지, 같은지, 큰지 여부에 따라 각각 -1, 0, 1을 반환하는 __cmp__() 메서드를 정의할 수 있었다. 파이썬 2.1부터는 단일 비교 연산을 수행한 후 불리언 값을 반환하는 __lt__(), __le__(), __eq__(), __ne__(), __gt__(), __ge__()와 같은 리치 비교 메서드 API를 도입했다. 파이썬 3에서는 이 새 메서드를 더 선호해 `__cmp__()`를 더 이상 사용하지 않으며, functools는 파이썬 3에서의 새로운 비교 요구 사항을 준수하는 클래스를 더 쉽게 작성할 수 있는 도구를 제공한다.

3.1.2.1 리치 비교

리치 비교 API는 복잡한 비교를 해야 하는 클래스에서 가능한 한 가장 효율적인 방법으로 각 테스트를 구현할 수 있게 설계돼 있다. 하지만 상대적으로 간단한 비교를 하는 클래스라면 각 리치 비교 메서드를 수동으로 작성할 필요가 없다. `total_ordering()` 클래스 데코레이터는 리치 비교 메서드의 일부를 제공하는 클래스를 취해 나머지 부분을 자동으로 추가한다.

리스트 3.6: functools_total_ordering.py

```python
import functools
import inspect
from pprint import pprint

@functools.total_ordering
class MyObject:

    def __init__(self, val):
        self.val = val

    def __eq__(self, other):
        print('  testing __eq__({}, {})'.format(self.val, other.val))
        return self.val == other.val

    def __gt__(self, other):
        print('  testing __gt__({}, {})'.format(self.val, other.val))
        return self.val > other.val

print('Methods:\n')
pprint(inspect.getmembers(MyObject, inspect.isfunction))

a = MyObject(1)
b = MyObject(2)

print('\nComparisons:')
for expr in ['a < b', 'a <= b', 'a == b', 'a >= b', 'a > b']:
    print('\n{:<6}:'.format(expr))
```

```
result = eval(expr)
print('  result of {}: {}'.format(expr, result))
```

클래스는 __eq__()와 다른 리치 비교 메서드 중 하나를 반드시 구현해야 한다. 데코레이터는 제공된 비교 메서드를 사용해 메서드의 나머지 부분이 동작하도록 구현을 스스로 추가한다. 비교가 불가능한 경우에 메서드는 NotImplemented를 반환하기 때문에 전체가 실패하기 전에 다른 객체에서 역비교 연산자를 사용해 비교를 시도할 수 있다.

```
$ python3 functools_total_ordering.py
Methods:

[('__eq__', <function MyObject.__eq__ at 0x10139a488>),
 ('__ge__', <function _ge_from_gt at 0x1012e2510>),
 ('__gt__', <function MyObject.__gt__ at 0x10139a510>),
 ('__init__', <function MyObject.__init__ at 0x10139a400>),
 ('__le__', <function _le_from_gt at 0x1012e2598>),
 ('__lt__', <function _lt_from_gt at 0x1012e2488>)]

Comparisons:

a < b :
  testing __gt__(1, 2)
  testing __eq__(1, 2)
  result of a < b: True

a <= b:
  testing __gt__(1, 2)
  result of a <= b: True

a == b:
  testing __eq__(1, 2)
  result of a == b: False

a >= b:
  testing __gt__(1, 2)
  testing __eq__(1, 2)
  result of a >= b: False

a > b :
  testing __gt__(1, 2)
```

```
result of a > b: False
```

3.1.2.2 대조 순서

예전 방식의 비교 함수는 파이썬 3부터 더 이상 사용하지 않기 때문에 sort()처럼 cmp
인자를 사용하는 함수도 더 이상 지원되지 않는다. 이런 비교 함수를 사용하는 프로그
램은 cmp_to_key()를 사용해 대조 키를 반환하는 함수로 변환할 수 있으며, 이 대조 키
는 최종 시퀀스에서 위치를 확인할 때 사용된다.

리스트 3.7: functools_cmp_to_key.py

```python
import functools

class MyObject:

    def __init__(self, val):
        self.val = val

    def __str__(self):
        return 'MyObject({})'.format(self.val)

def compare_obj(a, b):
    """Old-style comparison function.
    """
    print('comparing {} and {}'.format(a, b))
    if a.val < b.val:
        return -1
    elif a.val > b.val:
        return 1
    return 0

# cmp_to_key()를 사용해 키 함수 작성
get_key = functools.cmp_to_key(compare_obj)

def get_key_wrapper(o):
    "Wrapper function for get_key to allow for print statements."
    new_key = get_key(o)
    print('key_wrapper({}) -> {!r}'.format(o, new_key))
    return new_key

objs = [MyObject(x) for x in range(5, 0, -1)]
```

```
for o in sorted(objs, key=get_key_wrapper):
    print(o)
```

일반적으로 cmp_to_key()는 직접 사용되지만, 이 예제에서는 키 함수가 호출될 때 좀
더 많은 정보를 출력하고자 함수를 추가적으로 래핑했다.

출력 결과를 보면 sorted()는 시퀀스의 각 항목에 대해 get_key_wrapper()를 호출함
으로써 키를 생성한다. cmp_to_key()에 의해 반환된 키는 functools에 정의된 클래스
의 인스턴스며, functools는 전달받은 옛날 방식의 비교 함수를 사용해 리치 비교 API
를 구현한다. 모든 키가 생성되면 키를 비교해 시퀀스를 정렬한다.

```
$ python3 functools_cmp_to_key.py

key_wrapper(MyObject(5)) -> <functools.KeyWrapper object at 0x1011c5530>
key_wrapper(MyObject(4)) -> <functools.KeyWrapper object at 0x1011c5510>
key_wrapper(MyObject(3)) -> <functools.KeyWrapper object at 0x1011c54f0>
key_wrapper(MyObject(2)) -> <functools.KeyWrapper object at 0x1011c5390>
key_wrapper(MyObject(1)) -> <functools.KeyWrapper object at 0x1011c5710>
comparing MyObject(4) and MyObject(5)
comparing MyObject(3) and MyObject(4)
comparing MyObject(2) and MyObject(3)
comparing MyObject(1) and MyObject(2)
MyObject(1)
MyObject(2)
MyObject(3)
MyObject(4)
MyObject(5)
```

3.1.3 캐시

lru_cache() 데코레이터는 LRU[Least Recently Used] 캐시의 함수를 래핑한다. 함수의 인자는 해
시 키를 생성하는 데 사용되며, 해시 키는 결과와 매핑된다. 동일한 인자를 갖는 다음 호출
이 생기면 함수 호출 대신 캐시에서 해당 값을 가져온다. 또한 데코레이터는 캐시의 상태
를 확인하는 cache_info()와 캐시를 비우는 cache_clear() 메서드를 함수에 추가한다.

```python
import functools

@functools.lru_cache()
def expensive(a, b):
    print('expensive({}, {})'.format(a, b))
    return a * b

MAX = 2

print('First set of calls:')
for i in range(MAX):
    for j in range(MAX):
        expensive(i, j)
print(expensive.cache_info())

print('\nSecond set of calls:')
for i in range(MAX + 1):
    for j in range(MAX + 1):
        expensive(i, j)
print(expensive.cache_info())

print('\nClearing cache:')
expensive.cache_clear()
print(expensive.cache_info())

print('\nThird set of calls:')
for i in range(MAX):
    for j in range(MAX):
        expensive(i, j)
print(expensive.cache_info())
```

이 예제는 중첩 루프 안에서 expensive()를 여러 번 호출한다. 두 번째 호출 집합에서 동일한 값으로 호출하면 결과가 캐시에 나타난다. 캐시를 비우고 루프를 다시 실행하면 값이 다시 계산된다.

```
$ python3 functools_lru_cache.py

First set of calls:
expensive(0, 0)
expensive(0, 1)
```

```
expensive(1, 0)
expensive(1, 1)
CacheInfo(hits=0, misses=4, maxsize=128, currsize=4)

Second set of calls:
expensive(0, 2)
expensive(1, 2)
expensive(2, 0)
expensive(2, 1)
expensive(2, 2)
CacheInfo(hits=4, misses=9, maxsize=128, currsize=9)

Clearing cache:
CacheInfo(hits=0, misses=0, maxsize=128, currsize=0)

Third set of calls:
expensive(0, 0)
expensive(0, 1)
expensive(1, 0)
expensive(1, 1)
CacheInfo(hits=0, misses=4, maxsize=128, currsize=4)
```

장시간 수행되는 프로세스에서 캐시가 무한대로 증가하는 것을 막으려면 최대 크기를 설정한다. 기본값은 128 항목이지만 maxsize 인자를 사용해 각 캐시의 크기를 변경할 수 있다.

리스트 3.9: functools_lru_cache_expire.py

```python
import functools

@functools.lru_cache(maxsize=2)
def expensive(a, b):
    print('called expensive({}, {})'.format(a, b))
    return a * b

def make_call(a, b):
    print('({}, {})'.format(a, b), end=' ')
    pre_hits = expensive.cache_info().hits
    expensive(a, b)
    post_hits = expensive.cache_info().hits
    if post_hits > pre_hits:
```

```
        print('cache hit')
print('Establish the cache')
make_call(1, 2)
make_call(2, 3)

print('\nUse cached items')
make_call(1, 2)
make_call(2, 3)

print('\nCompute a new value, triggering cache expiration')
make_call(3, 4)

print('\nCache still contains one old item')
make_call(2, 3)

print('\nOldest item needs to be recomputed')
make_call(1, 2)
```

이 예제에서는 캐시 크기를 2로 설정했다. 고유한 인자 집합으로 (3, 4)가 세 번째 항목으로 사용되면 캐시에서 가장 오래된 항목이 새로운 결과로 교체된다.

```
$ python3 functools_lru_cache_expire.py

Establish the cache
(1, 2) called expensive(1, 2)
(2, 3) called expensive(2, 3)

Use cached items
(1, 2) cache hit
(2, 3) cache hit

Compute a new value, triggering cache expiration
(3, 4) called expensive(3, 4)

Cache still contains one old item
(2, 3) cache hit

Oldest item needs to be recomputed
(1, 2) called expensive(1, 2)
```

lru_cache()에 의해 관리되는 키는 해시 가능해야 하기 때문에 캐시 조회로 래핑된 함수에 대한 모든 인자도 해시 가능해야 한다.

```python
import functools

@functools.lru_cache(maxsize=2)
def expensive(a, b):
    print('called expensive({}, {})'.format(a, b))
    return a * b

def make_call(a, b):
    print('({}, {})'.format(a, b), end=' ')
    pre_hits = expensive.cache_info().hits
    expensive(a, b)
    post_hits = expensive.cache_info().hits
    if post_hits > pre_hits:
        print('cache hit')

make_call(1, 2)

try:
    make_call([1], 2)
except TypeError as err:
    print('ERROR: {}'.format(err))

try:
    make_call(1, {'2': 'two'})
except TypeError as err:
    print('ERROR: {}'.format(err))
```

해시되지 않는 객체가 함수에 전달되면 **TypeError**가 발생한다.

```
$ python3 functools_lru_cache_arguments.py

(1, 2) called expensive(1, 2)
([1], 2) ERROR: unhashable type: 'list'
(1, {'2': 'two'}) ERROR: unhashable type: 'dict'
```

3.1.4 데이터 세트 축약

reduce() 함수는 입력으로 호출 가능 함수와 데이터 시퀀스를 요구한다. 이 함수는 시퀀스의 값으로 호출 가능 함수를 호출하고 출력 결과를 누적해 단일 값으로 출력한다.

리스트 3.11: functools_reduce.py

```python
import functools

def do_reduce(a, b):
    print('do_reduce({}, {})'.format(a, b))
    return a + b

data = range(1, 5)
print(data)
result = functools.reduce(do_reduce, data)
print('result: {}'.format(result))
```

이 예제는 입력 시퀀스의 숫자를 더한다.

```
$ python3 functools_reduce.py

range(1, 5)
do_reduce(1, 2)
do_reduce(3, 3)
do_reduce(6, 4)
result: 10
```

옵션인 *initializer* 인자는 데이터 시퀀스의 바로 다음에 위치하며 다른 항목들과 함께 처리된다. 이 인자는 이전에 계산된 값을 새로운 입력으로 업데이트할 때 사용한다.

리스트 3.12: functools_reduce_initializer.py

```python
import functools

def do_reduce(a, b):
    print('do_reduce({}, {})'.format(a, b))
    return a + b

data = range(1, 5)
print(data)
result = functools.reduce(do_reduce, data, 99)
print('result: {}'.format(result))
```

이 예제에서는 이전 합계인 99가 reduce()에 의해 계산될 값의 초깃값으로 사용됐다.

```
$ python3 functools_reduce_initializer.py

range(1, 5)
do_reduce(99, 1)
do_reduce(100, 2)
do_reduce(102, 3)
do_reduce(105, 4)
result: 109
```

단일 항목만 있는 시퀀스는 initializer가 없을 때 자동으로 해당 값이 결과로 출력된
다. 시퀀스가 빈 경우에는 initializer가 제공되지 않으면 에러가 발생한다.

리스트 3.13: functools_reduce_short_sequences.py

```python
import functools


def do_reduce(a, b):
    print('do_reduce({}, {})'.format(a, b))
    return a + b


print('Single item in sequence:', functools.reduce(do_reduce, [1]))

print('Single item in sequence with initializer:', functools.reduce(do_reduce, [1], 99))

print('Empty sequence with initializer:', functools.reduce(do_reduce, [], 99))

try:
    print('Empty sequence:', functools.reduce(do_reduce, []))
except TypeError as err:
    print('ERROR: {}'.format(err))
```

initializer 인자는 초깃값으로 사용돼 입력 시퀀스가 비어있지 않으면 새 값과 결합
되므로 주의 깊게 사용해야 한다. 초깃값과 새 값을 합치는 것이 의미가 없다면
initializer를 전달하는 것보다 TypeError를 처리하는 것이 좋다.

```
$ python3 functools_reduce_short_sequences.py

Single item in sequence: 1
```

```
do_reduce(99, 1)
Single item in sequence with initializer: 100
Empty sequence with initializer: 99
ERROR: reduce() of empty sequence with no initial value
```

3.1.5 제네릭 함수

파이썬 같은 동적 타입 언어^{dynamically typed language}에서는 인자의 타입에 따라, 특히 항목
리스트와 단일 항목 사이의 차이점을 처리할 때 약간 다른 연산을 수행해야 하는 경우가
자주 있다. 인자의 타입을 직접 확인하는 것은 간단하지만, 동작의 차이를 별도의 함수
로 분리할 수 있는 경우 functools는 함수에 대한 첫 번째 인자의 타입을 기반으로 자동
으로 전환되는 제네릭 함수를 등록하는 singledispatch() 데코레이터를 제공한다.

리스트 3.14: functools_singledispatch.py

```python
import functools

@functools.singledispatch
def myfunc(arg):
    print('default myfunc({!r})'.format(arg))

@myfunc.register(int)
def myfunc_int(arg):
    print('myfunc_int({})'.format(arg))

@myfunc.register(list)
def myfunc_list(arg):
    print('myfunc_list()')
    for item in arg:
        print('  {}'.format(item))

myfunc('string argument')
myfunc(1)
myfunc(2.3)
myfunc(['a', 'b', 'c'])
```

새로운 함수의 register() 속성은 대체할 수 있는 구현을 등록하는 또 다른 데코레이
터 역할을 한다. singledispatch()로 래핑된 첫 번째 함수는 특정 타입에 대한 함수가

없을 경우의 기본 구현이며, 이 예제에서는 인자 값이 **float**인 경우다.

```
$ python3 functools_singledispatch.py

default myfunc('string argument')
myfunc_int(1)
default myfunc(2.3)
myfunc_list()
  a
  b
  c
```

해당 타입에 정확히 맞는 것이 없으면 상속 순서에 따라 평가된 후 가장 가까운 타입이 사용된다.

리스트 3.15: functools_singledispatch_mro.py

```python
import functools

class A:
    pass

class B(A):
    pass

class C(A):
    pass

class D(B):
    pass

class E(C, D):
    pass

@functools.singledispatch
def myfunc(arg):
    print('default myfunc({})'.format(arg.__class__.__name__))

@myfunc.register(A)
def myfunc_A(arg):
    print('myfunc_A({})'.format(arg.__class__.__name__))

@myfunc.register(B)
```

```
def myfunc_B(arg):
    print('myfunc_B({})'.format(arg.__class__.__name__))

@myfunc.register(C)
def myfunc_C(arg):
    print('myfunc_C({})'.format(arg.__class__.__name__))

myfunc(A())
myfunc(B())
myfunc(C())
myfunc(D())
myfunc(E())
```

이 예제에서 클래스 D와 E는 등록된 제네릭 함수에서 정확히 일치되는 것이 없으며, 선택된 함수는 클래스 계층 구조에 따라 다르다.

```
$ python3 functools_singledispatch_mro.py

myfunc_A(A)
myfunc_B(B)
myfunc_C(C)
myfunc_B(D)
myfunc_C(E)
```

팁 – 참고 자료

- functools 표준 라이브러리 문서: https://docs.python.org/3.5/library/functools.html
- 리치 비교 메서드: 파이썬 레퍼런스 가이드에 있는 리치 비교 메서드에 대한 설명(https://docs.python.org/reference/datamodel.html#object.__lt__)
- Isolated @memoize(http://nedbatchelder.com/blog/201601/isolated_memoize.html): 메모 작성 데코레이터 만들기에 대한 네드 배트첼더(Ned Batchelder)의 기사
- PEP 443: 단일 디스패치 제네릭 함수(www.python.org/dev/peps/pep-0443)
- inspect: 라이브 객체의 상태 확인용 API

3.2 itertools: 반복자 함수

itertools 모듈은 시퀀스로 된 데이터를 다루는 일련의 함수를 제공한다. 제공되는 함수들은 클로저^{Clojure}, 하스켈^{Haskell}, APL, SML 등과 같은 함수형 프로그래밍 언어의 비슷한 기능에서 영향을 받았다. 이 함수들은 빠른 처리 속도와 효율적인 메모리 사용을 목적으로 만들어졌다. 또한 더 복잡한 반복 기반 알고리즘을 처리하고자 함께 결합해 사용할 수 있다.

반복자 기반 코드는 리스트를 사용하는 코드보다 메모리를 훨씬 더 적게 사용한다. 데이터는 필요할 때까지는 반복자에서 생성되지 않으므로 모든 데이터를 동시에 메모리에 저장할 필요가 없다. 이런 '지연' 방식의 처리 모델은 대량의 데이터 세트에서 발생할 수 있는 스와핑이나 기타 부작용을 줄일 수 있기 때문에 성능을 향상시킨다.

itertools에 정의된 함수 외에도 이 절의 예제들은 반복 처리용 내장 함수를 소개한다.

3.2.1 반복자 나누기와 합치기

chain() 함수는 인자로 여러 개의 반복자를 받아 모든 입력 데이터를 생성하는 하나의 반복자를 반환한다.

리스트 3.16: itertools_chain.py

```
from itertools import *

for i in chain([1, 2, 3], ['a', 'b', 'c']):
    print(i, end=' ')
print()
```

chain()은 하나의 커다란 리스트를 생성하지 않고도 여러 시퀀스를 처리하기 쉽게 해준다.

```
$ python3 itertools_chain.py

1 2 3 a b c
```

결합해야 할 반복 가능한 iterable 객체를 미리 알 수 없거나 나중에 평가해야 하는 경우에는 chain.from_iterable()을 사용해 체인을 생성할 수 있다.

리스트 3.17: itertools_chain_from_iterable.py

```python
from itertools import *

def make_iterables_to_chain():
    yield [1, 2, 3]
    yield ['a', 'b', 'c']

for i in chain.from_iterable(make_iterables_to_chain()):
    print(i, end=' ')
print()
```

```
$ python3 itertools_chain_from_iterable.py

1 2 3 a b c
```

내장 함수인 zip()은 여러 반복자의 원소들을 튜플로 결합한 하나의 반복자를 반환한다.

리스트 3.18: itertools_zip.py

```python
for i in zip([1, 2, 3], ['a', 'b', 'c']):
    print(i)
```

이 모듈의 다른 함수와 마찬가지로 반환값은 한 번에 하나의 값을 생성하는 iterable 객체다.

```
$ python3 itertools_zip.py

(1, 'a')
(2, 'b')
(3, 'c')
```

zip()은 첫 번째 입력 반복자가 전부 소진되면 멈춘다. 여러 반복자가 갖고 있는 값의 개수가 다르더라도 모든 입력을 처리하고 싶다면 `zip_longest()`를 사용한다.

리스트 3.19: itertools_zip_longest.py

```
from itertools import *
r1 = range(3)
r2 = range(2)

print('zip stops early:')
print(list(zip(r1, r2)))

r1 = range(3)
r2 = range(2)

print('\nzip_longest processes all of the values:')
print(list(zip_longest(r1, r2)))
```

기본적으로 `zip_longest()`는 모든 누락 값을 None으로 대치한다. `fillvalue` 인자를 사용해 대치하는 값을 다르게 할 수 있다.

```
$ python3 itertools_zip_longest.py

zip stops early:
[(0, 0), (1, 1)]

zip_longest processes all of the values:
[(0, 0), (1, 1), (2, None)]
```

`islice()` 함수는 입력 반복자에서 인덱스에 의해 선택된 항목만 담긴 반복자를 반환한다.

리스트 3.20: itertools_islice.py

```
from itertools import *

print('Stop at 5:')
for i in islice(range(100), 5):
    print(i, end=' ')
print('\n')

print('Start at 5, Stop at 10:')
```

```
for i in islice(range(100), 5, 10):
    print(i, end=' ')
print('\n')

print('By tens to 100:')
for i in islice(range(100), 0, 100, 10):
    print(i, end=' ')
print('\n')
```

islice()는 리스트와 동일한 start, stop, step 인자를 사용한다. start와 step은 옵션이다.

```
$ python3 itertools_islice.py

Stop at 5:
0 1 2 3 4

Start at 5, Stop at 10:
5 6 7 8 9

By tens to 100:
0 10 20 30 40 50 60 70 80 90
```

tee() 함수는 하나의 원본 입력을 기반으로 여러 개의 독립적인 반복자를 반환하며 기본값은 2개다.

리스트 3.21: itertools_tee.py

```
from itertools import *

r = islice(count(), 5)
i1, i2 = tee(r)

print('i1:', list(i1))
print('i2:', list(i2))
```

tee()는 유닉스의 tee 유틸리티와 유사하며, 입력에서 읽은 값을 반복해서 지정한 파일과 표준 출력으로 기록한다. tee()에 의해 반환된 반복자는 병행으로 처리되는 알고리즘의 입력 데이터 세트로 사용할 수 있다.

```
$ python3 itertools_tee.py

i1: [0, 1, 2, 3, 4]
i2: [0, 1, 2, 3, 4]
```

tee()에 의해 생성된 새 반복자는 입력값을 공유하기 때문에 원본 반복자는 새 것이
생성된 후에는 사용하면 안 된다.

리스트 3.22: itertools_tee_error.py

```
from itertools import *

r = islice(count(), 5)
i1, i2 = tee(r)

print('r:', end=' ')
for i in r:
    print(i, end=' ')
    if i > 1:
        break
print()

print('i1:', list(i1))
print('i2:', list(i2))
```

원본 입력에서 값이 소비되면 새 반복자는 그 값을 생성하지 않는다.

```
$ python3 itertools_tee_error.py

r: 0 1 2
i1: [3, 4]
i2: [3, 4]
```

3.2.2 입력값 변환

내장 map() 함수는 입력 반복자의 값에 대해 함수를 호출한 후 결과를 반환하는 반복자
를 반환한다. 이 함수는 입력 반복자가 모두 소비되면 멈춘다.

리스트 3.23: itertools_map.py

```python
def times_two(x):
    return 2 * x

def multiply(x, y):
    return (x, y, x * y)

print('Doubles:')
for i in map(times_two, range(5)):
    print(i)

print('\nMultiples:')
r1 = range(5)
r2 = range(5, 10)
for i in map(multiply, r1, r2):
    print('{:d} * {:d} = {:d}'.format(*i))

print('\nStopping:')
r1 = range(5)
r2 = range(2)
for i in map(multiply, r1, r2):
    print(i)
```

첫 번째 함수는 입력값에 2를 곱한다. 두 번째 함수는 두 반복자에서 가져온 두 인자를 곱한 후 원래의 두 인자와 계산된 값을 갖는 튜플을 반환한다. 세 번째 예제는 두 번째 입력의 값이 모두 소진됐기 때문에 두 개의 튜플을 생성한 후 멈춘다.

```
$ python3 itertools_map.py

Doubles:
0
2
4
6
8

Multiples:
0 * 5 = 0
1 * 6 = 6
2 * 7 = 14
3 * 8 = 24
```

```
4 * 9 = 36
Stopping:
(0, 0, 0)
(1, 1, 1)
```

starmap() 함수는 map() 함수와 비슷하지만 여러 개의 반복자에서 튜플을 생성하는 대신 * 구문을 사용해 매핑 함수에 대한 인자로서 단일 반복자 내의 항목을 나눈다.

리스트 3.24: itertools_starmap.py

```
from itertools import *

values = [(0, 5), (1, 6), (2, 7), (3, 8), (4, 9)]

for i in starmap(lambda x, y: (x, y, x * y), values):
    print('{} * {} = {}'.format(*i))
```

map()에 대한 매핑 함수로 f(i1,i2)가 호출된다면 starmap()에 대한 매핑 함수는 f(*i)가 호출된다.

```
$ python3 itertools_starmap.py

0 * 5 = 0
1 * 6 = 6
2 * 7 = 14
3 * 8 = 24
4 * 9 = 36
```

3.2.3 새로운 값 생성

count() 함수는 연속되는 정수를 무한히 생성하는 반복자를 반환한다. 시작하는 정수를 인자로 지정할 수 있으며 기본값은 0이다. 상한값을 정하는 인자는 없다. 결과 데이터를 좀 더 명확하게 제어하려면 내장 함수인 range()를 참고하라.

리스트 3.25: itertools_count.py

```
from itertools import *

for i in zip(count(1), ['a', 'b', 'c']):
    print(i)
```

이 예제는 리스트가 모두 소진되면 멈춘다.

```
$ python3 itertools_count.py

(1, 'a')
(2, 'b')
(3, 'c')
```

count()에 대한 start, step 인자는 서로 더할 수 있는 수라면 모두 가능하다.

리스트 3.26: itertools_count_step.py

```
import fractions
from itertools import *

start = fractions.Fraction(1, 3)
step = fractions.Fraction(1, 3)

for i in zip(count(start, step), ['a', 'b', 'c']):
    print('{}: {}'.format(*i))
```

이 예제에서 start와 step은 fraction 모듈의 Fraction 객체다.

```
$ python3 itertools_count_step.py

1/3: a
2/3: b
1: c
```

cycle() 함수는 주어진 인자에 포함된 항목을 무한히 반복하는 반복자를 반환한다. 입력 반복자의 전체 데이터가 메모리에 로드돼야 하기 때문에 반복자가 길다면 메모리 소비가 약간 증가할 수 있다.

```
from itertools import *

for i in zip(range(7), cycle(['a', 'b', 'c'])):
    print(i)
```

```
$ python3 itertools_cycle.py

(0, 'a')
(1, 'b')
(2, 'c')
(3, 'a')
(4, 'b')
(5, 'c')
(6, 'a')
```

repeat() 함수는 액세스될 때마다 동일한 값을 생성하는 반복자를 반환한다.

리스트 3.28: itertools_repeat.py

```
from itertools import *

for i in repeat('over-and-over', 5):
    print(i)
```

repeat()에 의해 반환되는 반복자는 제공 횟수를 제한하는 옵션인 times 인자를 지정하지 않으면 무한 반복한다.

```
$ python3 itertools_repeat.py

over-and-over
over-and-over
over-and-over
over-and-over
over-and-over
```

repeat()을 zip()이나 map()과 결합해 사용하는 것은 변하지 않는 값을 다른 반복자에서 생성된 값들과 결합해야 하는 경우에 매우 유용하다.

리스트 3.29: itertools_repeat_zip.py

```
from itertools import *

for i, s in zip(count(), repeat('over-and-over', 5)):
    print(i, s)
```

이 예제에서 count() 값은 repeat()에 의해 반환된 상수와 결합된다.

```
$ python3 itertools_repeat_zip.py

0  over-and-over
1  over-and-over
2  over-and-over
3  over-and-over
4  over-and-over
```

다음 예제는 map()을 사용해 0에서 4까지의 숫자에 2를 곱한다.

리스트 3.30: itertools_repeat_map.py

```
from itertools import *

for i in map(lambda x, y: (x, y, x * y), repeat(2), range(5)):
    print('{:d} * {:d} = {:d}'.format(*i))
```

map() 함수는 입력값이 끝나면 처리를 멈추고 range()가 5개의 항목만 반환하기 때문에 repeat()는 명시적으로 제한을 설정할 필요가 없다.

```
$ python3 itertools_repeat_map.py

2 * 0 = 0
2 * 1 = 2
2 * 2 = 4
2 * 3 = 6
2 * 4 = 8
```

3.2.4 필터링

dropwhile() 함수는 입력 반복자에서 테스트 조건에 첫 번째로 false인 항목 이후의
값만 반환하는 반복자를 반환한다.

리스트 3.31: itertools_dropwhile.py

```
from itertools import *

def should_drop(x):
    print('Testing:', x)
    return x < 1

for i in dropwhile(should_drop, [-1, 0, 1, 2, -2]):
    print('Yielding:', i)
```

dropwhile()은 입력 데이터의 모든 항목을 필터링하지 않는다. 조건이 처음으로 false
인 항목 이후 입력에 남아 있는 모든 항목을 반환한다.

```
$ python3 itertools_dropwhile.py

Testing: -1
Testing: 0
Testing: 1
Yielding: 1
Yielding: 2
Yielding: -2
```

dropwhile()의 반대는 takewhile()이다. 이 함수는 테스트 함수의 결과가 true로 유지
되는 동안만 입력 반복자의 항목을 반환하는 반복자를 반환한다.

리스트 3.32: itertools_takewhile.py

```
from itertools import *

def should_take(x):
    print('Testing:', x)
    return x < 2

for i in takewhile(should_take, [-1, 0, 1, 2, -2]):
```

248

```
    print('Yielding:', i)
```

이 예제에서 should_take()가 처음으로 false를 반환하는 순간 takewhile()은 입력에 대한 처리를 멈춘다.

```
$ python3 itertools_takewhile.py

Testing: -1
Yielding: -1
Testing: 0
Yielding: 0
Testing: 1
Yielding: 1
Testing: 2
```

내장 함수인 filter()는 테스트 함수에 true인 항목만 포함하는 반복자를 반환한다.

리스트 3.33: itertools_filter.py

```
from itertools import *

def check_item(x):
    print('Testing:', x)
    return x < 1

for i in filter(check_item, [-1, 0, 1, 2, -2]):
    print('Yielding:', i)
```

filter()는 dropwhile() 및 takewhile()과는 달리 모든 항목이 테스트된다.

```
$ python3 itertools_filter.py

Testing: -1
Yielding: -1
Testing: 0
Yielding: 0
Testing: 1
Testing: 2
```

```
Testing: -2
Yielding: -2
```

filterfalse()는 테스트 함수에 대해 false인 항목만 포함하는 반복자를 반환한다.

리스트 3.34: itertools_filterfalse.py

```python
from itertools import *

def check_item(x):
    print('Testing:', x)
    return x < 1

for i in filterfalse(check_item, [-1, 0, 1, 2, -2]):
    print('Yielding:', i)
```

check_item()의 테스트 표현은 동일하므로 filterfalse()를 사용한 이 예제의 결과는 앞 예제의 결과와 반대다.

```
$ python3 itertools_filterfalse.py

Testing: -1
Testing: 0
Testing: 1
Yielding: 1
Testing: 2
Yielding: 2
Testing: -2
```

compress()는 iterable을 필터링하는 또 다른 방법을 제공한다. 테스트 함수를 호출하는 대신 이 함수는 선택할 값과 무시할 값을 가리키는 다른 iterable을 사용한다.

리스트 3.35: itertools_compress.py

```python
from itertools import *

every_third = cycle([False, False, True])
data = range(1, 10)
```

```
for i in compress(data, every_third):
    print(i, end=' ')
print()
```

첫 번째 인자는 처리할 iterable 데이터다. 두 번째 인자는 입력 데이터에서 어떤 항목을 선택할 것인지 나타내는 불리언 값(true는 값을 생성, false는 무시)을 생성하는 선택용 iterable이다.

```
$ python3 itertools_compress.py

3 6 9
```

3.2.5 데이터 그룹핑

groupby() 함수는 공통 키로 분류된 값의 집합을 생성하는 반복자를 반환한다. 이 예제는 속성을 기반으로 관련된 값을 그룹핑하는 것을 보여준다.

리스트 3.36: itertools_groupby_seq.py

```
import functools
from itertools import *
import operator
import pprint

@functools.total_ordering
class Point:

    def __init__(self, x, y):
        self.x = x
        self.y = y

    def __repr__(self):
        return '({}, {})'.format(self.x, self.y)

    def __eq__(self, other):
        return (self.x, self.y) == (other.x, other.y)
```

```python
    def __gt__(self, other):
        return (self.x, self.y) > (other.x, other.y)

# Point 인스턴스의 데이터 세트 생성
data = list(map(Point,
                cycle(islice(count(), 3)),
                islice(count(), 7)))
print('Data:')
pprint.pprint(data, width=35)
print()

# X값을 기준으로 정렬되지 않은 데이터를 그룹핑
print('Grouped, unsorted:')
for k, g in groupby(data, operator.attrgetter('x')):
    print(k, list(g))
print()

# 데이터 정렬
data.sort()
print('Sorted:')
pprint.pprint(data, width=35)
print()

# X값을 기준으로 정렬된 데이터를 그룹핑
print('Grouped, sorted:')
for k, g in groupby(data, operator.attrgetter('x')):
    print(k, list(g))
print()
```

입력 시퀀스를 키 값에 따라 정렬해야 예상된 그룹핑 결과를 얻을 수 있다.

```
$ python3 itertools_groupby_seq.py

Data:
[(0, 0),
 (1, 1),
 (2, 2),
 (0, 3),
 (1, 4),
 (2, 5),
 (0, 6)]
```

```
Grouped, unsorted:
0 [(0, 0)]
1 [(1, 1)]
2 [(2, 2)]
0 [(0, 3)]
1 [(1, 4)]
2 [(2, 5)]
0 [(0, 6)]

Sorted:
[(0, 0),
 (0, 3),
 (0, 6),
 (1, 1),
 (1, 4),
 (2, 2),
 (2, 5)]

Grouped, sorted:
0 [(0, 0), (0, 3), (0, 6)]
1 [(1, 1), (1, 4)]
2 [(2, 2), (2, 5)]
```

3.2.6 입력값 결합

accumulate() 함수는 n번째와 $n+1$번째 항목을 함수에 전달하고, 다음 입력값 대신 반환값을 생성해 사용하는 방식으로 입력 iterable을 처리한다. 두 값을 결합하는 데 사용하는 기본 함수가 더하기이므로 accumulate()는 일련의 숫자로 된 입력의 누적 합계를 구할 때 사용된다.

리스트 3.37: itertools_accumulate.py

```
from itertools import *

print(list(accumulate(range(5))))
print(list(accumulate('abcde')))
```

정수가 아닌 값이 시퀀스로 사용될 때 결과는 두 항목의 '합'이 무엇을 의미하는지에 따라 달라진다. 이 스크립트의 두 번째 예제는 accumulate()가 문자열을 입력으로 받으면 해당 문자열이 앞의 결과와 더해져서 점점 길어지는 것을 보여준다.

```
$ python3 itertools_accumulate.py

[0, 1, 3, 6, 10]
['a', 'ab', 'abc', 'abcd', 'abcde']
```

accumulate()는 다른 결과를 얻고자 두 입력값을 처리하는 다른 함수를 지정할 수도 있다.

리스트 3.38: itertools_accumulate_custom.py

```
from itertools import *

def f(a, b):
    print(a, b)
    return b + a + b

print(list(accumulate('abcde', f)))
```

이 예제는 문자열 값을 결합해 일련의 무의미한 문자열을 만든다. 각 단계에서 accumulate()에 의해 f()가 호출되면 전달받은 입력값을 출력한다.

```
$ python3 itertools_accumulate_custom.py

a b
bab c
cbabc d
dcbabcd e
['a', 'bab', 'cbabc', 'dcbabcd', 'edcbabcde']
```

여러 개의 시퀀스를 반복 처리하는 중첩 for 루프는 종종 product()로 대치할 수 있으며, 이 함수는 입력값 집합의 카테시안 곱^{Cartesian product}을 갖는 단일 iterable을 생성한다.

리스트 3.39: itertools_product.py

```python
from itertools import *
import pprint

FACE_CARDS = ('J', 'Q', 'K', 'A')
SUITS = ('H', 'D', 'C', 'S')

DECK = list(
    product(
        chain(range(2, 11), FACE_CARDS),
        SUITS,
    )
)

for card in DECK:
    print('{:>2}{}'.format(*card), end=' ')
    if card[1] == SUITS[-1]:
        print()
```

product()에 의해 생성된 값은 인자에 전달된 순서대로 각 iterable에서 가져온 멤버로 구성된 튜플이다. 반환된 첫 번째 튜플은 각 iterable의 첫 번째 값을 갖는다. product()에 전달된 iterable은 뒤쪽부터 차례대로 처리된다. 결과는 반환값이 첫 번째 iterable을 기준으로 정렬되고 그다음 iterable을 기준으로 정렬되는 방식으로 출력된다.

이 예제에서 카드는 먼저 숫자에 따라 정렬되고 그다음에는 모양을 기준으로 정렬된다.

```
$ python3 itertools_product.py

 2H  2D  2C  2S
 3H  3D  3C  3S
 4H  4D  4C  4S
 5H  5D  5C  5S
 6H  6D  6C  6S
 7H  7D  7C  7S
 8H  8D  8C  8S
 9H  9D  9C  9S
10H 10D 10C 10S
 JH  JD  JC  JS
```

```
QH  QD  QC  QS
KH  KD  KC  KS
AH  AD  AC  AS
```

카드의 순서를 변경하려면 product()에 대한 인자의 순서를 바꾸면 된다.

리스트 3.40: itertools_product_ordering.py

```python
from itertools import *
import pprint

FACE_CARDS = ('J', 'Q', 'K', 'A')
SUITS = ('H', 'D', 'C', 'S')

DECK = list(
    product(
        SUITS,
        chain(range(2, 11), FACE_CARDS),
    )
)

for card in DECK:
    print('{:>2}{}'.format(card[1], card[0]), end=' ')
    if card[1] == FACE_CARDS[-1]:
        print()
```

이 예제의 print 루프는 앞의 예제와 달리 스페이드 카드 대신 에이스 카드(A)를 찾아 줄 바꿈을 처리한다.

```
$ python3 itertools_product_ordering.py

 2H  3H  4H  5H  6H  7H  8H  9H 10H  JH  QH  KH  AH
 2D  3D  4D  5D  6D  7D  8D  9D 10D  JD  QD  KD  AD
 2C  3C  4C  5C  6C  7C  8C  9C 10C  JC  QC  KC  AC
 2S  3S  4S  5S  6S  7S  8S  9S 10S  JS  QS  KS  AS
```

시퀀스 자체의 곱을 계산하려면 반복 횟수를 지정한다.

```python
from itertools import *

def show(iterable):
    for i, item in enumerate(iterable, 1):
        print(item, end=' ')
        if (i % 3) == 0:
            print()
    print()

print('Repeat 2:\n')
show(list(product(range(3), repeat=2)))

print('Repeat 3:\n')
show(list(product(range(3), repeat=3)))
```

단일 iterable의 반복은 동일한 iterable을 여러 번 전달하는 것과 같기 때문에 product()에 의해 생성된 각 튜플에는 반복 횟수와 같은 수의 항목이 포함된다.

```
$ python3 itertools_product_repeat.py

Repeat 2:

(0, 0) (0, 1) (0, 2)
(1, 0) (1, 1) (1, 2)
(2, 0) (2, 1) (2, 2)

Repeat 3:

(0, 0, 0) (0, 0, 1) (0, 0, 2)
(0, 1, 0) (0, 1, 1) (0, 1, 2)
(0, 2, 0) (0, 2, 1) (0, 2, 2)
(1, 0, 0) (1, 0, 1) (1, 0, 2)
(1, 1, 0) (1, 1, 1) (1, 1, 2)
(1, 2, 0) (1, 2, 1) (1, 2, 2)
(2, 0, 0) (2, 0, 1) (2, 0, 2)
(2, 1, 0) (2, 1, 1) (2, 1, 2)
(2, 2, 0) (2, 2, 1) (2, 2, 2)
```

permutations() 함수는 입력 iterable에서 주어진 길이로 생성할 수 있는 순열을 생성한다. 기본적으로 주어진 입력에서 가능한 모든 순열 집합을 생성한다.

```python
from itertools import *

def show(iterable):
    first = None
    for i, item in enumerate(iterable, 1):
        if first != item[0]:
            if first is not None:
                print()
            first = item[0]
        print(''.join(item), end=' ')
    print()

print('All permutations:\n')
show(permutations('abcd'))

print('\nPairs:\n')
show(permutations('abcd', r=2))
```

r 인자를 사용해 반환되는 개별 순열의 길이와 수를 제한한다.

```
$ python3 itertools_permutations.py

All permutations:

abcd    abdc    acbd    acdb    adbc    adcb
bacd    badc    bcad    bcda    bdac    bdca
cabd    cadb    cbad    cbda    cdab    cdba
dabc    dacb    dbac    dbca    dcab    dcba

Pairs:

ab    ac    ad
ba    bc    bd
ca    cb    cd
da    db    dc
```

순열 대신 고유한 조합을 생성하려면 combinations()를 사용한다. 입력의 멤버가 고유한 값이면 출력에 중복되는 값이 포함되지 않는다.

```python
from itertools import *

def show(iterable):
    first = None
    for i, item in enumerate(iterable, 1):
        if first != item[0]:
            if first is not None:
                print()
            first = item[0]
        print(''.join(item), end=' ')
    print()

print('Unique pairs:\n')
show(combinations('abcd', r=2))
```

permutations()와 달리 combinations()에서 r 인자는 필수다.

```
$ python3 itertools_combinations.py

Unique pairs:

ab ac ad
bc bd
cd
```

combinations()는 개별 입력 항목의 중복을 허용하지 않지만, 중복된 항목이 포함된 조합을 고려하는 것이 유용할 때도 있다. 이런 경우에는 combinations_with_replacement()를 사용한다.

리스트 3.44: itertools_combinations_with_replacement.py

```python
from itertools import *

def show(iterable):
    first = None
    for i, item in enumerate(iterable, 1):
        if first != item[0]:
            if first is not None:
```

```
            print()
        first = item[0]
    print(''.join(item), end=' ')
    print()

print('Unique pairs:\n')
show(combinations_with_replacement('abcd', r=2))
```

이 예제의 출력을 보면 각 입력 항목은 다른 입력 시퀀스의 멤버뿐만 아니라 자기 자신
의 항목과도 쌍을 이룬다.

```
$ python3 itertools_combinations_with_replacement.py

Unique pairs:

aa ab ac ad
bb bc bd
cc cd
dd
```

팁 - 참고 자료

- itertools 표준 라이브러리 문서: https://docs.python.org/3.5/library/itertools.html
- itertools를 위한 파이썬 2에서 3으로의 포팅 노트
- Standard ML Basis Library: SML 라이브러리(www.standardml.org/Basis/)
- 하스켈과 표준 라이브러리 정의(www.haskell.org/definition/): 함수형 언어인 하스켈의 표준 라이브러리
  사양서
- 클로저(http://clojure.org): 클로저는 자바 가상 머신에서 실행되는 동적 함수형 언어다.
- tee(http://man7.org/linux/man-pages/man1/tee.1.html): 하나의 입력을 여러 개의 동일한 출력 스트
  림으로 분할하는 유닉스 커맨드라인 도구
- 위키피디아: Cartesian product(https://en.wikipedia.org/wiki/Cartesian_product): 두 시퀀스의 카테시
  안 곱에 대한 수학적인 정의

3.3 operator: 내장 연산자에 대한 함수형 인터페이스

반복자를 사용해 프로그래밍할 때는 종종 간단한 표현을 하고자 함수를 만들어야 하는 경우가 생긴다. `lambda` 함수로 구현할 수도 있지만 어떤 경우에는 새로운 함수가 전혀 필요하지 않을 수도 있다. `operator` 모듈은 표준 객체 API에 대해 내장된 산술 연산자, 비교 연산자 등에 해당하는 함수를 정의하고 있다.

3.3.1 논리 연산

주어진 값의 불리언을 판단하는 함수, 불리언 값의 반대 값을 생성하는 함수, 두 객체가 서로 동일한지 비교하는 함수 등이 제공된다.

리스트 3.45: operator_boolean.py

```
from operator import *

a = -1
b = 5

print('a =', a)
print('b =', b)
print()

print('not_(a)      :', not_(a))
print('truth(a)     :', truth(a))
print('is_(a, b)    :', is_(a, b))
print('is_not(a, b):', is_not(a, b))
```

`not`이 파이썬 키워드이기 때문에 `not_()`은 이름 뒤에 밑줄이 들어간다. `truth()`는 if 문에서 표현식을 테스트하거나 또는 표현식을 `bool`로 변환할 때 사용되는 것과 동일한 논리가 적용된다. `is_()`는 is 키워드와 동일한 기능을 하며, `is_not()`은 `is_()`와 같은 테스트를 한 후 반대 값을 반환한다.

```
$ python3 operator_boolean.py

a = -1
b = 5
```

```
not_(a)     : False
truth(a)    : True
is_(a, b)   : False
is_not(a, b): True
```

3.3.2 비교 연산자

모든 리치 비교 연산자가 지원된다.

리스트 3.46: operator_comparisons.py

```
from operator import *

a = 1
b = 5.0

print('a =', a)
print('b =', b)
for func in (lt, le, eq, ne, ge, gt):
    print('{}(a, b): {}'.format(func.__name__, func(a, b)))
```

이 함수들은 차례대로 <, <=, ==, !=, >=, >를 사용한 표현식과 동일하다.

```
$ python3 operator_comparisons.py

a = 1
b = 5.0
lt(a, b): True
le(a, b): True
eq(a, b): False
ne(a, b): True
ge(a, b): False
gt(a, b): False
```

3.3.3 산술 연산자

또한 숫자 값을 다루는 산술 연산자도 지원된다.

리스트 3.47: operator_math.py

```
from operator import *

a = -1
b = 5.0
c = 2
d = 6

print('a =', a)
print('b =', b)
print('c =', c)
print('d =', d)

print('\nPositive/Negative:')
print('abs(a):', abs(a))
print('neg(a):', neg(a))
print('neg(b):', neg(b))
print('pos(a):', pos(a))
print('pos(b):', pos(b))

print('\nArithmetic:')
print('add(a, b)      :', add(a, b))
print('floordiv(a, b):', floordiv(a, b))
print('floordiv(d, c):', floordiv(d, c))
print('mod(a, b)      :', mod(a, b))
print('mul(a, b)      :', mul(a, b))
print('pow(c, d)      :', pow(c, d))
print('sub(b, a)      :', sub(b, a))
print('truediv(a, b) :', truediv(a, b))
print('truediv(d, c) :', truediv(d, c))

print('\nBitwise:')
print('and_(c, d)   :', and_(c, d))
print('invert(c)    :', invert(c))
print('lshift(c, d):', lshift(c, d))
print('or_(c, d)    :', or_(c, d))
print('rshift(d, c):', rshift(d, c))
print('xor(c, d)    :', xor(c, d))
```

나눗셈 연산자는 두 개가 지원된다. floordiv()는 파이썬 3.0 이전 버전에 구현된 정수 나눗셈이며, truediv()는 부동소수점 나눗셈이다.

```
$ python3 operator_math.py

a = -1
b = 5.0
c = 2
d = 6

Positive/Negative:
abs(a): 1
neg(a): 1
neg(b): -5.0
pos(a): -1
pos(b): 5.0

Arithmetic:
add(a, b)     : 4.0
floordiv(a, b): -1.0
floordiv(d, c): 3
mod(a, b)     : 4.0
mul(a, b)     : -5.0
pow(c, d)     : 64
sub(b, a)     : 6.0
truediv(a, b) : -0.2
truediv(d, c) : 3.0

Bitwise:
and_(c, d)  : 2
invert(c)   : -3
lshift(c, d): 128
or_(c, d)   : 6
rshift(d, c): 1
xor(c, d)   : 4
```

3.3.4 시퀀스 연산자

시퀀스 관련 연산자는 시퀀스 생성, 항목 검색, 내용 접근, 시퀀스에서 항목 제거 등의 네 그룹으로 나눌 수 있다.

264

리스트 3.48: operator_sequences.py

```python
from operator import *

a = [1, 2, 3]
b = ['a', 'b', 'c']

print('a =', a)
print('b =', b)

print('\nConstructive:')
print(' concat(a, b):', concat(a, b))

print('\nSearching:')
print(' contains(a, 1)   :', contains(a, 1))
print(' contains(b, "d"):', contains(b, "d"))
print(' countOf(a, 1)    :', countOf(a, 1))
print(' countOf(b, "d") :', countOf(b, "d"))
print(' indexOf(a, 5)    :', indexOf(a, 1))

print('\nAccess Items:')
print(' getitem(b, 1)                :', getitem(b, 1))
print(' getitem(b, slice(1, 3))      :', getitem(b, slice(1, 3)))
print(' setitem(b, 1, "d")           :', end=' ')
setitem(b, 1, "d")
print(b)
print(' setitem(a, slice(1, 3), [4, 5]):', end=' ')
setitem(a, slice(1, 3), [4, 5])
print(a)

print('\nDestructive:')
print(' delitem(b, 1)           :', end=' ')
delitem(b, 1)
print(b)
print(' delitem(a, slice(1, 3)):', end=' ')
delitem(a, slice(1, 3))
print(a)
```

setitem()이나 delitem() 같은 연산자 중 일부는 시퀀스를 수정만 하고 값을 반환하지 않는다.

```
$ python3 operator_sequences.py
```

```
a = [1, 2, 3]
b = ['a', 'b', 'c']
```
Constructive:
```
    concat(a, b): [1, 2, 3, 'a', 'b', 'c']
```
Searching:
```
    contains(a, 1)  : True
    contains(b, "d"): False
    countOf(a, 1)   : 1
    countOf(b, "d") : 0
    indexOf(a, 5)   : 0
```
Access Items:
```
    getitem(b, 1)                 : b
    getitem(b, slice(1, 3))       : ['b', 'c']
    setitem(b, 1, "d")            : ['a', 'd', 'c']
    setitem(a, slice(1, 3), [4, 5]): [1, 4, 5]
```
Destructive:
```
    delitem(b, 1)           : ['a', 'c']
    delitem(a, slice(1, 3)): [1]
```

3.3.5 인플레이스 연산자

표준 연산자 외에도 많은 객체 타입이 += 등의 특수 연산자를 통한 인플레이스^{in-place} 수정을 지원한다. 또한 이와 관련된 함수도 사용할 수 있다.

리스트 3.49: operator_inplace.py

```
from operator import *

a = -1
b = 5.0
c = [1, 2, 3]
d = ['a', 'b', 'c']
print('a =', a)
print('b =', b)
print('c =', c)
print('d =', d)
```

```
print()

a = iadd(a, b)
print('a = iadd(a, b) =>', a)
print()

c = iconcat(c, d)
print('c = iconcat(c, d) =>', c)
```

이 예제는 이런 함수의 몇 가지만 보여준다. 더 많은 정보는 표준 라이브러리 문서를 참고하라.

```
$ python3 operator_inplace.py

a  =  -1
b  =  5.0
c  =  [1, 2, 3]
d  =  ['a', 'b', 'c']

a = iadd(a, b) => 4.0

c = iconcat(c, d) => [1, 2, 3, 'a', 'b', 'c']
```

3.3.6 속성과 항목 게터

operator 모듈에서 가장 특이한 기능 중 하나는 게터^{getter} 개념이다. 호출 가능한^{callable} 이 객체는 런타임에 생성돼 시퀀스에서 객체의 속성이나 내용을 추출할 수 있다. 게터는 lambda나 파이썬 함수보다 오버헤드가 적기 때문에 반복자나 생성자 시퀀스로 작업할 때 매우 유용하다.

리스트 3.50: operator_attrgetter.py

```
from operator import *

class MyObj:
    """example class for attrgetter"""

    def __init__(self, arg):
```

```
        super().__init__()
        self.arg = arg

    def __repr__(self):
        return 'MyObj({})'.format(self.arg)

l = [MyObj(i) for i in range(5)]
print('objects   :', l)

# 각 객체에서 arg 값을 추출한다.
g = attrgetter('arg')
vals = [g(i) for i in l]
print('arg values :', vals)

# arg를 사용해 정렬
l.reverse()
print('reversed  :', l)
print('sorted    :', sorted(l, key=g))
```

속성 게터는 lambda x, n='attrname': getattr(x,n):처럼 동작한다.

```
$ python3 operator_attrgetter.py

objects   : [MyObj(0), MyObj(1), MyObj(2), MyObj(3), MyObj(4)]
arg values: [0, 1, 2, 3, 4]
reversed  : [MyObj(4), MyObj(3), MyObj(2), MyObj(1), MyObj(0)]
sorted    : [MyObj(0), MyObj(1), MyObj(2), MyObj(3), MyObj(4)]
```

항목 게터는 lambda x,y=5: x[y]:처럼 동작한다.

리스트 3.51: operator_itemgetter.py

```
from operator import *

l = [dict(val=-1 * i) for i in range(4)]
print('Dictionaries:')
print(' original:', l)
g = itemgetter('val')
vals = [g(i) for i in l]
print('   values:', vals)
print('   sorted:', sorted(l, key=g))
```

```
print
l = [(i, i * -2) for i in range(4)]
print('\nTuples:')
print(' original:', l)
g = itemgetter(1)
vals = [g(i) for i in l]
print('   values:', vals)
print('   sorted:', sorted(l, key=g))
```

항목 게터는 시퀀스뿐만 아니라 매핑에도 사용된다.

```
$ python3 operator_itemgetter.py

Dictionaries:
   original: [{'val': 0}, {'val': -1}, {'val': -2}, {'val': -3}]
     values: [0, -1, -2, -3]
     sorted: [{'val': -3}, {'val': -2}, {'val': -1}, {'val': 0}]
Tuples:
   original: [(0, 0), (1, -2), (2, -4), (3, -6)]
     values: [0, -2, -4, -6]
     sorted: [(3, -6), (2, -4), (1, -2), (0, 0)]
```

3.3.7 연산자와 커스텀 클래스 결합

operator 모듈의 함수는 연산을 수행할 때 표준 파이썬 인터페이스를 통해 동작한다.
따라서 이 함수는 내장 타입뿐만 아니라 사용자 정의 클래스에도 사용할 수 있다.

리스트 3.52: operator_classes.py

```
from operator import *

class MyObj:
    """Example for operator overloading"""

    def __init__(self, val):
        super(MyObj, self).__init__()
        self.val = val
```

```
    def __str__(self):
        return 'MyObj({})'.format(self.val)

    def __lt__(self, other):
        """compare for less-than"""
        print('Testing {} < {}'.format(self, other))
        return self.val < other.val

    def __add__(self, other):
        """add values"""
        print('Adding {} + {}'.format(self, other))
        return MyObj(self.val + other.val)

a = MyObj(1)
b = MyObj(2)

print('Comparison:')
print(lt(a, b))

print('\nArithmetic:')
print(add(a, b))
```

연산자가 사용하는 특수 메서드의 전체 리스트는 파이썬 레퍼런스 가이드를 참고하라.

```
$ python3 operator_classes.py

Comparison:
Testing MyObj(1) < MyObj(2)
True

Arithmetic:
Adding MyObj(1) + MyObj(2)
MyObj(3)
```

팁 – 참고 자료

- operator 표준 라이브러리 문서: https://docs.python.org/3.5/library/operator.html
- functools: 함수형 프로그래밍 도구로 클래스에 리치 비교 메서드를 추가하는 total_ordering() 데코레이터를 갖고 있다.
- itertools: 반복자 연산
- collections: collections의 추상 타입
- numbers: 숫자형 값에 대한 추상 타입

3.4 contextlib: 콘텍스트 매니저 유틸리티

contextlib 모듈은 콘텍스트 매니저와 with 구문을 사용하는 유틸리티를 제공한다.

3.4.1 콘텍스트 매니저 API

콘텍스트 매니저(context manager)는 코드 블록에 진입할 때 리소스를 생성하고 블록을 빠져 나올 때 리소스를 정리하는 방식으로 코드 블록 내의 리소스를 관리한다. 예를 들어 콘텍스트 매니저 API는 파일에 대한 읽기나 쓰기가 완료된 후에 파일을 확실하게 닫아 준다.

리스트 3.53: contextlib_file.py

```
with open('/tmp/pymotw.txt', 'wt') as f:
    f.write('contents go here')
# 파일이 자동으로 닫힌다.
```

콘텍스트 매니저는 with 구문과 함께 사용되며, API는 두 개의 메서드를 갖고 있다. __enter__() 메서드는 with 구문 내부의 코드 블록으로 진입할 때 실행되며 콘텍스트 내에서 사용할 객체를 반환한다. 실행 흐름이 with 블록을 빠져나갈 때 콘텍스트 매니저의 __exit__() 메서드가 호출돼 사용한 모든 리소스를 정리한다.

리스트 3.54: contextlib_api.py

```
class Context:

    def __init__(self):
        print('__init__()')

    def __enter__(self):
        print('__enter__()')
        return self

    def __exit__(self, exc_type, exc_val, exc_tb):
        print('__exit__()')

with Context():
    print('Doing work in the context')
```

콘텍스트 매니저와 with 구문을 함께 사용하면 예외가 발생하더라도 콘텍스트 매니저의 __exit__() 메서드는 항상 호출되기 때문에 try:finally 블록을 사용하는 것보다 더 간결한 코드를 작성할 수 있다.

```
$ python3 contextlib_api.py

__init__()
__enter__()
Doing work in the context
__exit__()
```

__enter__() 메서드는 with 구문에서 as를 사용해 지정된 이름을 갖는 객체를 반환할 수 있다. 이 예제는 Context가 열린 콘텍스트에서 사용할 객체를 반환하는 것을 보여준다.

리스트 3.55: contextlib_api_other_object.py

```python
class WithinContext:

    def __init__(self, context):
        print('WithinContext.__init__({})'.format(context))

    def do_something(self):
        print('WithinContext.do_something()')

    def __del__(self):
        print('WithinContext.__del__')

class Context:

    def __init__(self):
        print('Context.__init__()')

    def __enter__(self):
        print('Context.__enter__()')
        return WithinContext(self)

    def __exit__(self, exc_type, exc_val, exc_tb):
        print('Context.__exit__()')

with Context() as c:
    c.do_something()
```

변수 c는 __enter__()에 의해 반환되는 객체며, 반드시 with 구문 내에서 생성된 Context 인스턴스일 필요는 없다.

```
$ python3 contextlib_api_other_object.py

Context.__init__()
Context.__enter__()
WithinContext.__init__(<__main__.Context object at 0x1007b1c50>)
WithinContext.do_something()
Context.__exit__()
WithinContext.__del__
```

__exit__() 메서드는 with 블록 내에서 발생하는 모든 예외에 대한 상세 정보를 인자로 받는다.

리스트 3.56: contextlib_api_error.py

```python
class Context:

    def __init__(self, handle_error):
        print('__init__({})'.format(handle_error))
        self.handle_error = handle_error

    def __enter__(self): print('__enter__()')
        return self

    def __exit__(self, exc_type, exc_val, exc_tb):
        print('__exit__()')
        print('  exc_type =', exc_type)
        print('  exc_val  =', exc_val)
        print('  exc_tb   =', exc_tb)
        return self.handle_error

with Context(True):
    raise RuntimeError('error message handled')

print()

with Context(False):
    raise RuntimeError('error message propagated')
```

콘텍스트 매니저가 예외를 처리할 수 있는 경우에 __exit__()은 반드시 true 값을 반환해 예외가 더 이상 전파될 필요가 없음을 나타내야 한다. **false** 값을 반환하면 **__exit__()**가 반환한 후에 다시 예외가 발생한다.

```
$ python3 contextlib_api_error.py

__init__(True)
__enter__()
__exit__()
  exc_type = <class 'RuntimeError'>
  exc_val  = error message handled
  exc_tb   = <traceback object at 0x10115cc88>

__init__(False)
__enter__()
__exit__()
  exc_type = <class 'RuntimeError'>
  exc_val  = error message propagated
  exc_tb   = <traceback object at 0x10115cc88>

Traceback (most recent call last):
    File "contextlib_api_error.py", line 33, in <module>
        raise RuntimeError('error message propagated')
RuntimeError: error message propagated
```

3.4.2 함수 데코레이터로서의 콘텍스트 매니저

ContextDecorator 클래스는 일반 콘텍스트 매니저 클래스도 지원하기 때문에 콘텍스트 매니저뿐만 아니라 함수 데코레이터로도 사용할 수 있다.

리스트 3.57: contextlib_decorator.py

```
import contextlib

class Context(contextlib.ContextDecorator):

    def __init__(self, how_used):
        self.how_used = how_used
        print('__init__({})'.format(how_used))

    def __enter__(self):
```

274

```
        print('__enter__({})'.format(self.how_used))
        return self

    def __exit__(self, exc_type, exc_val, exc_tb):
        print('__exit__({})'.format(self.how_used))

@Context('as decorator')
def func(message):
    print(message)

print()
with Context('as context manager'):
    print('Doing work in the context')

print()
func('Doing work in the wrapped function')
```

콘텍스트 매니저를 데코레이터로 사용할 때 하나의 차이점은 with와 as를 사용하는 경우와 달리 __enter__()에 의해 반환되는 값을 데코레이트된 함수 내부에서 사용할 수 없다는 것이다. 데코레이트된 함수에 전달된 인자는 일반적인 방식으로 사용할 수 있다.

```
$ python3 contextlib_decorator.py

__init__(as decorator)

__init__(as context manager)
__enter__(as context manager)
Doing work in the context
__exit__(as context manager)

__enter__(as decorator)
Doing work in the wrapped function
__exit__(as decorator)
```

3.4.3 생성자를 콘텍스트 매니저로 변환

콘텍스트 매니저를 생성하고자 클래스에 __enter__()와 __exit__() 메서드를 작성하는 기존 방식은 어렵지 않다. 하지만 콘텍스트에서 사소하고 작은 부분만 관리하면 되는데, 모든 것을 완전하게 작성해야 한다면 귀찮은 일이 될 수 있다. 이런 경우 최선의 접근법은 contextmanager() 데코레이터를 사용해 생성자 함수를 콘텍스트 매니저로 변환하는 것이다.

리스트 3.58: contextlib_contextmanager.py

```python
import contextlib

@contextlib.contextmanager
def make_context():
    print('  entering')
    try:
        yield {}
    except RuntimeError as err:
        print('  ERROR:', err)
    finally:
        print('  exiting')

print('Normal:')
with make_context() as value:
    print('  inside with statement:', value)

print('\nHandled error:')
with make_context() as value:
    raise RuntimeError('showing example of handling an error')

print('\nUnhandled error:')
with make_context() as value:
    raise ValueError('this exception is not handled')
```

생성자는 콘텍스트를 초기화하고, 정확히 한 번 호출한 다음 콘텍스트를 정리해야 한다. 산출된 값이 있으면 with 구문의 as가 지정한 변수와 연결된다. with 블록 내에서 발생하는 예외는 생성자 내에서 다시 발생하므로 여기서 처리할 수 있다.

```
$ python3 contextlib_contextmanager.py

Normal:
    entering
    inside with statement: {}
    exiting

Handled error:
```

```
    entering
    ERROR: showing example of handling an error
    exiting

Unhandled error:
    entering
    exiting

Traceback (most recent call last):
    File "contextlib_contextmanager.py", line 32, in <module>
        raise ValueError('this exception is not handled')

ValueError: this exception is not handled
```

contextmanager()가 반환하는 콘텍스트 매니저는 ContextDecorator에서 파생되기 때문에 함수 데코레이터로도 동작한다.

리스트 3.59: contextlib_contextmanager_decorator.py

```python
import contextlib

@contextlib.contextmanager
def make_context():
    print(' entering')
    try:
        # 콘텍스트 매니저가 데코레이터로 사용됐을 때 산출된 값은
        # 사용할 수 없기 때문에 값이 아닌 yield로 제어한다.
        yield
    except RuntimeError as err:
        print(' ERROR:', err)
    finally:
        print(' exiting')

@make_context()
def normal():
    print(' inside with statement')

@make_context()
def throw_error(err):
    raise err

print('Normal:')
```

```
normal()

print('\nHandled error:')
throw_error(RuntimeError('showing example of handling an error'))

print('\nUnhandled error:')
throw_error(ValueError('this exception is not handled'))
```

앞의 ContextDecorator 예제에서 본 것처럼 콘텍스트 매니저가 데코레이터로 사용되면 생성자에 의해 산출된 값은 데코레이트된 함수 내에서 사용할 수 없다. 데코레이트된 함수에 전달된 인자들은 사용할 수 있으며, 이 예제에서는 throw_error()를 통해 볼 수 있다.

```
$ python3 contextlib_contextmanager_decorator.py

Normal:
    entering
    inside with statement
    exiting

Handled error:
    entering
    ERROR: showing example of handling an error
    exiting

Unhandled error:
    entering
    exiting

Traceback (most recent call last):
    File "contextlib_contextmanager_decorator.py", line 43, in <module>
        throw_error(ValueError('this exception is not handled'))
    File ".../lib/python3.5/contextlib.py", line 30, in inner
        return func(*args, **kwds)
    File "contextlib_contextmanager_decorator.py", line 33, in throw_error
        raise err

ValueError: this exception is not handled
```

3.4.4 핸들 닫기

file 클래스는 콘텍스트 매니저 API를 직접 지원하지만 오픈 핸들[open handle]을 나타내는 일부 객체는 그렇지 않다. contextlib 표준 라이브러리 문서에 있는 예제는 urllib.urlopen()에서 반환된 객체다. 일부 레거시 클래스는 close() 메서드를 사용하지만 콘텍스트 매니저 API를 지원하지 않는다. 핸들을 분명하게 닫으려면 closing()을 사용해 이를 위한 콘텍스트 매니저를 생성해야 한다.

리스트 3.60: contextlib_closing.py

```python
import contextlib

class Door:

    def __init__(self):
        print(' __init__()')
        self.status = 'open'

    def close(self):
        print(' close()')
        self.status = 'closed'

print('Normal Example:')
with contextlib.closing(Door()) as door:
    print('  inside with statement: {}'.format(door.status))
print('  outside with statement: {}'.format(door.status))

print('\nError handling example:')
try:
    with contextlib.closing(Door()) as door:
        print('  raising from inside with statement')
        raise RuntimeError('error message')
except Exception as err:
    print('  Had an error:', err)
```

with 블록 안에서의 에러 발생 여부와 상관없이 핸들이 닫힌다.

```
$ python3 contextlib_closing.py

Normal Example:
    __init__()
```

```
    inside with statement: open
    close()
    outside with statement: closed
Error handling example:
    __init__()
    raising from inside with statement
    close()
    Had an error: error message
```

3.4.5 예외 무시

에러는 원하는 상태가 이미 이뤄졌거나 무시될 수 있음을 나타내기 때문에 라이브러리에서 발생하는 예외는 무시하는 것이 좋을 때가 많다. 예외를 무시하는 가장 일반적인 방법은 try:except 구문에서 except 블록에 pass를 사용하는 것이다.

리스트 3.61: contextlib_ignore_error.py

```python
import contextlib

class NonFatalError(Exception):
    pass

def non_idempotent_operation():
    raise NonFatalError(
        'The operation failed because of existing state'
    )

try:
    print('trying non-idempotent operation')
    non_idempotent_operation()
    print('succeeded!')
except NonFatalError:
    pass

print('done')
```

이 경우에 연산 실패와 에러는 무시된다.

280

```
$ python3 contextlib_ignore_error.py

trying non-idempotent operation
done
```

try:except 형식을 contextlib.suppress()로 대체하면 with 블록 내에서 발생하는 예외 클래스를 더 명시적으로 억제할 수 있다.

리스트 3.62: contextlib_suppress.py

```python
import contextlib

class NonFatalError(Exception):
    pass

def non_idempotent_operation():
    raise NonFatalError(
        'The operation failed because of existing state'
    )

with contextlib.suppress(NonFatalError):
    print('trying non-idempotent operation')
    non_idempotent_operation()
    print('succeeded!')

print('done')
```

이 업데이트 버전에서 예외는 완전히 무시된다.

```
$ python3 contextlib_suppress.py

trying non-idempotent operation
done
```

3.4.6 출력 스트림 리다이렉팅

잘못 설계된 라이브러리 코드는 다른 출력 대상을 구성하기 위한 인자를 제공하지 않은 채 sys.stdout이나 sys.stderr에 직접 출력할 수도 있다. redirect_stdout() 및

redirect_stderr() 콘텍스트 매니저는 새로운 출력 인자를 받아들이도록 변경할 수 없는 소스를 갖는 이런 함수의 출력을 캡처할 수 있다.

리스트 3.63: contextlib_redirect.py

```python
from contextlib import redirect_stdout, redirect_stderr
import io
import sys

def misbehaving_function(a):
    sys.stdout.write('(stdout) A: {!r}\n'.format(a))
    sys.stderr.write('(stderr) A: {!r}\n'.format(a))

capture = io.StringIO()
with redirect_stdout(capture), redirect_stderr(capture):
    misbehaving_function(5)

print(capture.getvalue())
```

이 예제에서 misbehaving_function()은 stdout과 stderr 양쪽 모두에 기록하지만 두 콘텍스트 매니저는 동일한 io.StringIO 인스턴스에 출력을 보내고 나중에 사용하고자 여기에 저장된다.

```
$ python3 contextlib_redirect.py

(stdout) A: 5
(stderr) A: 5
```

> **참고**
>
> redirect_stdout()과 redirect_stderr() 모두 sys 모듈의 객체를 대체함으로써 전역 상태를 수정한다. 그렇기 때문에 이 둘은 조심해서 사용해야 한다. 이 함수는 실제로 스레드 안전하지 않기 때문에 멀티스레드 애플리케이션에서 이 함수를 호출하면 예상치 못한 결과가 나올 수도 있다. 이는 또한 표준 출력 스트림을 터미널 장치에 연결할 것으로 예상되는 다른 작업을 방해할 수도 있다.

3.4.7 동적 콘텍스트 매니저 스택

대부분의 콘텍스트 매니저는 단일 파일이나 단일 데이터베이스 핸들처럼 한 번에 하나의 객체에서 동작한다. 이런 경우 해당 객체는 사전에 알려진 것이며 콘텍스트 매니저를 사용하는 코드는 해당 객체를 중심으로 작성될 수 있다. 하지만 다른 경우에 프로그램은 콘텍스트 내에서 미지의 수만큼 여러 객체를 생성해야 할 필요가 있을 수 있다. 물론 이 모든 객체는 제어 흐름이 콘텍스트를 벗어날 때 정리돼야 한다. ExitStack은 이런 동적인 상황을 처리하고자 생성된다.

ExitStack 인스턴스는 정리를 위한 콜백들의 스택 자료 구조를 관리한다. 이 콜백들은 콘텍스트 내에서 명시적으로 생성되고, 제어 흐름이 콘텍스트를 나갈 때 등록된 콜백들이 역순으로 호출된다. 동적으로 생성된다는 것을 제외하면 여러 개의 with 구문이 중첩된 것과 결과는 동일하다.

3.4.7.1 콘텍스트 매니저 스택 쌓기

몇 가지 방법을 사용해 ExitStack을 덧붙일 수 있다. 이 예제는 enter_context()를 사용해 새 콘텍스트 매니저를 스택에 추가한다.

리스트 3.64: contextlib_exitstack_enter_context.py

```python
import contextlib


@contextlib.contextmanager
def make_context(i):
    print('{} entering'.format(i))
    yield {}
    print('{} exiting'.format(i))


def variable_stack(n, msg):
    with contextlib.ExitStack() as stack:
        for i in range(n):
            stack.enter_context(make_context(i))
        print(msg)


variable_stack(2, 'inside context')
```

enter_context()는 가장 먼저 콘텍스트 매니저의 __enter__()를 호출한다. 그다음에 스택을 취소할 때 호출할 콜백으로 __exit__() 메서드를 등록한다.

```
$ python3 contextlib_exitstack_enter_context.py

0 entering
1 entering
inside context
1 exiting
0 exiting
```

ExitStack에 주어진 콘텍스트 매니저는 일련의 **with** 구문이 중첩돼 있는 것처럼 처리된다. 콘텍스트 내에서 발생하는 에러는 콘텍스트 매니저의 일반적인 에러 처리를 통해 전파된다. 다음 콘텍스트 매니저는 에러가 전파되는 방식을 보여준다.

리스트 3.65: contextlib_context_managers.py

```python
import contextlib

class Tracker:
    "Base class for noisy context managers."

    def __init__(self, i):
        self.i = i

    def msg(self, s):
        print('  {}({}): {}'.format(self.__class__.__name__, self.i, s))

    def __enter__(self):
        self.msg('entering')

class HandleError(Tracker):
    "If an exception is received, treat it as handled."

    def __exit__(self, *exc_details):
        received_exc = exc_details[1] is not None
        if received_exc:
            self.msg('handling exception {!r}'.format(exc_details[1]))
        self.msg('exiting {}'.format(received_exc))
        # 예외 처리 여부를 나타내는 불리언 값 반환
        return received_exc

class PassError(Tracker):
    "If an exception is received, propagate it."

    def __exit__(self, *exc_details):
```

```
        received_exc = exc_details[1] is not None
        if received_exc:
            self.msg('passing exception {!r}'.format(exc_details[1]))
        self.msg('exiting')
        # 예외가 처리되지 않았음을 나타내는 False 반환
        return False
class ErrorOnExit(Tracker):
    "Cause an exception."

    def __exit__(self, *exc_details):
        self.msg('throwing error')
        raise RuntimeError('from {}'.format(self.i))
class ErrorOnEnter(Tracker):
    "Cause an exception."

    def __enter__(self):
        self.msg('throwing error on enter')
        raise RuntimeError('from {}'.format(self.i))

    def __exit__(self, *exc_info):
        self.msg('exiting')
```

이 클래스를 사용하는 다음 예제는 ExitStack을 생성하고자 전달된 콘텍스트 매니저를 사용하는 variable_stack()을 기반으로 하며, 단계별로 전체 콘텍스트를 구성한다. 다음 예제는 여러 콘텍스트 매니저를 전달해 에러 처리 동작을 탐색한다. 첫 번째 예제는 예외가 없는 일반적인 경우다.

```
print('No errors:')
variable_stack([
    HandleError(1),
    PassError(2),
])
```

다음 예제는 스택의 끝에서 콘텍스트 매니저 안의 예외가 처리되며, 스택이 풀리면서 모든 열려있는 콘텍스트가 닫히는 것을 보여준다.

```
print('\nError at the end of the context stack:')
variable_stack([
    HandleError(1),
    HandleError(2),
    ErrorOnExit(3),
])
```

다음 예제에서는 스택의 중간에서 콘텍스트 매니저 내의 예외가 처리된다. 일부 콘텍스트가 닫힐 때까지 에러는 발생하지 않기 때문에 이 콘텍스트에서는 에러가 보이지 않는다.

```
print('\nError in the middle of the context stack:')
variable_stack([
    HandleError(1),
    PassError(2),
    ErrorOnExit(3),
    HandleError(4),
])
```

마지막 예제는 처리되지 않은 예외가 남아 호출한 코드로 전파되는 경우를 보여준다.

```
try:
    print('\nError ignored:')
    variable_stack([
        PassError(1),
        ErrorOnExit(2),
    ])
except RuntimeError:
    print('error handled outside of context')
```

스택의 콘텍스트 매니저가 예외를 수신한 다음 True 값을 반환하면 예외가 다른 콘텍스트 매니저로 전파되는 것을 막을 수 있다.

```
$ python3 contextlib_exitstack_enter_context_errors.py
```

```
No errors:
    HandleError(1): entering
    PassError(2): entering
    PassError(2): exiting
    HandleError(1): exiting False
    outside of stack, any errors were handled

Error at the end of the context stack:
    HandleError(1): entering
    HandleError(2): entering
    ErrorOnExit(3): entering
    ErrorOnExit(3): throwing error
    HandleError(2): handling exception RuntimeError('from 3',)
    HandleError(2): exiting True
    HandleError(1): exiting False
    outside of stack, any errors were handled

Error in the middle of the context stack:
    HandleError(1): entering
    PassError(2): entering
    ErrorOnExit(3): entering
    HandleError(4): entering
    HandleError(4): exiting False
    ErrorOnExit(3): throwing error
    PassError(2): passing exception RuntimeError('from 3',)
    PassError(2): exiting
    HandleError(1): handling exception RuntimeError('from 3',)
    HandleError(1): exiting True
    outside of stack, any errors were handled

Error ignored:
    PassError(1): entering
    ErrorOnExit(2): entering
    ErrorOnExit(2): throwing error
    PassError(1): passing exception RuntimeError('from 2',)
    PassError(1): exiting
error handled outside of context
```

3.4.7.2 임의의 콘텍스트 콜백

또한 ExitStack은 콘텍스트를 닫는 임의의 콜백을 지원해 콘텍스트 매니저를 통해 통제되지 않는 리소스를 쉽게 정리할 수 있게 해준다.

리스트 3.66: contextlib_exitstack_callbacks.py

```
import contextlib

def callback(*args, **kwds):
    print('closing callback({}, {})'.format(args, kwds))

with contextlib.ExitStack() as stack:
    stack.callback(callback, 'arg1', 'arg2')
    stack.callback(callback, arg3='val3')
```

전체 콘텍스트 매니저의 __exit__() 매니저와 마찬가지로 이 콜백들도 등록 순서의 역순으로 호출된다.

```
$ python3 contextlib_exitstack_callbacks.py

closing callback((), {'arg3': 'val3'})
closing callback(('arg1', 'arg2'), {})
```

콜백은 에러 발생 여부와 상관없이 호출되며, 에러 발생에 관한 정보도 주어지지 않는다. 또한 반환하는 값도 무시된다.

리스트 3.67: contextlib_exitstack_callbacks_error.py

```
import contextlib

def callback(*args, **kwds):
    print('closing callback({}, {})'.format(args, kwds))

try:
    with contextlib.ExitStack() as stack:
        stack.callback(callback, 'arg1', 'arg2')
        stack.callback(callback, arg3='val3')
        raise RuntimeError('thrown error')
except RuntimeError as err:
```

```
print('ERROR: {}'.format(err))
```

이들은 에러에 액세스할 수 없기 때문에 콜백은 콘텍스트 매니저 스택의 나머지 부분을 통해 예외가 전파되는 것을 막을 수 없다.

```
$ python3 contextlib exitstack callbacks error.py

closing callback((), {'arg3': 'val3'})
closing callback(('arg1', 'arg2'), {})
ERROR: thrown error
```

콜백은 새로운 콘텍스트 매니저 클래스를 생성하는 오버헤드 없이 리소스 정리 로직을 쉽게 정의할 수 있는 편리한 방법이다. 코드의 가독성을 높이고자 이 로직은 인라인 함수로 캡슐화하고 callback()을 데코레이터로 사용할 수 있다.

리스트 3.68: contextlib_exitstack_callbacks_decorator.py

```
import contextlib

with contextlib.ExitStack() as stack:

    @stack.callback
    def inline_cleanup():
        print('inline_cleanup()')
        print('local_resource = {!r}'.format(local_resource))

    local_resource = 'resource created in context'
    print('within the context')
```

callback()의 데코레이터 형식을 사용해 등록된 함수에 대한 인자를 지정할 수 있는 방법은 없다. 하지만 리소스 정리 콜백이 인라인으로 정의된 경우 범위 규칙에 의해 호출 코드에 정의된 변수에는 액세스할 수 있다.

```
$ python3 contextlib_exitstack_callbacks_decorator.py

within the context
inline_cleanup()
```

```
local_resource = 'resource created in context'
```

3.4.7.3 부분 스택

복잡한 콘텍스트를 구성할 때 콘텍스트를 완전하게 구성할 수 없으면 작업을 중단하고, 콘텍스트를 모두 적절하게 설정할 수 있으면 모든 리소스의 정리를 특정 시간까지 지연시키는 것이 유용할 수 있다. 예를 들어 수명이 긴 여러 개의 네트워크 연결이 필요한 경우 하나의 연결이라도 실패하면 작업을 시작하지 않는 것이 최선일 수 있다. 하지만 모든 연결이 열릴 수 있다면 이 연결들은 단일 콘텍스트 매니저의 지속 시간보다 더오래 열려 있어야 한다. ExitStack의 pop_all() 메서드는 이런 시나리오에 사용할 수있다.

pop_all()은 호출된 스택에서 모든 콘텍스트 매니저와 콜백을 지우고, 동일한 콘텍스트 매니저와 콜백으로 채워진 새로운 스택을 반환한다. 새 스택의 close() 메서드는원본 스택이 사라진 이후에 리소스를 정리하고자 호출될 수 있다.

리스트 3.69: contextlib_exitstack_pop_all.py

```python
import contextlib

from contextlib_context_managers import *

def variable_stack(contexts):
    with contextlib.ExitStack() as stack:
        for c in contexts:
            stack.enter_context(c)
        # 정리 함수로서 새로운 스택의 close() 메서드를 반환
        return stack.pop_all().close
    # 명시적으로 None을 반환
    # 이는 ExitStack이 깔끔하게 초기화되지는 않았지만
    # 이미 정리가 됐음을 나타낸다.
    return None

print('No errors:')
cleaner = variable_stack([
    HandleError(1),
    HandleError(2),
```

```
    ])
    cleaner()

print('\nHandled error building context manager stack:')
try:
    cleaner = variable_stack([
        HandleError(1),
        ErrorOnEnter(2),
    ])
except RuntimeError as err:
    print('caught error {}'.format(err))
else:
    if cleaner is not None:
        cleaner()
    else:
        print('no cleaner returned')

print('\nUnhandled error building context manager stack:')
try:
    cleaner = variable_stack([
        PassError(1),
        ErrorOnEnter(2),
    ])
except RuntimeError as err:
    print('caught error {}'.format(err))
else:
    if cleaner is not None:
        cleaner()
    else:
        print('no cleaner returned')
```

이 예제는 앞에서 정의한 콘텍스트 매니저 클래스를 사용하지만 ErrorOnEnter는
__exit__() 대신 __enter__()에서 에러를 생성한다. variable_stack() 내부에서 모
든 콘텍스트가 에러 없이 진입되면 그다음에 새로운 ExitStack의 close() 메서드가 반
환된다. 처리된 에러가 발생하면 variable_stack()은 작업 정리가 이미 완료됐음을
나타내는 None을 반환한다. 처리되지 않은 에러가 발생하면 부분 스택이 정리되고 에
러가 전파된다.

```
$ python3 contextlib_exitstack_pop_all.py

No errors:
    HandleError(1): entering
    HandleError(2): entering
    HandleError(2): exiting False
    HandleError(1): exiting False

Handled error building context manager stack:
    HandleError(1): entering
    ErrorOnEnter(2): throwing error on enter
    HandleError(1): handling exception RuntimeError('from 2',)
    HandleError(1): exiting True
no cleaner returned

Unhandled error building context manager stack:
    PassError(1): entering
    ErrorOnEnter(2): throwing error on enter
    PassError(1): passing exception RuntimeError('from 2',)
    PassError(1): exiting
caught error from 2
```

> **팁 - 참고 자료**
>
> - contextlib 표준 라이브러리 문서: https://docs.python.org/3.5/library/contextlib.html
> - PEP 343(www.python.org/dev/peps/pep-0343): with 구문
> - Context Manager Types(https://docs.python.org/library/stdtypes.html#typecontextmanager): 표준 라이브러리 문서에 있는 콘텍스트 매니저 API에 대한 설명
> - with Statement Context Managers(https://docs.python.org/reference/datamodel.html#context-managers): 파이썬 레퍼런스 가이드에 있는 콘텍스트 매니저 API에 대한 설명
> - 파이썬 3.3에서의 리소스 관리, 또는 contextlib.ExitStack FTW!(www.wefearchange.org/2013/05/resource-management-in-python-33-or.html): ExitStack을 사용해 안전한 코드를 배포하는 방법에 대한 설명(베리 바르샤바(Barry Warsaw))

4

날짜와 시간

파이썬에는 int, float, str과 같은 타입을 내장하고 있지만 날짜와 시간을 위한 타입은 없다. 하지만 세 가지 모듈을 사용해 날짜와 시간을 다양한 형태로 표현할 수 있다.

time 모듈을 사용해 C 라이브러리의 시간 관련 함수에 접근할 수 있다. 현재 시간과 프로세서 실행 시간을 가져올 수 있으며, 기본 파싱, 문자열 포매팅 도구와 관련된 함수를 포함하고 있다.

datetime 모듈은 날짜와 시간, 이 두 타입이 합쳐진 값을 다루는 좀 더 높은 수준의 인터페이스를 제공한다. datetime 내의 클래스는 산술 연산과 비교, 시간대$^{time\ zone}$ 설정을 지원한다.

calendar 모듈은 주와 월, 년도를 형식화해 표현한다. 또한 반복 이벤트 계산을 할 수 있고, 주어진 날짜가 무슨 요일인지, 마지막으로 그 외의 달력과 관련된 값을 계산할 수 있다.

4.1 time: 시간

time 모듈을 사용하면 여러 목적에 따라 여러 가지 상이한 타입의 시간을 다룰 수 있다. time()과 같은 표준 시스템 호출은 시스템의 '벽시계 시간$^{WCT,\ Wall\ Clock\ Time}$'을 알려준다. monotonic()은 장시간동안 실행되는 프로세스에서 지나간 시간을 측정할 수 있는데, 시스템 시간이 변경될 경우에도 되돌릴 수 없도록 보장해준다. 성능 측정을 위해 준비된 perf_counter()를 사용하면 찰나의 시간을 아주 짧게 쪼개 더욱 정확하게 체크할 수 있다. CPU 시간은 clock()으로 알 수 있으며, process_time()은 프로세스 시간과 시스템 시간 값을 동시에 반환해준다.

> **참고**
>
> 날짜와 시간을 조작하는 데 필요한 함수는 C 라이브러리를 기반으로 한다. 구현 부분이 C 라이브러리와 연계돼 있는 관계로 일부 상세한 내용은 플랫폼 의존적이다(epoch의 시작과 지원할 수 있는 최대 date 값 등). 완벽한 상세 내용은 라이브러리 문서를 참조하기 바란다.

4.1.1 시간 비교

시간 비교의 상세 구현은 플랫폼마다 다르다. 시간 정확도^{resolution}를 포함해 현재 시각 구현에 대한 기본 정보는 get_clock_info()를 통해 알 수 있다.

> **옮긴이 참고**
>
> 참고로 time.clock 사용 시 아래처럼 파이썬 3.8에서 제거된다는 경고가 출력될 것이다. 따라서 사실상 사용을 권장하지는 않는다.
>
> DeprecationWarning: time.clock has been deprecated in Python 3.3 and will be removed from Python 3.8: use time.perf_counter or time.process_time instead info=time.get_clock_info(clock_name)

리스트 4.1: time_get_clock_info.py

```
import textwrap
import time

available_clocks = [
    ('clock', time.clock),
    ('monotonic', time.monotonic),
    ('perf_counter', time.perf_counter),
    ('process_time', time.process_time),
    ('time', time.time),
]

for clock_name, func in available_clocks:
    print(textwrap.dedent('''\
    {name}:
        adjustable     : {info.adjustable}
        implementation : {info.implementation}
        monotonic      : {info.monotonic}
```

```
        resolution    : {info.resolution}
        current    : {current}
    ''').format(
        name=clock_name,
        info=time.get_clock_info(clock_name),
        current=func())
    )
```

다음과 같이 맥OS X에서의 출력 결과를 보면 monotonic과 perf_counter는 동일한 시스템 호출 기반을 사용해 구현된다는 것을 보여준다.

```
$ python3 time_get_clock_info.py

clock:
    adjustable     : False
    implementation : clock()
    monotonic      : True
    resolution     : 1e-06
    current        : 0.028399

monotonic:
    adjustable     : False
    implementation : mach_absolute_time()
    monotonic      : True
    resolution     : 1e-09
    current        : 172336.002232467

perf_counter:
    adjustable     : False
    implementation : mach_absolute_time()
    monotonic      : True
    resolution     : 1e-09
    current        : 172336.002280763

process_time:
    adjustable     : False
    implementation : getrusage(RUSAGE_SELF)
    monotonic      : True
    resolution     : 1e-06
    current        : 0.028593
```

```
time:
    adjustable      : True
    implementation  : gettimeofday()
    monotonic       : False
    resolution      : 1e-06
    current         : 1471198232.045526
```

4.1.2 WCT

time 모듈의 핵심 기능 중 하나는 time()인데, 에포크^{epoch}가 시작된 이래 얼마나 지났는지 부동소수점 값으로 반환해준다.

리스트 4.2: time_time.py

```
import time

print('The time is:', time.time())
```

에포크는 시간을 측정할 때 시작되는 시점이다. 유닉스 시스템의 경우 1970년 1월 1일 0:00이다. 이 값은 항상 부동소수점이지만 실제 정확도는 각 플랫폼을 따른다.

```
$ python3 time_time.py

The time is: 1471198232.091589
```

부동소수점 표현 방식이 날짜를 저장, 비교하기에는 유용하지만 사람이 읽기에 편한 방식은 아니다. 로깅이나 출력 시에는 ctime()이 유용하다.

리스트 4.3: time_ctime.py

```
import time

print('The time is      :', time.ctime())
later = time.time() + 15
print('15 secs from now:', time.ctime(later))
```

두 번째 print() 호출을 보면 ctime()을 사용해 현재 시간이 아닌 시간 값을 어떻게 형식화하는지 보여준다.

```
$ python3 time_ctime.py

The time is      : Sun Aug 14 14:10:32 2016
15 secs from now : Sun Aug 14 14:10:47 2016
```

4.1.3 모노토닉 클럭

time()은 시스템 클럭을 바라보고 있는데, 시스템 클럭은 사용자나 여러 대의 컴퓨터에 걸친 시간 동기화를 위한 시스템 서비스에 의해 바뀔 수 있다. 이 때문에 time()을 반복 호출하는 경우 값의 오차가 발생할 수 있다(시간의 방향이 앞으로 갈 수도, 뒤로 갈 수도 있다). 이러한 특성은 경과 시간을 측정하거나 시간을 계산할 때 예기치 못한 결과를 야기한다. 이때 monotonic()을 사용하면 항상 앞으로 가는 값을 반환하므로 이런 에러를 피할 수 있다(즉, 올바른 결과를 얻을 수 있다).

리스트 4.4: time_monotonic.py

```
import time

start = time.monotonic()
time.sleep(0.1)
end = time.monotonic()
print('start : {:>9.2f}'.format(start))
print('end   : {:>9.2f}'.format(end))
print('span  : {:>9.2f}'.format(end - start))
```

모노토닉 클럭monotonic clock이 시작되는 지점은 정의되지 않았다. 따라서 결괏값은 오직 다른 클럭 값과의 계산을 할 때만 유용하다. 이 예제에서는 슬립sleep에 들어가는 동안의 시간 측정을 위해 monotonic()을 사용한다.

```
$ python3 time_monotonic.py

start : 172336.14
```

```
end   : 172336.24
span  :     0.10
```

4.1.4 프로세서 클럭 시간

time()이 벽시계 시간^{WCT}을 반환하는 반면 clock()은 프로세서 클럭 시간^{processor clock} ^{time}을 반환한다. clock()이 반환하는 값은 프로그램이 실행될 때 사용되는 실제 시간을 반영한다.

리스트 4.5: time_clock.py

```python
import hashlib
import time

# md5 체크섬을 계산하는 데 사용할 데이터
data = open(__file__, 'rb').read()

for i in range(5):
    h = hashlib.sha1()
    print(time.ctime(), ': {:0.3f} {:0.3f}'.format(time.time(), time.clock()))
    for i in range(300000):
        h.update(data)
    cksum = h.digest()
```

이 예제는 루프를 반복할 때마다 부동소수점 값인 time()이나 clock()과 함께 형식화된 ctime()을 출력한다.

> **참고**
>
> 이번 예제를 독자의 컴퓨터에서 실행하는 경우 실제 시간 변화를 보고자 안쪽 반복문에 더 큰 값을 지정해야 할 수도 있다.

```
$ python3 time_clock.py

Sun Aug 14 14:10:32 2016 : 1471198232.327 0.033
Sun Aug 14 14:10:32 2016 : 1471198232.705 0.409
Sun Aug 14 14:10:33 2016 : 1471198233.086 0.787
```

```
Sun Aug 14 14:10:33 2016 : 1471198233.466 1.166
Sun Aug 14 14:10:33 2016 : 1471198233.842 1.540
```

보통 프로세서 클럭은 프로그램이 아무것도 하지 않는 동안에는 움직이지 않는다.

리스트 4.6: time_clock_sleep.py

```python
import time

template = '{} - {:0.2f} - {:0.2f}'
print(template.format(
    time.ctime(), time.time(), time.clock())
)

for i in range(3, 0, -1):
    print('Sleeping', i)
    time.sleep(i)
    print(template.format(
        time.ctime(), time.time(), time.clock())
    )
```

이 예제는 반복문을 돌며 sleep문을 실행한다. 프로그램이 잠든 사이에도 time() 값은 증가하지만 clock() 값에는 변화가 없다.

```
$ python3 -u time_clock_sleep.py

Sun Aug 14 14:10:34 2016 - 1471198234.28 - 0.03
Sleeping 3
Sun Aug 14 14:10:37 2016 - 1471198237.28 - 0.03
Sleeping 2
Sun Aug 14 14:10:39 2016 - 1471198239.29 - 0.03
Sleeping 1
Sun Aug 14 14:10:40 2016 - 1471198240.29 - 0.03
```

sleep()을 호출하면 현재 스레드에서 잠시 실행을 멈춘 후 다시 돌아온다.[1] 프로그램에 하나의 스레드만 있다면 결과적으로 애플리케이션의 동작이 멈추고 아무 일도 하지 않는다.

---

1. 현재의 스레드에서 제어권을 취득해서 시스템에서 기다릴 것을 요구한다. – 옮긴이

4.1.5 성능 카운터

성능 측정이 필요할 때는 높은 정확도^{high-resolution}를 가진 모노토닉 클럭을 사용하는 것이 중요하다. 최고의 클럭 데이터 소스를 결정하려면 플랫폼별 지식이 필요한데, 파이썬에서는 perf_counter()를 제공한다.

리스트 4.7: time_perf_counter.py

```
import hashlib
import time

# md5 체크섬을 계산하는 데 사용할 데이터
data = open(__file__, 'rb').read()

loop_start = time.perf_counter()

for i in range(5):
    iter_start = time.perf_counter()
    h = hashlib.sha1()
    for i in range(300000):
        h.update(data)
    cksum = h.digest()
    now = time.perf_counter()
    loop_elapsed = now - loop_start
    iter_elapsed = now - iter_start
    print(time.ctime(), ': {:0.3f} {:0.3f}'.format(iter_elapsed, loop_elapsed))
```

monotonic()과 마찬가지로 perf_counter()에 대한 에포크는 정의되지 않았고, 값은 절대 시간이 아닌 비교와 계산을 위해 사용된다.

```
$ python3 time_perf_counter.py

Sun Aug 14 14:10:40 2016 : 0.487 0.487
Sun Aug 14 14:10:41 2016 : 0.485 0.973
Sun Aug 14 14:10:41 2016 : 0.494 1.466
Sun Aug 14 14:10:42 2016 : 0.487 1.953
Sun Aug 14 14:10:42 2016 : 0.480 2.434
```

4.1.6 시간 컴포넌트

경과된 시간을 초 기준으로 저장하는 것이 경우에 따라 유용하지만 날짜의 특정 영역
(년, 월, 일 등)에 접근해야 할 때도 있다. time 모듈은 struct_time을 정의하는데, 날짜
와 시간 값을 개별 요소로 갖고 있기 때문에 접근하기 편하다. 부동소수점 대신
struct_time을 사용할 수 있는 몇 가지 함수가 준비돼 있다.

리스트 4.8: time_struct.py

```python
import time

def show_struct(s):
    print('  tm_year  :', s.tm_year)
    print('  tm_mon   :', s.tm_mon)
    print('  tm_mday  :', s.tm_mday)
    print('  tm_hour  :', s.tm_hour)
    print('  tm_min   :', s.tm_min)
    print('  tm_sec   :', s.tm_sec)
    print('  tm_wday  :', s.tm_wday)
    print('  tm_yday  :', s.tm_yday)
    print('  tm_isdst :', s.tm_isdst)

print('gmtime:')
show_struct(time.gmtime())
print('\nlocaltime:')
show_struct(time.localtime())
print('\nmktime:', time.mktime(time.localtime()))
```

gmtime() 함수는 현재 시간을 UTC로 반환한다. localtime()은 현재 시간대가 적용된
현재 시간을 반환한다. mktime()은 struct_time 객체를 인자로 받아 부동소수점 표현
으로 변환한다.

```
$ python3 time_struct.py

gmtime:
    tm_year : 2016
    tm_mon  : 8
    tm_mday : 14
    tm_hour : 18
```

```
        tm_min  : 10
        tm_sec  : 42
        tm_wday : 6
        tm_yday : 227
        tm_isdst: 0
localtime:
        tm_year : 2016
        tm_mon  : 8
        tm_mday : 14
        tm_hour : 14
        tm_min  : 10
        tm_sec  : 42
        tm_wday : 6
        tm_yday : 227
        tm_isdst: 1
mktime: 1471198242.0
```

4.1.7 시간대 관련 작업

현재 시간을 결정하는 함수는 프로그램에 의해 적용된 시간대나 시스템 기본 시간대에 영향을 받는다. 시간대를 변경하더라도 실제 시간이 변경되지는 않는다. 다만 표현되는 방식만 바뀔 뿐이다.

시간대를 변경하려면 환경 변수 TZ를 설정한 후 tzset()을 호출한다. 시간대 설정은 서머타임의 시작과 끝을 지정하는 등 세세히 설정할 수 있다. 하지만 보통 시간대를 사용한 이후 추가 정보는 기본 라이브러리를 이용해 가져오는 것이 편하다.

이번 예제에서는 시간대를 변경해보고 이것이 time 모듈의 다른 설정 사항에 어떤 영향을 주는지 보여준다.

리스트 4.9: time_timezone.py

```
import time
import os

def show_zone_info():
```

```
    print('  TZ      :', os.environ.get('TZ', '(not set)'))
    print('  tzname :', time.tzname)
    print('  Zone   : {} ({})'.format(time.timezone, (time.timezone / 3600)))
    print('  DST    :', time.daylight)
    print('  Time   :', time.ctime())
    print()

print('Default :')
show_zone_info()
ZONES = [
    'GMT',
    'Europe/Amsterdam',
]

for zone in ZONES:
    os.environ['TZ'] = zone
    time.tzset()
    print(zone, ':')
    show_zone_info()
```

예제에서 사용한 시스템상 기본 시간대 값은 US/Eastern이다. 예제에서 다른 시간대는 **tzname**, 서머타임 플래그, 시간대 오프셋 값이 변한다.

```
$ python3 time_timezone.py

Default :
    TZ      : (not set)
    tzname : ('EST', 'EDT')
    Zone   : 18000 (5.0)
    DST    : 1
    Time   : Sun Aug 14 14:10:42 2016

GMT :
    TZ      : GMT
    tzname : ('GMT', 'GMT')
    Zone   : 0 (0.0)
    DST    : 0
    Time   : Sun Aug 14 18:10:42 2016

Europe/Amsterdam :
    TZ      : Europe/Amsterdam
```

```
tzname : ('CET', 'CEST')
Zone   : -3600 (-1.0)
DST    : 1
Time   : Sun Aug 14 20:10:42 2016
```

4.1.8 시간 파싱과 형식화

strptime()과 strftime() 함수는 시간 값에 대한 struct_time과 문자열 표현을 상호 변환한다. 입출력을 위한 수많은 형식화 명령이 준비돼 있다. 전체 명령 정보는 time 모듈의 라이브러리 문서를 보기 바란다.

다음 예제는 문자열로 된 현재 시간을 struct_time 인스턴스로 변환하고 다시 문자열로 되돌린다.

리스트 4.10: time_strptime.py

```python
import time

def show_struct(s):
    print('  tm_year  :', s.tm_year)
    print('  tm_mon   :', s.tm_mon)
    print('  tm_mday  :', s.tm_mday)
    print('  tm_hour  :', s.tm_hour)
    print('  tm_min   :', s.tm_min)
    print('  tm_sec   :', s.tm_sec)
    print('  tm_wday  :', s.tm_wday)
    print('  tm_yday  :', s.tm_yday)
    print('  tm_isdst :', s.tm_isdst)

now = time.ctime(1483391847.433716)
print('Now:', now)

parsed = time.strptime(now)
print('\nParsed:')
show_struct(parsed)

print('\nFormatted:', time.strftime("%a %b %d %H:%M:%S %Y", parsed))
```

날짜 앞에 0이 붙었기 때문에 출력 문자열이 입력문과 정확히 일치하지는 않는다.

```
$ python3 time_strptime.py

Now: Mon Jan  2 16:17:27 2017

Parsed:
    tm_year  : 2017
    tm_mon   : 1
    tm_mday  : 2
    tm_hour  : 16
    tm_min   : 17
    tm_sec   : 27
    tm_wday  : 0
    tm_yday  : 2
    tm_isdst : -1

Formatted: Mon Jan 02 16:17:27 2017
```

> **팁 – 참고 자료**
>
> - time 표준 라이브러리 문서: https://docs.python.org/3.5/library/time.html
> - time에 대한 파이썬 2에서 3로의 포팅 노트
> - datetime: datetime 모듈에는 날짜와 시간을 계산하는 다른 클래스가 포함돼 있다.
> - calendar: 캘린더를 만들거나 반복 이벤트를 계산하고자 더욱 고수준의 date 함수 작업을 할 수 있다.

4.2 datetime: 날짜와 시간 값 다루기

datetime은 날짜와 시간을 함께 혹은 따로 다루는 함수와 클래스를 제공한다.

4.2.1 시간

시간 값은 time 클래스로 표현한다. time 인스턴스는 hour, minute, second, microsecond 속성을 갖고 있고, 시간대도 포함할 수 있다.

리스트 4.11: datetime_time.py

```
import datetime
```

```
t = datetime.time(1, 2, 3)
print(t)
print('hour        :', t.hour)
print('minute      :', t.minute)
print('second      :', t.second)
print('microsecond :', t.microsecond)
print('tzinfo      :', t.tzinfo)
```

time 인스턴스 초기화 때 인자는 선택 사항이다. 하지만 기본값 0은 대개 맞지 않다.

```
$ python3 datetime_time.py

01:02:03
hour        : 1
minute      : 2
second      : 3
microsecond : 0
tzinfo      : None
```

time 인스턴스는 날짜 정보를 제외한 시간 값만 갖고 있다.

리스트 4.12: datetime_time_minmax.py

```
import datetime

print('Earliest   :', datetime.time.min)
print('Latest     :', datetime.time.max)
print('Resolution :', datetime.time.resolution)
```

min과 max 클래스 속성은 하루를 기준으로 유효한 범위를 표현한다.

```
$ python3 datetime_time_minmax.py

Earliest   : 00:00:00
Latest     : 23:59:59.999999
Resolution : 0:00:00.000001
```

time의 정확도는 백만분의 1초^{microseconds}로 제한된다.

리스트 4.13: datetime_time_resolution.py

```
import datetime

for m in [1, 0, 0.1, 0.6]:
    try:
        print('{:02.1f} :'.format(m), datetime.time(0, 0, 0, microsecond=m))
    except TypeError as err:
        print('ERROR:', err)
```

마이크로초 부동소수점으로 나타내려면 TypeError가 발생한다.

```
$ python3 datetime_time_resolution.py

1.0 : 00:00:00.000001
0.0 : 00:00:00
ERROR: integer argument expected, got float
ERROR: integer argument expected, got float
```

4.2.2 날짜

날짜는 date 클래스로 표현한다. 인스턴스는 year, month, day 속성을 가진다. 현재 날짜를 표현할 때는 today 클래스 메서드를 사용해 쉽게 만들 수 있다.

리스트 4.14: datetime_date.py

```
import datetime

today = datetime.date.today()
print(today)
print('ctime  :', today.ctime())
tt = today.timetuple()
print('tuple  : tm_year =', tt.tm_year)
print('         tm_mon  =', tt.tm_mon)
print('         tm_mday =', tt.tm_mday)
print('         tm_hour =', tt.tm_hour)
print('         tm_min  =', tt.tm_min)
print('         tm_sec  =', tt.tm_sec)
```

```
print('          tm_wday  =', tt.tm_wday)
print('          tm_yday  =', tt.tm_yday)
print('          tm_isdst =', tt.tm_isdst)
print('ordinal :', today.toordinal())
print('Year     :', today.year)
print('Mon      :', today.month)
print('Day      :', today.day)
```

현재 날짜를 여러 형식으로 출력해봤다.

```
$ python3 datetime_date.py

2017-07-30
ctime   : Sun Jul 30 00:00:00 2017
tuple   : tm_year  = 2017
          tm_mon   = 7
          tm_mday  = 30
          tm_hour  = 0
          tm_min   = 0
          tm_sec   = 0
          tm_wday  = 6
          tm_yday  = 211
          tm_isdst = -1
ordinal : 736540
Year    : 2017
Mon     : 7
Day     : 30
```

날짜 객체를 생성하는 클래스 메서드에는 POSIX 타임스탬프를 이용하는 방식과 1월 1일부터 경과된 날짜를 정수형으로 표시한 값을 이용하는 그레고리안^{Gregorian} 방식이 있다.

리스트 4.15: datetime_date_fromordinal.py

```
import datetime
import time

o = 733114
```

```
print('o                :', o)
print('fromordinal(o)  :', datetime.date.fromordinal(o))

t = time.time()
print('t                :', t)
print('fromtimestamp(t):', datetime.date.fromtimestamp(t))
```

이 예제는 fromordinal()과 fromtimestamp()가 사용하는 서로 다른 타입을 보여준다.

```
$ python3 datetime_date_fromordinal.py

o                : 733114
fromordinal(o)   : 2008-03-13
t                : 1501432275.190121
fromtimestamp(t): 2017-07-30
```

time과 마찬가지로 지원하는 값의 범위를 min, max 속성을 사용해 알아낼 수 있다.

리스트 4.16: datetime_date_minmax.py

```
import datetime

print('Earliest   :', datetime.date.min)
print('Latest     :', datetime.date.max)
print('Resolution :', datetime.date.resolution)
```

날짜^{dates}의 정확도는 하루^{whole days}가 된다.

```
$ python3 datetime_date_minmax.py

Earliest   : 0001-01-01
Latest     : 9999-12-31
Resolution : 1 day, 0:00:00
```

date 인스턴스를 만드는 또 다른 방법은 이미 존재하는 date 값에 replace() 메서드를
사용하는 것이다.

```
```

리스트 4.17: datetime_date_replace.py

```python
import datetime

d1 = datetime.date(2008, 3, 29)
print('d1:', d1.ctime())

d2 = d1.replace(year=2009)
print('d2:', d2.ctime())
```

이 예제는 년도만 변경하고 날짜와 월은 그대로 둔다.

```
$ python3 datetime_date_replace.py

d1: Sat Mar 29 00:00:00 2008
d2: Sun Mar 29 00:00:00 2009
```

4.2.3 타임델타

두 datetime 객체에 기본 산술 연산을 하거나 datetime과 timedelta를 합치면 미래와 과거 날짜를 구할 수 있다. 두 날짜를 빼면 timedelta가 생기고, 이 값은 날짜 값에 더하거나 빼서 다른 날짜를 만든다. timedelta의 내부 값은 날짜, 초, 마이크로초 형태로 저장된다.

리스트 4.18: datetime_timedelta.py

```python
import datetime

print('microseconds:', datetime.timedelta(microseconds=1))
print('milliseconds:', datetime.timedelta(milliseconds=1))
print('seconds      :', datetime.timedelta(seconds=1))
print('minutes      :', datetime.timedelta(minutes=1))
print('hours        :', datetime.timedelta(hours=1))
print('days         :', datetime.timedelta(days=1))
print('weeks        :', datetime.timedelta(weeks=1))
```

생성자에 전달한 중간 값은 날짜, 초, 마이크로초로 변환된다.

```
$ python3 datetime_timedelta.py

microseconds: 0:00:00.000001
milliseconds: 0:00:00.001000
seconds      : 0:00:01
minutes      : 0:01:00
hours        : 1:00:00
days         : 1 day, 0:00:00
weeks        : 7 days, 0:00:00
```

timedelta의 전체 기간^{duration}은 total_seconds()를 사용해 초 단위의 숫자로 가져올 수 있다.

리스트 4.19: datetime_timedelta_total_seconds.py

```python
import datetime

for delta in [datetime.timedelta(microseconds=1),
              datetime.timedelta(milliseconds=1),
              datetime.timedelta(seconds=1),
              datetime.timedelta(minutes=1),
              datetime.timedelta(hours=1),
              datetime.timedelta(days=1),
              datetime.timedelta(weeks=1),
              ]:
    print('{:15} = {:8} seconds'.format(
        str(delta), delta.total_seconds())
    )
```

반환값은 초 단위로 표현하고자 부동소수점을 사용한다.

```
$ python3 datetime_timedelta_total_seconds.py

0:00:00.000001 =    1e-06 seconds
0:00:00.001000 =    0.001 seconds
0:00:01        =      1.0 seconds
0:01:00        =     60.0 seconds
1:00:00        =   3600.0 seconds
1 day, 0:00:00 =  86400.0 seconds
```

```
7 days, 0:00:00 = 604800.0 seconds
```

4.2.4 날짜 산술 연산

날짜를 계산할 때는 표준 산술 연산자를 사용한다.

리스트 4.20: datetime_date_math.py

```python
import datetime

today = datetime.date.today()
print('Today    :', today)

one_day = datetime.timedelta(days=1)
print('One day  :', one_day)

yesterday = today - one_day
print('Yesterday :', yesterday)

tomorrow = today + one_day
print('Tomorrow  :', tomorrow)

print()
print('tomorrow - yesterday:', tomorrow - yesterday)
print('yesterday - tomorrow:', yesterday - tomorrow)
```

이 예제의 날짜 객체는 **timedelta** 객체를 사용해 새 날짜를 만들고, 날짜 인스턴스 간 뺄셈을 통해 시간의 차를 구한다(음수 델타 값도 포함).

```
$ python3 datetime_date_math.py

Today    : 2017-07-30
One day  : 1 day, 0:00:00
Yesterday : 2017-07-29
Tomorrow  : 2017-07-31

tomorrow - yesterday: 2 days, 0:00:00
yesterday - tomorrow: -2 days, 0:00:00
```

timedelta 객체는 정수, 부동소수점과 또 다른 timedelta 인스턴스 간의 산술 연산도 지원한다.

리스트 4.21: datetime_timedelta_math.py

```
import datetime

one_day = datetime.timedelta(days=1)
print('1 day     :', one_day)
print('5 days    :', one_day * 5)
print('1.5 days :', one_day * 1.5)
print('1/4 day  :', one_day / 4)

# 점심시간을 1시간으로 가정
work_day = datetime.timedelta(hours=7)
meeting_length = datetime.timedelta(hours=1)
print('meetings per day :', work_day / meeting_length)
```

이 예제에서는 여러 날짜를 곱셈 연산해서 며칠간 혹은 수 시간에 해당하는 timedelta 결괏값을 가진다.

마지막 예제는 두 timedelta 객체를 합하는 연산을 보여준다. 이 경우 결과는 부동소수점이다.

```
$ python3 datetime_timedelta_math.py

1 day     : 1 day, 0:00:00
5 days    : 5 days, 0:00:00
1.5 days : 1 day, 12:00:00
1/4 day  : 6:00:00
meetings per day : 7.0
```

4.2.5 값 비교

date와 time 값은 둘 다 표준 비교 연산자를 사용해서 비교한다. 이를 통해 어느 것이 먼저인지 나중인지 알 수 있다.

datetime_comparing.py

```
import datetime
import time

print('Times:')
t1 = datetime.time(12, 55, 0)
print('  t1:', t1)
t2 = datetime.time(13, 5, 0)
print('  t2:', t2)
print('  t1 < t2:', t1 < t2)

print()
print('Dates:')
d1 = datetime.date.today()
print('  d1:', d1)
d2 = datetime.date.today() + datetime.timedelta(days=1)
print('  d2:', d2)
print('  d1 > d2:', d1 > d2)
```

모든 비교 연산자를 지원한다.

```
$ python3 datetime_comparing.py

Times:
  t1: 12:55:00
  t2: 13:05:00
  t1 < t2: True
Dates:
  d1: 2017-07-30
  d2: 2017-07-31
  d1 > d2: False
```

4.2.6 날짜와 시간 합치기

datetime 클래스를 사용해 날짜와 시간을 함께 저장할 수 있다. date 클래스에는 편리한 클래스 메소드 여러 개가 준비돼 있어 여타 기본값에서 datetime 인스턴스를 생성할 수 있다.

```
import datetime

print('Now    :', datetime.datetime.now())
print('Today  :', datetime.datetime.today())
print('UTC Now:', datetime.datetime.utcnow())
print()

FIELDS = [
    'year', 'month', 'day',
    'hour', 'minute', 'second',
    'microsecond',
]

d = datetime.datetime.now()
for attr in FIELDS:
    print('{:15}: {}'.format(attr, getattr(d, attr)))
```

예상했겠지만 datetime 인스턴스는 date와 time 객체의 모든 속성을 가진다.

```
$ python3 datetime_datetime.py

Now    : 2017-07-30 12:31:15.519675
Today  : 2017-07-30 12:31:15.519706
UTC Now: 2017-07-30 16:31:15.519715
year        : 2017
month       : 7
day         : 30
hour        : 12
minute      : 31
second      : 15
microsecond : 519852
```

date와 더불어 datetime도 새 인스턴스를 생성할 수 있는 편의 클래스 메서드를 제공한다. fromordinal()과 fromtimestamp()도 포함한다.

리스트 4.24: datetime_datetime_combine.py

```
import datetime
```

```
t = datetime.time(1, 2, 3)
print('t :', t)

d = datetime.date.today()
print('d :', d)

dt = datetime.datetime.combine(d, t)
print('dt:', dt)
```

combine()은 date와 time 인스턴스를 통해 datetime 인스턴스를 생성해준다.

```
$ python3 datetime_datetime_combine.py

t : 01:02:03
d : 2017-07-30
dt: 2017-07-30 01:02:03
```

4.2.7 형식화와 파싱

datetime 객체의 기본 문자열 표현 방식은 ISO-8601 형식인 YYYY-MM-DDTHH:MM:SS.
mmmmmm을 사용한다. strftime()을 사용하면 다른 형식을 만들 수 있다.

리스트 4.25: datetime_datetime_strptime.py

```
import datetime

format = "%a %b %d %H:%M:%S %Y"

today = datetime.datetime.today()
print('ISO      :', today)

s = today.strftime(format)
print('strftime:', s)

d = datetime.datetime.strptime(s, format)
print('strptime:', d.strftime(format))
```

datetime.strptime()을 사용해 형식화된 문자열을 datetime 객체로 변환한다.

```
$ python3 datetime_datetime_strptime.py

ISO     : 2017-07-30 12:31:15.601198
strftime : Sun Jul 30 12:31:15 2017
strptime : Sun Jul 30 12:31:15 2017
```

동일한 형식은 파이썬 문자열 형식 미니 언어^{Python's string formatting mini-language}(https://docs.python.org/3.5/library/string.html#formatspec)를 사용해도 된다. 형식 문자열의 : 필드 뒤에 코드를 적어주면 된다.

리스트 4.26: datetime_format.py

```
import datetime

today = datetime.datetime.today()
print('ISO     :', today)
print('format(): {:%a %b %d %H:%M:%S %Y}'.format(today))
```

각 datetime 형식 코드 앞에는 % 접두어가 붙어야 하며 따라오는 콜론(:) 문자는 출력문에 포함될 문자열로 간주한다.

```
$ python3 datetime_format.py

ISO     : 2017-07-30 12:31:15.666149
format(): Sun Jul 30 12:31:15 2017
```

표 4.1은 US/Eastern 시간대 내의 **5:00 PM January 13, 2016**에 해당하는 모든 형식 코드를 나타낸다.

표 4.1: strptime/strftime 포맷 코드

기호	의미	예
%a	요일 약어	'Wed'
%A	요일 전체 이름	'Wednesday'
%w	주에서 요일에 해당하는 숫자: 0(일)부터 6(토)	'3'

(이어짐)

기호	의미	예
%d	월에서 해당하는 일자(10자리가 없는 경우 0으로 채움)	'13'
%b	월 약어	'Jan'
%B	월 전체 이름	'January'
%m	월	'01'
%y	세기 없는 년도	'16'
%Y	세기 있는 년도	'2016'
%H	24시간 형식 시각	'17'
%I	12시간 형식 시각	'05'
%p	AM/PM	'PM'
%M	분(Minutes)	'00'
%S	초(Seconds)	'00'
%f	밀리초(Microseconds)	'000000'
%z	시간대 객체에 대한 UTC 오프셋	'-0500'
%Z	시간대 이름	'EST'
%j	년에서 일수	'013'
%W	년에서 주의 수	'02'
%c	현재 로케일(Locale)에 따른 날짜와 시간 표현	'Wed Jan 13 17:00:00 2016'
%x	현재 로케일에 따른 날짜 표현	'01/13/16'
%X	현재 로케일에 따른 시간 표현	'17:00:00'
%%	% 문자 리터럴	'%'

4.2.8 시간대

datetime에서 시간대는 tzinfo의 서브클래스로 표현된다. tzinfo는 추상 기본 클래스이므로 애플리케이션은 서브클래스를 정의하고 유용하게 사용할 수 있는 몇 가지 메서드를 적절히 구현해야 한다.

datetime은 UTC에서의 고정 오프셋을 사용하는 **timezone** 클래스에서 다소 간단한 구현을 포함한다. 이런 구현은 서머타임이 적용되는 곳이나 시간이 지남에 따라 UTC에서의 오프셋이 변경되는 장소처럼 년 중 요일이 다른 날짜에 대한 오프셋 차이 값을 지원하지 않는다.

리스트 4.27: datetime_timezone.py

```
import datetime

min6 = datetime.timezone(datetime.timedelta(hours=-6))
plus6 = datetime.timezone(datetime.timedelta(hours=6))
d = datetime.datetime.now(min6)

print(min6, ':', d)
print(datetime.timezone.utc, ':',
    d.astimezone(datetime.timezone.utc))
print(plus6, ':', d.astimezone(plus6))

# 현재 시스템 시간대로 변환
d_system = d.astimezone()
print(d_system.tzinfo, '        :', d_system)
```

특정 시간대에서 다른 시간대로 datetime 값을 변환하려면 **astimezone()**을 사용한다. 위 예제는 UTC에서 양방향 6시간에 대한 각 시간대를 표시하며, **datetime.timezone**의 **utc** 인스턴스 역시 참조로 사용한다.

마지막 출력 행은 **astimezone()**을 인자 없이 호출해 얻은 시스템 시간대 값을 보여준다.

```
$ python3 datetime_timezone.py

UTC-06:00 : 2017-07-30 10:31:15.734286-06:00
UTC+00:00 : 2017-07-30 16:31:15.734286+00:00
UTC+06:00 : 2017-07-30 22:31:15.734286+06:00
EDT       : 2017-07-30 12:31:15.734286-04:00
```

> **참고**
>
> pytz(http://pytz.sourceforge.net/)는 시간대를 아주 잘 구현한 서드파티 모듈이다. pytz는 이름이 있는 시간대를 지원하고, 전 세계의 정치 단체가 변경 사항을 적용할 때 오프셋 데이터베이스를 최신 상태로 유지한다.

4.3 calendar: 날짜 관련 작업

calendar 모듈은 주어진 달이나 연도의 날짜를 계산하는 등의 작업을 하는 Calendar 클래스를 정의한다. 또한 TextCalendar와 HTMLCalendar 클래스는 미리 형식이 설정된 결과물을 만든다.

4.3.1 형식화 예제

prmonth() 메서드는 월에 관련된 형식화된 텍스트를 만들어주는 간단한 함수다.

리스트 4.28: calendar_textcalendar.py

```
import calendar

c = calendar.TextCalendar(calendar.SUNDAY)
c.prmonth(2017, 7)
```

이 예제는 TextCalendar가 미국식으로 일요일부터 한 주가 시작되도록 설정했다. 기본값은 유럽식으로 월요일에 시작되도록 설정돼 있다.

결과는 다음과 같다.

```
$ python3 calendar_textcalendar.py

     July 2017
Su Mo Tu We Th Fr Sa
                    1
 2  3  4  5  6  7  8
 9 10 11 12 13 14 15
16 17 18 19 20 21 22
23 24 25 26 27 28 29
30 31
```

HTMLCalendar와 formatmonth()로 HTML 테이블을 만들 수 있다. 결과물은 일반 텍스트와 비슷해 보이지만 HTML 태그로 둘러싸여 있다는 점이 다르다. 각 테이블 셀은 요일별로 클래스 속성을 지니고 있어 CSS로 스타일을 지정할 수 있다.

결과물의 형식을 기본값 이외의 것으로 지정해주려면 calendar를 사용해 날짜를 계산하고, 주와 월별 범위를 정리한 후 결과를 순환하며 사용한다. Calendar의 weekheader(), monthcalendar(), yeardays2calendar() 메서드는 이런 목적에 특히 유용하다.

yeardays2calendar()를 호출하면 '월별 열^{month row}' 시퀀스 리스트를 만든다. 각 리스트에는 주별로 리스트된 월이 들어있다. 주는 날짜(1~31)와 주간 번호(0~6)의 튜플이 리스트로 이뤄져 있다. 해당 달에 포함되지 않은 날짜는 0으로 표시된다.

리스트 4.29: calendar_yeardays2calendar.py

```
import calendar
import pprint

cal = calendar.Calendar(calendar.SUNDAY)

cal_data = cal.yeardays2calendar(2017, 3)
print('len(cal_data)      :', len(cal_data))

top_months = cal_data[0]
print('len(top_months)     :', len(top_months))

first_month = top_months[0]
print('len(first_month)    :', len(first_month))

print('first_month:')
```

```
pprint.pprint(first_month, width=65)
```

yeardays2calendar(2017, 3)을 호출하면 2017년의 자료를 반환하며 한 열에는 3개의 월이 들어간다.

```
$ python3 calendar_yeardays2calendar.py

len(cal_data)      : 4
len(top_months)    : 3
len(first_month)      : 5
first_month:
[[(1, 6), (2, 0), (3, 1), (4, 2), (5, 3), (6, 4), (7, 5)],
 [(8, 6), (9, 0), (10, 1), (11, 2), (12, 3), (13, 4), (14, 5)],
 [(15, 6), (16, 0), (17, 1), (18, 2), (19, 3), (20, 4), (21, 5)],
 [(22, 6), (23, 0), (24, 1), (25, 2), (26, 3), (27, 4), (28, 5)],
 [(29, 6), (30, 0), (31, 1), (0, 2), (0, 3), (0, 4), (0, 5)]]
```

이는 formatyear()에서 사용하는 자료와 같다.

리스트 4.30: calendar_formatyear.py

```
import calendar

cal = calendar.TextCalendar(calendar.SUNDAY)
print(cal.formatyear(2017, 2, 1, 1, 3))
```

같은 인자에 대한 formatyear()의 결과는 다음과 같다.

```
$ python3 calendar_formatyear.py

                             2017

      January               February               March
Su Mo Tu We Th Fr Sa  Su Mo Tu We Th Fr Sa  Su Mo Tu We Th Fr Sa
 1  2  3  4  5  6  7            1  2  3  4            1  2  3  4
 8  9 10 11 12 13 14   5  6  7  8  9 10 11   5  6  7  8  9 10 11
15 16 17 18 19 20 21  12 13 14 15 16 17 18  12 13 14 15 16 17 18
22 23 24 25 26 27 28  19 20 21 22 23 24 25  19 20 21 22 23 24 25
```

```
29 30 31               26 27 28            26 27 28 29 30 31

        April                 May                   June
Su Mo Tu We Th Fr Sa  Su Mo Tu We Th Fr Sa  Su Mo Tu We Th Fr Sa
                   1    1  2  3  4  5  6              1  2  3
 2  3  4  5  6  7  8    7  8  9 10 11 12 13    4  5  6  7  8  9 10
 9 10 11 12 13 14 15   14 15 16 17 18 19 20   11 12 13 14 15 16 17
16 17 18 19 20 21 22   21 22 23 24 25 26 27   18 19 20 21 22 23 24
23 24 25 26 27 28 29   28 29 30 31            25 26 27 28 29 30
30

        July                August              September
Su Mo Tu We Th Fr Sa  Su Mo Tu We Th Fr Sa  Su Mo Tu We Th Fr Sa
                   1       1  2  3  4  5              1  2
 2  3  4  5  6  7  8    6  7  8  9 10 11 12    3  4  5  6  7  8  9
 9 10 11 12 13 14 15   13 14 15 16 17 18 19   10 11 12 13 14 15 16
16 17 18 19 20 21 22   20 21 22 23 24 25 26   17 18 19 20 21 22 23
23 24 25 26 27 28 29   27 28 29 30 31         24 25 26 27 28 29 30
30 31

       October              November              December
Su Mo Tu We Th Fr Sa  Su Mo Tu We Th Fr Sa  Su Mo Tu We Th Fr Sa
 1  2  3  4  5  6  7          1  2  3  4                 1  2
 8  9 10 11 12 13 14    5  6  7  8  9 10 11    3  4  5  6  7  8  9
15 16 17 18 19 20 21   12 13 14 15 16 17 18   10 11 12 13 14 15 16
22 23 24 25 26 27 28   19 20 21 22 23 24 25   17 18 19 20 21 22 23
29 30 31               26 27 28 29 30         24 25 26 27 28 29 30
                                              31
```

day_name, day_abbr, month_name, month_abbr은 사용자 지정 형식(예, HTML에 링크를 붙이는 등)을 만들 때 편리하다. 이들 속성은 현재 로케일Locale에 맞도록 자동으로 설정된다.

4.3.2 로케일

현재 기본값 이외의 로케일로 포맷된 달력을 생성하려면 LocaleTextCalendar 또는 LocaleHTMLCalendar를 사용한다.

리스트 4.31: calendar_locale.py

```
import calendar

c = calendar.LocaleTextCalendar(locale='en_US')
c.prmonth(2017, 7)

print()

c = calendar.LocaleTextCalendar(locale='fr_FR')
c.prmonth(2017, 7)
```

해당 주의 첫째 날은 로케일 설정의 일부가 아니며, 값은 일반 **TextCalendar**와 마찬가지로 **calendar** 클래스에 대한 인자에서 가져온다.

```
$ python3 calendar_locale.py
     July 2017
Mo Tu We Th Fr Sa Su
               1  2
 3  4  5  6  7  8  9
10 11 12 13 14 15 16
17 18 19 20 21 22 23
24 25 26 27 28 29 30
31

    juillet 2017
Lu Ma Me Je Ve Sa Di
               1  2
 3  4  5  6  7  8  9
10 11 12 13 14 15 16
17 18 19 20 21 22 23
24 25 26 27 28 29 30
31
```

4.3.3 날짜 계산

일반적으로 calendar 모듈은 여러 형식으로 달력 전체를 출력하는 것이 주된 업무지만, 반복되는 기념일을 계산하는 등 날짜 관련 유용한 함수를 제공하기도 한다. 예를 들어 파이썬 애틀랜타 사용자 모임^{Python Atlanta User's Group}은 매월 둘째 주 목요일에 모임을 갖는다. 모임이 있는 연간 날짜를 모두 계산하고 싶을 때 monthcalendar()를 사용할 수 있다.

리스트 4.32: calendar_monthcalendar.py

```
import calendar
import pprint

pprint.pprint(calendar.monthcalendar(2017, 7))
```

날짜 값으로 0을 가진 부분이 보인다. 다른 월의 날짜가 겹쳐 있기 때문이다.

```
$ python3 calendar_monthcalendar.py

[[0, 0, 0, 0, 0, 1, 2],
 [3, 4, 5, 6, 7, 8, 9],
 [10, 11, 12, 13, 14, 15, 16],
 [17, 18, 19, 20, 21, 22, 23],
 [24, 25, 26, 27, 28, 29, 30],
 [31, 0, 0, 0, 0, 0, 0]]
```

한 주가 시작되는 요일은 기본적으로 월요일이다. setfirstweekday()를 호출해서 변경할 수 있지만, calendar 모듈은 monthcalendar()의 반환값에 인덱스로 접근할 수 있는 상수를 제공하기 때문에 이번 경우에는 생략하는 게 더 편리하다.

우선 모든 달의 두 번째 목요일이라는 가정하에 연중 그룹 미팅 날짜를 계산하려 한다. monthcalendar의 결과를 보고 어느 목요일에 날짜가 떨어지는지 보자. 이전 및 이후 월을 표시하는 플레이스홀더로 월의 맨 첫 주와 마지막 주는 0값이 날짜에 들어가 있다. 예를 들어 해당 월이 금요일에 시작된다면 첫째 주 목요일 위치 값은 0이 된다.

2011년의 모임 일자를 계산할 때 첫 번째 목요일에 0이 있는지 확인해야 한다. 첫 번째 주에 목요일이 포함돼 있는지 혹은 금요일 이후에 첫 주가 시작되는지 알아야 하기 때문이다.

```python
import calendar
import sys

year = int(sys.argv[1])

# 모든 월 보기
for month in range(1, 13):

    # 월이 중첩되는 모든 주의 날짜를 계산
    c = calendar.monthcalendar(year, month)
    first_week = c[0]
    second_week = c[1]
    third_week = c[2]

    # 첫 주에 목요일이 있으면 두 번째 목요일은 두 번째 주에 있다.
    # 그렇지 않으면 두 번째 목요일은
    # 반드시 세 번째 주에 있어야 한다.

    if first_week[calendar.THURSDAY]:
        meeting_date = second_week[calendar.THURSDAY]
    else:
        meeting_date = third_week[calendar.THURSDAY]

    print('{:>3}: {:>2}'.format(calendar.month_abbr[month], meeting_date))
```

결과적으로 계산된 미팅 일정은 다음과 같다.

```
$ python3 calendar_secondthursday.py 2017

Jan: 12
Feb:  9
Mar:  9
Apr: 13
May: 11
Jun:  8
Jul: 13
Aug: 10
Sep: 14
Oct: 12
Nov:  9
Dec: 14
```

팁 - 참고 자료

- calendar 표준 라이브러리 문서: https://docs.python.org/3.5/library/calendar.html
- time: 저수준 time 함수
- datetime: 타임스탬프와 시간대를 포함한 date 값 조작
- locale: 로케일 설정

5

수학 계산

범용 언어로서의 파이썬은 수학 문제를 해결하는 데 자주 사용된다. 정수와 부동소수점용 함수를 내장하고 있어 일반적인 애플리케이션의 기본 수학 문제를 해결하기에 적합하다. 표준 라이브러리는 좀 더 복잡한 계산을 위한 모듈도 제공한다.

파이썬 내장 부동소수점 숫자는 double을 사용한다. double은 대부분 프로그램에서 필요한 수학 문제를 해결하는 데 충분히 정확하지만 더욱 정교한 표현이 필요한 경우 decimal과 fraction 모듈이 유용하다. decimal과 fraction 모듈로 정밀한 계산을 할 수 있지만 내장 float보다 빠르진 않다.

random 모듈은 균일 분포 난수 생성기를 제공하며 일반적인 비균일 방식을 사용하는 함수도 제공한다.

math 모듈은 로그나 삼각함수 등의 고급 함수도 빠르게 계산할 수 있는 기능을 포함한다. 일반적으로 C 플랫폼에서 찾을 수 있는 IEEE 함수를 이 모듈에서 제공한다.

5.1 decimal: 고정, 부동소수점 계산

decimal 모듈은 프로그래머나 컴퓨터 하드웨어가 이해하기 쉬운 IEEE 부동소수점 버전의 구현이 아닌 일반인이 이해하기 쉬운 고정, 부동소수점 계산을 구현한다. Decimal 인스턴스는 모든 숫자를 정확히 표현하며, 반올림 혹은 반내림이나 큰 숫자에 제한을 적용할 수도 있다.

5.1.1 십진 연산

Decimal 클래스를 사용해 십진수 인스턴스를 표현할 수 있다. 생성자는 정수와 문자열 인자를 취한다. 부동소수점은 decimal을 생성하는 데 사용하기 전에 문자열로 변환될 수 있다. 이 방식을 사용하면 하드웨어 부동소수점 표현으로는 정확히 표현할 수 없는 값을 명시적으로 다룰 수 있다. 반대로 클래스 메서드 from_float()는 정확한 십진 표현으로 변환한다.

리스트 5.1: decimal_create.py

```
import decimal

fmt = '{0:<25} {1:<25}'
print(fmt.format('Input', 'Output'))
print(fmt.format('-' * 25, '-' * 25))

# 정수
print(fmt.format(5, decimal.Decimal(5)))

# 문자열
print(fmt.format('3.14', decimal.Decimal('3.14')))

# 부동소수점
f = 0.1
print(fmt.format(repr(f), decimal.Decimal(str(f))))
print('{:<0.23g} {:<25}'.format(f, str(decimal.Decimal.from_float(f))[:25]))
```

부동소수점 값 0.1이 바이너리상에 정확히 표현되지 않기 때문에 float로 표현한 값은 Decimal 값과 다르다. 결괏값에서는 다음처럼 문자 25개를 표시하고 나머지는 잘랐다.

```
$ python3 decimal_create.py

Input                     Output
------------------------- -------------------------
5                         5
3.14                      3.14
0.1                       0.1
0.1000000000000000055511120.1000000000000000055511
```

또한 Decimals는 튜플로도 생성할 수 있는데, 이 튜플은 부호 플래그(양수는 0, 음수는 1)와 숫자 tuple, 정수로 된 지수로 이뤄진다.

리스트 5.2: decimal_tuple.py

```python
import decimal

# 튜플
t = (1, (1, 1), -2)
print('Input  :', t)
print('Decimal:', decimal.Decimal(t))
```

튜플 기반 표현식은 만들기 조금 불편하지만 정확도를 유지하면서 값을 내보낼 때 간편히 사용할 수 있다. 이 튜플 형식은 네트워크로 전송할 수 있으며, 정확한 십진 값을 지원하지 않는 데이터베이스에 저장할 수 있고 추후 Decimal 인스턴스로 되돌릴 수 있다.

```
$ python3 decimal_tuple.py

Input   : (1, (1, 1), -2)
Decimal : -0.11
```

5.1.2 포매팅

Decimal은 파이썬의 문자열 형식 프로토콜string formatting protocol에 대응하며, 다른 숫자 타입과 마찬가지로 동일한 문법과 옵션을 사용한다.

리스트 5.3: decimal_format.py

```python
import decimal

d = decimal.Decimal(1.1)
print('Precision:')
print('{:.1}'.format(d))
print('{:.2}'.format(d))
print('{:.3}'.format(d))
```

```
print('{:.18}'.format(d))

print('\nWidth and precision combined:')
print('{:5.1f} {:5.1g}'.format(d, d))
print('{:5.2f} {:5.2g}'.format(d, d))
print('{:5.2f} {:5.2g}'.format(d, d))

print('\nZero padding:')
print('{:05.1}'.format(d))
print('{:05.2}'.format(d))
print('{:05.3}'.format(d))
```

형식 문자열^{format strings}은 출력할 때의 너비와 정확도(유효 자릿수), 너비를 어떻게 채울 지 등을 조절한다.

```
$ python3 decimal_format.py

Precision:
11.1
1.10
1.10000000000000009

Width and precision combined:
  1.1     1
 1.10   1.1
 1.10   1.1

Zero padding:
00001
001.1
01.10
```

5.1.3 산술 연산

Decimal은 일반 산술^{Arithmetic} 연산자를 오버로드한다. 따라서 인스턴스는 내장된 숫자 타입과 동일한 방식으로 계산된다.

리스트 5.4: decimal_operators.py

```python
import decimal

a = decimal.Decimal('5.1')
b = decimal.Decimal('3.14')
c = 4
d = 3.14

print('a    =', repr(a))
print('b    =', repr(b))
print('c    =', repr(c))
print('d    =', repr(d))
print()

print('a + b =', a + b)
print('a - b =', a - b)
print('a * b =', a * b)
print('a / b =', a / b)
print()

print('a + c =', a + c)
print('a - c =', a - c)
print('a * c =', a * c)
print('a / c =', a / c)
print()

print('a + d =', end=' ')
try:
    print(a + d)
except TypeError as e:
    print(e)
```

또한 Decimal 연산자는 정수를 인자로 취할 수도 있지만 부동소수점은 반드시 Decimal
인스턴스로 변환한 후 사용해야 한다.

```
$ python3 decimal_operators.py

a   = Decimal('5.1')
b   = Decimal('3.14')
c   = 4
d   = 3.14
```

```
a + b = 8.24
a - b = 1.96
a * b = 16.014
a / b = 1.6242038216560509554140127398

a + c = 9.1
a - c = 1.1
a * c = 20.4
a / c = 1.275

a + d = unsupported operand type(s) for +: 'decimal.Decimal' and 'float'
```

Decimal은 일반 산술 연산 외에도 상용로그, 자연로그용 메서드를 제공한다. `log10()`과 `ln()`이 반환하는 값이 Decimal 인스턴스이기 때문에 다른 값과 함께 공식에 바로 사용할 수 있다.

5.1.4 특수한 값

Decimal을 이용하면 일반 숫자 값뿐만 아니라 특수한 값special values도 표현할 수 있다. 특수한 값은 양과 음의 무한, 숫자가 아닌 값NaN, Not a Number, 0을 포함한다.

리스트 5.5: decimal_special.py

```python
import decimal

for value in ['Infinity', 'NaN', '0']:
    print(decimal.Decimal(value), decimal.Decimal('-' + value))
print()

# 무한대 다루기
print('Infinity + 1:', (decimal.Decimal('Infinity') + 1))
print('-Infinity + 1:', (decimal.Decimal('-Infinity') + 1))

# NaN 비교 후 출력
print(decimal.Decimal('NaN') == decimal.Decimal('Infinity'))
print(decimal.Decimal('NaN') != decimal.Decimal(1))
```

무한대 값에 어떤 수를 더해도 반환값은 무한대 값이다. NaN과 값이 같은지equality 비교하면 언제나 거짓을 반환하며, 다른지inequality 비교하면 언제나 참을 반환한다. NaN에 대한 정렬 순서 비교는 정의되지 않았으며, 에러가 발생한다.

```
$ python3 decimal_special.py

Infinity -Infinity
NaN -NaN
0 -0
Infinity + 1: Infinity
-Infinity + 1: -Infinity
False
True
```

5.1.5 콘텍스트

지금까지 살펴본 모든 예제는 decimal 모듈의 기본^{default} 동작 방식만 사용하고 있다. 하지만 정확도 설정이나 반올림 동작, 에러 처리 등의 설정을 오버라이드할 수 있으며, 이는 콘텍스트^{context}를 이용해 할 수 있다. 콘텍스트는 스레드나 작은 코드 영역에서 사용하는 모든 Decimal 인스턴스에 적용할 수 있다.

5.1.5.1 현재 콘텍스트

현재 전역 콘텍스트를 얻으려면 getcontext를 사용한다.

리스트 5.6: decimal_getcontext.py

```python
import decimal

context = decimal.getcontext()
print('Emax     =', context.Emax)
print('Emin     =', context.Emin)
print('capitals =', context.capitals)
print('prec     =', context.prec)
print('rounding =', context.rounding)
print('flags    =')
for f, v in context.flags.items():
    print('  {}: {}'.format(f, v))
```

```
print('traps    =')
for t, v in context.traps.items():
    print('  {}: {}'.format(t, v))
```

이 예제는 콘텍스트의 퍼블릭 속성^{public properties}을 보여준다.

```
$ python3 decimal_getcontext.py

Emax     = 999999
Emin     = -999999
capitals = 1
prec     = 28
rounding = ROUND_HALF_EVEN
flags    =
    <class 'decimal.InvalidOperation'>: False
    <class 'decimal.FloatOperation'>: False
    <class 'decimal.DivisionByZero'>: False
    <class 'decimal.Overflow'>: False
    <class 'decimal.Underflow'>: False
    <class 'decimal.Subnormal'>: False
    <class 'decimal.Inexact'>: False
    <class 'decimal.Rounded'>: False
    <class 'decimal.Clamped'>: False
traps    =
    <class 'decimal.InvalidOperation'>: True
    <class 'decimal.FloatOperation'>: False
    <class 'decimal.DivisionByZero'>: True
    <class 'decimal.Overflow'>: True
    <class 'decimal.Underflow'>: False
    <class 'decimal.Subnormal'>: False
    <class 'decimal.Inexact'>: False
    <class 'decimal.Rounded'>: False
    <class 'decimal.Clamped'>: False
```

5.1.5.2 정확도

콘텍스트의 **prec** 속성을 이용해 연산 결괏값의 정확도를 조절할 수 있다. 리터럴 값은 설명된 대로 유지된다.

리스트 5.7: decimal_precision.py

```python
import decimal

d = decimal.Decimal('0.123456')

for i in range(1, 5):
    decimal.getcontext().prec = i
    print(i, ':', d, d * 1)
```

정확도를 바꾸려면 속성에 1과 decimal.MAX_PREC 사이에 새 값을 할당한다.

```
$ python3 decimal_precision.py

1 : 0.123456 0.1
2 : 0.123456 0.12
3 : 0.123456 0.123
4 : 0.123456 0.1235
```

5.1.5.3 어림수

원하는 정확도를 유지하면서 어림수^{rounding}를 구하는 여러 옵션이 준비돼 있다.

- ROUND_CEILING: 항상 양의 방향으로 올림한다.

- ROUND_DOWN: 항상 0에 가까워지게 한다.

- ROUND_FLOOR: 항상 음의 방향으로 내림한다.

- ROUND_HALF_DOWN: 마지막 자릿수가 5 이상이면 음의 방향으로, 그 외에는 양의 방향으로 반올림한다.

- ROUND_HALF_EVEN: ROUND_HALF_DOWN과 동일하지만 값이 5인 경우에만 예외로 앞선 수를 살펴본다. 앞선 수가 짝수이면 내림하고 홀수면 올림한다.

- ROUND_HALF_UP: ROUND_HALF_DOWN과 동일하지만 마지막 자릿수가 5면 0에서 멀어지게 어림한다.

- **ROUND_UP**: 0에서 멀어지게 어림한다.

- **ROUND_05UP**: 마지막 자릿수가 0이나 5인 경우에만 0에서 멀어지게 어림하며, 그 외에는 0에 가까워지게 어림한다.

리스트 5.8: decimal_rounding.py

```
import decimal

context = decimal.getcontext()

ROUNDING_MODES = [
    'ROUND_CEILING',
    'ROUND_DOWN',
    'ROUND_FLOOR',
    'ROUND_HALF_DOWN',
    'ROUND_HALF_EVEN',
    'ROUND_HALF_UP',
    'ROUND_UP',
    'ROUND_05UP',
]

header_fmt = '{:10} ' + ' '.join(['{:^8}'] * 6)

print(header_fmt.format(
    ' ',
    '1/8 (1)', '-1/8 (1)',
    '1/8 (2)', '-1/8 (2)',
    '1/8 (3)', '-1/8 (3)',
))
for rounding_mode in ROUNDING_MODES:
    print('{0:10}'.format(rounding_mode.partition('_')[-1]), end=' ')
    for precision in [1, 2, 3]:
        context.prec = precision
        context.rounding - getattr(decimal, rounding_mode)
        value = decimal.Decimal(1) / decimal.Decimal(8)
        print('{0:^8}'.format(value), end=' ')
        value = decimal.Decimal(-1) / decimal.Decimal(8)
        print('{0:^8}'.format(value), end=' ')
    print()
```

이 프로그램은 같은 값에 대해 각 알고리즘이 어떤 효과가 있는지 보여준다.

```
$ python3 decimal_rounding.py

           1/8 (1)   -1/8 (1)   1/8 (2)   -1/8 (2)   1/8 (3)   -1/8 (3)
CEILING    0.2       -0.1       0.13      -0.12      0.125     -0.125
DOWN       0.1       -0.1       0.12      -0.12      0.125     -0.125
FLOOR      0.1       -0.2       0.12      -0.13      0.125     -0.125
HALF_DOWN  0.1       -0.1       0.12      -0.12      0.125     -0.125
HALF_EVEN  0.1       -0.1       0.12      -0.12      0.125     -0.125
HALF_UP    0.1       -0.1       0.13      -0.13      0.125     -0.125
UP         0.2       -0.2       0.13      -0.13      0.125     -0.125
05UP       0.1       -0.1       0.12      -0.12      0.125     -0.125
```

5.1.5.4 로컬 콘텍스트

with 구문을 사용하면 콘텍스트를 특정 코드 블록에 적용할 수 있다.

리스트 5.9: decimal_context_manager.py

```python
import decimal

with decimal.localcontext() as c:
    c.prec = 2
    print('Local precision:', c.prec)
    print('3.14 / 3 =', (decimal.Decimal('3.14') / 3))

print()
print('Default precision:', decimal.getcontext().prec)
print('3.14 / 3 =', (decimal.Decimal('3.14') / 3))
```

콘텍스트는 with 키워드와 함께 사용해서 콘텍스트 매니저 API를 지원한다. 따라서 설정 사항은 블록 안에서만 유효하다.

```
$ python3 decimal_context_manager.py

Local precision: 2
3.14 / 3 = 1.0

Default precision: 28
3.14 / 3 = 1.046666666666666666666666667
```

5.1.5.5 인스턴스별 콘텍스트

콘텍스트는 Decimal 인스턴스를 생성할 때도 사용할 수 있다. 콘텍스트를 상속받아 정확도와 어림수 인자를 사용하게 된다.

리스트 5.10: decimal_instance_context.py

```
import decimal

# 제한된 정확도로 콘텍스트를 준비
c = decimal.getcontext().copy()
c.prec = 3

# 상수 생성
pi = c.create_decimal('3.1415')

# 이 상수 값은 잘림
print('PI    :', pi)

# 전역 콘텍스트를 사용하는 상수를 사용한 결과
print('RESULT:', decimal.Decimal('2.01') * pi)
```

이렇게 하면 애플리케이션이 상수의 정확도를 사용자 데이터와 별개로 설정할 수 있다.

```
$ python3 decimal_instance_context.py

PI    : 3.14
RESULT: 6.3114
```

5.1.5.6 스레드

전역 콘텍스트global context는 사실 지역 스레드thread-local이기 때문에 개별 스레드는 각기 다른 값으로 설정할 수 있다.

리스트 5.11: decimal_thread_context.py

```
import decimal
import threading
from queue import PriorityQueue
```

```
class Multiplier(threading.Thread):
    def __init__(self, a, b, prec, q):
        self.a = a
        self.b = b
        self.prec = prec
        self.q = q
        threading.Thread.__init__(self)

    def run(self):
        c = decimal.getcontext().copy()
        c.prec = self.prec
        decimal.setcontext(c)
        self.q.put((self.prec, a * b))

a = decimal.Decimal('3.14')
b = decimal.Decimal('1.234')
# PriorityQueue는 정확도별로 정렬된 값을 반환한다
# 즉 스레드가 끝나는 순서와 상관 없다.
q = PriorityQueue()
threads = [Multiplier(a, b, i, q) for i in range(1, 6)]
for t in threads:
    t.start()

for t in threads:
    t.join()

for i in range(5):
    prec, value = q.get()
    print('{} {}'.format(prec, value))
```

이 예제는 특정 값을 사용해 콘텍스트를 생성한 후 스레드 내부에 설치한다.

```
$ python3 decimal_thread_context.py

1    4
2    3.9
3    3.87
4    3.875
5    3.8748
```

5.2 fractions: 유리수

Fraction 클래스는 numbers 모듈의 Rational에 정의된 API를 기반으로 유리수^{rational} ^{numbers} 관련 연산을 구현한다.

5.2.1 Fraction 인스턴스 생성

decimal 모듈과 같은 방식으로 새 값을 생성하는 방식에는 여러 가지가 있다. 그중 다음처럼 분자와 분모 값을 따로 생성하는 방법이 간단하다.

리스트 5.12: fractions_create_integers.py

```
import fractions

for n, d in [(1, 2), (2, 4), (3, 6)]:
    f = fractions.Fraction(n, d)
    print('{}/{} = {}'.format(n, d, f))
```

최소 공통분모$^{lowest\ common\ denominator}$는 새 값이 계산되는 대로 유지된다.

```
$ python3 fractions_create_integers.py

1/2 = 1/2
2/4 = 1/2
3/6 = 1/2
```

Fraction을 생성하는 또 다른 방법은 <분자> / <분모> 표현식을 이용하는 것이다.

리스트 5.13: fractions_create_strings.py

```
import fractions

for s in ['1/2', '2/4', '3/6']:
    f = fractions.Fraction(s)
    print('{} = {}'.format(s, f))
```

문자열은 파싱돼 분자와 분모 값을 찾아낸다.

```
$ python3 fractions_create_strings.py

1/2 = 1/2
2/4 = 1/2
3/6 = 1/2
```

문자열에는 더 보편적인 십진수나 소수점으로 숫자를 구분하는 부동소수점 값을 사용할 수도 있다.

float()로 파싱될 수 있고, NaN이나 무한 값을 표현하지 않는 모든 문자열을 지원한다.

리스트 5.14: fractions_create_strings_floats.py

```
import fractions

for s in ['0.5', '1.5', '2.0', '5e-1']:
    f = fractions.Fraction(s)
    print('{0:>4} = {1}'.format(s, f))
```

부동소수점으로 표현한 분자와 분모 값도 자동으로 계산된다.

```
$ python3 fractions_create_strings_floats.py

 0.5 = 1/2
 1.5 = 3/2
 2.0 = 2
5e-1 = 1/2
```

float나 Decimal 같은 다른 표현에서 Fraction 인스턴스를 직접 생성하는 클래스 메서드도 있다.

리스트 5.15: fractions_from_float.py

```
import fractions

for v in [0.1, 0.5, 1.5, 2.0]:
    print('{} = {}'.format(v, fractions.Fraction(v)))
```

정확히 표현할 수 없는 부동소수점 값은 예상치 못한 결괏값을 만들 수도 있다.

```
$ python3 fractions_from_float.py

0.1 = 3602879701896397/36028797018963968
0.5 = 1/2
1.5 = 3/2
2.0 = 2
```

Decimal 표현을 사용하면 예상대로 결괏값을 반환한다.

리스트 5.16: fractions_from_decimal.py

```
import decimal
import fractions

values = [
    decimal.Decimal('0.1'),
    decimal.Decimal('0.5'),
    decimal.Decimal('1.5'),
    decimal.Decimal('2.0'),
]

for v in values:
    print('{} = {}'.format(v, fractions.Fraction(v)))
```

Decimal의 내부 구현은 표준 부동소수점 표현과는 달리 정확도에 따른 에러가 발생하지 않는다.

```
$ python3 fractions_from_decimal.py

0.1 = 1/10
0.5 = 1/2
1.5 = 3/2
2.0 = 2
```

5.2.2 산술 연산

fraction이 일단 생성되면 수학 표현식에 사용할 수 있다.

리스트 5.17: fractions_arithmetic.py

```
import fractions

f1 = fractions.Fraction(1, 2)
f2 = fractions.Fraction(3, 4)

print('{} + {} = {}'.format(f1, f2, f1 + f2))
print('{} - {} = {}'.format(f1, f2, f1 - f2))
print('{} * {} = {}'.format(f1, f2, f1 * f2))
print('{} / {} = {}'.format(f1, f2, f1 / f2))
```

모든 표현 연산자를 지원한다.

```
$ python3 fractions_arithmetic.py

1/2 + 3/4 = 5/4
1/2 - 3/4 = -1/4
1/2 * 3/4 = 3/8
1/2 / 3/4 = 2/3
```

5.2.3 근삿값

Fraction의 또 다른 유용한 기능은 근삿값을 갖는 유리수로 부동소수점을 변환하는 것
이다.

리스트 5.18: fractions_limit_denominator.py

```python
import fractions
import math

print('PI      =', math.pi)

f_pi = fractions.Fraction(str(math.pi))
print('No limit=', f_pi)

for i in [1, 6, 11, 60, 70, 90, 100]:
    limited = f_pi.limit_denominator(i)
    print('{0:8} = {1}'.format(i, limited))
```

분수 값은 분모의 크기를 제한해서 조절할 수 있다.

```
$ python3 fractions_limit_denominator.py

PI      = 3.141592653589793
No limit = 3141592653589793/1000000000000000
       1 = 3
       6 = 19/6
      11 = 22/7
      60 = 179/57
      70 = 201/64
      90 = 267/85
     100 = 311/99
```

> **팁 − 참고 자료**
>
> - fractions 표준 라이브러리 문서: https://docs.python.org/3.5/library/fractions.html
> - decimal: decimal 모듈은 고정, 부동소수점 관련 수학 API를 제공
> - numbers: Numeric 추상 기반 클래스(https://pymotw.com/3/decimal/index.html#module−decimal)
> - fractions에 대한 파이썬 2에서 3으로의 포팅 노트

5.3 random: 의사 난수 생성기

random 모듈은 메르센 트위스터$^{Mersenne\ Twister}$ 알고리즘에 기반을 둔 빠른 의사 난수 생

성기를 제공한다. 원래 몬테카를로^{Monte Carlo} 실험에 사용하고자 개발된 메르센 트위스
터는 오랜 시간 동안 균일 분포^{uniform distribution}에 가까운 난수를 발생시키기 때문에 적용
할 수 있는 애플리케이션 범위가 넓다.

5.3.1 난수 생성

random() 함수는 생성된 시퀀스에서 다음에 나오는 부동소수점 난수를 반환한다. 모
든 값의 범위는 0 <= n < 1.0이다.

리스트 5.19: random_random.py

```
import random

for i in range(5):
    print('%04.3f' % random.random(), end=' ')
print()
```

프로그램을 연속적으로 실행하면 다른 결과가 나오는 것을 볼 수 있다.

```
$ python3 random_random.py

0.859 0.297 0.554 0.985 0.452

$ python3 random_random.py

0.797 0.658 0.170 0.297 0.593
```

특정 범위의 난수를 만들려면 uniform()을 사용한다.

리스트 5.20: random_uniform.py

```
import random

for i in range(5):
    print('{:04.3f}'.format(random.uniform(1, 100)), end=' ')
print()
```

최솟값과 최댓값을 전달하면 uniform()은 min + (max - min) * random()의 공식을 사

용해 결괏값을 조절한다.

```
$ python3 random_uniform.py

12.428 93.766 95.359 39.649 88.983
```

5.3.2 시딩

random()은 호출될 때마다 매번 다른 결과를 반환하고, 이 결과가 반복되기까지 매우 긴 시간이 소요된다. 이 방식은 독특한 난수를 만들 때는 유용하지만 같은 자료에 대해 여러 접근 방식을 제공해야 할 때도 있다. 난수를 발생시켜 저장하는 프로그램을 만들어 놓고 별도의 단계에서 접근하는 것도 하나의 방식이다. 하지만 자료가 매우 커지는 경우에는 이 방식을 사용하기 어렵다. 따라서 random()에는 의사 난수 발생기를 초기화해 예상할 수 있는 값을 만들어내도록 seed() 함수를 제공한다.

리스트 5.21: random_seed.py

```
import random
random.seed(1)

for i in range(5):
    print('{:04.3f}'.format(random.random()), end=' ')
print()
```

시드 값은 공식에 의해 생성되는 첫 번째 난수 값을 조절한다. 그리고 공식이 변하지 않기 때문에 이후 발생하는 모든 난수에도 영향을 미친다. 해시 가능한 모든 객체를 seed() 함수에 인자로 전달할 수 있다. 기본값은 플랫폼에 설정된 값을 따르며, 이 값이 없는 경우에는 현재 시간을 사용한다.

```
$ python3 random_seed.py

0.134 0.847 0.764 0.255 0.495

$ python3 random_seed.py
```

0.134 0.847 0.764 0.255 0.495

5.3.3 상태 저장

random()이 사용하는 의사 난수 알고리즘의 내부 상태는 저장 가능하기 때문에 연달아 실행되는 프로그램에서 생성하는 난수를 조절할 수 있다. 이전 상태를 저장해 놓고 난수를 발생시킬 때 불러와 사용한다면 같은 순서의 난수를 발생시키는 것도 가능하다. 상태는 setstate()로 저장하고 getstate()를 이용해 불러와 초기화할 수 있다.

리스트 5.22: random_state.py

```python
import random
import os
import pickle

if os.path.exists('state.dat'):
    # 미리 저장된 상태로 되돌린다.
    print('Found state.dat, initializing random module')
    with open('state.dat', 'rb') as f:
        state = pickle.load(f)
    random.setstate(state)
else:
    # 잘 알려진 시작 상태를 사용한다.
    print('No state.dat, seeding')
    random.seed(1)

# 난수 값을 생성한다.
for i in range(3):
    print('{:04.3f}'.format(random.random()), end=' ')
print()

# 다음번을 위해 상태를 저장한다.
with open('state.dat', 'wb') as f:
    pickle.dump(random.getstate(), f)

# 난수 값을 더 생성한다.
print('\nAfter saving state:')
for i in range(3):
    print('{:04.3f}'.format(random.random()), end=' ')
```

```
print()
```

getstate()가 반환하는 자료는 구현에 대한 상세 정보이기 때문에 이 예제는 pickle을 사용해 파일에 자료를 저장하며 블랙박스로 간주한다. 프로그램이 시작할 때 저장된 자료가 있으면 이전 상태를 불러와 설정한 후 진행한다. 실행할 때마다 상태를 저장하기 전과 후에 난수를 발생시켜 난수 발생기가 동일한 값을 발생시키는지 보여준다.

```
$ python3 random_state.py

No state.dat, seeding
0.134 0.847 0.764

After saving state:
0.255 0.495 0.449

$ python3 random_state.py

Found state.dat, initializing random module
0.255 0.495 0.449

After saving state:
0.652 0.789 0.094
```

5.3.4 임의 정수

random()은 부동소수점 수를 생성한다. 정수로 변환하는 것도 가능하지만 randint()를 사용하는 방법이 더 편리하다.

리스트 5.23: random_randint.py

```
import random

print('[1, 100]:', end=' ')

for i in range(3):
    print(random.randint(1, 100), end=' ')

print('\n[-5, 5]:', end=' ')
for i in range(3):
```

```
    print(random.randint(-5, 5), end=' ')
print()
```

randint()의 인자에는 만들 값의 범위를 넣는다. 이 값은 음수나 양수 모두 가능하지만 첫 번째 값이 두 번째 값보다 작아야 한다.

```
$ python3 random_randint.py

[1, 100]: 98 75 34
[-5, 5]: 4 0 5
```

범위에서 값을 생성할 때 좀 더 일반적인 방법으로 randrange()를 사용한다.

리스트 5.24: random_randrange.py

```
import random

for i in range(3):
    print(random.randrange(0, 101, 5), end=' ')
print()
```

randrange()는 시작 값과 끝 값 이외에 step 인자를 지원하기 때문에 range(start, stop, step)에서 무작위로 숫자를 선택하는 것과 완전히 동일하다. 하지만 randrange()를 사용하면 범위^{range}가 실제로 생성되지 않으므로 더 효율적이다.

```
$ python3 random_randrange.py

15 20 85
```

5.3.5 임의의 항목 선택

난수 생성기의 일반적인 용도 중 하나는 주어진 시퀀스 자료에서 하나의 항목을 선택하는 것이다. 심지어 이 항목이 숫자가 아닐 때도 해당된다. 특정 시퀀스에서 임의의 항목을 선택할 목적으로 random에는 choice() 함수가 준비돼 있다. 이번 예제에서는 동전을 10,000번 던져 앞면과 뒷면이 몇 번씩 나오는지 카운트할 것이다.

리스트 5.25: random_choice.py

```python
import random
import itertools

outcomes = {
    'heads' : 0,
    'tails' : 0,
}

sides = list (outcomes.keys())

for i in range (10000):
    outcomes[random.choice(sides)] += 1

print ( 'Heads:', outcomes['heads'])
print ( 'Tails:', outcomes['tails'])
```

이 프로그램에는 딱 두 개의 결과만 있기 때문에 숫자를 만들어 변환하기보다 choice(), heads, tails를 함께 사용했다. 결괏값은 단어를 키로 하는 딕셔너리에 저장했다.

```
$ python3 random_choice.py

Heads: 5091
Tails: 4909
```

5.3.6 순열

카드 게임을 시뮬레이션하려면 카드를 섞고 같은 카드가 중복되지 않도록 나눠줘야한다. choice()를 사용하면 같은 카드가 중복될 확률이 높다. 따라서 shuffle()로 카드를 섞은 후 나눠줄 때 삭제하는 방식을 사용한다.

리스트 5.26: random_shuffle.py

```python
import random
import itertools
```

```python
FACE_CARDS = ('J', 'Q', 'K', 'A')
SUITS = ('H', 'D', 'C', 'S')

def new_deck():
    return [
        # 항상 값으로 두 곳을 사용해서
        # 문자열이 일관된 width를 가진다.
        '{:>2}{}'.format(*c)
        for c in itertools.product(
            itertools.chain(range(2, 11), FACE_CARDS), SUITS,
        )
    ]

def show_deck(deck):
    p_deck = deck[:]
    while p_deck:
        row = p_deck[:13]
        p_deck = p_deck[13:]
        for j in row:
            print(j, end=' ')
        print()

# 순서대로인 카드를 갖고 새로운 덱을 만든다.
deck = new_deck()
print('Initial deck:')
show_deck(deck)

# 순서를 없애기 위해 덱을 섞는다.
random.shuffle(deck)
print('\nShuffled deck:')
show_deck(deck)

# 5장씩 4핸드를 나눠준다.
hands = [[], [], [], []]
for i in range(5):
    for h in hands:
        h.append(deck.pop())

# 핸드를 보여준다.
print('\nHands:')
for n, h in enumerate(hands):
    print('{}:'.format(n + 1), end=' ')
    for c in h:
```

```
        print(c, end=' ')
    print()

# 남은 덱을 보여준다.
print('\nRemaining deck:')
show_deck(deck)
```

카드는 숫자^{face}와 모양^{suit}을 튜플에 담아 나타냈다. 나눠준 카드는 네 개의 리스트 중
하나에 넣고 덱에서 삭제함으로써 같은 카드가 두 번 중복되지 않게 했다.

```
$ python3 random_shuffle.py

Initial deck:
2H   2D   2C   2S   3H   3D   3C   3S   4H   4D   4C   4S   5H
5D   5C   5S   6H   6D   6C   6S   7H   7D   7C   7S   8H   8D
8C   8S   9H   9D   9C   9S  10H  10D  10C  10S   JH   JD   JC
JS   QH   QD   QC   QS   KH   KD   KC   KS   AH   AD   AC   AS

Shuffled deck:
QD   8C   JD   2S   AC   2C   6S   6D   6C   7H   JC   QS   QC
KS   4D  10C   KH   5S   9C  10S   5C   7C   AS   6H   3C   9H
4S   7S  10H   2D   8S   AH   9S   8H   QH   5D   5H   KD   8D
10D  4C   3S   3H   7D   AD   4H   9D   3D   2H   KC   JH   JS

Hands:
1:   JS   3D   7D  10D   5D
2:   JH   9D   3H   8D   QH
3:   KC   4H   3S   KD   8H
4:   2H   AD   4C   5H   9S

Remaining deck:
QD   8C   JD   2S   AC   2C   6S   6D   6C   7H   JC   QS   QC
KS   4D  10C   KH   5S   9C  10S   5C   7C   AS   6H   3C   9H
4S   7S  10H   2D   8S   AH
```

5.3.7 샘플링

시뮬레이션할 때 무작위로 샘플을 뽑아내는 경우가 많다. sample() 함수는 입력 시퀀
스를 수정하지 않으면서 선택에 중복이 발생하지 않도록 샘플링한다. 이번 예제는 시

스템 딕셔너리^{system dictionary}에 포함된 단어에서 무작위 샘플을 선택해 출력한다.

리스트 5.27: random_sample.py

```python
import random

with open('/usr/share/dict/words', 'rt') as f:
    words = f.readlines()
words = [w.rstrip() for w in words]

for w in random.sample(words, 5):
    print(w)
```

이 알고리즘은 입력값의 크기와 요청한 샘플의 크기를 고려해 가장 효율적으로 작업을 수행한다.

```
$ python3 random_sample.py

streamlet
impestation
violaquercitrin
mycetoid
plethoretical

$ python3 random_sample.py

nonseditious
empyemic
ultrasonic
Kyurinish
amphide
```

5.3.8 동시에 여러 생성자 사용

모듈 레벨의 함수뿐 아니라 random에는 Random 클래스가 있는데, 난수 생성기의 내부 상태를 관리한다. 여태 살펴본 모든 함수는 Random 인스턴스의 메서드로 사용할 수 있고, 각 인스턴스는 다른 인스턴스의 반환값에 영향을 받지 않으면서 따로 초기화하고 사용할 수 있다.

random_random_class.py

```
import random
import time

print('Default initializiation:\n')

r1 = random.Random()
r2 = random.Random()

for i in range(3):
    print('{:04.3f}  {:04.3f}'.format(r1.random(), r2.random()))

print('\nSame seed:\n')

seed = time.time()
r1 = random.Random(seed)
r2 = random.Random(seed)

for i in range(3):
    print('{:04.3f}  {:04.3f}'.format(r1.random(), r2.random()))
```

난수 값 시딩^{seeding}이 잘 돼 있는 시스템에서는 각 인스턴스가 서로 다른 상태^{unique states}로 시작한다. 하지만 플랫폼의 난수 생성기가 좋지 않은 경우에는 현재 시간을 시딩 값으로 사용할 확률이 높으며, 이 경우 같은 값을 생성하게 된다.

```
$ python3 random_random_class.py

Default initializiation:

0.862  0.390
0.833  0.624
0.252  0.080

Same seed:

0.466  0.466
0.682  0.682
0.407  0.407
```

5.3.9 SystemRandom

일부 운영체제에서는 더 많은 엔트로피^{entropy} 소스에 접근해 난수를 생성할 수 있다. random은 SystemRandom 클래스를 통해 이러한 기능에 접근할 수 있다. 이 클래스는 Random과 동일한 API를 제공하지만 os.urandom()을 사용해 다른 모든 알고리즘을 기반으로 값을 생성한다.

리스트 5.29: random_system_random.py

```
import random
import time

print('Default initializiation:\n')

r1 = random.SystemRandom()
r2 = random.SystemRandom()

for i in range(3):
    print('{:04.3f}  {:04.3f}'.format(r1.random(), r2.random()))

print('\nSame seed:\n')

seed = time.time()
r1 = random.SystemRandom(seed)
r2 = random.SystemRandom(seed)

for i in range(3):
    print('{:04.3f}  {:04.3f}'.format(r1.random(), r2.random()))
```

SystemRandom으로 생성된 시퀀스는 다시 만드는 것이 불가능한데, 이는 소프트웨어 상태가 아닌 시스템에서 난수를 만들기 때문이다. 소프트웨어 상태와 관련된 seed()와 setstate()는 사실상 아무 효과가 없다.

```
$ python3 random_system_random.py

Default initializiation:

0.110  0.481
0.624  0.350
0.378  0.056

Same seed:
```

```
0.634  0.731
0.893  0.843
0.065  0.177
```

5.3.10 비균일 분포

random()이 생성하는 균일 분포^{uniform distributions} 값이 쓰이는 곳이 많지만, 특정 상황에서는 비균일 분포^{non-uniform distributions}가 필요하기도 하다. random 모듈은 이런 분포를 위한 함수를 제공한다. 이런 분포는 매우 복잡한 예제에 유용한 경우가 많기 때문에 여기서 세세한 부분까지 다루지는 않는다.

5.3.10.1 정규

정규 분포는 일반적으로 성적, 키, 몸무게 같은 비균일 연속 값에 쓰인다. 이 분포가 만들어내는 곡선은 특이한 모양이 되며 종형 곡선^{bell curve}이라 불린다. random은 정규 분포를 위한 두 가지 함수로 normalvariate()와 좀 더 빠른 gauss()를 제공한다. 정규 분포는 종종 가우시안^{Gaussian} 분포라 불리기도 한다.

관련 함수인 lognormvariate()는 로그 값이 정규 분포되는 의사 난수 값을 생성한다. 로그 정규 분포는 서로 영향을 주지 않는 난수 값에 유용하게 사용할 수 있다.

5.3.10.2 근사

삼각^{triangular} 분포는 표본수가 작을 때 근사 분포로 사용한다. 삼각 분포의 곡선에서 최소와 최댓값에서는 낮은 포인트를 갖고, 확률상 가장 높은 결괏값(triangular()의 mode 인자가 반영하는)을 기반으로 한 최빈값에서는 높은 포인트를 가진다.

5.3.10.3 지수

expovariate()는 지수 분포를 생성한다. 방사선 붕괴 속도나 웹 서버에 들어오는 요청 같은 푸아송^{Poisson} 과정의 도착 시간이나 시간 간격을 시뮬레이션할 때 유용하다.

파레토[Pareto] 혹은 멱법칙[power law] 분포는 관측할 수 있는 많은 현상과 맞아 떨어지며, 크리스 앤더슨[Chris Anderson]에 의해 롱테일[long tail]이란 이름으로 유명해졌다. paretovariate() 함수는 개인에게 리소스가 할당되는 경우를 시뮬레이션할 때 유용하다(사람들의 재력, 음악가에 대한 수요, 블로그의 인기 등).

5.3.10.4 Angular

폰 미제스[von Mises] 혹은 원형 정규 분포(vonmisesvariate()로 생성)는 각도, 날짜, 시간과 같은 순환하는 값의 확률을 계산할 때 사용한다.

5.3.10.5 크기

betavariate()는 베이지안[Bayesian] 통계와 지속시간[duration]을 모델링하는 애플리케이션에 주로 사용하는 베타 분포를 생성한다.

감마 분포는 gammavariate()로 생성하고, 사물의 크기, 기다리는 시간, 강수량, 계산 착오 등을 모델링할 때 사용한다.

베이불[Weibull] 분포는 weibullvariate()로 생성하며, 장애 분석, 산업 공학, 일기 예보에 사용한다. 이 분포는 입자나 다른 흩어진 물체[discrete objects]의 크기 분포를 설명한다.

> **팁 - 참고 자료**
>
> - random 표준 라이브러리 문서: https://docs.python.org/3.5/library/random.html
> - Mersenne Twister: A 623차원으로 분배된 균일 의사 난수 생성기: 모델링 및 컴퓨터 시뮬레이션에 대한 ACM 트랜잭션 Vol. 8, No. 1, January 1998. pp.3-30. M. Matsumoto와 T. Nishimura의 기사
> - 위키피디아: Mersenne Twister(https://en.wikipedia.org/wiki/Mersenne_twister): 파이썬에서 사용하는 의사 난수 생성기 알고리즘에 관한 기사
> - 위키피디아: 균등 분포(https://en.wikipedia.org/wiki/Uniform_distribution_(continuous)): 통계의 연속 균등 분포에 대한 기사

5.4 math: 수학 함수

math 모듈은 수많은 IEEE 함수를 구현하는데 대개 부동소수점, 로그, 삼각함수 등 복잡

한 수학 연산을 하는 C 라이브러리 플랫폼에서 찾아볼 수 있다.

5.4.1 특별 상수

수학 계산에는 특별 상수가 필요한 경우가 많다. math는 π(pi), e, nan(not a number), 무한대^{infinity}를 제공한다.

리스트 5.30: math_constants.py

```
import math

print('  π: {:.30f}'.format(math.pi))
print('  e: {:.30f}'.format(math.e))
print('nan: {:.30f}'.format(math.nan))
print('inf: {:.30f}'.format(math.inf))
```

π와 e 값은 부동소수점 C 라이브러리 플랫폼에 따라 정확도가 제한된다.

```
$ python3 math_constants.py

  π: 3.141592653589793115997963468544
  e: 2.718281828459045090795598298428
nan: nan
inf: inf
```

5.4.2 예외 값 테스트

부동소수점 계산은 두 가지 예외 값을 만들 수 있다. 첫 번째는 inf(무한대)로, 절댓값이 큰 부동소수점 값을 double에 저장하는 경우 발생한다.

리스트 5.31: math_isinf.py

```
import math

print('{:^3} {:6} {:6} {:6}'.format('e', 'x', 'x**2', 'isinf'))
print('{:-^3} {:-^6} {:-^6} {:-^6}'.format('', '', '', ''))
```

```
for e in range(0, 201, 20):
    x = 10.0 ** e
    y = x * x
    print('{:3d} {:<6g} {:<6g} {!s:6}'.format(e, x, y, math.isinf(y),))
```

이 예제는 지수가 매우 크게 증가하기 때문에 x의 제곱이 double 안에 들어갈 수 없게
된다. 따라서 무한 값이 발생한다.

```
$ python3 math_isinf.py

  e x        x**2    isinf
--- ------   ------  ------
  0 1        1       False
 20 1e+20    1e+40   False
 40 1e+40    1e+80   False
 60 1e+60    1e+120  False
 80 1e+80    1e+160  False
100 1e+100   1e+200  False
120 1e+120   1e+240  False
140 1e+140   1e+280  False
160 1e+160   inf     True
180 1e+180   inf     True
200 1e+200   inf     True
```

모든 부동소수점이 오버플로로 인해 inf 값이 되지는 않는다. 하지만 특별히 부동소수
점 값에 지수를 붙여 계산하면 inf 대신 OverflowError가 발생한다.

리스트 5.32: math_overflow.py

```
x = 10.0 ** 200

print('x    =', x)
print('x*x  =', x * x)
print('x**2 =', end=' ')
try:
    print(x ** 2)
except OverflowError as err:
    print(err)
```

C 파이썬에서 사용하는 라이브러리의 구현 차이로 인해 이런 불일치가 발생한다.

```
$ python3 math_overflow.py
x    = 1e+200
x*x  = inf
x**2 = (34, 'Result too large')
```

무한대 값을 나누는 연산은 정의돼 있지 않다. 무한대 값으로 숫자를 나누면 nan(not a number)이 된다.

리스트 5.33: math_isnan.py

```
import math

x = (10.0 ** 200) * (10.0 ** 200)
y = x / x

print('x =', x)
print('isnan(x) =', math.isnan(x))
print('y = x / x =', x / x)
print('y == nan =', y == float('nan'))
print('isnan(y) =', math.isnan(y))
```

nan은 어떠한 수와도 비교할 수 없다. nan끼리와의 비교조차 불가하다. 따라서 nan을 비교할 때는 isnan()을 쓰자.

```
$ python3 math_isnan.py
x = inf
isnan(x) = False
y = x / x = nan
y == nan = False
isnan(y) = True
```

일반수인지 혹은 inf나 nan에 해당하는 특별한 수인지 검사할 때는 isfinite()를 사용한다.

```
import math

for f in [0.0, 1.0, math.pi, math.e, math.inf, math.nan]:
    print('{:5.2f} {!s}'.format(f, math.isfinite(f)))
```

isfinite()는 inf나 nan의 경우에 False를 반환하고 그 밖의 경우에는 True를 반환한다.

```
$ python3 math_isfinite.py
 0.00 True
 1.00 True
 3.14 True
 2.72 True
  inf False
  nan False
```

5.4.3 비교

부동소수점 값들 간의 비교에는 에러가 쉽게 발생할 수 있으며, 계산의 각 단계에서 숫자 표현 방법으로 인한 잠재적 에러가 발생할 수 있다. isclose() 함수는 안정적인 알고리즘을 사용해 이러한 에러를 최소화하고 상대 비교뿐 아니라 절대 비교를 위한 방법을 제공한다. 사용된 공식은 다음과 같다.

```
abs(a-b) <= max(rel_tol * max(abs(a), abs(b)), abs_tol)
```

기본적으로 isclose()는 1e-09로 설정된 허용 오차tolerance를 사용해 상대 비교를 한다. 이는 값들 간의 차이가 a와 b 사이의 더 큰 절댓값의 1e-09배보다 작거나 동등해야 한다는 말이다. isclose()에 키워드 인자 rel_tol을 전달하면 허용 오차가 바뀐다. 이 예제에서 값은 서로 10% 이내여야 한다.

리스트 5.35: math_isclose.py

```
import math
```

```
INPUTS = [
    (1000, 900, 0.1),
    (100, 90, 0.1),
    (10, 9, 0.1),
    (1, 0.9, 0.1),
    (0.1, 0.09, 0.1),
]
print('{:^8} {:^8} {:^8} {:^8} {:^8} {:^8}'.format(
    'a', 'b', 'rel_tol', 'abs(a-b)', 'tolerance', 'close')
)
print('{:-^8} {:-^8} {:-^8} {:-^8} {:-^8} {:-^8}'.format( '-', '-', '-', '-', '-', '-'), )

fmt = '{:8.2f} {:8.2f} {:8.2f} {:8.2f} {:8.2f} {!s:>8}'

for a, b, rel_tol in INPUTS:
    close = math.isclose(a, b, rel_tol=rel_tol)
    tolerance = rel_tol * max(abs(a), abs(b))
    abs_diff = abs(a - b)
    print(fmt.format(a, b, rel_tol, abs_diff, tolerance, close))
```

0.1을 표현할 때 발생하는 에러로 인해 0.1과 0.09의 비교 작업은 실패한다.

```
$ python3 math_isclose.py

   a        b      rel_tol  abs(a-b) tolerance  close
-------- -------- -------- -------- -------- --------
 1000.00   900.00     0.10   100.00   100.00    True
  100.00    90.00     0.10    10.00    10.00    True
   10.00     9.00     0.10     1.00     1.00    True
    1.00     0.90     0.10     0.10     0.10    True
    0.10     0.09     0.10     0.01     0.01   False
```

고정 또는 '절대' 허용 오차를 사용하려면 rel_tol 대신 abs_tol을 전달하자.

리스트 5.36: math_isclose_abs_tol.py

```
import math

INPUTS = [
```

```
    (1.0, 1.0 + 1e-07, 1e-08),
    (1.0, 1.0 + 1e-08, 1e-08),
    (1.0, 1.0 + 1e-09, 1e-08),
]

print('{:^8} {:^11} {:^8} {:^10} {:^8}'.format('a', 'b', 'abs_tol', 'abs(a-b)', 'close') )
print('{:-^8} {:-^11} {:-^8} {:-^10} {:-^8}'.format('-', '-', '-', '-', '-'), )

for a, b, abs_tol in INPUTS:
    close = math.isclose(a, b, abs_tol=abs_tol)
    abs_diff = abs(a - b)
    print('{:8.2f} {:11} {:8} {:0.9f} {!s:>8}'.format(a, b, abs_tol, abs_diff, close))
```

절대 공차^{absolute tolerance}의 경우 입력값의 차이가 주어진 공차보다 작아야 한다.

```
$ python3 math_isclose_abs_tol.py

    a          b       abs_tol    abs(a-b)     close
--------  -----------  --------  ----------  --------
    1.00   1.0000001    1e-08    0.000000100    False
    1.00   1.00000001   1e-08    0.000000010     True
    1.00   1.000000001  1e-08    0.000000001     True
```

특별한 경우에 사용하는 nan과 inf가 있다

리스트 5.37: math_isclose_inf.py

```
import math

print('nan, nan:', math.isclose(math.nan, math.nan))
print('nan, 1.0:', math.isclose(math.nan, 1.0))
print('inf, inf:', math.isclose(math.inf, math.inf))
print('inf, 1.0:', math.isclose(math.inf, 1.0))
```

nan은 자신을 포함해 다른 어떠한 수와도 비슷하지 않다. inf와 가까운 유일한 수는 inf 자신이다.

```
$ python3 math_isclose_inf.py
```

```
nan, nan: False
nan, 1.0: False
inf, inf: True
inf, 1.0: False
```

5.4.4 부동소수점 값을 정수로 변환

math 모듈에는 부동소수점 값을 정수로 변환할 수 있는 세 가지 함수가 있다. 각 함수는 다른 접근 방식으로, 각 상황에 따라 유용하게 사용할 수 있다.

가장 단순한 것은 trunc()로, 소수점 이하의 자릿수를 자르고 값의 정수 부분을 구성하는 유효 자릿수만 남겨둔다. floor()는 입력값에 대한 내림 값을 생성하고 ceil()은 올림한 정수 값을 생성한다.

리스트 5.38: math_integers.py

```python
import math

HEADINGS = ('i', 'int', 'trunk', 'floor', 'ceil')
print('{:^5} {:^5} {:^5} {:^5} {:^5}'.format(*HEADINGS))
print('{:-^5} {:-^5} {:-^5} {:-^5} {:-^5}'.format('', '', '', '', '', ))

fmt = '{:5.1f} {:5.1f} {:5.1f} {:5.1f} {:5.1f}'

TEST_VALUES = [
    -1.5,
    -0.8,
    -0.5,
    -0.2,
    0,
    0.2,
    0.5,
    0.8,
    1,
]

for i in TEST_VALUES:
    print(fmt.format(
```

```
        i,
        int(i),
        math.trunc(i),
        math.floor(i),
        math.ceil(i),
    ))
```

`trunc()`는 int로 직접 변환하는 것과 동일하다.

```
$ python3 math_integers.py

   i    int  trunk floor  ceil
----- ----- ----- ----- -----
 -1.5  -1.0  -1.0  -2.0  -1.0
 -0.8   0.0   0.0  -1.0   0.0
 -0.5   0.0   0.0  -1.0   0.0
 -0.2   0.0   0.0  -1.0   0.0
  0.0   0.0   0.0   0.0   0.0
  0.2   0.0   0.0   0.0   1.0
  0.5   0.0   0.0   0.0   1.0
  0.8   0.0   0.0   0.0   1.0
  1.0   1.0   1.0   1.0   1.0
```

5.4.5 부동소수점 값의 대체 표현 방식

`modf()`는 하나의 부동소수점 숫자를 취해 입력값의 소수 부분과 정수 부분을 포함하는 튜플을 반환한다.

리스트 5.39: math_modf.py

```
import math

for i in range(6):
    print('{}/2 = {}'.format(i, math.modf(i / 2.0)))
```

반환되는 두 값 모두 floats다.

```
$ python3 math_modf.py

0/2 = (0.0, 0.0)
1/2 = (0.5, 0.0)
2/2 = (0.0, 1.0)
3/2 = (0.5, 1.0)
4/2 = (0.0, 2.0)
5/2 = (0.5, 2.0)
```

frexp()는 부동소수점 값의 가수[mantissa]와 지수[exponent]를 반환하고 더 간편한 표현을 만
드는 데 사용할 수 있다.

리스트 5.40: math_frexp.py

```
import math

print('{:^7} {:^7} {:^7}'.format('x', 'm', 'e'))
print('{:-^7} {:-^7} {:-^7}'.format('', '', ''))

for x in [0.1, 0.5, 4.0]:
    m, e = math.frexp(x)
    print('{:7.2f} {:7.2f} {:7d}'.format(x, m, e))
```

frexp()는 x = m * 2 ** e 공식을 사용하고 m과 e 값을 반환한다.

```
$ python3 math_frexp.py

   x       m       e
------- ------- -------
   0.10    0.80      -3
   0.50    0.50       0
   4.00    0.50       3
```

ldexp()는 frexp()의 역이다.

리스트 5.41: math_ldexp.py

```
import math
```

```
print('{:^7} {:^7} {:^7}'.format('m', 'e', 'x'))
print('{:-^7} {:-^7} {:-^7}'.format('', '', ''))

INPUTS = [
    (0.8, -3),
    (0.5, 0),
    (0.5, 3),
]

for m, e in INPUTS:
    x = math.ldexp(m, e)
    print('{:7.2f} {:7d} {:7.2f}'.format(m, e, x))
```

frexp()와 같은 공식을 사용하는 ldexp()는 가수와 지수 값을 인자로 취해 부동소수점 수를 반환한다.

```
$ python3 math_ldexp.py

   m       e       x
------- ------- -------
   0.80      -3    0.10
   0.50       0    0.50
   0.50       3    4.00
```

5.4.6 양과 음의 부호

특정한 수에 절댓값을 취하면 부호가 없어진다. 부동소수점 값의 절댓값을 계산할 때는 fabs()를 사용한다.

리스트 5.42: math_fabs.py

```
import math

print(math.fabs(-1.1))
print(math.fabs(-0.0))
print(math.fabs(0.0))
print(math.fabs(1.1))
```

실용적인 측면에서 float의 절댓값은 양수로 표시된다.

```
$ python3 math_fabs.py

1.1
0.0
0.0
1.1
```

값의 부호를 알아내야 할 때, 여러 값에 같은 부호를 할당할 때, 두 값을 비교할 때는 copysign()을 사용해 이미 알고 있는 값에 부호를 설정할 수 있다.

리스트 5.43: math_copysign.py

```
import math

HEADINGS = ('f', 's', '< 0', '> 0', '= 0')
print('{:^5} {:^5} {:^5} {:^5} {:^5}'.format(*HEADINGS))
print('{:-^5} {:-^5} {:-^5} {:-^5} {:-^5}'.format('', '', '', '', '', ))

VALUES = [
    -1.0,
    0.0,
    1.0,
    float('-inf'),
    float('inf'),
    float('-nan'),
    float('nan'),
]

for f in VALUES:
    s = int(math.copysign(1, f))
    print('{:5.1f} {:5d} {!s:5} {!s:5} {!s:5}'.format(f, s, f < 0, f > 0, f == 0, ))
```

nan과 -nan은 다른 값과 직접 비교할 수 없기 때문에 copysign()과 같은 추가 함수를 사용해야 한다.

```
$ python3 math_copysign.py
```

```
  f     s    < 0   > 0   = 0
----- ----- ----- ----- -----
 -1.0    -1  True  False False
  0.0     1 False  False True
  1.0     1 False  True  False
 -inf    -1  True  False False
  inf     1 False  True  False
  nan    -1 False  False False
  nan     1 False  False False
```

5.4.7 일반적으로 사용하는 계산

이진 부동소수점 메모리에서 정확한 값을 나타내는 것은 어렵다. 일부 값은 정확하게 표현될 수 없으며, 반복 계산을 통해 값이 조작될수록 표현 에러가 발생할 가능성이 높다. math에는 이러한 에러를 최소화하는 효율적인 알고리즘을 사용해 일련의 부동소수점 수의 합을 계산하는 기능이 있다.

리스트 5.44: math_fsum.py

```python
import math

values = [0.1] * 10

print('Input values:', values)

print('sum()        : {:.20f}'.format(sum(values)))

s = 0.0
for i in values:
    s += i
print('for-loop      : {:.20f}'.format(s))

print('math.fsum() : {:.20f}'.format(math.fsum(values)))
```

0.1이 10번 반복되고 있기 때문에 이를 모두 더하면 1.0이 돼야만 한다. 하지만 0.1을 부동소수점 값으로 정확히 나타낼 수 없으므로 fsum()을 사용하지 않고 다른 방식으로 더하면 에러가 발생한다.

```
$ python3 math_fsum.py

Input values: [0.1, 0.1, 0.1, 0.1, 0.1, 0.1, 0.1, 0.1, 0.1, 0.1]
sum()        : 0.9999999999999999888898
for-loop     : 0.9999999999999999888898
math.fsum()  : 1.0000000000000000000000
```

factorial()은 일반적으로 숫자의 순열과 객체의 조합을 계산할 때 사용한다. 양의 정수 n의 팩토리얼은 n!로 표현하는데, (n-1)! * n을 재귀적으로 호출하는 것을 의미하고 0! == 1에서 멈춘다.

리스트 5.45: math_factorial.py

```python
import math

for i in [0, 1.0, 2.0, 3.0, 4.0, 5.0, 6.1]:
    try:
        print('{:2.0f} {:6.0f}'.format(i, math.factorial(i)))
    except ValueError as err:
        print('Error computing factorial({}): {}'.format(i, err))
```

factorial()은 정수에서만 작동하지만, 값을 잃지 않고 정수로 변환될 수 있는 한 float 인자를 받아들인다.

```
$ python3 math_factorial.py

 0       1
 1       1
 2       2
 3       6
 4      24
 5     120
Error computing factorial(6.1): factorial() only accepts integral
values
```

gamma()는 factorial()과 비슷하지만 실수$^{real number}$도 다룰 수 있고 1씩 감소시킨다는 점이 다르다. gamma는 (n - 1)!과 동일하다.

리스트 5.46: math_gamma.py

```python
import math

for i in [0, 1.1, 2.2, 3.3, 4.4, 5.5, 6.6]:
    try:
        print('{:2.1f} {:6.2f}'.format(i, math.gamma(i)))
    except ValueError as err:
        print('Error computing gamma({}): {}'.format(i, err))
```

0은 시작 값이 음수가 되기 때문에 허용되지 않는다.

```
$ python3 math_gamma.py

Error computing gamma(0): math domain error
1.1   0.95
2.2   1.10
3.3   2.68
4.4  10.14
5.5  52.34
6.6 344.70
```

lgamma()는 입력값에 대한 감마 절댓값의 자연 대수를 반환한다.

리스트 5.47: math_lgamma.py

```python
import math

for i in [0, 1.1, 2.2, 3.3, 4.4, 5.5, 6.6]:
    try:
        print('{:2.1f} {:.20f} {:.20f}'.format(
            i,
            math.lgamma(i),
            math.log(math.gamma(i)),
        ))
    except ValueError as err:
        print('Error computing lgamma({}): {}'.format(i, err))
```

lgamma()는 gamma()의 결과를 사용해 개별적으로 로그를 계산하는 것보다 더 정확하다.

```
$ python3 math_lgamma.py

Error computing lgamma(0): math domain error
1.1 -0.04987244125984036103 -0.04987244125983997245
2.2 0.09694746679063825923 0.09694746679063866168
3.3 0.98709857789473387513 0.98709857789473409717
4.4 2.31610349142485727469 2.31610349142485727469
5.5 3.95781396761871651080 3.95781396761871606671
6.6 5.84268005527463252236 5.84268005527463252236
```

모듈러스 연산자(%)는 나누기 표현식의 나머지(즉, 5 % 2 = 1)를 계산한다. 언어에 내장된 연산자는 정수와 함께 잘 작동하지만 다른 많은 부동소수점 연산과 마찬가지로 중간 계산은 데이터 손실로 이어지는 표현 문제를 일으킬 소지가 있다. fmod()는 부동소수점 값을 좀 더 정확하게 구현한다.

리스트 5.48: math_fmod.py

```python
import math

print('{:^4} {:^4} {:^5} {:^5}'.format('x', 'y', '%', 'fmod'))
print('{:-^4} {:-^4} {:-^5} {:-^5}'.format('-', '-', '-', '-'))

INPUTS = [
    (5, 2),
    (5, -2),
    (-5, 2),
]

for x, y in INPUTS:
    print('{:4.1f} {:4.1f} {:5.2f} {:5.2f}'.format(
        x,
        y,
        x % y,
        math.fmod(x, y),
    ))
```

잠재적으로 더 자주 발생하는 혼란의 원인은 fmod()가 모듈러스 계산에 사용하는 알고리즘도 %에서 사용된 알고리즘과 다르므로 결과의 부호가 다르다는 점이다.

```
$ python3 math_fmod.py

 x    y     %   fmod
---- ---- ----- -----
 5.0  2.0  1.00  1.00
 5.0 -2.0 -1.00  1.00
-5.0  2.0  1.00 -1.00
```

최대공약수, 즉 두 개의 정수를 균등하게 나눌 수 있는 가장 큰 정수를 찾으려면 gcd()를 사용하면 된다.

리스트 5.49: math_gcd.py

```
import math

print(math.gcd(10, 8))
print(math.gcd(10, 0))
print(math.gcd(50, 225))
print(math.gcd(11, 9))
print(math.gcd(0, 0))
```

두 값 모두 0이면 결과도 0이다.

```
$ python3 math_gcd.py

2
10
25
1
0
```

5.4.8 지수와 로그

지수 성장 곡선Exponential growth curves은 경제, 물리학, 기타 과학에서 볼 수 있다. 파이썬은 내장된 지수 연산자(**)를 갖고 있지만, 호출 가능한 함수를 다른 함수의 인자로 넘겨야 할 때는 pow()를 알면 유용할 것이다.

리스트 5.50: math_pow.py

```python
import math

INPUTS = [
    # 일반적인 사용
    (2, 3),
    (2.1, 3.2),

    # 항상 1
    (1.0, 5),
    (2.0, 0),

    # 숫자가 아님
    (2, float('nan')),

    # 제곱근
    (9.0, 0.5),
    (27.0, 1.0 / 3),
]

for x, y in INPUTS:
    print('{:5.1f} ** {:5.3f} = {:6.3f}'.format(x, y, math.pow(x, y)))
```

1은 어떠한 수로 제곱을 하거나 0.0을 계승해도 결과는 1이 된다. 숫자가 아닌 값 nan[not-a-number]에는 어떠한 연산을 해도 결과가 nan이다. 지수가 1보다 작으면 pow()는 제곱근[root]을 계산한다.

```
$ python3 math_pow.py

 2.0 ** 3.000 =  8.000
 2.1 ** 3.200 = 10.742
 1.0 ** 5.000 =  1.000
 2.0 ** 0.000 =  1.000
 2.0 **   nan =    nan
 9.0 ** 0.500 =  3.000
27.0 ** 0.333 =  3.000
```

제곱근(1/2의 지수)은 매우 자주 사용하기 때문에 이를 계산하는 별도의 함수가 있다.

리스트 5.51: math_sqrt.py

```
import math

print(math.sqrt(9.0))
print(math.sqrt(3))
try:
    print(math.sqrt(-1))
except ValueError as err:
    print('Cannot compute sqrt(-1):', err)
```

음수의 제곱근을 계산하려면 복소수가 필요한데, **math** 모듈로는 처리할 수 없다. 음수 값의 제곱근을 계산하려고 시도하면 **ValueError**가 발생한다.

```
$ python3 math_sqrt.py

3.0
1.7320508075688772
Cannot compute sqrt(-1): math domain error
```

로그 함수는 x = b ** y에서 y를 찾는다. 기본적으로 **log()**는 자연 로그(기본은 밑이 e)를 계산한다. 두 번째 인자가 제공되면 그 값이 밑으로 사용된다.

리스트 5.52: math_log.py

```
import math

print(math.log(8))
print(math.log(8, 2))
print(math.log(0.5, 2))
```

x가 1보다 작으면 로그는 음수다.

```
$ python3 math_log.py

2.0794415416798357
3.0
-1.0
```

파이썬에는 3가지 log() 함수가 있다. 부동소수점 표현과 반올림 에러가 주어질 때 log(x, b)에 의해 산출된 연산 값은 정확도에 제한을 받는다(특히 일부 밑^{base}에서). log10()은 log()보다 더 정확한 알고리즘을 사용해 log(x, 10)을 계산한다.

리스트 5.53: math_log10.py

```python
import math

print('{:2} {:^12} {:^10} {:^20} {:8}'.format(
    'i', 'x', 'accurate', 'inaccurate', 'mismatch',
))
print('{:-^2} {:-^12} {:-^10} {:-^20} {:-^8}'.format('', '', '', '', '', ))

for i in range(0, 10):
    x = math.pow(10, i)
    accurate = math.log10(x)
    inaccurate = math.log(x, 10)
    match = '' if int(inaccurate) == i else '*'
    print('{:2d} {:12.1f} {:10.8f} {:20.18f} {:^5}'.format(
        i, x, accurate, inaccurate, match,
    ))
```

마지막에 *가 있는 출력 행은 부정확한 값을 강조하고 있다.

```
$ python3 math_log10.py

i       x           accurate    inaccurate          mismatch
-- ------------ ---------- -------------------- --------
 0          1.0 0.00000000 0.000000000000000000
 1         10.0 1.00000000 1.000000000000000000
 2        100.0 2.00000000 2.000000000000000000
 3       1000.0 3.00000000 2.999999999999999556     *
 4      10000.0 4.00000000 4.000000000000000000
 5     100000.0 5.00000000 5.000000000000000000
 6    1000000.0 6.00000000 5.999999999999999112     *
 7   10000000.0 7.00000000 7.000000000000000000
 8  100000000.0 8.00000000 8.000000000000000000
 9 1000000000.0 9.00000000 8.999999999999998224     *
```

log10()과 비슷하게 log2()는 math.log(x, 2)와 동일한 계산식이다.

```python
import math

print('{:>2} {:^5} {:^5}'.format('i', 'x', 'log2', ))
print('{:-^2} {:-^5} {:-^5}'.format('', '', '', ))

for i in range(0, 10):
    x = math.pow(2, i)
    result = math.log2(x)
    print('{:2d} {:5.1f} {:5.1f}'.format(i, x, result, ))
```

플랫폼에 따라 내장 함수와 특수 목적 함수는 좀 더 나은 성능과 정확도를 제공한다. 이때 일반 목적용 함수에는 찾을 수 없는 베이스가 2인 경우를 위한 특수 목적 알고리즘을 사용한다.

```
$ python3 math_log2.py

i    x    log2
-- ----- -----
 0   1.0   0.0
 1   2.0   1.0
 2   4.0   2.0
 3   8.0   3.0
 4  16.0   4.0
 5  32.0   5.0
 6  64.0   6.0
 7 128.0   7.0
 8 256.0   8.0
 9 512.0   9.0
```

log1p()는 뉴턴 메르카토르$^{Newton-Mercator}$ 급수(1 + x의 자연 로그)를 계산한다.

```python
import math

x = 0.0000000000000000000000001
print('x        :', x)
print('1 + x    :', 1 + x)
```

```
print('log(1+x):', math.log(1 + x))
print('log1p(x):', math.log1p(x))
```

`log1p()`는 초깃값에서 반올림 에러를 보상하는 알고리즘을 사용하기 때문에 x의 값이 0에 매우 가까운 계산의 경우 더욱 정확하다.

```
$ python3 math_log1p.py

x      : 1e-25
1 + x  : 1.0
log(1+x): 0.0
log1p(x): 1e-25
```

`exp()`는 지수 함수(e**x)를 계산한다.

리스트 5.56: math_exp.py

```
import math

x = 2

fmt = '{:.20f}'
print(fmt.format(math.e ** 2))
print(fmt.format(math.pow(math.e, 2)))
print(fmt.format(math.exp(2)))
```

다른 특별한 케이스의 함수와 마찬가지로 `exp()`는 일반적인 용도의 `math.pow(math.e, x)` 보다 더 정확한 결과를 생성하는 알고리즘을 사용한다.

```
$ python3 math_exp.py

7.38905609893064951876
7.38905609893064951876
7.38905609893065040694
```

`expm1()`은 `log1p()`의 역함수이고 e**x - 1을 계산한다.

```
```

리스트 5.57: math_expm1.py

```
import math

x = 0.00000000000000000000000001

print(x)
print(math.exp(x) - 1)
print(math.expm1(x))
```

log1p()와 마찬가지로 뺄셈을 따로 계산하면 x의 값이 작을 때 정밀도가 떨어진다.

```
$ python3 math_expm1.py

1e-25
0.0
1e-25
```

5.4.9 각도

도degree는 일상적으로 각도angle를 설명하는 데 더 일반적으로 사용되지만, 라디안radian은 과학 및 수학에서 각도 측정의 표준 단위다. 1 라디안은 원의 중심에서 교차하는 두 선에 의해 만들어진 각도이며, 각 선이 만든 교차점을 기준으로 원주상의 길이도 1 라디안이다.

원의 둘레는 2πr로 계산되므로 라디안과 π 사이에는 연관성이 있다. π는 삼각함수 계산에서 자주 나타나는 값이다. 이러한 연관성으로 인해 라디안은 삼각함수와 미적분에 사용돼 좀 더 간단한 수식으로 만들어준다.

도에서 라디안으로 변환할 때는 radians()를 사용한다.

리스트 5.58: math_radians.py

```
import math

print('{:^7} {:^7} {:^7}'.format('Degrees', 'Radians', 'Expected'))
print('{:-^7} {:-^7} {:-^7}'.format('', '', ''))
```

```
INPUTS = [
    (0, 0),
    (30, math.pi / 6),
    (45, math.pi / 4),
    (60, math.pi / 3),
    (90, math.pi / 2),
    (180, math.pi),
    (270, 3 / 2.0 * math.pi),
    (360, 2 * math.pi),
]

for deg, expected in INPUTS:
    print('{:7d} {:7.2f} {:7.2f}'.format( deg, math.radians(deg), expected, ))
```

변환 공식은 rad = deg * π / 180이다.

```
$ python3 math_radians.py

Degrees Radians Expected
------- ------- -------
      0    0.00    0.00
     30    0.52    0.52
     45    0.79    0.79
     60    1.05    1.05
     90    1.57    1.57
    180    3.14    3.14
    270    4.71    4.71
    360    6.28    6.28
```

라디안을 도로 변환할 때는 degrees()를 사용한다.

리스트 5.59: math_degrees.py

```
import math

INPUTS = [
    (0, 0),
    (math.pi / 6, 30),
    (math.pi / 4, 45),
```

```
        (math.pi / 3, 60),
        (math.pi / 2, 90),
        (math.pi, 180),
        (3 * math.pi / 2, 270),
        (2 * math.pi, 360),
]

print('{:^8} {:^8} {:^8}'.format('Radians', 'Degrees', 'Expected'))
print('{:-^8} {:-^8} {:-^8}'.format('', '', ''))

for rad, expected in INPUTS:
    print('{:8.2f} {:8.2f} {:8.2f}'.format(rad, math.degrees(rad), expected, ))
```

공식은 deg = rad * 180 / π다.

```
$ python3 math_degrees.py

Radians  Degrees  Expected
-------- -------- --------
    0.00     0.00     0.00
    0.52    30.00    30.00
    0.79    45.00    45.00
    1.05    60.00    60.00
    1.57    90.00    90.00
    3.14   180.00   180.00
    4.71   270.00   270.00
    6.28   360.00   360.00
```

5.4.10 삼각법

삼각함수는 삼각형 안의 각도를 그 변의 길이와 연관시킨다. 삼각함수는 고조파, 원 운동이나 각도 처리와 같은 주기적인 특성이 있는 수식에 나타난다. 표준 라이브러리의 모든 삼각함수는 라디안으로 표시된 각도를 사용한다.

직각 삼각형에서 사인은 빗변에 대한 높이의 비율을 의미한다(sin A = 높이/빗변), 코사인은 밑변에 대한 빗변의 비율을 의미한다(cos A = 밑변/빗변), 탄젠트는 밑변에 대한 높이 비율을 의미한다(tan A = 높이/밑변).

```python
import math
print('{:^7} {:^7} {:^7} {:^7} {:^7}'.format(
    'Degrees', 'Radians', 'Sine', 'Cosine', 'Tangent'))
print('{:-^7} {:-^7} {:-^7} {:-^7} {:-^7}'.format('-', '-', '-', '-', '-'))

fmt = '{:7.2f} {:7.2f} {:7.2f} {:7.2f} {:7.2f}'

for deg in range(0, 361, 30):
    rad = math.radians(deg)
    if deg in (90, 270):
        t = float('inf')
    else:
        t = math.tan(rad)
    print(fmt.format(deg, rad, math.sin(rad), math.cos(rad), t))
```

또한 탄젠트는 특정 각도의 코사인 값에 대한 사인 값의 비율로 나타낼 수 있고, $\pi/2$와 $3\pi/2$ 라디안의 코사인 값이 0이므로 탄젠트는 이 각도에서 무한대가 된다.

```
$ python3 math_trig.py

Degrees Radians  Sine   Cosine  Tangent
------- ------- ------- ------- -------
   0.00    0.00    0.00    1.00    0.00
  30.00    0.52    0.50    0.87    0.58
  60.00    1.05    0.87    0.50    1.73
  90.00    1.57    1.00    0.00     inf
 120.00    2.09    0.87   -0.50   -1.73
 150.00    2.62    0.50   -0.87   -0.58
 180.00    3.14    0.00   -1.00   -0.00
 210.00    3.67   -0.50   -0.87    0.58
 240.00    4.19   -0.87   -0.50    1.73
 270.00    4.71   -1.00   -0.00     inf
 300.00    5.24   -0.87    0.50   -1.73
 330.00    5.76   -0.50    0.87   -0.58
 360.00    6.28   -0.00    1.00   -0.00
```

주어진 포인트 (x, y)에 대해 점 [(0, 0), (x, 0), (x, y)] 사이의 삼각형에 대한 빗변의 길이는 (x**2 + y**2) ** 1/2이며, hypot()으로 계산할 수 있다.

리스트 5.61: math_hypot.py

```python
import math

print('{:^7} {:^7} {:^10}'.format('X', 'Y', 'Hypotenuse'))
print('{:-^7} {:-^7} {:-^10}'.format('', '', ''))

POINTS = [
    # 단순 포인트
    (1, 1),
    (-1, -1),
    (math.sqrt(2), math.sqrt(2)),
    (3, 4),  # 3-4-5 삼각형
    # 원 위에
    (math.sqrt(2) / 2, math.sqrt(2) / 2),  # pi/4 rads
    (0.5, math.sqrt(3) / 2),  # pi/3 rads
]

for x, y in POINTS:
    h = math.hypot(x, y)
    print('{:7.2f} {:7.2f} {:7.2f}'.format(x, y, h))
```

원 위의 점들은 항상 1의 기울기를 가진다.

```
$ python3 math_hypot.py

   X       Y    Hypotenuse
------- ------- ----------
   1.00    1.00    1.41
  -1.00   -1.00    1.41
   1.41    1.41    2.00
   3.00    4.00    5.00
   0.71    0.71    1.00
   0.50    0.87    1.00
```

동일한 기능을 사용해 두 점 사이의 거리를 찾을 수 있다.

```python
import math

print('{:^8} {:^8} {:^8} {:^8} {:^8}'.format('X1', 'Y1', 'X2', 'Y2', 'Distance', ))
print('{:-^8} {:-^8} {:-^8} {:-^8} {:-^8}'.format('', '', '', '', '', ))

POINTS = [
    ((5, 5), (6, 6)),
    ((-6, -6), (-5, -5)),
    ((0, 0), (3, 4)),          # 3-4-5 삼각형
    ((-1, -1), (2, 3)),        # 3-4-5 삼각형
]

for (x1, y1), (x2, y2) in POINTS:
    x = x1 - x2
    y = y1 - y2
    h = math.hypot(x, y)
    print('{:8.2f} {:8.2f} {:8.2f} {:8.2f} {:8.2f}'.format(x1, y1, x2, y2, h, ))
```

x와 y 값의 차이점을 사용해 하나의 끝점을 원점으로 보낸 후 그 결과를 hypot()에 전달한다.

```
$ python3 math_distance_2_points.py

   X1       Y1       X2       Y2     Distance
--------  --------  --------  --------  --------
   5.00     5.00     6.00     6.00     1.41
  -6.00    -6.00    -5.00    -5.00     1.41
   0.00     0.00     3.00     4.00     5.00
  -1.00    -1.00     2.00     3.00     5.00
```

math는 역삼각함수도 제공한다.

```python
import math

for r in [0, 0.5, 1]:
    print('arcsine({:.1f})   = {:5.2f}'.format(r, math.asin(r)))
    print('arccosine({:.1f}) = {:5.2f}'.format(r, math.acos(r)))
```

```
    print('arctangent({:.1f}) = {:5.2f}'.format(r, math.atan(r)))
    print()
```

1.57은 대략 π/2나 90도와 같으며, 사인 값은 1이고 코사인 값은 0이 된다.

```
$ python3 math_inverse_trig.py

arcsine(0.0)    = 0.00
arccosine(0.0)  = 1.57
arctangent(0.0) = 0.00

arcsine(0.5)    = 0.52
arccosine(0.5)  = 1.05
arctangent(0.5) = 0.46

arcsine(1.0)    = 1.57
arccosine(1.0)  = 0.00
arctangent(1.0) = 0.79
```

5.4.11 쌍곡선 함수

쌍곡선 함수hyperbolic function는 선형 미분 방정식에 나타나고 전자기장, 유체 역학, 특수 상대성 원리, 기타 고급 물리와 수학에서 사용한다.

리스트 5.64: math_hyperbolic.py

```
import math

print('{:^6} {:^6} {:^6} {:^6}'.format('X', 'sinh', 'cosh', 'tanh', ))
print('{:-^6} {:-^6} {:-^6} {:-^6}'.format('', '', '', ''))

fmt = '{:6.4f} {:6.4f} {:6.4f} {:6.4f}'

for i in range(0, 11, 2):
    x = i / 10.0
    print(fmt.format(x, math.sinh(x), math.cosh(x), math.tanh(x), ))
```

코사인과 사인 함수가 원을 정의하는 반면 쌍곡선 코사인과 쌍곡선 사인은 쌍곡선의 절반 형태가 된다.

```
$ python3 math_hyperbolic.py

   X    sinh   cosh   tanh
------ ------ ------ ------
0.0000 0.0000 1.0000 0.0000
0.2000 0.2013 1.0201 0.1974
0.4000 0.4108 1.0811 0.3799
0.6000 0.6367 1.1855 0.5370
0.8000 0.8881 1.3374 0.6640
1.0000 1.1752 1.5431 0.7616
```

역쌍곡선 함수 acosh(), asinh(), atanh()도 사용할 수 있다.

5.4.12 특수 함수

가우스 오차[Gauss Error] 함수는 통계학에서 사용한다.

리스트 5.65: math_erf.py

```python
import math

print('{:^5} {:7}'.format('x', 'erf(x)'))
print('{:-^5} {:-^7}'.format('', ''))

for x in [-3, -2, -1, -0.5, -0.25, 0, 0.25, 0.5, 1, 2, 3]:
    print('{:5.2f} {:7.4f}'.format(x, math.erf(x)))
```

오차 함수에서 erf(-x) == -erf(x)다.

```
$ python3 math_erf.py

   x   erf(x)
----- -------
-3.00 -1.0000
-2.00 -0.9953
-1.00 -0.8427
```

```
-0.50 -0.5205
-0.25 -0.2763
 0.00  0.0000
 0.25  0.2763
 0.50  0.5205
 1.00  0.8427
 2.00  0.9953
 3.00  1.0000
```

상보 오차 함수^{complimentary error function}는 1-erf(x)다.

리스트 5.66: math_erfc.py

```
import math

print('{:^5} {:7}'.format('x', 'erfc(x)'))
print('{:-^5} {:-^7}'.format('', ''))

for x in [-3, -2, -1, -0.5, -0.25, 0, 0.25, 0.5, 1, 2, 3]:
    print('{:5.2f} {:7.4f}'.format(x, math.erfc(x)))
```

erfc()의 내부 구현은 x가 작을 때 1에서 빼는 경우 정확도 문제가 발생하지 않게 한다.

```
$ python3 math_erfc.py
  x    erfc(x)
----- -------
-3.00  2.0000
-2.00  1.9953
-1.00  1.8427
-0.50  1.5205
-0.25  1.2763
 0.00  1.0000
 0.25  0.7237
 0.50  0.4795
 1.00  0.1573
 2.00  0.0047
 3.00  0.0000
```

5.5 statistics: 통계 연산

statistics 모듈은 수많은 통계 공식을 구현하는 데 효율적인 계산을 하고자 다양한 숫자형(int, float, Decimal, Fraction)을 사용한다.

5.5.1 평균

파이썬은 mean, median, mode 세 가지 형태의 평균[average] 함수를 지원한다. 산술 평균 계산은 mean()으로 한다.

리스트 5.67: statistics_mean.py

```
from statistics import *
data = [1, 2, 2, 5, 10, 12]

print('{:0.2f}'.format(mean(data)))
```

정수와 부동소수점의 반환값은 항상 float이다. Decimal과 Fraction 입력 데이터의 경우 결과는 입력과 동일한 타입이다.

```
$ python3 statistics_mean.py

5.33
```

mode()를 사용해 데이터 세트에서 가장 많이 나타내는 값을 계산한다.

리스트 5.68: statistics_mode.py

```python
from statistics import *
data = [1, 2, 2, 5, 10, 12]

print(mode(data))
```

입력 데이터 멤버 중 하나가 반환값이 된다. mode()는 입력값을 불연속 값의 집합으로 취급하고 반복 계산하기 때문에 실제 입력값이 숫자 값일 필요는 없다.

```
$ python3 statistics_mode.py

2
```

처음 세 개는 일반 알고리즘의 간단한 버전인데, 짝수 항목으로 된 데이터 세트를 처리하는 각각의 솔루션이다.

리스트 5.69: statistics_median.py

```python
from statistics import *
data = [1, 2, 2, 5, 10, 12]

print('median  : {:0.2f}'.format(median(data)))
print('low     : {:0.2f}'.format(median_low(data)))
print('high    : {:0.2f}'.format(median_high(data)))
```

median()은 중앙값을 찾고, 데이터 세트가 짝수 개의 값을 갖고 있다면 두 중간 아이템의 평균을 구한다. median_low()는 언제나 입력 데이터 세트에서 결과를 반환하는데, 짝수 개의 항목이 있는 데이터 세트에서 중간의 두 항목 중 낮은 값을 사용한다. median_high()도 비슷하게 두 중간 항목 중 높은 것을 반환한다.

```
$ python3 statistics_median.py

median : 3.50
low    : 2.00
high   : 5.00
```

중앙값 계산의 네 번째 버전인 median_grouped()는 입력을 연속 데이터로 취급하고 50% 백분위수의 중간값^median 을 계산한다. 이때 제공되는 간격^interval 폭을 사용해 먼저 중간 범위를 찾는다. 그리고 나서 해당 범위 내에 매칭되는 데이터에서 실제 값이 있는 위치를 찾은 후 해당 구간 안에서 보간^interpolating 한다.

리스트 5.70: statistics_median_grouped.py

```
from statistics import *

data = [10, 20, 30, 40]

print('1: {:0.2f}'.format(median_grouped(data, interval=1)))
print('2: {:0.2f}'.format(median_grouped(data, interval=2)))
print('3: {:0.2f}'.format(median_grouped(data, interval=3)))
```

이미 계산된 동일한 데이터 세트에 대해 간격 폭이 증가하면 중앙값^median 이 변한다.

```
$ python3 statistics_median_grouped.py

1: 29.50
2: 29.00
3: 28.50
```

5.5.2 분산

통계는 두 값을 사용해 값의 집합이 어떻게 평균^mean 에 비례해 분산되는지 표현한다. 분산은 각 값과 평균 차이의 제곱 평균이고 **표준 편차** 는 분산의 제곱근이다(제곱근을 하면 표준 편차기 입력 데이터와 동일한 단위로 표현되기 때문에 유용하다). 분산이나 표준 편차가 큰 값은 데이터 집합이 분산돼 있음을 나타내며, 작은 값은 데이터가 평균에 더 가깝게 군집됨을 나타낸다.

리스트 5.71: statistics_variance.py

```
from statistics import *
import subprocess
```

```
def get_line_lengths():
    cmd = 'wc -l ../[a-z]*/*.py'
    out = subprocess.check_output(cmd, shell=True).decode('utf-8')
    for line in out.splitlines():
        parts = line.split()
        if parts[1].strip().lower() == 'total':
            break
        nlines = int(parts[0].strip())
        if not nlines:
            continue  # 빈 파일을 건너뜀
        yield (nlines, parts[1].strip())

data = list(get_line_lengths())

lengths = [d[0] for d in data]
sample = lengths[::2]

print('Basic statistics:')
print('  count     : {:3d}'.format(len(lengths)))
print('  min       : {:6.2f}'.format(min(lengths)))
print('  max       : {:6.2f}'.format(max(lengths)))
print('  mean      : {:6.2f}'.format(mean(lengths)))

print('\nPopulation variance:')
print('  pstdev    : {:6.2f}'.format(pstdev(lengths)))
print('  pvariance : {:6.2f}'.format(pvariance(lengths)))

print('\nEstimated variance for sample:')
print('  count     : {:3d}'.format(len(sample)))
print('  stdev     : {:6.2f}'.format(stdev(sample)))
print('  variance  : {:6.2f}'.format(variance(sample)))
```

파이썬에는 분산과 표준 편차를 계산하는 두 세트의 함수가 있는데, 데이터 세트가 전체 모집단^{population}을 대표하는지 또는 모집단의 샘플을 대표하는지에 따라 사용한다.

이 예제는 wc를 사용해 모든 예제 프로그램에 대한 입력 파일의 행수를 계산한 후 variance()를 사용하기 전에 pvariance()와 pstdev()를 사용해 전체 모집단의 분산과 표준 편차를 계산한다. 즉, 발견된 모든 두 번째 파일의 길이를 사용해 생성된 부분집합의 분산과 표준 편차를 계산한다.

```
$ python3 statistics_variance.py

Basic statistics:
    count      : 959
    min        :   4.00
    max        : 228.00
    mean       :  28.62

Population variance:
    pstdev     :  18.52
    pvariance  : 342.95

Estimated variance for sample:
    count      : 480
    stdev      :  21.09
    variance   : 444.61
```

팁 – 참고 자료

- 통계(statistics) 표준 라이브러리 문서: https://docs.python.org/3.5/library/statistics.html
- mathtips.com: 이산과 연속 주파수 유형 데이터의 중앙값(그룹 데이터)(http://www.mathstips.com/statistics/median-for-discrete-and-continuous-frequency-type.html): 연속 데이터의 중간 값에 대한 논의
- PEP 450(https://www.python.org/dev/peps/pep-0450): 통계 모듈을 표준 라이브러리에 추가하기

6

파일 시스템

파이썬 표준 라이브러리는 파일명을 만들고 파싱하거나 파일 내용에 접근하는 것 등의 파일 작업과 관련된 수많은 도구를 포함한다.

파일 작업을 하는 첫 번째 단계는 작업할 파일명을 알아내는 것이다. 파이썬은 파일명을 단순 문자열로 표현하지만, os.path의 플랫폼 독립적인 표준 컴포넌트를 이용해 만드는 도구도 제공한다.

pathlib 모듈은 객체지향 API를 제공해 파일 시스템 경로를 다룰 수 있다. os.path 대신 사용하면 더 편리한데, 더 높은 추상화 레벨에서 작동하기 때문이다.

디렉터리 내부 자료를 보고자 os의 listdir()을 사용하기도 하고, glob을 사용해 패턴에서 파일명 목록을 만들어내기도 한다.

glob에서 사용하는 파일명 패턴 매칭은 fnmatch를 통해서도 노출돼 있다. 따라서 다른 콘텍스트에서도 사용할 수 있다.

파일명이 파악된 후에는 그 외의 특성, 이를테면 권한이나 파일 용량을 os.stat()과 stat 상수를 통해 알 수 있다.

애플리케이션이 파일에 무작위로 접근할 필요가 있다면 linecache를 사용해 파일의 줄 번호로 접근할 수 있다. 파일 내용은 캐시에 저장하기 때문에 메모리 소비에 신경 써야 한다.

임시 파일을 만들어 자료를 저장하거나 영구 저장하기 전에 잠시 담아두는 용도로 tempfile을 유용하게 사용할 수 있다. 파일명은 중복이 발생하지 않는 유일한 것임이 보장되고, 임의의 문자가 삽입되기 때문에 쉽게 예측할 수 없다.

파일 내부 자료와 상관없이 파일 자체만 놓고 작업하는 경우도 빈번하다. shutil은 파일이나 디렉터리의 복사, 권한 설정 같은 고급 함수 연산을 제공한다.

filecmp 모듈은 파일과 디렉터리를 바이트 단위로 비교하지만, 상세한 형식은 알지 못한다.

내장 file 클래스로 로컬 파일 시스템에서 접근 가능한 파일을 읽고 쓸 수 있다. read(), write()는 프로그램이 파일을 사용할 수 있게 디스크에서 메모리로 복사를 반복 수행하기 때문에 파일 크기가 커지면 프로그램의 성능이 현저히 떨어지기도 한다. mmap을 사용하면 운영체제가 가상 메모리를 사용해 파일 내용을 직접 메모리에 매핑하게 한다. 이 방식을 사용하면 file 객체를 위한 운영체제와 내부 버퍼 간의 복사 작업이 발생하지 않는다.

ASCII로 표현할 수 없는 문자는 주로 유니코드를 사용해 저장한다. 표준 file은 텍스트의 각 바이트를 하나의 문자로 인식하기 때문에 멀티바이트로 표현한 유니코드 텍스트를 읽는 경우에는 별도 작업을 해야 한다. codec 모듈은 인코딩과 디코딩을 자동으로 처리해 ASCII가 아닌 파일에 별다른 변화를 줄 필요가 없다.

io 모듈은 파이썬의 파일 기반 입출력 구현용 클래스로 접근할 수 있게 해준다. 파일에서 데이터 읽고 쓰기와 관련된 테스트를 하고자 io는 인메모리[in-memory] 스트림 객체를 제공하는데, 이는 디스크에 존재하지 않지만 마치 파일인 것처럼 동작한다.

6.1 os.path: 플랫폼 독립적 파일명 관리

여러 플랫폼에 대한 파일 작업을 하는 코드는 os.path 모듈에 포함된 함수를 사용해 쉽게 작성할 수 있다. 심지어 플랫폼 간 포팅을 염두에 두지 않고 작성하는 프로그램이더라도 신뢰할 수 있는 파일명 파싱을 하려면 os.path를 사용해야 한다.

6.1.1 경로 파싱

os.path의 첫 번째 함수 모음을 사용하면 문자열 형식 파일명을 파싱해 여러 부분으로 나눌 수 있다. 이 함수들이 실제로 존재하는 경로에 의존하지 않고 온전히 문자열에 대해 동작한다는 점에 주의해야 한다.

경로 파싱은 os에 정의된 몇 가지 변수에 의존한다.

- **os.sep**: 경로를 나누는 구분자(예 '/' 또는 '\')

- **os.extsep**: 파일명과 확장자를 나누는 구분자(예 '.')

- **os.pardir**: 상위 디렉터리를 의미하는 경로 요소(예 '..')

- **os.curdir**: 현재 디렉터리를 의미하는 경로 요소(예 '.')

split() 함수는 경로를 두 부분으로 나눠 결과를 튜플로 반환한다. 튜플의 두 번째 요소는 경로의 마지막 부분을 의미하고, 첫 번째 요소는 그 앞부분을 의미한다.

리스트 6.1: ospath_split.py

```
import os.path

PATHS = [
    '/one/two/three',
    '/one/two/three/',
    '/',
    '.',
    '',
]

for path in PATHS:
    print('{!r:>17} : {}'.format(path, os.path.split(path)))
```

입력 인자가 os.sep로 끝나는 경우 경로의 마지막 요소는 빈 문자열이 된다.

```
$ python3 ospath_split.py

   '/one/two/three' : ('/one/two', 'three')
  '/one/two/three/' : ('/one/two/three', '')
                '/' : ('/', '')
                '.' : ('', '.')
                 '' : ('', '')
```

basename() 함수의 반환값은 split() 함수가 반환하는 튜플의 두 번째 요소와 동일하다.

리스트 6.2: ospath_basename.py

```
import os.path

PATHS = [
    '/one/two/three',
    '/one/two/three/',
    '/',
    '.',
    '',
]

for path in PATHS:
    print('{!r:>17} : {!r}'.format(path, os.path.basename(path)))
```

전체 경로는 파일이나 디렉터리를 가리키는지 여부에 관계없이 마지막 요소까지 제거된다. 경로가 디렉터리 분리자(os.sep)에서 끝나면 베이스^{base} 부분은 비어있는 것으로 간주한다.

```
$ python3 ospath_basename.py

  '/one/two/three' : 'three'
 '/one/two/three/' : ''
               '/' : ''
               '.' : '.'
                '' : ''
```

dirname() 함수는 split() 함수의 첫 번째 요소를 반환한다.

리스트 6.3: ospath_dirname.py

```
import os.path

PATHS = [
    '/one/two/three',
    '/one/two/three/',
    '/',
    '.',
```

```
        '',
]

for path in PATHS:
    print('{!r:>17} : {!r}'.format(path, os.path.dirname(path)))
```

basename()과 dirname() 결과를 합치면 원본 경로가 된다.

```
$ python3 ospath_dirname.py
  '/one/two/three'  : '/one/two'
'/one/two/three/'  : '/one/two/three'
               '/'  : '/'
               '.'  : ''
               ''  : ''
```

splitext()는 split()과 비슷하게 동작하지만, 경로를 디렉터리 구분자가 아닌 확장자로 구분한다.

리스트 6.4: ospath_splitext.py

```
import os.path

PATHS = [
    'filename.txt',
    'filename',
    '/path/to/filename.txt',
    '/',
    '',
    'my-archive.tar.gz',
    'no-extension.',
]

for path in PATHS:
    print('{!r:>21} : {!r}'.format(path, os.path.splitext(path)))
```

확장자를 검사할 때는 가장 마지막에 나오는 os.extsep만 인식한다. 따라서 파일명에 확장자가 여러 개 포함된 경우 앞의 확장자는 확장자로 인식하지 않는다(예제를 보면 my-archive.tar.gz에서의 .tar은 확장자가 아니다).

```
$ python3 ospath_splitext.py

            'filename.txt' : ('filename', '.txt')
                'filename' : ('filename', '')
    '/path/to/filename.txt' : ('/path/to/filename', '.txt')
                      '/' : ('/', '')
                      '' : ('', '')
        'my-archive.tar.gz' : ('my-archive.tar', '.gz')
            'no-extension.' : ('no-extension', '.')
```

commonprefix()는 여러 경로를 리스트 형식의 인자로 받아 그중 공통되는 부분을 하나의 문자열로 반환한다. 결과적으로 반환되는 경로는 실제로 존재하지 않을 수도 있다. 그리고 공통부분을 판단할 때 경로 구분자는 고려하지 않기 때문에 구분자 경계가 아닌 곳에서 멈출 가능성도 있다.

리스트 6.5: ospath_commonprefix.py

```python
import os.path

paths = [
    '/one/two/three/four',
    '/one/two/threefold',
    '/one/two/three/',
]

for path in paths:
    print('PATH:', path)

print()
print('PREFIX:', os.path.commonprefix(paths))
```

아래의 예제 중 하나의 경로는 실제로 three를 포함하지 않음에도 불구하고 공통 문자열은 /one/two/three다(즉 threefold를 포함한 두 번째 항목).

```
$ python3 ospath_commonprefix.py

PATH: /one/two/three/four
PATH: /one/two/threefold
PATH: /one/two/three/
```

```
PREFIX: /one/two/three
```

commonpath()는 경로 구분자에 큰 의미를 부여하고 온전한 path 값을 가진 접두어를 반환한다.

리스트 6.6: ospath_commonpath.py

```python
import os.path

paths = [
    '/one/two/three/four',
    '/one/two/threefold',
    '/one/two/three/',
]

for path in paths:
    print('PATH:', path)

print()
print('PREFIX:', os.path.commonpath(paths))
```

threefold 문자열을 보면 three 문자 이후 경로 구분자가 없기 때문에 공통 문자열은 /one/two가 된다.

```
$ python3 ospath_commonpath.py

PATH: /one/two/three/four
PATH: /one/two/threefold
PATH: /one/two/three/

PREFIX: /one/two
```

6.1.2 경로 생성

기존 경로를 다루는 것 외에 문자열을 통해 경로를 생성해야 하는 작업도 빈번하다. 여러 경로 요소를 하나로 합치려면 join()을 사용한다.

리스트 6.7: ospath_join.py

```
import os.path

PATHS = [
    ('one', 'two', 'three'),
    ('/', 'one', 'two', 'three'),
    ('/one', '/two', '/three'),
]

for parts in PATHS:
    print('{} : {!r}'.format(parts, os.path.join(*parts)))
```

합치려는 경로 중 하나라도 os.sep로 시작하는 것이 있다면 앞에 나온 모든 경로는 무시되고 새로운 경로의 시작 부분으로 대체된다.

```
$ python3 ospath_join.py

('one', 'two', 'three') : 'one/two/three'
('/', 'one', 'two', 'three') : '/one/two/three'
('/one', '/two', '/three') : '/three'
```

자동으로 확장되는 변수를 경로의 일부로 포함하는 것도 가능하다. 예를 들어 expanduser()는 틸드 문자(~)를 사용자 홈 디렉터리로 변환한다.

리스트 6.8: ospath_expanduser.py

```
import os.path

for user in ['', 'dhellmann', 'nosuchuser']:
    lookup = '~' + user
    print('{!r:>15} : {!r}'.format(lookup, os.path.expanduser(lookup)))
```

사용자의 홈 디렉터리를 찾을 수 없다면 예제의 ~nosuchuser처럼 원래 문자 그대로 반환한다.

```
$ python3 ospath_expanduser.py
```

```
        '~' :  '/Users/dhellmann'
'~dhellmann' :  '/Users/dhellmann'
'~nosuchuser' :  '~nosuchuser'
```

expandvars()는 좀 더 일반적으로 경로에 포함된 모든 셸 환경 변수를 확장한다.

리스트 6.9: ospath_expandvars.py

```
import os.path
import os

os.environ['MYVAR'] = 'VALUE'

print(os.path.expandvars('/path/to/$MYVAR'))
```

변수 값을 사용한 결과가 기존 파일의 이름인지를 검증하는 절차는 수행하지 않는다.

```
$ python3 ospath_expandvars.py

/path/to/VALUE
```

6.1.3 경로 정규화

join()을 사용해 합쳐진 경로나 변수를 사용해 만든 경로에는 구분자나 상대 경로 요소가 두 개 이상 포함될 가능성이 있다. 이런 에러를 정리하고자 normpath()를 사용한다.

리스트 6.10: ospath_normpath.py

```
import os.path

PATHS = [
    'one//two//three',
    'one/./two/./three',
    'one/../alt/two/three',
]

for path in PATHS:
    print('{!r:>22} : {!r}'.format(path, os.path.normpath(path)))
```

`os.curdir`과 `os.pardir` 경로 부분은 계산 후 결과 경로만 표시한다.

```
$ python3 ospath_normpath.py

        'one//two//three' : 'one/two/three'
    'one/./two/./three' : 'one/two/three'
  'one/../alt/two/three' : 'alt/two/three'
```

상대 경로를 절대 경로로 변환할 때는 abspath()를 사용한다.

리스트 6.11: ospath_abspath.py

```python
import os
import os.path

os.chdir('/usr')

PATHS = [
    '.',
    '..',
    './one/two/three',
    '../one/two/three',
]

for path in PATHS:
    print('{!r:>21} : {!r}'.format(path, os.path.abspath(path)))
```

결과는 경로 전체인데, 파일 시스템 트리의 최상단에서 시작한다.

```
$ python3 ospath_abspath.py

                '.' : '/usr'
                '..' : '/'
  './one/two/three' : '/usr/one/two/three'
 '../one/two/three' : '/one/two/three'
```

404

6.1.4 파일 시간

경로 작업 외에도 os.path에는 os.stat()의 결괏값과 비슷한 파일 속성을 추출하는 함수가 있다.

리스트 6.12: ospath_properties.py

```
import os.path
import time

print('File        :', __file__)
print('Access time  :', time.ctime(os.path.getatime(__file__)))
print('Modified time:', time.ctime(os.path.getmtime(__file__)))
print('Change time  :', time.ctime(os.path.getctime(__file__)))
print('Size         :', os.path.getsize(__file__))
```

os.path.getatime()은 접근 시간, os.path.getmtime()은 수정 시간, os.path.getctime()은 생성 시간을 반환한다. os.path.getsize()는 파일의 자료 양을 바이트 형식으로 반환한다.

```
$ python3 ospath_properties.py
File         : ospath_properties.py
Access time  : Fri Aug 26 16:38:05 2016
Modified time: Fri Aug 26 15:50:48 2016
Change time  : Fri Aug 26 15:50:49 2016
Size         : 481
```

6.1.5 파일 테스트

프로그램에 경로가 주어졌을 때 파일인지 디렉터리인지, 혹은 심볼릭 링크인지 알아야 하거나 그 경로가 실제로 존재하는지 확인해야 할 때가 있다. os.path는 앞에 열거한 조건을 확인하는 함수를 제공한다.

리스트 6.13: ospath_tests.py

```
import os.path
```

```python
FILENAMES = [
    __file__,
    os.path.dirname(__file__),
    '/',
    './broken_link',
]

for file in FILENAMES:
    print('File         : {!r}'.format(file))
    print('Absolute    :', os.path.isabs(file))
    print('Is File?    :', os.path.isfile(file))
    print('Is Dir?     :', os.path.isdir(file))
    print('Is Link?    :', os.path.islink(file))
    print('Mountpoint? :', os.path.ismount(file))
    print('Exists?     :', os.path.exists(file))
    print('Link Exists?:', os.path.lexists(file))
    print()
```

모든 함수 결과는 불리언 값이다.

```
$ ln -s /does/not/exist broken_link
$ python3 ospath_tests.py

File         : 'ospath_tests.py'
Absolute    : False
Is File?     : True
Is Dir?      : False
Is Link?     : False
Mountpoint? : False
Exists?      : True
Link Exists?: True

File         : ''
Absolute    : False
Is File?     : False
Is Dir?      : False
Is Link?     : False
Mountpoint? : False
Exists?      : False
Link Exists?: False
```

```
File        : '/'
Absolute    : True
Is File?    : False
Is Dir?     : True
Is Link?    : False
Mountpoint? : True
Exists?     : True
Link Exists?: True

File        : './broken_link'
Absolute    : False
Is File?    : False
Is Dir?     : False
Is Link?    : True
Mountpoint? : False
Exists?     : False
Link Exists?: True
```

팁 – 참고 자료

- os.path 표준 라이브러리 문서: https://docs.python.org/3.5/library/os.path.html
- os.path에 대한 파이썬 2에서 3로의 포팅 노트
- pathlib: 객체로서의 경로
- os: os 모듈은 os.path의 부모다.
- time: time 모듈은 os.path의 시간 속성 함수의 표현식과 읽기 쉬운 문자열 형식을 상호 변환해주는 함수를 제공한다.

6.2 pathlib: 객체로서의 파일 시스템 경로

pathlib 모듈은 저수준 문자열 연산의 사용을 대신해 파싱과 빌드, 검증, 그 밖의 파일 명과 경로를 다루기 위한 객체지향 API를 제공한다.

6.2.1 경로 표현

pathlib는 POSIX 표준이나 마이크로소프트 윈도우 구문을 사용하는 형식화된 경로를

관리하는 클래스를 포함한다. 이 라이브러리에는 문자열에 대해 작동하지만 실제 파일 시스템과 상호작용이 없는 이른바 순수^{pure} 클래스와 API를 확장해 로컬 파일 시스템의 데이터를 반영하거나 수정 작업을 할 수 있는 구체^{concrete} 클래스가 있다. 순수 클래스인 PurePosixPath와 PureWindowsPath는 어떠한 운영체제에서도 초기화해서 사용할 수 있는데, 이름에 대해서만 작동하기 때문이다. 실제 파일 시스템 작업을 할 수 있는 올바른 클래스를 인스턴스화하려면 Path를 사용하면 되는데, 플랫폼에 따라 PosixPath나 WindowsPath를 얻게 된다.

6.2.2 경로 만들기

새 경로를 초기화하려면 첫 번째 인자로 문자열을 지정하면 된다. 경로 객체의 문자열 표현식이 이 이름값이다. 기존 경로와 관련된 값을 참조하는 새 경로를 만들려면 / 연산자를 사용해 경로를 확장한다.

이 작업에 대한 인자는 문자열이나 또 다른 경로 객체가 될 수 있다.

리스트 6.14: pathlib_operator.py

```
import pathlib

usr = pathlib.PurePosixPath('/usr')
print(usr)

usr_local = usr / 'local'
print(usr_local)

usr_share = usr / pathlib.PurePosixPath('share')
print(usr_share)

root = usr / '..'
print(root)

etc = root / '/etc/'
print(etc)
```

위 값 중 root에 대한 결과를 보면 연산자는 경로 값을 주어진 대로 결합하며 부모 디렉터리의 참조 값 '..'을 포함할 때는 결과를 정규화^{normalize}하지 않는다. 하지만 경로 구분자로 세그먼트가 시작되는 경우에는 **os.path.join()**과 동일한 방식으로 새 루트 참조가 해석된다. etc 예제에서 볼 수 있듯이 추가 **path** 구분자는 **path** 값의 가운데부터 제거된다.

```
$ python3 pathlib_operator.py

/usr
/usr/local
/usr/share
/usr/..
/etc
```

구체 경로 클래스에는 **resolve()** 메서드가 있다. 이 메서드는 디렉터리나 심볼릭 링크에 대한 파일 시스템을 바라봄으로써 경로를 정규화하고 이름으로 참조되는 절대 경로를 생성한다.

리스트 6.15: pathlib_resolve.py

```
import pathlib

usr_local = pathlib.Path('/usr/local')
share = usr_local / '..' / 'share'
print(share.resolve())
```

여기서 상대 경로는 절대 경로인 **'/usr/share'**로 변환된다. 입력 경로가 심볼릭 링크를 포함한 경우에는 해당 경로가 확장돼 대상을 직접 참조할 수 있다.

```
$ python3 pathlib_resolve.py

/usr/share
```

세그먼트를 미리 알 수 없는 상태에서 경로를 만들려면 **joinpath()**를 사용한다. 분리된 인자로 각 경로 세그먼트를 전달한다.

```
import pathlib

root = pathlib.PurePosixPath('/')
subdirs = ['usr', 'local']
usr_local = root.joinpath(*subdirs)
print(usr_local)
```

/ 연산자와 함께 joinpath()를 호출하면 새 인스턴스를 생성한다.

```
$ python3 pathlib_joinpath.py

/usr/local
```

기존 경로 객체가 주어지면 동일한 디렉터리에서 다른 파일명을 참조하는 것처럼 새로운 경로에 사소한 수정을 가하는 것은 간단하다. 경로에서 파일명 부분만 다르게 교체하고 싶을 때는 with_name()을 사용해 새 경로를 만들 수 있다. 파일 확장자만 변경하고 싶다면 with_suffix()를 사용하자.

리스트 6.17: pathlib_from_existing.py

```
import pathlib

ind = pathlib.PurePosixPath('source/pathlib/index.rst')
print(ind)

py = ind.with_name('pathlib_from_existing.py')
print(py)

pyc = py.with_suffix('.pyc')
print(pyc)
```

두 메서드 모두 새 객체를 반환하고 원본은 그대로다.

```
$ python3 pathlib_from_existing.py

source/pathlib/index.rst
source/pathlib/pathlib_from_existing.py
```

source/pathlib/pathlib_from_existing.pyc

6.2.3 경로 파싱

경로 객체는 이름에서 부분 값을 추출할 수 있는 메서드와 속성을 가진다. 예를 들어 parts 속성은 경로 구분 값을 기반으로 파싱된 경로 세그먼트 시퀀스를 만들어낸다.

리스트 6.18: pathlib_parts.py

```
import pathlib

p = pathlib.PurePosixPath('/usr/local')
print(p.parts)
```

이 시퀀스는 경로 인스턴스의 불변성immutability을 반영하는 튜플이다.

```
$ python3 pathlib_parts.py

('/', 'usr', 'local')
```

주어진 경로 객체에서 파일 시스템 계층을 위로 거슬러 올라가는 두 가지 방법이 있다. parent 속성을 사용하면 os.path.dirname()이 반환하는 값을 포함하는 새로운 경로 인스턴스를 만들 수 있다. parents 속성은 부모 디렉터리 참조 값을 계속 순회하면서 루트에 도달할 때까지 경로 계층을 계속 반복할 수 있다.

리스트 6.19: pathlib_parents.py

```
import pathlib

p = pathlib.PurePosixPath('/usr/local/lib')

print('parent: {}'.format(p.parent))

print('\nhierarchy:')
for up in p.parents:
    print(up)
```

예제는 parents 속성을 반복하면서 멤버 변수를 출력한다.

```
$ python3 pathlib_parents.py

parent: /usr/local

hierarchy:
/usr/local
/usr
/
```

경로의 또 다른 부분은 경로 객체 속성을 통해 접근할 수 있다. name 속성은 경로 구분자
(os.path.basename() 값과 동일함) 뒤에 오는 경로의 마지막 부분을 나타낸다. suffix 속성
은 확장자 구분자 뒤의 값을 반환하고, stem 속성은 suffix 앞의 이름 부분을 나타낸다.

리스트 6.20: pathlib_name.py

```
import pathlib

p = pathlib.PurePosixPath('./source/pathlib/pathlib_name.py')
print('path  : {}'.format(p))
print('name  : {}'.format(p.name))
print('suffix: {}'.format(p.suffix))
print('stem  : {}'.format(p.stem))
```

suffix와 stem 값은 os.path.splitext()가 생성한 값과 유사하지만, 이 값들은 전체 경
로가 아닌 name 값에 기반을 둔다.

```
$ python3 pathlib_name.py

path  : source/pathlib/pathlib_name.py
name  : pathlib_name.py
suffix: .py
stem  : pathlib_name
```

6.2.4 구체 경로 만들기

파일이나 디렉터리, 심볼릭 링크의 이름(또는 잠재적인 이름$^{potential\ name}$)을 가리키는 문자열 인자를 사용해 구체 경로$^{concrete\ Path}$ 클래스 인스턴스를 생성할 수 있다.

또한 이 클래스는 현재 작업 디렉터리나 사용자의 홈 디렉터리와 같이 변경되는 일반적으로 사용되는 위치를 사용해 인스턴스를 작성하는 몇 가지 편리한 메서드를 제공한다.

리스트 6.21: pathlib_convenience.py

```
import pathlib

home = pathlib.Path.home()
print('home: ', home)

cwd = pathlib.Path.cwd()
print('cwd : ', cwd)
```

두 메서드는 절대 파일 시스템 참조 값으로 이뤄진 Path 인스턴스를 생성한다.

```
$ python3 pathlib_convenience.py

home:  /Users/dhellmann
cwd :  /Users/dhellmann/PyMOTW
```

6.2.5 디렉터리 콘텐츠

디렉터리 목록에 액세스해 파일 시스템에서 사용할 수 있는 파일명을 찾는 세 가지 방법이 있다. iterdir()은 생성자이며, 포함하는 디렉터리의 각 항목에 대해 새로운 Path 인스턴스를 생성한다.

리스트 6.22: pathlib_iterdir.py

```
import pathlib

p = pathlib.Path('.')
```

```
for f in p.iterdir():
    print(f)
```

Path가 디렉터리를 가리키지 않는 경우에 iterdir()은 NotADirectoryError를 발생시킨다.

```
$ python3 pathlib_iterdir.py

example_link
index.rst
pathlib_chmod.py
pathlib_convenience.py
pathlib_from_existing.py
pathlib_glob.py
pathlib_iterdir.py
pathlib_joinpath.py
pathlib_mkdir.py
pathlib_name.py
pathlib_operator.py
pathlib_ownership.py
pathlib_parents.py
pathlib_parts.py
pathlib_read_write.py
pathlib_resolve.py
pathlib_rglob.py
pathlib_rmdir.py
pathlib_stat.py
pathlib_symlink_to.py
pathlib_touch.py
pathlib_types.py
pathlib_unlink.py
```

특정 패턴과 일치하는 파일만 검색하려면 glob()을 쓰자.

리스트 6.23: pathlib_glob.py

```
import pathlib
```

```
p = pathlib.Path('..')

for f in p.glob('*.rst'):
    print(f)
```

이 예제는 스크립트의 부모 디렉터리 아래 모든 reStructuredText(http://docutils. sourceforge.net/) 입력 파일을 보여준다.

```
$ python3 pathlib_glob.py

../about.rst
../algorithm_tools.rst
../book.rst
../compression.rst
../concurrency.rst
../cryptographic.rst
../data_structures.rst
../dates.rst
../dev_tools.rst
../email.rst
../file_access.rst
../frameworks.rst
../i18n.rst
../importing.rst
../index.rst
../internet_protocols.rst
../language.rst
../networking.rst
../numeric.rst
../persistence.rst
../porting_notes.rst
../runtime_services.rst
../text.rst
../third_party.rst
../unix.rst
```

glob 프로세서는 접두어 ** 또는 glob() 대신 rglob()을 호출해 재귀 스캐닝을 지원한다.

```
import pathlib

p = pathlib.Path('..')

for f in p.rglob('pathlib_*.py'):
    print(f)
```

예제는 부모 디렉터리에서 시작하기 때문에 pathlib_*.py와 매칭하는 예제 파일을 찾
는 데 재귀 검색이 필수다.

```
$ python3 pathlib_rglob.py

../pathlib/pathlib_chmod.py
../pathlib/pathlib_convenience.py
../pathlib/pathlib_from_existing.py
../pathlib/pathlib_glob.py
../pathlib/pathlib_iterdir.py
../pathlib/pathlib_joinpath.py
../pathlib/pathlib_mkdir.py
../pathlib/pathlib_name.py
../pathlib/pathlib_operator.py
../pathlib/pathlib_ownership.py
../pathlib/pathlib_parents.py
../pathlib/pathlib_parts.py
../pathlib/pathlib_read_write.py
../pathlib/pathlib_resolve.py
../pathlib/pathlib_rglob.py
../pathlib/pathlib_rmdir.py
../pathlib/pathlib_stat.py
../pathlib/pathlib_symlink_to.py
../pathlib/pathlib_touch.py
../pathlib/pathlib_types.py
../pathlib/pathlib_unlink.py
```

6.2.6 파일 읽기와 쓰기

각 Path 인스턴스는 파일 콘텐츠 작업을 할 수 있는 메서드를 갖고 있다. read_bytes()

나 read_text()를 사용하면 파일 내용을 즉시 읽을 수 있다. 쓰기 작업의 경우 write_bytes()나 write_text()를 사용한다. 내장 함수 open()에 이름을 전달하는 대신 open() 메서드를 사용해 파일을 읽고 핸들을 유지하자.

리스트 6.25: pathlib_read_write.py

```python
import pathlib

f = pathlib.Path('example.txt')

f.write_bytes('This is the content'.encode('utf-8'))

with f.open('r', encoding='utf-8') as handle:
    print('read from open(): {!r}'.format(handle.read()))

print('read_text(): {!r}'.format(f.read_text('utf-8')))
```

편의 메서드convenience method는 파일을 열고 쓰기 전에 타입 검사를 수행하지만, 그 밖에는 직접 조작하는 것과 동일하다.

```
$ python3 pathlib_read_write.py

read from open(): 'This is the content'
read_text(): 'This is the content'
```

6.2.7 디렉터리와 심볼릭 링크 다루기

디렉터리나 심볼릭 링크를 나타내는 경로가 존재하지 않는 경우에는 새 파일 시스템 항목을 만들 수 있다.

리스트 6.26: pathlib_mkdir.py

```python
import pathlib

p = pathlib.Path('example_dir')

print('Creating {}'.format(p))
p.mkdir()
```

이미 경로가 존재한다면 mkdir()은 FileExistsError를 발생시킨다.

```
$ python3 pathlib_mkdir.py

Creating example_dir

$ python3 pathlib_mkdir.py

Creating example_dir
Traceback (most recent call last):
    File "pathlib_mkdir.py", line 16, in <module>
        p.mkdir()
    File ".../lib/python3.5/pathlib.py", line 1214, in mkdir
        self._accessor.mkdir(self, mode)
    File ".../lib/python3.5/pathlib.py", line 371, in wrapped
        return strfunc(str(pathobj), *args)
FileExistsError: [Errno 17] File exists: 'example_dir'
```

심볼릭 링크를 생성할 때는 symlink_to()를 사용한다. 경로 값을 기반으로 심볼릭 링크의 이름이 정해질 것이고, symlink_to()의 인자가 가리키는 대상 파일이 된다.

리스트 6.27: pathlib_symlink_to.py

```
import pathlib

p = pathlib.Path('example_link')

p.symlink_to('index.rst')

print(p)
print(p.resolve().name)
```

이 예제는 심볼릭 링크를 생성한다. 그리고 나서 resolve()는 링크가 무엇을 가리키고 있는지를 찾은 후 이름을 출력한다.

```
$ python3 pathlib_symlink_to.py

example_link
index.rst
```

6.2.8 파일 타입

Path 인스턴스는 경로로 참조되는 파일 타입을 테스트할 수 있는 몇 가지 메서드를 가진다. 이 예제는 여러 타입의 파일을 만들고 테스트한다. 또한 로컬 운영체제 위에 준비된 장치 의존적인device-specific 몇 가지 파일도 테스트한다.

리스트 6.28: pathlib_types.py

```python
import itertools
import os
import pathlib

root = pathlib.Path('test_files')

# 이전 실행 상태를 초기화
if root.exists():
    for f in root.iterdir():
        f.unlink()
else:
    root.mkdir()

# 테스트 파일 생성
(root / 'file').write_text('This is a regular file', encoding='utf-8')
(root / 'symlink').symlink_to('file')
os.mkfifo(str(root / 'fifo'))

# 파일 타입 체크
to_scan = itertools.chain(
    root.iterdir(),
    [pathlib.Path('/dev/disk0'),
     pathlib.Path('/dev/console')],
)
hfmt = '{:18s}' + ('  {:>5}' * 6)
print(hfmt.format('Name', 'File', 'Dir', 'Link', 'FIFO', 'Block', 'Character'))
print()

fmt = '{:20s}  ' + ('{!r:>5}  ' * 6)
for f in to_scan:
    print(fmt.format(
        str(f),
        f.is_file(),
        f.is_dir(),
        f.is_symlink(),
```

```
        f.is_fifo(),
        f.is_block_device(),
        f.is_char_device(),
    )
)
```

각각의 메서드 is_dir()과 is_file(), is_symlink(), is_socket(), is_fifo(), is_block_device(), is_char_device()는 인자를 갖지 않는다.

```
$ python3 pathlib_types.py
Name                    File    Dir     Link    FIFO    Block   Character
test_files/fifo         False   False   False   True    False   False
test_files/file         True    False   False   False   False   False
test_files/symlink      True    False   True    False   False   False
/dev/disk0              False   False   False   False   True    False
/dev/console            False   False   False   False   False   True
```

6.2.9 파일 속성

파일의 상세 정보에는 stat()이나 lstat() 메서드를 사용해 접근할 수 있다. lstat() 메서드는 심볼릭 링크와 관련 있을 때 사용한다. 이 메서드의 결과는 os.stat()이나 os.lstat()과 동일하다.

리스트 6.29: pathlib_stat.py

```
import pathlib
import sys
import time

if len(sys.argv) == 1:
    filename = __file__
else:
    filename = sys.argv[1]

p = pathlib.Path(filename)
stat_info = p.stat()
```

```
print('{}:'.format(filename))
print('  Size:', stat_info.st_size)
print('  Permissions:', oct(stat_info.st_mode))
print('  Owner:', stat_info.st_uid)
print('  Device:', stat_info.st_dev)
print('  Created      :', time.ctime(stat_info.st_ctime))
print('  Last modified:', time.ctime(stat_info.st_mtime))
print('  Last accessed:', time.ctime(stat_info.st_atime))
```

출력 결과는 예제 코드의 실행 방식에 따라 다르다. 커맨드라인에서 pathlib_stat.py 파일명을 바꾸면서 시험해보기 바란다.

```
$ python3 pathlib_stat.py

pathlib_stat.py:
    Size: 607
    Permissions: 0o100644
    Owner: 527
    Device: 16777218
    Created      : Thu Dec 29 12:25:25 2016
    Last modified: Thu Dec 29 12:25:25 2016
    Last accessed: Thu Dec 29 12:25:34 2016

$ python3 pathlib_stat.py index.rst

index.rst:
    Size: 19363
    Permissions: 0o100644
    Owner: 527
    Device: 16777218
    Created      : Thu Dec 29 11:27:58 2016
    Last modified: Thu Dec 29 11:27:58 2016
    Last accessed: Thu Dec 29 12:25:33 2016
```

파일의 소유자에 대한 정보에 간단히 접근하려면 owner()와 group()을 사용하자.

리스트 6.30: pathlib_ownership.py

```
import pathlib
```

```
p = pathlib.Path(__file__)
print('{} is owned by {}/{}'.format(p, p.owner(), p.group()))
```

stat()은 숫자로 구성된 시스템 ID 값을 반환하는 반면 이 메서드는 ID와 연관된 이름을 찾아준다.

```
$ python3 pathlib_ownership.py

pathlib_ownership.py is owned by dhellmann/dhellmann
```

touch() 메서드는 유닉스 커맨드 touch와 마찬가지로 새 파일을 생성하거나 기존 파일의 시간과 권한permission을 변경한다.

리스트 6.31: pathlib_touch.py

```
import pathlib
import time

p = pathlib.Path('touched')
if p.exists():
    print('already exists')
else:
    print('creating new')

p.touch()
start = p.stat()

time.sleep(1)

p.touch()
end = p.stat()

print('Start:', time.ctime(start.st_mtime))
print('End  :', time.ctime(end.st_mtime))
```

이 예제를 한 번 이상 실행하면 이전 파일이 업데이트된다.

```
$ python3 pathlib_touch.py
```

```
creating new
Start: Thu Dec 29 12:25:34 2016
End   : Thu Dec 29 12:25:35 2016

$ python3 pathlib_touch.py

already exists
Start: Thu Dec 29 12:25:35 2016
End   : Thu Dec 29 12:25:36 2016
```

6.2.10 사용 권한

유닉스 호환 시스템에서 파일 사용 권한[permission]은 chmod()로 변경할 수 있고, 모드는 정수로 넘겨준다.

모드 값은 stat 모듈에 정의된 상수를 사용해 만들 수 있다. 이 예제는 사용자의 실행 권한 비트를 토글한다.

리스트 6.32: pathlib_chmod.py

```python
import os
import pathlib
import stat

# 깨끗한 테스트 파일 생성
f = pathlib.Path('pathlib_chmod_example.txt')
if f.exists():
    f.unlink()
f.write_text('contents')

# stat을 이용해 현재 권한이 무엇인지 확인
existing_permissions = stat.S_IMODE(f.stat().st_mode)
print('Before: {:o}'.format(existing_permissions))

# 어떤 방식으로 바꿀지 결정
if not (existing_permissions & os.X_OK):
    print('Adding execute permission')
    new_permissions = existing_permissions | stat.S_IXUSR
else:
    print('Removing execute permission')
```

```
# 사용자 실행 권한 제거를 위해 xor를 사용
new_permissions = existing_permissions ^ stat.S_IXUSR

# 변경 사항을 적용하고 새 값을 보여줌
f.chmod(new_permissions)
after_permissions = stat.S_IMODE(f.stat().st_mode)
print('After: {:o}'.format(after_permissions))
```

이 스크립트의 실행 시점에는 파일 모드를 변경하는 데 필요한 권한을 이미 갖고 있다고 가정한다.

```
$ python3 pathlib_chmod.py

Before: 644
Adding execute permission
After: 744
```

6.2.11 삭제

타입에 따라 파일 시스템에서 삭제하는 두 가지 메서드가 있다. 빈 디렉터리를 삭제하려면 rmdir()을 사용한다.

리스트 6.33: pathlib_rmdir.py

```
import pathlib

p = pathlib.Path('example_dir')

print('Removing {}'.format(p))
p.rmdir()
```

post-conditions을 만족하고 디렉터리가 존재하지 않으면 FileNotFoundError 예외가 발생한다. 파일을 포함한 디렉터리를 삭제하려 해도 역시 에러가 발생한다.

```
$ python3 pathlib_rmdir.py
```

```
Removing example_dir

$ python3 pathlib_rmdir.py

Removing example_dir
Traceback (most recent call last):
    File "pathlib_rmdir.py", line 16, in <module>
        p.rmdir()
    File ".../lib/python3.5/pathlib.py", line 1262, in rmdir
        self._accessor.rmdir(self)
    File ".../lib/python3.5/pathlib.py", line 371, in wrapped
        return strfunc(str(pathobj), *args)
FileNotFoundError: [Errno 2] No such file or directory: 'example_dir'
```

파일과 심볼릭 링크 그리고 대부분의 경로 타입은 unlink()를 사용한다.

리스트 6.34: pathlib_unlink.py

```
import pathlib

p = pathlib.Path('touched')

p.touch()

print('exists before removing:', p.exists())

p.unlink()

print('exists after removing:', p.exists())
```

파일, 심볼릭 링크, 소켓, 파일 시스템 객체를 제거할 때는 사용 권한을 반드시 갖고 있
어야 한다.

```
$ python3 pathlib_unlink.py

exists before removing: True
exists after removing: False
```

> **팁 - 참고 자료**
>
> - pathlib 표준 라이브러리 문서: https://docs.python.org/3.5/library/pathlib.html
> - os.path: 플랫폼 독립적인 파일명 조작

- 파일 시스템 권한 관리: os.stat()과 os.lstat()에 대한 고찰
- glob: 파일명에 대한 유닉스 셸 패턴 매칭
- PEP 428(https://www.python.org/dev/peps/pep-0428): pathlib 모듈

6.3 glob: 파일명 패턴 매칭

glob API는 작지만 매우 강력하다. 패턴에 매칭하는 파일을 찾아야 하는 어떠한 상황에도 유용하게 사용할 수 있다. 특정 확장자나 접두어, 중간에 포함된 공통 문자열 부분을 포함하는 파일명 목록을 만들 때 디렉터리 내용을 검색하는 별도의 코드를 작성하기보다는 glob을 사용한다.

glob에서 사용하는 패턴 규칙은 re 모듈에서 사용하는 정규 표현식 규칙과는 다르다. 대신 표준 유닉스 경로 확장 규칙을 따른다. 두 개의 다른 와일드카드와 글자 범위를 구현하는 데 사용할 몇 개의 특수 문자만 사용한다. 패턴 규칙은 파일명의 세그먼트(경로 구분자 /에서 멈춤)에 적용된다. 패턴에 포함된 경로는 절대 또는 상대 경로일 수 있다. 셸 변수명과 틸드(~)는 확장되지 않는다.

6.3.1 예제 데이터

이번 절의 예제는 현재 디렉터리에 다음 파일이 들어 있다고 가정한다.

```
$ python3 glob_maketestdata.py

dir
dir/file.txt
dir/file1.txt
dir/file2.txt
dir/filea.txt
dir/fileb.txt
dir/file?.txt
dir/file*.txt
dir/file[.txt
dir/subdir
```

```
dir/subdir/subfile.txt
```

이 파일이 없다면 샘플 코드의 glob_maketestdata.py를 사용해 만들자.

6.3.2 와일드카드

별표(*)는 0개 혹은 그 이상 개수의 문자와 매칭한다. 예를 들어 dir/*다.

리스트 6.35: glob_asterisk.py

```
import glob

for name in sorted(glob.glob('dir/*')):
    print(name)
```

이 패턴은 dir 디렉터리 내부의 모든 경로 이름(파일 혹은 디렉터리)에 매칭하지만, 하위 디렉터리 안까지 재귀적으로 들어가진 않는다.

glob()에 의해 반환된 데이터는 정렬되지 않았다. 따라서 이 예제에서는 결과를 더 쉽게 이해할 수 있도록 정렬한다.

```
$ python3 glob_asterisk.py

dir/file*.txt
dir/file.txt
dir/file1.txt
dir/file2.txt
dir/file?.txt
dir/file[.txt
dir/filea.txt
dir/fileb.txt
dir/subdir
```

하위 디렉터리의 파일을 보려면 하위 디렉터리가 패턴에 반드시 포함돼야 한다.

```
import glob

print('Named explicitly:')
for name in sorted(glob.glob('dir/subdir/*')):
    print('  {}'.format(name))

print('Named with wildcard:')
for name in sorted(glob.glob('dir/*/*')):
    print('  {}'.format(name))
```

첫 번째 경우는 하위 디렉터리명을 명시적으로 지정해줬고, 두 번째 경우는 와일드카드에 의존해 디렉터리를 찾아냈다.

```
$ python3 glob_subdir.py

Named explicitly:
    dir/subdir/subfile.txt
Named with wildcard:
    dir/subdir/subfile.txt
```

이 경우 결과는 동일하게 나온다. 혹시 또 다른 하위 디렉터리가 있다면 와일드카드는 모든 하위 디렉터리와 파일을 포함한다.

6.3.3 단일 문자 와일드카드

또 다른 와일드카드 문자로 물음표(?)가 있다. 이 와일드카드가 사용된 자리에는 어떤 문자 하나가 무조건 매칭된다.

리스트 6.37: glob_question.py

```
import glob

for name in sorted(glob.glob('dir/file?.txt')):
    print(name)
```

이 예제는 file로 시작하고 뒤에 하나의 문자가 붙어있는 모든 .txt 파일명에 매칭한다.

```
$ python3 glob_question.py

dir/file*.txt
dir/file1.txt
dir/file2.txt
dir/file?.txt
dir/file[.txt
dir/filea.txt
dir/fileb.txt
```

6.3.4 문자 범위

여러 문자 중 하나에 매칭해야 하는 경우 물음표 대신 문자 범위 [a-z]를 사용한다. 이 예제는 확장자 앞에 숫자가 나오는 파일명을 모두 찾는다.

리스트 6.38: glob_charrange.py

```python
import glob

for name in sorted(glob.glob('dir/*[0-9].*')):
    print(name)
```

문자 범위 [0-9]는 한 자리 숫자에 매칭한다. 범위는 각 숫자/문자에 대해 순서의 영향을 받으며, 대시(-)는 연속됨을 의미한다. 따라서 [0-9]는 [0123456789]로 표시하는 것과 동일하다.

```
$ python3 glob_charrange.py

dir/file1.txt
dir/file2.txt
```

6.3.5 메타문자 이스케이핑 처리

가끔은 특수 메타문자를 포함한 파일명을 검색해야 하는 경우도 있는데, glob이 이러한 패턴 문자를 처리한다. 이때 escape() 함수를 이용해 특수 문자를 이스케이프 처리해^{escaped} 적합한 패턴으로 만들어준다. 따라서 특수 문자가 풀리거나 glob에 의해 특별 처리되지 않게 할 수 있다.

리스트 6.39: glob_escape.py

```python
import glob

specials = '?*['

for char in specials:
    pattern = 'dir/*' + glob.escape(char) + '.txt'
    print('Searching for: {!r}'.format(pattern))
    for name in sorted(glob.glob(pattern)):
        print(name)
    print()
```

각 특수 문자는 단일 항목을 포함하는 문자 범위를 만들면서 이스케이프 처리된다.

```
$ python3 glob_escape.py

Searching for: 'dir/*[?].txt'
dir/file?.txt

Searching for: 'dir/*[*].txt'
dir/file*.txt

Searching for: 'dir/*[[].txt'
dir/file[.txt
```

팁 – 참고 자료

- glob 표준 라이브러리 문서: https://docs.python.org/3.5/library/glob.html
- 패턴 매칭 표기(www.opengroup.org/onlinepubs/000095399/utilities/xcu_chap02.html#tag_02_13): Open Group의 셸 명령 언어(Shell Command Language) 사양에서 globbing에 대한 설명
- fnmatch: 파일명 매칭 구현
- glob에 대한 파이썬 2에서 3으로의 포팅 노트

6.4 fnmatch: 유닉스 스타일 Glob 패턴 매칭

fnmatch 모듈은 유닉스 셸처럼 glob 스타일의 파일명을 비교할 때 사용한다.

6.4.1 간단한 매칭

fnmatch는 패턴과 하나의 파일명을 비교한 후 매칭 여부를 불리언^{boolean}으로 반환한다.
운영체제가 대소문자를 구분하는 경우에는 비교 결과도 대소문자를 구분한다.

리스트 6.40: fnmatch_fnmatch.py

```python
import fnmatch
import os

pattern = 'fnmatch_*.py'
print('Pattern :', pattern)
print()

files = os.listdir('.')
for name in files:
    print('Filename: {:<25} {}'.format(name, fnmatch.fnmatch(name, pattern)))
```

이 예제에 사용한 패턴은 fnmatch_로 시작하고 .py로 끝나는 모든 파일과 매칭된다.

```
$ python3 fnmatch_fnmatch.py

Pattern : fnmatch_*.py

Filename: fnmatch_filter.py        True
Filename: fnmatch_fnmatch.py       True
Filename: fnmatch_fnmatchcase.py   True
Filename: fnmatch_translate.py     True
Filename: index.rst                False
```

파일 시스템과 운영체제를 따르지 않고 강제로 대소문자를 비교하려면 fnmatchcase()
를 사용한다.

```
import fnmatch
import os

pattern = 'FNMATCH_*.PY'
print('Pattern :', pattern)
print()

files = os.listdir('.')
for name in files:
    print('Filename: {:<25} {}'.format(name, fnmatch.fnmatchcase(name, pattern)))
```

대소문자를 구분하는 프로그램을 테스트하는 데 OS X 시스템을 사용했기 때문에 어떤 파일도 수정한 패턴에 매칭되지 않는다.

```
$ python3 fnmatch_fnmatchcase.py

Pattern : FNMATCH_*.PY

Filename: fnmatch_filter.py         False
Filename: fnmatch_fnmatch.py        False
Filename: fnmatch_fnmatchcase.py    False
Filename: fnmatch_translate.py      False
Filename: index.rst                 False
```

6.4.2 필터링

파일명 시퀀스를 테스트할 때는 filter()를 사용하는데, 패턴 인자와 매칭되는 이름 목록을 반환해준다.

리스트 6.42: fnmatch_filter.py

```
import fnmatch
import os
import pprint

pattern = 'fnmatch_*.py'
print('Pattern :', pattern)
```

```
files = os.listdir('.')

print('\nFiles   :')
pprint.pprint(files)

print('\nMatches :')
pprint.pprint(fnmatch.filter(files, pattern))
```

예제의 `filter()`는 이번 절에서 사용하는 예제 소스 파일의 리스트를 반환한다.

```
$ python3 fnmatch_filter.py

Pattern : fnmatch_*.py

Files   :
['fnmatch_filter.py',
 'fnmatch_fnmatch.py',
 'fnmatch_fnmatchcase.py',
 'fnmatch_translate.py',
 'index.rst']

Matches :
['fnmatch_filter.py',
 'fnmatch_fnmatch.py',
 'fnmatch_fnmatchcase.py',
 'fnmatch_translate.py']
```

6.4.3 패턴 번역

내부적으로 fnmatch는 glob 패턴을 정규 표현식으로 변환하고, re 모듈을 사용해 파일명과 패턴을 비교한다. translate() 함수는 공용 API로, glob 패턴을 정규 표현식으로 변환한다.

리스트 6.43: fnmatch_translate.py

```
import fnmatch

pattern = 'fnmatch_*.py'
print('Pattern :', pattern)
```

```
print('Regex   :', fnmatch.translate(pattern))
```

올바른 표현식을 만들고자 일부 문자는 이스케이프됐다.

```
$ python3 fnmatch_translate.py

Pattern : fnmatch_*.py
Regex   : fnmatch_.*\.py\Z(?ms)
```

> **팁 – 참고 자료**
>
> - fnmatch 표준 라이브러리 문서: https://docs.python.org/3.5/library/fnmatch.html
> - glob: glob 모듈은 fnmatch 매칭과 os.listdir()을 결합해 해당 패턴과 매칭하는 파일과 디렉터리 목록
>   을 만든다.
> - re: 정규 표현식 패턴 매칭

6.5 linecache: 텍스트 파일 효율적으로 읽기

파이썬 표준 라이브러리 내부의 다른 소스 파일을 다룰 때 linecache 모듈을 사용한다. 이 모듈은 파일 내용을 파싱해 각 줄로 나눠 메모리에 캐싱하도록 구현됐다. API는 list의 인덱스를 넘겨받아 특정 줄을 반환하기 때문에 반복적으로 읽기 작업을 수행할 때 시간을 절약한다. 이 메서드는 에러에 대해 트레이스백^{traceback}을 생성하는 등, 한 파일에서 여러 줄을 읽어 들이기에 특히 효율적이다.

6.5.1 테스트 데이터

Lorem Ipsum 생성기로 만든 텍스트를 예제 입력으로 사용한다.

리스트 6.44: linecache_data.py

```
import os
import tempfile
```

```
lorem = '''Lorem ipsum dolor sit amet, consectetuer
adipiscing elit.  Vivamus eget elit. In posuere mi non
risus. Mauris id quam posuere lectus sollicitudin
varius. Praesent at mi. Nunc eu velit. Sed augue massa,
fermentum id, nonummy a, nonummy sit amet, ligula. Curabitur
eros pede, egestas at, ultricies ac, apellentesque eu,
tellus.

Sed sed odio sed mi luctus mollis. Integer et nulla ac augue
convallis accumsan. Ut felis. Donec lectus sapien, elementum
nec, condimentum ac, interdum non, tellus. Aenean viverra,
mauris vehicula semper porttitor, ipsum odio consectetuer
lorem, ac imperdiet eros odio a sapien. Nulla mauris tellus,
aliquam non, egestas a, nonummy et, erat. Vivamus sagittis
porttitor eros.'''

def make_tempfile():
    fd, temp_file_name = tempfile.mkstemp()
    os.close(fd)
    with open(temp_file_name, 'wt') as f:
        f.write(lorem)
    return temp_file_name

def cleanup(filename):
    os.unlink(filename)
```

6.5.2 특정 줄 읽기

linecache가 사용하는 파일의 줄 번호는 1에서 시작하지만 보통 리스트의 배열 번호는
0에서 시작한다.

리스트 6.45: linecache_getline.py

```
import linecache
from linecache_data import *

filename = make_tempfile()

# 소스에서 동일한 줄을 고르고 캐시한다.
# linecache 카운트가 1부터 시작한다는 것을 기억하자.
```

```
print('SOURCE:')
print('{!r}'.format(lorem.split('\n')[4]))
print()
print('CACHE:')
print('{!r}'.format(linecache.getline(filename, 5)))

cleanup(filename)
```

반환되는 각 줄은 줄 바꿈 문자^{newline}를 포함한다.

```
$ python3 linecache_getline.py

SOURCE:
'fermentum id, nonummy a, nonummy sit amet, ligula. Curabitur'

CACHE:
'fermentum id, nonummy a, nonummy sit amet, ligula. Curabitur\n'
```

6.5.3 빈 줄 처리

반환값의 마지막 줄에는 항상 줄 바꿈 문자를 포함한다. 이 때문에 줄이 완전히 비어 있으면 줄 바꿈 문자 하나만 반환한다.

리스트 6.46: linecache_empty_line.py

```
import linecache
from linecache_data import *

filename = make_tempfile()

# 빈 줄은 줄 바꿈 문자를 포함한다.
print('BLANK : {!r}'.format(linecache.getline(filename, 8)))

cleanup(filename)
```

입력 파일의 8번 줄에는 아무 내용도 없다.

```
$ python3 linecache_empty_line.py
```

```
BLANK : '\n'
```

6.5.4 에러 처리

요청한 줄 번호가 파일 범위를 벗어나는 경우 getline()은 빈 문자열을 반환한다.

리스트 6.47: linecache_out_of_range.py

```
import linecache
from linecache_data import *

filename = make_tempfile()

# 캐시는 언제나 문자열을 반환하고,
# 캐시에서 존재하지 않는 줄을 표시하고자 빈 문자열을 사용한다.
not_there = linecache.getline(filename, 500)
print('NOT THERE: {!r} includes {} characters'.format(not_there, len(not_there)))

cleanup(filename)
```

입력 파일은 15줄밖에 없다. 따라서 500줄을 요청하는 것은 파일의 종료 지점 이후를 읽는 것과 같다.

```
$ python3 linecache_out_of_range.py

NOT THERE: '' includes 0 characters
```

존재하지 않는 파일에서 읽기를 시도하는 경우도 같은 방식으로 처리된다.

리스트 6.48: linecache_missing_file.py

```
import linecache

# linecache가 파일을 찾지 못하면 에러는 보이지 않는다.
no_such_file = linecache.getline('this_file_does_not_exist.txt', 1,)
print('NO FILE: {!r}'.format(no_such_file))
```

이 모듈로 파일을 읽을 때 예외 상황이 발생하는 경우는 절대로 없다.

```
$ python3 linecache_missing_file.py

NO FILE: ''
```

6.5.5 파이썬 소스 파일 읽기

트레이스백을 생성할 때 linecache를 너무 자주 사용하기 때문에 이 모듈의 주요 기능 중에는 모듈의 기본 이름을 지정해 임포트 경로 내부에서 파이썬 소스 모듈을 찾아내는 기능도 있다.

리스트 6.49: linecache_path_search.py

```python
import linecache
import os

# linecache 모듈을 찾는다.
# 이때 내장된 sys.path를 검색한다.
module_line = linecache.getline('linecache.py', 3)
print('MODULE:')
print(repr(module_line))

# linecache 모듈의 소스를 직접 검색한다.
file_src = linecache.__file__
if file_src.endswith('.pyc'):
    file_src = file_src[:-1]
print('\nFILE:')
with open(file_src, 'r') as f:
    file_line = f.readlines()[2]
print(repr(file_line))
```

linecache의 캐시 생성 코드는 현재 디렉터리에서 모듈을 찾지 못하는 경우 sys.path 경로를 검색한다. 이 예제는 linecache.py 파일을 찾는다. 현재 디렉터리에서 이 파일을 찾을 수 없기 때문에 표준 라이브러리의 파일이 검색된다.

```
$ python3 linecache_path_search.py

MODULE:
'This is intended to read lines from modules imported -- hence if a filename\n'

FILE:
'This is intended to read lines from modules imported -- hence if a filename\n'
```

> **팁 – 참고 자료**
>
> - linecache 표준 라이브러리 문서: https://docs.python.org/3.5/library/linecache.html

6.6 tempfile: 임시 파일 시스템 객체

고유의 이름을 사용한 임시 파일 생성은 상당히 어렵다. 제3자가 나도 모르게 애플리케이션을 뚫고 데이터를 가로챌 수 있기 때문이다. tempfile 모듈은 임시 파일 시스템리소스를 보호하는 여러 함수를 갖고 있다. TemporaryFile()은 이름 없는 파일을 열고반환하며, NamedTemporaryFile()은 이름이 존재하는 파일을 열고 반환한다. Spooled TemporaryFile()은 디스크에 쓰기 전 메모리에 내용을 유지한다. TemporaryDirectory는 콘텍스트 매니저인데, 콘텍스트를 닫을 때 디렉터리를 제거한다.

6.6.1 임시 파일

다른 애플리케이션과 내용을 공유할 필요가 없는 경우 임시로 데이터를 저장할 필요가 있는 애플리케이션은 파일을 생성하려면 TemporaryFile() 함수를 사용해야 한다. 이 함수는 가능한 시점에 플랫폼 위에 파일을 생성한 후 즉시 링크를 해제한다. 따라서파일 시스템에 파일에 대한 레퍼런스가 존재하지 않게 돼 다른 프로그램에서 이 파일을 찾거나 검색하는 것이 불가능해진다. TemporaryFile()은 닫힐 때 자동으로 제거되는데, close()를 호출하거나 with 구문과 함께 콘텍스트 매니저 API를 이용해 닫을 수있다.

```python
import os
import tempfile

print('Building a filename with PID:')
filename = '/tmp/guess_my_name.{}.txt'.format(os.getpid())
with open(filename, 'w+b') as temp:
    print('temp:')
    print('  {!r}'.format(temp))
    print('temp.name:')
    print('  {!r}'.format(temp.name))

# 임시 파일을 직접 제거한다.
os.remove(filename)

print()
print('TemporaryFile:')
with tempfile.TemporaryFile() as temp:
    print('temp:')
    print('  {!r}'.format(temp))
    print('temp.name:')
    print('  {!r}'.format(temp.name))

# 파일이 자동으로 제거된다.
```

예제는 일반적으로 임시 이름을 지정해 임시 파일을 생성하는 방식과 TemporaryFile() 함수를 사용하는 방식의 차이점을 보여준다. TemporaryFile()이 반환하는 파일에는 이름이 없다.

```
$ python3 tempfile_TemporaryFile.py

Building a filename with PID:
temp:
    <_io.BufferedRandom name='/tmp/guess_my_name.12151.txt'>
temp.name:
    '/tmp/guess_my_name.12151.txt'
TemporaryFile:
temp:
    <_io.BufferedRandom name=4>
temp.name:
    4
```

기본적으로 파일 핸들은 'w+b' 모드로 생성되기 때문에 모든 플랫폼에서 동작하고, 호출한 쪽에서 읽거나 쓰기 작업을 할 수 있다.

리스트 6.51: tempfile_TemporaryFile_binary.py

```python
import os
import tempfile

with tempfile.TemporaryFile() as temp:
    temp.write(b'Some data')
    temp.seek(0)
    print(temp.read())
```

쓰기 작업 후에는 seek()를 사용해 파일 핸들을 반드시 '되감아' 줘야 처음부터 읽을 수 있다.

```
$ python3 tempfile_TemporaryFile_binary.py

b'Some data'
```

파일을 텍스트 모드로 열려면 파일을 생성할 때 mode를 'w+t'로 설정한다.

리스트 6.52: tempfile_TemporaryFile_text.py

```python
import tempfile

with tempfile.TemporaryFile(mode='w+t') as f:
    f.writelines(['first\n', 'second\n'])

    f.seek(0)
    for line in f:
        print(line.rstrip())
```

파일 핸들은 데이터를 텍스트로 취급한다.

```
$ python3 tempfile_TemporaryFile_text.py

first
second
```

6.6.2 이름 있는 파일

임시 파일에 이름이 필요한 경우가 있다. 애플리케이션을 여러 프로세스나 호스트에 걸쳐 사용하는 경우 파일명을 사용하면 이들 간의 통신을 간단히 할 수 있다. NamedTemporaryFile() 함수는 링크를 끊지 않고 파일을 생성하기 때문에 이름이 유지된다(name 속성을 통해 접근한다).

리스트 6.53: tempfile_NamedTemporaryFile.py

```
import os
import pathlib
import tempfile

with tempfile.NamedTemporaryFile() as temp:
    print('temp:')
    print('  {!r}'.format(temp))
    print('temp.name:')
    print('  {!r}'.format(temp.name))

    f = pathlib.Path(temp.name)

print('Exists after close:', f.exists())
```

핸들이 닫히면 파일이 삭제된다.

```
$ python3 tempfile_NamedTemporaryFile.py

temp:
    <tempfile._TemporaryFileWrapper object at 0x1011b2d30>
temp.name:
    '/var/folders/5q/8gk0wq888xlggz008k8dr7180000hg/T/tmps4qh5zde'
Exists after close: False
```

6.6.3 스풀 파일

비교적 적은 용량의 데이터를 포함한 임시 파일에는 SpooledTemporaryFile을 사용하는 것이 좀 더 효율적인데, 허용 크기가 되기 전까지 io.BytesIO나 io.StringIO 버퍼를 사용해 메모리상에 파일 콘텐츠를 유지하기 때문이다. 파일 용량이 허용치를 넘어설 때는 디스크에 기록되고 버퍼는 일반 TemporaryFile()로 교체된다.

리스트 6.54: tempfile_SpooledTemporaryFile.py

```python
import tempfile

with tempfile.SpooledTemporaryFile(max_size=100,
                                   mode='w+t',
                                   encoding='utf-8') as temp:
    print('temp: {!r}'.format(temp))

    for i in range(3):
        temp.write('This line is repeated over and over.\n')
        print(temp._rolled, temp._file)
```

이 예제는 언제 디스크로의 롤오버가 발생했는지 결정하는 SpooledTemporaryFile의 프라이빗 속성을 사용한다. 버퍼 크기를 튜닝할 때를 제외하면 보통 이 속성을 확인할 필요가 없다.

```
$ python3 tempfile_SpooledTemporaryFile.py

temp: <tempfile.SpooledTemporaryFile object at 0x1007b2c88>
False <_io.StringIO object at 0x1007a3d38>
False <_io.StringIO object at 0x1007a3d38>
True <_io.TextIOWrapper name=4 mode='w+t' encoding='utf-8'>
```

명시적으로 버퍼를 디스크로 쓰려면 rollover() 또는 fileno() 메서드를 사용한다.

리스트 6.55: tempfile_SpooledTemporaryFile_explicit.py

```python
import tempfile

with tempfile.SpooledTemporaryFile(max_size=1000,
                                   mode='w+t',
                                   encoding='utf-8') as temp:
    print('temp: {!r}'.format(temp))

    for i in range(3):
        temp.write('This line is repeated over and over.\n')
        print(temp._rolled, temp._file)
```

```
    print('rolling over')
    temp.rollover()
    print(temp._rolled, temp._file)
```

이 예제에서는 버퍼 용량이 데이터 용량을 훨씬 넘어서기 때문에 rollover()가 호출될 때를 제외하고는 디스크 위에 파일이 생성되지 않을 것이다.

```
$ python3 tempfile_SpooledTemporaryFile_explicit.py

temp: <tempfile.SpooledTemporaryFile object at 0x1007b2c88>
False <_io.StringIO object at 0x1007a3d38>
False <_io.StringIO object at 0x1007a3d38>
False <_io.StringIO object at 0x1007a3d38>
rolling over
True <_io.TextIOWrapper name=4 mode='w+t' encoding='utf-8'>
```

6.6.4 임시 디렉터리

임시 파일 여러 개가 필요한 경우 TemporaryDirectory로 임시 디렉터리를 하나 생성하고 디렉터리 안에서 파일을 모두 여는 것이 좀 더 간편하다.

리스트 6.56: tempfile_TemporaryDirectory.py

```
import pathlib
import tempfile

with tempfile.TemporaryDirectory() as directory_name:
    the_dir = pathlib.Path(directory_name)
    print(the_dir)
    a_file = the_dir / 'a_file.txt'
    a_file.write_text('This file is deleted.')

print('Directory exists after?', the_dir.exists())
print('Contents after:', list(the_dir.glob('*')))
```

콘텍스트 매니저가 디렉터리명을 생성하는데, 이 디렉터리명은 콘텍스트 블록 안에서 다른 파일명을 만들 때 사용한다.

```
$ python3 tempfile_TemporaryDirectory.py

/var/folders/5q/8gk0wq888xlggz008k8dr7180000hg/T/tmp_urhiioj
Directory exists after? False
Contents after: []
```

6.6.5 이름 예측

이름 없는 임시 파일보다는 보안상 취약하지만, 파일명에 예측 가능한 부분을 끼워 넣으면 찾기 쉽고 디버깅 용도로 유용하게 사용할 수 있다. 앞서 설명한 모든 함수는 세 개의 인자를 받아 파일명을 생성한다. 이름은 다음 공식에 따라 생성된다.

```
dir + prefix + random + suffix
```

random을 제외한 모든 값은 임시 파일이나 디렉터리를 만들기 위한 함수 인자로 넘길 수 있다.

리스트 6.57: tempfile_NamedTemporaryFile_args.py

```python
import tempfile

with tempfile.NamedTemporaryFile(suffix='_suffix', prefix='prefix_', dir='/tmp') as temp:
    print('temp:')
    print('  ', temp)
    print('temp.name:')
    print('  ', temp.name)
```

prefix와 suffix 인자는 임의의 문자열과 합친 후 파일명을 생성하며 dir 인자는 원래 상태 그대로 사용해 새 파일의 위치를 가리키게 된다.

```
$ python3 tempfile_NamedTemporaryFile_args.py

temp:
    <tempfile._TemporaryFileWrapper object at 0x1018b2d68>
```

```
temp.name:
    /tmp/prefix_q6wd5czl_suffix
```

6.6.6 임시 파일 위치

dir 인자를 사용해 위치를 명시적으로 지정하지 않으면 임시 파일 생성 경로는 현재 플랫폼과 설정에 따른다. tempfile 모듈은 실행 시간에 설정 값을 알아내는 두 가지 함수를 제공한다.

리스트 6.58: tempfile_settings.py

```
import tempfile

print('gettempdir():', tempfile.gettempdir())
print('gettempprefix():', tempfile.gettempprefix())
```

gettempdir()은 모든 임시 파일이 저장되는 기본 디렉터리를 반환하고, gettempprefix() 는 새 파일과 디렉터리명 앞에 붙은 문자열을 반환한다.

```
$ python3 tempfile_settings.py

gettempdir(): /var/folders/5q/8gk0wq888xlggz008k8dr7180000hg/T
gettempprefix(): tmp
```

gettempdir()은 다음 다섯 가지 장소 중 현재 프로세스가 파일을 생성할 수 있는 첫 번째 장소를 선택해 반환한다. 검색 리스트는 다음과 같다.

1. 환경 변수 TMPDIR
2. 환경 변수 TEMP
3. 환경 변수 TMP
4. 플랫폼에 따른 대비(윈도우는 C:\temp나 C:\tmp, \temp, \tmp를 사용, 타 플랫폼은 /tmp, /var/tmp, /usr/tmp를 사용)

446

5. 어떤 디렉터리도 찾을 수 없다면 현재 작업 디렉터리를 사용한다.

리스트 6.59: tempfile_tempdir.py

```
import tempfile

tempfile.tempdir = '/I/changed/this/path'
print('gettempdir():', tempfile.gettempdir())
```

앞에 설명한 환경 변수에 설정된 값을 사용하지 않고 전역 영역을 사용하는 프로그램은 tempfile.tempdir을 사용해 변수에 값을 직접 할당해줘야 한다.

```
$ python3 tempfile_tempdir.py
gettempdir(): /I/changed/this/path
```

> **팁 - 참고 자료**
>
> - tempfile 표준 라이브러리 문서: https://docs.python.org/3.5/library/tempfile.html
> - random: 의사 난수 생성기가 만든 임의의 값을 파일명으로 사용할 수 있다.

6.7 shutil: 고수준 파일 작업

shutil 모듈은 복사나 아카이빙^{archiving}과 같은 고수준 파일 작업을 포함한다.

6.7.1 파일 복사

copyfile은 원본 콘텐츠를 목적지로 복사하며, 목적지 파일에 대한 쓰기 권한이 없으면 IOError가 발생한다.

리스트 6.60: shutil_copyfile.py

```
import glob
import shutil

print('BEFORE:', glob.glob('shutil_copyfile.*'))
```

```
shutil.copyfile('shutil_copyfile.py', 'shutil_copyfile.py.copy')

print('AFTER:', glob.glob('shutil_copyfile.*'))
```

copyfile()은 입력 파일의 타입에 상관없이 읽기용으로 열기 때문에 특별한 파일(유닉스 디바이스 노드 등)은 또 다른 특별한 파일로 복사할 수 없다.

```
$ python3 shutil_copyfile.py

BEFORE: ['shutil_copyfile.py']
AFTER: ['shutil_copyfile.py', 'shutil_copyfile.py.copy']
```

copyfile()의 구현은 좀 더 저수준 함수인 copyfileobj()를 사용한다. copyfile()의 인자는 파일명이지만 copyfileobj()의 인자는 파일 핸들이다. 부가적으로 사용할 수 있는 세 번째 인자는 읽기 블록 크기를 지정하는 버퍼 길이다.

리스트 6.61: shutil_copyfileobj.py

```
import io
import os
import shutil
import sys

class VerboseStringIO(io.StringIO):

    def read(self, n=-1):
        next = io.StringIO.read(self, n)
        print('read({}) got {} bytes'.format(n, len(next)))
        return next

lorem_ipsum = '''Lorem ipsum dolor sit amet, consectetuer
adipiscing elit.  Vestibulum aliquam mollis dolor. Donec
vulputate nunc ut diam. Ut rutrum mi vel sem. Vestibulum ante ipsum.'''

print('Default:')
input = VerboseStringIO(lorem_ipsum)
output = io.StringIO()
shutil.copyfileobj(input, output)

print()
```

```
print('All at once:')
input = VerboseStringIO(lorem_ipsum)
output = io.StringIO()
shutil.copyfileobj(input, output, -1)

print()

print('Blocks of 256:')
input = VerboseStringIO(lorem_ipsum)
output = io.StringIO()
shutil.copyfileobj(input, output, 256)
```

기본 읽기 방식은 커다란 블록을 사용하는 것이다. -1을 사용하면 입력값 모두를 한 번에 읽지만 양수를 입력해 특정 블록 크기를 지정할 수도 있다. 이 예제는 각각의 효과를 보여주고자 여러 블록 크기를 사용한다.

```
$ python3 shutil_copyfileobj.py

Default:
read(16384) got 166 bytes
read(16384) got 0 bytes

All at once:
read(-1) got 166 bytes
read(-1) got 0 bytes

Blocks of 256:
read(256) got 166 bytes
read(256) got 0 bytes
```

copy() 함수는 출력부 이름을 유닉스 명령 cp와 동일하게 해석한다. 목적 이름이 파일이 아닌 디렉터리면 해당 디렉터리 안의 기존 이름과 동일한 파일을 생성한다.

리스트 6.62: shutil_copy.py

```
import glob
import os
import shutil

os.mkdir('example')
```

```
print('BEFORE:', glob.glob('example/*'))
shutil.copy('shutil_copy.py', 'example')
print('AFTER :', glob.glob('example/*'))
```

파일 권한 역시 내용과 함께 복사된다.

```
$ python3 shutil_copy.py
BEFORE: []
AFTER : ['example/shutil_copy.py']
```

copy2()는 copy()와 동일하게 작동하지만, 새 파일의 메타데이터에는 사용 권한과 수정 시간까지 복사된다.

리스트 6.63: shutil_copy2.py

```
import os
import shutil
import time

def show_file_info(filename):
    stat_info = os.stat(filename)
    print('  Mode    :', oct(stat_info.st_mode))
    print('  Created :', time.ctime(stat_info.st_ctime))
    print('  Accessed:', time.ctime(stat_info.st_atime))
    print('  Modified:', time.ctime(stat_info.st_mtime))

os.mkdir('example')
print('SOURCE:')
show_file_info('shutil_copy2.py')

shutil.copy2('shutil_copy2.py', 'example')

print('DEST:')
show_file_info('example/shutil_copy2.py')
```

복사 파일의 모든 속성은 원본과 동일하다.

```
$ python3 shutil_copy2.py

SOURCE:
  Mode   : 0o100644
  Created : Wed Dec 28 19:03:12 2016
  Accessed: Wed Dec 28 19:03:49 2016
  Modified: Wed Dec 28 19:03:12 2016
DEST:
  Mode   : 0o100644
  Created : Wed Dec 28 19:03:49 2016
  Accessed: Wed Dec 28 19:03:49 2016
  Modified: Wed Dec 28 19:03:12 2016
```

6.7.2 파일 메타데이터 복사

기본적으로 유닉스에서 파일을 생성할 때 현재 사용자 umask를 기반으로 사용 권한이 결정된다. 하나의 파일에서 다른 파일로 권한을 복사하려면 copymode()를 사용한다.

리스트 6.64: shutil_copymode.py

```python
import os
import shutil
import subprocess

with open('file_to_change.txt', 'wt') as f:
    f.write('content')
os.chmod('file_to_change.txt', 0o444)

print('BEFORE:', oct(os.stat('file_to_change.txt').st_mode))

shutil.copymode('shutil_copymode.py', 'file_to_change.txt')

print('AFTER :', oct(os.stat('file_to_change.txt').st_mode))
```

예제 스크립트는 수정할 파일을 생성하고 copymode()를 사용해 스크립트의 권한을 예제 파일로 복사한다.

```
$ python3 shutil_copymode.py
```

```
BEFORE: 0o100444
AFTER : 0o100644
```

다른 메타데이터를 복사하려면 copystat()을 사용한다.

리스트 6.65: shutil_copystat.py

```python
import os
import shutil
import time

def show_file_info(filename):
    stat_info = os.stat(filename)
    print('  Mode    :', oct(stat_info.st_mode))
    print('  Created :', time.ctime(stat_info.st_ctime))
    print('  Accessed:', time.ctime(stat_info.st_atime))
    print('  Modified:', time.ctime(stat_info.st_mtime))

with open('file_to_change.txt', 'wt') as f:
    f.write('content')
os.chmod('file_to_change.txt', 0o444)

print('BEFORE:')
show_file_info('file_to_change.txt')

shutil.copystat('shutil_copystat.py', 'file_to_change.txt')

print('AFTER:')
show_file_info('file_to_change.txt')
```

copystat()을 사용하면 파일의 사용 권한과 날짜만 복사된다.

```
$ python3 shutil_copystat.py

BEFORE:
    Mode    : 0o100444
    Created : Wed Dec 28 19:03:49 2016
    Accessed: Wed Dec 28 19:03:49 2016
    Modified: Wed Dec 28 19:03:49 2016
AFTER:
    Mode    : 0o100644
```

```
Created : Wed Dec 28 19:03:49 2016
Accessed: Wed Dec 28 19:03:49 2016
Modified: Wed Dec 28 19:03:46 2016
```

6.7.3 디렉터리 트리 작업

shutil에는 디렉터리 트리 작업과 관련된 세 가지 함수가 있다. 한 디렉터리를 다른 곳으로 복사하려면 copytree()를 사용한다. 이 함수는 원본 디렉터리 트리를 재귀적으로 순환해 파일을 목적지로 복사한다. 이미 존재하는 디렉터리가 목적지가 될 수는 없다.

리스트 6.66: shutil_copytree.py

```python
import glob
import pprint
import shutil

print('BEFORE:')
pprint.pprint(glob.glob('/tmp/example/*'))

shutil.copytree('../shutil', '/tmp/example')

print('\nAFTER:')
pprint.pprint(glob.glob('/tmp/example/*'))
```

symlinks 인자는 심볼릭 링크를 링크 자체로, 또는 파일로 복사해야 하는지 결정한다. 기본값은 파일의 내용을 복사하는 것이다. 이 값이 true라면 목적지에 심볼릭 링크가 생성된다.

```
$ python3 shutil_copytree.py

BEFORE:
[]
AFTER:
['/tmp/example/example',
 '/tmp/example/example.out',
 '/tmp/example/file_to_change.txt',
```

```
    '/tmp/example/index.rst',
    '/tmp/example/shutil_copy.py',
    '/tmp/example/shutil_copy2.py',
    '/tmp/example/shutil_copyfile.py',
    '/tmp/example/shutil_copyfile.py.copy',
    '/tmp/example/shutil_copyfileobj.py',
    '/tmp/example/shutil_copymode.py',
    '/tmp/example/shutil_copystat.py',
    '/tmp/example/shutil_copytree.py',
    '/tmp/example/shutil_copytree_verbose.py',
    '/tmp/example/shutil_disk_usage.py',
    '/tmp/example/shutil_get_archive_formats.py',
    '/tmp/example/shutil_get_unpack_formats.py',
    '/tmp/example/shutil_make_archive.py',
    '/tmp/example/shutil_move.py',
    '/tmp/example/shutil_rmtree.py',
    '/tmp/example/shutil_unpack_archive.py',
    '/tmp/example/shutil_which.py',
    '/tmp/example/shutil_which_regular_file.py']
```

copytree()는 동작을 조절할 수 있는 호출 가능한^{callable} 인자 두 개를 받는다. ignore 인자는 복사될 각 디렉터리, 서브디렉터리, 디렉터리 콘텐츠 리스트와 함께 호출된다. 복사해야 하는 항목의 목록을 반환해야 한다. copy_function 인자는 실제로 파일을 복사하고자 호출된다.

리스트 6.67: shutil_copytree_verbose.py

```python
import glob
import pprint
import shutil

def verbose_copy(src, dst):
    print('copying\n {!r}\n to {!r}'.format(src, dst))
    return shutil.copy2(src, dst)

print('BEFORE:')
pprint.pprint(glob.glob('/tmp/example/*'))
print()

shutil.copytree(
```

```
        '../shutil', '/tmp/example',
        copy_function=verbose_copy,
        ignore=shutil.ignore_patterns('*.py'), )

print('\nAFTER:')
pprint.pprint(glob.glob('/tmp/example/*'))
```

예제에서 ignore_patterns()는 파이썬 소스 파일의 복사를 건너뛰는 ignore 함수를
만드는 데 사용된다. verbose_copy()는 복사할 때 파일의 이름을 출력한 후 기본 복사
기능인 copy2()를 사용해 사본을 만든다.

```
$ python3 shutil_copytree_verbose.py

BEFORE:
[]

copying
 '../shutil/example.out'
 to '/tmp/example/example.out'
copying
 '../shutil/file_to_change.txt'
 to '/tmp/example/file_to_change.txt'
copying
 '../shutil/index.rst'
 to '/tmp/example/index.rst'

AFTER:
['/tmp/example/example',
 '/tmp/example/example.out',
 '/tmp/example/file_to_change.txt',
 '/tmp/example/index.rst']
```

rmtree()를 사용하면 디렉터리와 포함 자료를 모두 삭제한다.

리스트 6.68: shutil_rmtree.py

```
import glob
import pprint
import shutil
```

```
print('BEFORE:')
pprint.pprint(glob.glob('/tmp/example/*'))

shutil.rmtree('/tmp/example')

print('\nAFTER:')
pprint.pprint(glob.glob('/tmp/example/*'))
```

기본적으로 예외에 따른 에러가 발생할 수 있지만, 두 번째 인자를 true로 설정하면 무시할 수 있다. 또한 특별한 에러 처리 함수를 세 번째 인자에 제공할 수 있다.

```
$ python3 shutil_rmtree.py
BEFORE:
['/tmp/example/example',
 '/tmp/example/example.out',
 '/tmp/example/file_to_change.txt',
 '/tmp/example/index.rst']

AFTER:
[]
```

다른 곳으로 파일이나 디렉터리를 옮기려면 move()를 사용한다.

리스트 6.69: shutil_move.py

```
import glob
import shutil

with open('example.txt', 'wt') as f:
    f.write('contents')

print('BEFORE: ', glob.glob('example*'))

shutil.move('example.txt', 'example.out')

print('AFTER : ', glob.glob('example*'))
```

유닉스 mv 명령과 비슷하게 동작한다. 원본과 목적지가 같은 파일 시스템에 위치하고 있으면 원본 이름이 바뀐다. 다른 위치를 지정하면 원본 파일은 삭제되고 목적지로 파

456

일이 이동한다.

```
$ python3 shutil_move.py

BEFORE: ['example.txt']
AFTER : ['example.out']
```

6.7.4 파일 검색

which() 함수는 이름이 있는 파일을 찾고자 검색 경로를 스캔한다. 전형적인 사용법은
PATH 환경 변수에 정의된 셸의 경로에서 실행 프로그램을 찾는 경우다.

리스트 6.70: shutil_which.py

```
import shutil

print(shutil.which('virtualenv'))
print(shutil.which('tox'))
print(shutil.which('no-such-program'))
```

검색 매개변수와 일치하는 파일이 없다면 which()는 None을 반환한다.

```
$ python3 shutil_which.py

/Users/dhellmann/Library/Python/3.5/bin/virtualenv
/Users/dhellmann/Library/Python/3.5/bin/tox
None
```

path 인자의 기본값은 os.environ('PATH')지만 os.pathsep으로 구분된 디렉터리명을
포함한 어떠한 문자열도 될 수 있다. mode 인자는 파일 권한과 매칭하는 비트마스크
bitmask가 돼야 한다. 기본적으로 마스크는 실행 파일을 검색하지만 다음 예제는 구성
파일configuration file을 찾고자 읽을 수 있는readable 비트마스크와 예비 검색 경로alternate search
path를 사용한다.

```
import os
import shutil

path = os.pathsep.join(['.', os.path.expanduser('~/pymotw'), ])

mode = os.F_OK | os.R_OK

filename = shutil.which('config.ini', mode=mode, path=path, )

print(filename)
```

이 방법으로 읽을 수 있는 파일을 검색할 때는 경합 조건^{race condition}이 발생할 수 있다. 파일을 검색하는 시점과 파일을 사용할 시점 사이의 시간 때문에 파일이 삭제되거나 사용 권한이 변경될 수 있기 때문이다.

```
$ touch config.ini
$ python3 shutil_which_regular_file.py

./config.ini
```

6.7.5 압축 파일

파이썬 표준 라이브러리에는 tarfile이나 zipfile과 같은 압축 파일^{Archives file}을 관리할 수 있는 많은 모듈이 있다. 또한 shutil에는 압축하고 푸는 작업을 하는 몇 가지 고수준 함수가 있다. get_archive_formats()는 현재 시스템에서 지원되는 포맷의 이름과 설명^{descriptions} 시퀀스를 반환한다.

리스트 6.72: shutil_get_archive_formats.py

```
import shutil

for format, description in shutil.get_archive_formats():
    print('{:<5}: {}'.format(format, description))
```

지원되는 형식은 사용 가능한 모듈과 기본 라이브러리에 따라 달라진다. 따라서 이 예제의 결과는 실행 위치에 따라 다를 수 있다.

```
$ python3 shutil_get_archive_formats.py

bztar: bzip2'ed tar-file
gztar: gzip'ed tar-file
tar  : uncompressed tar file
xztar: xz'ed tar-file
zip  : ZIP file
```

새 압축 파일을 생성할 때는 make_archive()를 사용한다. 입력값은 전체 디렉터리와 모든 콘텐츠를 재귀적으로 압축하고자 잘 설계돼 있다. 기본값은 현재 작업 디렉터리를 사용하므로, 모든 파일과 하위 디렉터리가 압축의 최상위 레벨에 표시된다. 이 동작을 변경하려면 root_dir 인자를 사용해 파일 시스템의 새로운 상대 위치로 이동하고 base_dir 인자를 사용해 아카이브에 추가할 디렉터리를 지정할 수 있다.

리스트 6.73: shutil_make_archive.py

```python
import logging
import shutil
import sys
import tarfile

logging.basicConfig(
    format='%(message)s',
    stream=sys.stdout,
    level=logging.DEBUG,
)
logger = logging.getLogger('pymotw')

print('Creating archive:')
shutil.make_archive(
    'example', 'gztar',
    root_dir='..',
    base_dir='shutil',
    logger=logger,
)
print('\nArchive contents:')
with tarfile.open('example.tar.gz', 'r') as t:
```

```
    for n in t.getnames():
        print(n)
```

이 코드는 shutil 예제를 위한 소스 디렉터리 내에서 시작하며 파일 시스템에서 한 단계 위로 이동한다. 그러고 나서 shutil 디렉터리를 gzip으로 압축한 tar을 추가한다. logging 모듈을 사용해 make_archive()가 현재 무슨 작업을 하는지 메시지를 보여준다.

```
$ python3 shutil_make_archive.py

Creating archive:
changing into '..'
Creating tar archive
changing back to '...'

Archive contents:
shutil
shutil/config.ini
shutil/example.out
shutil/file_to_change.txt
shutil/index.rst
shutil/shutil_copy.py
shutil/shutil_copy2.py
shutil/shutil_copyfile.py
shutil/shutil_copyfileobj.py
shutil/shutil_copymode.py
shutil/shutil_copystat.py
shutil/shutil_copytree.py
shutil/shutil_copytree_verbose.py
shutil/shutil_disk_usage.py
shutil/shutil_get_archive_formats.py
shutil/shutil_get_unpack_formats.py
shutil/shutil_make_archive.py
shutil/shutil_move.py
shutil/shutil_rmtree.py
shutil/shutil_unpack_archive.py
shutil/shutil_which.py
shutil/shutil_which_regular_file.py
```

shutil은 현재 시스템에서 압축을 풀 수 있는 형식에 대한 레지스트리를 유지하고 있는데, get_unpack_formats()를 통해 접근한다.

리스트 6.74: shutil_get_unpack_formats.py

```
import shutil

for format, exts, description in shutil.get_unpack_formats():
    print('{:<5}: {}, names ending in {}'.format(format, description, exts))
```

이 레지스트리는 압축 파일을 생성할 때 사용하는 레지스트리와 다르다. 또한 각 포맷
에 대한 공통 파일 확장자를 포함하고 있기 때문에 압축을 풀 때 사용하는 함수가 확장
자를 기반으로 어떤 포맷인지 추측할 수 있다.

```
$ python3 shutil_get_unpack_formats.py

bztar: bzip2'ed tar-file, names ending in ['.tar.bz2', '.tbz2']
gztar: gzip'ed tar-file, names ending in ['.tar.gz', '.tgz']
tar  : uncompressed tar file, names ending in ['.tar']
xztar: xz'ed tar-file, names ending in ['.tar.xz', '.txz']
zip  : ZIP file, names ending in ['.zip']
```

압축 해제는 unpack_archive()를 사용하는데, 인자로는 압축 파일명과 압축을 풀 디렉
터리를 지정할 수 있다. 디렉터리는 선택 사항인데, 없다면 현재 디렉터리가 사용된다.

리스트 6.75: shutil_unpack_archive.py

```
import pathlib
import shutil
import sys
import tempfile

with tempfile.TemporaryDirectory() as d:
    print('Unpacking archive:')
    shutil.unpack_archive('example.tar.gz', extract_dir=d, )

    print('\nCreated:')
    prefix_len = len(d) + 1
    for extracted in pathlib.Path(d).rglob('*'):
        print(str(extracted)[prefix_len:])
```

이 예제에서는 unpack_archive()를 사용해 압축 포맷을 결정할 수 있는데, 파일명이 tar.gz로 끝나며 값이 압축 해제 레지스트리의 **gztar** 포맷과 연관성이 있기 때문이다.

```
$ python3 shutil_unpack_archive.py

Unpacking archive:

Created:
shutil
shutil/config.ini
shutil/example.out
shutil/file_to_change.txt
shutil/index.rst
shutil/shutil_copy.py
shutil/shutil_copy2.py
shutil/shutil_copyfile.py
shutil/shutil_copyfileobj.py
shutil/shutil_copymode.py
shutil/shutil_copystat.py
shutil/shutil_copytree.py
shutil/shutil_copytree_verbose.py
shutil/shutil_disk_usage.py
shutil/shutil_get_archive_formats.py
shutil/shutil_get_unpack_formats.py
shutil/shutil_make_archive.py
shutil/shutil_move.py
shutil/shutil_rmtree.py
shutil/shutil_unpack_archive.py
shutil/shutil_which.py
shutil/shutil_which_regular_file.py
```

6.7.6 파일 시스템 용량

많은 용량을 차지할 수 있는 긴 시간이 걸리는 작업을 수행하기 전에 얼마나 많은 여유 공간이 있는지 보고자 로컬 파일 시스템을 확인할 수 있으면 좋을 것이다. disk_usage()는 튜플을 반환하는데, 전체 용량과 현재 사용 중인 용량, 남은 공간으로 구성된다.

```
import shutil

total_b, used_b, free_b = shutil.disk_usage('.')

gib = 2 ** 30  # GiB == gibibyte
gb = 10 ** 9   # GB == gigabyte

print('Total: {:6.2f} GB  {:6.2f} GiB'.format(total_b / gb, total_b / gib))
print('Used : {:6.2f} GB  {:6.2f} GiB'.format(used_b / gb, used_b / gib))
print('Free : {:6.2f} GB  {:6.2f} GiB'.format(free_b / gb, free_b / gib))
```

disk_usage()가 반환하는 값은 바이트 수인데, 예제 프로그램은 이를 출력하기 전에 읽기 쉬운 단위로 변환한다.

```
$ python3 shutil_disk_usage.py

Total: 499.42 GB  465.12 GiB
Used : 246.68 GB  229.73 GiB
Free : 252.48 GB  235.14 GiB
```

> **팁 – 참고 자료**
>
> - shutil 표준 라이브러리 문서: https://docs.python.org/3.5/library/shutil.html
> - 8장. 데이터 압축과 아카이빙: 압축과 압축 형식을 다루는 모듈

6.8 filecmp: 파일 비교

filecmp 모듈은 파일 시스템상의 파일과 디렉터리를 비교하는 함수와 클래스를 제공한다.

6.8.1 예제 데이터

이번에 살펴볼 예제는 filecmp_mkexamples.py가 생성한 파일 집합을 사용한다.

```python
import os

def mkfile(filename, body=None):
    with open(filename, 'w') as f:
        f.write(body or filename)
    return

def make_example_dir(top):
    if not os.path.exists(top):
        os.mkdir(top)
    curdir = os.getcwd()
    os.chdir(top)

    os.mkdir('dir1')
    os.mkdir('dir2')

    mkfile('dir1/file_only_in_dir1')
    mkfile('dir2/file_only_in_dir2')

    os.mkdir('dir1/dir_only_in_dir1')
    os.mkdir('dir2/dir_only_in_dir2')

    os.mkdir('dir1/common_dir')
    os.mkdir('dir2/common_dir')

    mkfile('dir1/common_file', 'this file is the same')
    mkfile('dir2/common_file', 'this file is the same')

    mkfile('dir1/not_the_same')
    mkfile('dir2/not_the_same')

    mkfile('dir1/file_in_dir1', 'This is a file in dir1')
    os.mkdir('dir2/file_in_dir1')

    os.chdir(curdir)
    return

if __name__ == '__main__':
    os.chdir(os.path.dirname(__file__) or os.getcwd())
    make_example_dir('example')
    make_example_dir('example/dir1/common_dir')
    make_example_dir('example/dir2/common_dir')
```

스크립트를 실행하면 example 디렉터리 아래에 파일 트리를 생성한다.

```
$ find example

example
example/dir1
example/dir1/common_dir
example/dir1/common_dir/dir1
example/dir1/common_dir/dir1/common_dir
example/dir1/common_dir/dir1/common_file
example/dir1/common_dir/dir1/dir_only_in_dir1
example/dir1/common_dir/dir1/file_in_dir1
example/dir1/common_dir/dir1/file_only_in_dir1
example/dir1/common_dir/dir1/not_the_same
example/dir1/common_dir/dir2
example/dir1/common_dir/dir2/common_dir
example/dir1/common_dir/dir2/common_file
example/dir1/common_dir/dir2/dir_only_in_dir2
example/dir1/common_dir/dir2/file_in_dir1
example/dir1/common_dir/dir2/file_only_in_dir2
example/dir1/common_dir/dir2/not_the_same
example/dir1/common_file
example/dir1/dir_only_in_dir1
example/dir1/file_in_dir1
example/dir1/file_only_in_dir1
example/dir1/not_the_same
example/dir2
example/dir2/common_dir
example/dir2/common_dir/dir1
example/dir2/common_dir/dir1/common_dir
example/dir2/common_dir/dir1/common_file
example/dir2/common_dir/dir1/dir_only_in_dir1
example/dir2/common_dir/dir1/file_in_dir1
example/dir2/common_dir/dir1/file_only_in_dir1
example/dir2/common_dir/dir1/not_the_same
example/dir2/common_dir/dir2
example/dir2/common_dir/dir2/common_dir
example/dir2/common_dir/dir2/common_file
example/dir2/common_dir/dir2/dir_only_in_dir2
example/dir2/common_dir/dir2/file_in_dir1
example/dir2/common_dir/dir2/file_only_in_dir2
example/dir2/common_dir/dir2/not_the_same
example/dir2/common_file
```

```
example/dir2/dir_only_in_dir2
example/dir2/file_in_dir1
example/dir2/file_only_in_dir2
example/dir2/not_the_same
```

common_dir 디렉터리 아래에는 같은 구조의 디렉터리가 반복돼 있는데, 흥미로운 재귀 비교 옵션을 배울 때 사용할 것이다.

6.8.2 파일 비교

cmp()는 파일 시스템에서 두 파일을 비교한다.

리스트 6.78: filecmp_cmp.py

```python
import filecmp

print('common_file :', end=' ')
print(filecmp.cmp('example/dir1/common_file', 'example/dir2/common_file'), end=' ')
print(filecmp.cmp('example/dir1/common_file', 'example/dir2/common_file', shallow=False))
print('not_the_same:', end=' ')
print(filecmp.cmp('example/dir1/not_the_same', 'example/dir2/not_the_same'), end=' ')
print(filecmp.cmp('example/dir1/not_the_same', 'example/dir2/not_the_same', shallow=False))
print('identical   :', end=' ')
print(filecmp.cmp('example/dir1/file_only_in_dir1', 'example/dir1/file_only_in_dir1'),
      end=' ')
print(filecmp.cmp('example/dir1/file_only_in_dir1', 'example/dir1/file_only_in_dir1',
      shallow=False))
```

shallow 인자를 사용해 cmp()가 비교를 수행할 때 메타데이터만 비교할 것인지 파일 내용까지 비교할 것인지 지정할 수 있다. 기본값은 os.stat()에서 얻은 정보를 사용해 얕은 비교^{shallow comparison}를 수행한다. 결괏값이 동일하게 나온다면 파일 내용이 틀리더라도 생성된 시간과 크기가 같으면 동일 파일로 간주한다. shallow가 False라면 항상 파일 내용을 비교한다.

```
$ python3 filecmp_cmp.py
```

```
common_file : True True
not_the_same: True False
identical   : True True
```

재귀 탐색을 사용하지 않고 두 디렉터리 안의 파일들을 비교하려면 cmpfiles()를 사용한다. 함수의 인자는 비교를 수행할 디렉터리와 체크할 파일 리스트다. 인자로 전달하는 파일 리스트에는 파일명만 포함해야 한다(디렉터리가 포함돼 있으면 항상 매칭하지 않는다는 결과가 나옴). 그리고 두 지점에는 파일이 반드시 존재해야 한다. 다음 예제는 공통 리스트를 만드는 간단한 방법을 보여준다. cmp()와 마찬가지로 shallow 플래그를 설정할 수 있다.

리스트 6.79: filecmp_cmpfiles.py

```python
import filecmp
import os

# 두 디렉터리 모두에 존재하는 항목을 알아낸다.
d1_contents = set(os.listdir('example/dir1'))
d2_contents = set(os.listdir('example/dir2'))
common = list(d1_contents & d2_contents)
common_files = [
    f
    for f in common
    if os.path.isfile(os.path.join('example/dir1', f))
]
print('Common files:', common_files)

# 디렉터리 비교
match, mismatch, errors = filecmp.cmpfiles(
    'example/dir1',
    'example/dir2',
    common_files,
)
print('Match      :', match)
print('Mismatch   :', mismatch)
print('Errors     :', errors)
```

cmpfiles()는 파일명 리스트 세 가지를 반환한다. 첫 번째는 매칭한 파일, 두 번째는 매칭하지 않는 파일, 세 번째는 비교할 수 없는 파일이다(권한 문제나 기타 이유로).

```
$ python3 filecmp_cmpfiles.py

Common files: ['not_the_same', 'file_in_dir1', 'common_file']
Match        : ['not_the_same', 'common_file']
Mismatch     : ['file_in_dir1']
Errors       : []
```

6.8.3 디렉터리 비교

앞서 설명한 함수는 상대적으로 단순한 비교에 알맞다. 방대한 디렉터리 트리에 대해 재귀적 비교를 수행하거나 분석이 필요하면 dircmp 클래스가 더 유용하다. 가장 간단한 사용법으로 report() 함수를 사용해 두 디렉터리를 비교하고 결과를 출력할 수 있다.

리스트 6.80: filecmp_dircmp_report.py

```
import filecmp

dc = filecmp.dircmp('example/dir1', 'example/dir2')
dc.report()
```

결과는 재귀 없이 주어진 두 디렉터리의 내용을 비교하고 일반 텍스트로 출력한다. 이 경우 내용물까지 비교하지 않기 때문에 not_the_same 디렉터리도 같은 것으로 파악된다. dircmp로는 cmp()처럼 내용물까지 비교할 수 있는 방법이 없다.

```
$ python3 filecmp_dircmp_report.py

diff example/dir1 example/dir2
Only in example/dir1 : ['dir_only_in_dir1', 'file_only_in_dir1']
Only in example/dir2 : ['dir_only_in_dir2', 'file_only_in_dir2']
Identical files : ['common_file', 'not_the_same']
Common subdirectories : ['common_dir']
Common funny cases : ['file_in_dir1']
```

재귀적 비교와 더 자세한 정보를 얻으려면 report_full_closure()를 사용한다.

리스트 6.81: filecmp_dircmp_report_full_closure.py

```
import filecmp

dc = filecmp.dircmp('example/dir1', 'example/dir2')
dc.report_full_closure()
```

출력값은 모든 하위 디렉터리의 비교 결과까지 포함하고 있다.

```
$ python3 filecmp_dircmp_report_full_closure.py

diff example/dir1 example/dir2
Only in example/dir1 : ['dir_only_in_dir1', 'file_only_in_dir1']
Only in example/dir2 : ['dir_only_in_dir2', 'file_only_in_dir2']
Identical files : ['common_file', 'not_the_same']
Common subdirectories : ['common_dir']
Common funny cases : ['file_in_dir1']

diff example/dir1/common_dir example/dir2/common_dir
Common subdirectories : ['dir1', 'dir2']

diff example/dir1/common_dir/dir1 example/dir2/common_dir/dir1
Identical files : ['common_file', 'file_in_dir1', 'file_only_in_dir1', 'not_the_same']
Common subdirectories : ['common_dir', 'dir_only_in_dir1']

diff example/dir1/common_dir/dir1/dir_only_in_dir1
example/dir2/common_dir/dir1/dir_only_in_dir1

diff example/dir1/common_dir/dir1/common_dir
example/dir2/common_dir/dir1/common_dir

diff example/dir1/common_dir/dir2 example/dir2/common_dir/dir2
Identical files : ['common_file', 'file_only_in_dir2', 'not_the_same']
Common subdirectories : ['common_dir', 'dir_only_in_dir2', 'file_in_dir1']

diff example/dir1/common_dir/dir2/common_dir
example/dir2/common_dir/dir2/common_dir

diff example/dir1/common_dir/dir2/file_in_dir1
example/dir2/common_dir/dir2/file_in_dir1

diff example/dir1/common_dir/dir2/dir_only_in_dir2
example/dir2/common_dir/dir2/dir_only_in_dir2
```

6.8.4 차이점을 프로그램에 이용

출력용 보고서를 만드는 것 외에도 dircmp는 프로그램에서 직접 사용할 수 있는 파일 목록을 계산한다. 다음의 각 속성은 요청된 경우에만 계산되므로 dircmp 인스턴스를 생성해도 사용되지 않은 데이터에 대한 오버헤드가 발생하지 않는다.

리스트 6.82: filecmp_dircmp_list.py

```python
import filecmp
import pprint

dc = filecmp.dircmp('example/dir1', 'example/dir2')
print('Left:')
pprint.pprint(dc.left_list)

print('\nRight:')
pprint.pprint(dc.right_list)
```

디렉터리 안에 포함된 파일과 하위 디렉터리 정보는 left_list와 right_list에 있다.

```
$ python3 filecmp_dircmp_list.py

Left:
['common_dir',
 'common_file',
 'dir_only_in_dir1',
 'file_in_dir1',
 'file_only_in_dir1',
 'not_the_same']

Right:
['common_dir',
 'common_file',
 'dir_only_in_dir2',
 'file_in_dir1',
 'file_only_in_dir2',
 'not_the_same']
```

무시할 이름을 리스트로 전달해 입력값을 필터링할 수 있다. 기본적으로 RCS, CVS, tags 이름이 무시된다.

```python
import filecmp
import pprint

dc = filecmp.dircmp('example/dir1', 'example/dir2', ignore=['common_file'])
print('Left:')
pprint.pprint(dc.left_list)

print('\nRight:')
pprint.pprint(dc.right_list)
```

이 경우 common_file은 비교할 파일 목록에서 제외된다.

```
$ python3 filecmp_dircmp_list_filter.py

Left:
['common_dir',
 'dir_only_in_dir1',
 'file_in_dir1',
 'file_only_in_dir1',
 'not_the_same']

Right:
['common_dir',
 'dir_only_in_dir2',
 'file_in_dir1',
 'file_only_in_dir2',
 'not_the_same']
```

입력된 두 디렉터리에 공통으로 존재하는 파일명은 common에 저장되고 한쪽에만 유일하게 존재하는 이름은 left_only와 right_only에 저장된다.

리스트 6.84: filecmp_dircmp_membership.py

```python
import filecmp
import pprint

dc = filecmp.dircmp('example/dir1', 'example/dir2')
print('Common:')
pprint.pprint(dc.common)
```

```
print('\nLeft:')
pprint.pprint(dc.left_only)

print('\nRight:')
pprint.pprint(dc.right_only)
```

'left' 디렉터리는 dircmp()의 첫 번째 인자, 'right' 디렉터리는 두 번째 인자다.

```
$ python3 filecmp_dircmp_membership.py

Common:
['file_in_dir1', 'common_file', 'common_dir', 'not_the_same']

Left:
['dir_only_in_dir1', 'file_only_in_dir1']

Right:
['file_only_in_dir2', 'dir_only_in_dir2']
```

공통 멤버는 다시 파일과 디렉터리, 'funny' 아이템으로 쪼갤 수 있다. funny 아이템이란 두 디렉터리의 종류가 다른 경우나 os.stat()에 에러가 있는 경우를 말한다.

리스트 6.85: filecmp_dircmp_common.py

```
import filecmp
import pprint

dc = filecmp.dircmp('example/dir1', 'example/dir2')
print('Common:')
pprint.pprint(dc.common)

print('\nDirectories:')
pprint.pprint(dc.common_dirs)

print('\nFiles:')
pprint.pprint(dc.common_files)

print('\nFunny:')
pprint.pprint(dc.common_funny)
```

이 예제에서 항목 이름 file_in_dir1은 하나의 디렉터리에서는 파일이지만 다른 쪽에서는 하위 디렉터리이기 때문에 'funny' 리스트에 포함됐다.

```
$ python3 filecmp_dircmp_common.py

Common:
['file_in_dir1', 'common_file', 'common_dir', 'not_the_same']

Directories:
['common_dir']

Files:
['common_file', 'not_the_same']

Funny:
['file_in_dir1']
```

파일 간의 차이점도 비슷한 형태로 쪼갤 수 있다.

리스트 6.86: filecmp_dircmp_diff.py

```python
import filecmp
dc = filecmp.dircmp('example/dir1', 'example/dir2')
print('Same       :', dc.same_files)
print('Different   :', dc.diff_files)
print('Funny       :', dc.funny_files)
```

not_the_same 파일은 os.stat()을 통해서만 비교했고 내용을 검사하진 않았기 때문에 same_files 리스트에 포함됐다.

```
$ python3 filecmp_dircmp_diff.py

Same       : ['common_file', 'not_the_same']
Different   : []
Funny       : []
```

마지막으로 하위 디렉터리도 쉽게 재귀적 비교를 할 수 있도록 저장됐다.

리스트 6.87: filecmp_dircmp_subdirs.py

```
import filecmp

dc = filecmp.dircmp('example/dir1', 'example/dir2')
print('Subdirectories:')
print(dc.subdirs)
```

subdirs 속성은 딕셔너리 타입인데, 디렉터리명을 새 dircmp 객체에 매핑한다.

```
$ python3 filecmp_dircmp_subdirs.py

Subdirectories:
{'common_dir': <filecmp.dircmp object at 0x1019b2be0>}
```

> **팁 – 참고 자료**
>
> - filecmp 표준 라이브러리 문서: https://docs.python.org/3.5/library/filecmp.html
> - difflib(https://pymotw.com/3/difflib/index.html#module-difflib): 두 시퀀스 간의 차이점 계산

6.9 mmap: 메모리 맵 파일

mmap은 메모리 매핑에 일반적인 입출력 함수를 사용하지 않고 OS의 가상 메모리 시스템을 사용해 데이터에 직접 접근한다. 메모리 매핑을 하면 일반적으로 입출력 성능이 개선되는데, 각각의 액세스를 위해 개별 시스템 호출을 수반하지 않고 버퍼 간의 데이터 복제가 필요 없기 때문이다. 커널과 사용자 애플리케이션 둘 다 메모리에 직접 접근할 수 있다.

메모리 매핑된^{Memory-mapped} 파일은 필요에 따라 변경할 수 있는 문자열^{mutable string}이나 파일 같은 객체로 다룰 수 있다. 매핑 파일은 close()와 flush(), read(), readline(), seek(), tell(), write() 같은 파일 API 메서드를 지원한다.

모든 예제는 Lorem Ipsum의 일부를 포함하는 lorem.txt를 사용한다. 내용은 다음과 같다.

```
Lorem ipsum dolor sit amet, consectetuer adipiscing elit.
Donec egestas, enim et consectetuer ullamcorper, lectus ligula rutrum leo,
a elementum elit tortor eu quam. Duis tincidunt nisi ut ante. Nulla
facilisi. Sed tristique eros eu libero. Pellentesque vel
arcu. Vivamus purus orci, iaculis ac, suscipit sit amet, pulvinar eu,
lacus. Praesent placerat tortor sed nisl. Nunc blandit diam egestas
dui. Pellentesque habitant morbi tristique senectus et netus et
malesuada fames ac turpis egestas. Aliquam viverra fringilla
leo. Nulla feugiat augue eleifend nulla. Vivamus mauris. Vivamus sed
mauris in nibh placerat egestas. Suspendisse potenti. Mauris
massa. Ut eget velit auctor tortor blandit sollicitudin. Suspendisse
imperdiet justo.
```

> **참고**
>
> mmap() 인자와 동작 방식은 유닉스와 윈도우에서 각각 다르다. 두 방식의 차이점을 여기서 모두 설명할 수 없으니 표준 라이브러리 문서를 참고하자.

6.9.1 읽기

mmap() 함수를 사용해 메모리 매핑된 파일을 생성한다. 첫 번째 인자는 file 객체의 fileno() 메서드나 os.open()의 파일 디스크립터^{descriptor}다. 호출자는 mmap() 실행 전에는 파일을 열어야 하고, 사용이 끝난 후 닫아야 한다.

mmap()의 두 번째 인자는 파일에서 매핑해 줄 부분의 바이트 크기다. 0으로 지정하면 파일 전체가 매핑된다. 파일 크기가 현재보다 더 큰 경우에는 파일이 확장된다.

> **참고**
>
> 윈도우에서는 0을 지정하는 방식(zero-length mapping)을 사용할 수 없다.

두 플랫폼에서 모두 선택적으로 access 키워드를 사용할 수 있다. ACCESS_READ는 읽기 전용, ACCESS_WRITE는 쓰기 전용(메모리에 할당된 값이 직접 파일로 할당된다), ACCESS_COPY는 쓰기 복사를 의미한다(메모리에 할당된 값이 파일에 써지지 않는다).

```
import mmap

with open('lorem.txt', 'r') as f:
    with mmap.mmap(f.fileno(), 0, access=mmap.ACCESS_READ) as m:
        print('First 10 bytes via read :', m.read(10))
        print('First 10 bytes via slice:', m[:10])
        print('2nd  10 bytes via read :', m.read(10))
```

파일 포인터는 슬라이스slice 연산을 통해 마지막으로 접근한 바이트를 기억한다. 이 예
제에서는 첫 번째 읽기 작업 후 10바이트 뒤로 이동한다. 그런 다음 슬라이스 연산은
파일 위치를 다시 처음으로 리셋하고, 10바이트 뒤로 이동시킨다. 슬라이스 연산 후
read()를 다시 호출하면 파일의 11~20바이트 부분을 읽는다.

```
$ python3 mmap_read.py

First 10 bytes via read : b'Lorem ipsu'
First 10 bytes via slice: b'Lorem ipsu'
2nd  10 bytes via read : b'm dolor si'
```

6.9.2 쓰기

메모리 매핑된 파일이 업데이트되도록 설정하려면 처음 열어줄 때 'r+' 모드를 사용
한다('w' 모드가 아니다). 그리고 데이터를 수정하는 API 메서드 중 하나(슬라이스에 할당
하기 위한 write() 등)를 호출한다.

다음 예제는 ACCESS_WRITE의 기본 접근 모드를 사용하고 슬라이스 할당을 통해 특정
부분을 수정한다.

리스트 6.90: mmap_write_slice.py

```
import mmap
import shutil
```

```
# 예제 파일을 복사한다.
shutil.copyfile('lorem.txt', 'lorem_copy.txt')

word = b'consectetuer'
reversed = word[::-1]
print('Looking for    :', word)
print('Replacing with :', reversed)

with open('lorem_copy.txt', 'r+') as f:
    with mmap.mmap(f.fileno(), 0) as m:
        print('Before:\n{}'.format(m.readline().rstrip()))
        m.seek(0)  # 되감기

        loc = m.find(word)
        m[loc:loc + len(word)] = reversed
        m.flush()

        m.seek(0)  # 되감기
        print('After :\n{}'.format(m.readline().rstrip()))

        f.seek(0)  # 되감기
        print('File  :\n{}'.format(f.readline().rstrip()))
```

첫 번째 줄의 단어 consectetuer를 메모리와 파일에서 모두 교체했다.

```
$ python3 mmap_write_slice.py

Looking for    : b'consectetuer'
Replacing with : b'reutetcesnoc'
Before:
b'Lorem ipsum dolor sit amet, consectetuer adipiscing elit.'
After :
b'Lorem ipsum dolor sit amet, reutetcesnoc adipiscing elit.'
File  :
Lorem ipsum dolor sit amet, reutetcesnoc adipiscing elit.
```

6.9.2.1 복사 모드

ACCESS_COPY 액세스 설정을 사용하면 디스크 파일에 변경 사항을 기록하지 않는다.

```python
import mmap
import shutil

# 예제 파일을 복사
shutil.copyfile('lorem.txt', 'lorem_copy.txt')

word = b'consectetuer'
reversed = word[::-1]

with open('lorem_copy.txt', 'r+') as f:
    with mmap.mmap(f.fileno(), 0, access=mmap.ACCESS_COPY) as m:
        print('Memory Before:\n{}'.format(m.readline().rstrip()))
        print('File Before  :\n{}\n'.format(f.readline().rstrip()))

        m.seek(0)  # 되감기
        loc = m.find(word)
        m[loc:loc + len(word)] = reversed

        m.seek(0)  # 되감기
        print('Memory After :\n{}'.format(m.readline().rstrip()))

        f.seek(0)
        print('File After   :\n{}'.format(f.readline().rstrip()))
```

예제에서 mmap 핸들과 별도로 파일 핸들을 되감는 동작은 필수다. 두 객체의 내부 상태는 별도로 유지되기 때문이다.

```
$ python3 mmap_write_copy.py

Memory Before:
b'Lorem ipsum dolor sit amet, consectetuer adipiscing elit.'
File Before  :
Lorem ipsum dolor sit amet, consectetuer adipiscing elit.
Memory After :
b'Lorem ipsum dolor sit amet, reutetcesnoc adipiscing elit.'
File After   :
Lorem ipsum dolor sit amet, consectetuer adipiscing elit.
```

6.9.3 정규 표현식

메모리 매핑된 파일은 문자열처럼 작동하기 때문에 정규 표현식과 같이 문자열에서 동작하는 모듈을 사용할 수 있다. 이 예제는 'nulla'를 포함하는 모든 문장을 찾는다.

리스트 6.92: mmap_regex.py

```python
import mmap
import re

pattern = re.compile(rb'(\.\W+)?([^.]?nulla[^.]*?\.)',
                     re.DOTALL | re.IGNORECASE | re.MULTILINE)

with open('lorem.txt', 'r') as f:
    with mmap.mmap(f.fileno(), 0, access=mmap.ACCESS_READ) as m:
        for match in pattern.findall(m):
            print(match[1].replace(b'\n', b' '))
```

패턴이 두 그룹을 포함하기 때문에 `findall()`의 반환값은 튜플 시퀀스다. `print` 구문은 매칭된 문장을 꺼내고 줄 바꿈 문자를 공백으로 변환해 각 결과가 한 줄에 출력될 수 있게 한다.

```
$ python3 mmap_regex.py

b'Nulla facilisi.'
b'Nulla feugiat augue eleifend nulla.'
```

> **팁 – 참고 자료**
>
> - mmap 표준 라이브러리 문서: https://docs.python.org/3.5/library/mmap.html
> - mmap에 대한 파이썬 2에서 3으로의 포팅 노트
> - os: os 모듈
> - re: 정규 표현식

6.10 codecs: 문자열 인코딩과 디코딩

codes 모듈은 데이터 형식 변환을 위한 스트림과 파일 인터페이스를 제공한다. 주로 유니코드 텍스트를 가장 많이 사용하지만 목적상 다른 형식의 인코딩도 사용할 수 있다.

6.10.1 유니코드 기초

CPython 3.x는 텍스트^{text}와 바이트^{byte} 문자열을 구별한다. bytes 인스턴스는 8비트 바이트 값을 사용한다. 반면 str 문자열은 내부적으로 유니코드 코드 포인트$^{code\ points}$로 관리된다. 코드 포인트 값은 각각 2바이트나 4바이트의 시퀀스로 저장되는데, 이는 파이썬 컴파일 시 옵션에 따라 결정된다.

출력물이 str 값일 때는 여러 표준 스킴 중 하나로 인코딩돼 추후 사용할 때 바이트 시퀀스가 같은 문자열이 되게 한다. 인코딩된 바이트 값은 코드 포인트 값과 같을 필요는 없으며, 인코딩은 두 값을 변환하는 방식을 정의한다. 유니코드 데이터를 읽을 때도 인코딩을 알아야 하는데, 이는 들어온 바이트가 unicode 클래스를 사용하는 내부 표현으로 변환될 때 사용되기 때문이다.

서양어에서 가장 빈번히 사용하는 인코딩은 UTF-8과 UTF-16으로, 코드 포인트를 표현하고자 각각 1, 2바이트 시퀀스를 사용한다. 2바이트로 표현할 수 없는 문자가 많이 포함된 언어를 저장할 때는 다른 인코딩을 사용하는 편이 더 효율적일 수 있다.

> **팁 – 참고 자료**
>
> 유니코드에 대해 더 많은 정보를 얻으려면 이번 절 마지막에 열거한 자료를 참고한다. 특히 Python Unicode HOWTO를 추천한다.

6.10.1.1 인코딩

동일한 문자열을 여러 방식으로 인코딩한 일련의 바이트를 보면 인코딩을 가장 쉽게 이해할 수 있다. 다음 예제의 함수는 바이트 문자열을 형식화해 읽기 쉽게 만든다.

리스트 6.93: codecs_to_hex.py

```
import binascii
```

```
def to_hex(t, nbytes):
    """Format text t as a sequence of nbyte long values
    separated by spaces.
    """
    chars_per_item = nbytes * 2
    hex_version = binascii.hexlify(t)
    return b' '.join(
        hex_version[start:start + chars_per_item]
        for start in range(0, len(hex_version), chars_per_item)
    )

if __name__ == '__main__':
    print(to_hex(b'abcdef', 1))
    print(to_hex(b'abcdef', 2))
```

이 함수는 binascii를 사용해 입력된 바이트 문자열을 16진수로 표현한 후 nbytes 바이트마다 공백을 삽입한다.

```
$ python3 codecs_to_hex.py

b'61 62 63 64 65 66'
b'6162 6364 6566'
```

첫 인코딩 예제는 unicode 클래스의 raw 표현식을 사용해 문자열 'français'를 출력하는 것으로 시작한다. 이어서 유니코드 데이터베이스에서 각 문자의 이름을 출력한다. 다음 두 줄은 각각의 문자열을 UTF-8 및 UTF-16으로 인코딩하고 그 결과를 16진수로 보여준다.

리스트 6.94: codecs_encodings.py

```
import unicodedata
from codecs_to_hex import to_hex

text = 'français'

print('Raw    : {!r}'.format(text))
for c in text:
    print('  {!r}: {}'.format(c, unicodedata.name(c, c)))
```

```
print('UTF-8 : {!r}'.format(to_hex(text.encode('utf-8'), 1)))
print('UTF-16: {!r}'.format(to_hex(text.encode('utf-16'), 2)))
```

'str'의 인코딩 결과는 bytes 객체다.

```
$ python3 codecs_encodings.py

Raw   : 'français'
  'f': LATIN SMALL LETTER F
  'r': LATIN SMALL LETTER R
  'a': LATIN SMALL LETTER A
  'n': LATIN SMALL LETTER N
  'ç': LATIN SMALL LETTER C WITH CEDILLA
  'a': LATIN SMALL LETTER A
  'i': LATIN SMALL LETTER I
  's': LATIN SMALL LETTER S
UTF-8 : b'66 72 61 6e c3 a7 61 69 73'
UTF-16: b'fffe 6600 7200 6100 6e00 e700 6100 6900 7300'
```

인코딩된 시퀀스가 bytes 인스턴스로 주어지면 메서드를 사용해 decode()를 코드 포인트로 해석하고 str 인스턴스로 이뤄진 시퀀스를 반환한다.

리스트 6.95: codecs_decode.py

```
from codecs_to_hex import to_hex

text = 'français'
encoded = text.encode('utf-8')
decoded = encoded.decode('utf-8')

print('Original :', repr(text))
print('Encoded  :', to_hex(encoded, 1), type(encoded))
print('Decoded  :', repr(decoded), type(decoded))
```

사용된 인코딩의 선택이 출력 타입을 바꾸지는 않는다.

```
$ python3 codecs_decode.py
```

```
Original : 'français'
Encoded  : b'66 72 61 6e c3 a7 61 69 73' <class 'bytes'>
Decoded  : 'français' <class 'str'>
```

> **참고**
>
> 기본 인코딩은 site가 로딩될 때 인터프리터가 시작되는 동안 결정된다. 기본 인코딩에 대한 설명을 보려면
> sys에 대한 설명 중 '17.2.1.4 유니코드 기본값' 절을 참고하자.

6.10.2 파일 작업

문자열 인코딩과 디코딩은 입출력$^{I/O}$ 작업 시 매우 중요하다. 파일이나 소켓 또는 다른 스트림으로 쓰기 작업을 할 때 데이터는 반드시 적절한 인코딩을 사용해야 한다. 일반적으로 모든 텍스트 데이터는 읽을 때 바이트 표현에서 디코딩돼야 하며, 쓰기 작업 시에는 내부 값에서 특정 표현식으로 인코딩돼야 한다. 특정 프로그램이 명시적으로 데이터를 인코딩 및 디코딩할 수 있지만, 사용되는 인코딩에 따라 데이터를 완전히 디코딩하고자 충분한 바이트가 읽혀지는지는 중요치 않을 수도 있다. codecs가 인코딩과 디코딩을 관리하는 클래스를 제공하므로 애플리케이션은 신경 쓰지 않아도 된다.

codecs의 가장 간단한 인터페이스는 내장 함수 open()에 대한 대체 함수 제공이다. 새 버전은 내장 함수와 동일하게 작동하지만 두 인자를 더 받아 인코딩과 에러 처리 방식을 지정할 수 있다.

리스트 6.96: codecs_open_write.py

```python
from codecs_to_hex import to_hex

import codecs
import sys

encoding = sys.argv[1]
filename = encoding + '.txt'

print('Writing to', filename)
with codecs.open(filename, mode='w', encoding=encoding) as f:
    f.write('français')
```

```
# to_hex()에 사용하고자 바이트 그루핑을 정한다.
nbytes = {
    'utf-8': 1,
    'utf-16': 2,
    'utf-32': 4,
}.get(encoding, 1)

# 파일의 로우 바이트(raw bytes)를 표시한다.
print('File contents:')
with open(filename, mode='rb') as f:
    print(to_hex(f.read(), nbytes))
```

이 예제는 유니코드 문자 'ç'가 포함된 문자열을 커맨드라인에서 지정한 인코딩을 이용
해 파일로 저장한다.

```
$ python3 codecs_open_write.py utf-8

Writing to utf-8.txt
File contents:
b'66 72 61 6e c3 a7 61 69 73'

$ python3 codecs_open_write.py utf-16

Writing to utf-16.txt
File contents:
b'fffe 6600 7200 6100 6e00 e700 6100 6900 7300'

$ python3 codecs_open_write.py utf-32

Writing to utf-32.txt
File contents:
b'fffe0000 66000000 72000000 61000000 6e000000 e7000000 61000000
69000000 73000000'
```

open()으로 데이터를 읽는 방식은 간단하지만 한 가지를 기억해야 한다. 올바른 디코
딩을 위해 인코딩 방식을 미리 알고 있어야 한다. XML 같은 데이터 형식은 애플리케이
션에서 관리해야 하는 정보다. codecs는 인코딩을 인자로 받아 이를 올바른 정보라 가
정한다.

리스트 6.97: codecs_open_read.py

```python
import codecs
import sys

encoding = sys.argv[1]
filename = encoding + '.txt'

print('Reading from', filename)
with codecs.open(filename, mode='r', encoding=encoding) as f:
    print(repr(f.read()))
```

이 예제는 이전 프로그램으로 작성한 파일을 읽고 콘솔로 unicode 객체의 표현식을 출력한다.

```
$ python3 codecs_open_read.py utf-8

Reading from utf-8.txt
'français'

$ python3 codecs_open_read.py utf-16

Reading from utf-16.txt
'français'

$ python3 codecs_open_read.py utf-32

Reading from utf-32.txt
'français'
```

6.10.3 바이트 순서

UTF-8이나 UTF-16 같은 멀티바이트 인코딩을 사용한 데이터를 파일 복사나 네트워크 통신을 사용해 다른 컴퓨터 시스템으로 보내면 문제가 발생한다. 시스템이 달라지면 서로 다른 바이트 순서를 사용하기 때문이다. 이러한 특징은 엔디언endianness이라 부르며, 하드웨어 구조적 차이점이나 OS와 애플리케이션 개발자의 선택에 따라 달라진다. 주어진 데이터 집합에 대해 어떤 바이트 순서를 사용해야 할지 미리 알 수 없는 경우도 있기 때문에 멀티바이트 인코딩의 출력부 초기 바이트에는 바이트 순서 마커BOM,

Byte-Order Marker가 포함돼 있다. 예를 들어 UTF-16은 0xFFFE와 0xFEFF를 잘못된 문자로 정의하고 있고 이를 이용해 바이트 순서를 가리킨다. codecs는 UTF-16과 UTF-32에서 사용하는 바이트 순서 마커 상수를 정의한다.

리스트 6.98: codecs_bom.py

```python
import codecs
from codecs_to_hex import to_hex

BOM_TYPES = [
    'BOM', 'BOM_BE', 'BOM_LE',
    'BOM_UTF8',
    'BOM_UTF16', 'BOM_UTF16_BE', 'BOM_UTF16_LE',
    'BOM_UTF32', 'BOM_UTF32_BE', 'BOM_UTF32_LE',
]

for name in BOM_TYPES:
    print('{:12} : {}'.format(name, to_hex(getattr(codecs, name), 2)))
```

BOM, BOM_UTF16, BOM_UTF32는 현재 시스템의 바이트 순서에 따라 자동으로 빅엔디언이나 리틀엔디언으로 설정된다.

```
$ python3 codecs_bom.py
BOM          : b'fffe'
BOM_BE       : b'feff'
BOM_LE       : b'fffe'
BOM_UTF8     : b'efbb bf'
BOM_UTF16    : b'fffe'
BOM_UTF16_BE : b'feff'
BOM_UTF16_LE : b'fffe'
BOM_UTF32    : b'fffe 0000'
BOM_UTF32_BE : b'0000 feff'
BOM_UTF32_LE : b'fffe 0000'
```

바이트 순서는 codecs의 디코더에 의해 자동으로 감지되고 처리되지만, 인코딩 과정에서 명시적으로 지정해 줄 수도 있다.

리스트 6.99: codecs_bom_create_file.py

```
import codecs
from codecs_to_hex import to_hex

# UTF-16 인코딩의 기본 버전 선택
if codecs.BOM_UTF16 == codecs.BOM_UTF16_BE:
    bom = codecs.BOM_UTF16_LE
    encoding = 'utf_16_le'
else:
    bom = codecs.BOM_UTF16_BE
    encoding = 'utf_16_be'
print('Native order  :', to_hex(codecs.BOM_UTF16, 2))
print('Selected order:', to_hex(bom, 2))

# 텍스트를 인코딩
encoded_text = 'français'.encode(encoding)
print('{:14}: {}'.format(encoding, to_hex(encoded_text, 2)))
with open('nonnative-encoded.txt', mode='wb') as f:
    # 선택된 바이트 순서 마커를 쓴다.
    # 바이트 순서는 명시적으로 인코딩을 선택할 때 주어지기
    # 때문에 인코딩된 테스트에 포함되지 않는다.
    f.write(bom)

    # 인코딩된 텍스트에 대한 바이트 문자열 쓰기
    f.write(encoded_text)
```

codecs_bom_create_file.py는 현재 시스템의 바이트 순서를 살펴보고 그와 반대의 것을 명시적으로 사용하게 했다. 다음 예제는 이를 이용해 자동 감지가 제대로 동작하는지 살펴본다.

```
$ python3 codecs_bom_create_file.py

Native order  : b'fffe'
Selected order: b'feff'
utf_16_be    : b'0066 0072 0061 006e 00e7 0061 0069 0073'
```

codecs_bom_detection.py는 파일을 열 때 바이트 순서를 지정해주지 않았기 때문에 디코더는 파일의 처음 두 바이트에 있는 BOM 값을 보고 이를 감지한다.

```
import codecs
from codecs_to_hex import to_hex

# 로우 데이터를 바라본다.
with open('nonnative-encoded.txt', mode='rb') as f:
    raw_bytes = f.read()
print('Raw      :', to_hex(raw_bytes, 2))

# 파일을 다시 열고 코덱이 BOM을 감지하게 한다.
with codecs.open('nonnative-encoded.txt', mode='r', encoding='utf-16', ) as f:
    decoded_text = f.read()

print('Decoded:', repr(decoded_text))
```

파일의 첫 두 바이트는 바이트 순서 감지에 사용되기 때문에 read()가 반환하는 데이터에는 포함돼 있지 않다.

```
$ python3 codecs_bom_detection.py

Raw     : b'feff 0066 0072 0061 006e 00e7 0061 0069 0073'
Decoded : 'français'
```

6.10.4 에러 처리

앞 절에서는 유니코드 파일을 읽거나 쓸 때 사용하는 인코딩의 필요성을 알아봤다. 정확한 인코딩 설정이 중요한 이유는 두 가지다. 파일을 읽어 들이는 동안 인코딩이 정확하게 되지 않으면 데이터는 올바르지 않게 해석되고 파괴되거나 혹은 아예 디코딩에 실패한다. 그리고 특정 인코딩으로 표현할 수 없는 유니코드 문자도 있기 때문에 데이터를 기록할 때 잘못된 인코딩을 사용하면 에러가 발생하거나 데이터 손실을 초래한다.

codecs는 unicode의 encode() 메서드나 str의 decode() 메서드와 동일한 다섯 가지 에러 처리 옵션을 사용한다. 다음 표를 보자.

표 6.1: Codec 에러 핸들링 모드

에러 모드	설명
strict	데이터를 변환할 수 없으면 예외를 발생시킨다.
replace	인코딩 불가한 데이터는 특수 마커 문자로 치환한다.
ignore	데이터를 스킵한다.
xmlcharrefreplace	XML 문자(인코딩 전용)
backslashreplace	이스케이프 시퀀스(인코딩 전용)

6.10.4.1 인코딩 에러

가장 흔한 에러는 유니코드 데이터를 sys.stdout이나 일반 파일 같은 아스키 출력 스트림에 기록할 때 발생하는 UnicodeEncodeError다. 이 예제 프로그램은 각기 다른 에러 처리 모드를 시험하는 데 사용할 수 있다.

리스트 6.101: codecs_encode_error.py

```python
import codecs
import sys

error_handling = sys.argv[1]

text = 'français'

try:
    # 커맨드라인에 명시된 에러 핸들링 모드를 사용해
    # 아스키로 인코딩된 데이터를 저장한다.
    with codecs.open('encode_error.txt', 'w',
                     encoding='ascii',
                     errors=error_handling) as f:
        f.write(text)

except UnicodeEncodeError as err:
    print('ERROR:', err)

else:
    # 파일 쓰기 중 에러가 없다면
    # 포함하고 있는 것을 표시한다.
    with open('encode_error.txt', 'rb') as f:
```

```
    print('File contents: {!r}'.format(f.read()))
```

strict 모드가 모든 입출력 작업에 대해 가장 올바른 인코딩이 사용되도록 보장해주긴 하지만 예외가 발생하면 프로그램이 죽는 단점이 있다.

```
$ python3 codecs_encode_error.py strict

ERROR: 'ascii' codec can't encode character '\xe7' in position
4: ordinal not in range(128)
```

다른 에러 모드는 좀 더 유연하다. 예를 들어 **replace**는 에러를 발생시키지 않지만 요청한 인코딩으로 변환할 수 없는 경우 데이터 손실이 발생할 수 있다. 유니코드 문자 파이(π)는 여전히 ASCII로 인코딩할 수 없지만, 에러를 발생시키는 대신 물음표(?)로 치환해 출력한다.

```
$ python3 codecs_encode_error.py replace

File contents: b'fran?ais'
```

문제가 되는 데이터를 생략하려면 **ignore**를 사용한다. 인코딩할 수 없는 모든 데이터는 무시한다.

```
$ python3 codecs_encode_error.py ignore
File contents: b'franais'
```

손실이 없는 에러 처리 옵션은 두 가지가 있으며, 모두 표준에 정의돼 있는 대체 표현식을 사용해 문제되는 문자를 표시한다. **xmlcharrefreplace**는 XML 참조 문자를 대신 사용한다. 참조 문자는 W3C 문서 'XML Entity Definitions for Characters'에 나와 있다.

```
$ python3 codecs_encode_error.py xmlcharrefreplace

File contents: b'fran&#231;ais'
```

또 다른 무손실 에러 처리 방식은 **backslashreplace**로, unicode 객체의 **repr()**이 출력하는 값과 같은 형식을 만들어낸다. 유니코드 문자는 \u 뒤에 16진수 코드 포인트로 표시된다.

```
$ python3 codecs_encode_error.py backslashreplace

File contents: b'fran\\xe7ais'
```

6.10.4.2 디코딩 에러

디코딩할 때도 에러는 발생하는데, 특별히 잘못된 인코딩을 사용했을 때 많이 발생한다.

리스트 6.102: codecs_decode_error.py

```python
import codecs
import sys
from codecs_to_hex import to_hex

error_handling = sys.argv[1]

text = 'français'

print('Original     :', repr(text))

# 하나의 인코딩으로 데이터를 저장한다.
with codecs.open('decode_error.txt', 'w', encoding='utf-16') as f:
    f.write(text)

# 파일의 바이트를 덤프한다.
with open('decode_error.txt', 'rb') as f:
    print('File contents:', to_hex(f.read(), 1))

# 잘못된 인코딩으로 데이터 읽기를 시도한다.
with codecs.open('decode_error.txt', 'r',
                 encoding='utf-8',
                 errors=error_handling) as f:
    try:
        data = f.read()
    except UnicodeDecodeError as err:
        print('ERROR:', err)
    else:
```

```
        print('Read            :', repr(data))
```

잘못된 인코딩을 사용해 바이트 스트림을 적절히 디코딩할 수 없는 경우 strict 모드
는 예외를 발생한다. 이 예제에서는 UTF-16 BOM 문자를 UTF-8 디코더로 변환하려
하기 때문에 UnicodeDecodeError가 발생했다.

```
$ python3 codecs_decode_error.py strict

Original     : 'français'
File contents: b'ff fe 66 00 72 00 61 00 6e 00 e7 00 61 00 69 00 73 00'
ERROR: 'utf-8' codec can't decode byte 0xff in position 0:
invalid start byte
```

모드를 ignore로 바꿔주면 유효하지 않은 바이트를 생략하고 넘어간다. 이 결과에도
빈 바이트가 존재하기 때문에 예상한 모습에 그다지 가깝지 않다.

```
$ python3 codecs_decode_error.py ignore

Original     : 'français'
File contents: b'ff fe 66 00 72 00 61 00 6e 00 e7 00 61 00 69 00 73 00'
Read         : 'f\x00r\x00a\x00n\x00\x00a\x00i\x00s\x00'
```

replace 모드는 유효하지 않은 바이트 부분이 유니코드 공식 치환 문자인 \uFFFD로 치
환된다. 이 문자는 검정 다이아몬드에 하얀 물음표가 표시돼 있는 모양이다.

```
$ python3 codecs_decode_error.py replace

Original     : 'français'
File contents: b'ff fe 66 00 72 00 61 00 6e 00 e7 00 61 00 69 00 73 00'
Read         : 'f\x00r\x00a\x00n\x00\x00a\x00i\x00s\x00'
```

6.10.5 인코딩 번역

대부분의 애플리케이션은 내부적으로 str 데이터와 함께 작동하고, 입출력 작업의 일

부로 이를 디코딩하거나 인코딩하지만, 중간 데이터 형식을 유지하지 않고 파일의 인코딩을 변경하는 것이 유용한 경우가 있다. EncodedFile()은 하나의 인코딩을 사용해 열려있는 파일 핸들을 받아 입출력이 발생할 때마다 데이터를 다른 인코딩으로 변환하는 클래스로 래핑한다.

리스트 6.103: codecs_encodedfile.py

```python
from codecs_to_hex import to_hex

import codecs
import io

# 원본 데이터의 로우 버전(Raw version)
data = 'français'

# UTF-8로 수동 인코딩
utf8 = data.encode('utf-8')
print('Start as UTF-8  :', to_hex(utf8, 1))

# 출력 버퍼를 설정하고, EncodedFile로 감싼다.
output = io.BytesIO()
encoded_file = codecs.EncodedFile(output, data_encoding='utf-8', file_encoding='utf-16')
encoded_file.write(utf8)

# 버퍼 콘텐츠를 UTF-16으로 인코딩된 바이트 문자열로 가져온다.
utf16 = output.getvalue()
print('Encoded to UTF-16:', to_hex(utf16, 2))

# 또 다른 버퍼를 UTF-16 데이터로 읽기 위해 설정하고 또 다른 EncodedFile로 감싼다.
buffer = io.BytesIO(utf16)
encoded_file = codecs.EncodedFile(buffer, data_encoding='utf-8', file_encoding='utf-16')

# UTF-8로 인코딩된 버전 데이터를 읽는다.
recoded = encoded_file.read()
print('Back to UTF-8   :', to_hex(recoded, 1))
```

이 예제는 EncodedFile()이 반환하는 각 핸들에서 읽거나 쓰는 방식을 보여준다. 핸들이 읽기 혹은 쓰기 어디에 사용되는지에 상관없이 **file_encoding** 값은 언제나 파일을 열 때 첫 번째 인자로 지정해준 인코딩을 가리키고, **data_encoding** 값은 read()와 **write()** 호출에 전달된 인코딩을 가리킨다.

```
$ python3 codecs_encodedfile.py

Start as UTF-8  : b'66 72 61 6e c3 a7 61 69 73'
Encoded to UTF-16: b'fffe 6600 7200 6100 6e00 e700 6100 6900 7300'
Back to UTF-8   : b'66 72 61 6e c3 a7 61 69 73'
```

6.10.6 비유니코드 인코딩

앞서 살펴본 거의 모든 예제는 유니코드 인코딩을 사용하지만 codecs는 그 외의 데이터 번역에도 사용할 수 있다. 예를 들어 파이썬은 base-64, bzip2, ROT-13, ZIP 등의 데이터 형식에 사용할 수 있는 codecs도 제공한다.

리스트 6.104: codecs_rot13.py

```
import codecs
import io

buffer = io.StringIO()
stream = codecs.getwriter('rot_13')(buffer)

text = 'abcdefghijklmnopqrstuvwxyz'

stream.write(text)
stream.flush()

print('Original:', text)
print('ROT-13  :', buffer.getvalue())
```

하나의 입력 인자를 받아 바이트나 유니코드 문자열을 반환할 수 있는 함수로 표현 가능한 모든 변형transformation은 코덱으로 등록할 수 있다. rot_13 코덱의 경우 입력은 유니코드 문자열이며 출력 역시 유니코드 문자열이 될 것이다.

```
$ python3 codecs_rot13.py

Original: abcdefghijklmnopqrstuvwxyz
ROT-13  : nopqrstuvwxyzabcdefghijklm
```

codecs로 데이터 스트림을 감싸주는 방식은 zlib에 직접 사용할 수 있는 편리한 인터

494

페이스를 제공한다.

리스트 6.105: codecs_zlib.py

```python
import codecs
import io

from codecs_to_hex import to_hex

buffer = io.BytesIO()
stream = codecs.getwriter('zlib')(buffer)

text = b'abcdefghijklmnopqrstuvwxyz\n' * 50

stream.write(text)
stream.flush()

print('Original length :', len(text))
compressed_data = buffer.getvalue()
print('ZIP compressed  :', len(compressed_data))

buffer = io.BytesIO(compressed_data)
stream = codecs.getreader('zlib')(buffer)

first_line = stream.readline()
print('Read first line :', repr(first_line))

uncompressed_data = first_line + stream.read()
print('Uncompressed    :', len(uncompressed_data))
print('Same            :', text == uncompressed_data)
```

모든 압축이나 인코딩 시스템에서 스트림 인터페이스를 이용하는 readline()이나 read()를 사용해 데이터의 일부를 읽게 할 수는 없다. 압축된 부분의 끝을 찾아 확장해야 하기 때문이다. 프로그램이 압축되지 않은 데이터를 메모리에 모두 저장하는 것이 불가하다면 codecs를 사용하지 않고 압축 라이브러리의 증분[incremental] 접근 방식을 사용한다.

```
$ python3 codecs_zlib.py

Original length : 1350
ZIP compressed  : 48
Read first line : b'abcdefghijklmnopqrstuvwxyz\n'
```

```
Uncompressed    : 1350
Same            : True
```

6.10.7 증분 인코딩

bz2나 zlib 같은 인코딩으로 작업하다 보면 데이터 스트림의 길이가 비약적으로 증가할 때가 있다. 커다란 데이터 집합에는 증분 인코딩을 사용해 한 번에 작은 조각을 처리하는 것이 더 효율적이다. IncrementalEncoder와 IncrementalDecoder API가 이런 용도로 고안됐다.

리스트 6.106: codecs_incremental_bz2.py

```python
import codecs
import sys

from codecs_to_hex import to_hex

text = b'abcdefghijklmnopqrstuvwxyz\n'
repetitions = 50

print('Text length :', len(text))
print('Repetitions :', repetitions)
print('Expected len:', len(text) * repetitions)

# 큰 데이터를 만들고자 텍스트를 여러 번 인코딩한다.
encoder = codecs.getincrementalencoder('bz2')()
encoded = []

print()
print('Encoding:', end=' ')
last = repetitions - 1
for i in range(repetitions):
    en_c = encoder.encode(text, final=(i == last))
    if en_c:
        print('\nEncoded : {} bytes'.format(len(en_c)))
        encoded.append(en_c)
    else:
        sys.stdout.write('.')
all_encoded = b''.join(encoded)
```

```
print()
print('Total encoded length:', len(all_encoded))
print()

# 한 번에 한 바이트씩 문자열을 디코딩한다.
decoder = codecs.getincrementaldecoder('bz2')()
decoded = []

print('Decoding:', end=' ')
for i, b in enumerate(all_encoded):
    final = (i + 1) == len(text)
    c = decoder.decode(bytes([b]), final)
    if c:
        print('\nDecoded : {} characters'.format(len(c)))
        print('Decoding:', end=' ')
        decoded.append(c)
    else:
        sys.stdout.write('.')
print()
restored = b''.join(decoded)

print()
print('Total uncompressed length:', len(restored))
```

인코더나 디코더에 데이터가 전달될 때마다 내부 상태가 갱신된다. 상태에 변화가 없을 때는 (코덱이 정의한 대로) 데이터가 반환되고 상태가 리셋된다. 그때까지는 encode() 나 decode()를 호출해도 데이터를 반환하지 않는다. 데이터의 마지막 비트가 전달될 때는 final 인자가 True로 설정돼 있어야만 코덱이 버퍼에 남아있는 데이터를 처리할 수 있다.

```
$ python3 codecs_incremental_bz2.py

Text length : 27
Repetitions : 50
Expected len: 1350

Encoding: .............................................
Encoded : 99 bytes

Total encoded length: 99
```

```
Decoding: ...............................................................................
Decoded : 1350 characters
Decoding: ..........

Total uncompressed length: 1350
```

6.10.8 유니코드 데이터와 네트워크 통신

표준 입출력 파일 디스크립터와 마찬가지로 네트워크 소켓도 역시 바이트 스트림이므로 유니코드를 소켓에 쓰기 전에 반드시 인코딩해야 한다. 이 서버는 호출자가 보낸데이터를 그대로 돌려보내는 역할을 한다.

리스트 6.107: codecs_socket_fail.py

```python
import sys
import socketserver

class Echo(socketserver.BaseRequestHandler):

    def handle(self):
        # 바이트를 얻고 클라이언트에게 되돌린다.
        data = self.request.recv(1024)
        self.request.send(data)
        return

if __name__ == '__main__':
    import codecs
    import socket
    import threading

    address = ('localhost', 0)  # 커널이 포트를 할당하게 한다.
    server = socketserver.TCPServer(address, Echo)
    ip, port = server.server_address  # 어떤 포트가 할당됐나?

    t = threading.Thread(target=server.serve_forever)
    t.setDaemon(True)  # 종료 중 걸리지 않는다.
    t.start()

    # 서버에 접속
    s = socket.socket(socket.AF_INET, socket.SOCK_STREAM)
    s.connect((ip, port))
```

```
# 데이터 전송
# 에러: 인코딩되지 않았다.
text = 'français'
len_sent = s.send(text)

# 응답을 받는다.
response = s.recv(len_sent)
print(repr(response))

# 정리
s.close()
server.socket.close()
```

send()를 호출할 때마다 데이터를 명시적으로 인코딩할 수도 있지만, 한 번이라도 빠트리면 인코딩 에러가 발생한다.

```
$ python3 codecs_socket_fail.py

Traceback (most recent call last):
    File "codecs_socket_fail.py", line 43, in <module>
        len_sent = s.send(text)
TypeError: a bytes-like object is required, not 'str'
```

makefile()로 소켓에 대한 파일처럼 사용할 수 있는 핸들을 구하고, 그 핸들을 스트림 기반의 읽기, 쓰기로 감쌌기 때문에 소켓을 통해 나가고 들어오는 모든 유니코드 문자열이 인코딩된다.

리스트 6.108: codecs_socket.py

```python
import sys
import socketserver

class Echo(socketserver.BaseRequestHandler):

  def handle(self):
    """Get some bytes and echo them back to the client.

    There is no need to decode them, since they are not used.

    """
```

```python
        data = self.request.recv(1024)
        self.request.send(data)

class PassThrough:

    def __init__(self, other):
        self.other = other

    def write(self, data):
        print('Writing :', repr(data))
        return self.other.write(data)

    def read(self, size=-1):
        print('Reading :', end=' ')
        data = self.other.read(size)
        print(repr(data))
        return data

    def flush(self):
        return self.other.flush()

    def close(self):
        return self.other.close()

if __name__ == '__main__':
    import codecs
    import socket
    import threading

    address = ('localhost', 0)  # 커널이 포트를 할당하게 한다.
    server = socketserver.TCPServer(address, Echo)
    ip, port = server.server_address  # 어떤 포트가 할당됐는가?

    t = threading.Thread(target=server.serve_forever)
    t.setDaemon(True)  # 종료 중 걸리지 않는다.
    t.start()

    # 서버에 접속
    s = socket.socket(socket.AF_INET, socket.SOCK_STREAM)
    s.connect((ip, port))

    # 리더와 라이터를 소켓으로 래핑
    read_file = s.makefile('rb')
    incoming = codecs.getreader('utf-8')(PassThrough(read_file))
    write_file = s.makefile('wb')
    outgoing = codecs.getwriter('utf-8')(PassThrough(write_file))
```

```
# 데이터를 전송
text = 'français'
print('Sending :', repr(text))
outgoing.write(text)
outgoing.flush()

# 응답을 받음
response = incoming.read()
print('Received:', repr(response))

# 정리
s.close()
server.socket.close()
```

이 예제는 PassThrough를 사용해 송신 전의 데이터가 인코딩되고 수신한 데이터가 디코딩되는 것을 보여준다.

```
$ python3 codecs_socket.py

Sending : 'français'
Writing : b'fran\xc3\xa7ais'
Reading : b'fran\xc3\xa7ais'
Reading : b''
Received: 'français'
```

6.10.9 사용자 정의 인코딩

파이썬에 기본으로 포함된 표준 코덱의 수는 많기 때문에 애플리케이션이 사용자 정의 인코더, 디코더를 사용할 필요는 사실 많지 않다. 하지만 꼭 필요한 경우 이러한 작업은 codecs 기본 클래스를 이용하면 된다.

첫 번째 단계로 인코딩에 의한 변환 과정을 이해해야 한다. 이번 예제에서는 소문자를 대문자로, 대문자를 소문자로 변환하는 'invertcaps' 인코딩을 사용한다. 다음은 입력한 문자열에 대해 이러한 변환을 수행하는 인코딩 함수를 간략히 정의했다.

```
import string

def invertcaps(text):
    """Return new string with the case of all letters switched.
    """
    return ''.join(
        c.upper() if c in string.ascii_lowercase
        else c.lower() if c in string.ascii_uppercase
        else c
        for c in text
    )

if __name__ == '__main__':
    print(invertcaps('ABCdef'))
    print(invertcaps('abcDEF'))
```

이 경우에 인코더와 디코더가 동일한 함수를 사용한다(ROT-13과 동일).

```
$ python3 codecs_invertcaps.py

abcDEF
ABCdef
```

앞 예제는 이해는 쉬워도 입력 문자열이 매우 길어지는 경우 구현 방식이 효율적이지는 않다. 다행히도 codecs는 invertcaps처럼 문자 맵character map에 기반을 둔 코덱을 생성할 수 있는 도우미helper 함수를 제공한다. 문자 맵 인코딩은 두 개의 딕셔너리로 구성된다. 인코딩 맵encoding map은 입력 문자열의 문자 값을 출력값의 바이트로 변환하고, 디코딩 맵decoding map은 이와 반대로 동작한다. 디코딩 맵을 먼저 만들고, make_encoding_map()을 사용해 이를 인코딩 맵으로 변환한다. C 함수 charmap_encode()와 charmap_decode()는 이 맵을 사용해 입력 데이터를 효율적으로 변환한다.

리스트 6.110: codecs_invertcaps_charmap.py

```
import codecs
import string
```

```python
# 모든 문자를 자신에게 매핑한다.
decoding_map = codecs.make_identity_dict(range(256))

# 소문자, 대문자에 대한 순차 값 리스트를 만든다.
pairs = list(zip(
    [ord(c) for c in string.ascii_lowercase],
    [ord(c) for c in string.ascii_uppercase],
))

# 대소문자를 상호 변환하게 매핑을 수정한다.
decoding_map.update({
    upper: lower
    for (lower, upper)
    in pairs
})
decoding_map.update({
    lower: upper
    for (lower, upper)
    in pairs
})

# 별개의 인코딩 맵을 만든다.
encoding_map = codecs.make_encoding_map(decoding_map)

if __name__ == '__main__':
    print(codecs.charmap_encode('abcDEF', 'strict', encoding_map))
    print(codecs.charmap_decode(b'abcDEF', 'strict', decoding_map))
    print(encoding_map == decoding_map)
```

invertcaps는 인코딩 맵과 디코딩 맵에서 동일했지만 그렇지 않은 경우도 있다. make_encoding_map()은 하나 이상의 입력 문자가 같은 출력 바이트로 인코딩되거나 정의되지 않았음[undefined]을 나타내고자 인코딩 값을 None으로 치환하는 상황을 감지한다.

```
$ python3 codecs_invertcaps_charmap.py

(b'ABCdef', 6)
('ABCdef', 6)
True
```

문자 맵 인코더와 디코더는 앞서 설명한 모든 표준 에러 처리 방식을 지원하기 때문에

API를 사용하기 위한 추가 작업이 필요 없다.

리스트 6.111: codecs_invertcaps_error.py

```
import codecs

from codecs_invertcaps_charmap import encoding_map

text = 'pi: \u03c0'

for error in ['ignore', 'replace', 'strict']:
    try:
        encoded = codecs.charmap_encode(text, error, encoding_map)
    except UnicodeEncodeError as err:
        encoded = str(err)
    print('{:7}: {}'.format(error, encoded))
```

π의 유니코드 코드 포인트가 인코딩 맵에 없으므로 strict 에러 처리 모드가 예외를 발생시킨다.

```
$ python3 codecs_invertcaps_error.py

ignore : (b'PI: ', 5)
replace: (b'PI: ?', 5)
strict : 'charmap' codec can't encode character '\u03c0' in
position 4: character maps to <undefined>
```

인코딩과 디코딩 맵이 정의된 후에 추가적으로 클래스를 조금 설정해야 하고 인코딩을 등록해야 한다. register()는 레지스트리에 검색 함수를 추가해 사용자가 필요로 하는 경우 codecs가 찾을 수 있게 한다. 검색 함수는 반드시 하나의 문자열과 인코딩의 이름을 인자로 받아 인코딩을 찾을 수 있는 경우에는 CodecInfo 객체를 반환하고, 찾지 못한 경우에는 None을 반환한다.

리스트 6.112: codecs_register.py

```
import codecs
import encodings

def search1(encoding):
```

```
        print('search1: Searching for:', encoding)
        return None

    def search2(encoding):
        print('search2: Searching for:', encoding)
        return None

    codecs.register(search1)
    codecs.register(search2)

    utf8 = codecs.lookup('utf-8')
    print('UTF-8:', utf8)

    try:
        unknown = codecs.lookup('no-such-encoding')
    except LookupError as err:
        print('ERROR:', err)
```

검색 함수는 여러 개 등록할 수 있고, 모든 함수는 CodecInfo를 반환하거나 목록이 없어
질 때까지 차례대로 호출된다. codecs가 등록한 내부 검색 함수는 encoding의 UTF-8
같은 표준 코덱을 로딩하는 방법을 알기 때문에 이런 이름을 사용자 검색 함수에 절대
전달하면 안 된다.

```
$ python3 codecs_register.py

UTF-8: <codecs.CodecInfo object for encoding utf-8 at 0x1007773a8>
search1: Searching for: no-such-encoding
search2: Searching for: no-such-encoding
ERROR: unknown encoding: no-such-encoding
```

검색 함수가 반환하는 CodecInfo 인스턴스는 codecs에게 다양한 메커니즘을 사용하
는 인코딩/디코딩을 어떻게 할지 알려준다. 이러한 메커니즘에는 상태 없음^{stateless}이
나 증분^{incremental}, 스트림이 있다. codecs는 문자 맵 설정을 도와주는 기본 클래스를 제
공한다. 이 예제는 이 모두를 합쳐 invertcaps 코덱으로 설정된 CodecInfo 인스턴스를
반환하는 검색 함수를 등록한다.

```python
import codecs

from codecs_invertcaps_charmap import encoding_map, decoding_map

class InvertCapsCodec(codecs.Codec):
    "Stateless encoder/decoder"

    def encode(self, input, errors='strict'):
        return codecs.charmap_encode(input, errors, encoding_map)

    def decode(self, input, errors='strict'):
        return codecs.charmap_decode(input, errors, decoding_map)

class InvertCapsIncrementalEncoder(codecs.IncrementalEncoder):
    def encode(self, input, final=False):
        data, nbytes = codecs.charmap_encode(input, self.errors, encoding_map)
        return data

class InvertCapsIncrementalDecoder(codecs.IncrementalDecoder):
    def decode(self, input, final=False):
        data, nbytes = codecs.charmap_decode(input, self.errors, decoding_map)
        return data

class InvertCapsStreamReader(InvertCapsCodec, codecs.StreamReader):
    pass

class InvertCapsStreamWriter(InvertCapsCodec, codecs.StreamWriter):
    pass

def find_invertcaps(encoding):
    """Return the codec for 'invertcaps'.
    """
    if encoding == 'invertcaps':
        return codecs.CodecInfo(
            name='invertcaps',
            encode=InvertCapsCodec().encode,
            decode=InvertCapsCodec().decode,
            incrementalencoder=InvertCapsIncrementalEncoder,
            incrementaldecoder=InvertCapsIncrementalDecoder,
            streamreader=InvertCapsStreamReader,
            streamwriter=InvertCapsStreamWriter,
        )
    return None
```

```
codecs.register(find_invertcaps)

if __name__ == '__main__':
    # 무상태 인코더/디코더
    encoder = codecs.getencoder('invertcaps')
    text = 'abcDEF'
    encoded_text, consumed = encoder(text)
    print('Encoded "{}" to "{}", consuming {} characters'.format(
        text, encoded_text, consumed))

    # 스트림 라이터
    import io
    buffer = io.BytesIO()
    writer = codecs.getwriter('invertcaps')(buffer)
    print('StreamWriter for io buffer: ')
    print('  writing "abcDEF"')
    writer.write('abcDEF')
    print('  buffer contents: ', buffer.getvalue())

    # 증분 디코더
    decoder_factory = codecs.getincrementaldecoder('invertcaps')
    decoder = decoder_factory()
    decoded_text_parts = []
    for c in encoded_text:
        decoded_text_parts.append(decoder.decode(bytes([c]), final=False))
    decoded_text_parts.append(decoder.decode(b'', final=True))
    decoded_text = ''.join(decoded_text_parts)
    print('IncrementalDecoder converted {!r} to {!r}'.format(encoded_text, decoded_text))
```

무상태^{stateless} 인코더/디코더의 기본 클래스는 Codec이다. encode()와 decode()를 새로운 구현으로 오버라이드한다(이 경우 charmap_encode()와 charmap_decode()를 각각 호출한다). 각 메서드는 변환된 데이터와 입력 바이트 수 또는 소비한 문자 수를 포함한 튜플들을 반환해야 한다. 다행히 charmap_encode()와 charmap_decode()는 이미 그 정보를 반환한다.

증분^{incremental} 인터페이스의 기본 클래스로는 IncrementalEncoder와 IncrementalDecoder를 사용한다. 증분 클래스의 encode()와 decode() 메서드는 실제로 변형된 데이터만 반환하도록 정의돼 있다. 버퍼링에 대한 모든 정보는 내부 상태로 관리된다.

invertcaps 인코딩은 일대일 매핑을 하기 때문에 버퍼가 필요 없다. 압축 알고리즘과 같은 데이터의 처리에 따라 결괏값의 크기가 달라지는 인코딩의 경우에는 기본 클래스로 BufferedIncrementalEncoder와 BufferedIncrementalDecoder가 더 적절하다. 이 클래스는 처리되지 않은 입력 부분을 관리한다.

StreamReader와 StreamWriter도 encode()와 decode() 메서드가 필요하고, Codec 같은 반환값이 기대되기 때문에 구현할 때 다중 상속을 사용할 수 있다.

```
$ python3 codecs_invertcaps_register.py

Encoded "abcDEF" to "b'ABCdef'", consuming 6 characters
StreamWriter for io buffer:
    writing "abcDEF"
    buffer contents:  b'ABCdef'
IncrementalDecoder converted b'ABCdef' to 'abcDEF'
```

팁 – 참고 자료

- codecs 표준 라이브러리 문서: https://docs.python.org/3.5/library/codecs.html
- locale: 로컬라이즈 관련 설정과 동작에 대한 접근과 관리
- io: io 모듈은 파일과 인코딩, 디코딩을 처리하는 스트림 래퍼(wrappers)도 포함한다.
- socketserver: 에코 서버에 대한 상세한 예제는 SocketServer 모듈을 참고한다.
- encodings: 파이썬의 표준 라이브러리에 포함된 인코더/디코더 구현 모음
- PEP 100(https://www.python.org/dev/peps/pep-0100): 파이썬 유니코드 통합(Python Unicode Integration)
- Unicode HOWTO(https://docs.python.org/3/howto/unicode.html): 파이썬에서 유니코드 사용에 대한 공식 가이드
- Text vs. Data Instead of Unicode vs. 8-bit(https://docs.python.org/3.0/whatsnew/3.0.html#text-vs-data-instead-of-unicode-vs-8-bit): 파이썬 3.0의 문자 처리에 대한 변화를 다루는 'What's New' 섹션의 논문
- Python Unicode Objects(http://effbot.org/zone/unicode-objects.htm): 파이썬 2.x에서 non-ASCII 문자 집합 사용에 대한 프레드릭 런드(Fredrik Lundh)의 논문
- How to Use UTF-8 with Python(http://evanjones.ca/python-utf8.html): 유니코드를 다루는 에반 존스(Evan Jones)의 퀵 가이드. XML 데이터와 바이트 순서 마커(Byte-Order Marker)를 포함한다.
- On the Goodness of Unicode(http://www.tbray.org/ongoing/When/200x/2003/04/06/Unicode): 국제화와 유니코드 입문서, 팀 브레이(Tim Bray)
- On Character Strings(http://www.tbray.org/ongoing/When/200x/2003/04/13/Strings): 팀 브레이가 쓴 프로그래밍 언어에서 문자열을 다루는 방식에 대한 역사

- Characters vs. Bytes(http://www.tbray.org/ongoing/When/200x/2003/04/26/UTF): 팀 브레이가 쓴 컴퓨터 프로그래머를 위한 현대 문자열 프로세싱에 대한 에세이의 1부. 아스키 바이트가 아닌 인메모리(in-memory) 표현식으로 텍스트를 형식화하는 방식을 다룬다.
- Endianness(https://en.wikipedia.org/wiki/Endianness): 엔디언(endianness)에 대한 위키피디아 설명
- W3C XML Entity Definitions for Characters(http://www.w3.org/TR/xml-entity-names/): 인코딩으로 표현할 수 없는 문자에 대한 XML 표현식 스펙

6.11 io: 텍스트와 바이너리, Raw 스트림 입출력 도구

io 모듈은 인터프리터에 내장된 open() 메서드의 파일 기반 입력과 출력 연산에 대한 클래스를 구현한다. 예를 들어 클래스는 유니코드 데이터를 네트워크 소켓에 쓸 수 있도록 다른 용도로 재결합할 수 있는 방식으로 분해된다.

6.11.1 인메모리 스트림

StringIO는 파일 API(예, read(), write())를 사용해 메모리에서 텍스트로 작업하는 편리한 방법을 제공한다. StringIO를 사용해 큰 문자열을 만들면 어떤 경우에는 다른 문자열 연결 기법보다 성능이 향상된다. 인메모리 스트림In-memory stream 버퍼는 디스크상에 실제 파일을 쓸 때 테스트 스위트test suite가 느려지는 상황에서 역시 유용하다.

다음은 StringIO 버퍼를 사용하는 몇 가지 표준 예제다.

리스트 6.114: io_stringio.py

```
import io

# 버퍼에 쓰기
output = io.StringIO()
output.write('This goes into the buffer. ')
print('And so does this.', file=output)

# 저장된 데이터 가져오기
print(output.getvalue())

output.close()  # 버퍼 메모리 삭제
```

```
# 읽기 버퍼 초기화
input = io.StringIO('Inital value for read buffer')

# 버퍼에서 읽기
print(input.read())
```

이 예제는 read()를 사용하지만 readline()과 readlines() 메서드를 써도 된다. StringIO 클래스는 또한 읽기 작업 중 버퍼에서 점프할 수 있는 seek() 메서드도 제공하는데, 이 메서드는 룩 어헤드^look-ahead 파싱 알고리즘이 사용되는 경우 되감기^rewind할 때 유용하다.

```
$ python3 io_stringio.py

This goes into the buffer. And so does this.
Inital value for read buffer
```

유니코드 텍스트 대신 원시 바이트와 작업할 때는 BytesIO를 사용한다.

리스트 6.115: io_bytesio.py

```
import io

# 버퍼에 쓰기
output = io.BytesIO()
output.write('This goes into the buffer. '.encode('utf-8'))
output.write('ÁÇÊ'.encode('utf-8'))

# 이미 써진 데이터 가져오기
print(output.getvalue())

output.close()  # 버퍼 메모리 삭제

# 읽기 버터 초기화
input = io.BytesIO(b'Inital value for read buffer')

# 버퍼에서 읽기
print(input.read())
```

BytesIO로 쓰여진 값은 str 대신 반드시 bytes라야 한다.

510

```
$ python3 io_bytesio.py

b'This goes into the buffer. \xc3\x81\xc3\x87\xc3\x8a'
b'Inital value for read buffer'
```

6.11.2 텍스트 데이터용 바이트 스트림 래핑

소켓과 같은 원시 바이트 스트림은 문자열 인코딩과 디코딩을 처리하고자 레이어로 래핑할 수 있으므로 텍스트 데이터와 함께 사용하기가 더 쉽다. TextIOWrapper 클래스는 읽기와 쓰기 모두 지원한다. write_through 인자는 버퍼링을 불가능하게 하고 래퍼에 써진 모든 데이터를 기본 버퍼로 즉시 플러시flushes한다.

리스트 6.116: io_textiowrapper.py

```python
import io

# 버퍼로 쓰기
output = io.BytesIO()
wrapper = io.TextIOWrapper(output, encoding='utf-8', write_through=True, )
wrapper.write('This goes into the buffer. ')
wrapper.write('ÁÇÊ')

# 쓰여진 데이터 읽기
print(output.getvalue())
output.close()  # discard buffer memory

# 읽기 버퍼 초기화
input = io.BytesIO(
    b'Inital value for read buffer with unicode characters ' +
    'ÁÇÊ'.encode('utf-8')
)
wrapper = io.TextIOWrapper(input, encoding='utf-8')

# 버퍼에서 읽기
print(wrapper.read())
```

이 예제는 BytesIO를 스트림으로 사용한다. bz2, http.server, subprocess의 예제는 파일 유사 객체의 다른 타입과 함께 쓰는 TextIOWrapper 사용법을 보여준다.

```
$ python3 io_textiowrapper.py

b'This goes into the buffer. \xc3\x81\xc3\x87\xc3\x8a'
Inital value for read buffer with unicode characters ÁÇÊ
```

팁 - 참고 자료

- io 표준 라이브러리 문서: https://docs.python.org/3.5/library/io.html
- '12.2.3 HTTP POST' 절 참고: TextIOWrapper의 detach()를 사용해 래핑된 소켓과 별도로 래퍼를 관리한다.
- Efficient String Concatenation in Python(http://www.skymind.com/%7Eocrow/python_string/): 문자열과 그 상대적인 장점을 결합하는 다양한 방법에 대한 고찰

7

데이터 보존과 교환

오랜 기간에 걸쳐 사용하는 데이터를 저장할 때는 두 가지 측면에서 생각할 수 있다. 하나는 메모리 속 객체와 저장 형식storage format에 대한 상호 변환이고, 나머지는 변환된 데이터로 작업하는 것이다. 표준 라이브러리는 다양한 상황에 알맞게 사용할 수 있는 여러 모듈을 제공한다.

객체를 저장하거나 전송하기 위한 형태로 변환(직렬화serializing)해주는 두 가지 모듈이 있다. 그중 보존을 위해 가장 자주 사용하는 모듈은 pickle이다. 이 모듈은 직렬화된 데이터를 실제로 저장해주는 shelve 같은 표준 라이브러리 모듈과 통합된다. 하지만 웹 기반 애플리케이션에서는 기존 웹 서비스 저장 도구와 통합되는 json을 더 자주 사용한다.

메모리의 객체를 저장할 수 있는 형태로 변환했다면 이제 데이터를 어떻게 저장할지 결정해야 한다. 차례대로 쓰여진 객체로 직렬화된 간단한 플랫 파일flat-file의 경우에는 인덱스를 붙일 필요가 없다. 파이썬은 인덱스 참조가 필요할 때 키-값 형태의 데이터를 DBM 형식 중 하나를 사용하는 간단한 데이터베이스에 저장하는 모듈을 탑재하고 있다.

DBM 형식을 가장 쉽게 활용할 수 있는 방법은 shelve(https://pymotw.com/3/shelve/index.html#module-shelve)다. 셸브shelve 파일을 열고 딕셔너리형과 비슷한 API로 접근한다. 데이터베이스에 저장된 객체는 자동으로 피클pickle되고 호출하는 측의 추가 작업 없이 저장된다.

셸브의 한 가지 단점은 기본 인터페이스로 작업하는 경우 어느 DBM 형식이 사용될지 미리 알 수 없다는 점이다. DBM은 데이터베이스가 생성된 시스템에서 사용할 수 있는 라이브러리에 기반을 두고 자동으로 선택된다. 서로 다른 라이브러리를 사용하는 호스트 간 데이터베이스 파일 공유가 필요하지 않은 경우라면 DBM 형식이 문제되지 않지만, 이식성이 필요한 경우라면 모듈의 클래스를 사용해 특정 형식을 선택하게 해야 한다.

이미 JSON으로 데이터를 관리하는 웹 애플리케이션의 경우 json과 dbm을 사용해 보존 작업을 할 수 있다. dbm을 직접 사용하면 DBM 데이터베이스 키와 값이 반드시 문자열이어야 하고, 데이터베이스에 접근하는 경우 객체를 자동으로 만들어주지 않기 때문에 shelve를 사용하는 방식보다 조금 불편하다.

키-값 형태보다 더 복잡한 데이터 작업이 필요한 경우에는 대부분의 파이썬 배포판에 포함돼 있는 관계형 데이터베이스 sqlite3를 사용한다. sqlite3는 데이터베이스를 지역 파일이나 메모리에 저장하고, 모든 접근은 같은 프로세스에서 이뤄지기 때문에 네트워크 통신 랙^{lag}이 없다. sqlite3는 간결하기 때문에 데스크톱 애플리케이션의 임베딩이나 개발 버전의 웹 앱에 잘 맞는다.

또한 좀 더 형식에 맞춰 정의된 자료를 파싱하기 위한 모듈도 있기 때문에 파이썬 프로그램과 다른 언어로 작성된 프로그램 사이에 데이터를 교환하는 용도로 유용하게 사용할 수 있다. xml.etree.ElementTree는 XLM 문서를 파싱할 수 있고 다양한 애플리케이션의 운영 모드를 제공한다. 파싱 도구 이외에도 ElementTree에는 메모리의 객체를 정제된 XML 문서로 만들어주는 인터페이스도 있다. csv 모듈은 스프레드시트나 데이터베이스 애플리케이션의 테이블 형태 데이터를 읽거나 쓸 수 있어 많은 데이터를 로딩한 후 형식을 바꿔줄 때 유용하다.

7.1 pickle: 객체 직렬화

pickle 모듈은 임의의 파이썬 객체를 일련의 연속된 바이트로 변환하는 알고리즘을 구현한다. 이 과정은 흔히 객체 직렬화라 한다. 객체를 나타내는 바이트는 전송되거나 저장되고 이후 같은 속성의 새 객체를 다시 생성할 때 쓰인다.

> **경고**
>
> pickle 문서에 따르면 이 모듈은 보안상 안전함을 보장하지 않는다. 사실 언피클하는 과정에서 임의의 코드가 실행될 수도 있다. 데이터 저장이나 프로세스 간 통신을 할 때는 주의가 필요하고, 안전이 확인된 데이터가 아닌 경우는 믿지 않아야 한다. 피클된 데이터 소스를 안전하게 검증하는 예제는 hmac 모듈을 참고하자.

7.1.1 문자열 데이터 인코딩과 디코딩

첫 번째 예제는 dumps()를 사용해 자료 구조를 문자열로 인코딩한다. 그러고 나서 콘솔로 문자열을 출력한다. 이때 모두 내장된 타입으로 이뤄진 자료 구조를 사용한다. 모든 클래스의 인스턴스도 피클화할 수 있다는 것을 이후 예제에서 볼 것이다.

리스트 7.1: pickle_string.py

```python
import pickle
import pprint

data = [{'a': 'A', 'b': 2, 'c': 3.0}]
print('DATA:', end=' ')
pprint.pprint(data)

data_string = pickle.dumps(data)
print('PICKLE: {!r}'.format(data_string))
```

기본적으로 피클은 파이썬 3 프로그램 간에 공유가 필요할 때 가장 호환이 잘 되는 바이너리 포맷으로 생성된다.

```
$ python3 pickle_string.py

DATA: [{'a': 'A', 'b': 2, 'c': 3.0}]
PICKLE: b'\x80\x03]q\x00}q\x01(X\x01\x00\x00\x00cq\x02G@\x08\x00
\x00\x00\x00\x00\x00X\x01\x00\x00\x00bq\x03K\x02X\x01\x00\x00\x0
0aq\x04X\x01\x00\x00\x00Aq\x05ua.'
```

직렬화된 데이터는 파일이나 소켓, 파이프^pipe 등에 쓸 수 있다. 이후에 이 파일을 읽은 후 풀어서^unpickled 같은 값을 갖는 새 객체를 만든다.

```python
import pickle
import pprint

data1 = [{'a': 'A', 'b': 2, 'c': 3.0}]
print('BEFORE: ', end=' ')
pprint.pprint(data1)

data1_string = pickle.dumps(data1)

data2 = pickle.loads(data1_string)
print('AFTER : ', end=' ')
pprint.pprint(data2)

print('SAME? :', (data1 is data2))
print('EQUAL?:', (data1 == data2))
```

새롭게 만든 객체는 원본과 값은 같지만 동일 객체는 아니다.

```
$ python3 pickle_unpickle.py

BEFORE: [{'a': 'A', 'b': 2, 'c': 3.0}]
AFTER : [{'a': 'A', 'b': 2, 'c': 3.0}]
SAME? : False
EQUAL?: True
```

7.1.2 스트림 다루기

dump()나 loads()와 같이 pickle 역시 파일처럼 사용하는 스트림 작업을 할 수 있는 편의 함수를 제공한다. 또한 여러 개의 객체를 개수나 크기를 모르는 상태에서 스트림에 쓰고 다시 읽는 작업도 가능하다.

리스트 7.3: pickle_stream.py

```python
import io
import pickle
import pprint
```

```python
class SimpleObject:

    def __init__(self, name):
        self.name = name
        self.name_backwards = name[::-1]
        return

data = []
data.append(SimpleObject('pickle'))
data.append(SimpleObject('preserve'))
data.append(SimpleObject('last'))

# 파일을 시뮬레이트한다.
out_s = io.BytesIO()

# 스트림에 쓴다.
for o in data:
    print('WRITING : {} ({})'.format(o.name, o.name_backwards))
    pickle.dump(o, out_s)
    out_s.flush()

# 읽을 수 있는 스트림을 설정한다.
in_s = io.BytesIO(out_s.getvalue())

# 데이터를 읽는다.
while True:
    try:
        o = pickle.load(in_s)
    except EOFError:
        break
    else:
        print('READ    : {} ({})'.format(o.name, o.name_backwards))
```

이 예제는 BytesIO 버퍼를 사용한 스트림을 사용한다. 첫 번째 스트림은 피클한 객체를 받고 load()로 읽는 두 번째 스트림으로 값을 전달한다. 간단한 데이터베이스 형식도 객체를 저장할 때 피클을 사용할 수 있다. shelve가 그렇게 구현된 모듈이다.

```
$ python3 pickle_stream.py

WRITING : pickle (elkcip)
WRITING : preserve (evreserp)
```

```
WRITING : last (tsal)
READ    : pickle (elkcip)
READ    : preserve (evreserp)
READ    : last (tsal)
```

데이터를 저장하는 목적 이외에 프로세스 간 통신에도 피클은 편리하다. 예를 들어 os.fork()와 os.pipe()를 사용해 하나의 파이프에서 명령을 읽어오고 다른 파이프에는 결과를 쓰게 하는 워커 프로세스를 만들 수 있다. 명령과 회신 객체가 서로 다른 클래스를 상속받을 필요가 없기 때문에 명령을 전달하는 쪽과 회신을 받는 양쪽의 워커 풀^{worker pool} 핵심 코드를 재사용할 수 있다. 파이프나 소켓을 사용할 때는 데이터 전송을 위해 객체를 덤프한 후 반드시 소거해야 한다. 재사용 가능한 워커 풀 관리자를 알아보려면 multiprocessing 모듈을 참고한다.

7.1.3 객체 재생성 시 문제점

사용자 정의 클래스로 작업할 때 피클하는 클래스는 반드시 피클을 읽는 프로세스와 같은 네임스페이스에 나타나야 한다. 인스턴스의 내용이 피클될 뿐 클래스 정의까지 피클되지 않기 때문이다. 언피클할 때 클래스 이름을 사용해 찾아낸 생성자로 새 객체를 생성한다. 이 예제는 클래스 인스턴스를 파일에 쓰는 것을 보여준다.

리스트 7.4: pickle_dump_to_file_1.py

```
import pickle
import sys

class SimpleObject:

    def __init__(self, name):
        self.name = name
        l = list(name)
        l.reverse()
        self.name_backwards = ''.join(l)

if __name__ == '__main__':
    data = []
    data.append(SimpleObject('pickle'))
```

```
        data.append(SimpleObject('preserve'))
        data.append(SimpleObject('last'))

        filename = sys.argv[1]

        with open(filename, 'wb') as out_s:
            for o in data:
                print('WRITING: {} ({})'.format(o.name, o.name_backwards))
                pickle.dump(o, out_s)
```

스크립트를 실행하면 커맨드라인에서 지정한 이름으로 파일이 생성된다.

```
$ python3 pickle_dump_to_file_1.py test.dat

WRITING: pickle (elkcip)
WRITING: preserve (evreserp)
WRITING: last (tsal)
```

피클한 객체를 단순히 읽으려 하면 실패한다.

리스트 7.5: pickle_load_from_file_1.py

```
import pickle
import pprint
import sys

filename = sys.argv[1]

with open(filename, 'rb') as in_s:
    while True:
        try:
            o = pickle.load(in_s)
        except EOFError:
            break
        else:
            print('READ: {} ({})'.format(o.name, o.name_backwards))
```

이 버전은 SimpleObject 클래스를 모르기 때문에 읽기에 실패한다.

```
$ python3 pickle_load_from_file_1.py test.dat

Traceback (most recent call last):
    File "pickle_load_from_file_1.py", line 15, in <module>
        o = pickle.load(in_s)
AttributeError: Can't get attribute 'SimpleObject' on <module '__main__' from
'pickle_load_from_file_1.py'>
```

제대로 된 결과를 보려면 원본 스크립트에 **SimpleObject**를 임포트해야 한다. 이 구문을 추가하면 스크립트가 클래스를 찾아 객체를 생성할 수 있다.

```
from pickle_dump_to_file_1 import SimpleObject
```

수정된 스크립트를 실행하면 이제 원하는 결과가 나온다.

```
$ python3 pickle_load_from_file_2.py test.dat

READ: pickle (elkcip)
READ: preserve (evreserp)
READ: last (tsal)
```

7.1.4 언피클 가능한 객체

피클할 수 없는 객체도 있다. 소켓, 파일 핸들, 데이터베이스 연결, 운영체제나 다른 프로세스에 의지하는 객체는 의미 있는 형태로 저장하지 못할 수도 있다. 피클할 수 없는 속성을 가진 객체는 __getstate__()와 __setstate__()를 정의해 피클할 인스턴스의 상태를 반환하게 할 수 있다.

__getstate__() 메서드는 객체 내부 상태를 가진 객체를 반환해야 한다. 상태 값을 표현하는 간편한 방법은 딕셔너리를 사용하는 것이지만, 이 값은 피클 가능한 객체라면 무엇이든 가능하다. 피클에서 객체가 로드될 때 상태가 저장되고 상태는 __setstate__() 로 넘겨진다.

리스트 7.6: pickle_state.py

```python
import pickle

class State:

    def __init__(self, name):
        self.name = name

    def __repr__(self):
        return 'State({!r})'.format(self.__dict__)

class MyClass:

    def __init__(self, name):
        print('MyClass.__init__({})'.format(name))
        self._set_name(name)

    def _set_name(self, name):
        self.name = name
        self.computed = name[::-1]

    def __repr__(self):
        return 'MyClass({!r}) (computed={!r})'.format(self.name, self.computed)

    def __getstate__(self):
        state = State(self.name)
        print('__getstate__ -> {!r}'.format(state))
        return state

    def __setstate__(self, state):
        print('__setstate__({!r})'.format(state))
        self._set_name(state.name)

inst = MyClass('name here')
print('Before:', inst)

dumped = pickle.dumps(inst)

reloaded = pickle.loads(dumped)
print('After:', reloaded)
```

예제에서는 별도의 State 객체를 사용해 MyClass의 내부 상태를 유지한다. 피클에서
MyClass 인스턴스가 로드되면 __setstate__()에 State 인스턴스가 전달돼 객체를 초
기화한다.

```
$ python3 pickle_state.py

MyClass.__init__(name here)
Before: MyClass('name here') (computed='ereh eman')
__getstate__ -> State({'name': 'name here'})
__setstate__(State({'name': 'name here'}))
After: MyClass('name here') (computed='ereh eman')
```

> **경고**
>
> 반환값이 false라면 객체가 언피클될 때 __setstate__()가 호출되지 않는다.

7.1.5 원형 참조

피클 프로토콜은 객체 간 원형 참조를 자동으로 처리하기 때문에 복잡한 자료 구조를
다룰 때 특별한 처리를 해줄 필요가 없다. 그림 7.1의 방향 그래프를 살펴보자. 사이클
이 여러 개 생겼지만 데이터를 피클하고 다시 읽어 들일 때 아무 문제가 없다.

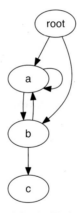

그림 7.1: 사이클에 의한 자료 구조 피클

리스트 7.7: pickle_cycle.py

```
import pickle

class Node:
    """A simple digraph
```

```python
    """
    def __init__(self, name):
        self.name = name
        self.connections = []

    def add_edge(self, node):
        "Create an edge between this node and the other."
        self.connections.append(node)

    def __iter__(self):
        return iter(self.connections)

def preorder_traversal(root, seen=None, parent=None):
    """Generator function to yield the edges in a graph.
    """
    if seen is None:
        seen = set()
    yield (parent, root)
    if root in seen:
        return
    seen.add(root)
    for node in root:
        recurse = preorder_traversal(node, seen, root)
        for parent, subnode in recurse:
            yield (parent, subnode)

def show_edges(root):
    "Print all the edges in the graph."
    for parent, child in preorder_traversal(root):
        if not parent:
            continue
        print('{:>5} -> {:>2} ({})'.format(
            parent.name, child.name, id(child)))

# 노드 설정
root = Node('root')
a = Node('a')
b = Node('b')
c = Node('c')

# 노드 연결
root.add_edge(a)
root.add_edge(b)
```

```
a.add_edge(b)
b.add_edge(a)
b.add_edge(c)
a.add_edge(a)

print('ORIGINAL GRAPH:')
show_edges(root)

# 새 노드 생성을 위해 그래프를 피클/언피클한다.
dumped = pickle.dumps(root)
reloaded = pickle.loads(dumped)

print('\nRELOADED GRAPH:')
show_edges(reloaded)
```

다시 읽어 들인 노드가 같은 객체는 아니지만 노드 간의 관계는 유지됐으며, 여러 참조가 있는 객체의 복사본이 하나만 다시 로딩됐다. 두 구문은 피클하기 전과 후의 id() 값으로 확인할 수 있다.

```
$ python3 pickle_cycle.py

ORIGINAL GRAPH:
 root ->   a (4315798272)
    a ->   b (4315798384)
    b ->   a (4315798272)
    b ->   c (4315799112)
    a ->   a (4315798272)
 root ->   b (4315798384)
RELOADED GRAPH:
 root ->   a (4315904096)
    a ->   b (4315904152)
    b ->   a (4315904096)
    b ->   c (4315904208)
    a ->   a (4315904096)
 root ->   b (4315904152)
```

팁 – 참고 자료

- pickle 표준 라이브러리 문서: https://docs.python.org/3.5/library/pickle.html
- PEP 3154: Pickle 프로토콜 버전 4(www.python.org/dev/peps/pep-3154)

- shelve: shelve 모듈은 pickle을 사용해 DBM 데이터베이스에 자료를 저장한다.
- Pickle: 흥미로운 스택 언어(http://peadrop.com/blog/2007/06/18/pickle-an-interesting-stack- language/) - 알렉산더 바사로티(Alexandre Vassalotti)의 튜토리얼

7.2 shelve: 객체 보존

파이썬 객체를 저장하는 데 관계형 데이터베이스를 사용할 필요가 없을 때는 간단히 shelve 모듈을 쓰면 된다. shelf는 딕셔너리처럼 키로 접근한다. 값은 dbm이 생성하고 관리하는 데이터베이스에 피클되고 저장된다.

7.2.1 새로운 shelve 만들기

shelve를 만드는 가장 간단한 방법은 DbfilenameShelf 클래스를 사용하는 것이다. 이는 데이터 저장 시 dbm을 사용한다. 이 클래스는 직접 사용할 수도 있고 shelve.open()을 호출해도 된다.

리스트 7.8: shelve_create.py

```
import shelve

with shelve.open('test_shelf.db') as s:
    s['key1'] = {'int': 10, 'float': 9.5, 'string': 'Sample data', }
```

데이터에 다시 접근하려면 셸프shelf를 열고 딕셔너리처럼 사용한다.

리스트 7.9: shelve_existing.py

```
import shelve

with shelve.open('test_shelf.db') as s:
    existing = s['key1']

print(existing)
```

두 샘플 스크립트의 실행 결과는 다음과 같다.

```
$ python3 shelve_existing.py

{'string': 'Sample data', 'int': 10, 'float': 9.5}
```

dbm 모듈은 동시에 동일한 데이터베이스로 여러 개의 애플리케이션 쓰기 작업을 지원하지 않는다. 하지만 클라이언트 동시 읽기 전용concurrent read-only 기능은 지원한다. 클라이언트가 셸프를 수정하지 않는다면 flag='r'을 지정해 shelve가 데이터베이스를 읽기 전용 모드로 열게 한다.

리스트 7.10: shelve_readonly.py

```python
import dbm
import shelve

with shelve.open('test_shelf.db', flag='r') as s:
    print('Existing:', s['key1'])
    try:
        s['key1'] = 'new value'
    except dbm.error as err:
        print('ERROR: {}'.format(err))
```

데이터베이스를 읽기 전용으로 연 프로그램에서 수정을 시도하면 에러가 발생한다. 발생 예외의 종류는 데이터베이스를 생성할 때 dbm이 선택한 데이터베이스 모듈에 따라 달라진다.

```
$ python3 shelve_readonly.py

Existing: {'string': 'Sample data', 'int': 10, 'float': 9.5}
ERROR: cannot add item to database
```

7.2.2 다시 쓰기

기본적으로 shelve는 휘발성 객체volatile object에 대한 수정을 추적하지 않는다. 따라서 셸프에 저장된 자료가 바뀌는 경우에는 명시적으로 셸프를 갱신하고 모든 아이템을 다시 저장write-back해야 한다.

리스트 7.11: shelve_withoutwriteback.py

```python
import shelve

with shelve.open('test_shelf.db') as s:
    print(s['key1'])
    s['key1']['new_value'] = 'this was not here before'

with shelve.open('test_shelf.db', writeback=True) as s:
    print(s['key1'])
```

이 예제에서 **'key1'**에 대한 딕셔너리형을 다시 저장하지 않았기 때문에 셸브를 다시 열어보면 수정 사항이 저장되지 않았다.

```
$ python3 shelve_create.py
$ python3 shelve_withoutwriteback.py

{'string': 'Sample data', 'int': 10, 'float': 9.5}
{'string': 'Sample data', 'int': 10, 'float': 9.5}
```

휘발성 객체에 대한 수정을 자동으로 감지하려면 **writeback** 플래그를 활성화시킨다. 이 경우 셸브는 메모리 캐시를 사용해 데이터베이스에서 읽어 들인 모든 객체를 기억한다. 각 캐시 객체는 셸브를 닫는 경우에도 데이터베이스에 다시 기록한다.

리스트 7.12: shelve_writeback.py

```python
import shelve
import pprint

with shelve.open('test_shelf.db', writeback=True) as s:
    print('Initial data:')
    pprint.pprint(s['key1'])

    s['key1']['new_value'] = 'this was not here before'
    print('\nModified:')
    pprint.pprint(s['key1'])

with shelve.open('test_shelf.db', writeback=True) as s:
    print('\nPreserved:')
pprint.pprint(s['key1'])
```

이 기능을 사용하면 프로그래머가 에러를 발생시킬 확률을 줄여주고 좀 더 투명한 데이터 보존이 가능하다. 하지만 다시 쓰기 모드가 모든 상황에 적절하진 않다. 셸프가 열려 있는 동안 캐시는 추가적인 메모리를 소비하고 데이터베이스에 캐시된 모든 객체를 다시 기록할 때 잠시 멈추기 때문에 애플리케이션의 속도 저하를 초래한다. 수정됐는지 여부를 알 수 없기 때문에 캐시된 모든 객체를 다시 써야 한다. 애플리케이션이 쓰기보다 읽기 작업을 수행한다면 다시 쓰기 모드를 켜는 것은 불필요한 성능 저하를 일으킨다.

```
$ python3 shelve_create.py
$ python3 shelve_writeback.py

Initial data:
{'float': 9.5, 'int': 10, 'string': 'Sample data'}

Modified:
{'float': 9.5,
 'int': 10,
 'new_value': 'this was not here before',
 'string': 'Sample data'}

Preserved:
{'float': 9.5,
 'int': 10,
 'new_value': 'this was not here before',
 'string': 'Sample data'}
```

7.2.3 특정 셸프 타입

앞 예제에서는 셸프 구현의 기본값만 사용했다. 데이터를 저상할 때 어떤 종류의 데이터베이스를 사용해도 괜찮은 경우 특정 셸프 구현을 직접 사용하지 않고 주로 `shelve.open()`을 사용한다. 하지만 데이터베이스 포맷이 중요한 경우 `BsdDbShelf`나 `DbfilenameShelf`를 직접 사용하거나 서브클래스 `Shelf`를 상속받아 사용자 솔루션을 만든다.

팁 – 참고 자료

- shelve 표준 라이브러리 문서: https://docs.python.org/3.5/library/shelve.html

- dbm: dbm 모듈은 사용할 수 있는 DBM 라이브러리를 찾아 새 데이터베이스를 만든다.
- feedcache(https://bitbucket.org/dhellmann/feedcache): feedcache 모듈은 셸프를 기본 저장 옵션으로 사용한다.
- shove(http://pypi.python.org/pypi/shove/): shove는 좀 더 백엔드 포맷과 유사한 API를 구현한다.

7.3 dbm: 유닉스 키─값 데이터베이스

dbm은 DBM 스타일 데이터베이스에 대한 프론트엔드인데, 문자열이 담긴 레코드를 액세스하고자 단순한 문자열 값을 키로 사용한다. whichdb()를 사용해 데이터베이스를 인식한 후 적절한 모듈을 사용해 연다. dbm은 shelve를 위한 백엔드로 사용할 수 있는데, pickle을 사용해 DBM 데이터베이스 내의 객체를 저장한다.

7.3.1 데이터베이스 종류

파이썬에는 DBM 스타일 데이터베이스에 접근하는 여러 모듈이 있다. 현재 시스템에서 사용할 수 있는 라이브러리에 따라 구현이 선택되며, 파이썬이 컴파일될 때 옵션이 결정된다.

파이썬에서는 특정 구현에 대해 인터페이스를 분리하면 사용할 수 있는 포맷을 자동으로 스위칭하지 않는 다른 언어들 간의 데이터를 교환할 수 있으며, 멀티플랫폼에서 작동하는 포터블 데이터 파일을 쓸 수 있다.

7.3.1.1 dbm.gnu

dbm.gnu는 GNU 프로젝트 dbm 라이브러리의 버전에 대한 인터페이스다. 여기 설명한 다른 DBM 구현과 동일하게 작동하지만 open()에 플래그를 지정해 변화를 줄 수 있는 점이 다르다. 기본 제공하는 'r', 'w', 'c', 'n' 플래그와 더불어 dbm.gnu.open()은 다음과 같은 플래그를 지원한다.

- 'f'는 데이터베이스를 빠른^{fast} 모드로 연다. 이 모드로 데이터베이스에 쓰는 작업은 동기화되지 않는다.

- 's'는 데이터베이스를 동기화^{synchronized} 모드로 연다. 데이터베이스에 변화가 생기면 동기화하거나 데이터베이스가 닫힐 때까지 기다리지 않고 바로 파일에 기록된다.
- 'u'는 데이터베이스를 잠기지 않은^{unlocked} 상태로 연다.

7.3.1.2 dbm.ndbm

dbm.ndbm 모듈은 컴파일할 때 모듈이 어떻게 설정됐는가에 따라 dbm 포맷의 유닉스 ndbm 구현에 대한 인터페이스를 제공한다. 모듈 속성인 library는 추가 모듈이 컴파일 될 때 configure가 찾을 수 있었던 라이브러리의 이름을 확인한다.

7.3.1.3 dbm.dumb

dbm.dumb 모듈은 다른 모든 구현을 사용할 수 없는 경우 예비용으로 사용할 수 있는 DBM API의 가벼운 구현이다. dbm.dumb를 사용하는 데 별도의 외부 종속성이 필요하지는 않다. 하지만 모든 다른 구현에 비해 느리다.

7.3.2 데이터베이스 생성

새로운 데이터베이스를 생성할 때 저장 포맷은 다음 모듈의 순서대로 선택된다.

- dbm.gnu
- dbm.ndbm
- dbm.dumb

open() 함수는 플래그를 통해 데이터베이스가 어떻게 관리될지 조절한다. 필요한 경우 새 데이터베이스를 생성하려면 'c'를 사용한다. 'n'을 사용하면 이미 존재하는 파일을 덮어쓰며, 언제나 새 데이터베이스를 생성한다.

리스트 7.13: dbm_new.py

```python
import dbm

with dbm.open('/tmp/example.db', 'n') as db:
    db['key'] = 'value'
    db['today'] = 'Sunday'
    db['author'] = 'Doug'
```

이 예제에서 파일은 항상 다시 초기화된다.

```
$ python3 dbm_new.py
```

whichdb()는 어떤 데이터베이스가 생성됐는지 알려준다.

리스트 7.14: dbm_whichdb.py

```python
import dbm

print(dbm.whichdb('/tmp/example.db'))
```

예제 프로그램의 결괏값은 시스템에 어떤 모듈이 설치돼 있는가에 따라 달라질 수 있다.

```
$ python3 dbm_whichdb.py

dbm.ndbm
```

7.3.3 기존 데이터베이스 열기

기존 데이터베이스를 열 때는 'r'(읽기 전용)이나 'w'(읽기/쓰기)를 사용한다. 기존 데이터베이스는 자동으로 whichdb()로 넘겨져 확인 과정을 거치고, 파일 확인에 성공하면 적절한 모듈을 사용해 열 수 있다.

리스트 7.15: dbm_existing.py

```python
import dbm
```

```
with dbm.open('/tmp/example.db', 'r') as db:
    print('keys():', db.keys())
    for k in db.keys():
        print('iterating:', k, db[k])
    print('db["author"] =', db['author'])
```

열어보면 db는 딕셔너리형과 같은 객체다. 데이터베이스에 추가될 때 새로운 키는 항상 바이트 문자열로 변환되며, 바이트 문자열을 반환한다.

```
$ python3 dbm_existing.py

keys(): [b'key', b'today', b'author']
iterating: b'key' b'value'
iterating: b'today' b'Sunday'
iterating: b'author' b'Doug'
db["author"] = b'Doug'
```

7.3.4 에러 케이스

데이터베이스의 키는 문자열이어야 한다.

리스트 7.16: dbm_intkeys.py

```
import dbm

with dbm.open('/tmp/example.db', 'w') as db:
    try:
        db[1] = 'one'
    except TypeError as err:
        print(err)
```

문자열이 아닌 다른 타입을 넘기면 TypeError가 발생한다.

```
$ python3 dbm_intkeys.py

dbm mappings have bytes or string keys only
```

값은 문자열이거나 None이어야 한다.

리스트 7.17: dbm_intvalue.py

```python
import dbm

with dbm.open('/tmp/example.db', 'w') as db:
    try:
        db['one'] = 1
    except TypeError as err:
        print(err)
```

값이 문자열이 아니면 **TypeError**가 발생한다.

```
$ python3 dbm_intvalue.py

dbm mappings have byte or string elements only
```

> **팁 – 참고 자료**
>
> - dbm 표준 라이브러리 문서: https://docs.python.org/3.5/library/dbm.html
> - 파이썬 2에서 3로의 anydbm 포팅 노트
> - 파이썬 2에서 3로의 whichdb 포팅 노트
> - shelve: dbm를 사용해 데이터를 저장하기 위한 shelve 모듈에 대한 예제

7.4 sqlite3: 임베디드 관계형 데이터베이스

sqlite3 모듈은 인프로세스in-process 관계형 데이터베이스 SQLite 인터페이스에 상응하는 DB-API 2.0을 제공한다. SQLite는 MySQL이나 PostgreSQL, Oracle 같은 별도의 데이터베이스 서버 프로그램을 사용하지 않고 애플리케이션에 포함되도록 설계됐다. 또한 속도가 빠르고 엄격한 테스트를 거친 데다 유연하기 때문에 프로토타입이나 실제 프로그램에 사용하기에 적당하다.

7.4.1 데이터베이스 생성

SQLite 데이터베이스는 파일 시스템의 한 파일에 저장된다. 라이브러리를 통해 파일에 대한 접근과 여러 군데에서 동시에 쓸 때 무결성을 보장하고자 잠금^{locking}을 관리한다. 파일에 접근할 때 데이터베이스가 처음으로 생성되지만 데이터베이스 내부의 테이블 정의나 스키마^{schema} 애플리케이션에서 책임지고 관리한다.

예제는 connect()를 사용해 열기 전에 데이터베이스 파일을 찾아 언제 새 데이터베이스에 대한 스키마를 생성할지 알 수 있다.

리스트 7.18: sqlite3_createdb.py

```
import os
import sqlite3

db_filename = 'todo.db'

db_is_new = not os.path.exists(db_filename)

conn = sqlite3.connect(db_filename)

if db_is_new:
    print('Need to create schema')
else:
    print('Database exists, assume schema does, too.')

conn.close()
```

스크립트를 두 번 실행해보면 파일이 존재하지 않는 경우 빈 파일을 만드는 것을 확인할 수 있다.

```
$ ls *.db

ls: *.db: No such file or directory

$ python3 sqlite3_createdb.py

Need to create schema

$ ls *.db

todo.db
```

```
$ python3 sqlite3_createdb.py

Database exists, assume schema does, too.
```

새로운 데이터베이스 파일을 생성한 이후에는 데이터베이스의 테이블을 정의하고자
스키마를 생성해야 한다. 이번 절에서 나올 예제에서 동일한 데이터베이스 스키마를
사용해 태스크를 관리한다. 자세한 데이터베이스 스키마는 표 7.1, 7.2를 참조하기 바
란다.

표 7.1: project 테이블

칼럼	타입	설명
name	text	프로젝트 이름
description	text	프로젝트에 대한 긴 설명
deadline	date	전체 프로젝트의 마감 날짜

표 7.2: task 테이블

칼럼	타입	설명
id	number	고유 태스크 식별자(identifier)
priority	integer	숫자로 된 우선순위, 작을수록 중요
details	text	전체 태스크 상세
status	text	태스크 상태(new, pending, done, canceled 중 하나)
deadline	date	현 태스크의 마감 날짜
completed_on	date	태스크가 종료된 날짜
project	text	현 태스크 프로젝트 이름

테이블을 생성하기 위한 데이터 정의어[DDL, Data Definition Language]는 다음과 같다.

리스트 7.19: todo_schema.sql

```
-- Schema for to-do application examples.

-- Projects are high-level activities made up of tasks
```

```
create table project (
    name          text primary key,
    description   text,
    deadline      date
);

-- Tasks are steps that can be taken to complete a project
create table task (
    id            integer primary key autoincrement not null,
    priority      integer default 1,
    details       text,
    status        text,
    deadline      date,
    completed_on  date,
    project       text not null references project(name)
);
```

Connection의 executescript() 메서드를 사용해 DDL 명령을 실행함으로써 스키마를 생성할 수 있다.

리스트 7.20: sqlite3_create_schema.py

```python
import os
import sqlite3

db_filename = 'todo.db'
schema_filename = 'todo_schema.sql'

db_is_new = not os.path.exists(db_filename)

with sqlite3.connect(db_filename) as conn:
    if db_is_new:
        print('Creating schema')
        with open(schema_filename, 'rt') as f:
            schema = f.read()
        conn.executescript(schema)

        print('Inserting initial data')

        conn.executescript("""
        insert into project (name, description, deadline)
        values ('pymotw', 'Python Module of the Week', '2016-11-01');
```

```
        insert into task (details, status, deadline, project)
        values ('write about select', 'done', '2016-04-25', 'pymotw');

        insert into task (details, status, deadline, project)
        values ('write about random', 'waiting', '2016-08-22', 'pymotw');

        insert into task (details, status, deadline, project)
        values ('write about sqlite3', 'active', '2017-07-31', 'pymotw');
        """)
    else:
        print('Database exists, assume schema does, too.')
```

테이블이 생성되고 나서 몇 개의 insert 구문을 사용해 샘플 프로젝트와 관련 작업을 추가한다. sqlite3 커맨드라인 프로그램으로 데이터베이스의 내용을 살펴볼 수 있다.

```
$ rm -f todo.db
$ python3 sqlite3_create_schema.py

Creating schema
Inserting initial data

$ sqlite3 todo.db 'select * from task'

1|1|write about select|done|2016-04-25||pymotw
2|1|write about random|waiting|2016-08-22||pymotw
3|1|write about sqlite3|active|2017-07-31||pymotw
```

7.4.2 데이터 가져오기

파이썬 프로그램으로 task 테이블에 저장된 값을 검색하려면 데이터베이스에 연결 후 커서^{cursor}를 만든다. 커서는 데이터의 일관적인 뷰를 생성하며 SQLite와 같은 트랜잭션 데이터베이스 시스템과 작업할 때 사용하는 주요 수단이다.

리스트 7.21: sqlite3_select_tasks.py

```
import sqlite3

db_filename = 'todo.db'
```

```
with sqlite3.connect(db_filename) as conn:
    cursor = conn.cursor()

    cursor.execute("""
    select id, priority, details, status, deadline from task
    where project = 'pymotw'
    """)

    for row in cursor.fetchall():
        task_id, priority, details, status, deadline = row
        print('{:2d} [{:d}] {:<25} [{:<8}] ({})'.format(
            task_id, priority, details, status, deadline))
```

쿼리는 두 단계에 걸쳐 수행된다. 먼저 커서의 execute() 메서드로 쿼리를 실행해 데이터베이스 엔진에게 어떤 자료를 모을지 알려준다. 그리고 fetchall()로 결과를 가져온다. 결과로는 select 쿼리에 포함됐던 행의 값이 일련의 튜플 형태로 반환된다.

```
$ python3 sqlite3_select_tasks.py

 1 [1] write about select       [done    ] (2016-04-25)
 2 [1] write about random       [waiting ] (2016-08-22)
 3 [1] write about sqlite3      [active  ] (2017-07-31)
```

fetchone()을 사용해 결과를 한 번에 하나만 추출하거나 fetchmany()를 사용해 고정된 크기를 지정해 추출할 수 있다.

리스트 7.22: sqlite3_select_variations.py

```
import sqlite3

db_filename = 'todo.db'

with sqlite3.connect(db_filename) as conn:
    cursor = conn.cursor()

    cursor.execute("""
    select name, description, deadline from project
    where name = 'pymotw'
    """)
    name, description, deadline = cursor.fetchone()
```

```
print('Project details for {} ({})\n  due {}'.format(description, name, deadline))

cursor.execute("""
select id, priority, details, status, deadline from task
where project = 'pymotw' order by deadline
""")

print('\nNext 5 tasks:')
for row in cursor.fetchmany(5):
    task_id, priority, details, status, deadline = row
    print('{:2d} [{:d}] {:<25} [{:<8}] ({})'.format(
        task_id, priority, details, status, deadline))
```

fetchmany()에 전달한 값은 반환할 아이템 수의 최대치가 된다. 그보다 더 적은 수의
아이템이 있다면 반환하는 시퀀스의 수는 최대치보다 적어진다.

```
$ python3 sqlite3_select_variations.py

Project details for Python Module of the Week (pymotw)
    due 2016-11-01

Next 5 tasks:
 1 [1] write about select       [done     ] (2016-04-25)
 2 [1] write about random       [waiting  ] (2016-08-22)
 3 [1] write about sqlite3      [active   ] (2017-07-31)
```

7.4.3 쿼리 메타데이터

DB-API 2.0 스펙에 따르면 execute()를 호출한 후에 추출 메서드가 반환할 데이터의
정보를 저장하고자 cursor에서 description 속성을 설정해야 한다. 또한 description
에는 행의 이름, 종류, 출력 크기, 정확도, 규모, null 값이 가능한지 나타내는 플래그가
튜플 형태의 시퀀스여야 한다고 나와 있다.

리스트 7.23: sqlite3_cursor_description.py

```
import sqlite3
```

```
db_filename = 'todo.db'

with sqlite3.connect(db_filename) as conn:
    cursor = conn.cursor()

    cursor.execute("""
    select * from task where project = 'pymotw'
    """)

    print('Task table has these columns:')
    for colinfo in cursor.description:
        print(colinfo)
```

sqlite3는 데이터베이스에 들어가는 데이터의 종류나 크기를 강제하지 않기 때문에
행 이름만으로 채워져 있다.

```
$ python3 sqlite3_cursor_description.py

Task table has these columns:
('id', None, None, None, None, None, None)
('priority', None, None, None, None, None, None)
('details', None, None, None, None, None, None)
('status', None, None, None, None, None, None)
('deadline', None, None, None, None, None, None)
('completed_on', None, None, None, None, None, None)
('project', None, None, None, None, None, None)
```

7.4.4 열 객체

기본적으로 데이터베이스에서 추출 함수가 반환하는 '열rows' 객체는 튜플이다. 호출자
는 쿼리 내부의 행 순서를 알고 있어야 할 책임이 있고, 튜플에서 값을 추출하는 역할도
한다. 쿼리 내부 값의 숫자가 증가하거나 데이터를 다루는 코드가 라이브러리에 걸쳐
퍼지는 경우엔 객체를 사용하고, 값에 접근할 때 행의 이름을 사용하면 더 쉽게 작업할
수 있다. 그렇게 하면 쿼리를 수정할 때 수와 순서를 바꿀 수 있고, 쿼리의 결과에 의존
하는 코드가 망가질 위험이 줄어든다.

Connection 객체에 쿼리 결과의 각 열을 표현하고자 생성된 객체를 호출 코드에서 조

절할 수 있게 하는 **row_factory** 속성이 있다. 또한 **sqlite3**에는 열을 만들어내기 위한 용도의 Row 클래스가 있다. 행 값은 인덱스나 이름을 사용해 Row 인스턴스를 통해 접근할 수 있다.

리스트 7.24: sqlite3_row_factory.py

```
import sqlite3

db_filename = 'todo.db'

with sqlite3.connect(db_filename) as conn:
    # Row의 사용을 위해 row factory를 변경한다.
    conn.row_factory = sqlite3.Row

    cursor = conn.cursor()

    cursor.execute("""
    select name, description, deadline from project
    where name = 'pymotw'
    """)
    name, description, deadline = cursor.fetchone()

    print('Project details for {} ({})\n  due {}'.format(description, name, deadline))

    cursor.execute("""
    select id, priority, status, deadline, details from task
    where project = 'pymotw' order by deadline
    """)

    print('\nNext 5 tasks:')
    for row in cursor.fetchmany(5):
        print('{:2d} [{:d}] {:<25} [{:<8}] ({})'.format(
            row['id'], row['priority'], row['details'],
            row['status'], row['deadline'],
        ))
```

이번 sqlite3_select_variations.py 예제는 튜플 대신 Row 인스턴스를 사용하도록 재작성 했다. project 테이블의 열은 여전히 행 값의 위치를 통해 접근하고 출력하지만, print 구문은 키워드 값으로 접근한다. 따라서 쿼리 행의 순서가 바뀌어도 문제없이 사용할 수 있다.

```
$ python3 sqlite3_row_factory.py

Project details for Python Module of the Week (pymotw)
    due 2016-11-01

Next 5 tasks:
 1 [1] write about select       [done    ] (2016-04-25)
 2 [1] write about random       [waiting ] (2016-08-22)
 3 [1] write about sqlite3      [active  ] (2017-07-31)
```

7.4.5 쿼리에서 변수 사용

문자 상수로 정의된 쿼리를 프로그램에 내장시키는 방식은 유연성이 떨어진다. 예를 들어 데이터베이스에 또 다른 프로젝트가 추가되면 최상위 다섯 가지 작업을 보여주는 쿼리는 양쪽 프로젝트에서 모두 동작하도록 수정해야 한다. 파이썬 내부 값을 더해서 만든 쿼리를 만들면 위험하기 때문에 이 방식은 사용하지 말아야 한다. 쿼리 변수 부분의 특별한 문자를 이스케이핑할 때 실패하면 SQL 파싱 에러가 발생할 수 있고, 더 심한 경우 SQL 인젝션 공격injection attacks이라 불리는 보안 문제가 발생해 데이터베이스에서 임의의 SQL 구문이 실행될 수도 있다.

쿼리에 동적인 값을 사용하는 올바른 방법은 execute()를 통해 전달되는 호스트 변수 host variables와 SQL 명령을 함께 사용하는 것이다. SQL 구문에서 플레이스홀더 값은 실행될 때 호스트 변수로 치환된다. SQL 구문이 파싱되기 전에 임의의 값을 넣어주는 대신 호스트 변수를 사용하면 믿을 수 없는 값을 가진 SQL 구문이 파싱 방식에 관여할 여지가 없기 때문에 인젝션 공격을 피할 수 있다. SQLite는 위치와 이름, 두 가지 형식의 플레이스홀더를 지원한다.

7.4.5.1 위치 매개변수

물음표(?)는 위치 매개변수를 의미하며, excecute()에 튜플의 멤버로 전달된다.

리스트 7.25: sqlite3_argument_positional.py

```python
import sqlite3
import sys

db_filename = 'todo.db'
project_name = sys.argv[1]

with sqlite3.connect(db_filename) as conn:
    cursor = conn.cursor()

    query = """
    select id, priority, details, status, deadline from task
    where project = ?
    """

    cursor.execute(query, (project_name,))

    for row in cursor.fetchall():
        task_id, priority, details, status, deadline = row
        print('{:2d} [{:d}] {:<25} [{:<8}] ({})'.format(
            task_id, priority, details, status, deadline))
```

커맨드라인 인자는 위치 인자로서 안전하게 전달되기 때문에 알 수 없는 데이터가 데이터베이스를 파괴하는 경우는 없다.

```
$ python3 sqlite3_argument_positional.py pymotw

1 [1] write about select      [done    ] (2016-04-25)
2 [1] write about random      [waiting ] (2016-08-22)
3 [1] write about sqlite3     [active  ] (2017-07-31)
```

7.4.5.2 이름 매개변수

매개변수가 너무 많아 쿼리가 더 복잡한 경우나 동일한 매개변수가 여러 번에 걸쳐 반복되는 경우에는 이름 매개변수named parameters를 사용한다. 이름 매개변수는 변수 앞에 콜론 기호를 붙인다(예, :param_name).

```python
import sqlite3
import sys

db_filename = 'todo.db'
project_name = sys.argv[1]

with sqlite3.connect(db_filename) as conn:
    cursor = conn.cursor()

    query = """
    select id, priority, details, status, deadline from task
    where project = :project_name
    order by deadline, priority
    """

    cursor.execute(query, {'project_name': project_name})

    for row in cursor.fetchall():
        task_id, priority, details, status, deadline = row
        print('{:2d} [{:d}] {:<25} [{:<8}] ({})'.format(
            task_id, priority, details, status, deadline))
```

쿼리 파서는 이들 매개변수를 특별한 경우로 처리하기 때문에 위치 매개변수나 이름 매개변수 모두 이스케이프시키거나 따옴표로 묶어줄 필요가 없다.

```
$ python3 sqlite3_argument_named.py pymotw

 1 [1] write about select       [done    ] (2016-04-25)
 2 [1] write about random       [waiting ] (2016-08-22)
 3 [1] write about sqlite3      [active  ] (2017-07-31)
```

쿼리 매개변수Query parameters는 select, insert, update 구문에 사용할 수 있다. 쿼리에 상수 값을 사용할 수 있는 곳이면 어디에든 사용할 수 있다.

리스트 7.27: sqlite3_argument_update.py

```python
import sqlite3
import sys
```

```
db_filename = 'todo.db'
id = int(sys.argv[1])
status = sys.argv[2]

with sqlite3.connect(db_filename) as conn:
    cursor = conn.cursor()
    query = "update task set status = :status where id = :id"
    cursor.execute(query, {'status': status, 'id': id})
```

update 구문에 두 개의 이름 매개변수가 쓰였다. id 값은 수정할 열을 찾고자 사용했고, status 값은 테이블에 쓰고자 사용했다.

```
$ python3 sqlite3_argument_update.py 2 done
$ python3 sqlite3_argument_named.py pymotw

 1 [1] write about select      [done   ] (2016-04-25)
 2 [1] write about random      [done   ] (2016-08-22)
 3 [1] write about sqlite3     [active ] (2017-07-31)
```

7.4.6 벌크 로딩

동일한 SQL 명령을 커다란 데이터 집합에 적용하려면 executemany()를 사용한다. 이는 파이썬에 주어진 입력값에서 반복문을 수행하지 않고 하부 라이브러리에서 반복문을 최적화하기 때문에 데이터를 불러오는 데 더 유용하다. 이 예제 프로그램은 csv 모듈을 사용해 쉼표로 구분돼 있는 작업 리스트 파일을 읽어 들이고 데이터베이스에 로드한다.

리스트 7.28: sqlite3_load_csv.py

```
import csv
import sqlite3
import sys

db_filename = 'todo.db'
data_filename = sys.argv[1]
```

```
SQL = """
insert into task (details, priority, status, deadline, project)
values (:details, :priority, 'active', :deadline, :project)
"""

with open(data_filename, 'rt') as csv_file:
    csv_reader = csv.DictReader(csv_file)

    with sqlite3.connect(db_filename) as conn:
        cursor = conn.cursor()
        cursor.executemany(SQL, csv_reader)
```

샘플 데이터 파일 tasks.csv는 다음을 포함한다.

```
deadline,project,priority,details
2016-11-30,pymotw,2,"finish reviewing markup"
2016-08-20,pymotw,2,"revise chapter intros"
2016-11-01,pymotw,1,"subtitle"
```

프로그램을 실행하면 다음 내용이 출력된다.

```
$ python3 sqlite3_load_csv.py tasks.csv
$ python3 sqlite3_argument_named.py pymotw

 1 [1] write about select       [done   ] (2016-04-25)
 5 [2] revise chapter intros    [active ] (2016-08-20)
 2 [1] write about random       [done   ] (2016-08-22)
 6 [1] subtitle                 [active ] (2016-11-01)
 4 [2] finish reviewing markup  [active ] (2016-11-30)
 3 [1] write about sqlite3      [active ] (2017-07-31)
```

7.4.7 새로운 열 타입 정의

SQLite는 정수형, 부동소수점형, 텍스트형을 기본적으로 지원한다. 이러한 타입은
sqlite3에 의해 파이썬의 표현식과 데이터베이스에 저장될 수 있는 형태로 자동적으
로 상호 변환된다. 데이터베이스의 정수 값은 크기에 따라 int나 long 변수로 로딩된

다. Connection의 text_factory가 수정되지 않았다면 텍스트는 str을 사용해 저장 또는 검색된다.

SQLite가 내부적으로 지원하는 데이터 타입이 많지 않지만, sqlite3는 사용자 정의 타입을 지원하기 때문에 파이썬 프로그램에서 어떠한 형태의 자료든 저장할 수 있다. 기본적으로 지원하는 타입 이외의 변환에 대해서는 데이터베이스 연결에서 detect_types 플래그로 지정한다. 테이블이 정의될 때 사용자 정의 타입을 사용하도록 행을 선언했다면 PARSE_DECLTYPES를 사용한다.

리스트 7.29: sqlite3_date_types.py

```python
import sqlite3
import sys

db_filename = 'todo.db'

sql = "select id, details, deadline from task"

def show_deadline(conn):
    conn.row_factory = sqlite3.Row
    cursor = conn.cursor()
    cursor.execute(sql)
    row = cursor.fetchone()
    for col in ['id', 'details', 'deadline']:
        print('  {:<8}  {!r:<26} {}'.format(col, row[col], type(row[col])))
    return

print('Without type detection:')
with sqlite3.connect(db_filename) as conn:
    show_deadline(conn)

print('\nWith type detection:')
with sqlite3.connect(db_filename, detect_types=sqlite3.PARSE_DECLTYPES, ) as conn:
    show_deadline(conn)
```

sqlite3는 datetime 모듈의 date, datetime 클래스를 사용해 표현한 파이썬 내부 값을 날짜, 시간 행으로 변환하는 기능도 제공한다. 타입 탐지 기능을 켜놓으면 이런 날짜 관련 변환 키가 자동으로 동작한다.

```
$ python3 sqlite3_date_types.py
Without type detection:
    id          1                       <class 'int'>
    details     'write about select'    <class 'str'>
    deadline    '2016-04-25'            <class 'str'>
With type detection:
    id          1                       <class 'int'>
    details     'write about select'    <class 'str'>
    deadline    datetime.date(2016, 4, 25) <class 'datetime.date'>
```

새로운 타입을 정의하려면 두 개의 함수를 등록해야 한다. adapter는 파이썬 객체를 입력값으로 받아 데이터베이스에 저장할 수 있는 문자열을 반환한다. converter는 데이터베이스에서 문자열을 받아 파이썬 객체를 반환한다. register_adapter()로 어댑터 함수를 정의하는 데 사용하고, register_converter()로 컨버터 함수를 등록한다.

리스트 7.30: sqlite3_custom_type.py

```python
import pickle
import sqlite3

db_filename = 'todo.db'

def adapter_func(obj):
    """Convert from in-memory to storage representation.
    """
    print('adapter_func({})\n'.format(obj))
    return pickle.dumps(obj)

def converter_func(data):
    """Convert from storage to in-memory representation.
    """
    print('converter_func({!r})\n'.format(data))
    return pickle.loads(data)

class MyObj:

    def __init__(self, arg):
        self.arg = arg

    def __str__(self):
```

```
        return 'MyObj({!r})'.format(self.arg)

# 타입을 다룰 함수를 등록한다.
sqlite3.register_adapter(MyObj, adapter_func)
sqlite3.register_converter("MyObj", converter_func)

# 저장할 객체를 생성한다. 시퀀스가 executemany()에 직접 전달될 수 있도록 튜플 리스트를 사용한다.
to_save = [
    (MyObj('this is a value to save'),),
    (MyObj(42),),
]

with sqlite3.connect(db_filename, detect_types=sqlite3.PARSE_DECLTYPES) as conn:

    # "MyObj" 타입 행을 갖고 있는 테이블을 생성한다.
    conn.execute("""
    create table if not exists obj (
        id      integer primary key autoincrement not null,
        data    MyObj
    )
    """)
    cursor = conn.cursor()

    # 데이터베이스에 객체를 삽입한다.
    cursor.executemany("insert into obj (data) values (?)", to_save)

    # 방금 저장한 객체를 얻고자 데이터베이스를 쿼리한다.
    cursor.execute("select id, data from obj")
    for obj_id, obj in cursor.fetchall():
        print('Retrieved', obj_id, obj)
        print('  with type', type(obj))
        print()
```

이 예제는 **pickle**을 이용해 객체를 데이터베이스에 저장 가능한 문자열로 변환한다. 이 방식은 임의의 객체를 저장할 때 유용하게 사용할 수 있는 기술이지만, 객체 속성에 기반을 둔 쿼리에는 사용할 수 없다. 데이터의 크기가 훨씬 큰 경우에는 속성 값을 각 행에 저장하는 **SQLAlchemy**(www.sqlalchemy.org)같은 객체 관계 매퍼object-relational mapper 가 더 유용하다.

```
$ python3 sqlite3_custom_type.py
```

```
adapter_func(MyObj('this is a value to save'))

adapter_func(MyObj(42))

converter_func(b'\x80\x03c__main__\nMyObj\nq\x00)\x81q\x01}q\x02X\x0
3\x00\x00\x00argq\x03X\x17\x00\x00\x00this is a value to saveq\x04sb.')

converter_func(b'\x80\x03c__main__\nMyObj\nq\x00)\x81q\x01}q\x02X\x0
3\x00\x00\x00argq\x03K*sb.')

Retrieved 1 MyObj('this is a value to save')
    with type <class '__main__.MyObj'>

Retrieved 2 MyObj(42)
    with type <class '__main__.MyObj'>
```

7.4.8 행의 타입 감지

쿼리에 의해 반환되는 값의 타입 정보에는 두 가지 소스가 있다. 실제 행의 타입을 알아
내려면 앞에서 살펴본 바와 같이 원본 테이블 선언을 사용한다. 쿼리의 select절에
"name [type]" 형태로 타입 지정자를 포함시킬 수도 있다.

리스트 7.31: sqlite3_custom_type_column.py

```python
import pickle
import sqlite3

db_filename = 'todo.db'

def adapter_func(obj):
    """Convert from in-memory to storage representation.
    """
    print('adapter_func({})\n'.format(obj))
    return pickle.dumps(obj)

def converter_func(data):
    """Convert from storage to in-memory representation.
    """
    print('converter_func({!r})\n'.format(data))
    return pickle.loads(data)

class MyObj:
```

550

```python
    def __init__(self, arg):
        self.arg = arg

    def __str__(self):
        return 'MyObj({!r})'.format(self.arg)

# 타입을 다룰 함수를 등록한다.
sqlite3.register_adapter(MyObj, adapter_func)
sqlite3.register_converter("MyObj", converter_func)

# 저장할 객체를 생성한다. 시퀀스가 executemany()에 직접 전달될 수 있도록 튜플 리스트를 사용한다.
to_save = [
    (MyObj('this is a value to save'),),
    (MyObj(42),),
]

with sqlite3.connect(db_filename, detect_types=sqlite3.PARSE_COLNAMES) as conn:
    # "text" 타입 행을 갖고 있는 테이블을 생성한다.
    conn.execute("""
    create table if not exists obj2 (
        id      integer primary key autoincrement not null,
        data    text
    )
    """)
    cursor = conn.cursor()

    # 객체를 데이터베이스에 삽입한다.
    cursor.executemany("insert into obj2 (data) values (?)", to_save)

    # 텍스트를 객체로 변환하는 타입 지정자를 사용해
    # 방금 저장한 객체를 얻고자 데이터베이스를 쿼리한다.
    cursor.execute(
        'select id, data as "pickle [MyObj]" from obj2',
    )
    for obj_id, obj in cursor.fetchall():
        print('Retrieved', obj_id, obj)
        print(' with type', type(obj))
        print()
```

타입이 원본 테이블 정의가 아닌 쿼리의 일부인 경우 detect_types 플래그 PARSE_
COLNAMES를 사용한다.

```
$ python3 sqlite3_custom_type_column.py

adapter_func(MyObj('this is a value to save'))

adapter_func(MyObj(42))

converter_func(b'\x80\x03c__main__\nMyObj\nq\x00)\x81q\x01}q\x02X\x0
3\x00\x00\x00argq\x03X\x17\x00\x00\x00this is a value to saveq\x04sb.')

converter_func(b'\x80\x03c__main__\nMyObj\nq\x00)\x81q\x01}q\x02X\x0
3\x00\x00\x00argq\x03K*sb.')

Retrieved 1 MyObj('this is a value to save')
    with type <class '__main__.MyObj'>

Retrieved 2 MyObj(42)
    with type <class '__main__.MyObj'>
```

7.4.9 트랜잭션

일괄적인 내부 상태를 유지하기 위한 트랜잭션 사용은 관계형 데이터베이스의 중요한 기능 중 하나다. 트랜잭션을 활성화하면 한 번의 연결로 여러 가지 수정을 할 수 있으며, 실제로 데이터베이스에 커밋되기까지 다른 사용자에게 영향을 주지 않는다.

7.4.9.1 변경 사항 보존

insert나 update를 통한 데이터베이스 수정은 commit()을 호출해 명시적으로 저장해야 한다. 이 요구 사항은 애플리케이션이 여러 가지 수정을 한 번에 하는 기회를 제공하기 때문에 증가적[incrementally]으로 저장되지 않고 원자적[atomically]으로 저장된다. 따라서 데이터베이스에 동시 접속돼 있는 여러 사용자가 미완성인 상태에서 부분적으로 진행된 수정 사항을 방지하게 된다.

commit()의 호출 효과는 데이터베이스에 대해 여러 개의 연결을 사용하는 프로그램에서 볼 수 있다. 다음 예제는 첫 번째 연결에서 새로운 열을 삽입하고, 또 다른 연결에서 이를 읽으려는 두 번의 시도를 한다.

리스트 7.32: sqlite3_transaction_commit.py

```python
import sqlite3

db_filename = 'todo.db'

def show_projects(conn):
    cursor = conn.cursor()
    cursor.execute('select name, description from project')
    for name, desc in cursor.fetchall():
        print('  ', name)

with sqlite3.connect(db_filename) as conn1:
    print('Before changes:')
    show_projects(conn1)

    # 커서에 삽입한다.
    cursor1 = conn1.cursor()
    cursor1.execute("""
    insert into project (name, description, deadline)
    values ('virtualenvwrapper', 'Virtualenv Extensions', '2011-01-01')
    """)

    print('\nAfter changes in conn1:')
    show_projects(conn1)

    # 첫 번째 커밋 없이 다른 연결에서 선택한다.
    print('\nBefore commit:')
    with sqlite3.connect(db_filename) as conn2:
        show_projects(conn2)

    # 커밋 후 다른 연결에서 선택한다.
    conn1.commit()
    print('\nAfter commit:')
    with sqlite3.connect(db_filename) as conn3:
        show_projects(conn3)
```

conn1이 커밋되기 전에 show_projects()를 호출하면 결과는 어떤 연결이 사용됐는지에 따라 달라진다. conn1에서 수정이 일어나기 때문에 conn1은 수정된 데이터를 볼 수 있지만 conn2는 그렇지 않다. 커밋 후에 conn3는 삽입된 열을 볼 수 있다.

```
$ python3 sqlite3_transaction_commit.py
```

```
Before changes:
    pymotw

After changes in conn1:
    pymotw
    virtualenvwrapper

Before commit:
    pymotw

After commit:
    pymotw
    virtualenvwrapper
```

7.4.9.2 변경 사항 취소

커밋하지 않은 사항은 rollback()을 사용해 모두 취소할 수 있다. commit()과 rollback()
메서드는 주로 같은 try:except 블록에서 호출하며, 에러가 있는 경우 롤백한다.

리스트 7.33: sqlite3_transaction_rollback.py

```python
import sqlite3

db_filename = 'todo.db'

def show_projects(conn):
    cursor = conn.cursor()
    cursor.execute('select name, description from project')
    for name, desc in cursor.fetchall():
        print(' ', name)

with sqlite3.connect(db_filename) as conn:
    print('Before changes:')
    show_projects(conn)

    try:
        # 삽입
        cursor = conn.cursor()
        cursor.execute("""delete from project
            where name = 'virtualenvwrapper'
        """)
```

```python
        # 설정 보기
        print('\nAfter delete:')
        show_projects(conn)

        # 에러가 발생한 척한다.
        raise RuntimeError('simulated error')

    except Exception as err:
        # 변경 사항을 버린다.
        print('ERROR:', err)
        conn.rollback()

    else:
        # 변경 사항을 저장한다.
        conn.commit()

    # 결과 보기
    print('\nAfter rollback:')
    show_projects(conn)
```

rollback()을 호출한 후에는 데이터베이스에 더 이상 수정 사항이 남아있지 않다.

```
$ python3 sqlite3_transaction_rollback.py

Before changes:
    pymotw
    virtualenvwrapper

After delete:
    pymotw
ERROR: simulated error

After rollback:
    pymotw
    virtualenvwrapper
```

7.4.10 격리 수준

sqlite3는 격리 수준Isolation Levels이라 불리는 세 가지 잠금 모드locking modes를 지원해 커넥션 사이에 비호환incompatible 변경 사항을 방지할 수 있다. 격리 수준은 커넥션이 열릴 때 isloation_level 인자로 문자열을 넘겨 지정하기 때문에 서로 다른 커넥션은 각각의 격리 값을 가질 수 있다.

다음 프로그램은 동일한 데이터베이스의 각 연결을 사용하는 스레드 내부의 이벤트 순서가 격리 수준에 따라 달라지는 것을 보여준다. 두 개의 스레드는 데이터베이스의 열을 업데이트해서 수정한다. 또 다른 두 개의 스레드는 task 테이블의 모든 내용을 읽어 온다.

리스트 7.34: sqlite3_isolation_levels.py

```python
import logging
import sqlite3
import sys
import threading
import time

logging.basicConfig(
    level=logging.DEBUG,
    format='%(asctime)s (%(threadName)-10s) %(message)s',
)

db_filename = 'todo.db'
isolation_level = sys.argv[1]

def writer():
    with sqlite3.connect(db_filename, isolation_level=isolation_level) as conn:
        cursor = conn.cursor()
        cursor.execute('update task set priority = priority + 1')
        logging.debug('waiting to synchronize')
        ready.wait()  # 스레드 동기화
        logging.debug('PAUSING')
        time.sleep(1)
        conn.commit()
        logging.debug('CHANGES COMMITTED')

def reader():
    with sqlite3.connect(db_filename, isolation_level=isolation_level) as conn:
        cursor = conn.cursor()
        logging.debug('waiting to synchronize')
        ready.wait()  # 스레드 동기화
        logging.debug('wait over')
```

```
        cursor.execute('select * from task')
        logging.debug('SELECT EXECUTED')
        cursor.fetchall()
        logging.debug('results fetched')
if __name__ == '__main__':
    ready = threading.Event()
    threads = [
        threading.Thread(name='Reader 1', target=reader),
        threading.Thread(name='Reader 2', target=reader),
        threading.Thread(name='Writer 1', target=writer),
        threading.Thread(name='Writer 2', target=writer),
    ]

    [t.start() for t in threads]

    time.sleep(1)
    logging.debug('setting ready')
    ready.set()

    [t.join() for t in threads]
```

스레드는 threading 모듈의 Event 객체를 사용해 동기화된다. writer() 함수는 데이터
베이스에 연결하고 수정을 하지만 이벤트를 발생시키기 전까지 커밋하지는 않는다.
reader() 함수는 연결을 하고, 동기화 이벤트가 발생할 때까지 기다린 후 데이터베이
스에 쿼리를 실행한다.

7.4.10.1 연기 모드

기본 격리 수준은 DEFERRED다. 연기^{deferred} 모드는 데이터베이스를 잠그지만, 수정이 시
작될 때 한 번만 잠근다. 앞서 살펴본 모든 예제는 연기 모드였다.

```
$ python3 sqlite3_isolation_levels.py DEFERRED

2016-08-20 17:46:26,972 (Reader 1 ) waiting to synchronize
2016-08-20 17:46:26,972 (Reader 2 ) waiting to synchronize
2016-08-20 17:46:26,973 (Writer 1 ) waiting to synchronize
2016-08-20 17:46:27,977 (MainThread) setting ready
```

```
2016-08-20 17:46:27,979 (Reader 1 ) wait over
2016-08-20 17:46:27,979 (Writer 1 ) PAUSING
2016-08-20 17:46:27,979 (Reader 2 ) wait over
2016-08-20 17:46:27,981 (Reader 1 ) SELECT EXECUTED
2016-08-20 17:46:27,982 (Reader 1 ) results fetched
2016-08-20 17:46:27,982 (Reader 2 ) SELECT EXECUTED
2016-08-20 17:46:27,982 (Reader 2 ) results fetched
2016-08-20 17:46:28,985 (Writer 1 ) CHANGES COMMITTED
2016-08-20 17:46:29,043 (Writer 2 ) waiting to synchronize
2016-08-20 17:46:29,043 (Writer 2 ) PAUSING
2016-08-20 17:46:30,044 (Writer 2 ) CHANGES COMMITTED
```

7.4.10.2 즉시 모드

즉시^{Immediate} 모드는 수정이 시작되는 순간 데이터베이스를 잠가서 트랜잭션이 커밋되기 이전에 다른 커서에서 수정을 시도하는 것을 방지한다. 트랜잭션이 일어나는 동안 읽기 스레드는 블록되지 않기 때문에 복잡한 쓰기 작업이 많고 쓰기 스레드보다는 읽기 스레드가 많은 데이터베이스에 알맞다.

```
$ python3 sqlite3_isolation_levels.py IMMEDIATE

2016-08-20 17:46:30,121 (Reader 1 ) waiting to synchronize
2016-08-20 17:46:30,121 (Reader 2 ) waiting to synchronize
2016-08-20 17:46:30,123 (Writer 1 ) waiting to synchronize
2016-08-20 17:46:31,122 (MainThread) setting ready
2016-08-20 17:46:31,122 (Reader 1 ) wait over
2016-08-20 17:46:31,122 (Reader 2 ) wait over
2016-08-20 17:46:31,122 (Writer 1 ) PAUSING
2016-08-20 17:46:31,124 (Reader 1 ) SELECT EXECUTED
2016-08-20 17:46:31,124 (Reader 2 ) SELECT EXECUTED
2016-08-20 17:46:31,125 (Reader 2 ) results fetched
2016-08-20 17:46:31,125 (Reader 1 ) results fetched
2016-08-20 17:46:32,128 (Writer 1 ) CHANGES COMMITTED
2016-08-20 17:46:32,199 (Writer 2 ) waiting to synchronize
2016-08-20 17:46:32,199 (Writer 2 ) PAUSING
2016-08-20 17:46:33,200 (Writer 2 ) CHANGES COMMITTED
```

7.4.10.3 독점 모드

독점^{Exclusive} 모드는 모든 읽기와 쓰기 스레드에 락을 건다. 이 모드는 모든 연결을 블록하기 때문에 데이터베이스의 성능이 중요한 경우에 사용을 자제해야 한다.

```
$ python3 sqlite3_isolation_levels.py EXCLUSIVE

2016-08-20 17:46:33,320 (Reader 1  ) waiting to synchronize
2016-08-20 17:46:33,320 (Reader 2  ) waiting to synchronize
2016-08-20 17:46:33,324 (Writer 2  ) waiting to synchronize
2016-08-20 17:46:34,323 (MainThread) setting ready
2016-08-20 17:46:34,323 (Reader 1  ) wait over
2016-08-20 17:46:34,323 (Writer 2  ) PAUSING
2016-08-20 17:46:34,323 (Reader 2  ) wait over
2016-08-20 17:46:35,327 (Writer 2  ) CHANGES COMMITTED
2016-08-20 17:46:35,368 (Reader 2  ) SELECT EXECUTED
2016-08-20 17:46:35,368 (Reader 2  ) results fetched
2016-08-20 17:46:35,369 (Reader 1  ) SELECT EXECUTED
2016-08-20 17:46:35,369 (Reader 1  ) results fetched
2016-08-20 17:46:35,385 (Writer 1  ) waiting to synchronize
2016-08-20 17:46:35,385 (Writer 1  ) PAUSING
2016-08-20 17:46:36,386 (Writer 1  ) CHANGES COMMITTED
```

첫 번째 연결에서 수정을 시작하기 때문에 읽기 스레드와 두 번째 쓰기 스레드는 커밋 이전까지 블록된다. 쓰기 스레드의 sleep() 호출이 인위적인 지연을 유발해 다른 연결이 막히는 모습을 강조해 보여준다.

7.4.10.4 자동 커밋 모드

커넥션의 isolation_level 매개변수를 None으로 지정해 자동 커밋^{autocommit} 모드를 활성화할 수도 있다. 자동 커밋 모드가 활성화되면 모든 execute() 호출은 SQL 구문이 종료되는 순간 자동으로 커밋된다. 자동 커밋 모드는 하나의 테이블에 작업 데이터를 삽입하는 짧은 트랜잭션에 어울린다. 데이터베이스는 가능한 한 짧은 시간동안 락되기 때문에 스레드 간 경쟁 상황을 최소화한다.

다음은 sqlite3_autocommit.py에서 commit()을 명시적으로 호출하는 부분이 삭제됐으며, 격리 수준은 None으로 설정됐다. 그 외 부분은 sqlite3_isolation_levels.py와 동일하다. 두 쓰기 스레드는 읽기 스레드가 쿼리하기 전에 작업을 마치기 때문에 결괏값은 다르다.

```
$ python3 sqlite3_autocommit.py

2016-08-20 17:46:36,451 (Reader 1  ) waiting to synchronize
2016-08-20 17:46:36,451 (Reader 2  ) waiting to synchronize
2016-08-20 17:46:36,455 (Writer 1  ) waiting to synchronize
2016-08-20 17:46:36,456 (Writer 2  ) waiting to synchronize
2016-08-20 17:46:37,452 (MainThread) setting ready
2016-08-20 17:46:37,452 (Reader 1  ) wait over
2016-08-20 17:46:37,452 (Writer 2  ) PAUSING
2016-08-20 17:46:37,452 (Reader 2  ) wait over
2016-08-20 17:46:37,453 (Writer 1  ) PAUSING
2016-08-20 17:46:37,453 (Reader 1  ) SELECT EXECUTED
2016-08-20 17:46:37,454 (Reader 2  ) SELECT EXECUTED
2016-08-20 17:46:37,454 (Reader 1  ) results fetched
2016-08-20 17:46:37,454 (Reader 2  ) results fetched
```

7.4.11 인메모리 데이터베이스

SQLite는 전체 데이터베이스를 디스크 파일이 아닌 RAM에서 관리하는 기능을 지원한다. 인메모리 데이터베이스^{In-Memory Databases}는 실험용 실행 내용을 보존할 필요가 없는 경우나, 스키마 혹은 데이터베이스 기능을 실험해보는 경우와 같이 자동화된 테스트 용도로 적합하다. 인메모리 데이터베이스를 열려면 Connection을 생성할 때 파일명 대신 ':memory' 문자열을 사용한다. 각 ':memory' 연결은 개별 데이터베이스 인스턴스를 생성하기 때문에 하나의 커서에서 수정을 해도 다른 연결에 영향을 주지 않는다.

7.4.12 데이터베이스 내용 추출

인메모리 데이터베이스의 내용도 Connection의 iterdump() 메서드로 저장할 수 있다. iterdump()가 반환하는 반복자는 데이터베이스 상태를 다시 생성할 수 있는 SQL 명령을 일련의 문자열로 반환한다.

리스트 7.35: sqlite3_iterdump.py

```python
import sqlite3

schema_filename = 'todo_schema.sql'

with sqlite3.connect(':memory:') as conn:
    conn.row_factory = sqlite3.Row

    print('Creating schema')
    with open(schema_filename, 'rt') as f:
        schema = f.read()
    conn.executescript(schema)

    print('Inserting initial data')
    conn.execute("""
    insert into project (name, description, deadline)
    values ('pymotw', 'Python Module of the Week', '2010-11-01')
    """)
    data = [
        ('write about select', 'done', '2010-10-03', 'pymotw'),
        ('write about random', 'waiting', '2010-10-10', 'pymotw'),
        ('write about sqlite3', 'active', '2010-10-17', 'pymotw'),
    ]
    conn.executemany("""
    insert into task (details, status, deadline, project)
    values (?, ?, ?, ?)
    """, data)

    print('Dumping:')
    for text in conn.iterdump():
        print(text)
```

iterdump()는 파일에 저장한 데이터베이스에도 사용할 수 있지만, 다른 방법으로 저장할 수 없는 데이터베이스를 보존하는 데 가장 유용하다. 다음 실행 결과는 문법을 해치지 않는 범위에서 페이지에 알맞게 수정했다.

```
$ python3 sqlite3_iterdump.py
```

```
Creating schema
Inserting initial data
Dumping:
BEGIN TRANSACTION;
CREATE TABLE project (
    name            text primary key,
    description  text,
    deadline      date
);
INSERT INTO "project" VALUES('pymotw','Python Module of the
Week','2010-11-01');
DELETE FROM "sqlite_sequence";
INSERT INTO "sqlite_sequence" VALUES('task',3);
CREATE TABLE task (
    id              integer primary key autoincrement not null,
    priority      integer default 1,
    details      text,
    status        text,
    deadline      date,
    completed_on  date,
    project        text not null references project(name)
);
INSERT INTO "task" VALUES(1,1,'write about
select','done','2010-10-03',NULL,'pymotw');
INSERT INTO "task" VALUES(2,1,'write about
random','waiting','2010-10-10',NULL,'pymotw');
INSERT INTO "task" VALUES(3,1,'write about
sqlite3','active','2010-10-17',NULL,'pymotw');
COMMIT;
```

7.4.13 SQL에 파이썬 함수 사용

SQL 문법은 쿼리가 실행되는 동안 리스트의 행이나 select 구문의 where절에서 함수
를 호출하는 기능을 지원한다. 이 기능을 활용하면 쿼리에서 반환하기 이전에 데이터
에 접근해 다른 포맷으로 변환하는 것이 가능하기 때문에 순수 SQL에서는 수행하기
어려운 계산을 하거나 애플리케이션 코드를 재사용할 수 있다.

리스트 7.36: sqlite3_create_function.py

```python
import codecs
import sqlite3

db_filename = 'todo.db'

def encrypt(s):
    print('Encrypting {!r}'.format(s))
    return codecs.encode(s, 'rot-13')

def decrypt(s):
    print('Decrypting {!r}'.format(s))
    return codecs.encode(s, 'rot-13')

with sqlite3.connect(db_filename) as conn:
    conn.create_function('encrypt', 1, encrypt)
    conn.create_function('decrypt', 1, decrypt)
    cursor = conn.cursor()

    # 원래 값
    print('Original values:')
    query = "select id, details from task"
    cursor.execute(query)
    for row in cursor.fetchall():
        print(row)

    print('\nEncrypting...')
    query = "update task set details = encrypt(details)"
    cursor.execute(query)

    print('\nRaw encrypted values:')
    query = "select id, details from task"
    cursor.execute(query)
    for row in cursor.fetchall():
        print(row)

    print('\nDecrypting in query...')
    query = "select id, decrypt(details) from task"
    cursor.execute(query)
    for row in cursor.fetchall():
        print(row)

    print('\nDecrypting...')
    query = "update task set details = decrypt(details)"
```

```
cursor.execute(query)
```

함수는 Connection의 create_function() 메서드를 통해 외부에 노출된다. 메서드의
매개변수는 함수의 이름(SQL에서 사용하는), 함수에서 받을 인자의 수, 노출시킬 파이썬
함수다.

```
$ python3 sqlite3_create_function.py

Original values:
(1, 'write about select')
(2, 'write about random')
(3, 'write about sqlite3')
(4, 'finish reviewing markup')
(5, 'revise chapter intros')
(6, 'subtitle')

Encrypting...
Encrypting 'write about select'
Encrypting 'write about random'
Encrypting 'write about sqlite3'
Encrypting 'finish reviewing markup'
Encrypting 'revise chapter intros'
Encrypting 'subtitle'

Raw encrypted values:
(1, 'jevgr nobhg fryrpg')
(2, 'jevgr nobhg enaqbz')
(3, 'jevgr nobhg fdyvgr3')
(4, 'svavfu erivrjvat znexhc')
(5, 'erivfr puncgre vagebf')
(6, 'fhogvgyr')

Decrypting in query...
Decrypting 'jevgr nobhg fryrpg'
Decrypting 'jevgr nobhg enaqbz'
Decrypting 'jevgr nobhg fdyvgr3'
Decrypting 'svavfu erivrjvat znexhc'
Decrypting 'erivfr puncgre vagebf'
Decrypting 'fhogvgyr'
(1, 'write about select')
```

```
(2, 'write about random')
(3, 'write about sqlite3')
(4, 'finish reviewing markup')
(5, 'revise chapter intros')
(6, 'subtitle')

Decrypting...
Decrypting 'jevgr nobhg fryrpg'
Decrypting 'jevgr nobhg enaqbz'
Decrypting 'jevgr nobhg fdyvgr3'
Decrypting 'svavfu erivrjvat znexhc'
Decrypting 'erivfr puncgre vagebf'
Decrypting 'fhogvgyr'
```

7.4.14 정규 표현식을 사용한 쿼리

SQLite는 SQL 문법과 연계된 특별한 사용자 함수를 지원한다. 예를 들어 regexp 함수를 사용해 칼럼의 문자열 값이 정규 표현식과 일치하는지 확인하기 위한 쿼리를 사용할 수 있다. 다음과 같은 문법을 사용한다.

```
SELECT * FROM table
WHERE column REGEXP '.*pattern.*'
```

이 예제는 파이썬의 re 모듈을 사용해 regexp()를 함수와 연계해 값을 테스트한다.

리스트 7.37: sqlite3_regex.py

```python
import re
import sqlite3

db_filename = 'todo.db'

def regexp(pattern, input):
    return bool(re.match(pattern, input))

with sqlite3.connect(db_filename) as conn:
    conn.row_factory = sqlite3.Row
    conn.create_function('regexp', 2, regexp)
```

```
cursor = conn.cursor()

pattern = '.*[wW]rite [aA]bout.*'

cursor.execute(
    """
    select id, priority, details, status, deadline from task
    where details regexp :pattern
    order by deadline, priority
    """,
    {'pattern': pattern},
)

for row in cursor.fetchall():
    task_id, priority, details, status, deadline = row
    print('{:2d} [{:d}] {:<25} [{:<8}] ({})'.format(
        task_id, priority, details, status, deadline))
```

출력값은 상세 칼럼이 패턴과 매칭되는 모든 태스크를 보여준다.

```
$ python3 sqlite3_regex.py

 1 [9] write about select       [done    ] (2016-04-25)
 2 [9] write about random       [done    ] (2016-08-22)
 3 [9] write about sqlite3      [active  ] (2017-07-31)
```

7.4.15 커스텀 어그리게이션

어그리게이션^{aggregation} 함수는 수많은 개별 데이터를 모아 특정 방식으로 요약한다. 내장된 어그리게이션 함수의 예로는 avg()(평균)와 min(), max(), count() 등이 있다.

sqlite3에서 사용하는 어그리게이션 API는 클래스의 두 메서드에 대해 정의돼 있다. step() 메서드는 쿼리가 진행됨에 따라 각 데이터에 대해 한 번 호출된다. finalize() 메서드는 쿼리가 종료되는 시점에 한 번 호출되고 집단화된 값을 반환해야 한다. 이 예제는 산술 값 mode에 대한 어그리게이션 함수를 구현한다. 입력값에서 가장 높은 빈도를 보이는 값을 찾아 반환한다.

리스트 7.38: sqlite3_create_aggregate.py

```python
import sqlite3
import collections

db_filename = 'todo.db'

class Mode:

    def __init__(self):
        self.counter = collections.Counter()

    def step(self, value):
        print('step({!r})'.format(value))
        self.counter[value] += 1

    def finalize(self):
        result, count = self.counter.most_common(1)[0]
        print('finalize() -> {!r} ({} times)'.format(result, count))
        return result

with sqlite3.connect(db_filename) as conn:
    conn.create_aggregate('mode', 1, Mode)

    cursor = conn.cursor()
    cursor.execute("""
    select mode(deadline) from task where project = 'pymotw'
    """)
    row = cursor.fetchone()
    print('mode(deadline) is:', row[0])
```

어그리게이션 클래스는 Connection의 create_aggregate() 메서드를 통해 등록한다. 매개변수는 함수의 이름(SQL에서 사용하는), step() 메서드에서 받는 인자의 수, 사용할 클래스다.

```
$ python3 sqlite3_create_aggregate.py

step('2016-04-25')
step('2016-08-22')
step('2017-07-31')
step('2016-11-30')
step('2016-08-20')
step('2016-11-01')
```

```
finalize() -> '2016-11-01' (1 times)
mode(deadline) is: 2016-11-01
```

7.4.16 스레딩과 연결 공유

SQLite의 이전 버전에 관련된 문제로 인해 **Connection** 객체는 스레드 간 공유가 불가능하다. 각 스레드는 데이터베이스에 대해 고유의 연결을 생성해야 한다.

리스트 7.39: sqlite3_threading.py

```python
import sqlite3
import sys
import threading
import time

db_filename = 'todo.db'
isolation_level = None  # autocommit mode

def reader(conn):
    print('Starting thread')
    try:
        cursor = conn.cursor()
        cursor.execute('select * from task')
        cursor.fetchall()
        print('results fetched')
    except Exception as err:
        print('ERROR:', err)

if __name__ == '__main__':
    with sqlite3.connect(db_filename, isolation_level=isolation_level, ) as conn:
        t = threading.Thread(name='Reader 1', target=reader, args=(conn,), )
        t.start()
        t.join()
```

스레드 간에 연결을 공유하려고 하면 예외가 발생한다.

```
$ python3 sqlite3_threading.py
```

```
Starting thread
ERROR: SQLite objects created in a thread can only be used in that
same thread.The object was created in thread id 140735234088960
and this is thread id 123145307557888
```

7.4.17 데이터 접근 제한

SQLite에는 다른 대규모의 관계형 데이터베이스처럼 사용자 접근 제한 기능은 없지만 행에 대한 접근을 제한하는 기능은 있다. 각 연결은 인가 함수[authorizer function]를 설치해 런타임에 특정 행에 대한 접근을 보장하거나 제한할 수 있다. 인가 함수는 SQL 구문이 파싱되는 동안 호출되고 다섯 개의 인자를 받는다. 첫 번째 인자는 수행 중인 작업의 종류를 가리키는 액션 코드다(읽기, 쓰기, 삭제 등). 나머지 인자는 액션 코드에 따라 달라진다. **SQLITE_READ**에 대한 인자는 테이블의 이름, 행의 이름, 접근이 일어나는 SQL 구문의 위치(메인 쿼리, 트리거 등), **None**이다.

리스트 7.40: sqlite3_set_authorizer.py

```python
import sqlite3

db_filename = 'todo.db'

def authorizer_func(action, table, column, sql_location, ignore):
    print('\nauthorizer_func({}, {}, {}, {}, {})'.format(
        action, table, column, sql_location, ignore))

    response = sqlite3.SQLITE_OK  # 기본적으로 허용한다.

    if action == sqlite3.SQLITE_SELECT:
        print('requesting permission to run a select statement')
        response = sqlite3.SQLITE_OK

    elif action == sqlite3.SQLITE_READ:
        print('requesting access to column {}.{} from {}'.format(
            table, column, sql_location))
    if column == 'details':
        print('  ignoring details column')
        response = sqlite3.SQLITE_IGNORE
    elif column == 'priority':
```

```
        print('  preventing access to priority column')
        response = sqlite3.SQLITE_DENY

    return response

with sqlite3.connect(db_filename) as conn:
    conn.row_factory = sqlite3.Row
    conn.set_authorizer(authorizer_func)

    print('Using SQLITE_IGNORE to mask a column value:')
    cursor = conn.cursor()
    cursor.execute("""
    select id, details from task where project = 'pymotw'
    """)
    for row in cursor.fetchall():
        print(row['id'], row['details'])

    print('\nUsing SQLITE_DENY to deny access to a column:')
    cursor.execute("""
    select id, priority from task where project = 'pymotw'
    """)
    for row in cursor.fetchall():
        print(row['id'], row['details'])
```

이 예제는 SQLITE_IGNORE를 사용해 쿼리 결과에서 task.details 행의 문자열이 널 값으로 대체되게 한다. 또한 task.priority에 대한 접근을 제한해 SQLITE_DENY를 반환함으로써 예외를 발생시킨다.

```
$ python3 sqlite3_set_authorizer.py

Using SQLITE_IGNORE to mask a column value:

authorizer_func(21, None, None, None, None)
requesting permission to run a select statement

authorizer_func(20, task, id, main, None)
requesting access to column task.id from main

authorizer_func(20, task, details, main, None)
requesting access to column task.details from main
    ignoring details column
```

```
authorizer_func(20, task, project, main, None)
requesting access to column task.project from main
1 None
2 None
3 None
4 None
5 None
6 None

Using SQLITE_DENY to deny access to a column:

authorizer_func(21, None, None, None, None)
requesting permission to run a select statement

authorizer_func(20, task, id, main, None)
requesting access to column task.id from main

authorizer_func(20, task, priority, main, None)
requesting access to column task.priority from main
    preventing access to priority column
Traceback (most recent call last):
    File "sqlite3_set_authorizer.py", line 53, in <module>
        """)
sqlite3.DatabaseError: access to task.priority is prohibited
```

가능한 액션 코드는 **sqlite3**에서 **SQLITE_**를 앞에 붙여 상수 형태로 사용할 수 있다. 각 SQL 구문 타입에 플래그를 붙이고, 개별 행에 대한 접근도 제어할 수 있다.

> **팁 – 참고 자료**
>
> - sqlite3 표준 라이브러리 문서: https://docs.python.org/3.5/library/sqlite3.html
> - PEP 249(www.python.org/dev/peps/pep-0249): DB API 2.0 Specification(관계형 데이터베이스에 접근을 제공하는 모듈에 대한 표준 인터페이스)
> - SQLite(www.sqlite.org): SQLite 라이브러리에 대한 공식 사이트
> - shelve: 임의의 파이썬 객체를 키-값 형태로 저장한다.
> - SQLAlchemy(www.sqlalchemy.org): 여러 관계형 데이터베이스 중 SQLite를 지원하는 인기 있는 객체-관계형 매퍼

7.5 xml.etree.ElementTree: XML 조작 API

7.5.1 XML 문서 파싱

파싱된 XML 문서는 문서가 묶여 있는 형태에 따라 트리 구조로 연결돼 있는 `ElementTree`와 `Element` 객체로 메모리에 표현된다.

전체 문서를 parse()로 파싱하면 `ElementTree` 인스턴스가 반환된다. 트리에는 입력 문서에 대한 모든 정보가 담겨 있고, 이를 통해 트리의 노드를 검색하거나 수정할 수 있다. 이 방식의 파싱된 문서를 메모리에 모두 담아 놓고 시작하기 때문에 유연함이 장점으로 부각되지만, 이벤트 기반 방식에 비해 메모리를 더 많이 소비한다는 문제점이 있다.

하지만 다음과 같은 간단한 문서(OPML로 표현한 팟캐스트 리스트)가 소비하는 메모리는 그리 많지 않다.

리스트 7.41: podcasts.opml

```
<?xml version="1.0" encoding="UTF-8"?>
<opml version="1.0">
<head>
    <title>My Podcasts</title>
    <dateCreated>Sat, 06 Aug 2016 15:53:26 GMT</dateCreated>
    <dateModified>Sat, 06 Aug 2016 15:53:26 GMT</dateModified>
</head>
<body>
    <outline text="Non-tech">
        <outline
            text="99% Invisible" type="rss"
            xmlUrl="http://feeds.99percentinvisible.org/99percentinvisible"
            htmlUrl="http://99percentinvisible.org" />
    </outline>
    <outline text="Python">
        <outline
            text="Talk Python to Me" type="rss"
            xmlUrl="https://talkpython.fm/episodes/rss"
            htmlUrl="https://talkpython.fm" />
```

```
    <outline
        text="Podcast.__init__" type="rss"
        xmlUrl="http://podcastinit.podbean.com/feed/"
        htmlUrl="http://podcastinit.com" />
    </outline>
  </body>
</opml>
```

파일을 파싱하려면 parse()에 파일 핸들을 전달한다.

리스트 7.42: ElementTree_parse_opml.py

```
from xml.etree import ElementTree

with open('podcasts.opml', 'rt') as f:
    tree = ElementTree.parse(f)

print(tree)
```

데이터를 읽고 XML을 파싱한 후 **ElementTree** 객체를 반환한다.

```
$ python3 ElementTree_parse_opml.py

<xml.etree.ElementTree.ElementTree object at 0x1013e5630>
```

7.5.2 파싱한 트리 순회

자식 노드를 모두 방문하려면 iter()로 ElementTree 인스턴스를 순환하는 생성자를
만든다.

리스트 7.43: ElementTree_dump_opml.py

```
from xml.etree import ElementTree
import pprint

with open('podcasts.opml', 'rt') as f:
    tree = ElementTree.parse(f)
```

```
for node in tree.iter():
    print(node.tag)
```

이 예제는 한 번에 태그를 하나씩 출력하며 전체 트리를 순회한다.

```
$ python3 ElementTree_dump_opml.py

opml
head
title
dateCreated
dateModified
body
outline
outline
outline
outline
outline
```

특정 이름 그룹만 출력하고 팟캐스트 URL 주소를 얻어오려면 헤더 부분의 데이터는 무시하고 outline 노드 부분만 순환하며, attrib 딕셔너리 값을 통해 text, xmlUrl 속성만 출력한다.

리스트 7.44: ElementTree_show_feed_urls.py

```
from xml.etree import ElementTree

with open('podcasts.opml', 'rt') as f:
    tree = ElementTree.parse(f)

for node in tree.iter('outline'):
    name = node.attrib.get('text')
    url = node.attrib.get('xmlUrl')
    if name and url:
        print('  %s' % name)
        print('    %s' % url)
    else:
        print(name)
```

iter()에 전달한 outline 인자는 순환하는 노드를 outline 노드로만 제한함을 의미한다.

```
$ python3 ElementTree_show_feed_urls.py

Non-tech
  99% Invisible
    http://feeds.99percentinvisible.org/99percentinvisible
Python
  Talk Python to Me
    https://talkpython.fm/episodes/rss
  Podcast.__init__
    http://podcastinit.podbean.com/feed/
```

7.5.3 문서에서 노드 찾기

전체 노드를 살펴보며 관련 노드를 찾는 방식은 에러가 발생하기 쉽다. 앞서 살펴본 예제는 모든 outline 노드를 찾아 그룹인지(노드에 text 속성만 있다) 팟캐스트인지(노드에 text와 xmlUrl이 모두 있다) 판단해야 한다. 이름과 그룹 없이 간단한 팟캐스트 피드 podcast-feed URL 리스트를 만들려면 findall() 노드를 검색해 더 간단히 구현할 수 있다.

첫 번째 버전을 변환할 때의 첫 번째 단계로 모든 outline 노드를 찾는 데 XPath 인자를 사용할 수 있다.

리스트 7.45: ElementTree_find_feeds_by_tag.py

```
from xml.etree import ElementTree

with open('podcasts.opml', 'rt') as f:
    tree = ElementTree.parse(f)

for node in tree.findall('.//outline'):
    url = node.attrib.get('xmlUrl')
    if url:
        print(url)
```

getiterator()를 사용했던 버전에 비해 로직에 많은 변화는 없다. 여전히 URL이 있는지 검사해야만 한다. URL이 없는 경우 그룹 이름을 출력하지 않는다는 점이 달라졌다.

```
$ python3 ElementTree_find_feeds_by_tag.py

http://feeds.99percentinvisible.org/99percentinvisible
https://talkpython.fm/episodes/rss
http://podcastinit.podbean.com/feed/
```

outline 노드가 모두 두 단계 중첩된 점을 이용할 수 있다. 검색 경로를 .//outline/
outline으로 변경하면 두 번째 레벨의 outline 노드만 검색한다.

리스트 7.46: ElementTree_find_feeds_by_structure.py

```
from xml.etree import ElementTree

with open('podcasts.opml', 'rt') as f:
    tree = ElementTree.parse(f)

for node in tree.findall('.//outline/outline'):
    url = node.attrib.get('xmlUrl')
    print(url)
```

두 번째 레벨의 outline 노드는 팟캐스트 피드 정보를 가리키는 xmlURL 속성이 있을
것이라 예상되기 때문에 속성이 있는지 확인하는 부분을 생략할 수 있다.

```
$ python3 ElementTree_find_feeds_by_structure.py

http://feeds.99percentinvisible.org/99percentinvisible
https://talkpython.fm/episodes/rss
http://podcastinit.podbean.com/feed/
```

이 버전은 이미 존재하는 구조에만 사용할 수 있다. 따라서 outline 노드가 더 깊은 레
벨로 재구성된다거나 하면 제대로 동작하지 않는다.

7.5.4 파싱된 노드 속성

findall()과 iter()가 반환하는 아이템은 Element 객체며, XML 트리의 개별 노드를 표
현한다. 각 Element에는 XML에서 가져온 데이터에 접근하기 위한 속성이 있다. 다음

은 더 잘 보여주고자 data.xml의 입력 예제를 사용한다.

리스트 7.47: data.xml

```
<?xml version="1.0" encoding="UTF-8"?>
<top>
    <child>Regular text.</child>
    <child_with_tail>Regular text.</child_with_tail>"Tail" text.
    <with_attributes name="value" foo="bar" />
    <entity_expansion attribute="This &#38; That">
    That &#38; This
    </entity_expansion>
</top>
```

attrib 속성 안에는 노드의 XML 속성이 있다. 이는 마치 딕셔너리처럼 작동한다.

리스트 7.48: ElementTree_node_attributes.py

```python
from xml.etree import ElementTree

with open('data.xml', 'rt') as f:
    tree = ElementTree.parse(f)

node = tree.find('./with_attributes')
print(node.tag)
for name, value in sorted(node.attrib.items()):
    print('  %-4s = "%s"' % (name, value))
```

5번 줄의 노드는 두 가지 속성 name, foo가 있다.

```
$ python3 ElementTree_node_attributes.py

with_attributes
    foo  = "bar"
    name = "value"
```

노드의 내용과 닫힘 태그 뒤에 나오는 꼬리[tail] 텍스트도 알아낼 수 있다.

리스트 7.49: ElementTree_node_text.py

```python
from xml.etree import ElementTree

with open('data.xml', 'rt') as f:
    tree = ElementTree.parse(f)

for path in ['./child', './child_with_tail']:
    node = tree.find(path)
    print(node.tag)
    print('   child node text:', node.text)
    print('   and tail text  :', node.tail)
```

3번 줄의 child 노드에는 텍스트가 있고, 4번 줄의 노드에는 텍스트와 꼬리 텍스트(공백 포함)가 있다.

```
$ python3 ElementTree_node_text.py

child
    child node text : Regular text.
    and tail text   :

child_with_tail
    child node text : Regular text.
    and tail text   : "Tail" text.
```

문서의 XML 엔티티 참조는 값이 반환되기 이전에 올바른 문자로 변환된다.

리스트 7.50: ElementTree_entity_references.py

```python
from xml.etree import ElementTree

with open('data.xml', 'rt') as f:
    tree = ElementTree.parse(f)

node = tree.find('entity_expansion')
print(node.tag)
print('   in attribute:', node.attrib['attribute'])
print('   in text     :', node.text.strip())
```

이 자동 변환은 XML 문서에서 특정 문자를 표현하는 구현이 무시될 수도 있음을 의미한다.

```
$ python3 ElementTree_entity_references.py

entity_expansion
    in attribute: This & That
    in text     : That & This
```

7.5.5 파싱 도중 이벤트 관찰

XML 문서 작업을 위한 또 다른 API는 이벤트 기반 형식이다. 파서는 시작 태그에 대해 start 이벤트를 발생시키고, 종료 태그에 대해 end 이벤트를 발생시킨다. 이벤트 스트림을 통한 파싱으로 문서에서 데이터를 추출할 수 있어 전체 문서를 모두 파싱해 메모리에 담아둘 필요가 없다.

이벤트 종류는 다음과 같다.

- start: 새로운 태그를 발견, 닫힘 꺾쇠 기호까지 진행했지만 아직 콘텐츠까지 진행하지 않은 상태

- end: 종료 태그의 닫힘 꺾쇠 기호까지 진행, 모든 자식 노드는 이미 진행이 완료된 상태

- start-ns: 네임스페이스 선언 시작

- end-ns: 네임스페이스 선언 종료

iterparse()는 순환 가능한 튜플을 반환하며, 이 튜플에는 이벤트의 이름과 그 이벤트를 발생시키는 노드가 담겨있다.

리스트 7.51: ElementTree_show_all_events.py

```
from xml.etree.ElementTree import iterparse

depth = 0
prefix_width = 8
prefix_dots = '.' * prefix_width
line_template = ''.join([
    '{prefix:<0.{prefix_len}}',
```

```
    '{event:<8}',
    '{suffix:<{suffix_len}} ',
    '{node.tag:<12} ',
    '{node_id}',
])

EVENT_NAMES = ['start', 'end', 'start-ns', 'end-ns']

for (event, node) in iterparse('podcasts.opml', EVENT_NAMES):
    if event == 'end':
        depth -= 1

    prefix_len = depth * 2

    print(line_template.format(
        prefix=prefix_dots,
        prefix_len=prefix_len,
        suffix='',
        suffix_len=(prefix_width - prefix_len),
        node=node,
        node_id=id(node),
        event=event,
    ))

    if event == 'start':
        depth += 1
```

기본적으로 end 이벤트만 발생한다. 다른 이벤트를 보려면 예제처럼 iterparse()에 원하는 이벤트의 리스트를 넘겨줘야 한다.

```
$ python3 ElementTree_show_all_events.py

start       opml          4312612200
..start     head          4316174520
....start   title         4316254440
....end     title         4316254440
....start   dateCreated   4316254520
....end     dateCreated   4316254520
....start   dateModified  4316254680
....end     dateModified  4316254680
..end       head          4316174520
```

```
..start          body           4316254840
....start        outline        4316254920
......start      outline        4316255080
......end        outline        4316255080
....end          outline        4316254920
....start        outline        4316255160
......start      outline        4316255240
......end        outline        4316255240
......start      outline        4316255320
......end        outline        4316255320
....end          outline        4316255160
..end            body           4316254840
end              opml           4312612200
```

XML 입력을 다른 형식으로 변환하는 등의 작업에는 이벤트 스타일의 방식이 더 알맞다. 이 기술은 팟캐스트 리스트(앞의 예제)를 XML 파일에서 CSV 파일로 변환해 스프레드시트나 데이터베이스 애플리케이션에서 불러오는 데 사용할 수 있다.

리스트 7.52: ElementTree_write_podcast_csv.py

```python
import csv
from xml.etree.ElementTree import iterparse
import sys

writer = csv.writer(sys.stdout, quoting=csv.QUOTE_NONNUMERIC)
group_name = ''

parsing = iterparse('podcasts.opml', events=['start'])

for (event, node) in parsing:
    if node.tag != 'outline':
        # 아웃라인이 아닌 모든 부분을 무시
        continue
    if not node.attrib.get('xmlUrl'):
        # 현재 그룹을 기억
        group_name = node.attrib['text']
    else:
        # 팟캐스트 엔트리를 출력
        writer.writerow(
            (group_name, node.attrib['text'],
```

```
                node.attrib['xmlUrl'],
                node.attrib.get('htmlUrl', ''))
        )
```

이 변환 프로그램은 파싱된 전체 입력 파일을 메모리에 저장하고 있을 필요가 없고, 필요할 때마다 각 노드에 접근하기 때문에 더 효율적이다.

```
$ python3 ElementTree_write_podcast_csv.py

"Non-tech","99% Invisible","http://feeds.99percentinvisible.org/\
99percentinvisible","http://99percentinvisible.org"
"Python","Talk Python to Me","https://talkpython.fm/episodes/rss\
","https://talkpython.fm"
"Python","Podcast.__init__","http://podcastinit.podbean.com/feed\
/","http://podcastinit.com"
```

> **참고**
>
> ElementTree_write_podcast_csv.py의 결괏값은 이 페이지에서 잘 보이도록 수정했다. \로 끝나는 줄은 인위적인 줄 바꿈을 의미한다.

7.5.6 커스텀 트리 빌더 생성

이벤트 파싱을 다룰 때 표준 트리 빌더의 동작을 사용자가 정의한 버전으로 바꿔주는 것이 더 효율적일 수 있다. XMLParser 파서는 XML 작업을 위해 TreeBuilder를 사용하고, 결과를 저장하고자 목표 클래스의 메서드를 호출한다. 보통의 결괏값은 기본 TreeBuilder 클래스가 생성한 ElementTree 인스턴스다. TreeBuilder를 다른 클래스로 바꾸면 Element 노드가 인스턴스화되기 전에 이벤트를 받을 수 있게 하므로 오버헤드를 방지한다.

앞 절에서 XML을 CSV로 변환했던 구현을 트리 빌더로 재구현할 수 있다.

리스트 7.53: ElementTree_podcast_csv_treebuilder.py

```
import csv
```

```python
import io
from xml.etree.ElementTree import XMLParser
import sys

class PodcastListToCSV(object):

    def __init__(self, outputFile):
        self.writer = csv.writer(outputFile, quoting=csv.QUOTE_NONNUMERIC, )
        self.group_name = ''

    def start(self, tag, attrib):
        if tag != 'outline':
            # 아웃라인이 아닌 모든 부분을 무시한다.
            return
        if not attrib.get('xmlUrl'):
            # 현재 그룹을 기억한다.
            self.group_name = attrib['text']
        else:
            # 팟캐스트 엔트리를 출력한다.
            self.writer.writerow(
                (self.group_name,
                 attrib['text'],
                 attrib['xmlUrl'],
                 attrib.get('htmlUrl', ''))
            )

    def end(self, tag):
        "Ignore closing tags"

    def data(self, data):
        "Ignore data inside nodes"

    def close(self):
        "Nothing special to do here"

target = PodcastListToCSV(sys.stdout)
parser = XMLParser(target=target)
with open('podcasts.opml', 'rt') as f:
    for line in f:
        parser.feed(line)
parser.close()
```

PodcastListToCSV는 TreeBuilder 프로토콜을 구현한다. XML 태그를 발견할 때마다 태그 이름과 속성을 인자로 start()를 호출한다. 종료 태그를 발견하면 이름과 함께 end()를 호출한다. 둘 사이에서는 노드에 내용이 포함된 경우에 data()를 호출한다(트리 빌더는 현재 노드를 알고 있어야 한다). 실행이 모두 끝나면 close()를 호출한다. 이 함수는 사용자에게 TreeBuilder를 반환할 수 있다.

```
$ python3 ElementTree_podcast_csv_treebuilder.py

"Non-tech","99% Invisible","http://feeds.99percentinvisible.org/\
99percentinvisible","http://99percentinvisible.org"
"Python","Talk Python to Me","https://talkpython.fm/episodes/rss\
","https://talkpython.fm"
"Python","Podcast.__init__","http://podcastinit.podbean.com/feed\
/","http://podcastinit.com"
```

> **참고**
>
> ElementTree_podcast_csv_treebuilder.py의 결괏값은 이 페이지에서 잘 보이도록 수정했다. \로 끝나는 줄은 인위적인 줄 바꿈을 의미한다.

7.5.7 문자열 파싱

프로그램의 소스에 박혀있는 문자열 상수와 같은 작은 XML 텍스트를 다루려면 XML()에 XML을 포함하고 있는 문자열을 인자로 넘겨 파싱한다.

리스트 7.54: ElementTree_XML.py

```python
from xml.etree.ElementTree import XML

def show_node(node):
    print(node.tag)
    if node.text is not None and node.text.strip():
        print('  text: "%s"' % node.text)
    if node.tail is not None and node.tail.strip():
        print('  tail: "%s"' % node.tail)
    for name, value in sorted(node.attrib.items()):
        print('  %-4s = "%s"' % (name, value))
    for child in node:
        show_node(child)
```

```
parsed = XML('''
<root>
    <group>
        <child id="a">This is child "a".</child>
        <child id="b">This is child "b".</child>
    </group>
    <group>
        <child id="c">This is child "c".</child>
    </group>
</root>
''')

print('parsed =', parsed)

for elem in parsed:
    show_node(elem)
```

parse()와는 다르게 반환값은 ElementTree가 아닌 Element 인스턴스다. Element는 반복자 프로토콜을 바로 지원하므로 getiterator()를 호출할 필요가 없다.

```
$ python3 ElementTree_XML.py

parsed = <Element 'root' at 0x10079eef8>
group
child
    text: "This is child "a"."
    id   = "a"
child
    text: "This is child "b"."
    id   = "b"
group
child
    text: "This is child "c"."
    id   = "c"
```

id 속성으로 특별한 노드를 식별하는 구조화된 XML의 경우에는 XMLID()를 사용하면 파싱한 결과에 더 쉽게 접근할 수 있다.

ElementTree_XMLID.py

```
from xml.etree.ElementTree import XMLID

tree, id_map = XMLID('''
<root>
    <group>
        <child id="a">This is child "a".</child>
        <child id="b">This is child "b".</child>
    </group>
    <group>
        <child id="c">This is child "c".</child>
    </group>
</root>
''')

for key, value in sorted(id_map.items()):
    print('%s = %s' % (key, value))
```

XMLID()는 id 속성 문자열과 개별 노드가 매핑돼 있는 딕셔너리와 파싱된 트리를 Element 객체로 반환한다.

```
$ python3 ElementTree_XMLID.py

a = <Element 'child' at 0x10133aea8>
b = <Element 'child' at 0x10133aef8>
c = <Element 'child' at 0x10133af98>
```

7.5.8 요소 노드로 문서 만들기

xml.etree.ElementTree는 파싱 기능 이외에도 애플리케이션에서 만든 Element 객체에서 웰폼 XML^{well-formed XML} 문서를 생성하는 기능도 지원한다. 문서를 파싱할 때 사용한 Element 클래스는 직렬화된 형태의 내용을 생성하는 방법도 알고 있어서 파일이나 여타 데이터 스트림에 기록할 때 사용할 수 있다.

Element 노드 계층을 생성할 때 사용할 수 있는 유용한 함수 세 가지가 있다. Element()는 표준 노드를 생성하고, SubElement()는 부모 노드에 새로운 노드를 붙이고, Comment()는

XML의 주석 문법을 사용해 주석 노드를 생성한다.

리스트 7.56: ElementTree_create.py

```
from xml.etree.ElementTree import (Element, SubElement, Comment, tostring, )

top = Element('top')

comment = Comment('Generated for PyMOTW')
top.append(comment)

child = SubElement(top, 'child')
child.text = 'This child contains text.'

child_with_tail = SubElement(top, 'child_with_tail')
child_with_tail.text = 'This child has text.'
child_with_tail.tail = 'And "tail" text.'

child_with_entity_ref = SubElement(top, 'child_with_entity_ref')
child_with_entity_ref.text = 'This & that'

print(tostring(top))
```

결괏값에는 트리의 XML 노드만 포함돼 있으며, 버전, 인코딩 같은 XML 선언은 빠져있다.

```
$ python3 ElementTree_create.py

b'<top><!--Generated for PyMOTW--><child>This child contains text.</
child><child_with_tail>This child has text.</child_with_tail>And "ta
il" text.<child_with_entity_ref>This &amp; that</child_with_entity_r
ef></top>'
```

child_with_entity_ref의 텍스트에 포함돼 있는 & 문자는 엔티티 참조인 &로 자동 변환된다.

7.5.9 보기 좋은 XML 출력

문서에 임의의 공백이 추가되면 내용이 달라지므로 ElementTree는 tostring()이 반환하는 문자열이 읽기 편한 형태가 되게 하는 어떠한 노력도 기울이지 않는다. 결괏값을 더 보기 편한 형태로 만들고자 앞으로의 예제는 xml.dom.minidom을 사용해 XML을 재

파싱하고 **toprettyxml()** 메서드를 사용한다.

리스트 7.57: ElementTree_pretty.py

```
from xml.etree import ElementTree
from xml.dom import minidom


def prettify(elem):
    """Return a pretty-printed XML string for the Element.
    """
    rough_string = ElementTree.tostring(elem, 'utf-8')
    reparsed = minidom.parseString(rough_string)
    return reparsed.toprettyxml(indent="  ")
```

업데이트된 예제는 다음과 같다.

리스트 7.58: ElementTree_create_pretty.py

```
from xml.etree.ElementTree import Element, SubElement, Comment
from ElementTree_pretty import prettify

top = Element('top')

comment = Comment('Generated for PyMOTW')
top.append(comment)

child = SubElement(top, 'child')
child.text = 'This child contains text.'

child_with_tail = SubElement(top, 'child_with_tail')
child_with_tail.text = 'This child has text.'
child_with_tail.tail = 'And "tail" text.'

child_with_entity_ref = SubElement(top, 'child_with_entity_ref')
child_with_entity_ref.text = 'This & that'

print(prettify(top))
```

또한 출력물은 더 읽기 쉽다.

```
$ python3 ElementTree_create_pretty.py
```

```
<?xml version="1.0" ?>
<top>
    <!--Generated for PyMOTW-->
    <child>This child contains text.</child>
    <child_with_tail>This child has text.</child_with_tail>
    And &quot;tail&quot; text.
    <child_with_entity_ref>This &amp; that</child_with_entity_ref>
</top>
```

형식화를 위해 여분의 공백을 추가하는 것 이외에도 xml.dom.minidom의 보기 좋은 출력을 사용하면 XML 선언부도 추가된다.

7.5.10 요소 속성 설정

앞의 예제는 태그와 텍스트를 포함한 노드를 생성했지만 노드에 속성을 설정하진 않았다. '7.5.1 XML 문서 파싱' 절의 많은 예제는 팟캐스트와 피드를 리스트한 OPML 파일로 작업한다. 트리의 **outline** 노드는 그룹 이름과 팟캐스트 속성을 위해 XML 속성을 사용한다. CSV 파일을 읽어 비슷한 XML 파일을 만들 때 트리가 생성되는 과정에서 모든 요소의 속성을 설정하도록 **ElementTree**를 사용할 수 있다.

리스트 7.59: ElementTree_csv_to_xml.py

```python
import csv

from xml.etree.ElementTree import (Element, SubElement, Comment, tostring, )
import datetime
from ElementTree_pretty import prettify

generated_on = str(datetime.datetime.now())

# set()으로 요소를 설정한다.
root = Element('opml')
root.set('version', '1.0')
root.append(Comment('Generated by ElementTree_csv_to_xml.py for PyMOTW'))

head = SubElement(root, 'head')
title = SubElement(head, 'title')
title.text = 'My Podcasts'
```

```
dc = SubElement(head, 'dateCreated')
dc.text = generated_on
dm = SubElement(head, 'dateModified')
dm.text = generated_on

body = SubElement(root, 'body')

with open('podcasts.csv', 'rt') as f:
    current_group = None
    reader = csv.reader(f)
    for row in reader:
        group_name, podcast_name, xml_url, html_url = row
        if (current_group is None or group_name != current_group.text):
            # 새 그룹 시작
            current_group = SubElement(body, 'outline', {'text': group_name}, )

        # 이 팟캐스트를 그룹에 추가하고 모든 요소를 한 번에 설정한다.
        podcast = SubElement(
            current_group, 'outline',
            {'text': podcast_name,
             'xmlUrl': xml_url,
             'htmlUrl': html_url},
        )

print(prettify(root))
```

이 예제는 새로운 노드에 속성을 설정하고자 두 가지 기술을 사용한다. 루트 노드는 한 번에 한 개의 속성을 설정하도록 set()을 사용했다. 팟캐스트 노드는 딕셔너리형에서 모든 속성을 한 번에 받아 노드를 생성한다.

```
$ python3 ElementTree_csv_to_xml.py

<?xml version="1.0" ?>
<opml version="1.0">
    <!--Generated by ElementTree_csv_to_xml.py for PyMOTW-->
    <head>
        <title>My Podcasts</title>
        <dateCreated>2016-08-06 17:09:00.524979</dateCreated>
        <dateModified>2016-08-06 17:09:00.524979</dateModified>
    </head>
```

```
<body>
    <outline text="Non-tech">
        <outline htmlUrl="http://99percentinvisible.org" text="99%\
        Invisible" xmlUrl="http://feeds.99percentinvisible.org/99percen\
        tinvisible"/>
    </outline>
    <outline text="Python">
        <outline htmlUrl="https://talkpython.fm" text="Talk Python\
        to Me" xmlUrl="https://talkpython.fm/episodes/rss"/>
    </outline>
    <outline text="Python">
        <outline htmlUrl="http://podcastinit.com" text="Podcast.__\
        init__" xmlUrl="http://podcastinit.podbean.com/feed/"/>
    </outline>
</body>
</opml>
```

7.5.11 노드 리스트에서의 트리 생성

extend() 메서드를 통해 Element 인스턴스에 여러 개의 자식 노드를 더해줄 수 있다.
extend()의 인자로는 list나 Element 인스턴스 등 순환 가능한 어떤 것을 전달해도 된다.

리스트 7.60: ElementTree_extend.py

```
from xml.etree.ElementTree import Element, tostring
from ElementTree_pretty import prettify

top = Element('top')

children = [Element('child', num=str(i)) for i in range(3)]

top.extend(children)

print(prettify(top))
```

list가 주어진 경우에는 리스트 내부의 노드가 새로운 부모에 직접 추가된다.

```
$ python3 ElementTree_extend.py
```

```
<?xml version="1.0" ?>
<top>
    <child num="0"/>
    <child num="1"/>
    <child num="2"/>
</top>
```

또 다른 Element 인스턴스가 주어지면 해당 노드의 자식 노드가 새로운 부모에 추가된다.

리스트 7.61: ElementTree_extend_node.py

```
from xml.etree.ElementTree import (Element, SubElement, tostring, XML, )
from ElementTree_pretty import prettify

top = Element('top')

parent = SubElement(top, 'parent')

children = XML(
    '<root><child num="0" /><child num="1" />'
    '<child num="2" /></root>'
)
parent.extend(children)

print(prettify(top))
```

이 경우에는 세 개의 자식 노드가 있는 root 노드가 생성되고 parent에 추가된다. root 노드 자체는 결과 트리에 포함되지 않는다.

```
$ python3 ElementTree_extend_node.py

<?xml version="1.0" ?>
<top>
    <parent>
        <child num="0"/>
        <child num="1"/>
        <child num="2"/>
    </parent>
</top>
```

extend()가 이미 존재하는 부모-자식 간 관계를 수정하지 않는 점을 꼭 이해해야 한다. 이미 트리에 존재하는 값을 extend()에 전달해도 그 값이 사라지지 않고 결괏값에 한 번 더 반복된다.

리스트 7.62: ElementTree_extend_node_copy.py

```python
from xml.etree.ElementTree import (Element, SubElement, tostring, XML, )
from ElementTree_pretty import prettify

top = Element('top')

parent_a = SubElement(top, 'parent', id='A')
parent_b = SubElement(top, 'parent', id='B')

# 자식 생성
children = XML(
    '<root><child num="0" /><child num="1" />'
    '<child num="2" /></root>'
)

# 아이디에 노드의 파이썬 객체 아이디를 설정함으로써 중복을 쉽게 찾을 수 있다.
for c in children:
    c.set('id', str(id(c)))

# 첫 번째 부모에 추가한다.
parent_a.extend(children)

print('A:')
print(prettify(top))
print()

# 노드를 두 번째 부모에 복사한다.
parent_b.extend(children)

print('B:')
print(prettify(top))
print()
```

id 속성에 파이썬의 객체 식별자를 설정했으므로 같은 노드 객체가 결괏값에 한 번 이상 나오는 모습을 쉽게 볼 수 있다.

```
$ python3 ElementTree_extend_node_copy.py
```

```
A:
<?xml version="1.0" ?>
<top>
    <parent id="A">
        <child id="4316789880" num="0"/>
        <child id="4316789960" num="1"/>
        <child id="4316790040" num="2"/>
    </parent>
    <parent id="B"/>
</top>
B:
<?xml version="1.0" ?>
<top>
    <parent id="A">
        <child id="4316789880" num="0"/>
        <child id="4316789960" num="1"/>
        <child id="4316790040" num="2"/>
    </parent>
    <parent id="B">
        <child id="4316789880" num="0"/>
        <child id="4316789960" num="1"/>
        <child id="4316790040" num="2"/>
    </parent>
</top>
```

7.5.12 XML을 스트림으로 직렬화

tostring()은 메모리 내부에 파일처럼 쓰이는 객체에 먼저 쓰고 전체 요소 트리를 표현하는 문자열을 반환한다. 큰 자료를 다룰 때는 ElementTree의 write() 메서드를 사용해 파일 핸들에 직접 쓰는 편이 좋다. 이렇게 하면 더 적은 메모리를 사용하고 입출력 라이브러리를 더 효율적으로 사용하게 된다.

리스트 7.63: ElementTree_write.py

```
import io
import sys
```

```
from xml.etree.ElementTree import (Element, SubElement, Comment, ElementTree, )

top = Element('top')

comment = Comment('Generated for PyMOTW')
top.append(comment)

child = SubElement(top, 'child')
child.text = 'This child contains text.'

child_with_tail = SubElement(top, 'child_with_tail')
child_with_tail.text = 'This child has regular text.'
child_with_tail.tail = 'And "tail" text.'

child_with_entity_ref = SubElement(top, 'child_with_entity_ref')
child_with_entity_ref.text = 'This & that'

empty_child = SubElement(top, 'empty_child')

ElementTree(top).write(sys.stdout.buffer)
```

예제 코드에서는 sys.stdout 대신 sys.stdout.buffer를 사용해 콘솔에 썼다. ElementTree 는 유니코드 문자열 대신 인코딩된 바이트를 만들어내기 때문이다. 바이너리 모드로 열린 파일이나 소켓으로 쓸 수도 있다.

```
$ python3 ElementTree_write.py

<top><!--Generated for PyMOTW--><child>This child contains text.</ch
ild><child_with_tail>This child has regular text.</child_with_tail>A
nd "tail" text.<child_with_entity_ref>This &amp; that</child_with_en
tity_ref><empty_child /></top>
```

트리의 마지막 노드에 텍스트나 자식 노드가 없다. 따라서 빈 태그 <empty_child />로 써졌다. write()는 method 인자를 받아 빈 노드에 대한 처리를 한다.

리스트 7.64: ElementTree_write_method.py

```
import io
import sys
from xml.etree.ElementTree import (Element, SubElement, ElementTree, )
```

```
top = Element('top')

child = SubElement(top, 'child')
child.text = 'Contains text.'

empty_child = SubElement(top, 'empty_child')

for method in ['xml', 'html', 'text']:
    print(method)
    sys.stdout.flush()
    ElementTree(top).write(sys.stdout.buffer, method=method)
    print('\n')
```

다음과 같은 세 메서드가 지원된다.

- **xml**: 기본 메서드로, `<empty_child />`를 생성한다.
- **html**: HTML 문서에 쓰이는 대로 짝을 이루는 태그(`<empty_child></empty_child>`)를 생성한다.
- **text**: 노드의 텍스트 부분만 출력하고 빈 태그는 생략한다.

```
$ python3 ElementTree_write_method.py

xml
<top><child>Contains text.</child><empty_child /></top>

html
<top><child>Contains text.</child><empty_child></empty_child></top>

text
Contains text.
```

> **팁 – 참고 자료**
>
> - xml.etree.ElementTree 표준 라이브러리 문서: https://docs.python.org/3.5/library/xml.etree.elementtree.html
> - csv: 쉼표로 구분된 값 파일 읽고 쓰기
> - defusedxml(https://pypi.python.org/pypi/defusedxml): 신뢰할 수 없는 XML 데이터를 다룰 때 유용한 다양한 엔티티 확장 서비스 거부(entity-expansion denial-of-service) 취약점에 대한 수정 사항 패키지
> - 파이썬으로 예쁘게 출력(http://renesd.blogspot.com/2007/05/pretty-print-xml-with-python.html):

파이썬에서 보기 좋게 출력하기 위한 르네 듀필드(Rene Dudfield)의 팁

- ElementTree 개요(http://effbot.org/zone/element-index.htm): 프레드릭 런드(Fredrick Lundh)의 원본 문서와 ElementTree 라이브러리 개발 버전 링크
- ElementTree를 사용한 XML 프로세싱(www.ibm.com/developerworks/library/x-matters28/): 데이빗 메르츠(David Mertz)가 쓴 IBM DeveloperWorks 기고
- Outline Processor Markup Language(OPML)(www.opml.org): 데이브 위너(Dave Winer)의 OPML 명세와 문서
- XML Path 언어(XPath)(www.w3.org/TR/xpath/): XML 문서 분석을 위한 문법
- XPath Support in ElementTree(http://effbot.org/zone/element-xpath.htm): ElementTree에 대한 프레드릭 런드(Fredrick Lundh)의 원본 문서

7.6 csv: 쉼표로 구분한 값 파일

csv 모듈을 사용해 스프레드시트나 데이터베이스에서 추출한 자료를 흔히 쉼표로 구분한 값CSV, Comma-Separated Value으로 불리는 텍스트 파일 형태로 만들 수 있다. 이 텍스트 파일은 쉼표로 필드와 레코드 등을 구분한다.

7.6.1 읽기

reader()로 객체를 생성하고 CSV 파일에서 자료를 읽을 수 있다. 또한 리더는 파일의 열에 순서대로 접근하는 반복자로 사용할 수 있다. 예를 들어 다음과 같다.

리스트 7.65: csv_reader.py

```
import csv
import sys

with open(sys.argv[1], 'rt') as f:
    reader = csv.reader(f)
    for row in reader:
        print(row)
```

reader()의 첫 번째 인자는 텍스트 줄의 소스다. 이 경우에는 파일이지만 순환 가능한 것이라면 무엇이라도 인자로 사용할 수 있다(StringIO 객체, list 등). 입력값을 어떻게 파싱할지 또 다른 인자로 지정해 줄 수도 있다.

```
"Title 1","Title 2","Title 3","Title 4"
1,"a",08/18/07,"å"
2,"b",08/19/07,"∫"
3,"c",08/20/07,"ç"
```

읽으면서 입력값에 대한 각 열은 파싱돼 문자열 리스트로 변환된다.

```
$ python3 csv_reader.py testdata.csv

['Title 1', 'Title 2', 'Title 3', 'Title 4']
['1', 'a', '08/18/07', 'å']
['2', 'b', '08/19/07', '∫']
['3', 'c', '08/20/07', 'ç']
```

파서는 열에 포함돼 있는 줄 바꿈 문자를 처리할 수 있다. 따라서 '열row'을 언제나 '줄line'과 같은 의미로 사용하지 말아야 한다.

```
"Title 1","Title 2","Title 3"
1,"first line
second line",08/18/07
```

입력값의 필드에 포함된 줄 바꿈 문자는 파서에 의해 반환되는 경우에도 그 자리를 그대로 유지한다.

```
$ python3 csv_reader.py testlinebreak.csv

['Title 1', 'Title 2', 'Title 3']
['1', 'first line\nsecond line', '08/18/07']
```

7.6.2 쓰기

CSV 파일 쓰기는 읽기와 동일하다. writer()로 쓰기 객체를 생성하고 writerow()로 열을 순환하며 출력한다.

리스트 7.66: csv_writer.py

```python
import csv
import sys

unicode_chars = 'å∫ç'

with open(sys.argv[1], 'wt') as f:
    writer = csv.writer(f)
    writer.writerow(('Title 1', 'Title 2', 'Title 3', 'Title 4'))
    for i in range(3):
        row = (
            i + 1,
            chr(ord('a') + i),
            '08/{:02d}/07'.format(i + 1),
            unicode_chars[i],
        )
        writer.writerow(row)

print(open(sys.argv[1], 'rt').read())
```

결괏값은 읽기 예제에서 사용한 데이터와 정확히 일치하지는 않는다. 이는 일부 값 주변에 따옴표가 없기 때문이다.

```
$ python3 csv_writer.py testout.csv

Title 1,Title 2,Title 3,Title 4
1,a,08/01/07,å
2,b,08/02/07,∫
3,c,08/03/07,ç
```

7.6.2.1 인용구

따옴표로 감싸주는 기능의 기본 설정은 라이터^{writer}에 따라 다르기 때문에 앞 예제의 두 번째와 세 번째 행에 따옴표가 사용되지 않았다. 따옴표를 넣어주려면 quoting 인자에 하나의 모드를 설정해야 한다.

```python
writer = csv.writer(f, quoting=csv.QUOTE_NONNUMERIC)
```

이 경우에 QUOTE_NONNUMERIC을 더해 숫자가 아닌 모든 값을 인용 처리하게 했다.

```
$ python3 csv_writer_quoted.py testout_quoted.csv

"Title 1","Title 2","Title 3","Title 4"
1,"a","08/01/07","å"
2,"b","08/02/07","∫"
3,"c","08/03/07","ç"
```

인용구 모드에는 네 가지가 있으며, csv 모듈에 상수로 정의돼 있다.

- QUOTE_ALL: 타입에 상관없이 인용 처리한다.

- QUOTE_MINIMAL: 특별한 문자가 있는 필드(같은 옵션이나 다이얼렉트dialect로 이뤄져 있어 파서가 혼동할 수 있는 모든 문자)에 대해서만 인용 처리한다. 이 옵션이 기본 설정이다.

- QUOTE_NONNUMERIC: 정수나 부동소수점 수가 아닌 모든 필드를 인용 처리한다. 리더에서 읽을 때 인용 처리가 되지 않는 부분은 부동소수점 수로 변환한다.

- QUOTE_NONE: 어떤 필드도 인용 처리하지 않는다. 리더에서 읽을 때 인용 처리된 문자는 필드 값에 포함한다(일반적으로 구분자로 취급되고 잘라낸다).

7.6.3 다이얼렉트

쉼표로 구분된 값 파일에 대해 정확히 표준이 정의된 바는 없다. 따라서 파서의 동작이 유연해야 한다. 유연함을 위해 csv가 파싱이나 데이터를 쓰는 방식을 조절하는 많은 매개변수가 있다. 리더와 라이터에 이런 매개변수를 개별적으로 전달하는 대신 dialect 객체에 그룹지어 사용한다.

다이얼렉트 클래스는 이름으로 등록돼 csv 모듈을 호출하는 측에서 매개변수를 미리 알 필요가 없다. 등록돼 있는 모든 다이얼렉트의 리스트는 list_dialects()를 통해 얻어 온다.

리스트 7.67: csv_list_dialects.py

```
import csv
print(csv.list_dialects())
```

표준 라이브러리에는 excel, excel-tabs, unix라는 세 가지 다이얼렉트가 있다. excel은 마이크로소프트 엑셀에서 추출한 데이터를 다룰 때 사용하며, LibreOffice(www.libreoffice.org)에서도 동작한다. unix 다이얼렉트는 모든 필드를 큰 따옴표로 묶고 \n을 레코드 구분 기호로 사용한다.

```
$ python3 csv_list_dialects.py

['excel', 'excel-tab', 'unix']
```

7.6.3.1 다이얼렉트 생성

쉼표 대신 다음 예제 같은 파이프 문자(|)를 구분자로 사용하는 경우를 생각해보자. 적절한 구분자를 사용해서 새 다이얼렉트를 등록할 수 있다.

```
"Title 1"|"Title 2"|"Title 3"
1|"first line
second line"|08/18/07
```

리스트 7.68: csv_dialect.py

```
import csv

csv.register_dialect('pipes', delimiter='|')

with open('testdata.pipes', 'r') as f:
    reader = csv.reader(f, dialect='pipes')
    for row in reader:
        print(row)
```

pipes 다이얼렉트를 사용하면 쉼표를 구분자로 사용한 파일과 동일하게 읽어 올 수 있다.

```
$ python3 csv_dialect.py

['Title 1', 'Title 2', 'Title 3']
['1', 'first line\nsecond line', '08/18/07']
```

7.6.3.2 다이얼렉트 매개변수

다이얼렉트 파싱이나 파일에 쓸 때 사용하는 모든 토큰을 지정한다. 표 7.3은 지정할 수 있는 파일 형식을 보여준다(열이 토큰을 이스케이프하는 데 사용된 문자로 구분되는 방식으로).

표 7.3: csv 다이얼렉트 매개변수

속성	기본값	의미
delimiter	,	필드 구분자(한 문자)
doublequote	True	quotechar 인스턴스를 쌍으로 쓸지 지정하는 플래그
escapechar	None	이스케이프 시퀀스를 지시하기 위한 문자
lineterminator	\r\n	줄의 마지막을 가리키는 문자열
quotechar	"	특별한 값을 가진 필드를 감싸주는 문자(한 문자)
quoting	QUOTE_MINIMAL	앞서 설명한 인용 기능을 조절
skipinitialspace	False	필드 구분자 다음에 오는 공백을 무시

리스트 7.69: csv_dialect_variations.py

```
import csv
import sys

csv.register_dialect('escaped',
                     escapechar='\\',
                     doublequote=False,
                     quoting=csv.QUOTE_NONE,
                     )
csv.register_dialect('singlequote',
```

```
                    quotechar="'",
                    quoting=csv.QUOTE_ALL,
                    )

quoting_modes = {
    getattr(csv, n): n
    for n in dir(csv)
    if n.startswith('QUOTE_')
}

TEMPLATE = '''\
Dialect: "{name}"

delimiter   = {dl!r:<6}   skipinitialspace = {si!r}
doublequote = {dq!r:<6}   quoting          = {qu}
quotechar   = {qc!r:<6}   lineterminator   = {lt!r}
escapechar  = {ec!r:<6}
'''

for name in sorted(csv.list_dialects()):
    dialect = csv.get_dialect(name)

    print(TEMPLATE.format(
        name=name,
        dl=dialect.delimiter,
        si=dialect.skipinitialspace,
        dq=dialect.doublequote,
        qu=quoting_modes[dialect.quoting],
        qc=dialect.quotechar,
        lt=dialect.lineterminator,
        ec=dialect.escapechar,
    ))

    writer = csv.writer(sys.stdout, dialect=dialect)
    writer.writerow(
        ('col1', 1, '10/01/2010',
         'Special chars: " \' {} to parse'.format(dialect.delimiter))
    )
    print()
```

이 프로그램은 같은 데이터가 다이얼렉트에 따라 어떻게 표시되는지 보여준다.

```
$ python3 csv_dialect_variations.py

Dialect: "escaped"

    delimiter    = ','        skipinitialspace = 0
    doublequote = 0           quoting          = QUOTE_NONE
    quotechar    = '"'        lineterminator   = '\r\n'
    escapechar   = '\\'

col1,1,10/01/2010,Special chars: \" ' \, to parse

Dialect: "excel"

    delimiter    = ','        skipinitialspace = 0
    doublequote = 1           quoting          = QUOTE_MINIMAL
    quotechar    = '"'        lineterminator   = '\r\n'
    escapechar   = None

col1,1,10/01/2010,"Special chars: "" ' , to parse"

Dialect: "excel-tab"

    delimiter    = '\t'       skipinitialspace = 0
    doublequote = 1           quoting          = QUOTE_MINIMAL
    quotechar    = '"'        lineterminator   = '\r\n'
    escapechar   = None

col1    1       10/01/2010      "Special chars: "" '    to parse"

Dialect: "singlequote"

    delimiter    = ','        skipinitialspace = 0
    doublequote = 1           quoting          = QUOTE_ALL
    quotechar    = "'"        lineterminator   = '\r\n'
    escapechar   = None

'col1','1','10/01/2010','Special chars: " '' , to parse'

Dialect: "unix"

    delimiter    = ','        skipinitialspace = 0
    doublequote = 1           quoting          = QUOTE_ALL
    quotechar    = '"'        lineterminator   = '\n'
    escapechar   = None

"col1","1","10/01/2010","Special chars: "" ' , to parse"
```

7.6.3.3 다이얼렉트 자동 감지

입력 파일을 파싱하고자 다이얼렉트를 구성하는 최선의 방법은 올바른 설정을 미리 알고 있는 것이다. 다이얼렉트 매개변수가 알려지지 않은 데이터에 대해서는 Sniffer 클래스로 학습된 추측을 만들어낸다. sniff() 메서드는 입력 데이터에 대한 샘플을 받고 가능성 있는 구분 문자를 인자로 받을 수 있다.

리스트 7.70: csv_dialect_sniffer.py

```python
import csv
from io import StringIO
import textwrap

csv.register_dialect('escaped',
                     escapechar='\\',
                     doublequote=False,
                     quoting=csv.QUOTE_NONE)
csv.register_dialect('singlequote',
                     quotechar="'",
                     quoting=csv.QUOTE_ALL)

# 모든 알려진 다이얼렉트에 대해 샘플 데이터를 생성한다.
samples = []
for name in sorted(csv.list_dialects()):
    buffer = StringIO()
    dialect = csv.get_dialect(name)
    writer = csv.writer(buffer, dialect=dialect)
    writer.writerow(
        ('col1', 1, '10/01/2010',
         'Special chars " \' {} to parse'.format(dialect.delimiter))
    )
    samples.append((name, dialect, buffer.getvalue()))

# 주어진 샘플에 대해 다이얼렉트를 추정하고 결과를 사용해 데이터를 파싱한다.
sniffer = csv.Sniffer()
for name, expected, sample in samples:
    print('Dialect: "{}"'.format(name))
    print('In: {}'.format(sample.rstrip()))
    dialect = sniffer.sniff(sample, delimiters=',\t')
    reader = csv.reader(StringIO(sample), dialect=dialect)
    print('Parsed:\n  {}\n'.format('\n  '.join(repr(r) for r in next(reader))))
```

sniff()는 데이터를 파싱할 때 사용한 설정이 있는 **Dialect** 인스턴스를 반환한다. 예제의 이스케이프된[escaped] 다이얼렉트에서 볼 수 있듯이 결과가 언제나 완벽하지는 않다.

```
$ python3 csv_dialect_sniffer.py

Dialect: "escaped"
In: col1,1,10/01/2010,Special chars \" ' \, to parse
Parsed:
    'col1'
    '1'
    '10/01/2010'
    'Special chars \\" \' \\'
    ' to parse'

Dialect: "excel"
In: col1,1,10/01/2010,"Special chars "" ' , to parse"
Parsed:
    'col1'
    '1'
    '10/01/2010'
    'Special chars " \' , to parse'

Dialect: "excel-tab"
In: col1      1       10/01/2010      "Special chars "" '     to parse"
Parsed:
    'col1'
    '1'
    '10/01/2010'
    'Special chars " \' \t to parse'

Dialect: "singlequote"
In: 'col1','1','10/01/2010','Special chars " '' , to parse'
Parsed:
    'col1'
    '1'
    '10/01/2010'
    'Special chars " \' , to parse'

Dialect: "unix"
In: "col1","1","10/01/2010","Special chars "" ' , to parse"
Parsed:
    'col1'
```

```
'1'
'10/01/2010'
'Special chars " \' , to parse'
```

7.6.4 필드명 사용

csv 모듈에는 연속된 데이터를 다루는 기능 외에 열을 딕셔너리형으로 사용하는 기능
도 있어 필드에 이름을 붙일 수 있다. DictReader와 DictWriter 클래스는 열을 리스트
가 아닌 딕셔너리형으로 변환한다. 딕셔너리 키는 전달받거나 입력값의 첫 번째 열에
서 유추할 수 있다(열에 헤더가 포함된 경우).

리스트 7.71: csv_dictreader.py

```python
import csv
import sys

with open(sys.argv[1], 'rt') as f:
    reader = csv.DictReader(f)
    for row in reader:
        print(row)
```

딕셔너리형에 기반을 둔 리더와 라이터는 시퀀스 기반 클래스를 감싸 구현했고, 동일
한 메서드와 인자를 사용한다. 리더 API의 유일한 차이점은 열이 리스트나 튜플이 아
닌 딕셔너리형으로 반환된다는 점이다.

```
$ python3 csv_dictreader.py testdata.csv

{'Title 2': 'a', 'Title 3': '08/18/07', 'Title 4': 'å', 'Title 1': '1'}
{'Title 2': 'b', 'Title 3': '08/19/07', 'Title 4': '∫', 'Title 1': '2'}
{'Title 2': 'c', 'Title 3': '08/20/07', 'Title 4': 'ç', 'Title 1': '3'}
```

DictWriter는 반드시 필드명 리스트를 받아야만 결괏값 행의 순서를 어떻게 정할지 알
수 있다.

리스트 7.72: csv_dictwriter.py

```python
import csv
import sys

fieldnames = ('Title 1', 'Title 2', 'Title 3', 'Title 4')
headers = {
    n: n
    for n in fieldnames
}
unicode_chars = 'åʃç'

with open(sys.argv[1], 'wt') as f:
    writer = csv.DictWriter(f, fieldnames=fieldnames)
    writer.writeheader()

    for i in range(3):
        writer.writerow({
            'Title 1': i + 1,
            'Title 2': chr(ord('a') + i),
            'Title 3': '08/{:02d}/07'.format(i + 1),
            'Title 4': unicode_chars[i],
        })

print(open(sys.argv[1], 'rt').read())
```

필드명이 파일에 자동으로 기록되지는 않기 때문에 **writeheader()** 메서드를 사용해 명시적으로 써야 한다.

```
$ python3 csv_dictwriter.py testout.csv

Title 1,Title 2,Title 3,Title 4
1,a,08/01/07,å
2,b,08/02/07,ʃ
3,c,08/03/07,ç
```

팁 – 참고 자료

- csv 표준 라이브러리 문서: https://docs.python.org/3.5/library/csv.html
- PEP 305: CSV 파일 API(www.python.org/dev/peps/pep-0305)
- csv에 대한 파이썬 2에서 3으로의 포팅 노트

8
데이터 압축과 보관

현대 컴퓨터 시스템의 저장 공간 크기는 계속 늘고 있지만 생성되는 데이터의 용량은 줄지 않고 있다. 무손실^{lossless} 압축 알고리즘은 데이터를 압축하고 해제하는 데 드는 시간을 포기함으로써 저장하는 데 필요한 공간을 확보하는 식으로 부족한 용량을 보충한다. 파이썬에는 잘 알려진 압축 라이브러리가 기본으로 제공되기 때문에 파일을 읽거나 쓰는 작업이 가능하다.

zlib과 gzip은 GNU Zip 라이브러리를 드러내고, bz2는 더 최근 형식인 bzip2에 대한 접근 기능을 제공한다. 두 형식 모두 입력값 형식에 관련 없이 데이터의 스트림에 작업하며, 압축 파일을 읽거나 쓰는 인터페이스를 제공한다. 파일 하나 혹은 데이터 소스를 압축할 때 이런 모듈을 사용한다.

또한 표준 라이브러리는 여러 파일을 하나의 파일로 합쳐 관리할 수 있게 하는 저장소 ^{archive} 모듈을 포함하고 있다. tarfile은 오래된 표준이지만 유연성 때문에 아직도 많이 사용하는 유닉스 테이프 포맷을 읽거나 쓴다. zipfile은 PC 프로그램 PKZIP으로 유명해진 포맷에 기반을 두고 보관 작업을 한다. 기본적으로 MS-DOS와 윈도우에서 사용했었지만, API의 이식성이 좋고 간단하기 때문에 요즘은 다른 플랫폼에서도 사용한다.

8.1 zlib: GNU zlib 압축

zlib 모듈은 GNU 프로젝트의 zlib 압축 라이브러리 함수에 대한 저수준 인터페이스를 제공한다.

8.1.1 메모리 내부의 데이터 작업

zlib을 다루는 가장 쉬운 방법은 모든 데이터의 압축과 해제를 메모리 내부에서 해결하는 것이다.

리스트 8.1: zlib_memory.py

```
import zlib
import binascii

original_data = b'This is the original text.'
print('Original     :', len(original_data), original_data)

compressed = zlib.compress(original_data)
print('Compressed   :', len(compressed), binascii.hexlify(compressed))

decompressed = zlib.decompress(compressed)
print('Decompressed :', len(decompressed), decompressed)
```

compress()와 decompress() 함수는 둘 다 바이트 시퀀스byte sequence 인자를 받고 바이트 시퀀스를 반환한다.

```
$ python3 zlib_memory.py

Original     : 26 b'This is the original text.'
Compressed   : 32 b'789c0bc9c82c5600a2928c5485fca2ccf4ccbcc41c85
92d48a123d007f2f097e'
Decompressed : 26 b'This is the original text.'
```

앞의 예제를 보자. 텍스트가 짧을 때 압축 후의 문자열이 이전 버전보다 더 커질 수도 있음을 보여준다. 실제 결괏값은 입력 데이터에 의존하지만, 텍스트가 짧은 경우 압축 오버헤드가 발생하는 부분이 흥미롭다.

리스트 8.2: zlib_lengths.py

```
import zlib

original_data = b'This is the original text.'

template = '{:>15}  {:>15}'
```

```
print(template.format('len(data)', 'len(compressed)'))
print(template.format('-' * 15, '-' * 15))

for i in range(5):
    data = original_data * i
    compressed = zlib.compress(data)
    highlight = '*' if len(data) < len(compressed) else ''
    print(template.format(len(data), len(compressed)), highlight)
```

결괏값의 * 표시는 압축 후의 데이터 크기가 더 커졌음을 의미한다.

```
$ python3 zlib_lengths.py

      len(data) len(compressed)
--------------- ---------------
              0               8 *
             26              32 *
             52              35
             78              35
            104              36
```

zlib은 여러 가지 다른 압축 레벨을 지원해 계산 비용과 용량 절약 사이의 밸런스를 맞
춰준다. 기본 압축 레벨인 zlib.Z_DEFAULT_COMPRESSION 값은 -1인데, 성능과 압축률의
절충안을 반영한 하드코딩된 값이 된다. 여기서는 레벨 6에 대응한다.

리스트 8.3: lib_compresslevel.py

```
import zlib

input_data = b'Some repeated text.\n' * 1024
template = '{:>5}  {:>5}'

print(template.format('Level', 'Size'))
print(template.format('-----', '----'))

for i in range(0, 10):
    data = zlib.compress(input_data, i)
    print(template.format(i, len(data)))
```

레벨 0은 무압축을 뜻한다. 레벨 9는 가장 많은 연산을 필요로 하고 가장 작은 결과물을 만든다. 예제에서 볼 수 있듯이 원본을 다양한 압축 레벨로 적용해도 동일한 크기의 결과물을 얻을 수도 있다.

```
$ python3 zlib_compresslevel.py

Level   Size
-----   ----
    0  20491
    1    172
    2    172
    3    172
    4     98
    5     98
    6     98
    7     98
    8     98
    9     98
```

8.1.2 증분 압축과 해제

인메모리 방식은 실제 압축 알고리즘으로 사용하기엔 부적절한 단점이 있다. 그중 가장 큰 문제는 압축하기 전과 후의 버전을 동시에 메모리에 담아둬야 하기 때문에 시스템에 너무 많은 메모리를 요구한다는 점이다. 대안으로 Compress와 Decompress 객체가 데이터를 증분으로 다루는 방식을 사용하면 모든 데이터를 메모리에 담아둘 필요가 없다.

리스트 8.4: zlib_incremental.py

```python
import zlib
import binascii

compressor = zlib.compressobj(1)

with open('lorem.txt', 'rb') as input:
    while True:
        block = input.read(64)
        if not block:
```

```
                break
        compressed = compressor.compress(block)
        if compressed:
            print('Compressed: {}'.format(binascii.hexlify(compressed)))
        else:
            print('buffering...')
    remaining = compressor.flush()
    print('Flushed: {}'.format(binascii.hexlify(remaining)))
```

이 예제는 텍스트 파일의 작은 블록을 읽고 compress()에 전달한다. 압축기는 압축된
데이터를 내부 버퍼에 보관한다. 이 압축 알고리즘은 체크섬과 최소 블록 크기에 의존
하기 때문에 데이터를 입력 받을 때마다 반환할 준비가 돼 있지 않을 수도 있다. 압축
데이터가 준비되지 않은 경우 빈 문자열을 반환한다. 모든 데이터가 채워졌을 때에는
flush() 메서드를 이용해 강제로 마지막 블록을 닫고 압축된 데이터를 반환하게 한다.

```
$ python3 zlib_incremental.py

Compressed: b'7801'
buffering...
buffering...
buffering...
buffering...
buffering...
Flushed: b'55904b6ac4400c44f73e451da0f129b20c2110c85e696b8c40dde
dd167ce1f7915025a087daa9ef4be8c07e4f21c38962e834b800647435fd3b90
747b2810eb9c4bbcc13ac123bded6e4bef1c91ee40d3c6580e3ff52aad2e8cb2
eb6062dad74a89ca904cbb0f2545e0db4b1f2e01955b8c511cb2ac08967d228a
f1447c8ec72e40c4c714116e60cdef171bb6c0feaa255dff1c507c2c4439ec96
05b7e0ba9fc54bae39355cb89fd6ebe5841d673c7b7bc68a46f575a312eebd22
0d4b32441bdc1b36ebf0aedef3d57ea4b26dd986dd39af57dfb05d32279de'
```

8.1.3 혼합 콘텐츠 스트림

decompressobj()가 반환하는 Decompress 클래스는 압축된 데이터와 비압축 데이터가
혼합mixed될 때에도 사용할 수 있다.

```python
import zlib

lorem = open('lorem.txt', 'rb').read()
compressed = zlib.compress(lorem)
combined = compressed + lorem

decompressor = zlib.decompressobj()
decompressed = decompressor.decompress(combined)

decompressed_matches = decompressed == lorem
print('Decompressed matches lorem:', decompressed_matches)

unused_matches = decompressor.unused_data == lorem
print('Unused data matches lorem :', unused_matches)
```

모든 데이터를 압축 해제한 후 **unused_data** 속성은 사용되지 않은 모든 데이터를 포함한다.

```
$ python3 zlib_mixed.py

Decompressed matches lorem: True
Unused data matches lorem : True
```

8.1.4 체크섬

압축과 해제 함수뿐 아니라 zlib은 데이터 체크섬을 계산하는 두 함수 adler32()와 crc32()도 제공한다. 두 함수 모두 보안상 안전한 방식은 아니고, 오직 데이터 무결성 검사를 위해서만 사용해야 한다.

리스트 8.6: zlib_checksums.py

```python
import zlib

data = open('lorem.txt', 'rb').read()
cksum = zlib.adler32(data)
print('Adler32: {:12d}'.format(cksum))
print('        : {:12d}'.format(zlib.adler32(data, cksum)))
```

```
cksum = zlib.crc32(data)
print('CRC-32 : {:12d}'.format(cksum))
print('        : {:12d}'.format(zlib.crc32(data, cksum)))
```

두 함수 모두 같은 인자를 받는다. 하나는 데이터를 포함하는 문자열이고 다른 하나는
체크섬의 시작 위치인데, 이는 옵션이다. 이 함수는 부호가 있는 32비트 정수 값을 반
환하는데, 뒤이은 호출에서 시작 위치를 지정하는 인자로 사용해 러닝^{running} 체크섬을
생성할 수 있다.

```
$ python3 zlib_checksums.py

Adler32:   3542251998
      :    669447099
CRC-32 :   3038370516
      :    2870078631
```

8.1.5 네트워크 데이터 압축

다음 열거하는 서버는 파일명으로 이뤄진 요청에 응답하는 방법으로 스트림 압축기를 사
용한다. 이때 클라이언트와 통신하고자 사용하는 소켓 쪽으로 압축된 파일명을 기록한다.

리스트 8.7: zlib_server.py

```python
import zlib
import logging
import socketserver
import binascii

BLOCK_SIZE = 64

class ZlibRequestHandler(socketserver.BaseRequestHandler):

    logger = logging.getLogger('Server')

    def handle(self):
        compressor = zlib.compressobj(1)

        # 클라이언트가 어떤 파일을 원하는지 찾는다.
```

```python
            filename = self.request.recv(1024).decode('utf-8')
            self.logger.debug('client asked for: %r', filename)

            # 압축되는 대로 파일 조각을 전송한다.
            with open(filename, 'rb') as input:
                while True:
                    block = input.read(BLOCK_SIZE)
                    if not block:
                        break
                    self.logger.debug('RAW %r', block)
                    compressed = compressor.compress(block)
                    if compressed:
                        self.logger.debug('SENDING %r', binascii.hexlify(compressed))
                        self.request.send(compressed)
                    else:
                        self.logger.debug('BUFFERING')

            # 압축기에 의해 버퍼되는 모든 데이터를 전송한다.
            remaining = compressor.flush()
            while remaining:
                to_send = remaining[:BLOCK_SIZE]
                remaining = remaining[BLOCK_SIZE:]
                self.logger.debug('FLUSHING %r', binascii.hexlify(to_send))
                self.request.send(to_send)
            return


if __name__ == '__main__':
    import socket
    import threading
    from io import BytesIO

    logging.basicConfig(level=logging.DEBUG, format='%(name)s: %(message)s', )
    logger = logging.getLogger('Client')

    # 별도의 스레드에서 작동하며, 서버를 초기화한다.
    address = ('localhost', 0)  # let the kernel assign a port
    server = socketserver.TCPServer(address, ZlibRequestHandler)
    ip, port = server.server_address  # what port was assigned?

    t = threading.Thread(target=server.serve_forever)
    t.setDaemon(True)
    t.start()

    # 클라이언트로 서버에 접속한다.
```

```
logger.info('Contacting server on %s:%s', ip, port)
s = socket.socket(socket.AF_INET, socket.SOCK_STREAM)
s.connect((ip, port))

# 파일을 요청한다.
requested_file = 'lorem.txt'
logger.debug('sending filename: %r', requested_file)
len_sent = s.send(requested_file.encode('utf-8'))

# 응답을 받는다.
buffer = BytesIO()
decompressor = zlib.decompressobj()
while True:
    response = s.recv(BLOCK_SIZE)
    if not response:
        break
    logger.debug('READ %r', binascii.hexlify(response))

    # 압축 해제기를 피딩할 때 미사용된 모든 데이터를 포함한다.
    to_decompress = decompressor.unconsumed_tail + response
    while to_decompress:
        decompressed = decompressor.decompress(to_decompress)
        if decompressed:
            logger.debug('DECOMPRESSED %r', decompressed)
            buffer.write(decompressed)
            # 버퍼 오버플로로 인해 소비되지 않은 데이터를 찾는다.
            to_decompress = decompressor.unconsumed_tail
        else:
            logger.debug('BUFFERING')
            to_decompress = None

# decompressor 버퍼 내에 잔여 데이터를 처리한다.
remainder = decompressor.flush()
if remainder:
    logger.debug('FLUSHED %r', remainder)
    buffer.write(remainder)

full_response = buffer.getvalue()
lorem = open('lorem.txt', 'rb').read()
logger.debug('response matches file contents: %s', full_response == lorem)

# 정리한다.
s.close()
```

```
server.socket.close()
```

다음 예제에서는 compress()나 decompress()의 결과가 하나의 온전한 데이터 블록으로 나오지 않는 경우 버퍼링이 발생하는 것을 보여주고자 인위적인 덩어리^{artificial chunking}를 사용했다.

클라이언트는 소켓에 접속해 파일을 요청한다. 그리고 반복문을 돌며 압축된 데이터를 받는다. 블록에는 압축 해제를 위한 충분한 정보가 담겨있지 않을 수 있으므로 미리 전송받은 데이터는 새 데이터와 합쳐 압축 해제기^{decompressor}에 전달한다. 압축이 해제되면 버퍼에 추가되고, 반복 작업이 종료될 때 파일 내용과 비교된다.

> **경고**
>
> 이 서버는 보안상 문제가 있다. 개방 인터넷 시스템이나 보안이 이슈가 되는 경우 사용하지 말자.

```
$ python3 zlib_server.py

Client: Contacting server on 127.0.0.1:53658
Client: sending filename: 'lorem.txt'
Server: client asked for: 'lorem.txt'
Server: RAW b'Lorem ipsum dolor sit amet, consectetuer adipiscing elit. Donec\n'
Server: SENDING b'7801'
Server: RAW b'egestas, enim et consectetuer ullamcorper, lectus ligula rutrum '
Server: BUFFERING
Server: RAW b'leo, a\nelementum elit tortor eu quam. Duis tincidunt nisi ut ant'
Server: BUFFERING
Server: RAW b'e. Nulla\nfacilisi. Sed tristique eros eu libero. Pellentesque ve'
Server: BUFFERING
Server: RAW b'l arcu. Vivamus\npurus orci, iaculis ac, suscipitsit amet, pulvi'
Client: READ b'7801'
Client: BUFFERING
Server: BUFFERING
Server: RAW b'nar eu,\nlacus.\n'
Server: BUFFERING
Server: FLUSHING b'55904b6ac4400c44f73e451da0f129b20c2110c85e696b8c40ddedd167ce1f7915025a
87aa9ef4be8c07e4f21c38962e834b800647435fd3b90747b2810eb9'
Server: FLUSHING b'c4bbcc13ac123bded6e4bef1c91ee40d3c6580e3^f52aad2e8cb2eb6062dad74a89ca9
4cbb0f2545e0db4b1f2e01955b8c511cb2ac08967d228af1447c8ec72'
```

```
Client: READ b'55904b6ac4400c44f73e451da0f129b20c2110c85e696b8c40ddedd167ce1f7915025a087d
aa9ef4be8c07e4f21c38962e834b800647435fd3b90747b2810eb9'
Server: FLUSHING b'e40c4c714116e60cdef171bb6c0feaa255dff1c507c2c4439ec9605b7e0ba9fc54bae3
9355cb89fd6ebe5841d673c7b7bc68a46f575a312eebd220d4b32441bd'
Client: DECOMPRESSED b'Lorem ipsum dolor sit amet, consectetueradi'
Client: READ b'c4bbcc13ac123bded6e4bef1c91ee40d3c6580e3ff52aad2e8cb2eb6062dad74a89ca904cb
b0f2545e0db4b1f2e01955b8c511cb2ac08967d228af1447c8ec72'
Client: DECOMPRESSED b'piscing elit. Donec\negestas, enim et consectetuer ullamcorper, lectus
ligula rutrum leo, a\nelementum elit tortor eu quam. Duis tinci'
Client: READ b'e40c4c714116e60cdef171bb6c0feaa255dff1c507c2c4439ec9605b7e0ba9fc54bae39355c
b89fd6ebe5841d673c7b7bc68a46f575a312eebd220d4b32441bd'
Client: DECOMPRESSED b'dunt nisi ut ante. Nulla\nfacilisi. Sed tristique eros eu libero.
Pellentesque vel arcu. Vivamus\npurus orci, iaculis ac'
Server: FLUSHING b'c1b36ebf0aedef3d57ea4b26dd986dd39af57dfb05d32279de'
Client: READ b'c1b36ebf0aedef3d57ea4b26dd986dd39af57dfb05d32279de'
Client: DECOMPRESSED b', suscipit sit amet, pulvinar eu,\nlacus. \n'
Client: response matches file contents: True
```

팁 – 참고 자료

- zlib 표준 라이브러리 문서: https://docs.python.org/3.5/library/zlib.html
- gzip: gzip 모듈은 zlib 라이브러리용 고수준(파일 유사) 인터페이스를 포함한다.
- zlib: A Massively Spiffy Yet Delicately Unobtrusive Compression library(www.zlib.net): zlib 라이브러리 홈페이지
- zlib 1.2.11 Manual(www.zlib.net/manual.html): 완벽 zlib 문서
- bz2: bz2 모듈은 bzip2 압축 라이브러리와 비슷한 인터페이스를 제공한다.

8.2 gzip: GNU zip 파일 읽고 쓰기

gzip 모듈은 데이터를 압축하고 해제할 때 zlib을 사용해 GNU zip 파일 유사 인터페이스를 제공한다.

8.2.1 압축된 파일 쓰기

모듈 레벨 함수인 open()은 파일 유사 클래스 GzipFile의 인스턴스를 만든다. 데이터를 읽고 쓰는 일반 메서드를 제공한다.

리스트 8.8: gzip_write.py

```python
import gzip
import io
import os

outfilename = 'example.txt.gz'

with gzip.open(outfilename, 'wb') as output:
    with io.TextIOWrapper(output, encoding='utf-8') as enc:
        enc.write('Contents of the example file go here.\n')

print(outfilename, 'contains', os.stat(outfilename).st_size,'bytes')
os.system('file -b --mime {}'.format(outfilename))
```

압축 파일에 데이터를 쓰려면 파일을 **'wb'** 모드로 연다. 이 예제는 io 모듈의 TextIOWrapper 를 사용해 GzipFile을 래핑해서 유니코드 텍스트를 압축에 적합한 바이트로 인코딩한다.

```
$ python3 gzip_write.py

application/x-gzip; charset=binary
example.txt.gz contains 75 bytes
```

압축 강도는 compresslevel 인자로 결정할 수 있다. 범위는 0에서 9까지며, 값이 작을수록 압축 속도가 빠르지만 압축량이 적고, 높을수록 속도는 느리지만 더 많이 압축된다.

리스트 8.9: gzip_compresslevel.py

```python
import gzip
import io
import os
import hashlib

def get_hash(data):
    return hashlib.md5(data).hexdigest()

data = open('lorem.txt', 'r').read() * 1024
cksum = get_hash(data.encode('utf-8'))

print('Level    Size        Checksum')
print('-----    ----------  --------------------------------')
```

```
print('data    {:>10}  {}'.format(len(data), cksum))

for i in range(0, 10):
    filename = 'compress-level-{}.gz'.format(i)
    with gzip.open(filename, 'wb', compresslevel=i) as output:
        with io.TextIOWrapper(output, encoding='utf-8') as enc:
            enc.write(data)
    size = os.stat(filename).st_size
    cksum = get_hash(open(filename, 'rb').read())
    print('{:>5d}  {:>10d}  {}'.format(i, size, cksum))
```

결괏값의 가운데 보이는 숫자가 입력값을 압축한 파일의 최종 크기를 나타낸다. 이 입력 데이터의 경우에는 무조건 높은 값을 지정한다고 해서 저장 공간이 계속 줄어들지는 않았다. 결과는 입력 데이터에 따라 달라진다.

```
$ python3 gzip_compresslevel.py

Level  Size        Checksum
-----  ----------  --------------------------------
 data      754688  e4c0f9433723971563f08a458715119c
    0      754848  7f050dafb281c7b9d30e5fccf4e0cf19
    1        9846  3b1708684b3655d136b8dca292f5bbba
    2        8267  48ceb436bf10bc6bbd60489eb285de27
    3        8227  4217663bf275f4241a8b73b1a1cfd734
    4        4167  1a5d9b968520d64ed10a4c125735d8b4
    5        4167  90d85bf6457c2eaf20307deb90d071c6
    6        4167  1798ac0cbd77d79973efd8e222bf85d8
    7        4167  7fe834b01c164a14c2d2d8e5560402e6
    8        4167  03795b47b899384cdb95f99c1b7f9f71
    9        4167  a33be56e455f8c787860f23c3b47b6f1
```

GzipFile 인스턴스에는 writelines() 메서드가 있어 문자열 쓰기를 할 수 있다.

리스트 8.10: gzip_writelines.py

```
import gzip
import io
import itertools
```

```
import os

with gzip.open('example_lines.txt.gz', 'wb') as output:
    with io.TextIOWrapper(output, encoding='utf-8') as enc:
        enc.writelines(itertools.repeat('The same line, over and over.\n', 10))

os.system('gzcat example_lines.txt.gz')
```

일반 파일에 대해서는 입력 줄에 줄 바꿈 문자가 포함돼야 한다.

```
$ python3 gzip_writelines.py

The same line, over and over.
The same line, over and over.
The same line, over and over.
The same line, over and over.
The same line, over and over.
The same line, over and over.
The same line, over and over.
The same line, over and over.
The same line, over and over.
The same line, over and over.
```

8.2.2 압축된 데이터 읽기

이미 압축된 데이터를 읽으려면 파일을 이진 읽기('rb') 모드로 열어 줄 끝을 나타내는 텍스트 기반 해석이나 유니코드 디코딩이 수행되지 않게 해야 한다.

리스트 8.11: gzip_read.py

```
import gzip
import io

with gzip.open('example.txt.gz', 'rb') as input_file:
    with io.TextIOWrapper(input_file, encoding='utf-8') as dec:
        print(dec.read())
```

이 예제는 앞서 작성했던 gzip_write.py 예제로 생성한 파일을 읽는다. 압축 해제 후

텍스트 디코딩을 하고자 `TextIOWrapper`를 사용한다.

```
$ python3 gzip_read.py

Contents of the example file go here.
```

파일을 읽는 동안 특정 위치로 이동해 일부분만 읽을 수도 있다.

리스트 8.12: gzip_seek.py

```python
import gzip

with gzip.open('example.txt.gz', 'rb') as input_file:
    print('Entire file:')
    all_data = input_file.read()
    print(all_data)
    expected = all_data[5:15]

    # 처음으로 이동
    input_file.seek(0)

    # 앞쪽으로 5바이트 이동
    input_file.seek(5)
    print('Starting at position 5 for 10 bytes:')
    partial = input_file.read(10)
    print(partial)

    print()
    print(expected == partial)
```

`seek()` 위치는 압축되지 않은 데이터의 상대 위치에 대응하기 때문에 호출하는 측에서 데이터 파일의 압축 여부를 알 필요는 없다.

```
$ python3 gzip_seek.py

Entire file:
b'Contents of the example file go here.\n'
Starting at position 5 for 10 bytes:
b'nts of the'

True
```

8.2.3 스트림 작업

GzipFile 클래스는 다른 타입의 데이터 스트림을 감싸 압축을 사용하게 할 수 있다. 이 기능은 데이터를 소켓이나 (미리 열린) 파일 핸들을 통해 전송하는 경우에 유용하다. StringIO 버퍼도 사용할 수 있다.

리스트 8.13: gzip_BytesIO.py

```python
import gzip
from io import BytesIO
import binascii

uncompressed_data = b'The same line, over and over.\n' * 10
print('UNCOMPRESSED:', len(uncompressed_data))
print(uncompressed_data)

buf = BytesIO()
with gzip.GzipFile(mode='wb', fileobj=buf) as f:
    f.write(uncompressed_data)

compressed_data = buf.getvalue()
print('COMPRESSED:', len(compressed_data))
print(binascii.hexlify(compressed_data))

inbuffer = BytesIO(compressed_data)
with gzip.GzipFile(mode='rb', fileobj=inbuffer) as f:
    reread_data = f.read(len(uncompressed_data))

print('\nREREAD:', len(reread_data))
print(reread_data)
```

zlib 대신 GzipFile을 사용해 얻을 수 있는 장점은 파일 API 지원이다. 하지만 이미 압축된 데이터를 다시 읽는 경우에는 read()에 길이를 명시적으로 전달해야 한다. 길이를 생략하면 CRC 에러가 발생하는데, 이는 EOF를 만나기 전에 BytesID가 빈 문자열을 반환할 가능성 때문이다. 압축된 데이터 스트림에 대한 작업을 할 때는 데이터 앞에 실제 크기를 나타내는 정수를 붙여주거나 zlib의 증분 압축 해제 API를 사용해야 한다.

```
$ python3 gzip_BytesIO.py

UNCOMPRESSED: 300
```

```
b'The same line, over and over.\nThe same line, over and over.\nT
he same line, over and over.\nThe same line, over and over.\nThe
same line, over and over.\nThe same line, over and over.\nThe sam
e line, over and over.\nThe same line, over and over.\nThe same l
ine, over and over.\nThe same line, over and over.\n'
COMPRESSED: 51
b'1f8b08006149aa5702ff0bc94855284ecc4d55c8c9cc4bd551c82f4b2d5248c
c4b0133f4b8424665916401d3e717802c010000'

REREAD: 300
b'The same line, over and over.\nThe same line, over and over.\nT
he same line, over and over.\nThe same line, over and over.\nThe
same line, over and over.\nThe same line, over and over.\nThe sam
e line, over and over.\nThe same line, over and over.\nThe same l
ine, over and over.\nThe same line, over and over.\n'
```

팁 – 참고 자료

- gzip 표준 라이브러리 문서: https://docs.python.org/3.5/library/gzip.html
- zlib: zlib 모듈은 zip 압축을 위한 저수준 인터페이스다.
- zipfile: zipfile 모듈을 사용해 zip 압축 파일을 다룰 수 있다.
- bz2: bz2 모듈은 bzip2 압축 형식을 사용한다.
- tarfile: tarfile 모듈은 tar 압축을 읽는 기능을 내장하고 있다.
- io: 입출력 파이프라인을 생성하기 위한 빌딩 블록이다.

8.3 bz2: bzip2 압축

bz2 모듈은 bzip2 라이브러리에 대한 인터페이스로, 저장이나 전송을 위해 데이터를 압축하는 데 쓰인다. 세 가지 API가 제공된다.

- 데이터 조각^{blob of data}을 '한 번'에 압축하고 해제하기 위한 함수
- 데이터 스트림을 상호작용해 압축하고 해제하기 위한 객체
- 압축되지 않은 파일을 읽고 쓰기 위한 파일 유사 클래스

8.3.1 메모리 내에서 한 번에 작업

압축과 해제할 모든 데이터를 메모리에 로드 후 compress()나 decompress()를 사용해 변환하는 방식이 bz2로 작업하는 가장 간단한 방식이다.

리스트 8.14: bz2_memory.py

```python
import bz2
import binascii

original_data = b'This is the original text.'
print('Original     : {} bytes'.format(len(original_data)))
print(original_data)

print()
compressed = bz2.compress(original_data)
print('Compressed   : {} bytes'.format(len(compressed)))
hex_version = binascii.hexlify(compressed)
for i in range(len(hex_version) // 40 + 1):
    print(hex_version[i * 40:(i + 1) * 40])

print()
decompressed = bz2.decompress(compressed)
print('Decompressed : {} bytes'.format(len(decompressed)))
print(decompressed)
```

압축된 데이터에는 아스키[ASCII]가 아닌 문자가 포함돼 있다. 따라서 출력하기 전에 16진법 표현식으로 변환해야 한다. 이 예제의 결괏값에는 각 줄에 최대 40개의 문자가 포함되도록 16진법 버전을 재형식화했다.

```
$ python3 bz2_memory.py

Original     : 26 bytes
b'This is the original text.'

Compressed   : 62 bytes
b'425a683931415926535916be35a6000002938040'
b'01040022e59c402000314c000111e93d434da223'
b'028cf9e73148cae0a0d6ed7f17724538509016be'
b'35a6'
```

```
Decompressed : 26 bytes
b'This is the original text.'
```

짧은 텍스트는 압축하면 오히려 원본보다 훨씬 길어질 수도 있다. 실제 결괏값은 입력 데이터에 기반을 두지만 압축 오버헤드 발생을 관찰해보면 흥미롭다.

리스트 8.15: bz2_lengths.py

```
import bz2

original_data = b'This is the original text.'

fmt = '{:>15}  {:>15}'
print(fmt.format('len(data)', 'len(compressed)'))
print(fmt.format('-' * 15, '-' * 15))

for i in range(5):
    data = original_data * i
    compressed = bz2.compress(data)
    print(fmt.format(len(data), len(compressed)), end='')
    print('*' if len(data) < len(compressed) else '')
```

결괏값에 * 표시가 있으면 압축된 데이터가 입력값보다 커졌음을 의미한다.

```
$ python3 bz2_lengths.py
      len(data)  len(compressed)
---------------  ---------------
              0             14 *
             26             62 *
             52             68 *
             78             70
            104             72
```

8.3.2 증분 압축과 해제

인메모리 방식은 실제 압축 알고리즘으로 사용하기엔 부적절하며 뚜렷한 단점이 있다. 대안으로 BZ2Compressor와 BZ2Decompressor 객체가 데이터를 증분으로 다루는 방식을 사용하면 모든 데이터를 메모리에 담아둘 필요가 없다.

리스트 8.16: bz2_incremental.py

```python
import bz2
import binascii
import io

compressor = bz2.BZ2Compressor()

with open('lorem.txt', 'rb') as input:
    while True:
        block = input.read(64)
        if not block:
            break
        compressed = compressor.compress(block)
        if compressed:
            print('Compressed: {}'.format(binascii.hexlify(compressed)))
        else:
            print('buffering...')
    remaining = compressor.flush()
    print('Flushed: {}'.format(binascii.hexlify(remaining)))
```

이 예제는 텍스트 파일의 작은 블록을 읽고 compress()에 전달한다. 압축기는 압축된 데이터를 내부 버퍼에 보관한다. 이 압축 알고리즘은 체크섬과 최소 블록 크기에 의존하기 때문에 데이터를 입력받을 때마다 반환할 준비가 돼 있지 않을 수도 있다. 압축 데이터가 준비되지 않은 경우에는 빈 문자열을 반환한다. 모든 데이터가 채워진 때에는 flush() 메서드를 사용해 강제로 마지막 블록을 닫고 압축된 데이터를 반환하게 한다.

```
$ python3 bz2_incremental.py

buffering...
buffering...
buffering...
buffering...
Flushed: b'425a6839314159265359ba83a48c000014d5800010400504052fa7fe003000ba9112793d4ca78
9068698a0d1a341901a0d53f4d1119a8d4c9e812d755a67c10798387682c7ca7b5a3bb75da77755eb81c1cb1
```

ca94c4b6faf209c52a90aaa4d16a4a1b9c167a01c8d9ef32589d831e77df7a5753a398b11660e392126fc18a
72a1088716cc8dedda5d489da410748531278043d70a8a131c2b8adcd6a221bdb8c7ff76b88c1d5342ee48a7
0a12175074918'

8.3.3 혼합 콘텐츠 스트림

BZ2Decompressor 클래스는 압축/비압축 데이터가 섞여 있는 경우에도 사용한다.

리스트 8.17: bz2_mixed.py

```python
import bz2

lorem = open('lorem.txt', 'rt').read().encode('utf-8')
compressed = bz2.compress(lorem)
combined = compressed + lorem

decompressor = bz2.BZ2Decompressor()
decompressed = decompressor.decompress(combined)

decompressed_matches = decompressed == lorem
print('Decompressed matches lorem:', decompressed_matches)

unused_matches = decompressor.unused_data == lorem
print('Unused data matches lorem :', unused_matches)
```

모든 데이터를 압축 해제한 후 unused_data 속성에는 사용하지 않은 데이터가 담긴다.

```
$ python3 bz2_mixed.py

Decompressed matches lorem: True
Unused data matches lorem : True
```

8.3.4 압축된 파일 쓰기

BZ2File의 일반적인 읽기/쓰기 메서드를 이용해 bzip2로 압축한 파일을 읽고 쓸 수
있다.

```
import bz2
import io
import os

data = 'Contents of the example file go here.\n'

with bz2.BZ2File('example.bz2', 'wb') as output:
    with io.TextIOWrapper(output, encoding='utf-8') as enc:
        enc.write(data)

os.system('file example.bz2')
```

압축 파일에 데이터를 쓰려면 파일을 'wb' 모드로 연다. 이 예제는 io 모듈의 TextIOWrapper 를 사용해 BZ2File을 래핑해서 유니코드 텍스트를 압축에 적합한 바이트로 인코딩한다.

```
$ python3 bz2_file_write.py

example.bz2: bzip2 compressed data, block size = 900k
```

압축 강도는 compresslevel 인자로 결정할 수 있다. 범위는 1에서 9까지며, 값이 작을수록 압축 속도가 빠르지만 압축량이 적고, 높을수록 속도는 느리지만 더 많이 압축된다.

리스트 8.19: bz2_file_compresslevel.py

```
import bz2
import io
import os

data = open('lorem.txt', 'r', encoding='utf-8').read() * 1024
print('Input contains {} bytes'.format(len(data.encode('utf-8'))))

for i in range(1, 10):
    filename = 'compress-level-{}.bz2'.format(i)
    with bz2.BZ2File(filename, 'wb', compresslevel=i) as output:
        with io.TextIOWrapper(output, encoding='utf-8') as enc:
            enc.write(data)
    os.system('cksum {}'.format(filename))
```

결괏값의 가운데 보이는 숫자가 입력값을 압축한 파일의 최종 크기를 나타낸다. 이 입력 데이터의 경우에는 무조건 높은 값을 지정한다고 해서 저장 공간이 계속 줄어들지는 않았다. 결과는 입력 데이터에 따라 달라진다.

```
$ python3 bz2_file_compresslevel.py

3018243926 8771 compress-level-1.bz2
1942389165 4949 compress-level-2.bz2
2596054176 3708 compress-level-3.bz2
1491394456 2705 compress-level-4.bz2
1425874420 2705 compress-level-5.bz2
2232840816 2574 compress-level-6.bz2
447681641  2394 compress-level-7.bz2
3699654768 1137 compress-level-8.bz2
3103658384 1137 compress-level-9.bz2
Input contains 754688 bytes
```

또한 BZ2File 인스턴스는 writelines() 메서드로 문자열 쓰기 기능을 제공한다.

리스트 8.20: bz2_file_writelines.py

```
import bz2
import io
import itertools
import os

data = 'The same line, over and over.\n'

with bz2.BZ2File('lines.bz2', 'wb') as output:
    with io.TextIOWrapper(output, encoding='utf-8') as enc:
        enc.writelines(itertools.repeat(data, 10))

os.system('bzcat lines.bz2')
```

일반 파일에 쓸 때는 줄 끝에 줄 바꿈 문자를 넣어야 한다.

```
$ python3 bz2_file_writelines.py

The same line, over and over.
The same line, over and over.
The same line, over and over.
```

```
The same line, over and over.
The same line, over and over.
The same line, over and over.
The same line, over and over.
The same line, over and over.
The same line, over and over.
The same line, over and over.
```

8.3.5 압축된 파일 읽기

이미 압축된 파일에서 데이터를 읽으려면 이진 읽기 모드('rb')로 연다. read()가 반환하는 값은 바이트 문자열^{byte string}이다.

리스트 8.21: bz2_file_read.py

```python
import bz2
import io

with bz2.BZ2File('example.bz2', 'rb') as input:
    with io.TextIOWrapper(input, encoding='utf-8') as dec:
        print(dec.read())
```

이 예제는 앞 절의 bz2_file_write.py로 쓴 파일을 읽고 있다. BZ2File은 TextIOWrapper로 래핑해서 읽은 바이트를 유니코드 텍스트로 디코딩한다.

```
$ python3 bz2_file_read.py

Contents of the example file go here.
```

파일을 읽는 동안 탐색하는 것도 가능하며, 데이터의 일부만 읽을 수도 있다.

리스트 8.22: bz2_file_seek.py

```python
import bz2
import contextlib
```

```
with bz2.BZ2File('example.bz2', 'rb') as input:
    print('Entire file:')
    all_data = input.read()
    print(all_data)

    expected = all_data[5:15]

    # 처음으로 되감기
    input.seek(0)

    # 앞으로 5바이트 이동
    input.seek(5)
    print('Starting at position 5 for 10 bytes:')
    partial = input.read(10)
    print(partial)

    print()
    print(expected == partial)
```

seek() 위치는 압축되지 않은 데이터의 상대 위치에 대응하기 때문에 호출하는 측에서
데이터 파일의 압축 여부를 알 필요는 없다. 이렇게 함으로써 일반적인 비압축 파일을
받는 함수로 BZ2File 인스턴스를 전달할 수 있다.

```
$ python3 bz2_file_seek.py

Entire file:
b'Contents of the example file go here.\n'
Starting at position 5 for 10 bytes:
b'nts of the'

True
```

8.3.6 유니코드 데이터 읽고 쓰기

이전 예제에서는 BZ2File을 직접 사용하고 필요에 따라 io.TextIOWrapper를 사용해
유니코드 텍스트 문자열을 인코딩과 디코딩하는 작업을 관리했다. 이러한 추가 단계
는 bz2.open()을 사용해 피할 수 있다. bz2.open()은 io.TextIOWrapper를 설정해 자동
으로 인코딩이나 디코딩을 처리한다.

리스트 8.23: bz2_unicode.py

```python
import bz2
import os

data = 'Character with an åccent.'

with bz2.open('example.bz2', 'wt', encoding='utf-8') as output:
    output.write(data)

with bz2.open('example.bz2', 'rt', encoding='utf-8') as input:
    print('Full file: {}'.format(input.read()))

# 악센트 부호가 있는 문자의 시작 부분으로 이동한다.
with bz2.open('example.bz2', 'rt', encoding='utf-8') as input:
    input.seek(18)
    print('One character: {}'.format(input.read(1)))

# 악센트 부호가 있는 문자의 중간 부분으로 이동한다.
with bz2.open('example.bz2', 'rt', encoding='utf-8') as input:
    input.seek(19)
    try:
        print(input.read(1))
    except UnicodeDecodeError:
        print('ERROR: failed to decode')
```

open()에 반환한 파일 핸들은 seek()를 지원한다. 하지만 파일 포인터가 문자가 아닌 바이트 단위로 이동하며 인코딩된 문자의 중간에서 끝날 수 있기 때문에 주의가 필요하다.

```
$ python3 bz2_unicode.py

Full file: Character with an åccent.
One character: å
ERROR: failed to decode
```

8.3.7 네트워크 데이터 압축

다음 예제 코드는 파일명으로 구성된 요청에 응답하고자 클라이언트와 통신하기 위한 소켓에 압축한 파일을 쓴다. 여기엔 compress()나 decompress()의 결과가 하나의 온전한 데이터 블록으로 나오지 않는 경우 버퍼링이 발생하는 것을 보여주고자 인위적인 덩어리를 사용했다.

리스트 8.24: bz2_server.py

```python
import bz2
import logging
import socketserver
import binascii

BLOCK_SIZE = 32

class Bz2RequestHandler(socketserver.BaseRequestHandler):

    logger = logging.getLogger('Server')

    def handle(self):
        compressor = bz2.BZ2Compressor()

        # 클라이언트가 어떤 파일을 원하는지 찾는다.
        filename = self.request.recv(1024).decode('utf-8')
        self.logger.debug('client asked for: "%s"', filename)

        # 압축되는 대로 파일 조각을 전송한다.
        with open(filename, 'rb') as input:
            while True:
                block = input.read(BLOCK_SIZE)
                if not block:
                    break
                self.logger.debug('RAW %r', block)
                compressed = compressor.compress(block)
                if compressed:
                    self.logger.debug('SENDING %r', binascii.hexlify(compressed))
                    self.request.send(compressed)
                else:
                    self.logger.debug('BUFFERING')

        # 압축기에 의해 버퍼되는 모든 데이터를 전송한다.
        remaining = compressor.flush()
        while remaining:
            to_send = remaining[:BLOCK_SIZE]
            remaining = remaining[BLOCK_SIZE:]
            self.logger.debug('FLUSHING %r', binascii.hexlify(to_send))
            self.request.send(to_send)
```

```
        return
```

메인 프로그램은 스레드에서 서버를 시작하고 SocketServer와 Bz2RequestHandler를
합친다.

```python
if __name__ == '__main__':
    import socket
    import sys
    from io import StringIO
    import threading
    logging.basicConfig(level=logging.DEBUG, format='%(name)s: %(message)s', )

    # 서버를 설정하고 개별 스레드에서 실행한다.
    address = ('localhost', 0)  # let the kernel assign a port
    server = socketserver.TCPServer(address, Bz2RequestHandler)
    ip, port = server.server_address  # what port was assigned?

    t = threading.Thread(target=server.serve_forever)
    t.setDaemon(True)
    t.start()

    logger = logging.getLogger('Client')

    # 서버에 연결
    logger.info('Contacting server on %s:%s', ip, port)
    s = socket.socket(socket.AF_INET, socket.SOCK_STREAM)
    s.connect((ip, port))

    # 파일을 요청
    requested_file = (sys.argv[0]
                          if len(sys.argv) > 1
                          else 'lorem.txt')
    logger.debug('sending filename: "%s"', requested_file)
    len_sent = s.send(requested_file.encode('utf-8'))

    # 응답을 받는다.
    buffer = StringIO()
    decompressor = bz2.BZ2Decompressor()
    while True:
        response = s.recv(BLOCK_SIZE)
        if not response:
```

```
        break
    logger.debug('READ %r', binascii.hexlify(response))

    # 압축 해제기를 피딩할 때 소비되지 않은 모든 데이터를 포함한다.
    decompressed = decompressor.decompress(response)
    if decompressed:
        logger.debug('DECOMPRESSED %r', decompressed)
        buffer.write(decompressed.decode('utf-8'))
    else:
        logger.debug('BUFFERING')

full_response = buffer.getvalue()
lorem = open(requested_file, 'rt').read()
logger.debug('response matches file contents: %s', full_response == lorem)

# 정리
server.shutdown()
server.socket.close()
s.close()
```

다음으로 클라이언트로 서버와 통신하고자 소켓을 열고 파일을 요청한다. 기본 파일인 lorem.txt는 다음 내용을 포함한다.

```
Lorem ipsum dolor sit amet, consectetuer adipiscing elit. Donec egestas, enim et consectetuer
ullamcorper, lectus ligula rutrum leo, a elementum elit tortor eu quam. Duis tincidunt nisi ut
ante. Nulla facilisi.
```

> **경고**
>
> 이 구현 방법에는 명백한 보안 문제가 있다. 인터넷에 개방돼 있는 서버나 보안이 이슈가 되는 환경에서는 사용하지 말자.

bz2_server.py를 실행하면 다음 결과를 보여준다.

```
$ python3 bz2_server.py

Client: Contacting server on 127.0.0.1:57364
Client: sending filename: "lorem.txt"
Server: client asked for: "lorem.txt"
```

```
Server: RAW b'Lorem ipsum dolor sit amet, cons'
Server: BUFFERING
Server: RAW b'ectetuer adipiscing elit. Donec\n'
Server: BUFFERING
Server: RAW b'egestas, enim et consectetuer ul'
Server: BUFFERING
Server: RAW b'lamcorper, lectus ligula rutrum '
Server: BUFFERING
Server: RAW b'leo,\na elementum elit tortor eu '
Server: BUFFERING
Server: RAW b'quam. Duis tincidunt nisi ut ant'
Server: BUFFERING
Server: RAW b'e. Nulla\nfacilisi.\n'
Server: BUFFERING
Server: FLUSHING b'425a6839314159265359ba83a48c000014d5800010400504052fa7fe003000ba'
Server: FLUSHING b'9112793d4ca789068698a0d1a341901a0d53f4d1119a8d4c9e812d755a67c107'
Client: READ b'425a6839314159265359ba83a48c000014d5800010400504052fa7fe003000ba'
Server: FLUSHING b'98387682c7ca7b5a3bb75da77755eb81c1cb1ca94c4b6faf209c52a90aaa4d16'
Client: BUFFERING
Server: FLUSHING b'a4a1b9c167a01c8d9ef32589d831e77df7a5753a398b11660e392126fc18a72a'
Client: READ b'9112793d4ca789068698a0d1a341901a0d53f4d1119a8d4c9e812d755a67c107'
Server: FLUSHING b'1088716cc8dedda5d489da410748531278043d70a8a131c2b8adcd6a221bdb8c'
Client: BUFFERING
Server: FLUSHING b'7ff76b88c1d5342ee48a70a12175074918'
Client: READ b'98387682c7ca7b5a3bb75da77755eb81c1cb1ca94c4b6faf209c52a90aaa4d16'
Client: BUFFERING
Client: READ b'a4a1b9c167a01c8d9ef32589d831e77df7a5753a398b11660e392126fc18a72a'
Client: BUFFERING
Client: READ b'1088716cc8dedda5d489da410748531278043d70a8a131c2b8adcd6a221bdb8c'
Client: BUFFERING
Client: READ b'7ff76b88c1d5342ee48a70a12175074918'
Client: DECOMPRESSED b'Lorem ipsum dolor sit amet, consectetuer
adipiscing elit. Donec\negestas, enim et consectetuer ullamcorpe
r, lectus ligula rutrum leo,\na elementum elit tortor eu quam. D
uis tincidunt nisi ut ante. Nulla\nfacilisi.\n'
Client: response matches file contents: True
```

팁 − 참고 자료

- bz2 표준 라이브러리 문서: https://docs.python.org/3.5/library/bz2.html
- bzip2(www.bzip.org): bzip2 홈페이지

- zlib: GNU zip 압축을 위한 zlib 모듈
- gzip: GNU zip 압축 파일을 위한 파일 유사 인터페이스
- io: 입출력 파이프라인을 생성하기 위한 빌딩 블록
- bz2에 대한 파이썬 2에서 파이썬 3로의 포팅 노트

8.4 tarfile: Tar 아카이브 접근

tarfile 모듈은 압축 파일 및 유닉스 tar 아카이브를 읽고 쓸 수 있게 해준다. POSIX 표준과 더불어 여러 가지 GNU tar 확장자도 지원한다. 하드 링크나 소프트 링크, 디바이스 노드와 같은 특별한 유닉스 파일도 다룰 수 있다.

> **참고**
>
> tarfile은 유닉스 포맷을 구현하지만 마이크로소프트 윈도우 환경에서 tar 아카이브를 생성하거나 읽을 수도 있다.

8.4.1 Tar 파일 테스트

is_tarfile() 함수에 파일명을 전달하면 그 파일이 올바른 tar 아카이브인지 여부를 불리언^{boolean}으로 반환한다.

리스트 8.25: tarfile_is_tarfile.py

```python
import tarfile

for filename in ['README.txt', 'example.tar', 'bad_example.tar', 'notthere.tar']:
    try:
        print('{:>15}  {}'.format(filename, tarfile.is_tarfile(filename)))
    except IOError as err:
        print('{:>15}  {}'.format(filename, err))
```

파일이 존재하지 않는 경우에 is_tarfile()이 IOError를 일으킨다.

```
$ python3 tarfile_is_tarfile.py
```

```
    README.txt  False
   example.tar  True
bad_example.tar  False
    notthere.tar  [Errno 2] No such file or directory:
 'notthere.tar'
```

8.4.2 아카이브에서 메타데이터 읽기

TarFile 클래스로 tar 아카이브에 직접 작업할 수 있다. 이미 존재하는 아카이브를 읽거나 아카이브에 파일을 더하는 메서드를 지원한다.

아카이브 내부의 파일명을 읽을 때는 getnames()를 사용한다.

리스트 8.26: tarfile_getnames.py

```python
import tarfile

with tarfile.open('example.tar', 'r') as t:
    print(t.getnames())
```

반환값은 파일명을 문자열로 포함하고 있는 리스트다.

```
$ python3 tarfile_getnames.py

['index.rst', 'README.txt']
```

TarInfo 객체를 통하면 이름뿐 아니라 아카이브 멤버의 메타데이터를 확인할 수도 있다.

리스트 8.27: tarfile_getmembers.py

```python
import tarfile
import time

with tarfile.open('example.tar', 'r') as t:
    for member_info in t.getmembers():
        print(member_info.name)
        print('  Modified:', time.ctime(member_info.mtime))
```

```
print('    Mode      :', oct(member_info.mode))
print('    Type      :', member_info.type)
print('    Size      :', member_info.size, 'bytes')
print()
```

getmembers()와 getmember()로 메타데이터를 불러온다.

```
$ python3 tarfile_getmembers.py

index.rst
    Modified: Fri Aug 19 16:27:54 2016
    Mode      : 0o644
    Type      : b'0'
    Size      : 9878 bytes

README.txt
    Modified: Fri Aug 19 16:27:54 2016
    Mode      : 0o644
    Type      : b'0'
    Size      : 75 bytes
```

아카이브 멤버의 이름을 미리 아는 경우에는 getmember()를 통해 TarInfo 객체를 받아
올 수 있다.

리스트 8.28: tarfile_getmember.py

```
import tarfile
import time

with tarfile.open('example.tar', 'r') as t:
    for filename in ['README.txt', 'notthere.txt']:
        try:
            info = t.getmember(filename)
        except KeyError:
            print('ERROR: Did not find {} in tar archive'.format(filename))
        else:
            print('{} is {:d} bytes'.format(info.name, info.size))
```

아카이브 멤버가 없는 경우에는 getmember()가 KeyError를 발생시킨다.

```
$ python3 tarfile_getmember.py

README.txt is 75 bytes
ERROR: Did not find notthere.txt in tar archive
```

8.4.3 아카이브에서 파일 추출

프로그램 내부에서 아카이브 멤버의 데이터에 접근하려면 extractfile() 메서드에
멤버의 이름을 전달해 사용한다.

리스트 8.29: tarfile_extractfile.py

```python
import tarfile

with tarfile.open('example.tar', 'r') as t:
    for filename in ['README.txt', 'notthere.txt']:
        try:
            f = t.extractfile(filename)
        except KeyError:
            print('ERROR: Did not find {} in tar archive'.format(filename))
        else:
            print(filename, ':')
            print(f.read().decode('utf-8'))
```

반환값은 아카이브 멤버를 읽을 수 있는 파일 유사 객체다.

```
$ python3 tarfile_extractfile.py

README.txt :
The examples for the tarfile module use this file and
example.tar as data.
ERROR: Did not find notthere.txt in tar archive
```

아카이브를 풀고 파일 시스템에 쓰려면 extract()나 extractall()을 사용한다.

리스트 8.30: tarfile_extract.py

```
import tarfile
import os

os.mkdir('outdir')

with tarfile.open('example.tar', 'r') as t:
    t.extract('README.txt', 'outdir')
print(os.listdir('outdir'))
```

아카이브에서 멤버를 읽은 후 파일 시스템(인자로 넘겨준 디렉터리)에 기록한다.

```
$ python3 tarfile_extract.py

['README.txt']
```

표준 라이브러리 문서에는 extractall()이 extract()보다 안전하다는 설명이 있다. 특히 입력 데이터의 앞쪽으로 감을 수 없는 데이터 스트림에 대한 작업을 하는 경우에 차이가 발생한다. 대부분의 경우에 extractall()을 사용해야 한다.

리스트 8.31: tarfile_extractall.py

```
import tarfile
import os

os.mkdir('outdir')

with tarfile.open('example.tar', 'r') as t:
    t.extractall('outdir')
print(os.listdir('outdir'))
```

extractall()의 첫 번째 인자는 파일을 기록할 디렉터리명이다.

```
$ python3 tarfile_extractall.py

['README.txt', 'index.rst']
```

아카이브에서 특정 파일을 추출하려면 이름이나 TarInfo 메타데이터 컨테이너를

extractall()에 전달한다.

리스트 8.32: tarfile_extractall_members.py

```
import tarfile
import os

os.mkdir('outdir')

with tarfile.open('example.tar', 'r') as t:
    t.extractall('outdir', members=[t.getmember('README.txt')], )
print(os.listdir('outdir'))
```

members 리스트가 주어지면 이름을 지정한 파일만 추출된다.

```
$ python3 tarfile_extractall_members.py

['README.txt']
```

8.4.4 새 아카이브 생성

새 아카이브를 만들려면 TarFile을 'w' 모드로 연다.

리스트 8.33: tarfile_add.py

```
import tarfile

print('creating archive')

with tarfile.open('tarfile_add.tar', mode='w') as out:
    print('adding README.txt')
    out.add('README.txt')

print()
print('Contents:')
with tarfile.open('tarfile_add.tar', mode='r') as t:
    for member_info in t.getmembers():
        print(member_info.name)
```

이미 파일이 있다면 기존 파일을 잘라내고 새 아카이브를 시작한다. 파일을 추가하려면 add() 메서드를 사용한다.

```
$ python3 tarfile_add.py

creating archive
adding README.txt

Contents:
README.txt
```

8.4.5 대안 아카이브 멤버 이름 사용

원본 파일명을 사용하는 대신 TarInfo 객체를 arcname으로 생성하고 addfile()에 넘기는 방식으로 아카이브에 파일을 더할 수도 있다.

리스트 8.34: tarfile_addfile.py

```
import tarfile

print('creating archive')
with tarfile.open('tarfile_addfile.tar', mode='w') as out:
    print('adding README.txt as RENAMED.txt')
    info = out.gettarinfo('README.txt', arcname='RENAMED.txt')
    out.addfile(info)

print()
print('Contents:')
with tarfile.open('tarfile_addfile.tar', mode='r') as t:
    for member_info in t.getmembers():
        print(member_info.name)
```

이 아카이브에는 변경한 파일명만 포함돼 있다.

```
$ python3 tarfile_addfile.py

creating archive
adding README.txt as RENAMED.txt

Contents:
```

RENAMED.txt

8.4.6 파일이 아닌 소스에서 데이터 쓰기

때때로 메모리에서 직접 아카이브 데이터를 추가할 필요가 있다. 데이터를 파일에 쓰고 그 파일을 아카이브에 추가하는 대신 addfile()을 사용해 파일 유사 핸들에서 데이터를 추가할 수도 있다.

리스트 8.35: tarfile_addfile_string.py

```
import io
import tarfile

text = 'This is the data to write to the archive.'
data = text.encode('utf-8')

with tarfile.open('addfile_string.tar', mode='w') as out:
    info = tarfile.TarInfo('made_up_file.txt')
    info.size = len(data)
    out.addfile(info, io.BytesIO(data))

print('Contents:')
with tarfile.open('addfile_string.tar', mode='r') as t:
    for member_info in t.getmembers():
        print(member_info.name)
        f = t.extractfile(member_info)
        print(f.read().decode('utf-8'))
```

처음 TarInfo 객체를 생성할 때 아카이브 멤버에 아무 이름이나 지정할 수 있다. 크기를 지정한 후 BytesIO 버퍼를 데이터 소스로 사용해 addfile()로 아카이브에 데이터를 쓴다.

```
$ python3 tarfile_addfile_string.py

Contents:
made_up_file.txt
This is the data to write to the archive.
```

8.4.7 아카이브에 덧붙이기

'a' 모드를 사용하면 이미 존재하는 파일에 덧붙이기[append]도 가능하다.

리스트 8.36: tarfile_append.py

```
import tarfile

print('creating archive')
with tarfile.open('tarfile_append.tar', mode='w') as out:
    out.add('README.txt')

print('contents:',)
with tarfile.open('tarfile_append.tar', mode='r') as t:
    print([m.name for m in t.getmembers()])

print('adding index.rst')
with tarfile.open('tarfile_append.tar', mode='a') as out:
    out.add('index.rst')

print('contents:',)
with tarfile.open('tarfile_append.tar', mode='r') as t:
    print([m.name for m in t.getmembers()])
```

결과적으로 아카이브에는 두 파일이 담긴다.

```
$ python3 tarfile_append.py

creating archive
contents:
['README.txt']
adding index.rst
contents:
['README.txt', 'index.rst']
```

8.4.8 압축된 아카이브 작업

tarfile 모듈을 사용해서 일반적인 tar 아카이브 파일에 대한 작업도 하지만 gzip이나 bzip2 프로토콜로 압축된 아카이브에도 작업할 수 있다. 압축된 아카이브를 열려면

open()에 전달하는 문자열에 원하는 압축 방식에 따라 ":gz"나 ":bz2"가 포함되도록
수정한다.

리스트 8.37: tarfile_compression.py

```python
import tarfile
import os

fmt = '{:<30} {:<10}'
print(fmt.format('FILENAME', 'SIZE'))
print(fmt.format('README.txt', os.stat('README.txt').st_size))

FILES = [
    ('tarfile_compression.tar', 'w'),
    ('tarfile_compression.tar.gz', 'w:gz'),
    ('tarfile_compression.tar.bz2', 'w:bz2'),
]

for filename, write_mode in FILES:
    with tarfile.open(filename, mode=write_mode) as out:
        out.add('README.txt')

    print(fmt.format(filename, os.stat(filename).st_size), end=' ')
    print([m.name for m in tarfile.open(filename, 'r:*').getmembers() ])
```

읽기 위한 용도로 아카이브를 열 때는 "r:*"를 지정해 tarfile이 압축 방식을 자동으
로 인식하게 한다.

```
$ python3 tarfile_compression.py

FILENAME                       SIZE
README.txt                     75
tarfile_compression.tar        10240       ['README.txt']
tarfile_compression.tar.gz     213         ['README.txt']
tarfile_compression.tar.bz2    199         ['README.txt']
```

> **팁 – 참고 자료**
>
> - tarfile 표준 라이브러리 문서: https://docs.python.org/3.5/library/tarfile.html
> - GNU tar 매뉴얼(http://www.gnu.org/software/tar/manual/html_node/Standard.html): 확장자를 포함
>   하는 tar 포맷에 대한 문서

- zipfile: ZIP 아카이브에 대한 접근
- gzip: GNU zip 압축
- bz2: bzip2 압축

8.5 zipfile: ZIP 아카이브 접근

zipfile 모듈을 사용해 PC 프로그램 PKZIP으로 유명해진 포맷인 zip 아카이브 파일을 다룰 수 있다.

8.5.1 ZIP 파일 테스트

is_zipfile() 함수는 인자로 전달된 파일명이 적절한 zip 아카이브를 참조하는지 여부를 알려주는 불리언을 반환한다.

리스트 8.38: zipfile_is_zipfile.py

```
import zipfile
for filename in ['README.txt', 'example.zip', 'bad_example.zip', 'notthere.zip']:
    print('{:>15}  {}'.format(filename, zipfile.is_zipfile(filename)))
```

파일이 아예 존재하지 않으면 is_zipfile()은 False를 반환한다.

```
$ python3 zipfile_is_zipfile.py
      README.txt  False
     example.zip  True
 bad_example.zip  False
    notthere.zip  False
```

8.5.2 아카이브에서 메타데이터 읽기

ZipFile 클래스를 사용하면 ZIP 아카이브를 직접 다룰 수 있다. 이 클래스는 기존 아카이브 데이터 읽기는 물론 아카이브에 파일을 더하는 수정 작업도 할 수 있다.

```python
import zipfile

with zipfile.ZipFile('example.zip', 'r') as zf:
    print(zf.namelist())
```

namelist() 메서드는 아카이브 내부의 파일명을 반환한다.

```
$ python3 zipfile_namelist.py

['README.txt']
```

파일명은 아카이브에서 얻을 수 있는 정보의 일부에 지나지 않는다. ZIP 콘텐츠의 모든 메타데이터에 접근하려면 infolist()나 getinfo() 메서드를 사용한다.

리스트 8.40: zipfile_infolist.py

```python
import datetime
import zipfile

def print_info(archive_name):
    with zipfile.ZipFile(archive_name) as zf:
        for info in zf.infolist():
            print(info.filename)
            print('  Comment     :', info.comment)
            mod_date = datetime.datetime(*info.date_time)
            print('  Modified    :', mod_date)
            if info.create_system == 0:
                system = 'Windows'
            elif info.create_system == 3:
                system = 'Unix'
            else:
                system = 'UNKNOWN'
            print('  System      :', system)
            print('  ZIP version :', info.create_version)
            print('  Compressed  :', info.compress_size, 'bytes')
            print('  Uncompressed :', info.file_size, 'bytes')
            print()
```

```
if __name__ == '__main__':
    print_info('example.zip')
```

여기 출력된 것 이외에도 다른 필드가 있지만 쓸 만한 정보로 해독하려면 ZIP 파일 스펙과 PKZIP 애플리케이션 노트[Application Note]를 잘 읽어봐야 한다.

```
$ python3 zipfile_infolist.py

README.txt
    Comment    : b''
    Modified   : 2010-11-15 06:48:02
    System     : Unix
    ZIP version : 30
    Compressed : 65 bytes
    Uncompressed: 76 bytes
```

아카이브 멤버 이름을 사전에 모르는 경우에는 getinfo()로 ZipInfo 객체를 바로 얻을 수 있다.

리스트 8.41: zipfile_getinfo.py

```
import zipfile

with zipfile.ZipFile('example.zip') as zf:
    for filename in ['README.txt', 'notthere.txt']:
        try:
            info = zf.getinfo(filename)
        except KeyError:
            print('ERROR: Did not find {} in zip file'.format(filename))
        else:
            print('{} is {} bytes'.format(info.filename, info.file_size))
```

아카이브 멤버가 없는 경우 getinfo()는 KeyError를 발생시킨다.

```
$ python3 zipfile_getinfo.py

README.txt is 76 bytes
```

```
ERROR: Did not find notthere.txt in zip file
```

8.5.3 아카이브에서 파일 추출

아카이브 멤버의 데이터에 접근하려면 멤버의 이름과 함께 **read()** 메서드를 호출한다.

리스트 8.42: zipfile_read.py

```python
import zipfile

with zipfile.ZipFile('example.zip') as zf:
    for filename in ['README.txt', 'notthere.txt']:
        try:
            data = zf.read(filename)
        except KeyError:
            print('ERROR: Did not find {} in zip file'.format(filename))
        else:
            print(filename, ':')
            print(data)
        print()
```

필요한 경우 데이터는 자동으로 압축 해제된다.

```
$ python3 zipfile_read.py

README.txt :
b'The examples for the zipfile module use \nthis file and exampl
e.zip as data.\n'

ERROR: Did not find notthere.txt in zip file
```

8.5.4 새 아카이브 생성

새 아카이브를 생성하려면 **ZipFile**을 **'w'** 모드로 인스턴스화한다. 이미 파일이 있다면 잘라내고 새 아카이브를 시작한다. 파일을 추가하려면 **write()** 메서드를 사용한다.

```
from zipfile_infolist import print_info
import zipfile

print('creating archive')
with zipfile.ZipFile('write.zip', mode='w') as zf:
    print('adding README.txt')
    zf.write('README.txt')

print()
print_info('write.zip')
```

기본적으로 아카이브의 자료는 압축되지 않는다.

```
$ python3 zipfile_write.py

creating archive
adding README.txt
README.txt
    Comment    : b''
    Modified   : 2016-08-07 13:31:24
    System     : Unix
    ZIP version : 20
    Compressed  : 76 bytes
    Uncompressed: 76 bytes
```

압축을 하려면 zlib 모듈이 필요하다. zlib을 사용할 수 있다면 압축 모드를 zipfile.
ZIP_DEFLATED로 설정해 개별 파일이나 전체 아카이브를 압축할 수 있다. 기본값은
zipfile.ZIP_STORED며, 이 모드는 데이터를 압축하지 않는다.

리스트 8.44: zipfile_write_compression.py

```
from zipfile_infolist import print_info
import zipfile

try:
    import zlib
    compression = zipfile.ZIP_DEFLATED
except:
```

```
    compression = zipfile.ZIP_STORED

modes = {
    zipfile.ZIP_DEFLATED: 'deflated',
    zipfile.ZIP_STORED: 'stored',
}

print('creating archive')
with zipfile.ZipFile('write_compression.zip', mode='w') as zf:
    mode_name = modes[compression]
    print('adding README.txt with compression mode', mode_name)
    zf.write('README.txt', compress_type=compression)

print()
print_info('write_compression.zip')
```

이번에는 아카이브 멤버를 압축했다.

```
$ python3 zipfile_write_compression.py

creating archive
adding README.txt with compression mode deflated
README.txt
    Comment    : b''
    Modified   : 2016-08-07 13:31:24
    System     : Unix
    ZIP version : 20
    Compressed  : 65 bytes
    Uncompressed: 76 bytes
```

8.5.5 대안 아카이브 멤버 이름 사용

원본 파일명을 사용하는 대신 arcname 값을 addfile()에 넘기는 방식으로 아카이브에
파일을 추가할 수도 있다.

리스트 8.45: zipfile_write_arcname.py

```
from zipfile_infolist import print_info
```

```
import zipfile

with zipfile.ZipFile('write_arcname.zip', mode='w') as zf:
    zf.write('README.txt', arcname='NOT_README.txt')

print_info('write_arcname.zip')
```

아카이브에 원래 있던 파일명이 보이지 않는다.

```
$ python3 zipfile_write_arcname.py

NOT_README.txt
    Comment     : b''
    Modified    : 2016-08-07 13:31:24
    System      : Unix
    ZIP version : 20
    Compressed  : 76 bytes
    Uncompressed: 76 bytes
```

8.5.6 파일이 아닌 소스에서 데이터 쓰기

때때로 메모리에서 직접 ZIP 아카이브에 데이터를 추가해야 하는 경우도 생긴다. 데이터를 파일에 쓰고 그 파일을 ZIP 아카이브에 더하는 대신 writestr() 메서드를 사용해 바이트 문자열을 아카이브에 직접 추가할 수 있다.

리스트 8.46: zipfile_writestr.py

```
from zipfile_infolist import print_info
import zipfile

msg = 'This data did not exist in a file.'
with zipfile.ZipFile('writestr.zip',
                     mode='w',
                     compression=zipfile.ZIP_DEFLATED,
                     ) as zf:
    zf.writestr('from_string.txt', msg)

print_info('writestr.zip')
```

```
with zipfile.ZipFile('writestr.zip', 'r') as zf:
    print(zf.read('from_string.txt'))
```

이 예제의 경우 writestr()에는 압축을 명시하는 인자를 받지 않기 때문에 ZipFile에 compress_type 인자를 지정해 데이터를 압축하게 했다.

```
$ python3 zipfile_writestr.py

from_string.txt
    Comment     : b''
    Modified    : 2016-12-29 12:14:42
    System      : Unix
    ZIP version : 20
    Compressed  : 36 bytes
    Uncompressed: 34 bytes

b'This data did not exist in a file.'
```

8.5.7 ZipInfo 인스턴스로 쓰기

일반적으로 수정 일자는 아카이브에 파일이나 문자열이 추가되는 시점에 갱신된다. ZipInfo 인스턴스를 writestr()에 전달해 수정 일자나 다른 메타데이터를 정의할 수 있다.

리스트 8.47: zipfile_writestr_zipinfo.py

```
import time
import zipfile
from zipfile_infolist import print_info

msg = b'This data did not exist in a file.'
with zipfile.ZipFile('writestr_zipinfo.zip', mode='w', ) as zf:
    info = zipfile.ZipInfo('from_string.txt', date_time=time.localtime(time.time()), )
    info.compress_type = zipfile.ZIP_DEFLATED
    info.comment = b'Remarks go here'
    info.create_system = 0
    zf.writestr(info, msg)
```

```
print_info('writestr_zipinfo.zip')
```

이 예제를 보면 데이터가 압축될 때 수정된 시간이 현재 시간에 반영됐고 create_
system에 false 값이 사용됐다. 새 파일에 간단한 주석도 추가했다.

```
$ python3 zipfile_writestr_zipinfo.py

from_string.txt
    Comment     : b'Remarks go here'
    Modified    : 2016-12-29 12:14:42
    System      : Windows
    ZIP version : 20
    Compressed  : 36 bytes
    Uncompressed: 34 bytes
```

8.5.8 파일에 추가

새 아카이브를 생성하는 것과 더불어 현재 아카이브에 추가하거나 기존 파일 마지막
에 아카이브를 추가할 수도 있다(.exe 파일에 사용하면 자동으로 압축을 푸는 아카이브로
사용할 수 있다). 확장 기능을 사용하려면 'a' 모드로 파일을 연다.

리스트 8.48: zipfile_append.py

```python
from zipfile_infolist import print_info
import zipfile

print('creating archive')
with zipfile.ZipFile('append.zip', mode='w') as zf:
    zf.write('README.txt')

print()
print_info('append.zip')
print('appending to the archive')
with zipfile.ZipFile('append.zip', mode='a') as zf:
    zf.write('README.txt', arcname='README2.txt')

print()
```

```
print_info('append.zip')
```

결과 아카이브는 두 개의 멤버를 가진다.

```
$ python3 zipfile_append.py

creating archive

README.txt
    Comment    : b''
    Modified   : 2016-08-07 13:31:24
    System     : Unix
    ZIP version : 20
    Compressed  : 76 bytes
    Uncompressed: 76 bytes

appending to the archive

README.txt
    Comment    : b''
    Modified   : 2016-08-07 13:31:24
    System     : Unix
    ZIP version : 20
    Compressed  : 76 bytes
    Uncompressed: 76 bytes

README2.txt
    Comment    : b''
    Modified   : 2016-08-07 13:31:24
    System     : Unix
    ZIP version : 20
    Compressed  : 76 bytes
    Uncompressed: 76 bytes
```

8.5.9 파이썬 ZIP 아카이브

sys.path에 아카이브가 보인다면 파이썬은 zipimport를 사용해 ZIP 아카이브 내의 모듈을 임포트할 수 있다. PyZipFile 클래스를 사용해 이 방법에 적합한 모듈을 만든다. writepy() 메서드로 PyZipFile이 디렉터리에서 .py 파일을 찾아보고 일치하는 .pyo

658

혹은 .pyc 파일을 아카이브에 더한다. 컴파일된 파일을 찾을 수 없다면 .pyc 파일을 생성한 후에 더한다.

리스트 8.49: zipfile_pyzipfile.py

```python
import sys
import zipfile

if __name__ == '__main__':
    with zipfile.PyZipFile('pyzipfile.zip', mode='w') as zf:
        zf.debug = 3
        print('Adding python files')
        zf.writepy('.')
    for name in zf.namelist():
        print(name)

    print()
    sys.path.insert(0, 'pyzipfile.zip')
    import zipfile_pyzipfile
    print('Imported from:', zipfile_pyzipfile.__file__)
```

PyZipFile의 디버그 속성을 3으로 설정하면 verbose 디버깅 모드가 활성화돼 각 .py 파일을 찾아 컴파일할 때 화면에 결과를 출력한다.

```
$ python3 zipfile_pyzipfile.py

Adding python files
Adding files from directory .
Compiling ./zipfile_append.py
Adding zipfile_append.pyc
Compiling ./zipfile_getinfo.py
Adding zipfile_getinfo.pyc
Compiling ./zipfile_infolist.py
Adding zipfile_infolist.pyc
Compiling ./zipfile_is_zipfile.py
Adding zipfile_is_zipfile.pyc
Compiling ./zipfile_namelist.py
Adding zipfile_namelist.pyc
Compiling ./zipfile_printdir.py
Adding zipfile_printdir.pyc
```

```
Compiling ./zipfile_pyzipfile.py
Adding zipfile_pyzipfile.pyc
Compiling ./zipfile_read.py
Adding zipfile_read.pyc
Compiling ./zipfile_write.py
Adding zipfile_write.pyc
Compiling ./zipfile_write_arcname.py
Adding zipfile_write_arcname.pyc
Compiling ./zipfile_write_compression.py
Adding zipfile_write_compression.pyc
Compiling ./zipfile_writestr.py
Adding zipfile_writestr.pyc
Compiling ./zipfile_writestr_zipinfo.py
Adding zipfile_writestr_zipinfo.pyc
zipfile_append.pyc
zipfile_getinfo.pyc
zipfile_infolist.pyc
zipfile_is_zipfile.pyc
zipfile_namelist.pyc
zipfile_printdir.pyc
zipfile_pyzipfile.pyc
zipfile_read.pyc
zipfile_write.pyc
zipfile_write_arcname.pyc
zipfile_write_compression.pyc
zipfile_writestr.pyc
zipfile_writestr_zipinfo.pyc

Imported from: pyzipfile.zip/zipfile_pyzipfile.pyc
```

8.5.10 제약 사항

zipfile 모듈은 주석이 추가된 ZIP 파일이나 멀티디스크 아카이브를 지원하지 않는다. 파일 크기가 4GB보다 크더라도 ZIP64 확장을 사용했다면 사용할 수 있다.

> **팁 – 참고 자료**
>
> - zipfile 표준 라이브러리 문서: https://docs.python.org/3.5/library/zipfile.html
> - zlib: ZIP 압축 라이브러리

- tarfile: tar 아카이브 읽고 쓰기
- zipimport: ZIP 아카이브에서 파이썬 모듈 임포트하기
- PKZIP 애플리케이션 노트(https://support.pkware.com/display/PKZIP/Application+Note+Archives): ZIP 아카이브 포맷에 대한 공식 스펙

9

암호 기법

메시지를 암호화하면 정확성을 검증하고, 중간에서 가로채는 행위를 방지할 수 있다. 파이썬의 암호 모듈은 MD5, SHA, hmac 같은 표준 알고리즘을 사용해 메시지의 시그니처^{signature}를 생성하기 위한 hashlib를 제공해 메시지가 전송 도중 변조되지 않았는지 검증할 수 있도록 도와준다.

9.1 hashlib: 암호화 해싱

hashlib 모듈은 각기 다른 암호 해싱 알고리즘을 다루기 위한 API를 정의하고 있다. 특정 해싱 알고리즘을 사용하려면 적절한 생성자를 사용하거나 해시 객체를 생성하고자 new()를 사용하면 된다. 그 이후로는 어떤 알고리즘을 사용했는지에 상관없이 같은 API를 사용한다.

9.1.1 해시 알고리즘

hashlib이 OpenSSL을 기반으로 하고 있기 때문에 hashlib이 제공하는 사용 가능한 모든 알고리즘은 다음과 같다.

- MD5

- SHA-1

- SHA-224

- SHA-256

- SHA-384

- SHA-512

일부 알고리즘은 모든 플랫폼에서 사용할 수 있고, 또 일부는 기반 라이브러리에 따라 달라진다. 각 목록에서 algorithms_guaranteed와 algorithms_available을 각각 살펴보자.

리스트 9.1: hashlib_algorithms.py

```
import hashlib

print('Guaranteed:\n{}\n'.format(', '.join(sorted(hashlib.algorithms_guaranteed))))
print('Available:\n{}'.format(', '.join(sorted(hashlib.algorithms_available))))
```

```
$ python3 hashlib_algorithms.py

Guaranteed:
md5, sha1, sha224, sha256, sha384, sha512

Available:
DSA, DSA-SHA, MD4, MD5, MDC2, RIPEMD160, SHA, SHA1, SHA224, SHA256, SHA384, SHA512,
dsaEncryption, dsaWithSHA, ecdsa-with-SHA1, md4, md5, mdc2, ripemd160, sha, sha1, sha224,
sha256, sha384, sha512
```

9.1.2 샘플 데이터

9장의 모든 예제는 다음 샘플 데이터를 사용한다.

리스트 9.2: hashlib_data.py

```
import hashlib

lorem = '''Lorem ipsum dolor sit amet, consectetur adipisicing elit, sed do eiusmod tempor
incididunt ut labore et dolore magna aliqua. Ut enim ad minim veniam, quis nostrud exercitation
ullamco laboris nisi ut aliquip ex ea commodo consequat. Duis aute irure dolor in reprehenderit
in voluptate velit esse cillum dolore eu fugiat nulla pariatur. Excepteur sint occaecat
cupidatat non proident, sunt in culpa qui officia deserunt mollit anim id est laborum.'''
```

9.1.3 MD5 예제

데이터 블록(여기서는 바이트 문자열로 변환된 유니코드 문자열)에 대해 MD5 해시를 계산하거나 다이제스트^{digest} 하려면 우선 해시 객체를 생성하고 나서 데이터를 더한 후 digest()나 hexdigest()를 호출한다.

리스트 9.3: hashlib_md5.py

```
import hashlib

from hashlib_data import lorem

h = hashlib.md5()
h.update(lorem.encode('utf-8'))
print(h.hexdigest())
```

이 예제는 digest() 대신 hexdigest()를 사용한다. 출력이 형식화돼 보기에 훨씬 깔끔하기 때문이다. 바이너리 다이제스트 값을 사용할 수 있다면 digest()를 사용한다.

```
$ python3 hashlib_md5.py

3f2fd2c9e25d60fb0fa5d593b802b7a8
```

9.1.4 SHA-1 예제

SHA-1 다이제스트는 같은 방식으로 계산한다.

리스트 9.4: hashlib_sha1.py

```
import hashlib

from hashlib_data import lorem

h = hashlib.sha1()
h.update(lorem.encode('utf-8'))
print(h.hexdigest())
```

예제의 다이제스트 값이 다른데, 알고리즘이 MD5에서 SHA-1로 바뀌었기 때문이다.

```
$ python3 hashlib_sha1.py

ea360b288b3dd178fe2625f55b2959bf1dba6eef
```

9.1.5 이름으로 해시 생성

때때로 생성자를 직접 사용하는 것보다 알고리즘으로 이름을 지정해 사용하는 것이
더 편리한 경우가 있다. 예를 들어 해시 방식을 설정 파일에 저장한다면 유용하다. 이
경우 해시 계산기를 생성하고자 new()를 사용한다.

리스트 9.5: hashlib_new.py

```python
import argparse
import hashlib
import sys

from hashlib_data import lorem

parser = argparse.ArgumentParser('hashlib demo')
parser.add_argument(
    'hash_name',
    choices=hashlib.algorithms_available,
    help='the name of the hash algorithm to use',
)
parser.add_argument(
    'data',
    nargs='?',
    default=lorem,
    help='the input data to hash, defaults to lorem ipsum',
)
args = parser.parse_args()

h = hashlib.new(args.hash_name)
h.update(args.data.encode('utf-8'))
print(h.hexdigest())
```

인자를 달리해가며 실행한 결과는 다음과 같다.

```
$ python3 hashlib_new.py sha1

ea360b288b3dd178fe2625f55b2959bf1dba6eef

$ python3 hashlib_new.py sha256

3c887cc71c67949df29568119cc646f46b9cd2c2b39d456065646bc2fc09ffd8

$ python3 hashlib_new.py sha512

a7e53384eb9bb4251a19571450465d51809e0b7046101b87c4faef96b9bc904cf7f90
035f444952dfd9f6084eeee2457433f3ade614712f42f80960b2fca43ff

$ python3 hashlib_new.py md5

3f2fd2c9e25d60fb0fa5d593b802b7a8
```

9.1.6 증분 업데이트

해시 계산기의 update() 메서드는 반복적으로 호출할 수 있다. 호출될 때마다 주어진
텍스트에 기반을 두고 다이제스트가 갱신된다. 증분 업데이트를 하면 메모리에 파일
전체 내용을 담을 필요가 없으니 더 효율적이고, 일반적인 방식과 결과물은 같다.

리스트 9.6: hashlib_update.py

```
import hashlib

from hashlib_data import lorem

h = hashlib.md5()
h.update(lorem.encode('utf-8'))
all_at_once = h.hexdigest()

def chunkize(size, text):
    "Return parts of the text in size-based increments."
    start = 0
    while start < len(text):
        chunk = text[start:start + size]
        yield chunk
        start += size
    return

h = hashlib.md5()
```

```
for chunk in chunkize(64, lorem.encode('utf-8')):
    h.update(chunk)
line_by_line = h.hexdigest()

print('All at once :', all_at_once)
print('Line by line:', line_by_line)
print('Same        :', (all_at_once == line_by_line))
```

이 예제는 데이터를 읽으며 다이제스트를 증분으로 업데이트하는 방식을 보여준다.

```
$ python3 hashlib_update.py

All at once : 3f2fd2c9e25d60fb0fa5d593b802b7a8
Line by line: 3f2fd2c9e25d60fb0fa5d593b802b7a8
Same        : True
```

> **팁 – 참고 자료**
>
> - hashlib 표준 라이브러리 문서: https://docs.python.org/3.5/library/hashlib.html
> - hmac: hmac 모듈
> - OpenSSL(http://www.openssl.org/): 오픈소스 암호 툴킷
> - Cryptography 모듈(https://pypi.python.org/pypi/cryptography): 암호화 사용법과 원형을 담고 있는 파이썬 패키지
> - Voidspace: IronPython and hashlib(http://www.voidspace.org.uk/python/weblog/arch_d7_2006_10_07.shtml#e497): IronPython과 함께 사용할 수 있는 hashlib 래퍼

9.2 hmac: 암호 메시지 서명과 검증

애플리케이션이나 보안에 취약할 가능성이 있는 장소 사이에 정보를 교환하는 경우 HMAC 알고리즘으로 무결성 검사를 할 수 있다. 기본 아이디어는 실제 데이터에 대해서 공유한 비밀 키로 암호화된 해시를 생성하는 방식이다. 비밀 키를 전송하지 않고 결과로 생성된 해시만을 사용해 전송됐거나 저장된 메시지가 믿을 수 있는지 검사한다.

> **경고**
>
> 저자는 보안 전문가가 아니다. HMAC의 내용은 RFC 2104(https://tools.ietf.org/html/rfc2104.html)를 참고한다.

9.2.1 메시지 서명

new( ) 함수는 메시지 서명^{message signature}을 계산하기 위한 새 객체를 생성한다. 이 예제
는 기본 MD5 해시 알고리즘을 사용한다.

리스트 9.7: hmac_simple.py

```python
import hmac

digest_maker = hmac.new(b'secret-shared-key-goes-here')

with open('lorem.txt', 'rb') as f:
    while True:
        block = f.read(1024)
        if not block:
            break
        digest_maker.update(block)

digest = digest_maker.hexdigest()
print(digest)
```

코드를 실행하면 파일을 읽고 HMAC 서명을 계산한다.

```
$ python3 hmac_simple.py

4bcb287e284f8c21e87e14ba2dc40b16
```

9.2.2 대안 다이제스트 타입

hmac의 기본 암호 알고리즘이 MD5지만 가장 안전한 방식은 아니다. MD5에는 충돌(두
개의 다른 메시지가 같은 해시를 생성)과 같은 약점이 있다. SHA-1 알고리즘이 더 강력한
알고리즘으로 여겨지기 때문에 이 알고리즘을 대신 사용한다.

리스트 9.8: hmac_sha.py

```python
import hmac
import hashlib
```

```
digest_maker = hmac.new(b'secret-shared-key-goes-here', b'', hashlib.sha1, )

with open('hmac_sha.py', 'rb') as f:
    while True:
        block = f.read(1024)
        if not block:
            break
        digest_maker.update(block)

digest = digest_maker.hexdigest()
print(digest)
```

new() 함수는 세 인자를 받는다. 첫 번째 인자는 비밀 키로, 통신을 하는 양쪽 프로그램에서 같은 값을 사용해야 하므로 공유돼야 한다. 두 번째 인자는 초기 메시지^{initial} [initial] message다. HTTP POST나 시간 정보 같이 인증해야 하는 내용이 크지 않는 경우에는 update()를 사용하지 않고 메시지 전체를 new()에 전달할 수도 있다. 마지막 인자는 사용할 다이제스트 모듈이다. 기본값은 hashlib.md5다. 이 예제는 sha1을 전달하고 있는데, 이를 통해 hmac은 hashlib.sha1을 사용하게 된다.

```
$ python3 hmac_sha.py

dcee20eeee9ef8a453453f510d9b6765921cf099
```

9.2.3 이진 다이제스트

앞선 예제는 hexdigest() 메서드로 출력 가능한 다이제스트를 만들었다. hexdigest는 digest() 메서드에 의해 계산된 값의 다른 표현 방식으로, NUL을 포함해 인쇄할 수 없는 문자가 포함될 수 있는 이진 값이다. hexdigit 대신 base64 인코딩의 이진 다이제스트를 사용하는 웹 서비스(구글 체크아웃, 아마존 S3)도 있다.

리스트 9.9: hmac_base64.py

```
import base64
import hmac
```

```
import hashlib

with open('lorem.txt', 'rb') as f:
    body = f.read()

hash = hmac.new(b'secret-shared-key-goes-here', body, hashlib.sha1, )

digest = hash.digest()
print(base64.encodestring(digest))
```

base64로 인코딩한 문자열은 줄 바꿈 문자로 끝나기 때문에 http 헤더나 형식에 민감한 곳에 사용하려면 자주 잘라내야 한다.

```
$ python3 hmac_base64.py

b'olW2DoXHGJEKGU0aE9fOwSVE/o4=\n'
```

9.2.4 메시지 서명 애플리케이션

공용 네트워크 서비스나 보안이 중요한 곳에 자료를 보관하는 경우에는 언제나 HMAC 인증을 사용해야 한다. 예를 들어 소켓이나 파이프를 통해 데이터를 전송할 때 데이터를 사인하고, 사용 전 서명을 테스트해야 한다. 자세한 예제는 hmac_pickle.py에서 다룬다.

첫 번째로 문자열에 대해 다이제스트를 계산하는 함수를 만들고 간단한 클래스를 인스턴스화해 통신 채널을 통해 전달한다.

리스트 9.10: hmac_pickle.py

```
import hashlib
import hmac
import io
import pickle
import pprint

def make_digest(message):
    "Return a digest for the message."
```

```
        hash = hmac.new(b'secret-shared-key-goes-here', message, hashlib.sha1, )
        return hash.hexdigest().encode('utf-8')

class SimpleObject:
    """Demonstrate checking digests before unpickling.
    """

    def __init__(self, name):
        self.name = name

    def __str__(self):
        return self.name
```

다음으로 소켓이나 파이프를 나타내는 BytesIO 버퍼를 만든다. 이 예제는 평범하지만
파싱하기 쉬운 형식을 데이터 스트림으로 사용한다. 다이제스트와 데이터 길이를 쓰
고 줄 바꿈 문자가 따라온다. pickle이 생성한 직렬화된 객체 표현식이 그 뒤를 따른
다. 다이제스트가 잘못됐다면 길이 또한 잘못됐을 가능성이 있으므로, 실제 시스템은
값의 길이에 의존하는 일이 없어야 한다. 실제 데이터에는 나오지 않을 법한 종류 시퀀
스^{terminator sequence}가 더욱 적절하다.

이후 이 예제 프로그램은 두 객체를 스트림에 쓴다. 첫 번째는 올바른 다이제스트 값을
사용해 썼다.

```
# 쓸 수 있는 소켓이나 파이프를 시뮬레이트한다.
out_s = io.BytesIO()

# 스트림으로 유효한 객체를 쓴다.
#  digest\nlength\npickle
o = SimpleObject('digest matches')
pickled_data = pickle.dumps(o)
digest = make_digest(pickled_data)
header = b'%s %d\n' % (digest, len(pickled_data))
print('WRITING: {}'.format(header))
out_s.write(header)
out_s.write(pickled_data)
```

두 번째 객체는 피클한 데이터가 아닌 다른 값으로 계산해 올바르지 않은 다이제스트
로 스트림에 썼다.

```
# 스트림에 유효하지 않은 객체를 쓴다.
o = SimpleObject('digest does not match')
pickled_data = pickle.dumps(o)
digest = make_digest(b'not the pickled data at all')
header = b'%s %d\n' % (digest, len(pickled_data))
print('\nWRITING: {}'.format(header))
out_s.write(header)
out_s.write(pickled_data)

out_s.flush()
```

데이터가 BytesIO 버퍼 내에 있고, 이를 다시 읽어 들일 수 있다. 우선 다이제스트와 데이터 길이로 읽기를 시작한다. 그리고 길이 값을 사용해 남아있는 데이터를 읽는다. pickle.load()로 스트림에서 직접 읽을 수도 있지만, 믿을 수 있는 데이터 스트림에 대해서만 사용해야 하며, 예제 데이터는 언피클한 만큼 신뢰할 만하지는 않다. 객체를 언피클하는 것보다 피클을 스트림의 문자열로 읽는 방식이 더 안전하다.

```
# 버퍼로 읽을 수 있는 소켓이나 파이프를 시뮬레이트한다.
in_s = io.BytesIO(out_s.getvalue())

# 데이터를 읽는다.
while True:
    first_line = in_s.readline()
    if not first_line:
        break
    incoming_digest, incoming_length = first_line.split(b' ')
    incoming_length = int(incoming_length.decode('utf-8'))
    print('\nREAD:', incoming_digest, incoming_length)
```

피클한 데이터가 메모리에 들어오면 다이제스트 값을 다시 계산하고 compare_digest()를 사용해 읽어 들인 데이터와 비교할 수 있다. 다이제스트가 일치하면 데이터를 신뢰할 수 있고 언피클해도 안전하다.

```
    incoming_pickled_data = in_s.read(incoming_length)

    actual_digest = make_digest(incoming_pickled_data)
```

```
    print('ACTUAL:', actual_digest)

    if hmac.compare_digest(actual_digest, incoming_digest):
        obj = pickle.loads(incoming_pickled_data)
        print('OK:', obj)
    else:
        print('WARNING: Data corruption')
```

출력값의 첫 번째 객체는 검증됐고 두 번째 객체는 예상대로 '오염corrupted'됐다.

```
$ python3 hmac_pickle.py

WRITING: b'f49cd2bf7922911129e8df37f76f95485a0b52ca 69\n'

WRITING: b'b01b209e28d7e053408ebe23b90fe5c33bc6a0ec 76\n'

READ: b'f49cd2bf7922911129e8df37f76f95485a0b52ca' 69
ACTUAL: b'f49cd2bf7922911129e8df37f76f95485a0b52ca'
OK: digest matches

READ: b'b01b209e28d7e053408ebe23b90fe5c33bc6a0ec' 76
ACTUAL: b'2ab061f9a9f749b8dd6f175bf57292e02e95c119'
WARNING: Data corruption
```

두 개의 다이제스트를 간단한 문자열이나 바이트와 비교하는 것은 타이밍 공격에서 다른 길이의 다이제스트를 전달해 비밀 키의 일부 또는 전부를 노출하는 데 사용될 수 있다. 타이밍 공격으로부터 보호하고자 compare_digest()는 빠른 상수 시간constant-time 비교 함수를 구현한다.

> **팁 – 참고 자료**
>
> - hmac 표준 라이브러리 문서: https://docs.python.org/3.5/library/hmac.html
> - RFC 2104(https://tools.ietf.org/html/rfc2104.html): HMAC: 메시지 인증을 위한 키 해싱
> - hashlib: hashlib 모듈은 MD5 및 SHA-1 해시 생성자를 제공한다.
> - pickle: Serialization 라이브러리
> - 위키피디아: MD5(https://en.wikipedia.org/wiki/MD5): MD5 해싱 알고리즘 설명
> - Signing and Authenticating REST Requests(Amazon AWS)(http://docs.aws.amazon.com/AmazonS3/latest/dev/RESTAuthentication.html): HMAC-SHA1 서명을 사용해 S3를 인증하는 방법

10

프로세스, 스레드, 코루틴을 통한 병렬 작업

파이썬은 프로세스와 스레드를 이용해 동시에 실행되는 작업을 관리할 수 있는 정교한 도구를 제공한다. 상대적으로 간단한 프로그램일지라도 이 모듈을 사용해 작업의 일부를 동시에 실행하면 더 빠르게 수행할 수 있다.

subprocess는 2차 프로세스를 생성하고 그와 통신하기 위한 API를 제공한다. 이 API는 새 프로세스의 표준 입출력 채널을 통해 데이터를 앞뒤로 전달할 수 있기 때문에 텍스트를 생성하거나 소비하는 프로그램에 특히 유용하다.

signal 모듈은 유닉스 시그널 메커니즘을 통해 다른 프로세스로 이벤트를 보낸다. 시그널signal은 비동기적인 방식으로 처리되며, 일반적으로 시그널이 도착하는 순간 프로그램의 실행이 중단된다. 시그널은 간단한 메시지 시스템으로서 유용하긴 하지만 다른 프로세스 간 통신 기법들이 더 복잡한 메시지를 더 신뢰성 있게 전달할 수 있다.

threading은 파이썬에서 병렬 작업concurrency, 동시성을 위한 고수준의 객체지향 API를 제공한다. Thread 객체는 같은 프로세스 내에서 동시에 실행되고 메모리도 공유한다. 스레드를 사용하면 CPU 집중적인 작업보다 I/O 집중적인 작업을 더 쉽게 확장할 수 있다.

multiprocessing 모듈은 Thread 클래스 대신에 Process 클래스를 사용하는 것 외에는 threading 모듈과 동일하다. 각 Process는 공유 메모리가 없는 진짜 시스템 프로세스지만 multiprocessing은 데이터 공유와 메시지 전달 기능을 제공하기 때문에 대부분의 경우 스레드를 프로세스로 변경하는 것은 import문을 변경하는 것처럼 간단하다.

asyncio는 클래스 기반 프로토콜 시스템이나 코루틴coroutine을 사용하는 병렬 작업 및 비동기 I/O 관리용 프레임워크를 제공한다. asyncio는 아직 사용 가능하기는 하지만 앞으로 없어질 asyncore와 asynchat 모듈을 대체한다.

concurrent.futures는 병렬 작업을 위한 리소스 풀 관리에 사용되는 스레드 및 프로세스 기반 실행 프로그램을 구현한다.

10.1 subprocess: 추가 프로세스 생성

subprocess 모듈은 프로세스 작업용 세 가지 API를 제공한다. 파이썬 3.5에서 추가된 run() 함수는 프로세스를 실행하고 자신의 출력을 선택적으로 수집하는 고수준 API다. call(), check_call(), check_output() 함수는 파이썬 2에서 넘어온 고수준 API다. 이 함수들은 지금도 지원되며 기존 프로그램에서 널리 사용되고 있다. Popen 클래스는 다른 API를 빌드하고자 사용되는 저수준 API로, 복잡한 프로세스 간 상호작용에 유용하다. Popen의 생성자는 새 프로세스 실징용 인자를 취하기 때문에 부모 프로세스가 파이프를 통해 새 프로세스와 통신할 수 있다. 이 API는 모든 용도에 일관성을 가지며, 파일 디스크립터를 닫거나 파이프가 닫혔는지 확인하는 등 오버헤드가 필요한 수많은 추가 단계가 '내장'돼 있어 애플리케이션 코드에서 별도로 처리할 필요가 없다.

subprocess 모듈은 os 모듈의 os.system(), os.spawnv(), popen()의 여러 변형 함수와 popen2 모듈과 commands 모듈을 대체한다. subprocess 모듈과 이런 다른 모듈을 쉽게 비교하고자 이 절의 많은 예제는 os와 popen2에서 사용된 예제들을 재활용했다.

> **참고**
>
> 유닉스와 윈도우에서 동작하는 API는 대체로 같지만, 운영체제에 따른 프로세스 모델이 다르기 때문에 기본 구현도 다르다. 여기에 나온 모든 예제는 맥OS X에서 테스트된 것이다. 유닉스가 아닌 운영체제에서는 동작이 다를 수 있다.

10.1.1 외부 명령 실행

os.system()처럼 상호작용 없이 외부 명령을 실행하려면 run() 함수를 사용한다.

```
import subprocess

completed = subprocess.run(['ls', '-1'])
print('returncode:', completed.returncode)
```

커맨드라인 인자는 문자열 리스트로 전달되며, 셸에서 다르게 해석될 수 있는 인용 부호나 다른 특수 문자는 포함하지 않는 것이 좋다. run()은 종료 코드, 출력 등 프로세스 관련 정보와 함께 CompletedProcess 인스턴스를 반환한다.

```
$ python3 subprocess_os_system.py

index.rst
interaction.py repeater.py
signal_child.py signal_parent.py
subprocess_check_output_error_trap_output.py
subprocess_os_system.py
subprocess_pipes.py
subprocess_popen2.py
subprocess_popen3.py
subprocess_popen4.py
subprocess_popen_read.py
subprocess_popen_write.py
subprocess_run_check.py
subprocess_run_output.py
subprocess_run_output_error.py
subprocess_run_output_error_suppress.py
subprocess_run_output_error_trap.py
subprocess_shell_variables.py
subprocess_signal_parent_shell.py
subprocess_signal_setpgrp.py
returncode: 0
```

shell 인자를 True로 설정하면 subprocess가 중간 셸 프로세스를 생성하고, 그다음에 이 셸 프로세스가 명령을 실행한다. 기본값은 명령을 직접 실행하는 것이다.

subprocess_shell_variables.py

```
import subprocess

completed = subprocess.run('echo $HOME', shell=True)
print('returncode:', completed.returncode)
```

중간 셸을 사용하면 명령 실행 전에 명령 문자열에 있는 변수, glob 패턴, 특수 셸 기능을 먼저 처리할 수 있다.

```
$ python3 subprocess_shell_variables.py

/Users/dhellmann
returncode: 0
```

> **참고**
>
> check=True 인자 없이 run()을 사용하는 것은 프로세스에서 종료 코드만 반환하는 call()을 사용하는 것과 같다.

10.1.1.1 에러 처리

CompletedProcess의 returncode 속성은 프로그램의 종료 코드다. 호출자는 에러를 검출하고자 returncode를 해석해야 한다. run() 함수에 check 인자를 True로 주면 종료 코드를 확인한다. 에러 발생을 나타내는 종료 코드면 CalledProcessError 예외를 발생시킨다.

리스트 10.3: subprocess_run_check.py

```
import subprocess

try:
    subprocess.run(['false'], check=True)
except subprocess.CalledProcessError as err:
    print('ERROR:', err)
```

false 명령은 항상 0이 아닌 상태 코드로 종료되며, run()은 이를 에러로 해석한다.

```
$ python3 subprocess_run_check.py

ERROR: Command '['false']' returned non-zero exit status 1
```

> **참고**
>
> check=True로 run()을 실행하는 것은 check_call()을 사용하는 것과 같다.

10.1.1.2 출력 캡처

run()에 의해 시작된 프로세스의 표준 입출력 채널은 부모의 입출력에 바인딩된다. 따라서 호출 프로그램은 명령의 출력을 잡아낼 수 없다. 필요한 경우 stdout과 stderr 인자에 PIPE를 전달해 출력을 캡처할 수 있다.

리스트 10.4: subprocess_run_output.py

```
import subprocess

completed = subprocess.run(['ls', '-1'], stdout=subprocess.PIPE, )
print('returncode:', completed.returncode)
print('Have {} bytes in stdout:\n{}'.format(
    len(completed.stdout),
    completed.stdout.decode('utf-8'))
)
```

ls -1 명령이 성공적으로 실행되고 표준 출력에 인쇄되는 텍스트가 캡처돼 반환된다.

```
$ python3 subprocess_run_output.py

returncode: 0
Have 522 bytes in stdout:
index.rst
interaction.py repeater.py
signal_child.py signal_parent.py
subprocess_check_output_error_trap_output.py
subprocess_os_system.py
subprocess_pipes.py
subprocess_popen2.py
```

```
subprocess_popen3.py
subprocess_popen4.py
subprocess_popen_read.py
subprocess_popen_write.py
subprocess_run_check.py
subprocess_run_output.py
subprocess_run_output_error.py
subprocess_run_output_error_suppress.py
subprocess_run_output_error_trap.py
subprocess_shell_variables.py
subprocess_signal_parent_shell.py
subprocess_signal_setpgrp.py
```

> **참고**
>
> check=True를 전달하고 stdout을 PIPE로 설정하면 check_output()을 사용하는 것과 같다.

다음 예제는 서브셸에서 일련의 명령을 실행한다. 명령이 종료되기 전에 메시지는 에러 코드와 함께 표준 출력과 표준 에러로 보내진다.

리스트 10.5: subprocess_run_output_error.py

```python
import subprocess

try:
    completed = subprocess.run(
        'echo to stdout; echo to stderr 1>&2; exit 1',
        check=True,
        shell=True,
        stdout=subprocess.PIPE,
    )
except subprocess.CalledProcessError as err:
    print('ERROR:', err)
else:
    print('returncode:', completed.returncode)
    print('Have {} bytes in stdout: {!r}'.format(
        len(completed.stdout),
        completed.stdout.decode('utf-8'))
    )
```

표준 에러로 보낸 메시지는 콘솔에 인쇄되지만 표준 출력에 보낸 메시지는 숨겨진다.

```
$ python3 subprocess_run_output_error.py

to stderr
ERROR: Command 'echo to stdout; echo to stderr 1>&2; exit 1'
returned non-zero exit status 1
```

run()으로 실행한 명령에서 나오는 에러 메시지가 콘솔에 인쇄되지 않게 하려면 stderr 매개변수를 상수 PIPE로 설정한다.

리스트 10.6: subprocess_run_output_error_trap.py

```python
import subprocess

try:
    completed = subprocess.run(
        'echo to stdout; echo to stderr 1>&2; exit 1',
        shell=True,
        stdout=subprocess.PIPE,
        stderr=subprocess.PIPE,
    )
except subprocess.CalledProcessError as err:
    print('ERROR:', err)
else:
    print('returncode:', completed.returncode)
    print('Have {} bytes in stdout: {!r}'.format(
        len(completed.stdout),
        completed.stdout.decode('utf-8'))
    )
    print('Have {} bytes in stderr: {!r}'.format(
        len(completed.stderr),
        completed.stderr.decode('utf-8'))
    )
```

이 예제는 check=True로 설정하지 않았기 때문에 명령의 출력이 캡처돼 인쇄된다.

```
$ python3 subprocess_run_output_error_trap.py
```

```
returncode: 1
Have 10 bytes in stdout: 'to stdout\n'
Have 10 bytes in stderr: 'to stderr\n'
```

check_output()을 사용할 때 에러 메시지를 캡처하려면 stderr을 STDOUT으로 설정한다. 그러면 메시지는 명령의 다른 출력과 함께 합쳐진다.

리스트 10.7: subprocess_check_output_error_trap_output.py

```python
import subprocess

try:
    output = subprocess.check_output(
        'echo to stdout; echo to stderr 1>&2',
        shell=True,
        stderr=subprocess.STDOUT,
    )
except subprocess.CalledProcessError as err:
    print('ERROR:', err)
else:
    print('Have {} bytes in output: {!r}'.format(len(output), output.decode('utf-8')))
```

표준 출력 스트림에 버퍼링이 적용되는 방식과 인쇄되는 데이터양에 따라 출력 순서는 달라질 수 있다.

```
$ python3 subprocess_check_output_error_trap_output.py

Have 20 bytes in output: 'to stdout\nto stderr\n'
```

10.1.1.3 출력 제한

출력이 표시되거나 캡처되면 안 되는 경우에는 DEVNULL을 사용해 출력 스트림을 제한한다. 다음 예제는 표준 출력과 표준 에러 스트림을 모두 제한한다.

리스트 10.8: subprocess_run_output_error_suppress.py

```python
import subprocess

try:
    completed = subprocess.run(
        'echo to stdout; echo to stderr 1>&2; exit 1',
        shell=True,
        stdout=subprocess.DEVNULL,
        stderr=subprocess.DEVNULL,
    )
except subprocess.CalledProcessError as err:
    print('ERROR:', err)
else:
    print('returncode:', completed.returncode)
    print('stdout is {!r}'.format(completed.stdout))
    print('stderr is {!r}'.format(completed.stderr))
```

DEVNULL은 유닉스 특수 장치 파일인 /dev/null에서 유래한 것이다. 이는 읽기용으로 열면 EOF[End-Of-File]로 응답하며, 쓰기를 하면 입력의 양에 상관없이 모두 무시한다.

```
$ python3 subprocess_run_output_error_suppress.py

returncode: 1
stdout is None
stderr is None
```

10.1.2 파이프 직접 다루기

run(), call(), check_call(), check_output() 함수는 모두 Popen 클래스의 래퍼[wrapper]다. Popen을 직접 사용하면 명령이 실행되는 방식, 입출력 스트림이 처리되는 방식을 더 섬세하게 제어할 수 있다. 예를 들어 stdin, stdout, stderr에 여러 인자를 전달해 os.popen()의 다양한 기능을 모방할 수 있다.

10.1.2.1 프로세스와의 단방향 통신

프로세스를 실행하고 출력을 모두 읽으려면 stdout 값을 PIPE로 설정하고 communicate() 를 호출한다.

리스트 10.9: subprocess_popen_read.py

```
import subprocess

print('read:')
proc = subprocess.Popen(['echo', '"to stdout"'], stdout=subprocess.PIPE, )
stdout_value = proc.communicate()[0].decode('utf-8')
print('stdout:', repr(stdout_value))
```

이는 popen()과 비슷하게 동작하지만 읽기를 Popen 인스턴스가 내부적으로 관리하는 점이 다르다.

```
$ python3 subprocess_popen_read.py

read:
stdout: '"to stdout"\n'
```

호출 프로그램이 데이터 쓰기를 할 수 있도록 파이프를 설정하려면 stdin을 PIPE로 설정한다.

리스트 10.10: subprocess_popen_write.py

```
import subprocess

print('write:')
proc = subprocess.Popen(['cat', '-'], stdin=subprocess.PIPE, )
proc.communicate('stdin: to stdin\n'.encode('utf-8'))
```

프로세스의 표준 입력 채널에 데이터를 보내려면 데이터를 communicate()에 전달한다. 이는 popen()을 'w' 모드로 사용하는 것과 비슷하다.

```
$ python3 -u subprocess_popen_write.py
```

```
write:
stdin: to stdin
```

10.1.2.2 프로세스와의 양방향 통신

Popen 인스턴스가 읽기와 쓰기를 동시에 할 수 있게 하려면 앞의 두 기법을 함께 사용한다.

리스트 10.11: subprocess_popen2.py

```python
import subprocess

print('popen2:')

proc = subprocess.Popen(['cat', '-'], stdin=subprocess.PIPE, stdout=subprocess.PIPE, )
msg = 'through stdin to stdout'.encode('utf-8')
stdout_value = proc.communicate(msg)[0].decode('utf-8')
print('pass through:', repr(stdout_value))
```

파이프가 popen2()를 모방하도록 설정된다.

```
$ python3 -u subprocess_popen2.py

popen2:
pass through: 'through stdin to stdout'
```

10.1.2.3 에러 출력 캡처

popen3()처럼 stdout과 stderr 스트림을 모두 감시할 수 있다.

리스트 10.12: subprocess_popen3.py

```python
import subprocess

print('popen3:')

proc = subprocess.Popen(
```

```
    'cat -; echo "to stderr" 1>&2',
    shell=True,
    stdin=subprocess.PIPE,
    stdout=subprocess.PIPE,
    stderr=subprocess.PIPE,
)
msg = 'through stdin to stdout'.encode('utf-8')
stdout_value, stderr_value = proc.communicate(msg)
print('pass through:', repr(stdout_value.decode('utf-8')))
print('stderr       :', repr(stderr_value.decode('utf-8')))
```

stderr에서의 읽기는 stdout에서와 같은 방식으로 동작한다. PIPE 전달은 Popen에게 해당 채널에 붙으라고 지시하는 것이며, communicate()로 반환 전의 모든 데이터를 읽는다.

```
$ python3 -u subprocess_popen3.py

popen3:
pass through: 'through stdin to stdout'
stderr       : 'to stderr\n'
```

10.1.2.4 일반 출력과 에러 출력 결합

프로세스의 에러 출력을 표준 출력 채널로 직접 보내려면 stderr에 PIPE 대신 STDOUT을 사용한다.

리스트 10.13: subprocess_popen4.py

```
import subprocess

print('popen4:')
proc = subprocess.Popen(
    'cat -; echo "to stderr" 1>&2',
    shell=True,
    stdin=subprocess.PIPE,
    stdout=subprocess.PIPE,
    stderr=subprocess.STDOUT,
```

```
)
msg = 'through stdin to stdout\n'.encode('utf-8')
stdout_value, stderr_value = proc.communicate(msg)
print('combined output:', repr(stdout_value.decode('utf-8')))
print('stderr value   :', repr(stderr_value))
```

이 방식은 popen4()의 동작 방식과 비슷하다.

```
$ python3 -u subprocess_popen4.py

popen4:
combined output: 'through stdin to stdout\nto stderr\n'
stderr value   : None
```

10.1.3 여러 개의 파이프 연결

개별적인 Popen 인스턴스를 생성한 다음에 그 인스턴스들의 입력과 출력을 서로 연결함으로써 유닉스 셸과 비슷하게 여러 개의 명령을 하나의 파이프라인^{pipeline}으로 연결할 수 있다. 파이프라인에서 한 Popen 인스턴스의 stdin 인자로 상수 PIPE를 사용하는 대신에 이전 인스턴스의 stdout 속성을 사용한다. 출력은 파이프라인의 최종 명령에 대한 stdout 핸들에서 읽는다.

리스트 10.14: subprocess_pipes.py

```
import subprocess

cat = subprocess.Popen(['cat', 'index.rst'], stdout=subprocess.PIPE, )

grep = subprocess.Popen(
    ['grep', '.. literalinclude::'],
    stdin=cat.stdout,
    stdout=subprocess.PIPE,
)

cut = subprocess.Popen(
    ['cut', '-f', '3', '-d:'],
    stdin=grep.stdout,
```

```
        stdout=subprocess.PIPE,
    )
end_of_pipe = cut.stdout

print('Included files:')
for line in end_of_pipe:
    print(line.decode('utf-8').strip())
```

이 예제는 다음과 같은 커맨드라인을 생성한다.

```
$ cat index.rst | grep ".. literalinclude" | cut -f 3 -d:
```

파이프라인은 이 절의 소스 파일 중 reStructuredText(rst) 파일을 읽은 후 다른 파일을 포함하는 모든 줄을 찾는다. 그다음에 포함된 파일명을 출력한다.

```
$ python3 -u subprocess_pipes.py

Included files:
subprocess_os_system.py
subprocess_shell_variables.py
subprocess_run_check.py
subprocess_run_output.py
subprocess_run_output_error.py
subprocess_run_output_error_trap.py
subprocess_check_output_error_trap_output.py
subprocess_run_output_error_suppress.py
subprocess_popen_read.py
subprocess_popen_write.py
subprocess_popen2.py
subprocess_popen3.py
subprocess_popen4.py
subprocess_pipes.py repeater.py
interaction.py signal_child.py
signal_parent.py
subprocess_signal_parent_shell.py
subprocess_signal_setpgrp.py
```

10.1.4 다른 명령과의 상호작용

이전의 모든 예제는 상호작용이 적다고 가정하고 있다. communicate() 메서드는 모든 출력을 읽고 반환하기 전에 자식 프로세스가 종료되기를 기다린다. 또한 이 메서드는 프로그램이 실행되는 동안 Popen 인스턴스에 의해 사용되는 개별 파이프 핸들에서 읽고 쓸 수 있다. 표준 입력에서 읽고 표준 출력에 쓰는 간단한 에코 프로그램을 통해 이 기법을 설명한다.

스크립트 repeater.py는 다음 예제에서 자식 프로세스로 사용된다. 이 스크립트는 한 번에 한 라인씩 stdin에서 읽고 stdout에 그 값을 쓴다. 또한 자식 프로세스의 생존 시간을 보여주고자 시작과 종료 시에 stderr로 메시지를 쓴다.

리스트 10.15: repeater.py

```
import sys

sys.stderr.write('repeater.py: starting\n')
sys.stderr.flush()

while True:
    next_line = sys.stdin.readline()
    sys.stderr.flush()
    if not next_line:
        break
    sys.stdout.write(next_line)
    sys.stdout.flush()

sys.stderr.write('repeater.py: exiting\n')
sys.stderr.flush()
```

다음 상호작용 예제는 Popen 인스턴스가 소유한 stdin과 stdout 파일 핸들들을 다른 방식으로 사용한다. 첫 번째 예제는 일련의 숫자 다섯 개를 프로세스의 stdin으로 보낸다. 쓰기 작업이 끝나면 출력의 다음 라인을 다시 읽는다. 두 번째 예제는 첫 번째와 동일한 다섯 개의 숫자를 쓰지만 communicate()를 사용해 출력을 한 번에 읽어 들인다.

리스트 10.16: interaction.py

```
import io
```

```python
import subprocess

print('One line at a time:')
proc = subprocess.Popen(
    'python3 repeater.py',
    shell=True,
    stdin=subprocess.PIPE,
    stdout=subprocess.PIPE,
)
stdin = io.TextIOWrapper(
    proc.stdin,
    encoding='utf-8',
    line_buffering=True, # 새 라인으로 데이터 보냄
)
stdout = io.TextIOWrapper(
    proc.stdout,
    encoding='utf-8',
)
for i in range(5):
    line = '{}\n'.format(i)
    stdin.write(line)
    output = stdout.readline()
    print(output.rstrip())
remainder = proc.communicate()[0].decode('utf-8')
print(remainder)

print()
print('All output at once:')
proc = subprocess.Popen(
    'python3 repeater.py',
    shell=True,
    stdin=subprocess.PIPE,
    stdout=subprocess.PIPE,
)
stdin = io.TextIOWrapper(proc.stdin, encoding='utf-8', )
for i in range(5):
    line = '{}\n'.format(i)
    stdin.write(line)
stdin.flush()

output = proc.communicate()[0].decode('utf-8')
print(output)
```

690

출력에서 각 루프에 대해 "repeater.py: exiting" 줄이 다른 지점에 나타난다.

```
$ python3 -u interaction.py

One line at a time:
repeater.py: starting
0
1
2
3
4
repeater.py: exiting

All output at once:
repeater.py: starting
repeater.py: exiting
0
1
2
3
4
```

10.1.5 프로세스 간 시그널링

os 모듈의 프로세스 관리 예제는 os.fork()와 os.kill()을 사용해 프로세스 간 시그널을 주고받는 데모를 포함하고 있다. 각 Popen 인스턴스는 자식 프로세스의 프로세스 ID를 pid 속성으로 제공하므로 subprocess와 비슷하게 동작할 수 있다.

다음 예제는 두 개의 스크립트를 합친 것이다. 자식 프로세스는 USR 시그널용 시그널 핸들러를 설정한다.

리스트 10.17: signal_child.py

```
import os
import signal
import time
import sys
```

```
pid = os.getpid()
received = False

def signal_usr1(signum, frame):
    "Callback invoked when a signal is received"
    global received
    received = True
    print('CHILD {:>6}: Received USR1'.format(pid))
    sys.stdout.flush()

print('CHILD {:>6}: Setting up signal handler'.format(pid))
sys.stdout.flush()
signal.signal(signal.SIGUSR1, signal_usr1)
print('CHILD {:>6}: Pausing to wait for signal'.format(pid))
sys.stdout.flush()
time.sleep(3)

if not received:
    print('CHILD {:>6}: Never received signal'.format(pid))
```

다음 스크립트는 부모 프로세스로 실행된다. 이 프로세스가 signal_child.py를 시작한
다음에 USR1 시그널을 보낸다.

리스트 10.18: signal_parent.py

```
import os
import signal
import subprocess
import time
import sys

proc = subprocess.Popen(['python3', 'signal_child.py'])
print('PARENT      : Pausing before sending signal...')
sys.stdout.flush()
time.sleep(1)
print('PARENT      : Signaling child')
sys.stdout.flush()
os.kill(proc.pid, signal.SIGUSR1)
```

출력은 다음과 같다.

```
$ python3 signal_parent.py

PARENT      : Pausing before sending signal...
CHILD   26976: Setting up signal handler
CHILD   26976: Pausing to wait for signal
PARENT      : Signaling child
CHILD   26976: Received USR1
```

10.1.5.1 프로세스 그룹/세션

Popen에 의해 생성된 프로세스가 자신의 서브프로세스를 생성하면 자식 프로세스는
부모 프로세스에 보내진 어떤 시그널도 수신하지 못한다. 따라서 Popen에 shell 인자
를 사용하면 셸에서 시작한 명령을 SIGINT나 SIGTERM을 보내 강제 종료시키기 어려워
진다.

리스트 10.19: subprocess_signal_parent_shell.py

```python
import os
import signal
import subprocess
import tempfile
import time
import sys

script = '''#!/bin/sh
echo "Shell script in process $$"
set -x
python3 signal_child.py
'''

script_file = tempfile.NamedTemporaryFile('wt')
script_file.write(script)
script_file.flush()

proc = subprocess.Popen(['sh', script_file.name])
print('PARENT      : Pausing before signaling {}...'.format(proc.pid))
sys.stdout.flush()
time.sleep(1)
print('PARENT      : Signaling child {}'.format(proc.pid))
```

```
sys.stdout.flush()
os.kill(proc.pid, signal.SIGUSR1)
time.sleep(3)
```

이 예제에서는 다음 세 개의 프로세스가 서로 상호작용하기 때문에 시그널을 보내는 데 사용한 pid가 시그널을 기다리는 셸 스크립트의 자식 프로세스의 pid와 일치하지 않는다.

- subprocess_signal_parent_shell.py 프로그램

- 메인 파이썬 프로그램이 생성한 스크립트를 실행하는 셸 프로세스

- signal_child.py 프로그램

```
$ python3 subprocess_signal_parent_shell.py

PARENT      : Pausing before signaling 26984...
Shell script in process 26984
+ python3 signal_child.py
CHILD   26985: Setting up signal handler
CHILD   26985: Pausing to wait for signal
PARENT      : Signaling child 26984
CHILD   26985: Never received signal
```

자식 프로세스 ID를 모르는 상태에서 그들에게 시그널을 보내려면 프로세스 그룹을 사용해 자식 프로세스들을 하나로 묶어 함께 시그널을 받게 할 수 있다. 프로세스 그룹은 os.setpgrp()로 생성하며, 현재 프로세스의 프로세스 ID를 프로세스 그룹의 ID로 설정한다. 모든 자식 프로세스가 부모로부터 프로세스 그룹을 상속받는다. 이 그룹은 Popen과 그에 의해 생성된 셸에서만 설정할 수 있기 때문에 Popen이 생성된 동일한 프로세스에서 os.setpgrp()를 호출하면 안 된다. 그 대신 함수가 Popen에 preexec_fn의 인자로 전달돼 exec()으로 셸을 실행하기 전에 새로운 프로세스 내부에서 fork()를 한 후에 실행된다. 프로세스 그룹 전체에 시그널을 보내려면 Popen 인스턴스의 pid 값과 함께 os.killpg()를 사용한다.

```python
import os
import signal
import subprocess
import tempfile
import time
import sys

def show_setting_prgrp():
    print('Calling os.setpgrp() from {}'.format(os.getpid()))
    os.setpgrp()
    print('Process group is now {}'.format(os.getpid(), os.getpgrp()))
    sys.stdout.flush()

script = '''#!/bin/sh
echo "Shell script in process $$"
set -x
python3 signal_child.py
'''
script_file = tempfile.NamedTemporaryFile('wt')
script_file.write(script)
script_file.flush()

proc = subprocess.Popen(['sh', script_file.name], preexec_fn=show_setting_prgrp, )
print('PARENT      : Pausing before signaling {}...'.format(proc.pid))
sys.stdout.flush()
time.sleep(1)
print('PARENT      : Signaling process group {}'.format(proc.pid))
sys.stdout.flush()
os.killpg(proc.pid, signal.SIGUSR1)
time.sleep(3)
```

다음과 같은 일련의 이벤트가 보일 것이다.

1. 부모 프로그램이 Popen을 인스턴스화한다.

2. Popen 인스턴스가 새 프로세스를 포크^{fork}한다.

3. 새 프로세스는 os.setpgrp()를 실행한다.

4. 새 프로세스는 exec()으로 셸을 시작한다.

5. 셸이 셸 스크립트를 실행한다.

6. 셸 스크립트는 다시 포크하고, 그 프로세스는 파이썬을 실행한다.

7. 파이썬이 signal_child.py를 실행한다.

8. 부모 프로그램이 셸의 **pid**를 사용해 프로세스 그룹에 시그널을 보낸다.

9. 셸과 파이썬 프로세스가 시그널을 받는다.

10. 셸은 시그널을 무시한다.

11. signal_child.py를 실행 중인 파이썬 프로세스는 시그널 핸들러를 호출한다.

```
$ python3 subprocess_signal_setpgrp.py

Calling os.setpgrp() from 26992
Process group is now 26992
PARENT      : Pausing before signaling 26992...
Shell script in process 26992
+ python3 signal_child.py
CHILD   26993: Setting up signal handler
CHILD   26993: Pausing to wait for signal
PARENT      : Signaling process group 26992
CHILD   26993: Received USR1
```

팁 – 참고 자료

- subprocess 표준 라이브러리 문서: https://docs.python.org/3.5/library/subprocess.html
- os: subprocess가 os 모듈의 많은 부분을 대체하고 있지만 os 모듈의 프로세스 관련 함수들은 아직 널리 사용되고 있다.
- UNIX Signals and Process Groups(www.cs.ucsb.edu/~almeroth/classes/W99.276/assignment1/signals.html): 유닉스 시그널과 프로세스 그룹 동작 방식에 대한 설명
- signal: 시그널 모듈 사용에 대한 자세한 내용
- Advanced Programming in the UNIX Environment, 3판(https://www.amazon.com/Advanced-Programming-UNIX-Environment-3rd/dp/0321637739/): 시그널 처리 및 중복된 파일 디스크립터 닫기 등과 같은 멀티프로세스 작업을 다루고 있다.
- pipes: 표준 라이브러리에 포함된 유닉스 셸 커맨드 파이프라인 템플릿

10.2 signal: 비동기 시스템 이벤트

시그널은 프로그램에 이벤트를 알리고 그것을 비동기적으로 처리하게 하는 운영체제 기능이다. 시그널은 시스템 자체에서 생성할 수도 있고, 한 프로세스에서 다른 프로세스로 보낼 수도 있다. 시그널은 프로그램의 정상적인 흐름을 중단시키기 때문에 어떤 작업(특히 I/O 작업)은 진행 중에 시그널을 받으면 에러가 발생할 수도 있다.

시그널은 정수로 식별되며 운영체제 C 헤더에 정의돼 있다. 파이썬은 플랫폼에 맞는 시그널을 signal 모듈에서 심볼^{symbol}로 노출한다. 이 절에 있는 예제는 SIGINT와 SIGUSR1을 사용하며, 둘 다 유닉스 및 유닉스 계열 시스템에 정의돼 있다.

> **참고**
>
> 유닉스 시그널 핸들러를 프로그래밍하는 것은 쉽지 않다. 이 절에서는 이 복잡한 주제의 입문 정도만 소개하고 모든 플랫폼에서 성공적으로 시그널을 사용하는 데 필요한 모든 세부 사항을 다루지 않는다. 다양한 버전의 유닉스에서 어느 정도 표준화가 돼 있지만 변형도 있기 때문에 문제가 생기면 운영체제 문서를 참고하라.

10.2.1 시그널 수신

다른 형태의 이벤트 기반 프로그래밍과 마찬가지로 시그널은 시그널이 수신되면 호출되는 시그널 핸들러라고 불리는 콜백 함수를 생성해 수신한다. 시그널 핸들러의 인자는 시그널 번호와 프로그램에서 시그널에 의해 중단된 지점의 스택 프레임이다.

리스트 10.21: signal_signal.py

```
import signal
import os
import time

def receive_signal(signum, stack):
    print('Received:', signum)

# 시그널 핸들러 등록
signal.signal(signal.SIGUSR1, receive_signal)
signal.signal(signal.SIGUSR2, receive_signal)

# kill을 사용해 이 프로그램에 시그널을 보낼 수 있도록 프로세스 ID를 출력한다.
print('My PID is:', os.getpid())
```

```
while True:
    print('Waiting...')
    time.sleep(3)
```

이 예제 스크립트는 각 루프마다 몇 초간 멈추는 무한 루프다. 시그널이 들어오면 sleep() 호출이 중단되고 시그널 핸들러인 receive_signal은 시그널 번호를 출력한다. 시그널 핸들러가 반환하면 루프는 계속된다.

실행 중인 프로그램에 시그널을 보낼 때는 os.kill()을 사용하거나 유닉스 커맨드라인 프로그램인 kill을 사용한다.

```
$ python3 signal_signal.py

My PID is: 71387
Waiting...
Waiting...
Waiting...
Received: 30
Waiting...
Waiting...
Received: 31
Waiting...
Waiting...
Traceback (most recent call last):
    File "signal_signal.py", line 28, in <module>
    time.sleep(3)
KeyboardInterrupt
```

앞의 출력은 한 터미널 창에서 signal_signal.py를 실행한 다음에 다른 터미널 창에서 다음 명령을 실행해 생성된 것이다.

```
$ kill -USR1 $pid
$ kill -USR2 $pid
$ kill -INT $pid
```

10.2.2 등록된 핸들러 찾기

한 시그널에 대해 등록된 시그널 핸들러를 보려면 getsignal()을 사용한다. 인자로 시그널 번호를 전달한다. 반환값은 등록된 핸들러, 또는 특수한 값인 SIG_IGN(시그널이 무시됨), SIG_DFL(기본 동작이 사용됨), None(시그널 핸들러가 파이썬이 아닌 C에서 등록됨) 중 하나다.

리스트 10.22: signal_getsignal.py

```
import signal

def alarm_received(n, stack):
    return

signal.signal(signal.SIGALRM, alarm_received)

signals_to_names = {
    getattr(signal, n): n
    for n in dir(signal)
    if n.startswith('SIG') and '_' not in n
}

for s, name in sorted(signals_to_names.items()):
    handler = signal.getsignal(s)
    if handler is signal.SIG_DFL:
        handler = 'SIG_DFL'
    elif handler is signal.SIG_IGN:
        handler = 'SIG_IGN'
    print('{:<10} ({:2d}):'.format(name, s), handler)
```

다시 말하지만 각 운영체제마다 서로 다른 시그널이 정의돼 있기 때문에 출력은 시스템에 따라 다르다. 다음은 OS X에서 나온 출력이다.

```
$ python3 signal_getsignal.py
SIGHUP     ( 1): SIG_DFL
SIGINT     ( 2): <built-in function default_int_handler>
SIGQUIT    ( 3): SIG_DFL
SIGILL     ( 4): SIG_DFL
SIGTRAP    ( 5): SIG_DFL
SIGIOT     ( 6): SIG_DFL
```

```
SIGEMT      ( 7): SIG_DFL
SIGFPE      ( 8): SIG_DFL
SIGKILL     ( 9): None
SIGBUS      (10): SIG_DFL
SIGSEGV     (11): SIG_DFL
SIGSYS      (12): SIG_DFL
SIGPIPE     (13): SIG_IGN
SIGALRM     (14): <function alarm_received at 0x100757f28>
SIGTERM     (15): SIG_DFL
SIGURG      (16): SIG_DFL
SIGSTOP     (17): None
SIGTSTP     (18): SIG_DFL
SIGCONT     (19): SIG_DFL
SIGCHLD     (20): SIG_DFL
SIGTTIN     (21): SIG_DFL
SIGTTOU     (22): SIG_DFL
SIGIO       (23): SIG_DFL
SIGXCPU     (24): SIG_DFL
SIGXFSZ     (25): SIG_IGN
SIGVTALRM   (26): SIG_DFL
SIGPROF     (27): SIG_DFL
SIGWINCH    (28): SIG_DFL
SIGINFO     (29): SIG_DFL
SIGUSR1     (30): SIG_DFL
SIGUSR2     (31): SIG_DFL
```

10.2.3 시그널 전송

파이썬에서 시그널을 보낼 때 사용하는 함수는 os.kill()이다. 이는 나중에 나오는 os 모듈, '17.3.10 os.fork()로 프로세스 생성' 절에서 다룬다.

10.2.4 알람

알람alarm은 시그널의 특수한 경우로 특정한 시간이 지나면 알려달라고 프로그램이 운영체제에게 요청할 때 생성된다. os 표준 모듈 문서에 의하면 이 방법은 I/O 작업이나 다른 시스템 호출에 대해 프로그램이 무한정 기다리는 것을 피하고자 할 때 유용하다.

```python
import signal
import time

def receive_alarm(signum, stack):
    print('Alarm :', time.ctime())

# 2초 후에 receive_alarm 호출
signal.signal(signal.SIGALRM, receive_alarm)
signal.alarm(2)

print('Before:', time.ctime())
time.sleep(4)
print('After :', time.ctime())
```

이 예제에서 sleep() 호출은 중단되지만 시그널이 처리되고 난 후에는 다시 계속된다.
sleep()이 반환된 후 출력 메시지는 프로그램이 sleep 시간 동안만 멈춰 있었음을 보여
준다.

```
$ python3 signal_alarm.py

Before: Sun Sep 11 11:31:18 2016
Alarm : Sun Sep 11 11:31:20 2016
After : Sun Sep 11 11:31:22 2016
```

10.2.5 시그널 무시

시그널을 무시하려면 SIG_IGN을 핸들러로 등록한다. 다음 스크립트는 기본 핸들러를
SIGINT에서 SIG_IGN으로 변경하고, SIGUSR1에 대한 핸들러를 등록한다. 그런 다음에
signal.pause()를 사용해 시그널 수신을 기다린다.

리스트 10.24: signal_ignore.py

```python
import signal
import os
import time
```

```
def do_exit(sig, stack):
    raise SystemExit('Exiting')

signal.signal(signal.SIGINT, signal.SIG_IGN)
signal.signal(signal.SIGUSR1, do_exit)

print('My PID:', os.getpid())

signal.pause()
```

일반적으로 사용자가 Ctrl-C를 눌렀을 때 셸이 프로그램에 보내는 시그널인 **SIGINT**는
KeyboardInterrupt를 발생시킨다. 이 예제는 SIGINT를 무시하고 SIGUSR1을 발견하면
SystemExit를 발생시킨다. 출력에서 ^C는 터미널에서 스크립트를 kill하고자 Ctrl-C를
사용했음을 보여준다. 다른 터미널에서 **kill -USR1 72598**을 사용해 스크립트를 종료
시킨다.

```
$ python3 signal_ignore.py

My PID: 72598
^C^C^C^CExiting
```

10.2.6 시그널과 스레드

프로세스의 메인 스레드만 시그널을 받기 때문에 시그널과 스레드를 함께 사용하면
잘 동작하지 않는다. 다음 예제는 시그널 핸들러를 설정하고, 하나의 스레드에서 시그
널을 기다리고, 다른 스레드에서 시그널을 보낸다.

리스트 10.25: signal_threads.py

```
import signal
import threading
import os
import time

def signal_handler(num, stack):
    print('Received signal {} in {}'.format(num, threading.currentThread().name))
```

```python
signal.signal(signal.SIGUSR1, signal_handler)

def wait_for_signal():
    print('Waiting for signal in', threading.currentThread().name)
    signal.pause()
    print('Done waiting')

# 시그널을 수신하지 않는 스레드 시작
receiver = threading.Thread(target=wait_for_signal, name='receiver', )
receiver.start()
time.sleep(0.1)

def send_signal():
    print('Sending signal in', threading.currentThread().name)
    os.kill(os.getpid(), signal.SIGUSR1)

sender = threading.Thread(target=send_signal, name='sender')
sender.start()
sender.join()

# 스레드가 시그널을 수신하는지 확인한다(일어나지 않는다!).
print('Waiting for', receiver.name)
signal.alarm(2)
receiver.join()
```

시그널 핸들러는 모두 메인 스레드에 등록되는데, 이는 스레드와 시그널 섞어 쓰기를 플랫폼이 지원해주는 것과 상관없이 파이썬용 시그널 모듈 구현에 대한 요구 사항이기 때문이다. 수신 스레드가 signal.pause()를 호출해도 시그널을 받지 못한다. 예제 끝부분에 있는 signal.alarm(2)는 수신 스레드가 종료되지 않아 생기는 무한 블로킹을 방지한다.

```
$ python3 signal_threads.py

Waiting for signal in receiver
Sending signal in sender
Received signal 30 in MainThread
Waiting for receiver
Alarm clock
```

알람은 어떤 스레드에서든 설정할 수 있지만 수신은 항상 메인 스레드에서만 한다.

리스트 10.26: signal_threads_alarm.py

```python
import signal
import time
import threading

def signal_handler(num, stack):
    print(time.ctime(), 'Alarm in', threading.currentThread().name)

signal.signal(signal.SIGALRM, signal_handler)

def use_alarm():
    t_name = threading.currentThread().name
    print(time.ctime(), 'Setting alarm in', t_name)
    signal.alarm(1)
    print(time.ctime(), 'Sleeping in', t_name)
    time.sleep(3)
    print(time.ctime(), 'Done with sleep in', t_name)

# 시그널을 수신하지 않는 스레드 시작
alarm_thread = threading.Thread(target=use_alarm, name='alarm_thread', )
alarm_thread.start()
time.sleep(0.1)

# 스레드가 시그널을 수신하는지 확인한다(일어나지 않는다!).
print(time.ctime(), 'Waiting for', alarm_thread.name)
alarm_thread.join()

print(time.ctime(), 'Exiting normally')
```

이 예제에서 알람은 use_alarm()에서 호출한 sleep()을 중단시키지 않는다.

```
$ python3 signal_threads_alarm.py

Sun Sep 11 11:31:22 2016 Setting alarm in alarm_thread
Sun Sep 11 11:31:22 2016 Sleeping in alarm_thread
Sun Sep 11 11:31:22 2016 Waiting for alarm_thread
Sun Sep 11 11:31:23 2016 Alarm in MainThread
Sun Sep 11 11:31:25 2016 Done with sleep in alarm_thread
Sun Sep 11 11:31:25 2016 Exiting normally
```

10.3 threading: 프로세스 내에서 병렬 작업 관리

threading 모듈은 여러 스레드의 실행을 관리하기 위한 API를 제공하며, 스레드 실행은 프로그램이 동일한 프로세스 공간에서 여러 작업을 동시에 수행할 수 있게 해준다.

10.3.1 스레드 객체

Thread를 사용하는 가장 간단한 방법은 목표 함수와 함께 인스턴스화하고 start()를 호출해 작업을 시작하는 것이다.

리스트 10.27: threading_simple.py

```python
import threading

def worker():
    """thread worker function"""
    print('Worker')

threads = []
for i in range(5):
    t = threading.Thread(target=worker)
    threads.append(t)
    t.start()
```

Worker라고 표시된 다섯 개의 줄이 출력된다.

```
$ python3 threading_simple.py
```

```
Worker
Worker
Worker
Worker
Worker
```

스레드를 생성하고 인자를 전달해 어떤 작업을 할지 알리는 것은 매우 유용하다. 어떤 유형의 객체라도 스레드의 인자로 전달될 수 있다. 다음 예제는 스레드가 출력할 숫자를 인자로 전달한다.

리스트 10.28: threading_simpleargs.py

```python
import threading

def worker(num):
    """thread worker function"""
    print('Worker: %s' % num)

threads = []
for i in range(5):
    t = threading.Thread(target=worker, args=(i,))
    threads.append(t)
    t.start()
```

정수 인자는 각 스레드가 출력하는 메시지에 포함된다.

```
$ python3 threading_simpleargs.py

Worker: 0
Worker: 1
Worker: 2
Worker: 3
Worker: 4
```

10.3.2 현재 스레드 결정

인자를 사용해 스레드를 식별하거나 이름 붙이는 것은 번거롭고 불필요하다. 각

Thread 인스턴스는 생성 시에 기본값으로 이름을 가지며, 이는 스레드를 생성할 때 변경할 수 있다. 스레드에 이름을 붙이는 것은 서로 다른 작업을 처리하는 다중 서비스 스레드를 사용하는 서버 프로세스에서 매우 유용하다.

리스트 10.29: threading_names.py

```python
import threading
import time

def worker():
    print(threading.current_thread().getName(), 'Starting')
    time.sleep(0.2)
    print(threading.current_thread().getName(), 'Exiting')

def my_service():
    print(threading.current_thread().getName(), 'Starting')
    time.sleep(0.3)
    print(threading.current_thread().getName(), 'Exiting')

t = threading.Thread(name='my_service', target=my_service)
w = threading.Thread(name='worker', target=worker)
w2 = threading.Thread(target=worker) # 기본 이름 사용

w.start()
w2.start()
t.start()
```

출력의 각 라인에 현재 스레드의 이름이 포함된다. Thread-1은 이름 붙이지 않은 스레드 w2에 해당하는 것이다.

```
$ python3 threading_names.py

worker Starting
Thread-1 Starting
my_service Starting
worker Exiting
Thread-1 Exiting
my_service Exiting
```

대부분의 프로그램은 디버깅을 위해 **print**를 사용하지 않는다. **logging** 모듈의 형식

코드인 %(threadName)s를 사용해 각 로그 메시지에 스레드 이름을 넣을 수 있다. 로그 메시지에 스레드 이름을 포함하면 메시지를 통해 해당 소스를 추적할 수 있다.

리스트 10.30: threading_names_log.py

```python
import logging
import threading
import time

def worker():
    logging.debug('Starting')
    time.sleep(0.2)
    logging.debug('Exiting')

def my_service():
    logging.debug('Starting')
    time.sleep(0.3)
    logging.debug('Exiting')

logging.basicConfig(
    level=logging.DEBUG,
    format='[%(levelname)s] (%(threadName)-10s) %(message)s',
)

t = threading.Thread(name='my_service', target=my_service)
w = threading.Thread(name='worker', target=worker)
w2 = threading.Thread(target=worker) # 기본 이름 사용

w.start()
w2.start()
t.start()
```

logging은 스레드 환경에서 안전하기 때문에 다른 스레드에서의 메시지도 출력에서 개별적으로 유지된다.

```
$ python3 threading_names_log.py

[DEBUG] (worker     ) Starting
[DEBUG] (Thread-1   ) Starting
[DEBUG] (my_service) Starting
[DEBUG] (worker     ) Exiting
```

```
[DEBUG] (Thread-1  ) Exiting
[DEBUG] (my_service) Exiting
```

10.3.3 데몬 스레드와 논데몬 스레드

지금까지의 예제 프로그램은 모든 스레드가 작업을 완료할 때까지 암시적으로 프로그램을 종료하지 않고 대기했다. 하지만 종종 메인 프로그램의 종료를 블로킹하지 않으면서 실행되는 데몬^{daemon}으로 스레드를 생성하기도 한다. 데몬 스레드는 스레드를 중단할 쉬운 방법이 없거나 스레드가 작업 도중에 죽어도 데이터의 손실이나 손상을 일으키지 않는 서비스, 예를 들어 서비스 모니터링 도구에서 하트 비트^{heart-beats}를 생성하는 스레드 등에 유용하다. 스레드를 데몬으로 지정하려면 데몬을 구성할 때 daemon=True를 전달하거나 set_daemon()을 True로 호출한다. 데몬이 아닌 스레드가 기본값이다.

리스트 10.31: threading_daemon.py

```python
import threading
import time
import logging

def daemon():
    logging.debug('Starting')
    time.sleep(0.2)
    logging.debug('Exiting')

def non_daemon():
    logging.debug('Starting')
    logging.debug('Exiting')

logging.basicConfig(
    level=logging.DEBUG,
    format='(%(threadName)-10s) %(message)s',
)

d = threading.Thread(name='daemon', target=daemon, daemon=True)

t = threading.Thread(name='non-daemon', target=non_daemon)

d.start()
```

```
    t.start()
```

이 코드의 출력에는 데몬 스레드에서 나오는 **"Exiting"** 메시지가 포함되지 않는다. 데몬 스레드가 sleep()에서 깨어나기 전에 메인 스레드를 포함한 모든 논데몬[non-daemon] 스레드가 종료되기 때문이다.

```
$ python3 threading_daemon.py

(daemon    ) Starting
(non-daemon) Starting
(non-daemon) Exiting
```

데몬 스레드가 작업을 완료할 때까지 기다리게 하려면 join() 메서드를 사용한다.

리스트 10.32: threading_daemon_join.py

```python
import threading
import time
import logging

def daemon():
    logging.debug('Starting')
    time.sleep(0.2)
    logging.debug('Exiting')

def non_daemon():
    logging.debug('Starting')
    logging.debug('Exiting')

logging.basicConfig(
    level=logging.DEBUG,
    format='(%(threadName)-10s) %(message)s',
)

d = threading.Thread(name='daemon', target=daemon, daemon=True)

t = threading.Thread(name='non-daemon', target=non_daemon)

d.start()
t.start()
```

```
    d.join()
    t.join()
```

join()을 사용해 데몬 스레드의 종료를 기다리게 하면 **"Exiting"** 메시지가 생성되는 것을 볼 수 있다.

```
$ python3 threading_daemon_join.py

(daemon     ) Starting
(non-daemon ) Starting
(non-daemon ) Exiting
(daemon     ) Exiting
```

기본적으로 join()은 무제한적으로 블로킹을 한다. 이를 방지하고자 스레드가 대기해야 하는 초 단위 시간을 나타내는 부동소수점 수를 전달할 수 있다. 해당 타임아웃 시간 안에 스레드가 완료되지 않으면 join()이 더 이상 기다리지 않고 무조건 반환한다.

리스트 10.33: threading_daemon_join_timeout.py

```python
import threading
import time
import logging

def daemon():
    logging.debug('Starting')
    time.sleep(0.2)
    logging.debug('Exiting')

def non_daemon():
    logging.debug('Starting')
    logging.debug('Exiting')

logging.basicConfig(
    level=logging.DEBUG,
    format='(%(threadName)-10s) %(message)s',
)

d = threading.Thread(name='daemon', target=daemon, daemon=True)

t = threading.Thread(name='non-daemon', target=non_daemon)
```

```
d.start()
t.start()

d.join(0.1)
print('d.isAlive()', d.isAlive())
t.join()
```

타임아웃 시간이 데몬 스레드의 sleep 시간보다 짧기 때문에 이 스레드는 join()이 반환된 후에도 여전히 살아있다.

```
$ python3 threading_daemon_join_timeout.py

(daemon     ) Starting
(non-daemon ) Starting
(non-daemon ) Exiting
d.isAlive() True
```

10.3.4 모든 스레드 나열

메인 프로세스를 종료하기 전에 모든 데몬 스레드가 완료됐는지 확인하고자 그 모두에 대한 명시적인 핸들을 저장하고 있을 필요가 없다. enumerate()는 활성화된 Thread 인스턴스의 리스트를 반환한다. 이 리스트는 현재 스레드를 포함하며, 현재 스레드에 join을 하면 데드락^{deadlock} 상황이 발생하기 때문에 반드시 피해야 한다.

리스트 10.34: threading_enumerate.py

```
import random
import threading
import time
import logging

def worker():
    """thread worker function"""
    pause = random.randint(1, 5) / 10
    logging.debug('sleeping %0.2f', pause)
    time.sleep(pause)
```

```
        logging.debug('ending')

logging.basicConfig(
    level=logging.DEBUG,
    format='(%(threadName)-10s) %(message)s',
)

for i in range(3):
    t = threading.Thread(target=worker, daemon=True)
    t.start()

main_thread = threading.main_thread()
for t in threading.enumerate():
    if t is main_thread:
        continue
    logging.debug('joining %s', t.getName())
    t.join()
```

worker가 임의의 시간 동안 잠들기 때문에 이 프로그램의 출력은 다를 수 있다.

```
$ python3 threading_enumerate.py

(Thread-1   ) sleeping 0.20
(Thread-2   ) sleeping 0.30
(Thread-3   ) sleeping 0.40
(MainThread ) joining Thread-1
(Thread-1   ) ending
(MainThread ) joining Thread-3
(Thread-2   ) ending
(Thread-3   ) ending
(MainThread ) joining Thread-2
```

10.3.5 스레드 서브클래싱

Thread는 기본적인 초기화를 하고 나서 run() 메서드를 호출해 생성자에 전달된 목표 함수를 호출한다. Thread의 서브클래스를 생성하려면 run()을 오버라이드해 필요한 작업을 수행하게 한다.

```python
import threading
import logging

class MyThread(threading.Thread):

    def run(self):
        logging.debug('running')

logging.basicConfig(
    level=logging.DEBUG,
    format='(%(threadName)-10s) %(message)s',
)

for i in range(5):
    t = MyThread()
    t.start()
```

run()의 반환값은 무시된다.

```
$ python3 threading_subclass.py

(Thread-1   ) running
(Thread-2   ) running
(Thread-3   ) running
(Thread-4   ) running
(Thread-5   ) running
```

Thread 생성자에 전달된 args 및 kwargs 값은 '__'가 붙은 private 변수에 저장되므로 서브클래스에서는 쉽게 액세스할 수 없다. 사용자 정의 스레드 타입에 인자를 전달할 때는 생성자를 재정의해 서브클래스에서도 조회가 가능한 인스턴스 속성에 값을 저장해야 한다.

리스트 10.36: threading_subclass_args.py

```python
import threading
import logging

class MyThreadWithArgs(threading.Thread):
```

```
        def __init__(self, group=None, target=None, name=None,
                args=(), kwargs=None, *, daemon=None):
            super().__init__(group=group, target=target, name=name, daemon=daemon)
            self.args = args
            self.kwargs = kwargs

        def run(self):
            logging.debug('running with %s and %s', self.args, self.kwargs)


logging.basicConfig(level=logging.DEBUG, format='(%(threadName)-10s) %(message)s', )

for i in range(5):
    t = MyThreadWithArgs(args=(i,), kwargs={'a': 'A', 'b': 'B'})
    t.start()
```

MyThreadWithArgs는 Thread와 동일한 API를 사용하지만 다른 클래스와 마찬가지로 생성자 메서드를 변경해 스레드의 목적에 맞는 더 많은 인자나 다른 인자를 취하게 할 수 있다.

```
$ python3 threading_subclass_args.py

(Thread-1   ) running with (0,) and {'b': 'B', 'a': 'A'}
(Thread-2   ) running with (1,) and {'b': 'B', 'a': 'A'}
(Thread-3   ) running with (2,) and {'b': 'B', 'a': 'A'}
(Thread-4   ) running with (3,) and {'b': 'B', 'a': 'A'}
(Thread-5   ) running with (4,) and {'b': 'B', 'a': 'A'}
```

10.3.6 타이머 스레드

Thread를 서브클래싱subclassing하는 이유 중 하나는 threading 모듈에 포함된 Timer 때문이다. Timer는 일정 지연시간이 지난 후에 작업을 시작하고, 지연시간 내에는 언제든지 취소할 수 있다.

리스트 10.37: threading_timer.py

```
import threading
```

```
import time
import logging

def delayed():
    logging.debug('worker running')

logging.basicConfig(level=logging.DEBUG, format='(%(threadName)-10s) %(message)s', )

t1 = threading.Timer(0.3, delayed)
t1.setName('t1')
t2 = threading.Timer(0.3, delayed)
t2.setName('t2')

logging.debug('starting timers')
t1.start()
t2.start()

logging.debug('waiting before canceling %s', t2.getName())
time.sleep(0.2)
logging.debug('canceling %s', t2.getName())
t2.cancel()
logging.debug('done')
```

이 예제의 두 번째 타이머는 실행되지 않으며, 첫 번째 타이머는 메인 프로그램이 완료된 후에 나타난다. 이는 데몬 스레드가 아니기 때문에 메인 스레드가 완료될 때 암시적으로 조인된다.

```
$ python3 threading_timer.py

(MainThread) starting timers
(MainThread) waiting before canceling t2
(MainThread) canceling t2
(MainThread) done
(t1        ) worker running
```

10.3.7 스레드 간 시그널링

멀티스레드를 사용하는 목적은 별도의 작업들을 동시에 실행하는 것이지만 때때로 두

716

개 이상의 스레드에서 작업을 동기화하는 것이 중요할 때도 있다. 이벤트 객체는 스레드 사이에서 안전하게 통신하는 간단한 방법이다. Event는 호출자가 set()과 clear() 메서드를 사용해 제어할 수 있는 내부 플래그를 관리한다. 다른 스레드들은 wait()를 사용해 플래그가 설정될 때까지 멈춰있게 할 수 있기 때문에 계속적인 진행이 허용될 때까지 이 스레드를 효과적으로 블로킹할 수 있다.

리스트 10.38: threading_event.py

```python
import logging
import threading
import time

def wait_for_event(e):
    """Wait for the event to be set before doing anything"""
    logging.debug('wait_for_event starting')
    event_is_set = e.wait()
    logging.debug('event set: %s', event_is_set)

def wait_for_event_timeout(e, t):
    """Wait t seconds and then timeout"""
    while not e.is_set():
        logging.debug('wait_for_event_timeout starting')
        event_is_set = e.wait(t)
        logging.debug('event set: %s', event_is_set)
        if event_is_set:
            logging.debug('processing event')
        else:
            logging.debug('doing other work')

logging.basicConfig(level=logging.DEBUG, format='(%(threadName)-10s) %(message)s', )

e = threading.Event()
t1 = threading.Thread(name='block', target=wait_for_event, args=(e,), )
t1.start()

t2 = threading.Thread(name='nonblock', target=wait_for_event_timeout, args=(e, 2), )
t2.start()

logging.debug('Waiting before calling Event.set()')
time.sleep(0.3)
e.set()
logging.debug('Event is set')
```

wait() 메서드는 이벤트를 기다려야 할 초 단위 시간을 나타내는 인자를 취한다. 이 메서드는 이벤트가 설정됐는지를 나타내는 불리언 값을 반환한다. is_set() 메서드는 블로킹 걱정 없이 이벤트마다 개별적으로 사용할 수 있다.

이 예제에서 wait_for_event_timeout()은 무한히 블로킹되지 않으면서 이벤트 상태를 확인한다. wait_for_event()는 wait() 호출로 인해 블로킹되므로 이벤트 상태가 변할 때까지 반환되지 않는다.

```
$ python3 threading_event.py

(block      ) wait_for_event starting
(nonblock   ) wait_for_event_timeout starting
(MainThread ) Waiting before calling Event.set()
(MainThread ) Event is set
(nonblock   ) event set: True
(nonblock   ) processing event
(block      ) event set: True
```

10.3.8 리소스에 대한 액세스 제어

여러 스레드의 작업을 동기화하는 것과 함께 데이터 손상이나 누락을 방지하고자 공유 리소스에 대한 액세스를 제어하는 것도 중요하다. 리스트, 딕셔너리 등 파이썬 내장 자료 구조는 이를 보호하는 전역 인터프리터 락이 업데이트 중간에 풀리지 않기 때문에 스레드에서 안전하다. 파이썬의 다른 자료 구조, 또는 정수나 부동소수점 수와 같은 간단한 데이터 타입은 이런 보호 기능이 없다. 동시 액세스에서 객체를 보호하려면 Lock 객체를 사용한다.

리스트 10.39: threading_lock.py

```
import logging
import random
import threading
import time

class Counter:
```

```
        def __init__(self, start=0):
            self.lock = threading.Lock()
            self.value = start

        def increment(self):
            logging.debug('Waiting for lock')
            self.lock.acquire()
            try:
                logging.debug('Acquired lock')
                self.value = self.value + 1
            finally:
                self.lock.release()

def worker(c):
    for i in range(2):
        pause = random.random()
        logging.debug('Sleeping %0.02f', pause)
        time.sleep(pause)
        c.increment()
    logging.debug('Done')

logging.basicConfig(level=logging.DEBUG, format='(%(threadName)-10s) %(message)s', )

counter = Counter()
for i in range(2):
    t = threading.Thread(target=worker, args=(counter,))
    t.start()

logging.debug('Waiting for worker threads')
main_thread = threading.main_thread()
for t in threading.enumerate():
    if t is not main_thread:
        t.join()
logging.debug('Counter: %d', counter.value)
```

이 예제에서 worker() 함수는 Counter 인스턴스를 증가시켜 두 스레드가 동시에 내부 상태를 변경하지 못하게 방지하는 Lock을 관리한다. Lock을 사용하지 않으면 값 속성 에 대한 변경이 누락될 가능성이 있다.

```
$ python3 threading_lock.py
```

```
(Thread-1   ) Sleeping 0.18
(Thread-2   ) Sleeping 0.93
(MainThread ) Waiting for worker threads
(Thread-1   ) Waiting for lock
(Thread-1   ) Acquired lock
(Thread-1   ) Sleeping 0.11
(Thread-1   ) Waiting for lock
(Thread-1   ) Acquired lock
(Thread-1   ) Done
(Thread-2   ) Waiting for lock
(Thread-2   ) Acquired lock
(Thread-2   ) Sleeping 0.81
(Thread-2   ) Waiting for lock
(Thread-2   ) Acquired lock
(Thread-2   ) Done
(MainThread ) Counter: 4
```

현재 스레드를 멈추지 않고 다른 스레드가 락을 얻었는지 확인할 때는 acquire()의
blocking 인자에 False를 전달한다. 다음 예제에서 worker()는 락을 세 번 얻고자 계속
시도하고 성공할 때까지 몇 번 시도했는지 횟수를 센다. 그동안에 lock_holder()는 락
의 유지와 해제를 반복하면서 시뮬레이션을 위해 각 상태에서 짧게 멈춘다.

리스트 10.40: threading_lock_noblock.py

```python
import logging
import threading
import time

def lock_holder(lock):
    logging.debug('Starting')
    while True:
        lock.acquire()
        try:
            logging.debug('Holding')
            time.sleep(0.5)
        finally:
            logging.debug('Not holding')
            lock.release()
        time.sleep(0.5)
```

```python
def worker(lock):
    logging.debug('Starting')
    num_tries = 0
    num_acquires = 0
    while num_acquires < 3:
        time.sleep(0.5)
        logging.debug('Trying to acquire')
        have_it = lock.acquire(0)
        try:
            num_tries += 1
            if have_it:
                logging.debug('Iteration %d: Acquired', num_tries)
                num_acquires += 1
            else:
                logging.debug('Iteration %d: Not acquired', num_tries)
        finally:
            if have_it:
                lock.release()
    logging.debug('Done after %d iterations', num_tries)

logging.basicConfig(level=logging.DEBUG, format='(%(threadName)-10s) %(message)s', )

lock = threading.Lock()

holder = threading.Thread(target=lock_holder, args=(lock,), name='LockHolder', daemon=True, )
holder.start()

worker = threading.Thread(target=worker, args=(lock,), name='Worker', )
worker.start()
```

worker()가 락을 세 번 얻으려면 세 번 이상의 반복이 필요하다.

```
$ python3 threading_lock_noblock.py

(LockHolder) Starting
(LockHolder) Holding
(Worker    ) Starting
(LockHolder) Not holding
(Worker    ) Trying to acquire
(Worker    ) Iteration 1: Acquired
(LockHolder) Holding
```

```
(Worker     ) Trying to acquire
(Worker     ) Iteration 2: Not acquired
(LockHolder ) Not holding
(Worker     ) Trying to acquire
(Worker     ) Iteration 3: Acquired
(LockHolder ) Holding
(Worker     ) Trying to acquire
(Worker     ) Iteration 4: Not acquired
(LockHolder ) Not holding
(Worker     ) Trying to acquire
(Worker     ) Iteration 5: Acquired
(Worker     ) Done after 5 iterations
```

10.3.8.1 락 재진입

일반적인 Lock 객체는 동일한 스레드라 할지라도 한 번 이상 얻을 수 없다. 따라서 동일한 호출 체인에서 하나 이상의 함수가 락에 액세스하는 경우 원하지 않은 부작용이 발생할 수 있다.

리스트 10.41: threading_lock_reacquire.py

```python
import threading

lock = threading.Lock()

print('First try :', lock.acquire())
print('Second try:', lock.acquire(0))
```

이 경우에 첫 번째 acquire() 호출에서 이미 락을 얻었기 때문에 두 번째 호출의 블로킹을 방지하고자 타임아웃을 0으로 준다.

```
$ python3 threading_lock_reacquire.py

First try : True
Second try: False
```

동일한 스레드의 서로 다른 코드가 락을 '재획득'해야 하는 상황에서는 RLock을 사용한다.

리스트 10.42: threading_rlock.py

```
import threading

lock = threading.RLock()
print('First try :', lock.acquire())
print('Second try:', lock.acquire(0))
```

앞의 예제와 다른 점은 Lock을 RLock으로 바꾼 것뿐이다.

```
$ python3 threading_rlock.py

First try : True
Second try: True
```

10.3.8.2 콘텍스트 매니저로서의 락

락은 콘텍스트 매니저 API를 구현하는데, with 구문과 함께 사용할 수 있다. with 구문을 사용하면 락을 명시적으로 획득하고 해제할 필요가 없다.

리스트 10.43: threading_lock_with.py

```
import threading
import logging

def worker_with(lock):
    with lock:
        logging.debug('Lock acquired via with')

def worker_no_with(lock):
    lock.acquire()
    try:
        logging.debug('Lock acquired directly')
    finally:
        lock.release()

logging.basicConfig(level=logging.DEBUG, format='(%(threadName)-10s) %(message)s', )

lock = threading.Lock()
w = threading.Thread(target=worker_with, args=(lock,))
```

```
nw = threading.Thread(target=worker_no_with, args=(lock,))

w.start()
nw.start()
```

두 함수 worker_with()와 worker_no_with()는 동일한 방식으로 락을 관리한다.

```
$ python3 threading_lock_with.py

(Thread-1   ) Lock acquired via with
(Thread-2   ) Lock acquired directly
```

10.3.9 스레드 동기화

Events 사용 외에 스레드를 동기화하는 다른 방법으로 Condition 객체를 사용할 수 있다. Condition은 Lock을 사용하기 때문에 공유 리소스 사용 시 여러 스레드가 리소스의 업데이트를 기다리게 할 수 있다. 다음 예제에서 consumer() 스레드는 진행을 계속하기 전에 Condition이 설정되기를 기다린다. producer() 스레드는 Condition을 설정하고 계속 진행해도 좋다고 다른 스레드에 알리는 역할을 한다.

리스트 10.44: threading_condition.py

```
import logging
import threading
import time

def consumer(cond):
    """wait for the condition and use the resource"""
    logging.debug('Starting consumer thread')
    with cond:
        cond.wait()
        logging.debug('Resource is available to consumer')

def producer(cond):
    """set up the resource to be used by the consumer"""
    logging.debug('Starting producer thread')
    with cond:
```

```
            logging.debug('Making resource available')
            cond.notifyAll()

logging.basicConfig(
    level=logging.DEBUG,
    format='%(asctime)s (%(threadName)-2s) %(message)s',
)

condition = threading.Condition()
c1 = threading.Thread(name='c1', target=consumer, args=(condition,))
c2 = threading.Thread(name='c2', target=consumer, args=(condition,))
p = threading.Thread(name='p', target=producer, args=(condition,))
c1.start()
time.sleep(0.2)
c2.start()
time.sleep(0.2)
p.start()
```

스레드는 with를 사용해 Condition과 관련된 락을 얻는다. 명시적으로 acquire()와
release() 메서드를 사용해도 된다.

```
$ python3 threading_condition.py

2016-07-10 10:45:28,170 (c1) Starting consumer thread
2016-07-10 10:45:28,376 (c2) Starting consumer thread
2016-07-10 10:45:28,581 (p ) Starting producer thread
2016-07-10 10:45:28,581 (p ) Making resource available
2016-07-10 10:45:28,582 (c1) Resource is available to consumer
2016-07-10 10:45:28,582 (c2) Resource is available to consumer
```

배리어Barrier는 또 다른 스레드 동기화 메커니즘이다. 배리어가 제어 지점을 설정하면
여기에 참여하는 모든 스레드는 해당 포인트에 모든 참여자가 도달할 때까지 블로킹
된다. 이 방법을 사용하면 스레드를 개별적으로 실행한 다음에 모든 스레드가 준비될
때까지 대기하게 할 수 있다.

리스트 10.45: threading_barrier.py

```
import threading
```

```
import time

def worker(barrier):
    print(threading.current_thread().name,
        'waiting for barrier with {} others'.format(barrier.n_waiting))
    worker_id = barrier.wait()
    print(threading.current_thread().name, 'after barrier', worker_id)

NUM_THREADS = 3

barrier = threading.Barrier(NUM_THREADS)

threads = [
    threading.Thread(name='worker-%s' % i, target=worker, args=(barrier,), )
    for i in range(NUM_THREADS)
]

for t in threads:
    print(t.name, 'starting')
    t.start()
    time.sleep(0.1)

for t in threads:
    t.join()
```

이 예제에서 배리어는 세 개의 스레드가 준비될 때까지 블로킹하게 구성됐다. 조건이
충족되면 모든 스레드는 동시에 제어 지점을 지나가도록 해제된다. wait()의 반환값
은 해제된 참여자의 수를 나타내며, 일부 스레드가 공유 리소스를 정리하는 등의 동작
을 하지 못하도록 제한할 때 사용할 수 있다.

```
$ python3 threading_barrier.py

worker-0 starting
worker-0 waiting for barrier with 0 others
worker-1 starting
worker-1 waiting for barrier with 1 others
worker-2 starting
worker-2 waiting for barrier with 2 others
worker-2 after barrier 2
worker-0 after barrier 0
worker-1 after barrier 1
```

배리어의 abort() 메서드는 대기 중인 모든 스레드가 BrokenBarrierError를 수신하게 한다. 그러면 스레드들이 wait()에서 블로킹되는 동안 처리가 중단되는 경우에 이 스레드들을 정리할 수 있다.

리스트 10.46: threading_barrier_abort.py

```python
import threading
import time

def worker(barrier):
    print(threading.current_thread().name,
        'waiting for barrier with {} others'.format(barrier.n_waiting))
    try:
        worker_id = barrier.wait()
    except threading.BrokenBarrierError:
        print(threading.current_thread().name, 'aborting')
    else:
        print(threading.current_thread().name, 'after barrier', worker_id)

NUM_THREADS = 3

barrier = threading.Barrier(NUM_THREADS + 1)

threads = [
    threading.Thread(name='worker-%s' % i, target=worker, args=(barrier,), )
    for i in range(NUM_THREADS)
]

for t in threads:
    print(t.name, 'starting')
    t.start()
    time.sleep(0.1)

barrier.abort()

for t in threads:
    t.join()
```

이 예제는 실제로 시작된 스레드보다 참여한 스레드가 하나 더 많은 것으로 예상하도록 배리어를 구성해 모든 스레드의 진행을 블로킹한다. abort()를 호출하면 블로킹된 각 스레드에서 예외가 발생한다.

```
$ python3 threading_barrier_abort.py

worker-0 starting
worker-0 waiting for barrier with 0 others
worker-1 starting
worker-1 waiting for barrier with 1 others
worker-2 starting
worker-2 waiting for barrier with 2 others
worker-0 aborting
worker-2 aborting
worker-1 aborting
```

10.3.10 리소스에 대한 동시 액세스 제한

종종 한 번에 하나 이상의 작업자 스레드가 하나의 리소스에 액세스할 수 있도록 허용하면서 전체 수를 제한하는 것도 유용하다. 예를 들어 커넥션 풀connection pool이 고정된 수의 동시 접속을 지원하거나, 네트워크 애플리케이션이 고정된 수의 동시 다운로드를 지원할 수 있다. 세마포어semaphore는 이런 연결을 관리하는 방법 중 하나다.

리스트 10.47: threading_semaphore.py

```
import logging
import random
import threading
import time

class ActivePool:

    def __init__(self):
        super(ActivePool, self).__init__()
        self.active = []
        self.lock = threading.Lock()

    def makeActive(self, name):
        with self.lock:
            self.active.append(name)
            logging.debug('Running: %s', self.active)

    def makeInactive(self, name):
```

```
        with self.lock:
            self.active.remove(name)
            logging.debug('Running: %s', self.active)

def worker(s, pool):
    logging.debug('Waiting to join the pool')
    with s:
        name = threading.current_thread().getName()
        pool.makeActive(name)
        time.sleep(0.1)
        pool.makeInactive(name)

logging.basicConfig(
    level=logging.DEBUG,
    format='%(asctime)s (%(threadName)-2s) %(message)s',
)

pool = ActivePool()
s = threading.Semaphore(2)
for i in range(4):
    t = threading.Thread(target=worker, name=str(i), args=(s, pool), )
    t.start()
```

이 예제의 **ActivePool** 클래스는 주어진 순간에 어떤 스레드를 실행할 수 있는지 추적하는 편리한 방법이다. 실제 리소스 풀은 새로 활성화된 스레드에 연결이나 다른 값을 할당하며, 스레드가 완료되면 값을 다시 회수한다. 여기서는 활성화된 스레드의 이름을 유지해 최대 두 개가 동시에 실행 중인 것을 보여주고자 사용한다.

```
$ python3 threading_semaphore.py

2016-07-10 10:45:29,398 (0 ) Waiting to join the pool
2016-07-10 10:45:29,398 (0 ) Running: ['0']
2016-07-10 10:45:29,399 (1 ) Waiting to join the pool
2016-07-10 10:45:29,399 (1 ) Running: ['0', '1']
2016-07-10 10:45:29,399 (2 ) Waiting to join the pool
2016-07-10 10:45:29,399 (3 ) Waiting to join the pool
2016-07-10 10:45:29,501 (1 ) Running: ['0']
2016-07-10 10:45:29,501 (0 ) Running: []
2016-07-10 10:45:29,502 (3 ) Running: ['3']
```

```
2016-07-10 10:45:29,502 (2 ) Running: ['3', '2']
2016-07-10 10:45:29,607 (3 ) Running: ['2']
2016-07-10 10:45:29,608 (2 ) Running: []
```

10.3.11 스레드 종속적인 데이터

어떤 리소스는 여러 스레드에서 사용하기 때문에 락이 필요한 반면에 어떤 리소스는
다른 스레드가 소유하지 못하게 숨겨서 보호할 필요가 있다. local() 클래스는 특정
스레드에서 값을 보지 못하게 숨길 수 있는 객체를 생성한다.

리스트 10.48: threading_local.py

```python
import random
import threading
import logging

def show_value(data):
    try:
        val = data.value
    except AttributeError:
        logging.debug('No value yet')
    else:
        logging.debug('value=%s', val)

def worker(data):
    show_value(data)
    data.value = random.randint(1, 100)
    show_value(data)

logging.basicConfig(level=logging.DEBUG, format='(%(threadName)-10s) %(message)s', )

local_data = threading.local()
show_value(local_data)
local_data.value = 1000
show_value(local_data)

for i in range(2):
    t = threading.Thread(target=worker, args=(local_data,))
    t.start()
```

local_data.value 속성은 해당 스레드에서 설정될 때까지 다른 스레드에 대해서는 존재하지 않는다.

```
$ python3 threading_local.py

(MainThread ) No value yet
(MainThread ) value=1000
(Thread-1   ) No value yet
(Thread-1   ) value=33
(Thread-2   ) No value yet
(Thread-2   ) value=74
```

모든 스레드가 동일한 값으로 시작하도록 설정을 초기화하려면 서브클래싱을 한 다음 __init__()에서 속성을 설정한다.

리스트 10.49: threading_local_defaults.py

```python
import random
import threading
import logging

def show_value(data):
    try:
        val = data.value
    except AttributeError:
        logging.debug('No value yet')
    else:
        logging.debug('value=%s', val)

def worker(data):
    show_value(data)
    data.value = random.randint(1, 100)
    show_value(data)

class MyLocal(threading.local):

    def __init__(self, value):
        super().__init__()
        logging.debug('Initializing %r', self)
        self.value = value
```

```
logging.basicConfig(level=logging.DEBUG, format='(%(threadName)-10s) %(message)s', )

local_data = MyLocal(1000)
show_value(local_data)

for i in range(2):
    t = threading.Thread(target=worker, args=(local_data,))
    t.start()
```

__init__()는 각 스레드에서 id() 값을 참조해 동일한 객체에서 호출돼 기본값을 설정한다.

```
$ python3 threading_local_defaults.py

(MainThread) Initializing <__main__.MyLocal object at 0x101c6c288>
(MainThread) value=1000
(Thread-1  ) Initializing <__main__.MyLocal object at 0x101c6c288>
(Thread-1  ) value=1000
(Thread-1  ) value=18
(Thread-2  ) Initializing <__main__.MyLocal object at 0x101c6c288>
(Thread-2  ) value=1000
(Thread-2  ) value=77
```

> **팁- 참고 자료**
>
> - threading 표준 라이브러리 문서: https://docs.python.org/3.5/library/threading.html
> - threading을 위한 파이썬 2에서 3로의 포팅 노트
> - thread: 저수준 스레드 API
> - Queue: 스레드 간 메시지 전달에 유용한 큐
> - multiprocessing: threading API가 반영된 프로세스 작업용 API

10.4 multiprocessing: 프로세스를 스레드처럼 관리

multiprocessing 모듈은 threading API를 기반으로 작업을 여러 프로세스로 나눌 수 있는 API를 제공한다. 경우에 따라 multiprocessing은 threading 대신 사용할 수 있고, 여러 CPU 코어를 사용할 수 있는 장점이 있기 때문에 파이썬 전역 인터프리터 락과 관

련된 병목현상을 피할 수 있다.

multiprocessing 모듈과 threading 모듈은 유사하기 때문에 처음 몇 예제는 threading 예제를 수정한 것이다. multiprocessing은 지원하지만 threading에서는 사용할 수 없는 기능은 나중에 다룬다.

10.4.1 멀티프로세싱 기초

두 번째 프로세스를 분기하는 가장 간단한 방법은 목표 함수와 함께 Process 객체를 인스턴스화하고 작업을 시작하도록 start()를 호출하는 것이다.

리스트 10.50: multiprocessing_simple.py

```
import multiprocessing

def worker():
    """worker function"""
    print('Worker')

if __name__ == '__main__':
    jobs = []
    for i in range(5):
        p = multiprocessing.Process(target=worker)
        jobs.append(p)
        p.start()
```

출력은 'Worker'라는 단어를 다섯 번 인쇄하지만 각 프로세스가 출력 스트림에 액세스하려고 경쟁하기 때문에 실행 순서에 따라 전체가 분명하게 출력되지 않을 수도 있다.

```
$ python3 multiprocessing_simple.py

Worker
Worker
Worker
Worker
Worker
```

대부분의 경우 프로세스를 생성할 때 인자를 통해 수행할 작업을 알려주는 것이 좋다.

threading과 달리 multiprocessing의 Process 객체에 인자를 전달하려면 pickle을 사용해 인자를 직렬화해야 한다. 다음 예제는 worker에 출력할 숫자를 전달한다.

리스트 10.51: multiprocessing_simpleargs.py

```python
import multiprocessing

def worker(num):
    """thread worker function"""
    print('Worker:', num)

if __name__ == '__main__':
    jobs = []
    for i in range(5):
        p = multiprocessing.Process(target=worker, args=(i,))
        jobs.append(p)
        p.start()
```

정수 인자는 각 worker가 출력하는 메시지에 포함된다.

```
$ python3 multiprocessing_simpleargs.py

Worker: 0
Worker: 1
Worker: 2
Worker: 3
Worker: 4
```

10.4.2 임포트 가능한 목표 함수

threading과 multiprocessing 예제의 차이점 중 하나는 multiprocessing 예제에 포함된 __main__에 대한 보호다. 새 프로세스가 시작되는 방식 때문에 자식 프로세스는 목표 함수를 포함하는 스크립트를 임포트할 수 있어야 한다. __main__의 확인을 통해 애플리케이션의 메인 부분을 래핑하면 각 자식 프로세스에서 모듈로 임포트될 때 이 부분이 재귀적으로 실행되지 않게 할 수 있다. 다른 방법으로는 별도의 스크립트에서 목표 함수를 임포트할 수 있다. 예를 들어 multiprocessing_import_main.py는 두 번째 모

둘에 정의된 worker 함수를 사용한다.

리스트 10.52: multiprocessing_import_main.py

```
import multiprocessing
import multiprocessing_import_worker

if __name__ == '__main__':
    jobs = []
    for i in range(5):
        p = multiprocessing.Process(target=multiprocessing_import_worker.worker, )
        jobs.append(p)
        p.start()
```

worker 함수는 multiprocessing_import_worker.py에 정의돼 있다.

리스트 10.53: multiprocessing_import_worker.py

```
def worker():
    """worker function"""
    print('Worker')
    return
```

메인 프로그램을 호출하면 첫 번째 예제와 비슷한 출력이 생성된다.

```
$ python3 multiprocessing_import_main.py

Worker
Worker
Worker
Worker
Worker
```

10.4.3 현재 프로세스 결정

프로세스 식별과 이름 지정을 위해 인자를 전달하는 방식은 번거롭고 불편하다. 각 프로세스 인스턴스는 기본값으로 이름을 갖게 되며, 이 이름은 프로세스를 생성할 때 변

경할 수 있다. 프로세스 이름은 특히 다양한 유형의 프로세스가 동시에 실행되는 애플리케이션에서 프로세스를 추적하는 데 유용하다.

리스트 10.54: multiprocessing_names.py

```python
import multiprocessing
import time

def worker():
    name = multiprocessing.current_process().name
    print(name, 'Starting')
    time.sleep(2)
    print(name, 'Exiting')

def my_service():
    name = multiprocessing.current_process().name
    print(name, 'Starting')
    time.sleep(3)
    print(name, 'Exiting')

if __name__ == '__main__':
    service = multiprocessing.Process(name='my_service', target=my_service, )
    worker_1 = multiprocessing.Process(name='worker 1', target=worker, )
    worker_2 = multiprocessing.Process(target=worker, )    # 기본 이름

    worker_1.start()
    worker_2.start()
    service.start()
```

디버깅 출력은 각 라인마다 현재 프로세스의 이름을 포함한다. Process-3이 있는 줄은 이름이 지정되지 않은 프로세스인 worker_2에 해당한다.

```
$ python3 multiprocessing_names.py

worker 1 Starting
worker 1 Exiting
Process-3 Starting
Process-3 Exiting
my_service Starting
my_service Exiting
```

10.4.4 데몬 프로세스

기본적으로 메인 프로그램은 모든 자식 프로세스가 완료될 때까지 종료되지 않는다. 하지만 서비스 도중에 작업 프로세스를 중단시킬 쉬운 방법이 없거나, 서비스 모니터링 도구에서 하트 비트를 생성하는 작업과 같이 작업 도중에 죽어도 데이터의 손실이나 손상을 일으키지 않는 경우에는 메인 프로그램에 대한 블로킹 없이 실행되는 백그라운드 프로세스가 유용하다.

데몬 프로세스는 daemon 속성을 True로 설정한다. 기본값은 데몬이 아니다.

리스트 10.55: multiprocessing_daemon.py

```python
import multiprocessing
import time
import sys

def daemon():
    p = multiprocessing.current_process()
    print('Starting:', p.name, p.pid)
    sys.stdout.flush()
    time.sleep(2)
    print('Exiting :', p.name, p.pid)
    sys.stdout.flush()

def non_daemon():
    p = multiprocessing.current_process()
    print('Starting:', p.name, p.pid)
    sys.stdout.flush()
    print('Exiting :', p.name, p.pid)
    sys.stdout.flush()

if __name__ == '__main__':
    d = multiprocessing.Process(name='daemon', target=daemon, )
    d.daemon = True

    n = multiprocessing.Process(name='non-daemon', target=non_daemon, )
    n.daemon = False

    d.start()
    time.sleep(1)
    n.start()
```

데몬 프로세스가 2초의 sleep에서 깨어나기 전에 메인 프로그램을 포함한 모든 논데몬 프로세스가 종료되기 때문에 데몬 프로세스에서 나오는 'Exiting' 메시지는 출력에 포함되지 않는다.

```
$ python3 multiprocessing_daemon.py

Starting: daemon 70880
Starting: non-daemon 70881
Exiting : non-daemon 70881
```

데몬 프로세스는 메인 프로그램이 종료되기 전에 자동으로 종료돼 고아 프로세스가 남아서 실행되는 것을 방지한다. 이는 프로그램을 실행할 때 프로세스 ID를 출력한 다음 ps 같은 명령으로 프로세스를 확인해 알 수 있다.

10.4.5 프로세스 대기

데몬 프로세스가 작업을 완료하고 종료될 때까지 대기하려면 join() 메서드를 사용한다.

리스트 10.56: multiprocessing_daemon_join.py

```
import multiprocessing
import time
import sys

def daemon():
    name = multiprocessing.current_process().name
    print('Starting:', name)
    time.sleep(2)
    print('Exiting :', name)

def non_daemon():
    name = multiprocessing.current_process().name
    print('Starting:', name)
    print('Exiting :', name)

if __name__ == '__main__':
    d = multiprocessing.Process(name='daemon', target=daemon, )
    d.daemon = True
```

```
    n = multiprocessing.Process(name='non-daemon', target=non_daemon, )
    n.daemon = False

    d.start()
    time.sleep(1)
    n.start()

    d.join()
    n.join()
```

메인 프로세스는 join()을 사용해 데몬이 종료되기를 기다리므로 이번에는 'Exiting'
메시지가 출력된다.

```
$ python3 multiprocessing_daemon_join.py

Starting: non-daemon
Exiting : non-daemon
Starting: daemon
Exiting : daemon
```

기본적으로 join()은 무한 블로킹을 한다. 대안으로 프로세스가 비활성화되기 전에 대
기해야 할 초 단위 시간을 나타내는 부동소수점 수로서 타임아웃 인자를 모듈에 전달할
수 있다. 프로세스가 타임아웃 시간 안에 완료되지 않으면 join()은 그냥 반환한다.

리스트 10.57: multiprocessing_daemon_join_timeout.py

```
import multiprocessing
import time
import sys

def daemon():
    name = multiprocessing.current_process().name
    print('Starting:', name)
    time.sleep(2)
    print('Exiting :', name)

def non_daemon():
    name = multiprocessing.current_process().name
    print('Starting:', name)
```

```
        print('Exiting :', name)

if __name__ == '__main__':
    d = multiprocessing.Process(name='daemon', target=daemon, )
    d.daemon = True

    n = multiprocessing.Process(name='non-daemon', target=non_daemon, )
    n.daemon = False
    d.start()
    n.start()

    d.join(1)
    print('d.is_alive()', d.is_alive())
    n.join()
```

전달된 타임아웃 시간이 데몬의 sleep 시간보다 적기 때문에 join()이 반환한 후에도 프로세스는 아직 살아있다.

```
$ python3 multiprocessing_daemon_join_timeout.py

Starting: non-daemon
Exiting : non-daemon
d.is_alive() True
```

10.4.6 프로세스 종료

프로세스를 종료시켜야만 한다면 프로세스에 시그널로 독약 처방을 하는 것이 좋지만 (10.4.10절 참고), 프로세스가 행^{hang} 또는 데드락 상태이면 강제로 종료시켜야 한다. 프로세스 객체에서 terminate()를 호출하면 자식 프로세스를 강제 종료한다.

리스트 10.58: multiprocessing_terminate.py

```
import multiprocessing
import time

def slow_worker():
    print('Starting worker')
    time.sleep(0.1)
```

```
    print('Finished worker')

if __name__ == '__main__':
    p = multiprocessing.Process(target=slow_worker)
    print('BEFORE:', p, p.is_alive())

    p.start()
    print('DURING:', p, p.is_alive())

    p.terminate()
    print('TERMINATED:', p, p.is_alive())

    p.join()
    print('JOINED:', p, p.is_alive())
```

> **참고**
>
> 프로세스를 강제 종료한 후에 join()을 하는 것은 프로세스 관리 코드가 강제 종료를 반영해 객체 상태를 업데이트할 충분한 시간을 가질 수 있게 해주기 때문에 중요하다.

```
$ python3 multiprocessing_terminate.py

BEFORE: <Process(Process-1, initial)> False
DURING: <Process(Process-1, started)> True
TERMINATED: <Process(Process-1, started)> True
JOINED: <Process(Process-1, stopped[SIGTERM])> False
```

10.4.7 프로세스 종료 상태

프로세스가 종료됐을 때 생성되는 상태 코드는 **exitcode** 속성으로 액세스할 수 있다. 이 속성의 값은 표 10.1과 같다.

표 10.1: Multiprocessing 종료 코드

종료 코드	의미
== 0	발생한 에러 없음
〉 0	프로세스에 에러가 발생했으며, 해당 코드에서 종료됨
〈 0	프로세스가 -1 * exitcode의 시그널로 강제 종료됨

```
import multiprocessing
import sys
import time

def exit_error():
    sys.exit(1)

def exit_ok():
    return

def return_value():
    return 1

def raises():
    raise RuntimeError('There was an error!')

def terminated():
    time.sleep(3)

if __name__ == '__main__':
    jobs = []
    funcs = [exit_error, exit_ok, return_value, raises, terminated, ]
    for f in funcs:
        print('Starting process for', f.__name__)
        j = multiprocessing.Process(target=f, name=f.__name__)
        jobs.append(j)
        j.start()

    jobs[-1].terminate()

    for j in jobs:
        j.join()
        print('{:>15}.exitcode = {}'.format(j.name, j.exitcode))
```

예외가 발생한 프로세스는 자동으로 exitcode 1을 갖는다.

```
$ python3 multiprocessing_exitcode.py

Starting process for exit_error
Starting process for exit_ok
Starting process for return_value
Starting process for raises
```

```
Starting process for terminated
Process raises:
Traceback (most recent call last):
    File ".../lib/python3.5/multiprocessing/process.py", line 249, in _bootstrap
        self.run()
    File ".../lib/python3.5/multiprocessing/process.py", line 93, in run
        self._target(*self._args, **self._kwargs)
    File "multiprocessing_exitcode.py", line 28, in raises
        raise RuntimeError('There was an error!')
RuntimeError: There was an error!
    exit_error.exitcode = 1
        exit_ok.exitcode = 0
  return_value.exitcode = 0
          raises.exitcode = 1
      terminated.exitcode = -15
```

10.4.8 로깅

병렬 작업 이슈를 디버깅할 때는 multiprocessing이 제공하는 객체의 내부에 액세스하는 것이 유용할 수 있다. log_to_stderr()이라는 편리한 모듈 레벨 함수로 로그를 기록할 수 있다. logging을 사용해 로거 객체를 설정하고 핸들러를 추가해 로그 메시지를 표준 에러 채널로 보낸다.

리스트 10.60: multiprocessing_log_to_stderr.py

```python
import multiprocessing
import logging
import sys

def worker():
    print('Doing some work')
    sys.stdout.flush()

if __name__ == '__main__':
    multiprocessing.log_to_stderr(logging.DEBUG)
    p = multiprocessing.Process(target=worker)
    p.start()
    p.join()
```

기본적으로 로깅 수준은 NOTSET로 설정되며, 이는 메시지를 생성하지 않는다는 의미다. 로거를 초기화할 때 원하는 상세 수준을 전달한다.

```
$ python3 multiprocessing_log_to_stderr.py

[INFO/Process-1] child process calling self.run()
Doing some work
[INFO/Process-1] process shutting down
[DEBUG/Process-1] running all "atexit" finalizers with priority >= 0
[DEBUG/Process-1] running the remaining "atexit" finalizers
[INFO/Process-1] process exiting with exitcode 0
[INFO/MainProcess] process shutting down
[DEBUG/MainProcess] running all "atexit" finalizers with priority >= 0
[DEBUG/MainProcess] running the remaining "atexit" finalizers
```

로깅 레벨을 변경하거나 핸들러를 추가하는 등 로거를 직접 다루고자 할 때는 get_logger()를 사용한다.

리스트 10.61: multiprocessing_get_logger.py

```python
import multiprocessing
import logging
import sys

def worker():
    print('Doing some work')
    sys.stdout.flush()

if __name__ == '__main__':
    multiprocessing.log_to_stderr()
    logger = multiprocessing.get_logger()
    logger.setLevel(logging.INFO)
    p = multiprocessing.Process(target=worker)
    p.start()
    p.join()
```

로거는 또한 multiprocessing 이름을 사용하는 로깅 구성 파일 API를 통해 설정될 수도 있다.

```
$ python3 multiprocessing_get_logger.py

[INFO/Process-1] child process calling self.run()
Doing some work
[INFO/Process-1] process shutting down
[INFO/Process-1] process exiting with exitcode 0
[INFO/MainProcess] process shutting down
```

10.4.9 프로세스 서브클래싱

작업을 별도의 프로세스에서 시작하는 가장 간단한 방법은 Process를 사용해 목표 함수를 전달하는 것이지만 사용자 정의 서브클래스를 사용하는 것도 가능하다.

리스트 10.62: multiprocessing_subclass.py

```python
import multiprocessing

class Worker(multiprocessing.Process):

    def run(self):
        print('In {}'.format(self.name))
        return

if __name__ == '__main__':
    jobs = []
    for i in range(5):
        p = Worker()
        jobs.append(p)
        p.start()
    for j in jobs:
        j.join()
```

파생 클래스는 run()을 오버라이드해야 작업을 수행할 수 있다.

```
$ python3 multiprocessing_subclass.py

In Worker-1
In Worker-2
In Worker-3
```

```
In Worker-4
In Worker-5
```

10.4.10 프로세스에 메시지 전달

스레드에서와 마찬가지로 멀티프로세스의 일반적인 사용 패턴은 한 작업을 여러 worker가 나눠 병렬로 실행하는 것이다. 일반적으로 멀티프로세스를 효과적으로 사용하려면 작업을 나누고 결과를 합치고자 프로세스 간 통신이 필요하다. multiprocessing에서 간단하게 프로세스 간 통신하는 방법은 Queue를 사용해 메시지를 앞뒤로 전달하는 것이다. pickle로 직렬화된 모든 객체는 Queue를 통해 전달할 수 있다.

리스트 10.63: multiprocessing_queue.py

```python
import multiprocessing

class MyFancyClass:

    def __init__(self, name):
        self.name = name

    def do_something(self):
        proc_name = multiprocessing.current_process().name
        print('Doing something fancy in {} for {}!'.format(proc_name, self.name))

def worker(q):
    obj = q.get()
    obj.do_something()

if __name__ == '__main__':
    queue = multiprocessing.Queue()

    p = multiprocessing.Process(target=worker, args=(queue,))
    p.start()

    queue.put(MyFancyClass('Fancy Dan'))

    # worker의 완료를 기다린다.
    queue.close()
    queue.join_thread()
    p.join()
```

이 예제는 worker마다 메시지를 전달한 후 메인 프로세스가 worker의 종료를 기다린다.

```
$ python3 multiprocessing_queue.py

Doing something fancy in Process-1 for Fancy Dan!
```

좀 더 복잡한 예제는 JoinableQueue에서 데이터를 소비하는 여러 worker를 관리하고 부모 프로세스에 결과를 전달하는 방법을 보여준다. 이 worker들을 멈추고자 독약 처방을 사용한다. 실제 작업이 설정된 후 메인 프로그램은 작업 큐에 worker 하나마다 'stop' 값을 하나씩 추가한다. worker가 이 특수한 값을 만나면 자신의 프로세스 루프에서 빠져나온다. 메인 프로세스는 작업 큐의 join() 메서드를 사용해 최종 결과를 처리하기 전에 모든 작업이 끝나기를 기다린다.

리스트 10.64: multiprocessing_producer_consumer.py

```python
import multiprocessing
import time

class Consumer(multiprocessing.Process):

    def __init__(self, task_queue, result_queue):
        multiprocessing.Process.__init__(self)
        self.task_queue = task_queue
        self.result_queue = result_queue

    def run(self):
        proc_name = self.name
        while True:
            next_task = self.task_queue.get()
            if next_task is None:
                # None은 종료를 의미
                print('{}: Exiting'.format(proc_name))
                self.task_queue.task_done()
                break
            print('{}: {}'.format(proc_name, next_task))
            answer = next_task()
            self.task_queue.task_done()
            self.result_queue.put(answer)

class Task:
```

```python
    def __init__(self, a, b):
        self.a = a
        self.b = b

    def __call__(self):
        time.sleep(0.1) # 작업에 걸리는 시간으로 가정
        return '{self.a} * {self.b} = {product}'.format(self=self, product=self.a * self.b)

    def __str__(self):
        return '{self.a} * {self.b}'.format(self=self)

if __name__ == '__main__':
    # 작업 큐 설정
    tasks = multiprocessing.JoinableQueue()
    results = multiprocessing.Queue()

    # Consumer 시작
    num_consumers = multiprocessing.cpu_count() * 2
    print('Creating {} consumers'.format(num_consumers))
    consumers = [Consumer(tasks, results) for i in range(num_consumers) ]
    for w in consumers:
        w.start()

    # 작업 큐에 작업 추가
    num_jobs = 10
    for i in range(num_jobs):
        tasks.put(Task(i, i))

    # consumer 수만큼 None 추가
    for i in range(num_consumers):
        tasks.put(None)

    # 모든 작업이 완료되기를 기다린다.
    tasks.join()

    # 결과 출력 시작
    while num_jobs:
        result = results.get()
        print('Result:', result)
        num_jobs -= 1
```

작업은 큐에 순서대로 들어가지만 실행은 병렬로 된다. 따라서 작업이 완료되는 순서
는 매번 다르다.

```
$ python3 -u multiprocessing_producer_consumer.py

Creating 8 consumers
Consumer-1: 0 * 0
Consumer-2: 1 * 1
Consumer-3: 2 * 2
Consumer-4: 3 * 3
Consumer-5: 4 * 4
Consumer-6: 5 * 5
Consumer-7: 6 * 6
Consumer-8: 7 * 7
Consumer-3: 8 * 8
Consumer-7: 9 * 9
Consumer-4: Exiting
Consumer-1: Exiting
Consumer-2: Exiting
Consumer-5: Exiting
Consumer-6: Exiting
Consumer-8: Exiting
Consumer-7: Exiting
Consumer-3: Exiting
Result: 6 * 6 = 36
Result: 2 * 2 = 4
Result: 3 * 3 = 9
Result: 0 * 0 = 0
Result: 1 * 1 = 1
Result: 7 * 7 = 49
Result: 4 * 4 = 16
Result: 5 * 5 = 25
Result: 8 * 8 = 64
Result: 9 * 9 = 81
```

10.4.11 프로세스 간 시그널링

Event 클래스는 프로세스들이 서로 상태 정보를 주고받을 수 있는 간단한 방법을 제공
한다. 이벤트는 설정 상태와 해제 상태 사이에서 토글된다. 이벤트 객체의 사용자는
옵션인 타임아웃 값을 사용해 이벤트 객체가 해제 상태에서 설정 상태로 전환되기를
기다릴 수 있다.

리스트 10.65: multiprocessing_event.py

```python
import multiprocessing
import time

def wait_for_event(e):
    """Wait for the event to be set before doing anything"""
    print('wait_for_event: starting')
    e.wait()
    print('wait_for_event: e.is_set()->', e.is_set())

def wait_for_event_timeout(e, t):
    """Wait t seconds and then timeout"""
    print('wait_for_event_timeout: starting')
    e.wait(t)
    print('wait_for_event_timeout: e.is_set()->', e.is_set())

if __name__ == '__main__':
    e = multiprocessing.Event()
    w1 = multiprocessing.Process(name='block', target=wait_for_event, args=(e,), )
    w1.start()

    w2 = multiprocessing.Process(
        name='nonblock',
        target=wait_for_event_timeout,
        args=(e, 2),
    )
    w2.start()

    print('main: waiting before calling Event.set()')
    time.sleep(3)
    e.set()
    print('main: event is set')
```

wait()는 시간이 만료되면 에러 없이 반환한다. 호출자는 **is_set()**을 사용해 이벤트의 상태를 확인해야 한다.

```
$ python3 -u multiprocessing_event.py

main: waiting before calling Event.set()
wait_for_event: starting
wait_for_event_timeout: starting
```

```
wait_for_event_timeout: e.is_set()-> False
main: event is set
wait_for_event: e.is_set()-> True
```

10.4.12 리소스에 대한 액세스 제어

하나의 리소스를 여러 프로세스가 공유해야 할 때는 Lock을 사용해 충돌을 방지한다.

리스트 10.66: multiprocessing_lock.py

```
import multiprocessing
import sys

def worker_with(lock, stream):
    with lock:
        stream.write('Lock acquired via with\n')

def worker_no_with(lock, stream):
    lock.acquire()
    try:
        stream.write('Lock acquired directly\n')
    finally:
        lock.release()

lock = multiprocessing.Lock()
w = multiprocessing.Process(target=worker_with, args=(lock, sys.stdout), )
nw = multiprocessing.Process(target=worker_no_with, args=(lock, sys.stdout), )

w.start()
nw.start()

w.join()
nw.join()
```

이 예제의 두 프로세스가 락을 통해 출력 스트림에 대한 액세스를 동기화하지 않았다면 콘솔에 출력되는 메시지가 뒤죽박죽 됐을 것이다.

```
$ python3 multiprocessing_lock.py
```

```
Lock acquired via with
Lock acquired directly
```

10.4.13 작업 동기화

Condition 객체는 별도의 여러 프로세스에서 작업의 일부만 동기화해 병렬로 실행되고 나머지 부분은 순차적으로 실행되게 할 때 사용할 수 있다.

리스트 10.67: multiprocessing_condition.py

```
import multiprocessing
import time

def stage_1(cond):
    """perform first stage of work,
    then notify stage_2 to continue
    """
    name = multiprocessing.current_process().name
    print('Starting', name)
    with cond:
        print('{} done and ready for stage 2'.format(name))
        cond.notify_all()

def stage_2(cond):
    """wait for the condition telling us stage_1 is done"""
    name = multiprocessing.current_process().name
    print('Starting', name)
    with cond:
        cond.wait()
        print('{} running'.format(name))

if __name__ == '__main__':
    condition = multiprocessing.Condition()
    s1 = multiprocessing.Process(name='s1', target=stage_1, args=(condition,))
    s2_clients = [
        multiprocessing.Process(
            name='stage_2[{}]'.format(i),
            target=stage_2,
            args=(condition,),
```

```
        )
        for i in range(1, 3)
    ]

    for c in s2_clients:
        c.start()
        time.sleep(1)
    s1.start()

    s1.join()
    for c in s2_clients:
        c.join()
```

이 예제에서 두 프로세스는 작업의 첫 번째 단계가 완료된 후 두 번째 단계를 병렬로 실행한다.

```
$ python3 multiprocessing_condition.py

Starting s1
s1 done and ready for stage 2
Starting stage_2[2]
stage_2[2] running
Starting stage_2[1]
stage_2[1] running
```

10.4.14 리소스에 대한 동시 액세스 제어

종종 하나의 리소스에 여러 worker가 동시에 액세스할 수 있게 허용하면서 액세스 가능한 전체 수를 제한하는 것이 유용할 수 있다. 예를 들어 커넥션 풀이 고정된 수의 동시 접속을 지원하거나, 네트워크 애플리케이션이 고정된 수의 동시 다운로드를 지원할 수 있다. 세마포어가 이런 연결을 관리하는 방법 중 하나다.

리스트 10.68: multiprocessing_semaphore.py

```
import random
import multiprocessing
```

```python
import time

class ActivePool:

    def __init__(self):
        super(ActivePool, self).__init__()
        self.mgr = multiprocessing.Manager()
        self.active = self.mgr.list()
        self.lock = multiprocessing.Lock()

    def makeActive(self, name):
        with self.lock:
            self.active.append(name)

    def makeInactive(self, name):
        with self.lock:
            self.active.remove(name)

    def __str__(self):
        with self.lock:
            return str(self.active)

def worker(s, pool):
    name = multiprocessing.current_process().name
    with s:
        pool.makeActive(name)
        print('Activating {} now running {}'.format(name, pool))
        time.sleep(random.random())
        pool.makeInactive(name)

if __name__ == '__main__':
    pool = ActivePool()
    s = multiprocessing.Semaphore(3)
    jobs = [
        multiprocessing.Process(target=worker, name=str(i), args=(s, pool), )
        for i in range(10)
    ]

    for j in jobs:
        j.start()

    while True:
        alive = 0
        for j in jobs:
            if j.is_alive():
```

```
            alive += 1
            j.join(timeout=0.1)
            print('Now running {}'.format(pool))
    if alive == 0:
        # 모든 작업 완료
        break
```

이 예제에서 **ActivePool** 클래스는 주어진 순간에 어떤 프로세스가 실행 중인지 추적하는 편리한 방법이다. 실제 리소스 풀은 새로 활성화된 프로세스에 연결이나 다른 값을 할당하며, 프로세스가 완료되면 값을 다시 회수한다. 여기서는 리소스 풀이 활성화된 프로세스의 이름을 유지해 최대 세 개의 프로세스가 동시에 실행 중인 것을 보여주고자 사용한다.

```
$ python3 -u multiprocessing_semaphore.py

Activating 0 now running ['0', '1', '2']
Activating 1 now running ['0', '1', '2']
Activating 2 now running ['0', '1', '2']
Now running ['0', '1', '2']
Now running ['0', '1', '2']
Now running ['0', '1', '2']
Now running ['0', '1', '2']
Activating 3 now running ['0', '1', '3']
Activating 4 now running ['1', '3', '4']
Activating 6 now running ['1', '4', '6']
Now running ['1', '4', '6']
Now running ['1', '4', '6']
Activating 5 now running ['1', '4', '5']
Now running ['1', '4', '5']
Now running ['1', '4', '5']
Now running ['1', '4', '5']
Activating 8 now running ['4', '5', '8']
Now running ['4', '5', '8']
Now running ['4', '5', '8']
Now running ['4', '5', '8']
Now running ['4', '5', '8']
Now running ['4', '5', '8']
```

```
Activating 7 now running ['5', '8', '7']
Now running ['5', '8', '7']
Activating 9 now running ['8', '7', '9']
Now running ['8', '7', '9']
Now running ['8', '9']
Now running ['8', '9']
Now running ['9']
Now running ['9']
Now running ['9']
Now running ['9']
Now running []
```

10.4.15 공유 상태 관리

앞의 예제에서 활성화된 프로세스의 리스트는 Manager에서 생성한 특수한 타입의 리스트 객체를 통해 ActivePool 인스턴스에서 관리된다. Manager는 모든 사용자 사이에서 공유 정보 상태를 조정한다.

리스트 10.69: multiprocessing_manager_dict.py

```python
import multiprocessing
import pprint

def worker(d, key, value):
    d[key] = value

if __name__ == '__main__':
    mgr = multiprocessing.Manager()
    d = mgr.dict()
    jobs = [
        multiprocessing.Process(target=worker, args=(d, i, i * 2), )
        for i in range(10)
    ]
    for j in jobs:
        j.start()
    for j in jobs:
        j.join()
    print('Results:', d)
```

리스트는 Manager를 통해 생성됐기 때문에 공유 및 업데이트 상태를 모든 프로세스에서 볼 수 있다. 딕셔너리도 마찬가지로 지원된다.

```
$ python3 multiprocessing_manager_dict.py

Results: {0: 0, 1: 2, 2: 4, 3: 6, 4: 8, 5: 10, 6: 12, 7: 14, 8: 16, 9: 18}
```

10.4.16 공유 네임스페이스

딕셔너리와 리스트 외에 Manager는 공유 Namespace도 생성할 수 있다.

리스트 10.70: multiprocessing_namespaces.py

```python
import multiprocessing

def producer(ns, event):
    ns.value = 'This is the value'
    event.set()

def consumer(ns, event):
    try:
        print('Before event: {}'.format(ns.value))
    except Exception as err:
        print('Before event, error:', str(err))
    event.wait()
    print('After event:', ns.value)

if __name__ == '__main__':
    mgr = multiprocessing.Manager()
    namespace = mgr.Namespace()
    event = multiprocessing.Event()
    p = multiprocessing.Process(target=producer, args=(namespace, event), )
    c = multiprocessing.Process(target=consumer, args=(namespace, event), )

    c.start()
    p.start()

    c.join()
    p.join()
```

Namespace에 추가된 모든 값은 Namespace 인스턴스를 받는 모든 클라이언트에서 볼 수 있다.

```
$ python3 multiprocessing_namespaces.py

Before event, error: 'Namespace' object has no attribute 'value'
After event: This is the value
```

네임스페이스 내에서 값을 업데이트하는 것은 다음 예제에서 보이는 것처럼 자동으로 전파되지 않는다.

리스트 10.71: multiprocessing_namespaces_mutable.py

```python
import multiprocessing

def producer(ns, event):
    # 전역 값을 업데이트하지 않는다.
    ns.my_list.append('This is the value')
    event.set()

def consumer(ns, event):
    print('Before event:', ns.my_list)
    event.wait()
    print('After event :', ns.my_list)

if __name__ == '__main__':
    mgr = multiprocessing.Manager()
    namespace = mgr.Namespace()
    namespace.my_list = []

    event = multiprocessing.Event()
    p = multiprocessing.Process(target=producer, args=(namespace, event), )
    c = multiprocessing.Process(target=consumer, args=(namespace, event), )

    c.start()
    p.start()

    c.join()
    p.join()
```

리스트를 업데이트하려면 다시 네임스페이스 객체에 붙여야 한다.

```
$ python3 multiprocessing_namespaces_mutable.py

Before event: []
After event : []
```

10.4.17 프로세스 풀

Pool 클래스는 수행할 작업을 worker들 간에 독립적으로 쪼개 분배할 수 있는 단순한 경우에 고정된 수의 작업자를 관리하고자 사용할 수 있다. 각 작업의 반환값은 수집돼 리스트로 반환된다. pool 인자에는 프로세스의 수와 worker 프로세스가 수행할 함수 (자식 프로세스당 한 번 호출)가 포함된다.

리스트 10.72: multiprocessing_pool.py

```python
import multiprocessing

def do_calculation(data):
    return data * 2

def start_process():
    print('Starting', multiprocessing.current_process().name)

if __name__ == '__main__':
    inputs = list(range(10))
    print('Input   :', inputs)

    builtin_outputs = list(map(do_calculation, inputs))
    print('Built-in:', builtin_outputs)

    pool_size = multiprocessing.cpu_count() * 2
    pool = multiprocessing.Pool(processes=pool_size, initializer=start_process, )
    pool_outputs = pool.map(do_calculation, inputs)
    pool.close() # 더 이상 작업 없음
    pool.join()  # 현재 작업 마무리

    print('Pool    :', pool_outputs)
```

map() 메서드의 결과는 개별 작업이 병렬로 실행되는 것을 제외하면 내장 map()의 결과와 기능적으로 동일하다. pool은 입력을 병렬로 처리하기 때문에 close()와 join()

으로 작업 프로세스와 메인 프로세스를 동기화해 확실하게 뒷정리를 할 수 있다.

```
$ python3 multiprocessing_pool.py

Input   : [0, 1, 2, 3, 4, 5, 6, 7, 8, 9]
Built-in: [0, 2, 4, 6, 8, 10, 12, 14, 16, 18]
Starting ForkPoolWorker-3
Starting ForkPoolWorker-4
Starting ForkPoolWorker-5
Starting ForkPoolWorker-6
Starting ForkPoolWorker-1
Starting ForkPoolWorker-7
Starting ForkPoolWorker-2
Starting ForkPoolWorker-8
Pool    : [0, 2, 4, 6, 8, 10, 12, 14, 16, 18]
```

기본적으로 Pool은 고정된 수의 worker 프로세스를 생성해 작업을 전달한다. maxtasksperchild 매개변수는 하나의 worker 프로세스가 몇 개의 작업을 완료하면 pool이 프로세스를 재시작할 것인지를 설정하며, 이를 통해 오랫동안 실행되는 worker 가 시스템 리소스를 너무 많이 소비하는 것을 방지한다.

리스트 10.73: multiprocessing_pool_maxtasksperchild.py

```
import multiprocessing

def do_calculation(data):
    return data * 2

def start_process():
    print('Starting', multiprocessing.current_process().name)

if __name__ == '__main__':
    inputs = list(range(10))
    print('Input   :', inputs)

    builtin_outputs = list(map(do_calculation, inputs))
    print('Built-in:', builtin_outputs)

    pool_size = multiprocessing.cpu_count() * 2
    pool = multiprocessing.Pool(
        processes=pool_size,
```

```
        initializer=start_process,
        maxtasksperchild=2,
    )
    pool_outputs = pool.map(do_calculation, inputs)
    pool.close() # 더 이상 작업 없음
    pool.join()  # 현재 작업 마무리

    print('Pool      :', pool_outputs)
```

pool은 worker가 할당된 작업들을 모두 완료하면 더 이상 작업이 없어도 해당 worker를 재시작한다. 다음 출력을 보면 작업은 10개밖에 없지만 8개의 worker가 생성됐으며, 따라서 worker는 한 번에 2개의 작업을 완료할 수 있다.

```
$ python3 multiprocessing_pool_maxtasksperchild.py

Input  : [0, 1, 2, 3, 4, 5, 6, 7, 8, 9]
Built-in: [0, 2, 4, 6, 8, 10, 12, 14, 16, 18]
Starting ForkPoolWorker-1
Starting ForkPoolWorker-2
Starting ForkPoolWorker-4
Starting ForkPoolWorker-5
Starting ForkPoolWorker-6
Starting ForkPoolWorker-3
Starting ForkPoolWorker-7
Starting ForkPoolWorker-8
Pool    : [0, 2, 4, 6, 8, 10, 12, 14, 16, 18]
```

10.4.18 맵리듀스 구현

Pool 클래스는 간단한 단일 서버 맵리듀스^{MapReduce} 구현에 사용할 수 있다. 이 방법은 분산 처리의 모든 이점을 제공하지는 못하지만 어떤 문제를 분산 가능한 작업 단위로 나누는 것이 얼마나 쉬운지 보여준다.

맵리듀스 기반 시스템에서 입력 데이터는 여러 worker 인스턴스가 처리할 청크^{chunk}로 분할된다. 입력 데이터의 각 청크는 간단한 변환을 통해 중간 상태로 매핑^{map}된다. 중간 상태의 데이터는 함께 수집되고 키 값을 기반으로 분할되며, 이 키 값을 통해 모든

관련 값이 함께 유지된다. 분할된 데이터는 마지막에 결과 집합으로 리듀스^{reduce}된다.

리스트 10.74: multiprocessing_mapreduce.py

```python
import collections
import itertools
import multiprocessing

class SimpleMapReduce:

    def __init__(self, map_func, reduce_func, num_workers=None):
        """
        map_func
            입력값을 중간 데이터에 매핑하는 함수
            인자로 하나의 입력값을 받아 리듀스할 키와 값으로 된 튜플을 반환한다.
        reduce_func
            중간 데이터의 분할된 버전을 최종 결과로 리듀스하는 함수
            map_func에 의해 생성된 키와 그 키에 연관된 값의 시퀀스를 인자로 취한다.

        num_workers
            풀에서 생성할 worker의 수
            기본값은 현재 호스트에서 가용한 CPU 수다.
        """
        self.map_func = map_func
        self.reduce_func = reduce_func
        self.pool = multiprocessing.Pool(num_workers)

    def partition(self, mapped_values):
        """매핑된 값을 키에 따라 정리한다.
        키와 일련의 값으로 구성된 튜플의 정렬되지 않은 시퀀스를 반환한다.
        """
        partitioned_data = collections.defaultdict(list)
        for key, value in mapped_values:
            partitioned_data[key].append(value)
        return partitioned_data.items()

    def __call__(self, inputs, chunksize=1):
        """주어진 맵과 리듀스 함수를 통해 입력값을 처리한다.

        inputs
            처리해야 할 입력 데이터를 포함하는 반복자

        chunksize=1
            각 worker에 전달할 입력 데이터의 부분
```

매핑 단계에서 성능 조절에 사용할 수 있다.
"""
```python
        map_responses = self.pool.map(self.map_func, inputs, chunksize=chunksize, )
        partitioned_data = self.partition(itertools.chain(*map_responses))
        reduced_values = self.pool.map(self.reduce_func, partitioned_data, )
        return reduced_values
```

다음 예제 스크립트는 SimpleMapReduce를 사용해 reStructuredText 소스에서 일부 마크업은 무시하고 '단어'의 수를 센다.

리스트 10.75: multiprocessing_wordcount.py

```python
import multiprocessing
import string

from multiprocessing_mapreduce import SimpleMapReduce

def file_to_words(filename):
    """Read a file and return a sequence of
    (word, occurences) values.
    """
    STOP_WORDS = set([
        'a', 'an', 'and', 'are', 'as', 'be', 'by', 'for', 'if',
        'in', 'is', 'it', 'of', 'or', 'py', 'rst', 'that', 'the',
        'to', 'with',
    ])
    TR = str.maketrans({
        p: ' '
        for p in string.punctuation
    })
    print('{} reading {}'.format(multiprocessing.current_process().name, filename))
    output = []

    with open(filename, 'rt') as f:
        for line in f:
            # 주석은 건너뛴다.
            if line.lstrip().startswith('..'):
                continue
            line = line.translate(TR) # 마침표 제거
            for word in line.split():
```

```
            word = word.lower()
            if word.isalpha() and word not in STOP_WORDS:
                output.append((word, 1))
    return output

def count_words(item):
    """Convert the partitioned data for a word to a
    tuple containing the word and the number of occurences.
    """
    word, occurences = item
    return (word, sum(occurences))

if __name__ == '__main__':
    import operator
    import glob

    input_files = glob.glob('*.rst')

    mapper = SimpleMapReduce(file_to_words, count_words)
    word_counts = mapper(input_files)
    word_counts.sort(key=operator.itemgetter(1))
    word_counts.reverse()

    print('\nTOP 20 WORDS BY FREQUENCY\n')
    top20 = word_counts[:20]
    longest = max(len(word) for word, count in top20)
    for word, count in top20:
        print('{word:<{len}}: {count:5}'.format(len=longest + 1, word=word, count=count))
```

file_to_words() 함수는 각 입력 파일을 단어와 숫자 1(한 번 발생을 의미)을 포함한 튜플 시퀀스로 변환한다. 이 데이터는 각 단어를 키로 사용해 partition()을 통해 분할되며, 결과 구조는 키와 각 단어의 빈도를 나타내는 1로 구성된다. 분할된 데이터는 리듀스 단계에 서 count_words()를 통해 단어와 해당 단어의 빈도수로 구성된 튜플 집합으로 변환된다.

```
$ python3 -u multiprocessing_wordcount.py

ForkPoolWorker-1 reading basics.rst
ForkPoolWorker-2 reading communication.rst
ForkPoolWorker-3 reading index.rst
ForkPoolWorker-4 reading mapreduce.rst
```

```
TOP 20 WORDS BY FREQUENCY

process         : 83
running         : 45
multiprocessing : 44
worker          : 40
starting        : 37
now             : 35
after           : 34
processes       : 31
start           : 29
header          : 27
pymotw          : 27
caption         : 27
end             : 27
daemon          : 22
can             : 22
exiting         : 21
forkpoolworker  : 21
consumer        : 20
main            : 18
event           : 16
```

팁 – 참고 자료

- multiprocessing 표준 라이브러리 문서: https://docs.python.org/3.5/library/multiprocessing.html
- threading: threads로 작업하기 위한 고수준 API
- 위키피디아: 맵리듀스(https://en.wikipedia.org/wiki/MapReduce): 맵리듀스에 대한 개요
- Simplified Data Processing on Large Clusters(http://research.google.com/archive/mapreduce.html): 맵리듀스에 대한 구글 연구소의 프레젠테이션 및 논문
- operator: itemgetter와 같은 연산 도구

10.5 asyncio: 비동기적 I/O, 이벤트 루프, 병렬 작업 도구

asyncio 모듈은 코루틴을 사용해 병렬 작업 애플리케이션을 만들기 위한 도구를 제공한다. threading 모듈은 스레드를 통해 동시성을 구현하고, multiprocessing은 시스템 프로세스를 사용해 동시성을 구현하는 반면 asyncio는 애플리케이션의 각 부분이

협력해 최적의 시간에 명확하게 작업을 전환하도록 단일 스레드 단일 프로세스 방식을 사용한다. 대부분의 경우 이런 콘텍스트 전환은 데이터를 읽거나 쓰고자 대기하는 동안 프로그램이 블로킹을 할 때 발생하지만, asyncio는 시스템 시그널을 처리하거나 어떤 이유로 애플리케이션이 작업 중인 내용을 변경해야 하는 이벤트를 인식하게 하고자 하나의 코루틴이 다른 프로세스들의 완료를 기다리게 미래의 특정 시간에 코드가 실행되도록 예약하는 것도 지원한다.

10.5.1 비동기적 병렬 처리의 개념

다른 동시성 모델을 사용하는 대부분의 프로그램은 선형적으로 작성되며, 적절하게 콘텍스트를 변경하고자 해당 언어의 런타임이나 운영체제의 스레드 또는 프로세스 관리에 의존한다. asyncio 기반 애플리케이션은 명시적으로 콘텍스트 변경을 처리하는 코드가 있어야 하며, 이 기술을 올바르게 사용하려면 몇 가지 관련된 개념을 이해할 필요가 있다.

asyncio가 제공하는 프레임워크는 I/O 이벤트, 시스템 이벤트, 애플리케이션 콘텍스트 변경을 효율적으로 처리하는 객체인 이벤트 루프에 중점을 두고 있다. 다양한 루프 구현이 제공되므로 운영체제의 가용성에 따라 이점을 활용할 수 있다. 적정한 기본값이 자동으로 선택되지만 애플리케이션에서 특정 이벤트 루프 구현을 선택할 수도 있다. 예를 들어 일부 루프 클래스가 네트워크 I/O에서 어느 정도의 효율성을 희생하는 대신에 외부 프로세스에 대한 지원을 추가하는 윈도우에서 매우 유용하다.

애플리케이션은 이벤트 루프와 명시적으로 상호작용을 하면서 실행할 코드를 등록하고, 리소스가 가용할 때 이벤트 루프가 필요한 애플리케이션 코드를 호출하게 한다. 예를 들어 네트워크 서버는 소켓을 열고 소켓에서 입력 이벤트가 발생했을 때 알림을 받고자 소켓을 등록한다. 새로 들어오는 연결이 설정됐거나 데이터를 읽을 수 있을 때 이벤트 루프는 서버 코드에게 이를 알린다. 애플리케이션 코드는 현재 콘텍스트에서 수행할 작업이 더 이상 없으면 잠깐 후에 제어를 넘겨준다. 예를 들어 소켓에 읽을 데이터가 더 이상 없으면 서버는 이벤트 루프에 제어를 돌려준다.

이벤트 루프에 제어를 돌려주는 메커니즘은 자신의 상태를 잃지 않으면서 호출자에서 제어를 양도하는 특수한 함수인 파이썬 코루틴에 달려있다. 코루틴은 생성자 함수와 매우 비슷하다. 실제로 파이썬 3.5 이전 버전에서 생성자는 코루틴 객체에 대한 지원을 하는 것이 아니라 코루틴을 구현하는 데 사용할 수 있었다. 또한 asyncio는 코루틴을 직접 작성하는 대신 콜백을 사용해 코드를 작성할 수 있는 프로토콜 계층 및 전송 계층의 클래스 기반 추상 계층을 제공한다. 클래스 기반 모델과 코루틴 모델 두 가지 모두에서 이벤트 루프 재진입으로 인한 명시적인 콘텍스트 변경은 파이썬의 스레딩 구현에서의 암시적인 콘텍스트 변경을 대체한다.

future는 아직 완료되지 않은 작업의 결과를 나타내는 자료 구조다. 이벤트 루프는 Future 객체가 완료되는 것을 감시할 수 있기 때문에 애플리케이션의 한 부분을 다른 부분들이 작업을 끝낼 때까지 기다리게 한다. future 외에도 asyncio는 락이나 세마포어와 같은 기본적인 동시성 도구를 포함한다.

Task는 코루틴의 실행을 래핑하고 관리하는 Future의 서브클래스다. 이벤트 루프는 필요한 리소스가 가용할 때 실행돼 다른 코루틴에 의해 사용될 수 있는 결과를 생성하도록 task를 예약한다.

10.5.2 코루틴과 협업 멀티태스킹

코루틴은 병렬 처리를 위해 설계된 언어 구조다. 코루틴 함수는 호출될 때 코루틴 객체를 생성하며, 호출자는 코루틴의 send() 메서드를 사용해 함수의 코드를 실행할 수 있다. 코루틴은 다른 코루틴과 함께 await 키워드를 사용해 해당 객체의 실행을 일시 중지시킬 수 있다. 일시 중지된 동안에도 코루틴의 상태는 유지돼 나중에 깨어나면 중지된 지점부터 나머지를 실행한다.

10.5.2.1 코루틴 시작

asyncio 이벤트 루프는 여러 가지 방법으로 코루틴을 시작할 수 있다. 가장 간단한 방법은 코루틴을 run_until_complete() 메서드에 직접 전달하는 것이다.

```
import asyncio

async def coroutine():
    print('in coroutine')

event_loop = asyncio.get_event_loop()
try:
    print('starting coroutine')
    coro = coroutine()
    print('entering event loop')
    event_loop.run_until_complete(coro)
finally:
    print('closing event loop')
    event_loop.close()
```

첫 번째 단계는 이벤트 루프에 대한 참조를 얻는 것이다. 기본 루프 타입을 사용하거나 특정 루프 클래스를 인스턴스화할 수 있다. 이 예제에서는 기본 루프를 사용했다. run_until_complete() 메서드는 코루틴 객체와 함께 루프를 시작하고, 코루틴이 종료될 때 루프를 멈춘다.

```
$ python3 asyncio_coroutine.py

starting coroutine
entering event loop
in coroutine
closing event loop
```

10.5.2.2 코루틴의 값 반환

코루틴의 반환값은 코루틴의 시작과 대기를 위한 코드에서 되돌려 받는다.

리스트 10.77: asyncio_coroutine_return.py

```
import asyncio

async def coroutine():
```

```
    print('in coroutine')
    return 'result'

event_loop = asyncio.get_event_loop()
try:
    return_value = event_loop.run_until_complete(coroutine())
    print('it returned: {!r}'.format(return_value))
finally:
    event_loop.close()
```

이 경우에 run_until_complete()이 코루틴의 결과를 반환한다.

```
$ python3 asyncio_coroutine_return.py

in coroutine
it returned: 'result'
```

10.5.2.3 코루틴 체인

하나의 코루틴은 다른 코루틴을 시작하고 결과를 기다릴 수 있기 때문에 이를 이용하면 작업을 재사용 가능한 조각으로 분해하기 쉬워진다. 다음 예제는 순차적으로 실행해야 하는 두 개의 단계를 갖고 있지만 이 둘은 동시에 실행될 수 있다.

리스트 10.78: asyncio_coroutine_chain.py

```
import asyncio

async def outer():
    print('in outer')
    print('waiting for result1')
    result1 = await phase1()
    print('waiting for result2')
    result2 = await phase2(result1)
    return (result1, result2)

async def phase1():
    print('in phase1')
    return 'result1'
```

```
async def phase2(arg):
    print('in phase2')
    return 'result2 derived from {}'.format(arg)

event_loop = asyncio.get_event_loop()
try:
    return_value = event_loop.run_until_complete(outer())
    print('return value: {!r}'.format(return_value))
finally:
    event_loop.close()
```

await 키워드는 루프에 새 코루틴을 추가하는 대신 사용된다. 제어 흐름은 이미 루프
에 의해 관리되는 코루틴 내부에 있기 때문에 루프에게 새 코루틴을 관리하라고 지시
할 필요가 없다.

```
$ python3 asyncio_coroutine_chain.py

in outer
waiting for result1
in phase1
waiting for result2
in phase2
return value: ('result1', 'result2 derived from result1')
```

10.5.2.4 코루틴 대신 생성자 사용

코루틴 함수는 asyncio의 핵심 구성 요소다. 코루틴 함수는 프로그램 일부의 실행을
중지시키고 해당 호출의 상태를 유지하며 나중에 해당 상태로 재진입하기 위한 언어
구조를 제공한다. 이런 모든 동작은 동시성 프레임워크에서 매우 중요한 능력이다.

파이썬 3.5는 async def를 사용해 코루틴을 정의하고 await를 사용해 제어를 내어주는
새로운 기능을 도입했으므로 이곳의 asyncio 관련 예제들은 이 새로운 기능을 활용한
다. 파이썬 3의 초기 버전들은 asyncio.coroutine() 데코레이터로 래핑된 생성자 함
수와 yield from을 사용해 동일한 효과를 얻을 수 있다.

리스트 10.79: asyncio_generator.py

```python
import asyncio

@asyncio.coroutine
def outer():
    print('in outer')
    print('waiting for result1')
    result1 = yield from phase1()
    print('waiting for result2')
    result2 = yield from phase2(result1)
    return (result1, result2)

@asyncio.coroutine
def phase1():
    print('in phase1')
    return 'result1'

@asyncio.coroutine
def phase2(arg):
    print('in phase2')
    return 'result2 derived from {}'.format(arg)

event_loop = asyncio.get_event_loop()
try:
    return_value = event_loop.run_until_complete(outer())
    print('return value: {!r}'.format(return_value))
finally:
    event_loop.close()
```

이 예제는 코루틴 대신 생성자 함수를 사용해 asyncio_coroutine_chain.py를 재현한다.

```
$ python3 asyncio_generator.py

in outer
waiting for result1
in phase1
waiting for result2
in phase2
return value: ('result1', 'result2 derived from result1')
```

10.5.3 정규 함수 호출 예약

코루틴과 I/O 콜백 외에도 asyncio 이벤트 루프는 루프 내에서 유지되는 타이머를 기반으로 정규 함수에 대한 호출을 예약할 수 있다.

10.5.3.1 콜백 Soon 예약

콜백의 시점이 중요하지 않다면 call_soon()을 사용해 루프의 다음번 회차에 호출을 예약할 수 있다. 함수명 뒤에 오는 모든 인자는 콜백이 호출될 때 콜백에 전달된다. 콜백에 키워드 인자를 전달할 때는 functools 모듈의 partial()을 사용한다.

리스트 10.80: asyncio_call_soon.py

```python
import asyncio
import functools

def callback(arg, *, kwarg='default'):
    print('callback invoked with {} and {}'.format(arg, kwarg))

async def main(loop):
    print('registering callbacks')
    loop.call_soon(callback, 1)
    wrapped = functools.partial(callback, kwarg='not default')
    loop.call_soon(wrapped, 2)

    await asyncio.sleep(0.1)

event_loop = asyncio.get_event_loop()
try:
    print('entering event loop')
    event_loop.run_until_complete(main(event_loop))
finally:
    print('closing event loop')
    event_loop.close()
```

콜백은 예약된 순서대로 호출된다.

```
$ python3 asyncio_call_soon.py
```

772

```
entering event loop
registering callbacks
callback invoked with 1 and default
callback invoked with 2 and not default
closing event loop
```

10.5.3.2 지연시간을 갖는 콜백 예약

일정 시간동안 콜백 호출을 연기하려면 call_later()를 사용한다. 이 메서드의 첫 번째 인자는 지연시키고자 하는 초 단위 시간이며, 두 번째 인자는 콜백이다.

리스트 10.81: asyncio_call_later.py

```python
import asyncio

def callback(n):
    print('callback {} invoked'.format(n))

async def main(loop):
    print('registering callbacks')
    loop.call_later(0.2, callback, 1)
    loop.call_later(0.1, callback, 2)
    loop.call_soon(callback, 3)

    await asyncio.sleep(0.4)

event_loop = asyncio.get_event_loop()
try:
    print('entering event loop')
    event_loop.run_until_complete(main(event_loop))
finally:
    print('closing event loop')
    event_loop.close()
```

이 예제에서는 동일한 콜백 함수가 서로 다른 인자와 함께 여러 번 다른 시간에 예약된다. call_soon()을 사용한 마지막 인스턴스는 시간 예약된 다른 인스턴스들이 발생하기 전에 인자 3으로 콜백을 호출하는데, 이를 통해 'soon'이 아주 짧은 지연시간을 나타냄을 알 수 있다.

```
$ python3 asyncio_call_later.py

entering event loop
registering callbacks
callback 3 invoked
callback 2 invoked
callback 1 invoked
closing event loop
```

10.5.3.3 콜백을 특정 시간으로 예약

특정한 시간에 호출이 발생하도록 예약하는 것도 가능하다. 이 목적을 위해 사용되는 루프는 now의 의미를 명확하게 하고자 벽시계^{wall clock} 시간이 아닌 단조시계^{monotonic clock} 시간을 사용한다.[1] 예약 콜백에 대한 시간을 선택하려면 루프의 time() 메서드를 사용해 해당 시계의 내부 상태에서 시작해야 한다.

리스트 10.82: asyncio_call_at.py

```python
import asyncio
import time

def callback(n, loop):
    print('callback {} invoked at {}'.format(n, loop.time()))

async def main(loop):
    now = loop.time()
    print('clock time: {}'.format(time.time()))
    print('loop time: {}'.format(now))

    print('registering callbacks')
    loop.call_at(now + 0.2, callback, 1, loop)
    loop.call_at(now + 0.1, callback, 2, loop)
    loop.call_soon(callback, 3, loop)
```

---

1. wall clock은 현실 세계의 시간 단위와 똑같다는 장점이 있지만 애플리케이션에서 시간을 동기화할 때 시간 값이 어긋나서 특정 시간에 처리돼야 하는 일이 실행되지 않거나 두 번 실행되는 일이 발생할 수 있다. 이런 이유로 monotonic clock을 시간 단위로 사용하는 것을 권장한다. 하지만 monotonic clock은 사람이 읽을 수 있는 형태가 아니기 때문에 디버깅할 때 불편하다는 단점이 있다. — 옮긴이

```
    await asyncio.sleep(1)

event_loop = asyncio.get_event_loop()
try:
    print('entering event loop')
    event_loop.run_until_complete(main(event_loop))
finally:
    print('closing event loop')
    event_loop.close()
```

루프에 따르는 시간은 time.time()이 반환하는 값과 일치하지 않는다.

```
$ python3 asyncio_call_at.py

entering event loop
clock time: 1479050248.66192
loop  time: 1008846.13856885
registering callbacks
callback 3 invoked at 1008846.13867956
callback 2 invoked at 1008846.239931555
callback 1 invoked at 1008846.343480996
closing event loop
```

10.5.4 비동기적으로 결과 생성

Future는 아직 완료되지 않은 작업의 결과를 나타낸다. 이벤트 루프는 작업 완료 여부를 표시하는 Future 객체의 상태를 감시하기 때문에 다른 부분들이 작업을 완료할 때까지 애플리케이션의 한 부분을 기다리게 할 수 있다.

10.5.4.1 Future에 대한 대기

Future는 코루틴처럼 동작하므로 완료 여부를 표시하는 등의 코루틴에서 사용되는 기법을 Future에서도 사용할 수 있다. 다음 예제는 이벤트 루프의 run_until_complete() 메서드에 future를 전달한다.

리스트 10.83: asyncio_future_event_loop.py

```python
import asyncio

def mark_done(future, result):
    print('setting future result to {!r}'.format(result))
    future.set_result(result)

event_loop = asyncio.get_event_loop()
try:
    all_done = asyncio.Future()
    print('scheduling mark_done')
    event_loop.call_soon(mark_done, all_done, 'the result')

    print('entering event loop')
    result = event_loop.run_until_complete(all_done)
    print('returned result: {!r}'.format(result))
finally:
    print('closing event loop')
    event_loop.close()

print('future result: {!r}'.format(all_done.result()))
```

set_result()가 호출되면 Future의 상태는 완료로 변경되며, Future 인스턴스는 나중에 사용하고자 메서드에 주어진 결과를 유지한다.

```
$ python3 asyncio_future_event_loop.py

scheduling mark_done
entering event loop
setting future result to 'the result'
returned result: 'the result'
closing event loop
future result: 'the result'
```

또한 Future는 다음 예제처럼 await 키워드와 함께 사용할 수 있다.

리스트 10.84: asyncio_future_await.py

```python
import asyncio
```

```
def mark_done(future, result):
    print('setting future result to {!r}'.format(result))
    future.set_result(result)

async def main(loop):
    all_done = asyncio.Future()

    print('scheduling mark_done')
    loop.call_soon(mark_done, all_done, 'the result')

    result = await all_done
    print('returned result: {!r}'.format(result))

event_loop = asyncio.get_event_loop()
try:
    event_loop.run_until_complete(main(event_loop))
finally:
    event_loop.close()
```

Future의 결과는 await에 의해 반환되므로, 종종 코루틴과 Future 인스턴스에 동일한 코드를 사용할 수 있다.

```
$ python3 asyncio_future_await.py

scheduling mark_done
setting future result to 'the result'
returned result: 'the result'
```

10.5.4.2 Future 콜백

코루틴처럼 동작하는 것 외에도 Future는 완료됐을 때 콜백을 호출할 수 있다. 콜백은 등록된 순서대로 호출된다.

리스트 10.85: asyncio_future_callback.py

```
import asyncio
import functools

def callback(future, n):
```

```
        print('{}: future done: {}'.format(n, future.result()))
    async def register_callbacks(all_done):
        print('registering callbacks on future')
        all_done.add_done_callback(functools.partial(callback, n=1))
        all_done.add_done_callback(functools.partial(callback, n=2))

    async def main(all_done):
        await register_callbacks(all_done)
        print('setting result of future')
        all_done.set_result('the result')

    event_loop = asyncio.get_event_loop()
    try:
        all_done = asyncio.Future()
        event_loop.run_until_complete(main(all_done))
    finally:
        event_loop.close()
```

콜백은 Future 인스턴스 하나만 인자로 사용한다. 콜백에 인자를 추가로 전달하려면 functools.partial()을 사용해 래퍼를 생성한다.

```
$ python3 asyncio_future_callback.py

registering callbacks on future
setting result of future
1: future done: the result
2: future done: the result
```

10.5.5 작업 동시 실행

작업[Task]은 이벤트 루프와 상호작용하는 주요 방법 중 하나다. 작업은 코루틴을 래핑하고 코루틴의 완료를 추적한다. task는 Future의 서브클래스이기 때문에 다른 코루틴들이 작업에 대한 대기를 할 수 있으며, 각 작업은 완료된 후에 추출할 수 있는 결과를 갖는다.

10.5.5.1 작업 시작

작업을 시작하려면 create_task()를 사용해 Task 인스턴스를 생성한다. 작업 결과 생성은 루프가 계속 실행 중인 동안에는 이벤트 루프에 의해 관리되는 병렬 작업의 일부로서 수행된다.

리스트 10.86: asyncio_create_task.py

```python
import asyncio

async def task_func():
    print('in task_func')
    return 'the result'

async def main(loop):
    print('creating task')
    task = loop.create_task(task_func())
    print('waiting for {!r}'.format(task))
    return_value = await task
    print('task completed {!r}'.format(task))
    print('return value: {!r}'.format(return_value))

event_loop = asyncio.get_event_loop()
try:
    event_loop.run_until_complete(main(event_loop))
finally:
    event_loop.close()
```

이 예제에서 main() 함수는 작업이 결과를 반환할 때까지 기다린 후에 종료된다.

```
$ python3 asyncio_create_task.py

creating task
waiting for <Task pending coro=<task_func() running at asyncio_create_task.py:12>>
in task_func
task completed <Task finished coro=<task_func() done, defined at asyncio_create_task.py:12>
result='the result'>
return value: 'the result'
```

10.5.5.2 작업 취소

create_task()를 통해 생성된 Task 객체가 유지되고 있다면 완료되기 전에 작업의 연산을 취소할 수 있다.

리스트 10.87: asyncio_cancel_task.py

```python
import asyncio

async def task_func():
    print('in task_func')
    return 'the result'

async def main(loop):
    print('creating task')
    task = loop.create_task(task_func())

    print('canceling task')
    task.cancel()

    print('canceled task {!r}'.format(task))
    try:
        await task
    except asyncio.CancelledError:
        print('caught error from canceled task')
    else:
        print('task result: {!r}'.format(task.result()))

event_loop = asyncio.get_event_loop()
try:
    event_loop.run_until_complete(main(event_loop))
finally:
    event_loop.close()
```

이 예제는 작업을 생성하고 이벤트 루프가 시작되기 전에 작업을 취소한다. 결과는 run_until_complete() 메서드에 의해 발생된 CancelledError 예외다.

```
$ python3 asyncio_cancel_task.py

creating task
canceling task
canceled task <Task cancelling coro=<task_func() running at asyncio_cancel_task.py:12>>
```

```
caught error from canceled task
```

병렬로 실행 중인 다른 작업들이 완료되기를 대기 중이던 작업이 취소되면 해당 작업
은 대기 중인 지점에서 발생한 CancelledError 예외를 통해 자신이 취소된 것을 통보
받는다.

리스트 10.88: asyncio_cancel_task2.py

```python
import asyncio

async def task_func():
    print('in task_func, sleeping')
    try:
        await asyncio.sleep(1)
    except asyncio.CancelledError:
        print('task_func was canceled')
        raise
    return 'the result'

def task_canceller(t):
    print('in task_canceller')
    t.cancel()
    print('canceled the task')

async def main(loop):
    print('creating task')
    task = loop.create_task(task_func())
    loop.call_soon(task_canceller, task)
    try:
        await task
    except asyncio.CancelledError:
        print('main() also sees task as canceled')

event_loop = asyncio.get_event_loop()
try:
    event_loop.run_until_complete(main(event_loop))
finally:
    event_loop.close()
```

예외 처리는 필요한 경우 이미 완료된 작업을 정리할 기회를 제공한다.

```
creating task
in task_func, sleeping
in task_canceller
canceled the task
task_func was canceled
main() also sees task as canceled
```

10.5.5.3 코루틴에서 작업 생성

ensure_future() 함수는 코루틴의 실행과 연결된 Task를 생성해 반환한다. 이 Task 인스턴스는 다른 코드에 전달할 수 있으며, 이 코드는 원본 코루틴이 생성되거나 호출된 방법에 상관없이 코루틴의 실행 완료를 기다릴 수 있다.

리스트 10.89: asyncio_ensure_future.py

```python
import asyncio

async def wrapped():
    print('wrapped')
    return 'result'

async def inner(task):
    print('inner: starting')
    print('inner: waiting for {!r}'.format(task))
    result = await task
    print('inner: task returned {!r}'.format(result))

async def starter():
    print('starter: creating task')
    task = asyncio.ensure_future(wrapped())
    print('starter: waiting for inner')
    await inner(task)
    print('starter: inner returned')

event_loop = asyncio.get_event_loop()
try:
    print('entering event loop')
    result = event_loop.run_until_complete(starter())
```

782

```
    finally:
        event_loop.close()
```

ensure_future()에 주어진 코루틴은 어떤 것이 await를 사용할 때까지 시작되지 않는다는 점에 주의하라. await는 코루틴이 실행되게 해준다.

```
$ python3 asyncio_ensure_future.py

entering event loop
starter: creating task
starter: waiting for inner
inner: starting
inner: waiting for <Task pending coro=<wrapped() running at asyncio_ensure_future.py:12>>
wrapped
inner: task returned 'result'
starter: inner returned
```

10.5.6 제어 구조로 코루틴 구성

일련의 코루틴 사이의 선형적인 제어 흐름은 await라는 내장 언어 키워드를 통해 쉽게 관리할 수 있다. 한 코루틴이 병렬로 실행되는 여러 다른 코루틴의 완료를 기다리게 하는 더 복잡한 구조는 asyncio의 도구를 사용해 생성할 수 있다.

10.5.6.1 여러 코루틴 대기

종종 하나의 연산을 각각 별도로 실행할 수 있는 여러 부분으로 분할하는 것은 매우 유용하다. 예를 들어 이 방법은 여러 개의 원격 리소스에서 다운로드하거나 여러 원격 API를 쿼리할 때 효율적인 방법이다. 실행의 순서가 중요하지 않으면서 임의의 수만큼 작업이 있는 경우에 wait()를 사용해 다른 백그라운드 작업이 완료될 때까지 한 코루틴을 일시 중지시킬 수 있다.

```python
import asyncio

async def phase(i):
    print('in phase {}'.format(i))
    await asyncio.sleep(0.1 * i)
    print('done with phase {}'.format(i))
    return 'phase {} result'.format(i)

async def main(num_phases):
    print('starting main')
    phases = [phase(i) for i in range(num_phases) ]
    print('waiting for phases to complete')
    completed, pending = await asyncio.wait(phases)
    results = [t.result() for t in completed]
    print('results: {!r}'.format(results))

event_loop = asyncio.get_event_loop()
try:
    event_loop.run_until_complete(main(3))
finally:
    event_loop.close()
```

내부적으로 wait()는 집합을 사용해 생성한 Task 인스턴스를 유지하며, 이는 인스턴스가 예측 불가능한 순서로 시작되고 종료됨을 의미한다. wait()는 완료된 작업과 보류 중인 작업을 담고 있는 두 개의 집합을 포함하는 튜플을 반환한다.

```
$ python3 asyncio_wait.py

starting main
waiting for phases to complete
in phase 0
in phase 1
in phase 2
done with phase 0
done with phase 1
done with phase 2
results: ['phase 1 result', 'phase 0 result', 'phase 2 result']
```

wait()가 타임아웃 값과 함께 사용되면 보류 중인 작업들은 타임아웃 이후에도 남아있게 된다.

리스트 10.91: asyncio_wait_timeout.py

```python
import asyncio

async def phase(i):
    print('in phase {}'.format(i))
    try:
        await asyncio.sleep(0.1 * i)
    except asyncio.CancelledError:
        print('phase {} canceled'.format(i))
        raise
    else:
        print('done with phase {}'.format(i))
        return 'phase {} result'.format(i)

async def main(num_phases):
    print('starting main')
    phases = [phase(i) for i in range(num_phases) ]
    print('waiting 0.1 for phases to complete')
    completed, pending = await asyncio.wait(phases, timeout=0.1)
    print('{} completed and {} pending'.format(len(completed), len(pending), ))
    # 남아있는 작업들이 완료되지 않은 채 종료될 때 에러를 발생하지 않게 남은 작업들을 취소한다.
    if pending:
        print('canceling tasks')
        for t in pending:
            t.cancel()
    print('exiting main')

event_loop = asyncio.get_event_loop()
try:
    event_loop.run_until_complete(main(3))
finally:
    event_loop.close()
```

남아있는 백그라운드 작업들은 여러 가지 이유 때문에 명시적으로 처리해야 한다. 보류 중인 작업들은 wait()가 반환될 때 잠시 중지되기는 하지만 이벤트 루프로 제어가 돌아오는 즉시 다시 시작된다. wait()를 다시 호출하지 않으면 작업의 결과를 아무도

수신하지 못한다. 즉, 아무런 이익도 주지 못하는 작업이 실행돼 리소스를 낭비하게 된다. 또한 asyncio는 프로그램이 종료될 때 보류 중인 작업이 있으면 경고를 내보낸다. 이 경고는 콘솔에 인쇄돼 애플리케이션의 사용자가 볼 수 있다. 따라서 남은 백그라운드 작업을 취소하거나 wait()를 한 번 더 사용해 실행을 완료하게 하는 것이 좋다.

```
$ python3 asyncio_wait_timeout.py

starting main
waiting 0.1 for phases to complete
in phase 1
in phase 0
in phase 2
done with phase 0
1 completed and 2 pending
cancelling tasks
exiting main
phase 1 cancelled
phase 2 cancelled
```

10.5.6.2 코루틴에서 결과 수집

백그라운드 단계가 잘 정의돼 있고 해당 단계의 결과가 중요하다면 여러 작업의 결과를 기다리는 데 gather()가 더 유용할 수 있다.

리스트 10.92: asyncio_gather.py

```python
import asyncio

async def phase1():
    print('in phase1')
    await asyncio.sleep(2)
    print('done with phase1')
    return 'phase1 result'

async def phase2():
    print('in phase2')
    await asyncio.sleep(1)
    print('done with phase2')
```

```
        return 'phase2 result'

async def main():
    print('starting main')
    print('waiting for phases to complete')
    results = await asyncio.gather(phase1(), phase2(), )
    print('results: {!r}'.format(results))

event_loop = asyncio.get_event_loop()
try:
    event_loop.run_until_complete(main())
finally:
    event_loop.close()
```

gather()에 의해 생성된 작업은 노출되지 않기 때문에 취소할 수 없다. 그 반환값은 gather()에 전달된 인자의 순서와 동일한 순서를 갖는 결과 리스트며, 순서는 백그라운드 작업이 실제로 완료되는 순서와는 상관이 없다.

```
$ python3 asyncio_gather.py

starting main
waiting for phases to complete
in phase2
in phase1
done with phase2
done with phase1
results: ['phase1 result', 'phase2 result']
```

10.5.6.3 백그라운드 작업의 완료 처리

as_completed()는 자신에게 주어진 코루틴 리스트의 실행을 관리하는 생성자로, 실행 중인 각 코루틴이 완료될 때마다 하나의 결과를 산출한다. wait()와 마찬가지로 as_completed()도 완료되는 순서를 보장하지는 못하지만 다른 동작을 취하기 전에 모든 백그라운드 작업이 완료되기를 기다릴 필요가 없다.

```python
import asyncio

async def phase(i):
    print('in phase {}'.format(i))
    await asyncio.sleep(0.5 - (0.1 * i))
    print('done with phase {}'.format(i))
    return 'phase {} result'.format(i)

async def main(num_phases):
    print('starting main')
    phases = [phase(i) for i in range(num_phases) ]
    print('waiting for phases to complete')
    results = []
    for next_to_complete in asyncio.as_completed(phases):
        answer = await next_to_complete
        print('received answer {!r}'.format(answer))
        results.append(answer)
    print('results: {!r}'.format(results))
    return results

event_loop = asyncio.get_event_loop()
try:
    event_loop.run_until_complete(main(3))
finally:
    event_loop.close()
```

이 예제는 시작한 순서의 역순으로 완료되는 여러 백그라운드 단계를 시작한다. 생성자가 소비됨에 따라 루프는 **await**를 사용해 코루틴의 결과를 기다린다.

```
$ python3 asyncio_as_completed.py

starting main
waiting for phases to complete
in phase 0
in phase 2
in phase 1
done with phase 2
received answer 'phase 2 result'
done with phase 1
```

```
received answer 'phase 1 result'
done with phase 0
received answer 'phase 0 result'
results: ['phase 2 result', 'phase 1 result', 'phase 0 result']
```

10.5.7 프리미티브 동기화

asyncio 애플리케이션은 일반적으로 단일 스레드 프로세스로 실행되지만 여전히 병렬 작업 애플리케이션으로 빌드되고 있다. 각 코루틴이나 작업은 지연이나 I/O 또는 다른 외부 이벤트로 인해 중단되기 때문에 예측할 수 없는 순서로 실행된다. 안전한 병렬 처리를 지원하고자 asyncio는 threading 모듈과 multiprocessing 모듈에 있는 것과 동일한 저수준 프리미티브 구현을 포함한다.

10.5.7.1 Lock

Lock은 공유 리소스에 대한 액세스를 보호하고자 사용된다. 락의 소유자만 리소스를 사용할 수 있다. 한 번에 하나의 소유자만 허용되기 때문에 락을 얻고자 하는 여러 시도는 차단된다.

리스트 10.94: asyncio_lock.py

```python
import asyncio
import functools

def unlock(lock):
    print('callback releasing lock')
    lock.release()

async def coro1(lock):
    print('coro1 waiting for the lock')
    with await lock:
        print('coro1 acquired lock')
    print('coro1 released lock')

async def coro2(lock):
    print('coro2 waiting for the lock')
```

```
    await lock
    try:
        print('coro2 acquired lock')
    finally:
        print('coro2 released lock') lock.release()
async def main(loop):
    # 공유 락의 생성과 획득
    lock = asyncio.Lock()
    print('acquiring the lock before starting coroutines')
    await lock.acquire()
    print('lock acquired: {}'.format(lock.locked()))

    # 락을 해제하기 위한 콜백 예약
    loop.call_later(0.1, functools.partial(unlock, lock))

    # 락을 사용하려는 코루틴을 실행
    print('waiting for coroutines')
    await asyncio.wait([coro1(lock), coro2(lock)]),

event_loop = asyncio.get_event_loop()
try:
    event_loop.run_until_complete(main(event_loop))
finally:
    event_loop.close()
```

이 예제의 coro2()와 같이 await를 사용해 락을 획득하고 완료되면 release() 메서드를 호출하는 등의 락은 직접적으로 호출될 수 있다. 락은 또한 coro1()처럼 await 키워드와 함께 비동기 콘텍스트 관리자로 사용될 수 있다.

```
$ python3 asyncio_lock.py

acquiring the lock before starting coroutines
lock acquired: True
waiting for coroutines
coro1 waiting for the lock
coro2 waiting for the lock
callback releasing lock
coro1 acquired lock
coro1 released lock
```

```
coro2 acquired lock
coro2 released lock
```

10.5.7.2 Event

`asyncio.Event`는 `threading.Event`를 기반으로 한다. 이는 여러 소비자가 알림[notification]
과 관련된 특정한 값을 찾지 않고도 어떤 사건의 발생을 기다릴 수 있게 해준다.

리스트 10.95: asyncio_event.py

```python
import asyncio
import functools

def set_event(event):
    print('setting event in callback')
    event.set()

async def coro1(event):
    print('coro1 waiting for event')
    await event.wait()
    print('coro1 triggered')

async def coro2(event):
    print('coro2 waiting for event')
    await event.wait()
    print('coro2 triggered')

async def main(loop):
    # 공유 이벤트 생성
    event = asyncio.Event()
    print('event start state: {}'.format(event.is_set()))

    loop.call_later(0.1, functools.partial(set_event, event))

    await asyncio.wait([coro1(event), coro2(event)])
    print('event end state: {}'.format(event.is_set()))

event_loop = asyncio.get_event_loop()
try:
    event_loop.run_until_complete(main(event_loop))
finally:
```

```
    event_loop.close()
```

Lock과 마찬가지로 coro1()과 coro2() 모두 이벤트가 설정되기를 기다린다. Lock과의 차이점은 이벤트 상태가 변화되는 즉시 시작되며, 이벤트 객체에 대해 고유한 소유권을 획득할 필요가 없다는 것이다.

```
$ python3 asyncio_event.py

event start state: False
coro2 waiting for event
coro1 waiting for event
setting event in callback
coro2 triggered
coro1 triggered
event end state: True
```

10.5.7.3 Condition

Condition은 대기 중인 모든 코루틴에 알림을 주는 대신에 깨어난 대기자들의 수가 notify()에 대한 인자로 제어된다는 점을 제외하면 Event와 동일하게 작동한다.

리스트 10.96: asyncio_condition.py

```
import asyncio

async def consumer(condition, n):
    with await condition:
        print('consumer {} is waiting'.format(n))
        await condition.wait()
        print('consumer {} triggered'.format(n))
    print('ending consumer {}'.format(n))

async def manipulate_condition(condition):
    print('starting manipulate_condition')

    # consumer의 시작을 잠깐 지연시킨다.
    await asyncio.sleep(0.1)
```

```python
    for i in range(1, 3):
        with await condition:
            print('notifying {} consumers'.format(i))
            condition.notify(n=i)
        await asyncio.sleep(0.1)

    with await condition:
        print('notifying remaining consumers')
        condition.notify_all()

    print('ending manipulate_condition')

async def main(loop):
    # 컨디션 생성
    condition = asyncio.Condition()

    # 컨디션을 감시하는 작업 설정
    consumers = [consumer(condition, i) for i in range(5)]

    # 컨디션 변수를 처리하기 위한 작업 예약
    loop.create_task(manipulate_condition(condition))

    # consumer들의 완료를 대기
    await asyncio.wait(consumers)

event_loop = asyncio.get_event_loop()
try:
    result = event_loop.run_until_complete(main(event_loop))
finally:
    event_loop.close()
```

이 예제는 Condition을 소비하는 5개의 consumer를 시작한다. 계속 진행을 위한 알림을 기다리고자 wait() 메서드를 사용한다. manipulate_condition()은 처음엔 한 소비자, 그다음엔 두 소비자, 마지막에는 모든 소비자에게 알림을 보낸다.

```
$ python3 asyncio_condition.py

starting manipulate_condition
consumer 3 is waiting
consumer 1 is waiting
consumer 2 is waiting
consumer 0 is waiting
```

```
consumer 4 is waiting
notifying 1 consumers
consumer 3 triggered
ending consumer 3
notifying 2 consumers
consumer 1 triggered
ending consumer 1
consumer 2 triggered
ending consumer 2
notifying remaining consumers
ending manipulate_condition
consumer 0 triggered
ending consumer 0
consumer 4 triggered
ending consumer 4
```

10.5.7.4 Queue

스레드에서는 queue.Queue를 사용하고, 프로세스에 대해서는 multiprocessing.Queue를 사용하는 것처럼 코루틴에 대해서도 선입선출 자료 구조인 asyncio.Queue를 사용할 수 있다.

리스트 10.97: asyncio_queue.py

```python
import asyncio

async def consumer(n, q):
    print('consumer {}: starting'.format(n))
    while True:
        print('consumer {}: waiting for item'.format(n))
        item = await q.get()
        print('consumer {}: has item {}'.format(n, item))
        if item is None:
            # None은 멈추라는 시그널
            q.task_done()
            break
        else:
            await asyncio.sleep(0.01 * item)
```

```
            q.task_done()
    print('consumer {}: ending'.format(n))

async def producer(q, num_workers):
    print('producer: starting')
    # 작업을 시뮬레이션하고자 큐에 몇 개의 수를 추가
    for i in range(num_workers * 3):
        await q.put(i)
        print('producer: added task {} to the queue'.format(i))
    # consumer들에게 종료 시그널을 주고자 큐에 None 항목 추가
    print('producer: adding stop signals to the queue')
    for i in range(num_workers):
        await q.put(None)
    print('producer: waiting for queue to empty')
    await q.join()
    print('producer: ending')

async def main(loop, num_consumers):
    # 고정된 크기의 큐를 생성해 consumer가 항목을 추출할 때까지 producer가 블로킹한다.
    q = asyncio.Queue(maxsize=num_consumers)

    # consumer 작업 예약
    consumers = [loop.create_task(consumer(i, q)) for i in range(num_consumers)]

    # producer 작업 예약
    prod = loop.create_task(producer(q, num_consumers))

    # 모든 코루틴이 완료될 때까지 대기
    await asyncio.wait(consumers + [prod])

event_loop = asyncio.get_event_loop()
try:
    event_loop.run_until_complete(main(event_loop, 2))
finally:
    event_loop.close()
```

한도 이상의 추가를 차단하고자 큐 크기가 고정돼 있거나 큐가 비어 있어 항목에 대한 추출이 차단되는 경우도 있으므로 항목을 추가하는 put()과 항목을 제거하는 get()은 모두 비동기 작업이다.

```
$ python3 asyncio_queue.py
```

```
consumer 0: starting
consumer 0: waiting for item
consumer 1: starting
consumer 1: waiting for item
producer: starting
producer: added task 0 to the queue
producer: added task 1 to the queue
consumer 0: has item 0
consumer 1: has item 1
producer: added task 2 to the queue
producer: added task 3 to the queue
consumer 0: waiting for item
consumer 0: has item 2
producer: added task 4 to the queue
consumer 1: waiting for item
consumer 1: has item 3
producer: added task 5 to the queue
producer: adding stop signals to the queue
consumer 0: waiting for item
consumer 0: has item 4
consumer 1: waiting for item
consumer 1: has item 5
producer: waiting for queue to empty
consumer 0: waiting for item
consumer 0: has item None
consumer 0: ending
consumer 1: waiting for item
consumer 1: has item None
consumer 1: ending
producer: ending
```

10.5.8 프로토콜 클래스 추상화를 이용한 비동기 I/O

여기까지의 예제들은 병렬 작업과 I/O 작업이 섞이는 것을 피하고 한 번에 한 가지 개념에만 집중했다. 하지만 I/O가 블로킹을 할 때 콘텍스트를 전환하는 것은 asyncio의 주요 사용법 중 하나다. 앞에서 소개한 병렬 작업의 개념을 기초로 이 절에서는 socket 과 socketserver에서 사용된 예제와 비슷한 에코 서버와 에코 클라이언트를 구현하는

두 개의 샘플 프로그램을 살펴본다. 클라이언트는 서버에 접속해 데이터를 보내고 그 응답으로 동일한 데이터를 받는다. I/O 작업이 초기화될 때마다 실행 코드는 이벤트 루프에 제어를 넘겨 I/O가 준비될 때까지 다른 작업을 실행할 수 있도록 허용한다.

10.5.8.1 에코 서버

서버는 asyncio와 logging 등 설정에 필요한 모듈을 임포트하면서 시작하며, 그다음에 이벤트 루프 객체를 생성한다.

리스트 10.98: asyncio_echo_server_protocol.py

```
import asyncio
import logging
import sys

SERVER_ADDRESS = ('localhost', 10000)

logging.basicConfig(
    level=logging.DEBUG,
    format='%(name)s: %(message)s',
    stream=sys.stderr,
)
log = logging.getLogger('main')

event_loop = asyncio.get_event_loop()
```

그다음에 서버는 클라이언트와의 통신을 처리하고자 asyncio.Protocol의 서브클래스를 정의한다. 프로토콜 객체의 메서드는 서버 소켓과 연관된 이벤트를 기반으로 호출된다.

```
class EchoServer(asyncio.Protocol):
```

새 클라이언트의 연결은 connection_made() 호출을 트리거한다. transport 인자는 asyncio.Transport의 인스턴스며, 소켓으로 비동기 I/O를 수행하기 위한 추상화를 제공한다. 서로 다른 유형의 통신은 서로 다른 전송 구현을 제공하지만 모두 동일한 API를 사용한다. 예를 들어 소켓으로 작업할 때와 서브프로세스에 파이프로 작업할 때는

별도의 transport 클래스를 사용한다. 클라이언트의 주소는 transport의 get_extra_info()를 통해 얻을 수 있다.

```
def connection_made(self, transport):
    self.transport = transport
    self.address = transport.get_extra_info('peername')
    self.log = logging.getLogger('EchoServer_{}_{}'.format(*self.address))
    self.log.debug('connection accepted')
```

연결이 설정된 후 클라이언트에서 서버로 데이터가 보내지면 프로토콜의 data_received()가 호출돼 그 이후의 처리를 위해 데이터를 전달한다. 데이터는 바이트 문자열로 전달되며, 애플리케이션에서 적절한 방법으로 디코딩해야 한다. 아래 코드는 결과를 로깅한 다음에 transport.write()를 호출해 즉시 클라이언트로 응답을 내보낸다.

```
def data_received(self, data):
    self.log.debug('received {!r}'.format(data))
    self.transport.write(data)
    self.log.debug('sent {!r}'.format(data))
```

일부 transport는 특별한 파일 종료 표시인 EOF를 지원한다. EOF를 만나면 eof_received() 메서드가 호출된다. 이 예제에서는 EOF를 수신했음을 나타내고자 클라이언트에게 다시 EOF를 돌려보낸다. 하지만 모든 transport가 명시적으로 EOF를 지원하는 것이 아니므로 이 프로토콜은 EOF를 보내는 것이 안전한지 transport에게 물어본다.

```
def eof_received(self):
    self.log.debug('received EOF')
    if self.transport.can_write_eof():
        self.transport.write_eof()
```

연결이 정상적으로 또는 에러로 인해 닫히게 되면 프로토콜의 connection_lost() 메서드가 호출된다. 에러가 발생한 경우 인자는 적절한 예외 객체를 포함하며, 그렇지 않으면 None이다.

```
def connection_lost(self, error):
    if error:
        self.log.error('ERROR: {}'.format(error))
    else:
        self.log.debug('closing')
    super().connection_lost(error)
```

서버는 두 단계로 시작한다. 첫 번째로 애플리케이션이 프로토콜 클래스, 호스트 이름, 수신할 소켓을 사용해 새 서버 객체를 생성하도록 이벤트 루프에 지시한다. create_server() 메서드는 코루틴이므로 실제로 서버를 시작하려면 결과는 이벤트 루프에 의해 처리돼야 한다. 코루틴이 완료되면 이벤트 루프에 연결된 asyncio.Server 인스턴스가 생성된다.

```
# 서버 생성. 실제 이벤트 루프가 시작되기 전에
# 루프가 코루틴을 완료하게 한다.
factory = event_loop.create_server(EchoServer, *SERVER_ADDRESS)
server = event_loop.run_until_complete(factory)
log.debug('starting up on {} port {}'.format(*SERVER_ADDRESS))
```

그다음에 이벤트 루프가 실행돼 이벤트 처리를 수행하고 클라이언트 요청을 처리한다. 오랫동안 실행되는 서비스인 경우에는 run_forever()가 이를 수행하는 가장 간단한 방법이다. 애플리케이션 코드에 의해 또는 프로세스 시그널에 의해 이벤트 루프가 멈추면 소켓을 정리하고 서버를 닫는다. 그런 다음 프로그램이 종료되기 전에 다른 코루틴의 완료를 기다렸다가 이벤트 루프를 닫는다.

```
# 모든 연결을 처리하고자 무한 루프인 이벤트 루프에 진입한다.
try:
    event_loop.run_forever()
finally:
    log.debug('closing server')
    server.close()
    event_loop.run_until_complete(server.wait_closed())
    log.debug('closing event loop')
    event_loop.close()
```

10.5.8.2 에코 클라이언트

프로토콜 클래스를 사용해 클라이언트를 구성하는 것은 서버 구성과 비슷하다. 코드는 asyncio와 logging 등 필요한 모듈을 임포트하면서 시작하고, 그다음에 이벤트 루프 객체를 생성한다.

리스트 10.99: asyncio_echo_client_protocol.py

```
import asyncio
import functools
import logging
import sys

MESSAGES = [b'This is the message. ', b'It will be sent ', b'in parts.', ]
SERVER_ADDRESS = ('localhost', 10000)

logging.basicConfig(
    level=logging.DEBUG,
    format='%(name)s: %(message)s',
    stream=sys.stderr,
)
log = logging.getLogger('main')

event_loop = asyncio.get_event_loop()
```

클라이언트 프로토콜 클래스는 서버와 동일한 메서드를 정의하지만 구현은 다르다. 클래스 생성자는 두 개의 인자를 받으며, 첫 번째는 전송할 메시지 리스트, 두 번째는 Future 인스턴스로 서버에서 응답을 수신해 클라이언트의 작업 사이클이 완료됐음을 나타내는 시그널로 사용한다.

```
class EchoClient(asyncio.Protocol):

    def __init__(self, messages, future):
        super().__init__()
        self.messages = messages
        self.log = logging.getLogger('EchoClient')
        self.f = future
```

클라이언트가 서버에 성공적으로 연결되면 즉시 통신을 시작한다. 네트워킹 코드가

800

여러 개의 메시지를 하나의 전송으로 결합할 수는 있지만 메시지는 기본적으로 한 번에 하나씩 전송된다. 메시지의 전체 시퀀스를 다 보내면 EOF를 전송한다.

모든 데이터가 즉시 전송되는 것처럼 보이지만 사실 전송 객체는 내보낼 데이터를 버퍼링하고 소켓의 버퍼가 데이터를 수신할 준비가 되면 실제 전송을 위한 콜백을 설정한다. 이런 과정은 명확하게 처리되므로 I/O 처리가 즉시 발생하는 것처럼 애플리케이션 코드를 작성할 수 있다.

```python
def connection_made(self, transport):
    self.transport = transport
    self.address = transport.get_extra_info('peername')
    self.log.debug('connecting to {} port {}'.format(*self.address))
    # 전송되는 메시지의 각 부분을 보여주기 어려운 점을 제외하면
    # transport.writelines()도 사용할 수 있다.
    for msg in self.messages:
        transport.write(msg)
        self.log.debug('sending {!r}'.format(msg))
    if transport.can_write_eof():
        transport.write_eof()
```

서버에서 응답이 수신되면 로그를 기록한다.

```python
def data_received(self, data):
    self.log.debug('received {!r}'.format(data))
```

마지막으로 EOF가 수신되거나 서버 쪽에서 연결이 닫히면 로컬 transport 객체가 닫히고, 그 결과 future 객체는 완료로 표시된다.

```python
def eof_received(self):
    self.log.debug('received EOF')
    self.transport.close()
    if not self.f.done():
        self.f.set_result(True)

def connection_lost(self, exc):
```

```
self.log.debug('server closed connection')
self.transport.close()
if not self.f.done():
    self.f.set_result(True)
super().connection_lost(exc)
```

일반적으로 프로토콜 클래스는 연결을 생성하고자 이벤트 루프에 전달된다. 이 경우에 이벤트 루프는 추가적인 인자를 프로토콜 생성자에 전달하는 기능이 없기 때문에 클라이언트 클래스를 래핑하고 송신할 메시지 리스트와 Future 인스턴스를 전달하기 위한 partial을 만들어야 한다. 그다음에 클라이언트 연결을 설정하고자 create_connection()을 호출할 때 클래스 대신 방금 전에 만든 새 callable 객체를 사용한다.

```
client_completed = asyncio.Future()

client_factory = functools.partial(
    EchoClient,
    messages=MESSAGES,
    future=client_completed,
)
factory_coroutine = event_loop.create_connection(client_factory, *SERVER_ADDRESS, )
```

클라이언트 실행을 트리거하고자 이벤트 루프는 클라이언트를 생성하는 코루틴과 함께 한 번 호출되고, 이 코루틴이 완료되면 클라이언트와 통신하고자 Future 인스턴스와 함께 다시 한 번 호출된다. 이런 방식으로 두 번의 호출을 사용하면 클라이언트 프로그램에 무한 루프가 발생하는 것을 피할 수 있다. 클라이언트 프로그램은 서버와의 통신이 끝나면 종료하려고 할 것이다. 첫 번째 호출만을 사용해 클라이언트를 생성하는 코루틴을 기다리면 모든 응답 데이터를 처리하지 못하고 서버와의 연결도 적절하게 정리하지 못할 수 있다.

```
log.debug('waiting for client to complete')
try:
    event_loop.run_until_complete(factory_coroutine)
    event_loop.run_until_complete(client_completed)
```

```
    finally:
        log.debug('closing event loop') event_loop.close()
```

10.5.8.3 출력

하나의 창에서 서버를 실행하고, 다른 창에서 클라이언트를 실행하면 다음과 같이 출력한다.

```
$ python3 asyncio_echo_client_protocol.py
asyncio: Using selector: KqueueSelector
main: waiting for client to complete
EchoClient: connecting to ::1 port 10000
EchoClient: sending b'This is the message. '
EchoClient: sending b'It will be sent '
EchoClient: sending b'in parts.'
EchoClient: received b'This is the message. It will be sent in parts.'
EchoClient: received EOF
EchoClient: server closed connection
main: closing event loop

$ python3 asyncio_echo_client_protocol.py
asyncio: Using selector: KqueueSelector
main: waiting for client to complete
EchoClient: connecting to ::1 port 10000
EchoClient: sending b'This is the message. '
EchoClient: sending b'It will be sent '
EchoClient: sending b'in parts.'
EchoClient: received b'This is the message. It will be sent in parts.'
EchoClient: received EOF
EchoClient: server closed connection
main: closing event loop

$ python3 asyncio_echo_client_protocol.py
asyncio: Using selector: KqueueSelector
main: waiting for client to complete
EchoClient: connecting to ::1 port 10000
EchoClient: sending b'This is the message. '
EchoClient: sending b'It will be sent '
```

```
EchoClient: sending b'in parts.'
EchoClient: received b'This is the message. It will be sent in parts.'
EchoClient: received EOF
EchoClient: server closed connection
main: closing event loop
```

클라이언트는 항상 메시지를 개별적으로 보내지만, 첫 번째 클라이언트 실행에서 서버는 이를 하나의 전체 메시지로 수신한 다음에 다시 클라이언트에 에코^{echo}(회신)한다. 네트워크 상태와 모든 데이터가 준비되기 전에 네트워크 버퍼가 비워지는지 등에 따라 결과는 다를 수 있다.

```
$ python3 asyncio_echo_server_protocol.py
asyncio: Using selector: KqueueSelector
main: starting up on localhost port 10000
EchoServer_::1_63347: connection accepted
EchoServer_::1_63347: received b'This is the message. It will be sent in parts.'
EchoServer_::1_63347: sent b'This is the message. It will be sent in parts.'
EchoServer_::1_63347: received EOF
EchoServer_::1_63347: closing

EchoServer_::1_63387: connection accepted
EchoServer_::1_63387: received b'This is the message. '
EchoServer_::1_63387: sent b'This is the message. '
EchoServer_::1_63387: received b'It will be sent in parts.'
EchoServer_::1_63387: sent b'It will be sent in parts.'
EchoServer_::1_63387: received EOF
EchoServer_::1_63387: closing

EchoServer_::1_63389: connection accepted
EchoServer_::1_63389: received b'This is the message. It will be sent '
EchoServer_::1_63389: sent b'This is the message. It will be sent '
EchoServer_::1_63389: received b'in parts.'
EchoServer_::1_63389: sent b'in parts.'
EchoServer_::1_63389: received EOF
EchoServer_::1_63389: closing
```

10.5.9 코루틴과 스트림을 사용한 비동기 I/O

이 절에서는 프로토콜^protocol과 transport 클래스 추상화 대신 코루틴과 asyncio 스트림 API를 사용해 만든 간단한 에코 서버와 에코 클라이언트를 구현하는 샘플 프로그램을 살펴본다. 이 예제는 앞에서 보여준 Protocol API보다 낮은 추상화 수준에서 동작하지만 처리되는 이벤트는 비슷하다.

10.5.9.1 에코 서버

서버는 asyncio와 logging 등 필요한 모듈을 임포트하면서 시작한다. 그다음에 이벤트 루프 객체를 생성한다.

리스트 10.100: asyncio_echo_server_coroutine.py

```
import asyncio
import logging
import sys

SERVER_ADDRESS = ('localhost', 10000)
logging.basicConfig(
    level=logging.DEBUG,
    format='%(name)s: %(message)s',
    stream=sys.stderr,
)
log = logging.getLogger('main')

event_loop = asyncio.get_event_loop()
```

다음으로 서버는 클라이언트와의 통신을 처리하는 코루틴을 정의한다. 각 클라이언트가 연결될 때마다 코루틴의 새 인스턴스가 호출된다. 따라서 함수 내에서 코드는 한 번에 하나의 클라이언트와만 통신한다. 파이썬 런타임이 각 코루틴 인스턴스의 상태를 관리하므로 애플리케이션 코드에서 개별 클라이언트를 추적하기 위한 추가적인 자료 구조를 관리할 필요가 없다.

코루틴에 대한 인자는 각 연결과 관련된 StreamReader와 StreamWriter 인스턴스다. Transport를 사용할 때와 마찬가지로 클라이언트 주소는 writer의 get_extra_info() 메서드를 통해 액세스할 수 있다.

```
async def echo(reader, writer):
    address = writer.get_extra_info('peername')
    log = logging.getLogger('echo_{}_{}'.format(*address))
    log.debug('connection accepted')
```

코루틴은 연결됐을 때 호출되지만 이 시점에서는 읽을 수 있는 데이터가 없을 수 있다. 데이터를 읽는 동안 블로킹을 피하고자 코루틴은 read() 호출과 함께 await를 사용해 데이터가 존재할 때까지 이벤트 루프가 다른 작업을 처리할 수 있도록 허용한다.

```
while True:
    data = await reader.read(128)
```

클라이언트가 데이터를 보내면 await가 반환되고, 이 데이터는 writer에 전달돼 클라이언트에 되돌려 보낸다. write()에 대한 다중 호출은 내보낼 데이터를 버퍼링하고자 사용되며, 그다음에 drain()이 결과를 내보낸다. 네트워크 I/O를 내보내는 동작이 블로킹을 할 수 있기 때문에 이벤트 루프에 대한 제어를 회복하고자 await가 다시 사용된다. 이벤트 루프는 소켓에 대한 쓰기를 모니터링하고 보낼 수 있는 데이터가 있으면 writer를 호출한다.

```
if data:
    log.debug('received {!r}'.format(data))
    writer.write(data)
    await writer.drain()
    log.debug('sent {!r}'.format(data))
```

클라이언트가 아무런 데이터를 보내지 않으면 read()는 연결이 닫혔음을 나타내는 빈 바이트 문자열을 반환한다. 그러면 서버는 클라이언트에 쓰기 작업을 하는 소켓을 닫고, 작업 완료를 알리고자 코루틴을 반환한다.

```
else:
    log.debug('closing')
    writer.close()
```

806

```
    return
```

서버는 두 단계로 시작한다. 먼저 애플리케이션은 코루틴, 호스트 이름, 수신할 소켓을 사용해 새 서버 객체를 생성하도록 이벤트 루프에게 지시한다. start_server() 메서드 자체가 코루틴이므로 서버를 시작하려면 이 메서드의 결과를 이벤트 루프에서 처리해야 한다. 코루틴이 완료되면 이벤트 루프에 연결된 asyncio.Server 인스턴스가 생성된다.

```
# 서버 생성. 실제 이벤트 루프가 시작되기 전에 루프가 코루틴을 완료하게 한다.
factory = asyncio.start_server(echo, *SERVER_ADDRESS)
server = event_loop.run_until_complete(factory)
log.debug('starting up on {} port {}'.format(*SERVER_ADDRESS))
```

그다음에 이벤트 루프가 실행돼 이벤트 처리를 수행하고 클라이언트 요청을 처리한다. 오랫동안 실행되는 서비스인 경우에는 run_forever() 메서드가 이를 수행하는 가장 간단한 방법이다. 애플리케이션 코드에 의해 또는 프로세스의 시그널에 의해 이벤트 루프가 멈추면 서버는 소켓을 적절하게 정리하고 닫힌다. 그다음에 프로그램이 종료되기 전에 다른 코루틴의 완료를 기다렸다가 이벤트 루프를 닫는다.

```
# 모든 연결을 처리하고자 무한 루프인 이벤트 루프에 진입한다.
try:
    event_loop.run_forever()
except KeyboardInterrupt:
    pass
finally:
    log.debug('closing server')
    server.close()
    event_loop.run_until_complete(server.wait_closed())
    log.debug('closing event loop')
    event_loop.close()
```

10.5.9.2 에코 클라이언트

코루틴을 사용한 클라이언트 구성은 서버 구성과 매우 비슷하다. 코드는 asyncio와 logging 등 설정에 필요한 모듈을 임포트하고 이벤트 루프 객체를 생성하면서 시작된다.

리스트 10.101: asyncio_echo_client_coroutine.py

```python
import asyncio
import logging
import sys

MESSAGES = [b'This is the message. ', b'It will be sent ', b'in parts.', ]
SERVER_ADDRESS = ('localhost', 10000)

logging.basicConfig(
    level=logging.DEBUG,
    format='%(name)s: %(message)s',
    stream=sys.stderr,
)
log = logging.getLogger('main')

event_loop = asyncio.get_event_loop()
```

echo_client 코루틴은 서버 주소와 보낼 메시지를 인자로 취한다.

```python
async def echo_client(address, messages):
```

이 코루틴은 작업이 시작될 때 호출되지만 실제로는 작업을 할 수 있는 활성화된 연결을 갖고 있지 않다. 그러므로 첫 단계는 클라이언트가 자체적으로 연결을 수립한다. open_connection() 코루틴이 실행되는 동안 다른 활동들을 블로킹하지 않도록 await를 사용한다.

```python
log = logging.getLogger('echo_client')

log.debug('connecting to {} port {}'.format(*address))
reader, writer = await asyncio.open_connection(*address)
```

open_connection() 코루틴은 새 소켓과 연관된 StreamReader와 StreamWriter 인스턴

스를 반환한다. 다음 단계는 writer를 사용해 서버에 데이터를 전송한다. 서버에서와 마찬가지로 writer는 소켓이 준비될 때까지 내보낼 데이터를 버퍼링하고, drain()을 사용해 결과를 플러시한다. 네트워크 I/O를 플러시하는 동작이 블로킹을 할 수 있으므로 이벤트 루프에 대한 제어를 회복하고자 await를 다시 사용한다. 이벤트 루프는 소켓에 대한 쓰기를 모니터링하고 데이터를 보낼 수 있을 때 writer를 호출한다.

```
# 전송되는 메시지의 각 부분을 보여주기 어려운 점을 제외하면
# writer.writelines()를 사용할 수도 있다.
for msg in messages:
    writer.write(msg)
    log.debug('sending {!r}'.format(msg))
if writer.can_write_eof():
    writer.write_eof()
await writer.drain()
```

다음으로 클라이언트는 서버에서 읽을 데이터가 남아있지 않을 때까지 데이터 읽기를 시도하는 방식으로 서버의 응답을 기다린다. 개별적인 read() 호출에 블로킹이 발생하는 것을 피하고자 await로 이벤트 루프에 제어를 돌려준다. 서버가 데이터를 보내면 로깅을 한다. 서버가 더 이상 데이터를 보내지 않으면 read()는 연결 종료를 의미하는 빈 바이트 문자열을 반환한다. 클라이언트는 먼저 서버에 데이터를 보내는 소켓을 닫고 작업 완료를 나타내고자 반환한다.

```
log.debug('waiting for response')
while True:
    data = await reader.read(128)
    if data:
        log.debug('received {!r}'.format(data))
    else:
        log.debug('closing')
        writer.close()
        return
```

클라이언트를 시작하고자 이벤트 루프는 클라이언트 생성을 위한 코루틴과 함께 호출된다. 이를 위해 run_until_complete()를 사용하면 클라이언트 프로그램에 무한 루프

가 발생하는 것을 방지할 수 있다. 프로토콜 예제와는 다르게 이 예제의 echo_client()
는 모든 클라이언트 로직을 포함하고 있으며 응답을 수신하고 서버 연결이 닫힐 때까
지 반환하지 않으므로 코루틴이 완료됐을 때 시그널링을 위한 별도의 **future**가 필요하
지 않다.

```
try:
    event_loop.run_until_complete(echo_client(SERVER_ADDRESS, MESSAGES))
finally:
    log.debug('closing event loop')
    event_loop.close()
```

10.5.9.3 출력

하나의 창에서 서버를 실행하고 다른 창에서 클라이언트를 실행하면 다음과 같이 출
력한다.

```
$ python3 asyncio_echo_client_coroutine.py
asyncio: Using selector: KqueueSelector
echo_client: connecting to localhost port 10000
echo_client: sending b'This is the message. '
echo_client: sending b'It will be sent '
echo_client: sending b'in parts.'
echo_client: waiting for response
echo_client: received b'This is the message. It will be sent in parts.'
echo_client: closing
main: closing event loop

$ python3 asyncio_echo_client_coroutine.py
asyncio: Using selector: KqueueSelector
echo_client: connecting to localhost port 10000
echo_client: sending b'This is the message. '
echo_client: sending b'It will be sent '
echo_client: sending b'in parts.'
echo_client: waiting for response
echo_client: received b'This is the message. It will be sent in parts.'
echo_client: closing
```

```
main: closing event loop

$ python3 asyncio_echo_client_coroutine.py
asyncio: Using selector: KqueueSelector
echo_client: connecting to localhost port 10000
echo_client: sending b'This is the message. '
echo_client: sending b'It will be sent '
echo_client: sending b'in parts.'
echo_client: waiting for response
echo_client: received b'This is the message. It will be sent '
echo_client: received b'in parts.'
echo_client: closing
main: closing event loop
```

클라이언트는 항상 메시지를 개별적으로 보내지만 처음 두 번의 클라이언트 실행에서 서버는 전체 메시지를 한 번에 수신하고 이를 그대로 클라이언트에 에코한다. 네트워크 상태와 모든 데이터가 준비되기 전에 네트워크 버퍼가 플러시되는지 등에 따라 결과는 다를 수 있다.

```
$ python3 asyncio_echo_server_coroutine.py

asyncio: Using selector: KqueueSelector
main: starting up on localhost port 10000
echo_::1_64624: connection accepted
echo_::1_64624: received b'This is the message. It will be sent in parts.'
echo_::1_64624: sent b'This is the message. It will be sent in parts.'
echo_::1_64624: closing

echo_::1_64626: connection accepted
echo_::1_64626: received b'This is the message. It will be sent in parts.'
echo_::1_64626: sent b'This is the message. It will be sent in parts.'
echo_::1_64626: closing

echo_::1_64627: connection accepted
echo_::1_64627: received b'This is the message. It will be sent '
echo_::1_64627: sent b'This is the message. It will be sent '
echo_::1_64627: received b'in parts.'
echo_::1_64627: sent b'in parts.'
echo_::1_64627: closing
```

10.5.10 SSL 사용

asyncio는 소켓에서의 SSL 통신을 지원한다. **SSLContext** 인스턴스를 서버나 클라이언트 연결을 생성하는 코루틴에 전달하면 SSL을 사용할 수 있고, SSL 프로토콜 설정은 소켓이 애플리케이션에서 사용할 준비가 됐음을 알리기 전에 수행된다.

앞의 절에 있는 코루틴 기반 에코 서버와 에코 클라이언트 예제를 조금만 바꿔보자. 먼저 인증서^{certificate}와 키 파일을 생성한다. 가제 서명 인증서는 다음 명령으로 생성할 수 있다.

```
$ openssl req -newkey rsa:2048 -nodes -keyout pymotw.key -x509 -days 365 -out pymotw.crt
```

openssl 명령은 인증서를 생성할 때 사용할 여러 값을 입력하라는 프롬프트를 보여주며, 그런 다음에 요청된 결과 파일을 생성한다.

이전의 서버 예제에서 비보안 소켓 설정은 **start_server()**를 사용해 리스닝 소켓을 생성한다.

```
factory = asyncio.start_server(echo, *SERVER_ADDRESS)
server = event_loop.run_until_complete(factory)
```

여기에 암호화를 추가하려면 방금 생성한 인증서 및 키와 함께 **SSLContext**를 생성하고 이 콘텍스트를 **start_server()**에 전달한다.

```
# 인증서는 pymotw.com을 호스트 이름으로 사용해 생성한다.
# 이 예제를 다른 곳에서 실행하면 이 이름과 일치하지 않으므로 호스트 이름 확인을 비활성화한다.
ssl_context = ssl.create_default_context(ssl.Purpose.CLIENT_AUTH)
ssl_context.check_hostname = False
ssl_context.load_cert_chain('pymotw.crt', 'pymotw.key')

# 서버 생성. 실제 이벤트 루프가 시작되기 전에 루프가 코루틴을 완료하게 한다.
factory = asyncio.start_server(echo, *SERVER_ADDRESS, ssl=ssl_context)
```

비슷한 변경이 클라이언트에도 필요하다. 이전 버전에서는 **open_connection()**을 사

용해 서버와 연결된 소켓을 생성했다.

```
reader, writer = await asyncio.open_connection(*address)
```

SSLContext는 소켓의 클라이언트 측 보안에도 필요하다. 클라이언트의 식별자는 강제되지 않기 때문에 인증서만 로드하면 된다.

```
# 인증서는 pymotw.com을 호스트 이름으로 사용해 생성한다.
# 이 예제를 다른 곳에서 실행하면 이 이름과 일치하지 않으므로 호스트 이름 확인을 비활성화한다.
ssl_context = ssl.create_default_context(ssl.Purpose.SERVER_AUTH, )
ssl_context.check_hostname = False
ssl_context.load_verify_locations('pymotw.crt')
reader, writer = await asyncio.open_connection(*server_address, ssl=ssl_context)
```

클라이언트에 또 한 가지 작은 변경이 필요하다. SSL 연결은 EOF 알림 전송이 지원되지 않으므로 클라이언트는 메시지 종료 표시 대신 NULL 바이트를 사용한다. 이전 버전의 클라이언트에서는 write_eof()를 사용했다.

```
# 전송되는 메시지의 각 부분을 보여주기 어려운 점을 제외하면 writer.writelines()를 사용할 수도 있다.
for msg in messages:
    writer.write(msg)
    log.debug('sending {!r}'.format(msg))
if writer.can_write_eof():
    writer.write_eof()
await writer.drain()
```

새로운 버전은 0바이트(b'\x00')로 메시지 종료를 표시한다.

```
# 전송되는 메시지의 각 부분을 보여주기 어려운 점을 제외하면 writer.writelines()를 사용할 수도 있다.
for msg in messages:
    writer.write(msg)
    log.debug('sending {!r}'.format(msg))
# SSL은 EOF를 지원하지 않으므로 메시지 종료를 나타내는 null 바이트를 보낸다.
writer.write(b'\x00')
```

```
await writer.drain()
```

서버의 echo() 코루틴은 NULL 바이트를 수신하면 클라이언트와의 연결을 닫는다.

```
async def echo(reader, writer):
    address = writer.get_extra_info('peername')
    log = logging.getLogger('echo_{}_{}'.format(*address))
    log.debug('connection accepted')
    while True:
        data = await reader.read(128)
        terminate = data.endswith(b'\x00')
        data = data.rstrip(b'\x00')
        if data:
            log.debug('received {!r}'.format(data))
            writer.write(data)
            await writer.drain()
            log.debug('sent {!r}'.format(data))
        if not data or terminate:
            log.debug('message terminated, closing connection')
            writer.close()
            return
```

하나의 창에서 서버를 실행하고 다른 창에서 클라이언트를 실행하면 다음과 같이 출력한다.

```
$ python3 asyncio_echo_server_ssl.py

asyncio: Using selector: KqueueSelector
main: starting up on localhost port 10000
echo_::1_53957: connection accepted
echo_::1_53957: received b'This is the message. '
echo_::1_53957: sent b'This is the message. '
echo_::1_53957: received b'It will be sent in parts.'
echo_::1_53957: sent b'It will be sent in parts.'
echo_::1_53957: message terminated, closing connection
```

814

```
$ python3 asyncio_echo_client_ssl.py

asyncio: Using selector: KqueueSelector
echo_client: connecting to localhost port 10000
echo_client: sending b'This is the message. '
echo_client: sending b'It will be sent '
echo_client: sending b'in parts.'
echo_client: waiting for response
echo_client: received b'This is the message. '
echo_client: received b'It will be sent in parts.'
echo_client: closing
main: closing event loop
```

10.5.11 DNS와의 상호작용

애플리케이션은 도메인 네임 서비스[DNS, Domain Name Service]를 통해 호스트 이름과 IP 주소 간의 변환과 같은 작업을 한다. asyncio 이벤트 루프는 DNS에 쿼리를 하는 동안 블로킹을 피하고자 백그라운드에서 이런 작업을 처리하는 편리한 메서드를 갖고 있다.

10.5.11.1 이름으로 주소 찾기

코루틴 getaddrinfo()를 사용해 호스트 이름과 포트 번호를 IP나 IPv6 주소로 변환한다. socket 모듈에 있는 함수 예제와 마찬가지로 반환값은 다섯 가지 정보를 가진 튜플 리스트다.

- 주소 체계
- 주소 타입
- 프로토콜
- 서버의 정규 이름
- 초기 지정된 포트에서 서버에 연결을 할 수 있는 소켓 주소 튜플

쿼리는 프로토콜을 통해 필터링할 수 있다. 다음 예제의 필터는 TCP 응답만 반환한다.

```python
import asyncio
import logging
import socket
import sys

TARGETS = [
    ('pymotw.com', 'https'),
    ('doughellmann.com', 'https'),
    ('python.org', 'https'),
]

async def main(loop, targets):
    for target in targets:
        info = await loop.getaddrinfo(*target, proto=socket.IPPROTO_TCP, )

        for host in info:
            print('{:20}: {}'.format(target[0], host[4][0]))

event_loop = asyncio.get_event_loop()
try:
    event_loop.run_until_complete(main(event_loop, TARGETS))
finally:
    event_loop.close()
```

예제 프로그램은 호스트 이름과 프로토콜 이름을 IP 주소와 포트 번호로 변환한다.

```
$ python3 asyncio_getaddrinfo.py

pymotw.com         : 66.33.211.242
doughellmann.com : 66.33.211.240
python.org         : 23.253.135.79
python.org         : 2001:4802:7901::e60a:1375:0:6
```

10.5.11.2 주소로 이름 찾기

코루틴 getnameinfo()는 위와 반대로 동작해서 가능한 경우 IP 주소를 호스트 이름으로, 포트 번호를 프로토콜 이름으로 변환한다.

리스트 10.103: asyncio_getnameinfo.py

```python
import asyncio
import logging
import socket
import sys

TARGETS = [('66.33.211.242', 443), ('104.130.43.121', 443), ]

async def main(loop, targets):
    for target in targets:
        info = await loop.getnameinfo(target)
        print('{:15}: {} {}'.format(target[0], *info))

event_loop = asyncio.get_event_loop()
try:
    event_loop.run_until_complete(main(event_loop, TARGETS))
finally:
    event_loop.close()
```

이 예제에서 pymotw.com의 IP 주소는 사이트가 실행 중인 호스팅 회사 DreamHost의 서버를 가리킨다. 두 번째 IP 주소는 python.org에 대한 것인데, 호스트 이름이 확인되지 않았다.

```
$ python3 asyncio_getnameinfo.py

66.33.211.242 : apache2-echo.catalina.dreamhost.com https
104.130.43.121 : 104.130.43.121 https
```

팁 – 참고 자료

- socket 모듈의 관련 내용에는 이런 작업에 대한 더 자세한 정보가 있다.

10.5.12 서브프로세스 사용

코드를 재작성하지 않고 기존 코드를 활용하거나 파이썬에서 사용할 수 없는 라이브러리나 기능에 액세스하고자 다른 프로그램이나 프로세스를 사용해야 하는 경우가 자주 있다. 네트워크 I/O와 마찬가지로 asyncio는 다른 프로그램을 시작하고 상호작용

하는 데 필요한 두 가지 추상화를 제공한다.

10.5.12.1 서브프로세스로 프로토콜 추상화 사용

다음 예제는 코루틴을 사용해 로컬 디스크의 사용량을 확인하는 유닉스 명령 df를 실행하는 프로세스를 구동한다. subprocess_exec()을 사용해 프로세스를 시작하고, 이를 df 명령의 출력을 읽고 파싱하는 방법을 아는 프로토콜 클래스와 연결한다. 프로토콜 클래스의 메서드는 subprocess에 대한 I/O 이벤트를 기반으로 자동 호출된다. stdin과 stderr 인자가 모두 None으로 설정돼 있으므로 이 통신 채널은 새 프로세스에 연결되지 않는다.

리스트 10.104: asyncio_subprocess_protocol.py

```python
import asyncio
import functools

async def run_df(loop):
    print('in run_df')

    cmd_done = asyncio.Future(loop=loop)
    factory = functools.partial(DFProtocol, cmd_done)
    proc = loop.subprocess_exec(factory, 'df', '-hl', stdin=None, stderr=None, )
    try:
        print('launching process')
        transport, protocol = await proc
        print('waiting for process to complete')
        await cmd_done
    finally:
        transport.close()

    return cmd_done.result()
```

DFProtocol 클래스는 파이프pipe를 통해 클래스가 다른 프로세스와 통신할 수 있게 해주는 API인 SubprocessProtocol에서 파생된 것이다. done 인자는 호출자가 프로세스 완료를 감시하고자 사용하는 Future다.

```python
class DFProtocol(asyncio.SubprocessProtocol):
```

```
FD_NAMES = ['stdin', 'stdout', 'stderr']

def __init__(self, done_future):
    self.done = done_future
    self.buffer = bytearray()
    super().__init__()
```

소켓 통신에서와 마찬가지로 connection_made()는 새 프로세스에 대한 입력 채널이 설정될 때 호출된다. transport 인자는 BaseSubprocessTransport의 서브클래스의 인스턴스다. 프로세스가 입력을 수신하도록 구성됐다면 이 인스턴스는 프로세스의 출력 데이터를 읽고 프로세스에 대한 입력 스트림에 데이터를 쓸 수 있다.

```
def connection_made(self, transport):
    print('process started {}'.format(transport.get_pid()))
    self.transport = transport
```

프로세스가 출력을 생성하면 데이터가 배출된 파일 디스크립터와 파이프에서 읽은 실제 데이터와 함께 pipe_data_received()가 호출된다. 프로토콜 클래스는 나중을 위해 프로세스의 표준 출력 채널에서 나온 결과를 버퍼에 저장한다.

```
def pipe_data_received(self, fd, data):
    print('read {} bytes from {}'.format(len(data), self.FD_NAMES[fd]))
    if fd == 1:
        self.buffer.extend(data)
```

프로세스가 종료되면 process_exited()가 호출된다. 프로세스의 종료 코드는 get_returncode() 호출을 통해 transport 객체에서 사용할 수 있다. 이 경우에는 에러가 보고되지 않는다면 Future 인스턴스를 통해 반환되기 이전에 가용한 출력이 디코딩되고 파싱된다. 반대로 에러가 발생하면 결과는 공란으로 처리된다. future에 결과를 설정하는 것은 프로세스가 종료됐음을 run_df()에게 알리는 것이므로 우선 정리 작업을 한 후에 결과를 반환한다.

```
def process_exited(self):
    print('process exited')
    return_code = self.transport.get_returncode()
    print('return code {}'.format(return_code))
    if not return_code:
        cmd_output = bytes(self.buffer).decode()
        results = self._parse_results(cmd_output)
    else:
        results = []
    self.done.set_result((return_code, results))
```

명령에 대한 출력은 헤더 이름과 출력의 각 라인에 대한 값이 매핑된 딕셔너리 시퀀스로 파싱되고, 결과 리스트가 반환된다.

```
def _parse_results(self, output):
    print('parsing results')
    # 출력은 한 행의 헤더를 갖는다. 나머지 행은 파일 시스템당 한 행이며, 이는 헤더와 매칭된다.
    # (마운트 포인트는 이름에 공백이 없는 것으로 가정한다)
    if not output:
        return []
    lines = output.splitlines()
    headers = lines[0].split()
    devices = lines[1:]
    results = [dict(zip(headers, line.split())) for line in devices ]
    return results
```

run_df() 코루틴은 run_until_complete()를 사용해 실행된다. 그런 다음에 결과가 검사되고 각 디바이스의 여유 공간이 인쇄된다.

```
event_loop = asyncio.get_event_loop()
try:
    return_code, results = event_loop.run_until_complete(run_df(event_loop))
finally:
    event_loop.close()

if return_code:
    print('error exit {}'.format(return_code))
```

```
    else:
        print('\nFree space:')
        for r in results:
            print('{Mounted:25}: {Avail}'.format(**r))
```

다음 출력은 실행된 순서와 프로그램이 실행되고 있는 시스템에 있는 드라이브 세 개의 여유 공간을 보여준다.

```
$ python3 asyncio_subprocess_protocol.py

in run_df
launching process
process started 49675
waiting for process to complete
read 332 bytes from stdout
process exited
return code 0
parsing results

Free space:
/                        : 233Gi
/Volumes/hubertinternal  : 157Gi
/Volumes/hubert-tm       : 2.3Ti
```

10.5.12.2 코루틴과 스트림으로 서브프로세스 호출

코루틴을 사용해 프로세스를 직접 실행하려면 Protocol 서브클래스를 통해 액세스하는 대신 create_subprocess_exec()을 호출하고 stdout, stderr, stdin을 파이프에 연결할지 여부를 지정한다. 서브프로세스를 생성하는 코루틴의 결과는 Process 인스턴스며, 서브프로세스를 조작하거나 그와 통신하고자 사용할 수 있다.

리스트 10.105: asyncio_subprocess_coroutine.py

```
import asyncio
import asyncio.subprocess

async def run_df():
```

```
print('in run_df')

buffer = bytearray()

create = asyncio.create_subprocess_exec('df', '-hl', stdout=asyncio.subprocess.PIPE, )
print('launching process')
proc = await create
print('process started {}'.format(proc.pid))
```

이 예제에서 df 명령은 커맨드라인 인자 외의 다른 입력을 필요로 하지 않으므로 다음 단계는 모든 출력을 읽는 것이다. Protocol을 사용하면 한 번에 읽을 수 있는 데이터양을 제어할 수 없다. 이 예제에서는 readline()을 사용하지만 읽을 데이터가 라인 지향적이 아니라면 read()를 직접 호출할 수도 있다. 명령에 대한 출력은 프로토콜 예제와 마찬가지로 버퍼에 담기므로 나중에 파싱할 수 있다.

```
while True:
    line = await proc.stdout.readline()
    print('read {!r}'.format(line))
    if not line:
        print('no more output from command')
        break
    buffer.extend(line)
```

readline() 메서드는 프로그램이 종료되면 출력할 것이 더 이상 없기 때문에 빈 바이트 문자열을 반환한다. 프로세스를 적절하게 정리하고자 다음 단계에서는 프로세스가 완전히 종료될 때까지 대기한다.

```
print('waiting for process to complete')
await proc.wait()
```

이 시점에서 출력을 파싱할 것인지 또는 출력이 생성되지 않았기 때문에 에러로 처리할 것인지 결정하고자 종료 상태를 확인할 수 있다. 파싱 로직은 앞의 예제와 동일하지만 내부에 숨겨진 프로토콜 클래스가 없기 때문에 독립 실행형 함수(여기에는 표시하지 않음)를 사용할 수도 있다. 데이터가 파싱되면 결과와 종료 코드를 호출자에게 반환한다.

```
return_code = proc.returncode
print('return code {}'.format(return_code))
if not return_code:
    cmd_output = bytes(buffer).decode()
    results = _parse_results(cmd_output)
else:
    results = []

return (return_code, results)
```

변경된 구현은 run_df()와 분리돼 있으므로 메인 프로그램은 프로토콜 기반 예제와 비슷하다.

```
event_loop = asyncio.get_event_loop()
try:
    return_code, results = event_loop.run_until_complete(run_df())
finally:
    event_loop.close()

if return_code:
    print('error exit {}'.format(return_code))
else:
    print('\nFree space:')
    for r in results:
        print('{Mounted:25}: {Avail}'.format(**r))
```

df에 의한 출력은 한 번에 한 줄씩 읽기 때문에 프로그램의 진행 상태를 반영한다. 그 외의 출력은 앞의 예제와 비슷하다.

```
$ python3 asyncio_subprocess_coroutine.py

in run_df
launching process
process started 49678
read b'Filesystem     Size   Used   Avail   Capacity   iused
ifree   %iused  Mounted on\n'
read b'/dev/disk2s2    446Gi  213Gi  233Gi   48%        55955082
61015132    48% /\n'
```

```
read b'/dev/disk1      465Gi   307Gi   157Gi   67%      80514922
41281172   66% /Volumes/hubertinternal\n'
read b'/dev/disk3s2    3.6Ti   1.4Ti   2.3Ti   38%      181837749
306480579   37% /Volumes/hubert-tm\n'
read b''
no more output from command
waiting for process to complete
return code 0
parsing results

Free space:
/                     : 233Gi
/Volumes/hubertinternal : 157Gi
/Volumes/hubert-tm    : 2.3Ti
```

10.5.12.3 서브프로세스에 데이터 보내기

앞의 두 예제는 모두 하나의 통신 채널만 사용해 두 번째 프로세스에서 데이터를 읽었
다. 하지만 추가적인 처리를 위해 명령에 데이터를 보내야 하는 경우가 종종 있다. 다
음 예제는 입력 스트림에서 문자를 변환하는 유닉스 명령인 tr을 실행하는 코루틴을
정의한다. 이 예에서 tr은 소문자를 대문자로 변환한다.

to_upper() 코루틴은 이벤트 루프와 입력 문자열을 인자로 취한다. 이 코루틴은 tr
[:lower:] [:upper:]를 실행하기 위한 두 번째 프로세스를 생성한다.

리스트 10.106: asyncio_subprocess_coroutine_write.py

```python
import asyncio
import asyncio.subprocess

async def to_upper(input):
    print('in to_upper')

    create = asyncio.create_subprocess_exec(
        'tr', '[:lower:]', '[:upper:]',
        stdout=asyncio.subprocess.PIPE, stdin=asyncio.subprocess.PIPE,
    )
    print('launching process')
```

```
proc = await create
print('pid {}'.format(proc.pid))
```

그다음에 to_upper()는 Process의 communicate() 메서드를 사용해 입력 문자열을 명령으로 보내고 모든 출력 결과를 비동기적으로 읽는다. 같은 메서드의 subprocess. Popen 버전과 마찬가지로 communicate()는 이 메서드가 출력하는 모든 바이트 문자열을 반환한다. 명령이 메모리에 들어갈 수 있는 양보다 많은 데이터를 생성할 가능성이 있거나, 입력 데이터를 한 번에 생성할 수 없거나, 또는 출력을 나눠 점진적으로 처리해야 하는 경우에는 communicate()를 호출하는 대신 Process의 stdin, stdout, stderr 핸들을 직접 사용하는 게 좋을 수도 있다.

```
print('communicating with process')
stdout, stderr = await proc.communicate(input.encode())
```

I/O가 완료된 후에는 프로세스가 완전히 종료될 때까지 대기하면 프로세스가 적절하게 정리된다.

```
print('waiting for process to complete')
await proc.wait()
```

그런 다음에 반환 코드를 확인하고 출력 바이트 문자열을 디코딩해 코루틴의 반환값을 준비한다.

```
return_code = proc.returncode
print('return code {}'.format(return_code))
if not return_code:
    results = bytes(stdout).decode()
else:
    results = ''

return (return_code, results)
```

메인 프로그램에서는 변환할 메시지 문자열을 설정하고 **to_upper()**를 실행하기 위한 이벤트 루프를 설정한 후 결과를 출력한다.

```
MESSAGE = """
This message will be converted
to all caps.
"""

event_loop = asyncio.get_event_loop()
try:
    return_code, results = event_loop.run_until_complete(to_upper(MESSAGE))
finally:
    event_loop.close()

if return_code:
    print('error exit {}'.format(return_code))
else:
    print('Original: {!r}'.format(MESSAGE))
    print('Changed : {!r}'.format(results))
```

작업이 진행되는 순서와 변환된 단순 텍스트 메시지를 출력에서 보여준다.

```
$ python3 asyncio_subprocess_coroutine_write.py

in to_upper
launching process
pid 49684
communicating with process
waiting for process to complete
return code 0
Original: '\nThis message will be converted\nto all caps.\n'
Changed : '\nTHIS MESSAGE WILL BE CONVERTED\nTO ALL CAPS.\n'
```

10.5.13 유닉스 시그널 수신

유닉스 시스템 이벤트 알림은 일반적으로 애플리케이션을 중단시키고 그에 대한 핸들러를 트리거한다. asyncio와 함께 사용되면 시그널 핸들러 콜백은 이벤트 루프에 의해

관리되는 다른 코루틴 및 콜백과 함께 통합된다. 이러한 통합은 방해받는 부분이 더 적어지게 하고, 불완전한 작업들을 정리하기 위한 안전장치를 제공해야 하는 필요를 최소화한다.

시그널 핸들러는 코루틴이 아니라 일반적인 호출이 가능해야 한다.

리스트 10.107: asyncio_signal.py

```python
import asyncio
import functools
import os
import signal

def signal_handler(name):
    print('signal_handler({!r})'.format(name))
```

시그널 핸들러는 add_signal_handler()를 사용해 등록한다. 첫 번째 인자는 시그널이고, 두 번째 인자는 콜백이다. 콜백은 인자를 전달하지 않으므로 인자가 필요하다면 functools.partial()을 사용해 함수를 래핑할 수 있다.

```python
event_loop = asyncio.get_event_loop()

event_loop.add_signal_handler(
    signal.SIGHUP,
    functools.partial(signal_handler, name='SIGHUP'),
)
event_loop.add_signal_handler(
    signal.SIGUSR1,
    functools.partial(signal_handler, name='SIGUSR1'),
)
event_loop.add_signal_handler(
    signal.SIGINT,
    functools.partial(signal_handler, name='SIGINT'),
)
```

이 예제 프로그램은 os.kill()을 통해 자신에게 시그널을 보내고자 코루틴을 사용한다. 각 시그널이 보내지면 코루틴은 핸들러가 실행될 수 있도록 제어를 양보한다. 실제 애플리케이션에서는 애플리케이션 코드가 이벤트 루프에 제어를 돌려주는 경우가 더

많으므로 이 예제와 같이 인위적으로 양보할 필요는 없다.

```python
async def send_signals():
    pid = os.getpid()
    print('starting send_signals for {}'.format(pid))

for name in ['SIGHUP', 'SIGHUP', 'SIGUSR1', 'SIGINT']:
    print('sending {}'.format(name))
    os.kill(pid, getattr(signal, name))
    # 시그널 핸들러가 실행될 수 있게 제어권을 양보한다.
    # 그렇지 않으면 시그널이 프로그램 흐름을 중단시키지 않는다.
    print('yielding control')
    await asyncio.sleep(0.01)
return
```

메인 프로그램은 시그널을 모두 보낼 때까지 send_signals()를 실행한다.

```python
try:
    event_loop.run_until_complete(send_signals())
finally:
    event_loop.close()
```

send_signals()가 시그널을 다 보낸 후 제어를 양보할 때 핸들러가 호출되는 것을 출력에서 볼 수 있다.

```
$ python3 asyncio_signal.py

starting send_signals for 21772
sending SIGHUP
yielding control
signal_handler('SIGHUP')
sending SIGHUP
yielding control
signal_handler('SIGHUP')
sending SIGUSR1
yielding control
signal_handler('SIGUSR1')
```

```
sending SIGINT
yielding control
signal_handler('SIGINT')
```

> **팁 - 참고 자료**
>
> ■ signal: 비동기적 시스템 이벤트의 알림 수신

10.5.14 스레드, 프로세스, 코루틴의 결합

수많은 라이브러리는 기본적으로 asyncio와 함께 사용할 수 있게 돼 있지 않다. 이들은 블로킹을 하거나 모듈을 통해 이용할 수 없는 병렬 처리 기능에 의존한다. 하지만 별도의 스레드나 별도의 프로세스에서 코드를 실행하는 concurrent.futures를 사용함으로써 asyncio 기반의 애플리케이션에서 이 라이브러리들을 사용할 수 있다.

10.5.14.1 스레드

이벤트 루프의 run_in_executor() 메서드는 executor 인스턴스, 호출 가능한^{callable} 객체, 호출 가능한 객체에 전달할 인자를 취한다. 이 메서드는 함수가 작업을 완료하고 무언가를 반환할 때까지 기다리고자 사용할 수 있는 Future를 반환한다. 전달되는 executor가 없으면 ThreadPoolExecutor가 생성된다. 다음 예제는 명시적으로 executor를 생성해 가용한 worker 스레드의 개수를 제한한다.

ThreadPoolExecutor는 worker 스레드를 시작한 다음에 한 스레드에서 각각 한 번씩 제공된 함수를 호출한다. 이 예제는 블로킹 함수들이 별도의 스레드에서 실행되는 동안 코루틴이 이벤트 루프에 제어를 양보했다가 해당 함수들이 완료되면 제어를 다시 가져오고자 run_in_executor()와 wait()를 결합하는 방법을 보여준다.

리스트 10.108: asyncio_executor_thread.py

```python
import asyncio
import concurrent.futures
import logging
import sys
```

```python
import time

def blocks(n):
    log = logging.getLogger('blocks({})'.format(n))
    log.info('running')
    time.sleep(0.1)
    log.info('done')
    return n ** 2

async def run_blocking_tasks(executor):
    log = logging.getLogger('run_blocking_tasks')
    log.info('starting')

    log.info('creating executor tasks')
    loop = asyncio.get_event_loop()
    blocking_tasks = [loop.run_in_executor(executor, blocks, i) for i in range(6)]
    log.info('waiting for executor tasks')
    completed, pending = await asyncio.wait(blocking_tasks)
    results = [t.result() for t in completed]
    log.info('results: {!r}'.format(results))

    log.info('exiting')

if __name__ == '__main__':
    # 로그 메시지가 발생하는 스레드의 이름을 보여주고자 로깅을 구성한다.
    logging.basicConfig(
        level=logging.INFO,
        format='%(threadName)10s %(name)18s: %(message)s',
        stream=sys.stderr,
    )

    # 제한된 스레드 풀 생성
    executor = concurrent.futures.ThreadPoolExecutor(max_workers=3, )

    event_loop = asyncio.get_event_loop()
    try:
        event_loop.run_until_complete(run_blocking_tasks(executor))
    finally:
        event_loop.close()
```

asyncio_executor_thread.py에서는 **logging**을 사용해 어느 스레드와 함수가 각 로그 메시지를 생성했는지 알 수 있다. **blocks()**에 대한 각 호출에서 별도의 로거가 사용되므로 출력은 동일한 스레드가 서로 다른 인자로 함수의 여러 복사본을 호출하고자 재

사용되고 있음을 분명히 보여준다.

```
$ python3 asyncio_executor_thread.py

MainThread run_blocking_tasks: starting
MainThread run_blocking_tasks: creating executor tasks
    Thread-1        blocks(0): running
    Thread-2        blocks(1): running
    Thread-3        blocks(2): running
MainThread run_blocking_tasks: waiting for executor tasks
    Thread-1        blocks(0): done
    Thread-3        blocks(2): done
    Thread-1        blocks(3): running
    Thread-2        blocks(1): done
    Thread-3        blocks(4): running
    Thread-2        blocks(5): running
    Thread-1        blocks(3): done
    Thread-2        blocks(5): done
    Thread-3        blocks(4): done
MainThread run_blocking_tasks: results: [16, 4, 1, 0, 25, 9]
MainThread run_blocking_tasks: exiting
```

10.5.14.2 프로세스

ProcessPoolExecutor는 이전과 동일한 방식으로 동작하지만 스레드 대신 worker 프로세스를 생성한다. 별도의 프로세스를 사용하는 것은 시스템 리소스를 더 많이 사용하지만 계산 집약적인 작업이라면 각 CPU 코어에서 개별적인 작업으로 수행하는 것이 더 좋을 수 있다.

리스트 10.109: asyncio_executor_process.py

```
# asyncio_executor_thread.py를 수정

if __name__ == '__main__':
    # 로그 메시지를 생성하는 프로세스의 ID를 보여주고자 로깅을 구성한다.
    logging.basicConfig(
        level=logging.INFO,
        format='PID %(process)5s %(name)18s: %(message)s',
```

```
        stream=sys.stderr,
    )

    # 제한된 프로세스 풀을 생성한다.
    executor = concurrent.futures.ProcessPoolExecutor(max_workers=3, )

    event_loop = asyncio.get_event_loop()
    try:
        event_loop.run_until_complete(run_blocking_tasks(executor))
    finally:
        event_loop.close()
```

스레드 대신 프로세스를 사용할 때 바뀌는 것은 다른 타입의 **executor**를 생성하는 것 뿐이다. 이 예제에서는 스레드 이름 대신에 프로세스 ID를 로깅 문자열에 포함하도록 변경했으므로 작업이 실제로 어느 프로세스에서 실행되고 있는지 보여준다.

```
$ python3 asyncio_executor_process.py

PID 16429 run_blocking_tasks: starting
PID 16429 run_blocking_tasks: creating executor tasks
PID 16429 run_blocking_tasks: waiting for executor tasks
PID 16430        blocks(0): running
PID 16431        blocks(1): running
PID 16432        blocks(2): running
PID 16430        blocks(0): done
PID 16432        blocks(2): done
PID 16431        blocks(1): done
PID 16430        blocks(3): running
PID 16432        blocks(4): running
PID 16431        blocks(5): running
PID 16431        blocks(5): done
PID 16432        blocks(4): done
PID 16430        blocks(3): done
PID 16429 run_blocking_tasks: results: [4, 0, 16, 1, 9, 25]
PID 16429 run_blocking_tasks: exiting
```

10.5.15 asyncio로 디버깅

유용한 디버깅 기능이 asyncio에 내장돼 있다. 예를 들어 이벤트 루프는 **logging**을 사용해 실행 중에 상태 메시지를 생성한다. 이런 메시지 중 일부는 애플리케이션에서 로깅이 활성화된 경우에만 사용할 수 있고, 나머지 메시지는 더 많은 디버깅 메시지를 생성하도록 루프에 명시적으로 지시해 활성화할 수 있다. **set_debug()**를 호출하고 디버깅 사용 여부를 나타내는 불리언 값을 전달한다.

asyncio 기반의 애플리케이션은 제어를 내놓기 싫어하는 탐욕적인 코루틴에 매우 민감하므로 느린 콜백을 찾아내기 위한 기능이 이벤트 루프에 내장돼 있다. 디버깅을 활성화함으로써 이 기능을 켠 다음에 몇 초가 지나면 경고를 내보낼 것인지를 의미하는 숫자를 루프의 **slow_callback_duration**에 설정해 '느림'을 정의한다.

마지막으로 asyncio를 사용하는 애플리케이션이 일부 코루틴과 리소스를 정리하지 않은 채 종료되면 이 동작은 논리 에러 시그널이 돼 실행 중인 다른 애플리케이션 코드를 방해할 수 있다. **ResourceWarning** 경고를 활성화하면 프로그램이 종료될 때 이런 사례를 보고한다.

리스트 10.110: asyncio_debug.py

```
import argparse
import asyncio
import logging
import sys
import time
import warnings

parser = argparse.ArgumentParser('debugging asyncio')
parser.add_argument('-v', dest='verbose', default=False, action='store_true', )
args = parser.parse_args()

logging.basicConfig(
    level=logging.DEBUG,
    format='%(levelname)7s: %(message)s',
    stream=sys.stderr,
)
LOG = logging.getLogger('')

async def inner():
```

```
        LOG.info('inner starting')
        # 함수가 작업을 한다고 가정해 sleep 시간을 설정한다.
        time.sleep(0.1)
        LOG.info('inner completed')
    async def outer(loop):
        LOG.info('outer starting')
        await asyncio.ensure_future(loop.create_task(inner()))
        LOG.info('outer completed')
    event_loop = asyncio.get_event_loop()
    if args.verbose:
        LOG.info('enabling debugging')

        # 디버깅 활성화
        event_loop.set_debug(True)

        # '느린' 작업에 대한 임곗값으로 매우 작은 값을 설정. 기본값은 0.1, 즉 100밀리초.
        event_loop.slow_callback_duration = 0.001

        # 비동기적 리소스 관리에 대한 모든 경고 출력
        warnings.simplefilter('always', ResourceWarning)

    LOG.info('entering event loop')
    event_loop.run_until_complete(outer(event_loop))
```

디버깅을 활성화하지 않은 채 실행하면 이 애플리케이션은 모든 것이 정상인 것처럼 보인다.

```
$ python3 asyncio_debug.py

DEBUG: Using selector: KqueueSelector
    INFO: entering event loop
    INFO: outer starting
    INFO: inner starting
    INFO: inner completed
    INFO: outer completed
```

하지만 디버깅을 활성화하면 애플리케이션에 있는 문제들을 보여준다. 예를 들어 inner()가 완료되기는 하지만 설정된 slow_callback_duration보다 많은 시간이 걸린다. 또한 프로그램이 종료될 때 이벤트 루프가 적절하게 닫히지 않았다.

```
$ python3 asyncio_debug.py -v

DEBUG: Using selector: KqueueSelector
    INFO: enabling debugging
    INFO: entering event loop
    INFO: outer starting
    INFO: inner starting
    INFO: inner completed
WARNING: Executing <Task finished coro=<inner() done, defined at asyncio_debug.py:34>
result=None created at asyncio_debug.py:44> took 0.102 seconds
    INFO: outer completed
.../lib/python3.5/asyncio/base_events.py:429: ResourceWarning: unclosed event loop
<_UnixSelectorEventLoop running=False closed=False debug=True>
    DEBUG: Close <_UnixSelectorEventLoop running=False closed=False debug=True>
```

참고

파이썬 3.5에서 asyncio는 아직 임시 모듈이다. API는 파이썬 3.6에서 안정화됐고, 대부분의 변경 사항이 파이썬 3.5 최종 패치 릴리스에 적용됐다. 결과적으로 이 모듈은 파이썬 3.5의 다양한 버전에 따라 약간 다르게 동작할 수 있다.

팁 – 참고 자료

- asyncio 표준 라이브러리 문서: https://docs.python.org/3.5/library/asyncio.html
- PEP 3156(www.python.org/dev/peps/pep-3156): 비동기 I/O 지원 : asyncio 모듈
- PEP 380(www.python.org/dev/peps/pep-0380): 하위 생성자로 위임하기 위한 구문
- PEP 492(www.python.org/dev/peps/pep-0492): async와 await를 사용하는 코루틴
- concurrent.futures: 병렬 작업의 풀을 관리
- socket: 저수준 네트워크 통신
- select: 저수준 비동기 I/O 도구
- socketserver: 네트워크 서버를 생성하기 위한 프레임워크
- 파이썬 3.6의 새로운 기능: asyncio(https://docs.python.org/3/whatsnew/3.6.html#asyncio): 파이썬 3.6에서 안정화된 API로, asyncio의 변경 사항 요약
- trollius(https://pypi.python.org/pypi/trollius): asyncio의 오리지널 버전인 Tulip의 파이썬 2 포트
- 파이썬 3.4의 새로운 asyncio 모듈: 이벤트 루프(www.drdobbs.com/open-source/the-new-asyncio-module-in-python-34-even/240168401): Dr. Dobb's 사이트에 있는 가스통 힐러(Gaston Hillar)의 글
- Asyncio 코루틴을 사용한 웹 크롤러(Web Crawler)(http://aosabook.org/en/500L/a-web-crawler-with-asyncio-coroutines.html): 데이비스(A. Jesse Jiryu Davis)와 귀도 반 로섬(Guido van Rossum)이 작성한 오픈소스 애플리케이션의 아키텍처에 대한 글

- Playing with asyncio(www.getoffmalawn.com/blog/playing-with-asyncio): 네이션 호드(Nathan Hoad) 의 블로그 포스트
- Async I/O and Python(https://blogs.gnome.org/markmc/2013/06/04/async-io-and-python/): 마크 맥로린(Mark McLoughlin)의 블로그 포스트
- A Curious Course on Coroutines and Concurrency(www.dabeaz.com/coroutines/): 데이비스 비즐리(David Beazley)의 PyCon 2009 튜토리얼
- How the heck does async/await work in Python 3.5?(www.snarky.ca/how-the-heck-does-async-await-work-in-python-3-5): 브랫 캐논(Brett Cannon)의 블로그 포스트
- 뉴닉스 네트워크 프로그래밍(Unix Network Programming), 1권: 소켓 네트워킹 API, 3판, 리처드 스티븐스(W. Richard Stevens), 빌 펜너(Bill Fenner), 앤드류 루도프(Andrew M. Rudoff). Addison-Wesley, 2004. ISBN-10:0131411551.
- 파이썬 네트워크 프로그래밍 기초(Foundations of Python Network Programming), 3판, 브랜든 로즈(Brandon Rhodes)와 존 괴르젠(John Goerzen). Apress, 2014. ISBN-10:1430258543.

10.6 concurrent.futures: 병렬 작업 풀 관리

concurrent.futures 모듈은 스레드 또는 프로세스 작업자 풀^{pool of workers}을 사용해 작업을 수행하는 인터페이스를 제공한다. 스레드와 프로세스에 대한 API가 동일하기 때문에 애플리케이션은 최소한의 변경으로 두 옵션 간에 전환할 수 있다.

이 모듈은 풀과 상호작용하는 두 가지 타입의 클래스를 제공한다. executor는 작업자 풀을 관리하고자 사용하며, future는 작업자에 의해 계산된 결과를 관리하고자 사용한다. 작업자 풀을 사용하고자 애플리케이션은 적절한 executor 클래스의 인스턴스를 생성한 다음에 실행할 작업을 제출한다. 각 작업이 시작되면 Future 인스턴스가 반환된다. 작업 결과가 필요해지면 애플리케이션은 결과를 얻을 때까지 블로킹을 하고자 Future를 사용한다. 작업 완료를 기다리고자 사용할 수 있는 편리한 API가 있으므로 Future 객체를 직접 관리할 필요 없다.

10.6.1 기본 스레드 풀과 map() 사용

ThreadPoolExecutor는 일련의 작업자 스레드를 관리하며, 작업자 스레드가 작업을 수행할 수 있을 때 작업을 전달한다. 다음 예제에서는 map()을 사용해 입력에서 일련의

결과를 동시적으로 생성해낸다. 작업은 time.sleep()을 사용해 서로 다른 수행 시간 동안 일시 중지되며, 병렬 처리되는 작업들의 실행 순서와 상관없이 map()은 항상 입력된 순서대로 값을 반환한다.

리스트 10.111: futures_thread_pool_map.py

```python
from concurrent import futures
import threading
import time

def task(n):
    print('{}: sleeping {}'.format(threading.current_thread().name, n))
    time.sleep(n / 10)
    print('{}: done with {}'.format(threading.current_thread().name, n))
    return n / 10

ex = futures.ThreadPoolExecutor(max_workers=2)
print('main: starting')
results = ex.map(task, range(5, 0, -1))
print('main: unprocessed results {}'.format(results))
print('main: waiting for real results')
real_results = list(results)
print('main: results: {}'.format(real_results))
```

map()의 반환값은 메인 프로그램이 반복될 때마다 각 응답을 기다리는 특수한 타입의 반복자다.

```
$ python3 futures_thread_pool_map.py

main: starting
Thread-1: sleeping 5
Thread-2: sleeping 4
main: unprocessed results <generator object Executor.map.<locals>.result_iterator at
0x1013c80a0>
main: waiting for real results
Thread-2: done with 4
Thread-2: sleeping 3
Thread-1: done with 5
Thread-1: sleeping 2
```

```
Thread-1: done with 2
Thread-1: sleeping 1
Thread-2: done with 3
Thread-1: done with 1
main: results: [0.5, 0.4, 0.3, 0.2, 0.1]
```

10.6.2 개별 작업 예약

map() 외에도 submit()을 사용해 executor의 개별 작업을 예약할 수 있다. 반환된 Future 인스턴스는 해당 작업의 결과를 기다리는 데 사용된다.

리스트 10.112: futures_thread_pool_submit.py

```python
from concurrent import futures
import threading
import time


def task(n):
    print('{}: sleeping {}'.format(threading.current_thread().name, n))
    time.sleep(n / 10)
    print('{}: done with {}'.format(threading.current_thread().name, n))
    return n / 10

ex = futures.ThreadPoolExecutor(max_workers=2)
print('main: starting')
f = ex.submit(task, 5)
print('main: future: {}'.format(f))
print('main: waiting for results')
result = f.result()
print('main: result: {}'.format(result))
print('main: future after result: {}'.format(f))
```

작업이 완료되고 결과가 사용 가능해지면 Future의 상태가 변경된다.

```
$ python3 futures_thread_pool_submit.py

main: starting
```

838

```
Thread-1: sleeping 5
main: future: <Future at 0x1010e6080 state=running>
main: waiting for results
Thread-1: done with 5
main: result: 0.5
main: future after result: <Future at 0x1010e6080 state=finished returned float>
```

10.6.3 순서에 상관없이 대기

Future의 result() 메서드를 호출하면 값의 반환이나 예외 발생으로 작업이 완료되거나 취소될 때까지 블로킹을 한다. 다중 작업의 결과들은 map()을 통해 예약된 순서대로 액세스할 수 있다. 결과를 순서대로 처리하는 게 중요하지 않다면 as_completed()를 사용해 각 작업이 종료될 때마다 결과를 처리할 수 있다.

리스트 10.113: futures_as_completed.py

```python
from concurrent import futures
import random
import time

def task(n):
    time.sleep(random.random())
    return (n, n / 10)

ex = futures.ThreadPoolExecutor(max_workers=5)
print('main: starting')

wait_for = [ex.submit(task, i) for i in range(5, 0, -1)]

for f in futures.as_completed(wait_for):
    print('main: result: {}'.format(f.result()))
```

풀은 작업의 수만큼 worker를 갖고 있으므로 모든 작업을 동시에 시작할 수 있다. 무작위 순서로 작업이 완료되므로 as_completed()에 의해 생성된 값은 예제 프로그램을 실행할 때마다 다르다.

```
$ python3 futures_as_completed.py

main: starting
main: result: (3, 0.3)
main: result: (5, 0.5)
main: result: (4, 0.4)
main: result: (2, 0.2)
main: result: (1, 0.1)
```

10.6.4 Future 콜백

명시적으로 결과를 기다리게 하지 않고 작업이 완료됐을 때 특정 동작을 수행하게 하려면 add_done_callback()을 사용해 Future가 완료되면 호출할 새 함수를 지정한다. 콜백은 Future 인스턴스를 단일 인자로 취하는 callable이어야 한다.

리스트 10.114: futures_future_callback.py

```python
from concurrent import futures
import time

def task(n):
    print('{}: sleeping'.format(n))
    time.sleep(0.5)
    print('{}: done'.format(n))
    return n / 10

def done(fn):
    if fn.cancelled():
        print('{}: canceled'.format(fn.arg))
    elif fn.done():
        error = fn.exception()
        if error:
            print('{}: error returned: {}'.format(fn.arg, error))
        else:
            result = fn.result()
            print('{}: value returned: {}'.format(fn.arg, result))

if __name__ == '__main__':
    ex = futures.ThreadPoolExecutor(max_workers=2)
```

```
print('main: starting')
f = ex.submit(task, 5)
f.arg = 5
f.add_done_callback(done)
result = f.result()
```

콜백은 Future가 '완료'면 이유와 상관없이 무조건 호출되므로 어떤 방식으로든 그것을 사용하기 전에 콜백에 전달된 객체의 상태를 확인할 필요가 있다.

```
$ python3 futures_future_callback.py

main: starting
5: sleeping
5: done
5: value returned: 0.5
```

10.6.5 작업 취소

Future가 제출됐지만 아직 시작되지 않았다면 자신의 cancel() 메서드를 호출해 취소할 수 있다.

리스트 10.115: futures_future_callback_cancel.py

```
from concurrent import futures
import time

def task(n):
    print('{}: sleeping'.format(n))
    time.sleep(0.5)
    print('{}: done'.format(n))
    return n / 10

def done(fn):
    if fn.cancelled():
        print('{}: canceled'.format(fn.arg))
    elif fn.done():
        print('{}: not canceled'.format(fn.arg))
```

```python
if __name__ == '__main__':
    ex = futures.ThreadPoolExecutor(max_workers=2)
    print('main: starting')
    tasks = []

    for i in range(10, 0, -1):
        print('main: submitting {}'.format(i))
        f = ex.submit(task, i)
        f.arg = i
        f.add_done_callback(done)
        tasks.append((i, f))

    for i, t in reversed(tasks):
        if not t.cancel():
            print('main: did not cancel {}'.format(i))

    ex.shutdown()
```

cancel()은 작업이 취소될 수 있는지 여부를 나타내는 불리언 값을 반환한다.

```
$ python3 futures_future_callback_cancel.py

main: starting
main: submitting 10
10: sleeping
main: submitting 9
9: sleeping
main: submitting 8
main: submitting 7
main: submitting 6
main: submitting 5
main: submitting 4
main: submitting 3
main: submitting 2
main: submitting 1
1: canceled
2: canceled
3: canceled
4: canceled
5: canceled
6: canceled
```

```
7: canceled
8: canceled
main: did not cancel 9
main: did not cancel 10
10: done
10: not canceled
9: done
9: not canceled
```

10.6.6 작업 내의 예외

작업 내에서 예외가 발생하면 예외는 해당 작업에 대한 Future에 저장되고 result()나
exception() 메서드로 액세스할 수 있다.

리스트 10.116: futures_future_exception.py

```python
from concurrent import futures

def task(n):
    print('{}: starting'.format(n))
    raise ValueError('the value {} is no good'.format(n))

ex = futures.ThreadPoolExecutor(max_workers=2)
print('main: starting')
f = ex.submit(task, 5)

error = f.exception()
print('main: error: {}'.format(error))

try:
    result = f.result()
except ValueError as e:
    print('main: saw error "{}" when accessing result'.format(e))
```

처리되지 않은 예외가 작업 함수 내에서 발생해 result()가 호출되면 동일한 예외가
현재 콘텍스트에서 다시 발생한다.

```
$ python3 futures_future_exception.py
```

```
main: starting
5: starting
main: error: the value 5 is no good
main: saw error "the value 5 is no good" when accessing result
```

10.6.7 콘텍스트 매니저

Executor는 콘텍스트 매니저로 동작해 작업들을 병렬로 실행하고 작업들이 모두 완료되길 기다린다. 콘텍스트 매니저가 종료되면 executor의 shutdown() 메서드가 호출된다.

리스트 10.117: futures_context_manager.py

```python
from concurrent import futures

def task(n):
    print(n)

with futures.ThreadPoolExecutor(max_workers=2) as ex:
    print('main: starting')
    ex.submit(task, 1)
    ex.submit(task, 2)
    ex.submit(task, 3)
    ex.submit(task, 4)

print('main: done')
```

executor의 이런 사용 방법은 실행이 현재의 범위를 벗어나는 경우에 스레드나 프로세스 리소스를 정리할 때 유용하다.

```
$ python3 futures_context_manager.py

main: starting
1
2
3
4
main: done
```

10.6.8 프로세스 풀

ProcessPoolExecutor는 ThreadPoolExecutor와 동일한 방식으로 동작하지만 스레드 대신 프로세스를 사용한다. 이 방식은 CPU 사용이 많은 작업들이 각각 별도의 CPU를 사용할 수 있게 해주며, CPython의 전역 인터프리터 락에 의해 블로킹되지 않는다.

리스트 10.118: futures_process_pool_map.py

```
from concurrent import futures
import os

def task(n):
    return (n, os.getpid())

ex = futures.ProcessPoolExecutor(max_workers=2)
results = ex.map(task, range(5, 0, -1))

for n, pid in results:
    print('ran task {} in process {}'.format(n, pid))
```

스레드 풀과 마찬가지로 개별 worker 프로세스는 다중 작업을 위해 재사용된다.

```
$ python3 futures_process_pool_map.py

ran task 5 in process 60245
ran task 4 in process 60246
ran task 3 in process 60245
ran task 2 in process 60245
ran task 1 in process 60245
```

worker 프로세스 중 하나가 갑자기 종료되는 문제가 발생하면 ProcessPoolExecutor는 '깨진' 상황으로 인식하고 더 이상 작업을 예약하지 않는다.

리스트 10.119: futures_process_pool_broken.py

```
from concurrent import futures
import os
import signal

with futures.ProcessPoolExecutor(max_workers=2) as ex:
```

```
print('getting the pid for one worker')
f1 = ex.submit(os.getpid)
pid1 = f1.result()

print('killing process {}'.format(pid1))
os.kill(pid1, signal.SIGHUP)

print('submitting another task')
f2 = ex.submit(os.getpid)
try:
    pid2 = f2.result()
except futures.process.BrokenProcessPool as e:
    print('could not start new tasks: {}'.format(e))
```

BrokenProcessPool 예외는 실제로 새 작업이 제출될 때가 아닌 결과를 처리할 때 발생한다.

```
$ python3 futures_process_pool_broken.py

getting the pid for one worker
killing process 62059
submitting another task
could not start new tasks: A process in the process pool was terminated abruptly while the future
was running or pending.
```

팁 - 참고 자료

- concurrent.futures 표준 라이브러리 문서: https://docs.python.org/3.5/library/concurrent.futures.html
- PEP 3148(www.python.org/dev/peps/pep-3148): concurrent.futures 기능 셋을 만들기 위한 제안
- '10.5.14 스레드, 프로세스와 코루틴의 결합' 절
- threading
- multiprocessing

11

네트워킹

네트워크 통신은 로컬에서 실행되는 알고리즘에 필요한 데이터를 가져오거나, 분산 처리를 위한 정보를 공유하거나, 클라우드 서비스를 관리하는 데 사용된다. 파이썬 표준 라이브러리는 네트워크 서비스 생성과 기존 서비스를 원격으로 액세스하는 모듈을 제공한다.

ipaddress 모듈은 IPv4 및 IPv6 네트워크 주소의 유효성을 검증하고 비교하는 등의 작업을 위한 클래스를 제공한다.

저수준 socket 라이브러리는 네이티브 C 소켓 라이브러리에 직접적인 액세스를 지원하며, 모든 네트워크 서비스와의 통신에 사용할 수 있다. selectors는 여러 소켓을 동시에 감시하는 고수준 인터페이스를 제공하며, 동시에 여러 클라이언트와 통신하는 네트워크 서버에 유용하다. select는 selectors가 사용하는 저수준 API를 제공한다.

socketserver에 포함된 프레임워크에는 새 네트워크 서버를 생성할 때 필요한 반복적인 작업의 상당 부분이 추상화돼 있다. 스레드를 사용할 수 있고 TCP나 UDP를 지원하는 서버를 만들고자 클래스들을 조합할 수 있다. 애플리케이션에서는 메시지 처리만 하면 된다.

11.1 ipaddress: 인터넷 주소

ipaddress 모듈은 IPv4와 IPv6 네트워크 주소로 작업하는 클래스를 제공하는데, 유효성 검증, 네트워크상에서 주소와 호스트 검색, 그 외의 일반적인 작업을 지원한다.

11.1.1 주소

가장 기본적인 객체는 네트워크 주소 그 자체다. 문자열, 정수, 바이트 시퀀스를 ip_address()에 전달해 주소를 생성한다. 반환값은 사용되는 주소 타입에 따라 **IPv4Address** 또는 **IPv6Address** 인스턴스다.

리스트 11.1: ipaddress_addresses.py

```
import binascii
import ipaddress

ADDRESSES = ['10.9.0.6', 'fdfd:87b5:b475:5e3e:b1bc:e121:a8eb:14aa',]

for ip in ADDRESSES:
    addr = ipaddress.ip_address(ip)
    print('{!r}'.format(addr))
    print('  IP version:', addr.version)
    print('  is private:', addr.is_private)
    print(' packed form:', binascii.hexlify(addr.packed))
    print('     integer:', int(addr))
    print()
```

두 클래스 모두 다양한 형태의 주소를 제공하며, 주소가 멀티캐스트 통신을 위해 예약돼 있는지 또는 사설 네트워크상에 있는지 여부와 같은 기본적인 검증에 응답할 수 있다.

```
$ python3 ipaddress_addresses.py

IPv4Address('10.9.0.6')
  IP version: 4
  is private: True
 packed form: b'0a090006'
     integer: 168361990

IPv6Address('fdfd:87b5:b475:5e3e:b1bc:e121:a8eb:14aa')
  IP version: 6
  is private: True
 packed form: b'fdfd87b5b4755e3eb1bce121a8eb14aa'
     integer: 337611086560236126439725644408160982186
```

11.1.2 네트워크

네트워크는 주소의 범위로 정의된다. 네트워크는 일반적으로 기본 주소와 주소의 어느 부분이 네트워크를 나타내고 어느 부분이 네트워크상의 주소를 나타내는지 가리키는 마스크mask로 표현된다. 마스크는 다음 예제와 같이 명시적으로, 또는 접두어 길이 값을 사용해 표현할 수 있다.

리스트 11.2: ipaddress_networks.py

```
import ipaddress

NETWORKS = ['10.9.0.0/24', 'fdfd:87b5:b475:5e3e::/64', ]

for n in NETWORKS:
    net = ipaddress.ip_network(n)
    print('{!r}'.format(net))
    print('      is private:', net.is_private)
    print('      broadcast:', net.broadcast_address)
    print('     compressed:', net.compressed)
    print('   with netmask:', net.with_netmask)
    print('  with hostmask:', net.with_hostmask)
    print('  num addresses:', net.num_addresses)
    print()
```

주소와 마찬가지로 네트워크에도 IPv4 및 IPv6 두 개의 네트워크 클래스가 있다. 각 클래스는 브로드캐스트 주소나 네트워크상에서 호스트가 사용할 수 있는 주소 등과 같이 네트워크와 연관된 값을 액세스하기 위한 속성이나 메서드를 제공한다.

```
$ python3 ipaddress_networks.py

IPv4Network('10.9.0.0/24')
      is private: True
       broadcast: 10.9.0.255
      compressed: 10.9.0.0/24
    with netmask: 10.9.0.0/255.255.255.0
   with hostmask: 10.9.0.0/0.0.0.255
   num addresses: 256

IPv6Network('fdfd:87b5:b475:5e3e::/64')
```

```
       is private: True
      broadcast: fdfd:87b5:b475:5e3e:ffff:ffff:ffff:ffff
     compressed: fdfd:87b5:b475:5e3e::/64
   with netmask: fdfd:87b5:b475:5e3e::/ffff:ffff:ffff:ffff::
  with hostmask: fdfd:87b5:b475:5e3e::/::ffff:ffff:ffff:ffff
   num addresses: 18446744073709551616
```

네트워크 인스턴스는 반복 가능한 객체머 네트워크 내의 주소를 생성한다.

리스트 11.3: ipaddress_network_iterate.py

```python
import ipaddress

NETWORKS = ['10.9.0.0/24', 'fdfd:87b5:b475:5e3e::/64',]

for n in NETWORKS:
    net = ipaddress.ip_network(n)
    print('{!r}'.format(net))
    for i, ip in zip(range(3), net):
        print(ip)
    print()
```

IPv6 네트워크는 출력하기엔 너무 많은 주소를 포함할 수 있으므로 이 예제에서는 일부만 출력한다.

```
$ python3 ipaddress_network_iterate.py

IPv4Network('10.9.0.0/24')
10.9.0.0
10.9.0.1
10.9.0.2

IPv6Network('fdfd:87b5:b475:5e3e::/64')
fdfd:87b5:b475:5e3e::
fdfd:87b5:b475:5e3e::1
fdfd:87b5:b475:5e3e::2
```

네트워크 인스턴스를 반복하면 주소를 생성하지만 모두가 호스트에 대해 유효한 것은 아니다. 예를 들어 여기에는 네트워크의 기본 주소와 브로드캐스트 주소가 모두 포함

된다. 네트워크에서 일반 호스트가 사용할 수 있는 주소를 찾으려면 hosts() 메서드를
사용하며, 이는 생성자를 생성한다.

리스트 11.4: ipaddress_network_iterate_hosts.py

```
import ipaddress

NETWORKS = ['10.9.0.0/24', 'fdfd:87b5:b475:5e3e::/64', ]

for n in NETWORKS:
    net = ipaddress.ip_network(n)
    print('{!r}'.format(net))
    for i, ip in zip(range(3), net.hosts()):
        print(ip)
    print()
```

이 예제의 출력을 앞의 예제 출력과 비교해보면 호스트 주소 리스트에는 전체 네트워
크를 반복했을 때 생성된 첫 번째 값이 포함되지 않은 것을 알 수 있다.

```
$ python3 ipaddress_network_iterate_hosts.py

IPv4Network('10.9.0.0/24')
10.9.0.1
10.9.0.2
10.9.0.3

IPv6Network('fdfd:87b5:b475:5e3e::/64')
fdfd:87b5:b475:5e3e::1
fdfd:87b5:b475:5e3e::2
fdfd:87b5:b475:5e3e::3
```

또한 네트워크는 in 연산자도 지원하며, 이것은 주소가 네트워크의 일부인지 확인할
때 사용된다.

리스트 11.5: ipaddress_network_membership.py

```
import ipaddress

NETWORKS = [
    ipaddress.ip_network('10.9.0.0/24'),
```

```
        ipaddress.ip_network('fdfd:87b5:b475:5e3e::/64'),
    ]

    ADDRESSES = [
        ipaddress.ip_address('10.9.0.6'),
        ipaddress.ip_address('10.7.0.31'),
        ipaddress.ip_address('fdfd:87b5:b475:5e3e:b1bc:e121:a8eb:14aa'),
        ipaddress.ip_address('fe80::3840:c439:b25e:63b0'),
    ]

    for ip in ADDRESSES:
        for net in NETWORKS:
            if ip in net:
                print('{}\nis on {}'.format(ip, net))
                break
            else:
                print('{}\nis not on a known network'.format(ip))
        print()
```

in 연산자를 이용한 구현은 네트워크 마스크를 사용해 주소를 테스트하므로 네트워크
상의 전체 주소 리스트를 사용하는 것보다 훨씬 효율적이다.

```
$ python3 ipaddress_network_membership.py

10.9.0.6
is on 10.9.0.0/24

10.7.0.31
is not on a known network

fdfd:87b5:b475:5e3e:b1bc:e121:a8eb:14aa
is on fdfd:87b5:b475:5e3e::/64

fe80::3840:c439:b25e:63b0
is not on a known network
```

11.1.3 인터페이스

네트워크 인터페이스는 네트워크상의 특정 주소를 나타내며, 호스트 주소와 네트워크

접두어나 넷마스크^{netmask}로 표현할 수 있다.

리스트 11.6: ipaddress_interfaces.py

```python
import ipaddress

ADDRESSES = ['10.9.0.6/24', 'fdfd:87b5:b475:5e3e:b1bc:e121:a8eb:14aa/64', ]

for ip in ADDRESSES:
    iface = ipaddress.ip_interface(ip)
    print('{!r}'.format(iface))
    print('network:\n  ', iface.network)
    print('ip:\n   ', iface.ip)
    print('IP with prefixlen:\n  ', iface.with_prefixlen)
    print('netmask:\n  ', iface.with_netmask)
    print('hostmask:\n ', iface.with_hostmask)
    print()
```

인터페이스 객체는 전체 네트워크와 주소에 개별적으로 액세스할 수 있는 속성을 갖고 있으며, 또한 인터페이스와 네트워크 마스크를 표현하는 다양한 방법을 갖고 있다.

```
$ python3 ipaddress_interfaces.py

IPv4Interface('10.9.0.6/24')
network:
    10.9.0.0/24
ip:
    10.9.0.6
IP with prefixlen:
    10.9.0.6/24
netmask:
    10.9.0.6/255.255.255.0
hostmask:
    10.9.0.6/0.0.0.255

IPv6Interface('fdfd:87b5:b475:5e3e:b1bc:e121:a8eb:14aa/64')
network:
    fdfd:87b5:b475:5e3e::/64
ip:
    fdfd:87b5:b475:5e3e:b1bc:e121:a8eb:14aa
IP with prefixlen:
```

```
    fdfd:87b5:b475:5e3e:b1bc:e121:a8eb:14aa/64
netmask:
    fdfd:87b5:b475:5e3e:b1bc:e121:a8eb:14aa/ffff:ffff:ffff:ffff::
hostmask:
    fdfd:87b5:b475:5e3e:b1bc:e121:a8eb:14aa/::ffff:ffff:ffff:ffff
```

팁 – 참고 자료

- ipaddress 표준 라이브러리 문서: https://docs.python.org/3.5/library/ipaddress.html
- PEP 3144(www.python.org/dev/peps/pep-3144): 파이썬 표준 라이브러리용 IP 주소 처리 라이브러리
- ipaddress 모듈에 대한 소개 글(https://docs.python.org/3.5/howto/ipaddress.html#ipaddress-howto)
- 위키피디아: IP address(https://en.wikipedia.org/wiki/IP_address): IP 주소와 네트워크에 대한 설명
- 컴퓨터 네트웍스(Computer Networks), 5판, 앤드류 타넨바움(Andrew S. Tanenbaum) & 데이비드 웨더럴 (David J. Wetherall), Pearson, 2010. ISBN-10: 0132126958.

11.2 socket: 네트워크 통신

socket 모듈은 BSD 소켓 인터페이스를 사용해 네트워크상에서 통신하기 위한 저수준 C API를 노출한다. 이 모듈은 실제 데이터 채널을 핸들링하는 데 필요한 소켓 클래스뿐만 아니라 서버 이름을 주소로 변환하고 네트워크를 통해 전송할 데이터를 형식화하는 등의 네트워크 관련 작업용 함수도 포함하고 있다.

11.2.1 주소 체계와 소켓 타입

소켓socket은 로컬이나 인터넷을 통해 데이터를 주고받고자 프로그램이 사용하는 통신 채널의 한 종단점이다. 소켓은 데이터 전송 방식을 제어하는 두 가지 기본 속성을 갖고 있다. 주소 체계address family는 사용되는 OSI 네트워크 계층 프로토콜을 제어하고, 소켓 타입은 전송 계층 프로토콜을 제어한다.

파이썬은 세 가지 주소 체계를 지원한다. 가장 일반적인 AF_INET은 IPv4 인터넷 주소 지정에 사용된다. IPv4 주소는 4바이트(32비트) 길이를 가지며, 8비트마다 점으로 구분된 네 개의 숫자(예, 10.1.1.5 또는 127.0.0.1)로 표시된다. 이 값은 보통 'IP 주소'라고 불

린다. 현재 거의 모든 인터넷 네트워킹은 IPv4를 사용한다.

AF_INET6은 IPv6 인터넷 주소 지정에 사용된다. IPv6는 인터넷 프로토콜의 '차세대' 버전이며, IPv4에서는 불가능한 128비트 주소, 트래픽 셰이핑^{traffic shaping}, 라우팅 기능을 지원한다. 클라우드 컴퓨팅과 사물인터넷^{IoT, Internet-of-Things} 프로젝트 등으로 인해 네트워크에 추가되는 디바이스가 폭증하면서 IPv6를 채택하는 곳이 점점 늘어나고 있다.

AF_UNIX는 POSIX 호환 시스템에서 사용되는 프로세스 간 통신^{IPC, InterProcess Communication} 프로토콜인 유닉스 도메인 소켓^{UDS, Unix Domain Sockets}용 주소 체계다. UDS를 통해 운영체제는 네트워크 스택을 거치지 않고 프로세스와 프로세스 사이에서 직접 데이터를 전달할 수 있다. 이 방법은 **AF_INET**을 사용하는 것보다 훨씬 더 효율적이지만 파일 시스템이 주소 지정용 네임스페이스로 사용되기 때문에 UDS는 동일한 시스템상의 프로세스로 사용이 제한된다. 명명된 파이프나 공유 메모리 등의 다른 IPC 메커니즘에 비해 UDS를 사용하는 매력은 프로그래밍 인터페이스가 IP 네트워킹과 동일하다는 것이다. 따라서 애플리케이션이 단일 호스트에서 실행된다면 네트워크를 통해 데이터를 전송할 때와 동일한 코드를 사용하면서도 더 효율적으로 통신을 할 수 있다.

> **참고**
>
> AF_UNIX 상수는 UDS가 지원되는 시스템에만 정의돼 있다.

소켓 타입은 일반적으로 메시지 지향 데이터그램^{datagram} 전송용 **SOCK_DGRAM** 또는 스트림 지향 전송용 **SOCK_STREAM** 중 하나다. 데이터그램 소켓은 사용자 데이터그램 프로토콜^{UDP, User Datagram Protocol}과 연관이 있다. UDP는 개별 메시지의 완전한 전달을 보장하지 않는다. 스트림 지향 소켓은 전송 제어 프로토콜^{TCP, Transmission Control Protocol}과 연관이 있다. TCP는 클라이언트와 서버 사이에서 바이트 스트림 방식으로 데이터를 전송함으로써 타임아웃 관리를 통한 메시지 전달이나 실패 알림, 재전송 등의 기능을 지원한다.

메시지 정렬과 전달이 자동으로 처리되면 복잡한 애플리케이션을 만드는 것이 더 쉬워지기 때문에 HTTP처럼 많은 양의 데이터를 전달하는 대부분의 애플리케이션 프로토콜은 TCP 상에서 구축된다. UDP는 일반적으로 DNS를 통한 이름 조회처럼 메시지가 독립적이고 크기가 작기 때문에 메시지 전송 순서가 별로 중요하지 않은 프로토콜이나 동일한 데이터를 여러 호스트에 전송하는 멀티캐스팅에 사용된다. UDP와 TCP

는 모두 IPv4 및 IPv6 주소를 사용할 수 있다.

> **참고**
>
> 파이썬의 socket 모듈은 다른 소켓 타입도 지원하지만 일반적으로 잘 사용되지 않기 때문에 여기서는 다루지
> 않는다. 자세한 내용은 표준 라이브러리 문서를 참고하라.

11.2.1.1 네트워크상의 호스트 찾기

socket은 네트워크의 도메인 네임 서비스와 인터페이스하는 함수를 갖고 있어 프로그램이 서버의 호스트 이름을 숫자로 된 네트워크 주소로 변환할 수 있다. 애플리케이션은 서버에 접속하기 전에 주소를 명시적으로 변환할 필요가 없다. 하지만 에러를 보고할 때는 숫자로 된 주소와 사용된 이름을 모두 포함하는 것이 유용할 수 있다.

현재 호스트의 공식적인 이름을 찾을 때는 gethostname()을 사용한다.

리스트 11.7: socket_gethostname.py

```
import socket

print(socket.gethostname())
```

반환되는 이름은 현재 시스템의 네트워크 설정에 따라 다르며, 노트북이 연결된 무선 랜이 바뀌는 것처럼 네트워크가 바뀌면 달라질 수 있다.[1]

```
$ python3 socket_gethostname.py

apu.hellfly.net
```

gethostbyname()은 운영체제의 호스트 이름 해석 API를 통해 서버 이름을 숫자 주소로 변환한다.

---

1. 11.8절 이후의 예제들은 호스트 이름을 11.7절의 예제에서 반환되는 호스트 이름으로 변경해야 에러 없이 동작하기 때문에
   주의해야 한다. — 옮긴이

리스트 11.8: socket_gethostbyname.py

```python
import socket

HOSTS = ['apu', 'pymotw.com', 'www.python.org', 'nosuchname', ]

for host in HOSTS:
    try:
        print('{} : {}'.format(host, socket.gethostbyname(host)))
    except socket.error as msg:
        print('{} : {}'.format(host, msg))
```

현재 시스템의 DNS 구성이 하나 이상의 도메인을 검색에 포함하고 있다면 name 인자는 정식 이름일 필요가 없다. 즉, 기본 호스트 이름뿐 아니라 도메인 이름도 포함할 필요가 없다. 이름을 찾을 수 없으면 socket.error 예외가 발생한다.

```
$ python3 socket_gethostbyname.py

apu : 10.9.0.10
pymotw.com : 66.33.211.242
www.python.org : 151.101.32.223
nosuchname : [Errno 8] nodename nor servname provided, or not known
```

서버에 대한 더 많은 이름 정보에 액세스하려면 gethostbyname_ex()를 사용한다. 이 함수는 서버의 정규 호스트 이름, 별명, 접속할 수 있는 모든 IP 주소를 반환한다.

리스트 11.9: socket_gethostbyname_ex.py

```python
import socket

HOSTS = ['apu', 'pymotw.com', 'www.python.org', 'nosuchname', ]

for host in HOSTS:
    print(host)
    try:
        name, aliases, addresses = socket.gethostbyname_ex(host)
        print('  Hostname:', name)
        print('   Aliases:', aliases)
        print(' Addresses:', addresses)
    except socket.error as msg:
```

```
        print('ERROR:', msg)
    print()
```

서버에 대한 모든 IP 주소를 갖고 있으면 클라이언트에서 로드밸런싱^{load-balancing} 또는 장애 복구 알고리즘을 구현할 수 있다.

```
$ python3 socket_gethostbyname_ex.py

apu
  Hostname: apu.hellfly.net
   Aliases: ['apu']
 Addresses: ['10.9.0.10']

pymotw.com
  Hostname: pymotw.com
   Aliases: []
 Addresses: ['66.33.211.242']

www.python.org
  Hostname: prod.python.map.fastlylb.net
   Aliases: ['www.python.org', 'python.map.fastly.net']
 Addresses: ['151.101.32.223']

nosuchname
ERROR: [Errno 8] nodename nor servname provided, or not known
```

getfqdn()은 부분적인 이름을 완전한 정규 도메인 이름으로 변환한다.

리스트 11.10: socket_getfqdn.py

```
import socket

for host in ['apu', 'pymotw.com']:
    print('{:>10} : {}'.format(host, socket.getfqdn(host)))
```

입력값이 별명인 경우 반환된 이름은 입력값과 일치하지 않을 수도 있다.

```
$ python3 socket_getfqdn.py
```

```
   apu : apu.hellfly.net
pymotw.com : apache2-echo.catalina.dreamhost.com
```

서버의 주소를 알면 gethostbyaddr()을 사용해 '역방향'으로 이름을 조회할 수 있다.

리스트 11.11: socket_gethostbyaddr.py

```
import socket

hostname, aliases, addresses = socket.gethostbyaddr('10.9.0.10')

print('Hostname :', hostname)
print('Aliases   :', aliases)
print('Addresses:', addresses)
```

반환값은 전체 호스트 이름, 별명, 호스트 이름과 연관된 모든 IP 주소를 포함한 튜플이다.

```
$ python3 socket_gethostbyaddr.py

Hostname : apu.hellfly.net
Aliases   : ['apu']
Addresses: ['10.9.0.10']
```

11.2.1.2 서비스 정보 찾기

각 소켓 주소는 IP 주소 외에도 정수로 된 포트^{port} 번호를 갖는다. 하나의 호스트에서 단일 IP 주소로 리스닝^{listening}하는 여러 애플리케이션을 실행할 수 있지만, 한 번에 하나의 소켓만 해당 주소의 포트를 사용할 수 있다. IP 주소, 프로토콜, 포트 번호의 조합은 통신 채널의 고유한 식별자 역할을 하며 소켓을 통해 전송된 메시지가 정확히 목적지에 도착하게 해준다.

일부 포트 번호는 특정 프로토콜에 미리 할당된다. 예를 들어 SMTP를 사용하는 이메일 서버들은 TCP와 함께 25 포트를 사용하고, 웹 서버와 클라이언트는 HTTP와 함께 80 포트를 사용한다. 표준화된 이름을 가진 네트워크 서비스의 포트 번호는 getservbyname() 으로 조회할 수 있다.

리스트 11.12: socket_getservbyname.py

```python
import socket
from urllib.parse import urlparse

URLS = [
    'http://www.python.org',
    'https://www.mybank.com',
    'ftp://prep.ai.mit.edu',
    'gopher://gopher.micro.umn.edu',
    'smtp://mail.example.com',
    'imap://mail.example.com',
    'imaps://mail.example.com',
    'pop3://pop.example.com',
    'pop3s://pop.example.com',
]

for url in URLS:
    parsed_url = urlparse(url)
    port = socket.getservbyname(parsed_url.scheme)
    print('{:>6} : {}'.format(parsed_url.scheme, port))
```

표준 서비스는 포트 번호를 거의 바꾸지 않지만 하드코딩보다는 시스템 호출로 값을
조회하는 것이 나중에 새로운 서비스가 추가될 때 더 유연하다.

```
$ python3 socket_getservbyname.py

http   : 80
https  : 443
ftp    : 21
gopher : 70
smtp   : 25
imap   : 143
imaps  : 993
pop3   : 110
pop3s  : 995
```

포트 번호로 서비스를 조회하려면 getservbyport()를 사용한다.

리스트 11.13: socket_getservbyport.py

```
import socket
from urllib.parse import urlunparse

for port in [80, 443, 21, 70, 25, 143, 993, 110, 995]:
    url = '{}://example.com/'.format(socket.getservbyport(port))
    print(url)
```

이 역방향 조회는 임의의 주소에서 URL을 만들어낼 때 유용하다.

```
$ python3 socket_getservbyport.py

http://example.com/
https://example.com/
ftp://example.com/
gopher://example.com/
smtp://example.com/
imap://example.com/
imaps://example.com/
pop3://example.com/
pop3s://example.com/
```

전송 프로토콜에 할당된 번호를 조회할 때는 **getprotobyname()**을 사용한다.

리스트 11.14: socket_getprotobyname.py

```
import socket

def get_constants(prefix):
    """Create a dictionary mapping socket module
    constants to their names.
    """
    return { getattr(socket, n): n for n in dir(socket) if n.startswith(prefix) }

protocols = get_constants('IPPROTO_')

for name in ['icmp', 'udp', 'tcp']:
    proto_num = socket.getprotobyname(name)
    const_name = protocols[proto_num]
    print('{:>4} -> {:2d} (socket.{:<12} = {:2d})'.format(name, proto_num, const_name,
```

```
getattr(socket, const_name)))
```

프로토콜 번호에 대한 값은 표준화돼 있으며 접두어 IPPROTO_에 소켓 이름을 붙인 상
수로 정의된다.

```
$ python3 socket_getprotobyname.py

icmp ->  1 (socket.IPPROTO_ICMP =  1)
 udp -> 17 (socket.IPPROTO_UDP  = 17)
 tcp ->  6 (socket.IPPROTO_TCP  =  6)
```

11.2.1.3 서버 주소 조회

getaddrinfo()는 서비스의 기본 주소를 접속에 필요한 모든 정보를 가진 튜플 리스트
로 변환한다. 각 튜플은 서로 다른 네트워크 체계나 프로토콜 정보를 갖는다.

리스트 11.15: socket_getaddrinfo.py

```python
import socket

def get_constants(prefix):
    """Create a dictionary mapping socket module
    constants to their names.
    """
    return { getattr(socket, n): n for n in dir(socket) if n.startswith(prefix) }

families = get_constants('AF_')
types = get_constants('SOCK_')
protocols = get_constants('IPPROTO_')

for response in socket.getaddrinfo('www.python.org', 'http'):
    # 응답 튜플을 분해한다.
    family, socktype, proto, canonname, sockaddr = response

    print('Family        :', families[family])
    print('Type          :', types[socktype])
    print('Protocol      :', protocols[proto])
    print('Canonical name:', canonname)
```

862

```
        print('Socket address:', sockaddr)
        print()
```

이 프로그램은 www.python.org에 대한 접속 정보를 조회한다.

```
$ python3 socket_getaddrinfo.py

Family         : AF_INET
Type           : SOCK_DGRAM
Protocol       : IPPROTO_UDP
Canonical name:
Socket address: ('151.101.32.223', 80)

Family         : AF_INET
Type           : SOCK_STREAM
Protocol       : IPPROTO_TCP
Canonical name:
Socket address: ('151.101.32.223', 80)

Family         : AF_INET6
Type           : SOCK_DGRAM
Protocol       : IPPROTO_UDP
Canonical name:
Socket address: ('2a04:4e42:8::223', 80, 0, 0)

Family         : AF_INET6
Type           : SOCK_STREAM
Protocol       : IPPROTO_TCP
Canonical name:
Socket address: ('2a04:4e42:8::223', 80, 0, 0)
```

getaddrinfo()는 여러 인자를 사용해 결과 리스트를 필터링한다. 예제에서 주어진
host와 port는 필수 인자다. family, socktype, proto, flags 인자는 선택적으로 사용할
수 있다. 이 옵션 값은 0이나 소켓에 정의된 상수 중 하나다.

리스트 11.16: socket_getaddrinfo_extra_args.py

```
import socket

def get_constants(prefix):
```

```
        """Create a dictionary mapping socket module
        constants to their names.
        """
        return { getattr(socket, n): n for n in dir(socket) if n.startswith(prefix) }
families = get_constants('AF_')
types = get_constants('SOCK_')
protocols = get_constants('IPPROTO_')

responses = socket.getaddrinfo(
    host='www.python.org',
    port='http',
    family=socket.AF_INET,
    type=socket.SOCK_STREAM,
    proto=socket.IPPROTO_TCP,
    flags=socket.AI_CANONNAME,
)

for response in responses:
    # 응답 튜플을 분해한다.
    family, socktype, proto, canonname, sockaddr = response

    print('Family         :', families[family])
    print('Type           :', types[socktype])
    print('Protocol       :', protocols[proto])
    print('Canonical name:', canonname)
    print('Socket address:', sockaddr)
    print()
```

flags 값이 **AI_CANONNAME**이기 때문에 이 경우에는 서버의 정규 호스트 이름이 결과에
포함된다. 이 이름은 호스트가 별명을 사용하는 경우 조회에 사용된 값과 다를 수 있
다. **flags** 값이 없으면 정규 이름은 공란이다.

```
$ python3 socket_getaddrinfo_extra_args.py

Family         : AF_INET
Type           : SOCK_STREAM
Protocol       : IPPROTO_TCP
Canonical name: prod.python.map.fastlylb.net
Socket address: ('151.101.32.223', 80)
```

11.2.1.4 IP 주소 표현

C로 작성된 네트워크 프로그램은 struct sockaddr 데이터 타입을 사용해 IP 주소를 파이썬 프로그램에서 주로 사용하는 문자열이 아닌 이진 값으로 표현한다. IPv4 주소를 파이썬 표현식과 C 표현식 간에 서로 변환하려면 inet_aton()과 inet_ntoa()를 사용한다.

리스트 11.17: socket_address_packing.py

```
import binascii
import socket
import struct
import sys

for string_address in ['192.168.1.1', '127.0.0.1']:
    packed = socket.inet_aton(string_address)
    print('Original:', string_address)
    print('Packed   :', binascii.hexlify(packed))
    print('Unpacked:', socket.inet_ntoa(packed))
    print()
```

4바이트로 압축된 형식은 C 라이브러리에 전달하거나, 네트워크를 통해 안전하게 전송하거나, 데이터베이스에 저장할 수 있다.

```
$ python3 socket_address_packing.py

Original: 192.168.1.1
Packed   : b'c0a80101'
Unpacked: 192.168.1.1

Original: 127.0.0.1
Packed   : b'7f000001'
Unpacked: 127.0.0.1
```

서로 연관된 함수인 inet_pton()과 inet_ntop()은 둘 다 IPv4 및 IPv6 주소에 대해 동작하며, 전달받은 주소 체계 매개변수를 기반으로 적절한 형식으로 반환값을 생성한다.

리스트 11.18: socket_ipv6_address_packing.py

```
import binascii
import socket
import struct
import sys

string_address = '2002:ac10:10a:1234:21e:52ff:fe74:40e'
packed = socket.inet_pton(socket.AF_INET6, string_address)

print('Original:', string_address)
print('Packed   :', binascii.hexlify(packed))
print('Unpacked:', socket.inet_ntop(socket.AF_INET6, packed))
```

IPv6 주소는 이미 16진수 값이기 때문에 압축된 버전을 변환하면 원래의 값과 비슷한 문자열이 생성된다.

```
$ python3 socket_ipv6_address_packing.py

Original: 2002:ac10:10a:1234:21e:52ff:fe74:40e
Packed   : b'2002ac10010a1234021e52fffe74040e'
Unpacked: 2002:ac10:10a:1234:21e:52ff:fe74:40e
```

> **팁 – 참고 자료**
>
> - 위키피디아: IPv6(https://en.wikipedia.org/wiki/IPv6): 인터넷 프로토콜 버전 6(IPv6)에 대한 글
> - 위키피디아: OSI model(https://en.wikipedia.org/wiki/OSI_model): 네트워킹 구현의 7 계층을 설명하는 글
> - Assigned Internet Protocol Numbers(www.iana.org/assignments/protocol-numbers/protocol-numbers.xml): 표준 프로토콜 이름과 번호 리스트

11.2.2 TCP/IP 클라이언트와 서버

소켓은 서버로 구성돼 들어오는 메시지를 수신하거나, 클라이언트로 다른 애플리케이션에 접속할 수 있다. 두 개의 TCP/IP 소켓이 서로 연결되면 통신은 양방향으로 이뤄진다.

11.2.2.1 에코 서버

표준 라이브러리 문서를 기반으로 한 이 예제 프로그램은 들어오는 메시지를 수신하

고 송신자에게 다시 메시지를 에코^{echo}(회신)한다. TCP/IP 소켓을 먼저 생성하고, 다음에 bind()를 사용해 소켓과 서버 주소를 묶는다. 이 경우에 주소는 localhost로 현재 서버를 가리키며, 포트 번호는 10000이다.

리스트 11.19: socket_echo_server.py

```python
import socket
import sys

# TCP/IP 소켓 생성
sock = socket.socket(socket.AF_INET, socket.SOCK_STREAM)

# 소켓에 포트를 지정
server_address = ('localhost', 10000)
print('starting up on {} port {}'.format(*server_address))
sock.bind(server_address)

# 들어오는 접속에 대한 리스닝
sock.listen(1)

while True:
    # 접속 대기
    print('waiting for a connection')
    connection, client_address = sock.accept()
    try:
        print('connection from', client_address)

        # 데이터의 일부를 받고 이를 재전송
        while True:
            data = connection.recv(16)
            print('received {!r}'.format(data))
            if data:
                print('sending data back to the client')
                connection.sendall(data)
            else:
                print('no data from', client_address)
                break

    finally:
        # 접속 정리
        connection.close()
```

listen()을 호출하면 소켓이 서버 모드가 되고 accept()는 접속이 들어오기를 기다린

다. 정수 인자는 시스템이 백그라운드에서 대기열에 갖고 있을 수 있는 접속의 수며 그 이상의 클라이언트는 거부한다. 이 예제는 한 번에 하나의 접속만 허용한다.

accept()는 클라이언트 주소에 따라 서버와 클라이언트 사이의 오픈된 접속을 반환한다. 이 접속은 실제로 커널에 의해 할당되는 다른 포트상의 다른 소켓이다. recv()가 접속에서 데이터를 읽고 sendall()로 전송한다.

클라이언트와의 통신이 끝나면 close()를 사용해 접속을 정리해야 한다. 이 예제는 try:finally 블록을 사용해 에러가 발생하더라도 close()가 항상 호출되게 했다.

11.2.2.2 에코 클라이언트

클라이언트 프로그램은 서버와 다른 방식으로 소켓을 설정한다. 포트와 소켓을 묶지 않고 connect()를 사용해 소켓을 원격 주소에 직접 연결한다.

리스트 11.20: socket_echo_client.py

```
import socket
import sys

# TCP/IP 소켓 생성
sock = socket.socket(socket.AF_INET, socket.SOCK_STREAM)

# 서버가 리스닝 중인 포트에 소켓을 연결한다.
server_address = ('localhost', 10000)
print('connecting to {} port {}'.format(*server_address))
sock.connect(server_address)

try:
    # 데이터 전송
    message = b'This is the message. It will be repeated.'
    print('sending {!r}'.format(message))
    sock.sendall(message)

    # 응답 조회
    amount_received = 0
    amount_expected = len(message)

    while amount_received < amount_expected:
        data = sock.recv(16)
```

```
        amount_received += len(data)
        print('received {!r}'.format(data))
finally:
    print('closing socket')
    sock.close()
```

접속이 되면 서버와 마찬가지로 sendall()을 통해 데이터를 전송하고 recv()를 통해 데이터를 받을 수 있다. 메시지 전체가 전송된 후 사본이 수신되면 소켓을 닫고 포트를 비운다.

11.2.2.3 클라이언트와 서버를 함께 실행

클라이언트와 서버는 별도의 터미널 창에서 실행해야 서로 통신할 수 있다. 서버 출력에는 들어오는 접속 요청과 데이터뿐만 아니라 클라이언트에 다시 보내는 응답도 표시된다.

```
$ python3 socket_echo_server.py

starting up on localhost port 10000
waiting for a connection
connection from ('127.0.0.1', 65141)
received b'This is the mess'
sending data back to the client
received b'age. It will be'
sending data back to the client
received b' repeated.'
sending data back to the client
received b''
no data from ('127.0.0.1', 65141)
waiting for a connection
```

클라이언트 출력에는 전송되는 메시지와 서버에서 받은 응답이 표시된다.

```
$ python3 socket_echo_client.py
```

```
connecting to localhost port 10000
sending b'This is the message. It will be repeated.'
received b'This is the mess'
received b'age. It will be'
received b' repeated.'
closing socket
```

11.2.2.4 쉬운 클라이언트 접속

TCP/IP 클라이언트는 create_connection() 함수를 사용해 서버에 접속하면 몇 단계를 줄일 수 있다. 이 함수는 서버 주소가 포함된 두 개의 값을 가진 튜플을 인자로 취해 접속에 사용할 최적의 주소를 생성한다.

리스트 11.21: socket_echo_client_easy.py

```python
import socket
import sys

def get_constants(prefix):
    """Create a dictionary mapping socket module
    constants to their names.
    """
    return { getattr(socket, n): n for n in dir(socket) if n.startswith(prefix) }

families = get_constants('AF_')
types = get_constants('SOCK_')
protocols = get_constants('IPPROTO_')

# TCP/IP 소켓 생성
sock = socket.create_connection(('localhost', 10000))

print('Family  :', families[sock.family])
print('Type    :', types[sock.type])
print('Protocol:', protocols[sock.proto])
print()

try:
    # 데이터 전송
    message = b'This is the message. It will be repeated.'
    print('sending {!r}'.format(message))
```

```
    sock.sendall(message)

    amount_received = 0
    amount_expected = len(message)
    while amount_received < amount_expected:
        data = sock.recv(16)
        amount_received += len(data)
        print('received {!r}'.format(data))
finally:
    print('closing socket')
    sock.close()
```

create_connection()은 getaddrinfo()를 사용해 가능한 접속 매개변수를 찾고, 성공
적으로 처음 접속되는 소켓을 반환한다. family, type, proto 속성으로 반환되는 소켓
타입을 확인할 수 있다.

```
$ python3 socket_echo_client_easy.py

Family  : AF_INET
Type    : SOCK_STREAM
Protocol: IPPROTO_TCP

sending b'This is the message.  It will be repeated.'
received b'This is the mess'
received b'age.  It will be'
received b' repeated.'
closing socket
```

11.2.2.5 리스닝 주소 선택

서버를 정확한 주소와 바인딩하는 것은 클라이언트와의 통신을 위해 매우 중요하다.
앞의 예제들은 모두 IP 주소로 localhost를 사용해 같은 서버에서 실행되는 클라이언
트만 접속할 수 있도록 제한했다. gethostname()의 반환값 등 서버에 공용 IP 주소를
사용해 다른 호스트의 접속을 허용한다. 다음 예제는 커맨드라인을 통해 받은 특정 주
소에서 리스닝하도록 에코 서버를 수정했다.

리스트 11.22: socket_echo_server_explicit.py

```python
import socket
import sys

# TCP/IP 소켓 생성
sock = socket.socket(socket.AF_INET, socket.SOCK_STREAM)

# 커맨드라인에서 받은 주소를 소켓에 지정
server_name = sys.argv[1]
server_address = (server_name, 10000)
print('starting up on {} port {}'.format(*server_address))
sock.bind(server_address)
sock.listen(1)

while True:
    print('waiting for a connection')
    connection, client_address = sock.accept()
    try:
        print('client connected:', client_address)
        while True:
            data = connection.recv(16)
            print('received {!r}'.format(data))
            if data:
                connection.sendall(data)
            else:
                break
    finally:
        connection.close()
```

서버를 테스트하기 전에 클라이언트 프로그램도 비슷하게 수정한다.

리스트 11.23: socket_echo_client_explicit.py

```python
import socket
import sys

# TCP/IP 소켓 생성
sock = socket.socket(socket.AF_INET, socket.SOCK_STREAM)

# 호출자에게 받은 서버에 소켓을 연결
server_address = (sys.argv[1], 10000)
print('connecting to {} port {}'.format(*server_address))
```

```
sock.connect(server_address)

try:
    message = b'This is the message. It will be repeated.'
    print('sending {!r}'.format(message))
    sock.sendall(message)

    amount_received = 0
    amount_expected = len(message)
    while amount_received < amount_expected:
        data = sock.recv(16)
        amount_received += len(data)
        print('received {!r}'.format(data))

finally:
    sock.close()
```

서버가 hubert.hellfly.net 인자로 시작된 후에 netstat 명령을 실행하면 서버가 명명된 호스트의 주소에서 리스닝하고 있음을 보여준다.

```
$ host hubert.hellfly.net

hubert.hellfly.net has address 10.9.0.6

$ netstat -an | grep 10000

Active Internet connections (including servers)
Proto  Recv-Q Send-Q Local Address     Foreign Address    (state) ...
tcp4        0      0 10.9.0.6.10000    *.*                LISTEN ...
```

다른 호스트에서 클라이언트를 실행하고 서버가 실행 중인 호스트로 hubert.hellfly.net을 지정하면 다음과 같이 출력한다.

```
$ hostname

apu

$ python3 socket_echo_client_explicit.py hubert.hellfly.net

connecting to hubert.hellfly.net port 10000
sending b'This is the message. It will be repeated.'
```

```
received b'This is the mess'
received b'age. It will be'
received b' repeated.'
```

서버의 출력은 다음과 같다.

```
$ python3 socket echo server explicit.py hubert.hellfly.net

starting up on hubert.hellfly.net port 10000
waiting for a connection
client connected: ('10.9.0.10', 33139)
received b''
waiting for a connection
client connected: ('10.9.0.10', 33140)
received b'This is the mess'
received b'age. It will be'
received b' repeated.'
received b''
waiting for a connection
```

대부분의 서버는 하나 이상의 네트워크 인터페이스를 갖고 있으며, 따라서 하나 이상의 IP 주소를 갖는다. 각 IP 주소에 서비스의 복사본을 개별적으로 바인딩해 실행하는 것보다는 특수한 주소인 INADDR_ANY를 사용하면 동시에 모든 주소에 대해 리스닝을 할 수 있다. 소켓이 INADDR_ANY 상수를 정의하고 있지만 그 값이 정수이기 때문에 bind()에 전달하기 전에 점으로 구분된 문자열 주소로 변환해야 한다. 간단하게 0.0.0.0을 사용하거나 빈 문자열인 ''을 사용할 수도 있다.

리스트 11.24: socket_echo_server_any.py

```python
import socket
import sys

# TCP/IP 소켓 생성
sock = socket.socket(socket.AF_INET, socket.SOCK_STREAM)

# 커맨드라인에서 받은 주소를 소켓에 지정
server_address = ('', 10000)
```

```
sock.bind(server_address)
print('starting up on {} port {}'.format(*sock.getsockname()))
sock.listen(1)

while True:
    print('waiting for a connection')
    connection, client_address = sock.accept()
    try:
        print('client connected:', client_address)
        while True:
            data = connection.recv(16)
            print('received {!r}'.format(data))
            if data:
                connection.sendall(data)
            else:
                break
    finally:
        connection.close()
```

소켓이 사용하는 실제 주소를 보려면 소켓의 getsockname()을 호출한다. 서비스가 시작된 후 netstat을 다시 실행하면 갖고 있는 모든 주소에서 리스닝하고 있음을 알 수 있다.

```
$ netstat -an

Active Internet connections (including servers)
Proto  Recv-Q Send-Q Local Address      Foreign Address    (state) ...
tcp4      0      0 *.10000            *.*                LISTEN ...
```

11.2.3 UDP 클라이언트와 서버

UDP는 TCP/IP와 다른 방식으로 동작한다. TCP는 스트림 지향 프로토콜로서 모든 데이터가 순서대로 전송되는 것이 보증되지만, UDP는 메시지 지향 프로토콜이다. UDP는 오래 지속되는 연결을 요구하지 않으므로 UDP 소켓을 설정하는 것이 더 간단하다. 하지만 UDP 메시지는 반드시 단일 데이터그램 안에 모두 들어있어야 하며, TCP처럼

전달이 보장되지도 않는다. UDP 메시지는 IPv4의 경우 65,535바이트 패킷에 헤더 정보를 제외하고 실제로 65,507바이트를 저장할 수 있다.

11.2.3.1 에코 서버

본질적으로 접속 자체가 없기 때문에 서버가 리스닝하고 접속을 받아들이는 과정이 필요 없다. 대신 bind()를 사용해 소켓에 포트를 지정한 후 개별 메시지를 기다린다.

리스트 11.25: socket_echo_server_dgram.py

```python
import socket
import sys

# UDP 소켓 생성
sock = socket.socket(socket.AF_INET, socket.SOCK_DGRAM)

# 소켓에 포트를 지정
server_address = ('localhost', 10000)
print('starting up on {} port {}'.format(*server_address))
sock.bind(server_address)

while True:
    print('\nwaiting to receive message')
    data, address = sock.recvfrom(4096)

    print('received {} bytes from {}'.format(len(data), address))
    print(data)

    if data:
        sent = sock.sendto(data, address)
        print('sent {} bytes back to {}'.format(sent, address))
```

소켓에서 recvfrom()을 사용해 메시지를 읽고, 메시지를 보낸 클라이언트의 주소와 데이터를 반환한다.

11.2.3.2 에코 클라이언트

UDP 에코 클라이언트는 서버와 동일하지만 소켓에 주소를 지정할 때 bind()를 사용하지 않는다. UDP 클라이언트는 sendto()로 서버에 메시지를 직접 전달하고 recvfrom()

으로 응답을 수신한다.

리스트 11.26: socket_echo_client_dgram.py

```python
import socket
import sys

# UDP 소켓 생성
sock = socket.socket(socket.AF_INET, socket.SOCK_DGRAM)

server_address = ('localhost', 10000)
message = b'This is the message. It will be repeated.'

try:
    # 데이터 전송
    print('sending {!r}'.format(message))
    sent = sock.sendto(message, server_address)

    # 응답 수신
    print('waiting to receive')
    data, server = sock.recvfrom(4096)
    print('received {!r}'.format(data))

finally:
    print('closing socket')
    sock.close()
```

11.2.3.3 클라이언트와 서버를 함께 실행

서버를 실행하면 다음과 같이 출력한다.

```
$ python3 socket_echo_server_dgram.py
starting up on localhost port 10000

waiting to receive message
received 42 bytes from ('127.0.0.1', 57870)
b'This is the message. It will be repeated.'
sent 42 bytes back to ('127.0.0.1', 57870)

waiting to receive message
```

클라이언트의 출력은 다음과 같다.

```
$ python3 socket_echo_client_dgram.py

sending b'This is the message. It will be repeated.'
waiting to receive
received b'This is the message. It will be repeated.'
closing socket
```

11.2.4 유닉스 도메인 소켓

프로그래머의 관점에서 유닉스 도메인 소켓[UDS]과 TCP/IP 소켓 사이에는 두 가지 중요한 차이점이 있다. 첫째, 소켓 주소는 서버 이름과 포트 번호로 된 튜플이 아니라 파일 시스템 경로다. 둘째, 소켓을 나타내고자 파일 시스템에 생성된 노드는 소켓이 닫힌 후에도 남아있기 때문에 서버를 시작할 때마다 삭제해야 한다. 앞에 나온 에코 서버 예제는 설정 부분만 조금 수정하면 UDS를 사용하도록 업데이트할 수 있다.

socket은 주소 체계를 AF_UNIX로 생성해야 한다. 소켓을 바인딩하고 요청된 접속을 관리하는 방식은 TCP/IP 소켓과 동일하다.

리스트 11.27: socket_echo_server_uds.py

```python
import socket
import sys
import os

server_address = './uds_socket'

# 소켓이 이미 존재하는지 확인
try:
    os.unlink(server_address)
except OSError:
    if os.path.exists(server_address):
        raise

# UDS 소켓 생성
sock = socket.socket(socket.AF_UNIX, socket.SOCK_STREAM)
```

```
# 소켓에 주소를 지정
print('starting up on {}'.format(server_address))
sock.bind(server_address)

# 들어오는 접속을 리스닝
sock.listen(1)

while True:
    # 접속 대기
    print('waiting for a connection')
    connection, client_address = sock.accept()
    try:
        print('connection from', client_address)

        # 데이터 조각을 수신하고 이를 재전송
        while True:
            data = connection.recv(16)
            print('received {!r}'.format(data))
            if data:
                print('sending data back to the client')
                connection.sendall(data)
            else:
                print('no data from', client_address) break

    finally:
        # 접속 정리
        connection.close()
```

클라이언트도 UDS로 작업하도록 설정해야 한다. 서버는 주소와 바인딩하는 파일 시스템 노드를 생성하기 때문에 클라이언트는 소켓에 대해 노드가 존재한다고 가정해야 한다. UDS 클라이언트에서 데이터를 보내고 받는 방식은 앞에서 설명한 TCP/IP 클라이언트와 동일하다.

리스트 11.28: socket_echo_client_uds.py

```
import socket
import sys

# UDS 소켓 생성
sock = socket.socket(socket.AF_UNIX, socket.SOCK_STREAM)
```

```
# 서버가 리스닝하고 있는 포트에 소켓을 연결
server_address = './uds_socket'
print('connecting to {}'.format(server_address))
try:
    sock.connect(server_address)
except socket.error as msg:
    print(msg)
    sys.exit(1)

try:
    # 데이터 전송
    message = b'This is the message. It will be repeated.'
    print('sending {!r}'.format(message))
    sock.sendall(message)

    amount_received = 0
    amount_expected = len(message)

    while amount_received < amount_expected:
        data = sock.recv(16)
        amount_received += len(data)
        print('received {!r}'.format(data))

finally:
    print('closing socket')
    sock.close()
```

프로그램의 출력도 거의 동일하다. 서버는 수신된 메시지와 클라이언트에 다시 보내는 메시지를 표시한다.

```
$ python3 socket_echo_server_uds.py

starting up on ./uds_socket
waiting for a connection
connection from
received b'This is the mess'
sending data back to the client
received b'age. It will be'
sending data back to the client
received b' repeated.'
sending data back to the client
```

880

```
received b''
no data from
waiting for a connection
```

클라이언트는 메시지를 한 번에 모두 전송하고, 다시 돌려받을 때는 부분적으로 조금씩 받는다.

```
$ python3 socket_echo_client_uds.py

connecting to ./uds_socket
sending b'This is the message. It will be repeated.'
received b'This is the mess'
received b'age. It will be'
received b' repeated.'
closing socket
```

11.2.4.1 권한

UDS 소켓은 파일 시스템의 노드로 표현되기 때문에 서버에 대한 액세스를 제어하고자 표준 파일 시스템 권한을 사용할 수 있다.

```
$ ls -l ./uds_socket

srwxr-xr-x    1 dhellmann    dhellmann    0 Aug 21 11:19 uds_socket

$ sudo chown root ./uds_socket

$ ls -l ./uds_socket

srwxr-xr-x    1 root         dhellmann    0 Aug 21 11:19 uds_socket
```

루트가 아닌 다른 사용자로 클라이언트를 실행하면 프로세스가 소켓을 열 수 있는 권한이 없기 때문에 에러가 발생한다.

```
$ python3 socket_echo_client_uds.py
```

```
connecting to ./uds_socket
[Errno 13] Permission denied
```

11.2.4.2 부모와 자식 프로세스 간 통신

socketpair() 함수는 유닉스에서 프로세스 간 통신용 UDS 소켓을 설정할 때 유용하다. 이 함수는 분기된 자식 프로세스가 부모 프로세스와 통신할 수 있는 연결된 소켓 쌍을 만든다.

리스트 11.29: socket_socketpair.py

```python
import socket
import os

parent, child = socket.socketpair()

pid = os.fork()

if pid:
    print('in parent, sending message')
    child.close()
    parent.sendall(b'ping')
    response = parent.recv(1024)
    print('response from child:', response)
    parent.close()
else:
    print('in child, waiting for message')
    parent.close()
    message = child.recv(1024)
    print('message from parent:', message)
    child.sendall(b'pong')
    child.close()
```

기본적으로 UDS 소켓이 만들어진다. 하지만 호출자가 주소 체계, 소켓 타입, 프로토콜 옵션 등을 전달해 소켓 생성 방법을 지정할 수도 있다.

```
$ python3 -u socket_socketpair.py
```

882

```
in parent, sending message
in child, waiting for message
message from parent: b'ping'
response from child: b'pong'
```

11.2.5 멀티캐스트

점 대 점^{point-to-point} 연결이 수많은 통신 요구에 충분할 수도 있지만 직접적인 연결의 수가 증가할수록 동일한 정보를 전달하는 것이 점점 어려워질 수 있다. 각 수신자에게 개별적으로 메시지를 보내는 것은 처리 시간과 대역폭이 추가적으로 소모되기 때문에 비디오나 오디오 스트리밍 같은 작업을 수행하는 애플리케이션에서는 문제가 될 수 있다. 멀티캐스트를 사용해 동시에 하나 이상의 종단점에 메시지를 전달하면 네트워크 인프라가 패킷을 모든 수신자에게 전달하므로 훨씬 효율적이다.

TCP는 서로 통신하는 시스템 쌍이 있다고 가정하므로 멀티캐스트 메시지는 항상 UDP를 통해 전송된다. 멀티캐스트에 사용되는 주소는 멀티캐스트 그룹이라고 불리며, 멀티캐스트 트래픽을 위해 예약된 정규 IPv4 주소 범위(224.0.0.0 ~ 230.255.255.255)의 하위 집합이다. 이 주소는 네트워크 라우터와 스위치에서 특별히 다루므로 이 그룹에 보낸 메시지는 인터넷을 통해 그룹에 속한 모든 수신자에게 배포될 수 있다.

> **참고**
> 일부 스위치와 라우터는 기본적으로 멀티캐스트 트래픽이 불가능하게 돼 있을 수 있다. 예제 프로그램 실행에 문제가 있으면 네트워크 구성을 확인하라.

11.2.5.1 멀티캐스트 메시지 전송

다음 예제의 수정된 에코 클라이언트는 멀티캐스트 그룹에 메시지를 전송한 후 수신된 모든 응답을 보고한다. 얼마나 많은 응답이 올지 예상할 수 없기 때문에 응답을 무한정 기다리지 않도록 소켓에 시간제한을 둔다.

또한 메시지 패킷의 수명 시간인 TTL^{Time-To-Live} 값을 설정할 필요가 있다. TTL은 패킷을 수신하는 네트워크의 수를 제어한다. IP_MULTICAST_TTL 옵션과 setsockopt()로 TTL을

설정한다. 기본값인 1은 라우터가 현재 네트워크 세그먼트를 넘어 패킷을 전달하지 않음을 의미한다. TTL 값의 범위는 최대 255이며 단일 바이트로 설정해야 한다.

리스트 11.30: socket_multicast_sender.py

```python
import socket
import struct
import sys

message = b'very important data'
multicast_group = ('224.3.29.71', 10000)

# 데이터그램 소켓 생성
sock = socket.socket(socket.AF_INET, socket.SOCK_DGRAM)
# 소켓이 데이터 수신을 무한정 기다리지 않도록 시간제한을 설정한다.
sock.settimeout(0.2)
# 메시지에 대한 TTL을 1로 설정해 로컬 네트워크 세그먼트를 넘어가지 않게 한다.
ttl = struct.pack('b', 1)
sock.setsockopt(socket.IPPROTO_IP, socket.IP_MULTICAST_TTL, ttl)

try:
    # 멀티캐스트 그룹에 메시지 전송
    print('sending {!r}'.format(message))
    sent = sock.sendto(message, multicast_group)

    # 모든 수신자에서의 응답 조회
    while True:
        print('waiting to receive')
        try:
            data, server = sock.recvfrom(16)
        except socket.timeout:
            print('timed out, no more responses')
            break
        else:
            print('received {!r} from {}'.format(data, server))
finally:
    print('closing socket')
    sock.close()
```

멀티캐스트 응답을 기다리는 것 외에는 UDP 에코 클라이언트와 비슷하다. 시간제한이 끝날 때까지 루프를 사용해 recvfrom()을 호출한다.

11.2.5.2 멀티캐스트 메시지 수신

멀티캐스트 수신자를 만드는 첫 번째 단계는 UDP 소켓을 만드는 것이다. 소켓을 만들어 포트에 바인딩한 후 setsockopt()로 IP_ADD_MEMBERSHIP 옵션을 변경해 멀티캐스트 그룹에 추가할 수 있다. 옵션 값은 멀티캐스트 그룹 주소와 서버가 트래픽을 리슨해야 하는 IP 주소로 나타낸 네트워크 인터페이스를 붙여 8바이트로 압축한 표현식이다. 이 경우에 수신자는 INADDR_ANY를 사용해 모든 인터페이스를 리슨한다.

리스트 11.31: socket_multicast_receiver.py

```python
import socket
import struct
import sys

multicast_group = '224.3.29.71'
server_address = ('', 10000)

# 소켓 생성
sock = socket.socket(socket.AF_INET, socket.SOCK_DGRAM)

# 서버 주소에 바인드
sock.bind(server_address)

# 운영체제가 모든 인터페이스상의 멀티캐스트 그룹에 소켓을 추가하게 한다.
group = socket.inet_aton(multicast_group)
mreq = struct.pack('4sL', group, socket.INADDR_ANY)
sock.setsockopt(socket.IPPROTO_IP, socket.IP_ADD_MEMBERSHIP, mreq)

# 수신/응답 루프
while True:
    print('\nwaiting to receive message')
    data, address = sock.recvfrom(1024)

    print('received {} bytes from {}'.format(len(data), address))
    print(data)

    print('sending acknowledgement to', address)
    sock.sendto(b'ack', address)
```

수신자에서 메인 루프는 UDP 에코 서버와 같다.

11.2.5.3 예제 출력

이 예제는 두 개의 호스트에서 실행되는 멀티캐스트 수신자를 보여준다. A의 주소는 192.168.1.13이며, B의 주소는 192.168.1.14다.

```
[A]$ python3 socket_multicast_receiver.py

waiting to receive message
received 19 bytes from ('192.168.1.14', 62650)
b'very important data'
sending acknowledgement to ('192.168.1.14', 62650)

waiting to receive message

[B]$ python3 socket_multicast_receiver.py

waiting to receive message
received 19 bytes from ('192.168.1.14', 64288)
b'very important data'
sending acknowledgement to ('192.168.1.14', 64288)

waiting to receive message
```

송신자는 호스트 B에서 실행 중이다.

```
[B]$ python3 socket_multicast_sender.py

sending b'very important data'
waiting to receive
received b'ack' from ('192.168.1.14', 10000)
waiting to receive
received b'ack' from ('192.168.1.13', 10000)
waiting to receive
timed out, no more responses
closing socket
```

메시지는 한 번 전송되고, 호스트 A와 B에서 각각 한 번씩 전송된 메시지를 수신한 것으로 표시된다.

11.2.6 바이너리 데이터 전송

소켓은 바이트 스트림을 전송한다. 여기에는 앞의 예제에서 본 것처럼 바이트로 인코딩된 텍스트 메시지가 포함될 수 있으며, 전송을 위해 struct로 버퍼에 압축된 바이너리 데이터일 수도 있다.

이 클라이언트 프로그램은 정수, 두 개의 문자로 된 문자열, 부동소수점 값을 일련의 바이트로 인코딩하고 소켓을 통해 전송한다.

리스트 11.32: socket_binary_client.py

```
import binascii
import socket
import struct
import sys

# TCP/IP 소켓 생성
sock = socket.socket(socket.AF_INET, socket.SOCK_STREAM)
server_address = ('localhost', 10000)
sock.connect(server_address)

values = (1, b'ab', 2.7)
packer = struct.Struct('I 2s f')
packed_data = packer.pack(*values)

print('values =', values)

try:
    # 데이터 전송
    print('sending {!r}'.format(binascii.hexlify(packed_data)))
    sock.sendall(packed_data)
finally:
    print('closing socket')
    sock.close()
```

두 시스템 간에 멀티바이트 바이너리 데이터를 전송할 때는 연결의 양쪽 모두 바이트
가 들어오는 순서와 로컬 아키텍처에서 정확한 순서로 그것을 모으는 방법이 중요하
다. 서버 프로그램은 동일한 **Struct** 지정자를 사용해 수신한 바이트를 풀어 이를 정확
한 순서대로 해석한다.

리스트 11.33: socket_binary_server.py

```python
import binascii
import socket
import struct
import sys

# TCP/IP 소켓 생성
sock = socket.socket(socket.AF_INET, socket.SOCK_STREAM)
server_address = ('localhost', 10000)
sock.bind(server_address)
sock.listen(1)

unpacker = struct.Struct('I 2s f')

while True:
    print('\nwaiting for a connection')
    connection, client_address = sock.accept()
    try:
        data = connection.recv(unpacker.size)
        print('received {!r}'.format(binascii.hexlify(data)))

        unpacked_data = unpacker.unpack(data)
        print('unpacked:', unpacked_data)

    finally:
        connection.close()
```

클라이언트를 실행하면 다음과 같이 출력한다.

```
$ python3 socket_binary_client.py

values = (1, b'ab', 2.7)
sending b'0100000061620000cdcc2c40'
closing socket
```

888

서버는 수신한 값을 보여준다.

```
$ python3 socket_binary_server.py

waiting for a connection
received b'0100000061620000cdcc2c40'
unpacked: (1, b'ab', 2.700000047683716)

waiting for a connection
```

부동소수점 값은 압축하고 푸는 과정에서 약간의 정밀도가 손실되지만 그 외에 데이터는 예상대로 전송된다. 한 가지 명심할 것은 정수 값에 따라 정수를 텍스트로 변환해 전송하는 것이 struct를 사용하는 것보다 더 효율적일 수도 있다는 것이다. 정수 1은 문자열인 경우에는 1바이트지만 구조체로 압축하면 4바이트가 된다.

> **팁 – 참고 자료**
>
> - struct: 문자열과 다른 데이터 타입 간의 변환

11.2.7 비블로킹 통신과 타임아웃

소켓은 기본적으로 소켓이 준비가 될 때까지 프로그램 실행을 중지, 즉 데이터 송신 또는 수신이 안 되도록 블로킹한다. send()를 호출하면 내보내는 데이터가 사용할 버퍼 공간이 준비되기를 기다리고, recv()를 호출하면 다른 프로그램이 보내는 메시지를 기다린다. 이런 유형의 I/O는 이해하기 쉽지만 비효율적일 뿐만 아니라 데드락deadlock으로 이어질 수도 있다.

이 상황을 해결하는 방법이 몇 가지 있다. 한 가지 방법은 각 소켓과 통신할 때 별도의 스레드를 사용하는 것이다. 하지만 이 방법은 스레드 간의 통신으로 인해 또 다른 복잡성을 유발할 수 있다. 다른 방법으로는 소켓이 블로킹을 하지 않게 하고 작업을 처리할 준비가 돼 있지 않으면 즉시 반환하는 것이다. setblocking() 메서드로 소켓의 블로킹 플래그를 변경한다. 기본값인 1은 블로킹을 한다는 의미며, 0은 블로킹을 하지 않는다. 소켓이 블로킹을 하지 않게 돼 있고 작업을 처리할 준비가 되지 않았다면 socket.error가 발생한다.

이를 절충한 솔루션은 소켓 작업에 시간제한인 타임아웃 값을 설정하는 것이다. settimeout()을 사용해 소켓이 작업할 준비가 되기 전에 블로킹할 시간(초)을 부동소수점 수로 설정한다. 시간제한이 만료되면 timeout 예외가 발생한다.

> **팁 – 참고 자료**
>
> - socket 표준 라이브러리 문서: https://docs.python.org/3.5/library/socket.html
> - socket을 위한 파이썬 2에서 3로의 포팅 노트
> - select: 소켓을 테스트해 비블로킹 I/O에 대한 읽기 쓰기가 준비됐는지 확인한다.
> - SocketServer: 네트워크 서버 생성을 위한 프레임워크
> - asyncio: 비동기 I/O 및 동시성 도구
> - urllib와 urllib2: 대부분의 네트워크 클라이언트는 URL을 통해 원격 리소스에 액세스할 때 좀 더 편리한 라이브러리를 사용한다.
> - Socket Programming HOWTO(https://docs.python.org/3/howto/sockets.html): 표준 라이브러리 문서에 포함된 고든 맥밀란(Gordon McMillan)의 지침서
> - 파이썬 네트워크 프로그래밍 기초(Foundations of Python Network Programming), 3판, 브랜든 로즈(Brandon Rhodes)와 존 괴르젠(John Goerzen). Apress. 2014. ISBN-10:1430258543.
> - 유닉스 네트워크 프로그래밍(Unix Network Programming), 1권: 소켓 네트워킹 API, 3판, 리처드 스티븐슨(W. Richard Stevens), 빌 펜너(Bill Fenner), 앤드류 루도프(Andrew M. Rudoff). Addison-Wesley. 2004. ISBN-10:0131411551.

11.3 selectors: I/O 멀티플렉싱 추상화

selectors 모듈은 select의 플랫폼 종속적인 I/O 모니터링 함수의 상위에 플랫폼 독립적인 추상화 계층을 제공한다.

11.3.1 동작 원리

selectors의 API는 select의 poll()과 비슷한 이벤트 기반이다. 모듈이 여러 가지 구현 중 현재 시스템 구성에서 가장 효율적인 하나를 참조해 자동으로 별명 DefaultSelector를 설정한다.

selector 객체는 소켓에서 어떤 이벤트를 찾아야 하는지 지정하는 메서드를 제공하

고, 그런 다음에 호출자가 플랫폼 독립적인 방식으로 이벤트를 기다리게 한다. 이벤트
에 관심을 표시하는 것으로 SelectorKey를 생성하며, 이는 소켓, 관심 이벤트에 대한
정보, 애플리케이션 데이터를 갖고 있다. selector의 소유자는 select() 메서드를 호
출해 이벤트를 학습한다. 반환값은 일련의 키 객체와 발생한 이벤트를 가리키는 비트
마스크[bitmask]다. selector를 사용하는 프로그램은 select()를 반복적으로 호출하면서
이벤트를 적절히 처리해야 한다.

11.3.2 에코 서버

여기에 나온 에코 서버 예제는 SelectorKey가 갖고 있는 애플리케이션 데이터를 사용
해 새 이벤트에 콜백 함수를 등록한다. 메인 루프는 키에서 콜백을 가져와 소켓과 이벤
트 마스크를 콜백에 전달한다. 서버가 시작되면 메인 서버 소켓에서 read 이벤트를 위
해 호출되는 accept() 함수를 등록한다. 접속이 되면 새 소켓이 생성되고, 여기서 read
이벤트를 위한 콜백으로 read() 함수가 등록된다.

리스트 11.34: selectors_echo_server.py

```
import selectors
import socket

mysel = selectors.DefaultSelector()
keep_running = True

def read(connection, mask):
    "Callback for read events"
    global keep_running

    client_address = connection.getpeername()
    print('read({})'.format(client_address))
    data - connection.recv(1024)
    if data:
        # 클라이언트 소켓이 데이터를 갖고 있다.
        print('  received {!r}'.format(data))
        connection.sendall(data)
    else:
        # 데이터가 없으면 접속이 닫혔다고 해석한다.
        print('  closing')
```

```
            mysel.unregister(connection)
            connection.close()
            # 메인 루프 중지 신호
            keep_running = False
    def accept(sock, mask):
        "Callback for new connections"
        new_connection, addr = sock.accept()
        print('accept({})'.format(addr))
        new_connection.setblocking(False)
        mysel.register(new_connection, selectors.EVENT_READ, read)

    server_address = ('localhost', 10000)
    print('starting up on {} port {}'.format(*server_address))
    server = socket.socket(socket.AF_INET, socket.SOCK_STREAM)
    server.setblocking(False)
    server.bind(server_address)
    server.listen(5)

    mysel.register(server, selectors.EVENT_READ, accept)

    while keep_running:
        print('waiting for I/O')
        for key, mask in mysel.select(timeout=1):
            callback = key.data
            callback(key.fileobj, mask)

    print('shutting down')
    mysel.close()
```

read()가 소켓에서 아무런 데이터도 받지 못하면 해당 접속이 닫혔다고 해석한다. 따라서 selector에서 소켓을 제거하고 닫는다. 이는 예제 프로그램이기 때문에 서버는 단일 클라이언트와의 통신이 끝나면 종료된다.

11.3.3 에코 클라이언트

다음 에코 클라이언트 예제는 콜백을 사용하지 않고 메인 루프에서 모든 I/O 이벤트를 처리한다. 메인 루프는 소켓의 read 이벤트를 보고하고, 소켓이 데이터를 보낼 준비가 되면 보고하도록 selector를 설정한다. 두 가지 타입의 이벤트를 처리해야 하기 때문에

클라이언트는 마스크 값을 확인해 무엇이 발생했는지 체크해야 한다. 보낼 데이터가 모두 전송된 후에는 읽을 데이터가 있을 때만 보고하도록 selector 구성을 변경한다.

리스트 11.35: selectors_echo_client.py

```python
import selectors
import socket

mysel = selectors.DefaultSelector()
keep_running = True
outgoing = [b'It will be repeated.', b'This is the message.  ', ]
bytes_sent = 0
bytes_received = 0

# 접속은 블로킹 작업이므로 setblocking()을 호출한다.
server_address = ('localhost', 10000)
print('connecting to {} port {}'.format(*server_address))
sock = socket.socket(socket.AF_INET, socket.SOCK_STREAM)
sock.connect(server_address)
sock.setblocking(False)

# 소켓이 데이터를 보낼 준비가 됐는지, 읽을 데이터가 있는지 감시하도록 selector를 설정한다.
mysel.register(sock, selectors.EVENT_READ | selectors.EVENT_WRITE, )

while keep_running:
    print('waiting for I/O')
    for key, mask in mysel.select(timeout=1):
        connection = key.fileobj
        client_address = connection.getpeername()
        print('client({})'.format(client_address))

        if mask & selectors.EVENT_READ:
            print('  ready to read')
            data = connection.recv(1024)
            if data:
                # 클라이언트 소켓이 데이터를 갖고 있다.
                print('  received {!r}'.format(data))
                bytes_received += len(data)

            # 읽은 데이터가 공란이면 닫힌 접속으로 해석되고,
            # 또 전송한 모든 데이터의 사본을 수신했으면 소켓을 닫는다.
            keep_running = not (
                data or
```

```
            (bytes_received and (bytes_received == bytes_sent))
        )

    if mask & selectors.EVENT_WRITE:
        print('  ready to write')
        if not outgoing:
            # 보낼 메시지가 없기 때문에 더 이상 쓰기를 할 필요가 없다.
            # 서버에서 응답을 계속 읽어오도록 등록을 변경한다.
            print('  switching to read-only')
            mysel.modify(sock, selectors.EVENT_READ)
        else:
            # 다음 메시지 전송
            next_msg = outgoing.pop()
            print('  sending {!r}'.format(next_msg))
            sock.sendall(next_msg)
            bytes_sent += len(next_msg)

print('shutting down')
mysel.unregister(connection)
connection.close()
mysel.close()
```

클라이언트는 송신 데이터의 양과 수신 데이터의 양을 추적한다. 두 값이 일치하고 0이 아니면 클라이언트는 루프를 빠져나와 selector에서 소켓을 제거하고 소켓과 selector를 모두 닫음으로써 완전히 종료된다.

11.3.4 서버와 클라이언트 함께 실행

클라이언트와 서버는 별도의 터미널 창에서 실행해야 서로 통신할 수 있다. 서버 출력은 들어오는 접속과 데이터뿐만 아니라 클라이언트로 보내는 응답도 보여준다.

```
$ python3 selectors_echo_server.py

starting up on localhost port 10000
waiting for I/O
waiting for I/O
accept(('127.0.0.1', 59850))
```

```
waiting for I/O
read(('127.0.0.1', 59850))
    received b'This is the message.    It will be repeated.'
waiting for I/O
read(('127.0.0.1', 59850))
    closing
shutting down
```

클라이언트 출력은 내보내는 메시지와 서버에서 받은 응답을 보여준다.

```
$ python3 selectors_echo_client.py

connecting to localhost port 10000
waiting for I/O
client(('127.0.0.1', 10000))
    ready to write
    sending b'This is the message. '
waiting for I/O
client(('127.0.0.1', 10000))
    ready to write
    sending b'It will be repeated.'
waiting for I/O
client(('127.0.0.1', 10000))
    ready to write
    switching to read-only
waiting for I/O
client(('127.0.0.1', 10000))
    ready to read
    received b'This is the message. It will be repeated.'
shutting down
```

팁 – 참고 자료

- selectors 표준 라이브러리 문서: https://docs.python.org/3.5/library/selectors.html
- select: I/O를 효율적으로 처리하기 위한 저수준 API

11.4 select: 효율적인 I/O 대기

select 모듈은 플랫폼 종속적인 I/O 모니터링 함수에 대한 액세스를 제공한다. 가장 이식성이 좋은 인터페이스는 유닉스와 윈도우에서 사용할 수 있는 POSIX 함수인 select()다. 이 모듈은 유닉스 전용 API인 poll()과 유닉스의 특정 버전에서만 동작하는 몇 가지 옵션도 포함한다.

> **참고**
>
> 새로운 selectors 모듈은 select의 API상에서 빌드된 고수준 인터페이스를 제공한다. selectors를 사용하면 이식 가능한 코드를 작성하기 쉽기 때문에 select가 제공하는 저수준 API를 반드시 사용해야 하는 경우가 아니라면 selectors 모듈을 사용하라.

11.4.1 select() 사용

파이썬의 select() 함수는 운영체제에 직접 액세스하는 인터페이스다. 이 함수는 소켓, 열린 파일, 파이프pipe(fileno() 메서드와 함께 유효한 파일 디스크립터를 반환하는 모든 것) 등이 읽기 또는 쓰기가 가능해지거나 통신 에러가 발생할 때까지 모니터링한다. select()를 사용하면 동시에 여러 개의 연결을 쉽게 모니터링할 수 있고, 인터프리터가 아니라 운영체제 네트워크 계층에서 모니터링하기 때문에 소켓에 타임아웃을 사용해 파이썬에서 폴링 루프polling loop를 쓰는 것보다 훨씬 효율적이다.

> **참고**
>
> select()와 함께 파이썬 파일 객체를 사용하는 기능은 유닉스에서는 잘 동작하지만 윈도우는 지원되지 않는다.

'socket' 절의 에코 서버 예제는 select()를 사용해 동시에 하나 이상의 연결을 감시하게 확장할 수 있다. 새 버전의 코드는 비블로킹 TCP/IP 소켓을 생성하고 리스닝할 주소를 구성하는 것으로 시작한다.

리스트 11.36: select_echo_server.py

```
import select
import socket
import sys
```

```
import queue

# TCP/IP 소켓 생성
server = socket.socket(socket.AF_INET, socket.SOCK_STREAM)
server.setblocking(0)

# 소켓에 주소 지정
server_address = ('localhost', 10000)
print('starting up on {} port {}'.format(*server_address), file=sys.stderr)
server.bind(server_address)

# 들어오는 접속에 대한 리스닝
server.listen(5)
```

select()에 대한 인자는 모니터링할 통신 채널을 포함하는 세 개의 리스트다. 첫 번째
는 수신 데이터를 읽고자 체크해야 할 객체 리스트고, 두 번째는 버퍼에 여유 공간이
있을 때 전송할 데이터를 받아들일 객체 리스트며, 세 번째는 에러가 있을 수 있는 객체
(입력 및 출력 채널 객체의 조합) 리스트다. 다음 단계에서는 select()에 전달한 입력 소
스 및 출력 대상의 리스트를 설정한다.

```
# 읽기를 기대하는 소켓들
inputs = [server]

# 쓰기를 기대하는 소켓들
outputs = []
```

서버 메인 루프에 의해 이들 리스트에 연결이 추가되거나 삭제된다. 이 버전의 서버는
응답을 즉시 내보내지 않고 데이터를 보내기 전에 소켓이 쓰기 가능해질 때까지 기다
리므로 각 출력 연결은 데이터 전송 시 버퍼로 사용할 큐queue가 필요하다.

```
# 전송 메시지 큐(socket:Queue)
message_queues = {}
```

서버 프로그램의 주요 부분은 select() 호출을 블로킹하고 네트워크 활성화를 기다리
는 루프다.

```
while inputs:

    # 적어도 하나의 소켓이 준비될 때까지 대기
    print('waiting for the next event', file=sys.stderr)
    readable, writable, exceptional = select.select(inputs, outputs, inputs)
```

select()는 전달받은 리스트의 내용을 일부 포함하는 세 개의 리스트를 반환한다. readable 리스트에 있는 소켓은 버퍼링된 수신 데이터를 갖고 있으며 읽기가 가능하다. writable 리스트에 있는 소켓은 버퍼에 빈 공간을 갖고 있으므로 쓰기가 가능하다. exceptional 리스트로 반환된 소켓은 에러를 갖고 있다. '예외 조건'에 대한 실제 정의는 플랫폼에 따라 다르다.

readable 소켓은 세 가지 경우를 나타낸다. 그 소켓이 메인 서버 소켓, 즉 리스닝에 사용되는 소켓이면 'readable'은 그 소켓이 다른 접속을 받아들일 준비가 됐음을 의미한다. 모니터링할 입력 리스트에 새 연결을 추가하는 것 외에도 여기서는 클라이언트 소켓을 블로킹하지 않도록 설정한다.

```
# inputs 처리
for s in readable:

    if s is server:
        # 'readable' 소켓이 연결을 받아들일 준비가 됐다.
        connection, client_address = s.accept()
        print(' connection from', client_address, file=sys.stderr)
        connection.setblocking(0)
        inputs.append(connection)

        # 전송할 데이터 큐
        message_queues[connection] = queue.Queue()
```

두 번째는 데이터를 보낸 클라이언트와 생성된 연결이다. recv()로 데이터를 읽은 후 소켓을 통해 클라이언트에 데이터를 다시 보내도록 큐에 배치한다.

```
    else:
        data = s.recv(1024)
```

```
        if data:
            # 읽을 수 있는 클라이언트 소켓에 데이터가 있다.
            print(' received {!r} from {}'.format(data, s.getpeername()), file=sys.stderr, )
            message_queues[s].put(data)
            # 응답을 위한 출력 채널 추가
            if s not in outputs:
                outputs.append(s)
```

recv()가 아무 데이터도 반환하지 않는 readable 소켓은 연결이 끊어진 클라이언트이므로 스트림을 닫을 준비가 된 것이다.

```
        else:
            # 결과가 없으면 닫힌 연결로 해석
            print(' closing', client_address, file=sys.stderr)
            # 리스닝 중지
            if s in outputs:
                outputs.remove(s)
            inputs.remove(s)
            s.close()

            # 메시지 큐 삭제
            del message_queues[s]
```

writable 연결인 경우는 많지 않다. 큐가 연결에 대한 데이터를 갖고 있으면 그다음 메시지가 전송된다. 그렇지 않으면 출력 연결 리스트에서 삭제되기 때문에 그다음 루프에서 select()는 해당 소켓이 데이터 전송을 위해 준비됐다고 표시하지 않는다.

```
# outputs 처리
for s in writable:
    try:
        next_msg = message_queues[s].get_nowait()
    except queue.Empty:
        # 기다릴 메시지가 없으므로 쓰기 가능 여부 확인을 중지한다.
        print(' ', s.getpeername(), 'queue empty', file=sys.stderr)
        outputs.remove(s)
    else:
```

```
        print(' sending {!r} to {}'.format(next_msg, s.getpeername()), file=sys.stderr)
        s.send(next_msg)
```

마지막으로 예외 리스트에 있는 소켓을 닫는다.

```
# exceptional conditions 처리
for s in exceptional:
    print('exception condition on', s.getpeername(), file=sys.stderr)
    # 리스닝 중지
    inputs.remove(s)
    if s in outputs:
        outputs.remove(s)
    s.close()

    # 메시지 큐 삭제
    del message_queues[s]
```

예제 클라이언트 프로그램은 두 개의 소켓을 사용해 서버가 select()로 여러 연결을
동시에 관리하는 것을 보여준다. 클라이언트는 각각의 TCP/IP 소켓을 서버에 연결하
면서 시작한다.

리스트 11.37: select_echo_multiclient.py

```
import socket
import sys

messages = [ 'This is the message. ', 'It will be sent ', 'in parts.', ]
server_address = ('localhost', 10000)

# TCP/IP 소켓 생성
socks = [
    socket.socket(socket.AF_INET, socket.SOCK_STREAM),
    socket.socket(socket.AF_INET, socket.SOCK_STREAM),
]

# 서버가 리스닝하고 있는 포트에 소켓 연결
print('connecting to {} port {}'.format(*server_address), file=sys.stderr)
for s in socks:
    s.connect(server_address)
```

다음으로 각 소켓을 통해 한 번에 한 조각씩 메시지를 전송해 새 데이터 쓰기를 마친 후에 가용한 모든 응답을 읽는다.

```python
for message in messages:
    outgoing_data = message.encode()

    # 두 소켓에서 메시지 전송
    for s in socks:
        print('{}: sending {!r}'.format(s.getsockname(), outgoing_data), file=sys.stderr)
        s.send(outgoing_data)

    # 두 소켓에서 응답 읽기
    for s in socks:
        data = s.recv(1024)
        print('{}: received {!r}'.format(s.getsockname(), data), file=sys.stderr)
        if not data:
            print('closing socket', s.getsockname(), file=sys.stderr)
            s.close()
```

하나의 창에서 서버를 실행하고, 다른 창에서 클라이언트를 실행한다. 포트 번호는 다를 수 있지만 출력은 다음과 같을 것이다.

```
$ python3 select_echo_server.py

starting up on localhost port 10000
waiting for the next event
    connection from ('127.0.0.1', 61003)
waiting for the next event
    connection from ('127.0.0.1', 61004)
waiting for the next event
    received b'This is the message. ' from ('127.0.0.1', 61003)
    received b'This is the message. ' from ('127.0.0.1', 61004)
waiting for the next event
    sending b'This is the message. ' to ('127.0.0.1', 61003)
    sending b'This is the message. ' to ('127.0.0.1', 61004)
waiting for the next event
    ('127.0.0.1', 61003) queue empty
    ('127.0.0.1', 61004) queue empty
waiting for the next event
```

```
    received b'It will be sent ' from ('127.0.0.1', 61003)
    received b'It will be sent ' from ('127.0.0.1', 61004)
waiting for the next event
    sending b'It will be sent ' to ('127.0.0.1', 61003)
    sending b'It will be sent ' to ('127.0.0.1', 61004)
waiting for the next event
    ('127.0.0.1', 61003) queue empty
    ('127.0.0.1', 61004) queue empty
waiting for the next event
    received b'in parts.' from ('127.0.0.1', 61003)
waiting for the next event
    received b'in parts.' from ('127.0.0.1', 61004)
    sending b'in parts.' to ('127.0.0.1', 61003)
waiting for the next event
    ('127.0.0.1', 61003) queue empty
    sending b'in parts.' to ('127.0.0.1', 61004)
waiting for the next event
    ('127.0.0.1', 61004) queue empty
waiting for the next event
    closing ('127.0.0.1', 61004)
    closing ('127.0.0.1', 61004)
waiting for the next event
```

클라이언트 출력은 두 개의 소켓을 통해 보낸 데이터와 받은 데이터를 보여준다.

```
$ python3 select_echo_multiclient.py

connecting to localhost port 10000
('127.0.0.1', 61003): sending b'This is the message. '
('127.0.0.1', 61004): sending b'This is the message. '
('127.0.0.1', 61003): received b'This is the message. '
('127.0.0.1', 61004): received b'This is the message. '
('127.0.0.1', 61003): sending b'It will be sent '
('127.0.0.1', 61004): sending b'It will be sent '
('127.0.0.1', 61003): received b'It will be sent '
('127.0.0.1', 61004): received b'It will be sent '
('127.0.0.1', 61003): sending b'in parts.'
('127.0.0.1', 61004): sending b'in parts.'
('127.0.0.1', 61003): received b'in parts.'
```

```
('127.0.0.1', 61004): received b'in parts.'
```

11.4.2 타임아웃과 비블로킹 I/O

select()에는 옵션인 네 번째 매개변수가 있는데, 활성화된 채널이 없을 때 모니터링을 끝내기 전의 대기 시간(초)이다. timeout 값을 사용하면 메인 프로그램이 더 큰 프로세싱 루프의 일부로 select()를 호출할 수 있기 때문에 네트워크 입력을 확인하는 동안 다른 액션을 할 수 있다.

타임아웃이 만료되면 select()는 세 개의 빈 리스트를 반환한다. 타임아웃을 사용하도록 서버 예제를 업데이트하려면 select() 호출에 timeout 인자를 추가하고 select()가 반환하는 빈 리스트를 처리해야 한다.

리스트 11.38: select_echo_server_timeout.py

```
readable, writable, exceptional = select.select(inputs, outputs, inputs, timeout)

if not (readable or writable or exceptional):
    print(' timed out, do some other work here', file=sys.stderr)
    continue
```

이 '느린' 버전의 클라이언트 프로그램은 전송 지연을 시뮬레이션하고자 메시지를 보낼 때마다 잠시 멈춘다.

리스트 11.39: select_echo_slow_client.py

```
import socket
import sys
import time

# TCP/IP 소켓 생성
sock = socket.socket(socket.AF_INET, socket.SOCK_STREAM)

# 서버가 리스닝하고 있는 포트에 소켓 연결
server_address = ('localhost', 10000)
print('connecting to {} port {}'.format(*server_address), file=sys.stderr)
```

```
sock.connect(server_address)

time.sleep(1)

messages = [ 'Part one of the message.', 'Part two of the message.', ]
amount_expected = len(''.join(messages))

try:
    # 데이터 전송
    for message in messages:
        data = message.encode()
        print('sending {!r}'.format(data), file=sys.stderr)
        sock.sendall(data)
        time.sleep(1.5)

    # 응답 조회
    amount_received = 0

    while amount_received < amount_expected:
        data = sock.recv(16)
        amount_received += len(data)
        print('received {!r}'.format(data), file=sys.stderr)
finally:
    print('closing socket', file=sys.stderr)
    sock.close()
```

느린 클라이언트와 새 서버를 함께 실행하면 서버는 다음과 같이 출력한다.

```
$ python3 select_echo_server_timeout.py

starting up on localhost port 10000
waiting for the next event
    timed out, do some other work here
waiting for the next event
    connection from ('127.0.0.1', 61144)
waiting for the next event
    timed out, do some other work here
waiting for the next event
    received b'Part one of the message.' from ('127.0.0.1', 61144)
waiting for the next event
    sending b'Part one of the message.' to ('127.0.0.1', 61144)
```

```
waiting for the next event
('127.0.0.1', 61144) queue empty
waiting for the next event
    timed out, do some other work here
waiting for the next event
    received b'Part two of the message.' from ('127.0.0.1', 61144)
waiting for the next event
    sending b'Part two of the message.' to ('127.0.0.1', 61144)
waiting for the next event
('127.0.0.1', 61144) queue empty
waiting for the next event
    timed out, do some other work here
waiting for the next event
closing ('127.0.0.1', 61144)
waiting for the next event
    timed out, do some other work here
```

클라이언트 출력은 다음과 같다.

```
$ python3 select_echo_slow_client.py

connecting to localhost port 10000
sending b'Part one of the message.'
sending b'Part two of the message.'
received b'Part one of the '
received b'message.Part two'
received b' of the message.'
closing socket
```

11.4.3 poll() 사용

poll() 함수는 select()와 비슷한 기능을 하지만 하부 구현은 훨씬 더 효율적이다. 한 가지 단점이라면 poll()은 윈도우에서 지원되지 않기 때문에 poll()을 사용하는 프로그램은 이식성이 떨어진다.

poll()을 사용한 에코 서버는 다른 예제에 사용한 것과 동일한 소켓 구성 코드로 시작한다.

```
import select
import  socket
import sys
import queue

# TCP/IP 소켓 생성
server = socket.socket(socket.AF_INET, socket.SOCK_STREAM)
server.setblocking(0)

# 소켓에 주소 지정
server_address = ('localhost', 10000)
print('starting up on {} port {}'.format(*server_address), file=sys.stderr)
server.bind(server_address)

# 리스닝
server.listen(5)

# 전송 메시지를 처리할 큐
message_queues = {}
```

poll()에서 타임아웃 값은 초 단위가 아닌 밀리초 단위로 지정해야 한다. 따라서 1초의 타임아웃은 1000으로 설정한다.

```
# 블로킹 방지(milliseconds)
TIMEOUT = 1000
```

파이썬은 모니터링되고 있는 등록된 데이터 채널을 관리하기 위한 클래스로 poll()을 구현한다. 채널은 어떤 이벤트에 관심이 있는지 표시하는 플래그와 함께 register()를 통해 추가된다. 플래그 목록은 표 11.1과 같다.

표 11.1: poll()의 이벤트 플래그

이벤트	설명
POLLIN	입력 준비
POLLPRI	우선순위 입력 준비
POLLOUT	출력 수신 가능

(이어짐)

이벤트	설명
POLLERR	에러
POLLHUP	채널 닫힘
POLLNVAL	채널 열리지 않음

에코 서버에서 일부 소켓은 읽기 전용으로 설정하고 나머지는 읽기와 쓰기 모두 가능하게 설정한다. 플래그를 적절히 조합해서 로컬 변수인 READ_ONLY와 READ_WRITE에 각각 저장한다.

```
# 일반적으로 사용되는 플래그 설정
READ_ONLY = (select.POLLIN | select.POLLPRI | select.POLLHUP | select.POLLERR)
READ_WRITE = READ_ONLY | select.POLLOUT
```

서버 소켓이 등록되면 들어오는 연결이나 데이터가 이벤트를 트리거한다.

```
# poller 설정
poller = select.poll()
poller.register(server, READ_ONLY)
```

poll()은 소켓과 이벤트 플래그에 대한 파일 디스크립터를 포함하는 튜플 리스트를 반환하므로 읽기 및 쓰기가 가능한 소켓을 추출하려면 파일 디스크립터 번호에서 객체로의 매핑이 필요하다.

```
# 파일 디스크립터를 소켓 객체와 매핑
fd_to_socket = {
    server.fileno(): server,
}
```

서버의 루프는 poll()을 호출한 다음에 소켓 검색을 통해 반환된 '이벤트'를 처리하고 이벤트 플래그를 기반으로 액션을 수행한다.

```
while True:
    # 적어도 하나의 소켓이 준비될 때까지 대기
    print('waiting for the next event', file=sys.stderr)
    events = poller.poll(TIMEOUT)

    for fd, flag in events:
        # 파일 디스크립터에서 실제 소켓 호출
        s = fd_to_socket[fd]
```

select()와 마찬가지로 메인 서버 소켓이 'readable'이면 클라이언트에서 보류 중인 연결이 있음을 의미한다. 새 연결을 READ_ONLY 플래그로 등록해서 이를 통해 전달되는 데이터를 감시한다.

```
        # inputs 처리
        if flag & (select.POLLIN | select.POLLPRI):

            if s is server:
                # readable 소켓이 연결을 받아들일 준비가 됐다.
                connection, client_address = s.accept()
                print(' connection', client_address, file=sys.stderr)
                connection.setblocking(0)
                fd_to_socket[connection.fileno()] = connection
                poller.register(connection, READ_ONLY)

                # 전송할 데이터 큐
                message_queues[connection] = queue.Queue()
```

서버 이외의 소켓은 실행 중인 클라이언트며, recv()를 통해 데이터를 읽는다.

```
            else:
                data = s.recv(1024)
```

recv()가 데이터를 반환하면 해당 데이터를 소켓의 내보낼 메시지 큐에 배치한다. 해당 소켓의 플래그를 modify()로 변경해 소켓이 데이터 수신 준비가 돼 있는지를 poll()이 감시하게 한다.

```
        if data:
            # 클라이언트 소켓이 데이터를 갖고 있다.
            print(' received {!r} from {}'.format(
                data, s.getpeername()), file=sys.stderr,
            )
            message_queues[s].put(data)
            # 응답을 위한 출력 채널 추가
            poller.modify(s, READ_WRITE)
```

recv()가 빈 문자열을 반환하면 클라이언트와의 연결이 끊어졌음을 의미하므로
unregister()를 사용해 poll 객체에게 소켓을 무시하도록 지시한다.

```
        else:
            # 결과가 없으면 닫힌 연결로 해석
            print(' closing', client_address, file=sys.stderr)
            # 리스닝 중지
            poller.unregister(s)
            s.close()

            # 메시지 큐 삭제
            del message_queues[s]
```

POLLHUP 플래그는 분명하게 연결이 닫히지는 않았지만 '연결이 끊긴' 클라이언트를 나
타낸다. 서버는 이 사라진 클라이언트에 대한 폴링polling을 중지한다.

```
    elif flag & select.POLLHUP:
        # 클라이언트 끊기
        print(' closing', client_address, '(HUP)', file=sys.stderr)
        # 리스닝 중지
        poller.unregister(s)
        s.close()
```

writable 소켓에 대한 처리는 select() 예제에 사용된 버전과 비슷하지만, 출력 리스
트에서 제거하는 대신에 modify()를 사용해 poller에서 소켓의 플래그를 변경하는 점
이 다르다.

```
        elif flag & select.POLLOUT:
            # 전송할 데이터가 있다면
            # 소켓은 전송할 준비가 됐다.
            try:
                next_msg = message_queues[s].get_nowait()
            except queue.Empty:
                # 기다릴 메시지가 없으므로 확인 중지
                print(s.getpeername(), 'queue empty', file=sys.stderr)
                poller.modify(s, READ_ONLY)
            else:
                print('  sending {!r} to {}'.format(
                    next_msg, s.getpeername()), file=sys.stderr,
                )
                s.send(next_msg)
```

마지막으로 POLLERR 에러를 가진 이벤트가 발생하면 서버는 소켓을 닫는다.

```
        elif flag & select.POLLERR:
            print('  exception on', s.getpeername(), file=sys.stderr)
            # 리스닝 중지
            poller.unregister(s)
            s.close()

            # 메시지 큐 삭제
            del message_queues[s]
```

poll 기반 서버를 select_echo_multiclient.py(여러 개의 소켓을 사용하는 클라이언트 프로
그램)와 함께 실행하면 다음과 같이 출력한다.

```
$ python3 select_poll_echo_server.py

starting up on localhost port 10000
waiting for the next event
waiting for the next event
waiting for the next event
waiting for the next event
    connection ('127.0.0.1', 61253)
waiting for the next event
```

```
    connection ('127.0.0.1', 61254)
waiting for the next event
    received b'This is the message. ' from ('127.0.0.1', 61253)
    received b'This is the message. ' from ('127.0.0.1', 61254)
waiting for the next event
    sending b'This is the message. ' to ('127.0.0.1', 61253)
    sending b'This is the message. ' to ('127.0.0.1', 61254)
waiting for the next event
('127.0.0.1', 61253) queue empty
('127.0.0.1', 61254) queue empty
waiting for the next event
    received b'It will be sent ' from ('127.0.0.1', 61253)
    received b'It will be sent ' from ('127.0.0.1', 61254)
waiting for the next event
    sending b'It will be sent ' to ('127.0.0.1', 61253)
    sending b'It will be sent ' to ('127.0.0.1', 61254)
waiting for the next event
('127.0.0.1', 61253) queue empty
('127.0.0.1', 61254) queue empty
waiting for the next event
    received b'in parts.' from ('127.0.0.1', 61253)
    received b'in parts.' from ('127.0.0.1', 61254)
waiting for the next event
    sending b'in parts.' to ('127.0.0.1', 61253)
    sending b'in parts.' to ('127.0.0.1', 61254)
waiting for the next event
('127.0.0.1', 61253) queue empty
('127.0.0.1', 61254) queue empty
waiting for the next event
    closing ('127.0.0.1', 61254)
waiting for the next event
    closing ('127.0.0.1', 61254)
waiting for the next event
```

11.4.4 플랫폼 종속적인 옵션

select에 의해 제공되는 이식성 낮은 옵션은 리눅스에서 지원하는 에지 폴링^{edge polling} API인 epoll과 BSD 커널 큐로 사용되는 kqueue, BSD 커널 이벤트 인터페이스인 kevent

다. 이들의 동작 방식은 운영체제 라이브러리 문서를 참고하라.

팁 – 참고 자료

- select 표준 라이브러리 문서: https://docs.python.org/3.5/library/select.html
- selectors: select 상위의 고수준 추상화
- Socket Programming HOWTO(https://docs.python.org/howto/sockets.html): 표준 라이브러리 문서에 포함된 고든 맥밀란(Gordon McMillan)의 지침서
- socket: 저수준 네트워크 통신
- SocketServer: 네트워크 서버 애플리케이션 생성을 위한 프레임워크
- asyncio: 비동기 I/O 프레임워크
- 유닉스 네트워크 프로그래밍(Unix Network Programming), 1권: 소켓 네트워킹 API, 3판, 리처드 스티븐슨(W. Richard Stevens), 빌 펜너(Bill Fenner), 앤드류 루도프(Andrew M. Rudoff). Addison-Wesley, 2004. ISBN-10:0131411551.
- 파이썬 네트워크 프로그래밍 기초(Foundations of Python Network Programming), 3판, 브랜든 로즈(Brandon Rhodes)와 존 괴르젠(John Goerzen). Apress, 2014. ISBN-10:1430258543.

11.5 socketserver: 네트워크 서버 생성

socketserver 모듈은 네트워크 서버 생성용 프레임워크다. 이 모듈은 TCP, UDP, 유닉스 스트림, 유닉스 데이터그램을 통한 동기식 네트워크 요청(요청이 완료될 때까지 서버의 핸들러를 블로킹)을 처리하는 데 필요한 클래스를 정의한다. 또한 각 요청[request]이 별도의 스레드나 프로세스를 사용하도록 서버를 쉽게 변환할 수 있는 믹스인 클래스[mix-in classes]를 제공한다.

요청을 처리하는 책임은 서버 클래스와 요청 핸들러 클래스로 분할된다. 서버는 소켓에 대한 리스닝, 연결 허용 등과 같은 통신 이슈를 처리하며, 요청 핸들러는 수신 데이터 해석 및 처리, 클라이언트에 대한 응답 등과 같은 프로토콜 이슈를 처리한다. 이런 책임 분담으로 인해 애플리케이션은 서버의 클래스를 수정 없이 사용할 수 있고, 또한 커스텀 프로토콜로 작업하는 요청 핸들러 클래스를 제공할 수 있다.

11.5.1 서버 타입

socketserver는 다섯 가지 클래스를 정의한다. BaseServer는 API를 정의하며 인스턴스화하지 않고 직접 사용한다. TCPServer는 TCP/IP 소켓을 사용해 통신한다. UDPServer는 데이터그램 소켓을 사용한다. UnixStreamServer와 UnixDatagramServer는 유닉스 도메인 소켓을 사용하며 유닉스 플랫폼에서만 사용할 수 있다.

11.5.2 서버 객체

서버를 구성하고자 요청을 수신할 주소와 요청 핸들러 클래스(인스턴스가 아님)를 서버에 전달한다. 주소 형식은 서버 타입과 사용되는 소켓 체계에 따라 다르다. 자세한 내용은 socket 모듈 문서를 참고하라.

서버 객체가 인스턴스화되면 handle_request()나 serve_forever()를 사용해 요청을 처리한다. serve_forever() 메서드는 무한 루프에서 handle_request()를 호출한다. 하지만 애플리케이션이 서버를 다른 이벤트 루프와 통합할 필요가 있거나 select()를 사용해 다른 서버들의 여러 소켓을 모니터링해야 한다면 handle_request()를 직접 호출할 수 있다.

11.5.3 서버 구현

서버를 생성할 때는 일반적으로 기존 클래스 중 하나를 재사용하고 커스텀 요청 핸들러 클래스를 제공하면 된다. 다른 경우에는 BaseServer가 오버라이드할 수 있는 다양한 메서드를 제공한다.

- verify_request(request, client_address): True를 반환하면 요청을 처리하고, False를 반환하면 무시한다. 예를 들어 서버는 특정 IP 범위를 거부하거나 과부하일 경우 거부할 수 있다.

- process_request(request, client_address): finish_request()를 호출해 실제로 요청을 처리한다. 이 메서드는 믹스인 클래스처럼 별도의 스레드나 프로세스를 생성할 수 있다.

- `finish_request(request, client_address)`: 서버의 생성자에 주어진 클래스를 사용해 요청 핸들러 인스턴스를 생성한다. 요청 핸들러의 `handle()`을 호출해 요청을 처리한다.

11.5.4 요청 핸들러

요청 핸들러는 수신 받은 요청에 대해 처리할 동작을 결정하는 대부분의 작업을 수행한다. 핸들러는 소켓 계층의 상위(HTTP, XML-RPC, AMQP 등)에서 프로토콜을 구현한다. 요청 핸들러는 데이터 채널을 통해 들어오는 요청을 읽고, 처리하고, 돌려보낼 응답을 작성한다. 다음 세 가지 메서드를 오버라이드할 수 있다.

- `setup()`: 요청에 대한 요청 핸들러를 준비한다. `StreamRequestHandler` 내부에서 `setup()` 메서드는 소켓에서 읽고 쓰는 작업을 하고자 파일과 비슷한 객체를 만든다.
- `handle()`: 요청에 대한 실제 작업을 수행한다. 수신되는 요청을 파싱하고, 데이터를 처리하며 응답을 보낸다.
- `finish()`: `setup()`에서 생성한 모든 것을 제거한다.

`handle()` 메서드만으로 핸들러를 구현할 수 있다.

11.5.5 에코 예제

이 예제는 TCP 연결을 받아들이고 클라이언트에 응답을 되돌려 보내는 간단한 서버/요청 핸들러를 구현한다. 요청 핸들러부터 시작한다.

리스트 11.41: socketserver_echo.py

```
import logging
import sys
import socketserver

logging.basicConfig(level=logging.DEBUG, format='%(name)s: %(message)s', )
```

```python
class EchoRequestHandler(socketserver.BaseRequestHandler):

    def __init__(self, request, client_address, server):
        self.logger = logging.getLogger('EchoRequestHandler')
        self.logger.debug('__init__')
        socketserver.BaseRequestHandler.__init__(self, request, client_address, server)
        return

    def setup(self):
        self.logger.debug('setup')
        return socketserver.BaseRequestHandler.setup(self)

    def handle(self):
        self.logger.debug('handle')

        # 클라이언트에 에코 데이터를 보낸다.
        data = self.request.recv(1024)
        self.logger.debug('recv()->"%s"', data)
        self.request.send(data)
        return

    def finish(self):
        self.logger.debug('finish')
        return socketserver.BaseRequestHandler.finish(self)
```

실제로 구현이 필요한 메서드는 EchoRequestHandler.handle()밖에 없지만, 호출되는 순서를 보여주고자 모든 메서드를 표시했다. EchoServer 클래스는 각 메서드가 호출될 때 로그를 기록하는 것 외에는 TCPServer와 차이가 없다.

```python
class EchoServer(socketserver.TCPServer):

    def __init__(self, server_address, handler_class=EchoRequestHandler, ):
        self.logger = logging.getLogger('EchoServer')
        self.logger.debug('__init__')
        socketserver.TCPServer.__init__(self, server_address, handler_class)
        return

    def server_activate(self):
        self.logger.debug('server_activate')
        socketserver.TCPServer.server_activate(self)
        return
```

```python
    def serve_forever(self, poll_interval=0.5):
        self.logger.debug('waiting for request')
        self.logger.info('Handling requests, press <Ctrl-C> to quit')
        socketserver.TCPServer.serve_forever(self, poll_interval)
        return

    def handle_request(self):
        self.logger.debug('handle_request')
        return socketserver.TCPServer.handle_request(self)

    def verify_request(self, request, client_address):
        self.logger.debug('verify_request(%s, %s)', request, client_address)
        return socketserver.TCPServer.verify_request(self, request, client_address, )

    def process_request(self, request, client_address):
        self.logger.debug('process_request(%s, %s)', request, client_address)
        return socketserver.TCPServer.process_request(self, request, client_address, )

    def server_close(self):
        self.logger.debug('server_close')
        return socketserver.TCPServer.server_close(self)

    def finish_request(self, request, client_address):
        self.logger.debug('finish_request(%s, %s)', request, client_address)
        return socketserver.TCPServer.finish_request(self, request, client_address, )

    def close_request(self, request_address):
        self.logger.debug('close_request(%s)', request_address)
        return socketserver.TCPServer.close_request(self, request_address, )

    def shutdown(self):
        self.logger.debug('shutdown()')
        return socketserver.TCPServer.shutdown(self)
```

마지막 단계는 서버가 스레드에서 실행되도록 설정하고, 에코 데이터를 돌려보낼 때 어떤 메서드가 호출되는지 보여주는 메인 프로그램을 추가하는 것이다.

```python
if __name__ == '__main__':
    import socket
    import threading

    address = ('localhost', 0) # 커널이 포트를 할당하게 함
```

```python
server = EchoServer(address, EchoRequestHandler)
ip, port = server.server_address # 할당된 포트 확인

# 스레드에서 서버 시작
t = threading.Thread(target=server.serve_forever)
t.setDaemon(True) # 종료 시 끊지 않는다.
t.start()

logger = logging.getLogger('client')
logger.info('Server on %s:%s', ip, port)

# 서버에 접속
logger.debug('creating socket')
s = socket.socket(socket.AF_INET, socket.SOCK_STREAM)
logger.debug('connecting to server')
s.connect((ip, port))

# 데이터 전송
message = 'Hello, world'.encode()
logger.debug('sending data: %r', message)
len_sent = s.send(message)

# 응답 수신
logger.debug('waiting for response')
response = s.recv(len_sent)
logger.debug('response from server: %r', response)

# 정리
server.shutdown()
logger.debug('closing socket')
s.close()
logger.debug('done')
server.socket.close()
```

프로그램을 실행하면 다음과 같은 출력이 생성된다.

```
$ python3 socketserver_echo.py

EchoServer: __init__
EchoServer: server_activate
EchoServer: waiting for request
EchoServer: Handling requests, press <Ctrl-C> to quit
```

```
client: Server on 127.0.0.1:55484
client: creating socket
client: connecting to server
client: sending data: b'Hello, world'
EchoServer: verify_request(<socket.socket fd=7, family=AddressFamily .AF_INET,
type=SocketKind.SOCK_STREAM, proto=0, laddr=('127.0.0.1', 55484), raddr=('127.0.0.1',
55485)>, ('127.0.0.1', 55485))
EchoServer: process_request(<socket.socket fd=7, family=AddressFamil y.AF_INET,
type=SocketKind.SOCK_STREAM, proto=0, laddr=('127.0.0.1', 55484), raddr=('127.0.0.1',
55485)>, ('127.0.0.1', 55485))
EchoServer: finish_request(<socket.socket fd=7, family=AddressFamily .AF_INET,
type=SocketKind.SOCK_STREAM, proto=0, laddr=('127.0.0.1', 55484), raddr=('127.0.0.1',
55485)>, ('127.0.0.1', 55485))
EchoRequestHandler: __init__
EchoRequestHandler: setup
EchoRequestHandler: handle
client: waiting for response
EchoRequestHandler: recv()->"b'Hello, world'"
EchoRequestHandler: finish
client: response from server: b'Hello, world'
EchoServer: shutdown()
EchoServer: close_request(<socket.socket fd=7, family=AddressFamily. AF_INET,
type=SocketKind.SOCK_STREAM, proto=0, laddr=('127.0.0.1', 5 5484), raddr=('127.0.0.1',
55485)>)
client: closing socket
client: done
```

> **참고**
>
> 커널이 가용한 포트를 자동으로 할당하기 때문에 포트 번호는 프로그램을 실행할 때마다 바뀔 수 있다. 서버가
> 항상 같은 포트로 리스닝하게 하려면 주소 튜플에 0이 아닌 해당 번호를 넣어야 한다.

아래는 로그 기록을 하지 않는 동일한 서버의 응집된 버전이다. 요청 핸들러 클래스에서 `handle()` 메서드만 작성하면 된다.

리스트 11.42: socketserver_echo_simple.py

```
import socketserver

class EchoRequestHandler(socketserver.BaseRequestHandler):
```

918

```python
    def handle(self):
        # 클라이언트에 에코 데이터를 보낸다.
        data = self.request.recv(1024)
        self.request.send(data)
        return

if __name__ == '__main__':
    import socket
    import threading

    address = ('localhost', 0) # 커널이 포트를 할당하게 함
    server = socketserver.TCPServer(address, EchoRequestHandler)
    ip, port = server.server_address # 할당된 포트 확인

    t = threading.Thread(target=server.serve_forever)
    t.setDaemon(True) # 종료 시 끊지 않는다.
    t.start()

    # 서버에 접속
    s = socket.socket(socket.AF_INET, socket.SOCK_STREAM)
    s.connect((ip, port))

    # 데이터 전송
    message = 'Hello, world'.encode()
    print('Sending : {!r}'.format(message))
    len_sent = s.send(message)

    # 응답 수신
    response = s.recv(len_sent)
    print('Received: {!r}'.format(response))

    # 정리
    server.shutdown()
    s.close()
    server.socket.close()
```

이 경우에 TCPServer가 모든 서버 요구 사항을 처리하므로 특별한 서버 클래스가 필요하지 않다.

```
$ python3 socketserver_echo_simple.py

Sending : b'Hello, world'
```

```
Received: b'Hello, world'
```

11.5.6 스레드와 포크

서버에 스레드나 포크^{fork} 기능이 지원되게 하려면 서버의 클래스 계층 구조에 적절한 믹스인^{mix-in} 클래스를 추가해야 한다. 믹스인 클래스는 process_request()를 오버라이드해 요청을 처리할 준비가 되면 새 스레드나 프로세스를 시작하고, 작업은 이 하위 프로세스에서 완료된다.

스레드를 분리할 경우 ThreadingMixIn을 사용한다.

리스트 11.43: socketserver_threaded.py

```python
import threading
import socketserver

class ThreadedEchoRequestHandler(socketserver.BaseRequestHandler, ):

    def handle(self):
        # 클라이언트에 에코 데이터를 돌려보낸다.
        data = self.request.recv(1024)
        cur_thread = threading.currentThread()
        response = b'%s: %s' % (cur_thread.getName().encode(), data)
        self.request.send(response)
        return

class ThreadedEchoServer(socketserver.ThreadingMixIn, socketserver.TCPServer, ):
    pass

if __name__ == '__main__':
    import socket

    address = ('localhost', 0) # 커널이 포트를 할당하게 함
    server = ThreadedEchoServer(address, ThreadedEchoRequestHandler)
    ip, port = server.server_address # 할당된 포트 확인

    t = threading.Thread(target=server.serve_forever)
    t.setDaemon(True) # Don't hang on exit.
    t.start()
    print('Server loop running in thread:', t.getName())
```

```python
# 서버에 접속
s = socket.socket(socket.AF_INET, socket.SOCK_STREAM)
s.connect((ip, port))

# 데이터 전송
message = b'Hello, world'
print('Sending : {!r}'.format(message))
len_sent = s.send(message)

# 응답 수신
response = s.recv(1024)
print('Received: {!r}'.format(response))

# 정리
server.shutdown()
s.close()
server.socket.close()
```

스레드를 사용하는 서버에서의 응답에는 요청이 처리되는 스레드의 식별자가 포함된다.

```
$ python3 socketserver_threaded.py

Server loop running in thread: Thread-1
Sending : b'Hello, world'
Received: b'Thread-2: Hello, world'
```

프로세스를 분리할 경우 ForkingMixIn을 사용한다.

리스트 11.44: socketserver_forking.py

```python
import os
import socketserver

class ForkingEchoRequestHandler(socketserver.BaseRequestHandler):

    def handle(self):
        # 클라이언트에 에코 데이터를 돌려보낸다.
        data = self.request.recv(1024)
        cur_pid = os.getpid()
        response = b'%d: %s' % (cur_pid, data)
        self.request.send(response)
```

```
        return

class ForkingEchoServer(socketserver.ForkingMixIn, socketserver.TCPServer, ):
    pass

if __name__ == '__main__':
    import socket
    import threading

    address = ('localhost', 0) # 커널에 포트를 할당하게 함
    server = ForkingEchoServer(address, ForkingEchoRequestHandler)
    ip, port = server.server_address # 할당된 포트 확인

    t = threading.Thread(target=server.serve_forever)
    t.setDaemon(True) # 종료 시 끊지 않는다.
    t.start()
    print('Server loop running in process:', os.getpid())

    # 서버에 접속
    s = socket.socket(socket.AF_INET, socket.SOCK_STREAM)
    s.connect((ip, port))

    # 데이터 전송
    message = 'Hello, world'.encode()
    print('Sending : {!r}'.format(message))
    len_sent = s.send(message)

    # 응답 수신
    response = s.recv(1024)
    print('Received: {!r}'.format(response))

    # 정리
    server.shutdown()
    s.close()
    server.socket.close()
```

이 경우에는 자식 프로세스의 ID가 서버의 응답에 포함된다.

```
$ python3 socketserver_forking.py

Server loop running in process: 22599
Sending : b'Hello, world'
Received: b'22600: Hello, world'
```

922

팁 – 참고 자료

- socketserver 표준 라이브러리 문서: https://docs.python.org/3.5/library/socketserver.html
- socket: 저수준 네트워크 통신
- select: 저수준 비동기 I/O 도구
- asyncio: 비동기적인 I/O, 이벤트 루프, 동시성 도구
- SimpleXMLRPCServer: socketserver를 사용해 빌드된 XML-RPC 서버
- 유닉스 네트워크 프로그래밍(Unix Network Programming), 1권: 소켓 네트워킹 API, 3판, 리처드 스티븐슨(W. Richard Stevens), 빌 펜너(Bill Fenner), 앤드류 루도프(Andrew M. Rudoff). Addison-Wesley, 2004. ISBN-10:0131411551.
- 파이썬 네트워크 프로그래밍 기초(Foundations of Python Network Programming), 3판, 브랜든 로즈(Brandon Rhodes)와 존 괴르젠(John Goerzen). Apress, 2014. ISBN-10:1430258543.

## 12

인터넷

인터넷은 현대 컴퓨팅에 없어서는 안 될 필수 요소다. 아주 작은 스크립트라도 원격 서비스에 있는 데이터를 송수신하는 경우가 많다. 파이썬은 웹 프로토콜에 사용할 수 있는 많은 도구를 제공하므로 웹 기반 서버, 클라이언트 애플리케이션에 적합한 언어다.

urllib.parse 모듈은 URL 문자열을 나누거나 더하는 방식으로 클라이언트나 서버에 유용한 형태로 만들어준다.

urllib.request 모듈은 콘텐츠를 원격에서 가져오는 API를 구현한다.

HTTP POST 요청은 일반적으로 urllib로 폼 인코딩form encoded된다. POST를 통해 전송되는 바이너리 데이터는 base64로 먼저 인코딩해야 하는데 메시지 형식 표준을 준수해야 하기 때문이다.

여러 사이트를 돌며 정보를 수집하는 스파이더나 크롤러 클라이언트는 원격 서버에 과도한 부하를 주기 전에 urllib.robotparser를 통해 적절한 권한을 갖고 있는지 확인해야 한다.

외부 프레임워크에 별도 요청 없이 파이썬을 사용해 사용자 정의 서버를 생성하려면 http.server부터 시작하게 한다. HTTP 프로토콜을 처리하므로 요청에 응답하는 부분만 애플리케이션에 구현하면 된다.

서버 세션 상태는 생성된 쿠키cookie로 관리되며 http.cookies 모듈에 의해 파싱된다. 만료, 경로, 도메인 등의 쿠키 설정은 세션을 관리하기 쉽게 한다.

uuid 모듈은 고유 번호가 필요한 리소스에 대한 식별자를 생성할 때 사용한다. 리소스명이 유일해야 하지만 특별한 의미를 부여할 필요가 없는 경우 UUIDUniversally Unique

IDentifier는 자동으로 생성되는 URN^{Uniform Resource Name} 값에 좋은 방식이다.

파이썬 표준 라이브러리는 두 가지 웹 기반 원격 절차 호출 메커니즘을 지원한다. AJAX 통신에 사용되는 자바스크립트 객체 표기법^{JSON, JavaScript Object Notation} 인코딩 스킴이 json에 구현돼 있으며, 클라이언트와 서버에서 모두 잘 동작한다. XML-RPC 클라이언트와 서버 라이브러리 또한 xmlrpc.client와 xmlrpc.server에 포함돼 있다.

12.1 urllib.parse: URL을 컴포넌트로 나눔

urllib.parse 모듈은 URL을 컴포넌트 단위로 쪼개거나 합치는 함수를 제공한다.

12.1.1 파싱

urlparse() 함수의 반환값은 6개의 요소를 갖는 tuple처럼 작동하는 ParseResult 객체다.

리스트 12.1: urllib_parse_urlparse.py

```
from urllib.parse import urlparse

url = 'http://netloc/path;param?query=arg#frag'
parsed = urlparse(url)
print(parsed)
```

튜플 인터페이스를 통해 얻을 수 있는 URL 요소는 스킴과 네트워크 위치, 경로, 경로 세그먼트 매개변수(세미콜론으로 경로와 구별), 쿼리, 프래그먼트다.

```
$ python3 urllib_parse_urlparse.py

ParseResult(scheme='http', netloc='netloc', path='/path',
params='param', query='query=arg', fragment='frag')
```

반환값이 튜플처럼 작동하지만 실제로는 튜플의 서브클래스인 namedtuple에 기반을

두기 때문에 URL 요소에 접근할 때 인덱스뿐 아니라 이름도 사용할 수 있다. 속성 API 는 프로그래머가 사용하기도 쉽지만, 튜플 API에서는 사용할 수 없는 몇 가지 값에 접 근할 수 있다.

리스트 12.2: urllib_parse_urlparseattrs.py

```
from urllib.parse import urlparse

url = 'http://user:pwd@NetLoc:80/path;param?query=arg#frag'
parsed = urlparse(url)
print('scheme   :', parsed.scheme)
print('netloc   :', parsed.netloc)
print('path     :', parsed.path)
print('params   :', parsed.params)
print('query    :', parsed.query)
print('fragment:', parsed.fragment)
print('username:', parsed.username)
print('password:', parsed.password)
print('hostname:', parsed.hostname)
print('port     :', parsed.port)
```

username과 password는 입력된 URL에 있을 때 사용할 수 있고, 이 정보가 없다면 None 으로 설정된다. hostname은 netloc과 동일한 값이지만 모두 소문자다. 그리고 port는 정수 값으로 변환되고, 이 값이 없으면 None으로 설정된다.

```
$ python3 urllib_parse_urlparseattrs.py

scheme   : http
netloc   : user:pwd@NetLoc:80
path     : /path
params   : param
query    : query=arg
fragment: frag
username: user
password: pwd
hostname: netloc
port     : 80
```

urlsplit() 함수는 urlparse() 대신 사용할 수 있다. 다른 점이 있다면 URL에서 매개변수를 나누지 않는다는 점이다. 경로의 세그먼트마다 매개변수를 지원하는 RFC 2396(https://tools.ietf.org/html/rfc2396.html)을 따르는 URL에 유용하다.

리스트 12.3: urllib_parse_urlsplit.py

```
from urllib.parse import urlsplit

url = 'http://user:pwd@NetLoc:80/p1;para/p2;para?query=arg#frag'
parsed = urlsplit(url)
print(parsed)
print('scheme  :', parsed.scheme)
print('netloc  :', parsed.netloc)
print('path    :', parsed.path)
print('query   :', parsed.query)
print('fragment:', parsed.fragment)
print('username:', parsed.username)
print('password:', parsed.password)
print('hostname:', parsed.hostname)
print('port    :', parsed.port)
```

매개변수를 나누지 않기 때문에 튜플 API는 요소를 다섯 개만 보여주고, **params** 속성은 없다.

```
$ python3 urllib_parse_urlsplit.py

SplitResult(scheme='http', netloc='user:pwd@NetLoc:80',
path='/p1;para/p2;para', query='query=arg', fragment='frag')
scheme  : http
netloc  : user:pwd@NetLoc:80
path    : /p1;para/p2;para
query   : query=arg
fragment: frag
username: user
password: pwd
hostname: netloc
port    : 80
```

URL에서 기본 페이지 이름을 찾아내는 것처럼 간단히 URL에서 프래그먼트를 잘라 내

려면 urldefrag()를 사용한다.

리스트 12.4: urllib_parse_urldefrag.py

```
from urllib.parse import urldefrag

original = 'http://netloc/path;param?query=arg#frag'
print('original:', original)
d = urldefrag(original)
print('url      :', d.url)
print('fragment:', d.fragment)
```

namedtuple을 기반으로 하는 반환값은 **DefragResult**인데, 기본 URL과 프래그먼트를 포함한다.

```
$ python3 urllib_parse_urldefrag.py

original: http://netloc/path;param?query=arg#frag
url      : http://netloc/path;param?query=arg
fragment: frag
```

12.1.2 언파싱

나눠진 URL을 다시 조립하는 여러 가지 방법이 있다. 파싱된 URL 객체는 **geturl()** 메서드를 가진다.

리스트 12.5: urllib_parse_geturl.py

```
from urllib.parse import urlparse

original = 'http://netloc/path;param?query=arg#frag'
print('ORIG  :', original)
parsed = urlparse(original)
print('PARSED:', parsed.geturl())
```

geturl()은 **urlparse()**나 **urlsplit()**이 반환한 객체에 대해서만 작동한다.

```
$ python3 urllib_parse_geturl.py

ORIG   : http://netloc/path;param?query=arg#frag
PARSED: http://netloc/path;param?query=arg#frag
```

일반 문자열로 이뤄진 튜플은 urlunparse()를 사용해 URL로 조립할 수 있다.

리스트 12.6: urllib_parse_urlunparse.py

```
from urllib.parse import urlparse, urlunparse

original = 'http://netloc/path;param?query=arg#frag'
print('ORIG  :', original)
parsed = urlparse(original)
print('PARSED:', type(parsed), parsed)
t = parsed[:]
print('TUPLE :', type(t), t)
print('NEW   :', urlunparse(t))
```

urlparse()가 반환하는 ParseResult는 튜플로 사용할 수 있는 반면 이 예제는 명시적으로 새 튜플을 만들어 urlunparse()가 일반 튜플과도 잘 동작함을 보여준다.

```
$ python3 urllib_parse_urlunparse.py

ORIG   : http://netloc/path;param?query=arg#frag
PARSED: <class 'urllib.parse.ParseResult'>
ParseResult(scheme='http', netloc='netloc', path='/path',
params='param', query='query=arg', fragment='frag')
TUPLE : <class 'tuple'> ('http', 'netloc', '/path', 'param', 'query=arg', 'frag')
NEW   : http://netloc/path;param?query=arg#frag
```

URL에 불필요한 부분이 포함돼 있으면 URL을 재조립할 때 제외될 수도 있다.

리스트 12.7: urllib_parse_urlunparseextra.py

```
from urllib.parse import urlparse, urlunparse

original = 'http://netloc/path;?#'
print('ORIG  :', original)
```

```
parsed = urlparse(original)
print('PARSED:', type(parsed), parsed)
t = parsed[:]
print('TUPLE :', type(t), t)
print('NEW   :', urlunparse(t))
```

이 경우 URL 원본에 parameters, query, fragment가 모두 빠져있다. 새로 만든 URL은 원본과 같은 것처럼 보이지만 표준에 따르면 동등^{equivalent}하다.

```
$ python3 urllib_parse_urlunparseextra.py

ORIG   : http://netloc/path;?#
PARSED: <class 'urllib.parse.ParseResult'>
ParseResult(scheme='http', netloc='netloc', path='/path', params='', query='', fragment='')
TUPLE  : <class 'tuple'> ('http', 'netloc', '/path', '', '', '')
NEW    : http://netloc/path
```

12.1.3 조인

urlparse는 URL을 파싱하는 기능 외에 상대 주소를 절대 경로로 변환하는 urljoin() 을 제공한다.

리스트 12.8: urllib_parse_urljoin.py

```
from urllib.parse import urljoin

print(urljoin('http://www.example.com/path/file.html', 'anotherfile.html'))
print(urljoin('http://www.example.com/path/file.html', '../anotherfile.html'))
```

예제에서 두 번째 URL을 생성할 때 상대 경로인 "../"를 고려한다.

```
$ python3 urllib_parse_urljoin.py

http://www.example.com/path/anotherfile.html
http://www.example.com/anotherfile.html
```

상대적이지 않은 경로는 **os.path.join()** 과 동일한 방식으로 처리된다.

리스트 12.9: urllib_parse_urljoin_with_path.py

```
from urllib.parse import urljoin

print(urljoin('http://www.example.com/path/', '/subpath/file.html'))
print(urljoin('http://www.example.com/path/', 'subpath/file.html'))
```

조인하는 경로가 슬래시(/)로 시작하면 URL 경로를 최상위 레벨로 재설정하고, 슬래시가 아닌 값으로 시작하면 URL의 마지막 경로에 더한다.

```
$ python3 urllib_parse_urljoin_with_path.py

http://www.example.com/subpath/file.html
http://www.example.com/path/subpath/file.html
```

12.1.4 쿼리 인자 인코딩

인자가 URL에 추가되기 전에 인코딩 작업이 먼저 필요하다.

리스트 12.10: urllib_parse_urlencode.py

```
from urllib.parse import urlencode
query_args = {'q': 'query string', 'foo': 'bar',
}encoded_args = urlencode(query_args)
print('Encoded:', encoded_args)
```

인코딩을 하면 공백과 같은 특수 문자를 대체한 후 표준과 호환되는 형식을 사용해 서버에 전달한다.

```
$ python3 urllib_parse_urlencode.py

Encoded: q=query+string&foo=bar
```

쿼리 문자열에서 변수를 개별적으로 사용해 값 시퀀스를 전달하려면 urlencode()를 호출할 때 doseq를 True로 설정한다.

리스트 12.11: urllib_parse_urlencode_doseq.py

```
from urllib.parse import urlencode

query_args = {'foo': ['foo1', 'foo2'], }
print('Single   :', urlencode(query_args))
print('Sequence:', urlencode(query_args, doseq=True))
```

결과는 동일한 이름과 여러 개의 연관 값을 갖는 쿼리 문자열이다.

```
$ python3 urllib_parse_urlencode_doseq.py
Single   : foo=%5B%27foo1%27%2C+%27foo2%27%5D
Sequence: foo=foo1&foo=foo2
```

쿼리 문자열을 디코딩하려면 parse_qs()나 parse_qsl()을 사용한다.

리스트 12.12: urllib_parse_parse_qs.py

```
from urllib.parse import parse_qs, parse_qsl

encoded = 'foo=foo1&foo=foo2'
print('parse_qs :', parse_qs(encoded))
print('parse_qsl:', parse_qsl(encoded))
```

parse_qs()의 반환값은 이름을 값으로 매핑하는 딕셔너리며, parse_qsl()은 이름과 값이 포함된 튜플 목록을 반환한다.

```
$ python3 urllib_parse_parse_qs.py
parse_qs : {'foo': ['foo1', 'foo2']}
parse_qsl: [('foo', 'foo1'), ('foo', 'foo2')]
```

urlencode()에 전달될 때 서버 측 URL에서 구문 분석 문제점을 일으킬 수 있는 쿼리 인자 내의 특수 문자는 '인용[quoted]'된다. 안전한 버전의 문자열을 만들고자 로컬로 인용

하려면 quote()나 quote_plus() 함수를 직접 사용한다.

리스트 12.13: urllib_parse_quote.py

```
from urllib.parse import quote, quote_plus, urlencode

url = 'http://localhost:8080/~hellmann/'
print('urlencode() :', urlencode({'url': url}))
print('quote()      :', quote(url))
print('quote_plus():', quote_plus(url))
```

quote_plus()를 사용해 인용하면 좀 더 적극적으로 문자를 대체하게 된다.

```
$ python3 urllib_parse_quote.py

urlencode() : url=http%3A%2F%2Flocalhost%3A8080%2F%7Ehellmann%2F
quote()      : http%3A//localhost%3A8080/%7Ehellmann/
quote_plus(): http%3A%2F%2Flocalhost%3A8080%2F%7Ehellmann%2F
```

인용 연산을 되돌리려면 unquote()나 unquote_plus()를 적절히 사용한다.

리스트 12.14: urllib_parse_unquote.py

```
from urllib.parse import unquote, unquote_plus

print(unquote('http%3A//localhost%3A8080/%7Ehellmann/'))
print(unquote_plus('http%3A%2F%2Flocalhost%3A8080%2F%7Ehellmann%2F'))
```

인코딩된 값은 일반 문자열 URL로 다시 변환된다.

```
$ python3 urllib_parse_unquote.py

http://localhost:8080/~hellmann/
http://localhost:8080/~hellmann/
```

> **팁 – 참고 자료**
>
> - urllib.parse 표준 라이브러리 문서: https://docs.python.org/3.5/library/urllib.parse.html
> - urllib.request: URL로 식별되는 리소스의 콘텐츠 가져오기

- RFC 1738(https://tools.ietf.org/html/rfc1738.html): Uniform Resource Locator(URL) 문법
- RFC 1808(https://tools.ietf.org/html/rfc1808.html): 상대 URL
- RFC 2396(https://tools.ietf.org/html/rfc2396.html): Uniform Resource Identifier(URI) generic 문법
- RFC 3986(https://tools.ietf.org/html/rfc3986.html): Uniform Resource Identifier(URI) 문법

12.2 urllib.request: 네트워크 리소스 액세스

urllib.request 모듈은 URL에 의해 식별되는 인터넷 리소스를 사용하는 API를 제공한다. 이 API는 개별 애플리케이션이 새로운 프로토콜이나 현존하는 프로토콜의 변형 버전(HTTP 기본 인증을 처리하는 등)을 지원할 수 있도록 확장할 수 있다.

12.2.1 HTTP GET

> **참고**
>
> 예제에서 사용하는 테스트 서버는 http.server 모듈의 예제인 http_server_GET.py에 있다. 터미널 창에서 서버를 시작하고 다음 예제는 다른 곳에서 실행한다.

HTTP GET 연산은 urllib.request의 가장 간단한 사용법이다. URL을 urlopen()에 넘겨 원격 데이터를 파일처럼 다룰 수 있다.

리스트 12.15: urllib_request_urlopen.py

```
from urllib import request

response = request.urlopen('http://localhost:8080/')
print('RESPONSE:', response)
print('URL     :', response.geturl())

headers = response.info()
print('DATE    :', headers['date'])
print('HEADERS :')
print('---------')
print(headers)

data = response.read().decode('utf-8')
```

```
print('LENGTH  :', len(data))
print('DATA    :')
print('---------')
print(data)
```

예제 서버는 입력값을 받아들이고 단순 텍스트를 형식화해 되돌려 보낸다. urlopen()
의 반환값을 사용하면 info() 메서드를 통해 HTTP 서버의 헤더에 접근할 수 있으며,
read()와 readlines() 같은 메서드를 통해 원격 리소스의 데이터에도 접근할 수 있다.

```
$ python3 urllib_request_urlopen.py

RESPONSE: <http.client.HTTPResponse object at 0x101744d68>
URL     : http://localhost:8080/
DATE    : Sat, 08 Oct 2016 18:08:54 GMT
HEADERS :
---------
Server  : BaseHTTP/0.6 Python/3.5.2
Date    : Sat, 08 Oct 2016 18:08:54 GMT
Content-Type: text/plain; charset=utf-8

LENGTH  : 349
DATA    :
---------
CLIENT VALUES:
client_address=('127.0.0.1', 58420) (127.0.0.1)
command=GET
path=/
real path=/
query=
request_version=HTTP/1.1

SERVER VALUES:
server_version=BaseHTTP/0.6
sys_version=Python/3.5.2
protocol_version=HTTP/1.0

HEADERS RECEIVED:
Accept-Encoding=identity
Connection=close
Host=localhost:8080
```

```
User-Agent=Python-urllib/3.5
```

urlopen()에 의해 반환된 파일 유사^{file-like} 객체는 반복할 수 있다^{iterable}.

리스트 12.16: urllib_request_urlopen_iterator.py

```
from urllib import request

response = request.urlopen('http://localhost:8080/')
for line in response:
    print(line.decode('utf-8').rstrip())
```

이 예제는 출력을 인쇄하기 전에 줄 바꿈과 캐리지 리턴을 제거한다.

```
$ python3 urllib_request_urlopen_iterator.py

CLIENT VALUES:
client_address=('127.0.0.1', 58444) (127.0.0.1)
command=GET
path=/
real path=/
query=
request_version=HTTP/1.1

SERVER VALUES:
server_version=BaseHTTP/0.6
sys_version=Python/3.5.2
protocol_version=HTTP/1.0

HEADERS RECEIVED:
Accept-Encoding=identity
Connection=close
Host=localhost:8080
User-Agent=Python-urllib/3.5
```

12.2.2 인자 인코딩

인자는 urllib.parse.urlencode()를 사용해 인코딩해 서버로 전달할 수 있고 URL에
추가할 수 있다.

리스트 12.17: urllib_request_http_get_args.py

```
from urllib import parse
from urllib import request

query_args = {'q': 'query string', 'foo': 'bar'}
encoded_args = parse.urlencode(query_args)
print('Encoded:', encoded_args)

url = 'http://localhost:8080/?' + encoded_args
print(request.urlopen(url).read().decode('utf-8'))
```

예제의 출력물을 보면 반환된 클라이언트 값 목록은 인코딩된 쿼리 인자를 포함한다.

```
$ python urllib_request_http_get_args.py

Encoded: q=query+string&foo=bar
CLIENT VALUES:
client_address=('127.0.0.1', 58455) (127.0.0.1)
command=GET
path=/?q=query+string&foo=bar
real path=/
query=q=query+string&foo=bar
request_version=HTTP/1.1

SERVER VALUES:
server_version=BaseHTTP/0.6
sys_version=Python/3.5.2
protocol_version=HTTP/1.0

HEADERS RECEIVED:
Accept-Encoding=identity
Connection=close
Host=localhost:8080
User-Agent=Python-urllib/3.5
```

12.2.3 HTTP POST

GET 대신 POST를 사용해 폼 인코딩된 데이터를 원격 데이터로 보내려면 인코딩된 쿼리 인자를 urlopen()으로 보낸다.

리스트 12.18: urllib_request_urlopen_post.py

```python
from urllib import parse
from urllib import request

query_args = {'q': 'query string', 'foo': 'bar'}
encoded_args = parse.urlencode(query_args).encode('utf-8')
url = 'http://localhost:8080/'
print(request.urlopen(url, encoded_args).read().decode('utf-8'))
```

서버는 폼 데이터를 디코딩하고 이름을 사용해 개별 값에 접근할 수 있다.

```
$ python3 urllib_request_urlopen_post.py

Client: ('127.0.0.1', 58568)
User-agent: Python-urllib/3.5
Path: /
Form data:
    foo=bar
    q=query string
```

12.2.4 송신 헤더 추가

urlopen()은 요청이 어떻게 생기고 처리되는지 세세한 부분은 감춘 편의 함수다. 더 정확한 조절을 하려면 Request 인스턴스를 직접 사용하면 된다. 예를 들어 송신 요청에 사용자 정의 헤더를 더해 반환되는 데이터 형식을 조절할 수 있고, 지역에 캐시되는 문서 버전을 명시하고 원격 서버에 통신 중인 소프트웨어 클라이언트 이름을 알릴 수 있다.

앞 예제에서 봤듯이 User-agent 헤더의 기본값은 Python-urllib 상수와 파이썬 인터프리터 버전으로 이뤄진다. 타인이 소유한 웹 리소스에 접근하는 애플리케이션을 만들 때 실제 사용자 에이전트의 정보를 요청에 포함해 방문자의 소스를 더 쉽게 알아보게 하는 것이 좋다. 사용자 정의 에이전트를 사용하면 robots.txt 파일을 사용하는 크롤러를 조절할 수도 있다(http.robotparser 모듈 참고).

리스트 12.19: urllib_request_request_header.py

```python
from urllib import request

r = request.Request('http://localhost:8080/')
r.add_header('User-agent', 'PyMOTW (https://pymotw.com/)', )
response = request.urlopen(r)
data = response.read().decode('utf-8')
print(data)
```

Request 객체를 생성한 후 요청을 열기 전 add_header()로 사용자 에이전트 값을 설정한다. 그 결과 마지막 줄에 사용자 정의 값이 출력된다.

```
$ python3 urllib_request_request_header.py

CLIENT VALUES:
client_address=('127.0.0.1', 58585) (127.0.0.1)
command=GET
path=/
real path=/
query=
request_version=HTTP/1.1

SERVER VALUES:
server_version=BaseHTTP/0.6
sys_version=Python/3.5.2
protocol_version=HTTP/1.0

HEADERS RECEIVED:
Accept-Encoding=identity
Connection=close
Host=localhost:8080
User-Agent=PyMOTW (https://pymotw.com/)
```

12.2.5 요청에 폼 데이터 포스팅

Request에 송신 데이터를 더해 서버에 포스팅할 수 있다.

리스트 12.20: urllib_request_request_post.py

```python
from urllib import parse
from urllib import request

query_args = {'q': 'query string', 'foo': 'bar'}
r = request.Request(
    url='http://localhost:8080/',
    data=parse.urlencode(query_args).encode('utf-8'),
)
print('Request method :', r.get_method())
r.add_header('User-agent', 'PyMOTW (https://pymotw.com/)', )

print()
print('OUTGOING DATA:')
print(r.data)
print()
print('SERVER RESPONSE:')
print(request.urlopen(r).read().decode('utf-8'))
```

데이터가 더해지면 Request가 사용하는 HTTP 메서드가 자동으로 GET에서 POST로 바뀐다.

```
$ python3 urllib_request_request_post.py

Request method : POST

OUTGOING DATA:
b'q=query+string&foo=bar'

SERVER RESPONSE:
Client: ('127.0.0.1', 58613)
User-agent: PyMOTW (https://pymotw.com/)
Path: /
Form data:
    foo=bar
    q=query string
```

12.2.6 파일 업로드

파일을 업로드하려면 인코딩 작업이 단순한 폼 작업보다는 복잡해진다. 완전한 MIME 메시지를 요청 바디 안에서 만들게 해서 서버가 수신 폼 필드와 업로드된 파일을 구별할 수 있도록 해야 한다.

리스트 12.21: urllib_request_upload_files.py

```python
import io
import mimetypes
from urllib import request
import uuid

class MultiPartForm:
    """Accumulate the data to be used when posting a form."""

    def __init__(self):
        self.form_fields = []
        self.files = []
        # MIME 데이터 일부를 분리하고자 대용량 랜덤 바이트 문자열을 사용한다.
        self.boundary = uuid.uuid4().hex.encode('utf-8')
        return

    def get_content_type(self):
        return 'multipart/form-data; boundary={}'.format(self.boundary.decode('utf-8'))

    def add_field(self, name, value):
        """Add a simple field to the form data."""
        self.form_fields.append((name, value))

    def add_file(self, fieldname, filename, fileHandle, mimetype=None):
        """Add a file to be uploaded."""
        body = fileHandle.read()
        if mimetype is None:
            mimetype = (mimetypes.guess_type(filename)[0] or 'application/octet-stream')
        self.files.append((fieldname, filename, mimetype, body))
        return

    @staticmethod
    def _form_data(name):
        return ('Content-Disposition: form-data; '
                'name="{}"\r\n').format(name).encode('utf-8')

    @staticmethod
```

```python
    def _attached_file(name, filename):
        return ('Content-Disposition: file; '
                'name="{}"; filename="{}"\r\n').format(name, filename).encode('utf-8')

    @staticmethod
    def _content_type(ct):
        return 'Content-Type: {}\r\n'.format(ct).encode('utf-8')

    def __bytes__(self):
        """Return a byte-string representing the form data,
        including attached files.
        """
        buffer = io.BytesIO()
        boundary = b'--' + self.boundary + b'\r\n'

        # 폼 필드를 추가한다.
        for name, value in self.form_fields:
            buffer.write(boundary)
            buffer.write(self._form_data(name))
            buffer.write(b'\r\n')
            buffer.write(value.encode('utf-8'))
            buffer.write(b'\r\n')

        # 업로드하기 위한 파일을 추가한다.
        for f_name, filename, f_content_type, body in self.files:
            buffer.write(boundary)
            buffer.write(self._attached_file(f_name, filename))
            buffer.write(self._content_type(f_content_type))
            buffer.write(b'\r\n')
            buffer.write(body)
            buffer.write(b'\r\n')
            buffer.write(b'--' + self.boundary + b'--\r\n')
            return buffer.getvalue()

if __name__ == '__main__':
    # 간단한 필드가 있는 폼을 생성한다.
    form = MultiPartForm()
    form.add_field('firstname', 'Doug')
    form.add_field('lastname', 'Hellmann')

    # 가짜 파일을 추가한다.
    form.add_file('biography', 'bio.txt',
        fileHandle=io.BytesIO(b'Python developer and blogger.'))
```

```
# 포스팅될 데이터를 위한 바이트 문자열을 포함하는 요청을 만든다.
data = bytes(form)
r = request.Request('http://localhost:8080/', data=data)
r.add_header('User-agent', 'PyMOTW (https://pymotw.com/)', )
r.add_header('Content-type', form.get_content_type())
r.add_header('Content-length', len(data))

print()
print('OUTGOING DATA:')
for name, value in r.header_items():
    print('{}: {}'.format(name, value))
print()
print(r.data.decode('utf-8'))

print()
print('SERVER RESPONSE:')
print(request.urlopen(r).read().decode('utf-8'))
```

멀티파트 MIME 메시지가 파일에 첨부되면 **MultiPartForm** 클래스가 임의의 폼을 표현할 수 있다.

```
$ python3 urllib_request_upload_files.py

OUTGOING DATA:
User-agent: PyMOTW (https://pymotw.com/)
Content-type: multipart/form-data; boundary=d99b5dc60871491b9d63352eb24972b4
Content-length: 389

--d99b5dc60871491b9d63352eb24972b4
Content-Disposition: form-data; name="firstname"

Doug
--d99b5dc60871491b9d63352eb24972b4
Content-Disposition: form-data; name="lastname"

Hellmann
--d99b5dc60871491b9d63352eb24972b4
Content-Disposition: file; name="biography"; filename="bio.txt"
Content-Type: text/plain

Python developer and blogger.
--d99b5dc60871491b9d63352eb24972b4--
```

```
SERVER RESPONSE:
Client: ('127.0.0.1', 59310)
User-agent: PyMOTW (https://pymotw.com/)
Path: /
Form data:
    Uploaded biography as 'bio.txt' (29 bytes)
    firstname=Doug
    lastname=Hellmann
```

12.2.7 사용자 정의 프로토콜 핸들러 생성

urllib.request는 HTTP(S)와 FTP, 로컬 파일 접근을 지원한다. 다른 URL 타입을 추가하고 싶다면 다른 프로토콜 핸들러를 추가하면 된다. 예를 들어 사용자가 경로를 마운트하지 않고도 원격 NFS 서버 위의 임의의 파일을 가리키는 URL을 지원하려면 BaseHandler에서 상속받은 클래스를 생성하면서 nfs_open() 메서드를 만든다.

특정 프로토콜용 open() 메서드는 Request 인스턴스를 인자로 받고 객체를 반환해야하는데, 이 객체는 데이터를 읽을 수 있는 read() 메서드, 응답 헤더를 반환하는 info() 메서드, 읽고 있는 파일의 실제 URL을 반환하는 geturl() 메서드를 포함해야 한다. 간단히 결과를 얻으려면 urllib.response.addinfourl 인스턴스를 만들고, 헤더, URL, 오픈 파일 핸들을 생성자에 전달한다.

리스트 12.22: urllib_request_nfs_handler.py

```python
import io
import mimetypes
import os
import tempfile
from urllib import request
from urllib import response

class NFSFile:

    def __init__(self, tempdir, filename):
        self.tempdir = tempdir
        self.filename = filename
```

```python
            with open(os.path.join(tempdir, filename), 'rb') as f:
                self.buffer = io.BytesIO(f.read())

        def read(self, *args):
            return self.buffer.read(*args)

        def readline(self, *args):
            return self.buffer.readline(*args)

        def close(self):
            print('\nNFSFile:')
            print('  unmounting {}'.format(os.path.basename(self.tempdir)))
            print('  when {} is closed'.format(os.path.basename(self.filename)))

class FauxNFSHandler(request.BaseHandler):

        def __init__(self, tempdir):
            self.tempdir = tempdir
            super().__init__()

        def nfs_open(self, req):
            url = req.full_url
            directory_name, file_name = os.path.split(url)
            server_name = req.host
            print('FauxNFSHandler simulating mount:')
            print('  Remote path: {}'.format(directory_name))
            print('  Server      : {}'.format(server_name))
            print('  Local path : {}'.format(os.path.basename(tempdir)))
            print('  Filename    : {}'.format(file_name))
            local_file = os.path.join(tempdir, file_name)
            fp = NFSFile(tempdir, file_name)
            content_type = (mimetypes.guess_type(file_name)[0] or 'application/octet-stream')
            stats = os.stat(local_file)
            size = stats.st_size
            headers = {'Content-type': content_type, 'Content-length': size, }
            return response.addinfourl(fp, headers, req.get_full_url())

if __name__ == '__main__':
    with tempfile.TemporaryDirectory() as tempdir:
        # 시뮬레이션용 임시 파일을 생성한다.
        filename = os.path.join(tempdir, 'file.txt')
        with open(filename, 'w', encoding='utf-8') as f:
            f.write('Contents of file.txt')
```

```
# NFS 핸들러와 함께 오프너를 만들고 기본 오프너로 등록한다.
opener = request.build_opener(FauxNFSHandler(tempdir))
request.install_opener(opener)

# URL을 통해 파일을 연다.
resp = request.urlopen('nfs://remote_server/path/to/the/file.txt')
print()
print('READ CONTENTS:', resp.read())
print('URL          :', resp.geturl())
print('HEADERS:')
for name, value in sorted(resp.info().items()):
    print('  {:<15} = {}'.format(name, value))
resp.close()
```

FauxNFSHandler와 NFSFile 클래스는 실제 구현할 때 마운트와 언마운트 호출을 추가
해야 할 위치가 어딘지 보이고자 메시지를 출력한다. 이 예제는 시뮬레이션 용도일 뿐
이어서 FauxNFSHandler에 파일을 찾아야 할 임시 디렉터리 위치를 제공했다.

```
$ python3 urllib_request_nfs_handler.py

FauxNFSHandler simulating mount:
    Remote path: nfs://remote_server/path/to/the
    Server     : remote_server
    Local path : tmprucom5sb
    Filename   : file.txt

READ CONTENTS  : b'Contents of file.txt'
    URL        : nfs://remote_server/path/to/the/file.txt

HEADERS:
    Content-length  = 20
    Content-type    = text/plain

NFSFile:
    unmounting tmprucom5sb
    when file.txt is closed
```

팁 — 참고 자료

■ urllib.request 표준 라이브러리 문서: https://docs.python.org/3.5/library/urllib.request.html
■ urllib.parse: URL 문자열 자체와 함께 작동

- Form content types(http://www.w3.org/TR/REC-html40/interact/forms.html#h-17.13.4): 파일이나 HTTP 폼을 통해 대용량 데이터를 포스팅하기 위한 W3C 스펙
- mimetypes: 파일명을 mimetype에 매핑
- requests(https://pypi.python.org/pypi/requests): 좀 더 안전한 접속과 사용하기 쉬운 API를 지원하는 서드파티 HTTP 라이브러리. 파이썬 코어 개발 팀은 모든 개발자가 requests를 사용할 것을 추천하는데, 표준 라이브러리보다 좀 더 자주 보안 업데이트를 받을 수 있기 때문인 측면도 있다.

12.3 urllib.robotparser: 인터넷 스파이더 접근 컨트롤 ▰▰▰▰▰

robotparser는 robots.txt 파일 포맷의 파서를 구현하는데, 주어진 사용자 에이전트가 리소스에 접근할 수 있는지 체크하는 함수가 있다. 이는 잘 동작하는 스파이더나 제한 이 필요한 크롤러 애플리케이션에 사용하도록 디자인됐다.

12.3.1 robots.txt

robots.txt 파일 포맷은 단순한 텍스트에 기반을 둔 제어 시스템인데, 자동으로 웹 리소스에 접근할 수 있게 한 프로그램에 사용된다(스파이더나 크롤러, 기타). 이 파일은 사용자 에이전트 지정자와 에이전트가 접근하지 않아야 할 URL 리스트로 구성된다.

다음 목록은 https://pymotw.com/의 robots.txt 파일을 보여준다.

리스트 12.23: robots.txt

```
Sitemap: https://pymotw.com/sitemap.xml
User-agent: *
Disallow: /admin/
Disallow: /downloads/
Disallow: /media/
Disallow: /static/
Disallow: /codehosting/
```

검색 엔진이 분석을 시도했을 때 서버에 무리를 줄 수 있는 사이트의 일부분에 대한 접근을 제한하도록 설정한다. robots.txt의 더 자세한 예제를 보려면 The Web Robots

Page(http://www.robotstxt.org/orig.html)를 참고한다.

12.3.2 접근 권한 테스팅

앞에서 보인 데이터를 사용해 크롤러가 RobotFileParser.can_fetch()로 다운로드할
수 있는지 간단히 테스트할 수 있다.

리스트 12.24: urllib_robotparser_simple.py

```python
from urllib import parse
from urllib import robotparser

AGENT_NAME = 'PyMOTW'
URL_BASE = 'https://pymotw.com/'
parser = robotparser.RobotFileParser()
parser.set_url(parse.urljoin(URL_BASE, 'robots.txt'))
parser.read()

PATHS = ['/', '/PyMOTW/', '/admin/', '/downloads/PyMOTW-1.92.tar.gz', ]

for path in PATHS:
    print('{!r:>6} : {}'.format(parser.can_fetch(AGENT_NAME, path), path))
    url = parse.urljoin(URL_BASE, path)
    print('{!r:>6} : {}'.format(parser.can_fetch(AGENT_NAME, url), url))
    print()
```

can_fetch()에 사용한 URL 인자로는 루트에서의 상대 경로나 완벽한 URL 주소 모두
사용할 수 있다.

```
$ python3 urllib_robotparser_simple.py

  True : /
  True : https://pymotw.com/
  True : /PyMOTW/
  True : https://pymotw.com/PyMOTW/
 False : /admin/
 False : https://pymotw.com/admin/
 False : /downloads/PyMOTW-1.92.tar.gz
 False : https://pymotw.com/downloads/PyMOTW-1.92.tar.gz
```

12.3.3 수명이 긴 스파이더

리소스에 대한 처리 시간이 긴 애플리케이션의 경우 이미 다운로드한 콘텐츠의 수명에 기반을 두고 주기적으로 robots.txt 파일을 확인해야 한다. 수명은 자동으로 관리되지 않지만 쉽게 확인할 수 있는 메서드가 있다.

리스트 12.25: urllib_robotparser_longlived.py

```python
from urllib import robotparser
import time

AGENT_NAME = 'PyMOTW'
parser = robotparser.RobotFileParser()
# 로컬 복사본을 사용한다.
parser.set_url('file:robots.txt')
parser.read()
parser.modified()
PATHS = ['/', '/PyMOTW/', '/admin/', '/downloads/PyMOTW-1.92.tar.gz', ]

for path in PATHS:
    age = int(time.time() - parser.mtime())
    print('age:', age, end=' ')
    if age > 1:
        print('rereading robots.txt')
        parser.read()
        parser.modified()
    else:
        print()
    print('{!r:>6} : {}'.format(parser.can_fetch(AGENT_NAME, path), path))
    # 처리 시 딜레이를 시뮬레이트한다.
    time.sleep(1)
    print()
```

이 예제는 1초 이상 경과된 경우 새로운 robots.txt 파일을 다운로드하게 했다.

```
$ python3 urllib_robotparser_longlived.py

age: 0
    True : /
```

```
age: 1
    True : /PyMOTW/

age: 2 rereading robots.txt
    False : /admin/

age: 1
    False : /downloads/PyMOTW-1.92.tar.gz
```

좀 더 개선된 버전의 수명이 긴 애플리케이션은 전체 내용을 다운로드하기 전에 파일 수정 시간을 요청할 수도 있다. 반면 robots.txt 파일은 대개 용량이 작기 때문에 전체 문서를 전부 받아도 그다지 부하가 크지는 않다.

> **팁 – 참고 자료**
>
> ■ urllib.robotparser 표준 라이브러리 문서: https://docs.python.org/3.5/library/urllib.robotparser.html
> ■ The Web Robots Page(http://www.robotstxt.org/orig.html): robots.txt 포맷에 대한 설명

12.4 base64: 바이너리 데이터를 아스키로 인코드

base64 모듈에는 일반 텍스트 프로토콜을 사용해 이진 데이터를 전송하기에 적합한 아스키^{ASCII} 하위 집합으로 변환하는 기능이 있다. Base64, Base32, Base16, Base85 인코딩은 8비트 바이트의 각 바이트를 6, 5, 4비트의 유용한 데이터로 변환해 SMTP같이 아스키를 요구하는 프로토콜을 통해 전송할 수 있게 한다. base 값은 각 인코딩에 사용된 알파벳의 길이와 일치한다. 또한 조금 다른 알파벳을 사용해 URL에 안전하게 사용할 수 있는 변형도 있다.

12.4.1 Base64 인코딩

다음은 텍스트를 인코딩하는 기본 예제다.

리스트 12.26: base64_b64encode.py

```python
import base64
import textwrap

# 이 소스 파일을 로딩하고 헤더를 잘라낸다.
with open(__file__, 'r', encoding='utf-8') as input:
    raw = input.read()
    initial_data = raw.split('#end_pymotw_header')[1]

byte_string = initial_data.encode('utf-8')
encoded_data = base64.b64encode(byte_string)

num_initial = len(byte_string)

# 2패딩 바이트 이상은 절대 올 수 없다.
padding = 3 - (num_initial % 3)

print('{} bytes before encoding'.format(num_initial))
print('Expect {} padding bytes'.format(padding))
print('{} bytes after encoding\n'.format(len(encoded_data)))
print(encoded_data)
```

입력은 반드시 바이트 문자열이어야 하고, 따라서 유니코드 문자열은 처음 UTF-8로 인코딩된다. 출력은 185바이트의 UTF-8 소스가 인코딩된 후 248바이트로 늘어남을 보여준다.

> **참고**
>
> 라이브러리로 인코딩한 데이터에 캐리지 리턴은 없지만, 페이지에서 더 잘 보이도록 줄 바꿈을 넣었다.

```
$ python3 base64_b64encode.py

185 bytes before encoding
Expect 1 padding bytes
248 bytes after encoding

b'CgppbXBvcnQgYmFzZTY0CmltcG9ydCB0ZXh0d3JhcAoKIyBMb2FkIHRoaXMgc2
91cmNlIGZpbGUgYW5kIHN0cmlwIHRoZSBoZWFkZXIuCndpdGggb3BlbihfX2ZpbG
VfXywgJ3InLCBlbmNvZGluZz0ndXRmLTgnKSBhcyBpbnB1dDoKICAgIHJhdyA9IG
lucHV0LnJlYWQoKQogICAgaW5pdGlhbF9kYXRhID0gcmF3LnNwbGl0KCc='
```

12.4.2 Base64 디코딩

b64decode()는 룩업 테이블을 사용해 4바이트를 원래의 3바이트로 변환하며, 인코딩된 문자열을 원본 형태로 되돌린다.

리스트 12.27: base64_b64decode.py

```
import base64

encoded_data = b'VGhpcyBpcyB0aGUgZGF0YSwgaW4gdGhlIGNsZWFyLg=='
decoded_data = base64.b64decode(encoded_data)
print('Encoded :', encoded_data)
print('Decoded :', decoded_data)
```

인코딩 과정은 입력의 24비트(3바이트)씩을 보며, 24비트를 인코딩해 4바이트로 확장한다. 출력된 결과를 보면 등호(=)가 붙어있는 것을 볼 수 있는데, 원본 문자열이 정확히 24로 나눠지지 않았기 때문에 더해진 것이다.

```
$ python3 base64_b64decode.py

Encoded : b'VGhpcyBpcyB0aGUgZGF0YSwgaW4gdGhlIGNsZWFyLg=='
Decoded : b'This is the data, in the clear.'
```

b64decode()의 반환값은 바이트 문자열이다. 콘텐츠가 텍스트라면 바이트 문자열이 유니코드 객체로 변경될 수 있다. 하지만 여기서 중요한 점은 Base64 인코딩은 바이너리 데이터를 전송할 수 있다는 점이다. 따라서 디코딩된 값이 텍스트라고 가정하는 것이 항상 안전하지는 않다.

12.4.3 URL의 안전한 변형

Base64의 기본 알파벳은 + 와 /를 사용하기도 하지만, 이 두 문자는 URL에 사용되기 때문에 이 문자를 대체할 인코딩을 사용해야 할 때가 있다.

```
import base64

encodes_with_pluses = b'\xfb\xef'
encodes_with_slashes = b'\xff\xff'

for original in [encodes_with_pluses, encodes_with_slashes]:
    print('Original        :', repr(original))
    print('Standard encoding:', base64.standard_b64encode(original))
    print('URL-safe encoding:', base64.urlsafe_b64encode(original))
    print()
```

+는 -로 치환되고 /는 밑줄(_)로 치환된다. 기타 알파벳은 동일하다.

```
$ python3 base64_urlsafe.py

Original        : b'\xfb\xef'
Standard encoding: b'++8='
URL-safe encoding: b'--8='

Original        : b'\xff\xff'
Standard encoding: b'//8='
URL-safe encoding: b'__8='
```

12.4.4 기타 인코딩

Base64 이외에도 인코딩 모듈은 Base85, Base32, Base16(hex)으로 인코딩하는 함수도 제공한다.

리스트 12.29: base64_base32.py

```
import base64

original_data = b'This is the data, in the clear.'
print('Original:', original_data)

encoded_data = base64.b32encode(original_data)
print('Encoded :', encoded_data)
```

```
decoded_data = base64.b32decode(encoded_data)
print('Decoded :', decoded_data)
```

Base32 알파벳은 아스키 집합에서 대문자 26개와 2에서 7까지의 숫자가 포함돼 있다.

```
$ python3 base64_base32.py

Original: b'This is the data, in the clear.'
Encoded : b'KRUGS4ZANFZSA5DIMUQGIYLUMEWCA2LOEB2GQZJAMNWGKYLSFY======'
Decoded : b'This is the data, in the clear.'
```

Base16 함수는 16진수 알파벳과 함께 작동한다.

리스트 12.30: base64_base16.py

```
import base64

original_data = b'This is the data, in the clear.'
print('Original:', original_data)

encoded_data = base64.b16encode(original_data)
print('Encoded :', encoded_data)

decoded_data = base64.b16decode(encoded_data)
print('Decoded :', decoded_data)
```

인코딩 비트가 내려갈수록 인코딩된 결과물의 용량은 커진다.

```
$ python3 base64_base16.py

Original: b'This is the data, in the clear.'
Encoded : b'54686973206973207468652064617461/4612C20696E2074686520636C6561722E'
Decoded : b'This is the data, in the clear.'
```

Base85 함수는 확장된 알파벳인데, Base64보다 더욱 공간 효율적이다.

리스트 12.31: base64_base85.py

```python
import base64

original_data = b'This is the data, in the clear.'
print('Original    : {} bytes {!r}'.format(len(original_data), original_data))

b64_data = base64.b64encode(original_data)
print('b64 Encoded : {} bytes {!r}'.format(len(b64_data), b64_data))

b85_data = base64.b85encode(original_data)
print('b85 Encoded : {} bytes {!r}'.format(len(b85_data), b85_data))

a85_data = base64.a85encode(original_data)
print('a85 Encoded : {} bytes {!r}'.format(len(a85_data), a85_data))
```

Mercurial과 git, PDF 파일 포맷에 사용되는 다양한 Base85 인코딩과 버전이 있다. 파이썬에는 두 가지 구현체가 있는데, **b85encode()**는 Git Mercurial에 사용되는 버전을 구현한 반면 **a85encode()**는 PDF 파일에 사용되는 Ascii85 변형을 구현한다.

```
$ python3 base64_base85.py

Original    : 31 bytes b'This is the data, in the clear.'
b64 Encoded : 44 bytes b'VGhpcyBpcyB0aGUgZGF0YSwgaW4gdGhlIGNsZWFyLg=='
b85 Encoded : 39 bytes b'RA^~)AZc?TbZBKDWMOn+EFfuaAarPDAY*K0VR9}'
a85 Encoded : 39 bytes b'<+oue+DGm>FD,5.A79Rg/0JYE+EV:.+Cf5!@<*t'
```

팁 – 참고 자료

- base64 표준 라이브러리 문서: https://docs.python.org/3.5/library/base64.html
- RFC 3548(https://tools.ietf.org/html/rfc3548.html): Base16, Base32, Base64 데이터 인코딩
- RFC 1924(https://tools.ietf.org/html/rfc1924.html): IPv6 간편 표현 방식(IPv6 네트워크를 위해 Base85 인코딩을 제시)
- 위키피디아: Ascii85(https://en.wikipedia.org/wiki/Ascii85)
- base64 모듈에 대한 파이썬 2에서 3로의 포팅 노트

12.5 http.server: 웹 서비스 구현을 위한 베이스 클래스

http.server는 socketserver의 클래스를 사용해 HTTP 서버를 만들기 위한 베이스 클래스를 생성한다. HTTPServer는 직접 쓸 수도 있지만 BaseHTTPRequestHandler를 확장해 프로토콜 메서드(예, GET, POST 등)를 처리하게 한다.

12.5.1 HTTP GET

요청 핸들러 클래스의 HTTP 메서드에 확장 기능을 넣으려면 do_METHOD() 메서드를 구현한다. 이때 METHOD 부분을 HTTP 메서드 이름으로 변경한다(예를 들어 do_GET(), do_POST() 등). 일관성을 위해 요청 메서드는 아무 인자도 받지 않는다. 요청용 모든 매개변수는 BaseHTTPRequestHandler가 파싱하고 요청 인스턴스의 속성으로 저장한다.

이 요청 핸들러 예제는 클라이언트에 어떻게 응답을 반환하는지, 어떻게 응답을 만드는 데 유용한 지역 속성을 포함하는지 보여준다.

리스트 12.32: http_server_GET.py

```
from http.server import BaseHTTPRequestHandler
from urllib import parse

class GetHandler(BaseHTTPRequestHandler):

    def do_GET(self):
        parsed_path = parse.urlparse(self.path)
        message_parts = [
            'CLIENT VALUES:',
            'client_address={} ({})'.format(self.client_address, self.address_string()),
            'command={}'.format(self.command),
            'path={}'.format(self.path),
            'real path={}'.format(parsed_path.path),
            'query={}'.format(parsed_path.query),
            'request_version={}'.format(self.request_version),
            '',
            'SERVER VALUES:',
            'server_version={}'.format(self.server_version),
            'sys_version={}'.format(self.sys_version),
            'protocol_version={}'.format(self.protocol_version),
```

```
                '',
                'HEADERS RECEIVED:',
            ]

            for name, value in sorted(self.headers.items()):
                message_parts.append('{}={}'.format(name, value.rstrip()))
            message_parts.append('')
            message = '\r\n'.join(message_parts)
            self.send_response(200)
            self.send_header('Content-Type', 'text/plain; charset=utf-8')
            self.end_headers()
            self.wfile.write(message.encode('utf-8'))

if __name__ == '__main__':
    from http.server import HTTPServer
    server = HTTPServer(('localhost', 8080), GetHandler)
    print('Starting server, use <Ctrl-C> to stop')
    server.serve_forever()
```

메시지 텍스트는 구성된 후 응답 소켓을 감싸는 파일 핸들 **wfile**에 기록된다. 각 응답은 응답 코드를 필요로 하고 **send_response()**로 설정한다. 에러 코드(404, 501 등)가 사용되면 적절한 에러 메시지가 헤더에 포함돼 있다. 혹은 에러 코드와 함께 메시지를 전달할 수도 있다.

요청 핸들러를 서버에서 실행하려면 샘플 스크립트의 **__main__** 실행 부분처럼 **HTTPServer**의 생성자에 전달한다. 이제 서버를 시작한다.

```
$ python3 http_server_GET.py

Starting server, use <Ctrl-C> to stop
```

별도의 터미널에서 **curl**을 사용해 접근할 수 있다.

```
$ curl -v -i http://127.0.0.1:8080/?foo=bar

*   Trying 127.0.0.1...
* Connected to 127.0.0.1 (127.0.0.1) port 8080 (#0)
> GET /?foo=bar HTTP/1.1
```

```
> Host: 127.0.0.1:8080
> User-Agent: curl/7.43.0
> Accept: */*
>HTTP/1.0 200 OK
Content-Type: text/plain; charset=utf-8
Server: BaseHTTP/0.6 Python/3.5.2
Date: Thu, 06 Oct 2016 20:44:11 GMT

CLIENT VALUES:
client_address=('127.0.0.1', 52934) (127.0.0.1)
command=GET
path=/?foo=bar
real path=/
query=foo=bar
request_version=HTTP/1.1

SERVER VALUES:
server_version=BaseHTTP/0.6
sys_version=Python/3.5.2
protocol_version=HTTP/1.0

HEADERS RECEIVED:
Accept=*/*
Host=127.0.0.1:8080
User-Agent=curl/7.43.0
* Connection #0 to host 127.0.0.1 left intact
```

> **참고**
>
> 다양한 버전의 curl에 의해 생성된 출력 결과는 다양할 것이다. 실행 시 다른 출력 결과가 나왔다면 curl의
> 버전 번호를 확인하기 바란다.

12.5.2 HTTP POST

POST 요청을 지원하려면 좀 더 많은 작업이 필요하다. 베이스 클래스가 폼 데이터를
자동으로 파싱하지 않기 때문이다. cgi 모듈은 올바른 입력이 주어졌을 때 이를 파싱
하는 방법을 알고 있는 FieldStorage 클래스를 제공한다.

리스트 12.33: http_server_POST.py

```python
import cgi
from http.server import BaseHTTPRequestHandler
import io

class PostHandler(BaseHTTPRequestHandler):

    def do_POST(self):
        # 포스팅된 폼 데이터를 파싱
        form = cgi.FieldStorage(
            fp=self.rfile,
            headers=self.headers,
            environ={'REQUEST_METHOD': 'POST', 'CONTENT_TYPE': self.headers['Content-Type'], }
        )

        # 응답 시작
        self.send_response(200)
        self.send_header('Content-Type', 'text/plain; charset=utf-8')
        self.end_headers()

        out = io.TextIOWrapper(
            self.wfile, encoding='utf-8',
            line_buffering=False,  write_through=True,
        )
        out.write('Client: {}\n'.format(self.client_address))
        out.write('User-agent: {}\n'.format(self.headers['user-agent']))
        out.write('Path: {}\n'.format(self.path))
        out.write('Form data:\n')

        # 폼에 포스팅된 정보를 에코로 돌려보낸다.
        for field in form.keys():
            field_item = form[field]
            if field_item.filename:
                # 필드에는 업로드된 파일이 있다.
                file_data = field_item.file.read()
                file_len = len(file_data)
                del file_data
                out.write('\tUploaded {} as {!r} ({} bytes)\n'.format(field,
                        field_item.filename, file_len) )
            else:
                # 일반 폼 값
                out.write('\t{}={}\n'.format(field, form[field].value))
```

```
        # 버퍼에서 인코딩 래퍼와의 연결을 끊는다.
        # 따라서 래퍼를 지우더라도 서버에 의해 아직도 사용 중인 소켓을 닫지 않게끔 한다.
        out.detach()

if __name__ == '__main__':
    from http.server import HTTPServer
    server = HTTPServer(('localhost', 8080), PostHandler)
    print('Starting server, use <Ctrl-C> to stop')
    server.serve_forever()
```

한쪽 창에서 서버를 실행한다.

```
$ python3 http_server_POST.py

Starting server, use <Ctrl-C> to stop
```

curl 인자로 -F 옵션을 사용해 서버에 포스트할 데이터를 포함할 수 있다. 마지막 인자
- F datafile=@http_server_GET.py는 폼에서 파일 데이터를 읽는 것을 보여주고자
http_server_GET.py 파일의 내용을 포스트한다.

```
$ curl -v http://127.0.0.1:8080/ -F name=dhellmann -F foo=bar \
 -F datafile=@http_server_GET.py
*   Trying 127.0.0.1...
* Connected to 127.0.0.1 (127.0.0.1) port 8080 (#0)
> POST / HTTP/1.1
> Host: 127.0.0.1:8080
> User-Agent: curl/7.43.0
> Accept: */*
> Content-Length: 1974
> Expect: 100-continue
> Content-Type: multipart/form-data;
boundary=-----------------------a2b3c7485cf8def2
>* Done waiting for 100-continue
HTTP/1.0 200 OK
Content-Type: text/plain; charset=utf-8
Server: BaseHTTP/0.6 Python/3.5.2
Date: Thu, 06 Oct 2016 20:53:48 GMT
```

```
Client: ('127.0.0.1', 53121)
User-agent: curl/7.43.0
Path: /
Form data:
    name=dhellmann
    Uploaded datafile as 'http_server_GET.py' (1612 bytes)
    foo=bar
* Connection #0 to host 127.0.0.1 left intact
```

12.5.3 스레딩과 포킹

HTTPServer는 단순히 socketserver.TCPServer의 서브클래스며 요청을 처리하고자 멀티스레드나 프로세스를 사용하지 않는다. 스레딩^{threading}이나 포킹^{forking}을 더하려면 socketserver의 적절한 믹스인을 사용해 새 클래스를 생성한다.

리스트 12.34: http_server_threads.py

```python
from http.server import HTTPServer, BaseHTTPRequestHandler
from socketserver import ThreadingMixIn
import threading

class Handler(BaseHTTPRequestHandler):

    def do_GET(self):
        self.send_response(200)
        self.send_header('Content-Type', 'text/plain; charset=utf-8')
        self.end_headers()
        message = threading.currentThread().getName()
        self.wfile.write(message.encode('utf-8'))
        self.wfile.write(b'\n')

class ThreadedHTTPServer(ThreadingMixIn, HTTPServer):
    """Handle requests in a separate thread."""

if __name__ == '__main__':
    server = ThreadedHTTPServer(('localhost', 8080), Handler)
    print('Starting server, use <Ctrl-C> to stop')
    server.serve_forever()
```

다른 예제와 동일한 방식으로 서버를 실행한다.

```
$ python3 http_server_threads.py
Starting server, use <Ctrl-C> to stop
```

서버가 요청을 받을 때마다 요청을 처리하고자 새 스레드나 프로세스를 시작한다.

```
$ curl http://127.0.0.1:8080/
Thread-1
$ curl http://127.0.0.1:8080/
Thread-2
$ curl http://127.0.0.1:8080/
Thread-3
```

ThreadingMixIn 대신 ForkingMixIn을 사용하면 비슷한 결과를 얻지만, 스레드 대신 프로세스를 사용한다.

12.5.4 에러 처리

에러 처리를 하려면 send_error()를 호출하고 적절한 에러 코드와 에러 메시지(옵션)를 전달한다. 전체 응답(헤더, 상태 코드, 바디)은 자동으로 생성된다.

리스트 12.35: http_server_errors.py

```
from http.server import BaseHTTPRequestHandler

class ErrorHandler(BaseHTTPRequestHandler):

    def do_GET(self):
        self.send_error(404)

if __name__ == '__main__':
    from http.server import HTTPServer
    server = HTTPServer(('localhost', 8080), ErrorHandler)
```

```
    print('Starting server, use <Ctrl-C> to stop')
    server.serve_forever()
```

이 경우 항상 404 에러를 반환한다.

```
$ python3 http_server_errors.py

Starting server, use <Ctrl-C> to stop
```

에러 메시지는 HTML 문서를 사용해 클라이언트에 보고된다. 또한 에러 코드를 가리키는 헤더도 보고된다.

```
$ curl -i http://127.0.0.1:8080/

HTTP/1.0 404 Not Found
Server: BaseHTTP/0.6 Python/3.5.2
Date: Thu, 06 Oct 2016 20:58:08 GMT
Connection: close
Content-Type: text/html;charset=utf-8
Content-Length: 447

<!DOCTYPE HTML PUBLIC "-//W3C//DTD HTML 4.01//EN"
        "http://www.w3.org/TR/html4/strict.dtd">
<html>
    <head>
        <meta http-equiv="Content-Type"
        content="text/html;charset=utf-8">
        <title>Error response</title>
    </head>
    <body>
        <h1>Error response</h1>
        <p>Error code: 404</p>
        <p>Message: Not Found.</p>
        <p>Error code explanation: 404 - Nothing matches the given URI.</p>
    </body>
</html>
```

12.5.5 헤더 설정

send_header 메서드는 HTTP 응답에 헤더 데이터를 추가한다. 이 메서드는 헤더 이름 및 값에 해당하는 두 가지 인자를 받는다.

리스트 12.36: http_server_send_header.py

```python
from http.server import BaseHTTPRequestHandler
import time

class GetHandler(BaseHTTPRequestHandler):

    def do_GET(self):
        self.send_response(200)
        self.send_header('Content-Type', 'text/plain; charset=utf-8', )
        self.send_header('Last-Modified', self.date_time_string(time.time()))
        self.end_headers()
        self.wfile.write('Response body\n'.encode('utf-8'))

if __name__ == '__main__':
    from http.server import HTTPServer
    server = HTTPServer(('localhost', 8080), GetHandler)
    print('Starting server, use <Ctrl-C> to stop')
    server.serve_forever()
```

이 예제는 Last-Modified 헤더에 RFC 7231 형식으로 형식화된 현재 시간을 설정한다.

```
$ curl -i http://127.0.0.1:8080/

HTTP/1.0 200 OK
Server: BaseHTTP/0.6 Python/3.5.2
Date: Thu, 06 Oct 2016 21:00:54 GMT
Content-Type: text/plain; charset=utf-8
Last-Modified: Thu, 06 Oct 2016 21:00:54 GMT

Response body
```

다른 예제와 마찬가지로 서버는 터미널에 대한 요청을 기록한다.

```
$ python3 http_server_send_header.py
```

```
Starting server, use <Ctrl-C> to stop
127.0.0.1 - - [06/Oct/2016 17:00:54] "GET / HTTP/1.1" 200 -
```

12.5.6 커맨드라인 사용

http.server는 자체 내장 서버를 갖고 있는데, 로컬 파일 시스템에서 파일을 가져온
다. 파이썬 인터프리터 옵션 -m을 사용해 커맨드라인을 시작한다.

```
$ python3 -m http.server 8080

Serving HTTP on 0.0.0.0 port 8080 ...
127.0.0.1 - - [06/Oct/2016 17:12:48] "HEAD /index.rst HTTP/1.1" 200 -
```

서버의 루트 디렉터리는 서버가 구동된 작업 디렉터리다.

```
$ curl -I http://127.0.0.1:8080/index.rst

HTTP/1.0 200 OK
Server: SimpleHTTP/0.6 Python/3.5.2
Date: Thu, 06 Oct 2016 21:12:48 GMT
Content-type: application/octet-stream
Content-Length: 8285
Last-Modified: Thu, 06 Oct 2016 21:12:10 GMT
```

> **팁 - 참고 자료**
>
> - http.server 표준 라이브러리 문서: https://docs.python.org/3.5/library/http.server.html
> - socketserver: socketserver 모듈은 로우 소켓 연결을 처리할 베이스 클래스를 제공한다.
> - RFC 7231(https://tools.ietf.org/html/rfc7231.html): 'Hypertext Transfer Protocol (HTTP/1.1): Semantics and Content'는 HTTP 헤더와 날짜의 형식을 위한 규격을 포함한다.

12.6 http.cookies: HTTP 쿠키

http.cookies 모듈은 대개 RFC 2109(https://tools.ietf.org/html/rfc2109.html)를 따르는

쿠키에 대한 파서를 구현한다. 표준보다는 조금 덜 엄격한데, MSIE 3.0x가 모든 표준을 지원하지 않기 때문이다.

12.6.1 쿠키 생성과 설정

브라우저 기반의 애플리케이션 상태를 관리할 때 쿠키를 사용한다. 그리고 서버에 의해 저장, 설정되고 클라이언트에 의해 반환된다. 다음은 이름-값 쌍으로 설정하는 쿠키를 생성하는 간단한 예제다.

리스트 12.37: http_cookies_setheaders.py

```
from http import cookies

c = cookies.SimpleCookie()
c['mycookie'] = 'cookie_value'
print(c)
```

출력값은 HTTP 응답의 일부로, 클라이언트에 전달될 준비가 돼 있는 **Set-Cookie** 헤더다.

```
$ python3 http_cookies_setheaders.py

Set-Cookie: mycookie=cookie_value
```

12.6.2 Morsels

만료나 경로, 도메인 같은 쿠키의 다른 부분도 조정할 수 있다. 사실 쿠키의 모든 RFC 속성은 쿠키 값을 표현하는 **Morsel** 객체로 관리할 수 있다.

리스트 12.38: http_cookies_Morsel.py

```
from http import cookies
import datetime

def show_cookie(c):
    print(c)
```

```
    for key, morsel in c.items():
        print()
        print('key =', morsel.key)
        print('  value =', morsel.value)
        print('  coded_value =', morsel.coded_value)
        for name in morsel.keys():
            if morsel[name]:
                print('    {} = {}'.format(name, morsel[name]))

c = cookies.SimpleCookie()

# 인코딩해 헤더에 넣어야 하는 값을 갖고 있는 쿠키
c['encoded_value_cookie'] = '"cookie,value;"'
c['encoded_value_cookie']['comment'] = 'Has escaped punctuation'

# 사이트의 일부에만 적용되는 쿠키
c['restricted_cookie'] = 'cookie_value'
c['restricted_cookie']['path'] = '/sub/path'
c['restricted_cookie']['domain'] = 'PyMOTW'
c['restricted_cookie']['secure'] = True

# 5분 후 만료되는 쿠키
c['with_max_age'] = 'expires in 5 minutes'
c['with_max_age']['max-age'] = 300  # seconds

# 특정 시간에 만료되는 쿠키
c['expires_at_time'] = 'cookie_value'
time_to_live = datetime.timedelta(hours=1)
expires = (datetime.datetime(2009, 2, 14, 18, 30, 14) + time_to_live)

# 날짜 형식: Wdy, DD-Mon-YY HH:MM:SS GMT
expires_at_time = expires.strftime('%a, %d %b %Y %H:%M:%S')
c['expires_at_time']['expires'] = expires_at_time

show_cookie(c)
```

이 예제는 만료하는 저장된 쿠키를 설정하는 두 가지 메서드를 포함한다. 하나는 **max-age** 값을 초 단위로 설정하고, 다른 하나는 **expires**에 쿠키가 폐기돼야 할 날짜와 시간을 설정한다.

```
$ python3 http_cookies_Morsel.py
```

```
Set-Cookie: encoded_value_cookie="\"cookie\054value\073\"";
Comment=Has escaped punctuation
Set-Cookie: expires_at_time=cookie_value; expires=Sat, 14 Feb
2009 19:30:14
Set-Cookie: restricted_cookie=cookie_value; Domain=PyMOTW;
Path=/sub/path; Secure
Set-Cookie: with_max_age="expires in 5 minutes"; Max-Age=300

key = with_max_age
    value = expires in 5 minutes
    coded_value = "expires in 5 minutes"
    max-age = 300

key = expires_at_time
    value = cookie_value
    coded_value = cookie_value
    expires = Sat, 14 Feb 2009 19:30:14

key = restricted_cookie
    value = cookie_value
    coded_value = cookie_value
    domain = PyMOTW
    path = /sub/path
    secure = True

key = encoded_value_cookie
    value = "cookie,value;"
    coded_value = "\"cookie\054value\073\""
    comment = Has escaped punctuation
```

Cookie와 Morsel 객체 둘 다 딕셔너리처럼 작동한다. Morsel은 다음의 키 집합^{set}에 응답한다.

- expires
- path
- comment
- domain
- max-age
- secure

- version

Cookie 인스턴스에 대한 키는 저장돼 있는 개별 쿠키의 이름이다. 이 정보는 Morsel의 키 요소에서도 얻을 수 있다.

12.6.3 인코딩된 값

쿠키 헤더의 값은 올바로 파싱할 수 있도록 인코딩돼야 한다.

리스트 12.39: http_cookies_coded_value.py

```python
from http import cookies

c = cookies.SimpleCookie()
c['integer'] = 5
c['with_quotes'] = 'He said, "Hello, World!"'

for name in ['integer', 'with_quotes']:
    print(c[name].key)
    print('  {}'.format(c[name]))
    print('  value={!r}'.format(c[name].value))
    print('  coded_value={!r}'.format(c[name].coded_value))
    print()
```

Morsel.value는 항상 쿠키의 디코딩된 값이며, Morsel.coded_value는 언제나 클라이언트 전송용 값에 사용하기 위한 표현식이다. 두 값은 모두 문자열이다. 문자열이 아니지만 쿠키에 저장되는 값은 자동으로 문자열로 변환된다.

```
$ python3 http_cookies_coded_value.py

integer
    Set-Cookie: integer=5
    value='5'
    coded_value='5'

with_quotes
    Set-Cookie: with_quotes="He said\054 \"Hello\054 World!\""
    value='He said, "Hello, World!"'
```

```
coded_value='"He said\\054 \\"Hello\\054 World!\\""'
```

12.6.4 쿠키 헤더 수신과 파싱

일단 클라이언트가 Set-Cookie 헤더를 받으면 Cookie 헤더를 사용해 뒤이어 요청한 서버에 쿠키 값을 반환한다. 수신하는 Cookie 헤더 문자열에는 여러 쿠키 값이 포함될 수 있으며, 세미콜론 기호로 구분돼 있다.

```
Cookie: integer=5; with_quotes="He said, \"Hello, World!\""
```

웹 서버나 프레임워크에 따라 쿠키를 헤더나 HTTP_COOKIE 환경 변수로 직접 얻을 수 있다.

리스트 12.40: http_cookies_parse.py

```
from http import cookies

HTTP_COOKIE = '; '.join([r'integer=5', r'with_quotes="He said, \"Hello, World!\""', ])

print('From constructor:')
c = cookies.SimpleCookie(HTTP_COOKIE)
print(c)

print()
print('From load():')
c = cookies.SimpleCookie()
c.load(HTTP_COOKIE)
print(c)
```

이를 디코딩하려면 SimpleCookie를 인스턴스화할 때 헤더 접두어 없이 문자열을 전달한다. 혹은 load() 메서드를 사용해도 된다.

```
$ python3 http_cookies_parse.py

From constructor:
```

```
Set-Cookie: integer=5
Set-Cookie: with_quotes="He said, \"Hello, World!\""

From load():
Set-Cookie: integer=5
Set-Cookie: with_quotes="He said, \"Hello, World!\""
```

12.6.5 대안 출력 형식

서버는 Set-Cookie 헤더를 사용하지 않고 클라이언트에 쿠키를 더하는 자바스크립트를 보내기도 한다. SimpleCookie와 Morsel은 js_output() 메서드를 통해 자바스크립트 출력을 제공한다.

리스트 12.41: http_cookies_js_output.py

```python
from http import cookies
import textwrap

c = cookies.SimpleCookie()
c['mycookie'] = 'cookie_value'
c['another_cookie'] = 'second value'
js_text = c.js_output()
print(textwrap.dedent(js_text).lstrip())
```

쿠키를 설정하기 위한 완전한 script 태그가 출력된다.

```
$ python3 http_cookies_js_output.py

<script type="text/javascript">
<!-- begin hiding
document.cookie = "another_cookie=\"second value\"";
// end hiding -->
</script>

<script type="text/javascript">
<!-- begin hiding
document.cookie = "mycookie=cookie_value";
// end hiding -->
```

```
</script>
```

팁 - 참고 자료

- http.cookies 표준 라이브러리 문서: https://docs.python.org/3.5/library/http.cookies.html
- http.cookiejar: 클라이언트 측에서 작동하는 cookielib 모듈
- RFC 2109(https://tools.ietf.org/html/rfc2109.html): HTTP State 관리 메커니즘

12.7 webbrowser: 웹 페이지 보여주기

webbrowser 모듈은 상호작용 브라우저 애플리케이션의 URL을 열 수 있는 함수를 제공한다. 이 모듈은 시스템에서 여러 옵션을 사용할 수 있는 경우 사용 가능한 브라우저의 레지스트리를 제공한다. 또한 브라우저는 BROWSER 환경 변수로 제어할 수 있다.

12.7.1 간단한 예제

브라우저를 열고 싶다면 open() 함수를 사용한다.

리스트 12.42: webbrowser_open.py

```
import webbrowser

webbrowser.open('https://docs.python.org/3/library/webbrowser.html')
```

해당 URL은 브라우저에 새 창을 띄우면서 열리며 모든 창 스택의 최상위에 올라간다. 문서에 따르면 가능한 기존 창이 재사용될 것이라고 돼 있지만 실제로는 브라우저 설정을 따른다. 맥OS X의 파이어폭스를 사용 중이라면 항상 새 창이 띄워진다.

12.7.2 창과 탭

항상 새 창을 원한다면 open_new()를 사용한다.

```
import webbrowser

webbrowser.open_new('https://docs.python.org/3/library/webbrowser.html')
```

대신 새 탭에서 열고 싶다면 open_new_tab()을 사용한다.

12.7.3 특정 브라우저 사용

애플리케이션이 특정 브라우저를 사용해야만 한다면 get() 함수를 사용해 등록된 브라우저 컨트롤러 세트에 접근할 수 있다. 브라우저 컨트롤러는 open(), open_new(), open_new_tab()을 갖고 있다. 다음 예제는 lynx 브라우저를 강제로 사용하는 예다.

리스트 12.44: webbrowser_get.py

```
import webbrowser

b = webbrowser.get('lynx')
b.open('https://docs.python.org/3/library/webbrowser.html')
```

사용할 수 있는 브라우저 타입 목록은 모듈 문서를 참고하자.

12.7.4 BROWSER 변수

사용자는 애플리케이션 밖에서 환경 변수 BROWSER에 브라우저명이나 원하는 명령을 설정해 모듈을 제어할 수 있다. 값은 os.pathsep으로 구분된 일련의 브라우저명으로 구성돼야 한다. 이름에 %s가 포함돼 있으면 리터럴 명령으로 해석되고 URL로 대체된 %s를 사용해 직접 실행된다. 그렇지 않으면 이름이 get()에 전달돼 레지스트리에서 컨트롤러 객체를 얻는다.

예를 들어 다음 명령은 다른 브라우저가 등록돼 있어도 lynx에서 웹 페이지를 사용할 수 있다고 가정하고 해당 페이지를 연다.

```
$ BROWSER=lynx python3 webbrowser_open.py
```

BROWSER에 있는 이름이 작동하지 않는다면 webbrowser는 기본 동작^{default behavior}을 수행한다.

12.7.5 커맨드라인 인터페이스

webbrowser 모듈의 모든 기능은 파이썬 프로그램에서 사용할 수 있지만 커맨드라인에서도 사용할 수 있다.

```
$ python3 -m webbrowser

Usage: .../lib/python3.5/webbrowser.py [-n | -t] url
    -n: open new window
    -t: open new tab
```

> **팁 – 참고 자료**
>
> - webbrowser 표준 라이브러리 문서: https://docs.python.org/3.5/library/webbrowser.html
> - What the What?(https://github.com/dhellmann/whatthewhat): 파이썬 프로그램을 실행한 후 예외 메시지가 발생하면 구글 검색을 실행하자.

12.8 uuid: 범용 고유 식별자

RFC 4122(https://tools.ietf.org/html/rfc4122.html)는 중앙 등록소가 필요하지 않도록 어디서든지 사용할 수 있는 고유 식별자를 부여하는 시스템을 정의한다. UUID 값은 128비트이고 참조 문헌에 따르면 "장소와 시간에 구애받지 않는 고유한 값을 보장한다."고 한다. 문서, 호스트, 애플리케이션 클라이언트나 고윳값이 필요한 모든 상황에서 유용하게 사용할 수 있다. 특히 RFC는 URN^{Uniform Resource Name} 네임스페이스를 생성하는데 초점을 맞추고 세 가지 고유 알고리즘을 커버한다.

- IEEE 802 맥 주소^{MAC address}를 고유의 소스로 사용

- 의사 난수를 사용
- 잘 알려진 문자열과 암호 해싱을 사용

시계가 거꾸로 설정된 경우에 대비하고자 시드 값은 항상 시스템 시계와 시계 시퀀스 값을 결합해 사용한다.

12.8.1 UUID 1: IEEE 802 맥 주소

UUID 버전 1 값은 호스트의 맥 주소를 사용해 계산한다. uuid 모듈은 getnode()로 현재 시스템의 맥 값을 추출한다.

리스트 12.45: uuid_getnode.py

```
import uuid

print(hex(uuid.getnode()))
```

시스템에 하나 이상의 네트워크 카드가 있어 여러 개의 MAC이 존재하는 경우에는 그 중 아무 값 하나를 반환한다.

```
$ python3 uuid_getnode.py

0xc82a14598875
```

호스트에 대해 맥 주소로 식별되는 UUID를 생성하려면 uuid1() 함수를 사용한다. 노드 식별자 인자는 옵션이며, getnode()가 반환하는 값을 사용하려면 비워둔다.

리스트 12.46: uuid_uuid1.py

```
import uuid
u = uuid.uuid1()
print(u)
print(type(u))
print('bytes    :', repr(u.bytes))
print('hex      :', u.hex)
```

```
print('int      :', u.int)
print('urn      :', u.urn)
print('variant :', u.variant)
print('version :', u.version)
print('fields  :', u.fields)
print('  time_low              : ', u.time_low)
print('  time_mid              : ', u.time_mid)
print('  time_hi_version       : ', u.time_hi_version)
print('  clock_seq_hi_variant: ', u.clock_seq_hi_variant)
print('  clock_seq_low         : ', u.clock_seq_low)
print('  node                  : ', u.node)
print('  time                  : ', u.time)
print('  clock_seq             : ', u.clock_seq)
```

반환된 UUID 객체의 요소는 읽기 전용 인스턴스 속성에 의해 접근할 수 있다. hex, int, urn 같은 속성은 UUID 값과는 다른 표현식이다.

```
$ python3 uuid_uuid1.py

335ea282-cded-11e6-9ede-c82a14598875
<class 'uuid.UUID'>
bytes   : b'3^\xa2\x82\xcd\xed\x11\xe6\x9e\xde\xc8*\x14Y\x88u'
hex     : 335ea282cded11e69edec82a14598875
int     : 68281999803480928707202152670695098485
urn     : urn:uuid:335ea282-cded-11e6-9ede-c82a14598875
variant : specified in RFC 4122
version : 1
fields  : (861840002, 52717, 4582, 158, 222, 220083055593589)
    time_low            : 861840002
    time_mid            : 52717
    time_hi_version     : 4582
    clock_seq_hi_variant: 158
    clock_seq_low       : 222
    node                : 220083055593589
    time                : 137023257334162050
    clock_seq           : 7902
```

time 컴포넌트로 인해 uuid1()을 호출하면 매번 새 값을 반환한다.

```
import uuid

for i in range(3):
    print(uuid.uuid1())
```

결과를 보면 시간 요소(문자열의 시작 부분)만 변하고 있다.

```
$ python3 uuid_uuid1_repeat.py

3369ab5c-cded-11e6-8d5e-c82a14598875
336eea22-cded-11e6-9943-c82a14598875
336eeb5e-cded-11e6-9e22-c82a14598875
```

모든 컴퓨터의 맥 주소는 서로 다르기 때문에 서로 다른 시스템에서 샘플 프로그램을 실행하면 결과가 완전히 달라진다. 이 예제는 명시적 노드 아이디를 전달해 서로 다른 호스트에서 실행한 결과를 시뮬레이션한다.

리스트 12.48: uuid_uuid1_othermac.py

```
import uuid

for node in [0x1ec200d9e0, 0x1e5274040e]:
    print(uuid.uuid1(node), hex(node))
```

시간 값뿐 아니라 UUID 끝부분의 노드 식별자도 변한다.

```
$ python3 uuid_uuid1_othermac.py

337969be-cded-11e6-97fa-001ec200d9e0 0x1ec200d9e0
3379b7e6-cded-11e6-9d72-001e5274040e 0x1e5274040e
```

12.8.2 UUID 3과 5: 이름 기반 값

일부 콘텍스트는 난수나 시간에 기반을 두지 않고 이름으로 UUID 값을 만드는 것이 유용할 수도 있다. 3과 5 버전의 UUID 스펙은 암호 해시 값(MD5 또는 SHA-1)을 사용해 네임스페이스에 특화된 시드 값과 이름을 합친다. 미리 정의된 UUID 값에 의해 식별되는 잘 알려진 네임스페이스가 여럿 있으며, DNS와 URLs, ISO OIDs, X.500 Distinguished Names와 함께 사용한다. 애플리케이션에 특화된 새로운 네임스페이스는 UUID 값을 생성하고 저장해 정의할 수 있다.

리스트 12.49: uuid_uuid3_uuid5.py

```
import uuid

hostnames = ['www.doughellmann.com', 'blog.doughellmann.com']

for name in hostnames:
    print(name)
    print('  MD5   :', uuid.uuid3(uuid.NAMESPACE_DNS, name))
    print('  SHA-1 :', uuid.uuid5(uuid.NAMESPACE_DNS, name))
    print()
```

DNS 이름에서 UUID를 생성하려면 uuid.NAMESPACE_DNS를 이름 인자로 uuid3()과 uuid5()에 전달한다.

```
$ python3 uuid_uuid3_uuid5.py

www.doughellmann.com
    MD5   : bcd02e22-68f0-3046-a512-327cca9def8f
    SHA-1 : e3329b12-30b7-57c4-8117-c2cd34a87ce9
blog.doughellmann.com
    MD5   : 9bdabfce-dfd6-37ab-8a3f-7f7293bcf111
    SHA-1 : fa829736-7ef8-5239-9906-b4775a5abacb
```

네임스페이스에 주어진 이름용 UUID 값은 언제 어디서 계산하더라도 항상 동일하다.

리스트 12.50: uuid_uuid3_repeat.py

```
import uuid

namespace_types = sorted(n for n in dir(uuid) if n.startswith('NAMESPACE_'))
name = 'www.doughellmann.com'
```

```
for namespace_type in namespace_types:
    print(namespace_type)
    namespace_uuid = getattr(uuid, namespace_type)
    print(' ', uuid.uuid3(namespace_uuid, name))
    print(' ', uuid.uuid3(namespace_uuid, name))
    print()
```

네임스페이스의 같은 이름에 대한 값은 서로 다르다.

```
$ python3 uuid_uuid3_repeat.py

NAMESPACE_DNS
  bcd02e22-68f0-3046-a512-327cca9def8f
  bcd02e22-68f0-3046-a512-327cca9def8f

NAMESPACE_OID
  e7043ac1-4382-3c45-8271-d5c083e41723
  e7043ac1-4382-3c45-8271-d5c083e41723

NAMESPACE_URL
  5d0fdaa9-eafd-365e-b4d7-652500dd1208
  5d0fdaa9-eafd-365e-b4d7-652500dd1208

NAMESPACE_X500
  4a54d6e7-ce68-37fb-b0ba-09acc87cabb7
  4a54d6e7-ce68-37fb-b0ba-09acc87cabb7
```

12.8.3 UUID 4: 랜덤 값

호스트 기반과 네임스페이스 기반 UUID 값이 '충분히 다르지 않은' 경우가 있다. 예를 들어 UUID를 해시 키로 사용하려면 해시 테이블 충돌을 막고자 다양한 랜덤 값이 필요하다. 공통된 부분이 적으면 로그 파일에서 찾기도 수월해진다. UUID에 다양함을 부여하려면 **uuid4()**로 랜덤 입력값을 사용한다.

리스트 12.51: uuid_uuid4.py

```
import uuid
```

```
for i in range(3):
    print(uuid.uuid4())
```

랜덤을 생성하기 위한 소스는 uuid를 임포트할 때 어떤 C 라이브러리가 사용 가능한지에 따라 달라진다. libuuid(또는 uuid.dll)를 로드할 수 있고 랜덤 값을 생성하기 위한 함수가 포함돼 있으면 이를 사용한다. 그 외에는 os.urandom()이나 random 모듈을 사용한다.

```
$ python3 uuid_uuid4.py

7821863a-06f0-4109-9b88-59ba1ca5cc04
44846e16-4a59-4a21-8c8e-008f169c2dd5
1f3cef3c-e2bc-4877-96c8-eba43bf15bb6
```

12.8.4 UUID 객체 다루기

새 UUID 값을 생성하는 대신 표준 포맷의 문자열을 파싱해 UUID 객체를 만들어 비교와 정렬 작업을 쉽게 할 수도 있다.

리스트 12.52: uuid_uuid_objects.py

```
import uuid

def show(msg, l):
    print(msg)
    for v in l:
        print(' ', v)
    print()

input_values = [
    'urn:uuid:f2f84497-b3bf-493a-bba9-7c68e6def80b',
    '{417a5ebb-01f7-4ed5-aeac-3d56cd5037b0}',
    '2115773a-5bf1-11dd-ab48-001ec200d9e0',
]

show('input_values', input_values)
```

```
uuids = [uuid.UUID(s) for s in input_values]
show('converted to uuids', uuids)

uuids.sort()
show('sorted', uuids)
```

입력값의 중괄호 기호와 대시 기호(-)는 삭제된다. 문자열에 urn:이나 uuid:이 접두어로 붙어있어도 역시 삭제된다. 남은 텍스트는 16진수 16자리 문자열이어야만 하고, 이후 UUID 값으로 변환된다.

```
$ python3 uuid_uuid_objects.py

input_values
    urn:uuid:f2f84497-b3bf-493a-bba9-7c68e6def80b
    {417a5ebb-01f7-4ed5-aeac-3d56cd5037b0}
    2115773a-5bf1-11dd-ab48-001ec200d9e0

converted to uuids
    f2f84497-b3bf-493a-bba9-7c68e6def80b
    417a5ebb-01f7-4ed5-aeac-3d56cd5037b0
    2115773a-5bf1-11dd-ab48-001ec200d9e0

sorted
    2115773a-5bf1-11dd-ab48-001ec200d9e0
    417a5ebb-01f7-4ed5-aeac-3d56cd5037b0
    f2f84497-b3bf-493a-bba9-7c68e6def80b
```

> **팁 – 참고 자료**
>
> - uuid 표준 라이브러리 문서: https://docs.python.org/3.5/library/uuid.html
> - uuid 파이썬 2에서 3으로 포팅 노트
> - RFC 4122(https://tools.ietf.org/html/rfc4122.html): 범용 고유 식별자(UUID) URN 네임스페이스

12.9 json: 자바스크립트 객체 표기법

json 모듈은 메모리 내부의 파이썬 객체를 자바스크립트 객체 표기법[JSON, JavaScript Object Notation]이라 알려져 있는 직렬화된 표현식으로 변환하는 피클[pickle]과 비슷한 API를 제공

한다. 피클과는 달리 JSON은 여러 언어(특히 자바스크립트)에 구현돼 있는 장점이 있다. 그리고 REST API를 사용해 웹 서버와 클라이언트 사이의 통신에 가장 널리 사용되고 있다. 그 외의 애플리케이션 간 통신에도 유용하게 사용할 수 있다.

12.9.1 간단한 데이터 타입 인코딩, 디코딩

인코더는 파이썬의 기본 타입(str, int, float, list, tuple, dict)을 이해하고 있다.

리스트 12.53: json_simple_types.py

```python
import json

data = [{'a': 'A', 'b': (2, 4), 'c': 3.0}]
print('DATA:', repr(data))

data_string = json.dumps(data)
print('JSON:', data_string)
```

인코딩된 값은 파이썬의 **repr()** 출력값과 표면적으로 비슷하다.

```
$ python3 json_simple_types.py

DATA: [{'c': 3.0, 'b': (2, 4), 'a': 'A'}]
JSON: [{"c": 3.0, "b": [2, 4], "a": "A"}]
```

인코딩 후 다시 디코딩하면 최초 객체와 값이 달라질 수도 있다.

리스트 12.54: json_simple_types_decode.py

```python
import json

data = [{'a': 'A', 'b': (2, 4), 'c': 3.0}]
print('DATA    :', data)

data_string = json.dumps(data)
print('ENCODED :', data_string)

decoded = json.loads(data_string)
print('DECODED :', decoded)
```

```
print('ORIGINAL:', type(data[0]['b']))
print('DECODED :', type(decoded[0]['b']))
```

특별히 튜플은 리스트가 된다.

```
$ python3 json_simple_types_decode.py

DATA     : [{'c': 3.0, 'b': (2, 4), 'a': 'A'}]
ENCODED  : [{"c": 3.0, "b": [2, 4], "a": "A"}]
DECODED  : [{'c': 3.0, 'b': [2, 4], 'a': 'A'}]
ORIGINAL: <class 'tuple'>
DECODED  : <class 'list'>
```

12.9.2 가독성과 간결함

JSON이 피클보다 우수한 또 다른 점은 결과물의 가독성이다. dumps() 함수를 몇 가지 인자와 함께 사용하면 더욱 더 보기 좋은 결과를 볼 수 있다. 예를 들어 sort_keys 플래 그를 사용하면 딕셔너리형의 키를 랜덤이 아닌 순서대로 정렬하게 할 수 있다.

리스트 12.55: json_sort_keys.py

```
import json

data = [{'a': 'A', 'b': (2, 4), 'c': 3.0}]
print('DATA:', repr(data))

unsorted = json.dumps(data)
print('JSON:', json.dumps(data))
print('SORT:', json.dumps(data, sort_keys=True))

first = json.dumps(data, sort_keys=True)
second = json.dumps(data, sort_keys=True)

print('UNSORTED MATCH:', unsorted == first)
print('SORTED MATCH   :', first == second)
```

정렬을 하면 결과물을 눈으로 보기 더 쉽고 테스트의 JSON 결괏값을 비교할 수도 있다.

```
$ python3 json_sort_keys.py

DATA: [{'c': 3.0, 'b': (2, 4), 'a': 'A'}]
JSON: [{"c": 3.0, "b": [2, 4], "a": "A"}]
SORT: [{"a": "A", "b": [2, 4], "c": 3.0}]
UNSORTED MATCH: False
SORTED MATCH  : True
```

많이 중첩된 자료 구조에는 indent 값을 지정해서 보기 좋게 만들어줄 수 있다.

리스트 12.56: json_indent.py

```python
import json

data = [{'a': 'A', 'b': (2, 4), 'c': 3.0}]
print('DATA:', repr(data))
print('NORMAL:', json.dumps(data, sort_keys=True))
print('INDENT:', json.dumps(data, sort_keys=True, indent=2))
```

indent가 양수이면 출력값은 pprint와 더 비슷해져서 자료 구조의 깊이와 들여쓰기 정도가 일치하게 된다.

```
$ python3 json_indent.py

DATA: [{'c': 3.0, 'b': (2, 4), 'a': 'A'}]
NORMAL: [{"a": "A", "b": [2, 4], "c": 3.0}]
INDENT: [
    {
        "a": "A",
        "b": [
            2,
            4
        ],
        "c": 3.0
    }
]
```

하지만 이처럼 장황한 결과물은 같은 크기의 데이터를 전송하는 데 더 많은 바이트를 필요로 하므로, 개발 환경에서는 사용하지 말아야 한다. 사실 데이터를 나누는 설정을 조절해 인코딩한 데이터를 원본보다 더 작게 만들 수도 있다.

리스트 12.57: json_compact_encoding.py

```python
import json

data = [{'a': 'A', 'b': (2, 4), 'c': 3.0}]
print('DATA:', repr(data))

print('repr(data)             :', len(repr(data)))

plain_dump = json.dumps(data)
print('dumps(data)            :', len(plain_dump))

small_indent = json.dumps(data, indent=2)
print('dumps(data, indent=2)  :', len(small_indent))

with_separators = json.dumps(data, separators=(',', ':'))
print('dumps(data, separators) :', len(with_separators))
```

dump()의 separators 인자로는 튜플을 사용한다. 이 튜플엔 리스트의 아이템, 딕셔너리형의 키와 값을 분리하기 위한 문자열이 담겨야 한다. 기본값은 (', ', ': ')이다. 공백을 삭제해 더 작은 결과를 도출한다.

```
$ python3 json_compact_encoding.py

DATA: [{'c': 3.0, 'b': (2, 4), 'a': 'A'}]
repr(data)             : 35
dumps(data)            : 35
dumps(data, indent=2)  : 73
dumps(data, separators): 29
```

12.9.3 딕셔너리 인코딩

JSON은 딕셔너리형의 키 값으로 문자열을 사용해야 한다. 문자열이 아닌 타입을 키로 딕셔너리형을 인코딩하려 하면 TypeError 예외가 발생한다. 이 문제를 극복하는 한 가지 방법은 skipkeys 인자를 사용해 문자열이 아닌 키를 생략하게 하는 것이다.

리스트 12.58: json_skipkeys.py

```python
import json

data = [{'a': 'A', 'b': (2, 4), 'c': 3.0, ('d',): 'D tuple'}]

print('First attempt')
try:
    print(json.dumps(data))
except TypeError as err:
    print('ERROR:', err)

print()
print('Second attempt')
print(json.dumps(data, skipkeys=True))
```

예외가 발생하지 않고, 문자열이 아닌 키는 무시된다.

```
$ python3 json_skipkeys.py

First attempt
ERROR: keys must be a string

Second attempt
[{"c": 3.0, "b": [2, 4], "a": "A"}]
```

12.9.4 사용자 정의 타입 작업

지금까지의 예제는 모두 파이썬의 내장 타입을 사용했다. json을 기본으로 지원하기 때문이다. 사용자 정의 클래스를 인코딩해야 할 때가 있다. 이를 위한 두 가지 방법이 준비돼 있다.

이 클래스를 인코딩해보자.

리스트 12.59: json_myobj.py

```python
class MyObj:

    def __init__(self, s):
        self.s = s
```

```
def __repr__(self):
    return '<MyObj({})>'.format(self.s)
```

MyObj 인스턴스를 인코딩하는 가장 간단한 방법은 알려지지 않은 타입을 알려진 타입으로 변환하는 함수를 정의하는 것이다. 인코딩할 필요는 없고 객체 타입을 다른 타입으로 변환만 하면 된다.

리스트 12.60: json_dump_default.py

```python
import json
import json_myobj

obj = json_myobj.MyObj('instance value goes here')

print('First attempt')
try:
    print(json.dumps(obj))
except TypeError as err:
    print('ERROR:', err)

def convert_to_builtin_type(obj):
    print('default(', repr(obj), ')')
    # 객체를 그들 표현식의 딕셔너리형으로 변환한다.
    d = {'__class__': obj.__class__.__name__, '__module__': obj.__module__, }
    d.update(obj.__dict__)
    return d

print()
print('With default')
print(json.dumps(obj, default=convert_to_builtin_type))
```

convert_to_builtin_type()에서 json이 알지 못하는 클래스의 인스턴스는 딕셔너리형으로 변환된다. 이 딕셔너리형은 프로그램이 필요한 파이썬 모듈에 접근 가능한 경우 재생성하는 데 필요한 충분한 정보를 담고 있다.

```
$ python3 json_dump_default.py

First attempt
ERROR: <MyObj(instance value goes here)> is not JSON serializable
```

988

```
With default
default( <MyObj(instance value goes here)> )
{"s": "instance value goes here", "__module__": "json_myobj", "__class__": "MyObj"}
```

결과를 디코딩하고 MyObj() 인스턴스를 생성하려면 load()에 object_hook 인자를 사용해 디코더에 결합하고, 모듈에서 클래스를 임포트하고 인스턴스를 생성할 수 있게 한다.

object_hook은 수신 데이터 스트림에서 딕셔너리형이 디코드될 때마다 호출돼 딕셔너리형이 다른 타입의 객체로 변환될 기회를 제공한다. 이 훅hook 함수는 호출 애플리케이션이 딕셔너리형 대신 받아야 하는 객체를 반환해야 한다.

리스트 12.61: json_load_object_hook.py

```
import json

def dict_to_object(d):
    if '__class__' in d:
        class_name = d.pop('__class__')
        module_name = d.pop('__module__')
        module = __import__(module_name)
        print('MODULE:', module.__name__)
        class_ = getattr(module, class_name)
        print('CLASS:', class_)
        args = { key: value for key, value in d.items() }
        print('INSTANCE ARGS:', args)
        inst = class_(**args)
    else:
        inst = d
        return inst

encoded_object = '''
    [{"s": "instance value goes here", "__module__": "json_myobj", "__class__": "MyObj"}]
    '''

myobj_instance = json.loads(encoded_object, object_hook=dict_to_object, )
print(myobj_instance)
```

json은 문자열을 유니코드로 변환하기 때문에 클래스 생성자의 키워드 인자로 사용하기 전에는 아스키 문자열로 다시 인코딩해야 한다.

```
$ python3 json_load_object_hook.py

MODULE: json_myobj
CLASS: <class 'json_myobj.MyObj'>
INSTANCE ARGS: {'s': 'instance value goes here'}
[<MyObj(instance value goes here)>]
```

비슷한 훅들이 내장 타입인 정수(parse_int), 부동소수점 수(parse_float), 상수용 (parse_constant)으로 존재한다.

12.9.5 인코더, 디코더 클래스

편의 함수에 대해 알아봤다. json 모듈은 인코딩, 디코딩 목적의 클래스도 제공한다. 클래스를 직접 사용하면 더 많은 API의 동작을 조율할 수 있다.

JSONEncoder는 인코딩한 데이터 '조각'을 생산하는 순환 가능 인터페이스를 사용한다. 따라서 모든 데이터를 메모리에 표현할 필요 없이 파일이나 네트워크 소켓에 쓰기 쉽게 만든다.

리스트 12.62: json_encoder_iterable.py

```
import json

encoder = json.JSONEncoder()
data = [{'a': 'A', 'b': (2, 4), 'c': 3.0}]

for part in encoder.iterencode(data):
    print('PART:', part)
```

생성 결과는 어떠한 크기 값에 기반을 두지 않고 논리 유닛에 의해 생성된다.

```
$ python3 json_encoder_iterable.py

PART: [
PART: {
```

```
PART: "c"
PART: :
PART: 3.0
PART: ,
PART: "b"
PART: :
PART: [2
PART: , 4
PART: ]
PART: ,
PART: "a"
PART: :
PART: "A"
PART: }
PART: ]
```

encode() 메서드는 기본적으로 ''.join(encoder.iterencode())로 생성한 값과 동일하고 약간의 에러 체크가 추가됐다.

임의 객체를 인코딩하려면 default() 메서드를 오버라이드하고 convert_to_builtin_type()에서 사용한 것과 비슷하게 구현한다.

리스트 12.63: json_encoder_default.py

```python
import json
import json_myobj

class MyEncoder(json.JSONEncoder):

    def default(self, obj):
        print('default(', repr(obj), ')')
        # 객체를 표현 딕셔너리로 변환한다.
        d = {'__class__': obj.__class__.__name__, '__module__': obj.__module__, }
        d.update(obj.__dict__)
        return d

obj = json_myobj.MyObj('internal data')
print(obj)
print(MyEncoder().encode(obj))
```

결과는 이전 구현과 동일하다.

```
$ python3 json_encoder_default.py

<MyObj(internal data)>
default( <MyObj(internal data)> )
{"s": "internal data", "__module__": "json_myobj", "__class__": "MyObj"}
```

텍스트를 디코딩하고 딕셔너리형을 객체로 변환하는 설정에는 좀 더 손이 간다.

리스트 12.64: json_decoder_object_hook.py

```python
import json

class MyDecoder(json.JSONDecoder):

    def __init__(self):
        json.JSONDecoder.__init__(self, object_hook=self.dict_to_object, )

    def dict_to_object(self, d):
        if '__class__' in d:
            class_name = d.pop('__class__')
            module_name = d.pop('__module__')
            module = __import__(module_name)
            print('MODULE:', module.__name__)
            class_ = getattr(module, class_name)
            print('CLASS:', class_)
            args = { key: value for key, value in d.items() }
            print('INSTANCE ARGS:', args)
            inst = class_(**args)
        else:
            inst = d
        return inst

encoded_object = '''
[{"s": "instance value goes here", "__module__": "json_myobj", "__class__": "MyObj"}]
'''

myobj_instance = MyDecoder().decode(encoded_object)
print(myobj_instance)
```

앞서 살펴본 예제와 결과도 동일하다.

```
$ python3 json_decoder_object_hook.py

MODULE: json_myobj
CLASS: <class 'json_myobj.MyObj'>
INSTANCE ARGS: {'s': 'instance value goes here'}
[<MyObj(instance value goes here)>]
```

12.9.6 스트림, 파일 작업

지금까지 모든 예제는 인코딩된 전체 데이터를 한 번에 메모리에 담을 수 있다고 가정했지만, 인코딩을 파일 유사 객체에 직접 쓰는 게 좋을 수도 있다. load()와 dump()는 파일 유사 객체의 레퍼런스를 받아 읽기와 쓰기에 사용한다.

리스트 12.65: json_dump_file.py

```
import io
import json

data = [{'a': 'A', 'b': (2, 4), 'c': 3.0}]

f = io.StringIO()
json.dump(data, f)

print(f.getvalue())
```

소켓이나 일반 파일 핸들은 이 예제의 **StringIO** 버퍼와 동일하게 작동할 것이다.

```
$ python3 json_dump_file.py

[{"c": 3.0, "b": [2, 4], "a": "A"}]
```

한 번에 데이터의 일부분만 읽는 방식이 최적화된 것은 아니지만 load() 함수는 여전히 스트림 입력에서 객체를 생성하기 위한 캡슐화된 로직의 장점을 제공한다.

리스트 12.66: json_load_file.py

```
import io
```

```
import json

f = io.StringIO('[{"a": "A", "c": 3.0, "b": [2, 4]}]')
print(json.load(f))
```

dump()와 마찬가지로 파일 유사 객체도 load()에 전달할 수 있다.

```
$ python3 json_load_file.py

[{'c': 3.0, 'b': [2, 4], 'a': 'A'}]
```

12.9.7 혼합 데이터 스트림

JSONDecoder에는 raw_decode() 메서드가 있다. 이 메서드 뒤에 텍스트가 있는 JSON 데이터처럼 데이터가 뒤이어 나오는 자료 구조를 디코딩한다. 반환값은 입력 데이터를 디코딩해서 생성된 객체와 디코딩이 종료된 위치를 가리키는 인덱스다.

리스트 12.67: json_mixed_data.py

```
import json

decoder = json.JSONDecoder()

def get_decoded_and_remainder(input_data):
    obj, end = decoder.raw_decode(input_data)
    remaining = input_data[end:]
    return (obj, end, remaining)

encoded_object = '[{"a": "A", "c": 3.0, "b": [2, 4]}]'
extra_text = 'This text is not JSON.'

print('JSON first:')
data = ' '.join([encoded_object, extra_text])
obj, end, remaining = get_decoded_and_remainder(data)

print('Object              :', obj)
print('End of parsed input :', end)
print('Remaining text       :', repr(remaining))

print()
```

```
print('JSON embedded:')
try:
    data = ' '.join([extra_text, encoded_object, extra_text])
    obj, end, remaining = get_decoded_and_remainder(data)
except ValueError as err:
    print('ERROR:', err)
```

아쉽게도 객체가 입력의 앞에 위치할 때만 동작한다.

```
$ python3 json_mixed_data.py

JSON first:
Object              : [{'c': 3.0, 'b': [2, 4], 'a': 'A'}]
End of parsed input : 35
Remaining text      : ' This text is not JSON.'

JSON embedded:
ERROR: Expecting value: line 1 column 1 (char 0)
```

12.9.8 커맨드라인에서의 JSON

json.tool 모듈은 JSON 데이터의 가독성 개선을 위해 재형식화를 위한 커맨드라인 프로그램을 구현하고 있다.

```
[{"a": "A", "c": 3.0, "b": [2, 4]}]
```

입력 파일 example.json은 알파벳 순서대로 키들을 가진 매핑을 포함한다. 다음 첫 번째 예제는 순서대로 데이터를 다시 포맷한 것을 보여주고, 두 번째 예제는 --sort-keys를 사용해 결과를 출력하기 전에 매핑 키를 정렬한다.

```
$ python3 -m json.tool example.json

[
    {
```

```
        "a": "A",
        "c": 3.0,
        "b": [
            2,
            4
        ]
    }
]
$ python3 -m json.tool --sort-keys example.json
[
    {
        "a": "A",
        "b": [
            2,
            4
        ],
        "c": 3.0
    }
]
```

> **팁 – 참고 자료**
>
> - json 표준 라이브러리 문서: https://docs.python.org/3.5/library/json.html
> - json을 위한 파이썬 2에서 3 포팅 노트(https://pymotw.com/3/porting_notes.html#porting-json)
> - JavaScript Object Notation(http://json.org/): JSON 홈페이지, 관련 문서와 다른 언어로 된 구현체
> - jsonpickle(http://code.google.com/p/jsonpickle/): jsonpickle은 어떤 파이썬 객체라도 JSON에 직 렬화할 수 있도록 해준다.

12.10 xmlrpc.client: XML-RPC용 클라이언트 라이브러리

XML-RPC는 HTTP와 XML상에 구현된 원격 프로시저 호출 프로토콜이며 가볍다는 특 징이 있다. xmlrpclib 모듈은 파이썬 프로그램에서 XML-RPC 서버(언어 무관)로 통신 할 수 있게 한다.

이번 절의 모든 예제는 xmlrpc_server.py에 정의된 서버를 사용한다. 이 코드는 배포된 파일에 포함돼 있으며 참고를 위해 여기 표시한다.

```python
from xmlrpc.server import SimpleXMLRPCServer
from xmlrpc.client import Binary
import datetime

class ExampleService:

    def ping(self):
        """Simple function to respond when called
        to demonstrate connectivity.
        """
        return True

    def now(self):
        """Returns the server current date and time."""
        return datetime.datetime.now()

    def show_type(self, arg):
        """Illustrates how types are passed in and out of
        server methods.

        Accepts one argument of any type.

        Returns a tuple with string representation of the value,
        the name of the type, and the value itself.
        """
        return (str(arg), str(type(arg)), arg)

    def raises_exception(self, msg):
        "Always raises a RuntimeError with the message passed in"
        raise RuntimeError(msg)

    def send_back_binary(self, bin):
        """Accepts single Binary argument, and unpacks and
        repacks it to return it."""
        data = bin.data
        print('send_back_binary({!r})'.format(data))
        response = Binary(data)
        return response

if __name__ == '__main__':
    server = SimpleXMLRPCServer(('localhost', 9000), logRequests=True, allow_none=True)
    server.register_introspection_functions()
    server.register_multicall_functions()
```

```
server.register_instance(ExampleService())
try:
    print('Use Control-C to exit')
    server.serve_forever()
except KeyboardInterrupt:
    print('Exiting')
```

12.10.1 서버에 접속

가장 간단히 클라이언트를 서버에 접속하려면 **ServerProxy** 객체를 인스턴스화해 서버의 URI를 준다. 예를 들어 데모 서버를 로컬 호스트의 포트 9000에서 실행한다.

리스트 12.69: xmlrpc_ServerProxy.py

```
import xmlrpc.client

server = xmlrpc.client.ServerProxy('http://localhost:9000')
print('Ping:', server.ping())
```

이 경우 서비스의 **ping()** 메서드는 아무 인자를 받지 않고 불리언 값 하나를 반환한다.

```
$ python3 xmlrpc_ServerProxy.py

Ping: True
```

또 다른 전송법을 지원하기 위한 옵션도 있다. HTTP와 HTTPS 모두 기본 인증 방식으로 지원된다. 새 통신 채널을 만들 때는 전송 클래스 하나만 있으면 된다. 예를 들어 XML-RPC를 SMTP에 구현해보면 재미있는 연습이 될 것이다.

리스트 12.70: xmlrpc_ServerProxy_verbose.py

```
import xmlrpc.client

server = xmlrpc.client.ServerProxy('http://localhost:9000', verbose=True)

print('Ping:', server.ping())
```

verbose 옵션을 지정하면 통신 에러 관련 유용한 디버깅 정보를 얻을 수 있다.

```
$ python3 xmlrpc_ServerProxy_verbose.py

send: b'POST /RPC2 HTTP/1.1\r\nHost: localhost:9000\r\n
Accept-Encoding: gzip\r\nContent-Type: text/xml\r\n
User-Agent: Python-xmlrpc/3.5\r\nContent-Length: 98\r\n\r\n\r\n'
send: b"<?xml version='1.0'?>\n<methodCall>\n<methodName>
ping</methodName>\n<params>\n</params>\n</methodCall>\n"
reply: 'HTTP/1.0 200 OK\r\n'
header: Server header: Date header: Content-type header:
Content-length body: b"<?xml version='1.0'?>\n<methodResponse>\n
<params>\n<param>\n<value><boolean>1</boolean></value>\n</param>
\n</params>\n</methodResponse>\n"
Ping: True
```

대안 시스템이 필요하다면 기본 인코딩인 UTF-8로 변경할 수 있다.

리스트 12.71: xmlrpc_ServerProxy_encoding.py

```python
import xmlrpc.client

server = xmlrpc.client.ServerProxy('http://localhost:9000',
                                   encoding='ISO-8859-1')
print('Ping:', server.ping())
```

서버가 자동으로 올바른 인코딩을 감지한다.

```
$ python3 xmlrpc_ServerProxy_encoding.py

Ping: True
```

allow_none 옵션은 파이썬의 None 값이 자동으로 nil 값으로 변환될지 에러를 발생할 지 결정한다.

```python
import xmlrpc.client

server = xmlrpc.client.ServerProxy('http://localhost:9000', allow_none=False)
try:
    server.show_type(None)
except TypeError as err:
    print('ERROR:', err)

server = xmlrpc.client.ServerProxy('http://localhost:9000', allow_none=True)
print('Allowed:', server.show_type(None))
```

클라이언트가 None을 허용하지 않으면 지역 수준의 에러가 발생하지만, 서버가 None 을 허용하지 않도록 설정하면 서버 내에서 에러를 발생시킬 수도 있다.

```
$ python3 xmlrpc_ServerProxy_allow_none.py

ERROR: cannot marshal None unless allow_none is enabled
Allowed: ['None', "<class 'NoneType'>", None]
```

12.10.2 데이터 타입

XML-RPC 프로토콜은 한정된 일반 데이터 타입을 인식한다. 이 타입은 인자로 전달하거나 더 복잡한 자료 구조를 만들고자 서로 합칠 수 있다.

리스트 12.73: xmlrpc_types.py

```python
import xmlrpc.client
import datetime

server = xmlrpc.client.ServerProxy('http://localhost:9000')
data = [
    ('boolean', True),
    ('integer', 1),
    ('float', 2.5),
    ('string', 'some text'),
    ('datetime', datetime.datetime.now()),
```

```
        ('array', ['a', 'list']),
        ('array', ('a', 'tuple')),
        ('structure', {'a': 'dictionary'}),
    ]

for t, v in data:
    as_string, type_name, value = server.show_type(v)
    print('{:<12}: {}'.format(t, as_string))
    print('{:12}  {}'.format('', type_name))
    print('{:12}  {}'.format('', value))
```

기본 타입은 다음과 같다.

```
$ python3 xmlrpc_types.py

boolean    : True
             <class 'bool'>
             True
integer    : 1
             <class 'int'>
             1
float      : 2.5
             <class 'float'>
             2.5
string     : some text
             <class 'str'>
             some text
datetime   : 20160618T19:31:47
             <class 'xmlrpc.client.DateTime'>
             20160618T19:31:47
array      : ['a', 'list']
             <class 'list'>
             ['a', 'list']
array      : ['a', 'tuple']
             <class 'list'>
             ['a', 'tuple']
structure  : {'a': 'dictionary'}
             <class 'dict'>
             {'a': 'dictionary'}
```

지원되는 타입은 임의의 복잡한 값을 생성하고자 중첩될 수 있다.

리스트 12.74: xmlrpc_types_nested.py

```python
import xmlrpc.client
import datetime
import pprint

server = xmlrpc.client.ServerProxy('http://localhost:9000')

data = {
    'boolean': True,
    'integer': 1,
    'floating-point number': 2.5,
    'string': 'some text',
    'datetime': datetime.datetime.now(),
    'array1': ['a', 'list'],
    'array2': ('a', 'tuple'),
    'structure': {'a': 'dictionary'},
}

arg = []
for i in range(3):
    d = {}
    d.update(data)
    d['integer'] = i
    arg.append(d)

print('Before:')
pprint.pprint(arg, width=40)

print('\nAfter:')
pprint.pprint(server.show_type(arg)[-1], width=40)
```

이 프로그램은 모든 지원 타입을 포함한 샘플 서버에 전달하고 서버는 데이터를 반환한다. 튜플은 리스트로 변환되고 **datetime** 인스턴스는 **DateTime** 객체로 변환된다. 그외의 데이터는 변하지 않는다.

```
$ python3 xmlrpc_types_nested.py

Before:
```

```
[{'array': ('a', 'tuple'),
  'boolean': True,
  'datetime': datetime.datetime(2016, 6, 18, 19, 27, 30, 45333),
  'floating-point number': 2.5,
  'integer': 0,
  'string': 'some text',
  'structure': {'a': 'dictionary'}},
 {'array': ('a', 'tuple'),
  'boolean': True,
  'datetime': datetime.datetime(2016, 6, 18, 19, 27, 30, 45333),
  'floating-point number': 2.5,
  'integer': 1,
  'string': 'some text',
  'structure': {'a': 'dictionary'}},
 {'array': ('a', 'tuple'),
  'boolean': True,
  'datetime': datetime.datetime(2016, 6, 18, 19, 27, 30, 45333),
  'floating-point number': 2.5,
  'integer': 2,
  'string': 'some text',
  'structure': {'a': 'dictionary'}}]
After:
[{'array': ['a', 'tuple'],
  'boolean': True,
  'datetime': <DateTime '20160618T19:27:30' at 0x101ecfac8>,
  'floating-point number': 2.5,
  'integer': 0,
  'string': 'some text',
  'structure': {'a': 'dictionary'}},
 {'array': ['a', 'tuple'],
  'boolean': True,
  'datetime': <DateTime '20160618T19:27:30' at 0x101ecfcc0>,
  'floating-point number': 2.5,
  'integer': 1,
  'string': 'some text',
  'structure': {'a': 'dictionary'}},
 {'array': ['a', 'tuple'],
  'boolean': True,
  'datetime': <DateTime '20160618T19:27:30' at 0x101ecfe10>,
  'floating-point number': 2.5,
```

```
    'integer': 2,
    'string': 'some text',
    'structure': {'a': 'dictionary'}}]
```

XML-RPC는 기본 타입으로 날짜를 지원하고, xmlrpclib는 송신 프록시에 사용하거나 서버에서 받은 날짜 값을 표현하고자 둘 중 하나의 클래스를 사용할 수 있다.

리스트 12.75: xmlrpc_ServerProxy_use_datetime.py

```python
import xmlrpc.client

server = xmlrpc.client.ServerProxy('http://localhost:9000', use_datetime=True)
now = server.now()
print('With:', now, type(now), now.__class__.__name__)

server = xmlrpc.client.ServerProxy('http://localhost:9000', use_datetime=False)
now = server.now()
print('Without:', now, type(now), now.__class__.__name__)
```

기본적으로 내부 버전인 DateTime을 사용하지만 use_datetime 옵션으로 datetime 모듈의 클래스도 사용할 수 있다.

```
$ python3 source/xmlrpc.client/xmlrpc_ServerProxy_use_datetime.py

With: 2016-06-18 19:18:31 <class 'datetime.datetime'> datetime
Without: 20160618T19:18:31 <class 'xmlrpc.client.DateTime'> DateTime
```

12.10.3 객체 전달

파이썬 클래스의 인스턴스는 구조체로 취급되고 딕셔너리형으로 전달할 수 있다. 이때 객체의 속성은 딕셔너리형 값으로 사용된다.

리스트 12.76: xmlrpc_types_object.py

```python
import xmlrpc.client
import pprint
```

```
class MyObj:

    def __init__(self, a, b):
        self.a = a
        self.b = b

    def __repr__(self):
        return 'MyObj({!r}, {!r})'.format(self.a, self.b)

server = xmlrpc.client.ServerProxy('http://localhost:9000')

o = MyObj(1, 'b goes here')
print('o  :', o)
pprint.pprint(server.show_type(o))

o2 = MyObj(2, o)
print('\no2 :', o2)
pprint.pprint(server.show_type(o2))
```

서버에서 클라이언트로 값이 돌아갈 때 결괏값은 클라이언트의 딕셔너리형이 된다. 클래스의 일부로서 인스턴스화해야 하는 값에는 서버(혹은 클라이언트)에 알려야 하는 인코딩된 것이 없기 때문이다.

```
$ python3 xmlrpc_types_object.py

o   : MyObj(1, 'b goes here')
["{'b': 'b goes here', 'a': 1}", "<class 'dict'>",
{'a': 1, 'b': 'b goes here'}]

o2  : MyObj(2, MyObj(1, 'b goes here'))
["{'b': {'b': 'b goes here', 'a': 1}, 'a': 2}",
 "<class 'dict'>",
 {'a': 2, 'b': {'a': 1, 'b': 'b goes here'}}]
```

12.10.4 바이너리 데이터

서버에 전달하는 모든 값은 자동으로 인코딩, 이스케이프된다. 하지만 종종 XML에 사용할 수 없는 문자를 담고 있는 데이터 타입도 있다. 예를 들어 바이너리 이미지 데이터는 아스키 0에서 31까지의 바이트 값을 포함한다. 바이너리 데이터를 전달하려면

Binary 클래스로 인코딩한 후 전송하는 것이 가장 좋다.

리스트 12.77: xmlrpc_Binary.py

```python
import xmlrpc.client
import xml.parsers.expat

server = xmlrpc.client.ServerProxy('http://localhost:9000')

s = b'This is a string with control characters\x00'
print('Local string:', s)

data = xmlrpc.client.Binary(s)
response = server.send_back_binary(data)
print('As binary:', response.data)

try:
    print('As string:', server.show_type(s))
except xml.parsers.expat.ExpatError as err:
    print('\nERROR:', err)
```

show_type()에 전달한 문자열에 NULL 바이트가 포함돼 있으면 XML 파서에 예외가 발생한다.

```
$ python3 xmlrpc_Binary.py

Local string: b'This is a string with control characters\x00'
As binary: b'This is a string with control characters\x00'

ERROR: not well-formed (invalid token): line 6, column 55
```

pickle을 사용해 객체를 전송하는 데 Binary 객체를 사용할 수도 있다. 이 예제에서 실행 코드를 전송하는 데 보안 문제가 있다(통신 채널이 안전하지 않은 경우에는 이렇게 하지 않도록 한다).

```python
import xmlrpc.client
import pickle
import pprint

class MyObj:
```

```
    def __init__(self, a, b):
        self.a = a
        self.b = b

    def __repr__(self):
        return 'MyObj({!r}, {!r})'.format(self.a, self.b)
server = xmlrpc.client.ServerProxy('http://localhost:9000')

o = MyObj(1, 'b goes here')
print('Local:', id(o))
print(o)

print('\nAs object:')
pprint.pprint(server.show_type(o))

p = pickle.dumps(o)
b = xmlrpc.client.Binary(p)
r = server.send_back_binary(b)

o2 = pickle.loads(r.data)
print('\nFrom pickle:', id(o2))
pprint.pprint(o2)
```

Binary 인스턴스의 데이터 속성은 피클된 객체를 담고 있다. 따라서 사용하기 전에 언피클해야 한다. 결과적으로 다른 객체(새로운 아이디 값)가 된다.

```
$ python3 xmlrpc_Binary_pickle.py

Local: 4327262304
MyObj(1, 'b goes here')

As object:
["{'a': 1, 'b': 'b goes here'}", "<class 'dict'>",
{'a': 1, 'b': 'b goes here'}]

From pickle: 4327262472
MyObj(1, 'b goes here')
```

12.10.5 예외 처리

XML-RPC 서버가 다른 언어로 작성됐을 수도 있기 때문에 예외 클래스를 직접 전송할 수 없다. 그 대신 서버에서 발생한 예외는 Fault 객체로 변환되고 클라이언트 내부에서 예외를 발생한다.

리스트 12.78: xmlrpc_exception.py

```
import xmlrpc.client

server = xmlrpc.client.ServerProxy('http://localhost:9000')
try:
    server.raises_exception('A message')
except Exception as err:
    print('Fault code:', err.faultCode)
    print('Message   :', err.faultString)
```

원본 에러 메시지는 faultString 속성에 저장되고 faultCode는 XML-RPC 에러 숫자로 설정된다.

```
$ python3 xmlrpc_exception.py

Fault code: 1
Message   : <class 'RuntimeError'>:A message
```

12.10.6 여러 호출을 하나의 메시지에 통합

멀티콜Multicall은 XML-RPC 프로토콜의 확장 기능이다. 하나 이상의 호출을 한 번에 전송하게 하고 응답을 수집해 호출자에게 돌려준다.

리스트 12.79: xmlrpc_MultiCall.py

```
import xmlrpc.client

server = xmlrpc.client.ServerProxy('http://localhost:9000')

multicall = xmlrpc.client.MultiCall(server)
```

```
multicall.ping()
multicall.show_type(1)
multicall.show_type('string')

for i, r in enumerate(multicall()):
    print(i, r)
```

MultiCall 인스턴스를 사용하려면 먼저 ServerProxy에서처럼 메서드들을 호출한 후
인자 없이 멀티콜 객체를 호출해 원격 함수를 실행한다. 모든 호출에서 발생한 결과에
대한 반복자가 반환된다.

```
$ python3 xmlrpc_MultiCall.py

0 True
1 ['1', "<class 'int'>", 1]
2 ['string', "<class 'str'>", 'string']
```

하나의 호출에서 Fault가 생기면 반복자에서 결과를 생성할 때 에러가 발생하고, 더
이상의 결과는 사용할 수 없다.

리스트 12.80: xmlrpc_MultiCall_exception.py

```
import xmlrpc.client

server = xmlrpc.client.ServerProxy('http://localhost:9000')

multicall = xmlrpc.client.MultiCall(server)
multicall.ping()
multicall.show_type(1)
multicall.raises_exception('Next to last call stops execution')
multicall.show_type('string')

try:
    for i, r in enumerate(multicall()):
        print(i, r)
except xmlrpc.client.Fault as err:
    print('ERROR:', err)
```

raises_exception()의 세 번째 응답에서 예외가 발생하기 때문에 그다음 show_type()

에는 접근할 수 없다.

```
$ python3 xmlrpc_MultiCall_exception.py

0 True
1 ['1', "<class 'int'>", 1]
ERROR: <Fault 1: "<class 'RuntimeError'>:Next to last call stops execution">
```

> **팁 – 참고 자료**
>
> - xmlrpc.client 표준 라이브러리 문서: https://docs.python.org/3.5/library/xmlrpc.client.html
> - xmlrpc.server: XML-RPC 서버 구현
> - http.server: HTTP 서버 구현
> - XML-RPC HowTo(http://www.tldp.org/HOWTO/XML-RPC-HOWTO/index.html): 다양한 언어에서 XML-RPC를 사용해 클라이언트와 서버를 구현하는 방법 설명

12.11 xmlrpc.server: XML-RPC 서버

xmlrpc.server 모듈은 플랫폼, 언어 제한 없이 XML-RPC 프로토콜을 사용한 서버를 생성하는 클래스를 제공한다. 클라이언트 라이브러리는 파이썬 이외에 많은 언어에서 제공되므로 RPC 스타일 서비스를 생성하기 위한 쉬운 선택으로 XML-RPC를 만들어준다.

> **참고**
>
> 모든 예제는 데모 서버와 통신하는 클라이언트 모듈도 포함한다. 예제를 실행하려면 두 개의 셸 창 한쪽에는 서버, 다른 쪽에는 클라이언트를 실행한다.

12.11.1 간단한 서버

이 간단한 서버 예제에는 딕셔너리형의 이름을 받고 내용을 반환하는 함수 하나를 포함한다. 첫 번째 단계로 SimpleXMLRPCServer 인스턴스를 만들고 어디서 요청이 들어오는지 알려준다(이 예제에선 포트 9000번의 localhost). 다음은 서비스의 일부가 될 함수를 정의하고 등록해 서버가 어떻게 호출해야 할지 알려준다. 마지막 순서는 서버에 무한 루프를 실행시켜 요청을 받고 응답하게 한다.

리스트 12.81: xmlrpc_function.py

```python
from xmlrpc.server import SimpleXMLRPCServer
import logging
import os

# 로깅 설정
logging.basicConfig(level=logging.INFO)

server = SimpleXMLRPCServer(('localhost', 9000), logRequests=True, )

# 함수 노출
def list_contents(dir_name):
    logging.info('list_contents(%s)', dir_name)
    return os.listdir(dir_name)
server.register_function(list_contents)

# 서버 시작
try:
    print('Use Control-C to exit')
    server.serve_forever()
except KeyboardInterrupt:
    print('Exiting')
```

서버는 **xmlrpc.client**의 클라이언트 클래스를 이용해 URL http://localhost:9000으로 접근할 수 있다. 이 예제 코드는 파이썬의 **list_contents()** 서비스를 어떻게 호출하는지 보여준다.

리스트 12.82: xmlrpc_function_client.py

```python
import xmlrpc.client

proxy = xmlrpc.client.ServerProxy('http://localhost:9000')
print(proxy.list_contents('/tmp'))
```

ServerProxy는 기본 URL을 사용해 서버에 연결되고, 메서드는 프록시에서 직접 호출된다. 프록시에서 호출되는 메서드는 서버에 대한 요청으로 변환된다. 인자는 XML을 사용해 형식화하고 POST 메시지를 통해 서버에 전송한다. 서버는 XML을 풀고 클라이언트에서 호출된 메서드 이름에 따라 어떤 함수를 호출할지 결정한다. 인자는 함수에 전달되고 반환값은 다시 XML로 변환돼 클라이언트에 돌아간다.

서버를 시작하면 다음 내용이 출력된다.

```
$ python3 xmlrpc_function.py

Use Control-C to exit
```

다른 창에서 클라이언트를 실행하면 /tmp 디렉터리의 내용을 보여준다.

```
$ python3 xmlrpc_function_client.py

['com.apple.launchd.aoGXonn8nV', 'com.apple.launchd.ilryIaQugf', 'example.db.db',
'KSOutOfProcessFetcher.501.ppfIhqX0vjaTSb8AJYobDV7Cu68=',
'pymotw_import_example.shelve.db']
```

요청이 종료되면 서버 창에 로그가 출력된다.

```
$ python3 xmlrpc_function.py

Use Control-C to exit
INFO:root:list_contents(/tmp)
127.0.0.1 - - [18/Jun/2016 19:54:54] "POST /RPC2 HTTP/1.1" 200 -
```

결괏값의 첫째 줄은 list_contents() 내부의 logging.info()에서 생성됐다. 두 번째 줄은 logRequests가 true이기 때문에 요청을 로깅하는 서버에서 생성됐다.

12.11.2 대안 API 이름

모듈이나 라이브러리에서 사용하는 함수 이름이 외부 API에서 사용해야 하는 이름이 아닌 경우가 있다. 특정 플랫폼에 특화된 구현이 로딩되거나 구성 파일에 기반을 두고 서비스 API가 동적으로 생성되는 경우, 혹은 테스팅 목적으로 실제 함수 이름이 치환되는 경우 이름이 변할 수 있다. 대안 이름을 가진 함수를 등록하려면 같이 이름을 두 번째 인자로 register_function()에 전달한다.

리스트 12.83: xmlrpc_alternate_name.py

```python
from xmlrpc.server import SimpleXMLRPCServer
import os

server = SimpleXMLRPCServer(('localhost', 9000))

def list_contents(dir_name):
    "Expose a function with an alternate name"
    return os.listdir(dir_name)
server.register_function(list_contents, 'dir')

try:
    print('Use Control-C to exit')
    server.serve_forever()
except KeyboardInterrupt:
    print('Exiting')
```

이제 클라이언트는 list_contents() 대신 dir()을 사용해야 한다.

리스트 12.84: xmlrpc_alternate_name_client.py

```python
import xmlrpc.client

proxy = xmlrpc.client.ServerProxy('http://localhost:9000')
print('dir():', proxy.dir('/tmp'))
try:
    print('\nlist_contents():', proxy.list_contents('/tmp'))
except xmlrpc.client.Fault as err:
    print('\nERROR:', err)
```

list_contents()를 처리하는 핸들러가 서버에서 사라졌으므로 이 함수를 호출하면 에러가 발생한다.

```
$ python3 xmlrpc_alternate_name_client.py

dir(): ['com.apple.launchd.aoGXonn8nV',
```

```
'com.apple.launchd.ilryIaQugf', 'example.db.db',
'KSOutOfProcessFetcher.501.ppfIhqX0vjaTSb8AJYobDV7Cu68=',
'pymotw_import_example.shelve.db']

ERROR: <Fault 1: '<class \'Exception\'>:method "list_contents" is not supported'>
```

12.11.3 마침표가 있는 API 이름

개별 함수를 일반적으로 파이썬에 사용할 수 없는 이름으로 등록할 수 있다. 예를 들어 마침표를 이름에 포함해 서비스의 네임스페이스를 구분할 수 있다. 다음 예제는 'directory'를 확장해 'create'와 'remove' 호출을 추가한다. 모든 함수는 접두어 'dir.'을 붙여 동일 서버에서 또 다른 접두어를 사용하는 서비스를 제공할 수 있게 했다. 이 예제의 한 가지 다른 점은 None을 반환하는 함수가 있기 때문에 서버가 None을 nil 값으로 해석해야 한다는 점이다.

리스트 12.85: xmlrpc_dotted_name.py

```python
from xmlrpc.server import SimpleXMLRPCServer
import os

server = SimpleXMLRPCServer(('localhost', 9000), allow_none=True)

server.register_function(os.listdir, 'dir.list')
server.register_function(os.mkdir, 'dir.create')
server.register_function(os.rmdir, 'dir.remove')

try:
    print('Use Control-C to exit')
    server.serve_forever()
except KeyboardInterrupt:
    print('Exiting')
```

클라이언트에서 서비스 함수를 호출하려면 간단히 마침표가 붙은 이름을 참조한다.

리스트 12.86: xmlrpc_dotted_name_client.py

```python
import xmlrpc.client
```

```
proxy = xmlrpc.client.ServerProxy('http://localhost:9000')
print('BEFORE      :', 'EXAMPLE' in proxy.dir.list('/tmp'))
print('CREATE      :', proxy.dir.create('/tmp/EXAMPLE'))
print('SHOULD EXIST:', 'EXAMPLE' in proxy.dir.list('/tmp'))
print('REMOVE      :', proxy.dir.remove('/tmp/EXAMPLE'))
print('AFTER       :', 'EXAMPLE' in proxy.dir.list('/tmp'))
```

현 시스템에 /tmp/EXAMPLE 파일이 없다고 가정하면 샘플 클라이언트 스크립트의 실행 결과는 다음과 같다.

```
$ python3 xmlrpc_dotted_name_client.py

BEFORE       : False
CREATE       : None
SHOULD EXIST : True
REMOVE       : None
AFTER        : False
```

12.11.4 임의의 API 이름

또 하나 흥미로운 기능으로 파이썬 객체 이름에 사용할 수 없는 이름의 함수를 등록할 수 있다. 다음 예제 서비스는 multiply args라는 이름으로 함수를 등록한다.

리스트 12.87: xmlrpc_arbitrary_name.py

```
from xmlrpc.server import SimpleXMLRPCServer

server = SimpleXMLRPCServer(('localhost', 9000))

def my_function(a, b):
    return a * b
server.register_function(my_function, 'multiply args')

try:
    print('Use Control-C to exit')
    server.serve_forever()
except KeyboardInterrupt:
    print('Exiting')
```

등록된 이름에 공백이 포함돼 있기 때문에 프록시에 접근할 때 마침표가 붙은 방식은 사용할 수 없다. 하지만 getattr()는 동작한다.

리스트 12.88: xmlrpc_arbitrary_name_client.py

```python
import xmlrpc.client

proxy = xmlrpc.client.ServerProxy('http://localhost:9000')
print(getattr(proxy, 'multiply args')(5, 5))
```

하지만 이런 이름은 사용하지 않는 것이 좋다. 이 예제에서 사용한 이유는 단지 이런 형식도 존재함을 보여주기 위한 목적일 뿐이다. 하지만 임의의 이름을 가진 서비스가 있으므로 새 프로그램에서 이들을 호출할 필요가 있을지도 모른다.

```
$ python3 xmlrpc_arbitrary_name_client.py

25
```

12.11.5 객체 메서드의 외부 노출

앞선 예제에서는 올바른 이름과 네임스페이스를 사용해 API를 만드는 기술을 알아봤다. API에 네임스페이스를 부여하는 또 다른 방법은 클래스의 인스턴스를 사용해 메서드를 노출하는 것이다. 첫 번째 예제는 하나의 메서드를 가진 인스턴스를 사용해 재생성할 수 있다.

리스트 12.89: xmlrpc_instance.py

```python
from xmlrpc.server import SimpleXMLRPCServer
import os
import inspect

server = SimpleXMLRPCServer(('localhost', 9000), logRequests=True, )

class DirectoryService:

    def list(self, dir_name):
        return os.listdir(dir_name)
```

```
server.register_instance(DirectoryService())

try:
    print('Use Control-C to exit')
    server.serve_forever()
except KeyboardInterrupt:
    print('Exiting')
```

클라이언트는 메서드를 직접 호출할 수 있다.

리스트 12.90: xmlrpc_instance_client.py

```
import xmlrpc.client

proxy = xmlrpc.client.ServerProxy('http://localhost:9000')
print(proxy.list('/tmp'))
```

결과를 보면 디렉터리 내용을 볼 수 있다.

```
$ python3 xmlrpc_instance_client.py

['com.apple.launchd.aoGXonn8nV', 'com.apple.launchd.ilryIaQugf', 'example.db.db',
'KSOutOfProcessFetcher.501.ppfIhqX0vjaTSb8AJYobDV7Cu68=',
'pymotw_import_example.shelve.db']
```

서비스의 **dir.** 접두어가 사라졌다. 이는 서비스 트리를 설정하는 클래스를 정의해 되살릴 수 있으며, 클라이언트에서 호출할 수 있다.

리스트 12.91: xmlrpc_instance_dotted_names.py

```
from xmlrpc.server import SimpleXMLRPCServer
import os
import inspect

server = SimpleXMLRPCServer(('localhost', 9000), logRequests=True, )

class ServiceRoot:
    pass

class DirectoryService:
```

```
    def list(self, dir_name):
        return os.listdir(dir_name)

root = ServiceRoot()
root.dir = DirectoryService()

server.register_instance(root, allow_dotted_names=True)

try:
    print('Use Control-C to exit')
    server.serve_forever()
except KeyboardInterrupt:
    print('Exiting')
```

allow_dotted_names를 활성화한 상태로 ServiceRoot의 인스턴스를 등록하면 서버는
getattr()을 사용해 이름 붙은 메서드를 찾는 요청이 들어왔을 때 객체의 트리를 탐색
할 권한을 갖는다.

리스트 12.92: xmlrpc_instance_dotted_names_client.py

```
import xmlrpc.client

proxy = xmlrpc.client.ServerProxy('http://localhost:9000')
print(proxy.dir.list('/tmp'))
```

dir.list()를 실행한 결과는 앞에서 본 구현과 같다.

```
$ python3 xmlrpc_instance_dotted_names_client.py

['com.apple.launchd.aoGXonn8nV', 'com.apple.launchd.ilryIaQugf', 'example.db.db',
 'KSOutOfProcessFetcher.501.ppfIhqX0vjaTSb8AJYobDV7Cu68=',
 'pymotw_import_example.shelve.db']
```

12.11.6 디스패치 호출

기본적으로 register_instance()는 밑줄로 시작하지 않은 이름을 가진 인스턴스의 속
성에서 호출할 수 있는 모든 것을 찾고 이름과 함께 등록한다. 메서드 노출에 좀 더 주

의하려면 다음 예제와 같이 사용자 정의 디스패치 로직을 사용할 수 있다.

리스트 12.93: xmlrpc_instance_with_prefix.py

```python
from xmlrpc.server import SimpleXMLRPCServer
import os
import inspect

server = SimpleXMLRPCServer(('localhost', 9000), logRequests=True, )

def expose(f):
    "Decorator to set exposed flag on a function."
    f.exposed = True
    return f

def is_exposed(f):
    "Test whether another function should be publicly exposed."
    return getattr(f, 'exposed', False)

class MyService:
    PREFIX = 'prefix'

    def _dispatch(self, method, params):
        # 메서드 이름에서 접두어 제거
        if not method.startswith(self.PREFIX + '.'):
            raise Exception('method "{}" is not supported'.format(method))

        method_name = method.partition('.')[2]
        func = getattr(self, method_name)
        if not is_exposed(func):
            raise Exception('method "{}" is not supported'.format(method))

        return func(*params)

    @expose
    def public(self):
        return 'This is public'

    def private(self):
        return 'This is private'

server.register_instance(MyService())

try:
    print('Use Control-C to exit')
    server.serve_forever()
```

```
except KeyboardInterrupt:
    print('Exiting')
```

MyService의 public() 메서드는 XML-RPC 서비스에 노출하게 됐고 private()은 그렇지 않다. _dispatch() 메서드는 클라이언트가 MyService의 부분인 함수에 접근하려고 할 때 호출된다. 처음으로 접두어를 사용하도록 강제한다(이 경우 prefix.를 사용했지만 어떤 문자열을 사용해도 상관없다). 그리고 함수가 true 값을 노출^{exposed}시키길 요구한다. 노출된 플래그는 편의성을 위해 데코레이터를 사용하는 함수에서 설정된다.

클라이언트 호출의 몇 가지 예는 다음과 같다.

리스트 12.94: xmlrpc_instance_with_prefix_client.py

```
import xmlrpc.client

proxy = xmlrpc.client.ServerProxy('http://localhost:9000')
print('public():', proxy.prefix.public())
try:
    print('private():', proxy.prefix.private())
except Exception as err:
    print('\nERROR:', err)
try:
    print('public() without prefix:', proxy.public())
except Exception as err:
    print('\nERROR:', err)
```

결괏값에 예상했던 에러 메시지가 출력된다.

```
$ python3 xmlrpc_instance_with_prefix_client.py

public(): This is public

ERROR: <Fault 1: '<class \'Exception\'>:method "prefix.private" is not supported'>

ERROR: <Fault 1: '<class \'Exception\'>:method "public" is not supported'>
```

디스패치 메커니즘을 오버라이드하는 방식에 SimpleXMLRPCServer를 직접 상속받는 방법도 있다. 더 자세한 정보를 위해서는 모듈 내의 도움말 문자열^{docstrings}을 참고한다.

12.11.7 Introspection API

다른 많은 네트워크 서비스와 마찬가지로 쿼리를 사용해 XML-RPC 서버가 어떤 메서드를 지원하는지 묻고 사용법을 배울 수 있다. SimpleXMLRPCServer에는 이러한 인트로스펙션^{introspection}을 수행할 퍼블릭 메서드가 여러 개 있다. 기본적으로 이 기능은 꺼져있지만 register_introspection_functions()로 활성화할 수 있다. 서비스 클래스에 _listMethods()와 _methodHelp()를 정의해 서비스에 system.listMethods()와 system.methodHelp()에 대한 지원을 추가할 수 있다.

리스트 12.95: xmlrpc_introspection.py

```
from xmlrpc.server import (SimpleXMLRPCServer, list_public_methods)
import os
import inspect

server = SimpleXMLRPCServer(('localhost', 9000), logRequests=True, )
server.register_introspection_functions()

class DirectoryService:

    def _listMethods(self):
        return list_public_methods(self)

    def _methodHelp(self, method):
        f = getattr(self, method)
        return inspect.getdoc(f)

    def list(self, dir_name):
        """list(dir_name) => [<filenames>]

        Returns a list containing the contents of
        the named directory.

        """
        return os.listdir(dir_name)

server.register_instance(DirectoryService())

try:
    print('Use Control-C to exit')
    server.serve_forever()
except KeyboardInterrupt:
    print('Exiting')
```

이 예제의 경우 list_public_methods()라는 편의 함수가 인스턴스를 검사해 호출 가능한 속성의 이름(밑줄로 시작하는 것 제외)을 반환한다. _listMethods()를 재정의해 원하는 규칙을 적용한다. 이와 비슷하게 _methodHelp()는 함수의 도움말 문자열을 반환하지만 다른 소스에서 도움말 문자열을 만들게 할 수도 있다.

이 클라이언트는 서버에 쿼리하고 공개적으로 호출 가능한 모든 메서드를 보고한다.

리스트 12.96: xmlrpc_introspection_client.py

```python
import xmlrpc.client

proxy = xmlrpc.client.ServerProxy('http://localhost:9000')
for method_name in proxy.system.listMethods():
    print('=' * 60)
    print(method_name)
    print('-' * 60)
    print(proxy.system.methodHelp(method_name))
    print()
```

시스템 메서드가 결과에 포함된다.

```
$ python3 xmlrpc_introspection_client.py

============================================================
list
------------------------------------------------------------
list(dir_name) => [<filenames>]

Returns a list containing the contents of
the named directory.

============================================================
system.listMethods
------------------------------------------------------------
system.listMethods() => ['add', 'subtract', 'multiple']

Returns a list of the methods supported by the server.

============================================================
system.methodHelp
------------------------------------------------------------
```

```
system.methodHelp('add') => "Adds two integers together"
```

Returns a string containing documentation for the specified method.

```
============================================================
system.methodSignature
------------------------------------------------------------
system.methodSignature('add') => [double, int, int]
```

Returns a list describing the signature of the method. In the above example, the add method takes two integers as arguments and returns a double result.

This server does NOT support system.methodSignature.

팁 - 참고 자료

- xmlrpc.server 표준 라이브러리 문서: https://docs.python.org/3.5/library/xmlrpc.server.html
- xmlrpc.client: XML-RPC 클라이언트
- XML-RPC HOWTO(http://www.tldp.org/HOWTO/XML-RPC-HOWTO/index.html): 다양한 언어에서 XML-RPC를 이용해 클라이언트와 서버를 구현하는 방법

13

이메일

이메일^{email}은 디지털 통신의 가장 오래된 형태 중 하나지만 여전히 인기가 많다. 파이썬 표준 라이브러리는 이메일 메시지를 보내고 받고 저장하는 모듈을 제공한다.

smtplib는 메일 서버와 통신해 메시지를 전송한다. smtpd는 사용자가 메일 서버를 만들 때 사용할 수 있고, 다른 애플리케이션에서 이메일 전송에 대한 디버깅을 할 때 유용한 클래스를 제공한다.

imaplib는 IMAP 프로토콜을 사용해 서버에 저장된 메시지를 다룬다. 이 모듈은 IMAP 클라이언트용 저수준 API를 통해 메시지를 질의, 추출, 이동, 삭제할 수 있다.

로컬 메시지 아카이브는 mailbox를 통해 생성하고 수정할 수 있다. mailbox는 수많은 이메일 클라이언트 프로그램에서 널리 쓰이는 mbox와 Maildir 포맷을 포함한 여러 가지 표준 포맷을 사용한다.

13.1 smtplib: 단순 메일 전송 프로토콜 클라이언트

smtplib는 메일 서버와 접속해 메일을 보내는 SMTP 클래스를 갖고 있다.

> **참고**
> 이후의 예제에서 이메일 주소, 호스트 이름, IP 주소는 의미 없는 것이지만 그 외의 기록은 명령과 응답을 그대로 표시했다.

13.1.1 이메일 메시지 전송

SMTP의 가장 일반적인 용도는 메일 서버에 접속해 메시지를 보내는 것이다. 메일 서버의 호스트 이름과 포트를 생성자에 전달하거나 명시적으로 connect()를 호출한다. 접속이 되면 envelope 매개변수와 메시지 본문으로 sendmail()을 호출한다. smtplib는 메시지 내용이나 헤더를 전혀 수정하지 않기 때문에 메시지 텍스트는 RFC 5322 (https://tools.ietf.org/html/rfc5322)를 준수해야 한다. 이는 호출자가 From 및 To 헤더를 추가해야 한다는 의미다.

리스트 13.1: smtplib_sendmail.py

```python
import smtplib
import email.utils
from email.mime.text import MIMEText

# 메시지 생성
msg = MIMEText('This is the body of the message.')
msg['To'] = email.utils.formataddr(('Recipient', 'recipient@example.com'))
msg['From'] = email.utils.formataddr(('Author', 'author@example.com'))
msg['Subject'] = 'Simple test message'

server = smtplib.SMTP('localhost', 1025)
server.set_debuglevel(True) # 서버와 통신하는 내용을 보여준다.
try:
    server.sendmail('author@example.com', ['recipient@example.com'], msg.as_string())
finally:
    server.quit()
```

이 예제에서는 클라이언트와 서버 사이에 통신하는 내용을 보고자 디버깅 옵션을 활성화했다. 그렇지 않으면 이 예제는 아무런 출력도 하지 않는다.

```
$ python3 smtplib_sendmail.py

send: 'ehlo 1.0.0.0.0.0.0.0.0.0.0.0.0.0.0.0.0.0.0.0.0.0.0.0.0.0.0.0.0.0.0.0.ip6.arpa\r\n'
reply: b'250-1.0.0.0.0.0.0.0.0.0.0.0.0.0.0.0.0.0.0.0.0.0.0.0.0.0.0.0.0.0.0.0.ip6.arpa\r\n'
reply: b'250-SIZE 33554432\r\n'
reply: b'250 HELP\r\n'
reply: retcode (250); Msg:
```

```
b'1.0.0.0.0.0.0.0.0.0.0.0.0.0.0.0.0.0.0.0.0.0.0.0.0.0.0.0.0.0.0.0.ip6.arpa\nSIZE
33554432\nHELP'
send: 'mail FROM:<author@example.com> size=236\r\n'
reply: b'250 OK\r\n'
reply: retcode (250); Msg: b'OK'
send: 'rcpt TO:<recipient@example.com>\r\n'
reply: b'250 OK\r\n'
reply: retcode (250); Msg: b'OK'
send: 'data\r\n'
reply: b'354 End data with <CR><LF>.<CR><LF>\r\n'
reply: retcode (354); Msg: b'End data with <CR><LF>.<CR><LF>'
data: (354, b'End data with <CR><LF>.<CR><LF>')
send: b'Content-Type: text/plain; charset="us-ascii"\r\nMIME-Version:
1.0\r\nContent-Transfer-Encoding: 7bit\r\nTo: Recipient <recipient@example.com>\r\nFrom:
Author <author@example.com>\r\nSubject: Simple test message\r\n\r\nThis is the body of the
message.\r\n.\r\n'
reply: b'250 OK\r\n'
reply: retcode (250); Msg: b'OK'
data: (250, b'OK')
send: 'quit\r\n'
reply: b'221 Bye\r\n'
reply: retcode (221); Msg: b'Bye'
```

sendmail()의 두 번째 인자는 수신자며 리스트로 전달한다. 이 리스트에는 수신자의 주소가 무제한으로 포함될 수 있고 차례대로 각 사람에게 메시지를 전송한다. 봉투envelope 정보가 메시지 헤더와 분리돼 있으므로 어떤 사람의 주소를 숨은 참조BCC, Blind Carbon-Copy로 메서드 인자에 넣을 수 있지만 메시지 헤더에는 넣을 수 없다.

13.1.2 인증과 암호화

또한 SMTP 클래스는 서버가 지원하는 경우 인증과 전송 계층 보안TLS, Transport Layer Security 암호화를 처리한다. 서버가 TLS를 지원하는지 확인하려면 서버에서 클라이언트를 식별하도록 ehlo()를 직접 호출하고 사용 가능한 확장 모듈이 무엇인지 묻는다. 그 다음에 has_extn()을 호출해 결과를 확인한다. TLS가 시작되면 사용자를 인증하기 전에 반드시 ehlo()를 다시 호출해야 한다. 대부분의 메일 호스팅 제공업체는 요즘 TLS

기반의 접속만을 지원한다. 다른 서버와 통신하려면 SMTP_SSL을 사용해 암호화된 연결을 초기화해야 한다.

리스트 13.2: smtplib_authenticated.py

```python
import smtplib
import email.utils
from email.mime.text import MIMEText
import getpass

# 접속 정보 입력을 위한 사용자 프롬프트
to_email = input('Recipient: ')
servername = input('Mail server name: ')
serverport = input('Server port: ')
if serverport:
    serverport = int(serverport)
else:
    serverport = 25
use_tls = input('Use TLS? (yes/no): ').lower()
username = input('Mail username: ')
password = getpass.getpass("%s's password: " % username)

# 메시지 생성
msg = MIMEText('Test message from PyMOTW.')
msg.set_unixfrom('author')
msg['To'] = email.utils.formataddr(('Recipient', to_email))
msg['From'] = email.utils.formataddr(('Author', 'author@example.com'))
msg['Subject'] = 'Test from PyMOTW'

if use_tls == 'yes':
    print('starting with a secure connection')
    server = smtplib.SMTP_SSL(servername, serverport)
else:
    print('starting with an insecure connection')
    server = smtplib.SMTP(servername, serverport)
try:
    server.set_debuglevel(True)

    # 서버에서 지원되는 기능을 확인한다.
    server.ehlo()

    # 이 세션을 암호화할 수 있으면 그렇게 한다.
    if server.has_extn('STARTTLS'):
```

```
        print('(starting TLS)')
        server.starttls()
        server.ehlo() # TLS 연결을 위해 다시 호출한다.
    else:
        print('(no STARTTLS)')

    if server.has_extn('AUTH'):
        print('(logging in)')
        server.login(username, password)
    else:
        print('(no AUTH)')

    server.sendmail('author@example.com', [to_email], msg.as_string())
finally:
    server.quit()
```

TLS가 가능해진 후에는 EHLO의 응답에 STARTTLS가 표시되지 않는다.

```
$ python3 source/smtplib/smtplib_authenticated.py

Recipient: doug@pymotw.com
Mail server name: localhost
Server port: 1025
Use TLS? (yes/no): no
Mail username: test
test's password:
starting with an insecure connection
send: 'ehlo 1.0.0.0.0.0.0.0.0.0.0.0.0.0.0.0.0.0.0.0.0.0.0.0.0.0.0.0.0.0.0.0.ip6.arpa\r\n'
reply: b'250-1.0.0.0.0.0.0.0.0.0.0.0.0.0.0.0.0.0.0.0.0.0.0.0.0.0.0.0.0.0.0.0.ip6.arpa\r\n'
reply: b'250-SIZE 33554432\r\n'
reply: b'250 HELP\r\n'
reply: retcode (250); Msg:
b'1.0.0.0.0.0.0.0.0.0.0.0.0.0.0.0.0.0.0.0.0.0.0.0.0.0.0.0.0.0.0.0.ip6.arpa\nSIZE
33554432\nHELP'
(no STARTTLS)
(no AUTH)
send: 'mail FROM:<author@example.com> size=220\r\n'
reply: b'250 OK\r\n'
reply: retcode (250); Msg: b'OK'
send: 'rcpt TO:<doug@pymotw.com>\r\n'
```

```
reply: b'250 OK\r\n'

reply: retcode (250); Msg: b'OK'

send: 'data\r\n'

reply: b'354 End data with <CR><LF>.<CR><LF>\r\n'

reply: retcode (354); Msg: b'End data with <CR><LF>.<CR><LF>'

data: (354, b'End data with <CR><LF>.<CR><LF>')

send: b'Content-Type: text/plain; charset="us-ascii"\r\n MIME-Version:

1.0\r\nContent-Transfer-Encoding: 7bit\r\nTo: Recipient <doug@pymotw.com>\r\nFrom: Author

<author@example.com> \r\nSubject: Test from PyMOTW\r\n\r\nTest message from PyMOTW. \r\n.\r\n'

reply: b'250 OK\r\n'

reply: retcode (250); Msg: b'OK'

data: (250, b'OK')

send: 'quit\r\n'

reply: b'221 Bye\r\n'

reply: retcode (221); Msg: b'Bye'

$ python3 source/smtplib/smtplib_authenticated.py

Recipient: doug@pymotw.com
Mail server name: mail.isp.net
Server port: 465
Use TLS? (yes/no): yes
Mail username: doughellmann@isp.net
doughellmann@isp.net's password:
starting with a secure connection
send: 'ehlo  1.0.0.0.0.0.0.0.0.0.0.0.0.0.0.0.0.0.0.0.0.0.0.0.0.0.0.0.0.0.0.0.ip6.arpa\r\n'

reply: b'250-mail.isp.net\r\n'

reply: b'250-PIPELINING\r\n'

reply: b'250-SIZE 71000000\r\n'

reply: b'250-ENHANCEDSTATUSCODES\r\n'

reply: b'250-8BITMIME\r\n'

reply: b'250-AUTH PLAIN LOGIN\r\n'

reply: b'250 AUTH=PLAIN LOGIN\r\n'

reply: retcode (250); Msg: b'mail.isp.net\nPIPELINING\nSIZE
71000000\nENHANCEDSTATUSCODES\n8BITMIME\nAUTH PLAIN LOGIN\n AUTH=PLAIN LOGIN'

(no STARTTLS)
(logging in)
send: 'AUTH PLAIN AGRvdWdoZWxsbWFubkBmYXN0bWFpbC5mbQBUTUZ3MDBmZmFzdG1haWw=\r\n'

reply: b'235 2.0.0 OK\r\n'

reply: retcode (235); Msg: b'2.0.0 OK'

send: 'mail FROM:<author@example.com> size=220\r\n'
```

```
reply: b'250 2.1.0 Ok\r\n'
reply: retcode (250); Msg: b'2.1.0 Ok'
send: 'rcpt TO:<doug@pymotw.com>\r\n'
reply: b'250 2.1.5 Ok\r\n'
reply: retcode (250); Msg: b'2.1.5 Ok'
send: 'data\r\n'
reply: b'354 End data with <CR><LF>.<CR><LF>\r\n'
reply: retcode (354); Msg: b'End data with <CR><LF>.<CR><LF>'
data: (354, b'End data with <CR><LF>.<CR><LF>')
send: b'Content-Type: text/plain; charset="us-ascii"\r\n MIME-Version:
1.0\r\nContent-Transfer-Encoding: 7bit\r\nTo: Recipient <doug@pymotw.com>\r\nFrom: Author
<author@example.com> \r\nSubject: Test from PyMOTW\r\n\r\nTest message from PyMOTW. \r\n.\r\n'
reply: b'250 2.0.0 Ok: queued as A0EF7F2983\r\n'
reply: retcode (250); Msg: b'2.0.0 Ok: queued as A0EF7F2983'
data: (250, b'2.0.0 Ok: queued as A0EF7F2983')
send: 'quit\r\n'
reply: b'221 2.0.0 Bye\r\n'
reply: retcode (221); Msg: b'2.0.0 Bye'
```

13.1.3 이메일 주소 검증

SMTP 프로토콜은 서버에 주소가 유효한 것인지 묻는 명령을 제공한다. 일반적으로
VRFY는 스팸 발송자가 이메일 주소를 찾지 못하게 하려고 비활성화돼 있다. 하지만
VRFY를 활성화하면 클라이언트는 주소가 맞는지 서버에 요청하고 유효 여부를 나타내
는 상태 코드를 받으며, 가능한 경우 사용자의 전체 이름도 받을 수 있다.

리스트 13.3: smtplib_verify.py

```python
import smtplib

server = smtplib.SMTP('mail')
server.set_debuglevel(True) # 서버와 통신하는 내용을 보여준다.
try:
    dhellmann_result = server.verify('dhellmann')
    notthere_result = server.verify('notthere')
finally:
    server.quit()
```

```
print('dhellmann:', dhellmann_result)
print('notthere :', notthere_result)
```

출력의 마지막 두 줄에서 dhellmann은 유효하지만 notthere는 그렇지 않음을 알 수 있다.

```
$ python3 smtplib_verify.py

send: 'vrfy <dhellmann>\r\n'
reply: '250 2.1.5 Doug Hellmann <dhellmann@mail>\r\n'
reply: retcode (250); Msg: 2.1.5 Doug Hellmann <dhellmann@mail>
send: 'vrfy <notthere>\r\n'
reply: '550 5.1.1 <notthere>... User unknown\r\n'
reply: retcode (550); Msg: 5.1.1 <notthere>... User unknown
send: 'quit\r\n'
reply: '221 2.0.0 mail closing connection\r\n'
reply: retcode (221); Msg: 2.0.0 mail closing connection
dhellmann: (250, '2.1.5 Doug Hellmann <dhellmann@mail>')
notthere : (550, '5.1.1 <notthere>... User unknown')
```

팁 - 참고 자료

- smtplib 표준 라이브러리 문서: https://docs.python.org/3.5/library/smtplib.html
- RFC 821(https://tools.ietf.org/html/rfc821.html): 단순 메일 전송 프로토콜(SMTP) 명세
- RFC 1869(https://tools.ietf.org/html/rfc1869.html): 기본 프로토콜에 대한 SMTP 서비스 확장 프로그램
- RFC 822(https://tools.ietf.org/html/rfc822.html): ARPA 인터넷 텍스트 메시지 포맷에 대한 표준. 본래의 이메일 메시지 포맷 명세
- RFC 5322(https://tools.ietf.org/html/rfc5322.html): 인터넷 메시지 포맷의 업데이트 버전
- email: 이메일 메시지를 작성하고 파싱하기 위한 표준 라이브러리 모듈
- smtpd: SMTP 서버 구현

13.2 smtpd: 메일 서버 구현

smtpd 모듈은 단순 메일 전송 프로토콜^{SMTP, Simple Mail Transport Protocol} 서버를 빌드하는 클래스도 제공한다. 이는 smtplib가 사용하는 서버 측 프로토콜이다.

13.2.1 메일 서버 기본 클래스

예제 서버에서 사용되는 모든 기본 클래스는 SMTPServer다. 이 클래스는 클라이언트와의 통신 및 데이터 수신을 처리하며, 메시지가 온전히 사용 가능할 때 메시지를 처리하고자 편리하게 오버라이드할 수 있는 훅^{hook}을 제공한다.

생성자 인자는 접속을 받아들이기 위한 로컬 주소와 프록시 메시지^{proxied message}를 전달할 원격 주소다. process_message() 메서드는 파생 클래스가 오버라이드해야 하는 훅으로 제공된다. 이 메서드는 메시지가 완전히 수신됐을 때 호출되며, 다음 인자를 받는다.

- peer: 클라이언트 주소로, IP와 포트 값으로 된 튜플이다.

- mailfrom: from 정보는 클라이언트가 서버에 전달한 메시지 봉투에서 찾을 수 있다. 이 정보가 From 헤더와 꼭 일치할 필요는 없다.

- rcpttos: 메시지 봉투에 있는 수신자 리스트다. 마찬가지로 To 헤더와 항상 일치하지는 않으며, 특히 숨은 참조가 있는 경우에 더 그렇다.

- data: RFC 5322를 준수하는 메시지 본문이다.

process_message()의 기본 구현에서는 NotImplementedError가 발생한다. 다음 예제는 수신한 메시지에 대한 정보를 출력하고자 해당 메서드를 오버라이드하는 서브클래스를 정의한다.

리스트 13.4: smtpd_custom.py

```
import smtpd
import asyncore

class CustomSMTPServer(smtpd.SMTPServer):

    def process_message(self, peer, mailfrom, rcpttos, data):
        print('Receiving message from:', peer)
        print('Message addressed from:', mailfrom)
        print('Message addressed to  :', rcpttos)
        print('Message length        :', len(data))

server = CustomSMTPServer(('127.0.0.1', 1025), None)

asyncore.loop()
```

SMTPServer는 asyncore를 사용하므로 서버를 실행하려면 asyncore.loop()를 호출한다. 메일 서버를 시연하려면 클라이언트가 필요하다. 'smtplib' 절에 있는 한 예제를 수정해 포트 1025에서 실행 중인 로컬 테스트 서버에 데이터를 전송할 클라이언트를 생성한다.

리스트 13.5: smtpd_senddata.py

```python
import smtplib
import email.utils
from email.mime.text import MIMEText

# 메시지 생성
msg = MIMEText('This is the body of the message.')
msg['To'] = email.utils.formataddr(('Recipient', 'recipient@example.com'))
msg['From'] = email.utils.formataddr(('Author', 'author@example.com'))
msg['Subject'] = 'Simple test message'

server = smtplib.SMTP('127.0.0.1', 1025)
server.set_debuglevel(True) # 서버와 통신하는 내용을 보여준다.
try:
    server.sendmail('author@example.com', ['recipient@example.com'], msg.as_string())
finally:
    server.quit()
```

프로그램을 테스트하려면 한 터미널에서 smtpd_custom.py를 실행하고 다른 터미널에서 smtpd_senddata.py를 실행한다.

```
$ python3 smtpd_custom.py

Receiving message from: ('127.0.0.1', 58541)
Message addressed from: author@example.com
Message addressed to   : ['recipient@example.com']
Message length         : 229
```

smtpd_senddata.py의 디버그 출력은 서버와 통신되는 모든 내용을 보여준다.

```
$ python3 smtpd_senddata.py
```

```
send: 'ehlo 1.0.0.0.0.0.0.0.0.0.0.0.0.0.0.0.0.0.0.0.0.0.0.0.0.0.0.0.0.0.0.0.ip6.arpa\r\n'
reply: b'250-1.0.0.0.0.0.0.0.0.0.0.0.0.0.0.0.0.0.0.0.0.0.0.0.0.0.0.0.0.0.0.0.ip6.arpa\r\n'
reply: b'250-SIZE 33554432\r\n'
reply: b'250 HELP\r\n'
reply: retcode (250); Msg:
b'1.0.0.0.0.0.0.0.0.0.0.0.0.0.0.0.0.0.0.0.0.0.0.0.0.0.0.0.0.0.0.0.ip6.arpa\nSIZE
33554432\nHELP'
send: 'mail FROM:<author@example.com> size=236\r\n'
reply: b'250 OK\r\n'
reply: retcode (250); Msg: b'OK'
send: 'rcpt TO:<recipient@example.com>\r\n'
reply: b'250 OK\r\n'
reply: retcode (250); Msg: b'OK'
send: 'data\r\n'
reply: b'354 End data with <CR><LF>.<CR><LF>\r\n'
reply: retcode (354); Msg: b'End data with <CR><LF>.<CR><LF>'
data: (354, b'End data with <CR><LF>.<CR><LF>')
send: b'Content-Type: text/plain; charset="us-ascii"\r\nMIME-Version:
1.0\r\nContent-Transfer-Encoding: 7bit\r\nTo: Recipient <recipient@example.com>\r\nFrom:
Author <author@example.com>\r\nSubject: Simple test message\r\n\r\nThis is the body of the
message.\r\n.\r\n'
reply: b'250 OK\r\n'
reply: retcode (250); Msg: b'OK'
data: (250, b'OK ')
send: 'quit\r\n'
reply: b'221 Bye\r\n'
reply: retcode (221); Msg: b'Bye'
```

서버를 중지하려면 Ctrl-C를 누른다.

13.2.2 디버깅 서버

앞의 예제는 process_message()에 대한 인자를 보여줬지만, smtpd는 디버깅을 위해 특별히 고안된 서버인 DebuggingServer도 제공한다. 이 서버는 수신된 모든 메시지를 출력하고 프로세스를 중지한다. 메시지를 실제 메일 서버에 프록시하지 않는다.

```
import smtpd
import asyncore

server = smtpd.DebuggingServer(('127.0.0.1', 1025), None)

asyncore.loop()
```

smtpd_senddata.py 클라이언트 프로그램을 사용하면 DebuggingServer는 다음과 같이 출력한다.

```
---------- MESSAGE FOLLOWS ----------
Content-Type: text/plain; charset="us-ascii"
MIME-Version: 1.0
Content-Transfer-Encoding: 7bit
To: Recipient <recipient@example.com>
From: Author <author@example.com>
Subject: Simple test message
X-Peer: 127.0.0.1

This is the body of the message.
------------ END MESSAGE ------------
```

13.2.3 프록시 서버

PureProxy 클래스는 간단한 프록시 서버를 구현한다. 수신된 메시지는 생성자의 인자로 주어진 서버에 업스트림으로 전달된다.

> **경고**
>
> smtpd 표준 라이브러리 문서는 다음과 같이 말하고 있다. "이것을 실행하면 당신의 서버가 오픈 릴레이(open relay, 스팸의 통로로 이용됨)가 될 수 있기 때문에 매우 조심해야 한다."

프록시 서버를 설정하는 것은 디버그 서버를 설정하는 것과 비슷하다.

리스트 13.7: smtpd_proxy.py

```
import smtpd
import asyncore

server = smtpd.PureProxy(('127.0.0.1', 1025), ('mail', 25))

asyncore.loop()
```

이 프로그램은 출력을 하지 않는다. 그러므로 작동 여부를 알려면 메일 서버의 로그를
확인해야 한다.

```
Aug 20 19:16:34 homer sendmail[6785]: m9JNGXJb006785: from=<author@example.com>, size=248,
class=0, nrcpts=1, msgid=<200810192316.m9JNGXJb006785@homer.example.com>, proto=ESMTP,
daemon=MTA, relay=[192.168.1.17]
```

팁 – 참고 자료

- smtpd 표준 라이브러리 문서: https://docs.python.org/3.5/library/smtpd.html
- smtplib: 클라이언트 인터페이스 제공
- email: 이메일 메시지 파싱
- asyncore: 비동기적인 서버를 구성하는 기본 모듈
- RFC 2822(https://tools.ietf.org/html/rfc2822.html): 이메일 메시지 포맷을 정의하는 인터넷 메시지 포맷
- RFC 5322(https://tools.ietf.org/html/rfc5322.html): RFC 2822의 대체 버전

13.3 mailbox: 이메일 아카이브 관리

mailbox 모듈은 다음과 같은 포맷으로 로컬 디스크에 저장된 이메일 메시지를 관리하
는 공통 API를 정의한다.

- Maildir
- mbox
- MH
- Babyl
- MMDF

기본 클래스로 Mailbox와 Message가 있으며, 각 메일함 포맷은 상세 구현용 서브클래스를 갖고 있다.

13.3.1 mbox

mbox 포맷은 전체가 일반 텍스트이므로 문서에 보여주기 편하다. 각 메일함은 모든 메시지를 포함한 하나의 파일로 저장된다. 'From '(From 다음에 공백 하나 존재)으로 시작되는 줄을 새로운 메시지의 시작으로 간주한다. 메시지 본문에서 한 줄의 시작에 이 문자가 나타나면 이 문자열은 >으로 이스케이프 처리된다.

13.3.1.1 mbox 메일함 생성

파일명을 생성자에 전달해 mbox 클래스를 인스턴스화한다. 파일이 존재하지 않으면 메시지를 추가하고자 add()를 사용할 때 파일이 생성된다.

리스트 13.8: mailbox_mbox_create.py

```
import mailbox
import email.utils

from_addr = email.utils.formataddr(('Author', 'author@example.com'))
to_addr = email.utils.formataddr(('Recipient', 'recipient@example.com'))

payload = '''This is the body.
From (will not be escaped).
There are 3 lines.
'''

mbox = mailbox.mbox('example.mbox')
mbox.lock()
try:
    msg = mailbox.mboxMessage()
    msg.set_unixfrom('author Sat Feb 7 01:05:34 2009')
    msg['From'] = from_addr
    msg['To'] = to_addr
    msg['Subject'] = 'Sample message 1'
    msg.set_payload(payload)
    mbox.add(msg)
```

```
    mbox.flush()

    msg = mailbox.mboxMessage()
    msg.set_unixfrom('author')
    msg['From'] = from_addr
    msg['To'] = to_addr
    msg['Subject'] = 'Sample message 2'
    msg.set_payload('This is the second body.\n')
    mbox.add(msg)
    mbox.flush()
finally:
    mbox.unlock()

print(open('example.mbox', 'r').read())
```

이 스크립트를 실행하면 두 개의 이메일 메시지를 가진 새 메일함 파일이 생성된다.

```
$ python3 mailbox_mbox_create.py

From MAILER-DAEMON Thu Dec 29 17:23:56 2016
From: Author <author@example.com>
To: Recipient <recipient@example.com>
Subject: Sample message 1

This is the body.
>From (will not be escaped).
There are 3 lines.

From MAILER-DAEMON Thu Dec 29 17:23:56 2016
From: Author <author@example.com>
To: Recipient <recipient@example.com>
Subject: Sample message 2

This is the second body.
```

13.3.1.2 mbox 메일함 읽기

기존 메일함을 읽으려면 mbox 객체를 열어 딕셔너리처럼 처리한다. 키는 메일함 인스턴스에 의해 정의된 임의의 값이며 메시지 객체에 대한 내부 식별자 이외의 의미는 없다.

리스트 13.9: mailbox_mbox_read.py

```
import mailbox

mbox = mailbox.mbox('example.mbox')
for message in mbox:
    print(message['subject'])
```

메일함은 반복자 프로토콜을 지원한다. 하지만 딕셔너리 객체와는 달리 메일함의 기본 반복자는 키가 아니라 값에 대해 동작한다.

```
$ python3 mailbox_mbox_read.py

Sample message 1
Sample message 2
```

13.3.1.3 mbox 메일함에서 메시지 삭제

mbox 파일에서 존재하는 메시지를 삭제할 때는 remove()에 키 값을 전달하거나 del을 사용한다.

리스트 13.10: mailbox_mbox_remove.py

```
import mailbox

mbox = mailbox.mbox('example.mbox')
mbox.lock()
try:
    to_remove = []
    for key, msg in mbox.iteritems():
        if '2' in msg['subject']:
            print('Removing:', key)
            to_remove.append(key)
    for key in to_remove:
        mbox.remove(key)
finally:
    mbox.flush()
    mbox.close()
```

```
print(open('example.mbox', 'r').read())
```

lock()과 unlock() 메서드는 파일이 동시에 액세스되는 문제를 예방하고자 사용하며, flush()는 변경 사항을 디스크에 저장한다.

```
$ python3 mailbox_mbox_remove.py

Removing: 1
From MAILER-DAEMON Thu Dec 29 17:23:56 2016
From: Author <author@example.com>
To: Recipient <recipient@example.com>
Subject: Sample message 1

This is the body.
>From (will not be escaped).
There are 3 lines.
```

13.3.2 Maildir

Maildir 포맷은 mbox 파일을 동시에 수정할 때 발생하는 문제를 해결하고자 만들어졌다. 단일 파일을 사용하지 않고 각 메시지는 메일함 디렉터리에 포함되는 각자의 파일을 갖고 있다. 이 구조는 메일함을 중첩시킬 수 있으므로 Maildir 메일함용 API는 하위 폴더를 사용하는 방식으로 확장된다.

13.3.2.1 Maildir 메일함 생성

실제적으로 Maildir과 mbox 메일함 생성의 유일한 차이는 Maildir 생성자가 파일명이 아니라 디렉터리명을 인자로 사용한다는 것이다. 마찬가지로 메일함이 없으면 메시지가 추가될 때 새로 생성된다.

리스트 13.11: mailbox_maildir_create.py

```
import mailbox
import email.utils
```

```python
import os

from_addr = email.utils.formataddr(('Author', 'author@example.com'))
to_addr = email.utils.formataddr(('Recipient', 'recipient@example.com'))

payload = '''This is the body.
From (will not be escaped).
There are 3 lines.
'''

mbox = mailbox.Maildir('Example')
mbox.lock()
try:
    msg = mailbox.mboxMessage()
    msg.set_unixfrom('author Sat Feb 7 01:05:34 2009')
    msg['From'] = from_addr
    msg['To'] = to_addr
    msg['Subject'] = 'Sample message 1'
    msg.set_payload(payload)
    mbox.add(msg)
    mbox.flush()

    msg = mailbox.mboxMessage()
    msg.set_unixfrom('author Sat Feb 7 01:05:34 2009')
    msg['From'] = from_addr
    msg['To'] = to_addr
    msg['Subject'] = 'Sample message 2'
    msg.set_payload('This is the second body.\n')
    mbox.add(msg)
    mbox.flush()
finally:
    mbox.unlock()

for dirname, subdirs, files in os.walk('Example'):
    print(dirname)
    print('  Directories:', subdirs)
    for name in files:
        fullname = os.path.join(dirname, name)
        print('\n***', fullname)
        print(open(fullname).read())
        print('*' * 20)
```

메시지가 메일함에 새로 추가되면 new 디렉터리에 담긴다.

> **경고**
>
> 여러 개의 프로세스가 동일한 Maildir에 쓰는 것은 괜찮지만 add()는 스레드에서 안전하지 않다. 세마포어나 다른 잠금 장치를 사용해 같은 프로세스의 여러 스레드가 메일함에 동시적으로 수정을 가하는 것을 막아야 한다.

```
$ python3 mailbox_maildir_create.py

Example
    Directories: ['cur', 'new', 'tmp']
Example/cur
    Directories: []
Example/new
    Directories: []

*** Example/new/1483032236.M378880P24253Q1.hubert.local
From: Author <author@example.com>
To: Recipient <recipient@example.com>
Subject: Sample message 1

This is the body.
From (will not be escaped).
There are 3 lines.

*******************

*** Example/new/1483032236.M381366P24253Q2.hubert.local
From: Author <author@example.com>
To: Recipient <recipient@example.com>
Subject: Sample message 2

This is the second body.

*******************
Example/tmp
    Directories: []
```

메시지를 읽으면 클라이언트는 MaildirMessage의 set_subdir() 메서드를 사용해 cur 디렉터리로 메시지를 옮길 수 있다.

리스트 13.12: mailbox_maildir_set_subdir.py

```python
import mailbox
import os

print('Before:')
mbox = mailbox.Maildir('Example')
mbox.lock()
try:
    for message_id, message in mbox.iteritems():
    print('{:6} "{}"'.format(message.get_subdir(), message['subject']))
    message.set_subdir('cur')
    # 메시지를 업데이트하도록 메일함에 알린다.
    mbox[message_id] = message
finally:
    mbox.flush()
    mbox.close()

print('\nAfter:')
mbox = mailbox.Maildir('Example')
for message in mbox:
    print('{:6} "{}"'.format(message.get_subdir(), message['subject']))

print()
for dirname, subdirs, files in os.walk('Example'):
    print(dirname)
    print(' Directories:', subdirs)
    for name in files:
        fullname = os.path.join(dirname, name)
        print(fullname)
```

Maildir이 tmp 디렉터리를 갖고 있지만 set_subdir()은 cur와 new만 유효한 인자로 사용한다.

```
$ python3 mailbox_maildir_set_subdir.py

Before:
new "Sample message 2"
new "Sample message 1"

After:
```

```
cur "Sample message 2"
cur "Sample message 1"

Example
    Directories: ['cur', 'new', 'tmp']
Example/cur
    Directories: []
Example/cur/1483032236.M378880P24253Q1.hubert.local
Example/cur/1483032236.M381366P24253Q2.hubert.local
Example/new
    Directories: []
Example/tmp
    Directories: []
```

13.3.2.2 Maildir 메일함에서 읽기

Maildir 메일함에서 메시지 읽기는 mbox 메일함에서 읽는 것과 똑같다.

리스트 13.13: mailbox_maildir_read.py

```
import mailbox

mbox = mailbox.Maildir('Example')
for message in mbox:
    print(message['subject'])
```

메시지가 특정한 순서로 읽힌다는 보장은 없다.

```
$ python3 mailbox_maildir_read.py

Sample message 2
Sample message 1
```

13.3.2.3 Maildir 메일함에서 메시지 삭제

Maildir 메일함에서 메시지를 삭제할 때는 remove()에 키를 전달하거나 del을 사용
한다.

리스트 13.14: mailbox_maildir_remove.py

```
import mailbox
import os

mbox = mailbox.Maildir('Example')
mbox.lock()
try:
    to_remove = []
    for key, msg in mbox.iteritems():
        if '2' in msg['subject']:
            print('Removing:', key)
            to_remove.append(key)
    for key in to_remove:
        mbox.remove(key)
finally:
    mbox.flush()
    mbox.close()

for dirname, subdirs, files in os.walk('Example'):
    print(dirname)
    print('  Directories:', subdirs)
    for name in files:
        fullname = os.path.join(dirname, name)
        print('\n***', fullname)
        print(open(fullname).read())
        print('*' * 20)
```

메시지에 대한 키를 계산할 방법이 없으므로 items() 또는 iteritems()를 사용해 메일
함에서 키와 메시지 객체를 동시에 추출한다.

```
$ python3 mailbox_maildir_remove.py

Removing: 1483032236.M381366P24253Q2.hubert.local
Example
    Directories: ['cur', 'new', 'tmp']
Example/cur
    Directories: []

*** Example/cur/1483032236.M378880P24253Q1.hubert.local
From: Author <author@example.com>
```

```
To: Recipient <recipient@example.com>
Subject: Sample message 1

This is the body.
From (will not be escaped).
There are 3 lines.

*******************
Example/new
    Directories: []
Example/tmp
    Directories: []
```

13.3.2.4 Maildir 폴더

Maildir의 하위 디렉터리나 폴더는 Maildir 클래스의 메서드를 통해 직접 관리할 수 있다. 호출자는 해당 메일함의 하위 폴더를 조회, 검색, 생성, 제거할 수 있다.

리스트 13.15: mailbox_maildir_folders.py

```python
import mailbox
import os

def show_maildir(name):
    os.system('find {} -print'.format(name))

mbox = mailbox.Maildir('Example')
print('Before:', mbox.list_folders())
show_maildir('Example')

print('\n{:#^30}\n'.format(''))

mbox.add_folder('subfolder')
print('subfolder created:', mbox.list_folders())
show_maildir('Example')

subfolder = mbox.get_folder('subfolder')
print('subfolder contents:', subfolder.list_folders())

print('\n{:#^30}\n'.format(''))

subfolder.add_folder('second_level')
```

```
print('second_level created:', subfolder.list_folders())
show_maildir('Example')

print('\n{:#^30}\n'.format(''))

subfolder.remove_folder('second_level')
print('second_level removed:', subfolder.list_folders())
show_maildir('Example')
```

폴더를 위한 디렉터리명은 마침표(.)와 폴더 이름을 사용해 생성된다.

```
$ python3 mailbox_maildir_folders.py

Example
Example/cur
Example/cur/1483032236.M378880P24253Q1.hubert.local
Example/new
Example/tmp
Example
Example/.subfolder
Example/.subfolder/cur
Example/.subfolder/maildirfolder
Example/.subfolder/new
Example/.subfolder/tmp
Example/cur
Example/cur/1483032236.M378880P24253Q1.hubert.local
Example/new
Example/tmp
Example
Example/.subfolder
Example/.subfolder/.second_level
Example/.subfolder/.second_level/cur
Example/.subfolder/.second_level/maildirfolder
Example/.subfolder/.second_level/new
Example/.subfolder/.second_level/tmp
Example/.subfolder/cur
Example/.subfolder/maildirfolder
Example/.subfolder/new
Example/.subfolder/tmp
Example/cur
```

```
Example/cur/1483032236.M378880P24253Q1.hubert.local
Example/new
Example/tmp
Example
Example/.subfolder
Example/.subfolder/cur
Example/.subfolder/maildirfolder
Example/.subfolder/new
Example/.subfolder/tmp
Example/cur
Example/cur/1483032236.M378880P24253Q1.hubert.local
Example/new
Example/tmp
Before: []

#############################

subfolder created: ['subfolder']
subfolder contents: []

#############################

second_level created: ['second_level']

#############################

second_level removed: []
```

13.3.3 메시지 플래그

메일함의 메시지는 읽었는지 여부, 사용자의 중요 표시 여부, 나중에 삭제하기 위한 표시 여부 등을 추적하는 플래그를 갖는다. 플래그는 특정한 일련의 문자 코드로 저장되며, Message 클래스는 플래그 값을 검색하고 변경하는 메서드를 제공한다. 이 예제는 메시지에 중요 표시 플래그를 추가하기 전에 Example Maildir에 있는 메시지의 현재 플래그를 먼저 보여준다.

리스트 13.16: mailbox_maildir_add_flag.py

```
import mailbox
```

```
print('Before:')
mbox = mailbox.Maildir('Example')
mbox.lock()
try:
    for message_id, message in mbox.iteritems():
        print('{:6} "{}"'.format(message.get_flags(), message['subject']))
        message.add_flag('F')
        # 메시지를 업데이트하도록 메일함에 알린다.
        mbox[message_id] = message
finally:
    mbox.flush()
    mbox.close()

print('\nAfter:')
mbox = mailbox.Maildir('Example')
for message in mbox:
    print('{:6} "{}"'.format(message.get_flags(), message['subject']))
```

기본적으로 메시지에는 플래그가 없다. 플래그를 추가하면 메모리의 메시지는 변경되지만 디스크의 메시지는 업데이트되지 않는다. 디스크에 있는 메시지를 업데이트하고자 해당 메시지의 식별자를 이용해 메시지 객체를 메일함에 저장한다.

```
$ python3 mailbox_maildir_add_flag.py

Before:
        "Sample message 1"

After:
F       "Sample message 1"
```

add_flag()로 플래그를 추가하면 기존 플래그는 유지된다. set_flags()를 사용하면 기존 플래그를 메서드에 전달된 새 값으로 덮어쓴다.

리스트 13.17: mailbox_maildir_set_flags.py

```
import mailbox

print('Before:')
mbox = mailbox.Maildir('Example')
```

```
mbox.lock()
try:
    for message_id, message in mbox.iteritems():
        print('{:6} "{}"'.format(message.get_flags(), message['subject']))
        message.set_flags('S')
        # 메시지를 업데이트하도록 메일함에 알린다.
        mbox[message_id] = message
finally:
    mbox.flush()
    mbox.close()

print('\nAfter:')
mbox = mailbox.Maildir('Example')
for message in mbox:
    print('{:6} "{}"'.format(message.get_flags(), message['subject']))
```

앞 예제에서 추가된 F 플래그는 이 예제에서 set_flags()를 통해 S 플래그로 교체됐다.

```
$ python3 mailbox_maildir_set_flags.py

Before:
F      "Sample message 1"

After:
S      "Sample message 1"
```

13.3.4 기타 포맷

mailbox는 몇 가지 다른 포맷도 지원하지만 mbox나 Maildir만큼 많이 사용되는 것은 없다. MH는 일부 메일 핸들러에서 사용되는 다중 파일 메일함 포맷이다. Babyl과 MMDF 는 mbox와는 다른 메시지 분리 기호를 사용하는 단일 파일 포맷이다. 단일 파일 포맷은 mbox와 동일한 API를 지원하고, MH는 Maildir 클래스에 있는 폴더 관련 메서드를 지원한다.

> **팁 −참고 자료**
>
> ▪ mailbox 표준 라이브러리 문서: https://docs.python.org/3.5/library/mailbox.html
> ▪ mailbox를 위한 파이썬 2에서 3으로 포팅 노트

- mbox manpage from qmail(www.qmail.org/man/man5/mbox.html): mbox 포맷에 대한 문서
- Maildir manpage from qmail(www.qmail.org/man/man5/maildir.html): Maildir 포맷에 대한 문서
- email: email 모듈
- imaplib: imaplib 모듈은 IMAP 서버에 저장된 이메일 메시지에 대한 작업을 할 수 있다.

13.4 imaplib: IMAP4 클라이언트 라이브러리

imaplib은 인터넷 메시지 액세스 프로토콜[IMAP, Internet Message Access Protocol] 버전 4 서버와 통신하는 클라이언트를 구현한다. IMAP 프로토콜은 서버로 전송하는 명령과 서버가 클라이언트로 보내는 응답을 정의한다. 대부분의 명령은 서버와의 통신에 사용되는 IMAP4 객체의 메서드로 사용할 수 있다.

다음 예제들에서 IMAP 프로토콜의 일부를 다루고 있지만 완전하지는 않다. 더 자세한 사항은 RFC 3501(https://tools.ietf.org/html/rfc3501)을 참고하라.

13.4.1 변형

다양한 메커니즘으로 서버와 통신하고자 세 개의 클라이언트 클래스가 제공된다. 첫 번째로 IMAP4는 일반 텍스트 소켓을 사용한다. IMAP4_SSL은 SSL 소켓을 통해 암호화된 통신을 한다. IMAP_stream은 외부 명령의 표준 입력과 표준 출력을 사용한다. 여기에 있는 모든 예제는 IMAP4_SSL을 사용하지만 다른 클래스도 API는 비슷하다.

13.4.2 서버 접속

IMAP 서버에 접속하려면 두 단계의 설정이 필요하다. 첫 번째로 소켓 연결 자체를 설정한다. 두 번째는 서버에 계정을 가진 사용자인지 인증하는 단계다. 다음 예제 코드는 구성 파일에서 서버와 사용자 정보를 읽는다.

리스트 13.18: imaplib_connect.py

```
import imaplib
```

```
import configparser
import os

def open_connection(verbose=False):
    # 구성 파일을 읽는다.
    config = configparser.ConfigParser()
    config.read([os.path.expanduser('~/.pymotw')])

    # 서버에 연결한다.
    hostname = config.get('server', 'hostname')
    if verbose:
        print('Connecting to', hostname)
    connection = imaplib.IMAP4_SSL(hostname)

    # 로그인한다.
    username = config.get('account', 'username')
    password = config.get('account', 'password')
    if verbose:
        print('Logging in as', username)
    connection.login(username, password)
    return connection

if __name__ == '__main__':
    with open_connection(verbose=True) as c:
        print(c)
```

실행하면 open_connection()이 사용자의 홈 디렉터리에 있는 파일에서 구성 정보를
읽고, IMAP4_SSL 연결을 연 다음에 사용자를 인증한다.

```
$ python3 imaplib_connect.py

Connecting to pymotw.hellfly.net
Logging in as example
<imaplib.IMAP4_SSL object at 0x10421e320>
```

이 절에 있는 다른 예제들은 코드 중복을 피하고자 이 모듈을 재사용한다.

13.4.2.1 인증 실패

연결은 됐지만 인증이 실패하면 예외가 발생한다.

리스트 13.19: imaplib_connect_fail.py

```
import imaplib
import configparser
import os

# 구성 파일을 읽는다.
config = configparser.ConfigParser()
config.read([os.path.expanduser('~/.pymotw')])

# 서버에 연결한다.
hostname = config.get('server', 'hostname')
print('Connecting to', hostname)
connection = imaplib.IMAP4_SSL(hostname)

# 로그인한다.
username = config.get('account', 'username')
password = 'this_is_the_wrong_password'
print('Logging in as', username)
try:
    connection.login(username, password)
except Exception as err:
    print('ERROR:', err)
```

이 예제에서는 예외를 발생시키고자 잘못된 암호를 사용했다.

```
$ python3 imaplib_connect_fail.py

Connecting to pymotw.hellfly.net
Logging in as example
ERROR: b'[AUTHENTICATIONFAILED] Authentication failed.'
```

13.4.3 예제 구성

예제를 위한 계정은 다음과 같은 여러 개의 메일함을 갖고 있다.

- INBOX
- Deleted Messages
- Archive
- Example
  - 2016

아직 읽지 않은 한 개의 메시지가 INBOX 폴더에 있고, 이미 읽은 메시지 하나가 Example/2016 폴더에 있다.

13.4.4 메일함 리스트

한 계정에 대해 사용 가능한 메일함 리스트를 추출할 때는 list() 메서드를 사용한다.

리스트 13.20: imaplib_list.py

```python
import imaplib
from pprint import pprint
from imaplib_connect import open_connection

with open_connection() as c:
    typ, data = c.list()
    print('Response code:', typ)
    print('Response:')
    pprint(data)
```

반환되는 값은 응답 코드와 서버에서 반환되는 데이터로 이뤄진 튜플이다. 에러가 발생하지 않는 한 응답 코드는 OK다. list()에 대한 응답 데이터는 플래그, 계층 구분 기호, 각 메일함의 이름을 포함하는 일련의 문자열이다.

```
$ python3 imaplib_list.py

Response code: OK
Response:
[b'(\\HasChildren) "." Example',
 b'(\\HasNoChildren) "." Example.2016',
```

```
 b'(\\HasNoChildren) "." Archive',
 b'(\\HasNoChildren) "." "Deleted Messages"',
 b'(\\HasNoChildren) "." INBOX']
```

각 응답 문자열은 re나 csv를 사용해 세 부분으로 분리할 수 있다. csv를 사용한 예제는 이 절의 끝에 있는 '팁 – 참고 자료'의 'IMAP Backup Script'를 참고하라.

리스트 13.21: imaplib_list_parse.py

```python
import imaplib
import re

from imaplib_connect import open_connection

list_response_pattern = re.compile(r'\((?P<flags>.*?)\) "(?P<delimiter>.*)" (?P<name>.*)')

def parse_list_response(line):
    match = list_response_pattern.match(line.decode('utf-8'))
    flags, delimiter, mailbox_name = match.groups()
    mailbox_name = mailbox_name.strip('"')
    return (flags, delimiter, mailbox_name)

with open_connection() as c:
    typ, data = c.list()
print('Response code:', typ)

for line in data:
    print('Server response:', line)
    flags, delimiter, mailbox_name = parse_list_response(line)
    print('Parsed response:', (flags, delimiter, mailbox_name))
```

서버는 메일함 이름에 공백이 있으면 따옴표로 묶어 표시하지만, 나중에 서버에서 메일함을 호출하고자 메일함 이름을 사용할 때는 따옴표를 제거해야 한다.

```
$ python3 imaplib_list_parse.py

Response code: OK
Server response: b'(\\HasChildren) "." Example'
Parsed response: ('\\HasChildren', '.', 'Example')
Server response: b'(\\HasNoChildren) "." Example.2016'
```

```
Parsed response: ('\\HasNoChildren', '.', 'Example.2016')
Server response: b'(\\HasNoChildren) "." Archive'
Parsed response: ('\\HasNoChildren', '.', 'Archive')
Server response: b'(\\HasNoChildren) "." "Deleted Messages"'
Parsed response: ('\\HasNoChildren', '.', 'Deleted Messages')
Server response: b'(\\HasNoChildren) "." INBOX'
Parsed response: ('\\HasNoChildren', '.', 'INBOX')
```

list()는 계층 구조에서 특정 메일함을 가리키는 인자를 사용한다. 예를 들어 Example 의 하위 폴더 리스트를 보려면 directory 인자에 "Example"을 전달한다.

리스트 13.22: imaplib_list_subfolders.py

```python
import imaplib

from imaplib_connect import open_connection

with open_connection() as c:
    typ, data = c.list(directory='Example')

print('Response code:', typ)

for line in data:
    print('Server response:', line)
```

부모와 하위 폴더들이 반환된다.

```
$ python3 imaplib_list_subfolders.py

Response code: OK
Server response: b'(\\HasChildren) "." Example'
Server response: b'(\\HasNoChildren) "." Example.2016'
```

또한 어떤 패턴에 맞는 폴더 리스트를 보려면 pattern 인자를 사용한다.

리스트 13.23: imaplib_list_pattern.py

```python
import imaplib

from imaplib_connect import open_connection
```

```
with open_connection() as c:
    typ, data = c.list(pattern='*Example*')

print('Response code:', typ)

for line in data:
    print('Server response:', line)
```

이 경우에는 Example 폴더와 Example.2016 폴더가 응답에 포함된다.

```
$ python3 imaplib_list_pattern.py

Response code: OK
Server response: b'(\\HasChildren) "." Example'
Server response: b'(\\HasNoChildren) "." Example.2016'
```

13.4.5 메일함 상태

status()를 사용해 메일함에 대한 정보를 알 수 있다. 표 13.1은 표준으로 정의된 상태 목록이다.

표 13.1: IMAP4 메일함 상태

상태	의미
MESSAGES	메일함에 있는 메시지의 수
RECENT	\Recent 플래그를 가진 메시지의 수
UIDNEXT	다음 메일함의 고유 식별자 값
UIDVALIDITY	메일함의 고유 식별자 유효 값
UNSEEN	\Seen 플래그가 없는 메시지의 수

상태 값은 괄호 안의 IMAP4 명세에서 'list'용 인코딩인 공백으로 구분된 형태로 표시된다. 메일함 이름은 공백이나 파서에 의해 생성된 다른 문자가 포함되며 따옴표("") 안에 표시된다.

```python
import imaplib
import re

from imaplib_connect import open_connection
from imaplib_list_parse import parse_list_response

with open_connection() as c:
    typ, data = c.list()
    for line in data:
        flags, delimiter, mailbox = parse_list_response(line)
        print('Mailbox:', mailbox)
        status = c.status('"{}"'.format(mailbox),
            '(MESSAGES RECENT UIDNEXT UIDVALIDITY UNSEEN)', )
        print(status)
```

반환값은 응답 코드와 서버에서 받은 정보를 포함하는 튜플이다. 이 경우에는 따옴표 내에 메일함 이름을 나타내는 단일 문자열, 그다음에 괄호로 묶인 상태와 값이 리스트에 포함된다.

```
$ python3 imaplib_status.py

Response code: OK
Server response: b'(\\HasChildren) "." Example'
Parsed response: ('\\HasChildren', '.', 'Example')
Server response: b'(\\HasNoChildren) "." Example.2016'
Parsed response: ('\\HasNoChildren', '.', 'Example.2016')
Server response: b'(\\HasNoChildren) "." Archive'
Parsed response: ('\\HasNoChildren', '.', 'Archive')
Server response: b'(\\HasNoChildren) "." "Deleted Messages"'
Parsed response: ('\\HasNoChildren', '.', 'Deleted Messages')
Server response: b'(\\HasNoChildren) "." INBOX'
Parsed response: ('\\HasNoChildren', '.', 'INBOX')
Mailbox: Example
('OK', [b'Example (MESSAGES 0 RECENT 0 UIDNEXT 2 UIDVALIDITY 1457297771 UNSEEN 0)']) Mailbox:
Example.2016
('OK', [b'Example.2016 (MESSAGES 1 RECENT 0 UIDNEXT 3 UIDVALIDITY 1457297772 UNSEEN 0)'])
Mailbox: Archive
('OK', [b'Archive (MESSAGES 0 RECENT 0 UIDNEXT 1 UIDVALIDITY 1457297770 UNSEEN 0)'])
```

```
Mailbox: Deleted Messages
('OK', [b'"Deleted Messages" (MESSAGES 3 RECENT 0 UIDNEXT 4 UIDVALIDITY 1457297773 UNSEEN 0)'])
Mailbox: INBOX
('OK', [b'INBOX (MESSAGES 2 RECENT 0 UIDNEXT 6 UIDVALIDITY 1457297769 UNSEEN 1)'])
```

13.4.6 메일함 선택

클라이언트가 인증되면 가장 먼저 메일함을 선택하고 메일함에 메시지가 있는지 서버에 정보를 요청하는 것이 기본 동작이다. 연결이 성공하고 메일함이 선택되면 새로운 메일함이 선택될 때까지 모든 명령은 해당 메일함의 메시지에 대해 동작한다.

리스트 13.25: imaplib_select.py

```
import imaplib
import imaplib_connect

with imaplib_connect.open_connection() as c:
    typ, data = c.select('INBOX')
    print(typ, data)
    num_msgs = int(data[0])
    print('There are {} messages in INBOX'.format(num_msgs))
```

응답 데이터는 메일함에 있는 메시지의 전체 수를 포함한다.

```
$ python3 imaplib_select.py

OK [b'1']
There are 1 messages in INBOX
```

유효하지 않은 메일함이 지정되면 응답 코드는 NO다.

리스트 13.26: imaplib_select_invalid.py

```
import imaplib
import imaplib_connect
```

```
with imaplib_connect.open_connection() as c:
    typ, data = c.select('Does-Not-Exist')
    print(typ, data)
```

또한 데이터에는 발생한 문제에 대한 에러 메시지도 포함된다.

```
$ python3 imaplib_select_invalid.py

NO [b"Mailbox doesn't exist: Does-Not-Exist"]
```

13.4.7 메시지 검색

메일함 선택 후에 search()를 사용하면 메일함에 있는 메시지의 ID 값을 추출할 수 있다.

리스트 13.27: imaplib_search_all.py

```
import imaplib
import imaplib_connect
from imaplib_list_parse import parse_list_response

with imaplib_connect.open_connection() as c:
    typ, mbox_data = c.list()
    for line in mbox_data:
        flags, delimiter, mbox_name = parse_list_response(line)
        c.select('"{}"'.format(mbox_name), readonly=True)
        typ, msg_ids = c.search(None, 'ALL')
        print(mbox_name, typ, msg_ids)
```

메시지 ID는 서버에 의해 할당된다. IMAP4 프로토콜은 트랜잭션을 하는 동안 메시지에 부여되는 일련의 ID와 메시지의 UID 식별자를 구별하지만, 모든 서버가 이 두 가지를 다 구현하지는 않는다.

```
$ python3 imaplib_search_all.py

Response code: OK
Server response: b'(\\HasChildren) "." Example'
```

```
Parsed response: ('\\HasChildren', '.', 'Example')
Server response: b'(\\HasNoChildren) "." Example.2016'
Parsed response: ('\\HasNoChildren', '.', 'Example.2016')
Server response: b'(\\HasNoChildren) "." Archive'
Parsed response: ('\\HasNoChildren', '.', 'Archive')
Server response: b'(\\HasNoChildren) "." "Deleted Messages"'
Parsed response: ('\\HasNoChildren', '.', 'Deleted Messages')
Server response: b'(\\HasNoChildren) "." INBOX'
Parsed response: ('\\HasNoChildren', '.', 'INBOX')
Example OK [b'']
Example.2016 OK [b'1']
Archive OK [b'']
Deleted Messages OK [b'']
INBOX OK [b'1']
```

이 경우에 INBOX와 Example.2016은 각각 ID가 1인 서로 다른 메시지를 갖고 있다. 다른 메일함은 비어 있다.

13.4.8 검색 기준

메시지의 날짜, 플래그, 그 외의 다른 헤더에 대한 검색을 포함해 다양한 검색 기준을 사용할 수 있다. 더 자세한 사항은 RFC 3501(https://tools.ietf.org/html/rfc3501)의 6.4.4절을 참고하라.

제목이 'Example message 2'인 메시지를 찾는다면 검색 기준을 다음과 같이 설정한다.

```
(SUBJECT "Example message 2")
```

다음 예제는 모든 메일함에서 제목에 'Example message 2'를 포함하는 모든 메시지를 찾는다.

리스트 13.28: imaplib_search_subject.py

```
import imaplib
import imaplib_connect
```

```
from imaplib_list_parse import parse_list_response

with imaplib_connect.open_connection() as c:
    typ, mbox_data = c.list()
    for line in mbox_data:
        flags, delimiter, mbox_name = parse_list_response(line)
        c.select('"{}"'.format(mbox_name), readonly=True)
        typ, msg_ids = c.search(None, '(SUBJECT "Example message 2")', )
        print(mbox_name, typ, msg_ids)
```

조건을 만족하는 한 개의 메시지가 INBOX에 있다.

```
$ python3 imaplib_search_subject.py

Response code: OK
Server response: b'(\\HasChildren) "." Example'
Parsed response: ('\\HasChildren', '.', 'Example')
Server response: b'(\\HasNoChildren) "." Example.2016'
Parsed response: ('\\HasNoChildren', '.', 'Example.2016')
Server response: b'(\\HasNoChildren) "." Archive'
Parsed response: ('\\HasNoChildren', '.', 'Archive')
Server response: b'(\\HasNoChildren) "." "Deleted Messages"'
Parsed response: ('\\HasNoChildren', '.', 'Deleted Messages')
Server response: b'(\\HasNoChildren) "." INBOX'
Parsed response: ('\\HasNoChildren', '.', 'INBOX')
Example OK [b'']
Example.2016 OK [b'']
Archive OK [b'']
Deleted Messages OK [b'']
INBOX OK [b'1']
```

또한 검색 조건을 결합할 수도 있다.

리스트 13.29: imaplib_search_from.py

```
import imaplib
import imaplib_connect
from imaplib_list_parse import parse_list_response
```

```
with imaplib_connect.open_connection() as c:
    typ, mbox_data = c.list()
    for line in mbox_data:
        flags, delimiter, mbox_name = parse_list_response(line)
        c.select('"{}"'.format(mbox_name), readonly=True)
        typ, msg_ids = c.search(None, '(FROM "Doug" SUBJECT "Example message 2")', )
        print(mbox_name, typ, msg_ids)
```

검색 조건을 and 논리 연산자로 묶었다.

```
$ python3 imaplib_search_from.py

Response code: OK
Server response: b'(\\HasChildren) "." Example'
Parsed response: ('\\HasChildren', '.', 'Example')
Server response: b'(\\HasNoChildren) "." Example.2016'
Parsed response: ('\\HasNoChildren', '.', 'Example.2016')
Server response: b'(\\HasNoChildren) "." Archive'
Parsed response: ('\\HasNoChildren', '.', 'Archive')
Server response: b'(\\HasNoChildren) "." "Deleted Messages"'
Parsed response: ('\\HasNoChildren', '.', 'Deleted Messages')
Server response: b'(\\HasNoChildren) "." INBOX'
Parsed response: ('\\HasNoChildren', '.', 'INBOX')
Example OK [b'']
Example.2016 OK [b'']
Archive OK [b'']
Deleted Messages OK [b'']
INBOX OK [b'1']
```

13.4.9 메시지 가져오기

search()에 의해 반환된 식별자는 fetch() 메서드를 사용해 메시지의 내용을 가져올 때 사용된다. 이 함수는 가져올 메시지의 ID와 메시지에서 추출하고 싶은 부분을 나타내는 두 개의 인자를 사용한다.

message_ids 인자는 쉼표로 구분된 ID 리스트(예, "1", "1, 2") 또는 ID 범위(예, 1:2)다.

message_parts 인자는 메시지 세그먼트 이름의 IMAP 리스트다. search() 검색 조건과 마찬가지로 IMAP 프로토콜은 클라이언트가 메시지에서 실제로 필요한 부분만 효율적으로 추출할 수 있도록 명명된 메시지 세그먼트를 사용한다. 예를 들어 한 메일함에 있는 메시지들의 헤더 부분만 추출하고 싶다면 fetch() 인자로 BODY.PEEK[HEADER]를 사용한다.

> **참고**
>
> 헤더를 추출하는 또 다른 방법은 BODY[HEADERS]를 사용하는 것이지만, 해당 메시지를 '읽음'으로 표시하는 부작용이 있다.

리스트 13.30: imaplib_fetch_raw.py

```python
import imaplib
import pprint
import imaplib_connect

imaplib.Debug = 4
with imaplib_connect.open_connection() as c:
    c.select('INBOX', readonly=True)
    typ, msg_data = c.fetch('1', '(BODY.PEEK[HEADER] FLAGS)')
    pprint.pprint(msg_data)
```

이 예제에서 fetch()의 반환값은 부분적으로 파싱되기 때문에 list()의 반환값보다 작업하기가 좀 더 까다롭다. 디버깅 옵션을 활성화하면 클라이언트와 서버 사이의 모든 상호작용을 볼 수 있으므로 왜 그런지 알 수 있을 것이다.

```
$ python3 imaplib_fetch_raw.py
  19:40.68 imaplib version 2.58
  19:40.68 new IMAP4 connection, tag=b'IIEN'
  19:40.70 < b'* OK [CAPABILITY IMAP4rev1 LITERAL+ SASL-IR LOGIN-REFERRALS ID ENABLE IDLE
AUTH=PLAIN] Dovecot (Ubuntu) ready.'
  19:40.70 > b'IIEN0 CAPABILITY'
  19:40.73 < b'* CAPABILITY IMAP4rev1 LITERAL+ SASL-IR LOGIN-REFERRALS ID ENABLE IDLE
AUTH=PLAIN'
  19:40.73 < b'IIEN0 OK Pre-login capabilities listed, post-login capabilities have more.'
  19:40.73 CAPABILITIES: ('IMAP4REV1', 'LITERAL+', 'SASL-IR', 'LOGIN-REFERRALS', 'ID',
```

'ENABLE', 'IDLE', 'AUTH=PLAIN')
  19:40.73 > b'IIEN1 LOGIN example "TMFw00fpymotw"'
  19:40.79 < b'* CAPABILITY IMAP4rev1 LITERAL+ SASL-IR LOGIN-REFERRALS ID ENABLE IDLE SORT SORT=DISPLAY THREAD=REFERENCES THREAD =REFS THREAD=ORDEREDSUBJECT MULTIAPPEND URL-PARTIAL CATENATE UNSELECT CHILDREN NAMESPACE UIDPLUS LIST-EXTENDED I18NLEVEL=1 CONDSTORE QRESYNC ESEARCH ESORT SEARCHRES WITHIN CONTEXT=SEARCH LIST-STATUS SPECIAL-USE BINARY MOVE'
  19:40.79 < b'IIEN1 OK Logged in'
  19:40.79 > b'IIEN2 EXAMINE INBOX'
  19:40.82 < b'* FLAGS (\\Answered \\Flagged \\Deleted \\Seen \\Draft)'
  19:40.82 < b'* OK [PERMANENTFLAGS()] Read-only mailbox.'
  19:40.82 < b'* 2 EXISTS'
  19:40.82 < b'* 0 RECENT'
  19:40.82 < b'* OK [UNSEEN 1] First unseen.'
  19:40.82 < b'* OK [UIDVALIDITY 1457297769] UIDs valid'
  19:40.82 < b'* OK [UIDNEXT 6] Predicted next UID'
  19:40.82 < b'* OK [HIGHESTMODSEQ 20] Highest'
  19:40.82 < b'IIEN2 OK [READ-ONLY] Examine completed (0.000 secs).'
  19:40.82 > b'IIEN3 FETCH 1 (BODY.PEEK[HEADER] FLAGS)'
  19:40.86 < b'* 1 FETCH (FLAGS() BODY[HEADER] {3108}'
  19:40.86 read literal size 3108
  19:40.86 < b')'
  19:40.89 < b'IIEN3 OK Fetch completed.'
  19:40.89 > b'IIEN4 LOGOUT'
  19:40.93 < b'* BYE Logging out'
  19:40.93 BYE response: b'Logging out' [(b'1 (FLAGS() BODY[HEADER] {3108}',
b'Return-Path: <doug@doughellmann.com>\r\nReceived: from compute4.internal ('
b'compute4.nyi.internal [10.202.2.44])\r\n\t by sloti26t01 (Cyrus 3.0.0-beta1'
b'-git-fastmail-12410) with LMTPA;\r\n\t Sun, 06 Mar 2016 16:16:03 -0500\r'
b'\nX-Sieve: CMU Sieve 2.4\r\nX-Spam-known-sender: yes, fadd1cf2-dc3a-4984-a0'
b'8b-02cef3cf1221="doug",\r\n ea349ad0-9299-47b5-b632-6ff1e394cc7d="both he'
b'llfly"\r\nX-Spam-score: 0.0\r\nX-Spam-hits: ALL_TRUSTED -1, BAYES_00 -1.'
b'9, LANGUAGES unknown, BAYES_USED global,\r\n SA_VERSION 3.3.2\r\nX-Spam'
b'"-source: IP=\'127.0.0.1\', Host=\'unk\', Country=\'unk\', FromHeader=\'com\',\r\n "
b' MailFrom=\'com\'\r\nX-Spam-charsets: plain=\'us-ascii\'\r\nX-Resolved-to: d"
b'oughellmann@fastmail.fm\r\nX-Delivered-to: doug@doughellmann.com\r\nX-Ma'
b'il-from: doug@doughellmann.com\r\nReceived: from mx5 ([10.202.2.204])\r'
b'\n by compute4.internal (LMTPProxy); Sun, 06 Mar 2016 16:16:03 -0500\r\nRe'
b'ceived: from mx5.nyi.internal (localhost [127.0.0.1])\r\n\tby mx5.nyi.inter'
b'nal (Postfix) with ESMTP id 47CBA280DB3\r\n\tfor <doug@doughellmann.com>; S'
b'un, 6 Mar 2016 16:16:03 -0500 (EST)\r\nReceived: from mx5.nyi.internal (l'

```
b'ocalhost [127.0.0.1])\r\n by mx5.nyi.internal (Authentication Milter) w'
b'ith ESMTP\r\n id A717886846E.30BA4280D81;\r\n Sun, 6 Mar 2016 16:1'
b'6:03 -0500\r\nAuthentication-Results: mx5.nyi.internal;\r\ndkim=pass'
b' (1024-bit rsa key) header.d=messagingengine.com header.i=@messagingengi'
b'ne.com header.b=Jrsm+pCo;\r\n x-local-ip=pass\r\nReceived: from mailo'
b'ut.nyi.internal (gateway1.nyi.internal [10.202.2.221])\r\n\t(using TLSv1.2 '
b'with cipher ECDHE-RSA-AES256-GCM-SHA384 (256/256 bits))\r\n\t(No client cer'
b'tificate requested)\r\n\tby mx5.nyi.internal (Postfix) with ESMTPS id 30BA4'
b'280D81\r\n\tfor <doug@doughellmann.com>; Sun, 6 Mar 2016 16:16:03 -0500 (E'
b'ST)\r\nReceived: from compute2.internal (compute2.nyi.internal [10.202.2.4'
b'2])\r\n\tby mailout.nyi.internal (Postfix) with ESMTP id 1740420D0A\r\n\tf'
b'or <doug@doughellmann.com>; Sun, 6 Mar 2016 16:16:03 -0500(EST)\r\nRecei'
b'ved: from frontend2 ([10.202.2.161])\r\n by compute2.internal (MEProxy); '
b'Sun, 06 Mar 2016 16:16:03 -0500\r\nDKIM-Signature: v=1; a=rsa-sha1; c=rela'
b'xed/relaxed; d=\r\n\tmessagingengine.com; h=content-transfer-encoding:conte'
b'nt-type\r\n\t:date:from:message-id:mime-version:subject:to:x-sasl-enc\r\n'
b'\t:x-sasl-enc; s=smtpout; bh=P98NTsEo015suwJ4gk71knAWLa4=; b=Jrsm+\r\n\t'
b'pCovRIoQIRyp8Fl0L6JHOI8sbZy2obx7028JF2iTlTWmX33Rhlq9403XRklwN3JA\r\n\t7KSPq'
b'MTp30Qdx6yIUaADwQqlO+QMuQq/QxBHdjeebmdhgVfjhqxrzTbSMww/ZNhL\r\n\tYwv/QM/oDH'
b'bXiLSUlB3Qrg+9wsE/0jU/EOisiU=\r\nX-Sasl-enc: 8ZJ+4ZRE8AGPzdLRWQFivGymJb8pa'
b'4G9JGcb7k4xKn+I 1457298962\r\nReceived: from [192.168.1.14](75-137-1-34.d'
b'hcp.nwnn.ga.charter.com [75.137.1.34])\r\n\tby mail.messagingengine.com (Po'
b'stfix) with ESMTPA id C0B366801CD\r\n\tfor <doug@doughellmann.com>; Sun, 6'
b' Mar 2016 16:16:02 -0500 (EST)\r\nFrom: Doug Hellmann <doug@doughellmann.c'
b'om>\r\nContent-Type: text/plain; charset=us-ascii\r\nContent-Transfer-En'
b'coding: 7bit\r\nSubject: PyMOTW Example message 2\r\nMessage-Id: <00ABCD'
b'46-DADA-4912-A451-D27165BC3A2F@doughellmann.com>\r\nDate: Sun, 6 Mar 2016 '
b'16:16:02 -0500\r\nTo: Doug Hellmann <doug@doughellmann.com>\r\nMime-Vers'
b'ion: 1.0 (Mac OS X Mail 9.2 \\(3112\\))\r\nX-Mailer: Apple Mail (2.3112)'
b'\r\n\r\n'),
b')']
```

FETCH 명령에 대한 응답은 FLAGS로 시작하고 그다음에 3108바이트의 헤더 데이터가 있음을 표시한다. 클라이언트는 메시지에 대한 응답을 가진 튜플을 생성하며, 서버가 응답의 끝으로 보내는 오른쪽 괄호를 포함하는 단일 문자열로 시퀀스를 닫는다. 그러므로 서로 다른 정보의 조각을 개별적으로 가져오거나 응답을 다시 하나로 결합해 클라이언트에서 파싱하는 것이 좀 더 편할 수도 있다.

```python
import imaplib
import pprint
import imaplib_connect

with imaplib_connect.open_connection() as c:
    c.select('INBOX', readonly=True)

    print('HEADER:')
    typ, msg_data = c.fetch('1', '(BODY.PEEK[HEADER])')
    for response_part in msg_data:
        if isinstance(response_part, tuple):
            print(response_part[1])

    print('\nBODY TEXT:')
    typ, msg_data = c.fetch('1', '(BODY.PEEK[TEXT])')
    for response_part in msg_data:
        if isinstance(response_part, tuple):
            print(response_part[1])

    print('\nFLAGS:')
    typ, msg_data = c.fetch('1', '(FLAGS)')
    for response_part in msg_data:
        print(response_part)
        print(imaplib.ParseFlags(response_part))
```

값을 개별적으로 가져오는 방식은 **ParseFlags()**를 사용해 응답에서 플래그를 쉽게 파싱할 수 있다는 장점이 있다.

```
$ python3 imaplib_fetch_separately.py

HEADER:
b'Return-Path: <doug@doughellmann.com>\r\nReceived: from compute 4.internal
(compute4.nyi.internal [10.202.2.44])\r\n\t by sloti26t01 (Cyrus 3.0.0-beta1-git-fastmail-
12410) with LMTPA;\r\n\t Sun, 06 Mar 2016 16:16:03 -0500\r\nX-Sieve: CMU Sieve 2.4\r\nX-Spam-
known-sender: yes, fadd1cf2-dc3a-4984-a08b-02cef3cf1221="doug",\r\n ea349ad0-9299-47b5-b632-
6ff1e394cc7d="both hellfly"\r\nX-Spam-score: 0.0\r\nX-Spam-hits: ALL_TRUSTED -1, BAYES_00
-1.9, LANGUAGES unknown, BAYES_USED global,\r\n SA_VERSION 3.3.2\r\nX-Spam-source: IP=\
'127.0.0.1\', Host=\'unk\', Country=\'unk\', FromHeader=\'com\',\r\n MailFrom=\'com\'\r\
nX-Spam-charsets: plain=\'us-ascii\'\r\nX-Resolved-to: doughellmann@fastmail.fm\r\nX-
```

Delivered-to: doug@doughellmann.com\r\nX-Mail-from: doug@doughellmann.com\r\nReceived: from
mx5 ([10.202.2.204])\r\n by compute4.internal (LMTPProxy); Sun, 06 Mar 2016 16:16:03 -0500\r\
nReceived: from mx5.nyi.internal (localhost [127.0.0.1])\r\n\tby mx5.nyi.internal (Postfix)
with ESMTP id 47CBA280DB3\r\n\tfor <doug@doughellmann.com>; Sun, 6 Mar 2016 16:16:03 -0500
(EST)\r\nReceived: from mx5.nyi.internal (localhost [127.0.0.1])\r\n by mx5.nyi.internal
(Authentication Milter) with ESMTP\r\n id A717886846E.30BA4280D81;\r\n Sun, 6 Mar 2016 16:16:03
-0500\r\nAuthentication-Results: mx5.nyi.internal;\r\n dkim=pass (1024-bit rsa key) header.d=
messagingengine.com header.i=@messagingengine.com header.b=Jrsm+pCo;\r\n x-local-ip=pass\r\
nReceived: from mailout.nyi.internal (gateway1.nyi.internal [10.202.2.221])\r\n \t(using
TLSv1.2 with cipher ECDHE-RSA-AES256-GCM-SHA384 (256/256 bits))\r\n\t(No client certificate
requested)\r\n\tby mx5.nyi.internal (Postfix) with ESMTPS id 30BA4280D81\r\n\tfor <doug@
doughellmann.com>; Sun, 6 Mar 2016 16:16:03 -0500 (EST)\r\nReceived: from compute2.internal
(compute2.nyi.internal [10.202.2.42])\r\n\tby mailout.nyi.internal (Postfix) with ESMTP id
1740420D0A\r\n\tfor <doug@doughellmann.com>; Sun, 6 Mar 2016 16:16:03 -0500 (EST)\r\nReceived:
from frontend2 ([10.202.2.161])\r\n by compute2.internal (MEProxy); Sun, 06 Mar 2016 16:16:03
-0500\r\nDKIM-Signature: v=1; a=rsa-sha1; c=relaxed/relaxed; d=\r\n\tmessagingengine.com;
h=content-transfer-encoding:content-type\r\n\t:date:from:message-id:mime-version:subject:
to:x-sasl-enc\r\n\t:x-sasl-enc; s=smtpout; bh=P98NTsEo015suwJ4gk71knAWLa4=; b=Jrsm+\r\n\
tpCovRIoQIRyp8Fl0L6JHOI8sbZy2obx7O28JF2iTlTWmX33Rhlq9403XRklwN3JA\r\n\t7KSPqMTp30Qdx6yIUa
ADwQql0+QMuQq/QxBHdjeebmdhgVfjhqxrzTbSMww/ZNhL\r\n\tYwv/QM/oDHbXiLSUlB3Qrg+9wsE/0jU/EOisi
U=\r\nX-Sasl-enc: 8ZJ+4ZRE8AGPzdLRWQFivGymJb8pa4G9JGcb7k4xKn+I 1457298962\r\nReceived: from
[192.168.1.14] (75-137-1-34.dhcp.nwnn.ga.charter.com [75.137.1.34])\r\n\tby mail.messagingengine.
com (Postfix) with ESMTPA id C0B366801CD\r\n\tfor <doug@doughellmann.com>; Sun, 6 Mar 2016
16:16:02 -0500 (EST)\r\nFrom: Doug Hellmann <doug@doughellmann.com>\r\nContent-Type: text/
plain; charset=us-ascii\r\nContent-Transfer-Encoding: 7bit\r\nSubject: PyMOTW Example message
2\r\nMessage-Id: <00ABCD46-DADA-4912-A451-D27165BC3A2F@doughellmann.com>\r\nDate: Sun, 6
Mar 2016 16:16:02 -0500\r\nTo: Doug Hellmann <doug@doughellmann.com>\r\nMime-Version: 1.0 (Mac
OS X Mail 9.2 \\(3112\\))\r\nX-Mailer: Apple Mail (2.3112)\r\n\r\n'

BODY TEXT:
b'This is the second example message.\r\n'

FLAGS:
b'1 (FLAGS())'
()

13.4.10 전체 메시지

앞에서 설명한 것처럼 클라이언트는 메시지의 일부를 개별적으로 서버에 요청할 수 있다. 또한 RFC 822(https://tools.ietf.org/html/rfc822)로 전체 메시지를 추출해 email 모듈의 클래스를 사용해 메일 메시지를 형식화하고 파싱할 수 있다.

리스트 13.32: imaplib_fetch_rfc822.py

```
import imaplib
import email
import email.parser

import imaplib_connect

with imaplib_connect.open_connection() as c:
    c.select('INBOX', readonly=True)

    typ, msg_data = c.fetch('1', '(RFC822)')
    for response_part in msg_data:
        if isinstance(response_part, tuple):
            email_parser = email.parser.BytesFeedParser()
            email_parser.feed(response_part[1])
            msg = email_parser.close()
            for header in ['subject', 'to', 'from']:
                print('{:^8}: {}'.format(header.upper(), msg[header]))
```

email 모듈에 있는 파서를 사용하면 메시지를 쉽게 액세스하고 처리할 수 있다. 이 예제는 각 메시지의 헤더 일부만 출력한다.

```
$ python3 imaplib_fetch_rfc822.py

SUBJECT : PyMOTW Example message 2
TO      : Doug Hellmann <doug@doughellmann.com>
FROM    : Doug Hellmann <doug@doughellmann.com>
```

13.4.11 메시지 업로드

새 메시지를 메일함에 추가할 때는 Message 인스턴스를 생성해 시간 정보와 함께 append() 메서드에 전달한다.

리스트 13.33: imaplib_append.py

```python
import imaplib
import time
import email.message
import imaplib_connect

new_message = email.message.Message()
new_message.set_unixfrom('pymotw')
new_message['Subject'] = 'subject goes here'
new_message['From'] = 'pymotw@example.com'
new_message['To'] = 'example@example.com'
new_message.set_payload('This is the body of the message.\n')

print(new_message)

with imaplib_connect.open_connection() as c:
    c.append('INBOX', '', imaplib.Time2Internaldate(time.time()),
        str(new_message).encode('utf-8'))

    # 메일함에 있는 모든 메시지의 헤더를 보여준다.
    c.select('INBOX')
    typ, [msg_ids] = c.search(None, 'ALL')
    for num in msg_ids.split():
        typ, msg_data = c.fetch(num, '(BODY.PEEK[HEADER])')
        for response_part in msg_data:
            if isinstance(response_part, tuple):
                print('\n{}:'.format(num))
                print(response_part[1])
```

이 예제에 사용된 **payload**는 단순 일반 텍스트 이메일 본문이다. 또한 **Message**는 MIME 인코딩된 메시지도 지원한다.

```
$ python3 imaplib_append.py

Subject: subject goes here
From: pymotw@example.com
To: example@example.com

This is the body of the message.

b'1':
```

b'Return-Path: <doug@doughellmann.com>\r\nReceived: from compute4.internal (compute4.nyi.
internal [10.202.2.44])\r\n\t by sloti26t01 (Cyrus 3.0.0-beta1-git-fastmail-12410) with
LMTPA;\r\n\t Sun, 06 Mar 2016 16:16:03 -0500\r\nX-Sieve: CMU Sieve 2.4\r\nX-Spam-known-sender:
yes, fadd1cf2-dc3a-4984-a08b-02cef3cf1221="doug",\r\n ea349ad0-9299-47b5-b632-6ff1e394cc7d=
"both hellfly"\r\nXSpam-score: 0.0\r\nX-Spam-hits: ALL_TRUSTED -1, BAYES_00 -1.9, LANGUAGES
unknown, BAYES_USED global,\r\n SA_VERSION 3.3.2\r\nXSpam-source: IP=\'127.0.0.1\', Host=\
'unk\', Country=\'unk\', FromHeader=\'com\',\r\n MailFrom=\'com\'\r\nX-Spam-charsets:
plain=\'us-ascii\'\r\nX-Resolved-to: doughellmann@fastmail.fm\r\nX-Delivered-to:
doug@doughellmann.com\r\nX-Mail-from: doug@doughellmann.com\r\nReceived: from mx5
([10.202.2.204])\r\n by compute4.internal (LMTPProxy); Sun, 06 Mar 2016 16:16:03 -0500\r\
nReceived: from mx5.nyi.internal (localhost [127.0.0.1])\r\n\tby mx5.nyi.internal (Postfix)
with ESMTP id 47CBA280DB3\r\n\tfor <doug@doughellmann.com>; Sun, 6 Mar 2016 16:16:03 -0500
(EST)\r\nReceived: from mx5.nyi.internal (localhost [127.0.0.1])\r\n by mx5.nyi.internal
(Authentication Milter) with ESMTP\r\n id A717886846E.30BA4280D81;\r\n Sun, 6 Mar 2016 16:16:03
-0500\r\nAuthentication-Results: mx5.nyi.internal;\r\n dkim=pass (1024-bit rsa key)
header.d=messagingengine.com header.i=@messagingengine.com header.b=Jrsm+pCo;\r\n x-local-
ip=pass\r\nReceived: from mailout.nyi.internal (gateway1.nyi.internal [10.202.2.221])\r\n\
t(using TLSv1.2 with cipher ECDHE-RSA-AES256-GCM-SHA384 (256/256 bits))\r\n\t(No client
certificate requested)\r\n\tby mx5.nyi.internal (Postfix) with ESMTPS id 30BA4280D81\r\n\tfor
<doug@doughellmann.com>; Sun, 6 Mar 2016 16:16:03 -0500 (EST)\r\nReceived: from compute2.
internal (compute2.nyi.internal [10.202.2.42])\r\n\tby mailout.nyi.internal (Postfix) with
ESMTP id 1740420D0A\r\n\tfor <doug@doughellmann.com>; Sun, 6 Mar 2016 16:16:03 -0500 (EST)\r
\nReceived: from frontend2 ([10.202.2.161])\r\n by compute2.internal (MEProxy); Sun, 06 Mar
2016 16:16:03 -0500\r\nDKIM-Signature: v=1; a=rsa-sha1; c=relaxed/relaxed; d=\r\n\
tmessagingengine.com; h=content-transfer-encoding:content-type\r\n\t:date:from:message-id:
mime-version:subject:to:x-sasl-enc\r\n\t:x-sasl-enc; s=smtpout; bh=P98NTsEo015suwJ4gk71knAWLa4=;
b=Jrsm+\r\n\tpCovRIoQIRyp8Fl0L6JHOI8sbZy2obx7O28JF2iTlTWmX33Rhlq9403XRklwN3JA\r\n\t7KSPqM
Tp30Qdx6yIUaADwQql0+QMuQq/QxBHdjeebmdhgVfjhqxrzTbSMww/ZNhL\r\n\tYwv/QM/oDHbXiLSUlB3Qrg+9w
sE/0jU/EOisiU=\r\nX-Sasl-enc: 8ZJ+4ZRE8AGPzdLRWQFivGymJb8pa4G9JGcb7k4xKn+I 1457298962\r\
nReceived: from [192.168.1.14] (75-137-1-34.dhcp.nwnn.ga.charter.com [75.137.1.34])\r\n\tby
mail.messagingengine.com (Postfix) with ESMTPA id C0B366801CD\r\n\tfor <doug@doughellmann.
com>; Sun, 6 Mar 2016 16:16:02 -0500 (EST)\r\nFrom: Doug Hellmann <doug@doughellmann.com>\r\
nContent-Type: text/plain; charset=us-ascii\r\nContent-Transfer-Encoding: 7bit\r\nSubject:
PyMOTW Example message 2\r\nMessage-Id: <00ABCD46-DADA-4912-A451-D27165BC3A2F@doughellmann.
com> \r\nDate: Sun, 6 Mar 2016 16:16:02-0500\r\nTo: Doug Hellmann <doug@doughellmann.com>\r\
nMime-Version: 1.0 (Mac OS X Mail 9.2 \\(3112\\))\r\nX-Mailer: Apple Mail (2.3112)\r\n\r\n'

b'2':
b'Subject: subject goes here\r\nFrom: pymotw@example.com\r\nTo: example@example.com\r\n\r\n'

13.4.12 메시지 이동과 복사

서버에 있는 메시지는 move()나 copy()를 이용해 다운로드하지 않은 상태에서 이동시키거나 복사할 수 있다. 이 메서드들은 fetch()와 마찬가지로 메시지 ID 범위로 처리할 수 있다.

리스트 13.34: imaplib_archive_read.py

```python
import imaplib
import imaplib_connect

with imaplib_connect.open_connection() as c:
    # INBOX에서 SEEN 플래그인 메시지를 찾는다.
    c.select('INBOX')
    typ, [response] = c.search(None, 'SEEN')
    if typ != 'OK':
        raise RuntimeError(response)
        msg_ids = ','.join(response.decode('utf-8').split(' '))

    # "Example.Today"라는 새 메일함을 생성한다.
    typ, create_response = c.create('Example.Today')
    print('CREATED Example.Today:', create_response)

    # 메시지를 복사한다.
    print('COPYING:', msg_ids)
    c.copy(msg_ids, 'Example.Today')

    # 결과를 확인한다.
    c.select('Example.Today')
    typ, [response] = c.search(None, 'ALL')
    print('COPIED:', response)
```

이 예제 스크립트는 Example 하위에 새 메일함을 생성하고 INBOX에 있는 메시지를 복사한다.

```
$ python3 imaplib_archive_read.py

CREATED Example.Today: [b'Completed']
COPYING: 2
COPIED: b'1'
```

동일한 스크립트를 한 번 더 실행해보면 반환 코드 확인의 중요성을 보여준다. 새 메일 함을 생성하는 create()는 예외를 발생하지 않고 해당 메일함이 이미 존재한다고 보고한다.

```
$ python3 imaplib_archive_read.py

CREATED Example.Today: [b'[ALREADYEXISTS] Mailbox already exists']
COPYING: 2
COPIED: b'1 2'
```

13.4.13 메시지 삭제

많은 메일 클라이언트가 삭제된 메시지를 관리하는 휴지통 모델을 사용하지만 메시지가 실제 폴더로 이동하는 것은 아니다. 삭제된 메일에는 \Deleted 플래그가 추가된다. 휴지통 비우기 작업은 EXPUNGE 명령을 통해 구현된다. 다음 예제는 제목이 'subject goes here'인 메시지를 찾아 삭제 플래그를 설정하고, 그다음에 서버에 다시 질의해 해당 메시지가 폴더에 여전히 남아있는 것을 보여준다.

리스트 13.35: imaplib_delete_messages.py

```python
import imaplib
import imaplib_connect
from imaplib_list_parse import parse_list_response

with imaplib_connect.open_connection() as c:
    c.select('Example.Today')

    # 메일함에 있는 메일 ID 확인
    typ, [msg_ids] = c.search(None, 'ALL')
    print('Starting messages:', msg_ids)

    # 메시지 검색
    typ, [msg_ids] = c.search(None, '(SUBJECT "subject goes here")', )
    msg_ids = ','.join(msg_ids.decode('utf-8').split(' '))
    print('Matching messages:', msg_ids)

    # 현재 플래그 표시
    typ, response = c.fetch(msg_ids, '(FLAGS)')
```

```
print('Flags before:', response)

# 삭제 플래그로 변경
typ, response = c.store(msg_ids, '+FLAGS', r'(\Deleted)')

# 다시 현재 플래그 상태 표시
typ, response = c.fetch(msg_ids, '(FLAGS)')
print('Flags after:', response)

# 실제로 메시지 삭제
typ, response = c.expunge()
print('Expunged:', response)

# 메일함에 남아있는 메일 ID 조회
typ, [msg_ids] = c.search(None, 'ALL')
print('Remaining messages:', msg_ids)
```

명시적으로 expunge()를 호출하면 실제로 메시지를 삭제하며, close()를 호출해도 동일하다. 이 둘의 차이는 close()가 호출되면 삭제에 대해 클라이언트가 알림을 받지 못한다는 점이다.

```
$ python3 imaplib_delete_messages.py

Response code: OK
Server response: b'(\\HasChildren) "." Example'
Parsed response: ('\\HasChildren', '.', 'Example')
Server response: b'(\\HasNoChildren) "." Example.Today'
Parsed response: ('\\HasNoChildren', '.', 'Example.Today')
Server response: b'(\\HasNoChildren) "." Example.2016'
Parsed response: ('\\HasNoChildren', '.', 'Example.2016')
Server response: b'(\\HasNoChildren) "." Archive'
Parsed response: ('\\HasNoChildren', '.', 'Archive')
Server response: b'(\\HasNoChildren) "." "Deleted Messages"'
Parsed response: ('\\HasNoChildren', '.', 'Deleted Messages')
Server response: b'(\\HasNoChildren) "." INBOX'
Parsed response: ('\\HasNoChildren', '.', 'INBOX')
Starting messages: b'1 2'
Matching messages: 1,2
Flags before: [b'1 (FLAGS (\\Seen))', b'2 (FLAGS (\\Seen))']
Flags after: [b'1 (FLAGS (\\Deleted \\Seen))', b'2 (FLAGS (\\Deleted \\Seen))']
```

```
Expunged: [b'2', b'1']
Remaining messages: b''
```

팁 – 참고 자료

- imaplib 표준 라이브러리 문서: https://docs.python.org/3.5/library/imaplib.html
- rfc822: rfc822 모듈은 RFC 822/RFC 5322 파서를 포함한다.
- email: email 모듈은 이메일 메시지를 파싱한다.
- mailbox: 로컬 메일함 파서
- ConfigParser: 구성 파일을 읽고 쓴다.
- University of Washington IMAP Information Center(www.washington.edu/imap/): 소스코드와 함께 IMAP에 대한 좋은 정보를 제공한다
- RFC 3501(https://tools.ietf.org/html/rfc3501.html): 인터넷 메시지 액세스 프로토콜(IMAP)
- RFC 5322(https://tools.ietf.org/html/rfc5322.html): 인터넷 메시지 포맷
- IMAP Backup Script(http://snipplr.com/view/7955/imap-backup-script/): IMAP 서버에서 이메일을 백업하기 위한 스크립트
- IMAPClient(http://imapclient.freshfoo.com/): 멘노 스미츠(Menno Smits)가 만든 IMAP 서버에 대한 고수준 클라이언트
- offlineimap(www.offlineimap.org): IMAP 서버와 로컬 메일함의 동기화를 위한 파이썬 애플리케이션
- imaplib을 위한 파이썬 2에서 3으로 포팅 노트

애플리케이션 빌딩 블록

파이썬 표준 라이브러리의 장점은 크기에 있다. 파이썬은 개발자가 기본적인 기능을 반복해서 구현하는 데 시간을 소모하기보다는 애플리케이션의 핵심을 개발하는 데 집중할 수 있도록 프로그램 개발에 필요한 수많은 구현을 제공한다. 14장에서는 대부분의 애플리케이션에서 공통적으로 발생하는 문제를 해결할 때 자주 사용되는 빌딩 블록^{building block}을 다룬다.

argparse는 커맨드라인 인자를 파싱하고 검증하는 인터페이스다. 이 모듈은 문자열에서 정수나 다른 데이터 타입으로 인자를 변환하고, 옵션을 만나면 콜백을 실행하고, 사용자가 지정하지 않은 옵션에 대해서는 기본값을 설정하고, 프로그램 사용법을 자동으로 생성하는 기능을 제공한다. getopt는 C 프로그램이나 셸 스크립트에서 사용할 수 있는 저수준 인자 처리 모델이다. 다른 옵션 파싱 라이브러리보다 기능이 적지만 단순하고 익숙하므로 널리 사용된다.

대화형 프로그램은 반드시 readline을 사용해 사용자에 명령 프롬프트를 제공해야 한다. 이 모듈은 히스토리 관리, 명령 자동 완성, emacs와 vi 키 바인딩으로 입력값을 쉽게 편집할 수 있는 도구를 제공한다. 사용자가 입력한 암호 또는 비밀 값이 화면에 그대로 표시되지 않게 하려면 getpass를 사용한다.

cmd 모듈은 대화형 명령 기반 셸 프로그램용 프레임워크를 제공한다. 이 모듈이 메인 루프를 제공하고 사용자와의 상호작용을 처리하므로 애플리케이션은 개별 명령에 대한 콜백 처리만 구현하면 된다.

shlex는 셸 스타일 구문에 대한 파서^{parser}며, 각 줄은 공백으로 구분된 토큰으로 구성돼 있다. 따옴표와 이스케이프^{escape} 문자도 잘 인식하므로 공백이 포함된 텍스트는 하나의 토큰으로 처리된다. shlex는 구성 파일이나 프로그래밍 언어와 같은 도메인 종속적인 언어에 대한 토큰화 도구로서도 잘 동작한다.

configparser를 사용하면 애플리케이션 구성 파일을 쉽게 관리할 수 있다. 이 모듈은 프로그램 실행 중에 사용자 설정^{user preference}을 저장한 후 다음 실행 시 읽어 들이거나 단순 데이터 파일 형태로 사용된다.

실제 배포되는 애플리케이션은 사용자에게 디버깅 정보를 제공해야 한다. 단순 에러 메시지와 트랙백이 유용하기는 하지만 해당 이슈를 재현하기 어려운 경우에는 전체 활동 로그가 실패로 이어지는 일련의 이벤트를 알려줄 수도 있다. logging 모듈은 로그 파일 관리, 멀티스레드 지원, 중앙 집중식 로깅용 원격 로깅 데몬과의 인터페이스 등 모든 기능을 갖춘 API를 제공한다.

유닉스 환경에서 프로그램의 가장 일반적인 패턴 중 하나는 데이터를 읽고, 수정하고, 저장하는 줄 단위 필터다. 파일 읽기는 단순한 작업이지만 필터 애플리케이션을 만드는 것보다는 fileinput 모듈을 사용하는 게 더 쉬울 것이다. fileinput의 API는 입력의 각 줄에 대한 반복이므로 프로그램의 메인은 단순 for 루프다. 이 모듈은 파일명을 커맨드라인 인자로서 파싱해 처리하거나 표준 입력에서 직접 읽어 들이기 때문에 fileinput을 기반으로 작성된 도구는 직접 파일에 대해 또는 파이프라인의 일부로 실행할 수 있다.

atexit 모듈은 인터프리터가 프로그램을 종료할 때 반드시 실행해야 하는 함수를 예약하고자 사용한다. 종료 콜백을 등록하면 원격 서비스에서 로그아웃하고, 파일을 닫거나 그 외의 방법으로 리소스를 해제할 때 매우 유용하다.

sched 모듈은 정해진 시간에 이벤트를 발생시키기 위한 스케줄러를 구현한다. 이 API는 '시간'에 대한 정의를 지정하지 않기 때문에 실제 시계의 시간에서부터 인터프리터 단계의 시간까지 무엇이든 사용할 수 있다.

14.1 argparse: 커맨드라인 옵션과 인자 파싱

argparse 모듈은 커맨드라인 인자와 옵션을 처리하는 도구다. 이 모듈은 파이썬 2.7부터 optparse를 대체하고자 추가됐다. optparse에는 새로운 기능을 추가하기 쉽지 않았고 이전 버전과의 호환을 위해 API 변경이 필요했기 때문에 라이브러리에 새로운 모듈인 argparse를 추가한 것이다. optparse는 더 이상 사용되지 않는다.

14.1.1 파서 설정

argparse를 사용하는 첫 번째 단계는 파서 객체를 생성하고 예상되는 인자를 알려주는 것이다. 그러면 프로그램 실행 시 커맨드라인 인자를 처리하고자 파서를 사용할 수 있다. 파서 클래스 ArgumentParser의 생성자는 프로그램, 동작, 또는 설정을 위한 도움말 텍스트에 사용될 설명을 설정하고자 몇 가지 인자를 취한다.

```
import argparse

parser = argparse.ArgumentParser(description='This is a PyMOTW sample program', )
```

14.1.2 인자 정의

argparse는 완전한 인자 처리용 라이브러리다. 인자는 add_argument()에 action 인자로 지정된 다양한 동작을 일으킬 수 있다. 지원되는 액션에는 인자 저장(리스트 전체 또는 일부), 상수 값 저장(불리언 스위치의 참/거짓 값에 대한 처리 포함), 인자가 표시되는 횟수 카운트, 사용자 정의 프로세스를 사용하기 위한 콜백 호출 등이 포함된다.

기본 동작은 인자 값을 저장하는 것이다. 데이터 타입이 주어지면 값은 저장되기 전에 해당 타입으로 변환된다. dest 인자를 지정하면 커맨드라인 인자들이 파싱될 때 값은 그 이름을 사용해 저장된다.

14.1.3 커맨드라인 파싱

모든 인자가 정의되면 parse_args()에 인자 문자열 시퀀스를 전달해 커맨드라인을 파싱한다. 기본적으로 인자는 sys.argv[1:]에서 얻을 수 있지만 문자열 리스트도 사용할 수 있다. 옵션은 GNU/POSIX 구문을 사용해 처리되므로 옵션과 인자 값을 차례대로 섞어서 쓸 수 있다.

parse_args()의 반환값은 명령에 대한 인자를 갖고 있는 Namespace다. 이 객체는 인자 값을 속성으로 갖고 있다. 따라서 인자의 dest가 "myoption"으로 설정돼 있다면 이 값은 args.myoption으로 액세스할 수 있다.

14.1.4 간단한 예제

다음은 불리언 옵션(-a), 단순 문자열 옵션(-b), 정수 옵션(-c)의 세 가지 옵션을 갖고 있는 간단한 예제다.

리스트 14.1: argparse_short.py

```python
import argparse

parser = argparse.ArgumentParser(description='Short sample app')

parser.add_argument('-a', action="store_true", default=False)
parser.add_argument('-b', action="store", dest="b")
parser.add_argument('-c', action="store", dest="c", type=int)

print(parser.parse_args(['-a', '-bval', '-c', '3']))
```

단일 문자 옵션에 값을 전달하기 위한 몇 가지 방법이 있다. 앞의 예제는 두 가지 다른 형식, 즉 -bval과 -c val을 사용한다.

```
$ python3 argparse_short.py

Namespace(a=True, b='val', c=3)
```

출력에서 'c' 값의 데이터 타입이 정수인 것은 ArgumentParser가 인자를 저장하기 전에 변환하라는 지시를 받았기 때문이다.

이름에 하나 이상의 문자가 포함된 '긴' 옵션 이름도 동일한 방식으로 처리된다.

리스트 14.2: argparse_long.py

```
import argparse

parser = argparse.ArgumentParser(description='Example with long option names', )

parser.add_argument('--noarg', action="store_true", default=False)
parser.add_argument('--witharg', action="store", dest="witharg")
parser.add_argument('--witharg2', action="store", dest="witharg2", type=int)

print(parser.parse_args(['--noarg', '--witharg', 'val', '--witharg2=3']))
```

결과는 비슷하다.

```
$ python3 argparse_long.py

Namespace(noarg=True, witharg='val', witharg2=3)
```

argparse는 전체 커맨드라인 인자 파서다. 그러므로 선택 인자와 필수 인자를 모두 처리한다.

리스트 14.3: argparse_arguments.py

```
import argparse

parser = argparse.ArgumentParser(description='Example with nonoptional arguments', )

parser.add_argument('count', action="store", type=int)
parser.add_argument('units', action="store")

print(parser.parse_args())
```

이 예제에서 count 인자는 정수이고 units 인자는 문자열로 저장된다. 커맨드라인에서 둘 중 하나를 생략하거나, 주어진 값을 올바른 타입으로 변환할 수 없는 경우 에러가 보고된다.

```
$ python3 argparse_arguments.py 3 inches

Namespace(count=3, units='inches')
```

```
$ python3 argparse_arguments.py some inches

usage: argparse_arguments.py [-h] count units
argparse_arguments.py: error: argument count: invalid int value: 'some'

$ python3 argparse_arguments.py

usage: argparse_arguments.py [-h] count units
argparse_arguments.py: error: the following arguments are required: count, units
```

14.1.4.1 인자 액션

커맨드라인에서 인자를 만나면 다음 6가지 기본 액션 중 하나가 발생하게 할 수 있다.

- store: 필요한 경우 인자를 다른 데이터 타입으로 변환한 후 값을 저장한다. 이 것은 액션이 명시적으로 지정되지 않은 경우 실행되는 기본 액션이다.
- store_const: 파싱한 인자에서 오는 값이 아닌 인자 요건의 일부로 정의된 상수 값을 저장한다. 이는 주로 불리언 값이 아닌 커맨드라인 플래그를 구현하고자 사용된다.
- store_true/store_false: 지정된 불리언 값을 저장한다. 이 액션은 불리언 스위치를 구현하고자 사용된다.
- append: 값을 리스트에 저장한다. 인자가 반복될 경우 여러 개의 값이 저장된다.
- append_const: 인자 요건에 정의된 값을 리스트에 저장한다.
- version: 프로그램의 버전 정보를 출력하고 종료한다.

다음 예제 프로그램은 각 작업에 필요한 최소 구성으로 각 액션의 동작을 보여준다.

리스트 14.4: argparse_action.py

```python
import argparse

parser = argparse.ArgumentParser()

parser.add_argument('-s', action='store', dest='simple_value', help='Store a simple value')
```

```
parser.add_argument('-c', action='store_const', dest='constant_value',
                     const='value-to-store', help='Store a constant value')
parser.add_argument('-t', action='store_true', default=False, dest='boolean_t',
                     help='Set a switch to true')
parser.add_argument('-f', action='store_false', default=True, dest='boolean_f',
                     help='Set a switch to false')
parser.add_argument('-a', action='append', dest='collection', default=[],
                     help='Add repeated values to a list')
parser.add_argument('-A', action='append_const', dest='const_collection',
                     const='value-1-to-append', default=[],
                     help='Add different values to list')
parser.add_argument('-B', action='append_const', dest='const_collection',
                     const='value-2-to-append', help='Add different values to list')
parser.add_argument('--version', action='version', version='%(prog)s 1.0')

results = parser.parse_args()
print('simple_value = {!r}'.format(results.simple_value))
print('constant_value  = {!r}'.format(results.constant_value))
print('boolean_t       = {!r}'.format(results.boolean_t))
print('boolean_f       = {!r}'.format(results.boolean_f))
print('collection      = {!r}'.format(results.collection))
print('const_collection = {!r}'.format(results.const_collection))
```

-t와 -f 옵션은 각각 True와 False를 저장하면서 다른 옵션 값을 수정하도록 구성됐다.
-A와 -B에 대한 dest 값이 동일하므로 이 상수 값은 동일한 리스트에 추가된다.

```
$ python3 argparse_action.py -h

usage: argparse_action.py [-h] [-s SIMPLE_VALUE] [-c] [-t] [-f]
                          [-a COLLECTION] [-A] [-B] [--version]

optional arguments:
  -h, --help       show this help message and exit
  -s SIMPLE_VALUE  Store a simple value
  -c               Store a constant value
  -t               Set a switch to true
  -f               Set a switch to false
  -a COLLECTION    Add repeated values to a list
  -A               Add different values to list
  -B               Add different values to list
```

```
  --version          show program's version number and exit
```

```
$ python3 argparse_action.py -s value
```

```
simple_value      = 'value'
constant_value    = None
boolean_t         = False
boolean_f         = True
collection        = []
const_collection  = []
```

```
$ python3 argparse_action.py -c
```

```
simple_value      = None
constant_value    = 'value-to-store'
boolean_t         = False
boolean_f         = True
collection        = []
const_collection  = []
```

```
$ python3 argparse_action.py -t
```

```
simple_value      = None
constant_value    = None
boolean_t         = True
boolean_f         = True
collection        = []
const_collection  = []
```

```
$ python3 argparse_action.py -f
```

```
simple_value      = None
constant_value    = None
boolean_t         = False
boolean_f         = False
collection        = []
const_collection  = []
```

```
$ python3 argparse_action.py -a one -a two -a three
```

```
simple_value      = None
constant_value    = None
boolean_t         = False
boolean_f         = True
collection        = ['one', 'two', 'three']
```

```
const_collection    = []

$ python3 argparse_action.py -B -A

simple_value        = None
constant_value      = None
boolean_t           = False
boolean_f           = True
collection          = []
const_collection    = ['value-2-to-append', 'value-1-to-append']

$ python3 argparse_action.py --version

argparse_action.py 1.0
```

14.1.4.2 옵션 접두어

옵션에 대한 기본 문법은 대시 접두어(-)를 사용해 커맨드라인 스위치를 나타내는 유닉스 규약에 기반을 둔다. argparse는 그 외의 다른 접두어도 지원하므로, 예를 들어 윈도우에서는 /를 사용하는 등 프로그램은 플랫폼의 기본값이나 다른 규약을 따를 수도 있다.

리스트 14.5: argparse_prefix_chars.py

```
import argparse

parser = argparse.ArgumentParser(description='Change the option prefix characters',
                                 prefix_chars='-+/', )

parser.add_argument('-a', action="store_false", default=None, help='Turn A off', )
parser.add_argument('+a', action="store_true", default=None, help='Turn A on', )
parser.add_argument('//noarg', '++noarg', action="store_true", default=False)

print(parser.parse_args())
```

ArgumentParser의 prefix_chars 매개변수를 옵션에서 사용할 모든 문자를 포함한 문자열로 설정한다. prefix_chars에서 허용된 스위치 문자를 갖고 있어도 개별 인자 정의가 주어진 스위치에 대한 문법을 정의한다. 따라서 서로 다른 접두어를 사용하는 옵션이 플랫폼 독립적인 커맨드라인 문법과 같은 별명인지 아니면 +를 사용해 스위치를 켜고 −를 사용해 스위치를 끄는 선택지인지 명시적으로 제어할 수 있다. 앞의 예제에서 +a와 -a는 별도의 인자며, //noarg는 ++noarg로 주어질 수 있지만 --noarg는 사용할 수 없다.

```
$ python3 argparse_prefix_chars.py -h

usage: argparse_prefix_chars.py [-h] [-a] [+a] [//noarg]

Change the option prefix characters

optional arguments:
    -h, --help      show this help message and exit
    -a              Turn A off
    +a              Turn A on
    //noarg, ++noarg

$ python3 argparse_prefix_chars.py +a

Namespace(a=True, noarg=False)

$ python3 argparse_prefix_chars.py -a

Namespace(a=False, noarg=False)

$ python3 argparse_prefix_chars.py //noarg

Namespace(a=None, noarg=True)

$ python3 argparse_prefix_chars.py ++noarg

Namespace(a=None, noarg=True)

$ python3 argparse_prefix_chars.py --noarg

usage: argparse_prefix_chars.py [-h] [-a] [+a] [//noarg]
argparse_prefix_chars.py: error: unrecognized arguments: --noarg
```

14.1.4.3 인자의 소스

지금까지의 예제에서 파서에 주어진 인자 리스트는 명시적으로 전달된 리스트에서 가져오거나 sys.argv에서 암시적으로 가져온 것이다. 인자 리스트를 명시적으로 전달하는 것은 구성 파일처럼 argparse를 사용해 커맨드라인에서 오지는 않았지만 커맨드라인과 같은 명령을 처리할 때 유용하다.

리스트 14.6: argparse_with_shlex.py

```python
import argparse
from configparser import ConfigParser
import shlex

parser = argparse.ArgumentParser(description='Short sample app')

parser.add_argument('-a', action="store_true", default=False)
parser.add_argument('-b', action="store", dest="b")
parser.add_argument('-c', action="store", dest="c", type=int)

config = ConfigParser()
config.read('argparse_with_shlex.ini')
config_value = config.get('cli', 'options')
print('Config  :', config_value)

argument_list = shlex.split(config_value)
print('Arg List:', argument_list)

print('Results :', parser.parse_args(argument_list))
```

이 예제는 구성 파일을 읽고자 configparser를 사용한다.

```ini
[cli]
options = -a -b 2
```

shlex는 구성 파일에 저장된 문자열을 아주 쉽게 분할해준다.

```
$ python3 argparse_with_shlex.py

Config  : -a -b 2
Arg List: ['-a', '-b', '2']
Results : Namespace(a=True, b='2', c=None)
```

애플리케이션 코드에서 구성 파일을 처리하는 방법 중 하나는 fromfile_prefix_chars를 사용해 처리해야 하는 일련의 인자를 갖고 있는 입력 파일을 argparse에 알려주는 것이다.

```
import argparse
import shlex

parser = argparse.ArgumentParser(description='Short sample app', fromfile_prefix_chars='@', )

parser.add_argument('-a', action="store_true", default=False)
parser.add_argument('-b', action="store", dest="b")
parser.add_argument('-c', action="store", dest="c", type=int)

print(parser.parse_args(['@argparse_fromfile_prefix_chars.txt']))
```

이 예제는 @ 접두어가 붙은 인자를 찾으면 실행을 멈추고 다른 인자를 더 찾고자 지정된 파일을 읽는다. 이 파일은 다음과 같이 반드시 한 줄에 하나의 인자만 갖고 있어야 한다.

리스트 14.8: argparse_fromfile_prefix_chars.txt

```
-a
-b
2
```

argparse_from_prefix_chars.txt를 처리해 생성된 출력은 다음과 같다.

```
$ python3 argparse_fromfile_prefix_chars.py

Namespace(a=True, b='2', c=None)
```

14.1.5 도움말 출력

14.1.5.1 도움말 자동 생성

argparse는 자동으로 도움말을 생성하는 옵션을 추가할 수 있다. ArgumentParser의 add_help 인자는 도움말 관련 옵션을 제어한다.

리스트 14.9: argparse_with_help.py

```
import argparse

parser = argparse.ArgumentParser(add_help=True)

parser.add_argument('-a', action="store_true", default=False)
parser.add_argument('-b', action="store", dest="b")
parser.add_argument('-c', action="store", dest="c", type=int)

print(parser.parse_args())
```

도움말 옵션(-h와 --help)은 기본으로 추가되지만 add_help를 false로 설정하면 비활성화할 수 있다.

리스트 14.10: argparse_without_help.py

```
import argparse

parser = argparse.ArgumentParser(add_help=False)

parser.add_argument('-a', action="store_true", default=False)
parser.add_argument('-b', action="store", dest="b")
parser.add_argument('-c', action="store", dest="c", type=int)

print(parser.parse_args())
```

-h와 --help는 도움말을 요구하는 사실상의 표준 옵션 이름이지만, 어떤 애플리케이션은 도움말을 제공할 필요가 없거나 이 옵션 이름을 다른 목적으로 사용할 수도 있다.

```
$ python3 argparse_with_help.py -h

usage: argparse_with_help.py [-h] [-a] [-b B] [-c C]

optional arguments:
  -h, --help   show this help message and exit
  -a
  -b B
  -c C

$ python3 argparse_without_help.py -h

usage: argparse_without_help.py [-a] [-b B] [-c C]
```

```
argparse_without_help.py: error: unrecognized arguments: -h
```

14.1.5.2 도움말 사용자 정의

도움말 출력을 직접 처리해야 하는 애플리케이션의 경우 ArgumentParser의 일부 유틸
리티 메서드는 추가 정보가 포함된 도움말을 출력하는 사용자 정의 액션을 생성할 때
활용할 수 있다.

리스트 14.11: argparse_custom_help.py

```python
import argparse

parser = argparse.ArgumentParser(add_help=True)

parser.add_argument('-a', action="store_true", default=False)
parser.add_argument('-b', action="store", dest="b")
parser.add_argument('-c', action="store", dest="c", type=int)

print('print_usage output:')
parser.print_usage()
print()

print('print_help output:')
parser.print_help()
```

print_usage()는 인자 파서에 대한 짧은 사용법 메시지를 출력하며, print_help()는
전체 도움말을 출력한다.

```
$ python3 argparse_custom_help.py

print_usage output:
usage: argparse_custom_help.py [-h] [-a] [-b B] [-c C]

print_help output:
usage: argparse_custom_help.py [-h] [-a] [-b B] [-c C]

optional arguments:
  -h, --help  show this help message and exit
  -a
```

```
    -b B
    -c C
```

ArgumentParser는 포매터^{formatter} 클래스를 사용해 도움말 출력 형식을 정할 수 있다. 이 클래스는 ArgumentParser를 인스턴스화할 때 formatter_class를 전달해 변경할 수 있다. 예를 들어 RawDescriptionHelpFormatter는 기본 포매터가 제공하는 줄 바꿈을 무시한다.

리스트 14.12: argparse_raw_description_help_formatter.py

```python
import argparse

parser = argparse.ArgumentParser(
    add_help=True,
    formatter_class=argparse.RawDescriptionHelpFormatter,
    description="""
    description
        not
            wrapped""",
    epilog="""
    epilog
        not
            wrapped""",
)

parser.add_argument('-a', action="store_true",
    help="""argument
    help is
    wrapped """,
    )

parser.print_help()
```

명령 중 description과 epilog의 텍스트는 바뀌지 않는다.

```
$ python3 argparse_raw_description_help_formatter.py

usage: argparse_raw_description_help_formatter.py [-h] [-a]

    description
        not
```

```
          wrapped

optional arguments:
   -h, --help  show this help message and exit
   -a          argument help is wrapped

    epilog
       not
          wrapped
```

RawTextHelpFormatter는 모든 도움말 텍스트의 형식을 그대로 반영한다.

리스트 14.13: argparse_raw_text_help_formatter.py

```python
import argparse

parser = argparse.ArgumentParser(
    add_help=True,
    formatter_class=argparse.RawTextHelpFormatter,
    description="""
description
    not
       wrapped""",
    epilog="""
epilog
    not
       wrapped""",
)

parser.add_argument('-a', action="store_true",
    help="""argument
    help is not
    wrapped
    """,
)

parser.print_help()
```

-a 인자에 대한 도움말 텍스트는 깔끔하게 정리된 상태로 표시되지 않는다.

```
$ python3 argparse_raw_text_help_formatter.py

usage: argparse_raw_text_help_formatter.py [-h] [-a]

    description
        not
            wrapped

optional arguments:
  -h, --help  show this help message and exit
  -a          argument
              help is not
              wrapped

    epilog
        not
            wrapped
```

이런 포매터는 description이나 epilog에 예제 코드가 포함되는 애플리케이션에서 유용할 수 있다. 예제에 있는 텍스트 형식이 변경되면 예제가 유효하지 않을 수 있기 때문이다.

MetavarTypeHelpFormatter는 대상 변수가 아닌 각 옵션의 데이터 타입 이름을 출력하며, 이는 다양한 타입의 옵션을 많이 갖고 있는 애플리케이션에서 유용할 수 있다.

리스트 14.14: argparse_metavar_type_help_formatter.py

```python
import argparse

parser = argparse.ArgumentParser(add_help=True,
                                 formatter_class=argparse.MetavarTypeHelpFormatter, )

parser.add_argument('-i', type=int, dest='notshown1')
parser.add_argument('-f', type=float, dest='notshown2')

parser.print_help()
```

dest의 값을 표시하는 대신 옵션의 타입 이름이 출력된다.

```
$ python3 argparse_metavar_type_help_formatter.py
```

```
usage: argparse_metavar_type_help_formatter.py [-h] [-i int] [-f float]

optional arguments:
  -h, --help   show this help message and exit
  -i   int
  -f   float
```

14.1.6 파서 구성

argparse는 쉬운 구현과 도움말 출력의 유용성을 높이고자 인자 파서를 구성하는 몇 가지 기능을 제공한다.

14.1.6.1 파서 규칙 공유

프로그래머는 일련의 인자를 취해 특정 동작을 수행하는 커맨드라인 도구를 구현해야 할 때가 있다. 예를 들어 프로그램이 실제적인 동작을 수행하기 전에 사용자를 인증해야 하는 경우 --user와 --password 옵션을 지원해야 한다. 이런 경우 모든 ArgumentParser 에 명시적으로 옵션을 추가하는 대신 공유 옵션을 가진 부모 파서를 정의한 다음 개별 프로그램의 파서가 이 옵션에서 상속받게 하는 것이 가능하다.

첫 단계로 공유 인자 정의를 갖는 파서를 설정한다. 부모 파서를 상속받은 사용자가 동일한 도움말 옵션을 추가하면 예외가 발생하므로 기본 파서에서 도움말 자동 생성 기능을 비활성화해야 한다.

리스트 14.15: argparse_parent_base.py

```
import argparse

parser = argparse.ArgumentParser(add_help=False)

parser.add_argument('--user', action="store")
parser.add_argument('--password', action="store")
```

다음으로 parents를 상속받는 다른 파서를 생성한다.

리스트 14.16: argparse_uses_parent.py

```
import argparse
import argparse_parent_base

parser = argparse.ArgumentParser(parents=[argparse_parent_base.parser], )

parser.add_argument('--local-arg', action="store_true", default=False)

print(parser.parse_args())
```

결과적으로 프로그램은 세 개의 옵션을 모두 갖는다.

```
$ python3 argparse_uses_parent.py -h

usage: argparse_uses_parent.py [-h] [--user USER]
                               [--password PASSWORD]
                               [--local-arg]

optional arguments:
  -h, --help          show this help message and exit
  --user USER
  --password PASSWORD
  --local-arg
```

14.1.6.2 옵션 충돌

앞의 예제에서 동일한 인자 이름을 사용해 두 개의 인자 핸들러를 파서에 추가하면 예외
가 발생한다고 했다. 이 충돌 문제를 해결하고자 conflict_handler를 사용한다. 두 개의
내장 핸들러는 error(기본값)와 resolve이며, 추가된 순서에 따라 핸들러가 선택된다.

리스트 14.17: argparse_conflict_handler_resolve.py

```
import argparse

parser = argparse.ArgumentParser(conflict_handler='resolve')

parser.add_argument('-a', action="store")
parser.add_argument('-b', action="store", help='Short alone')
parser.add_argument('--long-b', '-b', action="store", help='Long and short together')
```

```
print(parser.parse_args(['-h']))
```

이 예제에서는 주어진 인자 이름 리스트에서 마지막 핸들러가 사용된다. 결과적으로
독립된 옵션인 -b는 --long-b의 별명으로 사용된다.

```
$ python3 argparse_conflict_handler_resolve.py

usage: argparse_conflict_handler_resolve.py [-h] [-a A] [--long-b LONG_B]

optional arguments:
  -h, --help            show this help message and exit
  -a A
  --long-b LONG_B, -b  LONG_B
                        Long and short together
```

add_argument() 호출 순서를 바꾸면 독립 옵션인 -b의 마스크가 해제된다.

리스트 14.18: argparse_conflict_handler_resolve2.py

```
import argparse

parser = argparse.ArgumentParser(conflict_handler='resolve')

parser.add_argument('-a', action="store")
parser.add_argument('--long-b', '-b', action="store", help='Long and short together')
parser.add_argument('-b', action="store", help='Short alone')

print(parser.parse_args(['-h']))
```

이제 두 옵션을 함께 사용할 수 있다.

```
$ python3 argparse_conflict_handler_resolve2.py

usage: argparse_conflict_handler_resolve2.py [-h] [-a A]
                                             [--long-b LONG_B]
                                             [-b B]

optional arguments:
  -h, --help            show this help message and exit
```

```
-a A
--long-b LONG_B      Long and short together
-b B                 Short alone
```

14.1.6.3 인자 그룹

argparse는 인자 정의를 '그룹'으로 묶는다. 기본적으로 두 개의 그룹을 사용하며 하나는 옵션, 다른 하나는 위치 기반 인자에 대한 그룹이다.

리스트 14.19: argparse_default_grouping.py

```python
import argparse

parser = argparse.ArgumentParser(description='Short sample app')

parser.add_argument('--optional', action="store_true", default=False)
parser.add_argument('positional', action="store")

print(parser.parse_args())
```

그룹화는 도움말 출력 부분에서 별도의 '위치적 인자positional arguments'와 '선택적 인자 optional arguments'에 반영된다.

```
$ python3 argparse_default_grouping.py -h

usage: argparse_default_grouping.py [-h] [--optional] positional

Short sample app

positional arguments:
    positional

optional arguments:
  -h, --help     show this help message and exit
  --optional
```

그룹화를 통해 관련된 옵션이나 값을 함께 묶어 표현함으로써 좀 더 논리적으로 도움말을 구성할 수 있다. 예를 들어 앞에 나온 공유 옵션 예제는 인증 옵션이 도움말에 함께 표시되도록 사용자 정의 그룹을 사용해 다시 작성할 수 있다.

add_argument_group()으로 'authentication' 그룹을 생성한 다음에 인증 관련 옵션을 기본 파서가 아닌 이 그룹에 추가한다.

리스트 14.20: argparse_parent_with_group.py

```
import argparse

parser = argparse.ArgumentParser(add_help=False)

group = parser.add_argument_group('authentication')

group.add_argument('--user', action="store")
group.add_argument('--password', action="store")
```

그룹 기반 부모를 사용하는 프로그램은 이전과 마찬가지로 **parents** 값에 이를 나열한다.

리스트 14.21: argparse_uses_parent_with_group.py

```
import argparse
import argparse_parent_with_group

parser = argparse.ArgumentParser(parents=[argparse_parent_with_group.parser], )

parser.add_argument('--local-arg', action="store_true", default=False)

print(parser.parse_args())
```

도움말 출력에 인증 옵션이 함께 표시된다.

```
$ python3 argparse_uses_parent_with_group.py -h

usage: argparse_uses_parent_with_group.py [-h] [--user USER]
                                          [--password PASSWORD]
                                          [--local-arg]

optional arguments:
  -h, --help      show this help message and exit
  --local-arg

authentication:
  --user USER
```

```
--password PASSWORD
```

14.1.6.4 상호 배타적 옵션

상호 배타적 옵션 정의는 옵션 그룹화 기능의 특수한 경우다. 이는 add_argument_
group() 대신 add_mutually_exclusive_group()을 사용한다.

리스트 14.22: argparse_mutually_exclusive.py

```python
import argparse

parser = argparse.ArgumentParser()

group = parser.add_mutually_exclusive_group()
group.add_argument('-a', action='store_true')
group.add_argument('-b', action='store_true')

print(parser.parse_args())
```

argparse는 상호 배타성을 강제함으로써 그룹의 옵션 중 하나만 사용할 수 있게 한다.

```
$ python3 argparse_mutually_exclusive.py -h

usage: argparse_mutually_exclusive.py [-h] [-a | -b]

optional arguments:
  -h, --help     show this help message and exit
  -a
  -b

$ python3 argparse_mutually_exclusive.py -a

Namespace(a=True, b=False)

$ python3 argparse_mutually_exclusive.py -b

Namespace(a=False, b=True)

$ python3 argparse_mutually_exclusive.py -a -b

usage: argparse_mutually_exclusive.py [-h] [-a | -b]
argparse_mutually_exclusive.py: error: argument -b: not allowed with argument -a
```

14.1.6.5 파서의 중첩

앞에서 설명한 부모 파서 방식은 연관된 명령들 사이에서 옵션을 공유하는 방법 중 하나다. 다른 방법으로는 먼저 명령을 단일 프로그램에 결합한 후 커맨드라인의 각 부분을 처리하고자 서브파서를 사용하는 방식이 있다. 이는 여러 줄의 커맨드라인 액션이나 서브명령들을 처리하는 svn, hg 등의 프로그램과 동일한 방식으로 동작한다.

파일 시스템의 디렉터리에 대해 작업하는 프로그램은 디렉터리 생성, 삭제, 목록 조회 명령을 정의할 수 있다.

리스트 14.23: argparse_subparsers.py

```python
import argparse

parser = argparse.ArgumentParser()

subparsers = parser.add_subparsers(help='commands')

# 목록 조회 명령
list_parser = subparsers.add_parser('list', help='List contents')
list_parser.add_argument( 'dirname', action='store', help='Directory to list')

# 생성 명령
create_parser = subparsers.add_parser('create', help='Create a directory')
create_parser.add_argument('dirname', action='store', help='New directory to create')
create_parser.add_argument('--read-only', default=False, action='store_true',
                           help='Set permissions to prevent writing to the directory', )

# 삭제 명령
delete_parser = subparsers.add_parser('delete', help='Remove a directory')
delete_parser.add_argument('dirname', action='store', help='The directory to remove')
delete_parser.add_argument('--recursive', '-r', default=False, action='store_true',
                           help='Remove the contents of the directory, too', )

print(parser.parse_args())
```

도움말 출력은 커맨드라인에서 위치 인자로 구분되는 'commands' 서브파서를 보여준다.

```
$ python3 argparse_subparsers.py -h

usage: argparse_subparsers.py [-h] {list,create,delete} ...
```

```
positional arguments:
  {list,create,delete}    commands
     list                 List contents
     create               Create a directory
     delete               Remove a directory

optional arguments:
  -h, --help              show this help message and exit
```

또한 각 서브파서는 해당 명령의 인자와 옵션을 설명하는 자체적인 도움말을 갖고 있다.

```
$ python3 argparse_subparsers.py create -h

usage: argparse_subparsers.py create [-h] [--read-only] dirname

positional arguments:
  dirname        New directory to create

optional arguments:
  -h, --help     show this help message and exit
  --read-only    Set permissions to prevent writing to the directory
```

인자들이 파싱될 때 parse_args()에 의해 반환되는 Namespace 객체는 지정된 명령과 관련된 값만 포함하고 있다.

```
$ python3 argparse_subparsers.py delete -r foo

Namespace(dirname='foo', recursive=True)
```

14.1.7 고급 인자 처리

지금까지 나온 예제들은 간단한 불리언 플래그, 문자 또는 숫자 인자를 갖는 옵션, 위치 인자 등을 사용했다. 또한 argparse는 가변 길이 인자 리스트, 열거형, 상수와 같은 인자도 지원한다.

14.1.7.1 다중 인자 리스트

단일 인자 정의는 커맨드라인을 파싱할 때 다중 인자를 고려하도록 구성될 수 있다. 필요하거나 예상되는 인자의 수에 따라 표 14.1의 플래그 값 중 하나로 nargs를 설정한다.

표 14.1: argparse의 다중 인자 정의를 위한 플래그

값	의미
N	인자의 명확한 개수(예. 3)
?	0 또는 1개의 인자
*	0 또는 모든 인자
+	최소한 하나 이상의 모든 인자

리스트 14.24: argparse_nargs.py

```
import argparse

parser = argparse.ArgumentParser()

parser.add_argument('--three', nargs=3)
parser.add_argument('--optional', nargs='?')
parser.add_argument('--all', nargs='*', dest='all')
parser.add_argument('--one-or-more', nargs='+')

print(parser.parse_args())
```

파서는 인자의 수에 대한 지시를 확인하고 명령 도움말 텍스트의 일부로 구문 다이어그램을 생성한다.

```
$ python3 argparse_nargs.py -h

usage: argparse_nargs.py [-h] [--three THREE THREE THREE]
                         [--optional [OPTIONAL]]
                         [--all [ALL [ALL ...]]]
                         [--one-or-more ONE_OR_MORE [ONE_OR_MORE ...]]

optional arguments:
  -h, --help              show this help message and exit
  --three THREE THREE THREE
```

```
  --optional [OPTIONAL]
  --all [ALL [ALL ...]]
  --one-or-more ONE_OR_MORE [ONE_OR_MORE ...]

$ python3 argparse_nargs.py

Namespace(all=None, one_or_more=None, optional=None, three=None)

$ python3 argparse_nargs.py --three

usage: argparse_nargs.py [-h] [--three THREE THREE THREE]
                         [--optional [OPTIONAL]]
                         [--all [ALL [ALL ...]]]
                         [--one-or-more ONE_OR_MORE [ONE_OR_MORE ...]]
argparse_nargs.py: error: argument --three: expected 3 argument(s)

$ python3 argparse_nargs.py --three a b c

Namespace(all=None, one_or_more=None, optional=None, three=['a', 'b', 'c'])

$ python3 argparse_nargs.py --optional

Namespace(all=None, one_or_more=None, optional=None, three=None)

$ python3 argparse_nargs.py --optional with_value

Namespace(all=None, one_or_more=None, optional='with_value', three=None)

$ python3 argparse_nargs.py --all with multiple values

Namespace(all=['with', 'multiple', 'values'], one_or_more=None, optional=None, three=None)

$ python3 argparse_nargs.py --one-or-more with_value

Namespace(all=None, one_or_more=['with_value'], optional=None, three=None)

$ python3 argparse_nargs.py --one-or-more with multiple values

Namespace(all=None, one_or_more=['with', 'multiple', 'values'], optional=None, three=None)

$ python3 argparse_nargs.py --one-or-more

usage: argparse_nargs.py [-h] [--three THREE THREE THREE]
                         [--optional [OPTIONAL]]
                         [--all [ALL [ALL ...]]]
                         [--one-or-more ONE_OR_MORE [ONE_OR_MORE ...]]
argparse_nargs.py: error: argument --one-or-more: expected at least one argument
```

14.1.7.2 인자 타입

argparse는 문자열을 다른 데이터 타입으로 변환하라는 지시가 없으면 모든 인자 값을
문자열로 처리한다. add_argument()의 type 매개변수는 ArgumentParser가 인자 값을
문자열에서 다른 타입으로 변환하고자 사용하는 변환 함수를 정의한다.

리스트 14.25: argparse_type.py

```python
import argparse

parser = argparse.ArgumentParser()

parser.add_argument('-i', type=int)
parser.add_argument('-f', type=float)
parser.add_argument('--file', type=open)

try:
    print(parser.parse_args())
except IOError as msg:
    parser.error(str(msg))
```

int, float과 같은 내장 데이터 타입뿐만 아니라 open()도 포함해 단일 문자열 인자를
취하는 호출 가능 함수는 type으로 전달될 수 있다.

```
$ python3 argparse_type.py -i 1

Namespace(f=None, file=None, i=1)

$ python3 argparse_type.py -f 3.14

Namespace(f=3.14, file=None, i=None)

$ python3 argparse_type.py --file argparse_type.py

Namespace(f=None, file=<_io.TextIOWrapper
name='argparse_type.py' mode='r' encoding='UTF-8'>, i=None)
```

타입 변환이 실패할 경우 argparse는 예외를 발생시킨다. TypeError와 ValueError 예
외는 자동으로 사용자에게 보여줄 간단한 에러 메시지로 변환된다. 다음 예제의 경우
처럼 입력 파일이 존재하지 않아 발생하는 IOError와 같은 예외는 반드시 호출자가 처
리해야 한다.

```
$ python3 argparse_type.py -i a

usage: argparse_type.py [-h] [-i I] [-f F] [--file FILE]
argparse_type.py: error: argument -i: invalid int value: 'a'

$ python3 argparse_type.py -f 3.14.15

usage: argparse_type.py [-h] [-i I] [-f F] [--file FILE]
argparse_type.py: error: argument -f: invalid float value: '3.14.15'

$ python3 argparse_type.py --file does_not_exist.txt

usage: argparse_type.py [-h] [-i I] [-f F] [--file FILE]
argparse_type.py: error: [Errno 2] No such file or directory: 'does_not_exist.txt'
```

입력 인자로 받아들이는 값을 사전에 정의된 값으로 제한하려면 **choices** 매개변수를 사용한다.

리스트 14.26: argparse_choices.py

```python
import argparse

parser = argparse.ArgumentParser()

parser.add_argument('--mode', choices=('read-only', 'read-write'), )

print(parser.parse_args())
```

--mode 인자가 허용된 값 중 하나가 아닐 경우 에러가 발생하며 프로세스가 중지된다.

```
$ python3 argparse_choices.py -h

usage: argparse_choices.py [-h] [--mode {read-only,read-write}]

optional arguments:
  -h, --help              show this help message and exit
  --mode {read-only,read-write}

$ python3 argparse_choices.py --mode read-only

Namespace(mode='read-only')

$ python3 argparse_choices.py --mode invalid
```

```
usage: argparse_choices.py [-h] [--mode {read-only,read-write}]
argparse_choices.py: error: argument --mode: invalid choice:
'invalid' (choose from 'read-only', 'read-write')
```

14.1.7.3 파일 인자

file 객체는 단일 문자열 인자로 인스턴스화될 수는 있지만 액세스 모드 인자를 포함하지 않는다. FileType은 모드와 버퍼 크기 등 인자를 파일로 지정하는 좀 더 유연한 방법을 제공한다.

리스트 14.27: argparse_FileType.py

```python
import argparse

parser = argparse.ArgumentParser()

parser.add_argument('-i', metavar='in-file', type=argparse.FileType('rt'))
parser.add_argument('-o', metavar='out-file', type=argparse.FileType('wt'))

try:
    results = parser.parse_args()
    print('Input file:', results.i)
    print('Output file:', results.o)
except IOError as msg:
    parser.error(str(msg))
```

인자 이름과 연관된 값은 오픈 파일 핸들이다. 애플리케이션은 파일이 더 이상 사용되지 않으면 파일을 닫아줘야 한다.

```
$ python3 argparse_FileType.py -h

usage: argparse_FileType.py [-h] [-i in-file] [-o out-file]

optional arguments:
  -h, --help      show this help message and exit
  -i in-file
  -o out-file

$ python3 argparse_FileType.py -i argparse_FileType.py -o tmp_file.txt
```

```
Input file: <_io.TextIOWrapper name='argparse_FileType.py' mode='rt' encoding='UTF-8'>
Output file: <_io.TextIOWrapper name='tmp_file.txt' mode='wt' encoding='UTF-8'>

$ python3 argparse_FileType.py -i no_such_file.txt

usage: argparse_FileType.py [-h] [-i in-file] [-o out-file]
argparse_FileType.py: error: argument -i: can't open 'no_such_file.txt': [Errno 2] No such file
or directory: 'no_such_file.txt'
```

14.1.7.4 사용자 정의 액션

앞에서 설명한 내장 액션 외에 추가적으로 Action API를 구현하는 객체를 제공함으로써 새로운 액션을 정의할 수 있다. add_argument()에 action으로 전달되는 객체는 정의된 인자, 즉 add_argument()에 주어진 모든 인자를 설명하는 매개변수를 취한다. 그리고 인자를 처리하는 parser, 파싱 작업 결과를 갖고 있는 namespace, 액션이 발생하는 인자의 value, 액션에 의해 트리거되는 option_string을 매개변수로 취하는 호출 가능한 객체를 반환한다.

Action 클래스는 새로운 액션을 정의하기 위한 시작점으로 제공된다. 생성자가 인자 정의를 처리하므로 서브클래스에서는 __call__()만 오버라이드하면 된다.

리스트 14.28: argparse_custom_action.py

```
import argparse

class CustomAction(argparse.Action):

    def __init__(self, option_strings, dest, nargs=None, const=None, default=None,
                 type=None, choices=None, required=False, help=None, metavar=None):
        argparse.Action.__init__(self, option_strings=option_strings, dest=dest,
                                 nargs=nargs, const=const, default=default, type=type,
                                 choices=choices, required=required, help=help,
                                 metavar=metavar, )
        rint('Initializing CustomAction')
        for name, value in sorted(locals().items()):
            if name == 'self' or value is None:
                continue
            print('  {} = {!r}'.format(name, value))
```

```
        print()
        return

    def __call__(self, parser, namespace, values, option_string=None):
        print('Processing CustomAction for {}'.format(self.dest))
        print(' parser = {}'.format(id(parser)))
        print(' values = {!r}'.format(values))
        print(' option_string = {!r}'.format(option_string))

        # 입력값들을 임의적으로 처리
        if isinstance(values, list):
            values = [v.upper() for v in values]
        else:
            values = values.upper()
        # 생성자에 주어진 destination 변수를 사용해
        # 네임스페이스에 결과를 저장
        setattr(namespace, self.dest, values)
        print()

parser = argparse.ArgumentParser()

parser.add_argument('-a', action=CustomAction)
parser.add_argument('-m', nargs='*', action=CustomAction)

results = parser.parse_args(['-a', 'value', '-m', 'multivalue', 'second'])
print(results)
```

values의 타입은 nargs 값에 달려있다. 인자가 여러 개의 값을 허용한다면 하나의 항목
만 있더라도 values는 리스트가 된다.

또한 option_string 값도 원래의 인자 설정에 따라 다르다. 위치 인자일 경우 option_
string은 항상 None이다.

```
$ python3 argparse_custom_action.py

Initializing CustomAction
    dest = 'a'
    option_strings = ['-a']
    required = False

Initializing CustomAction
```

```
        dest = 'm'
        nargs = '*'
        option_strings = ['-m']
        required = False
Processing CustomAction for a
    parser = 4315836992
    values = 'value'
    option_string = '-a'

Processing CustomAction for m
    parser = 4315836992
    values = ['multivalue', 'second']
    option_string = '-m'

Namespace(a='VALUE', m=['MULTIVALUE', 'SECOND'])
```

> **팁 - 참고 자료**
>
> - argparse 표준 라이브러리 문서: https://docs.python.org/3.5/library/argparse.html
> - configparser: 구성 파일 읽기와 쓰기
> - shlex: 셸 구문 파싱
> - argparse를 위한 파이썬 2에서 3으로의 포팅 노트

14.2 getopt: 커맨드라인 옵션 파싱

getopt 모듈은 유닉스 함수인 getopt를 지원하는 원래의 커맨드라인 옵션 파서다.
sys.argv와 같은 인자 시퀀스를 파싱하고 옵션과 인자의 쌍을 갖는 튜플 시퀀스와 옵
션이 아닌 인자 시퀀스를 반환한다.

옵션 구문은 짧은 형식과 긴 형식을 모두 지원한다.

```
-a
-bval
-b val
--noarg
--witharg=val
```

```
--witharg val
```

14.2.1 함수 인자

getopt() 함수는 세 개의 인자를 받는다.

- 첫 번째 매개변수는 파싱할 인자의 시퀀스다. 이 정보는 일반적으로 sys.argv [1:]에서 가져온다. 프로그램 이름인 sys.argv[0]는 무시된다.

- 두 번째 인자는 단일 문자 옵션에 대한 옵션 정의 문자열이다. 옵션 중 하나에 인자가 필요하면 그 문자 다음에 콜론이 붙는다.

- 세 번째 옵션은 사용할 경우 긴 형식의 옵션 이름 시퀀스다. 긴 형식의 옵션은 --noarg 또는 --witharg처럼 하나의 문자 이상으로 구성된다. 시퀀스에서 옵션 이름에는 -- 접두어가 포함되면 안 된다. 긴 형식 옵션에 인자가 필요하면 그 이름 뒤에 = 접미어를 붙인다.

짧은 형식 옵션과 긴 형식 옵션을 하나의 호출로 묶을 수 있다.

14.2.2 짧은 형식 옵션

다음 예제 프로그램은 세 개의 옵션을 갖는다. -a 옵션은 단순 플래그며, -b와 -c 옵션은 인자를 필요로 한다. 옵션 정의 문자열은 "ab:c:"이다.

리스트 14.29: getopt_short.py

```python
import getopt

opts, args = getopt.getopt(['-a', '-bval', '-c', 'val'], 'ab:c:')
```

```
for opt in opts:
    print(opt)
```

이 프로그램은 옵션 값 리스트가 getopt()로 전달돼 처리되는 방법을 보여준다.

```
$ python3 getopt_short.py

('-a', '')
('-b', 'val')
('-c', 'val')
```

14.2.3 긴 형식 옵션

두 개의 옵션 --noarg와 --witharg를 취하는 프로그램에서 긴 인자 시퀀스는 ['noarg', 'witharg=']가 돼야 한다.

리스트 14.30: getopt_long.py

```
import getopt

opts, args = getopt.getopt(
    ['--noarg', '--witharg', 'val', '--witharg2=another'],
    '',
    ['noarg', 'witharg=', 'witharg2='],
)
for opt in opts:
    print(opt)
```

이 샘플 프로그램에서는 짧은 형식 옵션을 사용하지 않으므로 getopt()의 두 번째 인자는 빈 문자열이다.

```
$ python3 getopt_long.py

('--noarg', '')
('--witharg', 'val')
('--witharg2', 'another')
```

14.2.4 완전한 예제

다음 예제는 다섯 개의 옵션 -o, -v, --output, --verbose, --version을 갖는 좀 더 완전한 프로그램이다. -o, --output, --version 옵션은 인자를 요구한다.

리스트 14.31: getopt_example.py

```python
import getopt
import sys

version = '1.0'
verbose = False
output_filename = 'default.out'

print('ARGV        :', sys.argv[1:])

try:
    options, remainder = getopt.getopt(sys.argv[1:], 'o:v',
    ['output=', 'verbose', 'version=', ])
except getopt.GetoptError as err:
    print('ERROR:', err)
    sys.exit(1)

print('OPTIONS     :', options)

for opt, arg in options:
    if opt in ('-o', '--output'):
        output_filename = arg
    elif opt in ('-v', '--verbose'):
        verbose = True
    elif opt == '--version':
        version = arg

print('VERSION     :', version)
print('VERBOSE     :', verbose)
print('OUTPUT      :', output_filename)
print('REMAINING   :', remainder)
```

이 프로그램은 다양한 방법으로 호출할 수 있다. 인자가 전혀 없이 호출되면 기본 설정 값이 사용된다.

```
$ python3 getopt_example.py

ARGV      : []
OPTIONS   : []
VERSION   : 1.0
VERBOSE   : False
OUTPUT    : default.out
REMAINING : []
```

단일 문자 옵션은 인자와 공백으로 구분된다.

```
$ python3 getopt_example.py -o foo

ARGV      : ['-o', 'foo']
OPTIONS   : [('-o', 'foo')]
VERSION   : 1.0
VERBOSE   : False
OUTPUT    : foo
REMAINING : []
```

또한 옵션과 값을 하나의 인자로 결합할 수 있다.

```
$ python3 getopt_example.py -ofoo

ARGV      : ['-ofoo']
OPTIONS   : [('-o', 'foo')]
VERSION   : 1.0
VERBOSE   : False
OUTPUT    : foo
REMAINING : []
```

긴 형식 옵션도 동일한 방식으로 값과 구분된다.

```
$ python3 getopt_example.py --output foo

ARGV      : ['--output', 'foo']
OPTIONS   : [('--output', 'foo')]
```

```
VERSION    : 1.0
VERBOSE    : False
OUTPUT     : foo
REMAINING  : []
```

긴 형식 옵션을 값과 결합하려면 옵션 이름과 값은 반드시 = 기호로 구분돼야 한다.

```
$ python3 getopt_example.py --output=foo

ARGV       : ['--output=foo']
OPTIONS    : [('--output', 'foo')]
VERSION    : 1.0
VERBOSE    : False
OUTPUT     : foo
REMAINING  : []
```

14.2.5 긴 형식 옵션의 축약

긴 형식 옵션은 고유한 접두어가 제공될 경우 커맨드라인에서 전체 철자를 모두 입력
하지 않아도 된다.

```
$ python3 getopt_example.py --o foo

ARGV       : ['--o', 'foo']
OPTIONS    : [('--output', 'foo')]
VERSION    : 1.0
VERBOSE    : False
OUTPUT     : foo
REMAINING  : []
```

입력한 접두어가 고유하지 않으면 예외가 발생한다.

```
$ python3 getopt_example.py --ver 2.0

ARGV       : ['--ver', '2.0']
```

```
ERROR   : option --ver not a unique prefix
```

14.2.6 GNU 스타일 옵션 파싱

일반적으로 옵션이 아닌 인자를 만나면 옵션 처리가 중지된다.

```
$ python3 getopt_example.py -v not_an_option --output foo

ARGV       : ['-v', 'not_an_option', '--output', 'foo']
OPTIONS    : [('-v', '')]
VERSION    : 1.0
VERBOSE    : True
OUTPUT     : default.out
REMAINING  : ['not_an_option', '--output', 'foo']
```

옵션과 옵션이 아닌 인자가 커맨드라인에 순서 없이 섞여 있으면 **gnu_getopt()**를 사용한다.

리스트 14.32: getopt_gnu.py

```python
import getopt
import sys

version = '1.0'
verbose = False
output_filename = 'default.out'

print('ARGV        :', sys.argv[1:])

try:
    options, remainder = getopt.gnu_getopt(sys.argv[1:], 'o:v',
        ['output=', 'verbose', 'version=', ])
except getopt.GetoptError as err:
    print('ERROR:', err)
    sys.exit(1)

print('OPTIONS     :', options)

for opt, arg in options:
```

```
    if opt in ('-o', '--output'):
        output_filename = arg
    elif opt in ('-v', '--verbose'):
        verbose = True
    elif opt == '--version':
        version = arg

print('VERSION     :', version)
print('VERBOSE     :', verbose)
print('OUTPUT      :', output_filename)
print('REMAINING   :', remainder)
```

앞의 예제에서 호출부를 변경하면 두 방법 사이의 차이가 명확해진다.

```
$ python3 getopt_gnu.py -v not_an_option --output foo

ARGV        : ['-v', 'not_an_option', '--output', 'foo']
OPTIONS     : [('-v', ''), ('--output', 'foo')]
VERSION     : 1.0
VERBOSE     : True
OUTPUT      : foo
REMAINING   : ['not_an_option']
```

14.2.7 인자 처리 끝내기

getopt()는 입력 인자 중에서 --를 만나면 남은 인자에 대한 처리를 중지한다. 이 기능은 대시(-)로 시작하는 파일명과 같이 옵션처럼 보이는 인자 값을 전달하고자 사용할 수 있다.

```
$ python3 getopt_example.py -v -- --output foo

ARGV        : ['-v', '--', '--output', 'foo']
OPTIONS     : [('-v', '')]
VERSION     : 1.0
VERBOSE     : True
OUTPUT      : default.out
```

```
REMAINING  : ['--output', 'foo']
```

팁 – 참고 자료

- getopt 표준 라이브러리 문서: https://docs.python.org/3.5/library/getopt.html
- argparse: argparse 모듈은 getopt를 대체한다.

14.3 readline: GNU readline 라이브러리

readline 모듈은 GNU readline 라이브러리의 인터페이스를 제공한다. 이는 예를 들어 커맨드라인 텍스트 자동 완성이나 '탭 완성' 등을 추가함으로써 대화형 커맨드라인 프로그램을 좀 더 사용하기 쉽게 만들고자 사용할 수 있다.

참고

readline은 콘솔 내용과 상호작용하기 때문에 디버그 메시지를 출력하면 readline이 수행하는 작업과 비교해 샘플 코드에서 무슨 일이 일어나는지 알아보기 어렵다. 그래서 다음 예제부터는 logging 모듈을 사용해 디버그 정보를 별도의 파일에 기록한다. 로그 출력은 각 예제와 함께 표시된다.

참고

readline에 필요한 GNU 라이브러리는 기본적으로 모든 플랫폼에서 제공되지 않는다. 시스템에 이 라이브러리가 없다면 설치한 다음에 모듈을 활성화시키고자 파이썬 인터프리터를 다시 컴파일해야 할 수도 있다. 이 라이브러리의 단독 실행형 버전은 파이썬 패키지 인덱스(PIP)에서 gnureadline(https://pypi.python.org/pypi/gnureadline)이라는 이름으로 배포되고 있다. 이 절의 예제에서는 먼저 gnureadline을 임포트하고 그다음에 readline으로 돌아간다.

14.3.1 readline 구성

readline 라이브러리를 구성하는 두 가지 방법은 구성 파일을 사용하거나 parse_and_bind() 함수를 사용하는 것이다. 구성 옵션은 자동 완성을 호출하는 키 바인딩, vi 또는 emacs 편집 모드, 그 외의 많은 값을 포함한다. 자세한 내용은 GNU readline 라이브러리 문서를 참고하라.

탭 자동 완성을 활성화시키는 가장 쉬운 방법은 parse_and_bind()를 호출하는 것이다. 다른 옵션도 동시에 설정할 수 있다. 이 예제는 기본 편집 모드인 emacs를 vi 모드로 변경한다. 현재 입력 줄을 편집하려면 ESC 키를 누른 다음 vi 이동키인 j, k, l, h를 사용한다.

리스트 14.33: readline_parse_and_bind.py

```python
try:
    import gnureadline as readline
except ImportError:
    import readline

readline.parse_and_bind('tab: complete')
readline.parse_and_bind('set editing-mode vi')

while True:
    line = input('Prompt ("stop" to quit): ')
    if line == 'stop':
        break
    print('ENTERED: {!r}'.format(line))
```

동일한 구성을 한 번의 호출로 라이브러리가 읽어 들이도록 명령문 형태로 파일에 저장할 수 있다. myreadline.rc 파일이 다음 내용을 갖고 있다고 가정하자.

리스트 14.34: myreadline.rc

```
# 탭 자동 완성 활성화
tab: complete

# emacs 대신에 vi 편집 모드 사용
set editing-mode vi
```

다음과 같이 read_init_file()로 파일을 읽을 수 있다.

리스트 14.35: readline_read_init_file.py

```python
try:
    import gnureadline as readline
except ImportError:
    import readline
```

```
readline.read_init_file('myreadline.rc')

while True:
    line = input('Prompt ("stop" to quit): ')
    if line == 'stop':
        break
    print('ENTERED: {!r}'.format(line))
```

14.3.2 텍스트 자동 완성

다음 프로그램은 내장된 명령 세트를 갖고 있으며 사용자가 명령을 입력할 때 탭 자동
완성 기능을 사용할 수 있게 해준다.

리스트 14.36: readline_completer.py

```
try:
    import gnureadline as readline
except ImportError:
    import readline
import logging

LOG_FILENAME = '/tmp/completer.log'
logging.basicConfig(format='%(message)s', filename=LOG_FILENAME, level=logging.DEBUG, )

class SimpleCompleter:

    def __init__(self, options):
        self.options = sorted(options)

    def complete(self, text, state):
        response = None
        if state == 0:
            # 이 텍스트에 대해서는 첫 번째이므로 매치 리스트를 생성한다.
            if text:
                self.matches = [
                    s
                    for s in self.options
                    if s and s.startswith(text)
                ]
                logging.debug('%s matches: %s', repr(text), self.matches)
```

```
            else:
                self.matches = self.options[:]
                logging.debug('(empty input) matches: %s', self.matches)

        # 매치 리스트에 이미 항목이 있으면 state번째 항목을 반환한다.
        try:
            response = self.matches[state]
        except IndexError:
            response = None
        logging.debug('complete(%s, %s) => %s', repr(text), state, repr(response))
        return response

def input_loop():
    line = ''
    while line != 'stop':
        line = input('Prompt ("stop" to quit): ')
        print('Dispatch {}'.format(line))

# 자동 완성 함수를 등록한다.
OPTIONS = ['start', 'stop', 'list', 'print']
readline.set_completer(SimpleCompleter(OPTIONS).complete)

# 자동 완성에 탭 키를 사용한다.
readline.parse_and_bind('tab: complete')

# 프롬프트에서 사용자의 텍스트 입력을 받는다.
input_loop()
```

이 프로그램의 input_loop() 함수는 입력값이 "stop"이 될 때까지 한 줄씩 읽는다. 좀 더 복잡한 프로그램은 실제로 입력 줄을 파싱해 명령을 실행할 수도 있다.

SimpleCompleter 클래스는 자동 완성에 사용할 '옵션' 리스트를 갖고 있다. 인스턴스의 complete() 메서드는 자동 완성을 위한 소스로 readline에 등록돼야 한다. 인자는 완성시킬 문자열 text와 동일한 텍스트로 함수가 몇 번이나 호출됐는지 나타내는 값인 state다. 함수가 반복적으로 호출될 때마다 state 값이 증가한다. 해당 state에 대해 자동 완성을 위한 후보자가 있으면 이를 문자열로 반환하고, 후보자가 없으면 None을 반환한다. 앞의 예제에서 complete()는 state가 0일 때 일치하는 항목 집합을 찾고, 그 이후에는 호출될 때마다 그것과 일치하는 모든 후보자를 반환한다.

앞의 예제 코드를 실행했을 때 최초 출력은 다음과 같다.

1120

```
$ python3 readline_completer.py

Prompt ("stop" to quit):
```

탭을 두 번 누르면 가능한 옵션 리스트가 출력된다.

```
$ python3 readline_completer.py

Prompt ("stop" to quit):
list  print  start  stop
Prompt ("stop" to quit):
```

로그 파일은 complete()가 별도의 두 상태 값 시퀀스에 의해 호출됐음을 보여준다.

```
$ tail -f /tmp/completer.log

(empty input) matches: ['list', 'print', 'start', 'stop']
complete('', 0) => 'list'
complete('', 1) => 'print'
complete('', 2) => 'start'
complete('', 3) => 'stop'
complete('', 4) => None
(empty input) matches: ['list', 'print', 'start', 'stop']
complete('', 0) => 'list'
complete('', 1) => 'print'
complete('', 2) => 'start'
complete('', 3) => 'stop'
complete('', 4) => None
```

첫 번째 시퀀스는 탭 키를 처음 눌렀을 때 발생한 것이다. 자동 완성 알고리즘은 모든 후보자를 요청해 받았지만 빈 입력 줄로 확장되지는 않는다. 두 번째 탭 키로 인해 후보자 리스트가 다시 계산돼 사용자에게 출력된다.

다음으로 l을 입력하고 다시 탭을 누르면 다음과 같은 출력이 생성된다.

```
Prompt ("stop" to quit): list
```

로그도 complete()에 다른 인자가 반영됐음을 보여준다.

```
'l' matches: ['list']
complete('l', 0) => 'list'
complete('l', 1) => None
```

엔터키를 누르면 input()이 값을 반환하고 while 루프가 계속 수행된다.

```
Dispatch list
Prompt ("stop" to quit):
```

s로 시작하는 명령은 두 가지를 갖고 있다. s를 입력하고 탭을 누르면 후보자로 start
와 stop이 검색되지만 자동 완성 기능은 화면상에 t만 추가한다.

로그 파일은 다음과 같다.

```
's' matches: ['start', 'stop']
complete('s', 0) => 'start'
complete('s', 1) => 'stop'
complete('s', 2) => None
```

화면에는 다음과 같이 나온다.

```
Prompt ("stop" to quit): st
```

> **참고**
>
> 자동 완성 함수에서 예외가 발생하면 그것은 조용히 무시되고 readline은 일치하는 후보자가 없다고 가정한다.

14.3.3 자동 완성 버퍼

SimpleCompleter의 자동 완성 알고리즘은 함수에 전달되는 텍스트 인자만 사용하며
readline의 내부 상태에 대한 어떠한 정보도 사용하지 않는다. 이는 readline 함수를

사용해 입력 버퍼의 텍스트를 조작할 수 있게 해준다.

리스트 14.37: readline_buffer.py

```python
try:
    import gnureadline as readline
except ImportError:
    import readline
import logging

LOG_FILENAME = '/tmp/completer.log'

logging.basicConfig(format='%(message)s', filename=LOG_FILENAME, level=logging.DEBUG, )

class BufferAwareCompleter:

    def __init__(self, options):
        self.options = options
        self.current_candidates = []

    def complete(self, text, state):
        response = None
        if state == 0:
            # 이 텍스트에 대해서는 첫 번째이므로 매치 리스트를 생성한다.

            origline = readline.get_line_buffer()
            begin = readline.get_begidx()
            end = readline.get_endidx()
            being_completed = origline[begin:end]
            words = origline.split()

            logging.debug('origline=%s', repr(origline))
            logging.debug('begin=%s', begin)
            logging.debug('end=%s', end)
            logging.debug('being_completed=%s', being_completed)
            logging.debug('words=%s', words)

            if not words:
                self.current_candidates = sorted(self.options.keys())
            else:
                try:
                    if begin == 0:
                        # 첫 번째 (최상위 레벨) 단어
                        candidates = self.options.keys()
                    else:
```

```python
            # 첫 번째 (최상위 레벨) 이후의 단어
            first = words[0]
            candidates = self.options[first]

        if being_completed:
            # 입력의 일부분이라도 매칭이 되는 옵션들은 자동 완성에 사용한다.
            self.current_candidates = [
                w for w in candidates
                if w.startswith(being_completed)
            ]
        else:
            # 빈 문자열이면 모든 후보를 사용한다.
            self.current_candidates = candidates

        logging.debug('candidates=%s', self.current_candidates)

    except (KeyError, IndexError) as err:
        logging.error('completion error: %s', err)
        self.current_candidates = []

    try:
        response = self.current_candidates[state]
    except IndexError:
        response = None
    logging.debug('complete(%s, %s) => %s', repr(text), state, response)
    return response


def input_loop():
    line = ''
    while line != 'stop':
        line = input('Prompt ("stop" to quit): ')
        print('Dispatch {}'.format(line))


# 자동 완성 함수를 등록한다.
completer = BufferAwareCompleter({
    'list': ['files', 'directories'],
    'print': ['byname', 'bysize'],
    'stop': [],
})
readline.set_completer(completer.complete)

# 자동 완성에 탭 키를 사용한다.
readline.parse_and_bind('tab: complete')
```

```
# 프롬프트에서 사용자의 텍스트 입력을 받는다.
input_loop()
```

이 예제에서는 하위 옵션을 갖는 명령을 자동 완성한다. complete() 메서드는 입력 버퍼 내에서 완성의 위치를 보고 그것이 최상위 레벨인 첫 번째 단어의 일부인지 아니면 그 이후 단어의 일부인지를 결정한다. 대상이 첫 번째 단어인 경우 옵션 딕셔너리의 키가 후보자로 사용된다. 반대로 첫 번째 단어가 아니라면 옵션 딕셔너리에서 후보자를 찾고자 첫 번째 단어를 사용한다.

이 예제에는 세 가지 최상위 명령이 있으며, 그중 두 개가 하위 명령을 갖고 있다.

- list
  - files
  - directories
- print
  - byname
  - bysize
- stop

이전과 동일하게 탭을 두 번 누르면 세 개의 최상위 명령이 제공된다.

```
$ python3 readline_buffer.py

Prompt ("stop" to quit):
list  print  stop
Prompt ("stop" to quit):
```

로그 내용은 다음과 같다.

```
origline=''
begin=0
end=0
being_completed=
words=[]
```

```
complete('', 0) => list
complete('', 1) => print
complete('', 2) => stop
complete('', 3) => None
origline=''
begin=0
end=0
being_completed=
words=[]
complete('', 0) => list
complete('', 1) => print
complete('', 2) => stop
complete('', 3) => None
```

첫 번째 단어가 'list '(단어 뒤에 공백 있음)일 경우 자동 완성 후보자가 달라진다.

```
Prompt ("stop" to quit): list
directories files
```

로그는 자동 완성되는 텍스트가 전체 줄이 아니라 list 이후의 부분임을 보여준다.

```
origline='list '
begin=5
end=5
being_completed=
words=['list']
candidates=['files', 'directories']
complete('', 0) => files
complete('', 1) => directories
complete('', 2) => None
origline='list '
begin=5
end=5
being_completed=
words=['list']
candidates=['files', 'directories']
complete('', 0) => files
```

```
complete('', 1) => directories
complete('', 2) => None
```

14.3.4 입력 히스토리

readline은 입력 히스토리를 자동으로 추적한다. 입력 히스토리는 두 가지 함수 세트
를 통해 사용할 수 있다. 현재 세션에 대한 히스토리는 get_current_history_length()
와 get_history_item()으로 액세스할 수 있다. write_history_file()을 이용해 이 히
스토리를 파일로 저장하고 read_history_file()을 통해 나중에 다시 불러올 수 있다.
기본적으로 전체 히스토리가 저장되지만 파일의 최대 길이를 set_history_length()
로 설정할 수 있다. -1 값은 길이에 제한이 없음을 의미한다.

리스트 14.38: readline_history.py

```
try:
    import gnureadline as readline
except ImportError:
    import readline
import logging
import os

LOG_FILENAME = '/tmp/completer.log'
HISTORY_FILENAME = '/tmp/completer.hist'

logging.basicConfig(format='%(message)s', filename=LOG_FILENAME, level=logging.DEBUG, )

def get_history_items():
    num_items = readline.get_current_history_length() + 1
    return [ readline.get_history_item(i) for i in range(1, num_items) ]

class HistoryCompleter:

    def __init__(self):
        self.matches = []

    def complete(self, text, state):
        response = None
        if state == 0:
            history_values = get_history_items()
```

```python
            logging.debug('history: %s', history_values)
            if text:
                self.matches = sorted(
                    h
                    for h in history_values
                    if h and h.startswith(text)
                )
            else:
                self.matches = []
                logging.debug('matches: %s', self.matches)
        try:
            response = self.matches[state]
        except IndexError:
            response = None
        logging.debug('complete(%s, %s) => %s', repr(text), state, repr(response))
        return response


def input_loop():
    if os.path.exists(HISTORY_FILENAME):
        readline.read_history_file(HISTORY_FILENAME)
    print('Max history file length:', readline.get_history_length())
    print('Startup history:', get_history_items())
    try:
        while True:
            line = input('Prompt ("stop" to quit): ')
            if line == 'stop':
                break
            if line:
                print('Adding {!r} to the history'.format(line))
    finally:
        print('Final history:', get_history_items())
        readline.write_history_file(HISTORY_FILENAME)


# 자동 완성 함수를 등록한다.
readline.set_completer(HistoryCompleter().complete)

# 자동 완성에 탭 키를 사용한다.
readline.parse_and_bind('tab: complete')

# 프롬프트에서 사용자의 텍스트 입력을 받는다.
input_loop()
```

`HistoryCompleter`는 타이핑된 모든 것을 기억하고 다음 입력을 자동 완성하고자 이 값들을 사용한다.

```
$ python3 readline_history.py

Max history file length: -1
Startup history: []
Prompt ("stop" to quit): foo
Adding 'foo' to the history
Prompt ("stop" to quit): bar
Adding 'bar' to the history
Prompt ("stop" to quit): blah
Adding 'blah' to the history
Prompt ("stop" to quit): b
bar blah
Prompt ("stop" to quit): b
Prompt ("stop" to quit): stop
Final history: ['foo', 'bar', 'blah', 'stop']
```

b 다음에 탭 키를 두 번 눌렀을 때의 로그는 다음과 같다.

```
history: ['foo', 'bar', 'blah']
matches: ['bar', 'blah']
complete('b', 0) => 'bar'
complete('b', 1) => 'blah'
complete('b', 2) => None
history: ['foo', 'bar', 'blah']
matches: ['bar', 'blah']
complete('b', 0) => 'bar'
complete('b', 1) => 'blah'
complete('b', 2) => None
```

스크립트를 다시 한 번 더 실행하면 모든 히스토리를 파일에서 읽어온다.

```
$ python3 readline_history.py

Max history file length: -1
```

```
Startup history: ['foo', 'bar', 'blah', 'stop']
Prompt ("stop" to quit):
```

또한 히스토리 항목을 개별적으로 삭제하거나 히스토리 전체를 없애는 함수도 있다.

14.3.5 훅

순차적인 상호작용의 일부로 액션을 일으키고자 몇 가지 훅^{hook}을 사용할 수 있다. 다음 예제에서 startup_hook은 프롬프트가 출력되기 바로 전에 호출되며, pre_input_hook은 프롬프트 이후에 사용자로부터 텍스트를 읽기 전에 호출된다.

리스트 14.39: readline_hooks.py

```
try:
    import gnureadline as readline
except ImportError:
    import readline

def startup_hook():
    readline.insert_text('from startup_hook')

def pre_input_hook():
    readline.insert_text(' from pre_input_hook')
    readline.redisplay()

readline.set_startup_hook(startup_hook)
readline.set_pre_input_hook(pre_input_hook)
readline.parse_and_bind('tab: complete')

while True:
    line = input('Prompt ("stop" to quit): ')
    if line == 'stop':
        break
    print('ENTERED: {!r}'.format(line))
```

이 두 개의 훅은 insert_text()를 이용해 입력 버퍼를 수정할 수 있는 좋은 장소가 된다.

```
$ python3 readline_hooks.py
```

```
Prompt ("stop" to quit): from startup_hook from pre_input_hook
```

입력 버퍼가 pre_input_hook 내부에서 수정되면 화면 출력을 업데이트하고자 반드시 redisplay()를 호출해야 한다.

> **팁 – 참고 자료**
>
> - readline 표준 라이브러리 문서: https://docs.python.org/3.5/library/readline.html
> - GNU readline(http://tiswww.case.edu/php/chet/readline/readline.html): GNU readline 라이브러리에 대한 문서
> - readline init file format(http://tiswww.case.edu/php/chet/readline/readline.html#SEC10): 구성 파일 초기화와 형식
> - effbot: The readline module(http://sandbox.effbot.org/librarybook/readline.htm): readline 모듈에 대한 에봇(Effbot)의 가이드
> - gnureadline(https://pypi.python.org/pypi/gnureadline): 다양한 플랫폼에서 사용 가능한 readline의 정적 링크드 버전이며 pip로 설치할 수 있다.
> - pyreadline(http://ipython.org/pyreadline.html): 윈도우에서 사용하고자 readline을 파이썬 기반으로 대치한 것
> - cmd: cmd 모듈은 readline을 광범위하게 사용해 명령 인터페이스에서 탭 자동 완성을 구현한다. 이 절에 있는 예제 중 일부는 'cmd' 절의 코드에서 가져와 수정한 것이다.
> - rlcompleter: 대화형 파이썬 인터프리터에 탭 자동 완성 기능을 추가하고자 readline을 사용한다.

14.4 getpass: 보안 패스워드 프롬프트

터미널을 통해 사용자와 상호작용하는 프로그램은 사용자에게 패스워드를 요구할 때 입력 내용이 화면에 표시되지 않게 해야 한다. getpass 모듈은 이런 패스워드 프롬프트를 처리하는 안전하고 편리한 방법을 제공한다.

14.4.1 예제

getpass() 함수는 프롬프트를 출력한 다음에 사용자가 엔터키를 누를 때까지 사용자의 입력을 받는다. 입력은 호출자에게 문자열로 반환된다.

```
import getpass

try:
    p = getpass.getpass()
except Exception as err:
    print('ERROR:', err)
else:
    print('You entered:', p)
```

호출자가 특별히 지정하지 않은 경우 기본 프롬프트는 'Password:'이다.

```
$ python3 getpass_defaults.py

Password:
You entered: sekret
```

프롬프트는 원하는 값으로 바꿀 수 있다.

리스트 14.41: getpass_prompt.py

```
import getpass

p = getpass.getpass(prompt='What is your favorite color? ')
if p.lower() == 'blue':
    print('Right. Off you go.')
else:
    print('Auuuuugh!')
```

어떤 프로그램은 보안을 더하고자 간단한 패스워드 대신에 패스워드 구문을 요구하기도 한다.

```
$ python3 getpass_prompt.py

What is your favorite color?
Right. Off you go.

$ python3 getpass_prompt.py
```

```
What is your favorite color?
Auuuuugh!
```

기본적으로 getpass()는 sys.stdout을 사용해 프롬프트 문자열을 출력한다. sys.
stdout에 다른 유용한 출력을 생성하는 경우에는 sys.stderr 같은 다른 스트림으로 프
롬프트를 보내는 것이 더 좋은 선택일 수도 있다.

리스트 14.42: getpass_stream.py

```python
import getpass
import sys

p = getpass.getpass(stream=sys.stderr)
print('You entered:', p)
```

sys.stderr를 프롬프트에 사용하면 패스워드 프롬프트를 파이프나 파일로 리다이렉
트할 수 있다. 사용자가 입력한 값은 화면에 표시되지 않는다.

```
$ python3 getpass_stream.py >/dev/null

Password:
```

14.4.2 터미널 없이 getpass 사용

유닉스에서 getpass()는 항상 termios를 통해 제어할 수 있는 tty를 요구하기 때문에
입력 에코를 비활성화시킬 수 있다. 이 방식은 터미널이 아닌 스트림에서 표준 입력으
로 리다이렉트되는 값을 읽을 수 없다. 대신 getpass는 프로세스의 tty에 접근하려 시
도하고 함수가 그것을 액세스할 수 있으면 에러가 발생하지 않는다.

```
$ echo "not sekret" | python3 getpass_defaults.py

Password:
You entered: sekret
```

입력 스트림이 **tty**가 아닐 경우 이를 확인하고 값을 읽고자 다른 방법을 사용하는 것은 호출자가 처리해야 한다.

리스트 14.43: getpass_noterminal.py

```python
import getpass
import sys

if sys.stdin.isatty():
    p = getpass.getpass('Using getpass: ')
else:
    print('Using readline')
    p = sys.stdin.readline().rstrip()

print('Read: ', p)
```

tty로 출력하면 다음과 같다.

```
$ python3 ./getpass_noterminal.py

Using getpass:
Read: sekret
```

tty가 없는 출력은 다음과 같다.

```
$ echo "sekret" | python3 ./getpass_noterminal.py

Using readline
Read: sekret
```

> **팁 – 참고 자료**
>
> - getpass 표준 라이브러리 문서: https://docs.python.org/3.5/library/getpass.html
> - readline: 대화형 프롬프트 라이브러리

14.5 cmd: 줄 단위 명령 프로세서

cmd 모듈은 대화형 셸과 다른 명령 인터프리터의 기본 클래스로 사용하고자 설계된 하나의 공용 클래스인 Cmd를 포함하고 있다. 기본적으로 cmd는 대화형 프롬프트 처리, 커맨드라인 편집, 명령 자동 완성을 위해 readline을 사용한다.

14.5.1 명령 처리

cmd로 생성된 명령 인터프리터는 입력에서 모든 줄을 읽고 파싱한 다음 적절한 명령 핸들러에 명령을 보내고자 루프를 사용한다. 입력 줄은 명령과 텍스트의 두 부분으로 파싱된다. 예를 들어 사용자가 foo bar라고 입력하고 인터프리터 클래스에 do_foo() 라는 메서드가 있다면 이 메서드가 "bar"를 인자로 받아 호출된다.

파일 종료 표시^{end-of-file marker}는 do_EOF()에서 처리된다. 명령 핸들러가 true로 평가되는 값을 반환하면 프로그램은 깔끔하게 종료된다. 따라서 인터프리터가 깨끗하게 종료되게 하려면 do_EOF()를 구현하고 True를 반환하게 하면 된다.

다음의 간단한 예제 프로그램은 greet 명령을 구현한다.

리스트 14.44: cmd_simple.py

```
import cmd

class HelloWorld(cmd.Cmd):

    def do_greet(self, line):
        print("hello")

    def do_EOF(self, line):
        return True

if __name__ == '__main__':
    HelloWorld().cmdloop()
```

이 예제를 실행하면 명령이 처리되는 방식과 Cmd의 일부 기능을 볼 수 있다.

```
$ python3 cmd_simple.py
```

```
(Cmd)
```

가장 먼저 주목할 것은 명령 프롬프트인 (Cmd)다. 이 프롬프트는 속성 프롬프트를 통해 정할 수 있다. 프롬프트 값은 동적이다. 즉, 명령 핸들러가 프롬프트 속성을 변경하면 다음 명령부터 새 프롬프트가 사용된다.

```
Documented commands (type help <topic>):
========================================
help

Undocumented commands:
======================
EOF greet
```

help 명령은 Cmd 클래스에 내장돼 있다. 인자가 없으면 help는 사용 가능한 명령 목록을 보여준다. 입력에 명령 이름이 포함되면 가능한 경우 해당 명령에 대한 자세한 정보를 출력한다.

명령을 greet로 입력하면 do_greet()가 호출되고 명령이 처리된다.

```
(Cmd) greet
hello
```

클래스가 명령에 대한 핸들러를 갖고 있지 않은 경우 전체 입력 줄을 인자로 해서 default() 메서드가 호출된다. 내장 메서드인 default()는 에러를 보고한다.

```
(Cmd) foo
*** Unknown syntax: foo
```

do_EOF()는 True를 반환하기 때문에 Ctrl-D를 입력하면 인터프리터가 종료된다.

```
(Cmd) ^D$
```

종료 시에는 줄 바꿈 문자가 출력되지 않으므로 출력 결과가 깔끔해 보이지 않을 수 있다.

14.5.2 명령 인자

다음 예제는 앞의 예제에서 일부 측면을 수정하고 **greet** 명령에 대한 도움말을 추가한다.

리스트 14.45: cmd_arguments.py

```python
import cmd

class HelloWorld(cmd.Cmd):

    def do_greet(self, person):
        """greet [person]
        Greet the named person"""
        if person:
            print("hi,", person)
        else:
            print('hi')

    def do_EOF(self, line):
        return True

    def postloop(self):
        print()

if __name__ == '__main__':
    HelloWorld().cmdloop()
```

do_greet()에 추가한 **docstring**이 명령에 대한 도움말 텍스트가 된다.

```
$ python3 cmd_arguments.py

(Cmd) help

Documented commands (type help <topic>):
========================================
greet help

Undocumented commands:
======================
EOF
```

```
(Cmd) help greet
greet [person]
     Greet the named person
```

위 출력은 greet가 person이라는 하나의 인자를 갖고 있음을 보여준다. 인자는 명령에 대해 선택적이지만 명령과 콜백 메서드 사이에는 명확한 차이가 있다. 메서드는 항상 인자를 취하지만 종종 빈 문자열일 수 있다. 명령 핸들러는 공백인 인자가 유효한 것인지 또는 명령에 대해 추가적인 파싱과 처리가 필요한지 판단해야 한다. 이 예제에서 person에 대한 인자로 이름이 주어지면 인사말은 개인화된다.

```
(Cmd) greet Alice
hi, Alice
(Cmd) greet
hi
```

사용자에 의해 인자가 주어지는지에 상관없이 명령 핸들러에 전달되는 값에는 명령 자체가 포함되지 않는다. 이 특성은 특히 여러 개의 인자가 필요할 경우에 명령 핸들러의 파싱을 쉽게 만들어준다.

14.5.3 실시간 도움말

앞의 예제에서 도움말 텍스트의 형식은 docstring에서 가져오므로 소스 파일의 들여쓰기가 유지된다. 불필요한 공백을 제거하고자 소스를 변경할 수는 있지만 그러면 애플리케이션 코드가 지저분해 보일 수 있다. 더 좋은 해결책은 help_greet()란 이름으로 greet 명령의 도움말 핸들러를 구현하는 것이다. 도움말 핸들러는 해당 명령에 대한 도움말 텍스트를 생성하고자 호출된다.

리스트 14.46: cmd_do_help.py

```
# gnureadline이 설치돼 있다면 readline으로 설정한다.
try:
    import gnureadline
```

```
        import sys
        sys.modules['readline'] = gnureadline
    except ImportError:
        pass

    import cmd

    class HelloWorld(cmd.Cmd):

        def do_greet(self, person):
            if person:
                print("hi,", person)
            else:
                print('hi')

        def help_greet(self):
            print('\n'.join([ 'greet [person]', 'Greet the named person', ]))

        def do_EOF(self, line):
            return True

    if __name__ == '__main__':
        HelloWorld().cmdloop()
```

이 예제에서 텍스트는 정적이지만 좀 더 깔끔하게 형식화된다. 또한 이전 명령 상태를
사용해 도움말 텍스트 내용을 현재 콘텍스트에 맞게 바꿀 수 있다.

```
$ python3 cmd_do_help.py

(Cmd) help greet
greet [person]
Greet the named person
```

도움말 메시지를 실제로 출력하는 것은 도움말 핸들러에서 결정하며, 단순히 도움말
텍스트만 반환하는 것은 아니다.

14.5.4 자동 완성

Cmd는 핸들러 메서드를 가진 명령의 이름을 기반으로 명령 자동 완성을 지원한다. 사

용자는 입력 프롬프트에서 탭 키를 눌러 자동 완성을 실행한다. 여러 개의 자동 완성 후보가 있는 경우 탭 키를 두 번 누르면 옵션 리스트가 출력된다.

> **참고**
>
> readline에 필요한 GNU 라이브러리는 기본적으로 모든 플랫폼에서 가용한 것이 아니다. 어떤 경우에는 탭 자동 완성이 작동하지 않을 수 있다. 파이썬 설치 시에 readline이 포함되지 않았다면 필요한 라이브러리 설치는 'readline' 절을 참고하라.

```
$ python3 cmd_do_help.py

(Cmd) <tab><tab>
EOF    greet help
(Cmd) h<tab>
(Cmd) help
```

명령이 주어졌을 때 인자 자동 완성은 complete_ 접두어를 가진 메서드에 의해 처리된다. 이 메서드는 새로운 자동 완성 핸들러로 예를 들어 데이터베이스를 쿼리하거나 파일 시스템에서 파일이나 디렉터리를 조회할 때 임의의 기준을 사용해 사용 가능한 자동 완성 리스트를 조합할 수 있게 해준다. 다음 예제는 다른 경우보다 더 친근하게 인사를 하는 하드코딩된 '친구' 리스트를 갖고 있다. 실제 프로그램일 경우에는 리스트를 어딘가에 저장하고 있다가 한 번 읽은 다음에 필요할 때 사용하고자 내용을 캐시한다.

리스트 14.47: cmd_arg_completion.py

```python
# gnureadline이 설치돼 있다면 readline으로 설정한다.
try:
    import gnureadline
    import sys
    sys.modules['readline'] = gnureadline
except ImportError:
    pass

import cmd

class HelloWorld(cmd.Cmd):

    FRIENDS = ['Alice', 'Adam', 'Barbara', 'Bob']
```

```
    def do_greet(self, person):
        "Greet the person"
        if person and person in self.FRIENDS:
            greeting = 'hi, {}!'.format(person)
        elif person:
            greeting = 'hello, {}'.format(person)
        else:
            greeting = 'hello'
        print(greeting)

    def complete_greet(self, text, line, begidx, endidx):
        if not text:
            completions = self.FRIENDS[:]
        else:
            completions = [
                f
                for f in self.FRIENDS
                if f.startswith(text)
            ]
        return completions

    def do_EOF(self, line):
        return True

if __name__ == '__main__':
    HelloWorld().cmdloop()
```

입력한 텍스트가 있으면 complete_greet()는 입력값과 일치하는 친구 리스트를 반환한다. 그렇지 않으면 전체 친구 리스트를 반환한다.

```
$ python3 cmd_arg_completion.py

(Cmd) greet <tab><tab>
Adam    Alice    Barbara    Bob
(Cmd) greet A<tab><tab>
Adam    Alice
(Cmd) greet Ad<tab>
(Cmd) greet Adam
hi, Adam!
```

입력된 이름이 친구 리스트에 없으면 통상적인 인사말을 출력한다.

```
(Cmd) greet Joe
hello, Joe
```

14.5.5 베이스 클래스 메서드 오버라이드

Cmd는 액션을 취하거나 베이스 클래스 동작을 변경하기 위한 혹으로 오버라이드할 수 있는 여러 메서드를 갖고 있다. 다음 예제는 완전하지는 않지만 유용한 메서드를 많이 갖고 있다.

리스트 14.48: cmd_illustrate_methods.py

```python
# gnureadline이 설치돼 있다면 readline으로 설정한다.
try:
    import gnureadline
    import sys
    sys.modules['readline'] = gnureadline
except ImportError:
    pass

import cmd

class Illustrate(cmd.Cmd):
    "Illustrate the base class method use."

    def cmdloop(self, intro=None):
        print('cmdloop({})'.format(intro))
        return cmd.Cmd.cmdloop(self, intro)

    def preloop(self):
        print('preloop()')

    def postloop(self):
        print('postloop()')

    def parseline(self, line):
        print('parseline({!r}) =>'.format(line), end='')
        ret = cmd.Cmd.parseline(self, line)
        print(ret)
```

```
        return ret

    def onecmd(self, s):
        print('onecmd({})'.format(s))
        return cmd.Cmd.onecmd(self, s)

    def emptyline(self):
        print('emptyline()')
        return cmd.Cmd.emptyline(self)

    def default(self, line):
        print('default({})'.format(line))
        return cmd.Cmd.default(self, line)

    def precmd(self, line):
        print('precmd({})'.format(line))
        return cmd.Cmd.precmd(self, line)

    def postcmd(self, stop, line):
        print('postcmd({}, {})'.format(stop, line))
        return cmd.Cmd.postcmd(self, stop, line)

    def do_greet(self, line):
        print('hello,', line)

    def do_EOF(self, line):
        "Exit"
        return True

if __name__ == '__main__':
    Illustrate().cmdloop('Illustrating the methods of cmd.Cmd')
```

cmdloop()는 인터프리터의 메인 프로세싱 루프다. 일반적으로 preloop()와 postloop()를 사용할 수 있으므로 cmdloop()를 오버라이드할 필요는 없다.

cmdloop()는 반복될 때마다 명령을 각 핸들러에 전달하고자 onecmd()를 호출한다. 실제로 입력된 줄은 parseline()으로 파싱돼 명령과 그 나머지 부분으로 구성된 튜플을 만든다.

입력 줄이 비어 있으면 emptyline()이 호출되고, 기본적으로 이전 명령을 다시 실행한다. 입력 줄이 명령을 포함하고 있으면 먼저 precmd()가 호출된 다음에 해당 핸들러를 찾아 실행한다. 핸들러가 발견되지 않으면 default()가 대신 호출된다. 마지막으로

postcmd()가 호출된다.

다음 출력은 print 명령문이 추가된 예제 세션을 보여준다.

```
$ python3 cmd_illustrate_methods.py

cmdloop(Illustrating the methods of cmd.Cmd)
preloop()
Illustrating the methods of cmd.Cmd
(Cmd) greet Bob
precmd(greet Bob)
onecmd(greet Bob)
parseline(greet Bob) => ('greet', 'Bob', 'greet Bob')
hello, Bob
postcmd(None, greet Bob)
(Cmd) ^Dprecmd(EOF)
onecmd(EOF)
parseline(EOF) => ('EOF', '', 'EOF')
postcmd(True, EOF)
postloop()
```

14.5.6 속성을 통한 Cmd 설정

앞에서 설명한 메서드 외에도 여러 가지 속성으로 명령 인터프리터를 제어할 수 있다. prompt는 사용자에게 새 명령 입력을 요청할 때마다 특정 문자열로 설정할 수 있다. intro는 프로그램을 시작할 때 출력하는 환영 메시지다. cmdloop()에서 이 값에 대한 인자를 받거나 클래스에서 직접 설정할 수 있다. 도움말을 출력할 때 doc_header, misc_header, undoc_header, ruler 등의 속성으로 출력 형식을 지정할 수 있다.

리스트 14.49: cmd_attributes.py

```
import cmd

class HelloWorld(cmd.Cmd):

    prompt = 'prompt: '
    intro = "Simple command processor example."
```

```
        doc_header = 'doc_header'
        misc_header = 'misc_header'
        undoc_header = 'undoc_header'

        ruler = '-'

        def do_prompt(self, line):
            "Change the interactive prompt"
            self.prompt = line + ': '

        def do_EOF(self, line):
            return True

if __name__ == '__main__':
    HelloWorld().cmdloop()
```

이 예제 클래스는 사용자가 프롬프트를 직접 제어할 수 있게 해주는 명령 핸들러를 보여준다.

```
$ python3 cmd_attributes.py

Simple command processor example.

prompt: prompt hello
hello: help

doc_header
----------
help prompt

undoc_header
------------
EOF

hello:
```

14.5.7 셸 명령 실행

표준 명령 처리를 보완하고자 Cmd는 두 가지 특별한 명령 접두어를 제공한다. 물음표(?)는 내장 help 명령과 동일하며 같은 방식으로 사용할 수 있다. 느낌표(!)는 do_shell()

과 매핑돼 다음 예제처럼 다른 명령을 실행할 수 있게 해준다.

리스트 14.50: cmd_do_shell.py

```python
import cmd
import subprocess

class ShellEnabled(cmd.Cmd):

    last_output = ''

    def do_shell(self, line):
        "Run a shell command"
        print("running shell command:", line)
        sub_cmd = subprocess.Popen(line, shell=True, stdout=subprocess.PIPE)
        output = sub_cmd.communicate()[0].decode('utf-8')
        print(output)
        self.last_output = output

    def do_echo(self, line):
        """Print the input, replacing '$out' with
        the output of the last shell command
        """
        # 그리 강력하지는 않다.
        print(line.replace('$out', self.last_output))

    def do_EOF(self, line):
        return True

if __name__ == '__main__':
    ShellEnabled().cmdloop()
```

echo 명령은 문자열 $out을 이전 셸 명령의 출력으로 대체한다.

```
$ python3 cmd_do_shell.py

(Cmd) ?

Documented commands (type help <topic>):
========================================
echo    help    shell

Undocumented commands:
======================
```

```
EOF

(Cmd) ? shell
Run a shell command
(Cmd) ? echo
Print the input, replacing '$out' with
        the output of the last shell command
(Cmd) shell pwd
running shell command: pwd
.../pymotw-3/source/cmd

(Cmd) ! pwd
running shell command: pwd
.../pymotw-3/source/cmd

(Cmd) echo $out
.../pymotw-3/source/cmd
```

14.5.8 대체 입력

Cmd()의 기본 모드는 readline을 통해 사용자와 상호작용하는 것이지만, 표준 유닉스 셸 리다이렉션을 통해 일련의 명령을 표준 입력으로 전달할 수 있다.

```
$ echo help | python3 cmd_do_help.py

(Cmd)
Documented commands (type help <topic>):
======================================
greet   help

Undocumented commands:
======================
EOF

(Cmd)
```

프로그램이 직접 스크립트 파일을 읽게 하려면 약간의 수정이 필요하다. readline은 표준 입력 스트림보다는 터미널 /tty 장치와 상호작용하기 때문에 파일에서 스크립트를 읽으려면 비활성화해야 한다. 또한 불필요한 프롬프트 출력을 줄이고자 프롬프트를 빈 문자열로 설정할 수 있다. 다음 예제는 파일을 읽어 내용을 HelloWorld 예제의 수정된 버전에 입력으로 전달하는 방법을 보여준다.

리스트 14.51: cmd_file.py

```python
import cmd

class HelloWorld(cmd.Cmd):

    # rawinput 모듈 비활성화
    use_rawinput = False

    # 명령을 읽은 후 프롬프트를 표시하지 않는다.
    prompt = ''

    def do_greet(self, line):
        print("hello,", line)

    def do_EOF(self, line):
        return True

if __name__ == '__main__':
    import sys
    with open(sys.argv[1], 'rt') as input:
        HelloWorld(stdin=input).cmdloop()
```

use_rawinput을 False로 설정하고 프롬프트를 빈 문자열로 설정하면 스크립트는 각 줄에 하나의 명령을 가진 입력 파일을 호출할 수 있다.

리스트 14.52: cmd_file.txt

```
greet
greet Alice and Bob
```

예제 입력으로 예제 스크립트를 실행하면 다음과 같이 출력한다.

```
$ python3 cmd_file.py cmd_file.txt

hello,
hello, Alice and Bob
```

14.5.9 sys.argv

프로그램에 대한 커맨드라인 인자는 콘솔이나 파일에서 명령을 읽는 대신 인터프리터 클래스에 대한 명령으로도 처리될 수 있다. 커맨드라인 인자를 사용하려면 다음과 같이 onecmd()를 직접 호출한다.

리스트 14.53: cmd_argv.py

```python
import cmd

class InteractiveOrCommandLine(cmd.Cmd):
    """Accepts commands via the normal interactive
    prompt or on the command line.
    """

    def do_greet(self, line):
        print('hello,', line)

    def do_EOF(self, line):
        return True

if __name__ == '__main__':
    import sys
    if len(sys.argv) > 1:
        InteractiveOrCommandLine().onecmd(' '.join(sys.argv[1:]))
    else:
        InteractiveOrCommandLine().cmdloop()
```

onecmd()는 단일 문자열만 입력으로 받으므로 프로그램에 대한 인자는 전달되기 전에 하나로 합쳐야 한다.

```
$ python3 cmd_argv.py greet Command-Line User

hello, Command-Line User

$ python3 cmd_argv.py

(Cmd) greet Interactive User
hello, Interactive User
(Cmd)
```

14.6 shlex: 셸 스타일 구문 파싱

shlex 모듈은 간단한 셸 구문을 파싱하는 클래스다. shlex 모듈은 보기보다 훨씬 더 복잡한 작업인 인용구 문자열 파싱에 사용할 수 있다.

14.6.1 인용구 문자열 파싱

입력 텍스트로 작업할 때 종종 발생하는 문제는 인용구 문자열을 하나의 요소로 식별하는 것이다. 따옴표를 기준으로 텍스트를 분할하는 것은 따옴표가 중첩돼 있는 경우 예상대로 동작하지 않을 수 있다. 다음 텍스트의 경우를 보자.

```
This string has embedded "double quotes" and
'single quotes' in it, and even "a 'nested example'".
```

단순한 접근법은 따옴표 밖에 있는 텍스트를 따옴표 안에 있는 텍스트와 분리하는 부분을 찾는 정규 표현식을 만드는 것이다. 하지만 불필요하게 복잡할 수 있고, 아포스트로피(')나 오탈자가 있는 경우 에러가 발생한다. 그 해결책은 shlex 모듈이 제공하는 파서를 사용하는 것이다. 다음의 간단한 예제는 shlex 클래스를 사용해 입력 파일에서 토큰을 식별해 출력한다.

리스트 14.54: shlex_example.py

```
import shlex
```

```
import sys

if len(sys.argv) != 2:
    print('Please specify one filename on the command line.')
    sys.exit(1)

filename = sys.argv[1]
with open(filename, 'r') as f:
    body = f.read()
print('ORIGINAL: {!r}'.format(body))
print()

print('TOKENS:')
lexer = shlex.shlex(body)
for token in lexer:
    print('{!r}'.format(token))
```

따옴표를 포함한 데이터로 예제를 실행하면 이 파서는 예상되는 토큰 리스트를 생성
한다.

```
$ python3 shlex_example.py quotes.txt

ORIGINAL: 'This string has embedded "double quotes" and\n\'single quotes\' in it, and even "a
\'nested example\'".\n'

TOKENS:
'This'
'string'
'has'
'embedded'
'"double quotes"'
'and'
"'single quotes'"
'in'
'it'
','
'and'
'even'
'"a \'nested example\'"'
'.'
```

이 파서는 또한 아포스트로피도 정확히 처리한다. 다음 입력 파일의 경우를 보자.

```
This string has an embedded apostrophe, doesn't it?
```

아포스트로피 토큰도 문제없이 식별한다.

```
$ python3 shlex_example.py apostrophe.txt

ORIGINAL: "This string has an embedded apostrophe, doesn't it?"

TOKENS:
'This'
'string'
'has'
'an'
'embedded'
'apostrophe'
','
"doesn't"
'it'
'?'
```

14.6.2 셸에 대해 안전한 문자열 만들기

quote() 함수는 기존 따옴표를 이스케이프 처리하고 문자열에 누락된 따옴표를 추가해 셸 명령에서 사용하기에 안전하게 만든다.

리스트 14.55: shlex_quote.py

```
import shlex

examples = [
    "Embedded'SingleQuote",
    'Embedded"DoubleQuote',
    'Embedded Space',
    '~SpecialCharacter',
    r'Back\slash',
```

```
]

for s in examples:
    print('ORIGINAL: {}'.format(s))
    print('QUOTED  : {}'.format(shlex.quote(s)))
    print()
```

subprocess.Popen을 사용할 때는 일반적으로 인자 리스트를 사용하는 것이 더 안전하다. 하지만 가능하지 않은 상황이라면 quote()가 특수 문자와 공백에 적절하게 따옴표를 붙여 보호하는 기능을 제공한다.

```
$ python3 shlex_quote.py

ORIGINAL : Embedded'SingleQuote
QUOTED   : 'Embedded'"'"'SingleQuote'

ORIGINAL : Embedded"DoubleQuote
QUOTED   : 'Embedded"DoubleQuote'

ORIGINAL : Embedded Space
QUOTED   : 'Embedded Space'

ORIGINAL : ~SpecialCharacter
QUOTED   : '~SpecialCharacter'

ORIGINAL : Back\slash
QUOTED   : 'Back\slash'
```

14.6.3 주석 처리

파서는 명령 처리 언어에 사용되는 것이므로 주석도 처리할 수 있어야 한다. 기본적으로 # 뒤에 오는 모든 텍스트는 주석으로 생각하고 무시된다. 파서의 특성 때문에 단일 문자로 된 주석 접두어만 지원된다. 주석 문자는 commenters 속성으로 설정할 수 있다.

```
$ python3 shlex_example.py comments.txt

ORIGINAL: 'This line is recognized.\n# But this line is ignored. \nAnd this line is processed.'
```

```
TOKENS:
'This'
'line'
'is'
'recognized'
'.'
'And'
'this'
'line'
'is'
'processed'
'.'
```

14.6.4 문자열을 토큰으로 분할

split() 함수는 파서의 래퍼로 제공된다. 이 함수는 문자열을 토큰으로 분할한다.

리스트 14.56: shlex_split.py

```python
import shlex

text = """This text has "quoted parts" inside it."""
print('ORIGINAL: {!r}'.format(text))
print()

print('TOKENS:')
print(shlex.split(text))
```

결과는 리스트다.

```
$ python3 shlex_split.py

ORIGINAL: 'This text has "quoted parts" inside it.'

TOKENS:
['This', 'text', 'has', 'quoted parts', 'inside', 'it.']
```

14.6.5 다른 소스의 토큰

shlex 클래스는 동작을 제어할 수 있는 몇 가지 속성을 갖고 있다. source 속성은 하나의 토큰 스트림이 다른 토큰 스트림을 포함할 수 있도록 허용함으로써 코드나 환경설정의 재사용을 지원한다. 이 기능은 본 셸^{Bourne shell}의 source 연산자와 유사하다.

리스트 14.57: shlex_source.py

```python
import shlex

text = "This text says to source quotes.txt before continuing."
print('ORIGINAL: {!r}'.format(text))
print()

lexer = shlex.shlex(text)
lexer.wordchars += '.'
lexer.source = 'source'

print('TOKENS:')
for token in lexer:
    print('{!r}'.format(token))
```

원본 텍스트의 source quotes.txt라는 문자열은 특별하게 처리된다. lexer의 source 속성이 "source"로 설정돼 있으므로 이 키워드를 만나면 다음 줄에 나타나는 파일명이 자동으로 인식돼 해당 파일의 내용이 포함된다. 파일명이 단일 토큰으로 나타나게 하려면 단어들을 포함하고 있는 문자 리스트에 .(마침표)를 추가해야 한다. 그렇지 않으면 quotes.txt는 quotes, ., txt로 나뉘져 세 개의 토큰이 된다. 출력 결과는 다음과 같다.

```
$ python3 shlex_source.py

ORIGINAL: 'This text says to source quotes.txt before continuing.'

TOKENS:
'This'
'text'
'says'
'to'
'This'
'string'
```

```
'has'
'embedded'
'"double quotes"'
'and'
"'single quotes'"
'in'
'it'
','
'and'
'even'
'"a \'nested example\'"'
'.'
'before'
'continuing.'
```

source 기능은 sourcehook()이라는 메서드를 사용해 추가 입력 소스를 로드한다. 결과적으로 shlex의 서브클래스는 파일이 아닌 다른 위치에서 데이터를 로드할 수 있다.

14.6.6 파서 제어

앞의 예제에서는 단어에 포함되는 문자를 제어하고자 wordchars 값을 변경했다. 그와 함께 quotes 문자도 추가하거나 다른 문자로 대체할 수 있다. 각 따옴표는 반드시 단일 문자여야 하므로 여는 따옴표와 닫는 따옴표를 서로 다른 것으로 사용할 수 없다. 예를 들어 괄호는 허용되지 않는다.

리스트 14.58: shlex_table.py

```python
import shlex

text = """|Col 1||Col 2||Col 3|"""
print('ORIGINAL: {!r}'.format(text))
print()

lexer = shlex.shlex(text)
lexer.quotes = '|'

print('TOKENS:')
for token in lexer:
```

```
print('{!r}'.format(token))
```

이 예제에서 각 테이블 셀은 세로막대를 기준으로 분리된다.

```
$ python3 shlex_table.py
ORIGINAL: '|Col 1||Col 2||Col 3|'

TOKENS:
'|Col 1|'
'|Col 2|'
'|Col 3|'
```

또한 공백 문자도 단어를 분할하고자 사용될 수 있다

리스트 14.59: shlex_whitespace.py

```
import shlex
import sys

if len(sys.argv) != 2:
    print('Please specify one filename on the command line.')
    sys.exit(1)

filename = sys.argv[1]
with open(filename, 'r') as f:
    body = f.read()
print('ORIGINAL: {!r}'.format(body))
print()

print('TOKENS:')
lexer = shlex.shlex(body)
lexer.whitespace += '.,'
for token in lexer:
    print('{!r}'.format(token))
```

shlex_example.py의 예제가 마침표와 쉼표를 포함하도록 수정하면 그 결과도 바뀐다.

```
$ python3 shlex_whitespace.py quotes.txt
```

```
ORIGINAL: 'This string has embedded "double quotes" and\n\'single quotes\' in it, and even "a
\'nested example\'".\n'

TOKENS:
'This'
'string'
'has'
'embedded'
'"double quotes"'
'and'
"'single quotes'"
'in'
'it'
'and'
'even'
'"a \'nested example\'"'
```

14.6.7 에러 처리

인용구 문자열이 따옴표로 닫히기 전에 입력이 끝나면 파서는 ValueError를 발생시킨
다. 이런 경우에는 파서가 입력을 처리할 때 갖고 있는 몇 가지 속성을 살펴보는 것이
좋다. 예를 들어 infile은 처리 중인 파일의 이름을 나타낸다. 한 파일이 다른 파일을
참조하고 있다면 원본 파일과 이름이 다를 수 있다. lineno 값은 에러가 발생한 줄 번호
다. 인용구가 닫히지 않은 경우 이 값은 일반적으로 첫 번째 따옴표에서 멀리 떨어진
파일의 끝인 경우가 많다. token 속성은 유효한 토큰에 아직 포함되지 않은 텍스트 버
퍼를 갖고 있다. error_leader() 메서드는 유닉스 컴파일러 스타일과 유사한 메시지
접두어를 생성하며, 이 메시지는 emacs와 같은 에디터가 에러를 파싱하고 에러가 발생
한 줄로 사용자가 바로 이동할 수 있게 해준다.

리스트 14.60: shlex_errors.py

```
import shlex

text = """This line is OK.
This line has an "unfinished quote.
This line is OK, too.
```

```
"""
print('ORIGINAL: {!r}'.format(text))
print()

lexer = shlex.shlex(text)

print('TOKENS:')
try:
    for token in lexer:
        print('{!r}'.format(token))
except ValueError as err:
    first_line_of_error = lexer.token.splitlines()[0]
    print('ERROR: {} {}'.format(lexer.error_leader(), err))
    print('following {!r}'.format(first_line_of_error))
```

이 예제는 다음과 같은 결과를 출력한다.

```
$ python3 shlex_errors.py

ORIGINAL: 'This line is OK.\nThis line has an "unfinished quote. \nThis line is OK, too.\n'

TOKENS:
'This'
'line'
'is'
'OK'
'.'
'This'
'line'
'has'
'an'
ERROR: "None", line 4: No closing quotation
following '"unfinished quote.'
```

14.6.8 POSIX와 Non-POSIX 파싱

파서의 기본 동작은 POSIX와 호환되지 않는 이전 버전의 호환성 스타일을 사용한다.
POSIX 동작을 원한다면 파서를 구성할 때 posix 인자를 설정한다.

```
import shlex

examples = [
    'Do"Not"Separate',
    '"Do"Separate',
    'Escaped \e Character not in quotes',
    'Escaped "\e" Character in double quotes',
    "Escaped '\e' Character in single quotes",
    r"Escaped '\'' \"\'\" single quote",
    r'Escaped "\"" \'\"\' double quote',
    "\"'Strip extra layer of quotes'\"",
]

for s in examples:
    print('ORIGINAL : {!r}'.format(s))
    print('non-POSIX: ', end='')

    non_posix_lexer = shlex.shlex(s, posix=False)
    try:
        print('{!r}'.format(list(non_posix_lexer)))
    except ValueError as err:
        print('error({})'.format(err))

    print('POSIX : ', end='')
    posix_lexer = shlex.shlex(s, posix=True)
    try:
        print('{!r}'.format(list(posix_lexer)))
    except ValueError as err:
        print('error({})'.format(err))

    print()
```

다음은 두 파싱 방식의 차이점에 대한 몇 가지 예다.

```
$ python3 shlex_posix.py

ORIGINAL   : 'Do"Not"Separate'
non-POSIX : ['Do"Not"Separate']
POSIX      : ['DoNotSeparate']

ORIGINAL   : '"Do"Separate'
```

```
non-POSIX : ['"Do"', 'Separate']
POSIX     : ['DoSeparate']

ORIGINAL  : 'Escaped \\e Character not in quotes'
non-POSIX : ['Escaped', '\\', 'e', 'Character', 'not', 'in', 'quotes']
POSIX     : ['Escaped', 'e', 'Character', 'not', 'in', 'quotes']

ORIGINAL  : 'Escaped "\\e" Character in double quotes'
non-POSIX : ['Escaped', '"\\e"', 'Character', 'in', 'double', 'quotes']
POSIX     : ['Escaped', '\\e', 'Character', 'in', 'double', 'quotes']

ORIGINAL  : "Escaped '\\e' Character in single quotes"
non-POSIX : ['Escaped', "'\\e'", 'Character', 'in', 'single', 'quotes']
POSIX     : ['Escaped', '\\e', 'Character', 'in', 'single', 'quotes']

ORIGINAL  : 'Escaped \'\\\'\' \\"\\\'\\" single quote'
non-POSIX : error(No closing quotation)
POSIX     : ['Escaped', '\\ \\"\\"', 'single', 'quote']

ORIGINAL  : 'Escaped "\\"" \\\'\\'\\"\\\' double quote'
non-POSIX : error(No closing quotation)
POSIX     : ['Escaped', '"', '\'"\'', 'double', 'quote']

ORIGINAL  : '"\'Strip extra layer of quotes\'"'
non-POSIX : ['"\'Strip extra layer of quotes\'"']
POSIX     : ["'Strip extra layer of quotes'"]
```

> **팁 – 참고 자료**
>
> - shlex 표준 라이브러리 문서: https://docs.python.org/3.5/library/shlex.html
> - cmd: 대화형 명령 인터프리터 도구
> - argparse: 커맨드라인 옵션 파싱
> - subprocess: 커맨드라인을 파싱한 후 명령 실행

14.7 configparser: 구성 파일 작업

configparser 모듈을 사용하면 윈도우의 INI 파일과 비슷한 형식으로 애플리케이션에 대한 구성 파일을 사용자가 편집하고 관리할 수 있다. 구성 파일의 내용을 그룹으로 관리할 수 있으며, 정수, 부동소수점 수, 불리언 등 여러 가지 옵션 값 타입을 지원한다.

옵션 값은 파이썬 형식 문자열을 사용해 합칠 수 있으므로 호스트 이름이나 포트 번호와 같은 짧은 값들로 URL과 같은 긴 값을 만들 수 있다.

14.7.1 구성 파일 형식

configparser에서 사용하는 파일 형식은 마이크로소프트 윈도우의 옛날 버전에서 사용된 형식과 비슷하다. 하나 이상의 섹션^{section}으로 구성돼 있고, 각 섹션은 개별 옵션의 이름과 값을 포함하고 있다.

파서는 '['로 시작하고 ']'로 끝나는 줄을 찾아 구성 파일의 섹션을 식별한다. 이 대괄호 사이의 값은 섹션 이름이며, 대괄호를 제외한 모든 문자를 포함할 수 있다.

섹션에서 옵션은 줄당 한 개씩 나열된다. 줄은 옵션 이름으로 시작하며 콜론(:) 또는 등호(=)로 값과 구분한다. 이 구분 기호 주변의 공백은 파싱에서 무시된다.

세미콜론(;) 또는 번호 기호(#)로 시작하는 줄은 주석으로 처리된다. 이 줄들은 구성 파일이 프로그램적으로 처리될 때 무시된다.

다음 예제 구성 파일은 bug_tracker라는 섹션에 세 개의 옵션 url, username, password를 갖고 있다.

```
# This is a simple example with comments.
[bug_tracker]
url = http://localhost:8080/bugs/
username = dhellmann
; You should not store passwords in plain text
; configuration files.
password = SECRET
```

14.7.2 구성 파일 읽기

사용자나 시스템 관리자가 애플리케이션이 파일을 읽고 파싱해 그 내용을 기반으로 동작하도록 애플리케이션의 기본값을 설정할 때 일반적으로 텍스트 에디터를 통해 구성 파일을 편집한다. ConfigParser의 read() 메서드를 사용해 구성 파일을 읽을 수 있다.

리스트 14.62: configparser_read.py

```
from configparser import ConfigParser

parser = ConfigParser()
parser.read('simple.ini')

print(parser.get('bug_tracker', 'url'))
```

이 프로그램은 simple.ini 파일을 읽어 **bug_tracker** 섹션에서 **url** 옵션의 값을 출력한다.

```
$ python3 configparser_read.py

http://localhost:8080/bugs/
```

또한 read() 메서드는 파일명 리스트도 받아들인다. 리스트의 각 파일명을 검색해 파일이 있으면 열어서 내용을 읽는다.

리스트 14.63: configparser_read_many.py

```
from configparser import ConfigParser
import glob

parser = ConfigParser()

candidates = ['does_not_exist.ini', 'also-does-not-exist.ini',
              'simple.ini', 'multisection.ini']

found = parser.read(candidates)

missing = set(candidates) - set(found)

print('Found config files:', sorted(found))
print('Missing files     :', sorted(missing))
```

read()는 성공적으로 로드된 파일 리스트를 반환한다. 이 리스트를 통해 프로그램은 어느 구성 파일이 누락됐는지 알 수 있고, 무시할 것인지 에러로 처리할 것인지 결정한다.

```
$ python3 configparser_read_many.py

Found config files: ['multisection.ini', 'simple.ini']
```

```
Missing files    : ['also-does-not-exist.ini', 'does_not_exist.ini']
```

14.7.2.1 유니코드 구성 데이터

유니코드 데이터가 포함된 구성 파일은 적절한 인코딩 값을 사용해 읽어야 한다. 다음 예제 파일은 원본 패스워드 값을 유니코드 문자로 변경하고 UTF-8을 사용해 인코딩했다.

리스트 14.64: unicode.ini

```
[bug_tracker]
url = http://localhost:8080/bugs/
username = dhellmann
password = ⊣ßéç®é
```

이 파일은 적절한 디코더로 UTF-8 데이터를 유니코드 문자열로 변환해 열어야 한다.

리스트 14.65: configparser_unicode.py

```python
from configparser import ConfigParser
import codecs

parser = ConfigParser()
# 올바른 인코딩으로 파일을 연다.
parser.read('unicode.ini', encoding='utf-8')

password = parser.get('bug_tracker', 'password')

print('Password:', password.encode('utf-8'))
print('Type     :', type(password))
print('repr()   :', repr(password))
```

get()이 반환하는 값은 유니코드 문자열이다. 이를 안전하게 출력하려면 문자열을 UTF-8로 인코딩해야 한다.

```
$ python3 configparser_unicode.py

Password: b'\xc3\x9f\xc3\xa9\xc3\xa7\xc2\xae\xc3\xa9\xe2\x80\xa0 '
```

1164

```
Type     : <class 'str'>
repr()   : ✝ßéç®é
```

14.7.3 구성 설정 액세스

`ConfigParser`는 섹션과 옵션의 리스트를 생성하고 그 값을 가져오는 것을 비롯해 파싱된 구성 파일의 구조를 확인하는 메서드를 제공한다. 다음 구성 파일은 별도의 웹 서비스를 위한 두 개의 섹션을 갖고 있다.

```
[bug_tracker]
url = http://localhost:8080/bugs/
username = dhellmann
password = SECRET

[wiki]
url = http://localhost:8080/wiki/
username = dhellmann
password = SECRET
```

다음 예제 프로그램은 sections(), options(), items()를 포함해 구성 데이터를 조회하는 몇 가지 메서드를 사용한다.

리스트 14.66: configparser_structure.py

```python
from configparser import ConfigParser

parser = ConfigParser()
parser.read('multisection.ini')

for section_name in parser.sections():
    print('Section:', section_name)
    print('  Options:', parser.options(section_name))
    for name, value in parser.items(section_name):
        print('  {} = {}'.format(name, value))
    print()
```

sections()와 options()는 모두 문자열 리스트를 반환하지만, items()는 이름-값 쌍을 갖는 튜플 리스트를 반환한다.

```
$ python3 configparser_structure.py

Section: bug_tracker
    Options: ['url', 'username', 'password']
    url = http://localhost:8080/bugs/
    username = dhellmann
    password = SECRET

Section: wiki
    Options: ['url', 'username', 'password']
    url = http://localhost:8080/wiki/
    username = dhellmann
    password = SECRET
```

또한 ConfigParser는 각 섹션이 하나의 딕셔너리로 동작해 dict와 동일한 매핑 API를 지원한다.

리스트 14.67: configparser_structure_dict.py

```
from configparser import ConfigParser

parser = ConfigParser()
parser.read('multisection.ini')

for section_name in parser:
    print('Section:', section_name)
    section = parser[section_name]
    print(' Options:', list(section.keys()))
    for name in section:
        print(' {} = {}'.format(name, section[name]))
    print()
```

매핑 API를 사용해 동일한 구성 파일을 액세스한 결과는 다음과 같다.

```
$ python3 configparser_structure_dict.py
```

```
Section: DEFAULT
    Options: []

Section: bug_tracker
    Options: ['url', 'username', 'password']
    url = http://localhost:8080/bugs/
    username = dhellmann
    password = SECRET

Section: wiki
    Options: ['url', 'username', 'password']
    url = http://localhost:8080/wiki/
    username = dhellmann
    password = SECRET
```

14.7.3.1 값 존재 여부 테스트

섹션이 존재하는지 테스트할 때는 인자로 섹션 이름을 전달해 has_section()을 사용한다.

리스트 14.68: configparser_has_section.py

```
from configparser import ConfigParser

parser = ConfigParser()
parser.read('multisection.ini')

for candidate in ['wiki', 'bug_tracker', 'dvcs']:
    print('{:<12}: {}'.format(candidate, parser.has_section(candidate)))
```

get()을 호출하기 전에 섹션이 존재하는지 확인하면 누락된 데이터로 인해 예외가 발생하는 것을 방지할 수 있다.

```
$ python3 configparser_has_section.py

wiki        : True
bug_tracker : True
dvcs        : False
```

has_option()을 사용해 섹션 내에 옵션이 존재하는지 테스트한다.

리스트 14.69: configparser_has_option.py

```
from configparser import ConfigParser

parser = ConfigParser()
parser.read('multisection.ini')

SECTIONS = ['wiki', 'none']
OPTIONS = ['username', 'password', 'url', 'description']

for section in SECTIONS:
    has_section = parser.has_section(section)
    print('{} section exists: {}'.format(section, has_section))
    for candidate in OPTIONS:
        has_option = parser.has_option(section, candidate)
        print('{}.{:<12} : {}'.format(section, candidate, has_option))
    print()
```

섹션이 존재하지 않으면 has_option()은 False를 반환한다.

```
$ python3 configparser_has_option.py

wiki section exists: True
wiki.username     : True
wiki.password     : True
wiki.url          : True
wiki.description  : False

none section exists: False
none.username     : False
none.password     : False
none.url          : False
none.description  : False
```

14.7.3.2 값 타입

모든 섹션과 옵션 이름은 문자열로 처리되지만 옵션 값은 문자열, 정수, 부동소수점수, 불리언 타입일 수 있다. 구성 파일에서는 몇 가지 다른 문자열 값으로 불리언 값을 나타내는 데 사용할 수 있으며, 액세스될 때 True 또는 False로 변환된다. 다음 파일은 파서가 불리언 값으로 인식하는 숫자 타입과 값에 대한 예다.

```
[ints]
positive = 1
negative = -5

[floats]
positive = 0.2
negative = -3.14

[booleans]
number_true = 1
number_false = 0
yn_true = yes
yn_false = no
tf_true = true
tf_false = false
onoff_true = on
onoff_false = false
```

ConfigParser는 옵션의 타입을 이해하려고 시도하지 않는다. 애플리케이션이 적절한 메서드를 사용해 원하는 타입으로 값을 추출할 것으로 예상한다. get()은 항상 문자열을 반환한다. 정수를 가져오려면 getint()를 사용하고, 부동소수점 수는 getfloat()을 사용하며, 불리언 값은 getboolean()을 사용한다.

리스트 14.71: configparser_value_types.py

```
from configparser import ConfigParser

parser = ConfigParser()
parser.read('types.ini')

print('Integers:')
for name in parser.options('ints'):
    string_value = parser.get('ints', name)
    value = parser.getint('ints', name)
    print('  {:<12} : {!r:<7} -> {}'.format(name, string_value, value))

print('\nFloats:')
for name in parser.options('floats'):
    string_value = parser.get('floats', name)
```

```
        value = parser.getfloat('floats', name)
        print('  {:<12} : {!r:<7} -> {:0.2f}'.format(name, string_value, value))
    print('\nBooleans:')
    for name in parser.options('booleans'):
        string_value = parser.get('booleans', name)
        value = parser.getboolean('booleans', name)
        print('  {:<12} : {!r:<7} -> {}'.format(name, string_value, value))
```

예제 입력으로 이 프로그램을 실행하면 다음과 같이 출력한다.

```
$ python3 configparser_value_types.py

Integers:
  positive     : '1'     -> 1
  negative     : '-5'    -> -5

Floats:
  positive     : '0.2'   -> 0.20
  negative     : '-3.14' -> -3.14

Booleans:
  number_true  : '1'     -> True
  number_false : '0'     -> False
  yn_true      : 'yes'   -> True
  yn_false     : 'no'    -> False
  tf_true      : 'true'  -> True
  tf_false     : 'false' -> False
  onoff_true   : 'on'    -> True
  onoff_false  : 'false' -> False
```

ConfigParser에서 converters 인자를 통해 사용자 정의 타입 변환기를 추가할 수 있
다. 각 변환기는 단일 입력값을 받아 적절한 반환 타입으로 변환한다.

리스트 14.72: configparser_custom_types.py

```
from configparser import ConfigParser
import datetime

def parse_iso_datetime(s):
```

```
    print('parse_iso_datetime({!r})'.format(s))
    return datetime.datetime.strptime(s, '%Y-%m-%dT%H:%M:%S.%f')

parser = ConfigParser(converters={'datetime': parse_iso_datetime, } )
parser.read('custom_types.ini')

string_value = parser['datetimes']['due_date']
value = parser.getdatetime('datetimes', 'due_date')
print('due_date : {!r} -> {!r}'.format(string_value, value))
```

변환기를 추가하면 ConfigParser는 자동으로 converters에 지정된 타입 이름을 사용해 해당 타입에 대한 메서드를 생성한다. 이 예제에서는 datetime 변환기로 인해 getdatetime() 메서드가 추가됐다.

```
$ python3 configparser_custom_types.py

parse_iso_datetime('2015-11-08T11:30:05.905898')
due_date : '2015-11-08T11:30:05.905898' -> datetime.datetime(201 5, 11, 8, 11, 30, 5, 905898)
```

또한 변환 메서드를 ConfigParser의 서브클래스에 직접 추가할 수도 있다.

14.7.3.3 플래그 옵션

일반적으로 파서는 각 옵션에 대해 명시적인 값을 요구한다. 하지만 ConfigParser의 매개변수 중 allow_no_value를 True로 설정하면 옵션이 값을 갖지 않게 할 수 있으며, 이것을 플래그로 사용할 수 있다.

리스트 14.73: configparser_allow_no_value.py

```
import configparser

# 옵션 값 필수
try:
    parser = configparser.ConfigParser()
    parser.read('allow_no_value.ini')
except configparser.ParsingError as err:
    print('Could not parse:', err)
```

```
# 옵션 이름만 독립적으로 존재하는 것 허용
print('\nTrying again with allow_no_value=True')
parser = configparser.ConfigParser(allow_no_value=True)
parser.read('allow_no_value.ini')
for flag in ['turn_feature_on', 'turn_other_feature_on']:
    print('\n', flag)
    exists = parser.has_option('flags', flag)
    print(' has_option:', exists)
    if exists:
        print('         get:', parser.get('flags', flag))
```

옵션이 명시적인 값을 갖고 있지 않을 때 has_option()은 옵션이 존재한다고 보고하며, get()은 None을 반환한다.

```
$ python3 configparser_allow_no_value.py

Could not parse: Source contains parsing errors:
'allow_no_value.ini'
    [line 2]: 'turn_feature_on\n'

Trying again with allow_no_value=True

turn_feature_on
    has_option: True
           get: None

turn_other_feature_on
    has_option: False
```

14.7.3.4 여러 줄 문자열

부속된 줄을 들여쓰기 하면 문자열 값은 여러 줄로 확장될 수 있다.

```
[example]
message = This is a multiline string.
    With two paragraphs.

    They are separated by a completely empty line.
```

들여써진 여러 줄 값 내에서 빈 줄은 값의 일부로 처리돼 그대로 보존된다.

```
$ python3 configparser_multiline.py

This is a multiline string.
With two paragraphs.

They are separated by a completely empty line.
```

14.7.4 설정 변경

ConfigParser는 기본적으로 파일에서 설정을 읽어 구성되지만, add_section()을 호출해 새로운 섹션을 만들고 set()을 통해 옵션을 추가하거나 변경할 수 있다.

리스트 14.74: configparser_populate.py

```
import configparser

parser = configparser.SafeConfigParser()

parser.add_section('bug_tracker')
parser.set('bug_tracker', 'url', 'http://localhost:8080/bugs')
parser.set('bug_tracker', 'username', 'dhellmann')
parser.set('bug_tracker', 'password', 'secret')

for section in parser.sections():
    print(section)
    for name, value in parser.items(section):
        print('  {} = {!r}'.format(name, value))
```

옵션이 integer, float, boolean 값을 갖더라도 모든 옵션은 반드시 문자열로 설정해야 한다.

```
$ python3 configparser_populate.py

bug_tracker
    url = 'http://localhost:8080/bugs'
    username = 'dhellmann'
```

```
    password = 'secret'
```

ConfigParser에서 섹션과 옵션을 삭제할 때는 remove_section()과 remove_option() 을 사용한다.

리스트 14.75: configparser_remove.py

```python
from configparser import ConfigParser

parser = ConfigParser()
parser.read('multisection.ini')

print('Read values:\n')
for section in parser.sections():
    print(section)
    for name, value in parser.items(section):
        print('  {} = {!r}'.format(name, value))

parser.remove_option('bug_tracker', 'password')
parser.remove_section('wiki')

print('\nModified values:\n')
for section in parser.sections():
    print(section)
    for name, value in parser.items(section):
        print('  {} = {!r}'.format(name, value))
```

섹션을 삭제하면 그 안에 포함된 모든 옵션도 함께 삭제된다.

```
$ python3 configparser_remove.py

Read values:

bug_tracker
    url = 'http://localhost:8080/bugs/'
    username = 'dhellmann'
    password = 'SECRET'
wiki
    url = 'http://localhost:8080/wiki/'
    username = 'dhellmann'
```

```
    password = 'SECRET'
Modified values:

bug_tracker
    url = 'http://localhost:8080/bugs/'
    username = 'dhellmann'
```

14.7.5 구성 파일 저장

ConfigParser가 원하는 데이터로 구성이 끝났으면 write() 메서드를 호출해 파일로 저장할 수 있다. 이 방법은 파일 관리를 위한 코드를 따로 작성할 필요 없이 구성 설정을 편집하고 저장하는 사용자 인터페이스를 제공한다.

리스트 14.76: configparser_write.py

```
import configparser
import sys

parser = configparser.ConfigParser()

parser.add_section('bug_tracker')
parser.set('bug_tracker', 'url', 'http://localhost:8080/bugs')
parser.set('bug_tracker', 'username', 'dhellmann')
parser.set('bug_tracker', 'password', 'secret')

parser.write(sys.stdout)
```

write() 메서드는 파일과 같은 객체를 인자로 요구한다. 이 메서드는 ConfigParser가 다시 파싱을 할 수 있도록 INI 형식으로 데이터를 저장한다.

```
$ python3 configparser_write.py

[bug_tracker]
url = http://localhost:8080/bugs
username = dhellmann
password = secret
```

14.7.6 옵션 검색 경로

ConfigParser는 옵션을 찾을 때 다단계 검색 프로세스를 사용한다. 가장 먼저 옵션 검색을 시작하기 전에 섹션 이름을 테스트한다. 해당 섹션이 존재하지 않거나 섹션 이름이 특수한 값인 DEFAULT가 아니면 NoSectionError가 발생한다.

1. 옵션 이름이 get()에 전달된 vars 딕셔너리에 있으면 vars에서 값이 반환된다.

2. 지정된 섹션에 옵션 이름이 있으면 해당 섹션에서 값이 반환된다.

3. 옵션 이름이 DEFAULT 섹션에 있으면 그 값이 반환된다.

4. 옵션 이름이 생성자에 전달된 defaults 딕셔너리에 있으면 그 값이 반환된다.

옵션 이름이 어디에도 없으면 NoOptionError가 발생한다.

검색 경로는 다음 구성 파일을 사용해 확인해 볼 수 있다.

```
[DEFAULT]
file-only = value from DEFAULT section
init-and-file = value from DEFAULT section
from-section = value from DEFAULT section
from-vars = value from DEFAULT section

[sect]
section-only = value from section in file
from-section = value from section in file
from-vars = value from section in file
```

다음 테스트 프로그램은 구성 파일에 지정되지 않은 옵션에 대한 기본 설정이 포함돼 있으며, 파일에 정의돼 있는 일부 값을 오버라이드한다.

```python
import configparser

# 옵션 이름 정의
option_names = [
    'from-default', 'from-section', 'section-only',
    'file-only', 'init-only', 'init-and-file', 'from-vars',
]

# 기본값으로 파서를 초기화.
DEFAULTS = {
    'from-default': 'value from defaults passed to init',
    'init-only': 'value from defaults passed to init',
    'init-and-file': 'value from defaults passed to init',
    'from-section': 'value from defaults passed to init',
    'from-vars': 'value from defaults passed to init',
}
parser = configparser.ConfigParser(defaults=DEFAULTS)

print('Defaults before loading file:')
defaults = parser.defaults()
for name in option_names:
    if name in defaults:
        print(' {:<15} = {!r}'.format(name, defaults[name]))

# 구성 파일 로드
parser.read('with-defaults.ini')

print('\nDefaults after loading file:')
defaults = parser.defaults()
for name in option_names:
    if name in defaults:
        print(' {:<15} = {!r}'.format(name, defaults[name]))

# 일부 옵션의 오버라이드 정의
vars = {'from-vars': 'value from vars'}

# 모든 옵션의 값을 보여준다.
print('\nOption lookup:')
for name in option_names:
    value = parser.get('sect', name, vars=vars)
    print(' {:<15} = {!r}'.format(name, value))

# 존재하지 않는 옵션에 대한 에러 메시지 표시
```

```
print('\nError cases:')
try:
    print('No such option :', parser.get('sect', 'no-option'))
except configparser.NoOptionError as err:
    print(err)

try:
    print('No such section:', parser.get('no-sect', 'no-option'))
except configparser.NoSectionError as err:
    print(err)
```

다음 출력은 각 옵션의 값이 어디에서 왔는지 보여주고, 다른 소스의 기본값이 기존 값을 오버라이드하는 것을 보여준다.

```
$ python3 configparser_defaults.py

Defaults before loading file:
    from-default  = 'value from defaults passed to init'
    from-section  = 'value from defaults passed to init'
    init-only     = 'value from defaults passed to init'
    init-and-file = 'value from defaults passed to init'
    from-vars     = 'value from defaults passed to init'

Defaults after loading file:
    from-default  = 'value from defaults passed to init'
    from-section  = 'value from DEFAULT section'
    file-only     = 'value from DEFAULT section'
    init-only     = 'value from defaults passed to init'
    init-and-file = 'value from DEFAULT section'
    from-vars     = 'value from DEFAULT section'

Option lookup:
    from-default  = 'value from defaults passed to init'
    from-section  = 'value from section in file'
    section-only  = 'value from section in file'
    file-only     = 'value from DEFAULT section'
    init-only     = 'value from defaults passed to init'
    init-and-file = 'value from DEFAULT section'
    from-vars     = 'value from vars'

Error cases:
```

```
No option 'no-option' in section: 'sect'
No section: 'no-sect'
```

14.7.7 값 결합

ConfigParser는 값을 결합할 때 사용할 수 있는 보간interpolation 기능을 제공한다. 표준 파이썬 형식 문자열을 포함하는 값은 이 문자열 삽입 기능을 사용할 수 있다. 가져오는 값 내에서 이름 지어진 각 옵션은 더 이상 치환이 필요하지 않을 때까지 차례로 값이 치환된다.

이 절의 앞부분에 있는 URL 예제는 보간을 사용해 다시 작성하면 값의 일부만 변경하기 더 쉬워진다. 예를 들어 다음 구성 파일은 URL에서 protocol, hostname, port를 별도의 옵션으로 분리해 갖고 있다.

```
[bug_tracker]
protocol = http
server = localhost
port = 8080
url = %(protocol)s://%(server)s:%(port)s/bugs/
username = dhellmann
password = SECRET
```

get()이 호출될 때마다 기본적으로 보간이 수행된다. 보간을 사용하지 않고 원래의 값을 가져오려면 raw 인자를 true로 설정한다.

리스트 14.78: configparser_interpolation.py

```
from configparser import ConfigParser

parser = ConfigParser()
parser.read('interpolation.ini')

print('Original value       :', parser.get('bug_tracker', 'url'))

parser.set('bug_tracker', 'port', '9090')
print('Altered port value  :', parser.get('bug_tracker', 'url'))
```

```
print('Without interpolation:', parser.get('bug_tracker', 'url', raw=True))
```

get()에 의해 값이 처리되므로 url 값에 사용되는 설정 중 하나를 변경하면 반환되는 값도 변경된다.

```
$ python3 configparser_interpolation.py

Original value         : http://localhost:8080/bugs/
Altered port value     : http://localhost:9090/bugs/
Without interpolation  : %(protocol)s://%(server)s:%(port)s/bugs/
```

14.7.7.1 기본값 사용

보간을 위한 값은 원본 옵션과 같은 섹션에 나타나지 않아도 된다. 기본값은 오버라이드 값과 섞여 있을 수 있다.

```
[DEFAULT]
url = %(protocol)s://%(server)s:%(port)s/bugs/
protocol = http
server = bugs.example.com
port = 80

[bug_tracker]
server = localhost
port = 8080
username = dhellmann
password = SECRET
```

이 구성을 사용하면 url 값은 DEFAULT 섹션에서 가져오며, bug_tracker에서 조회한 값으로 치환을 시작하다가 거기서 발견하지 못한 것은 다시 DEFAULT에서 가져온다.

리스트 14.79: configparser_interpolation_defaults.py

```
from configparser import ConfigParser
```

```
parser = ConfigParser()
parser.read('interpolation_defaults.ini')

print('URL:', parser.get('bug_tracker', 'url'))
```

hostname과 port 값은 bug_tracker 섹션에서 가져오지만 protocol은 DEFAULT에서 얻은 값이다.

```
$ python3 configparser_interpolation_defaults.py

URL: http://localhost:8080/bugs/
```

14.7.7.2 치환 에러

문자열 치환이 MAX_INTERPOLATION_DEPTH만큼 발생하면 재귀적 참조로 인한 문제를 피하고자 치환을 멈춘다.

리스트 14.80: configparser_interpolation_recursion.py

```
import configparser

parser = configparser.ConfigParser()

parser.add_section('sect')
parser.set('sect', 'opt', '%(opt)s')

try:
    print(parser.get('sect', 'opt'))
except configparser.InterpolationDepthError as err:
    print('ERROR:', err)
```

너무 많은 치환이 시도되면 InterpolationDepthError가 발생한다.

```
$ python3 configparser_interpolation_recursion.py

ERROR: Recursion limit exceeded in value substitution: option 'opt' in section 'sect' contains
an interpolation key which cannot be substituted in 10 steps. Raw value: '%(opt)s'
```

누락된 값은 InterpolationMissingOptionError 예외를 발생시킨다.

리스트 14.81: configparser_interpolation_error.py

```
import configparser

parser = configparser.ConfigParser()

parser.add_section('bug_tracker')
parser.set('bug_tracker', 'url', 'http://%(server)s:%(port)s/bugs')

try:
    print(parser.get('bug_tracker', 'url'))
except configparser.InterpolationMissingOptionError as err:
    print('ERROR:', err)
```

server 값이 정의돼 있지 않으므로 url이 생성될 수 없다.

```
$ python3 configparser_interpolation_error.py

ERROR: Bad value substitution: option 'url' in section
'bug_tracker' contains an interpolation key 'server' which is not a valid option name. Raw value:
'http://%(server)s:%(port)s/bugs'
```

14.7.7.3 특수 문자 이스케이프

%는 보간 명령을 시작하는 문자이므로 리터럴 %는 %%로 이스케이프해야 한다.

```
[escape]
value = a literal %% must be escaped
```

값을 읽을 때 특별한 주의가 필요하지는 않다.

리스트 14.82: configparser_escape.py

```
from configparser import ConfigParser
import os
```

```
filename = 'escape.ini'
config = ConfigParser()
config.read([filename])

value = config.get('escape', 'value')

print(value)
```

값을 읽을 때 %%는 자동으로 %로 변환된다.

```
$ python3 configparser_escape.py

a literal % must be escaped
```

14.7.7.4 확장된 보간

ConfigParser는 interpolation 매개변수로 확장된 보간을 지원한다. interpolation 인자에 주어지는 객체는 interpolation 클래스에 의해 정의된 API를 구현해야 한다. 예를 들어 기본으로 지원되는 BasicInterpolation 대신 ExtendedInterpolation을 사용하면 변수를 가리키는 ${} 구문이 지원된다.

리스트 14.83: configparser_extendedinterpolation.py

```
from configparser import ConfigParser, ExtendedInterpolation

parser = ConfigParser(interpolation=ExtendedInterpolation())
parser.read('extended_interpolation.ini')

print('Original value      :', parser.get('bug_tracker', 'url'))

parser.set('intranet', 'port', '9090')
print('Altered port value  :', parser.get('bug_tracker', 'url'))

print('Without interpolation:', parser.get('bug_tracker', 'url', raw=True))
```

확장된 보간을 사용하면 구성 파일에서 다른 섹션에 있는 값을 변수명 앞에 섹션 이름과 콜론(:)을 붙여 액세스할 수 있다.

```
[intranet]
server = localhost
port = 8080

[bug_tracker]
url = http://${intranet:server}:${intranet:port}/bugs/
username = dhellmann
password = SECRET
```

파일의 다른 섹션에 있는 값을 참조할 수 있으면 DEFAULTS 섹션에 기본값을 두지 않고
도 값을 공유할 수 있다.

```
$ python3 configparser_extendedinterpolation.py

Original value       : http://localhost:8080/bugs/
Altered port value   : http://localhost:9090/bugs/
Without interpolation: http://${intranet:server}:${intranet:port }/bugs/
```

14.7.7.5 보간 비활성화

보간을 비활성화하려면 Interpolation 객체 대신 None을 전달한다.

리스트 14.84: configparser_nointerpolation.py

```
from configparser import ConfigParser

parser = ConfigParser(interpolation=None)
parser.read('interpolation.ini')

print('Without interpolation:', parser.get('bug_tracker', 'url'))
```

보간이 비활성화되면 interpolation 객체에 의해 처리되던 모든 구문은 안전하게 무
시된다.

```
$ python3 configparser_nointerpolation.py

Without interpolation: %(protocol)s://%(server)s:%(port)s/bugs/
```

1184

14.8 logging: 상태, 에러, 정보 메시지 보고

logging 모듈은 애플리케이션과 라이브러리에서 에러와 상태 정보를 보고하는 표준 API를 정의한다. 표준 라이브러리 모듈이 제공하는 로깅 API의 주요 이점은 모든 파이썬 모듈이 로깅을 할 수 있으므로 애플리케이션 로그에 서드파티 모듈의 메시지도 포함할 수 있다는 것이다.

14.8.1 로깅 구성 요소

로깅 시스템은 네 개의 객체로 구성돼 있다. 활동을 기록하길 원하는 각 모듈이나 애플리케이션은 Logger 인스턴스를 사용해 로그에 정보를 추가한다. 로거를 호출하면 LogRecord가 생성돼 프로세스가 처리되는 동안 정보를 메모리에 유지한다. Logger는 LogRecord를 받아서 처리하고자 구성된 Handler 객체를 여러 개 갖고 있다. Handler는 Formatter를 사용해 로그 레코드를 출력 메시지로 변환한다.

14.8.2 애플리케이션과 라이브러리에서의 로깅

애플리케이션 개발자와 라이브러리 작성자 모두 logging 모듈을 사용하지만 고려하는 사항이 서로 다르다.

애플리케이션 개발자는 적절한 출력 채널에 메시지를 내보내고자 logging 모듈을 구성한다. 예를 들어 개발자는 여러 가지 레벨로 서로 다른 목적지에 메시지를 기록할 수 있다. 파일, HTTP GET/POST 위치, SMTP를 통한 이메일, 제네릭 소켓, 운영체제 종속적인 로깅 메커니즘 등에 로그 메시지를 기록하는 핸들러들은 모두 logging에 포함돼 있다. 하지만 개발자는 내장 클래스에 의해 처리되지 않는 특수한 요구 사항을 위해 사용자 정의 로그 클래스를 만들 수도 있다.

라이브러리 개발자는 내부적인 목적으로 **logging** 모듈을 사용하지만 모듈을 활용하고자 크게 뭔가를 할 필요가 없다. 단지 각 콘텍스트에 대해 적절한 이름으로 로거 인스턴스를 생성하고 표준 레벨을 사용해 메시지를 로깅하기만 하면 된다. 라이브러리가 일관된 이름 지정과 레벨로 로깅 API를 사용한다면 애플리케이션은 라이브러리에서 필요에 따라 메시지를 보이거나 숨기도록 구성할 수 있다.

14.8.3 파일에 로깅

대부분의 애플리케이션은 파일에 로그를 기록한다. **basicConfig()** 함수를 사용해 디버그 메시지를 파일에 기록하도록 기본 핸들러를 설정한다.

리스트 14.85: logging_file_example.py

```
import logging

LOG_FILENAME = 'logging_example.out'
logging.basicConfig(filename=LOG_FILENAME, level=logging.DEBUG, )

logging.debug('This message should go to the log file')

with open(LOG_FILENAME, 'rt') as f:
    body = f.read()

print('FILE:')
print(body)
```

스크립트를 실행하면 로그 메시지가 logging_example.out 파일에 기록된다.

```
$ python3 logging_file_example.py

FILE:
DEBUG:root:This message should go to the log file
```

14.8.4 로그 파일 순환

앞의 스크립트를 반복적으로 실행하면 더 많은 메시지가 파일에 추가된다. 프로그램이 실행될 때마다 새로운 로그 파일을 생성하려면 basicConfig()의 filemode 인자에 'w' 값을 전달한다. 이런 방법으로 파일 생성을 관리하는 것보다는 RotatingFileHandler를 사용해 새로운 파일을 자동으로 생성하는 동시에 이전 로그 파일을 보존하는 방식이 더 좋다.

리스트 14.86: logging_rotatingfile_example.py

```
import glob
import logging
import logging.handlers

LOG_FILENAME = 'logging_rotatingfile_example.out'

# 원하는 출력 레벨로 특정 로거를 설정한다.
my_logger = logging.getLogger('MyLogger')
my_logger.setLevel(logging.DEBUG)

# 로거에 로그 메시지 핸들러를 추가한다.
handler = logging.handlers.RotatingFileHandler(LOG_FILENAME, maxBytes=20, backupCount=5, )
my_logger.addHandler(handler)

# 메시지를 로깅한다.
for i in range(20):
    my_logger.debug('i = %d' % i)

# 생성된 파일들을 확인한다.
logfiles = glob.glob('%s*' % LOG_FILENAME)
for filename in logfiles:
    print(filename)
```

실행 결과로 여섯 개의 파일이 생성되며, 각 파일은 애플리케이션 로그 히스토리가 된다.

```
$ python3 logging_rotatingfile_example.py

logging_rotatingfile_example.out
logging_rotatingfile_example.out.1
logging_rotatingfile_example.out.2
logging_rotatingfile_example.out.3
```

```
logging_rotatingfile_example.out.4
logging_rotatingfile_example.out.5
```

이 예제에서 가장 최근 파일은 항상 logging_rotatingfile_example.out이다. 파일 크기 제한에 도달하면 파일 끝에 '.1'을 붙여 이름을 바꾼다. 기존 백업 파일은 각각 마지막 숫자가 하나씩 증가하고(.1은 .2가 됨) 기존 .5 파일은 삭제된다.

> **참고**
>
> 이 예제는 로그 파일의 크기를 가능한 한 작게 설정했다. 실제 프로그램에서는 maxBytes를 적절한 값으로 설정하라.

14.8.5 상세 표시 레벨

logging API에서 유용한 또 다른 기능은 다양한 로그 레벨에 따라 다른 메시지를 생성한다는 것이다. 이것은 코드가 디버그 메시지를 조절할 수 있다는 의미며, 예를 들어 프로덕션 시스템에서는 디버그 메시지를 기록하지 않도록 로그 레벨을 설정할 수 있다. 표 14.2는 logging에 정의된 로그 레벨이다.

표 14.2: 로깅 레벨

레벨	값
CRITICAL	50
ERROR	40
WARNING	30
INFO	20
DEBUG	10
UNSET	0

로그 메시지는 핸들러와 로거가 해당 레벨 이상의 메시지만 내보내도록 설정된 경우에만 기록된다. 예를 들어 메시지가 CRITICAL이고 로거가 ERROR로 설정된 경우 메시지는 기록된다(50 > 40). 메시지가 WARNING인데 로거가 ERROR로 설정된 경우 메시지는 무시된다(30 < 40).

리스트 14.87: logging_level_example.py

```python
import logging
import sys

LEVELS = {
    'debug': logging.DEBUG, 'info': logging.INFO,
    'warning': logging.WARNING, 'error': logging.ERROR,
    'critical': logging.CRITICAL,
}

if len(sys.argv) > 1:
    level_name = sys.argv[1]
    level = LEVELS.get(level_name, logging.NOTSET)
    logging.basicConfig(level=level)

logging.debug('This is a debug message')
logging.info('This is an info message')
logging.warning('This is a warning message')
logging.error('This is an error message')
logging.critical('This is a critical error message')
```

스크립트를 debug 또는 warning 인자로 실행하면 서로 다른 레벨의 메시지가 출력된다.

```
$ python3 logging_level_example.py debug

DEBUG:root:This is a debug message
INFO:root:This is an info message
WARNING:root:This is a warning message
ERROR:root:This is an error message
CRITICAL:root:This is a critical error message

$ python3 logging_level_example.py info

INFO:root:This is an info message
WARNING:root:This is a warning message
ERROR:root:This is an error message
CRITICAL:root:This is a critical error message
```

14.8.6 로거 인스턴스 명명

코드가 루트 로거를 사용하므로 root라는 단어가 모든 로그 메시지에 포함됐다. 특정 로그 메시지가 어디에서 왔는지 쉽게 알 수 있는 방법은 각 모듈에 별도의 로거 객체를 사용하는 것이다. 로거에 보낸 로그 메시지는 해당 로거의 이름을 포함한다. 다음 예제는 메시지 소스를 쉽게 추적하고자 여러 모듈에서 로깅하는 것을 보여준다.

리스트 14.88: logging_modules_example.py

```python
import logging

logging.basicConfig(level=logging.WARNING)

logger1 = logging.getLogger('package1.module1')
logger2 = logging.getLogger('package2.module2')

logger1.warning('This message comes from one module')
logger2.warning('This comes from another module')
```

출력 결과에는 다음과 같이 각 줄마다 다른 모듈 이름이 보인다.

```
$ python3 logging_modules_example.py

WARNING:package1.module1:This message comes from one module
WARNING:package2.module2:This comes from another module
```

14.8.7 로깅 트리

Logger 인스턴스는 그림 14.1처럼 이름을 기반으로 트리 구조를 형성한다. 일반적으로 애플리케이션이나 라이브러리는 하위 모듈로 설정된 각 개별 모듈에 대한 로거로 기본 이름을 정의한다. 루트 로거는 이름이 없다.

트리 구조는 각 로거가 자체적인 핸들러를 가질 필요가 없으므로 로깅을 구성할 때 매우 유용하다. 로거가 핸들러를 갖고 있지 않으면 메시지는 부모에 전달돼 처리된다. 따라서 대부분의 애플리케이션은 루트 로거에만 핸들러를 구성하며, 모든 로그 정보는 수집돼 그림 14.2처럼 한곳으로 보내진다.

또한 트리 구조는 애플리케이션이나 라이브러리의 여러 부분에서 서로 다른 상세 표시 레벨, 핸들러, 포매터를 설정할 수 있다. 이런 유연성은 그림 14.3처럼 어떤 메시지가 어디로 향해야 하는지 프로그래머가 제어할 수 있게 해준다.

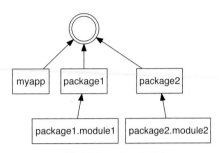

그림 14.1: 로거 트리 예제

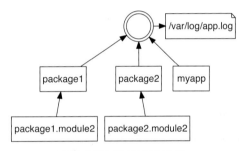

그림 14.2: 하나의 로깅 핸들러

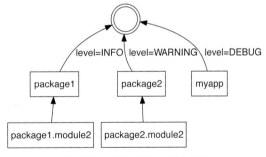

그림 14.3: 다양한 수준과 다양한 핸들러

14.8.8 warnings 모듈과의 통합

logging 모듈은 capture-Warnings() 함수로 warnings 모듈과 통합되며, 이는 경고를 직접 출력하지 않고 로깅 시스템을 통해 경고 메시지를 처리한다.

리스트 14.89: logging_capture_warnings.py

```python
import logging
import warnings

logging.basicConfig(level=logging.INFO, )

warnings.warn('This warning is not sent to the logs')

logging.captureWarnings(True)

warnings.warn('This warning is sent to the logs')
```

경고 메시지는 WARNING 레벨로 **py.warnings**라는 이름의 로거에 보내진다.

```
$ python3 logging_capture_warnings.py

logging_capture_warnings.py:13: UserWarning: This warning is not sent to the logs
    warnings.warn('This warning is not sent to the logs')

WARNING:py.warnings:logging_capture_warnings.py:17: UserWarning: This warning is sent to the logs
    warnings.warn('This warning is sent to the logs')
```

팁 – 참고 자료

- logging 표준 라이브러리 문서: logging에 대한 문서는 매우 광범위하며, 이곳에 제시된 예제를 넘어서는 튜토리얼과 참조 자료는 https://docs.python.org/3.5/library/logging.html 문서를 참고하라.
- logging을 위한 파이썬 2에서 3으로의 포팅 노트
- warnings: 치명적이지 않은 경고
- logging_tree: 애플리케이션의 로거 트리를 보여주는 브랜든 로데즈(Brandon Rhodes)의 서드파티 패키지
- Logging Cookbook(https://docs.python.org/3.5/howto/logging-cookbook.html): 다양한 작업에서의 로깅 사용 예제가 있는 표준 라이브러리 문서의 일부

14.9 fileinput: 커맨드라인 필터 프레임워크

`fileinput` 모듈은 필터로 텍스트 파일을 처리하는 커맨드라인 프로그램 생성용 프레임워크다.

14.9.1 M3U 파일을 RSS로 변환

일련의 MP3 파일을 팟캐스트로 공유할 수 있는 RSS 피드로 변환해주는 프로그램인 m3utorss(https://pypi.python.org/pypi/m3utorss)를 필터의 예로 들 수 있다. 프로그램의 입력은 배포할 MP3 파일 리스트를 가진 하나 이상의 m3u 파일이다. 출력은 콘솔에 인쇄되는 RSS 피드다. 프로그램은 파일명 리스트를 반복해서 다음 작업을 수행한다.

1. 각 파일을 연다.

2. 파일의 각 줄을 읽는다.

3. 해당 줄이 mp3 파일을 가리키는지 확인한다.

4. mp3 파일이 맞으면 RSS 피드에 새 항목을 추가한다.

5. 결과를 출력한다.

이 모든 과정을 직접 코딩할 수도 있다. 아주 복잡한 작업이 아니므로 몇 번 테스트하면 에러 처리도 쉽다. 하지만 `fileinput`은 모든 세부 사항을 알아서 처리해주므로 프로그램이 매우 단순해진다.

```
for line in fileinput.input(sys.argv[1:]):
    mp3filename = line.strip()
    if not mp3filename or mp3filename.startswith('#'):
        continue
    item = SubElement(rss, 'item')
    title = SubElement(item, 'title')
    title.text = mp3filename
    encl = SubElement(item, 'enclosure', {'type': 'audio/mpeg', 'url': mp3filename})
```

`input()` 함수는 검사할 파일명의 리스트를 인자로 취한다. 리스트가 비어 있으면 모듈

은 표준 입력에서 데이터를 읽는다. 이 함수는 처리한 텍스트 파일에서 개별 줄을 추출하는 반복자를 반환한다. 호출자가 루프를 돌며 각 줄에서 MP3 파일의 참조를 찾을 때 공백과 주석은 건너뛴다.

다음은 프로그램의 전체 코드다.

리스트 14.90: fileinput_example.py

```python
import fileinput
import sys
import time
from xml.etree.ElementTree import Element, SubElement, tostring
from xml.dom import minidom

# RSS와 채널 노드를 설정한다.
rss = Element('rss', {'xmlns:dc': "http://purl.org/dc/elements/1.1/", 'version': '2.0'})
channel = SubElement(rss, 'channel')
title = SubElement(channel, 'title')
title.text = 'Sample podcast feed'
desc = SubElement(channel, 'description')
desc.text = 'Generated for PyMOTW'
pubdate = SubElement(channel, 'pubDate')
pubdate.text = time.asctime()
gen = SubElement(channel, 'generator')
gen.text = 'https://pymotw.com/'

for line in fileinput.input(sys.argv[1:]):
    mp3filename = line.strip()
    if not mp3filename or mp3filename.startswith('#'):
        continue
    item = SubElement(rss, 'item')
    title = SubElement(item, 'title')
    title.text = mp3filename
    encl = SubElement(item, 'enclosure', {'type': 'audio/mpeg', 'url': mp3filename})

rough_string = tostring(rss)
reparsed = minidom.parseString(rough_string)
print(reparsed.toprettyxml(indent=" "))
```

다음 예제 입력 파일은 몇 개의 MP3 파일명을 갖고 있다.

리스트 14.91: sample_data.m3u

```
# 이것은 m3u 파일의 샘플이다.
episode-one.mp3
episode-two.mp3
```

예제 입력으로 fileinput_example.py를 실행하면 RSS 형식으로 XML 데이터를 생성한다.

```
$ python3 fileinput_example.py sample_data.m3u

<?xml version="1.0" ?>
<rss version="2.0" xmlns:dc="http://purl.org/dc/elements/1.1/">
    <channel>
        <title>Sample podcast feed</title>
        <description>Generated for PyMOTW</description>
        <pubDate>Sun Jul 10 10:45:01 2016</pubDate>
        <generator>https://pymotw.com/</generator>
    </channel>
    <item>
        <title>episode-one.mp3</title>
        <enclosure type="audio/mpeg" url="episode-one.mp3"/>
    </item>
    <item>
        <title>episode-two.mp3</title>
        <enclosure type="audio/mpeg" url="episode-two.mp3"/>
    </item>
</rss>
```

14.9.2 메타데이터

앞의 예제에서 처리되는 파일명과 줄 번호는 중요하지 않다. 하지만 grep 같은 검색 도구가 파일명과 줄 번호를 요구할 때가 있다. fileinput은 현재 줄에 대한 모든 메타데이터를 액세스할 수 있는 함수인 filename(), filelineno(), lineno()를 제공한다.

리스트 14.92: fileinput_grep.py

```
import fileinput
```

```
import re
import sys

pattern = re.compile(sys.argv[1])

for line in fileinput.input(sys.argv[2:]):
    if pattern.search(line):
        if fileinput.isstdin():
            fmt = '{lineno}:{line}'
        else:
            fmt = '{filename}:{lineno}:{line}'
        print(fmt.format(filename=fileinput.filename(), lineno=fileinput.filelineno(),
                         line=line.rstrip()))
```

이 예제 소스에서 **"fileinput"**이라는 문자열을 찾고자 기본 패턴 매칭 루프를 사용할 수 있다.

```
$ python3 fileinput_grep.py fileinput *.py

fileinput_change_subnet.py:10:import fileinput
fileinput_change_subnet.py:17:for line in fileinput.input(files, inplace=True):
fileinput_change_subnet_noisy.py:10:import fileinput
fileinput_change_subnet_noisy.py:18:for line in fileinput.input(files, inplace=True):
fileinput_change_subnet_noisy.py:19:  if fileinput.isfirstline():
fileinput_change_subnet_noisy.py:21:    fileinput.filename()))
fileinput_example.py:6:"""Example for fileinput module.
fileinput_example.py:10:import fileinput
fileinput_example.py:30:for line in fileinput.input(sys.argv[1:]):
fileinput_grep.py:10:import fileinput
fileinput_grep.py:16:for line in fileinput.input(sys.argv[2:]):
fileinput_grep.py:18:  if fileinput.isstdin():
fileinput_grep.py:22:    print(fmt.format(filename=fileinput.filename(),
fileinput_grep.py:23:                     lineno=fileinput.filelineno(),
```

또한 텍스트는 표준 입력에서도 읽을 수 있다.

```
$ cat *.py | python fileinput_grep.py fileinput
```

```
10:import fileinput
17:for line in fileinput.input(files, inplace=True):
29:import fileinput
37:for line in fileinput.input(files, inplace=True):
38:    if fileinput.isfirstline():
40:        fileinput.filename()))
54:"""Example for fileinput module.
58:import fileinput
78:for line in fileinput.input(sys.argv[1:]);
101:import fileinput
107:for line in fileinput.input(sys.argv[2:]):
109:    if fileinput.isstdin():
113:        print(fmt.format(filename=fileinput.filename(),
114:                         lineno=fileinput.filelineno(),
```

14.9.3 내부 필터링

또 다른 일반적인 파일 처리 작업은 수정된 내용을 갖는 새 파일을 생성하기보다 파일 자체를 수정하는 것이다. 예를 들어 유닉스 hosts 파일은 서브넷 범위가 변경될 때마다 업데이트된다.

리스트 14.93: etc_hosts.txt before modifications

```
##
# Host Database
#
# localhost is used to configure the loopback interface
# when the system is booting. Do not change this entry.
##

127.0.0.1       localhost
255.255.255.255 broadcasthost
::1             localhost
fe80::1%lo0     localhost
10.16.177.128   hubert hubert.hellfly.net
10.16.177.132   cubert cubert.hellfly.net
10.16.177.136   zoidberg zoidberg.hellfly.net
```

내용 변경을 자동으로 안전하게 처리하는 방법은 입력을 기반으로 복사본을 만들어 편집한 후 이 복사본으로 원본을 대치하는 것이다. `fileinput`은 inplace 옵션을 사용해 이런 방식을 지원한다.

리스트 14.94: fileinput_change_subnet.py

```python
import fileinput
import sys

from_base = sys.argv[1]
to_base = sys.argv[2]
files = sys.argv[3:]

for line in fileinput.input(files, inplace=True):
    line = line.rstrip().replace(from_base, to_base)
    print(line)
```

이 스크립트가 print()를 사용하기는 하지만 `fileinput`이 덮어쓰고자 하는 파일로 표준 출력을 리다이렉트하기 때문에 화면에는 출력이 나오지 않는다.

```
$ python3 fileinput_change_subnet.py 10.16 10.17 etc_hosts.txt
```

업데이트된 파일에는 **10.16.0.0/16** 네트워크에 있는 모든 서버의 IP 주소가 변경돼 있다.

리스트 14.95: etc_hosts.txt after modifications

```
##
# Host Database
#
# localhost is used to configure the loopback interface
# when the system is booting. Do not change this entry.
##
127.0.0.1       localhost
255.255.255.255 broadcasthost
::1             localhost
fe80::1%lo0     localhost
10.17.177.128   hubert hubert.hellfly.net
10.17.177.132   cubert cubert.hellfly.net
```

```
10.17.177.136   zoidberg zoidberg.hellfly.net
```

처리를 시작하기 전에 원본 이름에 .bak 확장자를 붙여 백업 파일을 만든다.

리스트 14.96: fileinput_change_subnet_noisy.py

```python
import fileinput
import glob
import sys

from_base = sys.argv[1]
to_base = sys.argv[2]
files = sys.argv[3:]

for line in fileinput.input(files, inplace=True):
    if fileinput.isfirstline():
        sys.stderr.write('Started processing {}\n'.format(fileinput.filename()))
        sys.stderr.write('Directory contains: {}\n'.format(glob.glob('etc_hosts.txt*')))
    line = line.rstrip().replace(from_base, to_base)
    print(line)

sys.stderr.write('Finished processing\n')
sys.stderr.write('Directory contains: {}\n'.format(glob.glob('etc_hosts.txt*')))
```

입력이 종료될 때 백업 파일이 삭제된다.

```
$ python3 fileinput_change_subnet_noisy.py 10.16. 10.17. etc_hosts.txt

Started processing etc_hosts.txt
Directory contains: ['etc_hosts.txt', 'etc_hosts.txt.bak']
Finished processing
Directory contains: ['etc_hosts.txt']
```

팁 – 참고 자료

- `fileinput` 표준 라이브러리 문서: https://docs.python.org/3.5/library/fileinput.html
- m3utorss(https://pypi.python.org/pypi/m3utorss): MP3 리스트인 m3u 파일을 팟캐스트 피드에 사용할 수 있는 RSS 파일로 변환하는 스크립트
- `xml.etree`: ElementTree를 사용해 XML을 생성하는 방법

14.10 atexit: 프로그램 종료 콜백

atexit 모듈은 프로그램이 정상적으로 종료될 때 호출할 함수를 등록하는 인터페이스다.

14.10.1 종료 콜백 등록

다음 예제는 register()를 호출해 명시적으로 함수를 등록한다.

리스트 14.97: atexit_simple.py

```
import atexit

def all_done():
    print('all_done()')

print('Registering')
atexit.register(all_done)
print('Registered')
```

프로그램이 수행할 내용이 아무것도 없으므로 all_done()이 바로 호출된다.

```
$ python3 atexit_simple.py

Registering Registered
all_done()
```

하나 이상의 함수를 등록할 수도 있고, 등록된 함수에 인자를 전달할 수도 있다. 이는 데이터베이스와의 연결을 분명하게 끊고 임시 파일을 제거할 때 유용하게 쓸 수 있다. 해제해야 할 리소스 리스트를 유지하는 것보다 각 리소스에 대해 별도의 정리 함수^{cleanup function}를 등록하는 것이 편하다.

리스트 14.98: atexit_multiple.py

```
import atexit

def my_cleanup(name):
    print('my_cleanup({})'.format(name))
```

```
atexit.register(my_cleanup, 'first')
atexit.register(my_cleanup, 'second')
atexit.register(my_cleanup, 'third')
```

종료 함수는 등록된 순서의 역순으로 호출된다. 임포트된 순서의 역순으로 모듈을 정리할 수 있으므로 종속성 충돌을 줄일 수 있다.

```
$ python3 atexit_multiple.py

my_cleanup(third)
my_cleanup(second)
my_cleanup(first)
```

14.10.2 데코레이터 구문

인자가 필요 없는 함수는 register()를 사용해 데코레이터로 등록할 수 있다. 이 데코레이터는 모듈 레벨의 전역 데이터를 정리하는 함수에 사용할 수 있다.

리스트 14.99: atexit_decorator.py

```
import atexit

@atexit.register
def all_done():
    print('all_done()')

print('starting main program')
```

함수는 정의한 대로 등록되기 때문에 모듈이 아무런 작업을 수행하지 않는다고 해도 제대로 동작하는지 확인하는 것이 중요하다. 정리해야 할 리소스가 초기화되지 않았을 때 종료 콜백을 호출해도 에러가 발생하지 않는다.

```
$ python3 atexit_decorator.py

starting main program
```

```
    all_done()
```

14.10.3 콜백 취소

종료 콜백을 취소할 때는 unregister()를 사용한다.

리스트 14.100: atexit_unregister.py

```
import atexit

def my_cleanup(name):
    print('my_cleanup({})'.format(name))

atexit.register(my_cleanup, 'first')
atexit.register(my_cleanup, 'second')
atexit.register(my_cleanup, 'third')

atexit.unregister(my_cleanup)
```

동일한 콜백에 대한 모든 호출은 얼마나 많이 등록됐는지에 상관없이 취소된다.

```
$ python3 atexit_unregister.py
```

등록되지 않은 콜백에 대한 제거는 에러로 취급되지 않는다.

리스트 14.101: atexit_unregister_not_registered.py

```
import atexit

def my_cleanup(name):
    print('my_cleanup({})'.format(name))

if False:
    atexit.register(my_cleanup, 'never registered')

atexit.unregister(my_cleanup)
```

알 수 없는 콜백은 조용히 무시하므로 등록된 순서를 알 수 없을 때에도 unregister()

를 사용할 수 있다.

```
$ python3 atexit_unregister_not_registered.py
```

14.10.4 atexit 콜백이 호출되지 않는 경우

atexit로 등록된 콜백은 다음 조건 중 하나라도 충족되면 호출되지 않는다.

- 시그널로 인해 프로그램이 죽는 경우
- os._exit()가 직접적으로 호출된 경우
- 인터프리터에서 치명적인 에러가 발생한 경우

프로그램이 시그널에 의해 강제 종료될 때의 상황을 보여주고자 'subprocess' 절의 예제를 사용한다. 부모 프로그램과 자식 프로그램인 두 파일이 있다. 부모가 자식 프로그램을 시작하고, 일시 정지한 후 그다음에 강제 종료시킨다.

리스트 14.102: atexit_signal_parent.py

```
import os
import signal
import subprocess
import time

proc = subprocess.Popen('./atexit_signal_child.py')
print('PARENT: Pausing before sending signal...')
time.sleep(1)
print('PARENT: Signaling child')
os.kill(proc.pid, signal.SIGTERM)
```

자식 프로그램은 atexit 콜백을 설정한 다음에 시그널이 올 때까지 대기한다.

리스트 14.103: atexit_signal_child.py

```
import atexit
import time
```

```
import sys

def not_called():
    print('CHILD: atexit handler should not have been called')

print('CHILD: Registering atexit handler')
sys.stdout.flush()
atexit.register(not_called)

print('CHILD: Pausing to wait for signal')
sys.stdout.flush()
time.sleep(5)
```

이 스크립트를 실행하면 다음과 같은 출력이 생성된다.

```
$ python3 atexit_signal_parent.py

CHILD: Registering atexit handler
CHILD: Pausing to wait for signal
PARENT: Pausing before sending signal...
PARENT: Signaling child
```

자식 프로그램은 not_called()에 포함된 메시지를 출력하지 않는다.

os._exit()를 사용해 프로그래머는 atexit 콜백 호출을 피할 수 있다.

리스트 14.104: atexit_os_exit.py

```
import atexit
import os

def not_called():
    print('This should not be called')

print('Registering')
atexit.register(not_called)
print('Registered')

print('Exiting...')
os._exit(0)
```

이 예제는 일반적인 종료 경로를 건너뛰므로 콜백이 실행되지 않는다. 또한 print 출력이 플러시되지 않으므로 이 예제는 버퍼 없는 I/O를 활성화하고자 -u 옵션으로 실행한다.

```
$ python3 -u atexit_os_exit.py

Registering
Registered
Exiting...
```

콜백이 확실하게 실행되게 하려면 sys.exit()를 호출해 프로그램을 종료해야 한다.

리스트 14.105: atexit_sys_exit.py

```python
import atexit
import sys

def all_done():
    print('all_done()')

print('Registering')
atexit.register(all_done)
print('Registered')

print('Exiting...')
sys.exit()
```

이 예제는 sys.exit()를 호출하므로 등록된 콜백이 실행된다.

```
$ python3 atexit_sys_exit.py

Registering
Registered
Exiting...
all_done()
```

14.10.5 예외 처리

atexit 콜백에서 발생한 예외의 트레이스백은 콘솔에 출력된다. 가장 마지막에 발생한 예외를 프로그램의 최종 에러 메시지로서 사용하고자 다시 발생시킨다.

리스트 14.106: atexit_exception.py

```
import atexit

def exit_with_exception(message):
    raise RuntimeError(message)

atexit.register(exit_with_exception, 'Registered first')
atexit.register(exit_with_exception, 'Registered second')
```

등록 순서는 실행 순서에 영향을 미친다. 하나의 콜백 에러가 먼저 등록되지만 나중에
호출되는 다른 콜백에 에러를 유발하는 경우 최종 에러 메시지가 사용자에게 도움이
되는 에러 메시지가 아닐 수도 있다.

```
$ python3 atexit_exception.py

Error in atexit._run_exitfuncs:
Traceback (most recent call last):
    File "atexit_exception.py", line 11, in exit_with_exception
        raise RuntimeError(message)
RuntimeError: Registered second
Error in atexit._run_exitfuncs:
Traceback (most recent call last):
    File "atexit_exception.py", line 11, in exit_with_exception
        raise RuntimeError(message)
RuntimeError: Registered first
```

최선의 방법은 정리 함수에서 모든 예외를 처리하고 조용히 로깅하는 것이다. 종료 시
에 프로그램 덤프 에러를 보여주는 것은 보기에 좋지 않다.

> **팁 – 참고 자료**
>
> - atexit 표준 라이브러리 문서: https://docs.python.org/3.5/library/atexit.html
> - '17.2.4 예외 처리' 절: 확인되지 않는 예외에 대한 처리
> - atexit를 위한 파이썬 2에서 3으로의 포팅 노트

14.11 sched: 이벤트 스케줄러

sched 모듈은 지정된 시간에 작업을 수행하는 일반적인 이벤트 스케줄러다. 스케줄러 클래스는 time 함수를 사용해 현재 시간을 확인하고, delay 함수를 통해 지정된 시간 동안 대기한다. 실제 시간 단위는 중요하지 않으므로 이 인터페이스는 다양한 목적으로 사용하기 충분할 만큼 유연하다.

time 함수는 인자가 없이 호출되며 현재 시간을 나타내는 숫자를 반환한다. delay 함수는 time 함수와 동일한 스케일의 단일 정수 인자를 사용하며 지정된 시간동안 대기한 후 값을 반환한다. 기본적으로 time 모듈의 monotonic()과 sleep()을 사용하지만, 이 절의 예제에서는 더 이해하기 쉽게 출력하는 time.time()을 사용한다.

멀티스레드 애플리케이션을 지원하고자 각 이벤트가 생성된 후에 인자를 0으로 해서 delay 함수를 호출하면 다른 스레드들이 실행될 기회를 가질 수 있다.

14.11.1 대기 후 이벤트 실행

일정한 대기 이후에 또는 지정한 시간에 이벤트가 실행되도록 일정을 만들 수 있다. 대기 시간을 갖는 이벤트를 등록할 때는 네 개의 인자와 함께 enter() 메서드를 사용한다.

- 대기 시간을 나타내는 숫자
- 우선순위 값
- 호출할 함수
- 함수에서 사용할 인자들의 튜플

다음 예제는 각각 2초, 3초 후에 실행되는 두 개의 이벤트를 갖고 있다. 이벤트 실행 시간이 되면 print_event()가 호출돼 현재 시간과 이벤트에 전달된 name 인자를 출력한다.

리스트 14.107: sched_basic.py

```
import sched
import time

scheduler = sched.scheduler(time.time, time.sleep)
```

```
def print_event(name, start):
    now = time.time()
    elapsed = int(now - start)
    print('EVENT: {} elapsed={} name={}'.format(time.ctime(now), elapsed, name))

start = time.time()
print('START:', time.ctime(start))
scheduler.enter(2, 1, print_event, ('first', start))
scheduler.enter(3, 1, print_event, ('second', start))

scheduler.run()
```

프로그램을 실행하면 다음과 같은 내용이 출력된다.

```
$ python3 sched_basic.py

START: Sun Sep  4 16:21:01 2016
EVENT: Sun Sep  4 16:21:03 2016 elapsed=2 name=first
EVENT: Sun Sep  4 16:21:04 2016 elapsed=3 name=second
```

첫 번째 이벤트에 출력된 시간은 시작한 지 2초 후며, 두 번째 이벤트에 대한 시간은 시작한 지 3초 후다.

14.11.2 이벤트 중첩

run()에 대한 호출은 모든 이벤트가 처리될 때까지 차단된다. 각 이벤트는 동일한 스레드에서 실행되므로 이벤트 간의 대기 시간보다 실행에 걸리는 시간이 길어지면 이벤트가 중첩되는 현상이 발생한다. 이런 중첩은 뒤쪽 이벤트의 실행을 연기해서 해결할 수 있다. 어떤 이벤트도 사라지지는 않지만 일부 이벤트는 예정된 시간보다 늦게 실행될 수 있다. 다음 예제에서 long_event()는 잠자는 상태지만 시간이 오래 걸리는 계산이나 I/O를 차단함으로써 처리가 지연될 수 있다.

리스트 14.108: sched_overlap.py

```
import sched
```

```
import time

scheduler = sched.scheduler(time.time, time.sleep)

def long_event(name):
    print('BEGIN EVENT :', time.ctime(time.time()), name)
    time.sleep(2)
    print('FINISH EVENT:', time.ctime(time.time()), name)

print('START:', time.ctime(time.time()))
scheduler.enter(2, 1, long_event, ('first',))
scheduler.enter(3, 1, long_event, ('second',))

scheduler.run()
```

두 번째 이벤트의 예정 시작 시간을 넘어설 정도로 첫 번째 이벤트의 실행 시간이 오래 걸렸으므로 두 번째 이벤트는 첫 번째 이벤트가 완료되자 즉시 실행됐다.

```
$ python3 sched_overlap.py

START: Sun Sep 4 16:21:04 2016
BEGIN EVENT : Sun Sep 4 16:21:06 2016   first
FINISH EVENT: Sun Sep 4 16:21:08 2016   first
BEGIN EVENT : Sun Sep 4 16:21:08 2016   second
FINISH EVENT: Sun Sep 4 16:21:10 2016   second
```

14.11.3 이벤트 우선순위

하나 이상의 이벤트가 같은 시간에 예약됐다면 해당 이벤트의 우선순위 값이 실행 순서를 결정하는 데 사용된다.

리스트 14.109: sched_priority.py

```
import sched
import time

scheduler = sched.scheduler(time.time, time.sleep)

def print_event(name):
```

```
    print('EVENT:', time.ctime(time.time()), name)

now = time.time()
print('START:', time.ctime(now))
scheduler.enterabs(now + 2, 2, print_event, ('first',))
scheduler.enterabs(now + 2, 1, print_event, ('second',))

scheduler.run()
```

이 예제에서는 두 이벤트가 정확히 같은 시간에 실행되도록 예약하고자 enter() 대신 enterabs() 메서드를 사용했다. enterabs()의 첫 번째 인자는 이벤트 시작을 위한 대기 시간이 아니라 이벤트를 실행하는 시간이다.

```
$ python3 sched_priority.py

START: Sun Sep  4 16:21:10 2016
EVENT: Sun Sep  4 16:21:12 2016 second
EVENT: Sun Sep  4 16:21:12 2016 first
```

14.11.4 이벤트 취소

enter()와 enterabs()는 모두 나중에 이벤트를 취소할 때 사용할 수 있는 참조를 반환한다. run()은 접근이 차단돼 있으므로 이벤트는 다른 스레드에서 취소해야 한다. 다음 예제는 한 스레드에서 스케줄러를 실행하고 메인 스레드에서 이 이벤트를 취소한다.

리스트 14.110: sched_cancel.py

```
import sched
import threading
import time

scheduler = sched.scheduler(time.time, time.sleep)

# 스레드가 수정할 수 있도록 전역 변수를 설정한다.
counter = 0

def increment_counter(name):
    global counter
```

```
    print('EVENT:', time.ctime(time.time()), name)
    counter += 1
    print('NOW:', counter)
print('START:', time.ctime(time.time()))
e1 = scheduler.enter(2, 1, increment_counter, ('E1',))
e2 = scheduler.enter(3, 1, increment_counter, ('E2',))

# 이벤트를 실행할 스레드를 시작한다.
t = threading.Thread(target=scheduler.run)
t.start()

# 메인 스레드로 돌아가 첫 번째 이벤트를 취소한다.
scheduler.cancel(e1)

# 스레드에서 스케줄러 실행이 완료되기를 기다린다.
t.join()

print('FINAL:', counter)
```

두 개의 이벤트가 예약됐지만 첫 번째는 나중에 취소됐다. 두 번째 이벤트만 실행되므로 counter 변수는 한 번만 증가한다.

```
$ python3 sched_cancel.py

START: Sun Sep  4 16:21:13 2016
EVENT: Sun Sep  4 16:21:16 2016 E2
NOW: 1
FINAL: 1
```

팁 – 참고 자료

- sched 표준 라이브러리 문서: https://docs.python.org/3.5/library/sched.html
- time: time 모듈

15

국제화와 지역화

파이썬에는 다양한 언어와 문화에 맞는 설정으로 애플리케이션이 동작하게 해주는 두 개의 모듈이 있다. gettext는 사용자가 이해할 수 있는 언어로 프롬프트와 에러 메시지를 표시하고자 다양한 언어에 대한 메시지 카탈로그를 생성할 때 사용된다. locale 은 문화적 차이에 따라 다른 음수 값 표시, 화폐 기호 등과 같이 숫자, 통화, 날짜 및 시간 형식을 변경한다. 이 두 모듈은 다른 도구 및 운영 환경과 인터페이스하면서 파이썬 애플리케이션이 시스템의 다른 프로그램과 상호작용하게 해준다.

15.1 gettext: 메시지 카탈로그

gettext 모듈은 메시지 번역과 카탈로그 관리에 사용되며, 순수 파이썬으로 구현돼 GNU gettext 라이브러리와 호환된다. 파이썬 소스와 함께 배포되는 도구로 일련의 소스 파일에서 메시지를 추출하고, 번역본인 메시지 카탈로그를 작성하며, 런타임에 사용자에게 적절한 메시지를 보여주고자 사용한다.

메시지 카탈로그는 프로그램이 사용자에게 맞는 언어로 메시지를 보여주는 국제화된 인터페이스에 사용된다. 또한 메시지 카탈로그는 다른 래퍼나 파트너용 인터페이스에서 메시지를 추출하는 것을 비롯해 사용자 정의 메시지를 만드는 데 사용할 수도 있다.

> **참고**
>
> 표준 라이브러리 문서에는 필요한 모든 도구가 파이썬에 포함돼 있다고 적혀 있지만 pygettext.py는 적절한 커맨드라인 옵션을 사용해도 ngettext 호출로 래핑된 메시지를 추출하지 못한다. 그래서 이곳의 예제들은 pygettext.py가 아니라 GNU gettext 도구인 xgettext를 사용한다.

15.1.1 번역 프로세스 개요

번역 설정과 사용을 위한 프로세스에는 다섯 단계가 있다.

1. 소스코드에서 번역해야 하는 메시지를 포함해 리터럴 문자열을 식별하고 표시한다. 프로그램 소스에서 번역이 필요한 메시지를 식별하고 추출 프로그램이 이것을 찾을 수 있도록 리터럴 문자열을 표시한다.

2. 메시지를 추출한다. 소스에서 번역 가능한 문자열을 식별한 후 xgettext로 추출해 .pot 파일이나 번역 템플릿을 생성한다. 이 템플릿은 번역을 위해 식별된 모든 문자열과 플레이스홀더^{placeholder}를 갖고 있는 텍스트 파일이다.

3. 메시지를 번역한다. .pot 파일 복사본의 확장자를 .po로 변경해 번역기에 전달한다. .po 파일은 편집 단계의 입력으로 사용하는 수정 가능한 소스 파일이다. 번역기는 파일의 헤더 텍스트를 갱신하고 모든 문자열의 번역본을 제공해야 한다.

4. 번역 결과에서 메시지 카탈로그를 컴파일한다. 번역기가 완성된 .po 파일을 내보내면 msgfmt를 사용해 텍스트 파일을 바이너리 카탈로그 형식으로 컴파일한다. 바이너리 형식은 런타임에 카탈로그에서 검색을 하고자 사용된다.

5. 런타임 시에 메시지 카탈로그를 로드하고 활성화시킨다. 마지막 단계는 메시지 카탈로그를 구성 및 로드하고 애플리케이션에 코드 몇 줄을 추가해 번역 기능을 설치하는 것이다. 각각 장단점이 있긴 하지만 몇 가지 방법이 있다.

이 절의 나머지 부분에서는 이런 단계들을 좀 더 자세히 살펴본다.

15.1.2 소스코드에서 메시지 카탈로그 생성

gettext는 번역본 데이터베이스에서 리터럴 문자열을 찾아 그에 맞는 번역된 문자열을 추출하는 방식으로 동작한다. 일반적인 패턴은 적절한 조회 함수를 _(밑줄 문자)와 묶어 더 긴 이름을 가진 함수를 복수로 호출해서 코드가 복잡해지는 것을 방지한다.

메시지 추출 프로그램인 xgettext는 카탈로그 조회 함수의 호출부에 포함된 메시지를 검색한다. 또한 xgettext는 여러 가지 소스 언어를 이해하고 각각에 대해 적절한 파서를 사용한다. 조회 함수에 별명이 있거나 새로운 함수가 추가되면 xgettext가 메시지를 추출할 때 고려해야 할 추가적인 심볼의 이름을 지정해줘야 한다.

다음 스크립트는 번역할 메시지 한 개를 갖고 있다.

리스트 15.1: gettext_example.py

```
import gettext

# 메시지 카탈로그를 액세스하도록 설정한다.
t = gettext.translation('example_domain', 'locale', fallback=True, )
_ = t.gettext

print(_('This message is in the script.'))
```

'This message is in the script.'라는 텍스트가 카탈로그를 통해 대체해야 할 메시지다. **fallback** 모드가 활성화돼 있으면 스크립트가 메시지 카탈로그 없이 실행될 경우 코드에 있는 메시지가 그대로 출력된다.

```
$ python3 gettext_example.py

This message is in the script.
```

다음 단계에서는 pygettext.py나 **xgettext**를 사용해 메시지를 추출하고 .pot 파일을 생성한다.

```
$ xgettext -o example.pot gettext_example.py
```

생성된 출력 파일에는 다음과 같은 내용이 들어있다.

리스트 15.2: example.pot

```
# SOME DESCRIPTIVE TITLE.
# Copyright (C) YEAR THE PACKAGE'S COPYRIGHT HOLDER
# This file is distributed under the same license as the PACKAGE package.
# FIRST AUTHOR <EMAIL@ADDRESS>, YEAR.
#
#, fuzzy
```

```
msgid ""
msgstr ""
"Project-Id-Version: PACKAGE VERSION\n"
"Report-Msgid-Bugs-To: \n"
"POT-Creation-Date: 2016-07-10 10:45-0400\n"
"PO-Revision-Date: YEAR-MO-DA HO:MI+ZONE\n"
"Last-Translator: FULL NAME <EMAIL@ADDRESS>\n"
"Language-Team: LANGUAGE <LL@li.org>\n"
"Language: \n"
"MIME-Version: 1.0\n"
"Content-Type: text/plain; charset=CHARSET\n"
"Content-Transfer-Encoding: 8bit\n"

#: gettext_example.py:19
msgid "This message is in the script."
msgstr ""
```

메시지 카탈로그는 도메인과 언어에 따라 구성된 디렉터리에 설치된다. 도메인은 애플리케이션이나 라이브러리에 의해 제공되며, 일반적으로 애플리케이션 이름과 같은 고유한 값이다. 이 예제의 경우 gettext_example.py에서 도메인은 example_domain이다. 언어 값은 구성과 플랫폼에 따라 LANGUAGE, LC_ALL, LC_MESSAGES, LANG 등의 환경 변수로 런타임 시 사용자 환경에 의해 주어진다. 15장의 예제들은 모두 언어 설정이 en_US로 된 환경에서 실행됐다.

이제 템플릿이 준비됐으므로 다음 단계는 필요한 디렉터리 구조를 만들고 템플릿을 정확한 위치에 복사하는 것이다. PyMOTW 소스의 locale 디렉터리가 예제에서 메시지 카탈로그 디렉터리의 루트 역할을 하지만, 일반적으로는 모든 사용자가 메시지 카탈로그에 접근할 수 있도록 시스템 어디서든 접근할 수 있는 디렉터리를 사용하는 것이 좋다. 카탈로그 입력 소스의 전체 경로는 $localedir/$language/LC_MESSAGES/$domain.po며, 실제 카탈로그의 파일 확장자는 .mo다.

카탈로그를 만들고자 example.pot 파일을 locale/en_US/LC_MESSAGES/example.po에 복사한 후 파일 내의 헤더 값을 변경하고 대체 메시지를 설정한다. 결과는 다음과 같다.

리스트 15.3: locale/en_US/LC_MESSAGES/example.po

```
# Messages from gettext_example.py.
# Copyright (C) 2009 Doug Hellmann
# Doug Hellmann <doug@doughellmann.com>, 2016.
#
msgid ""
msgstr ""
"Project-Id-Version: PyMOTW-3\n"
"Report-Msgid-Bugs-To: Doug Hellmann <doug@doughellmann.com>\n"
"POT-Creation-Date: 2016-01-24 13:04-0500\n"
"PO-Revision-Date: 2016-01-24 13:04-0500\n"
"Last-Translator: Doug Hellmann <doug@doughellmann.com>\n"
"Language-Team: US English <doug@doughellmann.com>\n"
"MIME-Version: 1.0\n"
"Content-Type: text/plain; charset=UTF-8\n"
"Content-Transfer-Encoding: 8bit\n"

#: gettext_example.py:16
msgid "This message is in the script."
msgstr "This message is in the en_US catalog."
```

msgformat을 사용해 .po 파일에서 카탈로그를 생성한다.

```
$ cd locale/en_US/LC_MESSAGES; msgfmt -o example.mo example.po
```

gettext_example.py에서 도메인은 example_domain이지만 파일명은 example.pot다. gettext가 올바른 번역 파일을 찾게 하려면 파일명과 도메인을 일치시켜야 한다.

리스트 15.4: gettext_example_corrected.py

```
t = gettext.translation('example', 'locale', fallback=True, )
```

이제 다시 스크립트를 실행시키면 카탈로그에서 찾은 메시지가 코드의 문자열 대신 출력된다.

```
$ python3 gettext_example_corrected.py
```

```
This message is in the en_US catalog.
```

15.1.3 런타임에 메시지 카탈로그 찾기

앞에서 설명한 대로 메시지 카탈로그를 갖고 있는 locale 디렉터리는 프로그램의 도메인으로 이름 지어진 카탈로그와 시스템의 언어를 기반으로 구성된다. 운영체제에 따라 자체적으로 자신의 기본값을 정의하고 있지만 gettext는 이런 기본값을 모두 알 수가 없다. 기본 locale 디렉터리로서 sys.prefix + '/share/locale'을 사용하지만, 대부분의 경우 이 기본 디렉터리를 사용하는 것보다는 명시적으로 localedir 값을 지정하는 것이 더 안전하다. find() 함수는 런타임에 적절한 메시지 카탈로그의 위치를 찾는다.

리스트 15.5: gettext_find.py

```
import gettext

catalogs = gettext.find('example', 'locale', all=True)
print('Catalogs:', catalogs)
```

경로에서 언어 부분은 지역화 기능을 구성하는 데 사용할 수 있는 LANGUAGE, LC_ALL, LC_MESSAGES, LANG 등의 여러 환경 변수 중 하나에서 가져온다. 그중 첫 번째로 발견된 변수가 이런 목적을 위해 사용된다. 여러 언어를 지원하게 하려면 값을 콜론(:)으로 구분한다. 다음 예제는 gettext_find.py를 사용해 몇 가지 실험을 수행한다.

```
$ cd locale/en_CA/LC_MESSAGES; msgfmt -o example.mo example.po
$ cd ../../..
$ python3 gettext_find.py

Catalogs: ['locale/en_US/LC_MESSAGES/example.mo']

$ LANGUAGE=en_CA python3 gettext_find.py

Catalogs: ['locale/en_CA/LC_MESSAGES/example.mo']

$ LANGUAGE=en_CA:en_US python3 gettext_find.py

Catalogs: ['locale/en_CA/LC_MESSAGES/example.mo', 'locale/en_US/LC_MESSAGES/example.mo']
```

```
$ LANGUAGE=en_US:en_CA python3 gettext_find.py

Catalogs: ['locale/en_US/LC_MESSAGES/example.mo', 'locale/en_CA/LC_MESSAGES/example.mo']
```

find()가 카탈로그의 전체 목록을 보여주기는 하지만 첫 번째에 있는 하나만 실제 메시지를 조회하고자 로드된다.

```
$ python3 gettext_example_corrected.py

This message is in the en_US catalog.

$ LANGUAGE=en_CA python3 gettext_example_corrected.py

This message is in the en_CA catalog.

$ LANGUAGE=en_CA:en_US python3 gettext_example_corrected.py

This message is in the en_CA catalog.

$ LANGUAGE=en_US:en_CA python3 gettext_example_corrected.py

This message is in the en_US catalog.
```

15.1.4 복수형

간단한 메시지 대체가 번역 작업의 대부분이지만 특수한 경우 **gettext**는 복수형도 처리한다. 언어에 따라 메시지의 단수와 복수 차이는 단어의 끝에 문자 하나만 붙여주거나 아니면 전체 문장 구조가 달라질 수도 있다. 또한 복수형의 수준에 따라 다른 형태가 존재할 수도 있다. 복수형 관리를 더 쉽게, 그리고 경우에 따라 가능하게 하고자 메시지의 복수형에 대한 요구를 처리하는 별도의 함수가 제공된다.

리스트 15.6: gettext_plural.py

```
from gettext import translation
import sys

t = translation('plural', 'locale', fallback=False)
num = int(sys.argv[1])
msg = t.ngettext('{num} means singular.', '{num} means plural.', num)
```

```
# 메시지에 직접 값을 추가해야 한다.
print(msg.format(num=num))
```

ngettext()를 사용해 메시지에 대한 복수형 대체 텍스트에 액세스한다. 인자는 번역할 메시지와 항목의 숫자다.

```
$ xgettext -L Python -o plural.pot gettext_plural.py
```

번역해야 할 대체 형식이 여러 가지일 수 있으므로 대체 텍스트는 배열에 나열된다. 배열을 사용하면 예를 들어 양에 따라 여러 형태를 갖는 폴란드어처럼 여러 개의 복수형이 있는 언어의 번역도 가능해진다.

리스트 15.7: plural.pot

```
# SOME DESCRIPTIVE TITLE.
# Copyright (C) YEAR THE PACKAGE'S COPYRIGHT HOLDER
# This file is distributed under the same license as the PACKAGE package.
# FIRST AUTHOR <EMAIL@ADDRESS>, YEAR.
#
#, fuzzy
msgid ""
msgstr ""
"Project-Id-Version: PACKAGE VERSION\n"
"Report-Msgid-Bugs-To: \n"
"POT-Creation-Date: 2016-07-10 10:45-0400\n"
"PO-Revision-Date: YEAR-MO-DA HO:MI+ZONE\n"
"Last-Translator: FULL NAME <EMAIL@ADDRESS>\n"
"Language-Team: LANGUAGE <LL@li.org>\n"
"Language: \n"
"MIME-Version: 1.0\n"
"Content-Type: text/plain; charset=CHARSET\n"
"Content-Transfer-Encoding: 8bit\n"
"Plural-Forms: nplurals=INTEGER; plural=EXPRESSION;\n"

#: gettext_plural.py:15
#, python-brace-format
msgid "{num} means singular."
```

```
msgid_plural "{num} means plural."
msgstr[0] ""
msgstr[1] ""
```

번역될 문자열을 채워 넣는 것뿐만 아니라 라이브러리는 복수형이 만들어지는 방법도 알아야 주어진 값을 배열에서 인덱싱할 수 있다. "Plural-Forms: nplurals=INTEGER; plural=EXPRESSION;\n"이라고 된 줄은 수작업으로 대체해야 할 두 값을 포함한다. nplurals는 배열의 크기(사용할 번역의 개수)를 나타내는 정수며, plural은 번역을 검색할 때 전달받은 양을 배열의 인덱스로 변환하는 C 언어 표현식이다. 리터럴 문자 n은 ungettext()에 전달되는 수량을 대치한다.

예를 들어 영어에는 두 가지 복수형이 있다. 수량 0은 "0 bananas"처럼 복수형으로 처리된다. 그러면 Plural-Forms 항목은 다음과 같다.

```
Plural-Forms: nplurals=2; plural=n != 1;
```

단수형 번역은 0번 위치로, 복수형 번역은 1번 위치로 배치된다.

리스트 15.8: locale/en_US/LC_MESSAGES/plural.po

```
# Messages from gettext_plural.py
# Copyright (C) 2009 Doug Hellmann
# This file is distributed under the same license
# as the PyMOTW package.
# Doug Hellmann <doug@doughellmann.com>, 2016.
#
#, fuzzy
msgid ""
msgstr ""
"Project-Id-Version: PyMOTW-3\n"
"Report-Msgid-Bugs-To: Doug Hellmann <doug@doughellmann.com>\n"
"POT-Creation-Date: 2016-01-24 13:04-0500\n"
"PO-Revision-Date: 2016-01-24 13:04-0500\n"
"Last-Translator: Doug Hellmann <doug@doughellmann.com>\n"
"Language-Team: en_US <doug@doughellmann.com>\n"
"MIME-Version: 1.0\n"
```

```
"Content-Type: text/plain; charset=UTF-8\n"
"Content-Transfer-Encoding: 8bit\n"
"Plural-Forms: nplurals=2; plural=n != 1;"

#: gettext_plural.py:15
#, python-format
msgid "{num} means singular."
msgid_plural "{num} means plural."
msgstr[0] "In en_US, {num} is singular."
msgstr[1] "In en_US, {num} is plural."
```

카탈로그를 컴파일하고 조금 지난 후에 테스트 스크립트를 실행하면 n 값이 달라지는 경우 번역 문자열의 인덱스가 달라지는 것을 볼 수 있다.

```
$ cd locale/en_US/LC_MESSAGES/; msgfmt -o plural.mo plural.po
$ cd ../../..
$ python3 gettext_plural.py 0

In en_US, 0 is plural.

$ python3 gettext_plural.py 1

In en_US, 1 is singular.

$ python3 gettext_plural.py 2

In en_US, 2 is plural.
```

15.1.5 애플리케이션과 모듈 지역화

번역의 범위는 gettext 설치 방법과 코드 본문에 사용되는 방법을 정의한다.

15.1.5.1 애플리케이션 지역화

애플리케이션 전체에 대한 번역의 경우 작성자가 애플리케이션의 최상위 수준 코드에 대한 제어를 갖고 있고 전체 요구 사항을 이해하고 있으므로 __builtins__ 네임스페이스를 사용해 ngettext()와 같은 함수를 전역으로 설치할 수 있다.

```
import gettext

gettext.install('example', 'locale', names=['ngettext'], )

print(_('This message is in the script.'))
```

install() 함수는 __builtins__ 네임스페이스의 _()에 gettext()를 묶는다. 또한 ngettext()나 names에 나열된 다른 함수를 노 추가한다.

15.1.5.2 모듈 지역화

라이브러리나 개별 모듈의 경우 애플리케이션의 전역 값과 충돌이 일어날 수 있으므로 __builtins__를 수정하는 것은 좋지 않다. 그 대신 모듈의 최상위에 수동으로 번역 함수를 임포트하거나 다시 바인드한다.

```
import gettext

t = gettext.translation('example', 'locale', fallback=False, )
_ = t.gettext
ngettext = t.ngettext

print(_('This message is in the script.'))
```

15.1.6 번역 전환

앞의 모든 예제는 프로그램에서 단일 언어의 번역만 사용했다. 하지만 어떤 경우에, 특히 웹 애플리케이션의 경우 환경을 종료하고 다시 실행하지 않아도 시간에 따라 여러 개의 메시지 카탈로그를 사용해야 할 수도 있다. 이런 경우에는 gettext에서 제공하는 클래스 기반 API가 더 편리할 수 있다. API 호출은 본질적으로 이 절에서 설명한 전역 호출과 동일하지만 메시지 카탈로그 객체가 노출돼 직접 다룰 수 있으므로 여러 개의 카탈로그를 사용할 수 있다.

- gettext 표준 라이브러리 문서: https://docs.python.org/3.5/library/gettext.html
- locale: 지역화 도구
- GNU gettext(www.gnu.org/software/gettext/manual/gettext.html): 이 모듈의 메시지 카탈로그 형식, API 등 모든 것은 GNU의 gettext 패키지를 기반으로 한다. 카탈로그 파일 형식은 서로 호환되며, 커맨드라인 스크립트도 (똑같지는 않지만) 비슷한 옵션을 사용한다. GNU gettext 매뉴얼은 파일 형식과 그것을 가지고 작업할 수 있는 도구들의 GNU 버전에 대해 설명하고 있다.
- Plural forms(www.gnu.org/software/gettext/manual/gettext.html#Plural-forms): 여러 언어에서 단어와 문장의 복수형 처리
- Internationalizing Python(http://legacy.python.org/workshops/1997-10/proceedings/loewis.html): 파이썬 애플리케이션의 국제화 기법에 대한 마틴 폰 루이스(Martin von Löwis)의 논문
- Django Internationalization(https://docs.djangoproject.com/en/dev/topics/i18n/): 실제적인 예제와 함께 gettext 사용법에 대한 좋은 정보를 제공한다.

15.2 locale: 문화 지역화 API

locale 모듈은 파이썬의 국제화 및 지역화 지원 라이브러리의 일부분이다. 이 모듈은 사용자의 언어나 지역에 따라 달라질 수 있는 작업, 예를 들어 숫자의 통화 표기, 정렬을 위한 문자열 비교, 날짜 표시 등을 처리하는 표준 방법을 제공한다. 이 모듈은 번역(gettext 모듈 참고)이나 유니코드 인코딩(codecs 모듈 참고)은 다루지 않는다.

참고

로케일(locale)을 변경하면 애플리케이션 전반에 영향을 줄 수 있으므로 라이브러리에서 값을 변경하는 것을 피하고 애플리케이션에서 한 번만 설정하는 것을 권장한다. 이 절의 예제에서는 다양한 로케일 설정의 차이를 보여주고자 짧은 프로그램에서 로케일이 여러 번 변경된다. 하지만 일반적으로는 애플리케이션이 처음 실행될 때 또는 웹에서 요청이 수신됐을 때 로케일을 한 번 설정하고 그 이후에는 반복적으로 변경하지 않는다.

이 절에서는 locale 모듈의 몇 가지 함수를 살펴본다. 그 외의 함수들은 format_string()과 같은 저수준 함수이거나 resetlocale()처럼 애플리케이션의 로케일 관리와 관련된 것이다.

15.2.1 현재 로케일 탐색

사용자가 애플리케이션의 로케일 설정을 변경하게 하는 가장 일반적인 방법은 환경 변수(플랫폼에 따라 LC_ALL, LC_CTYPE, LANG, LANGUAGE)를 사용하는 것이다. 하드코딩된 값없이 애플리케이션이 setlocale()을 호출하면 환경 변수 값을 사용한다.

리스트 15.11: locale_env.py

```
import locale
import os
import pprint

# 사용자 환경에 따른 기본 설정
locale.setlocale(locale.LC_ALL, '')

print('Environment settings:')
for env_name in ['LC_ALL', 'LC_CTYPE', 'LANG', 'LANGUAGE']:
    print(' {} = {}'.format(env_name, os.environ.get(env_name, '')))

# 현재 로케일은 무엇인가?
print('\nLocale from environment:', locale.getlocale())

template = """
Numeric formatting:

    Decimal point         : "{decimal_point}"
    Grouping positions  : {grouping}
    Thousands separator: "{thousands_sep}"

Monetary formatting:

    International currency symbol  : "{int_curr_symbol!r}"
    Local currency symbol          : {currency_symbol!r}
    Symbol precedes positive value : {p_cs_precedes}
    Symbol precedes negative value : {n_cs_precedes}
    Decimal point                  : "{mon_decimal_point}"
    Digits in fractional values    : {frac_digits}
    Digits in fractional values, international  : {int_frac_digits}
    Grouping positions             : {mon_grouping}
    Thousands separator            : "{mon_thousands_sep}"
    Positive sign                  : "{positive_sign}"
    Positive sign position         : {p_sign_posn}
    Negative sign                  : "{negative_sign}"
    Negative sign position         : {n_sign_posn}
```

```
    """
sign_positions = {
    0: 'Surrounded by parentheses',
    1: 'Before value and symbol',
    2: 'After value and symbol',
    3: 'Before value',
    4: 'After value',
    locale.CHAR_MAX: 'Unspecified',
}
info = {}
info.update(locale.localeconv())
info['p_sign_posn'] = sign_positions[info['p_sign_posn']]
info['n_sign_posn'] = sign_positions[info['n_sign_posn']]

print(template.format(**info))
```

localeconv() 메서드는 로케일 규칙을 포함한 딕셔너리를 반환한다. 전체 값 이름과 정의는 표준 라이브러리 문서에 설명돼 있다.

모든 변수가 설정되지 않은 상태에서 맥OS X 10.11.6에서 스크립트를 실행하면 다음과 같은 출력이 생성된다.

```
$ export LANG=; export LC_CTYPE=; python3 locale_env.py

Environment settings:
    LC_ALL =
    LC_CTYPE =
    LANG =
    LANGUAGE =

Locale from environment: (None, None)

Numeric formatting:

    Decimal point      : "."
    Grouping positions : []
    Thousands separator: ""

Monetary formatting:
```

```
International currency symbol    : "'"
Local currency symbol            : ''
Symbol precedes positive value   : 127
Symbol precedes negative value   : 127
Decimal point                    : ""
Digits in fractional values      : 127
Digits in fractional values, international   : 127
Grouping positions               : []
Thousands separator               : ""
Positive sign                    : ""
Positive sign position           : Unspecified
Negative sign                    : ""
Negative sign position           : Unspecified
```

LANG 변수를 설정해 같은 스크립트를 실행하면 로케일과 기본 인코딩이 어떻게 변경되는지 보여준다.

미국(en_US)의 경우는 다음과 같다.

```
$ LANG=en_US LC_CTYPE=en_US LC_ALL=en_US python3 locale_env.py

Environment settings:
    LC_ALL = en_US
    LC_CTYPE = en_US
    LANG = en_US
    LANGUAGE =

Locale from environment: ('en_US', 'ISO8859-1')

Numeric formatting:

    Decimal point      : "."
    Grouping positions : [3, 3, 0]
    Thousands separator: ","

Monetary formatting:

    International currency symbol    : "'USD '"
    Local currency symbol            : '$'
    Symbol precedes positive value   : 1
    Symbol precedes negative value   : 1
```

```
Decimal point                         : "."
Digits in fractional values       : 2
Digits in fractional values, international    : 2
Grouping positions                : [3, 3, 0]
Thousands separator               : ","
Positive sign                     : ""
Positive sign position            : Before value and symbol
Negative sign                     : "-"
Negative sign position            : Before value and symbol
```

프랑스(fr_FR)의 경우는 다음과 같다.

```
$ LANG=fr_FR LC_CTYPE=fr_FR LC_ALL=fr_FR python3 locale_env.py
Environment settings:

    LC_ALL = fr_FR
    LC_CTYPE = fr_FR
    LANG = fr_FR
    LANGUAGE =

Locale from environment: ('fr_FR', 'ISO8859-1')

Numeric formatting:

    Decimal point     : ","
    Grouping positions : [127]
    Thousands separator: ""

Monetary formatting:

    International currency symbol    : "'EUR '"
    Local currency symbol            : 'Eu'
    Symbol precedes positive value   : 0
    Symbol precedes negative value   : 0
    Decimal point                    : ","
    Digits in fractional values      : 2
    Digits in fractional values, international    : 2
    Grouping positions               : [3, 3, 0]
    Thousands separator              : " "
    Positive sign                    : ""
    Positive sign position           : Before value and symbol
```

```
        Negative sign                    : "-"
        Negative sign position           : After value and symbol
```

스페인(es_ES)의 경우는 다음과 같다.

```
$ LANG=es_ES LC_CTYPE=es_ES LC_ALL=es_ES python3 locale_env.py
```

Environment settings:

```
    LC_ALL = es_ES
    LC_CTYPE = es_ES
    LANG = es_ES
    LANGUAGE =
```

Locale from environment: ('es_ES', 'ISO8859-1')

Numeric formatting:

```
    Decimal point       : ","
    Grouping positions : [127]
    Thousands separator: ""
```

Monetary formatting:

```
        International currency symbol    : "'EUR '"
        Local currency symbol            : 'Eu'
        Symbol precedes positive value   : 0
        Symbol precedes negative value   : 0
        Decimal point                    : ","
        Digits in fractional values      : 2
        Digits in fractional values, international    : 2
        Grouping positions               : [3, 3, 0]
        Thousands separator              : "."
        Positive sign                    : ""
        Positive sign position           : Before value and symbol
        Negative sign                    : "-"
        Negative sign position           : Before value and symbol
```

포르투갈(pt_PT)의 경우는 다음과 같다.

```
$ LANG=pt_PT LC_CTYPE=pt_PT LC_ALL=pt_PT python3 locale_env.py
```

```
Environment settings:

    LC_ALL = pt_PT
    LC_CTYPE = pt_PT
    LANG = pt_PT
    LANGUAGE =

Locale from environment: ('pt_PT', 'ISO8859-1')

Numeric formatting:

    Decimal point        : ","
    Grouping positions : []
    Thousands separator: " "

Monetary formatting:

    International currency symbol    : "'EUR '"
    Local currency symbol            : 'Eu'
    Symbol precedes positive value   : 0
    Symbol precedes negative value   : 0
    Decimal point                    : "."
    Digits in fractional values      : 2
    Digits in fractional values, international     : 2
    Grouping positions               : [3, 3, 0]
    Thousands separator               : "."
    Positive sign                    : ""
    Positive sign position           : Before value and symbol
    Negative sign                    : "-"
    Negative sign position           : Before value and symbol
```

폴란드(pl_PL)의 경우는 다음과 같다.

```
$ LANG=pl_PL LC_CTYPE=pl_PL LC_ALL=pl_PL python3 locale_env.py

Environment settings:

    LC_ALL = pl_PL
    LC_CTYPE = pl_PL
    LANG = pl_PL
    LANGUAGE =

Locale from environment: ('pl_PL', 'ISO8859-2')
```

```
Numeric formatting:

    Decimal point       : ","
    Grouping positions : [3, 3, 0]
    Thousands separator: " "

Monetary formatting:

    International currency symbol    : "'PLN '"
    Local currency symbol           : 'z'
    Symbol precedes positive value  . 1
    Symbol precedes negative value  : 1
    Decimal point                   : ","
    Digits in fractional values     : 2
    Digits in fractional values, international    : 2
    Grouping positions              : [3, 3, 0]
    Thousands separator             : " "
    Positive sign                   : ""
    Positive sign position          : After value
    Negative sign                   : "-"
    Negative sign position          : After value
```

15.2.2 통화

앞의 예제는 로케일을 변경하면 화폐 기호 설정 및 소수점과 정수를 구분하는 문자가
업데이트되는 것을 보여준다. 다음 예제는 다양한 로케일에 따른 양수 및 음수 통화
값을 출력한다.

리스트 15.12: locale_currency.py

```python
import locale

sample_locales = [
    ('USA', 'en_US'),
    ('France', 'fr_FR'),
    ('Spain', 'es_ES'),
    ('Portugal', 'pt_PT'),
    ('Poland', 'pl_PL'),
]
```

```
for name, loc in sample_locales:
    locale.setlocale(locale.LC_ALL, loc)
    print('{:>10}: {:>10} {:>10}'.format(name, locale.currency(1234.56),
        locale.currency(-1234.56), ))
```

다음과 같은 작은 표가 출력된다.

```
$ python3 locale_currency.py

     USA:  $1234.56      -$1234.56
  France:  1234,56 Eu   1234,56 Eu-
   Spain:  1234,56 Eu  -1234,56 Eu
Portugal:  1234.56 Eu  -1234.56 Eu
  Poland:  łz 1234,56   łz 1234,56-
```

15.2.3 숫자 형식

통화와 관계없는 숫자도 로케일에 따라 다르게 형식화된다. 특히 큰 숫자를 읽기 좋게
해주는 그룹 구분자가 바뀐다.

리스트 15.13: locale_grouping.py

```
import locale

sample_locales = [
    ('USA', 'en_US'),
    ('France', 'fr_FR'),
    ('Spain', 'es_ES'),
    ('Portugal', 'pt_PT'),
    ('Poland', 'pl_PL'),
]
print('{:>10} {:>10} {:>15}'.format('Locale', 'Integer', 'Float'))
for name, loc in sample_locales:
    locale.setlocale(locale.LC_ALL, loc)

    print('{:>10}'.format(name), end=' ')
    print(locale.format('%10d', 123456, grouping=True), end=' ')
```

```
print(locale.format('%15.2f', 123456.78, grouping=True))
```

화폐 기호 없이 숫자를 형식화하려면 currency() 대신 format()을 사용한다.

```
$ python3 locale_grouping.py

    Locale    Integer        Float
       USA    123,456    123,456.78
    France     123456    123456,78
     Spain     123456    123456,78
  Portugal     123456    123456,78
    Poland    123 456    123 456,78
```

로케일 형식의 숫자를 로케일과 상관없는 형식의 숫자로 변환하려면 delocalize()를
사용한다.

리스트 15.14: locale_delocalize.py

```
import locale

sample_locales = [
    ('USA', 'en_US'),
    ('France', 'fr_FR'),
    ('Spain', 'es_ES'),
    ('Portugal', 'pt_PT'),
    ('Poland', 'pl_PL'),
]

for name, loc in sample_locales:
    locale.setlocale(locale.LC_ALL, loc)
    localized = locale.format('%0.2f', 123456.78, grouping=True)
    delocalized = locale.delocalize(localized)
    print('{:>10}: {:>10} {:>10}'.format(name, localized, delocalized, ))
```

그룹 구분자는 제거되고, 소수점 구분자는 모두 마침표(.)로 변환된다.

```
$ python3 locale_delocalize.py
```

```
      USA:  123,456.78    123456.78
   France:   123456,78    123456.78
    Spain:   123456,78    123456.78
 Portugal:   123456,78    123456.78
   Poland:  123 456,78    123456.78
```

15.2.4 숫자 파싱

locale 모듈은 입력값을 파싱할 때도 도움이 된다. 로케일 숫자 형식에 따라 문자열을
정수나 부동소수점 값으로 변환해주는 atoi()와 atof() 함수가 제공된다.

리스트 15.15: locale_atof.py

```
import locale

sample_data = [
    ('USA', 'en_US', '1,234.56'),
    ('France', 'fr_FR', '1234,56'),
    ('Spain', 'es_ES', '1234,56'),
    ('Portugal', 'pt_PT', '1234.56'),
    ('Poland', 'pl_PL', '1 234,56'),
]

for name, loc, a in sample_data:
    locale.setlocale(locale.LC_ALL, loc)
    print('{:>10}: {:>9} => {:f}'.format(name, a, locale.atof(a), ))
```

파서는 로케일의 그룹 구분자와 소수점 구분자를 인식한다.

```
$ python3 locale_atof.py

      USA:   1,234.56  =>   1234.560000
   France:   1234,56   =>   1234.560000
    Spain:   1234,56   =>   1234.560000
 Portugal:   1234.56   =>   1234.560000
   Poland:  1 234,56   =>   1234.560000
```

1234

15.2.5 날짜와 시간

날짜와 시간 형식은 지역화에서 매우 중요하다.

리스트 15.16: locale_date.py

```python
import locale
import time

sample_locales = [
    ('USA', 'en_US'),
    ('France', 'fr_FR'),
    ('Spain', 'es_ES'),
    ('Portugal', 'pt_PT'),
    ('Poland', 'pl_PL'),
]

for name, loc in sample_locales:
    locale.setlocale(locale.LC_ALL, loc)
    format = locale.nl_langinfo(locale.D_T_FMT)
    print('{:>10}: {}'.format(name, time.strftime(format)))
```

이 예제는 로케일의 날짜 형식 문자열을 사용해 현재 날짜와 시간을 출력한다.

```
$ python3 locale_date.py

     USA: Fri Aug  5 17:33:31  2016
  France: Ven  5 aoû 17:33:31  2016
   Spain: vie  5 ago 17:33:31  2016
Portugal: Sex  5 Ago 17:33:31  2016
  Poland: ptk  5 sie 17:33:31  2016
```

팁 – 참고 자료

- locale 표준 라이브러리 문서: https://docs.python.org/3.5/library/locale.html
- locale을 위한 파이썬 2에서 3로의 포팅 노트
- gettext: 번역을 위한 메시지 카탈로그

16

개발자 도구

시간이 지나면서 파이썬은 처음부터 모든 것을 구축해야 하는 필요성을 없애고 파이썬 개발자의 삶을 좀 더 편안하게 만들어주고자 광범위한 모듈 생태계를 발전시켰다. 개발자가 작업에 사용하는 도구에도 동일한 철학이 적용돼 왔다. 16장에서는 테스트, 디버깅, 프로파일링 등과 같이 일반적인 개발 작업에 도움을 주는 파이썬 모듈을 다룬다.

개발자를 위한 가장 기본적인 형태의 도움말은 코드 문서다. pydoc 모듈은 임포트 가능한 모든 소스코드에 포함된 docstring에서 형식화된 참조 문서를 생성한다.

파이썬은 자동으로 코드를 실행하고 올바르게 동작하는지 검증할 수 있는 두 가지 테스팅 프레임워크를 제공한다. doctest는 소스 내에 또는 단일 파일로 문서에 포함된 예제에서 테스트 시나리오를 추출한다. unittest는 픽스처fixture, 사전 정의된 테스트 스위트test suite, 테스트 디스커버리test discovery 등을 지원하는 다기능의 자동화된 테스팅 프레임워크다.

trace 모듈은 파이썬의 프로그램 실행을 모니터링하고 각 줄이 몇 번 수행됐는지 보고한다. 이 정보는 자동화된 테스트 스위트가 테스트를 못하고 놓친 코드를 찾거나, 모듈 간의 종속성을 알고자 함수 호출 그래프를 연구할 때 사용할 수 있다.

테스트를 작성하고 실행하면 대부분의 프로그램에서 문제가 발견된다. 파이썬에서 처리되지 않은 에러는 트레이스백traceback으로 콘솔에 출력되므로 디버깅하기 쉽다. 프로그램이 텍스트 콘솔 환경에서 실행되지 않았다면 traceback을 사용해 로그 파일이나 메시지 대화상자에 비슷한 결과를 출력할 수 있다. 표준 트레이스백의 정보가 부족하다면 cgitb 모듈을 사용해 각 스택별, 소스 콘텍스트source context별 지역 변수 설정과 같은 상세 정보를 볼 수 있다. 또한 cgitb는 웹 애플리케이션에서 에러를 보고하고자 트레이스백을 HTML로 형식화할 수 있다.

문제의 위치가 확인된 다음에 pdb 모듈의 대화형 디버거^{interactive debugger}를 통해 코드를 단계별로 실행하면 코드가 어떻게 에러 상황에 이르렀는지 알 수 있으므로 쉽게 해결책을 이끌어낼 수 있다. 또한 이 모듈은 실제 객체와 코드를 사용해 변경 사항을 실험할 수 있으므로 에러가 없는 최종 수정안을 찾을 때까지 필요한 반복 횟수를 줄일 수 있다.

프로그램이 테스트되고 디버깅된 후에 제대로 동작한다면 그다음 단계는 성능을 향상시키는 것이다. profile과 timeit을 사용해 개발자는 프로그램의 속도를 측정하고 느린 부분을 찾아 성능을 향상시킬 수 있다.

공백도 구문의 일부인 파이썬 언어에서는 소스코드에서 들여쓰기를 일관되게 사용하는 것이 중요하다. tabnanny 모듈은 모호한 들여쓰기를 알려주는 스캐너를 제공한다. 이 모듈은 코드를 소스 저장소에 올리기 전에 코드가 최소한의 표준을 만족시키는지 확인하고자 사용할 수 있다.

파이썬 프로그램은 인터프리터가 원본 프로그램 소스의 바이트 컴파일 버전을 실행한다. 바이트 컴파일 버전은 필요에 따라 그때그때 생성하거나 프로그램을 패키지로 만들 때 한 번에 생성할 수 있다. compileall 모듈은 바이트 코드 파일을 생성하고자 설치 프로그램과 패키징 도구가 사용하는 인터페이스를 제공한다. 또한 이 모듈은 개발 환경에서 소스 파일에 문법 에러가 있는지 확인하거나 프로그램을 릴리스할 때 패키징할 바이트 컴파일 파일을 빌드하고자 사용할 수 있다.

소스코드 레벨에서 pyclbr 모듈은 텍스트 편집기나 다른 프로그램이 파이썬 소스를 스캔해 함수나 클래스와 같은 특정 심볼을 찾을 때 사용할 수 있는 클래스 브라우저를 제공한다. 이때 코드를 임포트하지 않으므로 부작용이 발생할 가능성도 거의 없다.

venv에 의해 관리되는 파이썬 가상 환경은 패키지를 설치하고 프로그램을 실행하고자 따로 분리된 환경을 말한다. 가상 환경은 동일한 프로그램을 다양한 버전에서 쉽게 테스트하고 종속성 충돌이 있는 서로 다른 프로그램을 한 컴퓨터에 설치할 수 있게 해준다.

확장 모듈, 프레임워크, 파이썬 패키지 인덱스^{Python Package Index}를 통해 사용할 수 있는 도구 등 거대한 파이썬 생태계를 활용하려면 패키지 인스톨러가 필요하다. 파이썬의 패키지 인스톨러인 pip는 인터프리터와 함께 배포되지 않는다. 이는 개발 도구의 일반적인 업데이트 주기에 비해 개발 언어의 릴리스 주기가 길기 때문이다. ensurepip 모듈은 최신 버전의 pip를 설치해준다.

16.1 pydoc: 모듈의 온라인 도움말

pydoc 모듈은 파이썬 모듈을 임포트하고 그 내용을 사용해 도움말 텍스트를 생성한다. 출력에는 모든 객체에 대한 docstring이 포함되며, 모듈의 모든 클래스, 메서드, 함수의 설명도 포함된다.

16.1.1 일반 텍스트 도움말

커맨드라인 프로그램으로 모듈 이름을 전달해 pydoc을 실행하면 모듈에 대한 도움말 텍스트를 생성하며, 페이저^{pager} 프로그램이 있으면 이를 사용해 콘솔에 내용을 출력할 수 있다. 예를 들어 atexit 모듈의 도움말 텍스트를 보려면 pydoc atexit라고 실행한다.

```
$ pydoc atexit

Help on built-in module atexit:

NAME
    atexit - allow programmer to define multiple exit functions to be executed upon normal
program termination.

DESCRIPTION
    Two public functions, register and unregister, are defined.

FUNCTIONS
    register(...)
        register(func, *args, **kwargs) -> func

    Register a function to be executed upon normal program termination

        func - function to be called at exit
        args - optional arguments to pass to func
        kwargs - optional keyword arguments to pass to func

        func is returned to facilitate usage as a decorator.
```

```
unregister(...)
    unregister(func) -> None

    Unregister an exit function which was previously registered using
    atexit.register

        func - function to be unregistered
FILE
    (built-in)
```

16.1.2 HTML 도움말

pydoc은 HTML 도움말을 생성해 로컬 디렉터리에 파일로 저장하거나 웹 서버를 시작해 온라인으로 문서를 보여줄 수도 있다.

```
$ pydoc -w atexit
```

앞의 코드는 현재 디렉터리에 atexit.html 파일을 생성한다.

```
$ pydoc -p 5000

Server ready at http://localhost:5000/
Server commands: [b]rowser, [q]uit
server> q
Server stopped
```

또한 http://localhost:5000/에서 웹 서버를 시작한다. 브라우저를 열면 서버가 문서를 생성한다. b 명령을 사용해 자동으로 브라우저 창을 열 수 있고, q 명령은 웹 서버를 중지시킨다.

16.1.3 대화식 도움말

pydoc은 __builtins__에 help() 함수를 추가해 동일한 정보를 파이썬 인터프리터 프롬프트에서도 얻을 수 있게 해준다.

```
$ python

Python 3.5.2 (v3.5.2:4def2a2901a5, Jun 26 2016, 10:47:25)
[GCC 4.2.1 (Apple Inc. build 5666) (dot 3)] on darwin
Type "help", "copyright", "credits" or "license" for more information.
>>> help('atexit')
Help on module atexit:

NAME
    atexit - allow programmer to define multiple exit functions to be executed upon normal
program termination.

...
```

팁 — 참고 자료

- pydoc 표준 라이브러리 문서: https://docs.python.org/3.5/library/pydoc.html
- inspect: inspect 모듈은 객체의 docstring을 프로그램적으로 추출할 때 사용할 수 있다.

16.2 doctest: 문서를 통한 테스트

doctest는 문서에 포함된 예제를 실행시켜 소스코드가 예상된 결과를 생성하는지 확인한다. doctest는 도움말 텍스트를 파싱해 그 안에 있는 예제를 찾아 실행시키고, 결과 텍스트를 예상된 값과 비교하는 방식으로 동작한다. doctest는 매우 단순하고 사용하기 위해 배워야 할 API가 없으므로 많은 개발자가 unittest보다 사용하기 쉽다고 생각한다. 하지만 예제가 복잡해지면 픽스처 관리 도구가 없으므로 doctest가 unittest보다 더 번거로울 수 있다.

16.2.1 시작하기

doctest를 사용하는 첫 단계는 대화식 인터프리터를 사용해 예제를 생성한 다음에 모듈의 docstring에 붙여 넣는 것이다. 앞으로 사용할 my_function()에는 두 가지 예제가 들어있다.

```
def my_function(a, b):
    """
    >>> my_function(2, 3)
    6
    >>> my_function('a', 3)
    'aaa'
    """
    return a * b
```

테스트를 시작하려면 -m 옵션을 지정해 doctest를 메인 프로그램으로 사용한다. 일반
적으로 테스트가 실행되는 동안에는 출력이 나오지 않으므로 다음 예제에서는 -v 옵
션을 사용해 자세한 내용을 출력한다.

```
$ python3 -m doctest -v doctest_simple.py
Trying:
    my_function(2, 3)
Expecting:
    6
ok
Trying:
    my_function('a', 3)
Expecting:
    'aaa'
ok
1 items had no tests:
    doctest_simple
1 items passed all tests:
    2 tests in doctest_simple.my_function
2 tests in 2 items.
2 passed and 0 failed.
Test passed.
```

일반적으로 예제 자체로 함수를 설명할 수 없으므로 doctest에는 부연 설명을 넣을 수
있다. 인터프리터 프롬프트(>>>)로 시작하는 줄을 찾아 테스트 케이스의 시작으로 삼
고, 해당 테스트 케이스는 빈 줄이나 다음 인터프리터 프롬프트에 의해 종료된다. 그

중간에 나오는 텍스트는 무시되며, 테스트 케이스처럼 보이지 않는 것은 어떤 형식이
든 사용할 수 있다.

리스트 16.2: doctest_simple_with_docs.py

```
def my_function(a, b):
    """Returns a * b.

    Works with numbers:

    >>> my_function(2, 3)
    6

    and strings:

    >>> my_function('a', 3)
    'aaa'
    """
    return a * b
```

docstring에 부연 설명을 넣는 것은 가독성을 높이기 위해서다. 부연 설명은 doctest
에 의해 무시되므로 실행 결과는 동일하다.

```
$ python3 -m doctest -v doctest_simple_with_docs.py
Trying:
    my_function(2, 3)
Expecting:
    6
ok
Trying:
    my_function('a', 3)
Expecting:
    'aaa'
ok
1 items had no tests:
    doctest_simple_with_docs
1 items passed all tests:
    2 tests in doctest_simple_with_docs.my_function
2 tests in 2 items.
2 passed and 0 failed.
```

```
Test passed.
```

16.2.2 예측 불가능한 결과 처리

정확한 결과를 예측할 수 없는 경우에도 테스트를 수행할 수 있다. 예를 들어 날짜와 시간 값, 객체 아이디는 테스트를 실행할 때마다 변경되고, 부동소수점 값을 표현하는 정밀도는 컴파일러 옵션에 따라 달라지며, 딕셔너리와 같은 컨테이너 객체의 문자열 표현도 확정적이지 않을 수 있다. 이런 조건들을 제어할 수는 없지만 특정 기법을 사용해 처리할 수 있다.

예를 들어 CPython에서 객체 식별자는 객체를 보유하고 있는 자료 구조의 메모리 주소에 기반을 둔다.

리스트 16.3: doctest_unpredictable.py

```python
class MyClass:
    pass

def unpredictable(obj):
    """Returns a new list containing obj.

    >>> unpredictable(MyClass())
    [<doctest_unpredictable.MyClass object at 0x10055a2d0>]
    """
    return [obj]
```

이 아이디 값은 프로그램이 실행될 때마다 메모리의 다른 부분에 로드되므로 매번 달라진다.

```
$ python3 -m doctest -v doctest_unpredictable.py

Trying:
    unpredictable(MyClass())
Expecting:
    [<doctest_unpredictable.MyClass object at 0x10055a2d0>]
**************************************************************
```

```
File ".../doctest_unpredictable.py", line 17, in doctest_unpredi ctable.unpredictable
Failed example:
    unpredictable(MyClass())
Expected:
    [<doctest_unpredictable.MyClass object at 0x10055a2d0>]
Got:
    [<doctest_unpredictable.MyClass object at 0x1016a4160>]
2 items had no tests:
    doctest unpredictable
    doctest_unpredictable.MyClass
****************************************************************
1 items had failures:
    1 of 1 in doctest_unpredictable.unpredictable
1 tests in 3 items.
0 passed and 1 failed.
***Test Failed*** 1 failures.
```

테스트가 예측 불가능한 방식으로 변경되는 값을 포함하고 있으며 실제 값이 테스트 결과에 별로 중요하지 않다면 ELLIPSIS 옵션을 사용해 doctest가 검증할 값의 일부를 무시하게 한다.

리스트 16.4: doctest_ellipsis.py

```
class MyClass:
    pass

def unpredictable(obj):
    """Returns a new list containing obj.

    >>> unpredictable(MyClass()) #doctest: +ELLIPSIS
    [<doctest_ellipsis.MyClass object at 0x...>]
    """
    return [obj]
```

unpredictable() 호출 뒤에 붙은 #doctest: +ELLIPSIS 주석은 doctest가 ELLIPSIS 옵션을 사용하도록 지시한다. '...'은 예상되는 값의 일부를 무시하도록 객체 아이디의 메모리 주소 부분을 대체한다. 실제 출력 결과는 일치하는 것으로 처리돼 테스트가 통과된다.

```
$ python3 -m doctest -v doctest_ellipsis.py

Trying:
    unpredictable(MyClass()) #doctest: +ELLIPSIS
Expecting:
    [<doctest_ellipsis.MyClass object at 0x...>]
ok
2 items had no tests:
    doctest_ellipsis
    doctest_ellipsis.MyClass
1 items passed all tests:
    1 tests in doctest_ellipsis.unpredictable
1 tests in 3 items.
1 passed and 0 failed.
Test passed.
```

때때로 어떤 예측 불가능한 값은 테스트를 불완전하거나 부정확하게 만들므로 무시할
수 없는 경우도 있다. 예를 들어 문자열 표현에 일관성이 없는 데이터 타입을 다룰 때
단순한 테스트가 오히려 복잡해질 수 있다. 예를 들어 딕셔너리에서 문자열 형식은 추
가되는 키의 순서에 따라 바뀔 수 있다.

리스트 16.5: doctest_hashed_values.py

```
keys = ['a', 'aa', 'aaa']

print('dict:', {k: len(k) for k in keys})
print('set :', set(keys))
```

무작위 해시와 키의 충돌로 인해 스크립트를 실행할 때마다 딕셔너리의 내부적인 키
순서가 바뀔 수 있다. set도 딕셔너리와 동일한 해시 알고리즘을 사용하므로 동일하게
동작한다.

```
$ python3 doctest_hashed_values.py

dict: {'aa': 2, 'a': 1, 'aaa': 3}
set : {'aa', 'a', 'aaa'}

$ python3 doctest_hashed_values.py
```

```
dict: {'a': 1, 'aa': 2, 'aaa': 3}
set : {'a', 'aa', 'aaa'}
```

이런 잠재적인 불일치를 처리하는 가장 좋은 방법은 변경될 가능성이 없는 값을 생성하는 테스트를 작성하는 것이다. 위와 같은 딕셔너리의 경우에 문자열 표현을 비교하는 대신 특정한 키를 개별적으로 찾게 하거나, 자료 구조 내에서 정렬된 목록을 생성하거나, 리터럴 값이 동일한지 비교하는 방식은 사용한다.

리스트 16.6: doctest_hashed_values_tests.py

```python
import collections

def group_by_length(words):
    """Returns a dictionary grouping words into sets by length.

    >>> grouped = group_by_length([ 'python', 'module', 'of',
    ... 'the', 'week' ])
    >>> grouped == { 2:set(['of']),
    ...              3:set(['the']),
    ...              4:set(['week']),
    ...              6:set(['python', 'module']),
    ...              }
    True
    """
    d = collections.defaultdict(set)
    for word in words:
        d[len(word)].add(word)
        return d
```

앞의 코드는 하나의 예제지만 실제로는 두 개의 테스트로 해석되며, 첫 번째는 콘솔 출력이 없고, 두 번째는 비교 연산의 결과로 불리언 값이 출력된다.

```
$ python3 -m doctest -v doctest_hashed_values_tests.py

Trying:
    grouped = group_by_length([ 'python', 'module', 'of', 'the', 'week'])
Expecting nothing
ok
```

```
Trying:
    grouped == { 2:set(['of']),
                 3:set(['the']),
                 4:set(['week']),
                 6:set(['python', 'module']),
                 }
Expecting:
    True
ok
1 items had no tests:
    doctest_hashed_values_tests
1 items passed all tests:
    2 tests in doctest_hashed_values_tests.group_by_length
2 tests in 2 items.
2 passed and 0 failed.
Test passed.
```

16.2.3 트레이스백

doctest에서 트레이스백은 데이터 변경과 관련된 특수한 경우다. 트레이스백에서 경로는 모듈이 파일 시스템에 설치된 위치에 따라 다르므로 다른 출력과 동일하게 처리한다면 이식성 높은 테스트를 작성할 수 없다.

리스트 16.7: doctest_tracebacks.py

```
def this_raises():
    """This function always raises an exception.

    >>> this_raises()
    Traceback (most recent call last):
        File "<stdin>", line 1, in <module>
        File "/no/such/path/doctest_tracebacks.py", line 14, in this_raises
            raise RuntimeError('here is the error')
    RuntimeError: here is the error
    """
    raise RuntimeError('here is the error')
```

doctest에는 트레이스백을 인식하고 그중에서 시스템에 따라 달라지는 부분은 무시한다.

```
$ python3 -m doctest -v doctest_tracebacks.py

Trying:
    this_raises()
Expecting:
    Traceback (most recent call last):
        File "<stdin>", line 1, in <module>
        File "/no/such/path/doctest_tracebacks.py", line 14, in this_raises
            raise RuntimeError('here is the error')
    RuntimeError: here is the error
ok
1 items had no tests:
    doctest_tracebacks
1 items passed all tests:
    1 tests in doctest_tracebacks.this_raises
1 tests in 2 items.
1 passed and 0 failed.
Test passed.
```

사실 트레이스백 전체를 무시하고 생략하게 할 수도 있다.

리스트 16.8: doctest_tracebacks_no_body.py

```
def this_raises():
    """This function always raises an exception.

    >>> this_raises()
    Traceback (most recent call last):
    RuntimeError: here is the error

    >>> this_raises()
    Traceback (innermost last):
    RuntimeError: here is the error
    """
    raise RuntimeError('here is the error')
```

doctest는 Traceback (most recent call last): 또는 Traceback (innermost last): 등의 트레이스백 헤더 줄(다른 버전의 파이썬을 지원하기 위한 표현 방식)을 만나면 예외

타입과 메시지를 찾아 그 사이의 줄 전체를 무시한다.

```
$ python3 -m doctest -v doctest_tracebacks_no_body.py

Trying:
    this_raises()
Expecting:
    Traceback (most recent call last):
    RuntimeError: here is the error
ok
Trying:
    this_raises()
Expecting:
    Traceback (innermost last):
    RuntimeError: here is the error
ok
1 items had no tests:
    doctest_tracebacks_no_body
1 items passed all tests:
    2 tests in doctest_tracebacks_no_body.this_raises
2 tests in 2 items.
2 passed and 0 failed.
Test passed.
```

16.2.4 공백 처리

실제 애플리케이션에서는 가독성을 높이고자 출력에 빈 줄, 탭, 공백 등을 사용한다. 여기서 특히 빈 줄은 doctest가 테스트를 구분하는 기준으로 삼기 때문에 문제가 발생한다.

리스트 16.9: doctest_blankline_fail.py

```
def double_space(lines):
    """Prints a list of double-spaced lines.

    >>> double_space(['Line one.', 'Line two.'])
    Line one.

    Line two.
```

```
    """
    for l in lines:
        print(l)
        print()
```

double_space()는 입력값 사이에 빈 줄을 넣어 출력하는 함수다.

```
$ python3 -m doctest -v doctest_blankline_fail.py

Trying:
    double_space(['Line one.', 'Line two.'])
Expecting:
    Line one.
**************************************************************
File ".../doctest_blankline_fail.py", line 12, in doctest_blankl ine_fail.double_space
Failed example:
    double_space(['Line one.', 'Line two.'])
Expected:
    Line one.
Got:
    Line one.
    <BLANKLINE>
    Line two.
    <BLANKLINE>
1 items had no tests:
    doctest_blankline_fail
**************************************************************
1 items had failures:
    1 of 1 in doctest_blankline_fail.double_space
1 tests in 2 items.
0 passed and 1 failed.
***Test Failed*** 1 failures.
```

앞의 예제는 "Line one." 다음에 빈 줄이 있으므로 테스트가 실패한다. 샘플 입력에서
빈 줄을 문자열 <BLANKLINE>으로 바꿔주면 테스트에서는 빈 줄로 인식한다.

```
def double_space(lines):
    """Prints a list of double-spaced lines.

    >>> double_space(['Line one.', 'Line two.'])
    Line one.
    <BLANKLINE>
    Line two.
    <BLANKLINE>
    """
    for l in lines:
        print(l)
        print()
```

이 예제에서 doctest는 비교를 수행하기 전에 실제 빈 줄을 동일한 리터럴 값으로 바꾼
다. 실제 값과 예상 값이 일치하므로 테스트는 통과된다.

```
$ python3 -m doctest -v doctest_blankline.py

Trying:
    double_space(['Line one.', 'Line two.'])
Expecting:
    Line one.
    <BLANKLINE>
    Line two.
    <BLANKLINE>
ok
1 items had no tests:
    doctest_blankline
1 items passed all tests:
    1 tests in doctest_blankline.double_space
1 tests in 2 items.
1 passed and 0 failed.
Test passed.
```

한 줄 안에 있는 공백도 테스트에서 곤란한 문제를 일으킬 수 있다. 다음 예제는 6 다음
에 공백을 하나 더 갖고 있다.

리스트 16.11: doctest_extra_space.py

```python
def my_function(a, b):
    """
    >>> my_function(2, 3)
    6
    >>> my_function('a', 3)
    'aaa'
    """
    return a * b
```

이런 공백은 소스를 복사해서 붙여 넣을 때 코드에 들어갈 수 있다. 특히 공백이 줄 끝에 있으면 소스 파일에서 눈으로 인지하기 어렵고 테스트 실패 보고에서도 잘 보이지 않는다.

```
$ python3 -m doctest -v doctest_extra_space.py

Trying:
    my_function(2, 3)
Expecting:
    6
**********************************************************************
File ".../doctest_extra_space.py", line 15, in doctest_extra_spa ce.my_function
Failed example:
    my_function(2, 3)
Expected:
    6
Got:
    6
Trying:
    my_function('a', 3)
Expecting:
    'aaa'
ok
1 items had no tests:
    doctest_extra_space
**********************************************************************
1 items had failures:
    1 of 2 in doctest_extra_space.my_function
```

```
2 tests in 2 items.
1 passed and 1 failed.
***Test Failed*** 1 failures.
```

REPORT_NDIFF와 같이 차이를 비교해 보고하는 옵션을 사용하면 실제 값과 예상 값 사이의 다른 점을 자세히 볼 수 있으며, 위와 같은 공백도 표시가 된다.

리스트 16.12: doctest_ndiff.py

```
def my_function(a, b):
    """
    >>> my_function(2, 3) #doctest: +REPORT_NDIFF
    6
    >>> my_function('a', 3)
    'aaa'
    """
    return a * b
```

통합 버전(REPORT_UDIFF)과 콘텍스트 버전(REPORT_CDIFF) 옵션도 사용할 수 있다.

```
$ python3 -m doctest -v doctest_ndiff.py

Trying:
    my_function(2, 3) #doctest: +REPORT_NDIFF
Expecting:
    6
**********************************************************
File ".../doctest_ndiff.py", line 16, in doctest_ndiff.my_function
Failed example:
    my_function(2, 3) #doctest: +REPORT_NDIFF
Differences (ndiff with -expected +actual):
    - 6
    ? -
    + 6
Trying:
    my_function('a', 3)
Expecting:
    'aaa'
```

```
ok
1 items had no tests:
    doctest_ndiff
***************************************************************
1 items had failures:
    1 of 2 in doctest_ndiff.my_function
2 tests in 2 items.
1 passed and 1 failed.
***Test Failed*** 1 failures.
```

테스트하고자 샘플 출력에 추가적인 공백을 넣는 것이 유익할 때도 있지만 doctest가 그것을 무시하게 하는 것이 좋다. 예를 들어 어떤 자료 구조의 표현은 한 줄에 다 들어 가더라도 여러 줄로 표시하는 것이 더 읽기 쉬울 수도 있다.

```
def my_function(a, b):
    """Returns a * b.

    >>> my_function(['A', 'B'], 3) #doctest: +NORMALIZE_WHITESPACE
    ['A', 'B',
     'A', 'B',
     'A', 'B']

    This does not match because of the extra space after the [ in the list.

    >>> my_function(['A', 'B'], 2) #doctest: +NORMALIZE_WHITESPACE
    [ 'A', 'B',
     'A', 'B', ]
    """
    return a * b
```

NORMALIZE_WHITESPACE 옵션을 활성화하면 실제 값과 예상 값의 모든 공백은 일치하는 것으로 간주된다. 출력에는 존재하지 않을 예상 값에 공백을 추가할 수는 없지만, 공백 시퀀스의 길이와 실제 공백 문자가 일치할 필요는 없다. 첫 번째 테스트 예제는 추가 적인 공백과 줄 바꿈이 입력에 들어가 있지만 이 규칙을 따르기 때문에 테스트가 통과 된다. 두 번째 예제는 대괄호 '['의 뒤와 ']'의 앞에 추가적인 공백이 있어 테스트가 실 패했다.

```
$ python3 -m doctest -v doctest_normalize_whitespace.py

Trying:
    my_function(['A', 'B'], 3) #doctest: +NORMALIZE_WHITESPACE
Expecting:
    ['A', 'B',
     'A', 'B',
     'A', 'B']
ok
Trying:
    my_function(['A', 'B'], 2) #doctest: +NORMALIZE_WHITESPACE
Expecting:
    [ 'A', 'B',
     'A', 'B', ]
**************************************************************
File "doctest_normalize_whitespace.py", line 21, in doctest_normalize_whitespace.my_function
Failed example:
    my_function(['A', 'B'], 2) #doctest: +NORMALIZE_WHITESPACE
Expected:
    [ 'A', 'B',
     'A', 'B', ]
Got:
    ['A', 'B', 'A', 'B']
1 items had no tests:
    doctest_normalize_whitespace
**************************************************************
1 items had failures:
    2 of 2 in doctest_normalize_whitespace.my_function
2 tests in 2 items.
0 passed and 2 failed.
***Test Failed*** 2 failures.
```

16.2.5 테스트 위치

지금까지 살펴본 모든 테스트는 함수의 docstring에 작성된 것이었다. 이 방법은
pydoc 등의 함수를 이용해 docstring을 찾는 사용자들에게 편리하지만, doctest는 다
른 위치에 있는 테스트를 검색하기도 한다. 추가적인 테스트가 있는 가장 명확한 위치
는 모듈의 다른 곳에 있는 docstring이다.

```
"""Tests can appear in any docstring within the module.

Module-level tests cross class and function boundaries.

>>> A('a') == B('b')
False
"""

class A:
    """Simple class.

    >>> A('instance_name').name
    'instance_name'
    """

    def __init__(self, name):
        self.name = name

    def method(self):
        """Returns an unusual value.

    >>> A('name').method()
    'eman'
    """
        return ''.join(reversed(self.name))

class B(A):
    """Another simple class.

    >>> B('different_name').name
    'different_name'
    """
```

모듈, 클래스, 함수 레벨의 docstring은 모두 테스트를 가질 수 있다.

```
$ python3 -m doctest -v doctest_docstrings.py

Trying:
    A('a') == B('b')
Expecting:
    False
ok
```

```
Trying:
    A('instance_name').name
Expecting:
    'instance_name'
ok
Trying:
    A('name').method()
Expecting:
    'eman'
ok
Trying:
    B('different_name').name
Expecting:
    'different_name'
ok
1 items had no tests:
    doctest_docstrings.A.__init__
4 items passed all tests:
    1 tests in doctest_docstrings
    1 tests in doctest_docstrings.A
    1 tests in doctest_docstrings.A.method
    1 tests in doctest_docstrings.B
4 tests in 5 items.
4 passed and 0 failed.
Test passed.
```

경우에 따라 테스트가 소스코드에 포함돼야 하고 모듈의 도움말 텍스트에 있으면 안
될 때가 있다. 이 시나리오에서 테스트는 docstring이 아닌 다른 곳에 있어야 한다.
doctest는 다른 테스트의 위치를 찾고자 모듈 레벨 변수인 __test__를 호출한다.
__test__의 값은 문자열인 테스트 세트 이름을 문자열, 모듈, 클래스, 또는 함수와 매
핑하는 딕셔너리여야 한다.

리스트 16.14: doctest_private_tests.py

```
import doctest_private_tests_external

__test__ = {
    'numbers': """
```

```
>>> my_function(2, 3)
6
>>> my_function(2.0, 3)
6.0
""",
    'strings': """
>>> my_function('a', 3)
'aaa'

>>> my_function(3, 'a')
'aaa'
""",
    'external': doctest_private_tests_external,
}
def my_function(a, b):
    """Returns a * b
    """
    return a * b
```

키와 매핑된 값이 문자열이면 docstring으로 처리돼 테스트를 스캔한다. 이 값이 클래스나 함수면 doctest는 docstring을 재귀적으로 검색한 후 테스트를 스캔한다. 다음 예제에서 doctest_private_tests_external 모듈은 docstring에 하나의 테스트를 갖고 있다.

리스트 16.15: doctest_private_tests_external.py

```
"""External tests associated with doctest_private_tests.py.

>>> my_function(['A', 'B', 'C'], 2)
['A', 'B', 'C', 'A', 'B', 'C']
"""
```

doctest는 예제 파일을 스캔해 총 다섯 개의 테스트를 찾아낸다.

```
$ python3 -m doctest -v doctest_private_tests.py

Trying:
    my_function(['A', 'B', 'C'], 2)
```

```
Expecting:
    ['A', 'B', 'C', 'A', 'B', 'C']
ok
Trying:
    my_function(2, 3)
Expecting:
    6
ok
Trying:
    my_function(2.0, 3)
Expecting:
    6.0
ok
Trying:
    my_function('a', 3)
Expecting:
    'aaa'
ok
Trying:
    my_function(3, 'a')
Expecting:
    'aaa'
ok
2 items had no tests:
    doctest_private_tests
    doctest_private_tests.my_function
3 items passed all tests:
    1 tests in doctest_private_tests.__test__.external
    2 tests in doctest_private_tests.__test__.numbers
    2 tests in doctest_private_tests.__test__.strings
5 tests in 5 items.
5 passed and 0 failed.
Test passed.
```

16.2.6 외부 문서

코드에 테스트를 넣는 것이 doctest를 사용하는 유일한 방법은 아니다. reStructuredText 파일과 같은 외부 프로젝트 문서 파일에 포함된 예제도 사용할 수 있다.

```python
def my_function(a, b):
    """Returns a*b
    """
    return a * b
```

이 샘플 모듈의 도움말은 별도의 파일인 doctest_in_help.txt에 저장된다. 이 예제는 도움말 텍스트를 갖고 있는 모듈을 사용하는 방법과 doctest가 그것을 찾아 실행하는 것을 보여준다.

리스트 16.17: doctest_in_help.txt

```
================================
How to Use doctest_in_help.py
================================

This library is very simple, since it only has one function called
''my_function()''.

Numbers
=======

''my_function()'' returns the product of its arguments. For numbers,
that value is equivalent to using the ''*'' operator.

::

    >>> from doctest_in_help import my_function
    >>> my_function(2, 3)
    6

It also works with floating-point values.

::

    >>> my_function(2.0, 3)
    6.0

Non-Numbers
===========

Because ''*'' is also defined on data types other than numbers,
''my_function()'' works just as well if one of the arguments is
```

a string, a list, or a tuple.

::

```
>>> my_function('a', 3)
'aaa'
>>> my_function(['A', 'B', 'C'], 2)
['A', 'B', 'C', 'A', 'B', 'C']
```

텍스트 파일에 있는 테스트는 파이썬 소스 모듈처럼 커맨드라인으로 실행할 수 있다.

```
$ python3 -m doctest -v doctest_in_help.txt
Trying:
    from doctest_in_help import my_function
Expecting nothing
ok
Trying:
    my_function(2, 3)
Expecting:
    6
ok
Trying:
    my_function(2.0, 3)
Expecting:
    6.0
ok
Trying:
    my_function('a', 3)
Expecting:
    'aaa'
ok
Trying:
    my_function(['A', 'B', 'C'], 2)
Expecting:
    ['A', 'B', 'C', 'A', 'B', 'C']
ok
1 items passed all tests:
    5 tests in doctest_in_help.txt
5 tests in 1 items.
```

```
5 passed and 0 failed.
Test passed.
```

일반적으로 doctest는 테스트할 모듈의 멤버가 포함되도록 실행 환경이 설정되므로 테스트에서는 모듈을 명시적으로 임포트할 필요가 없다. 하지만 이 경우에는 테스트가 파이썬 모듈 내에 정의돼 있지 않으므로 doctest가 전역 네임스페이스를 어떻게 설정해야 할지 알지 못한다. 결과적으로 이 예제에서는 직접 임포트를 수행해야 한다. 주어진 파일의 모든 테스트는 동일한 실행 환경을 공유하므로 파일의 맨 위에서 한 번만 임포트하는 것으로 충분하다.

16.2.7 테스트 실행

이전의 모든 예제는 doctest에 내장된 커맨드라인 테스트 러너^{test runner}를 사용했다. 이 방법은 단일 모듈을 테스트하기 쉽고 편하지만 패키지가 여러 파일로 이뤄져 있으면 아주 지루한 작업이 될 수 있다. 이런 경우에 사용할 수 있는 몇 가지 대안이 있다.

16.2.7.1 모듈 단위 실행

소스에 대한 doctest 실행 지시는 모듈의 끝에 포함될 수 있다.

리스트 16.18: doctest_testmod.py

```python
def my_function(a, b):
    """
    >>> my_function(2, 3)
    6
    >>> my_function('a', 3)
    'aaa'
    """
    return a * b

if __name__ == '__main__':
    import doctest
    doctest.testmod()
```

현재 모듈이 __main__인 경우 testmod()를 호출해야만 모듈이 메인 프로그램으로 작동돼 테스트를 확실히 실행시킬 수 있다.

```
$ python3 doctest_testmod.py -v

Trying:
    my_function(2, 3)
Expecting:
    6
ok
Trying:
    my_function('a', 3)
Expecting:
    'aaa'
ok
1 items had no tests:
    __main__
1 items passed all tests:
    2 tests in __main__.my_function
2 tests in 2 items.
2 passed and 0 failed.
Test passed.
```

testmod()의 첫 번째 인자는 테스트 코드를 갖고 있는 모듈이다. 이 기능을 통해 별도의 테스트 스크립트가 실제 코드를 임포트하고 각 모듈에 있는 테스트를 하나씩 실행하게 할 수 있다.

리스트 16.19: doctest_testmod_other_module.py

```
import doctest_simple

if __name__ == '__main__':
    import doctest
    doctest.testmod(doctest_simple)
```

각 모듈을 임포트해 테스트를 수행하도록 프로젝트에 대한 테스트 스위트를 구성할 수 있다.

```
$ python3 doctest_testmod_other_module.py -v

Trying:
    my_function(2, 3)
Expecting:
    6
ok
Trying:
    my_function('a', 3)
Expecting:
    'aaa'
ok
1 items had no tests:
    doctest_simple
1 items passed all tests:
    2 tests in doctest_simple.my_function
2 tests in 2 items.
2 passed and 0 failed.
Test passed.
```

16.2.7.2 파일 단위 실행

testfile()은 testmod()와 비슷한 방식으로 동작하며, 테스트 프로그램 내에서 외부 파일에 있는 테스트를 명시적으로 호출할 수 있다.

리스트 16.20: doctest_testfile.py

```
import doctest

if __name__ == '__main__':
    doctest.testfile('doctest_in_help.txt')
```

testmod()와 testfile()은 모두 doctest 옵션을 통해 테스트를 제어하는 매개변수를 갖고 있다. 이 기능과 관련된 자세한 내용은 표준 라이브러리 문서를 참조하면 되지만 대부분의 경우 이런 옵션은 필요하지 않다.

```
$ python3 doctest_testfile.py -v
```

```
Trying:
    from doctest_in_help import my_function
Expecting nothing
ok
Trying:
    my_function(2, 3)
Expecting:
    6
ok
Trying:
    my_function(2.0, 3)
Expecting:
    6.0
ok
Trying:
    my_function('a', 3)
Expecting:
    'aaa'
ok
Trying:
    my_function(['A', 'B', 'C'], 2)
Expecting:
    ['A', 'B', 'C', 'A', 'B', 'C']
ok
1 items passed all tests:
    5 tests in doctest_in_help.txt
5 tests in 1 items.
5 passed and 0 failed.
Test passed.
```

16.2.7.3 유닛 테스트 스위트

unittest와 doctest는 동일한 코드를 서로 다른 상황에서 테스트하고자 사용되며,
doctest에 unittest를 통합해 테스트를 함께 수행할 수도 있다. DocTestSuite와
DocFileSuite의 두 클래스를 사용해 unittest의 테스트 러너 API와 호환되는 테스트
스위트를 생성할 수도 있다.

리스트 16.21: doctest_unittest.py

```python
import doctest
import unittest
import doctest_simple

suite = unittest.TestSuite()
suite.addTest(doctest.DocTestSuite(doctest_simple))
suite.addTest(doctest.DocFileSuite('doctest_in_help.txt'))

runner = unittest.TextTestRunner(verbosity=2)
runner.run(suite)
```

각 소스에 대한 테스트는 개별적으로 보고되지 않고 하나의 결과로 합쳐진다.

```
$ python3 doctest_unittest.py

my_function (doctest_simple)
Doctest: doctest_simple.my_function ... ok
doctest_in_help.txt
Doctest: doctest_in_help.txt ... ok

--------------------------------------------------------
Ran 2 tests in 0.002s

OK
```

16.2.8 테스트 콘텍스트

doctest가 테스트하고자 생성한 실행 콘텍스트는 모듈 레벨에서 테스트 모듈에 대한 전역 변수들의 복사본을 갖고 있다. 함수, 클래스, 모듈 등의 각 테스트 소스는 어느 정도 분리된 자기만의 전역 값을 갖고 있으므로 서로 간섭하지 않는다.

리스트 16.22: doctest_test_globals.py

```python
class TestGlobals:

    def one(self):
        """
```

```
        >>> var = 'value'
        >>> 'var' in globals()
        True
        """

    def two(self):
        """
        >>> 'var' in globals()
        False
        """
```

TestGlobals는 one()과 two()라는 두 개의 메서드를 갖고 있다. one()에 대한 docstring 테스트는 전역 변수를 설정하고 two()에 대한 테스트에서 이 변수를 찾는다. 하지만 찾을 거라고 예상하지는 않는다.

```
$ python3 -m doctest -v doctest_test_globals.py

Trying:
    var = 'value'
Expecting nothing
ok
Trying:
    'var' in globals()
Expecting:
    True
ok
Trying:
    'var' in globals()
Expecting:
    False
ok
2 items had no tests:
    doctest_test_globals
    doctest_test_globals.TestGlobals
2 items passed all tests:
    2 tests in doctest_test_globals.TestGlobals.one
    1 tests in doctest_test_globals.TestGlobals.two
3 tests in 4 items.
3 passed and 0 failed.
```

```
Test passed.
```

이는 두 테스트가 서로 방해할 수 없다는 것을 의미하지는 않는다. 두 테스트가 모듈에 정의된 변수의 값을 바꾸면 간섭이 발생한다.

리스트 16.23: doctest_mutable_globals.py

```python
_module_data = {}

class TestGlobals:

    def one(self):
        """
        >>> TestGlobals().one()
        >>> 'var' in _module_data
        True
        """
        _module_data['var'] = 'value'

    def two(self):
        """
        >>> 'var' in _module_data
        False
        """
```

모듈 변수 _module_data가 one()에 대한 테스트에서 변경되므로 two()에 대한 테스트는 실패한다.

```
$ python3 -m doctest -v doctest_mutable_globals.py

Trying:
    TestGlobals().one()
Expecting nothing
ok
Trying:
    'var' in _module_data
Expecting:
    True
ok
```

```
Trying:
    'var' in _module_data
Expecting:
    False
****************************************************************
File ".../doctest_mutable_globals.py", line 25, in doctest_mutable_globals.TestGlobals.two
Failed example:
    'var' in _module_data
Expected:
    False
Got:
    True
2 items had no tests:
    doctest_mutable_globals
    doctest_mutable_globals.TestGlobals
1 items passed all tests:
    2 tests in doctest_mutable_globals.TestGlobals.one
****************************************************************
1 items had failures:
    1 of 1 in doctest_mutable_globals.TestGlobals.two
3 tests in 4 items.
2 passed and 1 failed.
***Test Failed*** 1 failures.
```

환경에 대한 매개변수 설정 등으로 인해 테스트에서 전역 값이 필요하다면 콘텍스트
설정을 위해 호출자에 의해 제어되는 데이터를 사용해 testmod()와 testfile()에 값
을 전달할 수 있다.

> **팁 – 참고 자료**
>
> - doctest 표준 라이브러리 문서: https://docs.python.org/3.5/library/doctest.html
> - The Mighty Dictionary(www.youtube.com/watch?v=C4Kc8xzcA68): 딕셔너리의 내부 동작에 대한 브
>   랜든 로데즈(Brandon Rhodes)의 PyCon 2010 발표 자료
> - difflib: ndiff 출력을 생성하고자 사용되는 파이썬의 시퀀스 차이 비교 라이브러리
> - 스핑크스(Sphinx)(www.sphinx-doc.org): 파이썬 표준 라이브러리를 위한 문서 처리 도구인 스핑크스는
>   사용하기 쉽고 다양한 디지털 출력 양식으로 깨끗한 출력을 생성하므로 많은 서드파티 프로젝트에 사용되
>   고 있다. 스핑크스는 자신의 프로세스 소스 파일로 doctest를 실행하는 확장 프로그램을 갖고 있어 예제들
>   은 항상 정확하다.
> - py.test(http://doc.pytest.org/en/latest/): doctest를 지원하는 서드파티 테스트 러너

- nose2(https://nose2.readthedocs.io/en/latest/): doctest를 지원하는 서드파티 테스트 러너
- Manuel(https://pythonhosted.org/manuel/): 스핑크스와 통합돼 고급 테스트 케이스를 제공하는 문서기반 서드파티 테스트 러너

16.3 unittest: 자동화된 테스팅 프레임워크

unittest의 자동화된 테스팅 프레임워크는 켄트 벡Kent Beck과 에리히 감마Erich Gamma가 디자인한 XUnit 프레임워크에 기반을 둔다. C, 펄, 자바, 스몰토크Smalltalk 같은 다른 많은 언어도 같은 패턴을 갖고 있다. unittest에 의해 구현된 프레임워크는 테스트 자동화가 가능하도록 픽스처, 테스트 스위트, 테스트 러너를 지원한다.

16.3.1 기본 테스트 구조

unittest에 의해 정의된 테스트는 픽스처라고 불리는 테스트 종속성을 관리하는 코드와 테스트 자체 두 부분으로 구성된다. 개별 테스트는 TestCase를 서브클래싱해 필요한 기능을 오버라이드하거나 적절한 메서드를 추가해 생성한다. 다음 예제에서 SimplisticTest는 하나의 test() 메서드를 가지며, a와 b가 다른 경우 테스트가 실패한다.

리스트 16.24: unittest_simple.py

```
import unittest

class SimplisticTest(unittest.TestCase):

    def test(self):
        a = 'a'
        b = 'a'
        self.assertEqual(a, b)
```

16.3.2 테스트 실행

unittest로 테스트를 실행하는 가장 쉬운 방법은 커맨드라인 인터페이스를 사용하는 것이다.

```
$ python3 -m unittest unittest_simple.py
.
-------------------------------------------------------
Ran 1 test in 0.000s

OK
```

출력 결과에는 각 테스트에 대한 상태 표시와 테스트가 수행된 시간이 표시된다. 첫
번째 줄에 있는 '.'은 테스트가 통과했음을 의미한다. 테스트 결과에 대한 좀 더 자세한
사항은 -v 옵션을 통해 볼 수 있다.

```
$ python3 -m unittest -v unittest_simple.py
test (unittest_simple.SimplisticTest) ... ok
-------------------------------------------------------
Ran 1 test in 0.000s

OK
```

16.3.3 테스트 결과

테스트는 표 16.1에 표시된 것과 같은 세 가지 결과를 낸다. 테스트를 '통과'시키는 명
시적인 방법이 없으므로 테스트의 상태는 예외의 존재 여부에 따라 결정된다.

표 16.1: 테스트 케이스 결과

결과	설명
ok	테스트 통과
FAIL	테스트 실패. AssertionError 예외를 발생시킨다.
ERROR	테스트는 AssertionError가 아닌 예외를 발생시킨다.

리스트 16.25: unittest_outcomes.py

```
import unittest
```

```
class OutcomesTest(unittest.TestCase):

    def testPass(self):
        return

    def testFail(self):
        self.assertFalse(True)

    def testError(self):
        raise RuntimeError('Test error!')
```

테스트가 실패하거나 에러가 발생되면 트레이스백이 출력에 포함된다.

```
$ python3 -m unittest unittest_outcomes.py

EF.
================================================================
ERROR: testError (unittest_outcomes.OutcomesTest)
----------------------------------------------------
Traceback (most recent call last):
    File ".../unittest_outcomes.py", line 18, in testError
        raise RuntimeError('Test error!')
RuntimeError: Test error!

================================================================
FAIL: testFail (unittest_outcomes.OutcomesTest)
----------------------------------------------------
Traceback (most recent call last):
    File ".../unittest_outcomes.py", line 15, in testFail
        self.assertFalse(True)
AssertionError: True is not false

----------------------------------------------------
Ran 3 tests in 0.001s

FAILED (failures=1, errors=1)
```

앞의 예제에서 **testFail()**은 실패하고 트레이스백이 코드에서 실패가 발생한 줄을 보여준다. 하지만 코드를 보고 실패한 테스트의 의미를 알아내는 것은 테스트 결과를 읽는 사람에 달려있다.

unittest_failwithmessage.py

```
import unittest

class FailureMessageTest(unittest.TestCase):

    def testFail(self):
        self.assertFalse(True, 'failure message goes here')
```

fail*()와 assert*() 메서드에 인자로 **msg**를 사용하면 더 상세한 에러 메시지를 생성하므로 테스트 실패를 더 쉽게 이해할 수 있다.

```
$ python3 -m unittest -v unittest_failwithmessage.py

testFail (unittest_failwithmessage.FailureMessageTest) ... FAIL

================================================================
FAIL: testFail (unittest_failwithmessage.FailureMessageTest)
----------------------------------------------------
Traceback (most recent call last):
    File ".../unittest_failwithmessage.py", line 12, in testFail
        self.assertFalse(True, 'failure message goes here')
AssertionError: True is not false : failure message goes here

----------------------------------------------------
Ran 1 test in 0.000s

FAILED (failures=1)
```

16.3.4 참 여부 확인

대부분의 테스트는 특정 조건이 참인지 여부를 확인한다. 참 여부를 체크하는 테스트는 테스트 작성자와 테스트하는 코드가 원하는 결과에 따라 두 가지 방식으로 작성할 수 있다.

리스트 16.27: unittest_truth.py

```
import unittest
```

```
class TruthTest(unittest.TestCase):

    def testAssertTrue(self):
        self.assertTrue(True)

    def testAssertFalse(self):
        self.assertFalse(False)
```

코드가 참으로 평가될 수 있는 값을 생성한다면 assertTrue() 메서드를 사용해야 한다. 코드가 거짓인 값을 생성한다면 assertFalse() 메서드를 사용한다.

```
$ python3 -m unittest -v unittest_truth.py

testAssertFalse (unittest_truth.TruthTest) ... ok
testAssertTrue (unittest_truth.TruthTest) ... ok

-------------------------------------------------------
Ran 2 tests in 0.000s

OK
```

16.3.5 동일성 테스트

unittest는 두 값의 동일성 여부를 테스트하는 메서드도 제공한다.

리스트 16.28: unittest_equality.py

```
import unittest

class EqualityTest(unittest.TestCase):

    def testExpectEqual(self):
        self.assertEqual(1, 3 - 2)

    def testExpectEqualFails(self):
        self.assertEqual(2, 3 - 2)

    def testExpectNotEqual(self):
        self.assertNotEqual(2, 3 - 2)

    def testExpectNotEqualFails(self):
```

```
        self.assertNotEqual(1, 3 - 2)
```

테스트가 실패하면 이 특별한 테스트 메서드는 비교되는 값들을 식별해주는 에러 메시지를 출력한다.

```
$ python3 -m unittest -v unittest_equality.py

testExpectEqual (unittest_equality.EqualityTest) ... ok
testExpectEqualFails (unittest_equality.EqualityTest) ... FAIL
testExpectNotEqual (unittest_equality.EqualityTest) ... ok
testExpectNotEqualFails (unittest_equality.EqualityTest) ... FAIL

==============================================================
FAIL: testExpectEqualFails (unittest_equality.EqualityTest)
--------------------------------------------------------------
Traceback (most recent call last):
    File ".../unittest_equality.py", line 15, in testExpectEqualFails
        self.assertEqual(2, 3 - 2)
AssertionError: 2 != 1

==============================================================
FAIL: testExpectNotEqualFails (unittest_equality.EqualityTest)
--------------------------------------------------------------
Traceback (most recent call last):
    File ".../unittest_equality.py", line 21, in testExpectNotEqualFails
        self.assertNotEqual(1, 3 - 2)
AssertionError: 1 == 1

--------------------------------------------------------------
Ran 4 tests in 0.001s

FAILED (failures=2)
```

16.3.6 거의 같은가?

엄격한 동일성 테스트 외에 추가적으로 assertAlmostEqual()과 assertNotAlmostEqual()을 사용해 두 개의 부동소수점 수가 거의 같은지 여부를 테스트할 수 있다.

리스트 16.29: unittest_almostequal.py

```python
import unittest

class AlmostEqualTest(unittest.TestCase):

    def testEqual(self):
        self.assertEqual(1.1, 3.3 - 2.2)

    def testAlmostEqual(self):
        self.assertAlmostEqual(1.1, 3.3 - 2.2, places=1)

    def testNotAlmostEqual(self):
        self.assertNotAlmostEqual(1.1, 3.3 - 2.0, places=1)
```

인자는 비교에 사용할 값들과 테스트에 사용할 소수점 자리를 나타내는 소수 자리의 수다.

```
$ python3 -m unittest unittest_almostequal.py
.F.
================================================================
FAIL: testEqual (unittest_almostequal.AlmostEqualTest)
------------------------------------------------------
Traceback (most recent call last):
    File ".../unittest_almostequal.py", line 12, in testEqual
        self.assertEqual(1.1, 3.3 - 2.2)
AssertionError: 1.1 != 1.0999999999999996

------------------------------------------------------
Ran 3 tests in 0.001s

FAILED (failures=1)
```

16.3.7 컨테이너

assertEqual()과 assertNotEqual() 메서드 외에도 리스트, 딕셔너리, 집합 객체와 같은 컨테이너를 비교하는 메서드도 제공된다.

```python
import textwrap
import unittest

class ContainerEqualityTest(unittest.TestCase):

    def testCount(self):
        self.assertCountEqual([1, 2, 3, 2], [1, 3, 2, 3], )

    def testDict(self):
        self.assertDictEqual({'a': 1, 'b': 2}, {'a': 1, 'b': 3}, )

    def testList(self):
        self.assertListEqual([1, 2, 3], [1, 3, 2], )

    def testMultiLineString(self):
        self.assertMultiLineEqual(
            textwrap.dedent("""
                This string
                has more than one
                line.
                """),
            textwrap.dedent("""
                This string has
                more than two
                lines.
                """),
            )

    def testSequence(self):
        self.assertSequenceEqual([1, 2, 3], [1, 3, 2], )

    def testSet(self):
        self.assertSetEqual(set([1, 2, 3]), set([1, 3, 2, 4]), )

    def testTuple(self):
        self.assertTupleEqual((1, 'a'), (1, 'b'), )
```

위와 같은 메서드는 입력 타입에 따라 알기 쉬운 형태로 비동일성을 보고하므로 테스트 실패를 더 쉽게 이해하고 수정할 수 있다.

```
$ python3 -m unittest unittest_equality_container.py
```

```
FFFFFFF
================================================================
FAIL: testCount (unittest_equality_container.ContainerEqualityTest)
----------------------------------------------------
Traceback (most recent call last):
    File ".../unittest_equality_container.py", line 15, in testCount
        [1, 3, 2, 3],
AssertionError: Element counts were not equal:
First has 2, Second has 1: 2
First has 1, Second has 2: 3

================================================================
FAIL: testDict (unittest_equality_container.ContainerEqualityTest)
----------------------------------------------------
Traceback (most recent call last):
    File ".../unittest_equality_container.py", line 21, in testDict
        {'a': 1, 'b': 3},
AssertionError: {'b': 2, 'a': 1} != {'b': 3, 'a': 1}
- {'a': 1, 'b': 2}
?                ^

+ {'a': 1, 'b': 3}
?                ^

================================================================
FAIL: testList (unittest_equality_container.ContainerEqualityTest)
----------------------------------------------------
Traceback (most recent call last):
    File ".../unittest_equality_container.py", line 27, in testList
        [1, 3, 2],
AssertionError: Lists differ: [1, 2, 3] != [1, 3, 2]

First differing element 1:
2
3

- [1, 2, 3]
+ [1, 3, 2]

================================================================
FAIL: testMultiLineString (unittest_equality_container.ContainerEqualityTest)
----------------------------------------------------
Traceback (most recent call last):
```

```
    File ".../unittest_equality_container.py", line 41, in testMultiLineString
      """),
AssertionError: '\nThis string\nhas more than one\nline.\n' != '\nThis string has\nmore than
two\nlines.\n'

-   This string
+   This string has
?               ++++
-   has more than one
?   ----            --
+   more than two
?            ++
-   line.
+   lines.
?        +


======================================================================
FAIL: testSequence (unittest_equality_container.ContainerEqualityTest)
----------------------------------------------------------------------
Traceback (most recent call last):
    File ".../unittest_equality_container.py", line 47, in testSequence
        [1, 3, 2],
AssertionError: Sequences differ: [1, 2, 3] != [1, 3, 2]

First differing element 1:
2
3

- [1, 2, 3]
+ [1, 3, 2]


======================================================================
FAIL: testSet (unittest_equality_container.ContainerEqualityTest)
----------------------------------------------------------------------
Traceback (most recent call last):
    File ".../unittest_equality_container.py", line 53, in testSet
        set([1, 3, 2, 4]),
AssertionError: Items in the second set but not the first:
4


======================================================================
FAIL: testTuple (unittest_equality_container.ContainerEqualityTest)
----------------------------------------------------------------------
```

```
Traceback (most recent call last):
    File ".../unittest_equality_container.py", line 59, in testTuple
        (1, 'b'),
AssertionError: Tuples differ: (1, 'a') != (1, 'b')

First differing element 1:
'a'
'b'

- (1, 'a')
?      ^

+ (1, 'b')
?      ^

----------------------------------------------------
Ran 7 tests in 0.004s

FAILED (failures=7)
```

컨테이너 멤버십을 테스트하려면 assertIn()을 사용한다.

리스트 16.31: unittest_in.py

```python
import unittest

class ContainerMembershipTest(unittest.TestCase):

    def testDict(self):
        self.assertIn(4, {1: 'a', 2: 'b', 3: 'c'})

    def testList(self):
        self.assertIn(4, [1, 2, 3])

    def testSet(self):
        self.assertIn(4, set([1, 2, 3]))
```

in 연산자나 컨테이너 API를 지원하는 모든 객체는 assertIn()을 사용할 수 있다.

```
$ python3 -m unittest unittest_in.py

FFF
================================================================
```

```
FAIL: testDict (unittest_in.ContainerMembershipTest)
-------------------------------------------------------
Traceback (most recent call last):
    File ".../unittest_in.py", line 12, in testDict
        self.assertIn(4, {1: 'a', 2: 'b', 3: 'c'})
AssertionError: 4 not found in {1: 'a', 2: 'b', 3: 'c'}

=============================================================
FAIL: testList (unittest_in.ContainerMembershipTest)
-------------------------------------------------------
Traceback (most recent call last):
    File ".../unittest_in.py", line 15, in testList
        self.assertIn(4, [1, 2, 3])
AssertionError: 4 not found in [1, 2, 3]

=============================================================
FAIL: testSet (unittest_in.ContainerMembershipTest)
-------------------------------------------------------
Traceback (most recent call last):
    File ".../unittest_in.py", line 18, in testSet
        self.assertIn(4, set([1, 2, 3]))
AssertionError: 4 not found in {1, 2, 3}

-------------------------------------------------------
Ran 3 tests in 0.001s

FAILED (failures=3)
```

16.3.8 예외에 대한 테스트

앞에서 언급했듯이 테스트가 AssertionError가 아닌 예외를 발생하면 에러로 처리된다. 이는 테스트 코드를 수정할 때 발생하는 실수를 발견하고자 사용될 수 있다. 하지만 경우에 따라 코드에서 의도된 예외가 발생하는지 확인해야 할 때도 있다. 예를 들어 객체의 속성에 잘못된 값이 주어졌을 때 테스트에서 예외를 잡아내는 것보다 assertRaises()를 사용하는 것이 더 코드가 깔끔하다. 다음 예제로 이 두 개의 테스트를 비교해보자.

```python
import unittest

def raises_error(*args, **kwds):
    raise ValueError('Invalid value: ' + str(args) + str(kwds))

class ExceptionTest(unittest.TestCase):

    def testTrapLocally(self):
        try:
            raises_error('a', b='c')
        except ValueError:
            pass
        else:
            self.fail('Did not see ValueError')

    def testAssertRaises(self):
        self.assertRaises(ValueError, raises_error, 'a', b='c', )
```

두 테스트의 결과는 동일하지만 assertRaises()를 사용한 두 번째 테스트가 더 간결하다.

```
$ python3 -m unittest -v unittest_exception.py

testAssertRaises (unittest_exception.ExceptionTest) ... ok
testTrapLocally (unittest_exception.ExceptionTest) ... ok

-------------------------------------------------------
Ran 2 tests in 0.000s

OK
```

16.3.9 테스트 픽스처

픽스처는 테스트에 필요한 외부 리소스를 말한다. 예를 들어 한 클래스를 테스트하고
자 구성 설정이나 다른 공유 리소스를 제공하는 다른 클래스의 인스턴스가 필요할 수
있다. 테스트 픽스처에는 데이터베이스 연결과 임시 파일도 포함된다. 많은 사람이 이
런 외부 리소스를 사용하는 테스트는 '유닛' 테스트가 아니라고 주장하겠지만 이것도
여전히 테스트며 매우 유용하다.

unittest는 테스트에 필요한 픽스처를 구성하고 제거하는 특별한 훅을 갖고 있다. 각 개별 테스트에 대해 픽스처를 설정할 때는 TestCase에 setUp()을 오버라이드한다. 설정한 픽스처를 해제하려면 tearDown()을 오버라이드한다. 테스트 클래스의 모든 인스턴스의 픽스처 설정을 관리하려면 TestCase의 클래스 메서드인 setUpClass()와 tearDownClass()를 오버라이드한다. 마지막으로 모듈 내의 모든 테스트의 설정 작업을 하려면 모듈 레벨 함수인 setUpModule()과 tearDownModule()을 사용한다.

리스트 16.33: unittest_fixtures.py

```python
import random
import unittest

def setUpModule():
    print('In setUpModule()')

def tearDownModule():
    print('In tearDownModule()')

class FixturesTest(unittest.TestCase):

    @classmethod
    def setUpClass(cls):
        print('In setUpClass()')
        cls.good_range = range(1, 10)

    @classmethod
    def tearDownClass(cls):
        print('In tearDownClass()')
        del cls.good_range

    def setUp(self):
        super().setUp()
        print('\nIn setUp()')
        # 확실하게 범위 안에 있는 한 숫자를 선택한다.
        # 범위는 stop 값이 포함되시 않게 정의되므로, 이 값은 선택을 위한 값 집합에 포함돼서는 안 된다.
        self.value = random.randint(self.good_range.start, self.good_range.stop - 1, )

    def tearDown(self):
        print('In tearDown()')
        del self.value
        super().tearDown()

    def test1(self):
```

```
        print('In test1()')
        self.assertIn(self.value, self.good_range)

    def test2(self):
        print('In test2()')
        self.assertIn(self.value, self.good_range)
```

이 샘플 테스트를 실행해보면 픽스처와 테스트 메서드의 실행 순서가 분명히 드러난다.

```
$ python3 -u -m unittest -v unittest_fixtures.py

In setUpModule()
In setUpClass()
test1 (unittest_fixtures.FixturesTest) ...
In setUp()
In test1()
In tearDown()
ok
test2 (unittest_fixtures.FixturesTest) ...
In setUp()
In test2()
In tearDown()
ok
In tearDownClass()
In tearDownModule()

-------------------------------------------------------
Ran 2 tests in 0.001s

OK
```

픽스처를 해제하는 과정에서 에러가 발생하면 **tearDown** 메서드가 모두 호출되지 않을 수 있다. 픽스처를 항상 정확하게 해제하려면 addCleanup()을 사용한다.

리스트 16.34: unittest_addcleanup.py

```
import random
import shutil
import tempfile
```

```
import unittest

def remove_tmpdir(dirname):
    print('In remove_tmpdir()')
    shutil.rmtree(dirname)

class FixturesTest(unittest.TestCase):

    def setUp(self):
        super().setUp()
        self.tmpdir = tempfile.mkdtemp()
        self.addCleanup(remove_tmpdir, self.tmpdir)

    def test1(self):
        print('\nIn test1()')

    def test2(self):
        print('\nIn test2()')
```

이 예제 테스트는 임시 디렉터리를 생성하며, 테스트가 완료되면 shutil을 사용해 이 디렉터리를 삭제한다.

```
$ python3 -u -m unittest -v unittest_addcleanup.py

test1 (unittest_addcleanup.FixturesTest) ...
In test1()
In remove_tmpdir()
ok
test2 (unittest_addcleanup.FixturesTest) ...
In test2()
In remove_tmpdir()
ok

------------------------------------------------------
Ran 2 tests in 0.003s

OK
```

16.3.10 다른 입력값으로 테스트 반복하기

다른 입력값으로 동일한 테스트 로직을 반복 실행하는 것은 아주 유용하다. 각각의 작은 사례를 별도의 테스트로 정의하는 것보다 검증과 관련된 **assertion** 호출을 포함하는 하나의 테스트 메서드를 작성하는 것이 일반적으로 사용되는 기법이다. 이 방법의 한 가지 문제점은 하나의 검증이 실패하면 나머지는 건너뛰는 것이다. 이를 위한 해결책은 subTest()를 사용해 테스트 메서드 안에 테스트용 콘텍스트를 생성하는 것이다. 그러면 한 테스트가 실패해도 실패는 보고되고 나머지 테스트는 계속 진행된다.

리스트 16.35: unittest_subtest.py

```python
import unittest

class SubTest(unittest.TestCase):

    def test_combined(self):
        self.assertRegex('abc', 'a')
        self.assertRegex('abc', 'B')
        # 다음 것은 검증되지 않는다!
        self.assertRegex('abc', 'c')
        self.assertRegex('abc', 'd')

    def test_with_subtest(self):
        for pat in ['a', 'B', 'c', 'd']:
            with self.subTest(pattern=pat):
                self.assertRegex('abc', pat)
```

이 예제에서 test_combined() 메서드는 패턴 'c'와 'd'에 대한 검증을 실행하지 않는다. test_with_subtest()는 완전히 실행되며 실패를 정확히 보고한다. 테스트 러너는 세 개의 실패가 보고됐지만 두 개의 테스트만 존재한다는 것을 인지하고 있다.

```
$ python3 -m unittest -v unittest_subtest.py

test_combined (unittest_subtest.SubTest) ... FAIL
test_with_subtest (unittest_subtest.SubTest) ...
================================================================
FAIL: test_combined (unittest_subtest.SubTest)
----------------------------------------------------
Traceback (most recent call last):
    File ".../unittest_subtest.py", line 13, in test_combined
        self.assertRegex('abc', 'B')
AssertionError: Regex didn't match: 'B' not found in 'abc'
```

```
==========================================================
FAIL: test_with_subtest (unittest_subtest.SubTest) (pattern='B')
----------------------------------------------------
Traceback (most recent call last):
    File ".../unittest_subtest.py", line 21, in test_with_subtest
        self.assertRegex('abc', pat)
AssertionError: Regex didn't match: 'B' not found in 'abc'

==========================================================
FAIL: test_with_subtest (unittest_subtest.SubTest) (pattern='d')
----------------------------------------------------
Traceback (most recent call last):
    File ".../unittest_subtest.py", line 21, in test_with_subtest
        self.assertRegex('abc', pat)
AssertionError: Regex didn't match: 'd' not found in 'abc'

----------------------------------------------------
Ran 2 tests in 0.001s

FAILED (failures=3)
```

16.3.11 테스트 건너뛰기

어떤 외부적인 조건이 맞지 않으면 테스트를 건너뛰게 하는 것이 좋다. 예를 들어 특정 버전의 파이썬에서 라이브러리 동작을 확인하는 테스트를 작성한다면 다른 버전의 파이썬에서는 이 테스트를 실행할 이유가 없다. 테스트 클래스와 메서드는 skip()을 사용해 테스트를 건너뛸 수 있다. 데코레이터인 skipIf()와 skipUnless()는 테스트를 건너뛰기 전에 조건을 확인할 때 사용한다.

리스트 16.36: unittest_skip.py

```python
import sys
import unittest

class SkippingTest(unittest.TestCase):

    @unittest.skip('always skipped')
    def test(self):
        self.assertTrue(False)
```

```
    @unittest.skipIf(sys.version_info[0] > 2, 'only runs on python 2')
    def test_python2_only(self):
        self.assertTrue(False)

    @unittest.skipUnless(sys.platform == 'Darwin', 'only runs on macOS')
    def test_macos_only(self):
        self.assertTrue(True)

    def test_raise_skiptest(self):
        raise unittest.SkipTest('skipping via exception')
```

skipIf() 또는 skipUnless()로 전달되는 단일 표현식으로 나타내기 어려운 복잡한 조건일 경우에 테스트 케이스는 SkipTest를 직접 발생시켜 테스트를 건너뛰게 할 수 있다.

```
$ python3 -m unittest -v unittest_skip.py

test (unittest_skip.SkippingTest) ... skipped 'always skipped'
test_macos_only (unittest_skip.SkippingTest) ... skipped 'only runs on macOS'
test_python2_only (unittest_skip.SkippingTest) ... skipped 'only runs on python 2'
test_raise_skiptest (unittest_skip.SkippingTest) ... skipped 'skipping via exception'

------------------------------------------------------
Ran 4 tests in 0.000s

OK (skipped=4)
```

16.3.12 실패한 테스트 무시

지속적으로 실패가 발생하는 테스트는 삭제하지 않아도 expectedFailure() 데코레이터로 표시해 실패를 무시하게 할 수 있다.

리스트 16.37: unittest_expectedfailure.py

```
import unittest

class Test(unittest.TestCase):

    @unittest.expectedFailure
    def test_never_passes(self):
```

```
        self.assertTrue(False)

    @unittest.expectedFailure
    def test_always_passes(self):
        self.assertTrue(True)
```

실패할 것으로 예상한 테스트가 실제 테스트에서 통과되는 경우 이는 특별한 종류의 실패로 처리돼 '예기치 않은 성공'으로 보고된다.

```
$ python3 -m unittest -v unittest_expectedfailure.py

test_always_passes (unittest_expectedfailure.Test) ... unexpected success
test_never_passes (unittest_expectedfailure.Test) ... expected failure

-------------------------------------------------------
Ran 2 tests in 0.001s

FAILED (expected failures=1, unexpected successes=1)
```

> **팁 – 참고 자료**
>
> - unittest 표준 라이브러리 문서: https://docs.python.org/3.5/library/unittest.html
> - doctest: docstring이나 외부 문서 파일에 포함된 테스트를 실행하는 방법
> - nose(https://nose.readthedocs.io/en/latest/): 정교한 검색 기능이 있는 서드파티 테스트 러너
> - pytest(http://doc.pytest.org/en/latest/): 분산 처리와 픽스처 관리 시스템을 지원하는 서드파티 테스트 러너
> - testrepository(http://testrepository.readthedocs.io/en/latest/): 오픈스택(OpenStack) 프로젝트에서 사용하는 테스트 러너며, 병렬 처리와 실패에 대한 추적을 지원한다.

16.4 trace: 프로그램의 흐름 추적

trace 모듈은 프로그램이 실행되는 방식을 이해하는 데 도움이 된다. 이 모듈은 명령문의 실행을 감시하고, 보고서를 생성하며, 서로 호출하는 함수들 사이의 관계를 조사하는 데 도움이 된다.

16.4.1 예제 프로그램

이 프로그램은 이 절의 예제들에서 사용된다. 이 프로그램은 recurse라는 다른 모듈을
임포트한 후 거기에 포함된 함수를 실행한다.

리스트 16.38: trace_example/main.py

```python
from recurse import recurse

def main():
    print('This is the main program.')
    recurse(2)

if __name__ == '__main__':
    main()
```

recurse() 함수는 인자인 level이 0이 될 때까지 자기 스스로를 호출한다.

리스트 16.39: trace_example/recurse.py

```python
def recurse(level):
    print('recurse({})'.format(level))
    if level:
        recurse(level - 1)

def not_called():
    print('This function is never called.')
```

16.4.2 실행 추적

trace는 커맨드라인에서 직접 사용하는 게 가장 쉽다. --trace 옵션과 함께 프로그램
을 실행하면 수행되는 명령문이 출력된다. 이 예제는 또한 다른 예제에서 관심 있게
다룰 importlib과 다른 모듈에 대한 추적을 피하고자 파이썬 표준 라이브러리 위치를
무시하게 했다. 이것들은 이 단순한 예제의 출력을 복잡하게 만들기 때문이다.

```
$ python3 -m trace --ignore-dir=.../lib/python3.5 \
--trace trace_example/main.py
```

```
 --- modulename: main, funcname: <module>
main.py(7): """
main.py(10): from recurse import recurse
 --- modulename: recurse, funcname: <module>
recurse.py(7): """
recurse.py(11): def recurse(level):
recurse.py(17): def not_called():
main.py(13): def main():
main.py(17): if __name__ == '__main__':
main.py(18):     main()
 --- modulename: main, funcname: main
main.py(14):     print('This is the main program.')
This is the main program.
main.py(15):     recurse(2)
 --- modulename: recurse, funcname: recurse
recurse.py(12):     print('recurse({})'.format(level))
recurse(2)
recurse.py(13):     if level:
recurse.py(14):         recurse(level - 1)
 --- modulename: recurse, funcname: recurse
recurse.py(12):     print('recurse({})'.format(level))
recurse(1)
recurse.py(13):     if level:
recurse.py(14):         recurse(level - 1)
 --- modulename: recurse, funcname: recurse
recurse.py(12):     print('recurse({})'.format(level))
recurse(0)
recurse.py(13):     if level:
 --- modulename: trace, funcname: _unsettrace
trace.py(77):             sys.settrace(None)
```

위 출력의 첫 번째 부분은 trace에 의해 수행되는 설정 작업을 보여준다. 나머지 부분은 함수가 위치한 모듈을 포함해 각 함수의 항목을 보여주며, 그다음에는 실행되는 소스 파일의 줄을 보여준다. main()에서 호출되는 방식으로 예측할 수 있듯이 recurse()는 3번 수행된다.

16.4.3 코드 커버리지

커맨드라인에서 --count 옵션과 함께 trace를 수행하면 실행되는 줄과 건너뛰는 라인이 어떤 것인지 보여주는 코드 커버리지 보고서를 생성한다. 복잡한 프로그램은 일반적으로 여러 개의 파일로 구성되므로 각 파일에 대해 별도의 커버리지 보고서가 만들어진다. 기본적으로 커버리지 보고서 파일은 모듈과 같은 디렉터리에 생성되며, 모듈 이름 뒤에 .py가 아니라 .cover 확장자가 붙는다.

```
$ python3 -m trace --count trace_example/main.py

This is the main program.
recurse(2)
recurse(1)
recurse(0)
```

두 개의 출력 파일이 생성된다. 그중 하나는 trace_example/main.cover다.

리스트 16.40: trace_example/main.cover

```
1: from recurse import recurse

1: def main():
1:     print 'This is the main program.'
1:     recurse(2)
1:     return

1: if __name__ == '__main__':
1:     main()
```

다른 하나는 trace_example/recurse.cover다.

리스트 16.41: trace_example/recurse.cover

```
1: def recurse(level):
3:     print 'recurse(%s)' % level
3:     if level:
2:         recurse(level-1)
3:     return
```

```
1: def not_called():
      print 'This function is never called.'
```

참고

def recurse(level): 줄 카운트가 10지만 함수가 한 번만 실행됐음을 의미하지 않는다. 그보다는 함수 정의가 한 번 실행된 것을 의미한다. 함수 자체가 전혀 호출되지 않더라도 함수 정의는 평가되기 때문에 def not_called():도 마찬가지로 1로 표시된다.

또한 프로그램을 다양한 옵션으로 여러 번 실행한 커버리지 데이터를 저장한 후 하나로 합쳐 보고서를 만들 수 있다. trace가 출력 파일 옵션으로 처음 실행되면 파일을 생성하기 전에 새로운 결과와 합치고자 기존 데이터를 로드하려고 시도하지만 파일이 없으므로 에러를 보고한다.

```
$ python3 -m trace --coverdir coverdir1 --count \
--file coverdir1/coverage_report.dat trace_example/main.py

This is the main program.
recurse(2)
recurse(1)
recurse(0)
Skipping counts file 'coverdir1/coverage_report.dat': [Errno 2] No such file or directory:
'coverdir1/coverage_report.dat'

$ python3 -m trace --coverdir coverdir1 --count \
--file coverdir1/coverage_report.dat trace_example/main.py

This is the main program.
recurse(2)
recurse(1)
recurse(0)

$ python3 -m trace --coverdir coverdir1 --count \
--file coverdir1/coverage_report.dat trace_example/main.py

This is the main program.
recurse(2)
recurse(1)
recurse(0)

$ ls coverdir1
```

coverage_report.dat

보고서를 생성하고자 커버리지 정보를 .cover 파일로 저장하려면 **--report** 옵션을 사용한다.

```
$ python3 -m trace --coverdir coverdir1 --report --summary \
--missing --file coverdir1/coverage_report.dat \
trace_example/main.py

lines cov% module (path)
  537   0% trace (.../lib/python3.5/trace.py)
    7 100% trace_example.main (trace_example/main.py)
    7  85% trace_example.recurse (trace_example/recurse.py)
```

프로그램이 세 번 실행되므로 커버리지 보고서는 첫 번째 보고서보다 세 배 더 높은 값을 표시한다. **--summary** 옵션은 비율 정보를 함께 출력한다. recurse 모듈의 커버리지는 85%를 차지한다. recurse에 대한 .cover 파일은 >>>>>> 표시를 통해 **not_called**의 본문이 한 번도 실행되지 않았음을 보여준다.

리스트 16.42: coverdir1/trace_example.recurse.cover

```
    3: def recurse(level):
    9:     print('recurse({})'.format(level))
    9:     if level:
    6:         recurse(level - 1)

    3: def not_called():
>>>>>>     print('This function is never called.')
```

16.4.4 호출 관계

trace는 커버리지 정보 외에도 호출되는 함수들 간의 관계를 수집하고 보고한다. 호출되는 함수의 간단한 목록은 **--listfuncs** 옵션을 사용한다.

```
$ python3 -m trace --listfuncs trace_example/main.py | grep -v importlib
```

This is the main program.
recurse(2)
recurse(1)
recurse(0)

functions called:
filename: .../lib/python3.5/trace.py, modulename: trace, funcname: _unsettrace
filename: trace_example/main.py, modulename: main, funcname: <module>
filename: trace_example/main.py, modulename: main, funcname: main
filename: trace_example/recurse.py, modulename: recurse, funcname: <module>
filename: trace_example/recurse.py, modulename: recurse, funcname: recurse

--trackcalls를 사용하면 누가 호출하고 있는지에 대한 정보를 볼 수 있다.

```
$ python3 -m trace --listfuncs --trackcalls trace_example/main.py | grep -v importlib
```

This is the main program.
recurse(2)
recurse(1)
recurse(0)

calling relationships:

*** .../lib/python3.5/trace.py ***
    trace.Trace.runctx -> trace._unsettrace
  --> trace_example/main.py
    trace.Trace.runctx -> main.<module>
  --> trace_example/recurse.py

*** trace_example/main.py ***
    main.<module> -> main.main
  --> trace_example/recurse.py
    main.main -> recurse.recurse

*** trace_example/recurse.py ***
    recurse.recurse -> recurse.recurse

> **참고**
>
> --listfuncs와 --trackcalls는 모두 --ignore-dirs 또는 --ignore-mods 옵션이 적용되지 않기 때문에 이 예제의 출력 중 일부를 grep으로 제거했다.

16.4.5 인터페이스 프로그래밍

trace 인터페이스를 제어하고 싶다면 Trace 객체를 프로그램 내에서 호출한다. Trace
는 추적하고자 하는 단일 함수나 파이썬 명령을 실행시키기 전에 픽스처와 종속성을
설정할 수 있다.

리스트 16.43: trace_run.py

```
import trace
from trace_example.recurse import recurse

tracer = trace.Trace(count=False, trace=True)
tracer.run('recurse(2)')
```

이 예제에서는 recurse() 함수만을 추적하므로 main.py의 정보는 출력 결과에 포함되
지 않는다.

```
$ python3 trace_run.py

 --- modulename: trace_run, funcname: <module>
<string>(1): --- modulename: recurse, funcname: recurse
recurse.py(12):     print('recurse({})'.format(level))
recurse(2)
recurse.py(13):     if level:
recurse.py(14):         recurse(level - 1)
 --- modulename: recurse, funcname: recurse
recurse.py(12):     print('recurse({})'.format(level))
recurse(1)
recurse.py(13):     if level:
recurse.py(14):         recurse(level - 1)
 --- modulename: recurse, funcname: recurse
recurse.py(12):     print('recurse({})'.format(level))
recurse(0)
recurse.py(13):     if level:
--- modulename: trace, funcname: _unsettrace
trace.py(77):           sys.settrace(None)
```

runfunc() 메서드를 통해서도 동일한 출력 결과를 생성할 수 있다.

리스트 16.44: trace_runfunc.py

```
import trace
from trace_example.recurse import recurse

tracer = trace.Trace(count=False, trace=True)
tracer.runfunc(recurse, 2)
```

runfunc()는 tracer에 의해 호출될 때 함수에 전달되는 임의의 위치와 키워드 인자를 받아들인다.

```
$ python3 trace_runfunc.py

 --- modulename: recurse, funcname: recurse
recurse.py(12):    print('recurse({})'.format(level))
recurse(2)
recurse.py(13):    if level:
recurse.py(14):        recurse(level - 1)
 --- modulename: recurse, funcname: recurse
recurse.py(12):    print('recurse({})'.format(level))
recurse(1)
recurse.py(13):    if level:
recurse.py(14):        recurse(level - 1)
 --- modulename: recurse, funcname: recurse
recurse.py(12):    print('recurse({})'.format(level))
recurse(0)
recurse.py(13):    if level:
```

16.4.6 결과 데이터 저장

카운트와 커버리지 정보는 커맨드라인 인터페이스와 동일하게 저장할 수 있다. 데이터는 반드시 Trace 객체의 CoverageResults 인스턴스를 사용해 명시적으로 저장해야 한다.

리스트 16.45: trace_CoverageResults.py

```
import trace
from trace_example.recurse import recurse
```

```
tracer = trace.Trace(count=True, trace=False)
tracer.runfunc(recurse, 2)

results = tracer.results()
results.write_results(coverdir='coverdir2')
```

이 예제는 커버리지 결과를 coverdir2 디렉터리에 저장한다.

```
$ python3 trace_CoverageResults.py

recurse(2)
recurse(1)
recurse(0)

$ find coverdir2

coverdir2
coverdir2/trace_example.recurse.cover
```

출력 파일은 다음과 같은 정보를 담고 있다.

```
           #!/usr/bin/env python
           # encoding: utf-8
           #
           # Copyright (c) 2008 Doug Hellmann All rights reserved.
           #
           """
>>>>>>     """

           #end_pymotw_header

>>>>>>  def recurse(level):
    3:         print('recurse({})'.format(level))
    3:         if level:
    2:             recurse(level - 1)

>>>>>>  def not_called():
>>>>>>      print('This function is never called.')
```

보고서를 생성하게 카운트 데이터를 저장하려면 Trace에 **infile**과 **outfile** 인자를 사용한다.

리스트 16.46: trace_report.py

```
import trace
from trace_example.recurse import recurse

tracer = trace.Trace(count=True, trace=False, outfile='trace_report.dat')
tracer.runfunc(recurse, 2)

report_tracer = trace.Trace(count=False, trace=False, infile='trace_report.dat')
results = tracer.results()
results.write_results(summary=True, coverdir='/tmp')
```

이전에 저장한 데이터를 읽으려면 infile에 파일명을 전달하고, 새로운 트레이스 결과를 저장하려면 outfile에 파일명을 전달한다. infile과 outfile이 같으면 앞의 코드는 누적된 데이터로 파일을 업데이트하는 효과가 있다.

```
$ python3 trace_report.py

recurse(2)
recurse(1)
recurse(0)

lines   cov%  module (path)
    7    42%  trace_example.recurse (.../trace_example/recurse.py)
```

16.4.7 옵션

Trace 생성자는 런타임 동작을 제어하고자 몇 가지 선택적인 매개변수를 사용한다.

- count: 불리언. 줄 번호를 표시한다. 기본값은 True

- countfuncs: 불리언. 실행 중에 호출되는 함수 목록을 표시한다. 기본값은 False

- countcallers: 불리언. 호출자[caller]와 피호출자[callee]를 추적한다. 기본값은 False

- ignoremods: 시퀀스. 커버리지를 추적할 때 무시할 모듈과 패키지의 목록. 기본값은 빈 튜플

- ignoredirs: 시퀀스. 무시할 모듈과 패키지가 포함된 디렉터리 목록. 기본값은

빈 튜플

- **infile**: 캐시된 카운트 값을 갖고 있는 파일명. 기본값은 None

- **outfile**: 캐시된 카운트 값을 저장할 때 사용할 파일명. 기본값은 None이며 데이터는 저장되지 않는다.

> **팁 - 참고 자료**
>
> - **trace** 표준 라이브러리 문서: https://docs.python.org/3.5/library/trace.html
> - '17.2.7 프로그램 실행 중 트레이싱' 절: sys 모듈은 런타임에 사용자 정의 추적 함수를 인터프리터에 추가할 수 있는 기능을 제공한다.
> - coverage.py(http://nedbatchelder.com/code/modules/coverage.html): 네드 베첼더(Ned Batchelder)의 커버리지 모듈
> - **figleaf**(http://darcs.idyll.org/~t/projects/figleaf/doc/): 티투스 브라운(Titus Brown)의 커버리지 애플리케이션

16.5 traceback: 예외와 스택 추적

트레이스백 모듈은 호출 스택을 통해 에러 메시지를 생성한다. 트레이스백은 예외 핸들러가 호출 체인의 시작 지점에서 예외가 발생한 지점까지 추적하는 스택이다. 또한 트레이스백은 현재 호출 스택에서 호출이 시작된 지점까지 에러 콘텍스트가 없어도 액세스할 수 있기 때문에 함수의 경로를 확인할 때 도움이 된다.

traceback에 포함된 고수준의 API는 StackSummary와 FrameSummary 인스턴스를 사용해 스택을 표현한다. 이 클래스들은 트레이스백이나 현재 실행 스택에서 생성할 수 있으며 동일한 방식으로 처리된다.

traceback의 저수준 함수들은 몇 가지 범주로 나눌 수 있다. 어떤 함수들은 현재 런타임 환경에서 트레이스백에 대한 예외 핸들러나 정규 스택에서 원시 트레이스백을 추출한다. 추출된 스택 트레이스는 파일명, 줄 번호, 함수 이름, 소스 줄의 텍스트를 포함하는 튜플로 된 시퀀스다.

추출된 스택 트레이스는 format_exception() 또는 format_stack()과 같은 함수를 사용해 형식화할 수 있다. 이 함수들은 형식화된 문자열 리스트를 반환한다. 형식이 지정

된 값을 출력하기 위한 약식 함수도 사용할 수 있다.

traceback에 있는 함수들은 기본적으로 대화형 인터프리터의 동작을 모방하지만, 전체 스택 트레이스를 콘솔에 덤프하는 것이 바람직하지 않은 상황에서도 예외를 처리할 수 있다. 예를 들어 웹 애플리케이션에서는 HTML에서 잘 보이도록 트레이스백을 형식화할 필요가 있으며, 통합 개발 환경[IDE]에서는 스택 트레이스의 항목을 사용자가 선택하면 소스로 이동하도록 스택 트레이스를 변환할 수도 있다.

16.5.1 예제에 사용할 함수

이 절에 있는 예제에서는 traceback_example.py 모듈을 사용한다.

리스트 16.47: traceback_example.py

```python
import traceback
import sys

def produce_exception(recursion_level=2):
    sys.stdout.flush()
    if recursion_level:
        produce_exception(recursion_level - 1)
    else:
        raise RuntimeError()

def call_function(f, recursion_level=2):
    if recursion_level:
        return call_function(f, recursion_level - 1)
    else:
        return f()
```

16.5.2 스택 조사

현재 스택을 조사하려면 walk_stack()에서 StackSummary를 생성한다.

리스트 16.48: traceback_stacksummary.py

```python
import traceback
```

```
import sys

from traceback_example import call_function

def f():
    summary = traceback.StackSummary.extract(traceback.walk_stack(None))
    print(''.join(summary.format()))

print('Calling f() directly:')
f()

print()
print('Calling f() from 3 levels deep:')
call_function(f)
```

format() 메서드는 출력하고자 형식화된 문자열 시퀀스를 생성한다.

```
$ python3 traceback_stacksummary.py

Calling f() directly:
    File "traceback_stacksummary.py", line 18, in f
        traceback.walk_stack(None)
    File "traceback_stacksummary.py", line 24, in <module>
        f()

Calling f() from 3 levels deep:
    File "traceback_stacksummary.py", line 18, in f
        traceback.walk_stack(None)
    File ".../traceback_example.py", line 26, in call_function
        return f()
    File ".../traceback_example.py", line 24, in call_function
        return call_function(f, recursion_level - 1)
    File ".../traceback_example.py", line 24, in call_function
        return call_function(f, recursion_level - 1)
    File "traceback_stacksummary.py", line 28, in <module>
        call_function(f)
```

StackSummary는 FrameSummary 인스턴스를 갖고 있는 반복 가능한 컨테이너다.

```python
import traceback
import sys

from traceback_example import call_function

template = ('{fs.filename:<26}:{fs.lineno}:{fs.name}:\n' '  {fs.line}')

def f():
    summary = traceback.StackSummary.extract(traceback.walk_stack(None))
    for fs in summary:
        print(template.format(fs=fs))

print('Calling f() directly:')
f()

print()
print('Calling f() from 3 levels deep:')
call_function(f)
```

각 FrameSummary는 프로그램 소스 파일 내에서 실행 콘텍스트 위치 등 스택의 각 프레임을 설명한다.

```
$ python3 traceback_framesummary.py

Calling f() directly:
traceback_framesummary.py :23:f:
    traceback.walk_stack(None)
traceback_framesummary.py :30:<module>:
    f()

Calling f() from 3 levels deep:
traceback_framesummary.py :23:f:
    traceback.walk_stack(None)
.../traceback_example.py:26:call_function:
    return f()
.../traceback_example.py:24:call_function:
    return call_function(f, recursion_level - 1)
.../traceback_example.py:24:call_function:
    return call_function(f, recursion_level - 1)
traceback_framesummary.py :34:<module>:
```

```
call_function(f)
```

16.5.3 TracebackException

TracebackException 클래스는 트레이스백이 처리될 때 StackSummary를 생성하는 고수준 인터페이스다.

리스트 16.50: traceback_tracebackexception.py

```
import traceback
import sys

from traceback_example import produce_exception

print('with no exception:')
exc_type, exc_value, exc_tb = sys.exc_info()
tbe = traceback.TracebackException(exc_type, exc_value, exc_tb) print(''.join(tbe.format()))

print('\nwith exception:')
try:
    produce_exception()
except Exception as err:
    exc_type, exc_value, exc_tb = sys.exc_info()

tbe = traceback.TracebackException(exc_type, exc_value, exc_tb, )
print(''.join(tbe.format()))

print('\nexception only:')
print(''.join(tbe.format_exception_only()))
```

format() 메서드는 전체 트레이스백에 형식을 적용하며, format_exception_only() 메서드는 그중에서 예외 메시지만 표시한다.

```
$ python3 traceback_tracebackexception.py

with no exception:
None

with exception:
```

```
Traceback (most recent call last):
    File "traceback_tracebackexception.py", line   22, in <module>
        produce_exception()
    File ".../traceback_example.py", line 17, in   produce_exception
        produce_exception(recursion_level - 1)
    File ".../traceback_example.py", line 17, in   produce_exception
        produce_exception(recursion_level - 1)
    File ".../traceback_example.py", line 19, in   produce_exception
        raise RuntimeError()
RuntimeError

exception only:
RuntimeError
```

16.5.4 저수준 예외 API

예외 보고를 처리하는 또 다른 방법은 print_exc()를 사용하는 것이다. 이 메서드는
sys.exc_info()를 사용해 현재 스레드에 대한 예외 정보를 얻고, 결과를 형식화한 다
음에 sys.stderr 등의 파일 핸들에 텍스트를 출력한다.

리스트 16.51: traceback_print_exc.py

```python
import traceback
import sys

from traceback_example import produce_exception

print('print_exc() with no exception:')

traceback.print_exc(file=sys.stdout)
print()

try:
    produce_exception()
except Exception as err:
    print('print_exc():')
    traceback.print_exc(file=sys.stdout)
    print()
    print('print_exc(1):')
    traceback.print_exc(limit=1, file=sys.stdout)
```

이 예제에서는 파일 핸들로 sys.stdout을 사용해 정보 메시지와 트레이스백 메시지를 합쳤다.

```
$ python3 traceback_print_exc.py

print_exc() with no exception:
NoneType

print_exc():
Traceback (most recent call last):
    File "traceback_print_exc.py", line 20, in <module>
        produce_exception()
    File ".../traceback_example.py", line 17, in produce_exception
        produce_exception(recursion_level - 1)
    File ".../traceback_example.py", line 17, in produce_exception
        produce_exception(recursion_level - 1)
    File ".../traceback_example.py", line 19, in produce_exception
        raise RuntimeError()
RuntimeError

print_exc(1):
Traceback (most recent call last):
    File "traceback_print_exc.py", line 20, in <module>
        produce_exception()
RuntimeError
```

print_exc()는 명시적으로 인자를 넣어야 하는 print_exception()의 축약 버전이다.

리스트 16.52: traceback_print_exception.py

```python
import traceback
import sys

from traceback_example import produce_exception

try:
    produce_exception()
except Exception as err:
    print('print_exception():')
    exc_type, exc_value, exc_tb = sys.exc_info()
    traceback.print_exception(exc_type, exc_value, exc_tb)
```

print_exception()에 대한 인자는 sys.exc_info()로 생성한다.

```
$ python3 traceback_print_exception.py

Traceback (most recent call last):
    File "traceback_print_exception.py", line  16, in <module>
        produce_exception()
    File ".../traceback_example.py", line 17,  in produce_exception
        produce_exception(recursion_level - 1)
    File ".../traceback_example.py", line 17,  in produce_exception
        produce_exception(recursion_level - 1)
    File ".../traceback_example.py", line 19,  in produce_exception
        raise RuntimeError()
RuntimeError
print_exception():
```

print_exception()은 format_exception()을 사용해 텍스트를 준비한다.

리스트 16.53: traceback_format_exception.py

```python
import traceback
import sys
from pprint import pprint

from traceback_example import produce_exception

try:
    produce_exception()
except Exception as err:
    print('format_exception():')
    exc_type, exc_value, exc_tb = sys.exc_info()
    pprint(traceback.format_exception(exc_type, exc_value, exc_tb), width=65, )
```

format_exception()은 예외 타입, 예외 값, 트레이스백을 인자로 사용한다.

```
$ python3 traceback_format_exception.py

format_exception():
['Traceback (most recent call last):\n',
 ' File "traceback_format_exception.py", line 17, in <module>\n'
```

```
'        produce_exception()\n',
' File '
'".../traceback_example.py", '
'line 17, in produce_exception\n'
'        produce_exception(recursion_level - 1)\n',
' File '
'".../traceback_example.py", '
'line 17, in produce_exception\n'
'        produce_exception(recursion_level - 1)\n',
' File '
'".../traceback_example.py", '
'line 19, in produce_exception\n'
'        raise RuntimeError()\n',
'RuntimeError\n']
```

형식을 다르게 하는 등 다른 방법으로 트레이스백을 처리하려면 extract_tb()를 이용
해 데이터를 사용 가능한 형태로 가져올 수 있다.

리스트 16.54: traceback_extract_tb.py

```
import traceback
import sys
import os
from traceback_example import produce_exception

template = '{filename:<23}:{linenum}:{funcname}:\n    {source}'

try:
    produce_exception()
except Exception as err:
    print('format_exception():')
    exc_type, exc_value, exc_tb = sys.exc_info()
    for tb_info in traceback.extract_tb(exc_tb):
        filename, linenum, funcname, source = tb_info
        if funcname != '<module>':
            funcname = funcname + '()'
        print(template.format( filename=os.path.basename(filename), linenum=linenum,
            source=source, funcname=funcname))
```

반환값은 트레이스백에 의해 표현되는 스택의 각 레벨 항목에 대한 리스트다. 각 항목

은 소스 파일명, 파일에서의 줄 번호, 함수 이름, 가능한 경우 모든 공백을 제거한 해당 줄의 소스 텍스트로 구성된 튜플이다.

```
$ python3 traceback_extract_tb.py

format_exception():
traceback_extract_tb.py:18:<module>:
    produce_exception()
traceback_example.py   :17:produce_exception():
    produce_exception(recursion_level - 1)
traceback_example.py   :17:produce_exception():
    produce_exception(recursion_level - 1)
traceback_example.py   :19:produce_exception():
    raise RuntimeError()
```

16.5.5 저수준 스택 API

트레이스백 대신 현재 호출 스택에 동일한 작업을 수행할 수 있는 함수 집합이 있다. print_stack()은 예외를 생성하지 않고 현재 스택을 출력한다.

리스트 16.55: traceback_print_stack.py

```
import traceback
import sys

from traceback_example import call_function

def f():
    traceback.print_stack(file=sys.stdout)

print('Calling f() directly:')
f()

print()
print('Calling f() from 3 levels deep:')
call_function(f)
```

출력은 에러 메시지가 없는 트레이스백 형식이다.

```
$ python3 traceback_print_stack.py

Calling f() directly:
    File "traceback_print_stack.py", line 21, in <module>
        f()
    File "traceback_print_stack.py", line 17, in f
        traceback.print_stack(file=sys.stdout)
Calling f() from 3 levels deep:
    File "traceback_print_stack.py", line 25, in <module>
        call_function(f)
    File ".../traceback_example.py", line 24, in call_function
        return call_function(f, recursion_level - 1)
    File ".../traceback_example.py", line 24,   in call_function
        return call_function(f, recursion_level - 1)
    File ".../traceback_example.py", line 26, in call_function
        return f()
    File "traceback_print_stack.py", line 17, in f
        traceback.print_stack(file=sys.stdout)
```

format_stack()은 format_exception()이 트레이스백을 처리하는 것과 같은 방식으로 스택 트레이스를 처리한다.

리스트 16.56: traceback_format_stack.py

```python
import traceback
import sys
from pprint import pprint

from traceback_example import call_function

def f():
    return traceback.format_stack()

formatted_stack = call_function(f)
pprint(formatted_stack)
```

각 줄이 하나의 문자열로 된 리스트를 반환한다.

```
$ python3 traceback_format_stack.py
```

```
[' File "traceback_format_stack.py", line 21, in <module>\n'
'      formatted_stack = call_function(f)\n',
' File '
'".../traceback_example.py", '
'line 24, in call_function\n'
'      return call_function(f, recursion_level - 1)\n',
' File '
'".../traceback_example.py", '
'line 24, in call_function\n'
'      return call_function(f, recursion_level - 1)\n',
' File '
'".../traceback_example.py", '
'line 26, in call_function\n'
'      return f()\n',
' File "traceback_format_stack.py", line 18, in f\n'
'      return traceback.format_stack()\n']
```

extract_stack() 함수는 **extract_tb()** 처럼 동작한다.

리스트 16.57: traceback_extract_stack.py

```
import traceback
import sys
import os

from traceback_example import call_function

template = '{filename:<26}:{linenum}:{funcname}:\n      {source}'

def f():
    return traceback.extract_stack()

stack = call_function(f)
for filename, linenum, funcname, source in stack:
    if funcname != '<module>':
        funcname = funcname + '()'
    print(template.format( filename=os.path.basename(filename),
        linenum=linenum, source=source, funcname=funcname))
```

또한 이 책에 언급하지는 않았지만 스택 프레임의 다른 위치에서 시작하거나 스택 순
회의 깊이를 제한하는 등의 인자도 사용할 수 있다.

```
$ python3 traceback_extract_stack.py

traceback_extract_stack.py:23:<module>:
    stack = call_function(f)
traceback_example.py      :24:call_function():
    return call_function(f, recursion_level - 1)
traceback_example.py      :24:call_function():
    return call_function(f, recursion_level - 1)
traceback_example.py      :26:call_function():
    return f()
traceback_extract_stack.py:20:f():
    return traceback.extract_stack()
```

> **팁 – 참고 자료**
>
> - traceback 표준 라이브러리 문서: https://docs.python.org/3.5/library/traceback.html
> - sys: sys 모듈은 현재 예외를 가진 싱글톤(singletons)을 포함하고 있다.
> - inspect: inspect 모듈은 스택에서 프레임 탐색용 함수를 제공한다.
> - cgitb: 트레이스백 형식화를 위한 또 하나의 모듈

16.6 cgitb: 상세한 트레이스백 보고서

cgitb는 표준 라이브러리에서 매우 중요한 디버깅 도구다. 이는 원래 웹 애플리케이션에서 에러와 디버깅 정보를 보여주고자 설계됐다. 일반 텍스트 출력을 포함하게 업데이트됐지만 모듈 이름을 바꾸지는 않았다. 결과적으로 이 모듈은 **traceback** 모듈보다 더 자세한 트레이스백 정보를 표시하지만 더 많이 사용되지는 않는다.

16.6.1 표준 트레이스백 덤프

파이썬의 기본적인 예외 처리 방식은 호출 스택에서 에러가 발생한 위치까지의 트레이스백을 표준 에러 출력 스트림에 인쇄하는 것이다. 이 기본 출력에는 예외의 원인을 식별하고 문제를 수정하고자 충분한 정보가 포함돼 있다.

```
def func2(a, divisor):
    return a / divisor

def func1(a, b):
    c = b - 5
    return func2(a, c)

func1(1, 5)
```

이 예제 프로그램은 func2()에 작은 에러를 갖고 있다.

```
$ python3 cgitb_basic_traceback.py

Traceback (most recent call last):
    File "cgitb_basic_traceback.py", line 18, in <module>
        func1(1, 5)
    File "cgitb_basic_traceback.py", line 16, in func1
        return func2(a, c)
    File "cgitb_basic_traceback.py", line 11, in func2
        return a / divisor
ZeroDivisionError: division by zero
```

16.6.2 상세 트레이스백 활성화

기본 트레이스백도 에러 지점에 대해 충분한 정보를 갖고 있지만 cgitb를 활성화하면 더 상세한 정보를 볼 수 있다. cgitb는 확장된 트레이스백 관련 함수를 가진 sys. excepthook을 대체한다.

리스트 16.59: cgitb_local_vars.py

```
import cgitb
cgitb.enable(format='text')
```

cgitb에 의해 생성된 에러 정보는 훨씬 더 광범위하다. 스택의 각 프레임은 다음 정보를 포함한다.

- 단순한 이름이 아닌 소스 파일의 전체 경로
- 스택의 각 함수에 대한 인자 값
- 에러 주변의 소스코드 몇 줄
- 에러를 일으킨 변수의 값

에러 스택의 변수에 접근할 수 있으므로 프로그래머가 스택에서 실제 예외가 발생한 줄보다 상위 수준에서 발생한 논리 에러를 발견하기 쉽다.

```
$ python3 cgitb_local_vars.py

ZeroDivisionError
Python 3.5.2: .../bin/python3
Thu Dec 29 09:30:37 2016

A problem occurred in a Python script. Here is the sequence of function calls leading up to the
error, in the order they occurred.

 .../cgitb_local_vars.py in <module>()
    18  def func1(a, b):
    19      c = b - 5
    20      return func2(a, c)
    21
    22  func1(1, 5)
func1 = <function func1>

 .../cgitb_local_vars.py in func1(a=1, b=5)
    18  def func1(a, b):
    19      c = b - 5
    20      return func2(a, c)
    21
    22  func1(1, 5)
global func2 = <function func2>
a = 1
c = 0

 .../cgitb_local_vars.py in func2(a=1, divisor=0)
    13
    14  def func2(a, divisor):
    15      return a / divisor
    16
```

```
        17
a = 1
divisor = 0
ZeroDivisionError: division by zero
    __cause__ = None
    __class__ = <class 'ZeroDivisionError'>
    __context__ = None
    __delattr__ = <method-wrapper '__delattr__' of ZeroDivisionError object>
    __dict__ = {}
    __dir__ = <built-in method __dir__ of ZeroDivisionError object>
    __doc__ = 'Second argument to a division or modulo operation was zero.'
    __eq__ = <method-wrapper '__eq__' of ZeroDivisionError object>
    __format__ = <built-in method __format__ of ZeroDivisionError object>
    __ge__ = <method-wrapper '__ge__' of ZeroDivisionError object>
    __getattribute__ = <method-wrapper '__getattribute__' of ZeroDivisionError object>
    __gt__ = <method-wrapper '__gt__' of ZeroDivisionError object>
    __hash__ = <method-wrapper '__hash__' of ZeroDivisionError object>
    __init__ = <method-wrapper '__init__' of ZeroDivisionError object>
    __le__ = <method-wrapper '__le__' of ZeroDivisionError object>
    __lt__ = <method-wrapper '__lt__' of ZeroDivisionError object>
    __ne__ = <method-wrapper '__ne__' of ZeroDivisionError object>
    __new__ = <built-in method __new__ of type object>
    __reduce__ = <built-in method __reduce__ of ZeroDivisionError object>
    __reduce_ex__ = <built-in method __reduce_ex__ of ZeroDivisionError object>
    __repr__ = <method-wrapper '__repr__' of ZeroDivisionError object>
    __setattr__ = <method-wrapper '__setattr__' of ZeroDivisionError object>
    __setstate__ = <built-in method __setstate__ of ZeroDivisionError object>
    __sizeof__ = <built-in method __sizeof__ of ZeroDivisionError object>
    __str__ = <method-wrapper '__str__' of ZeroDivisionError object>
    __subclasshook__ = <built-in method __subclasshook__ of type object>
    __suppress_context__ = False
    __traceback__ = <traceback object>
    args = ('division by zero',)
    with_traceback = <built-in method with_traceback of ZeroDivisionError object>
```

The above is a description of an error in a Python program. Here is the original traceback:

```
Traceback (most recent call last):
    File "cgitb_local_vars.py", line 22, in <module>
        func1(1, 5)
    File "cgitb_local_vars.py", line 20, in func1
```

```
        return func2(a, c)
    File "cgitb_local_vars.py", line 15, in func2
        return a / divisor
ZeroDivisionError: division by zero
```

ZeroDivisionError가 발생한 이 코드의 경우에 값이 사용되는 func2()에서가 아니라 func1()에서 계산한 c 값이 문제가 되는 것을 알 수 있다.

또한 message 이외에 디버깅에 유용한 다른 속성을 갖고 있는 경우 출력의 끝부분에 예외 객체의 자세한 정보와 원본 트레이스백 덤프도 포함된다.

16.6.3 트레이스백의 지역 변수

에러를 일으킨 스택 프레임의 변수를 검사하는 cgitb 코드는 객체 속성을 확인하고 표시해주는 기능도 갖고 있다.

리스트 16.60: cgitb_with_classes.py

```
import cgitb
cgitb.enable(format='text', context=12)

class BrokenClass:
    """This class has an error.
    """

    def __init__(self, a, b):
        """Be careful passing arguments in here.
        """
        self.a = a
        self.b = b
        self.c = self.a * self.b
        # Really
        # long
        # comment
        # goes
        # here.
        self.d = self.a / self.b
        return
```

```
o = BrokenClass(1, 0)
```

함수나 메서드가 인라인 주석, 공백, 또는 다른 코드를 많이 포함해 매우 길어지면 기본적으로 다섯 줄만 표시되는 것으로 충분하지 않을 수 있다. 함수 본문이 코드 창밖으로 밀려나면 화면에서 더 이상 볼 수 없고 에러 위치를 파악하지 못하게 된다. cgitb에 더 큰 값의 context 값을 사용해 이 문제를 해결할 수 있다. enable()에 context 인자로 정수를 전달해 트레이스백에 표시되는 코드의 양을 제어할 수 있다.

다음 예제에서 self.a와 self.b는 에러 발생 코드에 포함돼 출력된다.

```
$ python3 cgitb_with_classes.py

ZeroDivisionError
Python 3.5.2: .../bin/python3
Thu Dec 29 09:30:37 2016

A problem occurred in a Python script. Here is the sequence of function calls leading up to the
error, in the order they occurred.

 .../cgitb_with_classes.py in <module>()
   21         self.a = a
   22         self.b = b
   23         self.c = self.a * self.b
   24         # Really
   25         # long
   26         # comment
   27         # goes
   28         # here.
   29         self.d = self.a / self.b
   30         return
   31
   32 o = BrokenClass(1, 0)
o undefined
BrokenClass = <class '__main__.BrokenClass'>

 .../cgitb_with_classes.py in
 __init__(self=<__main__.BrokenClass object>, a=1, b=0)
   21         self.a = a
   22         self.b = b
```

```
23          self.c = self.a * self.b
24          # Really
25          # long
26          # comment
27          # goes
28          # here.
29          self.d = self.a / self.b
30          return
31
32 o = BrokenClass(1, 0)
```
self = <__main__.BrokenClass object>
self.d undefined
self.a = 1
self.b = 0
ZeroDivisionError: division by zero
    __cause__ = None
    __class__ = <class 'ZeroDivisionError'>
    __context__ = None
    __delattr__ = <method-wrapper '__delattr__' of ZeroDivisionError object>
    __dict__ = {}
    __dir__ = <built-in method __dir__ of ZeroDivisionError object>
    __doc__ = 'Second argument to a division or modulo operation was zero.'
    __eq__ = <method-wrapper '__eq__' of ZeroDivisionError object>
    __format__ = <built-in method __format__ of ZeroDivisionError object>
    __ge__ = <method-wrapper '__ge__' of ZeroDivisionError object>
    __getattribute__ = <method-wrapper '__getattribute__' of ZeroDivisionError object>
    __gt__ = <method-wrapper '__gt__' of ZeroDivisionError object>
    __hash__ = <method-wrapper '__hash__' of ZeroDivisionError object>
    __init__ = <method-wrapper '__init__' of ZeroDivisionError object>
    __le__ = <method-wrapper '__le__' of ZeroDivisionError object>
    __lt__ = <method-wrapper '__lt__' of ZeroDivisionError object>
    __ne__ = <method-wrapper '__ne__' of ZeroDivisionError object>
    __new__ = <built-in method __new__ of type object>
    __reduce__ = <built-in method __reduce__ of ZeroDivisionError object>
    __reduce_ex__ = <built-in method __reduce_ex__ of ZeroDivisionError object>
    __repr__ = <method-wrapper '__repr__' of ZeroDivisionError object>
    __setattr__ = <method-wrapper '__setattr__' of ZeroDivisionError object>
    __setstate__ = <built-in method __setstate__ of ZeroDivisionError object>
    __sizeof__ = <built-in method __sizeof__ of ZeroDivisionError object>
    __str__ = <method-wrapper '__str__' of ZeroDivisionError object>

```
__subclasshook__ = <built-in method __subclasshook__ of type object>
__suppress_context__ = False
__traceback__ = <traceback object>
args = ('division by zero',)
with_traceback = <built-in method with_traceback of ZeroDivisionError object>
```

The above is a description of an error in a Python program. Here is the original traceback:

```
Traceback (most recent call last):
    File "cgitb_with_classes.py", line 32, in <module>
        o = BrokenClass(1, 0)
    File "cgitb_with_classes.py", line 29, in __init__
        self.d = self.a / self.b
ZeroDivisionError: division by zero
```

16.6.4 예외 속성

cgitb는 각 스택 프레임에 있는 지역 변수의 속성뿐만 아니라 예외 객체의 모든 속성도 보여준다. 사용자 정의 예외의 추가적인 속성도 에러 보고에 포함돼 출력된다.

리스트 16.61: cgitb_exception_properties.py

```python
import cgitb
cgitb.enable(format='text')

class MyException(Exception):
    """Add extra properties to a special exception
    """

    def __init__(self, message, bad_value):
        self.bad_value = bad_value
        Exception.__init__(self, message)
        return

raise MyException('Normal message', bad_value=99)
```

이 예제는 표준 message와 args 이외에 bad_value 속성을 추가했다.

```
$ python3 cgitb_exception_properties.py
```

MyException
Python 3.5.2: .../bin/python3
Thu Dec 29 09:30:37 2016

A problem occurred in a Python script. Here is the sequence of function calls leading up to the error, in the order they occurred.

 .../cgitb_exception_properties.py in <module>()
    19   self.bad_value = bad_value
    20   Exception.__init__(self, message)
    21   return
    22
    23 raise MyException('Normal message', bad_value=99)
MyException = <class '__main__.MyException'>
bad_value undefined
MyException: Normal message
    __cause__ = None
    __class__ = <class '__main__.MyException'>
    __context__ = None
    __delattr__ = <method-wrapper '__delattr__' of MyException object>
    __dict__ = {'bad_value': 99}
    __dir__ = <built-in method __dir__ of MyException object>
    __doc__ = 'Add extra properties to a special exception\n '
    __eq__ = <method-wrapper '__eq__' of MyException object>
    __format__ = <built-in method __format__ of MyException object>
    __ge__ = <method-wrapper '__ge__' of MyException object>
    __getattribute__ = <method-wrapper '__getattribute__' of MyException object>
    __gt__ = <method-wrapper '__gt__' of MyException object>
    __hash__ = <method-wrapper '__hash__' of MyException object>
    __init__ = <bound method MyException.__init__ of MyException('Normal message',)>
    __le__ = <method-wrapper '__le__' of MyException object>
    __lt__ = <method-wrapper '__lt__' of MyException object>
    __module__ = '__main__'
    __ne__ = <method-wrapper '__ne__' of MyException object>
    __new__ = <built-in method __new__ of type object>
    __reduce__ = <built-in method __reduce__ of MyException object>
    __reduce_ex__ = <built-in method __reduce_ex__ of MyException object>
    __repr__ = <method-wrapper '__repr__' of MyException object>
    __setattr__ = <method-wrapper '__setattr__' of MyException object>
    __setstate__ = <built-in method __setstate__ of MyException object>
    __sizeof__ = <built-in method __sizeof__ of MyException object>

```
__str__ = <method-wrapper '__str__' of MyException object>
__subclasshook__ = <built-in method __subclasshook__ of type object>
__suppress_context__ = False
__traceback__ = <traceback object>
__weakref__ = None
args = ('Normal message',)
bad_value = 99
with_traceback = <built-in method with_traceback of MyException object>
```

The above is a description of an error in a Python program. Here is the original traceback:

```
Traceback (most recent call last):
    File "cgitb_exception_properties.py", line 23, in <module>
        raise MyException('Normal message', bad_value=99)
MyException: Normal message
```

16.6.5 HTML 출력

cgitb는 원래 웹 애플리케이션에서 예외를 처리하고자 개발된 것이므로 HTML 출력 형식의 이야기를 빼놓을 수 없다. 이제까지의 모든 예제는 일반 텍스트 출력이었다. 일반 텍스트 대신 HTML을 생성하려면 format 인자를 생략하거나 'html'로 지정해주면 된다. 요즘 대부분의 웹 애플리케이션은 에러 보고 기능이 포함된 프레임워크를 사용하므로 HTML 형식은 거의 사용되지 않는다.

16.6.6 트레이스백 로깅

많은 경우 트레이스백 정보는 표준 에러로 출력하는 것이 최선이다. 하지만 프로덕션 시스템에서는 에러를 로그로 기록하는 것이 더 좋다. enable() 함수는 에러 로깅을 가능하게 해주는 logdir이라는 선택적 인자를 제공한다. 메서드에 디렉터리명이 주어지면 각 예외는 주어진 디렉터리의 해당 파일에 기록된다.

리스트 16.62: cgitb_log_exception.py

```
import cgitb
import os
```

```
LOGDIR = os.path.join(os.path.dirname(__file__), 'LOGS')

if not os.path.exists(LOGDIR):
    os.makedirs(LOGDIR)

cgitb.enable(logdir=LOGDIR, display=False, format='text', )

def func(a, divisor):
    return a / divisor

func(1, 0)
```

에러가 화면에 표시되지 않으며, 에러 로그의 위치를 나타내는 메시지가 출력된다.

```
$ python3 cgitb_log_exception.py

<p>A problem occurred in a Python script.
.../LOGS/tmptxqq_6yx.txt contains the description of this error.

$ ls LOGS

tmptxqq_6yx.txt

$ cat LOGS/*.txt

ZeroDivisionError
Python 3.5.2: .../bin/python3
Thu Dec 29 09:30:38 2016

A problem occurred in a Python script. Here is the sequence of function calls leading up to the
error, in the order they occurred.

 .../cgitb_log_exception.py in <module>()
   24
   25 def func(a, divisor):
   26 return a / divisor
   27
   28 func(1, 0)
func = <function func>

 .../cgitb_log_exception.py in func(a=1, divisor=0)
   24
   25 def func(a, divisor):
   26 return a / divisor
   27
```

```
    28 func(1, 0)
a = 1
divisor = 0
ZeroDivisionError: division by zero
    __cause__ = None
    __class__ = <class 'ZeroDivisionError'>
    __context__ = None
    __delattr__ = <method-wrapper '__delattr__' of ZeroDivisionError object>
    __dict__ = {}
    __dir__ = <built-in method __dir__ of ZeroDivisionError object>
    __doc__ = 'Second argument to a division or modulo operation was zero.'
    __eq__ = <method-wrapper '__eq__' of ZeroDivisionError object>
    __format__ = <built-in method __format__ of ZeroDivisionError object>
    __ge__ = <method-wrapper '__ge__' of ZeroDivisionError object>
    __getattribute__ = <method-wrapper '__getattribute__' of ZeroDivisionError object>
    __gt__ = <method-wrapper '__gt__' of ZeroDivisionError object>
    __hash__ = <method-wrapper '__hash__' of ZeroDivisionError object>
    __init__ = <method-wrapper '__init__' of ZeroDivisionError object>
    __le__ = <method-wrapper '__le__' of ZeroDivisionError object>
    __lt__ = <method-wrapper '__lt__' of ZeroDivisionError object>
    __ne__ = <method-wrapper '__ne__' of ZeroDivisionError object>
    __new__ = <built-in method __new__ of type object>
    __reduce__ = <built-in method __reduce__ of ZeroDivisionError object>
    __reduce_ex__ = <built-in method __reduce_ex__ of ZeroDivisionError object>
    __repr__ = <method-wrapper '__repr__' of ZeroDivisionError object>
    __setattr__ = <method-wrapper '__setattr__' of ZeroDivisionError object>
    __setstate__ = <built-in method __setstate__ of ZeroDivisionError object>
    __sizeof__ = <built-in method __sizeof__ of ZeroDivisionError object>
    __str__ = <method-wrapper '__str__' of ZeroDivisionError object>
    __subclasshook__ = <built-in method __subclasshook__ of type object>
    __suppress_context__ = False
    __traceback__ = <traceback object>
    args = ('division by zero',)
    with_traceback = <built-in method with_traceback of ZeroDivisionError object>

The above is a description of an error in a Python program. Here is the original traceback:

Traceback (most recent call last):
    File "cgitb_log_exception.py", line 28, in <module>
        func(1, 0)
    File "cgitb_log_exception.py", line 26, in func
```

```
    return a / divisor
ZeroDivisionError: division by zero
```

> **팁 - 참고 자료**
>
> - cgitb 표준 라이브러리 문서: https://docs.python.org/3.5/library/cgitb.html
> - traceback: 트레이스백용 표준 라이브러리 모듈
> - inspect: inspect 모듈은 스택을 검사하는 더 많은 함수를 제공한다.
> - sys: sys 모듈은 현재 예외 값과 예외가 발생했을 때 호출되는 excepthook에 대한 액세스를 제공한다.
> - Improved traceback module(https://lists.gt.net/python/dev/802870): traceback 모듈 기능 향상에 대한 파이썬 개발자들의 토론이 담긴 메일링 리스트

16.7 pdb: 대화형 디버거

pdb는 파이썬 프로그램용 대화형 디버깅 환경이다. pdb는 프로그램 실행을 일시 중지시키고, 변수 값을 확인하며, 프로그램 실행을 단계별로 볼 수 있는 기능을 제공해 실제로 프로그램이 어떤 일을 수행하는지 이해하고 해당 로직에서 버그를 발견할 수 있게 해준다.

16.7.1 디버거 실행

pdb를 사용하는 첫 단계는 적절한 때에 인터프리터가 디버거에 진입하게 하는 것이다. 시작 조건과 디버깅할 내용에 따라 몇 가지 방법으로 수행할 수 있다.

16.7.1.1 커맨드라인에서 실행

디버거를 사용하는 가장 직접적인 방법은 디버깅할 프로그램을 입력으로 해 커맨드라인에서 실행하는 것이다.

리스트 16.63: pdb_script.py

```
1  #!/usr/bin/env python3
```

```
2  # encoding: utf-8
3  #
4  # Copyright (c) 2010 Doug Hellmann.    All rights reserved.
5  #
6
7
8  class MyObj:
9
10     def __init__(self, num_loops):
11         self.count = num_loops
12
13     def go(self):
14         for i in range(self.count):
15             print(i)
16         return
17
18 if __name__ == '__main__':
19 MyObj(5).go()
```

커맨드라인에서 디버거를 실행하면 소스 파일을 로드한 다음에 첫 번째 명령문에서 실행을 멈춘다. 이 경우에는 8번 줄의 **MyObj** 클래스 정의를 확인하기 전에 멈춘다.

```
$ python3 -m pdb pdb_script.py

> .../pdb_script.py(8)<module>()
-> class MyObj(object):
(Pdb)
```

> **참고**
>
> 일반적으로 pdb는 파일명을 출력할 때 각 모듈의 전체 경로를 표시한다. 여기서는 단순하게 표시하고자 경로를 말 줄임표(...)로 대치했다.

16.7.1.2 인터프리터에서 실행

많은 파이썬 개발자가 모듈의 초기 버전을 개발할 때 대화형 인터프리터로 작업한다. 독립 실행형 스크립트를 작성할 때 요구되는 저장/실행/반복 사이클을 없이 편하게 개발할 수 있기 때문이다. 대화형 인터프리터 내에서 디버거를 실행하려면 run() 또는 runeval()을 사용한다.

```
$ python3

Python 3.5.1 (v3.5.1:37a07cee5969, Dec 5 2015, 21:12:44)
[GCC 4.2.1 (Apple Inc. build 5666) (dot 3)] on darwin
Type "help", "copyright", "credits" or "license" for more information.
>>> import pdb_script
>>> import pdb
>>> pdb.run('pdb_script.MyObj(5).go()')
> <string>(1)<module>()
(Pdb)
```

run()의 인자는 파이썬 인터프리터가 평가할 수 있는 문자열 표현이다. 디버거는 이 문자열을 파싱해 첫 번째 표현식이 평가되기 바로 전에 실행을 멈춘다. 여기서 설명하는 디버거 명령을 통해 프로그램 실행을 제어할 수 있다.

16.7.1.3 프로그램 내에서 실행

앞의 두 예제는 모두 프로그램의 시작 부분에서 디버거가 실행된다. 프로그램 실행 후 문제가 나중에 발생하는 프로세스의 경우에는 set_trace()를 사용해 프로그램 내부에서 디버거를 시작하는 것이 더 편하다.

리스트 16.64: pdb_set_trace.py

```
 1  #!/usr/bin/env python3
 2  # encoding: utf-8
 3  #
 4  # Copyright (c) 2010 Doug Hellmann.    All rights reserved.
 5  #
 6
 7  import pdb
 8
 9
10  class MyObj:
```

```
11
12      def __init__(self, num_loops):
13          self.count = num_loops
14
15      def go(self):
16          for i in range(self.count):
17              pdb.set_trace()
18              print(i)
19          return
20
21  if __name__ == '__main__':
22      MyObj(5).go()
```

예제 스크립트는 실행 도중 17번 줄에서 디버거가 시작되고, 18번 줄에서 프로그램이 일시 중지된다.

```
$ python3 pdb_set_trace.py

> .../pdb_set_trace.py(18)go()
-> print(i)
(Pdb)
```

set_trace()는 파이썬 함수이므로 프로그램의 어떤 지점에서든지 호출할 수 있다. 결과적으로 프로그램 내에서 예외 처리나 제어문의 특정 분기를 통해 조건에 따라 디버거를 시작하는 것이 가능하다.

16.7.1.4 실패 처리

프로그램이 에러 때문에 강제 종료된 후 실패를 디버깅하는 것을 사후 디버깅^{postmortem debugging}이라고 한다. pdb는 pm()과 post_mortem() 함수를 통해 사후 디버깅을 지원한다.

리스트 16.65: pdb_post_mortem.py

```
1  #!/usr/bin/env python3
2  # encoding: utf-8
3  #
```

```
 4   # Copyright (c) 2010 Doug Hellmann.    All rights reserved.
 5   #
 6
 7
 8   class MyObj:
 9
10       def __init__(self, num_loops):
11           self.count = num_loops
12
13       def go(self):
14           for i in range(self.num_loops):
15               print(i)
16           return
```

이 예제에서 14번 줄의 잘못된 속성 이름은 **AttributeError** 예외를 발생시키고 실행 종료를 일으킨다. pm()은 트레이스백을 확인해 예외가 일어난 호출 스택의 해당 지점에서 디버거를 시작한다.

```
$ python3

Python 3.5.1 (v3.5.1:37a07cee5969, Dec 5 2015, 21:12:44)
[GCC 4.2.1 (Apple Inc. build 5666) (dot 3)] on darwin
Type "help", "copyright", "credits" or "license" for more information.
>>> from pdb_post_mortem import MyObj
>>> MyObj(5).go()
Traceback (most recent call last):
    File "<stdin>", line 1, in <module>
    File ".../pdb_post_mortem.py", line 14, in go
        for i in range(self.num_loops):
AttributeError: 'MyObj' object has no attribute 'num_loops'
>>> import pdb
>>> pdb.pm()
> .../pdb/pdb_post_mortem.py(14)go()
-> for i in range(self.num_loops):
(Pdb)
```

16.7.2 디버거 제어

디버거를 위한 인터페이스는 호출 스택을 돌아다니고, 변수 값을 확인 및 변경하고, 디버거가 프로그램을 실행하는 방법을 제어하게 해주는 명령 집합이다. 대화형 디버거는 readline을 사용해 명령을 입력으로 받아들이고, 명령, 파일명, 함수 이름 등에 대한 탭 자동 완성을 지원한다. 빈 줄을 입력하면 작업 목록이 없어도 이전 명령을 다시 실행한다(list 명령 제외).

16.7.2.1 실행 스택 이동

디버거가 실행 중일 때 where(약어 w) 명령으로 프로그램에서 현재 실행 중인 줄과 호출 스택을 정확히 알 수 있다. 이 경우에 모듈 pdb_set_trace.py의 go() 메서드 내의 18번 줄에서 실행이 멈춘 것을 알 수 있다.

```
$ python3 pdb_set_trace.py

> .../pdb_set_trace.py(18)go()
-> print(i)
(Pdb) where
  .../pdb_set_trace.py(22)<module>()
-> MyObj(5).go()
> .../pdb_set_trace.py(18)go()
-> print(i)
(Pdb)
```

list(1)를 사용하면 현재 위치 주변의 콘텍스트를 더 많이 볼 수 있다.

```
(Pdb) l
 13        self.count = num_loops
 14
 15    def go(self):
 16        for i in range(self.count):
 17            pdb.set_trace()
 18 ->         print(i)
 19        return
```

```
 20
 21    if __name__ == '__main__':
 22        MyObj(5).go()
[EOF]
(Pdb)
```

기본적으로는 현재 줄을 기준으로 11개 줄(이전 5 줄과 이후 5 줄)을 표시한다. 한 개의 숫자 인사와 함께 list를 사용하면 현재 줄이 아니라 시성한 줄 번호 주변의 11개 줄을 보여준다.

```
(Pdb) list 14
  9
 10 class MyObj(object):
 11
 12     def __init__(self, num_loops):
 13         self.count = num_loops
 14
 15     def go(self):
 16         for i in range(self.count):
 17             pdb.set_trace()
 18 ->          print(i)
 19         return
```

list가 두 개의 인자를 받으면 그것을 각각 첫 번째 줄과 마지막 줄로 해석해 출력한다.

```
(Pdb) list 7, 19
  7 import pdb
  8
  9
 10 class MyObj(object):
 11
 12     def __init__(self, num_loops):
 13         self.count = num_loops
 14
 15     def go(self):
 16         for i in range(self.count):
```

```
17              pdb.set_trace()
18 ->           print(i)
19          return
```

longlist(ll) 명령은 미리 결정된 줄 번호에 상관없이 현재 함수나 프레임에 대한 소스
를 출력한다. 명령 이름이 longlist인 이유는 함수의 내용이 긴 경우 기본값보다 매우
많은 줄을 출력할 수 있기 때문이다.

```
(Pdb) longlist
 15      def go(self):
 16          for i in range(self.count):
 17              pdb.set_trace()
 18 ->           print(i)
 19          return
```

source 명령은 임의의 클래스, 함수, 모듈의 전체 소스를 로드해 출력한다.

```
(Pdb) source MyObj
 10 class MyObj:
 11
 12      def __init__(self, num_loops):
 13          self.count = num_loops
 14
 15      def go(self):
 16          for i in range(self.count):
 17              pdb.set_trace()
 18              print(i)
 19          return
```

현재 호출 스택 내에서 프레임 사이를 이동하려면 up과 down 명령을 사용한다. up(약어
u)은 스택의 이전 프레임으로 이동하고, down(d)은 새로운 프레임으로 이동한다. 스택
에서 위/아래로 이동할 때마다 디버거는 where 명령으로 생성한 출력과 같은 형태로
현재 위치를 출력한다.

```
(Pdb) up
> .../pdb_set_trace.py(22)<module>()
-> MyObj(5).go()
(Pdb) down
> .../pdb_set_trace.py(18)go()
-> print(i)
```

up과 down에 숫자 인자를 전달하면 한 번에 해당 숫자만큼 위/아래로 이동한다.

16.7.2.2 스택의 변수 값 검사

스택에서 각 프레임은 실행 중인 함수의 지역 변수와 상태 정보를 포함한 전역 변수를 갖고 있다. pdb는 이 변수들의 내용을 검사할 수 있는 몇 가지 방법을 제공한다.

리스트 16.66: pdb_function_arguments.py

```
 1  #!/usr/bin/env python3
 2  # encoding: utf-8
 3  #
 4  # Copyright (c) 2010 Doug Hellmann.    All rights reserved.
 5  #
 6
 7  import pdb
 8
 9
10  def recursive_function(n=5, output='to be printed'):
11      if n > 0:
12          recursive_function(n - 1)
13      else:
14          pdb.set_trace()
15          print(output)
16      return
17
18  if __name__ == '__main__':
19      recursive_function()
```

args 명령(약어 a)은 현재 프레임에서 활성화된 함수의 모든 인자를 출력한다. 또한 이 예제에서는 재귀 함수를 사용해 깊은 스택은 where 명령이 어떻게 출력하는지 보여준다.

```
$ python3 pdb_function_arguments.py
> .../pdb_function_arguments.py(15)recursive_function()
-> print(output)
(Pdb) where
  .../pdb_function_arguments.py(19)<module>()
-> recursive_function()
  .../pdb_function_arguments.py(12)recursive_function()
-> recursive_function(n - 1)
  .../pdb_function_arguments.py(12)recursive_function()
-> recursive_function(n - 1)
  .../pdb_function_arguments.py(12)recursive_function()
-> recursive_function(n - 1)
  .../pdb_function_arguments.py(12)recursive_function()
-> recursive_function(n - 1)
  .../pdb_function_arguments.py(12)recursive_function()
-> recursive_function(n - 1)
> .../pdb_function_arguments.py(15)recursive_function()
-> print(output)

(Pdb) args
n = 0
output = to be printed

(Pdb) up
> .../pdb_function_arguments.py(12)recursive_function()
-> recursive_function(n - 1)

(Pdb) args
n = 1
output = to be printed
```

p 명령은 인자로 주어진 표현식을 평가하고 결과를 출력한다. 파이썬의 print() 함수도
사용할 수 있지만 디버거에서 실행되는 것이 아니라 인터프리터로 전달돼 실행된다.

```
(Pdb) p n
1
```

```
(Pdb) print(n)
1
```

또한 표현식에 !를 붙이면 파이썬 인터프리터로 전달된다. 이 기능은 변수 수정 등 임의의 파이썬 명령문을 실행하고자 사용할 수 있다. 이 예제에서는 디버거가 프로그램을 계속해서 실행하기 전에 output 변수의 값을 변경한다. set_trace()를 호출한 다음에 있는 명령문은 변경된 값을 출력한다.

```
$ python3 pdb_function_arguments.py

> .../pdb_function_arguments.py(14)recursive_function()
-> print(output)

(Pdb) !output
'to be printed'

(Pdb) !output='changed value'

(Pdb) continue
changed value
```

중첩돼 있거나 큰 자료 구조와 같이 복잡한 값은 pp 명령을 사용해 읽기 좋은 형태로 출력할 수 있다. 다음 프로그램은 파일에서 여러 줄의 텍스트를 읽어온다.

리스트 16.67: pdb_pp.py

```
1  #!/usr/bin/env python3
2  # encoding: utf-8
3  #
4  # Copyright (c) 2010 Doug Hellmann.    All rights reserved.
5  #
6
7  import pdb
8
9  with open('lorem.txt', 'rt') as f:
10     lines = f.readlines()
11
12 pdb.set_trace()
```

p로 lines 변수를 출력하면 텍스트 줄 나눔이 이상해져 읽기 어려울 수 있다. pp는 읽기 쉬운 출력을 위해 pprint를 사용해 값을 형식화한다.

```
$ python3 pdb_pp.py

> .../pdb_pp.py(12)<module>()->None
-> pdb.set_trace()
(Pdb) p lines
['Lorem ipsum dolor sit amet, consectetuer adipiscing elit. \n', 'Donec egestas, enim et
consecte tuer ullamcorper, lect us \n', 'ligula rutrum leo, a elementum el it tortor eu quam .\n']

(Pdb) pp lines
['Lorem ipsum dolor sit amet, consectetuer adipiscing elit. \n',
 'Donec egestas, enim et consectetuer ullamcorper, lectus \n',
 'ligula rutrum leo, a elementum elit tortor eu quam.\n']

(Pdb)
```

탐색과 테스트 목적을 위해 현재 프레임의 전역 및 지역 변수를 가진 채 디버거에서 표준 파이썬 대화형 프롬프트로 전환이 가능하다.

```
$ python3 -m pdb pdb_interact.py
> .../pdb_interact.py(7)<module>()
-> import pdb
(Pdb) break 14
Breakpoint 1 at .../pdb_interact.py:14

(Pdb) continue
> .../pdb_interact.py(14)f()
-> print(l, m, n)

(Pdb) p l
['a', 'b']

(Pdb) p m
9

(Pdb) p n
5

(Pdb) interact
```

```
*interactive*
>>> l
['a', 'b']
>>> m
9
>>> n
5
```

리스트처럼 변경 가능한 객체는 대화형 인터프리터에서 변경할 수 있다. 반대로 수정 불가 객체는 변경할 수 없으며, 이름을 새 값으로 다시 연결할 수 없다.

```
>>> l.append('c')
>>> m += 7
>>> n = 3
>>> l
['a', 'b', 'c']
>>> m
16
>>> n
3
```

Ctrl-D를 사용하면 대화형 프롬프트를 종료하고 디버거로 돌아간다. 이 예제에서 리스트인 l은 변경됐지만 m과 n 값은 변경되지 않았다.

```
>>> ^D
(Pdb) p l
['a', 'b', 'c']
(Pdb) p m
9
(Pdb) p n
5
```

```
(Pdb)
```

16.7.2.3 프로그램 실행 단계별 이동

프로그램이 일시 정지됐을 때 호출 스택을 위/아래로 탐색하는 것 외에도 디버거에 진입한 이후 시점부터 프로그램을 단계별로 이동할 수 있다.

리스트 16.68: pdb_step.py

```
 1  #!/usr/bin/env python3
 2  # encoding: utf-8
 3  #
 4  # Copyright (c) 2010 Doug Hellmann.    All rights reserved.
 5  #
 6
 7  import pdb
 8
 9
10  def f(n):
11      for i in range(n):
12          j = i * n
13          print(i, j)
14      return
15
16  if __name__ == '__main__':
17      pdb.set_trace()
18      f(5)
```

step(약어 s)을 사용하면 현재 줄을 실행한 후 다음 실행 지점인 호출된 함수의 첫 번째 명령문이나 현재 함수의 다음 줄에서 멈춘다.

```
$ python3 pdb_step.py

> .../pdb_step.py(18)<module>()
-> f(5)
```

인터프리터는 set_trace()를 호출한 후 멈춰 디버거에게 제어를 넘긴다. 첫 번째 step 명령으로 함수 f()에 진입한다.

```
(Pdb) step
--Call--
> .../pdb_step.py(10)f()
-> def f(n):
```

step을 한 번 더 실행하면 f()의 첫 번째 줄로 옮겨가고 루프가 시작된다.

```
(Pdb) step
> .../pdb_step.py(11)f()
-> for i in range(n):
```

step을 한 번 더 진행하면 j가 정의된 루프 내부의 첫 번째 줄로 이동한다.

```
(Pdb) step
> .../pdb_step.py(12)f()
-> j = i * n

(Pdb) p i
0
```

i 값이 0이므로 step을 한 번 더 진행하면 j 값도 역시 0이 될 것이다.

```
(Pdb) step
> .../pdb_step.py(13)f()
-> print(i, j)

(Pdb) p j
0

(Pdb)
```

이런 방식으로 한 번에 한 줄씩 실행하는 것은 에러가 발생하는 지점 이전에 많은 코드가 있거나 동일한 함수가 반복적으로 호출되는 경우 매우 지루해질 수 있다.

```
1  #!/usr/bin/env python3
2  # encoding: utf-8
3  #
4  # Copyright (c) 2010 Doug Hellmann.    All rights reserved.
5  #
6
7  import pdb
8
9
10 def calc(i, n):
11     j = i * n
12     return j
13
14
15 def f(n):
16     for i in range(n):
17         j = calc(i, n)
18         print(i, j)
19     return
20
21 if __name__ == '__main__':
22     pdb.set_trace()
23     f(5)
```

이 예제에서 calc()에는 잘못된 것이 없다. 하지만 f()의 루프에서 호출될 때마다 calc()의 모든 줄을 step으로 진행해야 하므로 유용한 정보를 얻기 힘들게 된다.

```
$ python3 pdb_next.py

> .../pdb_next.py(23)<module>()
-> f(5)
(Pdb) step
--Call--
> .../pdb_next.py(15)f()
-> def f(n):

(Pdb) step
> .../pdb_next.py(16)f()
```

```
-> for i in range(n):

(Pdb) step
> .../pdb_next.py(17)f()
-> j = calc(i, n)

(Pdb) step
--Call--
> .../pdb_next.py(10)calc()
-> def calc(i, n):

(Pdb) step
> .../pdb_next.py(11)calc()
-> j = i * n

(Pdb) step
> .../pdb_next.py(12)calc()
-> return j

(Pdb) step
--Return--
> .../pdb_next.py(12)calc()->0
-> return j

(Pdb) step
> .../pdb_next.py(18)f()
-> print(i, j)

(Pdb) step
0 0

> .../pdb_next.py(16)f()
-> for i in range(n):
(Pdb)
```

next 명령(약어 n)은 step과 비슷하지만 실행 중인 명령문에서 호출된 함수 내부에는 진입하지 않는다. 즉, 명령 한 번으로 현재 실행 중인 함수를 벗어나지 않고 호출한 함수를 한 번에 진행할 수 있다.

```
> .../pdb_next.py(16)f()
-> for i in range(n):
(Pdb) step
```

```
> .../pdb_next.py(17)f()
-> j = calc(i, n)

(Pdb) next
> .../pdb_next.py(18)f()
-> print(i, j)

(Pdb)
```

until 명령은 실행 중인 함수에서 현재 줄 번호보다 높은 줄 번호에 이를 때까지 명시적으로 실행을 반복한다는 것을 빼고는 next와 동일하다. 예를 들어 until은 반복되는 루프를 한 번에 끝내고자 사용할 수 있다.

```
$ python3 pdb_next.py
> .../pdb_next.py(23)<module>()
-> f(5)
(Pdb) step
--Call--
> .../pdb_next.py(15)f()
-> def f(n):

(Pdb) step
> .../pdb_next.py(16)f()
-> for i in range(n):

(Pdb) step
> .../pdb_next.py(17)f()
-> j = calc(i, n)

(Pdb) next
> .../pdb_next.py(18)f()
-> print(i, j)

(Pdb) until
0 0
1 5
2 10
3 15
4 20
> .../pdb_next.py(19)f()
```

```
-> return
(Pdb)
```

until 명령을 실행하기 전에 현재 줄은 루프의 마지막인 18번 줄이었다. until을 실행하면 루프는 종료되고 현재 위치는 19번 줄로 이동한다.

특정한 줄까지 한 번에 실행하려면 until 명령에 줄 번호를 전달한다. 중단점을 설정하는 것과 달리 until 명령에 지정하는 줄 번호는 반드시 현재 줄 번호보다 높아야 하므로 이 명령은 긴 블록을 뛰어넘어 함수 내에서 탐색을 할 때 매우 유용하다.

```
$ python3 pdb_next.py
> .../pdb_next.py(23)<module>()
-> f(5)
(Pdb) list
 18             print(i, j)
 19         return
 20
 21     if __name__ == '__main__':
 22         pdb.set_trace()
 23 ->     f(5)
[EOF]

(Pdb) until 18
*** "until" line number is smaller than current line number

(Pdb) step
--Call--
> .../pdb_next.py(15)f()
-> def f(n):

(Pdb) step
> .../pdb_next.py(16)f()
-> for i in range(n):

(Pdb) list
 11         j = i * n
 12         return j
 13
 14
```

```
15 def f(n):
16 ->    for i in range(n):
17            j = calc(i, n)
18            print(i, j)
19        return
20
21 if __name__ == '__main__':
(Pdb) until 19
0 0
1 5
2 10
3 15
4 20
> .../pdb_next.py(19)f()
-> return

(Pdb)
```

return 명령은 함수의 일부를 건너뛰기 위한 또 다른 명령이다. 이 명령은 함수가
return 명령을 실행할 준비가 될 때까지 실행을 계속한다. 그다음에 일시 정지가 돼 함
수가 값을 반환하기 전에 그 값을 살펴볼 시간을 제공한다.

```
$ python3 pdb_next.py

> .../pdb_next.py(23)<module>()
-> f(5)
(Pdb) step
--Call--
> .../pdb_next.py(15)f()
-> def f(n):

(Pdb) step
> .../pdb_next.py(16)f()
-> for i in range(n):

(Pdb) return
0 0
1 5
2 10
```

```
3 15
4 20
--Return--
> .../pdb_next.py(19)f()->None
-> return

(Pdb)
```

16.7.3 중단점

프로그램이 점점 길어지면 next와 until을 사용해도 디버깅이 느리고 번거로워진다. 프로그램을 직접 단계별로 진행하는 것보다 더 좋은 해결책은 디버거가 프로그램을 중단시키는 특정 지점에 이를 때까지 프로그램이 정상적으로 실행되게 하는 것이다. set_trace()로 디버거를 시작할 수 있지만 이 방법은 일시 정지해야 할 지점이 프로그램에 하나만 있어야 한다. 디버거를 통해 프로그램을 실행시키는 것이 더 편리하기는 하지만 중단점을 사용해 디버거에게 멈춰야 할 지점을 미리 알려줄 수 있다. 디버거는 프로그램을 모니터링하다가 중단점이 설정된 위치에 이르면 그 줄이 실행되기 전에 프로그램을 정지시킨다.

리스트 16.70: pdb_break.py

```
 1  #!/usr/bin/env python3
 2  # encoding: utf-8
 3  #
 4  # Copyright (c) 2010 Doug Hellmann.    All rights reserved.
 5  #
 6
 7
 8  def calc(i, n):
 9      j = i * n
10      print('j =', j)
11      if j > 0:
12          print('Positive!')
13      return j
14
```

```
15
16   def f(n):
17       for i in range(n):
18           print('i =', i)
19           j = calc(i, n)      # noqa
20       return
21
22   if __name__ == '__main__':
23       f(5)
```

줄 번호, 파일, 프로세스가 멈춰야 하는 함수 등 중단점을 설정할 때 break 명령(약어 b)에 몇 가지 옵션을 사용할 수 있다. 현재 파일의 특정 줄에 중단점을 설정할 때는 break 줄 번호를 사용한다.

```
$ python3 -m pdb pdb_break.py

> .../pdb_break.py(8)<module>()
-> def calc(i, n):
(Pdb) break 12
Breakpoint 1 at .../pdb_break.py:12

(Pdb) continue
i = 0
j = 0
i = 1
j = 5
> .../pdb_break.py(12)calc()
-> print('Positive!')

(Pdb)
```

continue 명령(약어 c)은 디버거가 다음 중단점에 이를 때까지 프로그램을 계속 실행하게 한다. 이 예세에서는 f()에서 for 루프의 첫 번째 반복을 끝내고 두 번째 반복될 때 calc()의 내부에서 멈춘다.

중단점은 줄 번호 대신 특정 함수 이름을 지정해 함수의 첫 번째 줄로 설정할 수 있다. 다음 예제는 중단점을 calc() 함수로 지정한 경우를 보여준다.

```
$ python3 -m pdb pdb_break.py

> .../pdb_break.py(8)<module>()
-> def calc(i, n):
(Pdb) break calc
Breakpoint 1 at .../pdb_break.py:8

(Pdb) continue
i = 0
> .../pdb_break.py(9)calc()
-> j = i * n

(Pdb) where
.../pdb_break.py(23)<module>()
-> f(5)
.../pdb_break.py(19)f()
-> j = calc(i, n)
> .../pdb_break.py(9)calc()
-> j = i * n

(Pdb)
```

다른 파일에서 중단점을 지정하려면 줄 번호 또는 함수 이름 앞에 파일명을 붙인다.

리스트 16.71: pdb_break_remote.py

```
1  #!/usr/bin/env python3
2  # encoding: utf-8
3
4  from pdb_break import f
5
6  f(5)
```

여기서는 메인 프로그램으로 pdb_break_remote.py를 시작한 후에 pdb_break.py의 12번 줄에 중단점을 설정했다.

```
$ python3 -m pdb pdb_break_remote.py

> .../pdb_break_remote.py(4)<module>()
-> from pdb_break import f
```

```
(Pdb) break pdb_break.py:12
Breakpoint 1 at .../pdb_break.py:12

(Pdb) continue
i = 0
j = 0
i = 1
j = 5
> .../pdb_break.py(12)calc()
-> print('Positive!')

(Pdb)
```

파일명은 소스 파일의 전체 경로일 수도 있고, **sys.path**에서 사용 가능한 상대 경로일
수도 있다.

현재 설정된 중단점 리스트를 보려면 인자 없이 **break** 명령을 준다. 각 중단점의 파일
과 줄 번호, 발생 횟수에 대한 정보를 출력한다.

```
$ python3 -m pdb pdb_break.py

> .../pdb_break.py(8)<module>()
-> def calc(i, n):
(Pdb) break 12
Breakpoint 1 at .../pdb_break.py:12

(Pdb) break
Num     Type           Disp   Enb    Where
1       breakpoint     keep   yes    at .../pdb_break.py:12

(Pdb) continue
i = 0
j = 0
i = 1
j = 5
> .../pdb/pdb_break.py(12)calc()
-> print('Positive!')

(Pdb) continue
Positive!
i = 2
```

```
j = 10
> .../pdb_break.py(12)calc()
-> print('Positive!')
(Pdb) break
Num     Type          Disp    Enb    Where
1       breakpoint    keep    yes    at .../pdb_break.py:12
        breakpoint already hit 2 times

(Pdb)
```

16.7.3.1 중단점 관리

새로운 중단점이 추가될 때마다 식별 번호가 부여된다. 이 ID 번호는 중단점을 활성화, 비활성화, 제거할 때 사용된다. disable로 중단점을 비활성화하면 디버거는 그 줄에서 멈추지 않는다. 이 경우에 중단점은 계속 남아있지만 무시되는 것이다.

```
$ python3 -m pdb pdb_break.py

> .../pdb_break.py(8)<module>()
-> def calc(i, n):
(Pdb) break calc
Breakpoint 1 at .../pdb_break.py:8

(Pdb) break 12
Breakpoint 2 at .../pdb_break.py:12

(Pdb) break
Num     Type          Disp    Enb    Where
1       breakpoint    keep    yes    at .../pdb_break.py:8
2       breakpoint    keep    yes    at .../pdb_break.py:12

(Pdb) disable 1

(Pdb) break
Num     Type          Disp    Enb    Where
1       breakpoint    keep    no     at .../pdb_break.py:8
2       breakpoint    keep    yes    at .../pdb_break.py:12

(Pdb) continue
i = 0
```

```
j = 0
i = 1
j = 5
> .../pdb_break.py(12)calc()
-> print('Positive!')

(Pdb)
```

다음 디버깅 예제는 프로그램에서 두 개의 중단점을 설정한 다음 하나를 비활성화한
다. 프로그램은 남아있는 중단점을 만난 때까지 실행되며, 멈춘 실행을 다시 계속하기
전에 enable 명령으로 비활성화된 중단점을 다시 활성화한다.

```
$ python3 -m pdb pdb_break.py

> .../pdb_break.py(8)<module>()
-> def calc(i, n):
(Pdb) break calc
Breakpoint 1 at .../pdb_break.py:8

(Pdb) break 18
Breakpoint 2 at .../pdb_break.py:18

(Pdb) disable 1

(Pdb) continue
> .../pdb_break.py(18)f()
-> print('i =', i)

(Pdb) list
 13             return j
 14
 15
 16     def f(n):
 17         for i in range(n):
 18 B->         print('i =', i)
 19             j - calc(i, n)
 20         return
 21
 22     if __name__ == '__main__':
 23         f(5)
```

```
(Pdb) continue
i = 0
j = 0
> .../pdb_break.py(18)f()
-> print('i =', i)

(Pdb) list
 13          return j
 14
 15
 16    def f(n):
 17         for i in range(n):
 18 B->        print('i =', i)
 19             j = calc(i, n)
 20         return
 21
 22    if __name__ == '__main__':
 23         f(5)

(Pdb) p i
1

(Pdb) enable 1
Enabled breakpoint 1 at .../pdb_break.py:8

(Pdb) continue
i = 1
> .../pdb_break.py(9)calc()
-> j = i * n

(Pdb) list
  4 # Copyright (c) 2010 Doug Hellmann.    All rights reserved.
  5 #
  6
  7
  8 B   def calc(i, n):
  9  ->      j = i * n
 10         print('j =', j)
 11         if j > 0:
 12             print('Positive!')
 13         return j
 14
```

```
(Pdb)
```

출력에서 'B' 표시가 있는 줄이 프로그램에서 중단점의 위치를 나타낸다(8번 줄과 18번 줄).
clear 명령은 중단점을 완전히 삭제한다.

```
$ python3 -m pdb pdb_break.py

> .../pdb_break.py(8)<module>()
-> def calc(i, n):
(Pdb) break calc
Breakpoint 1 at .../pdb_break.py:8

(Pdb) break 12
Breakpoint 2 at .../pdb_break.py:12

(Pdb) break 18
Breakpoint 3 at .../pdb_break.py:18

(Pdb) break
Num     Type          Disp    Enb    Where
1       breakpoint    keep    yes    at .../pdb_break.py:8
2       breakpoint    keep    yes    at .../pdb_break.py:12
3       breakpoint    keep    yes    at .../pdb_break.py:18

(Pdb) clear 2
Deleted breakpoint 2

(Pdb) break
Num     Type          Disp    Enb    Where
1       breakpoint    keep    yes    at .../pdb_break.py:8
3       breakpoint    keep    yes    at .../pdb_break.py:18

(Pdb)
```

하나의 중단점을 삭제해도 다른 중단점은 원래의 식별 번호를 유지하며 번호가 다시
부여되지 않는다.

16.7.3.2 임시 중단점

임시 중단점은 프로그램이 그 지점을 한 번 마주치면 자동으로 삭제된다. tbreak 명령

으로 임시 중단점을 사용하면 일반적인 중단점과 마찬가지로 프로그램의 특정 지점에 쉽고 빠르게 도달할 수 있다. 또한 이것은 즉시 삭제되므로 프로그램의 해당 부분이 반복적으로 실행되는 경우 연속적인 진행을 방해하지 않는다.

```
$ python3 -m pdb pdb_break.py
> .../pdb_break.py(8)<module>()
-> def calc(i, n):
(Pdb) tbreak 12
Breakpoint 1 at .../pdb_break.py:12

(Pdb) continue
i = 0
j = 0
i = 1
j = 5
Deleted breakpoint 1 at .../pdb_break.py:12
> .../pdb_break.py(12)calc()
-> print('Positive!')

(Pdb) break

(Pdb) continue
Positive!
i = 2
j = 10
Positive!
i = 3
j = 15
Positive!
i = 4
j = 20
Positive!
The program finished and will be restarted
> .../pdb_break.py(8)<module>()
-> def calc(i, n):

(Pdb)
```

프로그램이 12번 줄에 처음 도착하면 중단점은 제거된다. 그다음에는 프로그램이 종료될 때까지 실행이 멈추지 않는다.

16.7.3.3 조건부 중단점

조건이 만족될 경우에만 실행이 멈추도록 중단점에 규칙을 적용할 수 있다. 조건부 중단점을 사용하면 수동으로 중단점을 활성화/비활성화하는 것보다 더 세밀한 제어를 할 수 있다. 조건부 중단점은 두 가지 방법으로 설정할 수 있다. 첫 번째는 break를 사용할 때 특정 조건을 지정하는 것이다.

```
$ python3 -m pdb pdb_break.py

> .../pdb_break.py(8)<module>()
-> def calc(i, n):
(Pdb) break 10, j>0
Breakpoint 1 at .../pdb_break.py:10

(Pdb) break
Num     Type          Disp    Enb    Where
1       breakpoint    keep    yes    at .../pdb_break.py:10
          stop only if j>0

(Pdb) continue
i = 0
j = 0
i = 1
> .../pdb_break.py(10)calc()
-> print('j =', j)

(Pdb)
```

조건 절 인자는 반드시 중단점이 정의돼 있는 스택 프레임 내에서 접근 가능한 값을 사용한 표현식이어야 한다. 조건 절이 참이면 해당 중단점에서 실행이 멈춘다.

또 다른 방법은 condition 명령을 사용해 기존 중단점에 조건을 부여하는 것이다. 이 명령의 인자는 중단점 ID와 조건 표현식이다.

```
$ python3 -m pdb pdb_break.py

> .../pdb_break.py(8)<module>()
-> def calc(i, n):
(Pdb) break 10
```

```
Breakpoint 1 at .../pdb_break.py:10

(Pdb) break
Num     Type          Disp  Enb   Where
1       breakpoint    keep  yes   at .../pdb_break.py:10

(Pdb) condition 1 j>0

(Pdb) break
Num     Type          Disp  Enb   Where
1       breakpoint    keep  yes   at .../pdb_break.py:10
        stop only if j>0

(Pdb)
```

16.7.3.4 중단점 무시

루프나 동일한 함수에 대한 재귀 호출을 많이 사용하는 프로그램인 경우에는 모든 호출이나 중단점을 감시하는 대신 지정한 수만큼 건너뛰게 하면 디버깅을 좀 더 쉽게 할 수 있다. ignore 명령은 중단점에서 멈추지 않고 지나가도록 디버거에게 지시한다. 프로세스가 중단점을 만날 때마다 지정한 ignore 카운터가 줄어든다. 카운터가 0이 되면 중단점은 다시 활성화된다.

```
$ python3 -m pdb pdb_break.py

> .../pdb_break.py(8)<module>()
-> def calc(i, n):
(Pdb) break 19
Breakpoint 1 at .../pdb_break.py:19

(Pdb) continue
i = 0
> .../pdb_break.py(19)f()
-> j = calc(i, n)

(Pdb) next
j = 0
> .../pdb_break.py(17)f()
-> for i in range(n):
```

```
(Pdb) ignore 1 2
Will ignore next 2 crossings of breakpoint 1.

(Pdb) break
Num     Type           Disp    Enb     Where
1       breakpoint     keep    yes     at .../pdb_break.py:19
            ignore next 2 hits
            breakpoint already hit 1 time

(Pdb) continue
i = 1
j = 5
Positive!
i = 2
j = 10
Positive!
i = 3
> .../pdb_break.py(19)f()
-> j = calc(i, n)

(Pdb) break
Num     Type           Disp    Enb     Where
1       breakpoint     keep    yes     at .../pdb_break.py:19
            breakpoint already hit 4 times
```

명시적으로 **ignore** 카운터를 0으로 재설정하면 중단점은 즉시 재활성화된다.

```
$ python3 -m pdb pdb_break.py

> .../pdb_break.py(8)<module>()
-> def calc(i, n):
(Pdb) break 19
Breakpoint 1 at .../pdb_break.py:19

(Pdb) ignore 1 2
Will ignore next 2 crossings of breakpoint 1.

(Pdb) break
Num     Type           Disp    Enb     Where
1       breakpoint     keep    yes     at .../pdb_break.py:19
            ignore next 2 hits
```

```
(Pdb) ignore 1 0
Will stop next time breakpoint 1 is reached.

(Pdb) break
Num     Type           Disp  Enb   Where
1       breakpoint     keep  yes   at .../pdb_break.py:19
```

16.7.3.5 중단점에서 명령 실행

pdb는 대화형 모드 이외에도 기본적인 스크립팅을 지원한다. commands 명령을 사용하면 특정 중단점을 만났을 때 파이썬 명령문을 포함한 일련의 인터프리터 명령을 실행시킬 수 있다. 중단점 식별 번호를 인자로 commands를 실행하면 디버거 프롬프트가 (com)으로 변경된다. 원하는 명령을 차례로 입력하고 end로 목록을 끝내면 스크립트가 저장되고 디버거 프롬프트로 되돌아간다.

```
$ python3 -m pdb pdb_break.py

> .../pdb_break.py(8)<module>()
-> def calc(i, n):
(Pdb) break 10
Breakpoint 1 at .../pdb_break.py:10

(Pdb)   commands 1
(com)   print('debug i =', i)
(com)   print('debug j =', j)
(com)   print('debug n =', n)
(com)   end

(Pdb) continue
i = 0
debug i = 0
debug j = 0
debug n = 5
> .../pdb_break.py(10)calc()
-> print('j =', j)

(Pdb) continue
j = 0
```

```
i = 1
debug i = 1
debug j = 5
debug n = 5
> .../pdb_break.py(10)calc()
-> print 'j =', j

(Pdb)
```

이 기능은 특히 많은 자료 구조나 변수를 사용하는 코드를 디버깅할 때 유용하다. 디버거가 중단점을 만날 때마다 값을 수동으로 출력하는 대신 모든 값을 자동으로 출력하게 할 수 있다.

16.7.3.6 데이터 변화 감시

pdb는 명시적으로 print 명령을 사용하지 않아도 프로그램 실행 중에 값의 변화를 감시할 수 있다. 이를 위해서는 display 명령을 사용한다.

```
$ python3 -m pdb pdb_break.py

> .../pdb_break.py(8)<module>()
-> def calc(i, n):
(Pdb) break 18
Breakpoint 1 at .../pdb_break.py:18

(Pdb) continue
> .../pdb_break.py(18)f()
-> print('i =', i)

(Pdb) display j
display j: ** raised NameError: name 'j' is not defined **

(Pdb) next
i = 0
> .../pdb_break.py(19)f()
-> j = calc(i, n) # noqa

(Pdb) next
j = 0
```

```
> .../pdb_break.py(17)f()
-> for i in range(n):
display j: 0 [old: ** raised NameError: name 'j' is not defined **]

(Pdb)
```

프레임에서 실행이 중지될 때마다 표현식이 평가된다. 값이 변경되는 경우 결과는 이전 값과 함께 출력된다. 인자 없이 display 명령을 실행하면 현재 프레임에서 활성화 중인 display 목록을 출력한다.

```
(Pdb) display
Currently displaying:
j: 0

(Pdb) up
> .../pdb_break.py(23)<module>()
-> f(5)

(Pdb) display
Currently displaying:

(Pdb)
```

display 표현식을 제거하려면 undisplay 명령을 사용한다.

```
(Pdb) display
Currently displaying:
j: 0

(Pdb) undisplay j

(Pdb) display
Currently displaying:

(Pdb)
```

16.7.4 실행 흐름 변경

jump 명령은 코드 수정 없이 런타임 중에 프로그램의 흐름을 바꾼다. 일부 코드의 실행을 피하고자 앞으로 점프할 수도 있고, 일부 코드를 다시 실행하고자 뒤로 점프할 수도 있다. 다음 예제 프로그램은 숫자 리스트를 생성한다.

리스트 16.72: pdb_jump.py

```
 1  #!/usr/bin/env python3
 2  # encoding: utf-8
 3  #
 4  # Copyright (c) 2010 Doug Hellmann.    All rights reserved.
 5  #
 6
 7
 8  def f(n):
 9      result = []
10      j = 0
11      for i in range(n):
12          j = i * n + j
13          j += n
14          result.append(j)
15      return result
16
17  if __name__ == '__main__':
18      print(f(5))
```

간섭 없이 실행되면 이 예제의 출력은 5로 나눌 수 있는 일련의 숫자 시퀀스다.

```
$ python3 pdb_jump.py

[5, 15, 30, 50, 75]
```

16.7.4.1 앞으로 점프

앞으로 점프는 이전 위치와 새 위치 사이의 모든 명령문을 평가하지 않고 지나쳐 실행 위치를 이동한다. 다음 예제에서 13번 줄로 건너뛰면 j 값이 증가하지 않으므로 그 뒤의 결괏값은 앞의 예제보다 조금씩 작아진다.

```
$ python3 -m pdb pdb_jump.py
> .../pdb_jump.py(8)<module>()
-> def f(n):
(Pdb) break 13
Breakpoint 1 at .../pdb_jump.py:13

(Pdb) continue
> .../pdb_jump.py(13)f()
-> j += n

(Pdb) p j
0

(Pdb) step
> .../pdb_jump.py(14)f()
-> result.append(j)

(Pdb) p j
5

(Pdb) continue
> .../pdb_jump.py(13)f()
-> j += n

(Pdb) jump 14
> .../pdb_jump.py(14)f()
-> result.append(j)

(Pdb) p j
10

(Pdb) disable 1

(Pdb) continue
[5, 10, 25, 45, 70]

The program finished and will be restarted
> .../pdb_jump.py(8)<module>()
-> def f(n):
(Pdb)
```

16.7.4.2 뒤로 점프

이미 실행된 명령문으로 프로그램 실행 시점을 이동시켜 코드를 다시 수행할 수도 있다. 다음 예제에서는 j 값이 추가적으로 증가되므로 그렇지 않은 경우보다 결괏값이 더 크다.

```
$ python3 -m pdb pdb_jump.py

> .../pdb_jump.py(8)<module>()
-> def f(n):
(Pdb) break 14
Breakpoint 1 at .../pdb_jump.py:14

(Pdb) continue
> .../pdb_jump.py(14)f()
-> result.append(j)

(Pdb) p j
5

(Pdb) jump 13
> .../pdb_jump.py(13)f()
-> j += n

(Pdb) continue
> .../pdb_jump.py(14)f()
-> result.append(j)

(Pdb) p j
10

(Pdb) disable 1

(Pdb) continue
[10, 20, 35, 55, 80]

The program finished and will be restarted
> .../pdb_jump.py(8)<module>()
-> def f(n):
(Pdb)
```

16.7.4.3 허용되지 않는 점프

특정 흐름 제어 명령문에서 안과 밖으로 점프하는 것은 위험하거나 정의돼 있지 않다. 이런 동작은 디버거에 의해 허용되지 않는다.

리스트 16.73: pdb_no_jump.py

```python
 1  #!/usr/bin/env python3
 2  # encoding: utf-8
 3  #
 4  # Copyright (c) 2010 Doug Hellmann.    All rights reserved.
 5  #
 6
 7
 8  def f(n):
 9      if n < 0:
10          raise ValueError('Invalid n: {}'.format(n))
11      result = []
12      j = 0
13      for i in range(n):
14          j = i * n + j
15          j += n
16          result.append(j)
17      return result
18
19
20  if __name__ == '__main__':
21      try:
22          print(f(5))
23      finally:
24          print('Always printed')
25
26      try:
27          print(f(-5))
28      except:
29          print('There was an error')
30      else:
31          print('There was no error')
32
33      print('Last statement')
```

함수로 진입하고자 jump를 사용할 수 있지만 인자가 정의돼 있지 않으므로 코드가 제대로 동작하지 않을 수 있다.

```
$ python3 -m pdb pdb_no_jump.py

> .../pdb_no_jump.py(8)<module>()
-> def f(n):
(Pdb) break 22
Breakpoint 1 at .../pdb_no_jump.py:22

(Pdb) jump 9
> .../pdb_no_jump.py(9)<module>()
-> if n < 0:

(Pdb) p n
*** NameError: NameError("name 'n' is not defined",)

(Pdb) args

(Pdb)
```

for 루프나 try:except 명령문과 같은 경우 jump는 블록의 중간으로 진입할 수 없다.

```
$ python3 -m pdb pdb_no_jump.py

> .../pdb_no_jump.py(8)<module>()
-> def f(n):
(Pdb) break 22
Breakpoint 1 at .../pdb_no_jump.py:22

(Pdb) continue
> .../pdb_no_jump.py(22)<module>()
-> print(f(5))

(Pdb) jump 27
*** Jump failed: can't jump into the middle of a block

(Pdb)
```

finally 블록의 코드는 반드시 실행돼야 하므로 jump가 블록을 벗어나지 못하게 된다.

```
$ python3 -m pdb pdb_no_jump.py

> .../pdb_no_jump.py(8)<module>()
-> def f(n):
(Pdb) break 24
Breakpoint 1 at .../pdb_no_jump.py:24

(Pdb) continue
[5, 15, 30, 50, 75]
> .../pdb_no_jump.py(24)<module>()
-> print 'Always printed'

(Pdb) jump 26
*** Jump failed: can't jump into or out of a 'finally' block

(Pdb)
```

가장 기본적인 제한은 호출 스택의 하위 프레임으로만 점프할 수 있다는 것이다. up 명령을 사용해 디버깅 콘텍스트가 변경되면 그 시점에서 실행 흐름은 변경할 수 없다.

```
$ python3 -m pdb pdb_no_jump.py

> .../pdb_no_jump.py(8)<module>()
-> def f(n):
(Pdb) break 12
Breakpoint 1 at .../pdb_no_jump.py:12

(Pdb) continue
> .../pdb_no_jump.py(12)f()
-> j = 0

(Pdb) where
  .../lib/python3.5/bdb.py(
431)run()
-> exec cmd in globals, locals
    <string>(1)<module>()
    .../pdb_no_jump.py(22)<module>()
-> print(f(5))
> .../pdb_no_jump.py(12)f()
-> j = 0

(Pdb) up
```

```
> .../pdb_no_jump.py(22)<module>()
-> print(f(5))

(Pdb) jump 25
*** You can only jump within the bottom frame

(Pdb)
```

16.7.4.4 프로그램 재시작

디버거가 프로그램의 끝에 도달하면 프로그램은 자동으로 재시작된다. 하지만 디버거를 떠나지 않은 상태에서 현재의 중단점과 다른 설정들을 유지한 채 명시적으로 프로그램을 재시작할 수 있다.

리스트 16.74: pdb_run.py

```
 1  #!/usr/bin/env python3
 2  # encoding: utf-8
 3  #
 4  # Copyright (c) 2010 Doug Hellmann.    All rights reserved.
 5  #
 6
 7  import sys
 8
 9
10  def f():
11      print('Command-line args:', sys.argv)
12      return
13
14  if __name__ == '__main__':
15      f()
```

커맨드라인에서 아무런 인자를 주지 않았으므로 앞의 프로그램이 디버거 내에서 완료되면 스크립트 파일명이 출력된다.

```
$ python3 -m pdb pdb_run.py
```

```
> .../pdb_run.py(7)<module>()
-> import sys
(Pdb) continue

Command line args: ['pdb_run.py']
The program finished and will be restarted
> .../pdb_run.py(7)<module>()
-> import sys

(Pdb)
```

프로그램은 run 명령으로 재시작할 수 있다. run에 전달된 인자들은 shlex에 의해 파싱돼 커맨드라인 인자처럼 프로그램에 전달된다. 이를 이용하면 프로그램을 다른 설정으로 재시작할 수 있다.

```
(Pdb) run a b c "this is a long value"
Restarting pdb_run.py with arguments:
    a b c this is a long value
> .../pdb_run.py(7)<module>()
-> import sys

(Pdb) continue
Command line args: ['pdb_run.py', 'a', 'b', 'c',
'this is a long value']
The program finished and will be restarted
> .../pdb_run.py(7)<module>()
-> import sys

(Pdb)
```

또한 run은 프로세스의 어느 지점에서라도 사용할 수 있다.

```
$ python3 -m pdb pdb_run.py

> .../pdb_run.py(7)<module>()
-> import sys
(Pdb) break 11
Breakpoint 1 at .../pdb_run.py:11
```

```
(Pdb) continue
> .../pdb_run.py(11)f()
-> print('Command line args:', sys.argv)

(Pdb) run one two three
Restarting pdb_run.py with arguments:
    one two three
> .../pdb_run.py(7)<module>()
-> import sys

(Pdb)
```

16.7.5 별명을 사용한 디버거 커스터마이징

alias 명령을 사용해 단축키를 정의하면 복잡한 명령을 반복적으로 입력하지 않아도 된다. 별명은 각 명령의 첫 번째 단어에 적용된다. 별명의 내용은 디버거 명령과 파이썬 표현식을 포함해 디버거 프롬프트에서 입력 가능한 명령으로 구성할 수 있다. 별명 정의에서도 재귀가 허용되므로 하나의 별명이 다른 별명을 호출할 수도 있다.

```
$ python3 -m pdb pdb_function_arguments.py

> .../pdb_function_arguments.py(7)<module>()
-> import pdb
(Pdb) break 11
Breakpoint 1 at .../pdb_function_arguments.py:11

(Pdb) continue
> .../pdb_function_arguments.py(11)recursive_function()
-> if n > 0:

(Pdb) pp locals().keys()
dict_keys(['output', 'n'])

(Pdb) alias pl pp locals().keys()

(Pdb) pl
dict_keys(['output', 'n'])
```

인자 없이 alias를 실행하면 현재 정의돼 있는 별명의 목록을 보여준다. 하나의 인자는 별명 이름으로 인식돼 해당 별명의 정의를 출력한다.

```
(Pdb) alias
pl = pp locals().keys()

(Pdb) alias pl
pl = pp locals().keys()

(Pdb)
```

alias에 대한 인자는 %n을 사용해 참조될 수 있으며, 여기서 n은 인자의 위치를 가리키는 숫자로 1부터 시작한다. %*는 모든 인자를 사용한다는 의미다.

```
$ python3 -m pdb pdb_function_arguments.py

> .../pdb_function_arguments.py(7)<module>()
-> import pdb
(Pdb) alias ph !help(%1)

(Pdb) ph locals
Help on built-in function locals in module builtins:

locals()
    Return a dictionary containing the current scope's local variables.

    NOTE: Whether or not updates to this dictionary will affect
    name lookups in the local scope and vice-versa is
    *implementation dependent* and not covered by any backwards
    compatibility guarantees.
```

unalias로 정의된 별명을 삭제한다.

```
(Pdb) unalias ph

(Pdb) ph locals
*** SyntaxError: invalid syntax (<stdin>, line 1)

(Pdb)
```

16.7.6 설정 저장

프로그램 디버깅에는 코드 실행, 출력 확인, 코드 또는 입력값 수정, 코드 재실행 등과 같이 수많은 반복 작업이 요구된다. pdb는 디버깅에 필요한 반복 작업의 양을 줄여주므로 디버깅보다 코드에 더 집중할 수 있게 해준다. 디버거에 동일한 명령을 반복해서 입력하는 수고를 줄이고자 pdb는 시작할 때 텍스트 파일에 저장된 설정을 불러올 수 있다.

~/.pdbrc 파일을 가장 먼저 읽는데, 이 파일은 모든 디버거 세션에 대한 사용자별 전역 설정이다. 그다음에 현재 작업 디렉터리에서 프로젝트에 대한 설정인 ./.pdbrc 파일을 읽는다.

```
$ cat ~/.pdbrc

# 파이썬 도움말 표시
alias ph !help(%1)
# 별명 오버라이드
alias redefined p 'home definition'

$ cat .pdbrc

# 중단점
break 11
# 별명 오버라이드
alias redefined p 'local definition'

$ python3 -m pdb pdb_function_arguments.py

Breakpoint 1 at .../pdb_function_arguments.py:11 >
.../pdb_function_arguments.py(7)<module>()
-> import pdb
(Pdb) alias
ph = !help(%1)
redefined = p 'local definition'

(Pdb) break
Num     Type         Disp   Enb    Where
1       breakpoint   keep   yes    at .../pdb_function_arguments.py:11

(Pdb)
```

디버거 프롬프트에서 입력할 수 있는 모든 설정 관련 명령은 파일에 저장할 수 있다. continue, next 등과 같이 실행을 제어하는 명령도 같은 방식으로 저장할 수 있다.

```
$ cat .pdbrc
break 11
continue
list

$ python3 -m pdb pdb_function_arguments.py
Breakpoint 1 at .../pdb_function_arguments.py:11
  6
  7       import pdb
  8
  9
 10       def recursive_function(n=5, output='to be printed'):
 11 B->       if n > 0:
 12               recursive_function(n - 1)
 13           else:
 14               pdb.set_trace()
 15               print(output)
 16           return
> .../pdb_function_arguments.py(11)recursive_function()
-> if n > 0:
(Pdb)
```

특히 run 명령을 저장하는 것은 매우 유용하다. 그러면 디버깅 세션에 대한 커맨드라인 인자를 ./.pdbrc에 설정할 수 있으므로 여러 번의 실행에서 일관성을 유지할 수 있다.

```
$ cat .pdbrc
run a b c "long argument"

$ python3 -m pdb pdb_run.py
Restarting pdb_run.py with arguments:
    a b c "long argument"
> .../pdb_run.py(7)<module>()
-> import sys

(Pdb) continue
Command-line args: ['pdb_run.py', 'a', 'b', 'c',
```

```
'long argument']
The program finished and will be restarted
> .../pdb_run.py(7)<module>()
-> import sys

(Pdb)
```

> **팁 – 참고 자료**
>
> - pdb 표준 라이브러리 문서: https://docs.python.org/3.5/library/pdb.html
> - readline: 라이브러리 편집용 대화형 프롬프트
> - cmd: 대화형 프로그램 빌드
> - shlex: 커맨드라인을 파싱하는 셸
> - Python issue 26053(http://bugs.python.org/issue26053): 실행 결과 출력이 여기의 제시된 값과 맞지 않다면 2.7과 3.5 사이의 pdb 출력 차이에 대한 버그 보고서를 참고하라.

16.8 profile과 pstats: 성능 분석

profile 모듈은 파이썬 코드가 리소스를 얼마나 소비하는지에 대한 통계를 수집하고 분석하는 API를 제공한다.

> **참고**
>
> 이 절에서 출력 결과는 페이지에 맞게 조정된 것이다. 줄 끝에 있는 역슬래시(\)는 다음 줄에 계속됨을 의미한다.

16.8.1 프로파일러 실행

profile 모듈의 가장 기본적인 시작점은 run()이다. run()은 인자로 문자열 명령문을 취하며, 해당 명령문이 실행되는 동안 각 코드가 소비한 시간에 대한 보고서를 생성한다.

리스트 16.75: profile_fibonacci_raw.py

```
import profile

def fib(n):
    # from literateprograms.org
```

```
    # http://bit.ly/hlOQ5m
    if n == 0:
        return 0
    elif n == 1:
        return 1
    else:
        return fib(n - 1) + fib(n - 2)
def fib_seq(n):
    seq = []
    if n > 0:
        seq.extend(fib_seq(n - 1))
    seq.append(fib(n))
    return seq

profile.run('print(fib_seq(20)); print()')
```

이 피보나치 수열 계산기의 재귀 버전은 프로그램의 성능을 크게 향상시킬 수 있으므로 profile 모듈을 시연할 때 많이 사용된다. 표준 보고서는 요약을 먼저 보여준 다음에 실행되는 각 함수의 상세 내용을 표시한다.

```
$ python3 profile_fibonacci_raw.py

[0, 1, 1, 2, 3, 5, 8, 13, 21, 34, 55, 89, 144, 233, 377, 610, 987, 1597, 2584, 4181, 6765]

    57359 function calls (69 primitive calls) in 0.127 seconds

  Ordered by: standard name

   ncalls  tottime  percall  cumtime  percall  filename:lineno(function)
       21    0.000    0.000    0.000    0.000  :0(append)
        1    0.000    0.000    0.127    0.127  :0(exec)
       20    0.000    0.000    0.000    0.000  :0(extend)
        2    0.000    0.000    0.000    0.000  :0(print)
        1    0.001    0.001    0.001    0.001  :0(setprofile)
        1    0.000    0.000    0.127    0.127  <string>:1(<module>)
        1    0.000    0.000    0.127    0.127  profile:0(print(fib_seq(20)); print())
        0    0.000             0.000           profile:0(profiler)
 57291/21    0.126    0.000    0.126    0.006  profile_fibonacci_raw.py:11(fib)
     21/1    0.000    0.000    0.127    0.127  profile_fibonacci_raw.py:22(fib_seq)
```

이 코드를 실행하면 57,359회의 함수 호출이 발생하고 0.127초의 시간이 걸린다. 원시 호출이 69회밖에 안 되는 사실로 볼 때 57,359회 호출의 대부분은 재귀 호출이라고 할 수 있다. 함수별 소비 시간에 대한 상세 정보는 전체 호출 수, 함수가 소비한 전체 시간, 호출당 소비 시간$^{tottime/ncalls}$, 함수의 누적 소비 시간, 원시 호출에 대한 누적 소비 시간의 비율로 구성돼 있다.

당연히 여기서 소비된 대부분의 시간은 fib()를 반복적으로 호출하는 데 사용된다. 캐시 데코레이터를 추가하면 재귀 호출의 수를 줄이고 함수의 성능을 크게 향상시킬 수 있다.

리스트 16.76: profile_fibonacci_memoized.py

```python
import functools
import profile

@functools.lru_cache(maxsize=None)
def fib(n):
    # from literateprograms.org
    # http://bit.ly/hlOQ5m
    if n == 0:
        return 0
    elif n == 1:
        return 1
    else:
        return fib(n - 1) + fib(n - 2)

def fib_seq(n):
    seq = []
    if n > 0:
        seq.extend(fib_seq(n - 1))
    seq.append(fib(n))
    return seq

if __name__ == '__main__':
    profile.run('print(fib_seq(20)); print()')
```

각 단계에서 피보나치 수를 기억하게 하면 대부분의 재귀 호출을 피할 수 있으며, 전체 호출이 89회로 줄어들고 시간도 0.001초밖에 걸리지 않는다. fib()에 대한 ncalls 항목을 보면 재귀 호출이 발생하지 않았음을 알 수 있다.

```
$ python3 profile_fibonacci_memoized.py

[0, 1, 1, 2, 3, 5, 8, 13, 21, 34, 55, 89, 144, 233, 377, 610, 987, 1597, 2584, 4181, 6765]

    89 function calls (69 primitive calls) in 0.001 seconds

  Ordered by: standard name

  ncalls  tottime  percall  cumtime  percall  filename:lineno(function)
      21    0.000    0.000    0.000    0.000  :0(append)
       1    0.000    0.000    0.000    0.000  :0(exec)
      20    0.000    0.000    0.000    0.000  :0(extend)
       2    0.000    0.000    0.000    0.000  :0(print)
       1    0.001    0.001    0.001    0.001  :0(setprofile)
       1    0.000    0.000    0.000    0.000  <string>:1(<module>)
       1    0.000    0.000    0.001    0.001  profile:0(print(fib_seq(20)); print())
       0    0.000             0.000          profile:0(profiler)
      21    0.000    0.000    0.000    0.000  profile_fibonacci_memoized.py:12(fib)
    21/1    0.000    0.000    0.000    0.000  profile_fibonacci_memoized.py:24(fib_seq)
```

16.8.2 콘텍스트에서 실행

run()을 사용하고자 복잡한 표현식을 작성하는 것보다 runctx()를 사용해 단순한 표현식을 작성하고 콘텍스트를 통해 매개변수로 넘기는 것이 더 쉬울 때도 있다.

리스트 16.77: profile_runctx.py

```
import profile
from profile_fibonacci_memoized import fib, fib_seq

if __name__ == '__main__':
    profile.runctx('print(fib_seq(n)); print()', globals(), {'n': 20}, )
```

이 예제에서 n 값은 runctx()로 전달되는 명령문에 직접적으로 포함되지 않고 지역 변수 콘텍스트를 통해 전달된다.

```
$ python3 profile_runctx.py
```

```
[0, 1, 1, 2, 3, 5, 8, 13, 21, 34, 55, 89, 144, 233, 377, 610, 987, 1597, 2584, 4181, 6765]

    148 function calls (90 primitive calls) in 0.002 seconds

  Ordered by: standard name

  ncalls  tottime  percall  cumtime  percall  filename:lineno(function)
      21    0.000    0.000    0.000    0.000  :0(append)
       1    0.000    0.000    0.001    0.001  :0(exec)
      20    0.000    0.000    0.000    0.000  :0(extend)
       2    0.000    0.000    0.000    0.000  :0(print)
       1    0.001    0.001    0.001    0.001  :0(setprofile)
       1    0.000    0.000    0.001    0.001  <string>:1(<module>)
       1    0.000    0.000    0.002    0.002  profile:0(print(fib_seq(n)); print())
       0    0.000             0.000           profile:0(profiler)
   59/21    0.000    0.000    0.000    0.000  profile_fibonacci_memoized.py:19(__call__)
      21    0.000    0.000    0.000    0.000  profile_fibonacci_memoized.py:27(fib)
    21/1    0.000    0.000    0.001    0.001  profile_fibonacci_memoized.py:39(fib_seq)
```

16.8.3 pstats: 통계 작성과 저장

profile 함수로 작성된 표준 보고서는 별로 유연하지 못하다. 하지만 run()과 runctx()를 통해 생성한 프로파일링 데이터를 저장해 이를 pstats.Stats 클래스에서 따로 처리해서 사용자 정의 보고서를 생성할 수 있다.

다음 예제를 실행하면 동일한 테스트를 여러 번 수행하고 결과를 합친다.

리스트 16.78: profile_stats.py

```python
import cProfile as profile
import pstats
from profile_fibonacci_memoized import fib, fib_seq

# 5개의 stats 생성
for i in range(5):
    filename = 'profile_stats_{}.stats'.format(i)
    profile.run('print({}, fib_seq(20))'.format(i), filename)

# stats 파일 5개 모두를 하나의 객체로 읽어 들인다.
stats = pstats.Stats('profile_stats_0.stats')
```

```
for i in range(1, 5):
    stats.add('profile_stats_{}.stats'.format(i))

# 보고서 생성
stats.strip_dirs()

# 함수의 누적 소비 시간 통계를 정렬
stats.sort_stats('cumulative')

stats.print_stats()
```

함수가 소비한 누적 시간을 내림차순으로 정렬한 보고서를 출력한다. 화면상 가로 공간의 제약으로 인해 출력되는 파일명에서 디렉터리는 삭제했다.

```
$ python3 profile_stats.py

0 [0, 1, 1, 2, 3, 5, 8, 13, 21, 34, 55, 89, 144, 233,   377, 610, 987, 1597, 2584, 4181, 6765]
1 [0, 1, 1, 2, 3, 5, 8, 13, 21, 34, 55, 89, 144, 233,   377, 610, 987, 1597, 2584, 4181, 6765]
2 [0, 1, 1, 2, 3, 5, 8, 13, 21, 34, 55, 89, 144, 233,   377, 610, 987, 1597, 2584, 4181, 6765]
3 [0, 1, 1, 2, 3, 5, 8, 13, 21, 34, 55, 89, 144, 233,   377, 610, 987, 1597, 2584, 4181, 6765]
4 [0, 1, 1, 2, 3, 5, 8, 13, 21, 34, 55, 89, 144, 233,   377, 610, 987, 1597, 2584, 4181, 6765]
Sat Dec 31 07:46:22 2016   profile_stats_0.stats
Sat Dec 31 07:46:22 2016   profile_stats_1.stats
Sat Dec 31 07:46:22 2016   profile_stats_2.stats
Sat Dec 31 07:46:22 2016   profile_stats_3.stats
Sat Dec 31 07:46:22 2016   profile_stats_4.stats

    351 function calls (251 primitive calls) in 0.000 seconds

  Ordered by: cumulative time

  ncalls  tottime  percall  cumtime  percall  filename:lineno(function)
       5    0.000    0.000    0.000    0.000  {built-in method builtins.exec}
       5    0.000    0.000    0.000    0.000  <string>:1(<module>)
   105/5    0.000    0.000    0.000    0.000  profile_fibonacci_memoized.py:24(fib_seq)
       5    0.000    0.000    0.000    0.000  {built-in method builtins.print}
     100    0.000    0.000    0.000    0.000  {method 'extend' of 'list' objects}
      21    0.000    0.000    0.000    0.000  profile_fibonacci_memoized.py:12(fib)
     105    0.000    0.000    0.000    0.000  {method 'append' of 'list' objects}
       5    0.000    0.000    0.000    0.000  {method 'disable' of '_lsprof.Profiler' objects}
```

16.8.4 보고서 내용 제한

출력 내용에 특정 함수만 포함되도록 제한을 둘 수 있다. 아래 버전은 `filename:`
`lineno(function)` 값과 일치하게 하는 정규 표현식을 사용해 `fib()`와 `fib_seq()`의 성
능에 관한 정보만 보여준다.

리스트 16.79: profile_stats_restricted.py

```
import profile
import pstats
from profile_fibonacci_memoized import fib, fib_seq

# stats 파일 5개 모두를 하나의 객체로 읽어 들인다.
stats = pstats.Stats('profile_stats_0.stats')
for i in range(1, 5):
    stats.add('profile_stats_{}.stats'.format(i))
stats.strip_dirs()
stats.sort_stats('cumulative')

# "(fib"가 들어있는 라인만 출력한다.
stats.print_stats('\(fib')
```

함수 이름과의 일치 여부를 표현하고자 정규 표현식에 왼쪽 괄호 '('가 포함된다.

```
$ python3 profile_stats_restricted.py

Sat   Dec   31   07:46:22   2016      profile_stats_0.stats
Sat   Dec   31   07:46:22   2016      profile_stats_1.stats
Sat   Dec   31   07:46:22   2016      profile_stats_2.stats
Sat   Dec   31   07:46:22   2016      profile_stats_3.stats
Sat   Dec   31   07:46:22   2016      profile_stats_4.stats

      351 function calls (251 primitive calls) in 0.000 seconds

   Ordered by: cumulative time
   List reduced from 8 to 2 due to restriction <'\\(fib'>

   ncalls  tottime  percall  cumtime  percall  filename:lineno(function)
    105/5    0.000    0.000    0.000    0.000  profile_fibonacci_memoized.py:24(fib_seq)
       21    0.000    0.000    0.000    0.000  profile_fibonacci_memoized.py:12(fib)
```

16.8.5 호출자와 피호출자 그래프

Stats는 함수의 호출자와 피호출자를 출력하는 메서드도 제공한다.

리스트 16.80: profile_stats_callers.py

```
import cProfile as profile
import pstats
from profile_fibonacci_memoized import fib, fib_seq

# stats 파일 5개 모두를 하나의 객체로 읽어 들인다.
stats = pstats.Stats('profile_stats_0.stats')
for i in range(1, 5):
    stats.add('profile_stats_{}.stats'.format(i))
stats.strip_dirs()
stats.sort_stats('cumulative')

print('INCOMING CALLERS:')
stats.print_callers('\(fib')

print('OUTGOING CALLEES:')
stats.print_callees('\(fib')
```

print_callers()와 print_callees()에 대한 인자는 print_stats()에 대한 인자와 동일한 방식으로 동작한다. 출력에는 호출자, 피호출자, 호출 횟수, 누적 시간이 표시된다.

```
$ python3 profile_stats_callers.py

INCOMING CALLERS:
    Ordered by: cumulative time
    List reduced from 8 to 2 due to restriction <'\\(fib'>

Function                                    was called by...
                                            ncalls  tottime  cumtime
profile_fibonacci_memoized.py:24(fib_seq)   <-     5   0.000 \
    0.000   <string>:1(<module>)
                                                 100/5   0.000 \
    0.000   profile_fibonacci_memoized.py:24(fib_seq)
profile_fibonacci_memoized.py:12(fib)       <-    21   0.000 \
    0.000   profile_fibonacci_memoized.py:24(fib_seq)
```

```
OUTGOING CALLEES:
    Ordered by: cumulative time
    List reduced from 8 to 2 due to restriction <'\\(fib'>

Function                                     called...
                                     ncalls     tottime    cumtime
profile_fibonacci_memoized.py:24(fib_seq)     ->     21     0.000 \
    0.000   profile_fibonacci_memoized.py:12(fib)

                                     100/5    0.000 \
    0.000   profile_fibonacci_memoized.py:24(fib_seq)

                                     105     0.000 \
    0.000   {method 'append' of 'list' objects}

                                     100     0.000 \
    0.000   {method 'extend' of 'list' objects}
profile_fibonacci_memoized.py:12(fib)         ->
```

팁 - 참고 자료

- profile 표준 라이브러리 문서: https://docs.python.org/3.5/library/profile.html
- functools.lru_cache(): 이 예제에서 성능 향상을 위해 사용한 캐시 데코레이터
- The Stats Class(https://docs.python.org/3.5/library/profile.html#the-stats-class): pstats.Stats 표준 라이브러리 문서
- Gprof2Dot(http://code.google.com/p/jrfonseca/wiki/Gprof2Dot): profile 출력 데이터용 시각화 도구
- Smiley(https://github.com/dhellmann/smiley): 파이썬 애플리케이션 트레이서

16.9 timeit: 파이썬 코드의 실행 시간 측정

timeit 모듈은 파이썬 코드 조각의 실행 시간을 측정해주는 간단한 인터페이스를 제공한다. 이 모듈은 정확한 시간 계산을 위해 플랫폼 종속적인 시간 함수를 사용하며, 코드를 반복적으로 실행해 코드가 시작 및 종료될 때 소요되는 시간의 영향을 최소화한다.

16.9.1 모듈 내용

timeit은 단일 공용 클래스인 Timer를 정의한다. Timer의 생성자는 시간 측정용 명령과 변수 초기화 등에 사용되는 setup 명령을 필요로 한다. 파이썬 명령문은 문자열이

어야 하며 줄 바꿈 문자를 포함할 수 있다.

timeit() 메서드는 setup 명령을 한 번 실행한 후 기본 명령문을 반복적으로 실행해 누적된 시간을 반환한다. timeit()의 인자는 명령문을 실행할 횟수며, 기본값은 1,000,000이다.

16.9.2 기본 예제

다음은 Timer에 대한 다양한 인사를 설명하고사 각 명령문이 실행될 때마다 식별된 값을 출력하는 간단한 예제다.

리스트 16.81: timeit_example.py

```python
import timeit

# setitem 사용
t = timeit.Timer("print('main statement')", "print('setup')")

print('TIMEIT:')
print(t.timeit(2))

print('REPEAT:')
print(t.repeat(3, 2))
```

출력은 print()가 반복적으로 호출된 결과를 보여준다.

```
$ python3 timeit_example.py

TIMEIT:
setup
main statement
main statement
3.7070130929350853e-06
REPEAT:
setup
main statement
main statement
setup
main statement
```

```
main statement
setup
main statement
main statement
[1.4499528333544731e-06, 1.1939555406570435e-06, 1.1870870366692543e-06]
```

timeit()은 setup 명령을 한 번 실행한 다음 메인 명령문을 인자의 수만큼 반복 호출한다. 이 메서드는 메인 명령문이 실행되면서 소비한 누적 시간을 표현하는 부동소수 값을 반환한다.

repeat()는 timeit()을 여러 번 호출한다(이 예제에서는 3번). 모든 실행 결과는 리스트로 반환된다.

16.9.3 딕셔너리에 값 저장

다음에는 다양한 메서드를 사용해 많은 수의 값으로 딕셔너리를 채우는 데 걸리는 시간을 비교하는 좀 더 복잡한 예제를 살펴보자. 우선 Timer를 구성하는 데 몇 가지 상수가 필요하다. setup_statement 변수는 메인 명령문이 딕셔너리를 생성하는 데 사용할 문자열과 정수 값을 포함하는 튜플 리스트를 초기화한다. 문자열은 키로 사용되고 정수는 키와 연관된 값으로 저장된다.

```
# 몇 가지 상수
range_size = 1000
count = 1000
setup_statement = ';'.join(["l = [(str(x), x) for x in range(1000)]", "d = {}", ])
```

유틸리티 함수인 show_results()는 결과를 보기 좋은 형식으로 출력하기 위한 것이다. timeit() 메서드는 명령문을 반복적으로 실행하는 데 걸리는 시간을 반환한다. show_results()는 1회 반복당 소비 시간을 계산하고, 이를 이용해 딕셔너리에 하나의 항목을 저장하는 데 걸리는 평균 시간을 계산한다.

```
def show_results(result):
```

```
    "Print microseconds per pass and per item."
    global count, range_size
    per_pass = 1000000 * (result / count)
    print('{:6.2f} usec/pass'.format(per_pass), end=' ')
    per_item = per_pass / range_size
    print('{:6.2f} usec/item'.format(per_item))
print("{} items".format(range_size))
print("{} iterations".format(count))
print()
```

기준선을 설정하고자 첫 번째 버전을 __setitem__()으로 테스트한다. 이후의 다른 모든 버전은 딕셔너리에 이미 있는 값을 덮어쓰지 않도록 처리되므로 이 단순 버전이 가장 빠르다.

Timer에 대한 첫 번째 인자는 여러 줄에 걸친 문자열이며, 공백은 실행될 때 함수가 문자열을 정확하게 파싱하고자 그대로 유지된다. 두 번째 인자는 값과 딕셔너리를 초기화하는 상수다.

```
# 첫 번째 테스트는 기존 값에 대한 확인 없이 __setitem__을 사용한다.
print('__setitem__:', end=' ')
t = timeit.Timer(
    textwrap.dedent(
        """
        for s, i in l:
            d[s] = i
        """),
    setup_statement,
)
show_results(t.timeit(number=count))
```

그다음 버전은 딕셔너리에 이미 있는 값을 덮어쓰지 않도록 setdefault()를 사용한다.

```
# setdefault 사용
print('setdefault :', end=' ')
t = timeit.Timer(
```

```
    textwrap.dedent(
        """
        for s, i in l:
            d.setdefault(s, i)
        """),
    setup_statement,
)
show_results(t.timeit(number=count))
```

다음 버전의 메서드는 기존 값이 있어 KeyError 예외가 발생하는 경우에만 값을 추가한다.

```
# 예외 사용
print('KeyError :', end=' ')
t = timeit.Timer(
    textwrap.dedent(
        """
        for s, i in l:
            try:
                existing = d[s]
            except KeyError:
                d[s] = i
        """),
    setup_statement,
)
show_results(t.timeit(number=count))
```

마지막 버전의 메서드는 딕셔너리에 특정한 키가 있는지 확인하고자 in을 사용한다.

```
# "in" 사용
print('"not in" :', end=' ')
t = timeit.Timer(
    textwrap.dedent(
        """
        for s, i in l:
            if s not in d:
                d[s] = i
```

```
        """),
    setup_statement,
)
show_results(t.timeit(number=count))
```

스크립트를 실행하면 다음과 같은 결과가 출력된다.

```
$ python3 timeit_dictionary.py

1000 items
1000 iterations

__setitem__:    91.79 usec/pass 0.09 usec/item
setdefault  :  182.85 usec/pass    0.18 usec/item
KeyError    :   80.87 usec/pass    0.08 usec/item
"not in"    :   66.77 usec/pass    0.07 usec/item
```

이는 맥미니에서 출력된 결과다. 물론 결과는 사용되는 하드웨어와 프로그램이 실행되는 시스템에 따라 다르다. range_size와 count 변수를 사용해 여러 가지 조합을 만들면 다양한 결과를 볼 수 있다.

16.9.4 커맨드라인 인터페이스

timeit은 프로그램적인 인터페이스뿐만 아니라 모듈을 직접적으로 테스트하는 커맨드라인 인터페이스도 제공한다.

-m 옵션을 사용하면 파이썬 인터프리터가 모듈을 찾아 메인 프로그램으로 처리한다.

```
$ python3 -m timeit
```

예를 들어 도움말을 보려면 다음 명령을 입력한다.

```
$ python3 -m timeit -h
```

Tool for measuring execution time of small code snippets.

This module avoids a number of common traps for measuring execution times. See also Tim Peters' introduction to the Algorithms chapter in the Python Cookbook, published by O'Reilly.

...

커맨드라인에서 statement 인자는 Timer에서와는 약간 다르게 사용된다. 하나의 긴 문자열을 사용하는 대신 각 줄을 하나씩 별도의 커맨드라인 인자로 전달한다. 루프의 내부와 같은 경우에 들여쓰기는 따옴표로 묶인 문자열 내에 공백을 추가한다.

```
$ python3 -m timeit -s \
"d={}" \
"for i in range(1000):" \
"   d[str(i)] = i"

1000 loops, best of 3: 306 usec per loop
```

좀 더 복잡한 코드를 가진 함수를 정의한 다음에 커맨드라인에서 해당 함수를 호출하는 방식도 가능하다.

리스트 16.82: timeit_setitem.py

```
def test_setitem(range_size=1000):
    l = [(str(x), x) for x in range(range_size)]
    d = {}
    for s, i in l:
        d[s] = i
```

테스트를 실행하려면 모듈을 임포트하고 테스트 함수를 실행하는 코드를 전달한다.

```
$ python3 -m timeit "import timeit_setitem; timeit_setitem.test_setitem()"

1000 loops, best of 3: 401 usec per loop
```

팁 – 참고 자료

- timeit 표준 라이브러리 문서: https://docs.python.org/3.5/library/timeit.html

- profile: profile 모듈은 성능 분석에도 유용하다.
- Monotonic Clocks: time 모듈의 단순한 시계(monotonic clock)에 대한 논의

16.10 tabnanny: 들여쓰기 검증

공백이 중요한 역할을 하는 파이썬 같은 언어에서는 들여쓰기의 일관된 사용이 중요하다. tabnanny 모듈은 모호한 들여쓰기에 대한 스캐너를 제공한다.

16.10.1 커맨드라인에서 실행

tabnanny를 사용하는 가장 간단한 방법은 체크하고 싶은 파일명을 인자로 커맨드라인에서 실행하는 것이다. 디렉터리명을 인자로 전달하면 디렉터리 내의 모든 .py 파일을 재귀적으로 체크한다.

PyMOTW 소스코드에서 tabnanny를 실행해보면 공백 대신 탭으로 표시된 하나의 모듈이 검출된다.

```
$ python3 -m tabnanny .

./source/queue/fetch_podcasts.py 65 "        \t\tparsed_url = urlparse(enclosure['url'])\n"
```

fetch_podcasts.py 파일의 65번 줄은 8개의 공백 대신 2개의 탭을 갖고 있다. 4개의 공백이 하나의 탭으로 설정된 텍스트 편집기에서 탭은 알아보기 어렵기 때문에 시각적으로 2개의 탭과 8개의 공백은 서로 차이가 없어 보인다.

```
    for enclosure in entry.get('enclosures', []):
        parsed_url = urlparse(enclosure['url'])
            message('queuing {}'.format(parsed_url.path.rpartition('/')[-1]))
        enclosure_queue.put(enclosure['url'])
```

65번 줄을 수정하고 tabnanny를 다시 실행하면 66번 줄에서 다른 에러가 나타난다. 67번 줄에 마지막으로 또 다른 문제가 있다.

파일 스캔은 하되 에러의 자세한 내용을 보고 싶지 않은 경우에 -q 옵션을 사용하면 파일명 외의 모든 정보는 제거된다.

```
$ python3 -m tabnanny -q .

./queue/fetch_podcasts.py
```

스캔 중인 파일의 정보를 자세히 보고 싶으면 -v 옵션을 사용한다.

```
'source/queue/': listing directory
'source/queue/fetch_podcasts.py': *** Line 65: trouble in tab city! ***
offending line: " \t\tparsed_url = urlparse(enclosure['url']) \n"
indent not greater e.g. at tab sizes 1, 2
'source/queue/queue_fifo.py': Clean bill of health.
'source/queue/queue_lifo.py': Clean bill of health.
'source/queue/queue_priority.py': Clean bill of health.
```

> **참고**
>
> PyMOTW 소스 파일을 대상으로 이 예제를 실행하더라도 해당 문제는 이미 해결됐으므로 동일한 에러가 보고되지는 않을 것이다.

> **팁 – 참고 자료**
>
> - tabnanny 표준 라이브러리 문서: https://docs.python.org/3.5/library/tabnanny.html
> - tokenize: 파이썬 소스코드에 대한 어휘 스캐너
> - flake8(https://pypi.python.org/pypi/flake8): 모듈화된 소스코드 검사기
> - pycodestyle(https://pycodestyle.readthedocs.io/en/latest/): 파이썬 스타일 가이드 검사기
> - pylint(https://pypi.python.org/pypi/pylint): 파이썬 코드 정적 검사기

16.11 compileall: 소스 파일 바이트 컴파일

compileall 모듈은 파이썬 소스 파일을 찾아 모두 바이트 코드로 컴파일해 .pyc로 저장한다.

16.11.1 디렉터리 컴파일

compile_dir()은 디렉터리를 재귀적으로 스캔해 그 안의 모든 파일을 바이트 컴파일한다.

리스트 16.83: compileall_compile_dir.py

```python
import compileall
import glob


def show(title):
    print(title)
    for filename in glob.glob('examples/**', recursive=True):
        print(' {}'.format(filename))
    print()


show('Before')

compileall.compile_dir('examples')

show('\nAfter')
```

기본적으로 모든 서브디렉터리는 깊이 10까지 스캔한다. 출력 파일은 __pycache__ 디렉터리에 기록되며 파이썬 인터프리터 버전에 따라 이름이 지어진다.

```
$ python3 compileall_compile_dir.py

Before
    examples/
    examples/README
    examples/a.py
    examples/subdir
    examples/subdir/b.py

Listing 'examples'...
Compiling 'examples/a.py'...
Listing 'examples/subdir'...
Compiling 'examples/subdir/b.py'...

After
    examples/
    examples/README
```

```
examples/__pycache__
examples/__pycache__/a.cpython-35.pyc
examples/a.py
examples/subdir
examples/subdir/__pycache__
examples/subdir/__pycache__/b.cpython-35.pyc
examples/subdir/b.py
```

16.11.2 파일 무시

디렉터리를 필터링하려면 rx 인자를 사용해 제외할 이름을 나타내는 정규 표현식을
전달한다.

리스트 16.84: compileall_exclude_dirs.py

```
import compileall
import re

compileall.compile_dir('examples', rx=re.compile(r'/subdir'), )
```

이 버전은 subdir이라는 이름의 서브디렉터리에 있는 파일들을 제외한다.

```
$ python3 compileall_exclude_dirs.py

Listing 'examples'...
Compiling 'examples/a.py'...
Listing 'examples/subdir'...
```

maxlevels 인자는 재귀적인 탐색의 깊이를 설정한다. 예를 들어 재귀적 탐색을 전혀
하지 않으려면 이 인자 값을 0으로 설정한다.

리스트 16.85: compileall_recursion_depth.py

```
import compileall
import re
```

```
compileall.compile_dir('examples', maxlevels=0, )
```

이 예제의 경우 compile_dir()에 전달된 디렉터리에 있는 파일만 컴파일되고, 다른 모든 서브디렉터리는 무시한다.

```
$ python3 compileall_recursion_depth.py

Listing 'examples'...
Compiling 'examples/a.py'...
```

16.11.3 sys.path 컴파일

sys.path에서 찾을 수 있는 모든 파이썬 소스 파일은 compile_path()를 호출해 한 번에 컴파일할 수 있다.

리스트 16.86: compileall_path.py

```
import compileall
import sys

sys.path[:] = ['examples', 'notthere']
print('sys.path =', sys.path)
compileall.compile_path()
```

이 예제는 스크립트를 실행하는 동안 권한 에러를 피하고자 sys.path의 내용을 수정했지만 그래도 기본적인 동작을 보여준다. maxlevels의 기본값이 0인 것에 주의하라.

```
$ python3 compileall_path.py

sys.path = ['examples', 'notthere']
Listing 'examples'...
Compiling 'examples/a.py'...
Listing 'notthere'...
Can't list 'notthere'
```

16.11.4 개별 파일 컴파일

디렉터리의 전체 파일이 아니라 파일 하나만 컴파일하려면 compile_file()을 사용한다.

리스트 16.87: compileall_compile_file.py

```
import compileall
import glob

def show(title):
    print(title)
    for filename in glob.glob('examples/**', recursive=True):
        print(' {}'.format(filename))
    print()

show('Before')

compileall.compile_file('examples/a.py')

show('\nAfter')
```

인자는 전체 경로나 상대 경로 형태로 표현된 파일명이다.

```
$ python3 compileall_compile_file.py

Before
    examples/
    examples/README
    examples/a.py
    examples/subdir
    examples/subdir/b.py

Compiling 'examples/a.py'...

After
    examples/
    examples/README
    examples/__pycache__
    examples/__pycache__/a.cpython-35.pyc
    examples/a.py
    examples/subdir
    examples/subdir/b.py
```

16.11.5 커맨드라인 인터페이스

compileall은 커맨드라인에서도 호출할 수 있으므로 Makefile을 통해 빌드 시스템과 통합될 수 있다. 예를 들어 다음과 같다.

```
$ python3 -m compileall -h

usage: compileall.py [-h] [-l] [-r RECURSION] [-f] [-q] [-b] [-d DESTDIR]
                     [-x REGEXP] [-i FILE] [-j WORKERS]
                     [FILE|DIR [FILE|DIR ...]]

Utilities to support installing Python libraries.

positional arguments:
    FILE|DIR            zero or more file and directory names to compile; if
                       no arguments given, defaults to the equivalent of -l
                       sys.path

optional arguments:
    -h, --help         show this help message and exit
    -l                 don't recurse into subdirectories
    -r RECURSION       control the maximum recursion level. If '-l' and '-r'
                       options are specified, then '-r' takes precedence.
    -f                 force rebuild even if timestamps are up to date
    -q                 output only error messages; -qq will suppress the
                       error messages as well.
    -b                 use legacy (pre-PEP3147) compiled file locations
    -d DESTDIR         directory to prepend to file paths for use in compile-
                       time tracebacks and in runtime tracebacks in cases
                       where the source file is unavailable
    -x REGEXP          skip files matching the regular expression; the regexp
                       is searched for in the full path of each file
                       considered for compilation
    -i FILE            add all the files and directories listed in FILE to
                       the list considered for compilation;
                       if "-", names are read from stdin
    -j WORKERS, --workers  WORKERS
                       Run compileall concurrently
```

subdir 디렉터리를 건너뛰는 앞의 예제는 다음과 같이 실행할 수도 있다.

```
$ python3 -m compileall -x '/subdir' examples

Listing 'examples'...
Compiling 'examples/a.py'...
Listing 'examples/subdir'...
```

팁 – 참고 자료

- compileall 표준 라이브러리 문서: https://docs.python.org/3.5/library/compileall.html

16.12 pyclbr: 클래스 브라우저

pyclbr은 파이썬 소스 파일을 스캔해 클래스와 단독 실행형 함수를 찾는다. 코드를 임포트할 필요 없이 tokenize를 사용해 클래스, 메서드, 함수 이름과 줄 번호의 정보를 수집한다.

이 절에서는 다음 예제를 소스 파일의 입력으로 사용한다.

리스트 16.88: pyclbr_example.py

```
"""Example source for pyclbr.
"""

class Base:
    """This is the base class.
    """

    def method1(self):
        return

class Sub1(Base):
    """This is the first subclass.
    """

class Sub2(Base):
    """This is the second subclass.
    """

class Mixin:
    """A mixin class.
```

1394

```
        """

    def method2(self):
        return

class MixinUser(Sub2, Mixin):
    """Overrides method1 and method2
    """

    def method1(self):
        return

    def method2(self):
        return

    def method3(self):
        return

def my_function():
    """Stand-alone function.
    """

    return
```

16.12.1 클래스 스캔

pyclbr은 두 개의 공용 함수를 제공한다. 첫 번째로 readmodule()은 모듈 이름을 인자로 받아 클래스 소스의 메타데이터를 포함하는 Class 객체와 클래스 이름을 매핑해 반환한다.

리스트 16.89: pyclbr_readmodule.py

```
import pyclbr
import os
from operator import itemgetter

def show_class(name, class_data):
    print('Class:', name)
    filename = os.path.basename(class_data.file)
    print(' File: {0} [{1}]'.format(filename, class_data.lineno))
    show_super_classes(name, class_data)
    show_methods(name, class_data)
    print()
```

```
def show_methods(class_name, class_data):
    for name, lineno in sorted(class_data.methods.items(), key=itemgetter(1)):
        print(' Method: {0} [{1}]'.format(name, lineno))

def show_super_classes(name, class_data):
    super_class_names = []
    for super_class in class_data.super:
        if super_class == 'object':
            continue
        if isinstance(super_class, str):
            super_class_names.append(super_class)
        else:
            super_class_names.append(super_class.name)
    if super_class_names:
        print('    Super classes:', super_class_names)

example_data = pyclbr.readmodule('pyclbr_example')

for name, class_data in sorted(example_data.items(), key=lambda x: x[1].lineno):
    show_class(name, class_data)
```

클래스의 메타데이터에는 상위 클래스의 이름뿐만 아니라 클래스가 정의된 파일과 줄 번호도 포함된다. 클래스의 메서드는 메서드 이름과 줄 번호가 매핑돼 저장된다. 출력에는 소스 파일의 줄 번호를 기준으로 정렬된 클래스와 메서드가 표시된다.

```
$ python3 pyclbr_readmodule.py

Class: Base
    File: pyclbr_example.py [11]
    Method: method1 [15]

Class: Sub1
    File: pyclbr_example.py [19]
    Super classes: ['Base']

Class: Sub2
    File: pyclbr_example.py [24]
    Super classes: ['Base']

Class: Mixin
    File: pyclbr_example.py [29]
```

```
    Method: method2 [33]
Class: MixinUser
    File: pyclbr_example.py [37]
    Super classes: ['Sub2', 'Mixin']
    Method: method1 [41]
    Method: method2 [44]
    Method: method3 [47]
```

16.12.2 함수 스캔

pyclbr의 또 다른 공용 함수는 readmodule_ex()다. 이는 readmodule()과 동일하지만 결과 집합에 함수를 출력한다는 점이 다르다.

리스트 16.90: pyclbr_readmodule_ex.py

```python
import pyclbr
import os
from operator import itemgetter

example_data = pyclbr.readmodule_ex('pyclbr_example')

for name, data in sorted(example_data.items(), key=lambda x: x[1].lineno):
    if isinstance(data, pyclbr.Function):
        print('Function: {0} [{1}]'.format(name, data.lineno))
```

모든 Function 객체는 Class 객체와 매우 비슷한 속성을 갖는다.

```
$ python3 pyclbr_readmodule_ex.py

Function: my_function [51]
```

> **팁 – 참고 자료**
> - pyclbr 표준 라이브러리 문서: https://docs.python.org/3.5/library/pyclbr.html
> - inspect: inspect 모듈은 함수와 클래스에 대해 더 많은 메타데이터를 발견하지만 코드 임포트가 필요하다.
> - tokenize: tokenize 모듈은 파이썬 소스코드를 토큰으로 파싱한다.

16.13 venv: 가상 환경

venv에 의해 관리되는 파이썬 가상 환경은 시스템에 설치된 다른 패키지와 분리된 방식으로 패키지를 설치하고 프로그램을 실행시키기 위한 것이다. 각 환경은 자체적으로 실행 가능한 인터프리터와 패키지 설치 디렉터리를 갖고 있으므로 같은 컴퓨터에서 다양한 파이썬 버전과 패키지 버전을 조합해 여러 개의 환경을 쉽게 만들 수 있다.

16.13.1 가상 환경 생성

venv의 기본 커맨드라인 인터페이스는 -m 옵션을 사용해 모듈에서 main 함수를 실행하는 것이다.

```
$ python3 -m venv /tmp/demoenv
```

별도의 pyvenv 커맨드라인 애플리케이션이 파이썬 인터프리터가 빌드되고 패키지된 방식에 따라 설치가 될 수도 있다. 다음 명령은 앞의 예제와 동일한 효과가 있다.

```
$ pyvenv /tmp/demoenv
```

-m venv를 사용하는 것이 파이썬 인터프리터를 명시적으로 선택하므로 더 선호된다. 이 방법은 가상 환경과 연관된 버전 번호나 임포트 경로에 혼동을 주지 않기 때문이다.

16.13.2 가상 환경의 콘텐츠

각 가상 환경은 로컬 인터프리터와 실행 가능한 스크립트가 설치된 bin 디렉터리, C 확장 모듈 빌드와 관련된 파일이 있는 include 디렉터리, 패키지 설치를 위한 별도의 site-packages 디렉터리가 포함된 lib 디렉터리를 갖고 있다.

```
$ ls -F /tmp/demoenv

bin/
```

```
include/
lib/
pyvenv.cfg
```

기본 bin 디렉터리에는 다양한 유닉스 셸에서 사용할 수 있는 스크립트가 포함돼 있다.
이 스크립트들은 셸의 검색 경로에 가상 환경을 설치하고자 사용돼 셸이 가상 환경 내
에서 설치된 프로그램을 찾을 수 있게 해준다. 가상 환경 내부에 설치된 프로그램을
사용하려고 가상 환경을 따로 활성화시킬 필요가 없다.

```
$ ls -F /tmp/demoenv/bin

activate
activate.csh
activate.fish
easy_install*
easy_install-3.5*
pip*
pip3*
pip3.5*
python@
python3@
```

가상 환경을 지원하는 플랫폼에서는 파이썬 인터프리터와 같은 실행 파일을 복사하는
것보다는 심볼릭 링크가 주로 사용된다. 가상 환경에서 **pip**는 로컬 복사본으로 설치되
지만 인터프리터는 심볼릭 링크다.

마지막으로 가상 환경에는 구성 및 동작 방식에 대한 설정이 담긴 pyvenv.cfg 파일이
포함돼 있다. home 변수는 venv가 가상 환경을 생성하고자 실행된 파이썬 인터프리터
의 위치를 가리킨다. include-system-site-packages는 시스템 레벨에서 가상 환경 외
부에 설치된 패키지를 가상 환경 내부에서 볼 수 있어야 하는지를 나타내는 불리언 변
수다. version은 환경 생성 시에 사용된 파이썬 버전이다.

리스트 16.91: pyvenv.cfg

```
home = /Library/Frameworks/Python.framework/Versions/3.5/bin
```

```
include-system-site-packages = false
version = 3.5.2
```

가상 환경은 다른 패키지를 설치할 때 사용하는 pip와 setuptools 같은 도구를 조합할
때 매우 유용하므로 pyvenv는 이들을 기본적으로 설치한다. 이런 도구가 없는 환경을
만들 경우에는 커맨드라인에서 --without-pip를 전달한다.

16.13.3 가상 환경 사용

가상 환경은 주로 프로그램의 서로 다른 버전을 실행하거나 주어진 버전의 프로그램
에 대해 여러 가지 종속성을 테스트할 때 사용된다. 예를 들어 한 버전의 Sphinx를 다른
버전으로 업그레이드하기 전에 이전 버전과 새 버전을 모두 사용해 입력 문서 파일에
대해 테스트해보는 것이 좋다. 이를 위해 먼저 서로 다른 두 개의 가상 환경을 생성한다.

```
$ python3 -m venv /tmp/sphinx1
$ python3 -m venv /tmp/sphinx2
```

그 다음에 테스트할 도구의 버전을 설치한다.

```
$ /tmp/sphinx1/bin/pip install Sphinx==1.3.6

Collecting Sphinx==1.3.6
    Using cached Sphinx-1.3.6-py2.py3-none-any.whl
Collecting Jinja2>=2.3 (from Sphinx==1.3.6)
    Using cached Jinja2-2.8-py2.py3-none-any.whl
Collecting Pygments>=2.0 (from Sphinx==1.3.6)
    Using cached Pygments-2.1.3-py2.py3-none-any.whl
Collecting babel!=2.0,>=1.3 (from Sphinx==1.3.6)
    Using cached Babel-2.3.4-py2.py3-none-any.whl
Collecting snowballstemmer>=1.1 (from Sphinx==1.3.6)
    Using cached snowballstemmer-1.2.1-py2.py3-none-any.whl
Collecting alabaster<0.8,>=0.7 (from Sphinx==1.3.6)
    Using cached alabaster-0.7.9-py2.py3-none-any.whl
Collecting six>=1.4 (from Sphinx==1.3.6)
```

```
    Using cached six-1.10.0-py2.py3-none-any.whl
Collecting sphinx-rtd-theme<2.0,>=0.1 (from Sphinx==1.3.6)
    Using cached sphinx_rtd_theme-0.1.9-py3-none-any.whl
Collecting docutils>=0.11 (from Sphinx==1.3.6)
    Using cached docutils-0.13.1-py3-none-any.whl
Collecting MarkupSafe (from Jinja2>=2.3->Sphinx==1.3.6)
Collecting pytz>=0a (from babel!=2.0,>=1.3->Sphinx==1.3.6)
    Using cached pytz-2016.10-py2.py3-none-any.whl
Installing collected packages: MarkupSafe, Jinja2, Pygments, pytz, babel, snowballstemmer,
alabaster, six, sphinx-rtd-theme, docutils, Sphinx
Successfully installed Jinja2-2.8 MarkupSafe-0.23 Pygments-2.1.3 Sphinx-1.3.6
alabaster-0.7.9 babel-2.3.4 docutils-0.13.1 pytz-2016.10 six-1.10.0 snowballstemmer-1.2.1
sphinx-rtd- theme-0.1.9

$ /tmp/sphinx2/bin/pip install Sphinx==1.4.4

Collecting Sphinx==1.4.4
    Using cached Sphinx-1.4.4-py2.py3-none-any.whl
Collecting Jinja2>=2.3 (from Sphinx==1.4.4)
    Using cached Jinja2-2.8-py2.py3-none-any.whl
Collecting imagesize (from Sphinx==1.4.4)
    Using cached imagesize-0.7.1-py2.py3-none-any.whl
Collecting Pygments>=2.0 (from Sphinx==1.4.4)
    Using cached Pygments-2.1.3-py2.py3-none-any.whl
Collecting babel!=2.0,>=1.3 (from Sphinx==1.4.4)
    Using cached Babel-2.3.4-py2.py3-none-any.whl
Collecting snowballstemmer>=1.1 (from Sphinx==1.4.4)
    Using cached snowballstemmer-1.2.1-py2.py3-none-any.whl
Collecting alabaster<0.8,>=0.7 (from Sphinx==1.4.4)
    Using cached alabaster-0.7.9-py2.py3-none-any.whl
Collecting six>=1.4 (from Sphinx==1.4.4)
    Using cached six-1.10.0-py2.py3-none-any.whl
Collecting docutils>=0.11 (from Sphinx==1.4.4)
    Using cached docutils-0.13.1-py3-none-any.whl
Collecting MarkupSafe (from Jinja2>=2.3->Sphinx==1.4.4)
Collecting pytz>=0a (from babel!=2.0,>=1.3->Sphinx==1.4.4)
    Using cached pytz-2016.10-py2.py3-none-any.whl
Installing collected packages: MarkupSafe, Jinja2, imagesize, Pygments, pytz, babel,
snowballstemmer, alabaster, six, docutils, Sphinx
Successfully installed Jinja2-2.8 MarkupSafe-0.23 Pygments-2.1.3 Sphinx-1.4.4
```

```
alabaster-0.7.9 babel-2.3.4 docutils-0.13.1 imagesize-0.7.1 pytz-2016.10 six-1.10.0
snowballstemmer-1.2.1
```

이렇게 하면 가상 환경에서 서로 다른 버전의 Sphinx를 각각 실행시킬 수 있고, 동일한
입력 파일로 테스트할 수 있다.

```
$ /tmp/sphinx1/bin/sphinx-build --version

Sphinx (sphinx-build) 1.3.6

$ /tmp/sphinx2/bin/sphinx-build --version

Sphinx (sphinx-build) 1.4.4
```

> **팁 – 참고 자료**
>
> - venv 표준 라이브러리 문서: https://docs.python.org/3.5/library/venv.html
> - PEP 405(www.python.org/dev/peps/pep-0405): 파이썬 가상 환경
> - virtualenv(https://pypi.python.org/pypi/virtualenv): 파이썬 2와 3에서 모두 동작하는 파이썬 가상 환경 버전
> - virtualenvwrapper(https://pypi.python.org/pypi/virtualenvwrapper): 많은 가상 환경을 쉽게 관리할 수 있게 해주는 virtualenv의 셸 래퍼(shell wrapper).
> - Sphinx(www.sphinx-doc.org/en/stable/): reStructuredText 입력 파일을 HTML, LaTeX 또는 다른 형식으로 변환해주는 도구

16.14 ensurepip: 파이썬 패키지 인스톨러 설치

파이썬은 '배터리 포함' 프로그래밍 언어로 표준 라이브러리에 광범위한 모듈을 갖고
있지만 파이썬 패키지 인덱스(https://pypi.python.org/pypi)를 통해 훨씬 다양한 라이브
러리, 프레임워크, 도구 등을 설치할 수 있다. 이런 패키지들을 설치하려면 설치 도구
인 pip가 있어야 한다. 다른 도구를 설치하기 위한 도구의 설치는 부트스트래핑 이슈
를 보일 수 있으나 ensurepip로 해결할 수 있다.

16.14.1 pip 설치

다음 예제는 pip를 설치하지 않은 가상 환경을 사용한다.

```
$ python3 -m venv --without-pip /tmp/demoenv
$ ls -F /tmp/demoenv/bin

activate
activate.csh
activate.fish
python@
python3@
```

-m 옵션을 사용해 커맨드라인에서 ensurepip를 실행한다. 기본적으로 표준 라이브러리와 함께 제공되는 pip가 설치된다. 이 버전은 pip의 업데이트된 버전을 설치한다. 최신 버전의 pip를 설치하려면 --upgrade 옵션을 ensurepip와 함께 사용한다.

```
$ /tmp/demoenv/bin/python3 -m ensurepip --upgrade

Ignoring indexes: https://pypi.python.org/simple
Collecting setuptools
Collecting pip
Installing collected packages: setuptools, pip
Successfully installed pip-8.1.1 setuptools-20.10.1
```

이 명령은 가상 환경에 pip3와 pip3.5를 별도의 프로그램으로 설치하고, setuptools는 이들을 지원하고자 이들에 대한 종속성을 갖는다.

```
$ ls -F /tmp/demoenv/bin

activate
activate.csh
activate.fish
easy_install-3.5*
pip3*
pip3.5*
```

```
python@
python3@
```

팁 — 참고 자료

- ensurepip 표준 라이브러리 문서: https://docs.python.org/3.5/library/ensurepip.html
- venv: 가상 환경
- PEP 453(www.python.org/dev/peps/pep-0453): 파이썬 설치시 pip의 부트스트래핑
- Installing Python Modules(https://docs.python.org/3.5/installing/index.html#installing-index): 파이썬과 함께 사용할 추가적인 패키지를 설치하는 방법
- Python Package Index(https://pypi.python.org/pypi): 파이썬 프로그래머를 위한 추가 모듈 호스팅
- pip(https://pypi.python.org/pypi/pip): 파이썬 패키지 설치를 위한 도구

17
런타임 기능

17장은 인터프리터나 그 실행 환경과 상호작용하는 프로그램을 가능하게 하는 파이썬 표준 라이브러리 기능을 다룬다.

인터프리터는 시작될 때 **site** 모듈을 로드해 현재 설치 환경에 맞는 설정을 구성한다. 임포트 경로는 환경 설정, 인터프리터 빌드 매개변수, 구성 파일을 통해 생성된다.

sys 모듈은 표준 라이브러리에서 가장 큰 모듈 중 하나다. 이 모듈은 인터프리터 빌드 설정과 제약, 커맨드라인 인자와 프로그램 종료 코드, 예외 처리, 스레드 디버깅과 제어, 임포트 메커니즘과 임포트된 모듈, 프로세스의 표준 입출력을 포함해 인터프리터와 시스템 설정의 광범위한 부분을 액세스할 수 있는 함수를 제공한다.

sys 모듈이 인터프리터 설정에 집중하는 반면 **os** 모듈은 운영체제 정보를 액세스하는 기능을 제공한다. 이 모듈은 실행 프로세스의 소유자와 환경 변수 등의 상세 정보를 반환하는 시스템 함수를 호출하기 위한 인터페이스로 사용할 수 있다. **os** 모듈은 파일 시스템과 프로세스 관리를 위한 함수도 제공한다.

파이썬은 이식성 높은 프로그램을 작성하는 크로스 플랫폼 언어다. 하지만 프로그램이 모든 환경에서 실행되기 위한 목적을 갖고 있더라도 현재 시스템의 운영체제나 하드웨어 아키텍처를 알아야 하는 경우가 있다. **platform** 모듈은 이와 관련된 설정 값을 알 수 있는 함수를 제공한다.

프로세스 스택의 최대 크기 또는 한 번에 열 수 있는 최대 파일 수와 같은 시스템 리소스에 대한 제한은 **resource** 모듈을 통해 얻거나 변경할 수 있다. 이 모듈은 현재의 시스템 리소스의 소비율을 보고받아 리소스 누수를 모니터링할 수 있다.

gc 모듈은 파이썬의 가비지 컬렉션^{garbage collection} 시스템의 접근 기능을 제공한다. 이 모듈에는 객체 사이클을 탐지하거나 멈추고, 가비지 컬렉터를 켜거나 끄고, 가비지 컬렉션이 자동으로 실행되는 임계치^{threshold}를 조정할 수 있는 유용한 기능이 포함돼 있다.

sysconfig 모듈은 빌드 스크립트가 컴파일될 당시의 변수를 갖고 있다. 빌드 및 패키징 도구에서 이 변수를 사용해 동적으로 경로를 생성하거나 다른 설정을 변경할 수 있다.

17.1 site: 사이트 구성

site 모듈은 임포트 경로 등 사이트 종속적인 구성을 다룬다.

17.1.1 임포트 경로

site 모듈은 인터프리터가 시작될 때 자동으로 임포트된다. 임포트될 때 site는 sys.prefix와 sys.exec_prefix 접두어 그리고 여러 접미어를 조합해 sys.path를 사이트 종속적인 이름으로 확장한다. 사용된 접두어는 나중에 참조하고자 모듈 레벨 변수 PREFIXES에 저장된다. 윈도우에서 접미어는 빈 문자열과 lib/site-packages다. 유닉스 계열 플랫폼에서는 lib/python$version/site-packages($version은 3.5와 같이 인터프리터 버전으로 치환됨)와 lib/site-python이다.

리스트 17.1: site_import_path.py

```
import sys
import os
import site

if 'Windows' in sys.platform:
    SUFFIXES = ['', 'lib/site-packages', ]
else:
    SUFFIXES = ['lib/python{}/site-packages'.format(sys.version[:3]), 'lib/site-python', ]

print('Path prefixes:')
for p in site.PREFIXES:
    print(' ', p)
```

```
for prefix in sorted(set(site.PREFIXES)):
    print()
    print(prefix)
    for suffix in SUFFIXES:
        print()
        print(' ', suffix)
        path = os.path.join(prefix, suffix).rstrip(os.sep)
        print(' exists :', os.path.exists(path))
        print(' in path:', path in sys.path)
```

조합을 통해 나온 각 경로를 테스트해 존재하는 경로는 sys.path에 추가된다. 다음 출력 결과는 맥OS X에 설치된 파이썬의 프레임워크 버전을 보여준다.

```
$ python3 site_import_path.py

Path prefixes:
    /Library/Frameworks/Python.framework/Versions/3.5
    /Library/Frameworks/Python.framework/Versions/3.5

/Library/Frameworks/Python.framework/Versions/3.5
    lib/python3.5/site-packages
        exists : True
        in path: True

    lib/site-python
        exists : False
        in path: False
```

17.1.2 사용자 디렉터리

site는 site-packages 경로뿐만 아니라 사용자에 따른 특정 위치를 임포트 경로에 추가한다. 사용자에 따른 경로는 주로 현재 사용자가 소유하고 쓰기 가능한 파일 시스템에 위치한 USER_BASE 디렉터리를 기반으로 한다. USER_BASE 디렉터리의 내부는 USER_SITE 값으로 접근 가능한 경로의 site-packages 디렉터리다.

리스트 17.2: site_user_base.py

```
import site

print('Base:', site.USER_BASE)
print('Site:', site.USER_SITE)
```

USER_SITE 경로 이름은 앞에서 설명한 것처럼 플랫폼 종속적인 접미어를 사용해 생성된다.

```
$ python3 site_user_base.py

Base: /Users/dhellmann/.local
Site: /Users/dhellmann/.local/lib/python3.5/site-packages
```

사용자 기반 디렉터리는 **PYTHONUSERBASE** 환경 변수를 통해 설정할 수 있으며 기본값은 플랫폼 종속적이다(윈도우에서는 ~/Python$version/site-packages, 윈도우가 아닌 경우 ~/.local).

```
$ PYTHONUSERBASE=/tmp/$USER python3 site_user_base.py

Base: /tmp/dhellmann
Site: /tmp/dhellmann/lib/python3.5/site-packages
```

사용자 디렉터리는 보안 이슈가 있는 어떤 환경, 예를 들어 프로세스가 그것을 시작한 실제 사용자가 아닌 다른 유효 사용자나 그룹 아이디와 함께 실행 중인 경우에는 사용할 수 없다. 애플리케이션에서는 **ENABLE_USER_SITE**를 통해 설정 값을 확인할 수 있다.

리스트 17.3: site_enable_user_site.py

```
import site

status = {
    None: 'Disabled for security',
    True: 'Enabled',
    False: 'Disabled by command-line option',
}
```

```
print('Flag    :', site.ENABLE_USER_SITE)
print('Meaning :', status[site.ENABLE_USER_SITE])
```

또한 사용자 디렉터리는 커맨드라인에서 -s 옵션을 사용해 명시적으로 비활성화시킬 수 있다.

```
$ python3 site_enable_user_site.py

Flag    : True
Meaning : Enabled

$ python3 -s site_enable_user_site.py

Flag    : False
Meaning : Disabled by command-line option
```

17.1.3 경로 구성 파일

임포트 경로에 여러 경로가 추가되면 경로 구성 파일configuration files로 검색할 수 있다. 경로 구성 파일은 .pth 확장자로 된 텍스트 파일이다. 이 파일의 각 줄은 다음 네 가지 중 하나다.

- 임포트 경로에 추가돼야 할 다른 위치의 절대 또는 상대 경로
- 실행할 파이썬 명령문. 이 줄은 import 명령으로 시작해야 한다.
- 빈 라인, 무시됨
- #으로 시작하는 주석 라인, 무시됨

경로 구성 파일은 자동으로 추가되지 않는 위치를 들여다보고자 임포트 경로를 확장시킬 때 사용할 수 있다. 예를 들어 setuptools 패키지는 개발 모드에서 파이썬 setup.py를 사용해 패키지를 설치할 때 easy-install.pth에 경로를 추가한다.

sys.path를 확장하는 함수는 public이므로 경로 구성 파일이 어떻게 동작하는지 살펴보는 예제 프로그램에서 사용할 수 있다. with_modules라는 디렉터리에 mymodule.py 파일이 있다고 가정했을 때 다음 print문은 모듈이 어떻게 임포트되는지 보여준다.

```
import os
print('Loaded {} from {}'.format(__name__, __file__[len(os.getcwd()) + 1:]))
```

다음 스크립트는 addsitedir()이 어떻게 임포트 경로를 확장해 인터프리터가 원하는 모듈을 찾게 해주는지 보여준다.

리스트 17.5: site_addsitedir.py

```
import site
import os
import sys

script_directory = os.path.dirname(__file__)
module_directory = os.path.join(script_directory, sys.argv[1])

try:
    import mymodule
except ImportError as err:
    print('Could not import mymodule:', err)

print()
before_len = len(sys.path)
site.addsitedir(module_directory)
print('New paths:')
for p in sys.path[before_len:]:
    print(p.replace(os.getcwd(), '.'))     # Shorten dirname

print()
import mymodule
```

모듈을 가진 디렉터리가 sys.path에 추가되면 스크립트는 mymodule을 문제없이 임포트할 수 있다.

```
$ python3 site_addsitedir.py with_modules

Could not import mymodule: No module named 'mymodule'

New paths:
./with_modules
```

```
Loaded mymodule from with_modules/mymodule.py
```

addsitedir()에 의한 경로 변경은 단순히 인자를 sys.path에 추가하는 것 이상의 역할을 한다. addsitedir()에 주어진 디렉터리가 *.pth 패턴에 맞는 파일을 갖고 있으면 이 파일들은 경로 구성 파일로 로드된다. 디렉터리 구조가 다음과 같다고 하자.

```
with_pth
    pymotw.pth
    subdir
        mymodule.py
```

with_pth/pymotw.pth 파일을 갖고 있으면 다음과 같다.

```
# 경로에 하위 디렉터리 하나를 추가한다.
./subdir
```

with_pth와 with_pth/subdir 모두 임포트 경로에 추가됐기 때문에 모듈이 해당 디렉터리에 없지만 with_pth/subdir/mymodule.py 파일은 사이트 디렉터리로 with_pth에 추가돼 임포트될 수 있다.

```
$ python3 site_addsitedir.py with_pth

Could not import mymodule: No module named 'mymodule'

New paths:
./with_pth
./with_pth/subdir

Loaded mymodule from with_pth/subdir/mymodule.py
```

사이트 디렉터리에 여러 개의 .pth 파일이 있으면 알파벳 순서대로 처리된다.

```
$ ls -F multiple_pth
```

```
a.pth
b.pth
from_a/
from_b/

$ cat multiple_pth/a.pth

./from_a

$ cat multiple_pth/b.pth

./from_b
```

이 경우에 **a.pth**가 **b.pth**보다 먼저 읽히므로 모듈은 **multiple_pth/from_a**에서 발견된다.

```
$ python3 site_addsitedir.py multiple_pth

Could not import mymodule: No module named 'mymodule'

New paths:
./multiple_pth
./multiple_pth/from_a
./multiple_pth/from_b

Loaded mymodule from multiple_pth/from_a/mymodule.py
```

17.1.4 사이트 구성 커스터마이징

site 모듈은 sitecustomize 모듈에서 로컬 사이트 소유자가 정의한 사이트 커스터마이즈를 로드하는 역할도 한다. sitecustomize를 이용해 임포트 경로를 확장하고 커버리지, 프로파일링, 또는 다른 개발 도구를 사용할 수 있다.

예를 들어 다음의 sitecustomize.py 스크립트는 현재 플랫폼에 기반을 둔 디렉터리로 임포트 경로를 확장한다. 플랫폼 종속적 경로인 **/opt/python**이 임포트 경로에 추가돼 여기에 설치된 모든 패키지는 임포트가 가능해진다. 이런 종류의 시스템은 컴파일된 확장 모듈을 포함한 패키지를 공유 파일 시스템을 통해 네트워크상에서 호스트 간에 공유할 때 유용하다. sitecustomize.py만 각 호스트에 설치하면 되고, 다른 패키지는 파일 서버로 액세스할 수 있다.

리스트 17.6: with_sitecustomize/sitecustomize.py

```python
print('Loading sitecustomize.py')

import site
import platform
import os
import sys

path = os.path.join('/opt', 'python', sys.version[:3], platform.platform(), )
print('Adding new path', path)

site.addsitedir(path)
```

파이썬이 프로그래머의 코드를 실행하기 전에 sitecustomize.py가 임포트되는 것을 보고자 간단한 스크립트를 사용한다.

리스트 17.7: with_sitecustomize/site_sitecustomize.py

```python
import sys

print('Running main program from\n{}'.format(sys.argv[0]))

print('End of path:', sys.path[-1])
```

sitecustomize는 시스템 구성에 사용되기 때문에 일반적으로는 **site-packages** 디렉터리인 기본 경로 어딘가에 설치돼 있을 것이다. 이 예제는 모듈이 확실히 선택되도록 **PYTHONPATH**를 명시적으로 설정했다.

```
$ PYTHONPATH=with_sitecustomize python3 with_sitecustomize/site_sitecustomize.py

Loading sitecustomize.py
Adding new path /opt/python/3.5/Darwin-15.6.0-x86_64-i386-64bit
Running main program from with_sitecustomize/site_sitecustomize.py
End of path: /opt/python/3.5/Darwin-15.6.0-x86_64-i386-64bit
```

17.1.5 사용자 구성 커스터마이징

sitecustomize와 비슷하게 usercustomize 모듈은 인터프리터가 시작될 때마다 사용자 종속적인 설정을 하고자 사용될 수 있다. usercustomize는 sitecustomize보다 나중에 로드되므로 사이트 구성의 설정을 오버라이드할 수 있다.

서로 다른 운영체제와 버전을 사용하는 여러 서버에서 사용자의 홈 디렉터리가 공유되는 환경에서는 표준 사용자 디렉터리 메커니즘이 사용자 종속적으로 설치된 패키지에 대해 동작하지 않을 수도 있다. 이런 경우에는 플랫폼 종속적인 디렉터리 트리를 대신 사용할 수 있다.

리스트 17.8: with_usercustomize/usercustomize.py

```
print('Loading usercustomize.py')

import site
import platform
import os
import sys

path = os.path.expanduser(os.path.join('~', 'python', sys.version[:3], platform.platform(), ))
print('Adding new path', path)

site.addsitedir(path)
```

sitecustomize에 사용한 것과 비슷한 간단한 스크립트로 파이썬이 다른 코드를 시작하기 전에 usercustomize.py를 임포트하는 것을 볼 수 있다.

리스트 17.9: with_usercustomize/site_usercustomize.py

```
import sys

print('Running main program from\n{}'.format(sys.argv[0]))

print('End of path:', sys.path[-1])
```

usercustomize는 사용자 종속적인 구성을 의미하므로 사용자 기본 경로 어딘가에 설치되지만 사이트 영역 경로에는 설치되지 않는다. 기본 USER_BASE 디렉터리가 가장 적합한 위치다. 다음 예제는 모듈이 확실하게 선택되도록 PYTHONPATH를 명시적으로 설정했다.

```
$ PYTHONPATH=with_usercustomize python3 with_usercustomize/site_usercustomize.py

Loading usercustomize.py
Adding new path /Users/dhellmann/python/3.5/Darwin-15.5.0-x86_64-i386-64bit
Running main program from
with_usercustomize/site_usercustomize.py
End of path: /Users/dhellmann/python/3.5/Darwin-15.5.0-x86_64-i386-64bit
```

사용자 디렉터리 기능이 비활성화되면 usercustomize는 사용자 사이트 디렉터리 또는 어느 곳에 있는지에 관계없이 임포트되지 않는다.

```
$ PYTHONPATH=with_usercustomize python3 -s with_usercustomize/site_usercustomize.py

Running main program from
with_usercustomize/site_usercustomize.py
End of path: /Users/dhellmann/Envs/pymotw35/lib/python3.5/site-packages
```

17.1.6 site 모듈 비활성화

자동 임포트 기능이 추가되기 이전의 파이썬 버전과의 호환성을 유지하고자 인터프리터는 -S 옵션을 허용한다.

```
$ python3 -S site_import_path.py

Path prefixes:
    /Users/dhellmann/Envs/pymotw35/bin/..
    /Users/dhellmann/Envs/pymotw35/bin/..

/Users/dhellmann/Envs/pymotw35/bin/..

    lib/python3.5/site-packages
        exists : True
        in path: False

    lib/site-python
        exists : False
        in path: False
```

17.2 sys: 시스템 종속적인 구성

sys 모듈은 런타임에 인터프리터의 구성을 확인하고 변경할 수 있는 서비스와 현재 프로그램 외부의 작업 환경과 상호작용할 수 있는 서비스를 제공한다.

17.2.1 인터프리터 설정

sys는 인터프리터의 컴파일 타임과 런타임 구성 설정에 접근할 수 있는 속성과 함수를 제공한다.

17.2.1.1 빌드 타임 버전 정보

C 인터프리터를 빌드할 때 사용한 버전은 몇 가지 형태로 얻을 수 있다. sys.version은 사람이 읽기 좋은 문자열 형태로 전체 버전 정보와 빌드 날짜, 컴파일러, 플랫폼 정보를 갖고 있다. sys.hexversion은 단순한 정수 형태이므로 인터프리터 버전을 쉽게 체크할 수 있다. 이 값에 hex()를 사용하면 sys.hexversion 정보의 일부는 이보다 훨씬 읽기 편한 sys.version_info에서 가져왔음을 분명히 알 수 있다. 이 정보는 버전을 나타내는 5개의 이름이 지정된 튜플이다. 현재 인터프리터에서 사용하는 별도의 C API 버전은 sys.api_version에 저장돼 있다.

리스트 17.10: sys_version_values.py

```python
import sys

print('Version info:')
print()
print('sys.version      =', repr(sys.version))
print('sys.version_info =', sys.version_info)
print('sys.hexversion   =', hex(sys.hexversion))
print('sys.api_version  =', sys.api_version)
```

출력되는 모든 값은 샘플 프로그램을 실행하는 실제 인터프리터에 따라 달라질 수 있다.

```
$ python3 sys_version_values.py

Version info:

sys.version      = '3.5.2 (v3.5.2:4def2a2901a5, Jun 26 2016, 10:47:25) \n[GCC 4.2.1 (Apple
Inc. build 5666) (dot 3)]'
sys.version_info = sys.version_info(major=3, minor=5, micro=2, releaselevel='final',
serial=0)
sys.hexversion   = 0x30502f0
sys.api_version  = 1013
```

인터프리터를 빌드하는 데 사용되는 운영체제 플랫폼은 **sys.platform**에 저장돼 있다.

리스트 17.11: sys_platform.py

```python
import sys

print('This interpreter was built for:', sys.platform)
```

대부분의 유닉스 시스템에서 이 값은 uname -s 명령의 출력과 uname -r 명령의 출력에서 버전의 첫 번째 부분이 합쳐진 값으로 생성된다. 다른 운영체제에는 하드코딩된 테이블의 값이 사용된다.

```
$ python3 sys_platform.py

This interpreter was built for: darwin
```

17.2.1.2 인터프리터 구현

CPython 인터프리터는 파이썬 언어의 여러 가지 구현 중 하나다. sys.implementation 은 여러 인터프리터 중에서 작업에 필요한 라이브러리의 현재 구현을 탐지하고자 제공된다.

리스트 17.12: sys_implementation.py

```
import sys

print('Name:', sys.implementation.name)
print('Version:', sys.implementation.version)
print('Cache tag:', sys.implementation.cache_tag)
```

sys.implementation.version은 CPython에서 sys.version_info와 동일하지만 다른 인터프리터에서는 다른 결과를 보인다.

```
$ python3 sys_implementation.py

Name: cpython
Version: sys.version_info(major=3, minor=5, micro=2, releaselevel='final', serial=0)
Cache tag: cpython-35
```

17.2.1.3 커맨드라인 옵션

CPython 인터프리터는 다양한 커맨드라인 옵션으로 동작을 제어하며, 옵션은 표 17.1 과 같다. 이 옵션 중 일부는 sys.flags를 통해 프로그램적으로 체크할 수 있다.

표 17.1: CPython 커맨드라인 옵션 플래그

옵션	의미
-B	임포트할 때 .py[co] 파일을 쓰지 않는다.
-b	적절한 디코딩 없이 문자열을 바이트로 변환하거나 문자열과 바이트를 비교할 때 경고를 발생시킨다.
-bb	바이트 객체 처리에 대한 경고를 에러로 전환한다.
-d	파서의 디버그를 출력한다.
-E	PYTHONPATH와 같은 PYTHON* 환경 변수를 무시한다.
-i	스크립트를 실행한 후에 대화형으로(interactively) 검사한다.
-O	생성된 바이트코드를 최적화한다.
-OO	-O 최적화를 수행한 후 docstrings를 제거한다.
-s	sys.path에 사용자 사이트 디렉터리를 추가하지 않는다.
-S	초기화할 때 'import site'를 실행하지 않는다.
-t	일관성 없는 탭 사용에 대해 경고를 발생시킨다.
-tt	일관성 없는 탭 사용에 대해 에러를 발생시킨다.
-v	자세한 내용을 보여준다.

리스트 17.13: sys_flags.py

```
import sys

if sys.flags.bytes_warning:
    print('Warning on bytes/str errors')
if sys.flags.debug:
    print('Debuging')
if sys.flags.inspect:
    print('Will enter interactive mode after running')
if sys.flags.optimize:
    print('Optimizing byte-code')
if sys.flags.dont_write_bytecode:
    print('Not writing byte-code files')
if sys.flags.no_site:
    print('Not importing "site"')
if sys.flags.ignore_environment:
```

```
    print('Ignoring environment')
if sys.flags.verbose:
    print('Verbose mode')
```

커맨드라인 옵션들이 플래그 설정과 매핑되는 것을 sys_flags.py로 확인할 수 있다.

```
$ python3 -S -E -b sys_flags.py

Warning on bytes/str errors
Not importing "site"
Ignoring environment
```

17.2.1.4 유니코드 기본값

인터프리터가 사용하는 기본 유니코드 인코딩의 이름을 얻으려면 getdefaultencoding()
을 호출한다. 이 값은 시작할 때 설정되며 세션이 실행 중인 동안에는 변경할 수 없다.

내부 인코딩 기본값과 파일 시스템 인코딩은 운영체제에 따라 다를 수 있으므로 파일
시스템 설정을 가져오는 별도의 방법을 사용한다. getfilesystemencoding()은 파일
시스템 종속적이 아닌 운영체제 종속적인 값을 반환한다.

리스트 17.14: sys_unicode.py

```
import sys

print('Default encoding     :', sys.getdefaultencoding())
print('File system encoding :', sys.getfilesystemencoding())
```

대부분의 유니코드 전문가는 전역 기본 인코딩에 의존하는 깃보다 애플리게이션이 명시
적으로 유니코드를 인지하게 만들 것을 권장한다. 이 방법은 두 가지 이점이 있다. 우선
서로 다른 데이터 소스에 대한 여러 가지 유니코드 인코딩을 더 깔끔하게 처리할 수 있
고, 애플리케이션에서 인코딩에 대해 가정하는 것과 관련된 코드를 줄일 수도 있다.

```
$ python3 sys_unicode.py
```

```
Default encoding     : utf-8
File system encoding : utf-8
```

17.2.1.5 대화형 프롬프트

대화형 인터프리터의 입력 프롬프트는 기본 입력 레벨(ps1)을 위한 것과 여러 줄의 명령문을 입력 받기 위한 '연속' 모드(ps2) 두 가지가 있다. 이 값은 대화형 인터프리터에서만 사용된다.

```
>>> import sys .
>>> sys.ps1
'>>> '
>>> sys.ps2
'... '
>>>
```

프롬프트 모양을 다른 문자열로 바꿀 수 있다.

```
>>> sys.ps1 = '::: '
::: sys.ps2 = '~~~ '
::: for i in range(3):
~~~ print i
~~~
0
1
2
:::
```

또한 __str__을 통해 문자열로 변환한 어떤 객체든 프롬프트로 사용할 수 있다.

리스트 17.15: sys_ps1.py

```
import sys

class LineCounter:
```

```
    def __init__(self):
        self.count = 0

    def __str__(self):
        self.count += 1
        return '({:3d})> '.format(self.count)
```

LineCounter는 프롬프트가 사용된 횟수를 추적하므로 프롬프트의 수는 매번 증가한다.

```
$ python

Python 3.4.2 (v3.4.2:ab2c023a9432, Oct 5 2014, 20:42:22)
[GCC 4.2.1 (Apple Inc. build 5666) (dot 3)] on darwin
Type "help", "copyright", "credits" or "license" for more information.
>>> from sys_ps1 import LineCounter
>>> import sys
>>> sys.ps1 = LineCounter()
(  1)>
(  2)>
(  3)>
```

17.2.1.6 디스플레이 훅

sys.displayhook은 대화형 인터프리터에 사용자가 표현식을 입력할 때마다 호출된
다. 표현식의 결과는 함수에 유일한 인자로 전달된다.

리스트 17.16: sys_displayhook.py

```
import sys

class ExpressionCounter:

    def __init__(self):
        self.count = 0
        self.previous_value = self

    def __call__(self, value):
        print()
        print(' Previous:', self.previous_value)
```

```
        print(' New      :', value)
        print()
        if value != self.previous_value:
            self.count += 1
            sys.ps1 = '({:3d})> '.format(self.count)
        self.previous_value = value
        sys.__displayhook__(value)

print('installing')
sys.displayhook = ExpressionCounter()
```

sys.__displayhook__에 저장돼 있는 기본값은 결과를 stdout에 출력하고, 나중에 쉽게 참조할 수 있도록 previous_value에 저장한다.

```
$ python3

Python 3.4.2 (v3.4.2:ab2c023a9432, Oct 5 2014, 20:42:22)
[GCC 4.2.1 (Apple Inc. build 5666) (dot 3)] on darwin
Type "help", "copyright", "credits" or "license" for more information.
>>> import sys_displayhook
installing
>>> 1 + 2

    Previous: <sys_displayhook.ExpressionCounter object at 0x1021035f8>
    New      : 3

3
( 1)> 'abc'

    Previous: 3
    New      : abc

'abc'
( 2)> 'abc'

    Previous: abc
    New      : abc

'abc'
( 2)> 'abc' * 3

    Previous: abc
    New      : abcabcabc
```

```
'abcabcabc'
( 3)>
```

17.2.1.7 설치 위치

실제 인터프리터 프로그램의 경로는 인터프리터 경로를 가질 수 있는 모든 시스템에서 sys.executable을 통해 확인할 수 있다. 이 정보로 올바른 인터프리터가 사용되고 있는지 확인할 수 있으며, 인터프리터 위치를 기반으로 경로를 설정할 때 단서가 된다.

sys.prefix는 인터프리터 설치 위치의 상위 디렉터리를 참조한다. 여기에는 일반적으로 실행 파일이 있는 bin 디렉터리와 설치된 모듈이 있는 lib 디렉터리가 포함된다.

리스트 17.17: sys_locations.py

```
import sys

print('Interpreter executable:')
print(sys.executable)
print('\nInstallation prefix:')
print(sys.prefix)
```

다음은 python.org에서 설치된 프레임워크 빌드의 정보를 맥에서 출력한 것이다.

```
$ python3 sys_locations.py

Interpreter executable:
/Library/Frameworks/Python.framework/Versions/3.5/bin/python3

Installation prefix:
/Library/Frameworks/Python.framework/Versions/3.5
```

17.2.2 런타임 환경

sys는 커맨드라인 인자를 받고, 사용자 입력을 처리하고, 사용자에게 메시지와 상태 값을 전달함으로써 애플리케이션이 시스템 외부와 상호작용할 수 있는 저수준 API를 제공한다.

17.2.2.1 커맨드라인 인자

인터프리터가 받아들인 인자는 거기서 처리되며 실행 중인 프로그램에는 전달되지 않는다. 스크립트 이름을 포함해 남아있는 옵션과 인자는 프로그램이 필요로 할 때 사용하고자 sys.argv에 저장된다.

리스트 17.18: sys_argv.py

```
import sys

print('Arguments:', sys.argv)
```

다음 예제의 세 번째 예에서 -u 옵션은 인터프리터가 처리하므로 실행 프로그램에 전달되지 않는다.

```
$ python3 sys_argv.py

Arguments: ['sys_argv.py']

$ python3 sys_argv.py -v foo blah

Arguments: ['sys_argv.py', '-v', 'foo', 'blah']

$ python3 -u sys_argv.py

Arguments: ['sys_argv.py']
```

> **팁 – 참고 자료**
> - argparse: 커맨드라인 인자를 파싱하기 위한 모듈

17.2.2.2 입출력 스트림

유닉스 패러다임에 따라 파이썬 프로그램은 기본적으로 세 가지 파일 디스크립터에 접근할 수 있다.

리스트 17.19: sys_stdio.py

```
import sys
```

```
print('STATUS: Reading from stdin', file=sys.stderr)

data = sys.stdin.read()

print('STATUS: Writing data to stdout', file=sys.stderr)

sys.stdout.write(data)
sys.stdout.flush()

print('STATUS: Done', file=sys.stderr)
```

stdin은 일반적으로 콘솔뿐만 아니라 파이프라인을 통해 다른 프로그램에서 입력을 읽어오는 표준 방법이다. stdout은 콘솔을 통해 사용자에게 결과를 출력하거나 파이프라인의 다음 프로그램에 결과를 보내는 표준적인 방법이다. stderr는 경고나 에러 메시지에 사용된다.

```
$ cat sys_stdio.py | python3 -u sys_stdio.py

STATUS: Reading from stdin
STATUS: Writing data to stdout
#!/usr/bin/env python3

#end_pymotw_header
import sys

print('STATUS: Reading from stdin', file=sys.stderr)

data = sys.stdin.read()

print('STATUS: Writing data to stdout', file=sys.stderr)

sys.stdout.write(data)
sys.stdout.flush()

print('STATUS: Done', file=sys.stderr)
STATUS: Done
```

> **팁 – 참고 자료**
>
> - subprocess와 pipes: 이 두 모듈은 프로그램들 간의 파이프라인을 위한 기능을 제공한다.

17.2.2.3 상태 반환

프로그램에서 종료 코드^{exit code}를 반환받으려면 sys.exit()에 정수 값을 전달한다.

리스트 17.20: sys_exit.py

```
import sys

exit_code = int(sys.argv[1])
sys.exit(exit_code)
```

0이 아닌 값은 프로그램이 에러로 인해 강제 종료된 것을 의미한다.

```
$ python3 sys_exit.py 0 ; echo "Exited $?"

Exited 0

$ python3 sys_exit.py 1 ; echo "Exited $?"

Exited 1
```

17.2.3 메모리 관리와 제한

sys는 메모리 사용을 확인하고 제어하는 기능을 제공한다.

17.2.3.1 레퍼런스 카운트

파이썬(CPython)은 자동으로 메모리를 관리하고자 레퍼런스 카운트^{reference count}와 가비지 컬렉션을 사용한다. 객체의 레퍼런스 카운트가 0이 되면 해당 객체는 자동으로 가비지 컬렉션에 의해 수집되도록 표시된다. 객체의 레퍼런스 카운트를 확인하려면 getrefcount()를 사용한다.

리스트 17.21: sys_getrefcount.py

```
import sys

one = []
```

```
print('At start          :', sys.getrefcount(one))

two = one
print('Second reference :', sys.getrefcount(one))

del two
print('After del          :', sys.getrefcount(one))
```

객체가 getrefcount()에 의해 임시로 참조되므로 카운트 값이 예상보다 1 높게 나온다.

```
$ python3 sys_getrefcount.py

At start          : 2
Second reference : 3
After del          : 2
```

팁 – 참고 자료

- gc: gc의 함수를 통해 가비지 컬렉터 제어

17.2.3.2 객체의 크기

객체에 대한 참조가 몇 개인지 아는 것은 개발자가 메모리 누수나 사이클을 찾는 데 도움이 되지만, 어떤 객체가 많은 메모리를 소비하고 있는지 알기에는 정보가 부족하다. 이때에는 객체의 크기를 알 필요가 있다.

리스트 17.22: sys_getsizeof.py

```
import sys

class MyClass:
    pass

objects = [ [],(), {}, 'c', 'string', b'bytes', 1, 2.3, MyClass, MyClass(), ]

for obj in objects:
    print('{:>10} : {}'.format(type(obj).__name__, sys.getsizeof(obj)))
```

getsizeof()는 객체의 크기를 바이트 단위로 나타낸다.

```
$ python3 sys_getsizeof.py

  list : 64
 tuple : 48
  dict : 288
   str : 50
   str : 55
 bytes : 38
   int : 28
 float : 24
  type : 1016
MyClass : 56
```

사용자 정의 클래스의 크기는 속성 값의 크기를 포함하지 않는다.

리스트 17.23: sys_getsizeof_object.py

```
import sys

class WithoutAttributes:
    pass

class WithAttributes:

    def __init__(self):
        self.a = 'a'
        self.b = 'b'
        return

without_attrs = WithoutAttributes()
print('WithoutAttributes:', sys.getsizeof(without_attrs))

with_attrs = WithAttributes()
print('WithAttributes:', sys.getsizeof(with_attrs))
```

그래서 실제로 소비된 메모리양에 대해 잘못된 인상을 줄 수 있다.

```
$ python3 sys_getsizeof_object.py

WithoutAttributes: 56
WithAttributes: 56
```

클래스에 의해 소비되는 공간을 좀 더 정확하게 추정하고자 다양한 객체의 속성 크기를 더해 계산하는 `__sizeof__()` 메서드가 제공된다.

리스트 17.24: sys_getsizeof_custom.py

```python
import sys

class WithAttributes:

    def __init__(self):
        self.a = 'a'
        self.b = 'b'
        return

    def __sizeof__(self):
        return object.__sizeof__(self) + \
        sum(sys.getsizeof(v) for v in self.__dict__.values())

my_inst = WithAttributes()
print(sys.getsizeof(my_inst))
```

이 버전은 객체의 기본 크기에 내부적으로 `__dict__`에 저장된 모든 속성의 크기를 더한다.

```
$ python3 sys_getsizeof_custom.py

156
```

17.2.3.3 재귀

파이썬에서 무한 재귀 호출을 허용하면 인터프리터 자체에서 스택 오버플로가 발생해 애플리케이션이 죽을 수 있다. 이런 상황을 피하고자 인터프리터는 `setrecursionlimit()`와 `getrecursionlimit()`를 사용해 재귀 호출의 최대 깊이를 제어하는 방법을 제공한다.

리스트 17.25: sys_recursionlimit.py

```python
import sys

print('Initial limit:', sys.getrecursionlimit())

sys.setrecursionlimit(10)
```

```
print('Modified limit:', sys.getrecursionlimit())

def generate_recursion_error(i):
    print('generate_recursion_error({})'.format(i))
    generate_recursion_error(i + 1)

try:
    generate_recursion_error(1)
except RuntimeError as err:
    print('Caught exception:', err)
```

스택 크기가 재귀 호출 제한에 도달하면 인터프리터가 RuntimeError 예외를 발생시켜
프로그램이 이 상황을 처리할 수 있는 기회를 갖게 된다.

```
$ python3 sys_recursionlimit.py

Initial limit: 1000
Modified limit: 10
generate_recursion_error(1)
generate_recursion_error(2)
generate_recursion_error(3)
generate_recursion_error(4)
generate_recursion_error(5)
generate_recursion_error(6)
generate_recursion_error(7)
generate_recursion_error(8)
Caught exception: maximum recursion depth exceeded while calling a Python object
```

17.2.3.4 최댓값

런타임 구성 값과 마찬가지로 sys는 시스템에 따라 달라지는 여러 유형의 최댓값을 정
의하는 변수를 갖고 있다.

리스트 17.26: sys_maximums.py

```
import sys
```

```
print('maxsize   :', sys.maxsize)
print('maxunicode:', sys.maxunicode)
```

maxsize는 C 인터프리터의 크기 유형에 따라 좌우되는 리스트, 딕셔너리, 문자열, 기타 자료 구조의 최대 크기다. maxunicode는 현재 구성에서 인터프리터가 지원하는 가장 큰 정수 유니코드 포인트다.

```
$ python3 sys_maximums.py

maxsize   : 9223372036854775807
maxunicode: 1114111
```

17.2.3.5 부동소수점 값

float_info 구조체는 시스템에서 인터프리터가 사용하는 부동소수점 표현에 대한 정보를 포함한다.

리스트 17.27: sys_float_info.py

```
import sys

print('Smallest difference (epsilon):', sys.float_info.epsilon)
print()
print('Digits (dig)              :', sys.float_info.dig)
print('Mantissa digits (mant_dig):', sys.float_info.mant_dig)
print()
print('Maximum (max):', sys.float_info.max)
print('Minimum (min):', sys.float_info.min)
print()
print('Radix of exponents (radix):', sys.float_info.radix)
print()
print('Maximum exponent for radix (max_exp):', sys.float_info.max_exp)
print('Minimum exponent for radix (min_exp):', sys.float_info.min_exp)
print()
print('Max. exponent power of 10 (max_10_exp):', sys.float_info.max_10_exp)
print('Min. exponent power of 10 (min_10_exp):', sys.float_info.min_10_exp)
print()
```

```
print('Rounding for addition (rounds):', sys.float_info.rounds)
```

이 값은 컴파일러와 시스템에 따라 달라진다. 다음 출력은 인텔 코어 i7이 있는 OS X 10.9.5에서 생성된 결과다.

```
$ python3 sys_float_info.py

Smallest difference (epsilon): 2.220446049250313e-16

Digits (dig)            : 15
Mantissa digits (mant_dig): 53

Maximum (max): 1.7976931348623157e+308
Minimum (min): 2.2250738585072014e-308

Radix of exponents (radix): 2

Maximum exponent for radix (max_exp): 1024
Minimum exponent for radix (min_exp): -1021

Max. exponent power of 10 (max_10_exp): 308
Min. exponent power of 10 (min_10_exp): -307

Rounding for addition (rounds): 1
```

> **팁 − 참고 자료**
> - 이와 관련된 자세한 사항은 로컬 컴파일러의 C 헤더 파일인 float.h를 참고하라.

17.2.3.6 정수 값

int_info 구조체는 인터프리터가 사용하는 정수의 내부적인 표현의 정보를 담고 있다.

리스트 17.28: sys_int_info.py

```
import sys

print('Number of bits used to hold each digit:', sys.int_info.bits_per_digit)
print('Size in bytes of C type used to hold each digit:', sys.int_info.sizeof_digit)
```

다음 출력은 인텔 코어 i7이 있는 OS X 10.9.5에서 생성된 결과다.

```
$ python3 sys_int_info.py

Number of bits used to hold each digit: 30
Size in bytes of C type used to hold each digit: 4
```

정수를 내부적으로 저장하는 데 사용되는 C 타입은 인터프리터가 빌드될 때 결정된다. 기본적으로 64비트 아키텍처는 자동으로 30비트 정수를 사용하지만, 구성 플래그를 **--enable-big-digits**로 설정하면 32비트 아키텍처에서도 사용할 수 있다.

> **팁 – 참고 자료**
>
> - Build and C API Changes from What's New in Python 3.1(https://docs.python.org/3.1/whatsnew/3.1.html#build-and-c-api-changes)

17.2.3.7 바이트 순서

byteorder는 시스템의 기본 바이트 순서로 설정된다.

리스트 17.29: sys_byteorder.py

```
import sys

print(sys.byteorder)
```

그 값은 빅엔디언^{big-endian}일 경우 **big**, 리틀엔디언^{little-endian}일 경우 **little**이다.

```
$ python3 sys_byteorder.py

little
```

> **팁 – 참고 자료**
>
> - Endianness(https://en.wikipedia.org/wiki/Byte_order): 위키피디아. 빅엔디언과 리틀엔디언 메모리 시스템에 대한 설명
> - array와 struct: 데이터의 바이트 순서에 영향을 받는 또 다른 모듈
> - float.h: 로컬 컴파일러의 C 헤더 파일에 더 자세한 내용이 있다.

17.2.4 예외 처리

sys는 예외를 처리하는 기능도 포함한다.

17.2.4.1 처리되지 않은 예외

많은 애플리케이션은 하위 레벨에서 잡히지 않는 에러를 처리하고자 실행부를 감싸는 메인 루프에 전역 예외 핸들러를 갖고 있다. 같은 목적을 달성하는 다른 방법으로는 sys.excepthook에 타입, 에러 값, 트레이스백의 세 가지 인자를 취하는 함수를 설정해 처리되지 않는 에러를 다루게 하는 것이다.

리스트 17.30: sys_excepthook.py

```
import sys

def my_excepthook(type, value, traceback):
    print('Unhandled error:', type, value)

sys.excepthook = my_excepthook

print('Before exception')

raise RuntimeError('This is the error message')

print('After exception')
```

예외가 발생하는 줄 주변에 try:except 블록이 없으므로 excepthook을 설정하더라도 뒤쪽의 print()는 실행되지 않는다.

```
$ python3 sys_excepthook.py

Before exception
Unhandled error: <class 'RuntimeError'> This is the error message
```

17.2.4.2 현재 예외

어떤 경우에는 코드의 명확성과 자신의 excepthook을 설치하려고 하는 여러 라이브러리 간의 충돌을 피하고자 명시적인 예외 처리가 필요하다. 이런 경우에 프로그래머는

exc_info()를 호출해 스레드에서 현재 예외를 가져와 명시적으로 예외 객체를 넘겨줄 필요가 없는 핸들러 함수를 작성할 수 있다.

exc_info()가 반환하는 값은 예외 클래스, 예외 인스턴스, 트레이스백의 세 멤버를 갖는 튜플이다. exc_info()가 스레드 환경에 안전하므로 이전에 사용된 형식인 exc_type, exc_value, exc_traceback보다 exc_info()를 사용하는 것이 좋다.

리스트 17.31: sys_exc_info.py

```
import sys
import threading
import time

def do_something_with_exception():
    exc_type, exc_value = sys.exc_info()[:2]
    print('Handling {} exception with message "{}" in {}'.format( exc_type.__name__,
        exc_value, threading.current_thread().name))

def cause_exception(delay):
    time.sleep(delay)
    raise RuntimeError('This is the error message')

def thread_target(delay):
    try:
        cause_exception(delay)
    except:
        do_something_with_exception()

threads = [
    threading.Thread(target=thread_target, args=(0.3,)),
    threading.Thread(target=thread_target, args=(0.1,)),
]

for t in threads:
    t.start()
for t in threads:
    t.join()
```

이 예제는 exc_info()에서 반환되는 값의 일부를 무시해 현재 프레임에서 트레이스백 객체와 지역 변수 간에 순환 참조가 발생하는 것을 피한다. 로그를 남기려는 등의 이유로 트레이스백이 필요하다면 순환 참조를 피하고자 del 명령을 사용해 명시적으로 지역 변수를 삭제해야 한다.

```
$ python3 sys_exc_info.py

Handling RuntimeError exception with message "This is the error message" in Thread-2
Handling RuntimeError exception with message "This is the error message" in Thread-1
```

17.2.4.3 대화형 인터프리터에서 앞서 발생한 예외

대화형 인터프리터는 상호작용에 단 하나의 스레드만 사용한다. 이 스레드에서 처리되지 않은 예외는 sys의 세 변수인 last_type, last_value, last_traceback에 저장되므로 디버깅할 때 사용할 수 있다. 하지만 pdb 모듈의 사후 디버거를 사용하면 이 변수 값을 직접 사용할 필요가 없다.

```
$ python3

Python 3.4.2 (v3.4.2:ab2c023a9432, Oct 5 2014, 20:42:22)
[GCC 4.2.1 (Apple Inc. build 5666) (dot 3)] on darwin
Type "help", "copyright", "credits" or "license" for more information.
>>> def cause_exception():
... raise RuntimeError('This is the error message')
...
>>> cause_exception()
Traceback (most recent call last):
    File "<stdin>", line 1, in <module>
    File "<stdin>", line 2, in cause_exception
RuntimeError: This is the error message
>>> import pdb
>>> pdb.pm()
> <stdin>(2)cause_exception()
(Pdb) where
  <stdin>(1)<module>()
> <stdin>(2)cause_exception()
(Pdb)
```

17.2.5 저수준 스레드 지원

sys는 스레드 동작을 제어하고 디버깅할 수 있는 저수준 함수를 제공한다.

17.2.5.1 전환 간격

파이썬 3는 개별 스레드가 인터프리터의 상태를 손상시키는 것을 방지하고자 전역 잠금을 사용한다. 설정된 시간 간격에 따라 바이트코드 실행을 잠깐 멈추고 인터프리터는 실행돼야 할 시그널 핸들러가 있는지 확인한다. 이때 전역 인터프리터 락^{GIL, Global Interpreter Lock}은 현재 스레드에 의해 해제된 다음에 다시 획득돼 다른 스레드가 우선순위를 갖게 해준다.

전환 간격^{switch interval}의 기본값은 5밀리초며, sys.getswitchinterval()을 통해 언제든지 현재 설정 값을 알 수 있다. sys.setswitchinterval()로 간격을 변경하면 수행되는 작업의 성격에 따라 애플리케이션 성능에 영향을 미친다.

리스트 17.32: sys_switchinterval.py

```
import sys
import threading
from queue import Queue

def show_thread(q):
    for i in range(5):
        for j in range(1000000):
            pass
        q.put(threading.current_thread().name)
    return

def run_threads():
    interval = sys.getswitchinterval()
```

```
        print('interval = {:0.3f}'.format(interval))
        q = Queue()
        threads = [
            threading.Thread(target=show_thread, name='T{}'.format(i), args=(q,))
            for i in range(3)
        ]
        for t in threads:
            t.setDaemon(True)
            t.start()
        for t in threads:
            t.join()
        while not q.empty():
            print(q.get(), end=' ')
        print()
        return

for interval in [0.001, 0.1]:
    sys.setswitchinterval(interval)
    run_threads()
    print()
```

전환 간격이 스레드가 완료되는 데 걸리는 시간보다 작으면 인터프리터는 다른 스레드에 제어를 넘겨줘 잠시 실행될 수 있게 한다. 이런 동작은 다음 출력에서 전환 간격이 1밀리초로 설정돼 있을 때 나타나는 결과를 보면 알 수 있다.

전환 간격이 긴 경우 활성화된 스레드는 제어를 잃기 전에 더 많은 작업을 완료할 수 있다. 이 경우는 다음 출력에서 두 번째 예와 같이 간격이 100밀리초일 때 나타나는 결과를 통해 알 수 있다.

```
$ python3 sys_switchinterval.py

interval = 0.001
T0 T1 T2 T1 T0 T2 T0 T1 T2 T1 T0 T2 T1 T0 T2

interval = 0.100
T0 T0 T0 T0 T0 T1 T1 T1 T1 T1 T2 T2 T2 T2 T2
```

전환 간격 외에도 파이썬 스레드의 전환을 제어할 수 있는 많은 요인이 있다. 예를 들어

한 스레드가 I/O를 수행하면 GIL을 해제하므로 다른 스레드가 실행될 수 있는 기회를 갖는다.

17.2.5.2 디버깅

데드락^{deadlock}을 식별하는 것은 스레드 작업에서 가장 어려운 것 중 하나다. sys._current_frames()는 정확히 스레드가 멈춘 곳을 보여주므로 도움이 된다.

리스트 17.33: sys_current_frames.py

```python
1  import sys
2  import threading
3  import time
4
5  io_lock = threading.Lock()
6  blocker = threading.Lock()
7
8
9  def block(i):
10     t = threading.current_thread()
11     with io_lock:
12         print('{} with ident {} going to sleep'.format(
13             t.name, t.ident))
14     if i:
15         blocker.acquire() # 획득했지만 릴리스되지 않음
16         time.sleep(0.2)
17     with io_lock:
18         print(t.name, 'finishing')
19     return
20
21 # 여러 개의 "block" 스레드를 생성하고 시작
22 threads = [
23     threading.Thread(target=block, args=(i,))
24     for i in range(3)
25 ]
26 for t in threads:
27     t.setDaemon(True)
28     t.start()
29
```

```
30  # 식별자를 통해 스레드와 스레드 객체를 매핑
31  threads_by_ident = dict((t.ident, t) for t in threads)
32
33  # 스레드가 어디서 "block" 됐는지 보여준다.
34  time.sleep(0.01)
35  with io_lock:
36      for ident, frame in sys._current_frames().items():
37          t = threads_by_ident.get(ident)
38          if not t:
39              # 메인 스레드
40              continue
41          print('{} stopped in {} at line {} of {}'.format(
42              t.name, frame.f_code.co_name,
43              frame.f_lineno, frame.f_code.co_filename))
```

sys._current_frames()에 의해 반환되는 딕셔너리는 스레드 이름이 아니라 스레드 식별자다. 이 식별자를 스레드 객체와 다시 매핑하려면 약간의 작업이 필요하다.

Thread-1은 잠들어 있지 않으므로 상태가 확인되기 전에 종료된다. 이 스레드는 더 이상 활성 상태가 아니므로 출력에 나타나지 않는다. Thread-2는 blocker의 락을 얻어 잠깐 동안 잠든다. 그동안에 Thread-3가 blocker를 얻으려고 하지만 Thread-2가 아직 갖고 있으므로 얻지 못한다.

```
$ python3 sys_current_frames.py

Thread-1    with ident 123145307557888 going to sleep
Thread-1    finishing
Thread-2    with ident 123145307557888 going to sleep
Thread-3    with ident 123145312813056 going to sleep
Thread-3    stopped in block at line 18 of sys_current_frames.py
Thread-2    stopped in block at line 19 of sys_current_frames.py
```

팁 - 참고 자료

- threading: threading 모듈은 파이썬 스레드 생성용 클래스를 제공한다.
- Queue: Queue 모듈은 선입선출(FIFO) 자료 구조에 대한 스레드 안정성을 제공한다.
- Reworking the GIL(https://mail.python.org/pipermail/python-dev/2009-October/093321.html): python-dev 메일 리스트 중 전환 간격을 변경하는 GIL 구현에 대해 설명하는 안톤 피츠로(Antoine Pitrou)의 이메일

17.2.6 모듈과 임포트

대부분의 파이썬 프로그램은 메인 애플리케이션에 여러 개의 모듈을 임포트해 조합하는 것으로 끝난다. 표준 라이브러리 기능을 사용하거나 사용자 정의 코드를 유지 관리하기 쉽게 별도의 파일로 구성하거나 할 때 프로그램에 대한 종속성을 이해하고 관리하는 것은 개발의 매우 중요한 측면이다. sys는 내장돼 있거나 임포트 후에 애플리케이션에서 사용할 수 있는 모듈의 정보를 제공한다. 또한 특별한 경우 표준 임포트 동작을 오버라이드하는 훅도 정의한다.

17.2.6.1 임포트된 모듈

sys.modules는 임포트된 모듈의 이름을 해당 코드를 가진 모듈 객체와 매핑하는 딕셔너리다.

리스트 17.34: sys_modules.py

```
import sys
import textwrap

names = sorted(sys.modules.keys())
name_text = ', '.join(names)

print(textwrap.fill(name_text, width=64))
```

새 모듈이 임포트되면 sys.modules의 내용도 바뀐다.

```
$ python3 sys_modules.py

__main__, _bootlocale, _codecs, _collections_abc, _frozen_importlib,
_frozen_importlib_external, _imp, _io, _locale, _signal, _sre, _stat, _thread, _warnings,
_weakref, _weakrefset, abc, builtins, codecs, copyreg, encodings, encodings.aliases,
encodings.latin_1, encodings.utf_8, errno, genericpath, io, marshal, os, os.path, posix,
posixpath, re, site, sre_compile, sre_constants, sre_parse, stat, sys, textwrap, zipimport
```

17.2.6.2 내장 모듈

파이썬 인터프리터는 일부 C 모듈을 포함시켜 컴파일할 수 있으므로 별도의 공유 라이브러리로 배포할 필요가 없다. 이 모듈은 실제로 임포트한 것이 아니므로 sys.modules에서 임포트한 모듈 목록에 나타나지 않는다. 내장 모듈을 찾는 유일한 방법은 sys.builtin_module_names를 사용하는 것이다.

리스트 17.35: sys_builtins.py

```
import sys
import textwrap

name_text = ', '.join(sorted(sys.builtin_module_names))

print(textwrap.fill(name_text, width=64))
```

이 스크립트의 출력은 환경에 따라 다르며, 특히 인터프리터가 사용자 정의 버전으로 실행되는 경우에는 더욱 그렇다. 다음 출력은 OS X용 python.org의 표준 인스톨러를 통해 설치된 인터프리터에서 생성된 것이다.

```
$ python3 sys_builtins.py

_ast, _codecs, _collections, _functools, _imp, _io, _locale, _operator, _signal, _sre, _stat,
_string, _symtable, _thread, _tracemalloc, _warnings, _weakref, atexit, builtins, errno,
faulthandler, gc, itertools, marshal, posix, pwd, sys, time, xxsubtype, zipimport
```

> **팁 – 참고 자료**
>
> ■ Build Instructions(https://hg.python.org/cpython/file/tip/README): 소스와 함께 배포된 README 파일에 있는 파이썬 빌드 지침서

17.2.6.3 임포트 경로

모듈 검색 경로는 sys.path에 저장된 파이썬 리스트에 의해 관리된다. 여기에는 애플리케이션을 시작하는 데 사용되는 디렉터리와 현재 작업 디렉터리가 포함된다.

```
import sys

for d in sys.path:
    print(d)
```

검색 경로의 첫 번째 디렉터리는 예제 스크립트의 홈이다. 그다음에는 C로 작성된 컴파일된 확장 모듈이 설치된 플랫폼 종속적인 일련의 경로가 나온다. 전역 **site-packages** 디렉터리는 마지막에 나온다.

```
$ python3 sys_path_show.py

/Users/dhellmann/Documents/PyMOTW/pymotw-3/source/sys
.../python35.zip
.../lib/python3.5
.../lib/python3.5/plat-darwin
.../python3.5/lib-dynload
.../lib/python3.5/site-packages
```

임포트 경로 리스트는 인터프리터가 시작되기 전에 셸 변수인 **PYTHONPATH**에 콜론(:)으로 구분된 디렉터리 목록을 설정해 수정할 수 있다.

```
$ PYTHONPATH=/my/private/site-packages:/my/shared/site-packages \
> python3 sys_path_show.py

/Users/dhellmann/Documents/PyMOTW/pymotw-3/source/sys
/my/private/site-packages
/my/shared/site-packages
.../python35.zip
.../lib/python3.5
.../lib/python3.5/plat-darwin
.../python3.5/lib-dynload
.../lib/python3.5/site-packages
```

프로그램도 **sys.path**에 직접 요소를 추가하는 방식으로 경로를 수정할 수 있다.

```python
import imp
import os
import sys

base_dir = os.path.dirname(__file__) or '.'
print('Base directory:', base_dir)

# package_dir_a 디렉터리를 경로의 앞에 추가한다.
package_dir_a = os.path.join(base_dir, 'package_dir_a')
sys.path.insert(0, package_dir_a)

# example 모듈을 추가한다.
import example
print('Imported example from:', example.__file__)
print(' ', example.DATA)

# 검색 경로의 첫 번째 디렉터리에 package_dir_b 디렉터리를 만든다.
package_dir_b = os.path.join(base_dir, 'package_dir_b')
sys.path.insert(0, package_dir_b)

# 다른 버전을 얻고자 모듈을 다시 로드한다.
imp.reload(example)
print('Reloaded example from:', example.__file__)
print(' ', example.DATA)
```

임포트된 모듈을 다시 로드하면 파일을 다시 임포트하고 동일한 모듈 객체를 사용해 결과를 저장한다. 최초 임포트와 reload()를 통한 경로 변경은 두 번째 임포트에서 다른 모듈이 로드될 수 있음을 의미한다.

```
$ python3 sys_path_modify.py

Base directory: .
Imported example from: ./package_dir_a/example.py
    This is example A
Reloaded example from: ./package_dir_b/example.py
    This is example B
```

17.2.6.4 커스텀 임포터

검색 경로 수정은 프로그래머가 표준 파이썬 모듈을 찾는 방법을 제어할 수 있게 해준다. 하지만 프로그램이 파일 시스템에서 일반적인 .py나 .pyc 파일이 아닌 다른 파일에서 코드를 임포트해야 한다면 어떨까? PEP 302(www.python.org/dev/peps/pep-0302)는 검색 경로에서 모듈을 찾아보고, 다른 곳에서 코드를 로드할 대안을 찾는 임포트 훅 import hooks을 통해 이 문제를 해결한다.

커스텀 임포터custom importer는 두 단계로 구현된다. 파인더finder는 모듈의 위치를 찾고 실제 임포트를 관리하는 로더loader를 제공한다. sys.path_hooks 리스트에 팩토리factory를 추가해 커스텀 모듈 파인더를 추가한다. 임포트할 때 각 경로는 ImportError를 발생시키지 않고 지원을 요청할 때까지 파인더에 주어진다. 그러면 이 파인더는 이름 붙은 모듈의 경로를 나타내는 데이터 저장소를 검색한다.

리스트 17.38: sys_path_hooks_noisy.py

```python
import sys

class NoisyImportFinder:

    PATH_TRIGGER = 'NoisyImportFinder_PATH_TRIGGER'

    def __init__(self, path_entry):
        print('Checking {}:'.format(path_entry), end=' ')
        if path_entry != self.PATH_TRIGGER:
            print('wrong finder')
            raise ImportError()
        else:
            print('works')
        return

    def find_module(self, fullname, path=None):
        print('Looking for {!r}'.format(fullname))
        return None

sys.path_hooks.append(NoisyImportFinder)

for hook in sys.path_hooks:
    print('Path hook: {}'.format(hook))

sys.path.insert(0, NoisyImportFinder.PATH_TRIGGER)
```

```
try:
    print('importing target_module')
    import target_module
except Exception as e:
    print('Import failed:', e)
```

이 예제는 파인더가 어떻게 인스턴스화되고 질의되는지 보여준다. NoisyImportFinder
는 특정한 트리거 값과 매치되지 않는 경로로 인스턴스화되면서 파일 시스템에 실제
경로가 없으면 ImportError를 발생시킨다. 이 테스트는 NoisyImportFinder가 실제 모
듈의 임포트를 중단시키는 것을 방지한다.

```
$ python3 sys_path_hooks_noisy.py

Path hook: <class 'zipimport.zipimporter'>
Path hook: <function FileFinder.path_hook.<locals>.path_hook_for_FileFinder at 0x100734950>
Path hook: <class '__main__.NoisyImportFinder'>
importing target_module
Checking NoisyImportFinder PATH_TRIGGER: works
Looking for 'target_module'
Import failed: No module named 'target_module'
```

17.2.6.5 셸브에서 임포트

파인더는 모듈을 찾을 때 해당 모듈을 임포트할 수 있는 로더를 반환해야 한다. 이 예제
는 shelve가 생성한 데이터베이스에 모듈을 저장하는 커스텀 임포터를 보여준다.

우선 스크립트를 사용해 서브모듈과 서브패키지를 갖고 있는 패키지로 셸브[shelve]를 채
운다.

리스트 17.39: sys_shelve_importer_create.py

```
import shelve
import os

filename = '/tmp/pymotw_import_example.shelve'
if os.path.exists(filename + '.db'):
```

```
        os.unlink(filename + '.db')
    with shelve.open(filename) as db:
        db['data:README'] = b"""
==============
package README
==============

This is the README for "package".
"""
        db['package.__init__'] = b"""
print('package imported')
message = 'This message is in package.__init__'
"""
        db['package.module1'] = b"""
print('package.module1 imported')
message = 'This message is in package.module1'
"""
        db['package.subpackage.__init__'] = b"""
print('package.subpackage imported')
message = 'This message is in package.subpackage.__init__'
"""
        db['package.subpackage.module2'] = b"""
print('package.subpackage.module2 imported')
message = 'This message is in package.subpackage.module2'
"""
        db['package.with_error'] = b"""
print('package.with_error being imported')
raise ValueError('raising exception to break import')
"""
        print('Created {} with:'.format(filename))
        for key in sorted(db.keys()):
            print(' ', key)
```

실제 패키징 스크립트는 파일 시스템에서 내용을 읽지만, 간단한 예제를 위해서는 위와 같이 하드코딩된 값으로 충분하다.

```
$ python3 sys_shelve_importer_create.py

Created /tmp/pymotw_import_example.shelve with:
```

```
data:README
package.__init__
package.module1
package.subpackage.__init__
package.subpackage.module2
package.with_error
```

커스텀 임포터는 셸브에서 모듈이나 패키지의 소스를 찾는 방법을 알고 있는 파인더
와 로더 클래스를 제공해야 한다.

리스트 17.40: sys_shelve_importer.py

```python
import imp
import os
import shelve
import sys

def _mk_init_name(fullname):
    """Return the name of the __init__ module
    for a given package name.
    """
    if fullname.endswith('.__init__'):
        return fullname
    return fullname + '.__init__'

def _get_key_name(fullname, db):
    """Look in an open shelf for fullname or
    fullname.__init__, and return the name found.
    """
    if fullname in db:
        return fullname
    init_name = _mk_init_name(fullname)
    if init_name in db:
        return init_name
    return None

class ShelveFinder:
    """Find modules collected in a shelve archive."""

    _maybe_recursing = False
```

```python
    def __init__(self, path_entry):
        # shelve를 로드하면 dbm이 임포트될 때 임포트에 대한 반복 루프가 생성된다.
        # 이미 임포트된 모듈은 다시 로드하지 않아야 한다. 따라서 재귀적으로
        # 보이는 경우 요청을 무시하면 다른 파인더가 사용된다.
        if ShelveFinder._maybe_recursing:
            raise ImportError
        try:
            # path_entry가 유효한 셀브인지 검사한다.
            try:
                ShelveFinder._maybe_recursing = True
                with shelve.open(path_entry, 'r'):
                    pass
            finally:
                ShelveFinder._maybe_recursing = False
        except Exception as e:
            print('shelf could not import from {}: {}'.format(path_entry, e))
            raise
        else:
            print('shelf added to import path:', path_entry)
            self.path_entry = path_entry
        return

    def __str__(self):
        return '<{} for {!r}>'.format(self.__class__.__name__, self.path_entry)

    def find_module(self, fullname, path=None):
        path = path or self.path_entry
        print('\nlooking for {!r}\n in {}'.format(fullname, path))
        with shelve.open(self.path_entry, 'r') as db:
            key_name = _get_key_name(fullname, db)
            if key_name:
                print(' found it as {}'.format(key_name))
                return ShelveLoader(path)
        print(' not found')
        return None

class ShelveLoader:
    """Load source for modules from shelve databases."""

    def __init__(self, path_entry):
        self.path_entry = path_entry
        return
```

```python
def _get_filename(self, fullname):
    # 경로 엔트리로 시작되는 가짜 파일명을 만들어서
    # pkgutil.get_data()가 제대로 동작하게 한다.
    return os.path.join(self.path_entry, fullname)

def get_source(self, fullname):
    print('loading source for {!r} from shelf'.format(fullname))
    try:
        with shelve.open(self.path_entry, 'r') as db:
            key_name = _get_key_name(fullname, db)
            if key_name:
                return db[key_name]
            raise ImportError('could not find source for {}'.format(fullname))
    except Exception as e:
        print('could not load source:', e)
        raise ImportError(str(e))

def get_code(self, fullname):
    source = self.get_source(fullname)
    print('compiling code for {!r}'.format(fullname))
    return compile(source, self._get_filename(fullname), 'exec', dont_inherit=True)

def get_data(self, path):
    print('looking for data\n in {}\n for {!r}'.format(self.path_entry, path))
    if not path.startswith(self.path_entry):
        raise IOError
    path = path[len(self.path_entry) + 1:]
    key_name = 'data:' + path
    try:
        with shelve.open(self.path_entry, 'r') as db:
            return db[key_name]
    except Exception:
        # 모든 에러를 IOError로 변환한다.
        raise IOError()

def is_package(self, fullname):
    init_name = _mk_init_name(fullname)
    with shelve.open(self.path_entry, 'r') as db:
        return init_name in db

def load_module(self, fullname):
    source = self.get_source(fullname)
```

```
    if fullname in sys.modules:
        print('reusing module from import of {!r}'.format(fullname))
        mod = sys.modules[fullname]
    else:
        print('creating a new module object for {!r}'.format(fullname))
        mod = sys.modules.setdefault(fullname, imp.new_module(fullname))

    # PEP 302에서 요구하는 몇 가지 속성을 설정한다.
    mod.__file__ = self._get_filename(fullname)
    mod.__name__ = fullname
    mod.__path__ = self.path_entry
    mod.__loader__ = self
    # PEP 366은 패키지가 __package__로 자신의 이름을 설정하게 하고,
    # 모듈이 그것을 자신의 부모 패키지로 설정하게 한다(존재하는 경우).
    if self.is_package(fullname):
        mod.__package__ = fullname
    else:
        mod.__package__ = '.'.join(fullname.split('.')[:-1])

    if self.is_package(fullname):
        print('adding path for package')
        # 패키지에 대한 __path__를 설정해 서브모듈을 찾을 수 있게 한다.
        mod.__path__ = [self.path_entry]
    else:
        print('imported as regular module')

    print('execing source...')
    exec(source, mod.__dict__)
    print('done')
    return mod
```

이제 ShelveFinder와 ShelveLoader를 사용해 셸브에서 코드를 임포트할 수 있다. 예를 들어 방금 생성된 패키지는 다음의 코드에서 임포트될 수 있다.

리스트 17.41: sys_shelve_importer_package.py

```
import sys
import sys_shelve_importer

def show_module_details(module):
    print(' message    :', module.message)
```

```
    print(' __name__    :', module.__name__)
    print(' __package__ :', module.__package__)
    print(' __file__    :', module.__file__)
    print(' __path__    :', module.__path__)
    print(' __loader__  :', module.__loader__)

filename = '/tmp/pymotw_import_example.shelve'
sys.path_hooks.append(sys_shelve_importer.ShelveFinder)
sys.path.insert(0, filename)

print('Import of "package":')
import package

print()
print('Examine package details:')
show_module_details(package)

print()
print('Global settings:')
print('sys.modules entry:')
print(sys.modules['package'])
```

셸브는 경로가 수정된 후에 처음으로 임포트가 발생할 때 임포트 경로에 추가된다. 파인더는 셸브를 인식하고 해당 셸브에서 일어나는 모든 임포트에 사용되는 로더를 반환한다. 최초의 패키지 레벨 임포트는 새로운 모듈 객체를 생성하고 exec을 사용해 셸브에서 로드된 소스를 실행한다. 새로운 모듈이 네임스페이스로 사용돼 소스에 정의된 이름이 모듈 레벨 속성으로 유지된다.

```
$ python3 sys_shelve_importer_package.py

Import of "package":
shelf added to import path: /tmp/pymotw_import_example.shelve

looking for 'package'
    in /tmp/pymotw_import_example.shelve
    found it as package.__init__
loading source for 'package' from shelf
creating a new module object for 'package'
adding path for package
execing source...
```

```
package imported
done

Examine package details:
    message      : This message is in package.__init__
    __name__     : package
    __package__  : package
    __file__     : /tmp/pymotw_import_example.shelve/package
    __path__     : ['/tmp/pymotw_import_example.shelve']
    __loader__   : <sys_shelve_importer.ShelveLoader object at 0x101467860>

Global settings:
sys.modules entry:
<module 'package' (<sys_shelve_importer.ShelveLoader object at 0x101467860>)>
```

17.2.6.6 커스텀 패키지 임포트

다른 모듈과 서브패키지 로딩도 같은 방식으로 진행된다.

리스트 17.42: sys_shelve_importer_module.py

```python
import sys
import sys_shelve_importer

def show_module_details(module):
    print(' message    :', module.message)
    print(' __name__   :', module.__name__)
    print(' __package__:', module.__package__)
    print(' __file__   :', module.__file__)
    print(' __path__   :', module.__path__)
    print(' __loader__ :', module.__loader__)

filename = '/tmp/pymotw_import_example.shelve'
sys.path_hooks.append(sys_shelve_importer.ShelveFinder)
sys.path.insert(0, filename)

print('Import of "package.module1":')
import package.module1

print()
print('Examine package.module1 details:')
```

```
show_module_details(package.module1)

print()
print('Import of "package.subpackage.module2":')
import package.subpackage.module2

print()
print('Examine package.subpackage.module2 details:')
show_module_details(package.subpackage.module2)
```

파인더는 점(.)이 붙어있는 전체 모듈 이름을 받아 로드하고, 셸브 파일을 가리키는 경로에서 모듈을 로드하고자 구성된 **ShelveLoader**를 반환한다. 검증된 모듈 이름은 로더의 **load_module()** 메서드에 전달되고, 이 메서드는 module 인스턴스를 생성하고 반환한다.

```
$ python3 sys_shelve_importer_module.py

Import of "package.module1":
shelf added to import path: /tmp/pymotw_import_example.shelve

looking for 'package'
    in /tmp/pymotw_import_example.shelve
    found it as package.__init__
loading source for 'package' from shelf
creating a new module object for 'package'
adding path for package
execing source...
package imported
done

looking for 'package.module1'
    in /tmp/pymotw_import_example.shelve
    found it as package.module1
loading source for 'package.module1' from shelf
creating a new module object for 'package.module1'
imported as regular module
execing source...
package.module1 imported
done

Examine package.module1 details:
    message     : This message is in package.module1
```

```
    __name__    : package.module1
    __package__ : package
    __file__    : /tmp/pymotw_import_example.shelve/package.module1
    __path__    : /tmp/pymotw_import_example.shelve
    __loader__  : <sys_shelve_importer.ShelveLoader object at 0x101376e10>

Import of "package.subpackage.module2":

looking for 'package.subpackage'
    in /tmp/pymotw_import_example.shelve
    found it as package.subpackage.__init__
loading source for 'package.subpackage' from shelf
creating a new module object for 'package.subpackage'
adding path for package
execing source...
package.subpackage imported
done

looking for 'package.subpackage.module2'
    in /tmp/pymotw_import_example.shelve
    found it as package.subpackage.module2
loading source for 'package.subpackage.module2' from shelf
creating a new module object for 'package.subpackage.module2'
imported as regular module
execing source...
package.subpackage.module2 imported
done

Examine package.subpackage.module2 details:
    message     : This message is in package.subpackage.module2
    __name__    : package.subpackage.module2
    __package__ : package.subpackage
    __file__    : /tmp/pymotw_import_example.shelve/package.subpackage.module2
    __path__    : /tmp/pymotw_import_example.shelve
    __loader__  : <sys_shelve_importer.ShelveLoader object at 0x1013a6c88>
```

17.2.6.7 커스텀 임포터에서 모듈을 다시 로딩

모듈을 다시 로딩하는 것은 약간 다르게 처리된다. 새로운 모듈 객체를 생성하는 대신
기존 객체를 재사용한다.

리스트 17.43: sys_shelve_importer_reload.py

```
import importlib
import sys
import sys_shelve_importer

filename = '/tmp/pymotw_import_example.shelve'
sys.path_hooks.append(sys_shelve_importer.ShelveFinder)
sys.path.insert(0, filename)

print('First import of "package":')
import package

print()
print('Reloading "package":')
importlib.reload(package)
```

동일한 객체를 재사용하면 클래스나 함수 정의가 수정되더라도 모듈에 대한 기존 참조는 유지된다.

```
$ python3 sys_shelve_importer_reload.py

First import of "package":
shelf added to import path: /tmp/pymotw_import_example.shelve

looking for 'package'
    in /tmp/pymotw_import_example.shelve
    found it as package.__init__
loading source for 'package' from shelf
creating a new module object for 'package'
adding path for package
execing source...
package imported
done

Reloading "package":

looking for 'package'
    in /tmp/pymotw_import_example.shelve
    found it as package.__init__
loading source for 'package' from shelf
reusing module from import of 'package'
```

```
adding path for package
execing source...
package imported
done
```

17.2.6.8 임포트 에러 처리

파인더가 모듈의 위치를 찾지 못하면 메인 임포트 코드가 ImportError를 발생시킨다.

리스트 17.44: sys_shelve_importer_missing.py

```
import sys
import sys_shelve_importer

filename = '/tmp/pymotw_import_example.shelve'
sys.path_hooks.append(sys_shelve_importer.ShelveFinder)
sys.path.insert(0, filename)

try:
    import package.module3
except ImportError as e:
    print('Failed to import:', e)
```

임포트 도중에 발생하는 다른 에러는 뒤쪽으로 전파된다.

```
$ python3 sys_shelve_importer_missing.py

shelf added to import path: /tmp/pymotw_import_example.shelve

looking for 'package'
    in /tmp/pymotw_import_example.shelve
    found it as package.__init__
loading source for 'package' from shelf
creating a new module object for 'package'
adding path for package
execing source...
package imported
done
```

```
looking for 'package.module3'
    in /tmp/pymotw_import_example.shelve
    not found
Failed to import: No module named 'package.module3'
```

17.2.6.9 패키지 데이터

실행 가능한 파이썬 코드를 로딩하는 API를 정의하는 것 외에도 PEP 302는 패키지의
배포용 데이터 파일, 문서, 코드가 아닌 다른 리소스 등 패키지 데이터를 추출하는 API
도 정의한다. get_data()를 구현함으로써 로더는 패키지가 실제로 설치됐는지 고려할
필요 없이, 특히 패키지가 파일 시스템에 파일로 저장돼 있다고 가정할 필요 없이 패키
지 관련 데이터 추출을 지원하는 애플리케이션을 호출할 수 있다.

리스트 17.45: sys_shelve_importer_get_data.py

```python
import sys
import sys_shelve_importer
import os
import pkgutil

filename = '/tmp/pymotw_import_example.shelve'
sys.path_hooks.append(sys_shelve_importer.ShelveFinder)
sys.path.insert(0, filename)

import package

readme_path = os.path.join(package.__path__[0], 'README')

readme = pkgutil.get_data('package', 'README')
# 다음과 동일:
# readme = package.__loader__.get_data(readme_path)
print(readme.decode('utf-8'))

foo_path = os.path.join(package.__path__[0], 'foo')
try:
    foo = pkgutil.get_data('package', 'foo')
    # 다음과 동일:
    # foo = package.__loader__.get_data(foo_path)
except IOError as err:
```

```
    print('ERROR: Could not load "foo"', err)
else:
    print(foo)
```

get_data()는 데이터를 가진 모듈이나 패키지의 경로를 받는다. 그다음에 해당 리소스 '파일'의 내용을 바이트 문자열로 반환하지만, 리소스가 존재하지 않으면 IOError를 반환한다.

```
$ python3 sys_shelve_importer_get_data.py

shelf added to import path: /tmp/pymotw_import_example.shelve

looking for 'package'
    in /tmp/pymotw_import_example.shelve
    found it as package.__init__
loading source for 'package' from shelf
creating a new module object for 'package'
adding path for package
execing source...
package imported
done
looking for data
    in /tmp/pymotw_import_example.shelve
    for '/tmp/pymotw_import_example.shelve/README'

==============
package README
==============

This is the README for "package".

looking for data
    in /tmp/pymotw_import_example.shelve
    for '/tmp/pymotw_import_example.shelve/foo'
ERROR: Could not load "foo"
```

팁 – 참고 자료

- pkgutil: 패키지에서 데이터를 추출하기 위한 get_data()를 갖고 있다.

17.2.6.10 임포터 캐시

모듈을 임포트할 때마다 모든 훅을 다 검색하는 것은 시간 낭비다. 시간을 절약하고자 sys.path_importer_cache에 경로와 로더를 매핑해 모듈을 찾을 때 사용할 수 있다.

리스트 17.46: sys_path_importer_cache.py

```
import os
import sys

prefix = os.path.abspath(sys.prefix)

print('PATH:')
for name in sys.path:
    name = name.replace(prefix, '...')
    print(' ', name)

print()
print('IMPORTERS:')
for name, cache_value in sys.path_importer_cache.items():
    if '..' in name:
        name = os.path.abspath(name)
    name = name.replace(prefix, '...')
    print(' {}: {!r}'.format(name, cache_value))
```

FileFinder는 파일 시스템에서 경로 위치를 식별하는 데 사용된다. 모든 파인더에서 지원되지 않는, 즉 존재하지 않는 경로는 None 값을 가지며 모듈을 임포트하는 데 사용할 수 없다. 다음 출력은 임포트 캐시를 보여주며 포매팅으로 인해 잘려진 부분이 있다.

```
$ python3 sys_path_importer_cache.py

PATH:
    /Users/dhellmann/Documents/PyMOTW/Python3/pymotw-3/source/sys
    .../lib/python35.zip
    .../lib/python3.5
    .../lib/python3.5/plat-darwin
    .../lib/python3.5/lib-dynload
    .../lib/python3.5/site-packages

IMPORTERS:
    sys_path_importer_cache.py: None
```

```
.../lib/python3.5/encodings: FileFinder('.../lib/python3.5/encodings')
.../lib/python3.5/lib-dynload: FileFinder('.../lib/python3.5/lib-dynload')
.../lib/python3.5/lib-dynload: FileFinder('.../lib/python3.5/lib-dynload')
.../lib/python3.5/site-packages: FileFinder('.../lib/python3.5/site-packages')
.../lib/python3.5: FileFinder('.../lib/python3.5/')
.../lib/python3.5/plat-darwin: FileFinder('.../lib/python3.5/plat-darwin')
.../lib/python3.5: FileFinder '.../lib/python3.5')
.../lib/python35.zip: None
.../lib/python3.5/plat-darwin: FileFinder('.../lib/python3.5/plat-darwin')
```

17.2.6.11 메타경로

sys.meta_path는 파인더가 sys.path를 스캔하기 전에 잠재적으로 임포트할 가능성이 있는 소스를 검색하게 한다. 파인더의 메타경로 API는 메타파인더가 sys.path에 국한되지 않아 어디든 검색 가능하다는 점을 제외하면 일반 경로에 대한 API와 동일하다.

리스트 17.47: sys_meta_path.py

```python
import sys
import imp

class NoisyMetaImportFinder:

    def __init__(self, prefix):
        print('Creating NoisyMetaImportFinder for {}'.format(
            prefix))
        self.prefix = prefix
        return

    def find_module(self, fullname, path=None):
        print('looking for {!r} with path {!r}'.format(
            fullname, path))
        name_parts = fullname.split('.')
        if name_parts and name_parts[0] == self.prefix:
            print(' ... found prefix, returning loader')
            return NoisyMetaImportLoader(path)
        else:
            print(' ... not the right prefix, cannot load')
        return None
```

```
class NoisyMetaImportLoader:

    def __init__(self, path_entry):
        self.path_entry = path_entry
        return

    def load_module(self, fullname):
        print('loading {}'.format(fullname))
        if fullname in sys.modules:
            mod = sys.modules[fullname]
        else:
            mod = sys.modules.setdefault(fullname, imp.new_module(fullname))

        # PEP 302에서 요구하는 몇 가지 속성 설정
        mod.__file__ = fullname
        mod.__name__ = fullname
        # 항상 패키지같이 보인다.
        mod.__path__ = ['path-entry-goes-here']
        mod.__loader__ = self
        mod.__package__ = '.'.join(fullname.split('.')[:-1])

        return mod

# 메타경로 파인더 설치
sys.meta_path.append(NoisyMetaImportFinder('foo'))

# 메타경로 파인더가 "찾은" 모듈을 임포트
print()
import foo

print()
import foo.bar

# 발견되지 않은 모듈 임포트
print()
try:
    import bar
except ImportError as e:
    pass
```

각 파인더는 sys.path를 검색하기 전에 메타경로를 조사하므로 명시적으로 sys.path
를 수정하지 않고도 중앙 임포터가 모듈을 로드할 수 있는 기회가 항상 있다. 모듈을
'찾으면' 로더 API는 일반적인 로더와 동일한 방식으로 동작한다. 하지만 이 예제에서

는 단순화를 위해 결과를 잘라냈다.

```
$ python3 sys_meta_path.py

Creating NoisyMetaImportFinder for foo

looking for 'foo' with path None
    ... found prefix, returning loader
loading foo

looking for 'foo.bar' with path ['path-entry-goes-here']
    ... found prefix, returning loader
loading foo.bar

looking for 'bar' with path None
    ... not the right prefix, cannot load
```

> **팁 – 참고 자료**
>
> - importlib: 커스텀 임포터를 생성하는 베이스 클래스와 도구들
> - zipimport: ZIP 아카이브 내의 파이썬 모듈을 임포트
> - 파이썬 Eggs의 내부 구조(http://setuptools.readthedocs.io/en/latest/formats.html?highlight=egg): egg 포맷에 대한 setuptools 문서
> - Wheel(http://wheel.readthedocs.org/en/latest/): 설치 가능한 파이썬 코드의 wheel 아카이브 포맷에 대한 문서
> - PEP 302(www.python.org/dev/peps/pep-0302): 훅 임포트
> - PEP 366(www.python.org/dev/peps/pep-0366): 메인 모듈 명시적 임포트
> - PEP 427(www.python.org/dev/peps/pep-0427): Wheel Binary Package Format 1.0
> - Import this, that, and the other thing: custom importers(http://pyvideo.org/pycon-us-2010/ pycon-2010--import-this--that--and-the-other-thin.html): 브렛 캐논(Brett Cannon)의 PyCon 2010 프레젠테이션

17.2.7 프로그램 실행 중 트레이싱

프로그램의 실행을 지켜보는 데 필요한 코드를 넣는 방법에는 트레이싱^{tracing}과 프로파일링^{profiling} 두 가지가 있다. 이 두 기법은 비슷하지만 목적이 다르므로 다른 제약을 갖고 있다. 프로그램을 모니터링하는 데 가장 쉽지만 가장 비효율적인 방법은 트레이스 훅^{trace hook}을 사용하는 것이며, 디버거를 작성하거나 코드 커버리지를 모니터링하거나

그 외의 여러 목적에 사용할 수 있다.

트레이스 훅은 sys.settrace()에 콜백 함수를 전달해 수정한다. 콜백은 실행 중인 코드의 스택 프레임, 노티피케이션 타입의 문자열 이름, 이벤트 종속적인 인자 값 등 세 개의 인자를 취한다. 표 17.2는 프로그램이 실행 중일 때 발생하는 정보의 7가지 이벤트 타입 목록이다.

표 17.2: settrace()의 이벤트 훅

이벤트	발생 시기	인자 값
call	줄 실행 전	None
line	줄 실행 전	None
return	함수 반환 전	반환되는 값
exception	예외 발생 후	(예외, 값, 트레이스백) 튜플
c_call	C 함수 호출 전	C 함수 객체
c_return	C 함수 반환 전	None
c_exception	C 함수 반환 전	None

17.2.7.1 트레이싱 함수 호출

call 이벤트는 모든 함수 호출 전에 발생한다. 콜백에 전달되는 프레임은 어떤 함수가 어디에서 호출됐는지 결정하고자 사용된다.

리스트 17.48: sys_settrace_call.py

```python
1   #!/usr/bin/env python3
2   # encoding: utf-8
3
4   import sys
5
6
7   def trace_calls(frame, event, arg):
8       if event != 'call':
9           return
10      co = frame.f_code
```

```
11      func_name = co.co_name
12      if func_name == 'write':
13          # print문의 write() 호출을 무시한다.
14          return
15      func_line_no = frame.f_lineno
16      func_filename = co.co_filename
17      caller = frame.f_back
18      caller_line_no = caller.f_lineno
19      caller_filename = caller.f_code.co_filename
20      print('* Call to', func_name)
21      print('*    on line {} of {}'.format(
22          func_line_no, func_filename))
23      print('*    from line {} of {}'.format(
24          caller_line_no, caller_filename))
25      return
26
27
28  def b():
29      print('inside b()\n')
30
31
32  def a():
33      print('inside a()\n')
34      b()
35
36  sys.settrace(trace_calls)
37  a()
```

이 예제는 print 명령이 sys.stdout에 쓰고자 사용하는 write() 호출을 무시한다.

```
$ python3 sys_settrace_call.py

* Call to a
*    on line 32 of sys_settrace_call.py
*    from line 37 of sys_settrace_call.py
inside a()

* Call to b
*    on line 28 of sys_settrace_call.py
*    from line 34 of sys_settrace_call.py
```

```
inside b()
```

17.2.7.2 함수 내부에서의 트레이싱

트레이스 훅은 새로운 범위^{scope}, 즉 로컬 트레이스 함수에서 사용하기 위한 새 훅을 반환할 수 있다. 예를 들어 특정 모듈이나 함수 내에서만 코드 줄별로 트레이싱하는 것이 가능하다.

리스트 17.49: sys_settrace_line.py

```python
1  #!/usr/bin/env python3
2  # encoding: utf-8
3
4  import functools
5  import sys
6
7
8  def trace_lines(frame, event, arg):
9      if event != 'line':
10         return
11     co = frame.f_code
12     func_name = co.co_name
13     line_no = frame.f_lineno
14     print('*    {} line {}'.format(func_name, line_no))
15
16
17 def trace_calls(frame, event, arg, to_be_traced):
18     if event != 'call':
19         return
20     co = frame.f_code
21     func_name = co.co_name
22     if func_name == 'write':
23         # print문의 write() 호출을 무시한다.
24         return
25     line_no = frame.f_lineno
26     filename = co.co_filename
27     print('* Call to {} on line {} of {}'.format(
28         func_name, line_no, filename))
```

```
29          if func_name in to_be_traced:
30              # 이 함수를 추적한다.
31              return trace_lines
32          return
33
34
35  def c(input):
36      print('input =', input)
37      print('Leaving c()')
38
39
40  def b(arg):
41      val = arg * 5
42      c(val)
43      print('Leaving b()')
44
45
46  def a():
47      b(2)
48      print('Leaving a()')
49
50
51  tracer = functools.partial(trace_calls, to_be_traced=['b'])
52  sys.settrace(tracer)
53  a()
```

이 예제에서 추적할 함수의 리스트는 **to_be_traced** 변수에 저장된다. 따라서 **trace_calls()**가 실행될 때 **trace_lines()**를 반환해 b() 내부를 트레이싱할 수 있다.

```
$ python3 sys_settrace_line.py

* Call to a on line 46 of sys_settrace_line.py
* Call to b on line 40 of sys_settrace_line.py
*    b line 41
*    b line 42
* Call to c on line 35 of sys_settrace_line.py
input = 10
Leaving c()
*    b line 43
```

```
Leaving b()
Leaving a()
```

17.2.7.3 스택 감시

훅을 유용하게 사용하는 또 다른 방법은 어떤 함수가 호출되고 있는지 그리고 어떤 값을 반환하고 있는지 감시하는 것이다. 반환되는 값을 모니터링하고자 return 이벤트를 감시한다.

리스트 17.50: sys_settrace_return.py

```python
 1  #!/usr/bin/env python3
 2  # encoding: utf-8
 3
 4  import sys
 5
 6
 7  def trace_calls_and_returns(frame, event, arg):
 8      co = frame.f_code
 9      func_name = co.co_name
10      if func_name == 'write':
11          # print문의 write() 호출을 무시한다.
12          return
13      line_no = frame.f_lineno
14      filename = co.co_filename
15      if event == 'call':
16          print('* Call to {} on line {} of {}'.format(
17              func_name, line_no, filename))
18          return trace_calls_and_returns
19      elif event == 'return':
20          print('* {} => {}'.format(func_name, arg))
21          return
22
23
24  def b():
25      print('inside b()')
26      return 'response_from_b '
27
```

```
28
29  def a():
30      print('inside a()')
31      val = b()
32      return val * 2
33
34
35  sys.settrace(trace_calls_and_returns)
36  a()
```

지역 트레이스 함수가 return 이벤트를 살펴보고자 사용된다. trace_calls_and_returns()는 함수가 호출될 때 자신에 대한 참조를 반환해 함수가 반환하는 값을 모니터링한다.

```
$ python3 sys_settrace_return.py

* Call to a on line 29 of sys_settrace_return.py
inside a()
* Call to b on line 24 of sys_settrace_return.py
inside b()
* b => response_from_b
* a => response_from_b response_from_b
```

17.2.7.4 예외 전파

예외를 모니터링하려면 지역 트레이스 함수에서 exception 이벤트를 살펴보면 된다. 예외가 발생하면 트레이스 혹은 예외 타입, 예외 객체, 트레이스백 객체가 포함된 튜플과 함께 호출된다.

리스트 17.51: sys_settrace_exception.py

```
1  #!/usr/bin/env python3
2  # encoding: utf-8
3
4  import sys
5
```

```
 6
 7  def trace_exceptions(frame, event, arg):
 8      if event != 'exception':
 9          return
10      co = frame.f_code
11      func_name = co.co_name
12      line_no = frame.f_lineno
13      exc_type, exc_value, exc_traceback = arg
14      print(('* Tracing exception:\n'
15             '* {} "{}"\n'
16             '* on line {} of {}\n').format(
17                 exc_type.__name__, exc_value, line_no,
18                 func_name))
19
20
21  def trace_calls(frame, event, arg):
22      if event != 'call':
23          return
24      co = frame.f_code
25      func_name = co.co_name
26      if func_name in TRACE_INTO:
27          return trace_exceptions
28
29
30  def c():
31      raise RuntimeError('generating exception in c()')
32
33
34  def b():
35      c()
36      print('Leaving b()')
37
38
39  def a():
40      b()
41      print('Leaving a()')
42
43
44  TRACE_INTO = ['a', 'b', 'c']
45
```

```
46  sys.settrace(trace_calls)
47  try:
48      a()
49  except Exception as e:
50      print('Exception handler:', e)
```

내부적으로 생성되는 에러 메시지의 일부는 자체적으로 생성되고 무시되므로 지역 함수가 어디에 적용돼야 하는지 제한할 필요가 있다. 모든 예외는 호출자가 예외를 처리하든지 무시하든지에 상관없이 트레이스 훅에서 볼 수 있다.

```
$ python3 sys_settrace_exception.py

* Tracing exception:
* RuntimeError "generating exception in c()"
* on line 31 of c

* Tracing exception:
* RuntimeError "generating exception in c()"
* on line 35 of b

* Tracing exception:
* RuntimeError "generating exception in c()"
* on line 40 of a

Exception handler: generating exception in c()
```

팁 – 참고 자료

- profile: profile 모듈 문서는 이미 만들어져 있는 프로파일러의 사용법을 보여준다.
- trace: trace 모듈에는 다양한 코드 분석 기능이 구현돼 있다.
- Types and members(https://docs.python.org/3/library/inspect.html#types-and-members): 프레임과 코드 객체, 그리고 그들의 속성에 대한 설명
- Tracing Python code(www.dalkescientific.com/writings/diary/archive/2005/04/20/tracing_python_code.html): settrace()의 또 다른 튜토리얼
- Wicked hack: Python bytecode tracing(http://nedbatchelder.com/blog/200804/wicked_hack_python_bytecode_tracing.html): 네드 베첼더(Ned Batchelder)가 소스의 줄보다 더 자세한 수준으로 트레이싱한 실험
- smiley(https://pypi.python.org/pypi/smiley): 파이썬 애플리케이션 트레이스

17.3 os: 운영체제 종속적인 기능의 액세스

os 모듈은 posix, nt, mac과 같은 플랫폼 종속적인 모듈에 대한 래퍼를 제공한다. 모든 플랫폼에서 사용 가능한 함수 API는 동일해야 하므로 os 모듈을 사용해 이식성을 높일 수 있다. 하지만 모든 플랫폼에서 모든 함수의 사용이 가능한 것은 아니다. 특히 여기 설명하는 대부분의 프로세스 관리 함수들은 윈도우에서 사용할 수 없다.

os 모듈에 대한 파이썬 문서의 부제는 '다양한 운영체제 인터페이스'다. 이 모듈은 대부분의 함수가 프로세스나 파일 시스템 항목인 파일과 디렉터리를 생성하고 관리하기 위한 것이며, 다른 기능이 약간 추가돼 있다.

17.3.1 파일 시스템 항목 확인

listdir()을 사용해 파일 시스템에서 디렉터리 내용물의 목록을 볼 수 있다.

리스트 17.52: os_listdir.py

```
import os
import sys

print(os.listdir(sys.argv[1]))
```

반환되는 값은 해당 디렉터리 내에 있는 모든 멤버의 리스트다. 파일, 서브디렉터리, 심볼릭 링크는 서로 구분되지 않는다.

```
$ python3 os_listdir.py .

['index.rst', 'os_access.py', 'os_cwd_example.py', 'os_directories.py',
 'os_environ_example.py', 'os_exec_example.py', 'os_fork_example.py',
```

```
'os_kill_example.py', 'os_listdir.py', 'os_listdir.py~', 'os_process_id_example.py',
'os_process_user_example.py', 'os_rename_replace.py', 'os_rename_replace.py~',
'os_scandir.py', 'os_scandir.py~', 'os_spawn_example.py', 'os_stat.py', 'os_stat_chmod.py',
'os_stat_chmod_example.txt', 'os_strerror.py', 'os_strerror.py~', 'os_symlinks.py',
'os_system_background.py', 'os_system_example.py', 'os_system_shell.py',
'os_wait_example.py', 'os_waitpid_example.py', 'os_walk.py']
```

walk() 함수는 디렉터리를 재귀적으로 탐색한다. 각 서브디렉터리에 따른 디렉터리 경로, 해당 경로에 있는 서브디렉터리, 디렉터리에 있는 모든 파일명 리스트가 포함된 튜플을 생성한다.

리스트 17.53: os_walk.py

```python
import os
import sys

# 리스트에 대해 주어진 경로가 없으면 /tmp를 사용한다.
if len(sys.argv) == 1:
    root = '/tmp'
else:
    root = sys.argv[1]

for dir_name, sub_dirs, files in os.walk(root):
    print(dir_name)
    # /를 이용해 서브디렉터리명을 만든다.
    sub_dirs = [n + '/' for n in sub_dirs]
    # 디렉터리 내부 항목을 모두 합친다.
    contents = sub_dirs + files
    contents.sort()
    # 항목들을 출력한다.
    for c in contents:
        print(' {}'.format(c))
    print()
```

이 예제는 재귀적으로 디렉터리를 탐색한 결과를 보여준다.

```
$ python3 os_walk.py ../zipimport

../zipimport
```

```
    __init__.py
    example_package/
    index.rst
    zipimport_example.zip
    zipimport_find_module.py
    zipimport_get_code.py
    zipimport_get_data.py
    zipimport_get_data_nozip.py
    zipimport_get_data_zip.py
    zipimport_get_source.py
    zipimport_is_package.py
    zipimport_load_module.py
    zipimport_make_example.py
../zipimport/example_package
    README.txt
    __init__.py
```

파일명보다 더 많은 정보가 필요하다면 listdir()보다는 scandir()이 더 효과적이다. 디렉터리를 스캔할 때 하나의 시스템 호출로 더 많은 정보가 수집된다.

리스트 17.54: os_scandir.py

```python
import os
import sys

for entry in os.scandir(sys.argv[1]):
    if entry.is_dir():
        typ = 'dir'
    elif entry.is_file():
        typ = 'file'
    elif entry.is_symlink():
        typ = 'link'
    else:
        typ = 'unknown'
    print('{name} {typ}'.format(name=entry.name, typ=typ, ))
```

scandir()은 디렉터리 내의 각 항목에 대한 DirEntry 인스턴스의 시퀀스를 반환한다. 이 객체는 파일의 메타데이터를 액세스하는 여러 가지 속성과 메서드를 갖고 있다.

```
$ python3 os_scandir.py .

index.rst file
os_access.py file
os_cwd_example.py file
os_directories.py file
os_environ_example.py file
os_exec_example.py file
os_fork_example.py file
os_kill_example.py file
os_listdir.py file
os_listdir.py~ file
os_process_id_example.py file
os_process_user_example.py file
os_rename_replace.py file
os_rename_replace.py~ file
os_scandir.py file
os_scandir.py~ file
os_spawn_example.py file
os_stat.py file
os_stat_chmod.py file
os_stat_chmod_example.txt file
os_strerror.py file
os_strerror.py~ file
os_symlinks.py file
os_system_background.py file
os_system_example.py file
os_system_shell.py file
os_wait_example.py file
os_waitpid_example.py file
os_walk.py file
```

17.3.2 파일 시스템 권한 관리

파일의 자세한 정보는 stat() 또는 lstat()을 사용해 확인할 수 있다. lstat()은 심볼릭 링크일 수 있는지의 상태 확인도 포함한다.

```python
import os
import sys
import time

if len(sys.argv) == 1:
    filename = __file__
else:
    filename = sys.argv[1]

stat_info = os.stat(filename)

print('os.stat({}):'.format(filename))
print(' Size:', stat_info.st_size)
print(' Permissions:', oct(stat_info.st_mode))
print(' Owner:', stat_info.st_uid)
print(' Device:', stat_info.st_dev)
print(' Created      :', time.ctime(stat_info.st_ctime))
print(' Last modified:', time.ctime(stat_info.st_mtime))
print(' Last accessed:', time.ctime(stat_info.st_atime))
```

실행 결과는 예제 코드가 설치된 환경에 따라 매우 다양하다. 이 함수를 테스트할 때 커맨드라인에서 os_stat.py에 다른 파일명을 전달해 결과를 확인해보라.

```
$ python3 os_stat.py

os.stat(os_stat.py):
    Size: 593
    Permissions: 0o100644
    Owner: 527
    Device: 16777218
    Created      : Sat Dec 17 12:09:51 2016
    Last modified: Sat Dec 17 12:09:51 2016
    Last accessed: Sat Dec 31 12:33:19 2016

$ python3 os_stat.py index.rst

os.stat(index.rst):
    Size: 26878
    Permissions: 0o100644
    Owner: 527
```

```
Device: 16777218
Created      : Sat Dec 31 12:33:10 2016
Last modified: Sat Dec 31 12:33:10 2016
Last accessed: Sat Dec 31 12:33:19 2016
```

유닉스 시스템에서 파일 권한은 chmod()에 정수형 값으로 모드를 전달해 변경할 수 있다. 모드 값은 stat 모듈에 정의된 상수들을 이용해 만들 수 있다. 다음 예제는 사용자의 실행 권한을 토글한다.

리스트 17.56: os_stat_chmod.py

```python
import os
import stat

filename = 'os_stat_chmod_example.txt'
if os.path.exists(filename):
    os.unlink(filename)
with open(filename, 'wt') as f:
    f.write('contents')

# stat을 사용해 기존에 설정된 권한 확인
existing_permissions = stat.S_IMODE(os.stat(filename).st_mode)

if not os.access(filename, os.X_OK):
    print('Adding execute permission')
    new_permissions = existing_permissions | stat.S_IXUSR
else:
    print('Removing execute permission')
    # xor를 사용해 사용자의 실행 권한을 제거
    new_permissions = existing_permissions ^ stat.S_IXUSR

os.chmod(filename, new_permissions)
```

이 스크립트는 실행할 때 파일의 모드 수정에 필요한 권한을 갖고 있다고 가정한다.

```
$ python3 os_stat_chmod.py

Adding execute permission
```

access() 함수를 사용해 프로세스가 파일 액세스 권한을 갖고 있는지 테스트한다.

리스트 17.57: os_access.py

```
import os

print('Testing:', __file__)
print('Exists:', os.access(__file__, os.F_OK))
print('Readable:', os.access(__file__, os.R_OK))
print('Writable:', os.access(__file__, os.W_OK))
print('Executable:', os.access(__file__, os.X_OK))
```

실행 결과는 예제 코드가 설치된 환경에 따라 매우 다르지만 다음과 비슷할 것이다.

```
$ python3 os_access.py

Testing: os_access.py
Exists: True
Readable: True
Writable: True
Executable: False
```

access()에 대한 라이브러리 문서는 두 가지 특별한 경고를 한다. 첫 번째는 open()으로 파일을 호출하기 전에 파일을 열 수 있는지 확인하려고 access()를 호출하는 것은 아무런 의미가 없다. 두 호출 사이에는 아주 작지만 실제적인 시간 간격이 있어서 그 사이에 파일의 권한이 바뀔 수도 있기 때문이다. 두 번째는 주로 POSIX 권한을 확장한 네트워크 파일 시스템에 적용된다. 어떤 파일 시스템에서는 POSIX 호출에 대해 프로세스가 파일에 액세스할 권한이 있다고 응답한 다음에 이 POSIX 호출을 통해 테스트되지 않은 어떤 이유로 open()을 사용하려고 할 때 실패를 보고한다. 위 두 경고의 해결책은 필요한 모드로 open()을 호출하고 문제가 있을 경우 발생하는 IOError를 처리하는 것이다.

17.3.3 디렉터리 생성과 삭제

디렉터리를 만들고, 목록을 조회하고, 디렉터리를 삭제하는 함수를 포함해 파이썬에는 파일 시스템에서 디렉터리에 대해 작업할 수 있는 여러 함수가 있다.

```python
import os

dir_name = 'os_directories_example'

print('Creating', dir_name)
os.makedirs(dir_name)

file_name = os.path.join(dir_name, 'example.txt')
print('Creating', file_name)
with open(file_name, 'wt') as f:
    f.write('example file')

print('Cleaning up')
os.unlink(file_name)
os.rmdir(dir_name)
```

디렉터리를 생성하고 삭제하는 함수는 다음과 같다. mkdir()로 새 디렉터리를 만들 때
는 모든 부모 디렉터리가 반드시 존재해야 한다. rmdir()로 디렉터리를 삭제할 때는 실
제로 경로의 마지막 부분인 리프 디렉터리만 삭제된다. 이와는 대조적으로 makedirs()
와 removedirs()는 경로의 모든 노드에 대해 동작한다. makedirs()는 경로에서 존재하
지 않는 모든 부분을 생성하고, removedirs()는 디렉터리가 비어 있으면 부모 디렉터
리까지 모두 삭제한다.

```
$ python3 os_directories.py

Creating os_directories_example
Creating os_directories_example/example.txt
Cleaning up
```

17.3.4 심볼릭 링크

플랫폼과 파일 시스템이 심볼릭 링크symlink를 지원한다면 관련된 함수를 사용할 수 있다.

리스트 17.59: os_symlinks.py

```python
import os
```

```
link_name = '/tmp/' + os.path.basename(__file__)

print('Creating link {} -> {}'.format(link_name, __file__))
os.symlink(__file__, link_name)

stat_info = os.lstat(link_name)
print('Permissions:', oct(stat_info.st_mode))

print('Points to:', os.readlink(link_name))

# 정리
os.unlink(link_name)
```

symlink()를 사용해 심볼릭 링크를 생성하고, readlink()를 통해 링크가 가리키는 원본 파일을 확인한다. lstat() 함수는 stat()과 비슷하지만 심볼릭 링크에도 사용할 수 있다.

```
$ python3 os_symlinks.py

Creating link /tmp/os_symlinks.py -> os_symlinks.py
Permissions: 0o120755
Points to: os_symlinks.py
```

17.3.5 파일을 안전하게 교체

기존 파일을 변경하거나 이름을 바꾸는 것은 멱등성^{idempotent}[1]이 없기 때문에 애플리케이션이 시스템 리소스에 대한 경합 조건^{race condition}에 노출될 수 있다. rename()과 replace() 함수는 가능하면 POSIX 호환 시스템에서 원자적 처리를 통해 이 동작에 대해 안전한 알고리즘을 구현한다.

리스트 17.60: os_rename_replace.py

```
import glob
import os

with open('rename_start.txt', 'w') as f:
    f.write('starting as rename_start.txt')
```

---

1. 멱등성은 어떤 과정을 여러 번 반복 수행해도 결과가 달라지지 않는 성질을 말한다. - 옮긴이

```python
print('Starting:', glob.glob('rename*.txt'))

os.rename('rename_start.txt', 'rename_finish.txt')

print('After rename:', glob.glob('rename*.txt'))

with open('rename_finish.txt', 'r') as f:
    print('Contents:', repr(f.read()))

with open('rename_new_contents.txt', 'w') as f:
    f.write('ending with contents of rename_new_contents.txt')

os.replace('rename_new_contents.txt', 'rename_finish.txt')

with open('rename_finish.txt', 'r') as f:
    print('After replace:', repr(f.read()))

for name in glob.glob('rename*.txt'):
    os.unlink(name)
```

rename()과 replace() 함수는 대부분의 경우 파일 시스템에서 동작한다. 파일이 새 파일 시스템으로 옮겨졌거나 대상 파일이 이미 존재한다면 파일명 변경은 실패할 수 있다.

```
$ python3 os_rename_replace.py

Starting: ['rename_start.txt']
After rename: ['rename_finish.txt']
Contents: 'starting as rename_start.txt'
After replace: 'ending with contents of rename_new_contents.txt'
```

17.3.6 프로세스 소유자 확인 및 변경

os 모듈이 제공하는 함수 중에는 프로세스 소유자의 아이디를 확인하고 변경하는 것도 있다. 이 함수들은 루트root 권한으로 실행하지 못하지만 권한 수준을 변경해야 하는 데몬이나 특정 시스템 프로그램에서 자주 사용된다. 이 절에서는 유닉스 보안, 프로세스 소유자, 기타 프로세스 관련 이슈 모두를 자세하게 설명하지는 않는다. 자세한 사항은 이 절의 끝에 있는 '팁 – 참고 자료'를 살펴보기 바란다.

다음 예제는 프로세스에 대한 실제적인 유효 사용자와 그룹 정보를 보여주고 그 값을 변경한다. 이는 시스템이 부팅되는 동안 데몬이 루트 권한으로 시작되지만 권한 수준을 낮추고 다른 사용자로서 실행되기 위해 해야 하는 작업과 비슷하다.

> **참고**
>
> 예제를 실행하기 전에 TEST_GID와 TEST_UID 값을 시스템에 정의된 실제 사용자로 바꿔야 한다.

리스트 17.61: os_process_user_example.py

```python
import os

TEST_GID = 502
TEST_UID = 502

def show_user_info():
    print('User (actual/effective) : {} / {}'.format(os.getuid(), os.geteuid()))
    print('Group (actual/effective) : {} / {}'.format(os.getgid(), os.getegid()))
    print('Actual Groups :', os.getgroups())

print('BEFORE CHANGE:')
show_user_info()
print()

try:
    os.setegid(TEST_GID)
except OSError:
    print('ERROR: Could not change effective group. Rerun as root.')
else:
    print('CHANGE GROUP:')
    show_user_info()
    print()

try:
    os.seteuid(TEST_UID)
except OSError:
    print('ERROR: Could not change effective user. Rerun as root.')
else:
    print('CHANGE USER:')
    show_user_info()
    print()
```

OS X에서 사용자 아이디 502, 그룹 아이디 502로 실행했을 때 이 코드는 다음과 같은 결과를 출력한다.

```
$ python3 os_process_user_example.py

BEFORE CHANGE:
User (actual/effective)  : 527 / 527
Group (actual/effective) : 501 / 501
Actual Groups : [501, 701, 402, 702, 500, 12, 61, 80, 98, 398, 399, 33, 100, 204, 395]

ERROR: Could not change effective group. Rerun as root.
ERROR: Could not change effective user. Rerun as root.
```

루트 권한으로 실행되지 않았으므로 프로세스는 실제 소유자 값을 변경할 수 없다. 사용자 아이디나 그룹 아이디를 현재 사용자가 아닌 다른 값으로 바꾸려고 하면 OSError 가 발생한다. sudo 명령을 사용해 동일한 스크립트를 실행하면 루트 권한으로 시작되므로 다른 결과가 나온다.

```
$ sudo python3 os_process_user_example.py

BEFORE CHANGE:
User (actual/effective)  : 0 / 0
Group (actual/effective) : 0 / 0
Actual Groups : [0, 1, 2, 3, 4, 5, 8, 9, 12, 20, 29, 61, 80, 702, 33, 98, 100, 204, 395, 398, 399, 701]

CHANGE GROUP:
User (actual/effective)  : 0 / 0
Group (actual/effective) : 0 / 502
Actual Groups : [0, 1, 2, 3, 4, 5, 8, 9, 12, 20, 29, 61, 80, 702, 33, 98, 100, 204, 395, 398, 399, 701]

CHANGE USER:
User (actual/effective)  : 0 / 502
Group (actual/effective) : 0 / 502
Actual Groups : [0, 1, 2, 3, 4, 5, 8, 9, 12, 20, 29, 61, 80, 702, 33, 98, 100, 204, 395, 398, 399, 701]
```

이 경우에는 루트 권한으로 실행됐으므로 스크립트는 프로세스에 대한 사용자와 그룹을 변경할 수 있다. UID가 변경되면 프로세스는 사용자의 권한에 따라 제한된다. 루트가 아닌 사용자는 자신의 그룹을 변경할 수 없으므로 프로그램에서 사용자를 변경하기 전에 그룹을 먼저 변경해야 한다.

17.3.7 프로세스 환경 변수

os 모듈을 통해 프로그램이 운영체제에 접근할 수 있는 또 다른 기능은 환경 변수다. 환경 변수는 os.environ이나 getenv()를 통해 문자열로 볼 수 있다. 환경 변수는 검색 경로, 파일 위치, 디버그 플래그 등과 같은 구성 값에 주로 사용된다. 다음 예제는 환경 변수를 추출하고 자식 프로세스에 넘기는 방법을 보여준다.

리스트 17.62: os_environ_example.py

```
import os

print('Initial value:', os.environ.get('TESTVAR', None))
print('Child process:')
os.system('echo $TESTVAR')

os.environ['TESTVAR'] = 'THIS VALUE WAS CHANGED'

print()
print('Changed value:', os.environ['TESTVAR'])
print('Child process:')
os.system('echo $TESTVAR')

del os.environ['TESTVAR']

print()
print('Removed value:', os.environ.get('TESTVAR', None))
print('Child process:')
os.system('echo $TESTVAR')
```

os.environ 객체는 값을 검색하고 설정하고자 표준 파이썬 매핑 API를 따른다. os.environ의 변경 사항은 자식 프로세스에게 넘겨진다.

```
$ python3 -u os_environ_example.py

Initial value: None
Child process:

Changed value: THIS VALUE WAS CHANGED
Child process:
THIS VALUE WAS CHANGED

Removed value: None
```

```
Child process:
```

17.3.8 프로세스 작업 디렉터리

계층형 파일 시스템을 사용하는 운영체제는 현재 작업 디렉터리 개념을 갖고 있다. 현재 작업 디렉터리는 프로세스가 파일을 상대 경로로 접근할 때 시작 위치로 사용된다. 현재 작업 디렉터리는 getcwd()로 얻을 수 있으며, chdir()로 디렉터리 위치를 변경한다.

리스트 17.63: os_cwd_example.py

```
import os

print('Starting:', os.getcwd())

print('Moving up one:', os.pardir)
os.chdir(os.pardir)

print('After move:', os.getcwd())
```

os.curdir과 os.pardir은 각각 현재 디렉터리와 부모 디렉터리를 확인할 때 사용한다.

```
$ python3 os_cwd_example.py

Starting: .../pymotw-3/source/os
Moving up one: ..
After move: .../pymotw-3/source
```

17.3.9 외부 명령 실행

> **경고**
>
> 대부분의 프로세스 관련 함수는 이식성에 제약이 있다. 플랫폼 독립적인 방식으로 프로세스를 좀 더 일관되게 다루려면 subprocess 모듈을 참고하라.

일체의 상호작용 없이 개별 명령을 실행하는 가장 기본적인 방법은 system() 함수를 사용하는 것이다. 이 함수는 셸이 실행 중인 서브프로세스에 의해 실행될 명령으로서 하나의 문자열 인자를 받는다.

리스트 17.64: os_system_example.py

```
import os

# 간단한 명령
os.system('pwd')
```

system() 함수의 반환값은 프로그램을 실행하는 셸의 종료 값인 16비트 숫자다. 이 숫자의 상위 바이트 값은 종료 상태며, 하위 바이트는 프로세스를 종료시킨 시그널 번호 또는 0이다.

```
$ python3 -u os_system_example.py

.../pymotw-3/source/os
```

명령은 처리를 위해 직접 셸에 전달되므로 환경 변수와 같은 셸 구문이 포함될 수 있다.

리스트 17.65: os_system_shell.py

```
import os

# 셸 구문과 함께 사용한 명령
os.system('echo $TMPDIR')
```

이 문자열 중 환경 변수 $TMPDIR은 셸이 커맨드라인을 실행할 때 확장된다.

```
$ python3 -u os_system_shell.py

/var/folders/5q/8gk0wq888xlggz008k8dr7180000hg/T/
```

명령이 명시적으로 백그라운드에서 실행되는 경우가 아니면 실행이 완전히 끝날 때까지 system()의 호출은 차단된다. 자식 프로세스의 표준 입력, 출력, 에러는 기본적으로 호출자가 소유한 적절한 스트림에 묶이지만 셸 문법을 사용해 이를 리다이렉트할 수 있다.

```
import os
import time

print('Calling...')
os.system('date; (sleep 3; date) &')

print('Sleeping...')
time.sleep(5)
```

이는 편법을 사용한 것이지만 같은 작업을 수행하는 더 좋은 방법도 있다.

```
$ python3 -u os_system_background.py

Calling...
Sat Dec 31 12:33:20 EST 2016
Sleeping...
Sat Dec 31 12:33:23 EST 2016
```

17.3.10 os.fork()로 프로세스 생성

os 모듈을 통해 POSIX 함수인 fork()와 exec()에 접근할 수 있다. 이는 맥OS X, 리눅스, 유닉스 계열에서만 사용할 수 있다. 이 함수를 다룬 책이 많으니 여기에 나온 내용보다 더 자세한 것을 알고 싶다면 도서관이나 서점에서 확인하라.

현재 프로세스를 복제한 새로운 프로세스를 생성할 때는 fork()를 사용한다.

리스트 17.67: os_fork_example.py

```
import os

pid = os.fork()

if pid:
    print('Child process id:', pid)
else:
    print('I am the child')
```

예제를 실행한 시스템에 따라 결과는 다르겠지만 대개 다음과 같이 나올 것이다.

```
$ python3 -u os_fork_example.py

Child process id: 29190
I am the child
```

포크^{fork} 후에는 동일한 코드를 실행하는 두 개의 프로세스가 있게 된다. 프로그램이 부모 프로세스와 자식 프로세스 중 어디에서 실행 중인지 알고 싶다면 fork()의 반환값을 확인해야 한다. 값이 0이면 현재 프로세스는 자식 프로세스다. 0이 아니면 프로그램은 부모 프로세스에서 실행 중이며 반환값은 자식 프로세스의 프로세스 아이디다.

리스트 17.68: os_kill_example.py

```python
import os
import signal
import time

def signal_usr1(signum, frame):
    "Callback invoked when a signal is received"
    pid = os.getpid()
    print('Received USR1 in process {}'.format(pid))

print('Forking...')
child_pid = os.fork()
if child_pid:
    print('PARENT: Pausing before sending signal...')
    time.sleep(1)
    print('PARENT: Signaling {}'.format(child_pid))
    os.kill(child_pid, signal.SIGUSR1)
else:
    print('CHILD: Setting up signal handler')
    signal.signal(signal.SIGUSR1, signal_usr1)
    print('CHILD: Pausing to wait for signal')
    time.sleep(5)
```

부모 프로세스는 kill()과 signal 모듈을 사용해 자식 프로세스에 시그널을 보낼 수 있다. 먼저 시그널을 받았을 때 실행되는 시그널 핸들러를 정의한다. 그다음에 fork()

를 호출하고 부모가 kill()을 사용해 USR1 시그널을 보내기 전에 잠깐 동안 실행을 멈춘다. 예제에서는 이 짧은 휴식을 이용해 자식 프로세스가 시그널 핸들러를 생성할 시간을 준다. 실제 애플리케이션에서는 sleep()을 호출할 필요가 전혀 없다. 자식 프로세스는 시그널 핸들러를 설정하고 부모가 시그널을 보내기 전까지 잠깐 동안 잠든다.

```
$ python3 -u os_kill_example.py

Forking...
PARENT: Pausing before sending signal...
CHILD: Setting up signal handler
CHILD: Pausing to wait for signal
PARENT: Signaling 29193
Received USR1 in process 29193
```

자식 프로세스의 각 동작을 간단하게 처리하는 방법은 fork()의 반환값을 확인하고 분기하는 것이다. 좀 더 복잡한 동작을 처리하려면 단순 분기보다는 별도의 코드 처리가 필요할 수도 있다. 어떤 경우에는 기존 프로그램을 래핑해야 할 수도 있다. 또한 앞의 두 가지 경우에 exec*() 시리즈 함수를 사용해 다른 프로그램을 사용할 수도 있다.

리스트 17.69: os_exec_example.py

```python
import os

child_pid = os.fork()
if child_pid:
    os.waitpid(child_pid, 0)
else:
    os.execlp('pwd', 'pwd', '-P')
```

프로그램이 exec()으로 실행되면 프로그램의 코드가 기존 프로세스의 코드를 치환한다.

```
$ python3 os_exec_example.py

.../pymotw-3/source/os
```

부모 프로세스의 경로와 환경이 자식에게 복사돼야 하는지, 어떤 인자가 사용 가능한지 등에 따라 exec()의 다양한 변형을 적용할 수 있다. exec()의 모든 변형에 대한 첫 번째 인자는 경로나 파일명이며, 나머지 인자는 프로그램 실행을 제어하는 것이다. 이 인자들은 커맨드라인을 통해 전달되거나 environment 프로세스(os.environ과 os.getenv 참고)를 오버라이드한다. 더 자세한 정보는 라이브러리 문서를 참고하라.

17.3.11 자식 프로세스 대기

많은 계산이 필요한 프로그램은 파이썬의 스레드 제약과 전역 인터프리터 락[GIL]을 우회하고자 멀티프로세스를 사용한다. 각 작업을 실행하는 여러 개의 프로세스가 시작되면 마스터는 새로운 프로세스가 실행되기 전에 하나 이상의 프로세스가 종료되기를 기다려 서버에 과부하가 걸리는 것을 피한다. 이를 위해 상황에 따라 wait() 또는 관련 함수를 사용할 수 있다.

어떤 자식 프로세스가 먼저 종료돼야 하는지가 중요하지 않다면 wait()를 사용한다. 어떤 자식 프로세스라도 종료되면 이 함수가 값을 반환한다.

리스트 17.70: os_wait_example.py

```
import os
import sys
import time

for i in range(2):
    print('PARENT {}: Forking {}'.format(os.getpid(), i))
    worker_pid = os.fork()
    if not worker_pid:
        print('WORKER {}: Starting'.format(i))
        time.sleep(2 + i)
        print('WORKER {}: Finishing'.format(i))
        sys.exit(i)

for i in range(2):
    print('PARENT: Waiting for {}'.format(i))
    done = os.wait()
    print('PARENT: Child done:', done)
```

wait()에서 반환되는 값은 프로세스 아이디와 종료 상태를 나타내는 16비트 값이 포함된 튜플이다. 낮은 바이트 값은 프로세스를 종료시킨 시그널의 번호며, 높은 바이트는 프로세스가 종료될 때 반환하는 상태 코드다.

```
$ python3 -u os_wait_example.py

PARENT 29202: Forking 0
PARENT 29202: Forking 1
PARENT: Waiting for 0
WORKER 0: Starting
WORKER 1: Starting
WORKER 0: Finishing
PARENT: Child done: (29203, 0)
PARENT: Waiting for 1
WORKER 1: Finishing
PARENT: Child done: (29204, 256)
```

특정 프로세스를 기다리려면 waitpid() 함수를 사용한다.

리스트 17.71: os_waitpid_example.py

```python
import os
import sys
import time

workers = []

for i in range(2):
    print('PARENT {}: Forking {}'.format(os.getpid(), i))
    worker_pid = os.fork()
    if not worker_pid:
        print('WORKER {}: Starting'.format(i))
        time.sleep(2 + i)
        print('WORKER {}: Finishing'.format(i))
        sys.exit(i)
    workers.append(worker_pid)

for pid in workers:
    print('PARENT: Waiting for {}'.format(pid))
    done = os.waitpid(pid, 0)
    print('PARENT: Child done:', done)
```

타깃 프로세스의 아이디를 전달하면 waitpid()는 해당 프로세스가 종료될 때까지 대기한다.

```
$ python3 -u os_waitpid_example.py

PARENT 29211: Forking 0
PARENT 29211: Forking 1
PARENT: Waiting for 29212
WORKER 0: Starting
WORKER 1: Starting
WORKER 0: Finishing
PARENT: Child done: (29212, 0)
PARENT: Waiting for 29213
WORKER 1: Finishing
PARENT: Child done: (29213, 256)
```

wait3()과 wait4()도 비슷한 방식으로 동작하지만 프로세스 아이디, 종료 상태, 리소스 사용 정보 등 자식 프로세스의 더 자세한 정보를 반환한다.

17.3.12 스폰

spawn() 함수 패밀리는 fork()와 exec()을 한 번에 처리할 수 있어 편리하다.

리스트 17.72: os_spawn_example.py

```
import os

os.spawnlp(os.P_WAIT, 'pwd', 'pwd', '-P')
```

첫 번째 인자는 함수가 값을 반환하기 전에 프로세스가 끝나기를 기다려야 하는지를 나타내는 모드다. 이 예제에서는 기다린다. P_NOWAIT를 사용하면 현재 프로세스가 계속되는 중에도 다른 프로세스를 실행한다.

```
$ python3 os_spawn_example.py

.../pymotw-3/source/os
```

17.3.13 운영체제 에러 코드

운영체제에서 정의되고 errno 모듈에서 관리되는 에러 코드는 strerror()를 사용해 메시지 문자열로 변환할 수 있다.

리스트 17.73: os_strerror.py

```
import errno
import os

for num in [errno.ENOENT, errno.EINTR, errno.EBUSY]:
    name = errno.errorcode[num]
    print('[{num:>2}] {name:<6}: {msg}'.format(name=name, num=num, msg=os.strerror(num)))
```

다음 출력은 자주 만나게 되는 몇 가지 에러 코드와 해당 메시지를 보여준다.

```
$ python3 os_strerror.py

[ 2] ENOENT: No such file or directory
[ 4] EINTR : Interrupted system call
[16] EBUSY : Resource busy
```

팁 – 참고 자료

- os 표준 라이브러리 문서: https://docs.python.org/3.5/library/os.html
- os 모듈에 대한 파이썬 2에서 3로의 포팅 노트
- signal: signal 모듈에 대한 절에서 시그널 처리 기법을 더 자세히 다룬다.
- subprocess: subprocess 모듈은 os.popen()을 대체한다.
- multiprocessing: multiprocessing 모듈로 추가 프로세스들을 쉽게 처리할 수 있다.
- tempfile: 임시 파일 처리를 위한 tempfile 모듈
- '6.7.3 디렉터리 트리 작업' 절: shutil 모듈은 디렉터리 트리 작업용 함수를 제공한다.
- Spcaking UNIX, Part 8(www.ibm.com/developerworks/aix/library/au-speakingunix8/index.html): 유닉스 멀티태스킹
- 표준 스트림(Standard streams): 위키피디아(https://en.wikipedia.org/wiki/Standard_streams). stdin, stdout, stderr에 대해 자세한 내용을 볼 수 있다.
- Delve into Unix Process Creation(www.ibm.com/developerworks/aix/library/au-unixprocess.html): 유닉스 프로세스의 라이프 사이클에 대한 설명
- 유닉스 환경에서의 고급 프로그래밍(Advanced Programming in the UNIX Environment), 리차드 스티븐(Richard Stevens), 스테판 라고(Stephen A. Rago) 공저. Addison-Wesley, 2005. ISBN-10: 0201433079.

이 책은 시그널 처리, 중복된 파일 디스크립터 등과 같은 멀티프로세스 작업에 대해 다룬다.

17.4 platform: 시스템 버전 정보

파이썬은 주로 크로스 플랫폼 언어로 사용되지만 프로그램에서 현재 실행되는 시스템의 종류가 무엇인지 알아내야 할 때가 있다. 빌드 도구가 이런 정보를 필요로 하지만 애플리케이션도 라이브러리나 외부 명령의 인터페이스가 운영체제에 따라 달라지기도 한다. 예를 들어 운영체제의 네트워크 구성을 관리하는 도구는 네트워크 인터페이스, 별명, IP 주소, 그 외의 운영체제 종속적인 정보를 간략하게 표현한다. 하지만 구성 파일을 수정해야 할 때는 정확한 운영체제 구성 명령과 파일을 사용하고자 더 자세한 호스트 정보를 알아야 한다. platform 모듈은 프로그램이 현재 실행 중인 인터프리터, 운영체제, 하드웨어 플랫폼 등을 알 수 있는 도구를 제공한다.

> **참고**
>
> 이 절의 예제 실행 결과는 다음 세 가지 시스템에서 생성된 것이다. 맥 미니(OS X 10.11.6), 델 PC(우분투 리눅스 14.04), VirtualBox VM(윈도우 10). OS X과 윈도우 시스템에 설치된 파이썬은 python.org에서 미리 컴파일된 인스톨러를 사용해 설치한 것이다. 리눅스 시스템은 시스템 패키지에 있는 버전을 실행했다.

17.4.1 인터프리터

파이썬의 현재 인터프리터에 대한 정보를 얻는 함수는 네 가지가 있다. python_version()과 python_version_tuple()은 인터프리터의 메이저, 마이너, 패치 레벨을 서로 다른 형태로 반환한다. python_compiler()는 인터프리터 빌드에 사용된 컴파일러의 정보를 반환한다. python_build()는 인터프리터 빌드의 버전 문자열을 반환한다.

리스트 17.74: platform_python.py

```
import platform

print('Version      :', platform.python_version())
print('Version tuple:', platform.python_version_tuple())
print('Compiler     :', platform.python_compiler())
```

```
print('Build       :', platform.python_build())
```

OS X의 경우에는 다음과 같다.

```
$ python3 platform_python.py

Version      : 3.5.2
Version tuple: ('3', '5', '2')
Compiler     : GCC 4.2.1 (Apple Inc. build 5666) (dot 3)
Build        : ('v3.5.2:4def2a2901a5', 'Jun 26 2016 10:47:25')
```

리눅스의 경우에는 다음과 같다.

```
$ python3 platform_python.py

Version      : 3.5.2
Version tuple: ('3', '5', '2')
Compiler     : GCC 4.8.4
Build        : ('default', 'Jul 17 2016 00:00:00')
```

윈도우의 경우에는 다음과 같다.

```
C:\>Desktop\platform_python.py

Version      : 3.5.1
Version tuple: ('3', '5', '1')
Compiler     : MSC v.1900 64 bit (AMD64)
Build        : ('v3.5.1:37a07cee5969', 'Dec   6 2015 01:54:25')
```

17.4.2 플랫폼

platform() 함수는 범용 플랫폼 식별자를 포함하는 문자열을 반환한다. 이 함수는 두 개의 불리언 인자를 선택적으로 취한다. aliased를 True로 설정하면 반환값의 이름이 공식적인 형태에서 좀 더 일반적인 형식으로 변환된다. terse를 True로 설정하면 전체 문자열에서 일부를 제외한 최소한의 값만 반환한다.

리스트 17.75: platform_platform.py

```
import platform

print('Normal :', platform.platform())
print('Aliased:', platform.platform(aliased=True))
print('Terse  :', platform.platform(terse=True))
```

OS X의 경우에는 다음과 같다.

```
$ python3 platform_platform.py

Normal  : Darwin-15.6.0-x86_64-i386-64bit
Aliased : Darwin-15.6.0-x86_64-i386-64bit
Terse   : Darwin-15.6.0
```

리눅스의 경우에는 다음과 같다.

```
$ python3 platform_platform.py

Normal  : Linux-3.13.0-55-generic-x86_64-with-Ubuntu-14.04-trusty
Aliased : Linux-3.13.0-55-generic-x86_64-with-Ubuntu-14.04-trusty
Terse   : Linux-3.13.0-55-generic-x86_64-with-glibc2.9
```

윈도우의 경우에는 다음과 같다.

```
C:\>platform_platform.py

Normal  : Windows-10-10.0.10240-SP0
Aliased : Windows-10-10.0.10240-SP0
Terse   : Windows-10
```

17.4.3 운영체제와 하드웨어 정보

인터프리터가 실행 중인 운영체제와 하드웨어에 대해 더 자세한 정보도 얻을 수 있다. uname()은 시스템, 노드, 릴리스, 버전, 머신, 프로세스 값을 갖는 튜플을 반환한다. 개별적인 값은 표 17.3에 나열된 함수를 통해 얻을 수 있다.

표 17.3: 플랫폼 정보 관련 함수

함수	반환값
system()	운영체제 이름
node()	서버의 호스트 이름, 완전하게 표시되는 않음
release()	운영체제 릴리스 번호
version()	좀 더 자세한 시스템 버전
machine()	하드웨어 식별자(예, i386 등)
processor()	프로세서에 대한 실제 식별자. 대부분의 경우 machine() 값과 동일

리스트 17.76: platform_os_info.py

```python
import platform

print('uname:', platform.uname())

print()
print('system   :', platform.system())
print('node     :', platform.node())
print('release  :', platform.release())
print('version  :', platform.version())
print('machine  :', platform.machine())
print('processor:', platform.processor())
```

OS X의 경우에는 다음과 같다.

```
$ python3 platform_os_info.py

uname: uname_result(system='Darwin', node='hubert.local', release='15.6.0', version='Darwin
Kernel Version 15.6.0: Thu Jun 23 18:25:34 PDT 2016; root:xnu-3248.60.10~1/RELEASE_X86_64',
machine='x86_64', processor='i386')
```

```
system   : Darwin
node     : hubert.local
release  : 15.6.0
version  : Darwin Kernel Version 15.6.0: Thu Jun 23 18:25:34 PDT 2016;
root:xnu-3248.60.10~1/RELEASE_X86_64
machine  : x86_64
processor: i386
```

리눅스의 경우에는 다음과 같다.

```
$ python3 platform_os_info.py
uname: uname_result(system='Linux', node='apu', release='3.13.0-55-generic',
version='#94-Ubuntu SMP Thu Jun 18 00:27:10 UTC 2015', machine='x86_64', processor='x86_64')

system   : Linux
node     : apu
release  : 3.13.0-55-generic
version  : #94-Ubuntu SMP Thu Jun 18 00:27:10 UTC 2015
machine  : x86_64
processor: x86_64
```

윈도우의 경우에는 다음과 같다.

```
C:\>Desktop\platform_os_info.py
uname: uname_result(system='Windows', node='IE11WIN10', release='10', version='10.0.10240',
machine='AMD64', processor='Intel64 Family 6 Model 70 Stepping 1, GenuineIntel')

system   : Windows
node     : IE11WIN10
release  : 10
version  : 10.0.10240
machine  : AMD64
processor: Intel64 Family 6 Model 70 Stepping 1, GenuineIntel
```

17.4.4 아키텍처

개별 프로그램 아키텍처 정보는 architecture() 함수로 얻을 수 있다. 첫 번째 인자는
실행 가능한 프로그램의 경로며 파이썬 인터프리터의 기본값은 sys.executable이다.
반환값은 비트 아키텍처와 사용된 링크 형식을 갖는 튜플이다.

리스트 17.77: platform_architecture.py

```
import platform

print('interpreter:', platform.architecture())
print('/bin/ls    :', platform.architecture('/bin/ls'))
```

OS X의 경우에는 다음과 같다.

```
$ python3 platform_architecture.py

interpreter : ('64bit', '')
/bin/ls     : ('64bit', '')
```

리눅스의 경우에는 다음과 같다.

```
$ python3 platform_architecture.py

interpreter : ('64bit', 'ELF')
/bin/ls     : ('64bit', 'ELF')
```

윈도우의 경우에는 다음과 같다.

```
C:\>Desktop\platform_architecture.py

interpreter : ('64bit', 'WindowsPE')
/bin/ls     : ('64bit', '')
```

> **팁 – 참고 자료**
>
> - platform 표준 라이브러리 문서: https://docs.python.org/3.5/library/platform.html
> - platform을 위한 파이썬 2에서 3로의 포팅 노트

17.5 resource: 시스템 리소스 관리

resource 모듈의 함수들은 프로세스에 의해 소비되고 있는 현재 시스템 리소스를 조사하고, 프로그램이 시스템에 주는 부하를 제어하고자 시스템 리소스에 제한을 설정할 수 있다.

17.5.1 현재 사용량

getrusage()는 현재 프로세스와 자식 프로세스가 사용하는 리소스를 조사한다. 반환 값은 시스템의 현재 상태에 기반을 둔 여러 가지 리소스 사용량을 포함한 자료 구조다.

> **참고**
>
> 수집된 모든 리소스의 값을 여기에 표시하지 않는다. Resource의 전체 목록은 표준 라이브러리 문서를 참고하라.

리스트 17.78: resource_getrusage.py

```
import resource
import time

RESOURCES = [
    ('ru_utime', 'User time'),
    ('ru_stime', 'System time'),
    ('ru_maxrss', 'Max. Resident Set Size'),
    ('ru_ixrss', 'Shared Memory Size'),
    ('ru_idrss', 'Unshared Memory Size'),
    ('ru_isrss', 'Stack Size'),
    ('ru_inblock', 'Block inputs'),
    ('ru_oublock', 'Block outputs'),
]

usage = resource.getrusage(resource.RUSAGE_SELF)

for name, desc in RESOURCES:
    print('{:<25} ({:<10}) = {}'.format(desc, name, getattr(usage, name)))
```

이 테스트 프로그램은 매우 단순하므로 많은 리소스를 사용하지는 않는다.

```
$ python3 resource_getrusage.py

User time                (ru_utime  ) = 0.021876
System time              (ru_stime  ) = 0.0067269999999999995
Max. Resident Set Size   (ru_maxrss ) = 6479872
Shared Memory Size       (ru_ixrss  ) = 0
Unshared Memory Size     (ru_idrss  ) = 0
Stack Size               (ru_isrss  ) = 0
Block inputs             (ru_inblock) = 0
Block outputs            (ru_oublock) = 0
```

17.5.2 리소스 제한

실제 사용량과 상관없이 애플리케이션에 부과된 리소스의 제한 값을 확인하고 변경할
수 있다.

리스트 17.79: resource_getrlimit.py

```python
import resource

LIMITS = [
    ('RLIMIT_CORE', 'core file size'),
    ('RLIMIT_CPU', 'CPU time'),
    ('RLIMIT_FSIZE', 'file size'),
    ('RLIMIT_DATA', 'heap size'),
    ('RLIMIT_STACK', 'stack size'),
    ('RLIMIT_RSS', 'resident set size'),
    ('RLIMIT_NPROC', 'number of processes'),
    ('RLIMIT_NOFILE', 'number of open files'),
    ('RLIMIT_MEMLOCK', 'lockable memory address'),
]

print('Resource limits (soft/hard):')
for name, desc in LIMITS:
    limit_num = getattr(resource, name)
    soft, hard = resource.getrlimit(limit_num)
    print('{:<23} {}/{}'.format(desc, soft, hard))
```

각 제한에 대한 반환값은 현재 구성에서 부과된 소프트[soft] 제한 값과 운영체제에 의해

부과된 하드^{hard} 제한 값으로 된 튜플이다.

```
$ python3 resource_getrlimit.py

Resource limits (soft/hard):
core file size            0/9223372036854775807
CPU time                  9223372036854775807/9223372036854775807
file size                 9223372036854775807/9223372036854775807
heap size                 9223372036854775807/9223372036854775807
stack size                8388608/67104768
resident set size         9223372036854775807/9223372036854775807
number of processes       709/1064
number of open files      7168/9223372036854775807
lockable memory address   9223372036854775807/9223372036854775807
```

제한 값은 setrlimit()을 사용해 변경할 수 있다.

리스트 17.80: resource_setrlimit_nofile.py

```
import resource
import os

soft, hard = resource.getrlimit(resource.RLIMIT_NOFILE)
print('Soft limit starts as :', soft)

resource.setrlimit(resource.RLIMIT_NOFILE, (4, hard))

soft, hard = resource.getrlimit(resource.RLIMIT_NOFILE)
print('Soft limit changed to :', soft)

random = open('/dev/random', 'r')
print('random has fd =', random.fileno())
try:
    null = open('/dev/null', 'w')
except IOError as err:
    print(err)
else:
    print('null has fd =', null.fileno())
```

이 예제에서는 RLIMIT_NOFILE을 사용해 열 수 있는 파일 수의 소프트 제한 값을 기본값 보다 작게 변경한다.

```
$ python3 resource_setrlimit_nofile.py

Soft limit    starts as  : 7168
Soft limit    changed to : 4
random has    fd = 3
[Errno 24]    Too many open files: '/dev/null'
```

또한 프로세스가 소비할 수 있는 CPU 시간도 너무 많이 사용하지 않도록 제한하는 것이 유용할 수 있다. 프로세스가 할당된 시간보다 더 많은 시간을 소비하면 SIGXCPU 시그널을 받는다.

리스트 17.81: resource_setrlimit_cpu.py

```python
import resource
import sys
import signal
import time

# 시간을 다 소비하면 알림을 받고자 시그널 핸들러를 설정한다.
def time_expired(n, stack):
    print('EXPIRED :', time.ctime())
    raise SystemExit('(time ran out)')

signal.signal(signal.SIGXCPU, time_expired)

# CPU 시간제한 조정
soft, hard = resource.getrlimit(resource.RLIMIT_CPU)
print('Soft limit starts as :', soft)

resource.setrlimit(resource.RLIMIT_CPU, (1, hard))

soft, hard = resource.getrlimit(resource.RLIMIT_CPU)
print('Soft limit changed to :', soft)
print()

# 의미 없는 작업으로 CPU 시간을 소비한다.
print('Starting:', time.ctime())
for i in range(200000):
    for i in range(200000):
        v = i * i

# 여기까지 도달하지 못한다.
print('Exiting :', time.ctime())
```

일반적인 상황에서 시그널 핸들러는 모든 열린 파일을 닫아야 하지만 이 예제에서는 단순하게 메시지를 출력하고 종료한다.

```
$ python3 resource_setrlimit_cpu.py

Soft limit starts as : 9223372036854775807
Soft limit changed to : 1

Starting: Sun Aug 21 19:18:51 2016
EXPIRED : Sun Aug 21 19:18:52 2016
(time ran out)
```

팁 – 참고 자료

- resource 표준 라이브러리 문서: https://docs.python.org/3.5/library/resource.html
- signal: 시그널 핸들러를 등록하는 방법의 자세한 설명

17.6 gc: 가비지 컬렉터

gc는 파이썬의 메모리 관리 메커니즘인 가비지 컬렉터^{garbage collector} 관련 모듈이다. 이 모듈은 컬렉터의 동작을 제어하고, 컬렉션이 유보 중이거나 참조 사이클^{reference cycle}이 발생해 해제할 수 없는 시스템 객체를 조사하는 함수를 제공한다.

17.6.1 참조 추적

gc는 객체들 간에 주고받는 참조를 통해 복잡한 자료 구조에서 사이클을 찾을 수 있다. 자료 구조가 사이클을 갖고 있으면 사용자 정의 코드를 통해 특성을 확인할 수 있다. 사이클이 알려지지 않은 코드 속에 있다면 get_referents()와 get_referrers() 함수를 사용해 디버깅 도구를 만들 수 있다.

예를 들어 get_referents() 함수는 입력 인자에 의해 참조된 객체를 보여준다.

```python
import gc
import pprint

class Graph:

    def __init__(self, name):
        self.name = name
        self.next = None

    def set_next(self, next):
        print('Linking nodes {}.next = {}'.format(self, next))
        self.next = next

    def __repr__(self):
        return '{}({})'.format(self.__class__.__name__, self.name)

# 그래프 사이클 생성
one = Graph('one')
two = Graph('two')
three = Graph('three')
one.set_next(two)
two.set_next(three)
three.set_next(one)

print()
print('three refers to:')
for r in gc.get_referents(three):
    pprint.pprint(r)
```

이 예제에서 Graph 인스턴스인 three는 인스턴스 딕셔너리(__dict__ 속성)와 클래스에 대한 참조를 갖고 있다.

```
$ python3 gc_get_referents.py

Linking nodes Graph(one).next = Graph(two)
Linking nodes Graph(two).next = Graph(three)
Linking nodes Graph(three).next = Graph(one)

three refers to:
{'name': 'three', 'next': Graph(one)}
<class '__main__.Graph'>
```

다음 예제는 사이클을 찾고자 Queue를 사용해 모든 객체 참조에 대해 너비 우선 탐색 breadth-first traversal을 수행한다. 큐에 삽입되는 아이템은 참조 체인과 조사할 다음 객체를 갖고 있는 튜플이다. 조사는 **three**에서 시작되며 참조하는 모든 것을 조사한다. 클래스는 무시하도록 설정해 클래스의 메서드나 모듈은 조사하지 않는다.

리스트 17.83: gc_get_referents_cycles.py

```
import gc
import pprint
import queue

class Graph:

    def __init__(self, name):
        self.name = name
        self.next = None

    def set_next(self, next):
        print('Linking nodes {}.next = {}'.format(self, next))
        self.next = next

    def __repr__(self):
        return '{}({})'.format(self.__class__.__name__, self.name)

# 그래프 사이클 생성
one = Graph('one')
two = Graph('two')
three = Graph('three')
one.set_next(two)
two.set_next(three)
three.set_next(one)

print()

seen = set()
to_process = queue.Queue()

# 빈 객체 체인과 three에서 시작한다.
to_process.put(([], three))

# 사이클을 찾아 큐에서 발견한 각 객체에 객체 체인을
# 만들어 마지막에 전체 사이클을 출력한다.
while not to_process.empty():
    chain, next = to_process.get()
```

```
chain = chain[:]
chain.append(next)
print('Examining:', repr(next))
seen.add(id(next))
for r in gc.get_referents(next):
    if isinstance(r, str) or isinstance(r, type):
        # 문자열과 클래스는 무시
        pass
    elif id(r) in seen:
        print()
        print('Found a cycle to {}:'.format(r))
        for i, link in enumerate(chain):
            print(' {}: '.format(i), end=' ')
            pprint.pprint(link)
    else:
        to_process.put((chain, r))
```

노드에서 사이클은 이미 처리된 객체들을 조사하면 쉽게 찾을 수 있다. 이 객체들에 대한 참조는 수집되지 않으므로 그들의 id() 값은 캐시된다. 사이클에서 발견되는 딕셔너리 객체는 그래프 인스턴스의 __dict__ 값이며 인스턴스 속성을 갖는다.

```
$ python3 gc_get_referents_cycles.py

Linking nodes Graph(one).next = Graph(two)
Linking nodes Graph(two).next = Graph(three)
Linking nodes Graph(three).next = Graph(one)

Examining: Graph(three)
Examining: {'next': Graph(one), 'name': 'three'}
Examining: Graph(one)
Examining: {'next': Graph(two), 'name': 'one'}
Examining: Graph(two)
Examining: {'next': Graph(three), 'name': 'two'}

Found a cycle to Graph(three):
    0: Graph(three)
    1: {'name': 'three', 'next': Graph(one)}
    2: Graph(one)
    3: {'name': 'one', 'next': Graph(two)}
```

```
4: Graph(two)
5: {'name': 'two', 'next': Graph(three)}
```

17.6.2 가비지 컬렉션 강제 실행

가비지 컬렉터는 인터프리터가 프로그램을 실행할 때 자동으로 수행되지만, 많은 객체를 한꺼번에 해제해야만 하거나 작업이 거의 없어 컬렉터가 애플리케이션 성능에 심각한 영향을 주지 않을 때 등 특별한 경우에 실행되도록 할 수 있다. 가비지 컬렉션을 실행하려면 collect()를 사용한다.

리스트 17.84: gc_collect.py

```python
import gc
import pprint

class Graph:

    def __init__(self, name):
        self.name = name
        self.next = None

    def set_next(self, next):
        print('Linking nodes {}.next = {}'.format(self, next))
        self.next = next

    def __repr__(self):
        return '{}({})'.format(self.__class__.__name__, self.name)

# 그래프 사이클 생성
one = Graph('one')
two = Graph('two')
three = Graph('three')
one.set_next(two)
two.set_next(three)
three.set_next(one)

# 이 모듈의 네임스페이스 내에서 그래프 노드에 대한 참조 제거
one = two = three = None

# 가비지 컬렉션의 효과 확인
```

```
for i in range(2):
    print('\nCollecting {} ...'.format(i))
    n = gc.collect()
    print('Unreachable objects:', n)
    print('Remaining Garbage:', end=' ')
    pprint.pprint(gc.garbage)
```

이 예제에서 가비지 컬렉션이 시작되는 순간 자신 외에는 그래프 노드를 참조하는 것이 없으므로 사이클이 사라진다. collect()는 발견된 '닿을 수 없는' 객체 수를 반환한다. 이 경우 값이 6이며, 자신의 인스턴스 속성 딕셔너리를 가진 세 개의 객체를 나타낸다.

```
$ python3 gc_collect.py

Linking nodes Graph(one).next = Graph(two)
Linking nodes Graph(two).next = Graph(three)
Linking nodes Graph(three).next = Graph(one)

Collecting 0 ...
Unreachable objects: 6
Remaining Garbage: []

Collecting 1 ...
Unreachable objects: 0
Remaining Garbage: []
```

17.6.3 수집할 수 없는 객체의 참조 찾기

다른 객체를 참조하고 있는 객체를 찾는 것은 객체가 참조하는 것을 보는 것보다 좀 더 어렵다. 참조에 대해 묻는 코드는 참조 자체만을 갖고 있어야 하므로 일부 참조자는 무시해야 한다. 다음 예제는 그래프 사이클을 생성한 후 Graph 인스턴스를 통해 작업하고 '부모' 노드에서의 참조를 제거한다.

리스트 17.85: gc_get_referrers.py

```
import gc
import pprint
```

```
class Graph:

    def __init__(self, name):
        self.name = name
        self.next = None

    def set_next(self, next):
        print('Linking nodes {}.next = {}'.format(self, next))
        self.next = next

    def __repr__(self):
        return '{}({})'.format(self.__class__.__name__, self.name)

    def __del__(self):
        print('{}.__del__()'.format(self))

# 그래프 사이클 생성
one = Graph('one')
two = Graph('two')
three = Graph('three')
one.set_next(two)
two.set_next(three)
three.set_next(one)

# 수집 실행
print()
print('Collecting...')
n = gc.collect()
print('Unreachable objects:', n)
print('Remaining Garbage:', end=' ')
pprint.pprint(gc.garbage)

# 이 모듈의 지역 변수, 전역 변수, 그리고 가비지 컬렉터에서의 참조를 무시한다.
REFERRERS_TO_IGNORE = [locals(), globals(), gc.garbage]

def find_referring_graphs(obj):
    print('Looking for references to {!r}'.format(obj))
    referrers = (r for r in gc.get_referrers(obj) if r not in REFERRERS_TO_IGNORE)
    for ref in referrers:
        if isinstance(ref, Graph):
            # 그래프 노드
            yield ref
        elif isinstance(ref, dict):
            # 인스턴스나 다른 네임스페이스의 딕셔너리
```

```
            for parent in find_referring_graphs(ref):
                yield parent

# 그래프 내의 객체를 참조하는 객체를 찾는다.
print()
print('Clearing referrers:')
for obj in [one, two, three]:
    for ref in find_referring_graphs(obj):
        print('Found referrer:', ref)
        ref.set_next(None)
        del ref # 노드가 삭제될 수 있게 참조를 제거
    del obj    # 노드가 삭제될 수 있게 참조를 제거

# gc.garbage가 가진 참조를 소거
print()
print('Clearing gc.garbage:')
del gc.garbage[:]

# 이 시점에서 모든 것이 해제돼야 한다.
print()
print('Collecting...')
n = gc.collect()
print('Unreachable objects:', n)
print('Remaining Garbage:', end=' ')
pprint.pprint(gc.garbage)
```

이런 로직은 사이클을 알고 있다면 지나치다고 할 수 있다. 하지만 데이터에서 예상치
못한 사이클을 찾고자 한다면 **get_referrers()**를 사용해 예기치 않은 관계를 노출시
킬 수 있다.

```
$ python3 gc_get_referrers.py

Linking nodes Graph(one).next = Graph(two)
Linking nodes Graph(two).next = Graph(three)
Linking nodes Graph(three).next = Graph(one)

Collecting...
Unreachable objects: 28
Remaining Garbage: []

Clearing referrers:
```

```
Looking for references to Graph(one)
Looking for references to {'next': Graph(one), 'name': 'three'}
Found referrer: Graph(three)
Linking nodes Graph(three).next = None
Looking for references to Graph(two)
Looking for references to {'next': Graph(two), 'name': 'one'}
Found referrer: Graph(one)
Linking nodes Graph(one).next = None
Looking for references to Graph(three)
Looking for references to {'next': Graph(three), 'name': 'two'}
Found referrer: Graph(two)
Linking nodes Graph(two).next = None

Clearing gc.garbage:

Collecting...
Unreachable objects: 0
Remaining Garbage: []
Graph(one).__del__()
Graph(two).__del__()
Graph(three).__del__()
```

17.6.4 컬렉션 임계치와 세대

가비지 컬렉터는 컬렉터에 의해 추적되는 '세대generation'별로 객체의 세 가지 리스트를
관리한다. 객체는 세대별로 조사되며, 그때 수집되거나 그렇지 않으면 영구적으로 유
지되는 단계에 이를 때까지 다음 세대로 나이를 먹는다.

실행 중에 할당되는 객체 수와 해제되는 객체 수 차이에 따라 컬렉터가 실행되는 주기
를 튜닝할 수 있다. 할당 객체 수에서 해제되는 수를 뺀 값이 세대의 임계치보다 크면
가비지 컬렉터가 실행된다. 현재 설정된 임계치는 **get_threshold()**로 알 수 있다.

리스트 17.86: gc_get_threshold.py

```
import gc

print(gc.get_threshold())
```

반환값은 세대별 임계치를 나타내는 튜플이다.

```
$ python3 gc_get_threshold.py

(700, 10, 10)
```

임계치는 **set_threshold()**로 변경할 수 있다. 다음 예제 프로그램은 커맨드라인 인자로 0 세대의 임계치를 설정한 다음에 객체를 할당한다.

리스트 17.87: gc_threshold.py

```python
import gc
import pprint
import sys

try:
    threshold = int(sys.argv[1])
except (IndexError, ValueError, TypeError):
    print('Missing or invalid threshold, using default')
    threshold = 5

class MyObj:

    def __init__(self, name):
        self.name = name
        print('Created', self.name)

gc.set_debug(gc.DEBUG_STATS)

gc.set_threshold(threshold, 1, 1)
print('Thresholds:', gc.get_threshold())

print('Clear the collector by forcing a run')
gc.collect()
print()

print('Creating objects')
objs = []
for i in range(10):
    objs.append(MyObj(i))
print('Exiting')

# 디버깅 비활성화
```

```
gc.set_debug(0)
```

임계치가 다르면 가비지 컬렉션이 실행되는 시기도 달라진다. 디버깅 옵션을 활성화하면 이 값을 볼 수 있다.

```
$ python3 -u gc_threshold.py 5

gc: collecting generation 1...
gc: objects in each generation: 240 1439 4709
gc: done, 0.0013s elapsed
Thresholds: (5, 1, 1)
Clear the collector by forcing a run
gc: collecting generation 2...
gc: objects in each generation: 1 0 6282
gc: done, 0.0025s elapsed

gc: collecting generation 0...
gc: objects in each generation:    5 0 6275
gc: done, 0.0000s elapsed
Creating objects
gc: collecting generation 0...
gc: objects in each generation:    8 0 6275
gc: done, 0.0000s elapsed
Created 0
Created 1
Created 2
gc: collecting generation 1...
gc: objects in each generation:    9 2 6275
gc: done, 0.0000s elapsed
Created 3
Created 4
Created 5
gc: collecting generation 0...
gc: objects in each generation:    9 0 6280
gc: done, 0.0000s elapsed
Created 6
Created 7
Created 8
gc: collecting generation 0...
```

```
gc: objects in each generation:   9 3 6280
gc: done, 0.0000s elapsed
Created 9
Exiting
```

임계치가 작으면 가비지 컬렉션이 더 자주 발생한다.

```
$ python3 -u gc_threshold.py 2

gc: collecting generation 1...
gc: objects in each generation: 240 1439 4709
gc: done, 0.0003s elapsed
Thresholds: (2, 1, 1)
Clear the collector by forcing a run
gc: collecting generation 2...
gc: objects in each generation: 1 0 6282
gc: done, 0.0010s elapsed
gc: collecting generation 0...
gc: objects in each generation: 3 0 6275
gc: done, 0.0000s elapsed

Creating objects
gc: collecting generation 0...
gc: objects in each generation:   6 0 6275
gc: done, 0.0000s elapsed
gc: collecting generation 1...
gc: objects in each generation:   3 4 6275
gc: done, 0.0000s elapsed
Created 0
Created 1
gc: collecting generation 0...
gc: objects in each generation:   4 0 6277
gc: done, 0.0000s elapsed
Created 2
gc: collecting generation 0...
gc: objects in each generation:   8 1 6277
gc: done, 0.0000s elapsed
Created 3
Created 4
gc: collecting generation 1...
```

```
gc: objects in each generation:    4 3 6277
gc: done, 0.0000s elapsed
Created 5
gc: collecting generation 0...
gc: objects in each generation:    8 0 6281
gc: done, 0.0000s elapsed
Created 6
Created 7
gc: collecting generation 0...
gc: objects in each generation: 4 2 6281
gc: done, 0.0000s elapsed
Created 8
gc: collecting generation 1...
gc: objects in each generation: 8 3 6281
gc: done, 0.0000s elapsed
Created 9
Exiting
```

17.6.5 디버깅

메모리 누수를 디버깅하는 것은 매우 어렵다. gc는 이를 좀 더 쉽게 할 수 있도록 내부 작업에 접근할 수 있는 여러 가지 옵션을 제공한다. 옵션은 비트 플래그[bit-flag] 형식이며, 프로그램이 실행되는 동안 set_debug()로 전달돼 가비지 컬렉터 구성을 변경한다. 디버깅 정보는 sys.stderr에 출력된다.

DEBUG_STATS 플래그를 켜면 가비지 컬렉터가 언제 실행됐고, 세대별로 얼마나 많은 객체를 추적하고 있으며, 해제시킬 때 걸린 시간 등의 통계 정보를 알 수 있다.

리스트 17.88: gc_debug_stats.py

```
import gc

gc.set_debug(gc.DEBUG_STATS)

gc.collect()
print('Exiting')
```

다음 출력에서는 컬렉터가 두 번 실행된 것을 볼 수 있다. 한 번은 명시적으로 호출됐을 때며, 두 번째는 인터프리터가 종료될 때다.

```
$ python3 gc_debug_stats.py

gc: collecting generation 2...
gc: objects in each generation: 123 1063 4711
gc: done, 0.0008s elapsed
Exiting
gc: collecting generation 2...
gc: objects in each generation: 1 0 5880
gc: done, 0.0007s elapsed
gc: collecting generation 2...
gc: objects in each generation: 99 0 5688
gc: done, 2114 unreachable, 0 uncollectable, 0.0011s elapsed
gc: collecting generation 2...
gc: objects in each generation: 0 0 3118
gc: done, 292 unreachable, 0 uncollectable, 0.0003s elapsed
```

DEBUG_COLLECTABLE 옵션과 DEBUG_UNCOLLECTABLE 옵션을 활성화하면 각 객체가 수집 될 수 있는 것인지 아닌지 보고한다. 수집될 수 없는 객체만으로 데이터가 어디서 유지 되고 있는지 충분한 정보가 없다면 DEBUG_SAVEALL을 활성화시켜서 참조가 전혀 없어 gc가 수집해 가비지 리스트에 들어있는 모든 객체를 보존하게 할 수 있다.

리스트 17.89: gc_debug_saveall.py

```python
import gc

flags = (gc.DEBUG_COLLECTABLE | gc.DEBUG_UNCOLLECTABLE | gc.DEBUG_SAVEALL )

gc.set_debug(flags)

class Graph:

    def __init__(self, name):
        self.name = name
        self.next = None

    def set_next(self, next):
        self.next = next
```

```python
    def __repr__(self):
        return '{}({})'.format(self.__class__.__name__, self.name)

class CleanupGraph(Graph):

    def __del__(self):
        print('{}.__del__()'.format(self))

# 그래프 사이클 생성
one = Graph('one')
two = Graph('two')
one.set_next(two)
two.set_next(one)

# 혼자 있는 다른 노드 생성
three = CleanupGraph('three')

# finalizer를 갖는 그래프 사이클 생성
four = CleanupGraph('four')
five = CleanupGraph('five')
four.set_next(five)
five.set_next(four)

# 이 모듈의 네임스페이스 내의 그래프 노드에 대한 참조 제거
one = two = three = four = five = None

# 강제로 가비지 컬렉션 실행
print('Collecting')
gc.collect()
print('Done')

# 남아있는 것 확인
for o in gc.garbage:
    if isinstance(o, Graph):
        print('Retained: {} 0x{:x}'.format(o, id(o)))

# 디버그 플래그 재설정
gc.set_debug(0)
```

이 코드는 가비지 수집 후에 객체를 조사하게 했으며, 이는 각 객체가 생성될 때 객체 아이디를 출력하도록 생성자를 변경할 수 없는 경우에 매우 유용하다.

```
$ python3 -u gc_debug_saveall.py
```

```
CleanupGraph(three).__del__()
Collecting
gc: collectable <Graph 0x101be7240>
gc: collectable <Graph 0x101be72e8>
gc: collectable <dict 0x101994108>
gc: collectable <dict 0x101994148>
gc: collectable <CleanupGraph 0x101be73c8>
gc: collectable <CleanupGraph 0x101be7400>
gc: collectable <dict 0x101bee548>
gc: collectable <dict 0x101bee488>
CleanupGraph(four).__del__()
CleanupGraph(five).__del__()
Done
Retained: Graph(one) 0x101be7240
Retained: Graph(two) 0x101be72e8
Retained: CleanupGraph(four) 0x101be73c8
Retained: CleanupGraph(five) 0x101be7400
```

간편하게 사용하고자 DEBUG_LEAK은 다른 모든 옵션을 합친 것이다.

리스트 17.90: gc_debug_leak.py

```python
import gc

flags = gc.DEBUG_LEAK

gc.set_debug(flags)

class Graph:

    def __init__(self, name):
        self.name = name
        self.next = None

    def set_next(self, next):
        self.next = next

    def __repr__(self):
        return '{}({})'.format(self.__class__.__name__, self.name)

class CleanupGraph(Graph):

    def __del__(self):
```

```
        print('{}.__del__()'.format(self))

# 그래프 사이클 생성
one = Graph('one')
two = Graph('two')
one.set_next(two)
two.set_next(one)

# 혼자 있는 다른 노드 생성
three = CleanupGraph('three')

# finalizer를 갖는 그래프 사이클 생성
four = CleanupGraph('four')
five = CleanupGraph('five')
four.set_next(five)
five.set_next(four)

# 이 모듈의 네임스페이스 내의 그래프 노드에 대한 참조 제거
one = two = three = four = five = None

# 강제로 가비지 컬렉션 실행
print('Collecting')
gc.collect()
print('Done')

# 남아있는 것 확인
for o in gc.garbage:
    if isinstance(o, Graph):
        print('Retained: {} 0x{:x}'.format(o, id(o)))

# 디버그 플래그 재설정
gc.set_debug(0)
```

DEBUG_LEAK에 의해 DEBUG_SAVEALL도 활성화되므로 일반적인 경우에는 가비지 컬렉션
으로 수집 및 삭제되는 참조 없는 객체조차 유지되므로 주의해야 한다.

```
$ python3 -u gc_debug_leak.py

CleanupGraph(three).__del__()
Collecting
gc: collectable <Graph 0x1013e7240>
gc: collectable <Graph 0x1013e72e8>
```

```
gc: collectable <dict 0x101194108>
gc: collectable <dict 0x101194148>
gc: collectable <CleanupGraph 0x1013e73c8>
gc: collectable <CleanupGraph 0x1013e7400>
gc: collectable <dict 0x1013ee548>
gc: collectable <dict 0x1013ee488>
CleanupGraph(four).__del__()
CleanupGraph(five).__del__()
Done
Retained: Graph(one) 0x1013e7240
Retained: Graph(two) 0x1013e72e8
Retained: CleanupGraph(four) 0x1013e73c8
Retained: CleanupGraph(five) 0x1013e7400
```

> **팁 – 참고 자료**
>
> - gc 표준 라이브러리 문서: https://docs.python.org/3.5/library/gc.html
> - gc를 위한 파이썬 2에서 3로의 포팅 노트
> - weakref: weakref 모듈은 참조 카운트를 증가시키지 않으면서 객체를 참조하는 방법을 제공해 가비지가
>   수집되게 할 수 있다.
> - Supporting Cyclic Garbage Collection(https://docs.python.org/3/c-api/gcsupport.html): 파이썬의 C
>   API 문서의 배경 자료
> - How does Python manage memory?(http://effbot.org/pyfaq/how-does-python-manage-memory.
>   htm): 파이썬 메모리 관리에 관한 프레드릭 런드(Fredrik Lundh)의 글

17.7 sysconfig: 인터프리터 컴파일 타임 구성

sysconfig의 기능들은 독립적인 모듈을 만들고자 distutils에서 분리된 것이다. 이
모듈은 현재 인터프리터를 컴파일하고 설치하는 데 사용된 구성 환경을 확인하는 함
수를 제공한다.

17.7.1 구성 변수

빌드할 당시의 구성 설정을 확인하는 함수는 get_config_vars()와 get_config_var()

두 가지다. get_config_vars()는 구성 변수명과 값이 매핑된 딕셔너리를 반환한다.

리스트 17.91: sysconfig_get_config_vars.py

```python
import sysconfig

config_values = sysconfig.get_config_vars()
print('Found {} configuration settings'.format(len(config_values.keys())))

print('\nSome highlights:\n')

print(' Installation prefixes:')
print('   prefix={prefix}'.format(**config_values))
print('   exec_prefix={exec_prefix}'.format(**config_values))

print('\n Version info:')
print('   py_version={py_version}'.format(**config_values))
print('   py_version_short={py_version_short}'.format(**config_values))
print('   py_version_nodot={py_version_nodot}'.format(**config_values))

print('\n Base directories:')
print('   base={base}'.format(**config_values))
print('   platbase={platbase}'.format(**config_values))
print('   userbase={userbase}'.format(**config_values))
print('   srcdir={srcdir}'.format(**config_values))

print('\n Compiler and linker flags:')
print('   LDFLAGS={LDFLAGS}'.format(**config_values))
print('   BASECFLAGS={BASECFLAGS}'.format(**config_values))
print('   Py_ENABLE_SHARED={Py_ENABLE_SHARED}'.format(**config_values))
```

sysconfig API로 얻을 수 있는 정보는 프로그램이 실행 중인 플랫폼에 따라 다르다. 리눅스와 OS X 같은 POSIX 시스템에서는 인터프리터를 빌드할 때 사용된 Makefile과 그때 생성된 config.h 헤더 파일을 파싱해 각 파일 내에 있는 모든 변수를 알 수 있다. 윈도우처럼 POSIX가 아닌 시스템에서는 몇 가지 경로, 파일 확장자, 버전 정보 등 제한된 정보만 알 수 있다.

```
$ python3 sysconfig_get_config_vars.py

Found 665 configuration settings
```

```
Some highlights:

  Installation prefixes:
      prefix=/Library/Frameworks/Python.framework/Versions/3.5
      exec_prefix=/Library/Frameworks/Python.framework/Versions/3.5

  Version info:
      py_version=3.5.2
      py_version_short=3.5
      py_version_nodot=35

  Base directories:
      base=/Users/dhellmann/Envs/pymotw35
      platbase=/Users/dhellmann/Envs/pymotw35
      userbase=/Users/dhellmann/Library/Python/3.5
      srcdir=/Library/Frameworks/Python.framework/Versions/3.5/lib/python3.5/config-3.5m

  Compiler and linker flags:
      LDFLAGS=-arch i386 -arch x86_64 -g
      BASECFLAGS=-fno-strict-aliasing -Wsign-compare -fno-common-dynamic
      Py_ENABLE_SHARED=0
```

get_config_vars()에 변수명을 전달하면 해당 변수의 모든 값을 더해 생성된 리스트를 반환한다.

리스트 17.92: sysconfig_get_config_vars_by_name.py

```python
import sysconfig

bases = sysconfig.get_config_vars('base', 'platbase', 'userbase')
print('Base directories:')

for b in bases:
    print(' ', b)
```

이 예제는 현재 시스템에서 모듈을 발견할 수 있는 모든 설치 디렉터리를 리스트로 만든다.

```
$ python3 sysconfig_get_config_vars_by_name.py

Base directories:
```

```
/Users/dhellmann/Envs/pymotw35
/Users/dhellmann/Envs/pymotw35
/Users/dhellmann/Library/Python/3.5
```

하나의 구성 값만 필요한 경우에는 **get_config_var()**를 사용한다.

리스트 17.93: sysconfig_get_config_var.py

```python
import sysconfig

print('User base directory:', sysconfig.get_config_var('userbase'))
print('Unknown variable   :', sysconfig.get_config_var('NoSuchVariable'))
```

변수를 찾을 수 없으면 **get_config_var()**는 예외를 발생시키지 않고 **None** 값을 반환한다.

```
$ python3 sysconfig_get_config_var.py

User base directory: /Users/dhellmann/Library/Python/3.5
Unknown variable   : None
```

17.7.2 설치 경로

sysconfig는 주로 설치 및 패키징 도구에서 사용된다. 결과적으로 인터프리터 버전과 같은 일반적인 구성 설정의 정보도 얻을 수 있지만 시스템에 현재 설치된 파이썬 요소를 찾는 데 더 중점을 둔다. 패키지 설치에 사용되는 위치는 사용한 스킴^{scheme}에 따라 다르다.

스킴은 플랫폼 패키징 표준과 가이드라인을 기반으로 형성되는 플랫폼 종속적인 기본 디렉터리 집합을 말한다. 공개된 위치에 설치된 스킴과 사용자가 개인 디렉터리에 설치한 스킴은 서로 다르다. 모든 스킴은 **get_scheme_names()**를 통해 얻을 수 있다.

리스트 17.94: sysconfig_get_scheme_names.py

```python
import sysconfig

for name in sysconfig.get_scheme_names():
    print(name)
```

'현재 스킴' 자체로는 아무 의미가 없다. 기본 스킴은 플랫폼에 따라 다르고 사용되는 실제 스킴도 설치 프로그램에 주어진 옵션에 따라 다르기 때문이다. 현재 시스템이 POSIX 호환 운영체제에서 실행 중이면 기본값은 **posix_prefix**다. 그 이외의 시스템에서 기본값은 **os.name**에 정의돼 있는 운영체제 이름이다.

```
$ python3 sysconfig_get_scheme_names.py

nt
nt_user
osx_framework_user
posix_home
posix_prefix
posix_user
```

각 스킴은 패키지를 설치할 때 사용한 경로의 집합을 정의한다. 경로 목록은 **get_path_names()**를 사용해 얻을 수 있다.

리스트 17.95: sysconfig_get_path_names.py

```
import sysconfig

for name in sysconfig.get_path_names():
    print(name)
```

일부 경로는 주어진 스킴마다 동일할 수 있지만, 인스톨러는 실제 경로가 무엇인지 어떠한 가정도 해서는 안 된다. 각 이름은 특정한 의미를 가지므로 설치하는 동안 주어진 파일의 경로를 찾으려면 정확한 이름을 사용해야 한다. 표 17.4에서 경로 이름과 의미를 설명했다.

표 17.4: sysconfig에서 사용되는 경로 이름

이름	설명
stdlib	플랫폼 종속적이지 않은 표준 파이썬 라이브러리 파일
platstdlib	플랫폼 종속적인 표준 파이썬 라이브러리 파일
platlib	사이트 종속적이고 플랫폼 종속적인 파일

(이어짐)

이름	설명
purelib	사이트 종속적이나 플랫폼 종속적이지 않은 파일
include	플랫폼 종속적이지 않은 헤더 파일
platinclude	플랫폼 종속적인 헤더 파일
scripts	실행 가능한 스크립트 파일
data	데이터 파일

```
$ python3 sysconfig_get_path_names.py

stdlib
platstdlib
purelib
platlib
include
scripts
data
```

get_paths()를 사용해 스킴과 관련된 실제 디렉터리를 추출할 수 있다.

리스트 17.96: sysconfig_get_paths.py

```python
import sysconfig
import pprint
import os

for scheme in ['posix_prefix', 'posix_user']:
    print(scheme)
    print('=' * len(scheme))
    paths = sysconfig.get_paths(scheme=scheme)
    prefix = os.path.commonprefix(paths.values())
    print('prefix = {}\n'.format(prefix))
    for name, path in sorted(paths.items()):
        print('{}\n .{}'.format(name, path[len(prefix):]))
    print()
```

이 예제는 맥OS X에서 빌드된 프레임워크의 **posix_prefix**에 사용된 시스템 경로와 사용자 종속적인 값인 **posix_user** 사이의 차이를 보여준다.

```
$ python3 sysconfig_get_paths.py

posix_prefix
============
prefix = /Users/dhellmann/Envs/pymotw35

data
    .
include
    ./include/python3.5m
platinclude
    ./include/python3.5m
platlib
    ./lib/python3.5/site-packages
platstdlib
    ./lib/python3.5
purelib
    ./lib/python3.5/site-packages
scripts
    ./bin
stdlib
    ./lib/python3.5

posix_user
==========
prefix = /Users/dhellmann/Library/Python/3.5

data
    .
include
    ./include/python3.5
platlib
    ./lib/python3.5/site-packages
platstdlib
    ./lib/python3.5
purelib
    ./lib/python3.5/site-packages
scripts
    ./bin
```

```
stdlib
    ./lib/python3.5
```

get_path()는 개별적인 경로를 보여준다.

리스트 17.97: sysconfig_get_path.py

```
import sysconfig
import pprint

for scheme in ['posix_prefix', 'posix_user']:
    print(scheme)
    print('=' * len(scheme))
    print('purelib =', sysconfig.get_path(name='purelib', scheme=scheme))
    print()
```

get_path()를 사용하는 것은 get_paths()의 값을 저장하고 딕셔너리에서 개별 키를 검색하는 것과 같다. 여러 개의 경로가 필요한 경우 get_paths()는 모든 경로를 매번 다시 계산하지 않으므로 더 효율적이다.

```
$ python3 sysconfig_get_path.py

posix_prefix
============
purelib = /Users/dhellmann/Envs/pymotw35/lib/python3.5/site-packages

posix_user
==========
purelib = /Users/dhellmann/Library/Python/3.5/lib/python3.5/site-packages
```

17.7.3 파이썬 버전과 플랫폼

sys 모듈은 기본 플랫폼 식별(17.2.1.1절 참고) 정보를 포함하기는 하지만, sys.platform 은 하드웨어 아키텍처, 명령 크기, 바이너리 라이브러리의 호환성에 영향을 주는 다른 값들에 대한 충분한 정보를 제공하지 않으므로 바이너리 패키지를 설치하는 데 사용 하기는 어렵다. 플랫폼의 더 정확한 정보를 얻으려면 get_platform()을 사용한다.

리스트 17.98: sysconfig_get_platform.py

```
import sysconfig

print(sysconfig.get_platform())
```

이 예제 출력에 사용한 인터프리터는 맥OS X 10.6에서 컴파일됐으므로 플랫폼 문자열에 버전 번호가 포함된다.

```
$ python3 sysconfig_get_platform.py

macosx-10.6-intel
```

sys.version_info로 얻었던 인터프리터 버전 정보도 sysconfig에서는 get_python_version()을 통해 간편하게 얻을 수 있다.

리스트 17.99: sysconfig_get_python_version.py

```
import sysconfig
import sys

print('sysconfig.get_python_version():', sysconfig.get_python_version())
print('\nsys.version_info:')
print(' major        :', sys.version_info.major)
print(' minor        :', sys.version_info.minor)
print(' micro        :', sys.version_info.micro)
print(' releaselevel :', sys.version_info.releaselevel)
print(' serial       :', sys.version_info.serial)
```

get_python_version()은 버전 종속적인 경로를 만들 때 사용할 수 있는 문자열을 반환한다.

```
$ python3 sysconfig_get_python_version.py

sysconfig.get_python_version(): 3.5

sys.version_info:
    major       : 3
```

```
minor        : 5
micro        : 2
releaselevel : final
serial       : 0
```

팁 – 참고 자료

- sysconfig 표준 라이브러리 문서: https://docs.python.org/3.5/library/sysconfig.html
- distutils: sysconfig는 distutils 패키지의 일부분이었다.
- site: site 모듈은 임포트할 때의 검색 경로에 대한 더 자세한 정보를 준다.
- os: os.name, 현재 운영체제의 이름
- sys: 빌드 시간 정보를 제공한다.

18

언어 도구

17장에서 다룬 개발자 도구와 더불어 파이썬은 내부 기능에 접근할 수 있는 모듈도 제공한다. 18장에서는 애플리케이션 영역과 상관없이 파이썬에서 작업하는 도구들을 다룬다.

warnings 모듈은 치명적이지 않거나 복구 가능한 에러를 보고할 때 사용된다. 경고 warning의 일반적인 예는 표준 라이브러리 기능이 새로운 클래스, 인터페이스나 모듈에 의해 대체된 경우에 발생하는 DeprecationWarning이다. 사용자의 주의가 필요하지만 치명적이지 않은 상황을 보고할 때 warnings 모듈을 사용한다.

다른 사람이 API를 정의했거나 API가 아주 많은 메서드를 사용하는 경우 공통 API를 구성하는 클래스 집합을 정의하는 것은 매우 어려울 수 있다. 이런 문제를 해결하는 일반적인 방법은 공통 베이스 클래스common base class를 상속받아 새로운 클래스를 생성하는 것이지만, 어떤 메서드를 재정의해야 하고 어떤 메서드를 기본으로 사용하도록 남겨둬야 하는지 항상 명확한 것은 아니다. abc 모듈의 추상 베이스 클래스abstract base class는 클래스가 완전히 구현되지 않은 경우에 인스턴스화되지 않도록 클래스에서 반드시 제공돼야 할 메서드를 명시적으로 표시하는 방식으로 API를 형성한다. 예를 들어 파이썬의 컨테이너 타입은 abc나 collections에 정의된 추상 베이스 클래스를 갖고 있는 것이 많다.

dis 모듈은 인터프리터가 프로그램을 실행하는 단계를 이해하고자 바이트코드를 역어셈블disassemble할 때 사용한다. 프로그램의 각 명령문이 인터프리터에 의해 실행되는 세부 작업을 볼 수 있으므로 역어셈블된 코드를 보는 것은 성능이나 병렬 처리 이슈를 디버깅할 때 유용하다.

inspect 모듈은 현재 프로세스의 모든 객체를 살펴볼 수 있는 기능을 제공한다. 여기에는 임포트된 모듈, 클래스와 함수 정의, 그리고 이로부터 인스턴스화된 객체들이 포함된다. 이 기능은 소스코드의 문서를 생성할 때, 런타임 시에 동적으로 동작을 조정할 때, 프로그램의 실행 환경을 검사할 때 사용할 수 있다.

18.1 warnings: 치명적이지 않은 경고

warnings 모듈은 파이썬 3.0으로 옮겨 오면서 언어나 라이브러리 기능의 변화에 의해 호환되지 않는 변경 사항을 프로그래머에게 경고하고자 PEP 230 (www.python.org/dev/peps/pep-0230)에 의해 추가됐다. 또한 이 모듈은 복구 가능한 설정 에러나 라이브러리를 찾을 수 없어 생기는 기능 저하를 보고할 때 사용된다. 경고는 콘솔로 보내면 사라질 수 있으므로 logging 모듈을 통해 사용자 대면 메시지로 전달하는 것이 좋다. 경고는 치명적이지 않으므로 프로그램이 실행되는 동안에 동일한 경고를 여러 번 발생할 수 있다. 그래서 동일한 경고를 반복해서 보게 되는 불편을 줄이고자 warnings 모듈은 동일한 소스에서 같은 메시지가 반복되는 것을 억제한다. 결과 출력은 인터프리터에 커맨드라인 옵션을 사용하거나 warnings 모듈의 함수를 호출해 사례별로 제어할 수 있다.

18.1.1 카테고리와 필터링

경고는 내장된 예외 클래스인 Warning의 서브클래스를 통해 카테고리가 나눠진다. 몇 가지 표준 값은 exceptions 모듈에 대한 온라인 문서에 설명돼 있으며, Warning을 상속받아 사용자 정의 경고를 추가할 수 있다.

경고는 필터 설정에 따라 처리된다. 필터는 동작, 메시지, 카테고리, 모듈, 줄 번호로 구성된다. 필터의 메시지 부분은 경고 텍스트와 매칭시킬 때 사용되는 정규 표현식이다. 카테고리는 예외 클래스의 이름이다. 모듈은 경고를 발생한 모듈 이름과 매칭하는 정규 표현식이다. 줄 번호는 특정한 경고에 대해 처리 방식을 변경할 때 사용된다.

경고가 발생하면 등록된 모든 필터와 비교된다. 첫 번째로 매칭되는 필터가 경고에 대한 동작을 제어한다. 경고와 매칭되는 필터가 없으면 기본 동작이 수행된다. 필터링

메커니즘에 의한 동작의 목록을 표 18.1에서 볼 수 있다.

표 18.1: 경고 필터 동작

동작	의미
error	경고를 예외로 전환한다.
ignore	경고를 무시한다.
always	항상 경고를 발생시킨다.
default	각 위치에서 발생한 첫 번째 경고만 출력한다.
module	각 모듈에서 발생한 첫 번째 경고만 출력한다.
once	첫 번째로 발생한 경고만 출력한다.

18.1.2 경고 생성

경고를 발생시키는 가장 간단한 방법은 warn() 메서드에 경고 메시지를 인자로 넣어 호출하는 것이다.

리스트 18.1: warnings_warn.py

```
import warnings

print('Before the warning')
warnings.warn('This is a warning message')
print('After the warning')
```

프로그램을 실행하면 메시지가 출력된다.

```
$ python3 -u warnings_warn.py

Before the warning
warnings_warn.py:13: UserWarning: This is a warning message
    warnings.warn('This is a warning message')
After the warning
```

경고가 출력됐지만 기본 동작은 경고가 발생한 시점에서 계속해 프로그램의 나머지 부분을 실행하는 것이다. 이 동작은 필터로 변경할 수 있다.

리스트 18.2: warnings_warn_raise.py

```
import warnings

warnings.simplefilter('error', UserWarning)

print('Before the warning')
warnings.warn('This is a warning message')
print('After the warning')
```

이 예제에서 simplefilter() 함수는 UserWarning 경고가 발생되면 warnings 모듈이 경고 대신 예외를 발생하도록 내부 필터 리스트에 error를 추가한다.

```
$ python3 -u warnings_warn_raise.py

Before the warning
Traceback (most recent call last):
    File "warnings_warn_raise.py", line 15, in <module>
        warnings.warn('This is a warning message')
UserWarning: This is a warning message
```

필터 동작은 커맨드라인에서 인터프리터에 -W 옵션을 사용해 제어할 수도 있다. 콜론(:)으로 구분한 문자열로 필터의 다섯 가지 속성인 동작, 메시지, 카테고리, 모듈, 줄 번호를 지정해준다. 예를 들어 UserWarning을 error로 발생하도록 설정한 필터로 warnings_warn.py를 실행하면 예외가 발생된다.

```
$ python3 -u -W "error::UserWarning::0" warnings_warn.py

Before the warning
Traceback (most recent call last):
    File "warnings_warn.py", line 13, in <module>
        warnings.warn('This is a warning message')
UserWarning: This is a warning message
```

메시지와 모듈 부분은 공란으로 남겨졌으므로 모든 것에 매칭된다.

18.1.3 패턴을 통한 필터링

좀 더 복잡한 규칙을 프로그램적으로 필터링하려면 filterwarnings()를 사용한다. 예를 들어 메시지 내용을 기초로 필터링하려면 message 인자로 정규 표현식을 넣는다.

리스트 18.3: warnings_filterwarnings_message.py

```
import warnings

warnings.filterwarnings('ignore', '.*do not.*',)

warnings.warn('Show this message')
warnings.warn('Do not show this message')
```

정규 표현식 패턴은 do not이지만 실제 메시지는 Do not을 사용한다. 정규 표현식은 항상 대소문자를 구별하지 않도록 컴파일되므로 패턴이 매칭된다.

```
$ python3 warnings_filterwarnings_message.py

warnings_filterwarnings_message.py:14: UserWarning: Show this message
    warnings.warn('Show this message')
```

다음 예제 프로그램은 두 개의 경고를 생성한다.

리스트 18.4: warnings_filter.py

```
import warnings

warnings.warn('Show this message')
warnings.warn('Do not show this message')
```

커맨드라인에서 필터 인자를 사용해 경고 중 하나를 무시하게 할 수 있다.

```
$ python3 -W "ignore:do not:UserWarning::0" warnings_filter.py

warnings_filter.py:12: UserWarning: Show this message
    warnings.warn('Show this message')
```

동일한 패턴 매칭 규칙이 경고를 발생하는 호출이 포함된 소스 모듈의 이름에도 적용된다. warnings_filter 모듈의 모든 메시지는 모듈 인자에 모듈 이름을 패턴으로 넘겨 메시지 표시를 제한할 수 있다.

리스트 18.5: warnings_filterwarnings_module.py

```
import warnings

warnings.filterwarnings('ignore', '.*', UserWarning, 'warnings_filter', )

import warnings_filter
```

필터를 설정했으므로 warnings_filter가 임포트될 때 경고를 발생하지 않는다.

```
$ python3 warnings_filterwarnings_module.py
```

warnings_filter의 13번째 줄에 있는 메시지만 표시하지 않으려면 filterwarnings()의 마지막 인자로 줄 번호를 넣어준다. 소스 파일의 실제 줄 번호를 사용해 필터를 제한하거나, 0을 사용해 발생하는 모든 메시지에 필터가 적용되게 한다.

리스트 18.6: warnings_filterwarnings_lineno.py

```
import warnings

warnings.filterwarnings('ignore', '.*', UserWarning, 'warnings_filter', 13, )

import warnings_filter
```

여기서 패턴은 모든 메시지를 나타내므로 여기서 중요한 인자는 모듈명과 줄 번호다.

```
$ python3 warnings_filterwarnings_lineno.py

.../warnings_filter.py:12: UserWarning: Show this message
    warnings.warn('Show this message')
```

18.1.4 반복되는 경고

기본적으로 대부분의 경고는 경고가 발생하는 모듈과 줄 번호의 조합으로 정의된 '위치' 정보와 함께 해당 위치에서 처음 발생했을 때만 출력된다.

리스트 18.7: warnings_repeated.py

```
import warnings

def function_with_warning():
    warnings.warn('This is a warning!')

function_with_warning()
function_with_warning()
function_with_warning()
```

이 예제는 동일한 함수를 여러 번 호출하지만 경고는 한 번만 출력된다.

```
$ python3 warnings_repeated.py

warnings_repeated.py:14: UserWarning: This is a warning!
    warnings.warn('This is a warning!')
```

"once" 동작을 설정하면 여러 위치에서 동일한 메시지가 발생되는 것을 제한할 수 있다.

리스트 18.8: warnings_once.py

```
import warnings

warnings.simplefilter('once', UserWarning)

warnings.warn('This is a warning!')
warnings.warn('This is a warning!')
warnings.warn('This is a warning!')
```

모든 경고에 대한 메시지 텍스트는 저장되지만 한 번의 고유한 메시지만 출력된다.

```
$ python3 warnings_once.py

warnings_once.py:14: UserWarning: This is a warning!
```

```
warnings.warn('This is a warning!')
```

마찬가지로 "module" 동작도 줄 번호에 상관없이 모듈에서 동일한 메시지가 반복되지 않도록 제한한다.

18.1.5 대체 메시지 전달 함수

일반적으로 경고는 sys.stderr에 출력된다. 이를 변경하고 싶으면 warnings 모듈에 있는 showwarning() 함수를 다른 함수로 대체한다. 예를 들어 경고를 표준 에러 대신 로그 파일로 보내려면 로그를 기록하는 함수로 showwarning()을 대체한다.

리스트 18.9: warnings_showwarning.py

```
import warnings
import logging

def send_warnings_to_log(message, category, filename, lineno, file=None):
    logging.warning('%s:%s: %s:%s', filename, lineno, category.__name__, message, )

logging.basicConfig(level=logging.INFO)

old_showwarning = warnings.showwarning
warnings.showwarning = send_warnings_to_log

warnings.warn('message')
```

warn()이 호출되면 경고는 로그 메시지와 함께 출력된다.

```
$ python3 warnings_showwarning.py

WARNING:root:warnings_showwarning.py:28: UserWarning:message
```

18.1.6 형식 지정

경고를 표준 에러로 보내야 하지만 특정 형식을 적용하려면 formatwarning() 함수를 원하는 함수로 대체한다.

리스트 18.10: warnings_formatwarning.py

```
import warnings

def warning_on_one_line(message, category, filename, lineno, file=None, line=None):
    return '-> {}:{}: {}:{}'.format(filename, lineno, category.__name__, message)

warnings.warn('Warning message, before')
warnings.formatwarning = warning_on_one_line
warnings.warn('Warning message, after')
```

형식 함수는 반드시 사용자에게 표시될 경고 문구를 담고 있는 단일 문자열을 반환해야 한다.

```
$ python3 -u warnings_formatwarning.py

warnings_formatwarning.py:18: UserWarning: Warning message, before
    warnings.warn('Warning message, before')
-> warnings_formatwarning.py:20: UserWarning:Warning message, after
```

18.1.7 경고의 스택 레벨

기본적으로 경고 메시지는 가능한 경우 경고를 발생한 소스 줄을 포함한다. 하지만 경고 메시지가 발생한 코드 줄을 보는 것이 항상 도움이 되는 것은 아니다. warn()은 스택에서 얼마나 올라가야 경고가 포함된 함수를 호출한 줄이 있는지 알려줄 수 있다. 이런 방식으로 함수의 사용자는 함수 자체가 아니라 함수가 어디서 호출됐는지 볼 수 있다.

리스트 18.11: warnings_warn_stacklevel.py

```
1  #!/usr/bin/env python3
2  # encoding: utf-8
3
4  import warnings
5
6
7  def old_function():
8      warnings.warn(
```

```
 9          'old_function() is deprecated, use new_function()',
10          stacklevel=2)
11
12
13  def caller_of_old_function():
14      old_function()
15
16
17  caller_of_old_function()
```

이 예제에서 warn()은 자신과 old_function()을 포함한 두 단계의 스택 위로 이동해야
한다.

```
$ python3 warnings_warn_stacklevel.py

warnings_warn_stacklevel.py:14: UserWarning: old_function() is deprecated, use
new_function()
    old_function()
```

팁 – 참고 자료

- warnings 표준 라이브러리 문서: https://docs.python.org/3.5/library/warnings.html
- PEP 230(www.python.org/dev/peps/pep-0230): 경고 프레임워크
- exceptions: 예외와 경고에 대한 베이스 클래스
- logging: 경고를 전달하는 대신 로그를 기록하는 메커니즘

18.2 abc: 추상 베이스 클래스

추상 베이스 클래스는 특정 메서드를 하나씩 hasattr()로 확인하는 것보다 더 엄격한
인터페이스 형식이다. 추상 베이스 클래스를 정의하면 서브클래스 집합에 대해 공통
API를 만들 수 있다. 이런 가용성은 애플리케이션 소스에 익숙하지 않은 사람이 플러
그인 확장을 제공해야 하는 상황에서 매우 유용하지만, 동시에 모든 클래스를 추적하
기 어렵거나 불가능한 대규모 팀 또는 방대한 코드 기반으로 작업하는 경우에도 큰 장
점이 된다.

18.2.1 ABC의 동작 방식

abc는 베이스 클래스의 메서드를 추상으로 표시한 후 구상 클래스^{concrete class}를 추상 베이스의 구현으로 등록하는 방식으로 동작한다. 애플리케이션이나 라이브러리에 특정 API가 필요한 경우 issubclass()나 isinstance()로 추상 클래스의 객체를 확인한다.

abc 모듈을 사용하려면 먼저 데이터를 저장하고 로드하는 플러그인들의 API를 나타내는 추상 베이스 클래스를 정의한다. 그다음에 새로운 베이스 클래스에 대한 메타클래스를 ABCMeta로 설정하고, 데코레이터를 사용해 클래스의 공용 API를 설정한다. 다음의 예제들은 abc_base.py를 사용한다.

리스트 18.12: abc_base.py

```
import abc

class PluginBase(metaclass=abc.ABCMeta):

    @abc.abstractmethod
    def load(self, input):
        """Retrieve data from the input source
        and return an object.
        """

    @abc.abstractmethod
    def save(self, output, data):
        """Save the data object to the output."""
```

18.2.2 구상 클래스 등록

구상 클래스가 추상 API를 구현했음을 나타내는 두 가지 방법이 있다. 하나는 명시적으로 클래스를 등록하는 것이고, 다른 하나는 추상 베이스에서 직접 새로운 서브클래스를 생성하는 서브클래싱^{subclassing}이다. 클래스가 요구되는 API를 제공할 때 클래스 메서드 register()를 데코레이터로 사용해 구상 클래스를 명시적으로 추가할 수 있지만, 추상 베이스 클래스의 상속 트리에 속하지는 않는다.

```
import abc
from abc_base import PluginBase

class LocalBaseClass:
    pass

@PluginBase.register
class RegisteredImplementation(LocalBaseClass):

    def load(self, input):
        return input.read()

    def save(self, output, data):
        return output.write(data)

if __name__ == '__main__':
    print('Subclass:', issubclass(RegisteredImplementation, PluginBase))
    print('Instance:', isinstance(RegisteredImplementation(), PluginBase))
```

예제에서 RegisteredImplementation은 LocalBaseClass에서 파생된 것이지만 PluginBase API를 구현해 등록했다. 따라서 issubclass()와 isinstance()로 확인하면 PluginBase 에서 파생된 것으로 처리된다.

```
$ python3 abc_register.py

Subclass: True
Instance: True
```

18.2.3 서브클래싱을 통한 구현

베이스에서 직접 서브클래싱을 하면, 즉 상속을 받으면 클래스를 명시적으로 등록할 필요가 없다.

리스트 18.14: abc_subclass.py

```
import abc
from abc_base import PluginBase
```

```
class SubclassImplementation(PluginBase):

    def load(self, input):
        return input.read()

    def save(self, output, data):
        return output.write(data)

if __name__ == '__main__':
    print('Subclass:', issubclass(SubclassImplementation, PluginBase))
    print('Instance:', isinstance(SubclassImplementation(), PluginBase))
```

이 경우에 일반적인 파이썬 클래스 관리 기능은 SubclassImplementation이 추상 PluginBase를 구현한 것으로 인식한다.

```
$ python3 abc_subclass.py

Subclass: True
Instance: True
```

직접적인 서브클래싱을 사용할 때의 부수적인 효과는 베이스 클래스에 자신을 상속받은 클래스들의 리스트를 질의함으로써 플러그인으로 구현된 모든 것을 찾을 수 있다는 것이다. 이는 abc의 기능이 아니며, 모든 클래스에서 가능하다.

리스트 18.15: abc_find_subclasses.py

```
import abc
from abc_base import PluginBase
import abc_subclass
import abc_register

for sc in PluginBase.__subclasses__():
    print(sc.__name__)
```

abc_register()가 임포트되기는 했지만 RegisteredImplementation은 실제로 베이스에서 상속받은 것이 아니므로 서브클래스 리스트에 표시되지 않는다.

```
$ python3 abc_find_subclasses.py

SubclassImplementation
```

18.2.4 헬퍼 베이스 클래스

메타클래스가 적절하게 설정되지 않은 경우 API는 구상 클래스 구현을 강제하지 못한다. 추상 클래스를 올바르게 설정하기 쉽도록 메타클래스를 자동으로 지정하는 베이스 클래스가 제공된다.

리스트 18.16: abc_abc_base.py

```python
import abc

class PluginBase(abc.ABC):

    @abc.abstractmethod
    def load(self, input):
        """Retrieve data from the input source
        and return an object.
        """

    @abc.abstractmethod
    def save(self, output, data):
        """Save the data object to the output."""

class SubclassImplementation(PluginBase):

    def load(self, input):
        return input.read()

    def save(self, output, data):
        return output.write(data)

if __name__ == '__main__':
    print('Subclass:', issubclass(SubclassImplementation, PluginBase))
    print('Instance:', isinstance(SubclassImplementation(), PluginBase))
```

새로운 추상 클래스를 생성하려면 단순히 **ABC**를 상속받으면 된다.

```
$ python3 abc_abc_base.py

Subclass: True
Instance: True
```

18.2.5 불완전한 구현

추상 베이스 클래스에서 직접 서브클래싱하는 방식의 또 다른 장점은 API의 추상 부분
이 완전하게 구현되지 않으면 서브클래스가 인스턴스화되지 않는다는 것이다.

리스트 18.17: abc_incomplete.py

```python
import abc
from abc_base import PluginBase

@PluginBase.register
class IncompleteImplementation(PluginBase):

    def save(self, output, data):
        return output.write(data)

if __name__ == '__main__':
    print('Subclass:', issubclass(IncompleteImplementation, PluginBase))
    print('Instance:', isinstance(IncompleteImplementation(), PluginBase))
```

이는 불완전한 구현이 런타임 시에 예기치 않은 에러를 발생하지 않도록 방지한다.

```
$ python3 abc_incomplete.py

Subclass: True
Traceback (most recent call last):
    File "abc_incomplete.py", line 24, in <module>
        print('Instance:', isinstance(IncompleteImplementation(),
TypeError: Can't instantiate abstract class IncompleteImplementation with abstract methods
load
```

18.2.6 ABC의 구상 메서드

구상 클래스는 추상 메서드를 모두 구현해야 하지만, 추상 베이스 클래스도 super()를 통해 호출되는 구현을 제공할 수 있다. 따라서 공통 로직은 베이스 클래스에 두고 재사용할 수 있지만, 서브클래스는 사용자 정의 로직을 가진 오버라이드된 메서드를 제공해야 한다.

리스트 18.18: abc_concrete_method.py

```python
import abc
import io

class ABCWithConcreteImplementation(abc.ABC):

    @abc.abstractmethod
    def retrieve_values(self, input):
        print('base class reading data')
        return input.read()

class ConcreteOverride(ABCWithConcreteImplementation):

    def retrieve_values(self, input):
        base_data = super(ConcreteOverride, self).retrieve_values(input)
        print('subclass sorting data')
        response = sorted(base_data.splitlines())
        return response

input = io.StringIO("""line one
line two
line three
""")

reader = ConcreteOverride()
print(reader.retrieve_values(input))
print()
```

ABCWithConcreteImplementation()은 추상 베이스 클래스이므로 직접 사용하고자 인스턴스화할 수 없다. 서브클래스는 retrieve_values()를 오버라이드해야 하며, 이 예제에서 구상 클래스는 데이터를 반환하기 전에 먼저 데이터를 정렬한다.

```
$ python3 abc_concrete_method.py

base class reading data
subclass sorting data
['line one', 'line three', 'line two']
```

18.2.7 추상 속성

API 명세에 메서드와 더불어 속성이 포함돼 있다면 abstractmethod()와 property()를
결합해 구상 클래스에 속성을 요구할 수 있다.

리스트 18.19: abc_abstractproperty.py

```python
import abc

class Base(abc.ABC):

    @property
    @abc.abstractmethod
    def value(self):
        return 'Should never reach here'

    @property
    @abc.abstractmethod
    def constant(self):
        return 'Should never reach here'

class Implementation(Base):

    @property
    def value(self):
        return 'concrete property'

    constant = 'set by a class attribute'

try:
    b = Base()
    print('Base.value:', b.value)
except Exception as err:
    print('ERROR:', str(err))

i = Implementation()
```

```
print('Implementation.value :', i.value)
print('Implementation.constant:', i.constant)
```

예제에서 Base 클래스는 value와 constant에 대한 속성 게터^{getter} 메서드만 갖고 있으
므로 인스턴스화 될 수 없다. value 속성은 Implementation에서 구상 게터가 주어졌고,
constant는 클래스 속성을 사용해 정의했다.

```
$ python3 abc_abstractproperty.py

ERROR: Can't instantiate abstract class Base with abstract methods constant, value
Implementation.value : concrete property
Implementation.constant: set by a class attribute
```

추상 읽기-쓰기 속성도 정의할 수 있다.

리스트 18.20: abc_abstractproperty_rw.py

```python
import abc

class Base(abc.ABC):

    @property
    @abc.abstractmethod
    def value(self):
        return 'Should never reach here'

    @value.setter
    @abc.abstractmethod
    def value(self, new_value):
        return

class PartialImplementation(Base):

    @property
    def value(self):
        return 'Read-only'

class Implementation(Base):

    _value = 'Default value'

    @property
```

```python
    def value(self):
        return self._value

    @value.setter
    def value(self, new_value):
        self._value = new_value

try:
    b = Base()
    print('Base.value:', b.value)
except Exception as err:
    print('ERROR:', str(err))

p = PartialImplementation()
print('PartialImplementation.value:', p.value)

try:
    p.value = 'Alteration'
    print('PartialImplementation.value:', p.value)
except Exception as err:
    print('ERROR:', str(err))

i = Implementation()
print('Implementation.value:', i.value)

i.value = 'New value'
print('Changed value:', i.value)
```

구상 속성은 추상 속성과 동일하게 읽기-쓰기 또는 읽기 전용으로 정의해야 한다.
PartialImplementation의 읽기-쓰기 속성을 읽기 전용으로 오버라이드하면 속성은
읽기 전용으로 유지된다. 즉, 베이스 클래스에 있는 이 속성의 세터setter 메서드는 재사
용되지 않는다.

```
$ python3 abc_abstractproperty_rw.py

ERROR: Can't instantiate abstract class Base with abstract methods value
PartialImplementation.value: Read-only
ERROR: can't set attribute
Implementation.value: Default value
Changed value: New value
```

읽기-쓰기 추상 속성에 데코레이터 구문을 사용하려면 값을 설정하고 얻는 메서드가
동일한 이름을 가져야 한다.

18.2.8 추상 클래스와 정적 메서드

클래스와 정적 메서드^{static methods}도 추상으로 표시될 수 있다.

리스트 18.21: abc_class_static.py

```
import abc

class Base(abc.ABC):

    @classmethod
    @abc.abstractmethod
    def factory(cls, *args):
        return cls()

    @staticmethod
    @abc.abstractmethod
    def const_behavior():
        return 'Should never reach here'

class Implementation(Base):

    def do_something(self):
        pass

    @classmethod
    def factory(cls, *args):
        obj = cls(*args)
        obj.do_something()
        return obj

    @staticmethod
    def const_behavior():
        return 'Static behavior differs'

try:
    o = Base.factory()
    print('Base.value:', o.const_behavior())
except Exception as err:
    print('ERROR:', str(err))
```

```
i = Implementation.factory()
print('Implementation.const_behavior :', i.const_behavior())
```

클래스 메서드는 인스턴스가 아닌 클래스에서 호출되지만, 메서드가 아직 정의되지 않았으면 클래스는 인스턴스화되지 못한다.

```
$ python3 abc_class_static.py

ERROR: Can't instantiate abstract class Base with abstract methods const_behavior, factory
Implementation.const_behavior : Static behavior differs
```

> **팁 – 참고 자료**
>
> - abc 표준 라이브러리 문서: https://docs.python.org/3.5/library/abc.html
> - PEP 3119(www.python.org/dev/peps/pep-3119): 추상 베이스 클래스 소개
> - collections: collections 모듈은 여러 컬렉션 타입의 추상 베이스 클래스를 포함하고 있다.
> - PEP 3141(www.python.org/dev/peps/pep-3141): 숫자에 대한 타입 계층
> - 전략 패턴(Strategy pattern)(https://en.wikipedia.org/wiki/Strategy_pattern): 일반적으로 사용되는 플러그인 구현 패턴인 전략 패턴에 대한 설명과 예제
> - 동적 코드 패턴: 플러그인으로 애플리케이션 확장하기(http://pyvideo.org/pycon-us-2013/dynamic-code-patterns-extending-your-application.html). 더그 헬먼의 PyCon 2013 발표 자료
> - abc를 위한 파이썬 2에서 3로의 포팅 노트

18.3 dis: 파이썬 바이트코드 역어셈블러

dis 모듈은 파이썬 바이트코드를 사람이 읽기 쉬운 형태로 역어셈블하는 함수들을 갖고 있다. 인터프리터에 의해 실행되는 바이트코드를 살펴보는 것은 루프문을 튜닝하고 최적화를 수행하는 좋은 방법이다. 또한 스레드 컨트롤이 바뀌는 코드 지점을 예측하는 데 사용할 수 있으므로 멀티스레드 애플리케이션에서 경합 조건을 찾을 때 유용하다.

> **경고**
>
> 바이트코드의 사용은 CPython 인터프리터의 상세 구현 버전에 따라 다르다. 사용 중인 인터프리터 버전의 소스코드에서 Include/opcode.h를 참조해 표준 바이트코드 리스트를 찾아야 한다.

18.3.1 기본 역어셈블

dis() 함수는 모듈, 클래스, 메서드, 함수, 코드 객체 등 파이썬 코드 소스의 역어셈블된 표현을 출력한다. dis_simple.py와 같은 모듈은 커맨드라인에서 **dis**를 실행해 역어셈블할 수 있다.

리스트 18.22: dis_simple.py

```
1  #!/usr/bin/env python3
2  # encoding: utf-8
3
4  my_dict = {'a': 1}
```

출력 내용은 원본 소스 줄 번호, 코드 객체 내의 명령 주소[instruction address], opcode 이름, opcode에 전달된 인자로 이뤄져 있다.

```
$ python3 -m dis dis_simple.py

4              0 LOAD_CONST           0 ('a')
               3 LOAD_CONST           1 (1)
               6 BUILD_MAP            1
               9 STORE_NAME           0 (my_dict)
              12 LOAD_CONST           2 (None)
              15 RETURN_VALUE
```

이 예제의 경우 소스는 네 개의 작업으로 코드를 변환해 딕셔너리를 생성하고 값을 채운다. 그리고 나서 결과를 로컬 변수에 저장한다. 파이썬 인터프리터는 스택 기반이므로 첫 번째 단계에서는 **LOAD_CONST**를 통해 정확한 순서대로 상수를 스택에 넣는다. 그 다음에 **BUILD_MAP**을 사용해 새로운 키와 값을 딕셔너리에 추가한다. 결과인 딕셔너리 객체는 **STORE_NAME**을 통해 my_dict라는 이름이 붙는다.

18.3.2 함수 역어셈블

아쉽게도 전체 모듈을 역어셈블하는 경우에 함수는 자동으로 재귀적인 처리가 되지 않는다.

1554

리스트 18.23: dis_function.py

```
1  #!/usr/bin/env python3
2  # encoding: utf-8
3
4
5  def f(*args):
6      nargs = len(args)
7      print(nargs, args)
8
9
10  if __name__ == '__main__':
11      import dis
12      dis.dis(f)
```

dis_function.py를 역어셈블한 결과는 함수의 코드 객체를 스택에 로딩하고 함수로 변환(LOAD_CONST, MAKE_FUNCTION)하는 것을 보여주지만, 함수 내부를 보여주지는 않는다.

```
$ python3 -m dis dis_function.py

5              0 LOAD_CONST           0 (<code object f at 0x10141ba50, file
"dis_function.py", line 5>)
               3 LOAD_CONST           1 ('f')
               6 MAKE_FUNCTION        0
               9 STORE_NAME           0 (f)

10            12 LOAD_NAME            1 (__name__)
              15 LOAD_CONST           2 ('__main__')
              18 COMPARE_OP           2 (==)
              21 POP_JUMP_IF_FALSE    49

11            24 LOAD_CONST           3 (0)
              27 LOAD_CONST           4 (None)
              30 IMPORT_NAME          2 (dis)
              33 STORE_NAME           2 (dis)

12            36 LOAD_NAME            2 (dis)
              39 LOAD_ATTR            2 (dis)
              42 LOAD_NAME            0 (f)
              45 CALL_FUNCTION        1 (1 positional, 0 keyword pair)
```

```
               48 POP_TOP
    >>         49 LOAD_CONST              4 (None)
               52 RETURN_VALUE
```

함수 내부를 보려면 함수 자체를 dis()에 전달해야 한다.

```
$ python3 dis_function.py

6              0 LOAD_GLOBAL              0 (len)
               3 LOAD_FAST                0 (args)
               6 CALL_FUNCTION            1 (1 positional, 0 keyword pair)
               9 STORE_FAST               1 (nargs)

7             12 LOAD_GLOBAL              1 (print)
              15 LOAD_FAST                1 (nargs)
              18 LOAD_FAST                0 (args)
              21 CALL_FUNCTION            2 (2 positional, 0 keyword pair)
              24 POP_TOP
              25 LOAD_CONST               0 (None)
              28 RETURN_VALUE
```

함수가 사용하는 이름과 인자 등의 정보를 포함해 함수에 대한 요약을 출력하려면 함수 자체를 첫 번째 인자로 사용해 show_code()를 호출한다.

```
#!/usr/bin/env python3
# encoding: utf-8

def f(*args):
    nargs = len(args)
    print(nargs, args)

if __name__ == '__main__':
    import dis
    dis.show_code(f)
```

show_code()에 대한 인자는 code_info()로 전달되며, 이 함수는 함수, 메서드, 코드 문자열, 코드 객체 등에 대해 출력하기 좋게 잘 형식화된 요약을 반환한다.

```
$ python3 dis_show_code.py

Name:              f
Filename:          dis_show_code.py
Argument count:    0
Kw-only arguments: 0
Number of locals:  2
Stack size:        3
Flags:             OPTIMIZED, NEWLOCALS, VARARGS, NOFREE
Constants:
    0: None
Names:
    0: len
    1: print
Variable names:
    0: args
    1: nargs
```

18.3.3 클래스

클래스를 dis()에 전달하면 클래스의 모든 메서드가 역어셈블된다.

리스트 18.24: dis_class.py

```python
1  #!/usr/bin/env python3
2  # encoding: utf-8
3
4  import dis
5
6
7  class MyObject:
8      """Example for dis."""
9
10     CLASS_ATTRIBUTE = 'some value'
11
12     def __str__(self):
13         return 'MyObject({})'.format(self.name)
14
15     def __init__(self, name):
```

```
16          self.name = name
17
18
19  dis.dis(MyObject)
```

메서드는 파일에 나타나는 순서가 아닌 알파벳 순서에 따라 나열된다.

```
$ python3 dis_class.py

Disassembly of __init__:
16              0 LOAD_FAST            1 (name)
                3 LOAD_FAST            0 (self)
                6 STORE_ATTR           0 (name)
                9 LOAD_CONST           0 (None)
               12 RETURN_VALUE

Disassembly of __str__:
13              0 LOAD_CONST           1 ('MyObject({})')
                3 LOAD_ATTR            0 (format)
                6 LOAD_FAST            0 (self)
                9 LOAD_ATTR            1 (name)
               12 CALL_FUNCTION        1 (1 positional, 0 keyword pair)
               15 RETURN_VALUE
```

18.3.4 소스코드

코드 객체보다는 프로그램 소스코드로 작업하는 것이 더 편할 때가 종종 있다. dis 모듈의 함수들은 소스코드가 포함된 문자열 인자를 받을 수 있으며, 이를 역어셈블하거나 다른 출력으로 내보내기 전에 코드 객체로 변환한다.

리스트 18.25: dis_string.py

```
import dis

code = """
my_dict = {'a': 1}
"""
```

1558

```
print('Disassembly:\n')
dis.dis(code)

print('\nCode details:\n')
dis.show_code(code)
```

문자열을 전달하면 코드를 컴파일하고 결과에 대한 참조를 유지하는 단계를 건너뛸
수 있다. 이 방법은 함수의 외부 명령문을 검사할 때 편리하다.

```
$ python3 dis_string.py

Disassembly:

2              0 LOAD_CONST           0 ('a')
               3 LOAD_CONST           1 (1)
               6 BUILD_MAP            1
               9 STORE_NAME           0 (my_dict)
              12 LOAD_CONST           2 (None)
              15 RETURN_VALUE

Code details:

Name:              <module>
Filename:          <disassembly>
Argument count:    0
Kw-only arguments: 0
Number of locals:  0
Stack size:        2
Flags:             NOFREE
Constants:
    0: 'a'
    1: 1
    2: None
Names:
    0: my_dict
```

18.3.5 디버깅에 역어셈블 사용

예외를 디버깅할 때 문제가 발생한 바이트코드가 어느 것인지 확인하는 것은 매우 유

용할 수 있다. 에러가 발생한 주변 코드를 역어셈블하는 몇 가지 방법이 있다. 첫 번째는 인터프리터에서 dis()를 사용해 마지막 예외를 보고하는 것이다. dis()에 전달되는 인자가 없으면 이 함수는 예외를 찾아 그것이 발생한 최상위 스택을 역어셈블해서 보여준다.

```
$ python3
Python 3.5.1 (v3.5.1:37a07cee5969, Dec 5 2015, 21:12:44)
[GCC 4.2.1 (Apple Inc. build 5666) (dot 3)] on darwin
Type "help", "copyright", "credits" or "license" for more information.
>>> import dis
>>> j = 4
>>> i = i + 4
Traceback (most recent call last):
    File "<stdin>", line 1, in <module>
NameError: name 'i' is not defined
>>> dis.dis()
1 -->            0 LOAD_NAME              0 (i)
                 3 LOAD_CONST             0 (4)
                 6 BINARY_ADD
                 7 STORE_NAME             0 (i)
                10 LOAD_CONST             1 (None)
                13 RETURN_VALUE
>>>
```

줄 번호 뒤의 -->는 에러를 일으킨 opcode를 가리킨다. 변수 i가 정의되지 않았으므로 이 이름과 연관된 값을 스택에 로드할 수 없어 에러가 발생한다.

또한 프로그램에서 활성화된 트레이스백 정보를 distb()에 직접 전달해 출력할 수도 있다. 다음 예제에서 DivideByZero 예외가 발생하지만 수식에서 나눗셈이 두 개이므로 어느 부분에서 예외가 발생하는지 명확하게 알 수 없다.

리스트 18.26: dis_traceback.py

```
1  #!/usr/bin/env python3
2  # encoding: utf-8
3
4  i = 1
```

```
 5  j = 0
 6  k = 3
 7
 8  try:
 9      result = k * (i / j) + (i / k)
10  except:
11      import dis
12      import sys
13      exc_type, exc_value, exc_tb = sys.exc_info()
14      dis.distb(exc_tb)
```

역어셈블된 버전이 스택에 로드되면 에러가 발생한 지점을 쉽게 알 수 있다. 문제가
되는 부분이 -->에 의해 강조되므로 그 바로 앞에서 j 값이 스택에 푸시된 것이 문제가
됨을 확인할 수 있다.

```
$ python3 dis_traceback.py

  4              0 LOAD_CONST          0 (1)
                 3 STORE_NAME          0 (i)

  5              6 LOAD_CONST          1 (0)
                 9 STORE_NAME          1 (j)

  6             12 LOAD_CONST          2 (3)
                15 STORE_NAME          2 (k)

  8             18 SETUP_EXCEPT       26 (to 47)

  9             21 LOAD_NAME           2 (k)
                24 LOAD_NAME           0 (i)
                27 LOAD_NAME           1 (j)
     -->        30 BINARY_TRUE_DIVIDE
                31 BINARY_MULTIPLY
                32 LOAD_NAME           0 (i)
                35 LOAD_NAME           2 (k)
                38 BINARY_TRUE_DIVIDE
                39 BINARY_ADD
                40 STORE_NAME          3 (result)

  ... 이하 생략...
```

18.3.6 루프문 성능 분석

에러 디버깅 외에도 dis는 성능 이슈를 식별하는 데 도움이 된다. 역어셈블된 코드를 살펴보는 것은 파이썬에서 명령문의 양은 작지만 비효율적인 바이트코드 집합으로 변환되는 루프문의 성능을 분석하는 데 특히 유용하다. 역어셈블의 유용성은 단어 목록을 읽고 각 단어의 첫 번째 문자로 그룹을 나누는 **Dictionary** 클래스를 몇 가지 다른 방식으로 구현한 것을 통해 살펴볼 수 있다.

리스트 18.27: dis_test_loop.py

```
import dis
import sys
import textwrap
import timeit

module_name = sys.argv[1]
module = __import__(module_name)
Dictionary = module.Dictionary

dis.dis(Dictionary.load_data)
print()
t = timeit.Timer(
    'd = Dictionary(words)',
    textwrap.dedent("""
    from {module_name} import Dictionary
    words = [ l.strip() for l in open('/usr/share/dict/words', 'rt') ]
    """).format(module_name=module_name)
)
iterations = 10
print('TIME: {:0.4f}'.format(t.timeit(iterations) / iterations))
```

테스트 드라이버 애플리케이션 dis_test_loop.py는 각각의 **Dictionary** 클래스를 실행하는 데 사용된다. 먼저 간단하지만 느린 다음 구현으로 시작해보자.

리스트 18.28: dis_slow_loop.py

```
1  #!/usr/bin/env python3
2  # encoding: utf-8
3
```

```
4
5  class Dictionary:
6
7      def __init__(self, words):
8          self.by_letter = {}
9          self.load_data(words)
10
11     def load_data(self, words):
12         for word in words:
13             try:
14                 self.by_letter[word[0]].append(word)
15             except KeyError:
16                 self.by_letter[word[0]] = [word]
```

이 버전으로 테스트 프로그램을 실행하면 다음과 같이 역어셈블된 프로그램과 실행하는 데 걸린 시간을 보여준다.

```
$ python3 dis_test_loop.py dis_slow_loop

12            0 SETUP_LOOP            83 (to 86)
              3 LOAD_FAST              1 (words)
              6 GET_ITER
>>            7 FOR_ITER             75 (to 85)
             10 STORE_FAST             2 (word)

13           13 SETUP_EXCEPT         28 (to 44)

14           16 LOAD_FAST              0 (self)
             19 LOAD_ATTR              0 (by_letter)
             22 LOAD_FAST              2 (word)
             25 LOAD_CONST             1 (0)
             28 BINARY_SUBSCR
             29 BINARY_SUBSCR
             30 LOAD_ATTR              1 (append)
             33 LOAD_FAST              2 (word)
             36 CALL_FUNCTION          1 (1 positional, 0 keyword pair)
             39 POP_TOP
             40 POP_BLOCK
             41 JUMP_ABSOLUTE          7
```

```
 15          >>    44 DUP_TOP
                   45 LOAD_GLOBAL                2 (KeyError)
                   48 COMPARE_OP                10 (exception match)
                   51 POP_JUMP_IF_FALSE         81
                   54 POP_TOP
                   55 POP_TOP
                   56 POP_TOP

 16                57 LOAD_FAST                  2 (word)
                   60 BUILD_LIST                 1
                   63 LOAD_FAST                  0 (self)
                   66 LOAD_ATTR                  0 (by_letter)
                   69 LOAD_FAST                  2 (word)
                   72 LOAD_CONST                 1 (0)
                   75 BINARY_SUBSCR
                   76 STORE_SUBSCR
                   77 POP_EXCEPT
                   78 JUMP_ABSOLUTE              7
            >>    81 END_FINALLY
                   82 JUMP_ABSOLUTE              7
            >>    85 POP_BLOCK
            >>    86 LOAD_CONST                 0 (None)
                   89 RETURN_VALUE

TIME: 0.0568
```

출력 결과를 보면 dis_slow_loop.py는 OS X의 /usr/share/dict/words 복사본에서 235,886개의 단어를 로딩하는 데 0.0568초의 시간이 걸렸다. 성능이 그렇게 나쁜 것은 아니지만 역어셈블된 내용은 루프가 필요 이상의 동작을 하고 있음을 보여준다. opcode 13에서 루프가 시작될 때 프로그램은 예외 콘텍스트를 설정한다(SETUP_ EXCEPT). 그리고 나서 리스트에 word를 추가하기 전에 self.by_letter[word[0]]를 찾 는 데 여섯 개의 opcode가 사용된다. word[0]가 딕셔너리에 아직 없어 예외가 발생하 면 예외 핸들러는 word[0]를 찾고자 동일한 작업(3개의 opcode, POP_TOP)을 실행하고, 단어를 포함하는 새로운 리스트에 self.by_letter[word[0]]를 설정한다.

예외 설정을 없애는 한 가지 방법은 각 알파벳 문자마다 하나의 리스트를 가진 self. by_letter를 미리 생성해 놓는 것이다. 이 방법은 새로운 단어에 대한 리스트가 항상 존재하므로 값을 찾은 후 바로 저장할 수 있다.

리스트 18.29: dis_faster_loop.py

```
 1  #!/usr/bin/env python3
 2  # encoding: utf-8
 3
 4  import string
 5
 6
 7  class Dictionary:
 8
 9      def __init__(self, words):
10          self.by_letter = {
11              letter: []
12              for letter in string.ascii_letters
13          }
14          self.load_data(words)
15
16      def load_data(self, words):
17          for word in words:
18              self.by_letter[word[0]].append(word)
```

이 변경으로 opcode 수는 절반이 줄었지만 실행 시간은 0.0567로 거의 줄지 않았다. 예외 핸들링이 어느 정도 오버헤드를 주는 것은 분명하지만 그렇게 크지 않기 때문이다.

```
$ python3 dis_test_loop.py dis_faster_loop


17           0 SETUP_LOOP            38 (to 41)
             3 LOAD_FAST             1 (words)
             6 GET_ITER
       >>    7 FOR_ITER             30 (to 40)
            10 STORE_FAST            2 (word)

18          13 LOAD_FAST             0 (self)
            16 LOAD_ATTR             0 (by_letter)
            19 LOAD_FAST             2 (word)
            22 LOAD_CONST            1 (0)
```

```
              25 BINARY_SUBSCR
              26 BINARY_SUBSCR
              27 LOAD_ATTR              1 (append)
              30 LOAD_FAST             2 (word)
              33 CALL_FUNCTION        1 (1 positional, 0 keyword pair)
              36 POP_TOP
              37 JUMP_ABSOLUTE        7
        >>    40 POP_BLOCK
        >>    41 LOAD_CONST           0 (None)
              44 RETURN_VALUE

TIME: 0.0567
```

self.by_letter에서 검색하는 부분을 루프 밖으로 빼면 결괏값은 변하지 않으면서 성
능을 더 향상시킬 수 있다.

리스트 18.30: dis_fastest_loop.py

```
 1  #!/usr/bin/env python3
 2  # encoding: utf-8
 3
 4  import collections
 5
 6
 7  class Dictionary:
 8
 9      def __init__(self, words):
10          self.by_letter = collections.defaultdict(list)
11          self.load_data(words)
12
13      def load_data(self, words):
14          by_letter = self.by_letter
15          for word in words:
16              by_letter[word[0]].append(word)
```

opcode 0-6은 self.by_letter의 값을 찾아 지역 변수 by_letter에 저장한다. 지역 변
수를 사용하면 opcode를 두 개가 아닌 하나만 사용한다. opcode 22는 **LOAD_FAST**를 사
용해 딕셔너리를 스택에 올린다. 이 변경으로 인해 실행 시간은 0.0473초로 줄었다.

```
$ python3 dis_test_loop.py dis_fastest_loop

14            0 LOAD_FAST              0 (self)
              3 LOAD_ATTR              0 (by_letter)
              6 STORE_FAST             2 (by_letter)

15            9 SETUP_LOOP            35 (to 47)
             12 LOAD_FAST              1 (words)
             15 GET_ITER
       >>    16 FOR_ITER              27 (to 46)
             19 STORE_FAST             3 (word)

16           22 LOAD_FAST              2 (by_letter)
             25 LOAD_FAST              3 (word)
             28 LOAD_CONST             1 (0)
             31 BINARY_SUBSCR
             32 BINARY_SUBSCR
             33 LOAD_ATTR              1 (append)
             36 LOAD_FAST              3 (word)
             39 CALL_FUNCTION          1 (1 positional, 0 keyword pair)
             42 POP_TOP
             43 JUMP_ABSOLUTE         16
       >>    46 POP_BLOCK
       >>    47 LOAD_CONST             0 (None)
             50 RETURN_VALUE

TIME: 0.0473
```

브랜든 로데스[Brandon Rhodes]가 제안한 최적화 방식을 사용하면 파이썬에서 for 루프를 완전히 없앨 수 있다. 입력을 정렬하고자 **itertools.groupby()**를 사용하면 반복 작업은 C로 옮겨간다. 이 방식은 입력이 정렬된다는 것을 알기 때문에 안전하다. 그런 경우가 아니라면 프로그램에서 먼저 정렬을 해줘야 한다.

리스트 18.31: dis_eliminate_loop.py

```
1  #!/usr/bin/env python3
2  # encoding: utf-8
3
4  import operator
5  import itertools
```

```
 6
 7
 8  class Dictionary:
 9
10      def __init__(self, words):
11          self.by_letter = {}
12          self.load_data(words)
13
14      def load_data(self, words):
15          # 문자 기준 정렬
16          grouped = itertools.groupby(
17              words,
18              key=operator.itemgetter(0),
19          )
20          # 정렬된 단어 셋을 저장
21          self.by_letter = {
22              group[0][0]: group
23              for group in grouped
24          }
```

itertools를 사용한 버전은 실행에 0.0332초밖에 걸리지 않았고, 이는 최초 프로그램 실행 시간의 60% 수준이다.

```
$ python3 dis_test_loop.py dis_eliminate_loop

16               0 LOAD_GLOBAL            0 (itertools)
                 3 LOAD_ATTR             1 (groupby)

17               6 LOAD_FAST             1 (words)
                 9 LOAD_CONST            1 ('key')

18              12 LOAD_GLOBAL           2 (operator)
                15 LOAD_ATTR             3 (itemgetter)
                18 LOAD_CONST            2 (0)
                21 CALL_FUNCTION         1 (1 positional, 0 keyword pair)
                24 CALL_FUNCTION       257 (1 positional, 1 keyword pair)
                27 STORE_FAST            2 (grouped)

21              30 LOAD_CONST            3 (<code object <dictcomp> at 0x101517930, file
"../dis_eliminate_loop.py", line 21>)
```

```
               33 LOAD_CONST                4 ('Dictionary.load_data.<locals>.<dictcomp>')
               36 MAKE_FUNCTION             0
    23         39 LOAD_FAST                 2 (grouped)
               42 GET_ITER
               43 CALL_FUNCTION             1 (1 positional, 0 keyword pair)
               46 LOAD_FAST                 0 (self)
               49 STORE_ATTR                4 (by_letter)
               52 LOAD_CONST                0 (None)
               55 RETURN_VALUE

TIME: 0.0332
```

18.3.7 컴파일러 최적화

컴파일된 소스를 역어셈블하면 컴파일러에 의해 수행된 최적화를 어느 정도 확인할
수 있다. 예를 들어 문자열 표현식은 가능하다면 컴파일하는 동안 접혀진다.

리스트 18.32: dis_constant_folding.py

```
 1  #!/usr/bin/env python3
 2  # encoding: utf-8
 3
 4  # Folded
 5  i = 1 + 2
 6  f = 3.4 * 5.6
 7  s = 'Hello,' + ' World!'
 8
 9  # Not folded
10  I = i * 3 * 4
11  F = f / 2 / 3
12  S = s + '\n' + 'Fantastic!'
```

5~7번 줄의 표현식에 있는 모든 값은 작업 수행 성능에 영향을 주지 않으므로 표현식
의 결과는 컴파일할 때 미리 계산돼 하나의 LOAD_CONST로 축소된다. 반면 10~12번 줄
의 표현식에는 변수가 포함돼 있고, 변수가 작업과 연관돼 오버로드된 객체를 참조할
수 있으므로 계산은 런타임 시에 이뤄진다.

```
$ python3 -m dis dis_constant_folding.py
```

```
  5           0 LOAD_CONST          11 (3)
              3 STORE_NAME           0 (i)

  6           6 LOAD_CONST          12 (19.04)
              9 STORE_NAME           1 (f)

  7          12 LOAD_CONST          13 ('Hello, World!')
             15 STORE_NAME           2 (s)

 10          18 LOAD_NAME            0 (i)
             21 LOAD_CONST           6 (3)
             24 BINARY_MULTIPLY
             25 LOAD_CONST           7 (4)
             28 BINARY_MULTIPLY
             29 STORE_NAME           3 (I)

 11          32 LOAD_NAME            1 (f)
             35 LOAD_CONST           1 (2)
             38 BINARY_TRUE_DIVIDE
             39 LOAD_CONST           6 (3)
             42 BINARY_TRUE_DIVIDE
             43 STORE_NAME           4 (F)

 12          46 LOAD_NAME            2 (s)
             49 LOAD_CONST           8 ('\n')
             52 BINARY_ADD
             53 LOAD_CONST           9 ('Fantastic!')
             56 BINARY_ADD
             57 STORE_NAME           5 (S)
             60 LOAD_CONST          10 (None)
             63 RETURN_VALUE
```

팁 ─ 참고 자료

- dis 표준 라이브러리 문서(https://docs.python.org/3.5/library/dis.html): 바이트코드 명령 리스트 포함 (https://docs.python.org/3.5/library/dis.html#python-bytecode-instructions)
- Include/opcode.h: CPython 인터프리터의 소스코드는 opcode.h에서 바이트코드를 정의한다.
- Python Essential Reference, Fourth Edition, by David M. Beazley.
- Python Disassembly(http://thomas.apestaart.org/log/?p=927): 파이썬 2.5와 2.6에서 딕셔너리에 값을 저장할 때 서로 다른 점에 대한 짧은 논의
- Why is looping over range() in Python faster than using a while loop?(http://stackoverflow.com/

questions/869229/why-is-looping-over-range-in-python-faster-than-using-a-while-loop): 두 개
의 루프문 예제를 역어셈블된 바이트코드를 통해 비교한 Stack Overflow 글

- Decorator for binding constants at compile time(http://code.activestate.com/recipes/277940/): 레이
몬드 헤팅거(Raymond Hettinger)와 스킵 몬타나로(Skip Montanaro)의 Python Cookbook. 런타임 시에
이름을 찾는 작업을 하지 않도록 전역 상수를 삽입하는 함수를 바이트코드로 재작성하는 함수 데코레이터

18.4 inspect: 라이브 객체 검사

inspect 모듈은 모듈, 클래스, 인스턴스, 함수, 메서드 등의 라이브 객체를 검사할 수
있는 함수를 제공한다. 이 모듈의 함수를 통해 함수의 원본 소스코드 추출, 스택에 있
는 메서드의 인자 확인, 소스코드에 대한 라이브러리 문서를 생성하기 위한 정보 추출
등을 할 수 있다.

18.4.1 example 모듈

이 절의 모든 예제는 다음 예제 파일인 example.py를 사용한다.

리스트 18.33: example.py

```
# This comment appears first
# and spans 2 lines.

# This comment does not show up in the output of getcomments().

"""Sample file to serve as the basis for inspect examples.
"""

def module_level_function(arg1, arg2='default', *args, **kwargs):
    """This function is declared in the module."""
    local_variable = arg1 * 2
    return local_variable

class A(object):
    """The A class."""

    def __init__(self, name):
        self.name = name
```

```
    def get_name(self):
        "Returns the name of the instance."
        return self.name

instance_of_a = A('sample_instance')

class B(A):
    """This is the B class.
    It is derived from A.
    """

    # This method is not part of A.
    def do_something(self):
        """Does some work"""

    def get_name(self):
        "Overrides version from A"
        return 'B(' + self.name + ')'
```

18.4.2 모듈 검사

검사에서 첫 번째로 할 일은 라이브 객체를 조사하는 것이다. getmembers()를 사용해 객체의 멤버 속성을 알 수 있다. 모듈에는 클래스와 함수가 포함되고, 클래스에는 메서드와 속성이 포함되는 식으로 반환되는 멤버의 타입은 검사되는 객체의 타입에 따라 다르다.

getmembers()에 대한 인자는 모듈, 클래스, 인스턴스 등의 스캔할 객체며 반환되는 객체를 필터링하는 함수를 선택적으로 함께 전달할 수 있다. 반환값은 멤버의 이름과 타입을 담고 있는 튜플의 리스트다. inspect 모듈은 ismodule(), isclass() 등과 같은 여러 개의 조건자 함수[predicate function](true/false를 반환하는 함수)를 갖고 있다.

리스트 18.34: inspect_getmembers_module.py

```
import inspect
import example

for name, data in inspect.getmembers(example):
    if name.startswith('__'):
```

```
    continue
print('{} : {!r}'.format(name, data))
```

이 예제 프로그램은 example 모듈의 멤버를 출력한다. 모듈은 임포트 구현의 일부로 사용되는 몇 가지 private 속성과 __builtins__ 집합을 갖고 있다. 이것들은 모두 모듈의 실제적인 일부가 아니고 리스트가 길기 때문에 이 예제의 출력에서는 무시된다.

```
$ python3 inspect_getmembers_module.py

A : <class 'example.A'>
B : <class 'example.B'>
instance_of_a : <example.A object at 0x1014814a8>
module_level_function : <function module_level_function at 0x10148bc80>
```

반환되는 객체 타입에 대한 필터로 predicate 인자를 사용할 수 있다.

리스트 18.35: inspect_getmembers_module_class.py

```
import inspect
import example

for name, data in inspect.getmembers(example, inspect.isclass):
    print('{} : {!r}'.format(name, data))
```

그러면 출력에는 오직 클래스만 포함된다.

```
$ python3 inspect_getmembers_module_class.py

A : <class 'example.A'>
B : <class 'example.B'>
```

18.4.3 클래스 검사

클래스도 모듈과 마찬가지로 getmembers()를 사용해 검사하지만 멤버의 타입은 다르다.

```
import inspect
from pprint import pprint
import example

pprint(inspect.getmembers(example.A), width=65)
```

필터링을 적용하지 않았으므로 속성, 메서드, 슬롯, 클래스의 다른 멤버들이 모두 출력된다.

```
$ python3 inspect_getmembers_class.py

[('__class__', <class 'type'>),
 ('__delattr__', <slot wrapper '__delattr__' of 'object' objects>),
 ('__dict__',
  mappingproxy({'__dict__': <attribute '__dict__' of 'A' objects>,
                '__doc__': 'The A class.',
                '__init__': <function A.__init__ at 0x101c99510>,
                '__module__': 'example',
                '__weakref__': <attribute '__weakref__' of 'A' objects>,
                'get_name': <function A.get_name at 0x101c99598>})),
 ('__dir__', <method '__dir__' of 'object' objects>),
 ('__doc__', 'The A class.'),
 ('__eq__', <slot wrapper '__eq__' of 'object' objects>),
 ('__format__', <method '__format__' of 'object' objects>),
 ('__ge__', <slot wrapper '__ge__' of 'object' objects>),
 ('__getattribute__', <slot wrapper '__getattribute__' of 'object' objects>),
 ('__gt__', <slot wrapper '__gt__' of 'object' objects>),
 ('__hash__', <slot wrapper '__hash__' of 'object' objects>),
 ('__init__', <function A.__init__ at 0x101c99510>),
 ('__le__', <slot wrapper '__le__' of 'object' objects>),
 ('__lt__', <slot wrapper '__lt__' of 'object' objects>),
 ('__module__', 'example'),
 ('__ne__', <slot wrapper '__ne__' of 'object' objects>),
 ('__new__', <built-in method __new__ of type object at 0x10022bb20>),
 ('__reduce__', <method '__reduce__' of 'object' objects>),
 ('__reduce_ex__', <method '__reduce_ex__' of 'object' objects>),
 ('__repr__', <slot wrapper '__repr__' of 'object' objects>),
 ('__setattr__', <slot wrapper '__setattr__' of 'object' objects>),
```

```
('__sizeof__', <method '__sizeof__' of 'object' objects>),
('__str__', <slot wrapper '__str__' of 'object' objects>),
('__subclasshook__', <built-in method __subclasshook__ of type object at 0x10061fba8>),
('__weakref__', <attribute '__weakref__' of 'A' objects>),
('get_name', <function A.get_name at 0x101c99598>)]
```

클래스의 메서드를 찾으려면 isfunction()을 사용한다. ismethod()는 인스턴스에 바
운드된 메서드만 인식한다.

리스트 18.37: inspect_getmembers_class_methods.py

```
import inspect
from pprint import pprint
import example

pprint(inspect.getmembers(example.A, inspect.isfunction))
```

바운드되지 않은 메서드만 반환된다.

```
$ python3 inspect_getmembers_class_methods.py

[('__init__', <function A.__init__ at 0x10139d510>),
 ('get_name', <function A.get_name at 0x10139d598>)]
```

B에 대한 출력에는 새로운 메서드뿐만 아니라 get_name()에 대한 재정의, A에서 상속
받은 __init__()이 포함된다.

리스트 18.38: inspect_getmembers_class_methods_b.py

```
import inspect
from pprint import pprint
import example

pprint(inspect.getmembers(example.B, inspect.isfunction))
```

__init__()과 같이 A에서 상속받은 메서드는 B의 메서드로도 인식된다.

```
$ python3 inspect_getmembers_class_methods_b.py
[('__init__', <function A.__init__ at 0x10129d510>),
 ('do_something', <function B.do_something at 0x10129d620>),
 ('get_name', <function B.get_name at 0x10129d6a8>)]
```

18.4.4 인스턴스 검사

인스턴스 검사는 다른 객체를 검사하는 것과 동일한 방법으로 하면 된다.

리스트 18.39: inspect_getmembers_instance.py

```
import inspect
from pprint import pprint
import example

a = example.A(name='inspect_getmembers')
pprint(inspect.getmembers(a, inspect.ismethod))
```

ismethod()는 example 인스턴스에서 A로부터 연결된 두 개의 메서드를 인식한다.

```
$ python3 inspect_getmembers_instance.py

[('__init__',
  <bound method A.__init__ of <example.A object at 0 x101ab1ba8>>),
 ('get_name', <bound method A.get_name of <example.A object at 0 x101ab1ba8>>)]
```

18.4.5 docstring

객체를 설명하는 주석 문자열^{Documentation Strings}인 docstring은 getdoc()으로 추출한다. 반환값은 탭이 공백으로 확장되고 들여쓰기가 균일하게 맞춰진 __doc__ 속성이다.

리스트 18.40: inspect_getdoc.py

```
import inspect import example
```

```
print('B.__doc__:')
print(example.B.__doc__)
print()
print('getdoc(B):')
print(inspect.getdoc(example.B))
```

docstring의 속성을 직접 추출하면 두 번째 줄이 들여쓰기된 것처럼 보이지만, getdoc()을 통해 출력하면 들여쓰기를 하지 않는다.

```
$ python3 inspect_getdoc.py

B.__doc__:
This is the B class.
    It is derived from A.

getdoc(B):
This is the B class.
It is derived from A.
```

docstring 외에도 객체가 구현된 소스에서 주석을 추출할 수도 있다. getcomments() 함수는 객체의 소스를 들여다보고 구현부 앞에 있는 주석을 찾아낸다.

리스트 18.41: inspect_getcomments_method.py

```
import inspect
import example

print(inspect.getcomments(example.B.do_something))
```

주석의 앞부분에 있는 공백은 모두 삭제된 후 반환된다.

```
$ python3 inspect_getcomments_method.py

# This method is not part of A.
```

모듈이 getcomments()에 전달되면 반환되는 값은 항상 모듈의 첫 번째 주석이다.

: inspect_getcomments_module.py

```
import inspect
import example

print(inspect.getcomments(example))
```

예제 파일에서 첫 번째 주석에 이어 나오는 주석 줄들은 빈 줄이 나올 때까지 하나의
주석으로 처리된다.

```
$ python3 inspect_getcomments_module.py

# This comment appears first
# and spans 2 lines.
```

18.4.6 소스 추출

모듈에 대한 .py 파일이 있으면 클래스나 메서드의 원본 소스코드도 getsource()와
getsourcelines()를 사용해 추출할 수 있다.

리스트 18.43: inspect_getsource_class.py

```
import inspect
import example

print(inspect.getsource(example.A))
```

클래스가 전달되면 클래스의 모든 메서드가 출력된다.

```
$ python3 inspect_getsource_class.py

class A(object):
    """The A class."""

    def __init__(self, name):
        self.name = name

    def get_name(self):
```

```
"Returns the name of the instance."
return self.name
```

메서드 하나에 대한 소스만 추출하려면 getsource()에 메서드 레퍼런스를 전달한다.

리스트 18.44: inspect_getsource_method.py

```
import inspect
import example

print(inspect.getsource(example.A.get_name))
```

이 경우에 원본의 들여쓰기는 유지된다.

```
$ python3 inspect_getsource_method.py

    def get_name(self):
        "Returns the name of the instance."
        return self.name
```

getsource() 대신 getsourcelines()를 사용하면 소스 파일의 각 줄을 개별 문자열로 분리해 추출한다.

리스트 18.45: inspect_getsourcelines_method.py

```
import inspect
import pprint
import example

pprint.pprint(inspect.getsourcelines(example.A.get_name))
```

getsourcelines()의 반환값은 문자열 리스트(소스 파일의 각 줄)와 해당 소스가 시작되는 줄 번호를 담은 튜플이다.

```
$ python3 inspect_getsourcelines_method.py

(['    def get_name(self):\n',
```

```
'            "Returns the name of the instance."\n',
'            return self.name\n'],
  23)
```

소스 파일이 없으면 getsource()와 getsourcelines()는 IOError를 발생시킨다.

18.4.7 메서드와 함수 서명

함수나 메서드에 대한 주석 외에도 기본값을 포함해 호출 가능한 인자의 전체 명세를 얻을 수 있다. signature() 함수는 함수의 인자에 대한 정보가 포함된 Signature 인스턴스를 반환한다.

리스트 18.46: inspect_signature_function.py

```python
import inspect
import example

sig = inspect.signature(example.module_level_function)
print('module_level_function{}'.format(sig))

print('\nParameter details:')
for name, param in sig.parameters.items():
    if param.kind == inspect.Parameter.POSITIONAL_ONLY:
        print(' {} (positional-only)'.format(name))
    elif param.kind == inspect.Parameter.POSITIONAL_OR_KEYWORD:
        if param.default != inspect.Parameter.empty:
            print(' {}={!r}'.format(name, param.default))
        else:
            print(' {}'.format(name))
        elif param.kind == inspect.Parameter.VAR_POSITIONAL:
            print('     *{}'.format(name))
    elif param.kind == inspect.Parameter.KEYWORD_ONLY:
        if param.default != inspect.Parameter.empty:
            print(' {}={!r} (keyword-only)'.format(name, param.default))
        else:
            print(' {} (keyword-only)'.format(name))
    elif param.kind == inspect.Parameter.VAR_KEYWORD:
        print('     **{}'.format(name))
```

함수의 인자들은 Signature의 parameters 속성을 통해 얻을 수 있다. parameters는 인자를 설명하는 Parameter 인스턴스에 매개변수 이름을 매핑하는 정렬된 딕셔너리다. 이 예제에서 함수의 첫 번째 인자 arg1은 기본값이 없지만 arg2는 기본값을 갖고 있다.

```
$ python3 inspect_signature_function.py

module_level_function(arg1, arg2='default', *args, **kwargs)

Parameter details:
    arg1
    arg2='default'
    *args
    **kwargs
```

함수에 대한 Signature는 데코레이터에 의해 사용되거나 입력값을 검증하고 다른 기본값을 제공하며 어떤 작업을 수행하는 다른 함수에 의해 사용될 수 있다. 적절한 제네릭과 재사용 가능한 검증 데코레이터를 작성하는 것은 매우 어렵다. 인자의 이름과 위치를 조합하는 함수에서 전달 받은 인자와 이름을 매치시키는 것이 복잡하기 때문이다. bind()와 bind_partial() 메서드는 이런 경우에 매핑을 처리할 수 있는 로직을 제공한다. 이 메서드들은 특정 함수의 인자 이름과 관련된 인자를 가진 BoundArguments 인스턴스를 반환한다.

리스트 18.47: inspect_signature_bind.py

```
import inspect
import example

sig = inspect.signature(example.module_level_function)

bound = sig.bind(
    'this is arg1',
    'this is arg2',
    'this is an extra positional argument',
    extra_named_arg='value',
)

print('Arguments:')
for name, value in bound.arguments.items():
```

```
    print('{} = {!r}'.format(name, value))

print('\nCalling:')
print(example.module_level_function(*bound.args, **bound.kwargs))
```

BoundArguments 인스턴스는 스택에서 인자로 함수를 호출하는 데 사용할 수 있는 튜플인 args와 딕셔너리인 kwargs 속성을 갖고 있다.

```
$ python3 inspect_signature_bind.py

Arguments:
arg1 = 'this is arg1'
arg2 = 'this is arg2'
args = ('this is an extra positional argument',)
kwargs = {'extra_named_arg': 'value'}

Calling:
this is arg1this is arg1
```

일부의 인자만 사용할 수 있다면 bind_partial()을 사용해 BoundArguments 인스턴스를 생성할 수 있다. 하지만 나머지 인자들이 추가될 때까지 완전히 사용하지 못할 수도 있다.

리스트 18.48: inspect_signature_bind_partial.py

```
import inspect
import example

sig = inspect.signature(example.module_level_function)

partial = sig.bind_partial('this is arg1', )

print('Without defaults:')
for name, value in partial.arguments.items():
    print('{} = {!r}'.format(name, value))

print('\nWith defaults:')
partial.apply_defaults()
for name, value in partial.arguments.items():
    print('{} = {!r}'.format(name, value))
```

apply_defaults()는 매개변수 기본값에서 값을 가져온다.

```
$ python3 inspect_signature_bind_partial.py

Without defaults:
arg1 = 'this is arg1'

With defaults:
arg1 = 'this is arg1'
arg2 = 'default'
args =()
kwargs = {}
```

18.4.8 클래스 계층

inspect는 클래스 계층을 직접적으로 다룰 수 있는 두 개의 메서드를 갖고 있다. 첫 번째는 getclasstree()로 주어진 클래스와 그 베이스 클래스를 기반으로 트리 형식의 자료 구조를 생성한다. 리스트의 각 개체는 클래스와 해당 클래스의 베이스 클래스를 담은 튜플이거나 서브클래스에 대한 튜플을 담은 리스트다.

리스트 18.49: inspect_getclasstree.py

```python
import inspect
import example

class C(example.B):
    pass

class D(C, example.A):
    pass

def print_class_tree(tree, indent=-1):
    if isinstance(tree, list):
        for node in tree:
            print_class_tree(node, indent + 1)
    else:
        print(' ' * indent, tree[0].__name__)
    return
```

```
if __name__ == '__main__':
    print('A, B, C, D:')
    print_class_tree(inspect.getclasstree([example.A, example.B, C, D]))
```

이 예제의 출력은 A, B, C, D 클래스들의 상속 관계를 보여주는 트리다. D가 두 번 나오는 것은 C와 A에서 모두 상속을 받았기 때문이다.

```
$ python3 inspect_getclasstree.py

A, B, C, D:
  object
    A
      D
    B
      C
        D
```

unique 값을 true로 설정하고 getclasstree()를 호출하면 출력 결과가 다르다.

리스트 18.50: inspect_getclasstree_unique.py

```
import inspect
import example
from inspect_getclasstree import *

print_class_tree(inspect.getclasstree([example.A, example.B, C, D], unique=True, ))
```

이번에 D는 한 번만 나타난다.

```
$ python3 inspect_getclasstree_unique.py

object
  A
    B
      C
        D
```

18.4.9 메서드 분석 순서

클래스 계층을 작업할 수 있는 다른 함수로는 **getmro()**가 있고, 이 함수는 메서드 분석 순서[MRO, Method Resolution Order]를 사용해 베이스 클래스에서 상속할 수 있는 속성들을 확인할 때 스캔해야 하는 클래스 순서를 튜플 형태로 반환한다. 시퀀스에서 각 클래스는 한 번만 나타난다.

리스트 18.51: inspect_getmro.py

```
import inspect
import example

class C(object):
    pass

class C_First(C, example.B):
    pass

class B_First(example.B, C):
    pass

print('B_First:')
for c in inspect.getmro(B_First):
    print(' {}'.format(c.__name__))
print()
print('C_First:')
for c in inspect.getmro(C_First):
    print(' {}'.format(c.__name__))
```

이 예제의 출력 결과는 MRO 검색이 깊이 우선[depth-first] 탐색의 특성이 있음을 보여준다. B가 A에서 파생됐으므로 **B_First**의 경우 A는 C보다 앞에 보인다.

```
$ python3 inspect_getmro.py

B_First:
 B_First
 B
 A
 C
 object
```

```
C_First:
  C_First
  C
  B
  A
  object
```

18.4.10 스택과 프레임

코드 객체를 살펴보는 함수 외에도 inspect는 프로그램이 실행 중일 때 런타임 환경을 검사하는 함수도 갖고 있다. 이 함수들의 대부분은 호출 스택^{call stack}과 함께 사용하고 호출 프레임^{call frame}에서 작동한다. 프레임 객체는 실행 중인 코드, 실행 중인 작업, 지역 변수와 전역 변수의 값을 포함한 현재 실행 환경 정보를 담고 있다. 일반적으로 이런 정보는 예외가 발생했을 때 트레이스백을 생성하고자 사용된다. 하지만 스택 프레임은 함수에 넘겨준 인자 값을 알아낼 수 있으므로 프로그램에서 로그를 남기거나 디버깅을 할 때도 유용하다.

currentframe()은 현재 함수에서 스택의 최상위에 있는 프레임을 반환한다.

리스트 18.52: inspect_currentframe.py

```python
import inspect
import pprint

def recurse(limit, keyword='default', *, kwonly='must be named'):
    local_variable = '.' * limit
    keyword = 'changed value of argument'
    frame = inspect.currentframe()
    print('line {} of {}'.format(frame.f_lineno, frame.f_code.co_filename))
    print('locals:')
    pprint.pprint(frame.f_locals)
    print()
    if limit <= 0:
        return
    recurse(limit - 1)
    return local_variable
```

```
if __name__ == '__main__':
    recurse(2)
```

recurse()에 대한 인자 값은 프레임의 지역 변수 딕셔너리에 포함된다.

```
$ python3 inspect_currentframe.py

line 14 of inspect_currentframe.py
locals:
{'frame': <frame object at 0x1022a7b88>,
 'keyword': 'changed value of argument',
 'kwonly': 'must be named',
 'limit': 2,
 'local_variable': '..'}

line 14 of inspect_currentframe.py
locals:
{'frame': <frame object at 0x102016b28>,
 'keyword': 'changed value of argument',
 'kwonly': 'must be named',
 'limit': 1,
 'local_variable': '.'}

line 14 of inspect_currentframe.py
locals:
{'frame': <frame object at 0x1020176b8>,
 'keyword': 'changed value of argument',
 'kwonly': 'must be named',
 'limit': 0,
 'local_variable': ''}
```

stack()을 사용하면 현재 프레임에서 첫 번째 호출자까지 모든 스택 프레임에 액세스할 수 있다. 이 예제는 앞에서 본 것과 유사하지만 스택 정보를 출력하고자 재귀가 끝날 때까지 기다린다는 점이 다르다.

리스트 18.53: inspect_stack.py

```
import inspect
import pprint
```

```
def show_stack():
    for level in inspect.stack():
        print('{}[{}]\n -> {}'.format(
            level.frame.f_code.co_filename,
            level.lineno,
            level.code_context[level.index].strip(),
        ))
        pprint.pprint(level.frame.f_locals)
        print()

def recurse(limit):
    local_variable = '.' * limit
    if limit <= 0:
        show_stack()
        return
    recurse(limit - 1)
    return local_variable

if __name__ == '__main__':
    recurse(2)
```

출력의 마지막 부분은 recurse() 함수 외부의 메인 프로그램을 나타낸다.

```
$ python3 inspect_stack.py

inspect_stack.py[11]
  -> for level in inspect.stack():
{'level': FrameInfo(frame=<frame object at 0x10127e5d0>, filename='inspect_stack.py',
lineno=11, function='show_stack', code_context=[' for level in inspect.stack():\n'],
index=0)}

inspect_stack.py[24]
  -> show_stack()
{'limit': 0, 'local_variable': ''}

inspect_stack.py[26]
  -> recurse(limit - 1)
{'limit': 1, 'local_variable': '.'}

inspect_stack.py[26]
  -> recurse(limit - 1)
{'limit': 2, 'local_variable': '..'}
```

```
inspect_stack.py[30]
  -> recurse(2)
{'__builtins__': <module 'builtins' (built-in)>,
 '__cached__': None,
 '__doc__': 'Inspecting the call stack.\n',
 '__file__': 'inspect_stack.py',
 '__loader__': <_frozen_importlib_external.SourceFileLoader object at 0x1007a97f0>,
 '__name__': '__main__',
 '__package__': None,
 '__spec__': None,
 'inspect': <module 'inspect' from '.../lib/python3.5/inspect.py'>,
 'pprint': <module 'pprint' from '.../lib/python3.5/pprint.py'>,
 'recurse': <function recurse at 0x1012aa400>,
 'show_stack': <function show_stack at 0x1007a6a60>}
```

예외를 처리할 때처럼 다른 콘텍스트에서 프레임 리스트를 생성하고자 사용하는 다른 함수도 있다. 자세한 것은 trace(), getouterframes(), getinnerframes() 관련 문서를 참고하라.

18.4.11 커맨드라인 인터페이스

inspect 모듈은 별도의 파이썬 프로그램에서 호출하지 않고도 객체에 대한 세부 정보를 얻을 수 있는 커맨드라인 인터페이스를 갖고 있다. 모듈 이름과 모듈 내의 특정 객체를 입력으로 사용한다. 기본적인 출력은 해당 객체의 소스코드다. --details 인자를 사용하면 소스 대신 메타데이터를 출력한다.

```
$ python3 -m inspect -d example

Target: example
Origin: .../example.py
Cached: .../__pycache__/example.cpython-35.pyc
Loader: <_frozen_importlib_external.SourceFileLoader object at 0 x101527860>

$ python3 -m inspect -d example:A

Target: example:A
```

```
Origin: .../example.py
Cached: .../__pycache__/example.cpython-35.pyc
Line: 16

$ python3 -m inspect example:A.get_name

    def get_name(self):
        "Returns the name of the instance."
        return self.name
```

팁 – 참고 자료

- inspect 표준 라이브러리 문서: https://docs.python.org/3.5/library/inspect.html
- inspect를 위한 파이썬 2에서 3로의 포팅 노트
- Python 2.3 Method Resolution Order(www.python.org/download/releases/2.3/mro/): 파이썬 2.3 이후 버전에 의해 사용되는 C3 MRO에 대한 문서
- pyclbr: pyclbr 모듈은 임포트하지 않은 상태의 모듈을 파싱해 inspect와 비슷한 수준의 정보를 제공한다.
- PEP 362(www.python.org/dev/peps/pep-0362): 함수 서명 객체

19

모듈과 패키지

파이썬의 기본적인 확장 메커니즘은 모듈에 저장된 소스코드를 사용하고 import문을 통해 프로그램에 통합된다. 대부분의 개발자가 '파이썬'으로 생각하고 있는 기능들은 실제적으로 이 책의 주제인 표준 라이브러리라고 불리는 모듈 집합으로 구현된다. 임포트 기능은 인터프리터 자체에 내장돼 있지만 라이브러리도 임포트 프로세스와 관련된 여러 모듈을 갖고 있다.

importlib 모듈은 인터프리터가 사용하는 임포트 메커니즘의 기본 기능을 제공한다. importlib는 시작할 때 import문으로 모듈을 로드하는 대신 런타임 동안에 동적으로 모듈을 로드하고자 사용할 수 있다. 모듈을 동적으로 로드하는 것은 애플리케이션의 플러그인plug-in이나 확장 모듈 등 임포트하려는 모듈의 이름을 사전에 알 수 없을 때 유용하다.

파이썬 패키지에는 소스코드와 함께 템플릿, 기본 구성 파일, 이미지, 데이터 등과 같은 지원용 리소스 파일이 포함될 수 있다. 이런 리소스 파일을 액세스하려는 인터페이스는 pkgutil 모듈에 구현돼 있다. 또한 패키지의 임포트 경로를 수정할 수 있으므로 콘텐츠를 여러 디렉터리에 설치해도 동일한 패키지의 일부로 표시할 수 있다.

zipimport는 ZIP 아카이브에 저장돼 있는 모듈과 패키지에 대한 사용자 지정 임포트 기능을 제공한다. 예를 들어 zipimport는 파이썬 EGG 파일을 로드할 때 사용되며, 애플리케이션을 편리하게 패키징하고 배포하는 방법으로 사용된다.

19.1 importlib: 파이썬의 임포트 메커니즘

importlib 모듈은 패키지와 모듈에서 코드를 로딩하는 파이썬의 임포트 메커니즘을 포함하고 있다. importlib는 동적으로 모듈을 가져오는 액세스 포인트며, 예를 들어 애플리케이션의 플러그인이나 확장 모듈과 같이 코드를 작성하는 시점에서 임포트가 필요한 모듈의 이름을 알 수 없는 경우에 매우 유용하다.

19.1.1 example 패키지

이 절의 예제는 example 패키지를 사용하며, __init__.py 파일을 갖고 있다.

리스트 19.1: example/__init__.py

```
print('Importing example package')
```

이 패키지는 submodule.py 파일도 갖고 있다.

리스트 19.2: example/submodule.py

```
print('Importing submodule')
```

패키지나 모듈이 임포트됐을 때 print()에 의해 출력되는 텍스트를 확인하라.

19.1.2 모듈 타입

파이썬은 다양한 스타일의 모듈을 지원한다. 각 모듈은 모듈을 열고 그것을 네임스페이스namespace에 추가할 때 그에 맞는 처리가 필요하며, 지원되는 형식은 플랫폼에 따라 다르다. 예를 들어 마이크로소프트 윈도우에서 공유 라이브러리는 .so 대신 .dll과 .pyd 확장자를 가진 파일에서 로드된다. 일반적인 릴리스 빌드 대신 인터프리터의 디버그 빌드를 사용하면 디버그 정보가 함께 컴파일되므로 C 모듈에 대한 확장자는 바뀔 수 있다. C 확장 라이브러리나 다른 모듈이 예상대로 로드되지 않으면 importlib.machinery에 정의된 상수를 사용해 현재 플랫폼에서 지원되는 타입과 그것을 로딩하는 데 필요한 매개변수를 찾아보면 된다.

리스트 19.3: importlib_suffixes.py

```python
import importlib.machinery

SUFFIXES = [
    ('Source:', importlib.machinery.SOURCE_SUFFIXES),
    ('Debug:', importlib.machinery.DEBUG_BYTECODE_SUFFIXES),
    ('Optimized:', importlib.machinery.OPTIMIZED_BYTECODE_SUFFIXES),
    ('Bytecode:', importlib.machinery.BYTECODE_SUFFIXES),
    ('Extension:', importlib.machinery.EXTENSION_SUFFIXES),
]

def main():
    tmpl = '{:<10} {}'
    for name, value in SUFFIXES:
        print(tmpl.format(name, value))

if __name__ == '__main__':
    main()
```

이 코드의 반환값은 파일 확장자를 포함한 튜플 시퀀스, 모듈을 포함하고 있는 파일을 열고자 사용하는 모드^{mode}, 모듈에 정의된 상수의 타입 코드$^{type code}$다. 다음 출력은 임포트 가능한 모듈이나 패키지 타입 중 일부가 단일 파일과 일치하지 않으므로 불완전하다.

```
$ python3 importlib_suffixes.py

Source:     ['.py']
Debug:      ['.pyc']
Optimized:  ['.pyc']
Bytecode:   ['.pyc']
Extension:  ['.cpython-35m-darwin.so', '.abi3.so', '.so']
```

19.1.3 모듈 임포트

importlib의 고수준 API는 절대 경로명이나 상대 경로명으로 모듈을 임포트하는 프로세스를 단순화시킨다. 모듈의 상대 경로명을 사용할 때는 모듈을 포함하는 패키지명을 별도의 인자로 지정해줘야 한다.

리스트 19.4: importlib_import_module.py

```
import importlib

m1 = importlib.import_module('example.submodule')
print(m1)

m2 = importlib.import_module('.submodule', package='example')
print(m2)

print(m1 is m2)
```

import_module()은 임포트에 의해 생성된 모듈 객체를 반환한다.

```
$ python3 importlib_import_module.py

Importing example package
Importing submodule
<module 'example.submodule' from '.../example/submodule.py'>
<module 'example.submodule' from '.../example/submodule.py'>
True
```

모듈을 임포트할 수 없으면 **import_module()**은 **ImportError**를 발생시킨다.

리스트 19.5: importlib_import_module_error.py

```
import importlib

try:
    importlib.import_module('example.nosuchmodule')
except ImportError as err:
    print('Error:', err)
```

에러 메시지는 누락된 모듈의 이름을 포함한다.

```
$ python3 importlib_import_module_error.py

Importing example package
```

```
Error: No module named 'example.nosuchmodule'
```

기존에 로드했던 모듈을 다시 로드할 때는 reload()를 사용한다.

리스트 19.6: importlib_reload.py

```
import importlib

m1 = importlib.import_module('example.submodule')
print(m1)

m2 = importlib.reload(m1)
print(m1 is m2)
```

reload()가 반환하는 값은 다시 호출한 모듈이다. 사용했던 로더^{loader}의 타입에 따라 호출된 모듈 인스턴스는 같을 수도 있다.

```
$ python3 importlib_reload.py

Importing example package
Importing submodule
<module 'example.submodule' from '.../example/submodule.py'>
Importing submodule
True
```

19.1.4 로더

importlib의 저수준 API는 sys 모듈에 대한 내용 중 17.2.6절에서 설명한 것처럼 로더 객체에 대한 액세스를 제공한다. find_loader()를 사용해 모듈에 대한 로더를 찾는다. 그다음에 로더의 load_module() 메서드를 통해 모듈을 가져온다.

리스트 19.7: importlib_find_loader.py

```
import importlib

loader = importlib.find_loader('example')
```

```
print('Loader:', loader)

m = loader.load_module()
print('Module:', m)
```

이 예제는 example 패키지의 최상위 수준을 로드한다.

```
$ python3 importlib_find_loader.py

Loader: <_frozen_importlib_external.SourceFileLoader object at 0x101be0da0>
Importing example package
Module: <module 'example' from '.../example/__init__.py'>
```

패키지 안에 있는 서브모듈은 패키지에서 경로를 사용해 별도로 로드해야 한다. 다음
예제에서는 패키지가 먼저 로드된 다음에 서브모듈을 로딩할 수 있는 로더를 생성하
고자 패키지의 경로를 find_loader()에 전달한다.

리스트 19.8: importlib_submodule.py

```
import importlib

pkg_loader = importlib.find_loader('example')
pkg = pkg_loader.load_module()

loader = importlib.find_loader('submodule', pkg.__path__)
print('Loader:', loader)

m = loader.load_module()
print('Module:', m)
```

import_module()과는 달리 서브모듈의 이름은 상대 경로 접두어 없이 입력한다. 이는
패키지의 경로에 의해 이미 로더가 제한됐기 때문이다.

```
$ python3 importlib_submodule.py

Importing example package
Loader: <_frozen_importlib_external.SourceFileLoader object at 0x1012e5390>
Importing submodule
```

```
Module: <module 'submodule' from '.../example/submodule.py'>
```

> **팁 – 참고 자료**
>
> - importlib 표준 라이브러리 문서: https://docs.python.org/3.5/library/importlib.html
> - 17.2.6절: 임포트 훅, 모듈 검색 경로, sys 모듈에 관련된 다른 기계
> - inspect: 프로그램적으로 모듈에서 정보를 로드
> - PEP 302(www.python.org/dev/peps/pep-0302): New-import hooks
> - PEP 369(www.python.org/dev/peps/pep-0369): Post-import hooks
> - PEP 488(www.python.org/dev/peps/pep-0488): PYO 파일 제거

19.2 pkgutil: 패키지 유틸리티

pkgutil 모듈은 파이썬 패키지의 임포트 규칙을 바꾸는 함수와 패키지 내에 있는 파일 중에서 코드가 아닌 리소스를 로딩하는 함수를 갖고 있다.

19.2.1 패키지 임포트 경로

extend_path() 함수는 검색 경로를 수정하고 서브모듈이 패키지에서 임포트되는 방식을 변경해 여러 개의 디렉터리를 하나인 것처럼 결합하고자 사용된다. 이 함수는 설치 버전의 패키지를 개발 버전으로 재정의하거나 플랫폼 종속 모듈을 공유 모듈과 하나의 패키지 네임스페이스로 결합할 때 사용할 수 있다.

extend_path()를 호출하는 가장 일반적인 방법은 패키지의 __init__.py에 다음 두 줄을 추가하는 것이다.

```
import pkgutil
__path__ = pkgutil.extend_path(__path__, __name__)
```

extend_path()는 두 번째 인자로 주어진 패키지 이름을 가진 서브디렉터리를 포함하는 디렉터리에 대한 sys.path를 스캔한다. 디렉터리 리스트는 첫 번째 인자로 받은 경로

값과 결합돼 패키지 임포트 경로로 사용하기에 적당한 하나의 리스트로 반환된다.

예제 패키지인 demopkg는 __init__.py와 shared.py라는 두 파일을 갖고 있다. demopkg1 안에 있는 __init__.py 파일은 수정되기 이전과 이후의 검색 경로를 보여주고, 두 경로의 차이점을 강조해주는 print문을 포함한다.

리스트 19.9: demopkg1/__init__.py

```
import pkgutil
import pprint

print('demopkg1.__path__ before:')
pprint.pprint(__path__)
print()

__path__ = pkgutil.extend_path(__path__, __name__)

print('demopkg1.__path__ after:')
pprint.pprint(__path__)
print()
```

demopkg에 대해 애드온add-on 기능을 가진 extension 디렉터리에는 세 개의 소스 파일이 더 들어있다. not_shared.py 파일과 각 디렉터리 수준마다 있는 __init__.py 파일이다.

```
$ find extension -name '*.py'

extension/__init__.py
extension/demopkg1/__init__.py
extension/demopkg1/not_shared.py
```

다음의 간단한 프로그램은 demopkg1 패키지를 임포트한다.

리스트 19.10: pkgutil_extend_path.py

```
import demopkg1
print('demopkg1                   :', demopkg1.__file__)

try:
    import demopkg1.shared
except Exception as err:
```

```
    print('demopkg1.shared    : Not found ({})'.format(err))
else:
    print('demopkg1.shared    :', demopkg1.shared.__file__)
try:
    import demopkg1.not_shared
except Exception as err:
    print('demopkg1.not_shared : Not found ({})'.format(err))
else:
    print('demopkg1.not_shared :', demopkg1.not_shared.__file__)
```

이 테스트 프로그램을 커맨드라인에서 직접 실행하면 not_shared 모듈이 발견되지 않는다.

참고

이 예제에서 전체 파일 경로는 변경되는 부분을 강조하고자 축약됐다.

```
$ python3 pkgutil_extend_path.py

demopkg1.__path__ before:
['.../demopkg1']

demopkg1.__path__ after:
['.../demopkg1']

demopkg1           : .../demopkg1/__init__.py
demopkg1.shared    : .../demopkg1/shared.py
demopkg1.not_shared: Not found (No module named 'demopkg1.not_shared')
```

하지만 extension 디렉터리를 PYTHONPATH에 추가하고 프로그램을 다시 실행하면 다른 결과가 나온다.

```
$ PYTHONPATH=extension python3 pkgutil_extend_path.py

demopkg1.__path__ before:
['.../demopkg1']

demopkg1.__path__ after:
['.../demopkg1',
```

```
'.../extension/demopkg1']

demopkg1              : .../demopkg1/__init__.py
demopkg1.shared       : .../demopkg1/shared.py
demopkg1.not_shared: .../extension/demopkg1/not_shared.py
```

extension 디렉터리 안에 있는 **demopkg1**이 검색 경로에 추가돼 not_shared 모듈을 그곳에서 발견했기 때문이다.

이런 방식으로 경로를 확장하는 것은 특히 플랫폼 종속 버전에 C 확장 모듈이 포함된 경우에 플랫폼 종속 패키지와 공통 패키지를 결합하는 데 매우 유용하다.

19.2.2 패키지의 개발 버전

프로젝트가 진행되는 동안 개발자는 설치된 패키지의 변경을 테스트해야 하는 경우가 자주 있다. 설치 버전을 개발 버전으로 대치하는 것은 그 버전이 꼭 정확하다고 할 수 없고, 시스템의 다른 도구들이 설치된 패키지에 의존적일 수도 있기 때문에 좋은 생각이 아니다.

virtualenv 또는 **venv**를 사용해 완전히 분리된 패키지 복사본을 개발 환경에서 구성할 수 있다. 하지만 작은 수정일 경우 모든 종속성을 만족시키는 가상 환경을 갖추는 간접 비용이 오히려 지나친 것이 될 수도 있다.

또 다른 옵션은 **pkgutil**을 사용해 개발 중인 패키지에 속한 모듈의 검색 경로를 수정하는 것이다. 이 경우에는 개발 버전이 설치 버전을 오버라이드하도록 경로 리스트를 뒤집어야 한다.

demopkg2 패키지는 __init__.py와 설치 버전의 overloaded.py를 갖고 있으며, 내용은 다음과 같다.

리스트 19.11: demopkg2/overloaded.py

```
def func():
    print('This is the installed version of func().')
```

demopkg2/__init__.py의 코드는 다음과 같다.

```
import pkgutil

__path__ = pkgutil.extend_path(__path__, __name__)
__path__.reverse()
```

reverse()는 pkgutil에 의해 나중에 검색 경로에 추가된 디렉터리가 기본 경로보다 먼저 임포트 경로로서 스캔되게 할 때 사용된다.

다음 프로그램은 demopkg2.overloaded를 임포트하고 func()를 호출한다.

```
import demopkg2
print('demopkg2                :', demopkg2.__file__)

import demopkg2.overloaded
print('demopkg2.overloaded :', demopkg2.overloaded.__file__)

print()
demopkg2.overloaded.func()
```

경로에 대해 특별한 처리 없이 실행시키면 설치 버전의 func()에서 출력이 발생된다.

```
$ python3 pkgutil_devel.py

demopkg2           : .../demopkg2/__init__.py
demopkg2.overloaded: .../demopkg2/overloaded.py

This is the installed version of func().
```

개발 버전 디렉터리에는 다음과 같은 파일들이 있다고 하자.

```
$ find develop/demopkg2 -name '*.py'

develop/demopkg2/__init__.py
develop/demopkg2/overloaded.py
```

overloaded 파일의 수정된 버전은 다음과 같다.

리스트 19.14: develop/demopkg2/overloaded.py

```
def func():
    print('This is the development version of func().')
```

검색 경로에 develop 디렉터리를 포함시킨 후 테스트 프로그램을 실행시키면 개발 버전이 로드된다.

```
$ PYTHONPATH=develop python3 pkgutil_devel.py

demopkg2           : .../demopkg2/__init__.py
demopkg2.overloaded: .../develop/demopkg2/overloaded.py

This is the development version of func().
```

19.2.3 PKG 파일로 경로 관리

첫 번째 예제에서 PYTHONPATH에 포함된 디렉터리를 사용해 검색 경로를 확장하는 방법을 보여줬다. 그와 함께 디렉터리명이 포함된 *.pkg 파일을 이용해 검색 경로를 확장시키는 것도 가능하다. PKG 파일은 site 모듈에서 사용되는 PTH 파일과 유사하다. 이 파일은 패키지 검색 경로로 사용할 디렉터리명을 한 줄에 하나씩 포함하고 있다.

첫 번째 예제에서 애플리케이션의 플랫폼 종속적인 부분을 구성하는 다른 방법은 각 운영체제에 대해 별도의 디렉터리를 사용하고 그곳에 검색 경로를 확장하는 .pkg 파일을 두는 것이다.

다음 예제는 동일한 demopkg1 파일을 사용하며, 또한 다음과 같은 파일도 포함한다.

```
$ find os_* -type f

os_one/demopkg1/__init__.py
os_one/demopkg1/not_shared.py
os_one/demopkg1.pkg
os_two/demopkg1/__init__.py
```

```
os_two/demopkg1/not_shared.py
os_two/demopkg1.pkg
```

demopkg1.pkg라는 이름의 PKG 파일은 모두 확장된 패키지에 속해 있으며, 둘 다 다음 한 줄을 포함하고 있다.

```
demopkg
```

다음 데모 프로그램은 임포트되는 모듈의 버전을 보여준다.

리스트 19.15: pkgutil_os_specific.py

```
import demopkg1
print('demopkg1:', demopkg1.__file__)

import demopkg1.shared
print('demopkg1.shared:', demopkg1.shared.__file__)

import demopkg1.not_shared
print('demopkg1.not_shared:', demopkg1.not_shared.__file__)
```

간단한 래퍼 스크립트를 사용해 두 패키지 사이를 전환할 수 있다.

리스트 19.16: with_os.sh

```
#!/bin/sh

export PYTHONPATH=os_${1}
echo "PYTHONPATH=$PYTHONPATH"
echo

python3 pkgutil_os_specific.py
```

"one"이나 "two"라는 인자로 이 스크립트를 실행하면 경로가 전환된다.

```
$ ./with_os.sh one

PYTHONPATH=os_one
```

```
demopkg1.__path__ before:
['.../demopkg1']

demopkg1.__path__ after:
['.../demopkg1',
 '.../os_one/demopkg1',
 'demopkg']

demopkg1: .../demopkg1/__init__.py
demopkg1.shared: .../demopkg1/shared.py
demopkg1.not_shared: .../os_one/demopkg1/not_shared.py

$ ./with_os.sh two

PYTHONPATH=os_two

demopkg1.__path__ before:
['.../demopkg1']

demopkg1.__path__ after:
['.../demopkg1',
 '.../os_two/demopkg1',
 'demopkg']

demopkg1: .../demopkg1/__init__.py
demopkg1.shared: .../demopkg1/shared.py
demopkg1.not_shared: .../os_two/demopkg1/not_shared.py
```

PKG 파일은 검색 경로의 어디에나 나타날 수 있으므로 현재 작업 디렉터리에 있는 단일 PKG 파일에 개발 트리를 포함시킬 수도 있다.

19.2.4 중첩 패키지

중첩 패키지^{nested package}에서는 최상위 패키지의 경로만 변경하면 된다. 예를 들어 디렉터리 구조가 다음과 같다고 가정하자.

```
$ find nested -name '*.py'

nested/__init__.py
nested/second/__init__.py
```

```
nested/second/deep.py
nested/shallow.py
```

nested/__init__.py 파일은 다음 내용을 갖고 있다.

리스트 19.17: nested/__init__.py

```
import pkgutil

__path__ = pkgutil.extend_path(__path__, __name__)
__path__.reverse()
```

개발 트리가 다음과 같은 경우를 생각해보자.

```
$ find develop/nested -name '*.py'

develop/nested/__init__.py
develop/nested/second/__init__.py
develop/nested/second/deep.py
develop/nested/shallow.py
```

shallow 모듈과 deep 모듈은 모두 설치 버전인지 개발 버전인지를 나타내는 메시지를 출력하는 간단한 함수를 갖고 있다. 다음 테스트 프로그램으로 새로운 패키지를 호출해보자.

리스트 19.18: pkgutil_nested.py

```
import nested

import nested.shallow
print('nested.shallow:', nested.shallow.__file__)
nested.shallow.func()

print()
import nested.second.deep
print('nested.second.deep:', nested.second.deep.__file__)
nested.second.deep.func()
```

pkgutil_nested.py가 경로 설정 없이 실행되면 두 모듈은 모두 설치 버전이 사용된다.

```
$ python3 pkgutil_nested.py

nested.shallow: .../nested/shallow.py
This func() comes from the installed version of nested.shallow

nested.second.deep: .../nested/second/deep.py
This func() comes from the installed version of nested.second.deep
```

develop 디렉터리가 경로에 추가되면 두 함수의 개발 버전이 설치 버전을 재정의한다.

```
$ PYTHONPATH=develop python3 pkgutil_nested.py

nested.shallow: .../develop/nested/shallow.py
This func() comes from the development version of nested.shallow

nested.second.deep: .../develop/nested/second/deep.py
This func() comes from the development version of nested.second.deep
```

19.2.5 패키지 데이터

파이썬 패키지는 코드 이외에 템플릿, 기본 구성 파일, 이미지, 코드에 의해 사용되는 여러 지원 파일과 같은 데이터 파일을 포함할 수 있다. get_data() 함수는 형식에 상관없이 파일 데이터에 액세스할 수 있으므로 패키지가 파일 시스템에 EGG 파일이나 고정 바이너리의 일부, 또는 일반적인 파일로 배포되는지 여부는 중요하지 않다.

pkgwithdata 패키지에 templates 디렉터리가 있다고 가정해보자.

```
$ find pkgwithdata -type f

pkgwithdata/__init__.py
pkgwithdata/templates/base.html
```

pkgwithdata/templates/base.html 파일은 단순한 HTML 템플릿으로 이뤄져 있다.

```
<!DOCTYPE HTML PUBLIC "-//IETF//DTD HTML//EN">
<html> <head>
<title>PyMOTW Template</title>
</head>

<body>
<h1>Example Template</h1>

<p>This is a sample data file.</p>

</body>
</html>
```

다음 프로그램은 위 파일에서 템플릿을 추출하고 출력하고자 get_data()를 사용한다.

리스트 19.20: pkgutil_get_data.py

```
import pkgutil

template = pkgutil.get_data('pkgwithdata', 'templates/base.html')
print(template.decode('utf-8'))
```

get_data()에 대한 인자는 패키지명과 패키지의 최상위를 기준으로 한 파일의 상대 경로다. 이 함수는 바이트 시퀀스$^{byte\ sequence}$를 반환하므로 출력하기 전에 UTF-8로 디코딩해야 한다.

```
$ python3 pkgutil_get_data.py

<!DOCTYPE HTML PUBLIC "-//IETF//DTD HTML//EN">
<html> <head>
<title>PyMOTW Template</title> </head>

<body>
<h1>Example Template</h1>

<p>This is a sample data file.</p>

</body>
</html>
```

get_data()는 패키지 콘텐츠에 액세스하고자 PEP 302에 정의된 **import hooks**를 사용하므로 배포 형식에 종속적이지 않다. 즉, **zipfile**의 ZIP 아카이브 임포터^{importer}를 포함해 **import hooks**를 제공하는 모든 로더를 사용할 수 있다.

리스트 19.21: pkgutil_get_data_zip.py

```python
import pkgutil
import zipfile
import sys

# 현재 디렉터리의 코드와 로컬 파일 시스템에 없는 이름을 사용하는 템플릿으로 ZIP 파일을 생성한다.
with zipfile.PyZipFile('pkgwithdatainzip.zip', mode='w') as zf:
    zf.writepy('.')
    zf.write('pkgwithdata/templates/base.html', 'pkgwithdata/templates/fromzip.html', )

# 임포트 경로에 ZIP 파일을 추가한다.
sys.path.insert(0, 'pkgwithdatainzip.zip')

# ZIP 아카이브에 있는 것을 보여주고자 pkgwithdata를 임포트한다.
import pkgwithdata
print('Loading pkgwithdata from', pkgwithdata.__file__)

# 템플릿 내용을 출력한다.
print('\nTemplate:')
data = pkgutil.get_data('pkgwithdata', 'templates/fromzip.html')
print(data.decode('utf-8'))
```

이 예제는 이름이 바뀐 버전의 템플릿 파일을 포함해 **pkgwithdata** 패키지의 복사본을 ZIP 아카이브로 생성하고자 **PyZipFile.writepy()**를 사용한다. 그다음에 **pkgutil**을 사용해 템플릿을 로드하고 출력하기 전에 ZIP 아카이브를 임포트 경로에 추가한다. **writepy()** 사용법에 대한 더 자세한 내용은 **zipfile**을 참고하라.

```
$ python3 pkgutil_get_data_zip.py

Loading pkgwithdata from pkgwithdatainzip.zip/pkgwithdata/__init__.pyc

Template:
<!DOCTYPE HTML PUBLIC "-//IETF//DTD HTML//EN">
<html> <head>
<title>PyMOTW Template</title>
```

```
</head>

<body>
<h1>Example Template</h1>

<p>This is a sample data file.</p>

</body>
</html>
```

팁 – 참고 자료

- pkgutil 표준 라이브러리 문서: https://docs.python.org/3.5/library/pkgutil.html
- virtualenv(http://pypi.python.org/pypi/virtualenv): 이안 빅킹(Ian Bicking)의 가상 환경(virtual environment) 설정 스크립트
- distutils: 파이썬 표준 라이브러리의 패키징 도구
- setuptools(https://setuptools.readthedocs.io/en/latest): 차세대 패키징 도구
- PEP 302(www.python.org/dev/peps/pep-0302): Import Hooks
- zipfile: 임포트 가능한 ZIP 아카이브 생성
- zipimport: ZIP 아카이브에서 패키지 임포트

19.3 zipimport: ZIP 아카이브에서 파이썬 코드 로드

zipimport 모듈은 ZIP 아카이브 내부에 있는 파이썬 모듈을 찾아 로드할 때 사용되는 zipimporter 클래스를 구현한다. zipimporter는 PEP 302에 명시된 import hooks API 를 지원하며, 이는 파이썬 에그^{Egg}가 동작하는 방식이기도 하다.

sys.path에 아카이브가 나타나는 한 ZIP 아카이브에서 직접 임포트하는 것이 가능하므로 zipimport 모듈을 직접 사용하는 경우는 매우 드물다. 하지만 임포트 API가 어떻게 동작하는지 연구하는 것은 프로그래머가 모듈 임포트 작업을 이해하고 기능을 익히는 데 도움이 될 수 있다. 또한 ZIP 임포터의 작동 방식을 알면 zipfile.PyZipFile을 통해 패키지를 ZIP 아카이브로 생성해 배포할 때 발생할 수 있는 이슈들을 디버깅하는 데 도움이 된다.

19.3.1 예제

다음 예제는 **zipfile**에서 설명한 일부 코드를 재사용해 몇 개의 파이썬 모듈을 포함하는 ZIP 아카이브를 생성하는 것이다.

리스트 19.22: zipimport_make_example.py

```python
import sys
import zipfile

if __name__ == '__main__':
    zf = zipfile.PyZipFile('zipimport_example.zip', mode='w')
    try:
        zf.writepy('.')
        zf.write('zipimport_get_source.py')
        zf.write('example_package/README.txt')
    finally:
        zf.close()
    for name in zf.namelist():
        print(name)
```

이 절의 다른 예제를 실행하기 전에 zipimport_make_example.py를 실행하면 예제 실행에 필요한 테스트 데이터와 함께 example 디렉터리에 있는 모든 모듈을 ZIP 아카이브로 만든다.

```
$ python3 zipimport_make_example.py

__init__.pyc
example_package/__init__.pyc
zipimport_find_module.pyc
zipimport_get_code.pyc
zipimport_get_data.pyc
zipimport_get_data_nozip.pyc
zipimport_get_data_zip.pyc
zipimport_get_source.pyc
zipimport_is_package.pyc
zipimport_load_module.pyc
zipimport_make_example.pyc
zipimport_get_source.py
```

```
example_package/README.txt
```

19.3.2 모듈 검색

모듈의 전체 이름이 주어지면 find_module()은 ZIP 아카이브 내에서 모듈의 위치를 찾는다.

리스트 19.23: zipimport_find_module.py

```
import zipimport

importer = zipimport.zipimporter('zipimport_example.zip')

for module_name in ['zipimport_find_module', 'not_there']:
    print(module_name, ':', importer.find_module(module_name))
```

모듈이 발견되면 **zipimporter** 인스턴스가 반환된다. 발견하지 못하면 **None**이 반환된다.

```
$ python3 zipimport_find_module.py

zipimport_find_module : <zipimporter object "zipimport_example.zip">
not_there : None
```

19.3.3 코드 액세스

get_code() 메서드는 아카이브에서 모듈의 코드 객체를 로드한다.

리스트 19.24: zipimport_get_code.py

```
import zipimport

importer = zipimport.zipimporter('zipimport_example.zip')
code = importer.get_code('zipimport_get_code')
print(code)
```

모듈 객체는 코드 객체를 만들고자 사용되지만 코드 객체와 동일하지는 않다.

```
$ python3 zipimport_get_code.py

<code object <module> at 0x1012b4ae0, file "./zipimport_get_code.py", line 6>
```

코드를 사용 가능한 모듈로 로드하려면 load_module()을 사용해야 한다.

리스트 19.25: zipimport_load_module.py

```
import zipimport

importer = zipimport.zipimporter('zipimport_example.zip')
module = importer.load_module('zipimport_get_code')
print('Name    :', module.__name__)
print('Loader  :', module.__loader__)
print('Code    :', module.code)
```

결과로 일반적인 임포트를 통해 로드된 코드처럼 구성된 모듈 객체가 생성된다.

```
$ python3 zipimport_load_module.py

<code object <module> at 0x1007b4c00, file "./zipimport_get_code.py", line 6>
Name    : zipimport_get_code
Loader  : <zipimporter object "zipimport_example.zip">
Code    : <code object <module> at 0x1007b4c00, file "./zipimport_get_code.py", line 6>
```

19.3.4 소스

inspect 모듈과 마찬가지로 아카이브가 소스를 포함하고 있다면 zipimport 모듈을 통해 ZIP 아카이브에서 모듈의 소스코드를 추출할 수 있다. 다음 예제에서 zipimport_get_source만 .py로 zipimport_example.zip에 추가돼 있고, 모듈의 나머지는 .pyc 파일로 추가돼 있음에 유의하라.

리스트 19.26: zipimport_get_source.py

```
import zipimport
```

```python
modules = [ 'zipimport_get_code', 'zipimport_get_source', ]

importer = zipimport.zipimporter('zipimport_example.zip')
for module_name in modules:
    source = importer.get_source(module_name)
    print('=' * 80)
    print(module_name)
    print('=' * 80)
    print(source) print()
```

모듈에 소스가 없는 경우 get_source()는 None을 반환한다.

```
$ python3 zipimport_get_source.py

================================================================
zipimport_get_code
================================================================
None

================================================================
zipimport_get_source
================================================================
#!/usr/bin/env python3
#
# Copyright 2007 Doug Hellmann.
#
"""Retrieving the source code for a module within a zip archive.
"""

#end_pymotw_header

import zipimport

modules = [ 'zipimport_get_code', 'zipimport_get_source', ]

importer = zipimport.zipimporter('zipimport_example.zip')
for module_name in modules:
    source = importer.get_source(module_name)
    print('=' * 80)
    print(module_name)
    print('=' * 80)
    print(source)
    print()
```

19.3.5 패키지

특정 이름이 모듈이 아닌 패키지를 가리키는 것인지 확인하고자 is_package()를 사용한다.

리스트 19.27: zipimport_is_package.py

```python
import zipimport

importer = zipimport.zipimporter('zipimport_example.zip')
for name in ['zipimport_is_package', 'example_package']:
    print(name, importer.is_package(name))
```

이 경우에 **zipimport_is_package**는 모듈에서 유래한 것이며, **example_package**는 패키지에서 유래한 것이다.

```
$ python3 zipimport_is_package.py

zipimport_is_package False
example_package True
```

19.3.6 데이터

종종 소스 모듈과 패키지는 코드가 아닌 데이터와 함께 배포될 필요가 있다. 이미지, 구성 파일, 기본 데이터, 테스트 도구(픽스처^{fixtures})는 이런 데이터 유형의 몇 가지 예다. 모듈의 **__path__** 또는 **__file__**은 코드가 설치된 위치를 기준으로 이런 데이터 파일을 찾을 때 자주 사용된다.

예를 들어 다음 코드와 같이 '일반적인' 모듈에서는 임포트된 패키지의 **__file__**을 사용해 파일 시스템 경로를 구성할 수 있다.

리스트 19.28: zipimport_get_data_nozip.py

```python
import os
import example_package

# 임포트된 패키지가 있는 디렉터리를 찾아 데이터 파일명을 만든다.
pkg_dir = os.path.dirname(example_package.__file__)
```

```
data_filename = os.path.join(pkg_dir, 'README.txt')

# 파일을 읽고 그 내용을 출력한다.
print(data_filename, ':')
print(open(data_filename, 'r').read())
```

출력은 파일 시스템에서 코드의 위치에 따라 달라진다.

```
$ python3 zipimport_get_data_nozip.py

.../example_package/README.txt :
This file represents sample data which could be embedded in the ZIP archive. You could include
a configuration file, images, or any other sort of noncode data.
```

example_package가 파일 시스템이 아닌 ZIP 아카이브에서 임포트된 것이라면 __file__
은 동작하지 않는다.

리스트 19.29: zipimport_get_data_zip.py

```
import sys
sys.path.insert(0, 'zipimport_example.zip')

import os
import example_package
print(example_package.__file__)
data_filename = os.path.join(os.path.dirname(example_package.__file__), 'README.txt', )
print(data_filename, ':')
print(open(data_filename, 'rt').read())
```

패키지의 __file__은 디렉터리가 아닌 ZIP 아카이브를 가리키므로 README.txt 파일
의 경로 구성에 잘못된 값이 주어지게 된다.

```
$ python3 zipimport_get_data_zip.py

zipimport_example.zip/example_package/__init__.pyc
zipimport_example.zip/example_package/README.txt :
Traceback (most recent call last):
```

```
    File "zipimport_get_data_zip.py", line 20, in <module>
        print(open(data_filename, 'rt').read())
NotADirectoryError: [Errno 20] Not a directory:
zipimport_example.zip/example_package/README.txt'
```

파일을 검색하는 좀 더 안정적인 방법은 get_data() 메서드를 사용하는 것이다. 모듈을 로
드하는 zipimporter 인스턴스는 임포트된 모듈의 __loader__를 통해 액세스할 수 있다.

리스트 19.30: zipimport_get_data.py

```
import sys
sys.path.insert(0, 'zipimport_example.zip')

import os
import example_package
print(example_package.__file__)
data = example_package.__loader__.get_data('example_package/README.txt')
print(data.decode('utf-8'))
```

pkgutil.get_data()는 이런 인터페이스를 사용해 패키지 내에서 데이터를 액세스한다.
반환되는 값은 바이트 문자열이므로 출력하기 전에 유니코드 문자열로 디코드해야 한다.

```
$ python3 zipimport_get_data.py

zipimport_example.zip/example_package/__init__.pyc
This file represents sample data which could be embedded in the ZIP archive. You could include
a configuration file, images, or any other sort of noncode data.
```

__loader__는 zipimport를 통해 임포트되지 않은 모듈에 대해서는 설정되지 않는다.

> **팁 – 참고 자료**
>
> - zipimport 표준 라이브러리 문서: https://docs.python.org/3.5/library/zipimport.html
> - zipimport를 위한 파이썬 2에서 3로의 포팅 노트
> - imp: 임포트 관련 함수
> - pkgutil: get_data()에 대해 좀 더 제네릭한 인터페이스 제공
> - zipfile: ZIP 아카이브 파일 읽기와 쓰기
> - PEP 302(www.python.org/dev/peps/pep-0302): New-import hooks

부록 A

포팅 노트

부록은 파이썬 2에서 파이썬 3로 업데이트하기 위한 노트와 팁에 대한 것이며, 모듈별로 변경에 대한 요약과 참조도 포함한다.

A.1 참조

이 절의 노트는 파이썬 개발 팀이 준비한 What's New 문서 및 각 릴리스에 대한 릴리스 매니저를 바탕으로 한다.

- What's New In Python 3.0(https://docs.python.org/3.0/whatsnew/3.0.html)
- What's New In Python 3.1(https://docs.python.org/3.1/whatsnew/3.1.html)
- What's New In Python 3.2(https://docs.python.org/3.2/whatsnew/3.2.html)
- What's New In Python 3.3(https://docs.python.org/3.3/whatsnew/3.3.html)
- What's New In Python 3.4(https://docs.python.org/3.4/whatsnew/3.4.html)
- What's New In Python 3.5(https://docs.python.org/3.5/whatsnew/3.5.html)

파이썬 3을 포팅하는 데 더 많은 정보가 필요하면 다음과 같은 문서를 참조하기 바란다.

- 파이썬 2 코드에서 3로의 포팅(https://docs.python.org/3/howto/pyporting.html)
- Lennart Regebro가 쓴 파이썬 3 포팅(http://python3porting.com/)
- 파이썬 3 포팅에 대한 메일링 리스트(http://mail.python.org/mailman/listinfo/python-porting)

A.2 새 모듈

파이썬 3는 파이썬 2에 없는 기능을 제공하는 수많은 신규 모듈을 포함한다.

- **asyncio** 비동기 I/O, 이벤트 루프와 그 외의 동시성^{concurrency} 도구
- **concurrent.futures** 동시 작업 풀 관리
- **ensurepip** 파이썬 패키지 인스톨러^{pip} 설치
- **enum** 열거형 정의
- **ipaddress** 인터넷 프로토콜^{IP} 주소 작업용 클래스
- **pathlib** 파일 시스템 경로 작업용 객체지향 API
- **selectors** I/O 멀티플렉싱 추상화
- **statistics** 통계학 계산
- **venv** 격리된 설치^{isolated installation} 생성과 콘텍스트 실행

A.3 이름이 바뀐 모듈

많은 표준 라이브러리 모듈은 PEP 3108의 일환으로 파이썬 2에서 3로 오면서 이름이 변경됐다. 모든 새 모듈의 이름은 일관되게 소문자를 사용하며, 일부는 좀 더 관련 있는 모듈과 연관되도록 패키지로 이동됐다. 이러한 모듈을 사용한 코드는 종종 간단히 import 구문만 사용해 파이썬 3에서 작동되도록 수정할 수 있다. 이름이 변경된 모듈 전체 목록은 lib2to3.fixes.fix_imports.MAPPING 디렉터리(키는 파이썬 2 이름이며, 값은 파이썬 3 이름이다)와 표 A.1에서 찾을 수 있다.

> **팁 - 참고 자료**
>
> - Six 패키지(http://pythonhosted.org/six/)는 파이썬 2와 3 두 환경에서 실행하는 코드를 작성할 때 유용하다. 특히 six.moves 모듈을 사용하면 이름이 변경된 모듈을 임포트하는 코드를 작성할 수 있는데, 싱글 임포트 구문을 사용하고 자동으로 파이썬 버전에 따라 정확한 이름의 버전 임포트를 위해 자동 리다이렉션이 된다.
> - PEP 3108(http://www.python.org/dev/peps/pep-3108): 표준 라이브러리 인식

표 A.1: 이름이 변경된 모듈

파이썬 2 이름	파이썬 3 이름
__builtin__	builtins
_winreg	winreg
BaseHTTPServer	http.server
CGIHTTPServer	http.server
commands	subprocess
ConfigParser	configparser
Cookie	http.cookies
cookielib	http.cookiejar
copy_reg	copyreg
cPickle	pickle
cStringIO	io
dbhash	dbm.bsd
dbm	dbm.ndbm
Dialog	tkinter.dialog
DocXMLRPCServer	xmlrpc.server
dumbdbm	dbm.dumb
FileDialog	tkinter.filedialog
gdbm	dbm.gnu
htmlentitydefs	html.entities
HTMLParser	html.parser
httplib	http.client
Queue	queue
repr	reprlib
robotparser	urllib.robotparser
ScrolledText	tkinter.scrolledtext

(이어짐)

파이썬 2 이름	파이썬 3 이름
SimpleDialog	tkinter.simpledialog
SimpleHTTPServer	http.server
SimpleXMLRPCServer	xmlrpc.server
SocketServer	socketserver
StringIO	io
Tix	tkinter.tix
tkColorChooser	tkinter.colorchooser
tkCommonDialog	tkinter.commondialog
Tkconstants	tkinter.constants
Tkdnd	tkinter.dnd
tkFileDialog	tkinter.filedialog
tkFont	tkinter.font
Tkinter	tkinter
tkMessageBox	tkinter.messagebox
tkSimpleDialog	tkinter.simpledialog
ttk	tkinter.ttk
urlparse	urllib.parse
UserList	collections
UserString	collections
xmlrpclib	xmlrpc.client

A.4 제거된 모듈

이 모듈은 더 이상 존재하지 않거나 다른 기존 모듈에 기능이 병합됐다.

A.4.1 bsd

bsddb와 dbm.bsd 모듈은 제거됐다. Berkeley DB에 대한 바인딩은 현재 **bsddb3**(https://pypi.python.org/pypi/bsddb3)로 표준 라이브러리와는 별도로 유지 관리되고 있다.

A.4.2 commands

Commands 모듈은 파이썬 2.6에서 더 이상 사용하지 않게 됐고, 3.0에서 제거됐다. 대신 `subprocess`를 참고하기 바란다.

A.4.3 compiler

compiler 모듈은 제거됐다. 대신 `ast`를 참고하자.

A.4.4 dircache

dircache 모듈은 대신하는 모듈 없이 제거됐다.

A.4.5 EasyDialogs

EasyDialogs 모듈은 제거됐다. 대신 `tkinter`를 참고하자.

A.4.6 exceptions

exceptions 모듈은 제거됐다. 정의된 모든 exceptions가 내장 클래스로 사용할 수 있기 때문이다.

A.4.7 htmllib

htmllib 모듈은 제거됐다. 대신 `html.parser`를 참고하자.

A.4.8 md5

MD5 메시지 다이제스트 알고리즘에 대한 구현은 `hashlib`으로 이동됐다.

A.4.9 mimetools, MimeWriter, mimify, multifile, rfc822

`mimetools`, `MimeWriter`, `mimify`, `multifile`, `rfc822` 모듈은 제거됐다. `email`을 참고하자.

A.4.10 popen2

popen2 모듈은 제거됐다. 대신 subprocess를 참고하자.

A.4.11 posixfile

posixfile 모듈은 제거됐다. 대신 io를 보자.

A.4.12 sets

sets 모듈은 파이썬 2.6에서 더 이상 사용하지 않게 됐고, 3.0에서 제거됐다. 대신 내장 타입 set과 orderedset을 참고하자.

A.4.13 sha

SHA-1 메시지 다이제스트 알고리즘의 구현은 hashlib으로 이동됐다.

A.4.14 sre

sre 모듈은 파이썬 2.5에서 더 이상 사용하지 않게 됐고, 3.0에서 제거됐다. 대신 re를 사용하자.

A.4.15 statvfs

statvfs 모듈은 파이썬 2.6에서 더 이상 사용하지 않게 됐고, 3.0에서 제거됐다. 대신 os 모듈의 os.statvfs()를 사용하자.

A.4.16 thread

thread 모듈은 제거됐다. 대신 threading의 고수준 API를 사용하자.

A.4.17 user

user 모듈은 파이썬 2.6에서 더 이상 사용하지 않게 됐고, 3.0에서 제거됐다. 대신 site 모듈이 제공하는 사용자 정의 기능을 참고하자.

A.5 더 이상 사용하지 않게 된 모듈

이 모듈은 아직 표준 라이브러리에 존재하지만 더 이상 사용하지 않게^{deprecated} 됐으며, 파이썬 3 애플리케이션에서 사용해서는 안 된다.

A.5.1 asyncore와 asynchat

비동기 I/O와 프로토콜 핸들러다. 대신 asyncio를 참고하자.

A.5.2 Formatter

제네릭 출력 포매터와 장치 인터페이스다. 자세한 내용은 파이썬 이슈 18716(http://bugs.python.org/issue18716)을 참고하자.

A.5.3 imp

임포트 구문의 구현을 액세스한다. 대신 importlib를 참고하자.

A.5.4 optparse

커맨드라인 옵션 파싱 라이브러리. argparse API는 optparse가 제공하는 API와 유사하며, 대부분 경우 클래스 이름과 메서드를 업데이트해 argparse를 간단히 대체해 사용할 수 있다.

A.6 모듈 변경 사항 요약

A.6.1 abc

abstractproperty(), abstractclassmethod(), abstractstaticmethod() 데코레이터는 더 이상 사용하지 않게 됐다. abstractmethod()를 property(), classmethod(), staticmethod() 데코레이터와 결합하면 원하는 결과를 얻을 수 있다(파이썬 이슈 11610 http://bugs.python.org/issue11610).

A.6.2 anydbm

anydbm 모듈 이름은 파이썬 3에서 dbm으로 변경됐다.

A.6.3 argparse

ArgumentParser의 version 인자는 특수 액션 타입을 위해 제거됐다(파이썬 이슈 13248 http://bugs.python.org/issue13248). 이전 형식은 버전을 인자로 전달한다.

```
parser = argparse.ArgumentParser(version='1.0')
```

새 형식에서는 명시적으로 인자 정의를 추가해야 한다.

```
parser = argparse.ArgumentParser() parser.add_argument('--version', action='version',
version='%(prog)s 1.0')
```

애플리케이션 필요에 따라 옵션 이름과 버전 형식 문자열은 수정될 수 있다. 파이썬 3.4에서 버전 액션은 버전 문자열을 stderr(파이썬 이슈 18920 http://bugs.python.org/issue18920) 대신 stdout으로 출력하고자 변경됐다.

A.6.4 array

파이썬 2의 초기 버전에서 문자 바이트를 위해 사용하던 'c' 타입은 제거됐다. 대신 'b'나 'B'를 사용하자. 유니코드 문자열의 문자에 대한 'u' 타입은 더 이상 사용하지 않게 됐으며, 파이썬 4.0에서 제거될 것이다.

tostring()과 fromstring()은 각각 tobytes()와 frombytes()로 변경돼 모호성을 없앴다(파이썬 이슈 8990 http://bugs.python.org/issue8990).

A.6.5 atexit

C 구현을 포함하고자 atexit가 업데이트됐을 때 예외에 대한 트랙백 없이 요약만 표시하는 에러 처리 로직에서 문제가 발생했다. 이 문제점은 파이썬 3.3에서 수정됐다(파이썬 이슈 18776 http://bugs.python.org/issue18776).

A.6.6 base64

encodestring()과 decodestring() 함수는 각각 encodebytes()와 decodebytes()로 이름이 변경됐다. 이전 이름도 앨리어스로 작동하지만, 더 이상 사용하지 않게 됐다(파이썬 이슈 3613 http://bugs.python.org/issue3613).

85 문자 알파벳을 사용하는 두 개의 새 인코딩이 추가됐다. b85encode()는 Mercurial 과 git에서 사용되는 인코딩을 구현하는 반면 a85encode()는 PDF 파일에서 사용되는 Ascii85 형식을 구현한다(파이썬 이슈 17618 http://bugs.python.org/issue17618).

A.6.7 bz2

BZ2File 인스턴스는 이제 콘텍스트 매니저 프로토콜을 지원하며 contextlib.closing()을 사용해 래핑할 필요가 없다.

A.6.8 collections

이전에 collections에 정의됐던 추상 베이스 클래스는 collections.abc로 이동됐다. 현재 collections에서 구 버전 호환backward-compatibility 임포트가 가능하다(파이썬 이슈 11085 http://bugs.python.org/issue11085).

A.6.9 comands

getoutput()과 getstatusoutput()은 subprocess로 이동됐고, commands는 삭제됐다.

A.6.10 configparser

ConfigParser 모듈 이름은 configparser로 변경됐다. SafeConfigParser 클래스로 인해 ConfigParser 클래스는 제거됐으며, 이후 ConfigParser로 명칭이 변경됐다. 더 이상 사용하지 않게 된 보간 동작은 LegacyInterpolation을 통해 사용할 수 있다.

read() 메서드는 현재 인코딩 인자를 지원한다, 따라서 유니코드 값으로 된 구성 파일을 읽고자 더 이상 codecs를 사용하지 않아도 된다.

오래된 RawConfigParser 사용은 추천하지 않는다. 새 프로젝트에서는 동일 작업을 하고자 ConfigParser(interpolation=None)를 사용해야 한다.

A.6.11 contextlib

contextlib.nested()는 제거됐다. with 구문 대신 다중 콘텍스트 매니저를 전달한다.

A.6.12 csv

리더의 next() 메서드를 직접 사용하는 대신 적절한 반복자 실행을 위해 내장 next() 함수를 사용하자.

A.6.13 datetime

파이썬 3.3부터 일반 datetime과 시간대 datetime 인스턴스 간 동등 비교는 TypeError를 일으키지 않고 False를 반환한다(파이썬 이슈 15006 http://bugs.python.org/issue15006).

파이썬 3.5 이전에는 불리언 값으로 변환할 때 자정을 나타내는 datetime.time 객체가 False로 평가됐다. 이 동작은 파이썬 3.5에서 제거됐다(파이썬 이슈 13936 http://bugs.python.org/issue13936).

A.6.14 decimal

파이썬 3.3에서는 libmpdec을 기반으로 한 decimal의 C 구현을 통합했다. 이로써 성능이 향상됐지만, 일부 변경된 API와 순수 파이썬 구현과는 다른 동작을 포함하게 됐다. 자세한 내용은 파이썬 3.3 릴리스 노트를 참조하자(https://docs.python.org/3.3/whatsnew/3.3.html#decimal).

A.6.15 fractions

from_float()와 from_decimal() 클래스 메서드는 이제 필요 없다. 부동소수점과 십진수 값은 Fraction 생성자에 직접 전달할 수 있다.

A.6.16 gc

DEBUG_OBJECT와 DEBUG_INSTANCE 플래그는 제거됐다. 더 이상 새로운 스타일과 구식 스타일 클래스를 구분할 필요가 없다.

A.6.17 gettext

gettext의 모든 변환 함수는 유니코드 입력과 출력을 가정하며 ugettext()와 같은 유니코드 변형은 제거됐다.

A.6.18 glob

새로운 함수 escape()는 이름에 메타문자를 포함한 파일 검색을 위한 차선책을 구현한다(파이썬 이슈 8402 http://bugs.python.org/issue8402).

A.6.19 http.cookies

따옴표를 이스케이핑하는 것과 함께 SimpleCookie는 실제 브라우저 동작을 더 매끄럽게 하고자 쉼표와 세미콜론을 값으로 인코딩한다(파이썬 이슈 9824 http://bugs.python.org/issue9824).

A.6.20 imaplib

파이썬 3에서 imaplib은 UTF-8로 인코딩된 바이트 문자열을 반환한다. 유니코드 문자열을 받고, 명령이 전송되거나 서버로 사용자명과 암호로 로그인할 때 자동으로 인코딩하는 것을 지원한다.

A.6.21 inspect

getargspec(), getfullargspec(), getargvalues(), getcallargs(), getargvalues(), formatargspec(), formatargvalues()는 더 이상 사용하지 않게 됐고 signature() 함수를 사용한다(파이썬 이슈 20438 http://bugs.python.org/issue20438).

A.6.22 itertools

imap(), izip(), ifilter() 함수는 list 객체(각각 map(), zip(), filter:()) 대신 이터러블iterables을 반환하는 내장 함수 버전으로 대체됐다

ifilterfalse() 함수명은 filterfalse()로 바뀌었다.

A.6.23 json

json API는 bytes가 아닌 오직 str만을 지원하게 업데이트됐다. 이는 JSON 명세가 유니코드로 정의됐기 때문이다.

A.6.24 locale

UTF-8 인코딩 이름의 정규화 버전이 'UTF8'에서 'UTF-8'로 변경됐는데, 이는 맥OS X과 OpenBSD가 UTF8을 지원하지 않기 때문이다(파이썬 이슈 10154 http://bugs.python.org/issue10154와 파이썬 이슈 10090 http://bugs.python.org/issue10090).

A.6.25 logging

logging 모듈은 애플리케이션에서 수행하는 다른 로깅 구성이 없다면 이제 lastResort 로거를 포함한다. 이로써 애플리케이션에 의해 임포트된 라이브러리가 로깅을 사용하는 경우, 애플리케이션에서는 필요하지만 사용자가 볼 필요 없는 에러 메시지를 표시하지 않을 목적으로 애플리케이션 로깅을 구성할 필요가 없게 해준다.

A.6.26 mailbox

mailbox는 메일박스 파일을 이진 모드로 읽고 쓰는데, 메시지를 파싱하고자 이메일 패키지에 의존한다. StringIO와 텍스트 파일 입력은 더 이상 사용하지 않게 됐다(파이썬 이슈 9124 http://bugs.python.org/issue9124).

A.6.27 mmap

읽기 API에서 반환된 값은 바이트 문자열이며 텍스트로 처리되기 전에 디코딩돼야 한다.

A.6.28 operator

div() 함수는 제거됐다. 원하는 의미에 따라 floordiv()나 truediv()를 사용하자.

repeat() 함수는 제거됐다. 대신 mul()을 쓰자.

getslice(), setslice(), delslice() 함수는 제거됐다. 대신 슬라이스 인덱스와 함께 각각 getitem(), setitem(), delitem()을 사용하자.

isCallable() 함수는 제거됐다. 대신 추상 베이스 클래스인 collections.Callable을 사용하자.

```
isinstance(obj, collections.Callable)
```

타입 체크 함수인 isMappingType(), isSequenceType(), isNumberType()은 제거됐다. 대신 collections의 관련 추상 베이스 클래스나 numbers를 사용하자.

```
isinstance(obj, collections.Mapping)
isinstance(obj, collections.Sequence)
isinstance(obj, numbers.Number)
```

sequenceIncludes() 함수는 제거됐다. 대신 contains()를 사용하자.

A.6.29 os

popen2()와 popen3(), popen4() 함수는 제거됐다. popen()은 아직 사용할 수 있지만 더 이상 사용하지 않게 됐으며 사용 시 경고를 만날 것이다. 이러한 함수를 사용하는 코드는 운영체제 간 이식을 간편히 하고자 subprocess 대신 재작성해야 한다.

os.tmpnam()과 os.tempnam(), os.tmpfile() 함수는 제거됐다. 대신 tempfile 모듈을 사용하자. os.stat_float_times() 함수는 더 이상 사용하지 않게 됐다(파이썬 이슈 14711 http://bugs.python.org/issue14711).

os.unsetenv()는 더 이상 에러를 무시하지 않는다(파이썬 issue 13415 http://bugs.python.org/issue13415).

A.6.30 os.path

os.path.walk()는 제거됐다. 대신 os.walk()를 사용하자.

A.6.31 pdb

print 커맨드 앨리어스는 제거됐으므로 print() 함수를 새도우^{shadow} 하지 않는다(파이썬 이슈 48764 http://bugs.python.org/issue48764). **P** 단축키^{shortcut}는 그대로 유지된다.

A.6.32 pickle

C로 구현된 파이썬 2의 피클 모듈은 자동으로 파이썬 구현을 대체하는 새 모듈로 이동됐다. `pickle` 이전 임포트를 위해 사용하던 `cPickle` 용어는 더 이상 필요 없다.

```
try:
    import cPickle as pickle
except:
    import pickle
```

C 구현의 자동 임포트와 함께 피클 모듈만 직접 임포트해주면 된다.

```
import pickle
```

파이썬 3로의 이전 과정에서 수많은 표준 라이브러리 모듈의 명칭이 변경됐을 때 발생한 이슈를 개선시키려 했던 레벨 2 이하 프로토콜을 사용하는 피클된 데이터에 대한 파이썬 2.x와 3.x 사이의 상호호환성은 개선됐다.

피클된 데이터는 클래스와 타입 이름에 대한 참조와 변경된 이름을 포함하고 있으므로 파이썬 2와 3 애플리케이션 사이의 피클된 데이터를 교환하는 것이 어려웠다.

이제 프로토콜 레벨 2 또는 그 이상을 사용해 데이터를 피클하면 쓰고 읽을 때 기존 클래스 이름이 피클 스트림에서 자동 사용된다.

이 동작은 기본적으로 이용할 수 있지만 `fix_imports`를 사용해 끌 수 있다. 이 변경 사항은 상황을 개선시키지만 비호환성을 완벽히 제거할 수는 없다. 특히 파이썬 3.1 이하에서 피클된 데이터는 파이썬 3.0 이하에서 못 읽을 수도 있다. 파이썬 3 애플리케이션 간의 호환성을 최대로 하려면 이 호환성 기능을 포함하지 않는 프로토콜 레벨 3을 사용하자.

기본 프로토콜 버전은 사람이 읽을 수 있는 0에서 파이썬 애플리케이션 간에 공유할 때 최상의 상호호환성을 가질 수 있는 바이너리 형식인 3으로 변경됐다.

파이썬 2.x 애플리케이션에 의해 피클에 기록된 바이트 문자열 데이터는 유니코드 문자열 객체를 만들고자 다시 읽을 때 디코딩된다.

변환의 인코딩은 기본적으로 ASCII며 값을 Unpickler에 전달해 변경할 수 있다.

A.6.33 pipes

pipes.quote()는 shlex로 이동됐다(파이썬 이슈 9723 http://bugs.python.org/issue9723).

A.6.34 platform

platform.popen()은 더 이상 사용하지 않게 됐다. subprocess.popen()을 대신 사용하자(파이썬이슈 11377 http://bugs.python.org/issue11377). platform.uname()은 이제 namedtuple을 반환한다.

리눅스 배포판에는 일관된 설명 방법이 없으므로 설명을 가져오는 함수(platform.dist()와 platform.linux_distribution())는 더 이상 사용하지 않게 됐으며 파이썬 3.7에서 제거될 예정이다(파이썬이슈 1322 http://bugs.python.org/issue1322).

A.6.35 random

jumpahead() 함수는 파이썬 3.0에서 제거됐다.

A.6.36 re

UNICODE 플래그는 기본 동작을 나타낸다. 파이썬 2로부터 ASCII 특정 동작을 원복하려면 ASCII 플래그를 사용하자.

A.6.37 shelve

shelve의 기본 출력 형식으로 shelve.open()으로 주어진 이름에 .db 확장자를 추가한 파일을 생성할 수 있다.

A.6.38 signal

PEP 475(http://www.python.org/dev/peps/pep-0475)는 시스템 호출을 중지시키고 EINTR로 반환을 재시도하도록 강제한다. 이렇게 하면 시그널 핸들러와 다른 시스템 호출의 동작이 변경된다. 이제 시그널 핸들러가 반환된 후 시그널 핸들러가 예외를 발생시키지 않는다면 인터럽트 호출을 재시도할 것이다. 자세한 내용은 PEP 문서를 참고하라.

A.6.39 socket

파이썬 2에서는 일반적으로 str 객체는 소켓을 통해 직접 보낼 수 있었다. 파이썬 3에서는 str이 unicode를 대체하므로 전송 전에 반드시 값을 인코딩해야 한다. socket 절의 예제는 이미 인코딩한 바이트 문자열을 사용한다.

A.6.40 socketserver

socketserver 모듈명은 파이썬 2에서 SocketServer로 변경됐다.

A.6.41 string

str 객체의 메서드이기도 한 string의 모든 함수는 제거됐다. 상수와 대소문자도 제거됐다. 비슷한 이름의 새로운 상수는 ASCII 문자 집합으로 제한된다.

maketrans() 함수는 str, bytes, bytearray의 메서드로 교체됐으며, 각 변환표에 의해 어떤 입력 타입이 지원되는지 명확히 해준다.

A.6.42 struct

struct.pack()은 이제 S 문자열 팩 코드^{string pack code}를 사용할 때 바이트 문자열만 지원한다. 또한 더 이상 암시적으로 문자열 객체를 UTF-8로 인코딩하지 않는다(파이썬 이슈 10783 http://bugs.python.org/issue10783).

A.6.43 subprocess

subprocess.Popen의 인자 close_fds의 기본값은 항상 False로 변경됐다. 유닉스에서 기본값은 True였다. 윈도우 환경에서 표준 I/O 스트림 인자가 None으로 설정돼 있다면 값이 True며, 그 밖의 경우는 False다.

A.6.44 sys

프로그램이 종료할 때 실행될 사후 정리 작업 때 변수 sys.exitfunc는 이제 검사할 필요가 없다. 변수 sys.subversion은 더 이상 정의되지 않는다. 대신 atexit를 사용하자.

플래그 sys.flags.py3k_warning, sys.flags.division_warning, sys.flags.division_new, sys.flags.tabcheck, sys.flags.unicode는 더 이상 정의되지 않는다.

sys.maxint는 더 이상 정의되지 않는다. 대신 sys.maxsize를 사용한다. PEP 237(Unifying Long Integers and Integers http://www.python.org/dev/peps/pep-0237)을 보자.

전역 예외 트래킹 변수인 sys.exc_type, sys.exc_value, sys.exc_traceback은 제거됐다. sys.exc_clear() 역시 제거됐다.

변수 sys.version_info는 이제 major, minor, micro, releaselevel, serial 속성을 가진 namedtuple 인스턴스다(파이썬 이슈 4285 http://bugs.python.org/issue4285).

스레드 콘텍스트 전환이 허용되기 전에 실행될 수 있는 opcode의 수를 제어하는 체크 인터벌 기능check interval feature은 절대 시간 값absolute time value으로 교체됐다. 이는 sys.setswitchinterval()로 관리된다. 이전에 체크 인터벌을 관리했던 sys.getcheckinterval() 과 sys.setcheckinterval()은 더 이상 사용하지 않게 됐다.

sys.meta_path와 sys.path_hooks 변수는 이제 모든 패쓰 파인더path finder와 모듈을 임포트하는 엔트리 훅entry hook에 열려있다. 이전 버전에서는 명시적으로 경로에 추가된 파인더와 훅에만 노출됐으며, C 임포트는 외부에서 수정할 수 없는 값을 구현에 사용했다.

리눅스 시스템에서 sys.platform은 더 이상 버전 번호를 포함하지 않는다. 값value은 linux이며, linux2, linux3가 아니다.

A.6.45 threading

thread 모듈은 threading API에 의해 더 이상 사용하지 않게 됐다. "verbose" 인자를 포함해 threading의 디버깅 기능이 API에서 제거됐다(파이썬 이슈 13550 http://bugs.python.org/issue13550).

이전 스레딩 구현은 일부 클래스에 대해 팩토리 함수를 사용했는데, 이는 C에서 확장 유형으로 구현돼 서브클래스로 만들 수 없었기 때문이다.

이러한 제한이 제거됐으므로 많은 이전 함수가 표준 클래스로 변환돼 서브클래싱을 허용한다(파이썬 이슈 10968 http://bugs.python.org/issue10968).

threading에서 내보낸 공개 기호는 PEP 8(www.python.org/dev/peps/pep-0008) 규격에 의해 명칭이 변경됐다. 이전 명칭은 이전 버전과의 호환성을 위해 유지되지만, 향후 릴리스할 때 제거될 것이다.

A.6.46 time

time.asctime()과 time.ctime()이 동일한 시간의 시스템 기능을 사용하지 않고 더 큰 연도가 사용되도록 변경됐다.

time.ctime()은 이제 1900년부터 maxint까지 지원한다. 9999보다 큰 값의 경우 출력 문자열은 여분의 연도를 허용하고자 표준 24자보다 길다(파이썬 이슈 8013 http://bugs.python.org/issue8013).

A.6.47 unittest

fail(예, failIf(), failUnless())로 시작하는 TestCase 메서드는 더 이상 사용하지 않게 됐다. 대신 assert 메서드의 대안 포맷을 사용한다.

몇 가지 이전 메서드 별명은 더 이상 사용하지 않게 됐고 선호하는preferred 명칭으로 교체됐다. 더 이상 사용하지 않는 이름은 경고를 발생시킨다(파이썬 이슈 9424 http://bugs.python.org/issue9424). 이전과 신규 명칭 사이를 비교한 매핑은 표 A.2에 있다.

표 A.2: 더 이상 사용하지 않게 된 unittest.TestCase 메서드

더 이상 사용하지 않는 명칭	선호하는 명칭
assert_()	assertTrue()
assertEquals()	assertEqual()
assertNotEquals()	assertNotEqual()
assertAlmostEquals()	assertAlmostEqual()
assertNotAlmostEquals()	assertNotAlmostEqual()

A.6.48 UserDict, UserList, UserString

UserDict, UserList, UserString 클래스는 자식의 모듈에서 나와 collections 모듈로

이동했다. dict, list, str은 직접 서브클래싱될 수 있지만 collections 내의 클래스를 사용해 더 간단히 구현할 수 있는데, 컨테이너의 콘텐츠는 인스턴스 속성을 통해 직접 사용할 수 있기 때문이다. collections.abc의 추상 클래스 역시 내장 타입의 API를 따르는 커스텀 컨테이너를 만들 때 유용하다.

A.6.49 uuid

uuid.getnode()는 이제 PATH 환경 변수를 사용해 유닉스 호스트의 MAC 수소를 알아내는 프로그램을 찾는다(파이썬 이슈 19855 http://bugs.python.org/issue19855). 검색 경로에서 아무 프로그램도 찾지 못하면 /sbin과 /usr/sbin을 찾는다. 이러한 검색 동작은 Netstat과 ifconfig, ip, arp와 같은 다른 버전의 프로그램이 있을 때 이전 파이썬 버전에서의 결과와 차이를 보일 수 있다.

A.6.50 whichdb

whichdb의 기능은 dbm 모듈로 옮겨졌다.

A.6.51 xml.etree.ElementTree

XMLTreeBuilder의 이름은 TreeBuilder로 변경됐고, 몇 가지 API가 변경됐다.

ElementTree.getchildren()은 더 이상 사용하지 않게 됐다. 자식 목록을 생성하고자 list(elem)를 사용한다.

ElementTree.getiterator()는 더 이상 사용하지 않게 됐다. 대신 일반 반복자 프로토콜을 사용해 iter()로 반복자를 생성한다.

파싱이 실패하면 xml.parsers.expat.ExpatError가 발생하지 않고, XMLParser는 이제 xml.etree.ElementTree.ParseError를 발생시킨다.

A.6.52 zipimport

get_data()가 반환하는 데이터는 바이트 문자열인데, 유니코드 문자열로 사용하기 전에 디코딩해야 한다.

부록 B

표준 라이브러리 확장

파이썬 표준 라이브러리가 방대하기는 하지만 서드파티 개발자가 제공하는 모듈과 파이썬 패키지 인덱스가 제공하는 강력한 에코 시스템으로 보완됐다(https://pypi.python.org/pypi). 부록 B에서는 이 모듈의 일부 및 표준 라이브러리를 보충하거나 심지어 대체를 원하는 상황이 발생할 때 어떻게 할지 설명한다.

B.1 텍스트

string 모듈은 매우 기본적인 템플릿 도구를 갖고 있다. 수많은 웹 프레임워크는 더욱 강력한 템플릿 도구를 포함하는데, 그중 Jinja(http://jinja.pocoo.org)와 Mako(http://docs.makotemplates.org/en/latest/)가 유명한 독립 도구다. 둘 다 루핑과 조건부 제어 구조는 물론 데이터를 템플릿과 결합해 텍스트 출력을 생성하는 기능을 지원한다.

re 모듈은 정규 표현식 패턴을 사용한 텍스트 검색과 파싱 기능을 갖고 있다. 하지만 이 모듈이 텍스트를 파싱하는 유일한 방법은 아니다.

PLY(www.dabeaz.com/ply/) 패키지를 사용하면 언어 컴파일러를 만드는 데 종종 사용되는 lexx와 yacc 등의 GNU 도구 스타일로 된 파서를 만들 수 있다. 유효한 토큰과 문법, 각 토큰에 대한 액션을 기술하는 입력을 통해 완벽히 작동하는 컴파일러와 인터프리터는 물론 더욱 간단한 데이터 파서도 만들 수 있다.

PyParsing(http://pyparsing.wikispaces.com)은 또 다른 파싱 도구다. 연산자를 사용해 서로 연결할 수 있는 클래스 인스턴스와 문법을 만들기 위한 메서드 콜을 입력으로 한다.

마지막으로 NLTK(www.nltk.org)는 컴퓨터 언어 대신 인간 언어에 대한 자연어 텍스트 처리용 패키지다. 문장을 분리하거나 단어의 원형 찾기, 기본적인 의미 처리를 지원한다.

B.2 알고리즘

functools 모듈은 데코레이터를 생성하는 몇 가지 도구를 제공한다. 이때 데코레이터는 다른 함수를 래핑해 동작 방식을 변경하는 함수다. wrapt(http://wrapt.readthedocs.org/) 패키지는 functools.wrap()보다 한 단계 더 나아가는 데 데코레이터가 적절히 구성되고 모든 예외 케이스에서 작동하도록 보장해준다.

B.3 날짜와 시간

time과 datetime 모듈은 시간과 날짜 값을 조작하는 함수와 클래스를 제공한다. 둘 다 문자열을 파싱해 내부 표현식으로 변환할 수 있는 함수를 가진다.

dateutil(https://dateutil.readthedocs.io/) 패키지는 좀 더 유연한 파서를 포함하는데, 다양한 입력 형식을 허용할 수 있는 강력한 애플리케이션을 더 쉽게 만들어준다. datetime 모듈은 특정 날짜의 특정 시간을 표현하는 시간대 인식 클래스를 포함한다. 하지만 전체 시간대full time zone 데이터베이스를 포함하지는 않는다. pytz(http://pythonhosted.org/pytz/) 패키지는 전체 시간대 데이터베이스를 제공한다.

이 모듈은 다른 제작자에 의해 유지 보수되며 시간대와 서머 타임 값이 이를 제어하는 정치 단체에 의해 자주 변경되므로 표준 라이브러리와는 별도로 배포된다.

B.4 수학 함수

math 모듈은 고급 수학 함수에 대한 빠른 구현을 포함한다. NumPy(www.numpy.org)는 선형대수학과 푸리에 변환 함수를 포함하고자 함수 세트를 확장했다. 또한 모듈은 빠른 다차원 배열 구현을 포함하며 배열 버전을 향상시켰다.

B.5 데이터 영속성과 교환

`sqlite3` 절의 예제는 SQL 구문을 직접 실행하며 저수준 자료 구조로 작업한다. 좀 더 큰 규모의 애플리케이션에서는 객체지향 매퍼^{ORM}를 사용해 클래스와 데이터베이스 테이블을 매핑하는 것이 종종 바람직하다. **SQLAlchemy**(www.sqlalchemy.org) ORM 라이브러리는 테이블과 클래스 간의 연결과 쿼리 작성, 여러 유형의 프로덕션급 관계형 데이터베이스를 연결할 수 있는 API를 제공한다.

`lxml`(http://lxml.de) 패키지는 `libxml2`와 `libxslt` 라이브러리를 래핑해 `xml.etree.ElementTree`의 XML 파서 대신 사용할 수 있다.

타 언어에서 이러한 라이브러리를 사용하는 데 친숙했던 개발자라면 파이썬에서 `lxml`을 적용하기 쉬울 것이다.

defusedxml(https://pypi.python.org/pypi/defusedxml) 패키지는 'billion laughs'(http://en.wikipedia.org/wiki/Billion_laughs)와 파이썬 XML 라이브러리에 있는 여타 엔티티 확장 거부 서비스^{DoS} 취약점에 대한 수정 사항을 포함한다. 따라서 표준 라이브러리만으로 작업할 때 비신뢰 XML을 좀 더 안전히 다룰 수 있다.

B.6 암호화

cryptography(https://cryptography.io/en/latest/)를 만드는 팀은 "우리의 목표는 애플리케이션의 암호화 표준 라이브러리가 되는 것입니다"라 언급했다. **cryptography** 패키지는 고수준 API를 사용해 애플리케이션에 쉽게 암호화 기능을 추가하게 해준다. 패키지는 활발히 유지 관리되고 있는데, OpenSSL과 동일한 기반 라이브러리에 있는 취약점을 해결하고자 빈번히 릴리스되고 있다.

B.7 프로세스와 스레드, 코루틴과 함께 하는 동시성

asyncio에 내장된 이벤트 루프는 모듈에 의해 정의된 추상 API를 기반으로 한 참조 구현이다.

이벤트 루프는 애플리케이션 종속성을 추가하는 대신 좀 더 나은 성능을 얻을 수 있는 uvloop(http://uvloop.readthedocs.io)와 같은 라이브러리로 대체할 수 있다.

curio(https://github.com/dabeaz/curio) 패키지는 또 다른 동시성 패키지로 asyncio와 비슷하지만 모든 것을 작은 루틴으로 다루는 더 작은 API를 가진다. 다만 asyncio와 동일한 방식의 콜백을 지원하지는 않는다.

Twisted(https://twistedmatrix.com/) 라이브러리는 파이썬 프로그래밍용 확장 가능한 프레임워크를 제공하는데, 특히 이벤트 기반 네트워크 프로그래밍과 멀티프로토콜 통합에 초점이 맞춰져 있다. 좀 더 성숙하고 강력하며 문서화가 잘 돼 있다.

B.8 인터넷

requests 패키지(http://docs.python-requests.org/)는 urllib.request를 대체하는 데 아주 널리 쓰인다. HTTP를 통해 주소 지정을 통한 원격 리소스 작업용 일관된 API를 제공하는데, 강력한 SSL을 포함하며 멀티스레드 애플리케이션의 성능 향상용 연결 폴링을 사용할 수 있다. 또한 내장 JSON 파싱과 같은 REST API에 접근하기 아주 적합한 기능을 제공한다.

파이썬의 html 모듈은 올바른 형식의 HTML 데이터를 위한 기본 파서를 포함한다. 하지만 구조화가 잘된 실생활 데이터는 드물고 파싱 때 문제를 일으킨다. 복잡한 데이터를 강력히 처리할 대체제로 BeautifulSoup(www.crummy.com/software/BeautifulSoup/)와 PyQuery(http://pyquery.rtfd.org/) 라이브러리가 있다. 두 API 모두 HTML 파싱과 수정, 생성을 정의한다.

내장 http.server 패키지는 간단한 HTTP 서버를 바닥부터 만들어줄 수 있는 기반 클래스를 포함한다. 다만 웹 기반 애플리케이션을 제작함에 있어 그 이상의 지원은 없다. 유명한 두 웹 애플리케이션 프레임워크로 Django(http://www.djangoproject.com/)와

Pyramid(https://trypyramid.com/)가 있는데, 파싱부터 URL 라우팅, 쿠키 처리 등의 고급 기능을 제공한다.

현존하는 많은 라이브러리는 **asyncio**와 작동하지 않는데, 이벤트 루프와 작업하도록 업데이트되지 않았기 때문이다.

aio-libs(https://github.com/aio-libs) 프로젝트의 일부로 이러한 단점을 채워주고자 **aiohttp**(http://aiohttp.readthedocs.io/)와 같은 새 라이브러리 세트를 개발 중에 있다

B.9 이메일

imaplib API는 비교적 저수준인데, 호출자는 쿼리를 생성하거나 결과를 파싱하는 IMAP 프로토콜을 이해해야 한다. **imapclient**(http://imapclient.freshfoo.com/) 패키지는 고수준 API를 제공해 IMAP 메일박스를 다루는 애플리케이션을 좀 더 만들기 쉽다.

B.10 애플리케이션 빌딩 블록

커맨드라인 인터페이스를 만들기 위한 두 표준 라이브러리 모듈 **argparse**와 **getopt**가 있는데, 둘 다 파싱 때의 커맨드라인 인자의 정의와 처리하고 있는 값을 분리한다.

대체제인 **click**(커맨드라인 인터페이스 생성 키트, http://click.pocoo.org)은 커맨드 처리 함수를 정의하며, 옵션과 프롬프트 정의 데코레이터를 사용하는 커맨드와 연계한다.

cliff(Command-Line Interface Formulation Framework, http://docs.openstack.org/developer/cliff/)는 일련의 기본 클래스를 제공하는데, 별도의 패키지로 배포할 수 있는 여러 개의 서브커맨드를 사용해 애플리케이션을 확장할 수 있는 명령과 플러그인 시스템을 정의한다. 도움말 텍스트와 인자 파서를 만들고자 **argparse**를 사용한다. 따라서 커맨드라인 처리가 친숙하다.

docopt(http://docopt.org) 패키지는 개발자에게 프로그램에 대한 도움말을 작성하도록 질의함으로써 전형적인 흐름을 뒤바꾼다. 그리고 올바른 옵션과 서브커맨드의 올바

른 조합을 이해하고자 파싱한다.

인터랙티브한 터미널 기반 프로그램을 위해 prompt_toolkit(http://python-prompt-toolkit.readthedocs.io/en/stable/)은 컬러 색상과 문법 하이라이팅, 입력 편집, 마우스 기능 제공, 히스토리 검색 등의 고급 기능을 포함한다. 이를 이용해 cmd 모듈과 같은 프롬프트 루프를 사용하는 커맨드 지향 프로그램을 작성하거나, 텍스트 편집기와 같은 전체 화면 애플리케이션을 만들 수 있다.

configparser 등에 사용되는 INI 파일이 애플리케이션 구성에서 계속 많이 사용되지만, YAML(http://yaml.org) 역시 이러한 목적에서 널리 사용된다. YAML은 JSON의 자료 구조 기능의 많은 부분을 사람이 좀 더 읽기 쉬운 형식으로 제공한다. PyYAML(http://pyyaml.org) 라이브러리를 통해 YAML 파서와 직렬화기에 접근할 수 있다.

B.11 개발 도구

파이썬 3에 표준 모듈 venv가 새로 추가됐다. 파이썬 2 이하에서는 유사 애플리케이션의 격리를 위해 virtualenv(https://virtualenv.pypa.io/)를 사용한다.

fixtures(https://pypi.python.org/pypi/fixtures) 패키지는 여러 가지 테스트 리소스 관리 클래스를 제공하는데, unittest 모듈의 테스트 케이스인 addCleanup() 메서드에 잘 작동하게 돼 있다.

fixture 클래스는 로거와 환경 변수, 임시 파일 등을 일관되고 안전하게 관리해 각 테스트 케이스가 스위트^{suite}의 다른 것들과 완벽히 분리되도록 보장해준다.

배포와 재사용 용도의 파이썬 모듈을 패키징하기 위한 표준 라이브러리의 distutils 모듈은 더 이상 사용하지 않게 됐다. 그 대안인 setuptools(https://setuptools.readthedocs.io/en/latest/)는 표준 라이브러리와 별도로 패키징됐는데, 좀 더 짧은 주기로 배포되는 새로운 버전에 대응할 수 있다. setuptools API에는 패키지에 포함하기 위한 파일 목록을 만드는 도구가 있다. 확장이 가능해 자동으로 버전 컨트롤 시스템에 의해 관리되는 파일 집합에서 목록을 자동 생성할 수 있다. 예를 들어 git(https://git-scm.com) 저장소 소스코드를 setuptools-git(https://pypi.python.org/pypi/setuptools-git)과 사용하면 모든 트랙 파일이 기본으로 패키지에 포함된다. 패키지 작성이 완료된 후 다른 개발자와 공유하고자 **twine**(https:// pypi.python.org/pypi/twine) 애플리케이션이 패키지 인덱스로 업로드된다.

tabnanny와 같은 도구는 파이썬 코드상의 일반 포매팅 실수를 찾는 데 좋다. 'Python Code Quality Authority'(http://meta.pycqa.org/en/latest/)는 고급 수준의 정적 분석 도구를 광범위하게 유지 관리하는데, 스타일 가이드라인을 강제하고 흔한 프로그래밍 에러를 찾아내거나, 심지어 지나친 복잡도^{complexity}를 피하게 해준다.

> **팁 – 참고 자료**
>
> - 파이썬 패키지 인덱스(https://pypi.python.org/pypi)(PyPI): 파이썬 런타임과는 별도로 배포되는 확장 모듈을 찾거나 다운로드하기 위한 사이트

| 모듈 찾아보기 |

| 찾아보기 |

The **Python 3** **Standard Library** by Example

예제로 배우는 파이썬 표준 라이브러리

발 행 | 2020년 6월 30일

지은이 | 더그 헬먼
옮긴이 | 권석기 · 김우현

펴낸이 | 권 성 준
편집장 | 황 영 주
편 집 | 임 다 혜
디자인 | 박 주 란

에이콘출판주식회사
서울특별시 양천구 국회대로 287 (목동)
전화 02-2653-7600, 팩스 02-2653-0433
www.acornpub.co.kr / editor@acornpub.co.kr

한국어판 ⓒ 에이콘출판주식회사, 2020, Printed in Korea.
ISBN 979-11-6175-430-7
http://www.acornpub.co.kr/book/python3-standard-library

이 도서의 국립중앙도서관 출판시도서목록(CIP)은 서지정보유통지원시스템 홈페이지(http://seoji.nl.go.kr)와
국가자료공동목록시스템(http://www.nl.go.kr/kolisnet)에서 이용하실 수 있습니다.(CIP제어번호: CIP2020024713)

책값은 뒤표지에 있습니다.